中国社会科学院文库
历史考古研究系列
The Selected Works of CASS
History and Archaeology

中国社会科学院创新工程学术出版资助项目

 中国社会科学院文库·历史考古研究系列
The Selected Works of CASS · History and Archaeology

魏晋南北朝隋唐立法与法律体系

敕例、法典与唐法系源流

（上卷）

HISTORY OF EDICT PRINCIPLES, CODE, AND LAW SYSTEM FROM WEI—JIN TO SUI—TANG DYNASTIES

楼 劲 著

中国社会科学出版社

图书在版编目（CIP）数据

魏晋南北朝隋唐立法与法律体系：敕例、法典与唐法系源流／楼劲著．
—北京：中国社会科学出版社，2014.12
ISBN 978-7-5161-4925-6

Ⅰ.①魏… Ⅱ.①楼… Ⅲ.①立法—研究—中国—魏晋南北朝时代②立法—研究—中国—隋唐时代③法律体系—研究—中国—魏晋南北朝时代④法律体系—研究—中国—隋唐时代 Ⅳ.①D929.2

中国版本图书馆 CIP 数据核字（2014）第 228900 号

出 版 人	赵剑英
责任编辑	李炳青
责任校对	李 莉
责任印制	李寡寡

出　版	中国社会科学出版社
社　址	北京鼓楼西大街甲 158 号（邮编 100720）
网　址	http://www.csspw.cn
	中文域名：中国社科网　010-64070619
发行部	010-84083685
门市部	010-84029450
经　销	新华书店及其他书店
印　刷	北京市大兴区新魏印刷厂
装　订	廊坊市广阳区广增装订厂
版　次	2014 年 12 月第 1 版
印　次	2014 年 12 月第 1 次印刷
开　本	710×1000　1/16
印　张	50
字　数	822 千字
定　价	128.00 元（上、下卷）

凡购买中国社会科学出版社图书，如有质量问题请与本社联系调换
电话：010-84083683
版权所有　侵权必究

《中国社会科学院文库》出版说明

《中国社会科学院文库》（全称为《中国社会科学院重点研究课题成果文库》）是中国社会科学院组织出版的系列学术丛书。组织出版《中国社会科学院文库》，是我院进一步加强课题成果管理和学术成果出版的规范化、制度化建设的重要举措。

建院以来，我院广大科研人员坚持以马克思主义为指导，在中国特色社会主义理论和实践的双重探索中做出了重要贡献，在推进马克思主义理论创新、为建设中国特色社会主义提供智力支持和各学科基础建设方面，推出了大量的研究成果，其中每年完成的专著类成果就有三四百种之多。从现在起，我们经过一定的鉴定、结项、评审程序，逐年从中选出一批通过各类别课题研究工作而完成的具有较高学术水平和一定代表性的著作，编入《中国社会科学院文库》集中出版。我们希望这能够从一个侧面展示我院整体科研状况和学术成就，同时为优秀学术成果的面世创造更好的条件。

《中国社会科学院文库》分设马克思主义研究、文学语言研究、历史考古研究、哲学宗教研究、经济研究、法学社会学研究、国际问题研究七个系列，选收范围包括专著、研究报告集、学术资料、古籍整理、译著、工具书等。

为迎接中国社会科学院建院三十周年，我们将历届院优秀科研成果奖中的部分获奖著作重印出版，作为《中国社会科学院文库》的首批图书向建院三十周年献礼。

中国社会科学院科研局
2006 年 11 月

谨以此书纪念我这十年

总　目

引言 ……………………………………………………………………（1）

上　卷

第一章　魏晋以来敕例的编纂与《格》、《式》之源 ………………（3）
　第一节　从《晋故事》到《梁科》、《陈科》 …………………………（4）
　　一　汉魏"故事"与《晋故事》 ………………………………………（5）
　　二　《晋故事》的编录与条文形态 …………………………………（8）
　　三　从《晋故事》到《梁科》、《陈科》 ……………………………（13）
　第二节　从"干支诏书"到《甲子科》、《甲辰仪》 …………………（16）
　　一　"法令"与"干支诏书" …………………………………………（16）
　　二　《甲子科》与《壬辰仪》 ………………………………………（20）
　第三节　从编纂条制到《麟趾格》、《大统式》 ……………………（25）
　　一　敕例在北朝的活跃及"条制"的盛行 …………………………（25）
　　二　北魏编纂敕例的历程 …………………………………………（28）
　　三　敕例称"格"或"式"的习惯 ……………………………………（30）
　　四　《麟趾格》、《大统式》的性质与形态 …………………………（35）

第二章　敕例编纂的立法化、法典化及其影响 ……………………（40）
　第一节　敕例编纂的立法化及其影响 ………………………………（40）
　　一　《晋书·刑法志》提到的汉代法例编纂之作 …………………（41）
　　二　敕例编纂立法化与新《律》、《令》体制的形成和发展 ………（46）
　　三　敕例编纂立法化确定了法典与制敕的关系格局 ……………（49）

四　敕例编纂立法化与魏晋以来敕例编纂活动的轴心 ………… (52)
　第二节　敕例编纂的法典化及其影响 …………………………………… (56)
　　　一　魏晋以来敕例编纂法典化的途径和趋势 …………………… (57)
　　　二　敕例编纂法典化与《律》、《令》关系的定型 ………………… (63)
　　　三　敕例编纂法典化与条制的流行 ……………………………… (69)
　　　四　敕例编纂法典化与若干过渡型法典的出现 ………………… (73)

第三章　北魏前期立法与《律》、《令》形态、性质的变迁 ……………… (77)
　第一节　天兴"律令"的性质和形态 ……………………………………… (77)
　　　一　天兴所定"律令"及其内涵 …………………………………… (78)
　　　二　天兴"律令"的形态和性质深受汉魏影响 …………………… (85)
　　　三　《天兴律》应是编集科条诏令而成的条制集 ………………… (88)
　　　四　《天兴令》应是相关诏令集 …………………………………… (94)
　第二节　神䴥四年以来"改定《律》制" …………………………………… (99)
　　　一　神䴥四年改定《律》、《令》的几个问题 ……………………… (100)
　　　二　关于正平元年"改定《律》制" ………………………………… (111)
　　　三　关于太武帝"改定《律》制"几点认识 ………………………… (119)
　第三节　太和元年至十六年修订《律》、《令》 …………………………… (120)
　　　一　孝文帝亲政前后的立法进程及其转折 ……………………… (121)
　　　二　太和改革与定《律》、《令》的关联 …………………………… (128)
　　　三　《律》、《令》体制的进化与《太和令》的形态 ………………… (139)
　　　四　关于太和元年至十六年立法的几点认识 …………………… (146)

第四章　太和十六年后的官制改革与相关诸《令》的修订 …………… (148)
　第一节　太和以前官制与《令》的状况 ………………………………… (149)
　　　一　官制"旧《令》"的状态 ………………………………………… (149)
　　　二　"旧《令》亡失"的背景：制度与《令》体形态 ………………… (152)
　第二节　"太和中"所定"职令"与孝文帝的官制整改 …………………… (155)
　　　一　太和中"职令"即太和十六年所颁官制之《令》 ……………… (155)
　　　二　太和十六年"职令"的官制改革内容 ………………………… (158)
　　　三　太和十六年"职令"在官制改革上的过渡性 ………………… (162)
　第三节　太和十七年《职员令》与官制诸《令》的演变 ………………… (163)

一　推出《职员令》的背景 …………………………… (164)
　　二　《职员令》的开创性和重大影响 ………………… (166)
　　三　《职员令》编纂的迫促与局限 …………………… (168)
　　四　《职员令》对太和十六年"职令"的损益 ………… (169)
　第四节　太和十九年《品令》及相关问题 …………………… (172)
　　一　制定"《品令》"的背景 …………………………… (172)
　　二　《品令》解决的首先是官职的清、浊问题 ………… (174)
　　三　"《品令》"非"职令"的重修而属创体 …………… (180)
　　四　《品令》中的"士人品第"和"小人之官" ………… (183)
　　五　太和十九年《品令》的影响 ……………………… (185)
　第五节　太和二十三年再修"职令" ………………………… (189)
　　一　"复次职令"指的是什么？ ……………………… (189)
　　二　"复次职令"应是对前此三《令》的总结和调整 … (192)
　　三　"职令"之称及其在唐宋类书中的佚文出处 …… (195)
　　四　对太和二十三年"复次职令"的几点认识 ……… (201)

第五章　北魏后期《令》的修订与颁行 ………………………… (203)
　第一节　北魏后期"《令》未班行"说不能成立 …………… (203)
　　一　"《律》班《令》止"的记载有问题 ………………… (204)
　　二　"朝令"的"未及班行"当属实 …………………… (205)
　第二节　太和十六年以来《令》多颁行之况 ………………… (207)
　　一　太和十六年及正始元年修成之《令》多已颁行 … (208)
　　二　太和十六年以来及正始元年已颁而篇名可考之《令》 … (209)
　　三　太和十六年以来及正始元年已颁而篇名不详之《令》 … (217)
　第三节　太和以来未颁之《令》的两种情况 ………………… (224)
　　一　《令》篇有大体修成而未颁及久修未成而无从颁行者 … (225)
　　二　太和后期以来改制与礼仪诸《令》的纷纭难定 … (233)
　　三　关于北魏后期《令》制定和颁行的几点认识 …… (244)

第六章　北魏的科、格、式与条制 ……………………………… (246)
　第一节　科、格、式义项沿自汉代以来 ……………………… (247)
　　一　"科"的几种含义 ………………………………… (247)

二　"格"义与"科"相类 …………………………………………（249）
　　三　"式"可指法与"科"、"格"同 ……………………………（251）
第二节　科、格、式在法制领域常指敕例 ………………………（253）
　　一　科、格、式所指多与《律》、《令》有别 …………………（253）
　　二　科、格、式可泛指法条而不指代《律》、《令》 …………（255）
第三节　科、格、式与条制：敕例指称方式的灵活不定 ………（257）
　　一　科、格、式可互称 …………………………………………（257）
　　二　含有多条规定的科、格、式可称"条制" ………………（259）
　　三　科、格、式及条制皆非法律专有名词 ……………………（261）
第四节　科、格、式所指敕例的基本状况 ………………………（265）
　　一　"科"、"格"、"式"所指敕例的形成程序 ……………（265）
　　二　"科"、"格"、"式"所指敕例的基本性质 ……………（269）
第五节　科、格、式所指敕例与《律》、《令》的关系 …………（274）
　　一　作用和地位视《律》、《令》的状态消长波动 ……………（274）
　　二　刑事敕例的删定入《律》与代《律》而行 ………………（275）
　　三　定《令》的曲折与敕例的活跃 ……………………………（277）
　　四　北魏《律》、《令》与敕例关系的发展态势 ………………（282）
第六节　科、格、式所指敕例的源与流 …………………………（283）
　　一　有关指称习惯的源与流 ……………………………………（283）
　　二　北魏敕例盛行的两个源头 …………………………………（285）
　　三　孝文帝以来礼制与法制、刑事与行政敕例的分化趋势 …（289）
　　四　正始立法以后对科、格、式的清理与编纂 ………………（292）

第七章　北齐与周、隋法律体系的若干问题 ………………………（296）
　第一节　北齐初年立法与《麟趾格》 ……………………………（296）
　　一　北齐初年立法记载的出入 …………………………………（297）
　　二　天保元年下诏立法的范围 …………………………………（300）
　　三　天保元年立法的重心：《麟趾格》与议造齐《律》的关系 …（302）
　　四　《麟趾格》的基本状况 ……………………………………（307）
　　五　关于北齐立法的几点认识 …………………………………（312）
　第二节　《河清令》的分篇体例与修撰过程 ……………………（315）
　　一　《河清令》体例问题事关重大 ……………………………（315）

二　《河清令》不可能以尚书诸曹分篇 …………………………（318）
　　三　《河清令》不以尚书诸曹分篇的证据 ……………………（321）
　　四　《唐六典》述《河清令》体例之误的可能原因 ……………（334）
第三节　北齐和北周的法律体系及相关问题 ……………………（337）
　　一　《河清律》、《令》与《权格》、《权令》的并行 ……………（337）
　　二　北周并未定《令》……………………………………………（341）
　　三　《大律》与《刑书要制》、《大统式》与《正始令》并行 ……（346）
第四节　隋定《律》、《令》而未修《格》、《式》………………………（348）
　　一　隋代"格"、"式"仍指敕例而非法书 ………………………（349）
　　二　开皇所定唯有《律》、《令》而无《格》、《式》………………（353）
　　三　大业立法也未统一编纂过《格》、《式》……………………（356）
　　四　关于隋代立法和法律体系的几点认识 ……………………（367）

下　卷

第八章　《律》、《令》、《格》、《式》体系的形成 ………………………（373）
　第一节　武德"新格"及所谓"武德式"的相关问题 ……………（374）
　　一　基本史料及问题的由来 ……………………………………（374）
　　二　唐高祖两次定"格"至武德七年已采入新《律》……………（377）
　　三　《新唐书·艺文志》关于"武德式"的孤证不能成立 ………（382）
　　四　"五十三条格"确有某种承前启后地位 ……………………（387）
　第二节　贞观十一年立法史料及《贞观式》之有无问题 ………（389）
　　一　贞观所定《律》、《令》、《格》在记载中并无问题 …………（390）
　　二　《旧唐书·刑法志》载贞观立法的文句错杂 ………………（392）
　　三　《旧志》之误的原因及与之同源的一组史料 ………………（394）
　　四　关于"贞观式"的另外两条记载及其分析 …………………（402）
　　五　贞观十一年前后的立法趋势 ………………………………（411）
　　六　关于贞观立法的几点认识 …………………………………（413）
　第三节　永徽二年《律》、《令》、《格》、《式》体系的形成 ………（415）
　　一　永徽开创《律》、《令》、《格》、《式》体系的关键所在 ……（415）
　　二　永徽所定《律》、《令》、《格》、《式》体系的基本状况 ……（422）
　　三　永徽以后《律》、《令》、《格》、《式》体系的调整完善 ……（427）

第九章　开元前后《格》、《式》的基本性状 ……………………（433）
第一节　《散颁格》和《式》的形态和共性 …………………（434）
　　一　《散颁格》和《式》皆为法典而非敕例汇编 ……………（435）
　　二　《散颁格》和《式》的另一些共性 ………………………（439）
第二节　《留司格》形态及相关问题 …………………………（443）
　　一　《留司格》踪迹的探寻 ……………………………………（443）
　　二　《通典》附存的"《开元格》"佚文性质判断 ……………（446）
　　三　《留司格》形态的相对原始 ………………………………（450）
第三节　《格》、《式》编纂的要点 ……………………………（456）
　　一　《格》、《式》的编纂对象和编排方式 …………………（456）
　　二　"格后敕"与《格》的编纂 ………………………………（458）
　　三　敕例的另一形成途径与《式》的编纂 …………………（462）
　　四　《格》、《式》的编纂与条文数量 ………………………（468）
　　五　关于《格》、《式》编纂问题的归结 ……………………（472）
第四节　《格》、《式》的作用、性质和地位 …………………（474）
　　一　《格》、《式》均可补充《律》、《令》 …………………（474）
　　二　《格》、《式》与《律》、《令》的效力、位阶大体相当 …（482）
　　三　"别格"之所指及相关问题 ………………………………（486）
　　四　《式》的条、款结构及其"纲要"与"细则"并存 ………（490）
　　五　"别式"之所指及相关问题 ………………………………（496）
第五节　对唐前期《律》、《令》、《格》、《式》体系的几点认识 ……（501）
　　一　《唐六典》和《新唐书·刑法志》所述之得失 …………（501）
　　二　几点总结 …………………………………………………（504）

第十章　《律》、《令》、《格》、《式》体系的变迁 ……………（507）
第一节　类似《格》、《式》的几种法规及《格后长行敕》的编纂 …（508）
　　一　"选格"、"举格"及"长行旨"、"烽式" ………………（508）
　　二　"格后长行敕"及其相关问题 ……………………………（514）
第二节　《格式律令事类》的编纂与《大中刑律统类》 ……（520）
　　一　"格式律令事类"的编纂背景 ……………………………（521）
　　二　"格式律令事类"的体例 …………………………………（527）

三　"《格式律令事类》"的后续之举 …………………………… (533)
第三节　长行敕的删定编纂与开元二十六年至唐末立法 ……… (536)
　　一　开元以后的七次通盘立法 ………………………………… (537)
　　二　对中唐以来立法的几点认识 ……………………………… (550)
第四节　唐后期立法与法律体系之变 ……………………………… (552)
　　一　德宗对立法体制的两点调整 ……………………………… (552)
　　二　敕例及"长行敕"效力和地位的上升 …………………… (557)
　　三　"一切取最向后敕为定"及其解释 ……………………… (562)
　　四　关于唐前、后期敕例及长行敕作用和地位的几点认识 …… (565)

第十一章　宋初三朝的"例"与规范形态的变迁
　　　　　　——以礼例为中心的考察 ………………………… (567)
第一节　礼例表述方式和含义的庞杂 ……………………………… (568)
　　一　"礼例"的指称和表述方式 ……………………………… (568)
　　二　"例"的庞杂和内涵不定 ………………………………… (573)
第二节　礼例的构成、援引及其反映的问题 ……………………… (578)
　　一　宋初所援"礼例"中包括了前朝旧制 …………………… (578)
　　二　礼例可兼指礼典及《令》、《式》规定 ………………… (583)
　　三　以制敕为"例"和因习惯相承为"例" ………………… (587)
第三节　礼例发展升华的趋向和相应的制度形态 ………………… (592)
　　一　著于现有《令》、《式》或编入《编敕》 ……………… (592)
　　二　"条例"的修撰 …………………………………………… (597)
　　三　"著为定例" ……………………………………………… (605)
第四节　例册、例簿的编纂和礼书的新形态 ……………………… (612)
　　一　承敕编纂例册 ……………………………………………… (613)
　　二　各部门自编例簿 …………………………………………… (615)
　　三　例簿、册的收录范围和作用 ……………………………… (617)
　　四　礼书类同"例册"的新趋势 ……………………………… (619)
第五节　辨所谓"淳化令式" ……………………………………… (622)
　　一　淳化并未立法而仅校改违碍文字 ………………………… (623)
　　二　后唐仅存的唐代法书文本及相关认识 …………………… (626)

第十二章　中古"制定法运动"与"法律儒家化"进程……（629）
第一节　中古"制定法运动"及其兴衰起伏……（629）
　　一　魏晋时期制定法运动的开启……（630）
　　二　制定法运动在南北朝时期的展开……（634）
　　三　唐初以来制定法运动走向顶峰……（647）
　　四　制定法运动的迅速跌落和衰变……（655）
　　五　关于魏晋至隋唐制定法运动的几点认识……（658）
第二节　"儒家化进程"与魏晋以来的"制定法运动"……（660）
　　一　推进魏晋以来制定法运动的若干因素……（660）
　　二　"法律儒家化"命题及其内涵和背景……（674）
　　三　法律儒家化与制定法运动的关联……（678）
　　四　古文经学与法律儒家化及制定法运动……（688）
　　五　修礼典与定《律》、《令》的相互驱动……（692）
第三节　儒家化北支传统与制定法运动的高涨……（698）
　　一　北朝法律儒家化与制定法运动的同步发展……（699）
　　二　儒家化、汉化改革的缠绕与制定法运动的逐步推进……（700）
　　三　托古改制的三次高峰与制定法运动的逐浪高涨……（708）
　　四　关于北朝法律儒家化与制定法运动的几点认识……（714）
第四节　儒家化进程的终结与制定法运动的衰落……（717）
　　一　汉化的完成与社会发展的新阶段……（718）
　　二　经本经解趋于统一及其对法律儒家化进程的影响……（722）
　　三　礼典与法典的制作及礼、法关系的厘定……（733）
　　四　法律儒家化的终结与制定法运动的衰落……（741）

跋语　敕例、法典与中国古代法制的基本特征……（750）

目　录

引言 …………………………………………………………………………（1）

上　卷

第一章　魏晋以来敕例的编纂与《格》、《式》之源 ……………………（3）
　第一节　从《晋故事》到《梁科》、《陈科》 …………………………（4）
　　一　汉魏"故事"与《晋故事》 …………………………………（5）
　　二　《晋故事》的编录与条文形态 ………………………………（8）
　　三　从《晋故事》到《梁科》、《陈科》 …………………………（13）
　第二节　从"干支诏书"到《甲子科》、《甲辰仪》 ……………………（16）
　　一　"法令"与"干支诏书" ………………………………………（16）
　　二　《甲子科》与《壬辰仪》 ……………………………………（20）
　第三节　从编纂条制到《麟趾格》、《大统式》 ………………………（25）
　　一　敕例在北朝的活跃及"条制"的盛行 ………………………（25）
　　二　北魏编纂敕例的历程 ………………………………………（28）
　　三　敕例称"格"或"式"的习惯 …………………………………（30）
　　四　《麟趾格》、《大统式》的性质与形态 ………………………（35）

第二章　敕例编纂的立法化、法典化及其影响 ……………………（40）
　第一节　敕例编纂的立法化及其影响 …………………………（40）
　　一　《晋书·刑法志》提到的汉代法例编纂之作 ………………（41）
　　二　敕例编纂立法化与新《律》、《令》体制的形成和发展 ……（46）
　　三　敕例编纂立法化确定了法典与制敕的关系格局 …………（49）

四　敕例编纂立法化与魏晋以来敕例编纂活动的轴心 …………（52）
　第二节　敕例编纂的法典化及其影响……………………………（56）
　　　一　魏晋以来敕例编纂法典化的途径和趋势 ………………（57）
　　　二　敕例编纂法典化与《律》、《令》关系的定型 ………………（63）
　　　三　敕例编纂法典化与条制的流行 …………………………（69）
　　　四　敕例编纂法典化与若干过渡型法典的出现 ……………（73）

第三章　北魏前期立法与《律》、《令》形态、性质的变迁 ……………（77）
　第一节　天兴"律令"的性质和形态………………………………（77）
　　　一　天兴所定"律令"及其内涵 ………………………………（78）
　　　二　天兴"律令"的形态和性质深受汉魏影响 ………………（85）
　　　三　《天兴律》应是编集科条诏令而成的条制集 ……………（88）
　　　四　《天兴令》应是相关诏令集 ………………………………（94）
　第二节　神䴥四年以来"改定《律》制"……………………………（99）
　　　一　神䴥四年改定《律》、《令》的几个问题 …………………（100）
　　　二　关于正平元年"改定《律》制"……………………………（111）
　　　三　关于太武帝"改定《律》制"几点认识……………………（119）
　第三节　太和元年至十六年修订《律》、《令》……………………（120）
　　　一　孝文帝亲政前后的立法进程及其转折 …………………（121）
　　　二　太和改革与定《律》、《令》的关联 ………………………（128）
　　　三　《律》、《令》体制的进化与《太和令》的形态 ……………（139）
　　　四　关于太和元年至十六年立法的几点认识 ………………（146）

第四章　太和十六年后的官制改革与相关诸《令》的修订 …………（148）
　第一节　太和以前官制与《令》的状况……………………………（149）
　　　一　官制"旧《令》"的状态 ……………………………………（149）
　　　二　"旧《令》亡失"的背景：制度与《令》体形态 ……………（152）
　第二节　"太和中"所定"职令"与孝文帝的官制整改 ……………（155）
　　　一　太和中"职令"即太和十六年所颁官制之《令》…………（155）
　　　二　太和十六年"职令"的官制改革内容……………………（158）
　　　三　太和十六年"职令"在官制改革上的过渡性……………（162）
　第三节　太和十七年《职员令》与官制诸《令》的演变 …………（163）

一　推出《职员令》的背景 …………………………………………（164）
　　二　《职员令》的开创性和重大影响 ……………………………（166）
　　三　《职员令》编纂的迫促与局限 ………………………………（168）
　　四　《职员令》对太和十六年"职令"的损益 …………………（169）

　第四节　太和十九年《品令》及相关问题 …………………………（172）
　　一　制定"《品令》"的背景 ………………………………………（172）
　　二　《品令》解决的首先是官职的清、浊问题 …………………（174）
　　三　"《品令》"非"职令"的重修而属创体 ……………………（180）
　　四　《品令》中的"士人品第"和"小人之官" …………………（183）
　　五　太和十九年"《品令》"的影响 ………………………………（185）

　第五节　太和二十三年再修"职令" …………………………………（189）
　　一　"复次职令"指的是什么？ ……………………………………（189）
　　二　"复次职令"应是对前此三《令》的总结和调整 ………（192）
　　三　"职令"之称及其在唐宋类书中的佚文出处 ………………（195）
　　四　对太和二十三年"复次职令"的几点认识 …………………（201）

第五章　北魏后期《令》的修订与颁行 ………………………………（203）
　第一节　北魏后期"《令》未班行"说不能成立 …………………（203）
　　一　"《律》班《令》止"的记载有问题 ………………………（204）
　　二　"朝令"的"未及班行"当属实 ……………………………（205）

　第二节　太和十六年以来《令》多颁行之况 ………………………（207）
　　一　太和十六年及正始元年修成之《令》多已颁行 …………（208）
　　二　太和十六年以来及正始元年已颁而篇名可考之《令》 …（209）
　　三　太和十六年以来及正始元年已颁而篇名不详之《令》 …（217）

　第三节　太和以来未颁之《令》的两种情况 ………………………（224）
　　一　《令》篇有大体修成而未颁及久修未成而无从颁行者 …（225）
　　二　太和后期以来改制与礼仪诸《令》的纷纭难定 …………（233）
　　三　关于北魏后期《令》制定和颁行的几点认识 ……………（244）

第六章　北魏的科、格、式与条制 ……………………………………（246）
　第一节　科、格、式义项沿自汉代以来 ……………………………（247）
　　一　"科"的几种含义 ………………………………………………（247）

二　"格"义与"科"相类 …………………………………………… (249)
　　三　"式"可指法与"科"、"格"同 ………………………………… (251)
　第二节　科、格、式在法制领域常指敕例 ……………………………… (253)
　　一　科、格、式所指多与《律》、《令》有别 ……………………… (253)
　　二　科、格、式可泛指法条而不指代《律》、《令》 ……………… (255)
　第三节　科、格、式与条制：敕例指称方式的灵活不定 ……………… (257)
　　一　科、格、式可互称 ……………………………………………… (257)
　　二　含有多条规定的科、格、式可称"条制" …………………… (259)
　　三　科、格、式及条制皆非法律专有名词 ………………………… (261)
　第四节　科、格、式所指敕例的基本状况 ……………………………… (265)
　　一　"科"、"格"、"式"所指敕例的形成程序 ……………………… (265)
　　二　"科"、"格"、"式"所指敕例的基本性质 ……………………… (269)
　第五节　科、格、式所指敕例与《律》、《令》的关系 ………………… (274)
　　一　作用和地位视《律》、《令》的状态消长波动 ……………… (274)
　　二　刑事敕例的删定入《律》与代《律》而行 …………………… (275)
　　三　定《令》的曲折与敕例的活跃 ………………………………… (277)
　　四　北魏《律》、《令》与敕例关系的发展态势 …………………… (282)
　第六节　科、格、式所指敕例的源与流 ………………………………… (283)
　　一　有关指称习惯的源与流 ………………………………………… (283)
　　二　北魏敕例盛行的两个源头 ……………………………………… (285)
　　三　孝文帝以来礼制与法制、刑事与行政敕例的分化趋势 …… (289)
　　四　正始立法以后对科、格、式的清理与编纂 …………………… (292)

第七章　北齐与周、隋法律体系的若干问题 ……………………………… (296)
　第一节　北齐初年立法与《麟趾格》 …………………………………… (296)
　　一　北齐初年立法记载的出入 ……………………………………… (297)
　　二　天保元年下诏立法的范围 ……………………………………… (300)
　　三　天保元年立法的重心：《麟趾格》与议造齐《律》的关系 … (302)
　　四　《麟趾格》的基本状况 …………………………………………… (307)
　　五　关于北齐立法的几点认识 ……………………………………… (312)
　第二节　《河清令》的分篇体例与修撰过程 …………………………… (315)
　　一　《河清令》体例问题事关重大 ………………………………… (315)

二　《河清令》不可能以尚书诸曹分篇 …………………… (318)
　　三　《河清令》不以尚书诸曹分篇的证据 …………………… (321)
　　四　《唐六典》述《河清令》体例之误的可能原因 …………… (334)
第三节　北齐和北周的法律体系及相关问题 ………………………… (337)
　　一　《河清律》、《令》与《权格》、《权令》的并行 ………………… (337)
　　二　北周并未定《令》 ……………………………………………… (341)
　　三　《大律》与《刑书要制》、《大统式》与《正始令》并行 ……… (346)
第四节　隋定《律》、《令》而未修《格》、《式》 ………………………… (348)
　　一　隋代"格"、"式"仍指敕例而非法书 …………………………… (349)
　　二　开皇所定唯有《律》、《令》而无《格》、《式》 ………………… (353)
　　三　大业立法也未统一编纂过《格》、《式》 ……………………… (356)
　　四　关于隋代立法和法律体系的几点认识 ……………………… (367)

引　言

《律》、《令》、《格》、《式》作为唐代的法典和基本法律形式[①]，构成了一个独特的法律体系，并挟唐王朝的强劲位势而影响了此后各朝和周边各国的历史进程。因此，研究《律》、《令》、《格》、《式》各自的状态和相互关系，探讨这个法律体系的形成、发展和作用、地位，不仅切关乎唐史研究，而且涵盖了中古法制史各重大问题，更在认识我国及相关各国近现代法制建设的历史前提时有其意义，历来都受到了中外法制史界的高度重视，相关著述之丰，洵为同行研究我国古代各期之最。[②]

但长期以来围绕《律》、《令》、《格》、《式》的研究，在取得丰硕成果的同时，也还存在着若干缺陷。尤其是在回溯《格》、《式》及其与《律》、《令》构成相辅而行关系的源头时，许多研究不是拘

---

① 本书是在近乎现代法学"制定法"的意义上使用"法典"一词的，即无论其是否以原有制敕或法律规范为基础来编纂，均是按既定程序和体例起草制订、统一颁行、篇章明晰、内容系统的制定法，而非现行法律法规的摘编或汇辑。参梅因《古代法》第一章"古代法典"，沈景一译，商务印书馆1996年版；穗积陈重《法律进化论（法源论）》第一编"无形法"第三章"规范法"第六节"规范法之发达"、第二编"成形法"第三章"文字法"，黄尊三、萨孟武等译，中国政法大学出版社2003年版；望月礼二郎《英美法（新版）》第一篇"英美法总论"第三章"法源"第二节"判例法"、第三节"制定法"，郭建、王仲涛译，商务印书馆2003年版。

② 即以日本学者的研究成果为例，据寺田浩明《近百年日本学者考证中国法制史论文著作目录（1900—2000）》（收入杨一凡主编《中国法制史考证》丙编《日本学者考证中国法制史重要成果选译》第四卷，中国社会科学出版社2003年版）统计，关于"隋唐五代"时期的文著为688篇（部），大大多于"明"、"清"合计的495篇（部）。其他诸种法制史论著索引的情况亦大体与之相类。

泥于《唐六典》中的《格》、《式》前身之说而徘徊不前①，就是滞留在程树德、陈寅恪先生构筑的唐律或唐制"渊源"框架内弥缝补阙②，这应当是近年以来相关研究虽外延迅速扩展而水平未见明显提高的重要原因。其实《唐六典》原注述《格》、《式》之源而举例及于东、西魏的《麟趾格》与《大统式》，正犹明人说近世书院而溯至唐时宫中设立的集贤书院，盖仅就其一二端而言，而非云其沿袭于此，倘不能透过名相捕捉主导诸现象的历史实际及其发展脉络，其讨论就难免浮于皮相不得其要。至于程、陈二先生的"渊源"研究框架，程先生侧重于法律修订的因袭关系，陈先生则据此进一步梳理了影响制度的文化"因子"，实际上都只涉及了法律或制度源头问题的一隅而非全体，其所论固皆精卓绝伦并有重大意义，但若仅限于此，就无法对有关法律或制度发展演变的进程展开系统讨论。

必须强调的是，源头问题事关全局。不弄清其如何形成，不关心和深入至主导其演变递嬗的历史进程，就难以抓住《律》、《令》、《格》、《式》体系形成和发展的关键，也就无法真正把握它们各自的性状和总体走向。就拿《律》、《令》、《格》、《式》性质和相互关系这个中古法制史界"分歧最大、矛盾最尖锐"的问题来说③，

---

① 参钱元凯《试述秦汉至隋法律形式"格"的递变》，《上海社会科学院学术季刊》1987年第2期；马小红《"格"的演变及其意义》，《北京大学学报（哲社版）》1987年第3期；坂上康俊《有关唐格的几个问题》，载戴建国主编《唐宋法律史论集》，上海辞书出版社2007年版。又如滋贺秀三《中国法制史論集——法典と刑罰》（东京创文社，2003年）第六章"漢唐間の法典についての二三の考証"是1958年发表于《东方学》第17辑的旧作，第二章"法典編纂の歷史"则是其2001年杀青的新作，其文有鉴浅井虎夫、中田薰、仁井田陞、大庭脩、池田温诸人之说而加以阐发，可谓日本学界关于中国律令法系编撰史研究的集成之作，但其中有关《格》、《式》源头的解释，也还是囿于《唐六典》卷六《刑部》注文之说而甚少进展。

② 参刘俊文《唐律渊源辨》，《历史研究》1985年第6期；叶炜《北周大律新探》，《文史》2001年第1期。

③ 周东平：《律令格式与律令制度、律令国家——二十世纪中日学者唐代法制史总体研究一瞥》，《法制与社会发展》2002年第2期。

不少论者往往只据《新唐书》卷五六《刑法志》和《唐六典》卷六《刑部》等处有关《律》、《令》、《格》、《式》的简略表述就率而概括，说《式》是"公文格式"的笑话可能就是这么产生的①。比较深入一点的，则结合文献所载及出土文书所存其文来探其形态，进而推其各自性质和相互关系。遂有《律》、《令》是基本法典而《格》、《式》是其"补充"②，或者《格》是补充法而《式》是"行政细则"③，以及《式》是《律》、《令》、《格》的"实施细则"，是源出于《令》的"非刑律性行政法规"等多种说法④。此外还有《律》、《令》、《格》、《式》是否都是、还是只有《律》是"刑法"之类的纠葛⑤。这些界定都有其根据和理致，也都存在着内涵交叉、适于此者不适于彼之类的问题。究其共同原因，除以"补充法"、"行政法规"等范畴来概括中国古代法制实际的凿枘不合外，对《律》、《令》、《格》、《式》体系逐渐形成的历史过程及相

---

① 霍存福：《唐式佚文及其复原诸问题》（收入杨一凡主编《中国古代法律形式研究》（《法律史论丛》第十一辑），社会科学文献出版社2011年版）论述篇"唐式研究"三"唐式的性质与地位"（一）"唐式的性质"认为把唐《式》概括为"公文格式"，是"按照现代汉语的语义训释《六典》《式》以规物程事之'程'而导致的"；并认为"公文程式"的解释，与中华书局点校本《新唐书·刑法志》对贞观时期"取尚书省列曹及诸寺、监、十六卫计账以为式"这一句的标点有关。概括言之，把唐《式》概括为"公文程式"的说法，其根据显然是《宋史》卷一九九《刑法志一》和《容斋三笔》卷一六《敕令格式》条述元丰所定"表奏、账籍、关牒、符檄之类凡五卷，有体制模楷者，皆为式"。其误是把宋人概括的元丰以后之《式》当成了唐《式》，《新志》点校者不把"十六卫"和"计账"点开，恐怕也有这样的误解。

② 池田温的《隋唐律令与日本古代法律制度的关系》："律和令是当时的基本法典，而格、式二种则是律和令的补充。"陈国灿整理，载《武汉大学学报（哲社版）》1989年第3期。

③ 仁井田陞：《（補訂）中國法制史研究——法と慣習・法と道德》第三部"西域發見の唐律令格式"第十九章"敦煌發見唐水部式の研究"第二節"律令格式といら法典の體系"（三）"律令格式の相互関係"，東京大學出版會1980年版。

④ 冯卓慧：《从几件敦煌吐鲁番文书看唐代法律形式——式》，《法学研究》1992年第3期；霍存福：《唐式性质考论》，《吉林大学社会科学学报》1992年第6期。

⑤ 王立民：《论唐律令格式都是刑法》，《法学研究》1989年第4期；钱大群：《律、令、格、式与唐律的性质》，《法学研究》1995年第5期。

关问题缺乏研究①，可以说是一大症结。要而言之，在学界对《律》、《令》发展过程较少疑义，看法也基本一致的前提下，若能对魏晋以来《律》、《令》之外各种敕例的形态及其编纂历程作较为深入的考察，至少可以循其源流来梳理问题，使相关推论和分歧得以在同一个基础上加以讨论和研究，从而深化目前学界对《律》、《令》、《格》、《式》种种性状的认识，并对整个唐代法律体系及其走向作出更为切实的判断。

正是本着源头问题切关乎其形态、内涵、特点和发展线索的认识，有鉴于其已经成为制约研究进一步深入的薄弱环节，笔者自20世纪90年代起，陆续展开了一些个案研究，目的是要辨正《律》、《令》、《格》、《式》体系形成过程中的相关史实和问题，尽可能解答其中的研究难点和悬疑。大体说来，相关问题和疑难可以归结到两个层面上：

一个层面是《律》、《令》、《格》、《式》各自演变递嬗的线索，其中疑难集中在《格》、《式》的形成及其与《律》、《令》的关系上，又由于唐法系直承北朝而来，故尤其必须澄清北魏至齐、周和唐初的相关史实。这个层面上可资参考的前人研究成果较多，歧误亦多，资料的稀缺和零散，为形形色色的推测、独断提供了足够空间，歧误积重更易形成谜团，不少地方恐怕都需要重建研究的史实和逻辑起点。另一个层面是《律》、《令》、《格》、《式》作为一个体系的形成和发展问题，其中的疑难要在明确其不同于汉魏以前至唐宋以来法律体系的特点，据此清理和重构其间的要素关系及源流脉络。这个层面的问题显然基于又统辖着前一层面的问题，以往研究在这方面拉出的线条却大而化之，既缺乏前一层面可靠史实的支撑，又未能立足于

---

① 如大庭脩《律令法系的演变与秦汉法典》（马小红译，《中外法学》1990年第1期）概括唐以前法典的编撰状况："汉代，律为正典，令为追加法。从魏晋至南北朝，律与令是正典，格为追加法。在唐代，格与式也都开始汇编，律、令条文都日益减少。"又如堀敏一《中国における律令法典の形成—その概要と問題点》（收入唐代史研究会编《中国律令制の展開とその国家·社会との関係—周辺諸地域の場合を含めて》，刀水書房1984年版），勾勒了汉唐间律令体系的演化进程，又对日本学者的相关研究作了综述，大体亦与大庭脩所说相类。另如邓奕琦《北朝法制研究》（中华书局2005年版）第一章"北朝法制研究之回顾"第三节"本文之研究思路"中，也认为其书"对于北朝法制变迁传衍之始末及其实质的研究，仍然是粗线条的勾勒"。

唐代法系不同于汉魏以前和宋代以来法系的特点来讨论其由来、长出和蜕变，也就谈不上深究主导这两个层面种种事态和趋势的历史进程，更不可能意识到这里必须回答的中心问题是：为什么魏晋至隋唐法制史上，会出现制定法或法典备受重视的强劲势头而又迅速衰落了呢？

可以认为，自魏晋形成迥然不同于秦汉的新型《律》、《令》体制，至隋唐《律》、《令》、《格》、《式》体系的定型和瓦解，乃是我国古代法制史上的一个异峰突起。这条制定法或法典作用和地位从扩展上升到跌落缩减的奇异曲线，不仅伴随着中古社会、政治和法制包括法律形态演化的诸种事态，更关系到对中华法系基本特点和发展线索的理解，回答着其究竟是否以"法定主义"或法典法为主[①]，唐律或唐代的《律》、《令》、《格》、《式》体系可以在多大程度上代表我国古代法律传统等一系列重大问题，从而构成了中国法制史上最为重要、对相关研究来说也具有决定意义的现象。而本书，也正是要从上述两个层面入手，来凸显和解释这个异峰突起，以深化对中古法制史和我国古代法律传统的认识。

循此安排，本书第三、四、五、六、七、八、九章的主要内容，即以笔者在第一个层面上所选择的研究个案和结论所构成。其中讨论的，几乎都是北朝至唐法律体系在各关节点上的形态和走向问题，也都是对相关史实和前人成说的辨析和考证。其主旨是要说明：唐代《律》、《令》、《格》、《式》体系形成的根由，系于魏晋以来新的《律》、《令》体制定型、发展的过程之中，又尤其系于《律》、《令》这两部新法典与各种敕例间相互关系的发展过程之中。笔者认为，贯穿于这个过程的，显然仍是"今上制敕与法典的关系"这个帝制时代法制的核心问题。也正是这个过程在北魏特别是孝文帝改革以来的进一步

---

① 用法定主义和非法定主义来概括中国古代法制的某些侧面，是由日本研究中国法制史的学者提出来的。如仁井田陞《唐律的通则性规定及其来源》一"序言"即指出："中国古代围绕刑法的渊源，发生过二主义的对立抗争。二主义之一，是以不成文法规为刑法渊源的非法定主义，这是追随'先王议事以制'（说得好是依理处断，说得不好，就是临时擅断）、'不为刑辟'旧例的保守立场；另一个就是被右述立场所非议的法定主义，它以成文法规为刑法渊源。"此文收入刘俊文主编《日本学者研究中国史论著选译》第八卷"法律制度"，姚荣涛、徐世虹译，中华书局1992年版。

展开，及其直至隋及唐初一再重现和集中汇聚的种种事态，导致了通过编纂《格》、《式》这两种新法书或法律形式[①]，来删定和约束各种敕例的倾向，孕育了《律》、《令》与这类新的法律形式并行的格局，也就奠定了唐代《律》、《令》、《格》、《式》体制的基础。而本书第一、二、十、十一、十二章的内容，则主要体现了笔者在第二个层面上所做的研究和思考，其中讨论了魏晋以来"敕例"编纂与法系演变的关系，勾勒了唐代《律》、《令》、《格》、《式》体系所继承的敕例编纂立法化和法典化成果，及其在唐前、后期呈现出来的基本态势和发展脉络，研究了宋初三朝例的盛行及法规形态和相应法书、政书编撰重心的变化，以见唐宋间《律》、《令》、《格》、《式》体系瓦解和继续转折发展的关键所在。这些讨论旨在从更长的时段和发展脉络来探究《律》、

[①] 法史学界通常是把"格"、"式"与"律"、"令"、"科"、"比"等一概看作"法律形式"的，这虽然揭示了其间的某些共性，但要进一步揭示其各自特点，概括各种类型的法律形式的共性，这样定义就显得过于笼统了。同时，"法律形式"之类的名词，在表述中国古代法制实际的时候，也总是存在着凿枘不合的问题。在区别可称"格"、"式"的单行敕例和业已通过立法将之选编加工成帙的《格》、《式》这类现象时，笔者倾向于使用"法书"一词来表述后者，这是中国古代对于那些具有特定篇章结构的法律的称谓。《新唐书》卷五六《刑法志》："唐之刑书有四，曰《律》、《令》、《格》、《式》。"这说明唐宋人的确是把这四种法律形式视为特定之"书"的，民国时期编纂《六法全书》，取义与之有其一致性。王立民《唐律新探》（北京大学出版社 2007 年版）第十六章"唐律与唐令、格、式性质中的三个问题"一"关于《新唐书·刑法志》中'刑书'的真正含义问题"认为"刑书就是指刑法之书"，其中提到法史学界亦有将之解释为"治书"或"法律典册"者。其实《新唐书·刑法志》的这句话亦见于《唐六典》卷六《刑部》和《旧唐书》卷四三《职官志二》，其中的"刑书"称为"文法"，"文法"亦即法令，其例自《汉书》以来不胜枚举。从古代"刑"、"法"相通和《新唐书》遣词喜用古义的习惯看，称"刑书"为"法书"或更恰当。把某部法律或法令汇编称为"法书"始于魏晋，《宋书》卷一〇〇《自序》述其父沈璞官历时有一条原注，其中提到："凡中诏令悉在台，犹法书、典书也。"《南齐书》卷四八《孔稚珪传》载其永明九年奏上新定齐《律》，先述"《律》书精细，文约例广"，继述法吏、监司若不加以明习，"则法书徒明于帙里，冤魂犹结于狱中"。这是把《律》称为"法书"的显例。五代时期则常以"法书"指称《律》、《令》、《格》、《式》，《旧五代史》卷三〇《唐书第六·庄宗纪》同光元年十二月庚辰，"御史台上言：请行用本朝《律》、《令》、《格》、《式》，今访闻，唯定州有本朝法书，望下本州写副本进纳。从之"。《五代会要》卷九《定格令》载后唐天成元年九月二十八日御史大夫李琪奏："奉八月二十八日敕，以大理寺所奏见管四部法书，内有《开元格》一卷、《开成格》一十一卷……"《册府元龟》卷六一三《刑部法·定律令五》所载与同而《开元格》乃一十卷。可见唐后期以来本来是把《律》、《令》、《格》、《式》称为"法书"的，《新唐书·刑法志》则按自己的表述习惯将其改称为"刑书"了。

《令》、《格》、《式》体系的源流,分析和辨正了以往对唐代法律体系的诸种误解,在此基础上讨论了中古"制定法运动"的兴衰变迁及其历史内涵和背景,解释了"为什么魏晋至隋唐出现了法典备受重视而又迅速衰落的过程"这个中心问题,以有助于对我国古代法律传统及其基本特征和发展线索的认识。

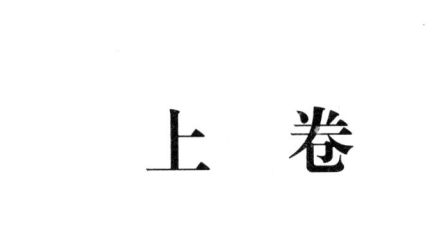

第 一 章

魏晋以来敕例的编纂与《格》、《式》之源

魏晋以来敕例的编纂，呈现了多头并进，性质、地位相当不同的复杂态势，在文献中则表现为各种敕例及其编纂过程记载零散，名称多样，相互之间以及与《律》、《令》之间关系错杂。这都是此期法律体系转折变迁的题中应有之义，却为研究过程带来了更大的困难，使之构成了解开当时诸多法制史难题的一个纽结。说其是"纽结"，不仅因为唐法系或《格》、《式》之源的种种问题，最终都聚焦到了敕例及相关编纂或立法活动的演变上；还因为以往学界在研究此期法制时所习惯的、立足于"《律》、《令》体制"发展的考虑，亟有必要转换思路、改变视角，补上以敕例为中心来观察当时整套法律体系演进历程的研究缺环，方有助于澄清迄今中古法制史上的大量悬疑和歧见。

就魏晋至隋唐法律体系的发展概要来看，自晋泰始立法，《律》正罪名，《令》定事制，其基本形态和性质至唐大抵犹然，学界并无疑义。这就提示，唐代《律》、《令》、《格》、《式》体系形成的关键，很大程度上在于《格》、《式》作为两种新的法律形式而出现，又尤其在于此前大量处于《律》、《令》之外的法律规范的演变和编纂态势。这类法律规范大略可通称为"敕例"[1]，因为其基本特点，一是皆为随时随事处理相关政务的制敕，常在主者上奏和皇帝批复的过程中产生；二是都作为既定的规

---

[1] 参杨一凡、刘笃才《历代例考·绪论》对中国古代"例"的四个义项的说明。社会科学文献出版社2012年版。

范或成例，指导着今后同类事务的处理，有其明确的法律效力和地位①。由此看来，《格》、《式》的形成史，也就是各种敕例不断被朝廷加以整理、编撰的历史②。其要害则无非是《律》、《令》之外层出不穷的大量敕例，至唐终于在历代对之不断有所编纂的基础上，分别被纳入和规范为《格》、《式》这两种形态和性质不同于以往的新法典。

以下即拟通过三个方面，来初步考察魏晋以来各种敕例的存在形态和编纂方式，借以梳理学界以往在探讨唐《格》、《式》源头时面临的疑难，尽可能凸显当时各种敕例及相关编纂、立法活动的发展脉络，勾勒其在当时法制格局中的地位，及其对汉魏以来整套法律体系递嬗变迁的影响，从而推进对唐法系源流问题的认识。

第一节　从《晋故事》到《梁科》、《陈科》

《晋故事》无疑是探讨魏晋以来敕例编纂形态或唐《格》、《式》之源的合适起点③。据《晋书》卷三〇《刑法志》、《唐六典》卷六《刑部》

---

① "敕例"即可以引为后比的制敕，亦即可供援引和具有明确法律效力和地位的制敕。这类制敕的法律效力和地位，可以通过其特定形成程序来赋予，也可以在制敕文中直接表明，以此与临时处分某事的一般制敕相区别。敕例自秦汉以来一直都是同期法律体系中数量最大也最为活跃的部分，其名称灵活不一，历代有"比"、"例"、"故事"，以及"科"、"格"、"式"，等称，内容包括多条者或称"品式"、"章程"、"条制"、"条法"、"条例"。敕例原形仍是随时随事下达的制敕，留有奏可副署的具体样态和下行年月日，可以是对某件具体政务的处理，也可以直接作出某些规定。朝廷和百司皆设专档存录敕例，官、私各方亦可对之进行不同形式的编纂以便援引或了解，历代目录书中的史部旧事、刑法、仪注、职官等类，往往都著录了这些官、私之作。其中凡ందేశే敕对之修削、删定和编集，再经奏闻和制可程序，使之统一指导行政过程的编纂活动，即为立法。由此形成的法律仍按不同需要和编纂体例而有不同的形式，这也就是《律》、《令》、《格》、《式》及《编敕》、《刑统》、《条法事类》乃至于《例》、《则例》等法律形式的由来。

② 宫宅潔《漢令の起源とその編纂》（载《中国史学》第5卷，东京，1995年版）指出："诸命令经分类整理后，可视为令典出现。"即点出了制敕编纂与汉《令》的密切关系，这对唐代《格》、《式》来说也是适用的。

③ 参守屋美都雄《晋故事について》，收入《和田博士古稀记念・東洋史論叢》，东京，讲谈社1961年版。此文对《晋故事》作了相当深入的讨论，以下有关考证即基此展开和补其未及，特此说明。此外，吕丽《汉魏晋"故事"辨析》（《法学研究》2002年第6期）、杨一凡、刘笃才《历代例考》二"魏晋隋唐例考"（一）"魏晋后故事的变迁"，均对当时"故事"作了研究，但这两项研究所辨析的"故事"，似不限于《晋故事》代表的特定法律形式，而是兼及了作为泛称的"故事"。

等处所载，可以明确的是，其在魏末晋初定《律》、《令》讫时编纂而成，其素材来自与《律》、《令》并行的"制诏之条"，其性质是各部门的那些未被编入《律》、《令》的"常事品式章程"①，故其散之可"各还其府"，合之亦当以各府为目。这些都已为史界熟知，至于更为具体的状况，则可通过其他各种记载来窥知一二。

一 汉魏"故事"与《晋故事》

《晋书·刑法志》载《晋故事》在泰始三年奏上时为三十卷。当时开国未久，新出制诏故事数量有限，三十卷中有相当部分应采自前代成例②，或即晋人经常引据的"汉魏故事"或"魏氏故事"之类。③

但问题在于，晋初所存的制诏故事，并非皆以原始形态存在，汉魏以来早已以不同方式对之加以编纂。其中最为重要的，如曹魏编撰的《新律》十八篇和《州郡令》等一百八十余篇，即可说是曹魏对各种制诏故事进行某种编纂的产物，至晋初又直接构成了《泰始律》、《令》的重要素材。把各种"故事"编纂成帙亦非自晋而始，现可推溯具有一定法律

---

① 《汉书》卷八一《孔光传》载其成帝初举为博士，"以高第为尚书，观故事品式，数岁明习汉制及法令，上甚信任之"。是制度法令即为"故事品式"。《宋书》卷二二《乐志四》载吴鼓吹曲十二篇之《承天命曲》，内有"审法令，定品式，考功能，明黜陟"之句。是汉魏以来所称"故事品式"常泛指制度法令。至于"章程"，《史记·太史公自序》称："汉兴，萧何次律令，韩信申军法，张苍为章程，叔孙通定礼仪。"《集解》释"章程"引瓒曰："言百工用材多少之量及制度之程品者是也。"是亦品式法度之类。居延新简EPT56·35—37为《大司农罪人得入钱赎品》，EPT56·280—281为《复作品》，EPT16·1—17为《烽火品约》，均可视为品式之实例，是含有系列标准或规格的法律规定。

② 《隋书》卷三三《经籍志二》史部旧事类后叙，说汉代以来，制度渐广，至"晋初，甲令已下至九百余卷。晋武帝命车骑将军贾充，博引群儒，删采其要，增《律》十篇。其余不足经远者为法令，施行制度者为《令》，品式章程为《故事》，各还其官府"。这说明当时删采的是汉至晋初"甲令已下九百余卷"的内容。

③ 如《晋书》卷二一《礼志下》及《宋书》卷一四《礼志一》皆载太康八年有司奏婚礼纳征聘物，"尚书朱整议：'按魏氏故事：王娶妃，公主嫁之礼……用绢百九十匹。晋兴，故事用绢三百匹。'诏曰：'公主嫁由夫氏，不宜皆为备物，赐钱使足而已。惟给璋，余如故事。'"这个例子表明"魏氏故事"等前朝故事的效力，还是需要本朝下诏以某种方式来分别确认的，如果"余如故事"之类的文字也在晋初规定"用绢三百匹"的诏文中出现，那也就确认了"魏氏故事"中其他人等纳征聘物规定的效力。

效力的《故事》，不少记载都讲到了东汉的《建武律令故事》三卷①，《晋故事》的编纂理应取鉴了这类《故事》书。

《三国志》卷二一《魏书·卫觊传》裴注引《魏书》载"汉朝迁移，台阁故事散乱，自都许之后，渐有纲纪，觊以古义多所正定"。其所"正定"的，当兼顾了有关"故事"的内容和编辑体例，"古义"亦应兼含了古文经的义理②，这说明汉末魏初曾整理和删定"台阁故事"。《三国志》裴注经常引用的"《魏武故事》"，其佚文内容多为法令成例，姚振宗《三国艺文志》认为此书"必是黄初后，魏之臣子所编录，以为台阁故事"③，其说是合乎逻辑的④。然则泰始三年奏上的《晋故事》三十卷，既可说是删定此前各种制诏故事的结果，也可视为在内容和体例上取鉴和损益《建武律令故事》、《魏武故事》等法书的产物。有必要指出的是，由于《建武律令故事》和曹魏五帝可能曾编的《故事》佚文邈焉不存，《三国志》裴注等处所引的《魏武故事》佚文，几乎已是今人探讨《晋故事》

---

① 《隋志》史部刑法类著录《汉朝议驳》三十卷，原注："案：梁有《建武律令故事》三卷。"是此书在《七录》中亦当列入刑法类。两《唐志》史部皆将此书三卷著录于刑法类下，《唐六典》卷六《刑部》原注述《格》之渊源，即自《晋故事》溯至"汉建武有《律令故事》上中下三篇，皆刑法制度也"。关于汉代的"故事"，参廣瀨薫雄《秦漢律令研究》第二部"秦漢律令の研究"第六章"漢代の故事"，东京，汲古書院2010年版。

② 如《周礼·天官冢宰》篇述小宰"以官府之八成经邦治"之类，即体现了重视文书存档、案比来展开行政管理的精神。

③ 姚振宗《三国艺文志》（收入《二十五史补编》第三册，中华书局1995年版）卷二史部故事类"魏武故事"条，其下文且谓"其后文、明、三少帝五朝亦必各有《故事》，则诸书所引《魏故事》、《魏旧事》是也"。劲案：姚氏推断五朝"各有《故事》"颇合情理，但说其即"诸书所引《魏故事》、《魏旧事》是也"则嫌过分。晋人论事常引的"魏氏故事"，与《隋志》史部旧事类著录的《汉、魏、吴、蜀旧事》八卷及唐宋类书中征引《魏旧事》、《汉魏故事》之类究竟是何种关系？是一个复杂的问题，目前尚无证据说明这些《故事》书编录于魏晋时期。

④ 明代周婴《卮林》卷四《述洪·历代史》先引《容斋随笔》所述三国书目，继说："三国书传者……尚有王隐《蜀记》七卷、郭冲《条诸葛隐事》一卷、《华阳国志》十二卷、《魏武本纪》四卷、《魏武故事》三卷、吴人《曹瞒传》一卷……"劲案：《魏武故事》自《隋志》以来未见各家著录卷数，周氏凿凿言其三卷，排序在《曹瞒传》前，未知其所本为何，录之备考。又，魏晋间编纂这类《故事》书的例子，还可以举出《华阳国志》卷一一《后贤志·陈寿传》载张华上表，命其"次定《诸葛亮故事》，集为二十四篇。时寿良亦集，故颇不同"。是当时有两本《诸葛亮故事》。《三国志》卷三五《蜀书·诸葛亮传》则载陈寿泰始十年二月一日奏上此书，称其前在著作郎，侍中领中书监荀勖、中书令和峤奏，"使臣定故蜀丞相诸葛亮故事"。又载其所集《诸葛氏集》二十四篇目录，内容亦多为品式章程，形式则多书疏表记，列目及于"科令"、"军法"，其体例盖为分类"存录其言"，以供取法。

形态来源的唯一线索。

今存《魏武故事》佚文，大多皆首有"令曰"字样①，如《三国志》卷一《魏书·武帝纪》建安二十三年裴注引《魏武故事》载：

> 令曰："领长史王必，是吾披荆棘时吏也。忠能勤事，心如铁石，国之良吏也。蹉跌久未辟之，舍骐骥而弗乘，焉遑遑而更求哉？故教辟之，已署所宜，便以领长史统事如故。"

至于其前并无"令曰"字样的《魏武故事》佚文，如《三国志》卷一《魏书·武帝纪》建安四年十二月遣刘岱、王忠击刘备，裴注引《魏武故事》曰：

> 岱字公山，沛国人，以司空长史从征伐有功，封列侯。

此条记录了司空长史刘岱封为列侯之事，其中"岱字公山，沛国人"之文，似非封侯令书所当有，况列侯亦非三公令书可封，其内容关乎刘岱阀阅，但《魏武故事》各条实无可能——载录相关诸人的行状，其文更像是从曹操请封刘岱为列侯的奏疏中删节而来。

从今存其佚文的总体状况来看，《魏武故事》的素材，应主要来自曹操所下教令及其在当时政体下例得制可施行的奏疏②。在编录者看来，这些教令和奏疏的性质自然无异于制诏，也都通过处理某项政务而形成了可供今后取法的成例，像上引王必"领长史，统事如故"，显然包括了不同

---

① 有些佚文的"令曰"二字，显然是被征引者省略的，如上引辟署王必之令书，《太平御览》卷八一三《珍宝部十二·铁》引《魏武故事》曰："领长史王必，是吾披荆棘时吏，忠而勤事，心如铁石。"就是如此。有些征引者更随意改动其文，如《三国志》卷一六《魏书·任峻传》述其屯田有成，裴注引"《魏武故事》"以明枣祗议立屯田之事，宋代吕祖谦《历代制度详说》卷十《屯田·制度》河南屯田条亦引此条《魏武故事》而加以删节，其文作"令曰：孤定许，当兴立屯田"云云，其"孤定许"三字不见他处所引，或即以意改定。

② 《隋志》史部刑法类著录《魏王奏事》十卷，姚振宗《隋书经籍志考证》（收入《二十五史补编》第四册，中华书局1995年版）引各家所考，以为此书即《史记集解》、《后汉书注》、《太平御览》等处所引的《魏武帝奏事》，或称《魏武制度奏》、《魏王奏事》。从其佚文可见其类皆设范立制。曹操的这类奏疏自必皆得制可，故其除被编入《魏王奏事》外，亦被《魏武故事》收录。

于一般领丞相长史者的兼职内容,且其编录过程不删"舍骐骥而弗乘"、"岱字公山"等浮辞,似可表明《魏武故事》相当完整地保留了曹操所下令书或所上奏疏的原文。[①]

当然裴注等处在征引此书内容时,不免取我所用而加以删节,现存其佚文中形态最为完整的,应首推《三国志》卷一《魏书·武帝纪》建安十五年裴注所引的《魏武故事》:

> 公十二月己亥令曰:"孤始举孝廉,年少,自以本非岩穴知名之士,恐为海内人之所见凡愚,欲为一郡守,好作政教,以建立名誉,使世士明知之……今上还阳夏、柘、苦三县户二万,但食武平万户,且以分损谤议,少减孤之责也。"

这显然也是一份令书,后世常称之为曹操"明志令",其特点是几乎照录了令书全文,又保留了令书下达的月日,似可说明《魏武故事》各条是以编年为纲,下按月日排序的。

由此亦可看出,从《魏武故事》到《晋故事》,在编录制诏,存其成例,以供取法的宗旨上,显然是一致的。但前者似以编年为纲,后者则可肯定以官府为目,其间还有一定的调整和发展。相关变化有可能在曹魏五帝编纂"故事"时业已发生,其经过现已不得而知,好在还有另一些佚文,可以局部说明《晋故事》的编录形态,及其变化和发展所在。

二 《晋故事》的编录与条文形态

泰始三年奏上的《故事》三十卷,到《隋志》已著录为《晋故事》四十三卷,这应当是补入了泰始三年以后"故事"的结果。事实上,《隋志》史部旧事类在《晋故事》四十三卷后,还著录了《晋建武故事》一卷、《晋咸和、咸康故事》四卷等书。这两种《故事》至唐代似已合帙传

---

① 冨谷至《晋泰始律令への道——第一部 秦漢の律と令》(载《東方學報》第72册,京都,2000年)一文,以《史记》卷一九《惠景间侯者年表》及《汉书》卷三四《吴芮传》载刘邦封吴芮为长沙王的诏书等事例,证明不少汉令,皆属个案而被明文"定著令"和编入《令甲》,认为这是汉令的一个重要特点。曹操奏请汉帝封刘岱为列侯,显然亦属此类。

世,《旧唐书》卷四六《经籍志上》及《新唐书》卷五八《艺文志二》史部故事类,皆著录有《晋建武、咸和、咸康故事》四卷、《晋建武以来故事》三卷,另又著录了《太始、太康故事》八卷(《旧志》载为五卷),而无《晋建武故事》一卷,即表明其已与《咸和、咸康故事》合帙而行。这个现象说明,《晋故事》四十三卷本,应当就是泰始三年编成的《晋故事》三十卷与此后编成的《太始、太康故事》、《建武故事》及《咸和、咸康故事》等书合帙的产物。这类合帙本或无立法意义,盖即《隋志》史部旧事类后叙所谓"缙绅之士,撰而录之"而成,与奉敕编纂奏上之《故事》三十卷本性质有别①,却仍可在一定程度上反映两晋"故事"逐渐积累的过程和《晋故事》的具体形态。这自然就使唐宋类书中残存的《太始、太康故事》及《咸和、咸康故事》佚文,在探讨《晋故事》形态时有了重要意义。

《初学记》卷二七《宝器部·绢第九》引《晋故事》:

> 凡民丁课田,夫五十亩,收租四斛,绢三疋,绵三斤。凡属诸侯,皆减租谷,亩一斗,计所减以增诸侯;绢户一疋,以其绢为诸侯秩。又分民租户二斛,以为侯奉。其余租及旧调绢,二户三疋,绵三斤,书为公赋,九品相通,皆输入于官,自如旧制。

这条《晋故事》规定的丁男课田五十亩及其租调额,可与《晋书》卷二六《食货志》载平吴后制定的"户调之式"相证②,显属泰始三年以后陆续增益的"故事"之一,《初学记》所引当来自四十三卷本《晋故事》中的《太(泰)始、太康故事》。据其末尾的"自如旧制"四字,似可推其原件必为一份包含了多项户调规定的制诏。不过《食货志》载户调式条理清晰,史臣显然对之作了归纳整理,而《初学记》载这条故事则在开头和结尾分叙租调通例,中间夹述诸侯所属课户输送租调之法,这似

---

① 《隋志》史部旧事类所录属汉代者有《汉武帝故事》二卷、《西京杂记》二卷,属汉魏以来者有《汉、魏、吴、蜀旧事》八卷,属晋代者除上面提到的《晋故事》、《晋建武故事》、《晋咸和、咸康故事》外,还有《晋朝杂事》二卷、《晋要事》三卷及至《晋八王故事》十卷、《晋四王起事》四卷等十余种,其中大半显然都未经立法程序而成,不得视为法令。

② 户调式既制于太康元年平吴以后,故未进入泰始三年修定的《户调令》,由于晋自后再未修订《律》、《令》,故其一直是以条制的形式作为"故事"而存在的。

乎可以说明,《晋故事》在删定原诏时并不重新安排或起草其语句,而是保留了其原来的叙次。

又《太平御览》卷八一二《珍宝部十·银》引《晋故事》曰:

> 成帝咸康元年,有司奏:上元给赐众官银,检金部见银一万五千两充给。

这条佚文既为东晋成帝咸康元年之事,当来自四十三卷本《晋故事》中的《咸和、咸康故事》,其文表明《故事》之条存留了有司奏事和皇帝批复的时间和内容。

又《艺文类聚》卷九五《兽部下·熊》引《建武故事》曰:

> 咸和七年,左右启:以米饴熊。上曰:此无益而费于谷,且是恶兽,所不宜畜使。遣打杀,以肉赐左右直人。

与之相类的还有《太平御览》卷九六六《果部三·橘》引《建武故事》曰:

> 咸和六年,平西将军庾亮送橘十二实共同一蒂,以为瑞异,百官毕贺。

这两条"故事"分别为成帝咸和七年和六年之事,可见其所取材的"《建武故事》",实际上是后来合帙传世的《建武以来故事》或《建武、咸和、咸康故事》之类[①],当然这一点并不妨碍其文原出《咸和、咸康故事》,尽管其已被征引者加以删节。这些佚文都表明,以官府编目的《晋故事》,其体例虽已有别于编年为纲的《魏武故事》,但其条文大抵仍由各种可供取法的成例所构成,且在有司上奏和皇帝诏答的过程中形成,故其性质皆为制诏,在删定编录时并不改动原诏的规定和叙次,同时保留了其

---

① 《太平御览》卷三五六《兵部八七·甲下》引《建武故事》曰:"王敦死,秘不发丧,贼于水南北渡攻宫垒,皆重铠浴铁,都督应詹等出精锐拒之。"王敦死于明帝时,此"《建武故事》"亦为《建武以来故事》。

形成年份。

在《晋书·刑法志》和《唐六典·刑部》原注所述基础上，对《魏武故事》和《太始、太康故事》、《咸和、咸康故事》佚文的上述考察，可以进一步在来源取本、编录体例等方面，对《晋故事》形态获得上述具体印象。现再将之与《晋书》和《宋书》记载的"故事"相印证，庶可得到更为完整的认识。

《晋书》卷五六《江统传》：

> 选司以统叔父春为宜春令，统因上疏曰："故事：父祖与官职同名，皆得改选。而未有身与官职同名，不在改选之例。臣以为……身名与官职同者，宜与触父祖名为比，体例既全，于义为弘。"朝廷从之。

统上此疏在惠帝时，其所引自然也是泰始三年以来的"故事"之一，其内容则为"父祖与官职同名皆得改选"。从江统称之为"改选之例"，述其并未包括"身与官职同名"是否改选的内容，可以推知这条"故事"原为一事一定的敕例，可以在其所定事项范围内指导铨选过程，本不要求其体例的完整和内涵的周延。而江统建议"身名与官职同者，与触父祖名为比"，既得朝廷"从之"，也就是再以制诏补充了这条"故事"，或者是形成了一条新的"故事"。这又印证了《唐六典》说《晋故事》乃"删定当时制诏之条"而成的说法，也解释了前面所说《晋故事》条数可与时俱增的背景。

又《晋书》卷二〇《礼志中》：

> 武帝咸宁二年十一月诏："诸王公大臣薨，应三朝发哀者，逾月举乐；其一朝发哀者，三日不举乐也。"元帝姨广昌乡君丧，未葬，中丞熊远表云……诏以远表示贺循，又曰："咸宁二年武皇帝故事云：'王公大臣薨，三朝发哀，逾月举乐；其一朝发哀，三日不举乐。'此旧事明文。"贺循答曰："……如远所答，合于古义。咸宁诏书虽不会经典，然随时立宜，以为定制。诚非群下所得称论。"

此处所载的武帝咸宁二年十一月诏，内容与元帝诏引"咸宁二年武皇帝故事"略同，元帝且谓此乃"旧事明文"，"旧事"也就是"故事"①，贺循又称之为"咸宁诏书"。这也可见"晋故事"不仅编录了制诏，也有可能对其作了相当程度的删节，而且保留了制诏下达的时间。

又《宋书》卷一四《礼志一》载穆帝升平元年将纳皇后何氏，太常王彪之议曰：

> 案咸宁二年纳悼皇后时，弘训太后母临天下，而无命戚属之臣为武皇父兄主婚之文。又考大晋已行之事，咸宁故事不称父兄师友，则咸康华恒所上，合于旧也。臣愚谓今纳后仪制，宜一依咸康故事。

据其前文可知，所谓"咸宁故事"，也就是咸宁二年纳悼皇后杨氏时所定仪制；"咸康故事"，则是成帝纳杜后时，太常华恒与诸博士参定奏上的仪制。这两条故事显然都应系于主管礼事的太常目下，而引者以年号分别之，表明各官司目下编录的"故事"，确是保留原诏下达时间的。又王彪之这里所称的"咸宁故事"，当与前引元帝所引"咸宁二年武皇帝故事"同属太常故事而年份相同。依理推想，同一篇目下同年形成若干"故事"的情况一定不少，因而其各条故事均应保留其形成年份及月日。换言之，无论是前引《咸和故事》佚文，还是上面举出的两条"咸宁二年故事"，原文都应保留了年月日，现有记载中只明其年份的状况，实际上是征引者或史臣撰史时省略了月日的结果。

由此可见，尽管文献所存两晋"故事"指称宽泛，其文皆为删节之余而非原貌，但其中所指较为清晰的事例，仍多可与《魏武故事》及《咸和、咸康故事》佚文所示的"故事"形态相证。综合以上各种证据和迹象，大略可以断定《晋故事》的编纂体例，是在《魏武故事》等前朝《故事》书的基础上调整发展而来，以官司为目即是其变化之一。各官司目下删定编录的，多为通过奏事和诏答处理政务时形成的制诏，同时保留了其下达时间并依其先后排序。这些制诏或作为成例，或直接对某类事务作出了明确规定，皆可指导此后相关行政过程，在编录时却并不刻意要求

---

① 姚振宗《隋书经籍志考证》卷一六《史部六·旧事类》录《晋宋旧事》一百三十五卷有案语曰："按旧事即故事，故事自东汉以来皆录在尚书……其称晋宋者，殆起于晋以来之条制欤？"

其规定事项的系统、完整或内涵的周延。其文应已有所删节，其删节程度现已不易判断，可以肯定的是其与原诏的关系并未割断，决非《律》、《令》文那样的"法条"，并不重新起草写定；而是以"敕条"的形态存在，也就是在存其内容要节和原有叙次的同时，通过首书"诏曰"和保留下诏时间等方式，明确了其原为制诏的性质。

三 从《晋故事》到《梁科》、《陈科》

直承《晋故事》发展的法律形式，《唐六典》卷六《刑部》原注继《晋故事》后说明道：

> 梁易"故事"为《梁科》三十卷，蔡法度所删定。陈依梁。

《隋书》卷三三《经籍志二》史部刑法类后叙说：

> 晋初贾充、杜预删而定之，有《律》，有《令》，有《故事》。梁时，又取故事之宜于时者为《梁科》。

也就是说，蔡法度等人删定的《梁科》四十卷和范泉等删定的《陈科》三十卷①，除把"故事"改称为"科"外，其删定制诏而成的来源和形态，实际上都是《晋故事》的延续。从西晋以来的立法格局和相关迹象来看，此说应当是靠得住的。

其理由一，东晋、宋、齐皆沿用《泰始律》、《令》，因而整理和编录各种调整、补充《律》、《令》和推出新政的制诏成例，已是此期最为重要的立法活动②。刘宋以来时或设立的尚书删定郎，便是专事删定台阁所

---

① 《梁书》卷二《武帝纪中》载天监二年四月癸卯"尚书删定郎蔡法度上梁《律》二十卷，《令》三十卷，《科》四十卷"。《隋书·刑法志》所载及《经籍志》著录皆为三十卷，《两唐志》著录仅剩二卷。

② 如《宋书》卷一八《礼志五》载废帝元徽四年议公府长史朝服之制，王俭之议有"伏寻皇宋受终，每因晋旧制，《律》、《令》条章，同规在昔。若事有宜，必合惩改，则当上关诏书，下由朝议，县诸日月，垂则后昆"之语。参程树德《九朝律考》卷四《南朝诸律考序》，中华书局1988年版。

存制诏成例的职务①，而皇帝下诏统一删定敕例亦时有之②。凡此虽或随时进行，也不编定成书，其整理或编录的方式亦多种多样，但其中肯定仍有不同程度地沿袭《晋故事》体例的编录活动，从而构成了梁、陈重定《律》、《令》、《科》的基础，其况当与晋武帝取历代"甲令"之类以修《律》、《令》、《故事》如出一辙。是可推知梁、陈之《科》亦取《律》、《令》不收之制诏故事，且依《晋故事》以来编录习惯修订而成。③

理由二，"故事"之名所指过泛，《故事》书性质亦驳杂多端，故在指称习惯上，具有明确法律效力的各种敕例及其缀记编录之作，至南朝已更多地像汉代那样称为"科"、"科条"④，并把包括若干科条的制诏称为"条制"⑤，其性质大略与《晋故事》所删定整理的"品式章程"

---

① 《宋书》卷三九《百官志上》、卷五三《张茂度传》附子《张永传》。此"删定郎"的前身，当是西晋定《律》、《令》时一度曾设的"定科郎"，事见《晋书》卷三五《裴颜传》附《裴楷传》。又《隋书》卷二五《刑法志》载梁、陈皆有删定郎参与当时立法。

② 如《南齐书》卷七《东昏侯纪》及《南史》卷五《齐纪·废帝东昏侯纪》皆载永泰元年七月己酉即位，十月己未，"诏删省律科"。此删省"律科"当即下诏统一清理各种有关刑事的敕例。

③ 《陈书》卷三三《儒林沈洙传》载范泉等删定《律》、《令》时，曾于梁以来测囚之法加以集议，最终则取新、旧之制"写还删定曹详改前制"。可见一斑。

④ 汉代已把《律》、《令》以外的处分制诏称为"科"，魏晋《律》、《令》以外的制诏规定亦称为科，加以编录则成《科》。如《三国志》卷三八《蜀书·伊籍传》载刘备定益州后，籍与法正、刘巴、李严五人"共造《蜀科》"。《晋书·刑法志》载魏武帝欲改刑制，"乃定《甲子科》，犯钦左右趾者易以木械"。又《宋书》卷五四《羊玄保传》附《羊希传》载其大明初为尚书左丞，时扬州刺史王子尚奏称"山湖之禁，虽有旧科"，然近来富者兼岭而占，贫者薪苏无托，请"损益旧条，更申恒制"。有司遂"检壬辰诏书"，改立五条，奏文称之为"壬辰之制"和"咸康二年壬辰之科"。此最足见"科"以形式而言为制诏，以内容而言可包括若干条，就性质而言是为朝廷制度。又"咸康二年壬辰之科"，似是一个透露了编录状况的称谓，其本是东晋"故事"而王子尚称之为"旧科"，也说明了改"故事"为"科"的背景。

⑤ "条制"之称魏晋以来多见，或称"条格"、"条品"、"科制"之类，多指那种通盘斟酌起草，内容包括了若干事条而得制可颁行的制诏，其实就是规定内容较为系统的敕例。如《晋书》卷九九《桓玄传》述其造革纷纭，"条制森然"。《南齐书》卷三《武帝纪》永明七年十月己丑诏以当时婚丧之礼动违矩则，命有司"明为条制，严勒所在，悉使画一。如复违犯，依事纠奏"。不过记载中偶亦有把地方性规章称为"条制"的，如《晋书》卷八二《虞溥传》载其为鄱阳内史时兴办学校，"乃具为条制，于是至者七百余人"。地方长官这种条制当是诏颁条制的模仿变种，本书所述条制则专指制诏形式的条制而言。

无异①。同时宋、齐以来官方似亦不再统一编录《故事》书，而私家编撰《故事》书性质又尤其芜杂，故《梁科》和《陈科》弃"故事"而以"科"为名，正是要突出其奉敕选编制诏而成，且与《律》、《令》并行的立法性质。

理由三，还有一些证据可以说明齐、梁间科条的编录状况。如《南齐书》卷三四《虞玩之传》载太祖建元二年诏虞玩之、傅坚等"检定簿籍"，玩之上表有曰："宋元嘉二十七年，八条取人；孝建元年书籍，众巧之所始也……愚谓宜以元嘉二十七年籍为正。民惰法既久，今建元元年书籍，宜更立明科，一听首悔，迷而不反，依制必戮。"这是建议在元嘉二十七年"八条取人"之科的基础上"更立明科"，反映了刘宋以来各种科条续有调整损益之况。"元嘉二十七年八条取人"之科，距虞玩之上表已有三十年，这也反映此类"科条"的编录确是保留了原诏下达时间的②。又《梁书》卷一《武帝纪上》载其即位前夕大赦天下，下令废除诸"昏制谬赋、淫刑滥役"，凡属"主守散失，诸所损耗"，则"精立科条，咸从原例"。所谓"精立科条，咸从原例"，显然也是以后《梁科》的编纂原则之一，"原例"即原诏，"精立科条"既然是以"咸从原例"为前提的，这也是《梁科》摘编原诏而成的证据。

由上考察可见，《晋故事》至《梁科》、《陈科》，都按某种体例选编了随时随事下达的各种制诏成例，其散之存于各司，聚之则以诸司为目的基本特点，及其摘编诏条而成、存其下诏时间等具体形态，均与后来唐代的《留司格》相类。非但如此，在魏晋南朝时期的多种制诏编录方式中，唯有《晋故事》及《梁科》、《陈科》与《律》、《令》一起修订和颁行，具有补充《律》、《令》规定的地位和性质。这些都说明《唐六典》在追溯唐《格》渊源时独举《晋故事》至《梁科》、《陈科》相沿递嬗一脉，

---

① 《文馆词林校证》（日藏弘仁本，罗国威整理，中华书局2001年版）卷六六二《诏三二·征伐上》录《西晋武帝伐吴诏》末云："今当大修戎政，以混壹六合，赏功罚惰，明罚整法。其宣敕中外群官，使各悉心毕力，明为身计，主者以时施行条品。"此"条品"亦即"条制"、"条格"之类，为包含了若干规定的科条，也就是所谓"品式章程"。《宋书》卷六《孝武帝纪》大明二年二月丙子诏曰："政道未著，俗弊尚深，豪侈兼并，贫弱困窘，存阙衣裳，没无敛榇，朕甚伤之。其明敕守宰，勤加存恤，赗赠之科，速为条品。"亦同。

② 《南齐书》卷六《明帝纪》载建武元年十一月庚子诏定百官七十致仕之法，"自缙绅年及，可一遵永明七年以前铨叙之科"。这种"一遵永明七年以前铨叙之科"的行文，也表明科条是按其下达时间编录的。

是有其针对性的。

第二节 从"干支诏书"到《甲子科》、《甲辰仪》

从编纂方式的角度来看,《晋故事》至《梁科》、《陈科》这一脉,可说是一种地位特殊的敕例定本,其特殊性要在与《律》、《令》一体修订颁行和补充其相关条文。除此之外,魏晋以来还存在着另外一些编录制诏成例的方式。

一 "法令"与"干支诏书"

《隋书》卷三三《经籍志二》史部旧事类后叙云:

> 晋初,甲令已下至九百余卷,晋武帝命车骑将军贾充,博引群儒,删采其要,增《律》十篇。其余不足经远者为法令,施行制度者为《令》,品式章程者为故事,各还其官府。

这是说泰始三年立法所撰定或编纂的,除《律》、《令》、《故事》外,另有一些被认为地位较逊而"不足经远"的"法令"。其编撰删定显然同样取本于"甲令以下九百余卷",且其既称"法令",自然是有其法律效力的。其形迹见于记载者,如《隋志》史部刑法类著录的《晋刺史六条制》一卷①,便应是与《晋故事》有别而效力相类,又同样是按官司部门编撰的制诏集。②

又《宋书》卷一〇〇《自序》述其父沈璞行迹有曰:元嘉"时中书郎缺,尚书令何尚之领吏部,举璞及谢庄、陆展,事不行"。值得注意的是其下的一行原注:

---

① 姚振宗《隋书经籍志考证》认为《晋刺史六条制》即为汉武帝所颁刺史职责的六条诏书,"历后汉、魏、晋、宋犹承用之"。劲案:《晋书》卷七一《陈頵传》载其武、惠间为郡督邮,论事有曰:"甲午诏书,刺史衔命,国之外台,其非所部而在境者,刺史并纠。"《通典》卷三二《职官十四·州郡上》载"晋制刺史三年一入奏"。其原注也引用了陈頵引用的这条干支诏书之文。刺史于境内无所不纠及其三年一入奏的规定,显然都与汉武帝六条诏书之旨有别,而此书既名《晋刺史六条制》,所收当为"甲午诏书"之类。

② 《隋志》史部职官类著录的《梁尚书职制仪注》四十一卷等书,应当也是这类作品,因为朝廷诸礼及相关仪注,在当时类皆奉敕编撰,制可施用,故皆可视为制诏集。

> 事见文帝中诏，凡中诏今悉在台，犹法书、典书也。

此事既"不行"，故沈约注明其依据为"中诏"，亦即宋文帝在内廷处分何尚之奏补中书郎之事的意见。"中诏"显然与作为成例的制诏故事有别，而沈约既说"中诏今悉在台，犹法书、典书"，说明其也是被不断缀集编录成册的①；"犹法书、典书"，表明这种编纂工作虽是例行的文案存录归档而不同于立法，但其应当仍可供有关部门理务时查验引据，也就带上了一层"法书、典书"的性质。

事实上，与"中诏"相对而言的，是"施行诏书"。《晋书》卷三〇《刑法志》载东晋草创之际，晋王大理卫展"考摘故事有不合情者"，又上书曰：

> 今施行诏书有考子正父死刑，或鞭父母问子所在。近主者所称庚寅诏书，举家逃亡，家长斩。若长是逃亡之主，斩之虽重犹可，设子孙犯事，将考祖父逃亡，逃亡是子孙而父祖婴其酷，伤顺破教，如此者众……今诏书宜除者多，有便于当今，著为正条，则法差简易。②

这里卫展考摘"故事"，又上书列举近来"施行诏书"有违情理之况，其下则引述了"庚寅诏书"伤顺破教的内容，可见魏晋时期常见的干支诏书就是"施行诏书"③，也可以归入"故事"的范畴④。特别是卫展要求删定诏书，"著为正条，则法差简易"，说明当时存在着清理和删定各种

---

① 《十七史商榷》卷六一《中诏》条述《南齐书·张绪传》末引"建元初中诏"及沈约自序原注所称"文帝中诏"，以为"中诏"乃"当时记录之名"。

② 《晋书》卷三六《卫瓘传》附《卫恒传》载其族弟卫展事迹亦及于此。

③ 西汉和东汉前期未见以干支来省称诏书者，这种称谓习惯当始于东汉后期以来。参楼劲《魏晋时期的干支诏书及其编纂问题》，中国魏晋南北朝史学会、山西大学历史文化学院编《中国魏晋南北朝史学会第十届年会暨国际学术研讨会论文集》，北岳文艺出版社2012年版。

④ 《晋书》卷八九《忠义易雄传》："少为县吏，自念卑贱，无由自达，乃脱帻挂县门而去。因习《律》、《令》及施行故事，交结豪右，州里稍亲之。"此处把"故事"称为"施行故事"，当是要说明其所研习的并非一般典故，而是"与《律》、《令》并行"的《晋故事》，这也反映《晋故事》是删定施行诏书而成的。又《晋书》卷一〇四《石勒载记上》载其称赵王后，命有司"采集律令之要，为施行条制"。所谓"施行条制"，其实也是施行诏书，无非是其内容包括了多个制度条款而已。

施行诏书的体制。而所谓"著为正条",若非编入《故事》,即当另行编录。由于《故事》可"各还其府",显然并非那些颁告天下的普适性规范,而是直接下至某个机构指导其行政过程,并由其自行掌握和负责予以贯彻落实的规范或成例。因而与之不同的施行诏书,必是那些内容涵盖数府或全国各地各部门,也就无法"各还其府"的规范或成例,这类诏书在出纳帝命的台阁亦必有其文档簿册,对此另行删定编录实有必要。此即《隋志》史部刑法类后叙说《律》、《令》、《故事》之外另有"法令"的部分背景。从上引文可以看出,卫展的建议,正是要对施行诏书作通盘的清理、删定和编录。

干支诏书的干支,大抵均指诏书下达之日[①],故其均已施行;以干支为称,似反映其编录方式突出的是下诏的时间顺序。这种诏书编录方式,显然继承了汉代把已经明确为"令"的施行诏书缀录为《令甲》、《令乙》的方式[②],且

---

① 《隶释》卷一《孔庙置守庙百石碑》载桓帝元嘉三年三月廿七日壬寅,下诏为孔庙置百石卒史一人,鲁相得诏施行,即称其为"壬寅诏书"。类此的又如《晋书》卷八《哀帝纪》兴宁二年三月"庚戌朔,大阅户人,严法禁,称为庚戌制"。此"庚戌制"因其下于庚戌日得名,也可称"庚戌之制"或"庚戌诏书"。《宋书》卷五四《羊玄保传》附兄子《羊希传》载其太明初议山湖之禁,"时扬州刺史西阳王子尚上言:'山湖之禁,虽有旧科,民俗相因,替而不奉,熂山封水,保为家利。自顷以来,颓弛日茂,富强者兼岭而占,贫弱者薪苏无托,至渔采之地,亦又如兹。斯实害治之深弊,为政所宜去绝,损益旧条,更申恒制。'有司检壬辰诏书:'占山护泽,强盗律论,赃一丈以上,皆弃市。'希以'壬辰之制,其禁严刻,事既难遵,理与时弛。而占山封水,渐染复滋,更相因仍,便成先业,一朝顿去,易臻嗟怨。今更刊革,立制五条……有犯者,水土一尺以上,并计赃,依常盗律论。停除咸康二年壬辰之科'。从之。"这里"壬辰诏书"即"壬辰之制",亦即王子尚所称的"旧科",故羊希又称之为"咸康二年壬辰之科"。咸康二年岁在丙申,故干支诏书的干支,显然不是指诏书下达之年,遍检魏晋以来的干支诏书,其干支皆不指诏书下达年、月而唯指日。

② 汉代"令"即施行诏书,但不是所有施行诏书都是"令",只有那些诏文明言"著令",或诏命"具为令"后经过议定得到制可的施行诏书,才是"令"。《令甲》、《令乙》即是按时间顺序缀录这类诏书而成的《令》篇。参大庭脩《秦汉法制史研究》第三篇"关于令的研究——汉代的立法手续和令"第一章"汉代制诏的形态"。林剑鸣、王子今等译,上海人民出版社1991年版。需要特别指出的是,陈梦家《西汉施行诏书目录》(收入所著《汉简缀述》,中华书局1980年版)不仅考定了居延汉简2551号为施行诏书目录,其目下各条施行诏书即按时间先后排列。而且特地指出了甲2551号"札长三尺,则为律令所书的尺度",认为这些施行诏书均是"作为律令的施行诏书……或即是《甲令》或《令甲》",同时又明确了"凡诏书而编著为令者,有时在诏书中明白注出"的相关表现。陈先生的这些见解历时弥久而愈见其卓,后来大庭脩等先生将此诏书目录断定为"《令甲》目录",即本此而来。

其既纯以时间先后为序①,也就必然是跨部门统一编纂之物②。是为《律》、《令》、《故事》之外另有"法令"的又一重背景。如所周知,魏晋是《律》、《令》开始定型的时期,特别是西晋以来《令》体大变,其与《律》已同为通盘斟酌起草和重新制定的法典,而不再像汉《令》那样现成地由某些制诏所编成。在此前提之下继续编纂的干支诏书,也就不能再冠名为《令》,而只能是以时间为序编录、性质则与《故事》相类的"法令"了。由此可以推知的一个重要史实,是在魏晋渐次确定《律》、《令》体制,晋初又编纂《故事》与新定《律》、《令》并行的同时,汉代《令甲》、《令乙》所代表的,按下达时间先后来编纂各种普适性诏书的做法还在延续,且仍以"法令"的形式在整套法律体系中占有一席之地。

也就是说,不是曹魏一制定《新律》和《州郡令》等篇,汉代编纂《令甲》之类的做法就立即废止了;也不是西晋一制定《泰始律》、《令》、《故事》,汉魏的这种做法就马上绝迹了。在当时,编纂干支诏书的旧传统并未骤然中止,而是与新制度共同存在了相当长的一段时间,这才是魏晋以来《律》、《令》体制定型过程的实况。《晋书》卷三〇《刑法志》载曹魏立法之事,说"汉时决事,集为《令甲》以下三百余篇",连同东汉《法比都目》等书所载辞讼比,共达九百零六卷;又节载《新律序》文,称其十八篇综采秦汉旧《律》及以往科、令而成,其中定

---

① 《令甲》、《令乙》即是按制诏下达时间先后为序编录的令篇。《汉书》卷八《宣帝纪》地节四年九月诏:"《令甲》:死者不可生,刑者不可息。此先帝之所重,而吏未称……"师古注引文颖曰:"萧何承秦法所作为律令,律,经是也。天子诏所增损,不在律上者为令。令甲者,前帝第一令也。"如淳曰:"令有先后,故有《令甲》、《令乙》、《令丙》。"师古曰:"如说是也,甲、乙者,如今之第一、第二篇耳。"合诸所说,可见《令甲》、《令乙》之类,实为依下达先后次序编纂的诏令之篇,其实例如《后汉书》卷一二《律历志中》载永元十四年太史令奏对,曰"案官所施漏法,《令甲》第六常符漏品,孝宣皇帝三年十二月乙酉下,建武十年二月壬午诏书施行"云云。这说明当时《令甲》第六条为宣帝三年十二月乙酉诏书所作的漏法规定,其所以列于《令甲》第六,或因建武十年二月下诏确认,此诏在后汉《令甲》中排序第六的缘故。由此亦可看出《令甲》之类可能是不断被删定重编的,这一点应当有助于澄清法制史界长期以来围绕《令甲》、《令乙》性质或体例而发生的不少分歧。

② 日本学者常把《令甲》、《令乙》之类称为"干支令",然当时并无《令子》、《令丑》之篇,称《令甲》、《令乙》之类为"干支令"显然是不足训的。只有在《令甲》之类编录的都是干支诏书的意义上,才可以称之为"干支令",这是需要特别强调的。

《留律》时，停废了汉文帝减改肉刑的"丁酉诏书"①。这说明曹魏定《律》、《令》时，曾对汉初以来仍存的法书诏令做过全面清理，其中相当一部分已被停废。不过从上引《隋志》史部旧事类后叙说"晋初《甲令》以下至九百余卷"来看②，曹魏固然停废了不少汉以来的旧法，却肯定还在继续像汉代的《令甲》那样编纂本朝的诏令。同理，卫展提出删定诏书，"有便于当今，著为正条"的建议，也表明晋初编定《律》、《令》、《故事》时，虽大幅清理了以往"《甲令》以下九百余卷"的内容，却也还在继续删定和以下达时间为序统一编纂本朝的施行诏书，只是其篇名不再是《令甲》之类，而是统称为"法令"罢了。

二 《甲子科》与《壬辰仪》

这样删定和编纂而成的干支诏书，自然已不再是现成编缀制诏的簿档，而是一种性质明确的立法活动的产物。从干支诏书常被官员在理务论政时加以引据，又为众熟知而不虞混淆的史实来看③，其普适性及其法律地位显然是得到公认的，并与《晋故事》一起构成了当时立法和法律体系的重要部分。其当然可以补充或修正《律》、《令》条文，从而成为修订《律》、《令》的前声或准备；也可以据此进一步编录针对专门部门或事项的制诏集。像上面提到的《晋刺史六条制》中，既包括了"甲午诏书"之类，即可说是基此而编成的部门性制诏集。而在此之前，汉末及曹魏所编纂的《甲子科》和《甲辰仪》，则可视为基此编成的事项性诏令集。

---

① 《新律序》称："丁酉诏书，汉文所下，不宜复以为法。"此诏当即《汉书》卷二三《刑法志》所载汉文帝十三年减改肉刑之诏，《汉书》卷四《文帝纪》述其"除肉刑法"在五月，然据陈垣《二十四史朔闰表》（古籍出版社1956年版），是月丁卯朔，丁酉当为六月初一日。这份诏书显然也在《晋志》所称"《令甲》以下三百余篇"之中，说明汉初以来的诏令代经删定重编以后，其中有一部分一直保存到了魏晋时期。由于西汉尚无以干支来省称诏书的习惯，《新律序》文所称"丁酉诏书"当非汉文帝时期而是汉魏之际的称谓。

② 《甲令》亦即《令甲》，陈梦家《西汉施行诏书目录》一文业已指出。

③ 既然以下达之日的干支来命名，则每年约有6个同样的干支日，每10年就会有60多个同样的干支日，而台阁簿档所存这些日子下达之诏不知凡几。在此情况下引据干支诏书而不致与相同干支日所下其他诏书混淆，当是因为引据者往往同时点明了其内容，与其议者及其听众也都熟知其出处和法律效力的缘故。

《晋书·刑法志》载曹操时议改刑制之事：

> 于是乃定《甲子科》，犯钛左右趾者，易以木械。是时乏铁，故易以木焉。又嫌汉《律》太重，故令依《律》论者，听得科半，使从半减也。

这就表明了"《甲子科》"补充和修正汉《律》的性质，故《唐六典·刑部》原注亦引此记载，以之为唐《律》渊源之一。《三国志》卷一二《魏书·何夔传》载其建安中为长广太守，"是时太祖始制新科，下州郡，夔上言曰：'所下新科，皆以明罚饬法……'"同书卷九《魏书·曹仁传》载其"及长为将，严整奉法令，常置科于左右，案以从事"。《晋书·刑法志》载曹魏时陈群等"删约旧科，傍采汉律，定为魏法"，群等奏上《新律》十八篇及《州郡令》等，其《序》述其改作，多引旧科之条。如其中提到："《盗律》有劫略、恐猲、和卖买人，科有持质，皆非盗事，故分以为《劫略律》。"这三处记载中的"科（新科、旧科）"，其实都是指"《甲子科》"①。从其有鉴于汉《律》太重，"故令依《律》论者，听得科半"，可见其各条皆据曹操令书编成，其名当循先秦以来书籍命名之习，因其首条乃是"甲子令书"，或因颁行此科条集的令书下于甲子日而来。其既内容包括多条，"皆以明罚饬法"，又颁下州郡而被长吏置于左右，在当时实际起着代《律》而行的作用。其地位和编纂体例则大略相当于汉时决事《令甲》、《令乙》之类的续篇，只是由于当时尚未代汉而不能将之正名为《律》或《令》罢了。②

又《隋书·经籍志》史部仪注类著录有"《甲辰仪》五卷"，原注谓其"江左撰"。《艺文类聚》卷一六《储宫部·太子妃》引《甲辰仪》曰：

---

① 姚振宗《三国艺文志》史部刑法类认为《甲子科》即"《魏科》之另称"。
② 《晋志》载当时屡曾议复肉刑，"及魏国建，陈纪子群时为御史中丞，魏武帝下令又欲复之……时钟繇为相国，亦赞成之。而奉常王修不同其议，魏武帝亦难以藩国改汉朝之制，遂寝不行。于是乃定《甲子科》"。这说明曹操本意是要议改刑制，却又"难以藩国改汉朝之制"，遂名其所定之制为《甲子科》。

皇太子妃、公主、夫人逢持节使者、高车使者，住车相揖。①

似即其文②。《旧唐书·经籍志》史部仪注类著录《甲辰仪注》五卷，列于徐广撰《晋尚书仪曹新定仪注》四十一卷及《车服杂注》一卷之间，当即此书，亦以之为东晋所撰③。《唐六典》卷一〇《秘书省》秘书令史条原注：

《魏甲辰仪》秘书令史品第八，晋品第九。④

《太平御览》卷五四二《礼仪部二十一·拜》引江统祚《谒拜议》文，其中引有"《甲辰仪》：'臣见诸王，直恭敬而已，无鞭板拜揖。虽于皇帝为诸祖、诸父，其义皆同。'"此其所引《甲辰仪》，亦应是《魏甲辰仪》之文。

从这几处记载来看，曹魏已有《甲辰仪》，或称《甲辰令》，乃是曹丕代汉后编纂之物⑤，且补充了魏定《新律》及《州郡令》、《尚书官令》、《军中令》所未及的官品仪制规定⑥。姚振宗《三国艺文志》史部仪制类认为："此书疑即《魏故事》中佚本，或首篇有'甲辰'字，遂以甲辰名书。"其是否《魏故事》中佚本有待商榷，其名来自其首篇有"甲

---

① 《太平御览》卷一四九《皇亲部·太子妃》引"《甲辰仪》曰：皇太子妃、公妃、夫人逢持节使者、高车使者，皆住车相揖，妃、主皆住车不揖。"其"公妃"或为"公主"之误。

② 《艺文类聚》此处引《甲辰仪》文列于《晋孝武起居注》文后，《东宫旧事》文前。《东宫旧事》当即《隋志》史部旧事类著录《晋东宫旧事》十卷。《旧唐书·经籍志》史部故事类著录张敞撰《东宫旧事》十一卷，列于晋人作品之间。《初学记》卷二五《器用部》、卷二六《服食部》皆引作《晋东宫旧事》。是《艺文类聚》此处所引《甲辰仪》亦为东晋之书。

③ 《玉海》卷六八《礼仪·礼制上》"晋新定仪注"条亦录"《甲辰仪》五卷，江左撰"。显亦以为东晋之作。《新唐书·艺文志》史部仪注类著录"《甲辰仪注》五卷"，列于齐梁间萧子云《古今舆服杂事》二十卷后，西晋挚虞《决疑要注》一卷之前。

④ 《唐六典》卷五《兵部》原注两引《魏甲辰令》，一条是："《魏甲辰令》、《晋官品令》、《梁官品令》辅国将军并第三品；"另一条是："《魏甲辰令》游骑将军第四品。"

⑤ 《通典》卷三六《职官十八·魏官置九品》尚书中书秘书令史列在第八品末，可见规定"秘书令史品第八"的《甲辰令》，必是曹魏代汉以后所制。至于"臣见诸王直恭敬而已"，则显非曹操执政时所规定。

⑥ 张家山汉简《二年律令》中有《秩律》规定各种官秩，至曹魏定《新律》十八篇及《州郡令》、《尚书官令》、《军中令》时，其中并无规定官品之篇，有关内容当在《甲辰仪》中加以规定。

辰"字，则是合乎当时书籍命名惯例的。然则《甲辰仪》的"甲辰"之名，也因此书所收首条为"甲辰诏书"，或颁行此书的诏书下于甲辰日而来，要之不外是一部官品仪制方面的诏令专集。从前面所说当时仍在延续汉代编纂《令甲》、《令乙》等干支诏书集的传统来看，其最初的名称很可能就是《甲辰令》，《甲辰仪》反倒像是晚出之名。当然，《隋志》所载江左人撰的《甲辰仪》，亦应确有其书①，其内容仍含仪制，应是曹魏《甲辰令》的续作②，其中增益了两晋时期的同类制诏规定。至于其篇帙增至五卷而仍以"甲辰"为名，揆以前述《晋建武故事》、《咸和、咸康故事》等书合帙传世，而引者仍名《建武故事》之况，亦不足奇。③

由此而推，魏晋以来凡以干支称名的法规或法书，如西晋末年的"己亥格"、石赵颁行的《辛亥制度》等④，其实都可以视为《甲子科》

---

① 《通志》卷六四《艺文略二》礼类仪注目著录"《甲辰仪》五卷"，下注"江淹撰"。其"淹"或为"左"之误，若确为江淹，《梁书》卷一四《江淹传》载其齐高帝以来方仕台省，或典国史，天监四年卒年六十二，则其生于宋文帝元嘉二十年，此《甲辰仪》当为萧齐时所作。

② 姚振宗《三国艺文志》史部仪制类著录"《魏甲辰仪》五卷"，是其以为《隋志》著录的五卷本《甲辰仪》，即是《唐六典》所引的《魏甲辰仪》。不过姚氏在《隋书经籍志考证》卷一八《史部仪注类》中对此作了纠正："《甲辰仪》五卷，江左撰……按《唐六典》注有《魏甲辰仪》，又有《甲辰令》。《魏志·武纪》注引魏武庚申令、庚戌令、丙戌令、丁亥令，皆以干支标目。此云'江左撰'，则大抵东晋人钞录魏令中之涉于仪品者为是书，首一卷从《甲辰令》中钞出，故曰《甲辰仪》。其后数卷当以《庚申仪》、《庚戌仪》、《丙戌仪》、《丁亥仪》等为目，未必五卷皆是《甲辰仪》也。"所述江左续魏《甲辰令（仪）》，甚是。但其以《三国志》卷一《魏书·武帝纪》和卷二《魏书·文帝纪》裴注引王沈《魏书》所载"庚申令"等为"以干支标目"的令篇，恐怕是不能成立的，因为这些干支实际上都是魏王令下达之日，当标点为"庚申，令曰"，而不能标点为"《庚申令》曰"。就是说，这些都是单行令书而非令篇，可以解释《甲子科》及《甲辰令》篇之得名，而不能认为其后续编了《庚申令》等篇。

③ 《甲辰仪》内容为职官仪制，《唐六典》等书常引的《齐职仪》性质显然与之类同。《艺文类聚》卷四六《职官部二·太尉》引《齐职仪》记有曹魏黄初二年诏勿以天灾罪三公之事。《南齐书》卷五二《文学王逡之传》载从弟珪之有史学，刘宋元徽二年奉敕"纂集古设官历代分职，凡在坟策，必尽详究。是以等级掌司，咸加编录，黜陟迁补，悉该研记，述章服之差，兼冠佩之饰"。永明九年由其子王颢奏上，"凡五十卷，谓之《齐职仪》"。故此书名为《齐职仪》而内容包括古今职官仪制等事，此亦江左人撰《甲辰仪》而内容可含曹魏等前代故事之比。又《旧唐书·经籍志》史部职官类著录"《齐职仪》五十卷，范晔撰"。此或因范晔曾撰《百官阶次》一卷，为王珪之《齐职仪》所取本之故。

④ "己亥格"性质及其制订经过见《晋书》卷七一《陈頵传》，这是赵王伦篡位，三王起义时制定的赏功规定。《辛亥制度》的编纂见《晋书》卷一〇四《石勒载记上》，这是勒称赵王前夕制订的条制集。二者之所以称"格"、称"制度"而不称"令"，应当也是因为其毕竟不是制诏集的缘故，其况与《甲子科》之所以不能称"律"或"令"相仿。

和《甲辰仪》的流绪,也都从属于魏晋承汉续编各种干支诏书的过程。不过这种从汉代延续下来,删定和编纂干支诏书以为"法令"的做法,终究还是存在着如何与《律》、《令》、《故事》并行之局相协调的问题,特别是其与同属摘编制诏而成的《故事》之间,极易在内容和功能上发生重合。与此同时,诏书数量越是滋繁累积,以时间先后为序的摘编方式就越会暴露其检索查验上的不便,相应地,按部门或事项来编纂诏书的重要性和必要性也就更加凸显。刘宋以后的文献中几乎已看不到人们引用干支诏书之例①,这一方面体现了《律》、《令》、《故事》格局的进一步巩固和汉代《令甲》、《令乙》式诏书编纂传统的随之消褪,另一方面恐怕也反映了诏书滋繁必将使部门或事项性制诏集变得更为重要。从《隋书·经籍志》史部旧事、职官、仪注、刑法四类著录来看,除《梁科》、《陈科》和其他各种依仿《晋故事》编纂方式的部门性制诏集外,其中可以判断为按事项编录有关制诏而成者,如刑法类中的《晋杂制》六十卷②、《齐五服制》一卷③,职官类中的《晋新定仪注》十四卷④、仪注类中的《晋杂仪注》十一卷、《宋仪注》十卷及二十卷本等,都在一定程度上反映了当时按事类编录专项制诏集的流行和影响。

---

① 北朝及唐宋偶仍可见其例,似反映了有关称谓习惯的延续和当时仍在以时间为序编纂诏书的史实。

② 姚振宗《隋书经籍志考证》卷一九《史部刑法类》此条案语,认为此书亦删定诏书而成,"盖于晋令之外别有此权宜之制,大抵元帝为晋王时,从大理卫展所请,著为此书"。劲案:此书既名《杂制》,当如《杂律》、《杂仪注》等为分类之余,其所说明的是当时另有按事类编录的制诏集。

③ 姚振宗《隋书经籍志考证》史部刑法类此条案语,引《通志·艺文略》仪礼丧服类著录《南齐五服制》一卷,认为其是"齐代令篇之佚存者"。劲案:萧齐未修《令》,据《唐六典》卷六《刑部》原注,晋、梁以来《令》篇中的《服制令》,至隋《开皇令》已分为《衣服》、《仪制》二令,其内容为衣冠及礼仪制度,"五服"制度应在《凶礼》及《丧葬令》中。因而《齐五服制》当非"《令》篇之佚存者",而是编录萧齐有关五服制度的制诏而成。

④ 此书不著撰人,其既列于职官类,原注又谓:"梁有徐宣瑜《晋官品》一卷,荀绰《百官表注》十六卷,干宝《司徒议》一卷,《宋职官纪》九卷,《晋百官仪服录》五卷,大兴二年定《官品事》五卷,《百官品》九卷,亡。"似可推此"新定仪注"实为"新定百官仪注",而与仪注类著录的傅瑗撰《晋新定仪注》四十卷不同,或被编入傅瑗此书。

第三节　从编纂条制到《麟趾格》、《大统式》

　　由上讨论可知，魏晋以来，在台阁以某种方式统一编录中诏和施行诏书的基础上[①]，既出现了《晋故事》及《梁科》、《陈科》这种与《律》、《令》并行的敕例集，同时也存在着其他一些以部门或事类为纲来编录的敕例集，尽管其地位不如《晋故事》、《梁科》和《陈科》明确，但也仍有其法律效力和立法性质，其中尤为突出的像曹魏的《甲子科》，就曾在相当程度上充当了刑事领域的基本法。此即魏晋南朝一脉《律》、《令》之外各种敕例编纂的总体格局，以下考察北朝的相关情况。

一　敕例在北朝的活跃及"条制"的盛行

　　北朝这方面的情况与之有同有异。现存文献中并无十六国时期制行《律》、《令》的记载，可以肯定当时各国大多仍在沿用晋《律》、《令》[②]，另以含有制度规定或作为成例的诏令对其进行补充或修正，其立法重心亦当在此[③]，这是与前述东晋、宋、齐之况相当接近的。北魏自道武帝天兴

[①]　《隋志》史部刑法类著录有《陈新制》等书，应当也是这类作品。

[②]　2002年甘肃省玉门市花海乡十六国墓地中，出土了裱贴有西晋《律注》纸文书的棺板，是为前凉以来河西地区沿用晋《律》、《令》之证。至于此算《律注》何以被裱贴于棺板之上？这是否意味其已废止不行等问题，还须参考其墓室断代等状况来加以判断。参张俊民《玉门花海出土晋律注》，载《简帛研究2002—2003》，广西师范大学出版社2005年版。

[③]　即以石赵为例，《晋书》卷一〇四《石勒载记上》载其称赵王前夕下书，"命法曹令史贯志造《辛亥制度》五千文，施行十余岁，乃用律令"。勒为赵王11年后称帝，是《辛亥制度》至勒称帝后停废，不过其"乃用律令"究竟是指新制行了《律》、《令》还是沿用晋时旧物，今已颇难判断。《晋书》卷一〇五《石勒载记下》载其太兴二年称赵王后，在法制上又做了一件大事，即署"参军续咸、庾景为律学祭酒"，将律学与经学、史学祭酒并置；同时又以"中垒支雄、游击王阳并领门臣祭酒，专明胡人辞讼"。"门臣祭酒"专明胡人辞讼，则"律学祭酒"当治汉人之法，这似乎说明当时的"律令"盖指魏晋以来《律》《令》而言。其后文又载勒称帝后，下书曰："自今诸有处法，悉依科令。""科令"是魏晋以来对各种法令的泛称，而经常是指诏令科条之类，"悉依科令"似亦说明当时"乃用律令"，有可能是沿用晋物而略事调整，然其重心仍在本朝制诏。

元年至孝文帝太和元年虽曾屡修《律》、《令》①,却由于胡汉各种势力的消长,国策政略在汉化与保守等关键问题上屡有反复,故《律》、《令》效力常限一时而非持久著明②,特别是《令》的修订,更显滞后且兴废倏忽,反映了当时制度更作的举步维艰③。在这样的形势下,法律和秩序自难依赖法典,而不能不主要由各种随时随事下达的制敕规定来维系。

尤其值得注意的是,由于北族自身的发展前提和需要,其在制度上的进化和积累,往往都与"汉化"相关联,通过较为系统的凿空创建和起草制定活动来推进。这就使魏晋南朝已经流行的"条制"④,在北朝的创制改制活动中有了更为突出的地位。换言之,把经过通盘斟酌起草的制度条文以制诏的形式颁行天下,可以视为北族汉化或封建化进程的主要推

---

① 程树德《九朝律考》卷五《后魏律考序》述后魏"太祖、世祖、高宗、高祖、世宗,凡五次改定律令"。其后文"魏数次改定律令"条列有道武帝天兴元年、太武帝神䴥四年、孝文帝太和元年、太和十五年、宣武帝正始元年5次《律》、《令》并修之举,另有太武帝正平元年"改定《律》制"与文成帝时"增《律》条章"两次大幅度修《律》活动。劲案:太和元年至十五年修订的《律》、《令》至十六年方始颁下,似只能算作一次,连同天兴元年和神䴥四年之举加上太武帝正平和文成帝两次改《律》共为5次。另参程维荣《北魏究竟修订过多少次法律》,《法学杂志》1993年第4期。

② 据《魏书》卷一一一《刑罚志》及诸帝纪,天兴元年定《律》、《令》"大崇简易","罚必从轻",然至道武帝晚年已"刑罚颇为滥酷",而《律》几虚设。太武帝时期的两次修《律》也在屡兴大狱的过程中经历了这样的反复,文成帝"增《律》七十九章,门房之诛十有三,大辟三十,五刑六十二",便是对太武帝以来严刑酷法的删定。此后的实情仍是失于过重,太和元年定《律》要求"务从宽仁",至五年冬讫,帝仍嫌过重,至十一年诏再议改,十五年又诏议改《律》、《令》,十六年四月方"班新《律》、《令》,大赦天下"。则此16年及其前一段时期所行之《律》,亦多具文而已。

③ 如《魏书》卷一一三《官氏志》述:"自太祖至高祖初,其内外百官屡有减置,或事出当时,不为常目,如万骑、飞鸿、常忠、直意将军之徒是也。旧令亡失,无所依据。"其前后文所载这类"事出当时,不为常目"之例比比皆是。北魏各期所定之令虽包括了官制规定,但其制的频繁变动往往使之成为具文,这显然是"旧令"之所以"亡失"的要因。参楼劲《对几条北魏官制材料的考绎——太和年间官制整改与官制诸令的若干问题》,《中国社会科学院历史研究所学刊》第一集,社会科学文献出版社2001年版。

④ 《宋书》卷五三《张茂度传》附《张永传》:载刘宋文帝时为尚书中兵郎,"先是,尚书中条制繁杂,元嘉十八年欲加治撰,徙永为删定郎掌其任"。"尚书中条制繁杂",反映了两晋以来立法滞后而条制流行之况。

手,此即"条制"在北魏较之南朝更加流行的基本背景①。孝文帝迁洛前后的制度更作尤其如此,其一方面也像以往那样,锐欲通过《律》、《令》来推进和巩固其改革成果;但另一方面,统治集团在改革方面意见不一,制度起草者看法亦歧,又面临着急迫的军政形势,其过程的艰巨远超人们想象。故自太和十五年起,《律》、《令》篇章或修而不成、成而不颁,或颁而效力仅限一时,各种条制实际上一直主导着改革而十分活跃②,其作用到魏末纷乱更趋突出。总体看来,尽管北魏前、后期情形有所不同,但法律领域的基本事态仍一以贯之:《律》、《令》的作用和地位要比东晋南朝更弱一些,各种随时形成的敕例则大行其事,而尤以那些充当变革推手,起草相当审慎和内容较为系统的条制的势头更显强劲。

对《唐六典》述《格》、《式》之源时特别举出的《麟趾格》和《大统式》,便须放到这样的基础上,才能作出比较完整和准确的理解。东魏兴和三年颁行的《麟趾格》是一部刑事条法集,又称《麟趾新制》,当是删定编纂诸敕例或条制而成③。《大统式》则以大统元年所颁二十四条制和七年所颁十二条制为素材,于大统十年由苏绰等人损益而成。两者显然皆可以视为某种条制集,亦皆从属于汉魏以来编纂相关敕例的发展过程。因此,在考虑其渊源时,也就既要看到相关敕例的编纂自汉代编纂施行诏书,到魏晋编纂《甲子科》、《晋故事》,已有长期发展的历程;又要看到用"科"、"格"、"式"等词来指称各种规范的语例起源很早,魏晋以来更已是法律领域指称敕例的常见之习。

以下着重就北魏这两方面的状态做些讨论。

---

① 另有一重背景则与汉代律、令的传统相关,北族受汉制影响甚于魏晋制度,而汉代律令与魏晋以来《律》、《令》的重要区别,是两者间区分不严,特别是制定法性质尚不典型,仍常以"前主所是著为律,后主所是疏为令"。故文献所载汉代的令往往以制诏形式出现,通过制诏明言"著令"或"具为令"的方式来形成。这一点显然更合乎北族的号令法传统,北族汉化初期的"律令",形态和编纂习惯当更近于汉代,而与魏晋以来的《律》、《令》样态有别,这应当也构成了"条制"在北朝更为流行的背景之一。

② 其显例如《魏书》卷六二《李彪传》载其太和中上封事七条,涉及各种制度修订和改作,末云"如臣之言少有可采,愿付有司别为条制",结果是"高祖览而善之,寻皆施行"。

③ 《魏书》卷一二《孝静帝纪》兴和三年十月:"先是,诏文襄与群臣于麟趾阁议定新制。甲寅,班于天下。"《北齐书》卷四《文宣帝纪》载天保元年八月甲午诏"魏世议定《麟趾格》,遂为通制"云云。同书卷二一《封隆之传》:"徽为侍中……诏隆之参议麟趾阁,定新制。"所谓"新制"、"通制",皆就其本为条制而言。

二 北魏编纂敕例的历程

在讨论《麟趾格》和《大统式》渊源时，首先必须注意的问题是：编纂各种敕例的做法早已有之，在北魏更可说是贯穿于其法制史的一个重要传统。《魏书》卷二《太祖纪》天兴元年十一月辛亥：

> 诏尚书吏部郎中邓渊典官制，立爵品，定律吕，协音乐；仪曹郎中董谧撰郊庙、社稷、朝觐、飨宴之仪；三公郎中王德定《律》、《令》，申科禁；太史令晁崇造浑仪，考天象；吏部尚书崔玄伯总而裁之。

这些活动奠定了北魏相关制度的基点，其中"定《律》、《令》，申科禁"之事，《魏书》卷一一一《刑罚志》载为："乃命三公郎中王德除其法之酷切于民者，约定科令，大崇简易。"而所谓"约定科令"及"申科禁"，显然都不是废止，而是指删定和申明各种法令科条，也就是敕例。由此判断，当时所谓"定《律》、《令》，申科禁"，很大一部分工作是要删定以往的敕例，将之编集为帙加以申明。

又《魏书》卷四《世祖纪上》延和元年正月己巳，以太子既立，下诏：

> 王公、将军以下普增爵秩，启国承家，修废官，举俊逸，蠲除繁苛，更定科制，务从轻约，除故革新，以正一统。

其前文已载神䴥四年十月，"诏司徒崔浩改定《律》、《令》"，两事相距不到三个月。可见当时之所以要"更定科制"，固然是要对太子立后诸事作出制度上的安排，也是因为《律》、《令》既须改定，相关"科制"自有必要相应调整。而这种统一"更定"的科制，自然应当是按一定体例编集而成的敕例集。

可以认为，这种编集有关敕例来补充甚至取代《律》、《令》规定的做法，实际上是北魏前期法制领域的一个重要传统。从《魏书·刑罚志》记载的情况来看，北魏前期每次修订《律》、《令》，几乎都是由于刑网太密而犯者更众，而刑禁之所以过重，又主要是因制诏频下而科条滋繁所导致。这一事实自然意味着各部门存档、编录的敕例在事类和数量上的不断增多①，而其中不少都是内容包括多个事项的敕例亦即条制。如《魏书》卷六《显祖纪》载和平六年七月诏：

  先朝以州牧亲民，宜置良佐，故敕有司颁九条之制。

《魏书》卷七《高祖纪上》载太和五年六月：

  班乞养杂户及户籍之制五条。②

所谓"某某之制多少条"，正是对条制的典型表述，且点明了其内容包括若干条款而形式则为制诏的特征。

  这种针对专门事项撰定条制的过程，有时也可是对以往有关敕例、条制的清理和再编撰。如《魏书》卷一一四《释老志》载太和十七年，"诏立僧制四十七条"。《初学记》卷二三《道释部·僧第七》引"后魏孝文帝立僧尼制诏"即此诏之文：

  先朝之日，尝为僧禁，小有未详，宜其修立。近见沙门统僧显等，自云欲更刊定。朕聊以浅识，共详正典，事起匆匆，触未详究，且可设法一时，粗救俗习，须玄白一同，更厘厥丧。

是太和十七年所颁"僧制四十七条"，乃在先朝所定"僧禁"的基础上"更一刊定"而成，实际上是一份专门规范僧尼行为和处置其违法情状的条制集，其编纂和颁行之况，当自上引州牧置佐的"九条之制"及"乞

---

① 具体如《魏书》卷一一一《刑罚志》载文成帝太安四年"始设酒禁。是时年谷屡登，士民多因酒致酗讼，或议主政。帝恶其若此，故一切禁之，酿、沽、饮皆斩之，吉凶宾亲，则开禁，有日程。增置内外候官，伺察诸曹外部州镇，至有微服杂乱于府寺间，以求百官疵失。其所穷治，有司苦加讯恻，而多相诬逮，辄劾不以敬。诸司官赃二丈皆斩"。当时规定的酒禁，显然是一份包括了多项科条的条制，而连带推出的候官伺察之制又不限于酒禁，而是衍成了另一份系统监察内外"疵失"的条制。

② 另如《魏书》卷五《高宗纪》载和平四年十二月，"制战阵之法，十有余条"；卷一九《景穆十二王传中·任城王澄传》："熙平中，奏垦田授受之制八条，甚有纲贯，尤便于时。"皆属此类。

养杂户及户籍之制五条"之类的做法沿袭、推广而来。

事实上，自文明太后和孝文帝改革以来，诸如俸禄、均田、三长等制，其初皆在《律》、《令》之外下诏制订、推行和续加增补，从而各自形成了内容相当系统的专项条制集①。在此氛围下，把各种条制编为专书的做法也流行起来。见于记载的这类作品，如《魏书》卷一三《文成文明皇后冯氏传》载其晚年作"《皇诰》十八篇"②，卷五四《高闾传》载其与孝文帝论政时，称之为"太皇太后十八条之令"，是其性质实与诏令集无异。又《魏书》卷八二《常景传》载其宣武帝延昌初，"受敕撰《门下诏书》凡四十卷"；孝明帝初"又敕撰太和之后朝仪已施行者，凡五十余卷"。"门下诏书"即已制可录副而下达的制诏，"朝仪已施行者"也就是业已施行的礼事条制，二书前者以部门、后者以事类为纲，皆奉敕撰录而篇帙甚富，反映了北魏后期各种敕例的编纂形态。③

三 敕例称"格"或"式"的习惯

在考虑《麟趾格》和《大统式》的渊源时，又需注意到敕例称为"格"、"式"的做法由来已久，北魏这种指称习惯尤其流行。

"格"、"式"在字义上都有法度、规章的意思，因此，把某些法规章

---

① 如《魏书》卷七《高祖纪》载俸制之行：太和八年六月，诏定俸制的财政来源及俸制施行后的惩贪办法。九月，"诏俸制已立，宜时班行，其以七月为首，每季一请。于是内外百官受禄各有差"。九年二月，"制皇子封王者，皇孙及曾孙绍封者，皇女封者，岁禄各有差"。十年十一月，"议定州郡县官依户给俸"。这四次规定，显然也就是四份包括了多个条款的条制，且一起构成了当时俸制的完整内容，在俸禄主管部门那里，其显然是合帙而行的。又如《魏书》卷一一〇《食货志》载太和九年"下诏均给天下民田"，其下也包含了多个条款，内有"诸应还之田，不得种桑榆枣果，种者以违《令》论，地入还分"之条。这里"种者以违《令》论"，显然是原诏之文，说明太和九年均田制也是由若干条制构成的，而《食货志》综载其各条内容，则是当时曾将之编为一帙的反映。

② 《南齐书》卷五七《魏虏传》载为："冯氏有计略，作《皇诰》十八篇，伪左仆射李思冲称史臣注解。"《魏书》卷一九中《景穆十二王传中·任城王云传》附《元澄传》载孝明帝时胡太后当政，澄"表上《皇诰宗制》并《训诂》各一卷，意欲皇太后览之，思劝戒之"。此或别为一书，内容当主要是关于"宗制"的皇诰。

③ 《魏书》卷一一《出帝纪》载中兴二年五月丁未诏："……可令执事之官四品以上，集于都省，取诸条格，议定一途。其不可施用者，当局停记；新定之格，勿与旧制相连；务在约通，无致冗滞。"此举虽无下文，却也体现了魏末欲总修条格"议定一途"的努力，同时又体现了当时各种制敕诏条仍由有司随时存档之况。

程称为"格"或"式"的习惯早已有之。如云梦睡虎地秦简中,有一篇原题"封诊式",其内容为如何审理刑狱和取证的规章和案例①。至于魏晋以来称"式"的敕例,其著者如史界熟知的西晋"户调式"②。这是平吴以后制定的依户输赋之法,内容俱载于《晋书》卷二六《食货志》,或者也包括了占田荫客之制③。其既未及修入泰始四年颁行的《律》、《令》,自然是一份包括了丁、户、岁输绢、绵和夷人输赋、男、女占田及课田等规定的故事或条制,且不能排除其编集了多个敕例的可能④。前引《初学记》卷二七《宝器部·绢第九》引《晋故事》之文,即为其部分内容,这可以说是"户调式"在当时法律形式上从属于"故事"的明证。北魏则可以举出"丘井之式"。《魏书》卷七下《高祖纪下》太和十四年十二月壬午:

> 诏依准丘井之式,遣使与州郡宣行条制,隐品漏丁,即听附实。若朋附豪势,陵抑孤弱,罪有常刑。

此诏非常明确地说明了"丘井之式"由条制构成,其内容为清理户籍和检括隐户漏丁。称之为"式",文例与晋称"户调之式"相类,"丘井"

---

① 《唐会要》卷三九《定格令》载开成元年三月刑部侍郎狄兼謨奏请删定建中以来敕格,其文有曰:"律、令、格、式,著目虽始于秦汉,历代增修。皇朝贞观、开元,又重删定,理例精详,难议刊改。"狄兼謨把《律》、《令》、《格》、《式》的渊源推到了秦汉,不过以唐人对秦汉以来法律的了解来判断,其所指恐怕主要是指《律》、《令》而非《格》、《式》。

② 《宋书》卷一五《礼志二》载皇太子监国仪注之"关事仪",下云:"右关事仪,准于黄案,年月日右方关门下,位年月下;左方下附列尚书众官署;其尚书名下应云奏者,今言关。余皆如黄案式。"此"黄案式"也就是奏案式,亦为当时称"式"规章之一种。

③ 中华书局点校本《晋书》卷二六《食货志》载"户调之式"内容至"远夷"输义米或算钱之下,紧接品官占田荫客之制,并不换行分段,显然是把后者也归入了"户调式"。《通典》卷一《食货一·田制上》综述西晋田制包括占田荫客之制。卷四《食货四·赋税上》又载"晋武帝平吴之后,制户调之式",下文述其内容惟及依户输赋之制。这说明杜佑不认为占田荫客之法在"户调式"规定范围内。

④ 张尚谦《"品式"和西晋户调式研究》(《云南民族大学学报》2011年第1期)认为西晋赋税之制不入《律》、《令》,而是作为"常事品式章程"的《故事》而存在,可谓敏锐之识。文中以"式"为"样",认为"户调式"包括"户样"和"调样";又以《通典》述"户调式"只及依户输赋之制为误。亦可备一说。

则比附了井田制①。故所谓"丘井之式",亦当编集了此前的相关规定,是一份"依局割民,阅户造籍","以任地事而令贡赋"的条制或条制集。②

除可称"式"外,有些敕例也可称"格"。称法为"格"的习惯魏晋以来已尤为突出,《晋书》卷三〇《刑法志》载张斐注《律》,表上之有曰:

……呵人取财似受赇,囚辞所连似告劾,诸勿听理似故纵,持质似恐猲。如此之比,皆为无常之格也。

又曰:

夫形而上者谓之道,形而下者谓之器,化而裁之谓之格。

《晋志》又载惠帝时三公尚书刘颂上表论事有曰:

天下至大,事务众杂,时有不得悉循文如令。故臣谓宜立格为限,使主者守文,死生以之,不敢错思于成制之外以差轻重,则法恒全。

数处之"格"皆作"法"解,具体析之,"无常之格"是指"比",亦即可供援引的法例;"立格为限"是指制定常法,此"格"可释为制定法;

---

① 典出《周礼·地官司徒篇》小司徒"经土地而井牧其田野:九夫为井,四井为邑,四邑为丘,四丘为甸,四甸为县,四县为都,以任地事而令贡赋"。《汉书》卷二三《刑法志》序亦阐其制。又徐中舒《试论周代田制及其社会性质》(载《徐中舒历史论文选辑》下册,中华书局1998年版)认为"邑和丘为农业公社的基本结构",并详论了"丘"之内涵。

② 此处"丘井之式"显然由主者制定,经诏准而包括了多条规定,遂成"条制"。《魏书》卷七下《高祖纪下》太和十年二月甲戌,"初立党、里、邻三长,定民户籍"。十一年七月己丑诏曰:"今年谷不登,听民出关就食,遣使者造籍,分遣去留,所在开仓赈恤。"九月庚戌诏曰:"去夏以岁旱民饥,须遣就食,旧籍杂乱,难可分简,故依局割民,阅户造籍,欲令去留得实,赈贷平均。然殂者以来,犹有饿死衢路,无人收识。良由本部不明,籍贯未实,廪恤不周,以至于此。朕狠居民上,闻用慨然。可重遣精检,勿令遗漏。"十四年诏即为这些措施的后续,当时应当已经制定了"依局割民,阅户造籍"的具体规定,称为"丘井之式"而下诏遣使监督州郡施行。

"化而裁之谓之格",则是对"格"的法规章程属性的高度概括,可以说明当时称法为"格"的习惯之所基。①

在各种具体的语例中,魏晋以来用来指称有关法规的"格",常指那些专门起草、含有不同等级规定而内容较为系统的敕例②。其典型如西晋末年的"己亥格",即是一篇赵王伦篡位时,齐王冏等三王举义起事,用来赏酬功臣官爵的赏格,同时也是一份承制而行,包括了不同功、赏等级条款的条制③。又如《晋书》卷七五《范汪传》附《范宁传》载其东晋孝武帝时疏论时政,以为"送故"之法弊端丛生,建议"送故之格,宜为节制,以三年为断"。这个"送故之格",语例显然与前述"户调之式"、"丘井之式"相似,指的是一份关于地方军政长官去任时,可随带兵卒、器仗以至于米、布的系列规定④。后来北魏的"考格"⑤、"停年格"之类⑥,实际上都沿此语例而来,也都可视为针对专门事项起草,并

---

① 两汉书中"格"多为动词,作名词时多为"皮架"之义,而魏晋以来"格"常作"法"解,这种称谓习惯上的转折,当自此始。

② 如《三国志》卷一三《魏书·王朗传》附《王肃传》裴注引《魏略·儒宗传》序称青龙中太学博士弟子之况有曰:"虽有精者,而台阁举格太高,加不念统其大义,而问字指、墨法,点注之间,百人同试,度者未十。"此处的"举格",即按博士弟子课试等次分别出仕的规定。《南齐书》卷三六《谢超宗传》载宋明帝泰始三年,"都令史骆宰议策秀才考格,五问并得为上,三为中,二为下,一不合与第"。此"考格"类于《魏略·儒宗传》所称的"举格"。又如《晋书》卷四五《刘毅传》载其上疏论九品中正制未见得人而有八损,其三为:"本立格之体,将谓人伦有序,若贯鱼成次也。为九品者,取下者为格,谓才德有优劣,伦辈有首尾。今之中正,务自远者则抑割一国,使无上人,秽劣下比则拔举非次,并容其身。公以为格,坐成其私……损政之道三也。"这里的"格",指的显然是中正节级品评之法。

③ "己亥格"概况见《晋书》卷七一《陈頵传》,同书卷六八《顾荣传》称之为"齐王功臣格",内有"帷幕密谋参议"、"州征野战"及"进爵拓土,赐拜子弟"之类的功、赏等级。《宋书》卷七八《萧思话传》载有"军赏格",《周书》卷一《文帝纪上》载其传檄方镇讨高欢曰"封赏之科,已有别格",性质皆与"己亥格"相类。

④ 参高敏《魏晋南朝"送故"制度考略》,《黄河科技大学学报》1999年第1期;汪征鲁《南朝"迎吏"、"送故吏"新探》,《中国史研究》2004年第4期。

⑤ 北魏后期文献中常见的"考格",专指考课之法。如《魏书》卷五九《萧宝夤传》载其上表论考课事有曰:"内外考格,裁非庸管,乞求博议,以为画一。"参戴卫红《北魏考课制度研究》(中国社会科学出版社2010年版)第一章"北魏考课制度形成与演变"第三节"北魏考课制度的演变(宣武帝时期)"。

⑥ 参《日知录》卷八《停年格》条,另参周兆望《北魏"停年格"述论》,《南昌大学学报(人文社科版)》1990年第1期。

且含有节级规定的敕例集。①

也正是在这样的基础上，南北朝时已流行将有关规定编纂为《格》，像《隋书·经籍志二》史部职官类著录的《梁勋选格》、《梁官品格》、《吏部用人格》各一卷，《旧唐书·经籍志上》史部谱牒类著录的《后魏方司格》一卷②，恐怕都是这类作品。

据上所述，《唐六典》卷六《刑部》原注述唐《式》渊源时，独举西魏的《大统式》；述《格》渊源时又继《梁科》而说"后魏以格代科，于麟趾殿删定，名为《麟趾格》"；均属有问题的表述。这不仅是因为《式》的渊源显然不始于《大统式》，"以格代科"也不始于北魏及《麟趾格》；更是由于《麟趾格》和《大统式》在名称上均沿袭了魏晋以来称法为"格"或"式"的习惯，在其编纂敕例而成这一点上，也都继承了魏晋南朝和北朝的传统。更何况，唐《式》并非与《大统式》一脉相承，前者是一部综合性法典，包含了各种补充性行政规定；后者则规定基本的行政制度和行政纲要，两者性质差别很大③。而《麟趾格》仅为刑事条法集，这与唐《格》可以规定各类事务的状况，也存在着很大距离。但尽管如此，《唐六典》原注特别突出《麟趾格》、《大统式》与唐《格》、《式》的联系，应当也有其根据和理由，两者有可能确为魏晋以来诸敕例集发展为唐代《格》、《式》的一个中间环节。其中的孰是孰非，还需在考察《麟趾格》与《大统式》形态后，才能作出判断。

---

① 《南齐书》卷四《郁林王纪》隆昌元年正月诏使者出巡，"询访狱事，博听谣俗，伤风损化，各以条闻，主者详为条格"。同书卷六《明帝纪》建武二年正月诏考校牧守殿最，"若耕蚕殊众，具以名闻，游惰害业，即便列奏，主者详为条格"。所谓"条格"，即包括了若干条款的制诏法规，义与"条制"相类。大抵当时对各种系列规定，就其性质为制诏而言则称"条制"，就其包括了内容的系统性而言则称"条格"，而《格》最终成为特定法律形式，显然是从条制盛行和相关的编纂活动中发展出来的。

② 《史通》卷三《书志》："谱牒之作，盛于中古。汉有赵岐《三辅决录》，晋有挚虞《族姓记》，江左有两王《百家谱》，中原有《方司格》。盖氏族之事，尽在是矣。"《新唐书》卷一九九《儒学柳冲传》："魏太和时，诏诸郡中正列本土姓、族次第，为'举选格'，名曰'方司格'。"是方司之"方"乃方舆、方国之"方"，"方司格"为据各地姓、族等级展开选举的系列规定。

③ 仁井田陞、霍存福等《东亚法典的形成》一文已指出："唐式与大统式性质是否一样，还有进一步研究的必要。"载《法制与社会发展》2003年第1期。

四 《麟趾格》、《大统式》的性质与形态

《麟趾格》今存佚文唯有两条，俱见于《魏书》卷八八《良吏窦瑗传》，其载瑗兴和时为平州刺史，后还京师为齐献武王丞相府右长史，上表有曰：

> 臣在平州之日，蒙班麟趾新制，即依朝命宣示所部……臣伏读至《三公曹》第六十六条："母杀父，子不得告，告者死。"再三返复之，未得其门。何者？案《律》："子孙告父、母、祖父、母者，死"……未必指母杀父止子不言也……以明明大朝，有尊母卑父之论，以臣管见，实所不取……且君、父一也，父者子之天，被杀事重，宜附"父谋反大逆子得告之"条。

这篇表文中的"麟趾新制"即《麟趾格》，"《律》"指北魏宣武帝正始元年颁行的《正始律》，其所讨论的核心问题母杀父而子是否得告的问题，显然原出鲜卑特重母舅之族的旧俗，乃是《正始律》业已明确而《麟趾格》又循胡风别加规定所致。而从中可以推知的问题有四：

一是窦瑗认为《麟趾格》"母杀其父，子不得告，告者死"条不妥，且未必符合《正始律》"子孙告父、母、祖父、母者，死"条的法意。这就说明了《麟趾格》作为刑事条法集的性质，及其与《正始律》相辅而行的关系，因为其固然补充或修正了《律》文，但《律》文的规定显然并未被其取代，而仍有其效力和必须予以尊重。

二是窦瑗既说"母杀其父，子不得告，告者死"，在《麟趾格》中属"《三公曹》第六十六条"，说明其篇章体例很可能皆按尚书诸曹编目[①]，其下各条编号为序。这样的体例，既是对汉代以来诏令篇卷之下各条编号为序做法的继承和发展[②]，又反映了其与散之可"各还官府"，集之自必

[①] "三公曹"为北魏以来尚书三十六曹之一，主掌刑狱诉讼等务。参严耕望《北魏尚书制度考》，载《中央研究院历史语言研究所集刊》第十八册，中华书局1987年版。北齐《河清令》定尚书二十八曹，其中仍有三公曹"掌五时读时令，诸曹囚帐，断罪，赦日建金鸡等事"。参《隋书》卷二七《百官志中》。

[②] 关于汉代诏令的编号，参大庭脩《秦汉法制史研究》第二篇"关于律的研究"第二章"简牍中的汉律令佚文"第五节"令的条文编号"。

以官司为目的《晋故事》的类似，同时还说明了唐《格》以尚书诸曹为目之所承。且《洛阳伽蓝记》卷三《景明寺》既载《麟趾格》共十五篇，而北魏后期尚书常有三十六曹，至北齐河清定《令》仍有二十八曹，则其显非一曹一篇。这也正是《麟趾格》并不规定百官有司所行常事，而仅编纂有关刑事者分系于相应曹司名下的表现。故其多者如掌刑事刑制的"三公曹"下，当不止六十六条，自可独立成篇；而他曹所掌户口赋役、禁卫供御等政事或与刑事相关而不常相关，故其格条不多而必数曹一篇。

三是"父谋反大逆子得告之"，显然也是《麟趾格》条，窦瑗建议取消"母杀父，子不得告，告者死"条的独立地位，变其"不得告"为"可告"，转附于"父谋反大逆子得告之"条之下。这说明《麟趾格》中关于告父母、祖父母的规定并不合一处理，而是散见各条，从而透露其各篇之下编号为序各条，很可能也像《晋故事》所收敕例那样，在主司上奏、皇帝诏复的过程中随事形成，其编纂过程并未归并内容和性质相近各条，也不讲究其各条内涵的周延和逻辑的严密。①

四是窦瑗表文引《麟趾格》文，似本无"诏"、"敕"字样和下达时间，尤其"'父谋反大逆子得告之'条"的表述，已与作为制定法的《律》条十分相似。如果这不是因为窦瑗或史臣省文的话，那就说明《麟趾格》各项规定虽仍是在制诏条格的基础上删定而成，也仍保留着以往敕例选编的某些痕迹，却很有可能不再保留原诏样态，其编号为序各条应当已不再是"敕条"，而已是"法条"②。然则《麟趾格》条文在形态上当已近乎法典，是为其变化发展大不同于以往敕例集的体现。

---

①《窦瑗传》载其建议为尚书三公郎封君义所驳而"事遂停寝"。劲案：《唐律疏议》卷二三《斗讼篇》"告祖父母、父母"条："诸告祖父母、父母者，绞（原注：谓非缘坐之罪及谋叛以上而故告者。下准此）。即嫡、继、慈母杀其父，及所养者杀其本生，并听告。"疏议则详尽解释了此条内涵与规定。这似乎表明窦瑗的建议后来已进入《河清律》而被《唐律》所继承，同时也体现了《律》作为制定法在归并事项和严密其文方面不同于《麟趾格》等条制集的特点。

② 这种变化在其他文献中也有体现。如《洛阳伽蓝记》卷三《景明寺》："暨皇居徙邺，民讼殷繁，前格后诏，自相与夺，法吏疑狱，簿领成山。乃敕子才（邢邵）与散骑常侍温子升撰麟趾新制十五篇。"可见其确为删定"前格后诏"而成的条制集。又《北史》卷二四《封懿传》附《封述传》：天平中为三公郎中，"增损旧事为麟趾新格。其名法科条，皆述所删定"。此处"名"指罪名，"法"指罚则，"科条"即科罪之条。《麟趾格》既由"名法科条"构成，亦透露其各条首为罪名，次为罚则，体例已近《律》文而不同于"敕条"。

有一个事实可以佐证《麟趾格》业已初具法典形态和性质的状态。《隋书》卷二五《刑法志》载北齐河清三年颁《律》时，另又有"《别条权格》，与《律》并行"，且交代了《别条权格》原出河清元年七月处理高归彦谋反案的由来。此案处理距河清三年颁《律》尚有数年，当时正刑定罪的常法就是《麟趾格》，这也是《别条权格》之所以称"权"称"格"的原因，而其既然原出高归彦案的处理，也就肯定是由刑事性敕例构成的。这个事实本身就可以说明，《麟趾格》并非"权制"而是常法，是一种具有过渡性的新法典，而已不再是敕例集，否则河清元年高归彦案的处分敕例，就可以现成增入《麟趾格》相关篇章之下，《别条权格》的编纂就毫无必要了。

《麟趾格》的这种对魏晋以来敕例编纂习惯的继承，特别是其形态和性质向法典的过渡，在《大统式》中也有类似表现。前已述《大统式》是在二十四条制和十二条制的基础上编纂而成的，《周书》卷二《文帝纪下》载大统元年三月：

> 太祖以戎役屡兴，民吏劳弊，乃命所司斟酌今古，参考变通，可以益国利民便时适治者，为二十四条新制，奏魏帝行之。

大统七年十月：

> 太祖奏行十二条制，恐百官不勉于职事，又下令申明之。

大统十年七月：

> 魏帝以太祖前后所上二十四条及十二条新制，方为中兴永式。乃命尚书苏绰更损益之，总为五卷，班于天下。于是搜简贤才，以为牧守令长，皆依新制而遣焉。数年之间，百姓便之。

这三条记载，也就是《隋书》卷二五《刑法志》和《唐六典》卷六《刑部》原注述《大统式》的依据，从中足见二十四条制及十二条制，皆为所司起草奏行之条制。其中十二条制内容包括百官须"勉于职事"的规定，《大统式》颁行后依新制"搜简贤才以为牧守令长"，说明《大统式》中必有地方长官选授调派及其治理之法①，遂可断定其首先是一部行政条制集②。综此诸处记载，大略可以明确有关《大统式》的三个问题：

一是二十四条制和十二条制，都是有司奉敕"斟酌今古，参考变通"而制定，又分别经历了奏上和颁下程序，其作为条制的性质及其起草刊定过程，与前举北魏"地制八条"、"僧制四十七条"之类显然是完全一致的。

二是这二十四条制和十二条制，都是有鉴于"霸业初基，典章多阙"的形势而制定，要为规定百官履职和地方长官选授等方面的基本制度，以便重建行政秩序。③

三是大统十年苏绰奉敕"更损益之，总为五卷"时，显然又对三十六条制做了某种增删。由于其取材的二十四条制和十二条制均非现成缀录相关敕条，而是综取历代良法美制重新起草而成，是可推知其"更损益"的过程，自亦当"斟酌今古，参考变通"而非简单缀集。故其理应不再保留颁下二十四条或十二条制时的"制曰"字样、下达时间，以及原诏中其他可能的赘语浮辞④，而会在推敲和增删有关规定和文字时多下功夫。就是说，《大统式》各条规定的形态，很有可能也是"法条"而非

---

① 《周书》卷五《武帝纪上》保定三年二月庚子，"初颁新律。辛丑，诏魏大统九年以前，都督以上身亡而子孙未霑叙者，节级授官"。此以大统九年为断，盖因十年《大统式》颁行之故，似《大统式》有功臣子弟非经选叙不得授官之条。

② 《隋书》卷二五《刑法志》载《大统式》之制定："周文帝之有关中也，霸业初基，典章多阙。大统元年，命有司斟酌今古通变，可以益时者，为二十四条之制，奏之。七年，又下十二条制。十年，魏帝命尚书苏绰，总三十六条，更损益为五卷，班于天下。"二十四条及十二条制既因"典章多阙"而设，在此基础上损益而成的《大统式》自亦应主要规定各项行政制度。洪晓莉《论北朝少数民族政权对中华法律文化的历史贡献》（《民族研究》1992年第5期）一文认为：《大统式》"改格为式"，"整整搞了十年"。这种看法强调的是《大统式》粗具制定法特点的一面，但却忽略了其所含条制皆已施用，忽略了其作为条制集的一面。

③ 《周书》卷二三《苏绰传》载其大统十年为大行台度支尚书领著作兼司农卿，其时"太祖方欲革易时政，务弘强国富民之道，故绰得尽其智能，赞成其事。减官员，置二长，并置屯田以资军国。又为六条诏书，奏施行之……太祖甚重之，常置诸座右，又令百司习诵之。其牧守令长，非通六条及计账者，不得居官"。此适与《文帝纪下》载《大统式》颁后"搜简贤才以为牧守令长"相符，故《苏绰传》所载六条诏书，一为"先治心"，二为"敦教化"，三为"尽地利"，四为"擢贤良"，五为"卹狱讼"，六为"均赋役"，必与《大统式》内容及其编纂相关。

④ 《大统式》所本之二十四条及十二条，虽为魏制，而实周政，删去其"制曰"及下诏年号月日之类，甚符宇文氏的政治需要。《麟趾格》条文以"法条"而不以"敕条"形态存在，应当也有这个背景。

"敕条",从而说明其已经是一种初具制定法形态和性质的新法典。①

由此看来,《唐六典》述《格》、《式》渊源时,关于北朝只举《麟趾格》和《大统式》,固然存在着挂一漏万的疏误,反映了当时对魏晋以来法律状况的认知隔膜,却也未尝不是举其要者,看到了这两部法书在魏晋以来编纂的各种制敕诏条集中的特殊地位。需要指出的是,这两部法书变删定"敕条"为起草"法条"的发展,显然与当时诸多条制本由通盘筹划起草的"法条"构成密切相关。可以设想,对各种条制的进一步编纂,只要删除制定或颁行条制时的奏、诏文式,再按一定体例把相关条制编录到一起,就会出现一部完全以法条构成的新法典②;即便其素材中还有部分是零散的敕例,自然也可存其内容而去其敕文样态再加编录,从而保持其体例的一致③。据此,北魏后期以来条制的盛行和在此基础上编纂法书的习惯,可说是促使这类法书基本内容和条文形态从"敕条"变而为"法条",从敕例汇编变而为制定法典的要因。正由于此,《麟趾格》和《大统式》才得以在魏晋以来编纂《律》、《令》以外各种敕例的过程中,在唐《格》、《式》终于把编纂各种敕例变而为制定相关法典的发展中,构成了有其代表性的一环。

---

① 何宁生《十六国时期少数民族政权法制的历史影响》一文即认为:"《大统式》标志着《式》以独立的法规形式而成为当时主要的法律形式。"《民族研究》2006年第2期。

② 《魏书》卷一一〇《食货志》载太和九年均田各条皆以"诸"起首,与《唐律疏议》载诸《律》条及天一阁藏明钞本《天圣令》残本所存《唐令》各条以"诸"起首之况相同,而太和九年均田制显然是以条制形式颁下施用的,其论详后。可见除奏上和制可文字外,条制主体部分凡以"诸"起首者,形态实已同于法条。

③ 《唐大诏令集》卷八二《刑法》所存武德七年四月《颁新律令诏》、永徽二年九月《颁行新律诏》、仪凤元年二月五日《颁行新令制》、文明元年四月二十二日《颁行律令格式制》,以及今通行本《唐律疏议》后附永徽四年十一月十九日长孙无忌等《进律疏表》,皆为主者起草法律奏上后下制颁行的实录,这类上奏和下制文或可附于所颁法律而不入正文,其况适与编纂条制集时删除原条制前后的奏、诏文式相类。其实魏晋以来的《律》、《令》,也可以视为有司起草的条制,无非其篇章、条文、体例更为系统严密而已,即便其中部分条文是据零散的新敕例删定而成,在定稿奏上前亦已删除了其原敕样式。看来,要把内容系统的条制与零散的敕例汇编到一起,就须在体例上做出是以零散的敕例服从系统的条制还是反之的选择,在内容系统的条制甚多的情况下,删除奏、诏文式,变"敕条"为"法条",恐怕是势在必行的。

第 二 章

敕例编纂的立法化、法典化及其影响

探讨魏晋以来《律》、《令》以外各种敕例的存在形态和编纂方式,不仅有助于揭示唐代《格》、《式》的由来、背景,解释长期以来学界围绕《格》、《式》性质、形态而发生的种种疑问和争执,而且有助于揭示汉魏以来《律》、《令》体制向唐代《律》、《令》、《格》、《式》体系发展的总体脉络。因为法典与敕例本就密切相关,作为帝制时代最具基础性的法律规范,皇帝的制敕以何种方式和形态发挥其作用,不能不极大地影响法典的效力和地位,从而影响到整套法律体系的运作和演化态势。根据前面讨论的情况,魏晋以来敕例的编纂实际上呈现了两个大的趋势,一个是以《晋故事》为标志,部分敕例编纂活动开始有了明确的立法意义,可以称之为敕例编纂的立法化;另一个则在此基础上发生,以《令》成为法典至条制流行以及《麟趾格》、《大统式》等新法典出现为标志,可说是敕例编纂的法典化。这两个势头均对整套法律体系发生了重大影响,都导致和推动了汉代样式的"律令体制"向魏晋以来"《律》、《令》体制"的转折与变迁,也都不断展示和构画了《律》、《令》体制的内涵和形态,同时又奠定了各种法律形式特别是敕例与法典之间的关系格局,孕育了唐代《律》、《令》、《格》、《式》体系的形成。

第一节 敕例编纂的立法化及其影响

前面已经指出,《晋故事》的特殊性,要为与《律》、《令》一体修订颁行。正是这一点,使其编纂过程有了十分明确的立法意义,也使其已明显不同于汉代的有关法例编纂活动。

一 《晋书·刑法志》提到的汉代法例编纂之作

对于汉代的法例编纂之作，《晋书》卷三〇《刑法志》专门对其做了较为完整的介绍。其述献帝建安元年应劭删定律令，以为《汉仪》[①]，表奏之有曰：

> ……臣窃不自揆，辄撰具《律本章句》、《尚书旧事》、《廷尉板令》、《决事比例》、《司徒都目》、《五曹诏书》及《春秋折狱》，凡二百五十篇，蠲去复重，为之节文。

此奏上后，"献帝善之，于是旧事存焉"。可见应劭删定而成的，都是以往最重要的一些法书。其中的《春秋折狱》，《晋志》前文已述其为张汤向董仲舒咨询政刑得失的产物，原有二百三十二事。《律本章句》是对《律本》的注解，《律本》当即《律》的官方文本[②]，《晋志》后文载汉代以来《律》文体例错糅，"后人生意，各为章句，叔孙宣、郭令卿、马融、郑玄诸儒章句十有余家，家数十万言"。应劭的《律本章句》显然对汉《律》注本作了通盘清理和删定[③]。因此，《律本章句》和《春秋折狱》均为释法之作，而非制诏成例的编纂。《尚书旧事》、《廷尉板令》、《司徒都目》和《五曹诏书》的共同点是皆以部门标目，其原本应当都是在各部门所存制诏成例的基础上编纂的。《决事比例》则不出部门之名，当是跨部门编录的决事比或判例集。《晋志》后文提到了这些法例书的原本与体例：

[①] 原文"仪"作"议"，据中华书局点校本《校勘记》改。

[②] 《隋书·经籍志》史部刑法类著录有西晋杜预《律本》二十一卷，便是官方确认的《泰始律》杜注本。《南齐书》卷四八《袁彖、孔稚珪、刘绘列传》末史臣曰："《律》、《令》之本，文约旨旷，据典行罚，各用情求，舒惨之意既殊，宽猛之利亦异。"是当时《律》、《令》皆有官定文本。

[③] 《晋书》卷三〇《刑法志》又载晋"文帝为晋王，患前代律、令本、注烦杂，陈群、刘邵虽经改革，而科网本密。又叔孙、郭、马、杜诸儒章句，但取郑氏，又为偏党，未可承用。于是令贾充定法律令……"据此则汉来律、令皆有"本"有"注"，曹魏时陈群、刘邵曾行"改革"；律注除叔孙宣、郭令卿、马融、郑玄诸家外，此处又列举了"杜氏"而述其"但取郑氏"，当统指大、小杜注之流绪。

> 汉时决事,集为《令甲》以下三百余篇,及司徒鲍公撰嫁娶辞讼决,为法比都目,凡九百六卷①。世有增损,率皆集类为篇,结事为章。一章之中,或事过数十,事类虽同,轻重乖异,而通条连句,上下相蒙,虽大体异篇,实相采入。

据此可知,应劭删定的《决事比例》,素材就是"《令甲》以下三百余篇";而所谓《司徒都目》的原本,也就是东汉章帝时期的司徒鲍昱所编"嫁娶辞讼"方面的"法比都目"②。同时其又交代,当时这类作品已多达906卷,其编纂体例则大都"集类为篇,结事为章",其中同一事类而"轻重乖异"有所扞格的;或"大体异篇"本应分开,却因其原文"通条连句"而仍并处一章的,所在多有③。这样的体例,似只能是有司随事对诸敕例分类归档,再依次存录缀集之所致。

应劭《上汉仪表》既被《晋志》前后引据和大段钞录,可见其所云汉制颇中当时法制的窍要,其删定"《尚书旧事》……《五曹诏书》"诸书的原本,应可在相当程度上代表汉代那些在诸司存档基础上编纂而成的敕例集,其共性是虽已"集类为篇,结事为章",却并未精雕细琢而体例粗略,还不同程度地残留着原始文档着眼于查验案比,随事缀集而不割截取舍的特点。具体又可将之分为两类:

一类可以《决事比例》所取材的"《令甲》以下三百余篇"为典型,由于《令甲》、《令乙》之类均是朝廷确认和可充法据的令篇,故其各篇皆应是得到某种授权的跨部门统一编纂之物。此外,《廷尉板令》所取材

---

① 此处"九百六卷"前疑有脱文,因为《东观汉纪》明载鲍氏当时所撰惟有《辞讼》七卷、《决事都目》八卷,详见后文。又《晋志》此处所谓"九百六卷"是汉末魏初之物,《隋志》史部旧事类后叙则说"晋初甲令以下至九百余卷",这是汉末魏初之物经曹魏一代删存增补的法书总量。

② 《后汉书》卷二九《鲍永传》附《鲍昱传》载其明帝永平十七年为司徒,章帝建初四年为太尉。

③ 冨谷至《晉泰始律令への道——第一部 秦漢の律と令》把"率皆集类为篇"以下一段视为"东汉末律之实态"。恐误。

第二章　敕例编纂的立法化、法典化及其影响　43

的，很可能就是文献所载的"廷尉挈令"，即指导廷尉断案治狱的令①。这是以部门标目的令篇，故仍可与"《令甲》以下三百余篇"归为同类。这些令篇编录的，都是以制诏形式出现的令②，其编录过程无非是对现行之令的分类缀集和排序，其效力实际上来自这些令本身，这与汉令的制定或立法程序显然不是一回事③。因此，《令甲》及《廷尉挈令》之类，虽被朝廷确认而可引为法据，其编纂或形成过程恐怕还不能直接视为立法，而只能在其将分散之令汇编分类的意义上，认为其具有一定的立法性质。

另一类则以《司徒都目》取材的"法比都目"为典型，《尚书旧事》和《五曹诏书》的原本似亦可归为此类④。它们既不名"令"又以部门为目，所编录的应当都是诸司所存"令"外的制诏成例。由于《晋志》

---

① 《史记》卷一二二《酷吏张汤传》、《汉书》卷五九《张汤传》皆载有"廷尉挈（《史记》挈作絜）令"。《史记集解》引韦昭释"絜"为"在板絜也"，《正义》释"廷尉絜令"为"谓律令也，古以板书之。言上所是，著之为正狱，以廷尉法令决平之，扬主之明监也"。然则"廷尉挈令"也就是"廷尉板令"。王先谦《汉书补注》释"挈，举也"，即以《史记集解》及《正义》所释为正。程树德《九朝律考》卷一《汉律考》一《律名考·令》即以"廷尉挈令"与应劭删定的"廷尉板令"同名。另文献和汉简所见的"光禄挈令"、"乐浪挈令"及"大鸿胪挈令"、"北边挈令"等，其指导部门或地方行政的法令性质亦当与"廷尉挈令"类同。冨谷至《晋泰始律令への道——第一部　秦漢の律と令》认为"挈令"之"挈"当作"摘编"解，即从诏令簿册中摘取具有某种共性的诏令编为一帙。亦可备一说。

② 《汉书》卷五九《张汤传》载凡奏谳疑狱，汤"必奏先为上分别其原，上所是，受而著谳法廷尉挈令"。可见《廷尉挈令》收录的是"上所是"的判决，"奏"而"上所是"同于"制可"，此判决即为制诏。又《史记》卷一九《惠景间侯者年表》首言太史公曰："长沙王者，著《令甲》，称其忠焉。"此必高帝诏而著令者。前引《后汉书》卷一二《律历志中》载永元十四年太史令奏对所引的"《令甲》第六常符漏品"说明《令甲》所收之令亦皆以诏书形式颁下施行，各令皆有第一……第六之类的排序。凡此之类，皆可于张家山汉简《二年律令》之《津关令》形态一一证之，是其非仅为《令甲》、《令乙》，亦为以事项命篇之《令》的通行体例。

③ 就法理而言，只有使某个规范或某些文字具有法律效力的过程或程序，才可以视为"立法"过程或程序。而《令甲》或《廷尉挈令》的效力显然来自其编纂的"令"本身，而并不来自其编录过程。关于汉"令"形成的程序，参大庭脩《秦汉法制史研究》第三篇"关于令的研究——汉代的立法手续和令"第一章"汉代制诏的形态"。

④ "尚书旧事"即"尚书故事"，前引《三国志》卷二一《魏书·卫觊传》裴注引《魏书》载"汉朝迁移，台阁故事散乱，自都许之后，渐有纲纪，觊以古义多所正定"。其中似已透露了应劭《尚书旧事》原本的痕迹，其流变则可证于前述《晋书》卷三《武帝纪》载泰始六年"大事皆撰录"之诏及《隋志》史部旧事类著录的范汪撰《尚书大事》二十卷。《五曹诏书》所取材的当即《宋书》卷三九《百官志上》引应劭《汉官》云汉末尚书台五曹（三公曹、吏曹、二千石曹、客曹、民曹）所存的施行诏书，前已述施行诏书的编纂可证于汉简而由来已久。

仅交代"法比都目"为司徒鲍昱所编，而汉代各时期诸官府编纂有关制诏成例的作品一定还有不少，引人疑惑其何以会被应劭视为最重要的法例书来加以删定？这个问题在鲍昱编纂"法比都目"的其他记载中有其答案，《后汉书》卷二九《鲍永传》附《鲍昱传》李贤注引《东观纪》述其事曰：

> 时司徒辞讼久者至十数年，比例轻重，非其事类，错杂难知。昱奏定《辞讼》七卷，《决事都目》八卷，以齐同法令，息遏人讼也。①

事情很清楚，鲍昱主持编定的《辞讼比》七卷和《决事都目》八卷皆为"奏定"之作，方可"齐同法令，息遏人讼"，即具有明确的法律效力。例此推之，"《尚书旧事》和《五曹诏书》"的原本，其编纂过程应当也像《辞讼比》和《决事都目》那样，履行了某种"奏定"程序而有明确的法律效力②，这应当就是它们不同于一般法例书而特别引起应劭关注的原因。

不过仅据效力，尚难断定其编纂过程即为立法，前已指出，法书的效力可以来自其所编纂的制诏成例本身而非其编纂过程。以此衡量，鲍昱之所以要"奏定"《辞讼比》和《决事都目》，无非因为其对司徒府历年所存辞讼和决事比作了分类梳理和取舍筛选。也就是对这些本有法律效力的制诏成例，分别进行了停废、确认甚至是某种调整改动，这是与《令甲》、《廷尉挈令》之类所收本为现行之令而无法取舍的情况完全不同的，故其非"奏定"不可；其过程也就有了立法性质。但事情的另一方面，

---

① 《后汉书》卷四六《陈宠传》亦载此事，述其"辟司徒鲍昱府……昱高其能，转为辞曹，掌天下狱讼……为昱撰《辞讼比》七卷，决事科条，皆以事类相从。昱奏上之，其后公府奉以为法"。是《鲍昱传》所载的《辞讼》实际上是《辞讼比》，《晋志》所谓"法比都目"，实际上是《辞讼比》七卷和《决事都目》八卷的合称。中华书局点校本《晋书》以"法比都目"为一书而加书名号，误。

② 《太平御览》卷五九三《文部九·诏》引《风俗通》曰："光武中兴以来，五曹诏书题乡亭壁，岁补正，多有阙谬。永建中，兖州刺史过翔牲撰卷别，改著板上，一劳而久逸。"是"五曹诏书"本为宣示天下之诏书，则其效力不言而喻。又卫宏《汉官仪》（《汉官六种》本）卷上："诏书下，有违法令，施行之不便，曹史白，封还尚书，对不便状。"由此亦可看出五曹诏书皆经曹史审核有无前后扞格，不便者则封还。

是鲍昱主持删定的，显然只是司徒府所存的部分决事比，鲍昱之前和以后，直至应劭着手再定，似乎都未有人清理府中的制诏成例。由此可见，汉代各官府所存的决事比，如果不是发生了辞讼久延而"错杂难知"的状况，并且出现了鲍昱这样的长官和陈宠这样的掾属，也就不会有清理删定之事。

这种并无定制，全赖"好事者"发起整理，并按当时臣民随事上奏的一般程序而得制可授权的状况，既是汉代这类法例书体制不一、名称各异的原因[①]，又势必影响其法律效力和地位。像鲍昱奏定的《辞讼》和《决事比》，就很有可能只适用于司徒府对相关诉讼的处理。应劭删定诸书奏上后，虽被"献帝善之"，其意义却被归结为"旧事存焉"，效力和地位显得很是有限。这应当不仅是由于献帝的地位和处境，也因为其只是应劭"辄撰"之作的缘故。前面提到同期卫觊正定"台阁故事"，或许也属于这种情况。如果将之与汉令本为制诏，其制订或形成却一定要具备明诏"具为令"或"著令"的程序相比较，这类法例书编纂过程的立法性质，应当说还是不够明确的。

由上所述，足见汉代对制诏成例的编纂，大都属于各官府径自进行的文档缀录活动，即便某些官府对此的筛选和整理通过"奏定"而得到了皇帝授权，其过程和作品也还是缺乏统一性和普适性，难以视为性质明确的立法过程，而仅具有一定程度的立法意义。至于《令甲》和《廷尉挈令》之类的令篇，也由于其编录之令本为"著令"制诏而效力夙著，对此的编纂显然只是在分类汇编的意义上具有某种立法性质。这样的史实，既是律令体系在汉代尚处发展早期，律、令之分及其各自形态还不像魏晋以来那么清晰，律令之外法律规范的分层、属性也还很不明朗的表现；更是当时敕例集及其编纂过程尚无定制，偶或奏定者地位性质尚待明确的反映。

[①] 这实际上是与汉代立法的一般情形相适应的。法制史界长期围绕汉代的法律形式是否由"律"、"令"、"科"、"比"构成而展开的争论，可说是以唐法系模式硬套汉法而发生的问题。其实汉代"律"、"令"之别不严，令多以制诏形式出现，若加编纂则成令篇。其余称"科"、"比"、"诏书"、"故事"，等等，皆指律令之外的制诏成例，其名并不稳定，编纂方式也多种多样而无定制可言，尚不足视之为性质、形态稳定下来的特定法律形式。

需要指出的是，对于这种绝非无关紧要的区别，习惯于在"《律》、《令》制"或"《律》、《令》体系"名下展开有关探讨的研究者，有必要给予特别的关注。事实上，《律》、《令》的发展固然可以影响律令之外制诏成例的存在方式，但从根本上来说，制诏成例的存在形态和作用方式，实际上更大地影响着律令的发展形态。由此观察，从曹魏编纂的《甲子科》、《甲辰仪》，到西晋初年与《律》、《令》同时编纂《晋故事》，意味的不仅是敕例编纂从只有一定立法性质到具备明确立法意义的转折，而且还是从制定法意义不甚明确的早期律、令，向成熟形态、也就是魏晋以来作为法典的《律》、《令》过渡的关键一步。

二 敕例编纂立法化与新《律》、《令》体制的形成和发展

据前所述，曹魏代汉以前编纂的《甲子科》，乃是一部刑事令书或条法集，起着补充、修正甚至代《律》而行的作用，其地位显非应劭删定的《决事比例》之类可比。《晋书·刑法志》载其编纂过程乃因曹操霸府讨论汉代刑制得失，欲重新立法而发起，只是因为曹操"难以藩国改汉朝之制"，才编定了《甲子科》而不称律令。因而《甲子科》编纂过程的立法性质，是十分完整和毋庸置疑的，可以说是汉魏间敕例编纂立法化趋势的开篇之作。不过其到曹丕制定《新律》后自然停废，其所体现的敕例编纂立法化取向暂时未得继承。《甲辰仪》则是官品仪制方面的诏令集，前已述其是曹丕代汉后编纂之物，且补充了魏定《新律》及《州郡令》、《尚书官令》、《军中令》所未及的官品仪制规定，其法律效力及其编纂过程的立法意义，应像《甲子科》一样明确。所不同的是，《甲辰仪》至东晋又被续撰，相关佚文亦表明其仍规定着诸多仪制，在《甲子科》那里开启而又中断了的敕例编纂立法化势头，在《甲辰仪》这里显然得到了某种延续。

当时这种延续的关键，恐怕还是在于《晋故事》。正因为晋初承汉末曹魏有关趋势，与《律》、《令》同时编纂了《晋故事》，特别是命其与《律》、《令》并行，也就在历史上首次明确了朝廷统一删定和编纂的敕例集与《律》、《令》的关系问题，确认了这种敕例集介于《律》、《令》和各种敕例簿档之间的法律地位，并且构成了一个足供后世在删定和编纂这类敕例集时取法的传统。凡此种种，都继承和发展了《甲子科》和《甲辰仪》所开启的敕例编纂立法化势头，也结束了汉代以来敕例编纂大都

只有文档编录或局部立法意义的历史，开辟了敕例编纂的新传统、新时代。故自《晋故事》以来，朝廷统一编纂综合性或部门性、事项性敕例集的做法不仅史不绝书，且都是当时立法的重要组成部分，其补充、修正甚或替代《律》、《令》的地位也已确定无疑。

对于中古法律体系的演变历程来说，《晋故事》所代表的敕例编纂立法化传统，其影响是全局性和至为深远的。其首先巩固了《律》、《令》在整套法律体系中的高端地位，促成了《律》、《令》各自样态的定型和法典化，可以说是汉代律令体制转为魏晋以来《律》、《令》新体制的一大原因。

论者皆知魏晋以来的《律》、《令》，已较汉代有了很大发展和不同。其中最为突出的，是《令》的变化。要而言之，汉"令"都是特定的制诏①，既可以独立规定某些行政行为，也可以补充或修正律条；而所谓《令》篇，在汉代也就是这些制诏的编录，无论是《令甲》、《令乙》还是《津关令》、《廷尉挈令》，实际上都相当于后世的"敕例集"。此即杜周之所以强调"前主所是著为律，后主所是疏为令"②；程树德之所以认为"汉代律、令之分不严"③；大庭脩之所以说"汉代律为正典，令为追加法"的共同背景。至曹魏制《新律》十八篇，学界公认其在《律》的发展史上具有划时代意义，可信其作为刑法典的性质已得到进一步强化。但当时编纂的《州郡令》四十五篇，《尚书官令》、《军中令》合百八十余篇，篇章若此之多，适足以说明其"令"的形态还未退却汉时面貌，而仍像汉令一样由特定制诏所构成，且继续像汉代《令甲》之类一样被

---

① 《史记》卷六《秦始皇本纪》二十六年初并天下，定尊号及诸名称，"命为'制'，令为'诏'，天子自称曰'朕'"。此即秦汉时期令皆诏书的词源，贾谊《新书·等齐》篇："天子之言曰令，令甲、令乙是也；诸侯之言曰令，令仪、令言是也。"即在其时诸侯王与汉同制的背景下申述了这一点。其后来变化一方面是诸侯之言不再为令（权臣如曹操者例外），另一方面是并非所有诏书皆可称令，前引陈梦家、大庭脩诸先生之说均可参考。

② 《史记》卷一二二《酷吏杜周传》。

③ 《九朝律考》卷一《汉律考》一"律名考"："魏晋以后，《律》、《令》之别极严，而汉则否……"

编录。①

问题在于，只要《令》仍由可以随时随事补充和修正《律》文的制诏构成，其陆续增益及其与《律》的难分难解，就是一个无法避免的事实。《隋书·经籍志》史部旧事类后叙说"晋初，甲令以下至九百余卷"。这九百余卷中，应当包括了《晋书·刑法志》所述的"汉时决事，集为《令甲》以下三百余篇"，又包括了曹魏所制《新律》十八篇及《州郡令》等二百二十余篇，还应包括了此后陆续编纂的诏令，如前面所述规定官品仪制的《甲辰令》之类。因而曹魏末年《令》篇的数量，肯定已在原来二百二十余篇的基础上大为增加，其中补充和修正《新律》者亦当不在少数。这也就是晋武帝命贾充等立法时，"删采其要，增《律》十篇"的由来。事情很清楚，除非彻底改变汉代以来令的状况，另以适当方式保障制敕对《律》章和《令》篇的补充或修正作用，否则，朝廷就不能不面临令既不断膨胀，《律》亦与令错杂而难以稳定的局面。

在晋初，理顺这个局面的认识或愿望显然已经具备，《晋书》卷三四《杜预传》载其撰《泰始律注》，奏之有曰：

> 法者，盖绳墨之断例，非穷理尽性之书也。故文约而例直，听省而禁简。例直易见，禁简难犯。易见则人知所避，难犯则几于刑措。措刑之本在于简直，故必审名分。审名分者，必忍小理。古之刑书，铭之钟鼎，铸之金石，所以远塞异端，使无淫巧也。今所注皆网罗法意，格之以名分，使用之者执名例以审趣舍，伸绳墨之直，去析薪之理也。②

《艺文类聚》卷五四《刑法部·刑法》引晋杜预《律序》曰：

---

① 《三国志》卷一《魏书·武帝纪》建安七年"以大牢祀桥玄"，裴注："《褒赏令》载公祀文曰：故太尉桥公诞敷明德，泛爱博容……"此《褒赏令》显属含有若干褒赏的令书，其名或亦如"明志令"之类，为后人编集曹操令书时所加；但也不能排除曹操令书当时已被编为"令集"，并像汉代《金布令》、《津关令》那样加以标题。

② 《艺文类聚》卷五四《刑法部·刑法》引晋杜预奏事曰："古之刑书，铭之鼎钟，铸之金石，斯所以远塞异端，绝异理也。法出一门，然后人知恒禁，吏无淫巧，政明于上，民安于下。"这显然也是出于杜预上《律注》的表文，而为《杜预传》所删略者。

律以正罪名，令以存事制，二者相须为用。①

这类议论反映的，正是时人对汉代律令滋繁之弊的反省及其解决之方。不过其作为认识和愿望，仍然需要相应的措施来保证落实。如果不是出现了《晋故事》等立法意义十分明确的敕例集，皇帝随时随事下达的制敕仍可直接修正或补充《律》、《令》的话，《律》、《令》的稳定及其法典性质，其通盘斟酌和相互关系严密的法条内容和布局，实际上都难以实现，也极易在大量制敕对之的修正和冲击下瓦解。

由此观之，编纂《晋故事》使之与《律》、《令》并行，要害是在随时随事下达的制敕和形态较为稳定严密的《律》、《令》之间，设置了一个吸纳缓冲的中间环节，从而把《律》、《令》直接被相关制敕补充和修正的局面，转换成了这类具有明确立法意义的敕例集的不断续补或再编。就是说，《晋故事》及其他一些具有明确立法意义的敕例集的一再续补和编修，首先是稳定了《令》的形态，保障了其规定各项国家制度的法典性质，连带也就保障了《律》的稳定及其与《令》的区别，从而构筑了《律》正罪名、《令》定事制体系的重要基石。此理既明，也才可以真正理解：为什么《晋故事》所代表的敕例编纂立法化势头，直接促成和保障了《律》、《令》作为高位法典的性质和地位，从而完成了从汉代律令体系向魏晋以来《律》、《令》体系的转折。

三 敕例编纂立法化确定了法典与制敕的关系格局

《晋故事》所代表的敕例编纂立法化趋势，在保障《律》、《令》各自样态定型的同时，也重新建构了作为法典的《律》、《令》与今上制敕之间的关系格局，这可以说是《律》、《令》体制的全部要义之所在，也是其正常运作的前提。

今上制敕与法典的关系，是帝制时代法律的根本问题。从曹魏《新

---

① 《太平御览》卷六三八《刑法部四·律令》引此无"二者相须为用"数字。明代梅鼎祚编纂的《西晋文纪》卷七以"杜预《律令注解奏》"为题，引列了《晋书·杜预传》载其上《律注》的奏文，又引杜氏《律序》云："律者以正罪名，令者以序事制，二者相须为用也。"其下又引杜预奏事云："被敕，以臣造新律事，律吏杜景、李复等造律，皆未清本末之意者也。"

律》十八篇中的《留律》①，到晋《泰始律》创设的《违制律》②，都说明法典的制定在客观上虽会限制今上制敕的作用，主观上却不是指向限制，而是要确保今上制敕的权威，包括下敕重新制定合乎其意旨的法典的权威，否则就与整个政治体制相悖，也就失去其立足的根基了。因此，如何处理今上制敕与法典的关系，直接决定着《律》、《令》体制的兴衰存亡，这始终都是《律》、《令》体制发展演化的核心问题。

就此而言，秦汉以来律、令体制渐次发展的最大成果，是使一个带有根本性的理念或原则得到了贯彻和公认：所有律、令都原出制诏，但不是，也不能是所有制诏都是律、令③。至魏晋《律》、《令》定型为通盘重新起草制定的法典后，这一理念或原则又发展而为制诏必经统一删定编纂，才能取得与《律》、《令》并行的地位，起到超越一般制诏的特定作用。《晋故事》所代表的那些具有明确立法意义的敕例集的编纂，便是这一理念或原则的集中体现。这类敕例集显然继承了汉代"特定制诏方为律、令"的传统，又在两个方面极大地发展了这个传统。

一方面，在制诏效力和地位的区分上，汉代成为《律》、《令》的制诏，是通过其特定形成程序或诏文明示"著令"之类的字眼来逐份确定的，每一份这种制诏的形成，都是一个随时随事发起的特定立法过程，这就把作为《律》、《令》的制诏与一般制诏区分了开来。而《晋故事》所

---

① 《晋书》卷三〇《刑法志》载魏《新律序》文，述"《兴律》有乏徭稽留，《贼律》有储峙不办，《厩律》有乏军之兴；及旧典有奉诏不谨、不承用诏书，汉氏施行有小愆之反不如令，辄劾以不承用诏书乏军，要斩；又减以丁酉诏书，丁酉诏书汉文所下，不宜复以为法，故别为之《留律》"。可见《新律》十八篇中的《留律》，集中了稽缓或不承用诏书等罪名及其惩罚。

② 《唐律疏议》卷九《职制篇》篇首疏曰："《职制律》者，起自于晋，名为《违制律》。爰至高齐，其名不改。隋开皇改为《职制律》。"此外，蔡邕《独断》（《汉魏丛书》本）卷上述汉制王命"一曰策书，二曰制书，三曰诏书，四曰戒书"。《唐六典》卷九《中书省》则述唐代王言有"册书、制书、慰劳制书、发日敕、敕旨、论事敕书、敕牒"七种，这些分类在法理上都不构成上下轻重之别。《唐律疏议》卷九《职制篇》"诸被制书施行而违"条疏议曰："问曰：条云'被制书施行而违者徒一年'，未知敕及奏抄得罪同否？答曰：上条'稽缓制书'注云'膰制、敕、符、移之类皆是'，即明制、敕之义，轻重不殊。其奏抄御亲画闻，制则承旨宣用，御画不轻承旨，理与制书义同。"便是对此法理的清晰表述。

③ 这里前一句说明制诏即法，即凡按规定程序形成的制诏均有法律效力，且是最具基础性的法律，这是先秦法家再三强调的原则，是专制体制中"朕即国家"原理的反映。后一句说明同属制诏，其效力和地位是可以据其内容和形式来区别的，其中最高层次的制诏，必须合乎宇宙万物之理和天子代天理物的职责，这可以说是中国古代自然法原理的体现。中古法制即是这两种理念、两种传统的综合体，其全部特点和奥秘均与这两者如何结合和贯彻相关，礼、法关系等问题皆从属于此。

第二章 敕例编纂的立法化、法典化及其影响　51

代表的各种敕例集，则在同一个过程中统一和成批地删定编纂了各种制诏，却又并非使之成为《律》、《令》，而是使之成了位阶处于一般制诏和《律》、《令》之间的法律规范。这就前所未有地在《律》、《令》和一般制敕之间增加了一种新的法律形式和层次，同时又使立法进一步从个别、分散走向了集中、统一。也正是因为不同位阶的法律在立法程序上已有明显区别，也就无须再像汉代一般制诏与成为《律》、《令》的制诏那样，还要特别以简牍的长短来加以显示了。①

　　另一方面，在制诏如何进入法典的问题上，汉代的《令》篇都不是制定法，而是著《令》制诏的汇编或摘编。由于其通常都是对《律》的补充或修正，故相关《令》篇稍加删定也可称《律》②，遂致汉《律》篇章滋繁名称多端，与《令》相混而形态不一，只有在几次大的删定编修过程中形成的《律》章，才呈现了基于相关制诏而起草制定的法典特征③。这种局面在曹魏制定《新律》十八篇后，恐怕仍未根本改变，关键在于魏令仍可直接补充和修正《律》文。而以《晋故事》为代表的特定敕例集的出现，则既可吸纳随时随事下达的各种制诏，又可充当基此重新起草和制定《律》、《令》的现成素材，这就继续保障了今上制诏指导行政过程和进而被撰入《律》、《令》的通道，同时又取代了汉令在这方面曾发挥的功能，从而缓冲了今上制诏对《律》、《令》的直接冲击，促成和巩固

---

① 《史记》卷一二二《酷吏杜周传》载客有质疑其惟伺上意，不循三尺法，对曰："三尺安出哉？前主所是著为律，后主所是疏为令。当时为是，何古之法乎？"《集解》引《汉书音义》曰："以三尺竹简书法律也。"是汉代律令用长三尺。蔡邕《独断》："策书……其制长二尺，短者半之，其次一长一短两编，下附篆书，起年月日，称皇帝曰，以命诸侯王、三公。"可见体制最隆的策书长仅二尺或一尺。由此亦可看出，以长短区别一般制诏和著令制诏乃是"古之法"，而这正是先秦以来寻常王命和作为法律的特殊王命必须逐个区别，并无统一程序的反映。

② 如《九朝律考》卷一《汉律考》一"律名考"述汉律、令之分不严曰："文帝五年除盗铸令，《史记·将相名臣表》作除钱律；《萧望之传》引金布令，《后书》则引作汉律金布令，《晋志》则直称金布律，是令亦可称律也。"

③ 尽管如此，汉律的法典形态也还是比较粗糙的。如张家山汉简原题"二年律令"诸简，只有一篇是摘编有关制诏而成的《津关令》，而其余称律众篇，各条行文每有"不用此律"、"以律论"、"亦得毋用此律"、"购如律"等字样。这类行文显然不甚合符法典之体，审慎推敲而定的律文，绝不可能在每条规定之后加上违反规定者"以律论"的字样。凡是这类规定何种情况适用或不适用有关《律》条规定的行文，原来应当都是补充有关律条之"令"，也就是"著令"的制诏，其在吕后二年编定律令时方被删去其制诏形式而编入《九章律》以来各《律》篇，"以律论"之类的字样显然是当时删后之所余。

了全部《律》章和《令》篇的法典形态。从此以后,汉代只有部分《律》篇才是法典的局面,才得以变成了《律》、《令》皆为法典的局面。

由此可见,汉魏以来法律体系的转折变迁,实际上是以敕例编纂的立法化为其核心或枢轴来展开的。其要义则是通过对各种敕例的统一删定和编纂,在《律》、《令》和一般制诏之间增加了一个新的法律形式和法律层面,从而保障了制诏的权威及其有序补充、修正和进入法律的通道,建立了今上制诏与法典之间的新关系。在这个新的关系框架中,除《律》、《令》的法典形态得到了稳定和发展外,汉代制诏形成过程所表现出来的、显得过于个别分散和参差不齐的立法程序,已在统一删定敕例和集中制定《律》、《令》的过程中,不断明确和稳定为奏请诏议—编纂起草—制可施行的步骤;汉代一般制诏、著令制诏和《律》章《令》篇之间区分不甚明晰的状态,则被清楚地梳理为一般制诏—统一删定的敕例—重新起草制定的《律》、《令》等法典三个井然有序的法律和立法位阶。这也就是此后直至唐代立法和法律体系的基本框架,是魏晋以来对"朕即法律"和"法为公器"这两个重要传统的新综合,也是自来《律》、《令》体制的灵魂所在,并集中体现了专制体制下法律观念、立法技术和法律实践的进化发展。

四 敕例编纂立法化与魏晋以来敕例编纂活动的轴心

《晋故事》所代表的敕例编纂立法化趋势,确立了此后数百年中敕例编纂的轴心,也为相关敕例集的进一步法典化准备了条件。

从前面对应劭《上汉仪表》所述诸书性质的分析中,可以看出汉代敕例的编纂,往往可由官员个人发起,方式和形态错杂多端。魏晋以来也还存在着像应劭那样私家编辑敕例的情况,如自来流行于世的故事、官制、仪注书,有的应当也是缀集敕例而成,而不乏私家之作[1]。故《隋

---

[1] 如《隋志》史部旧事类著录有范汪所撰的《尚书大事》二十卷。《北堂书钞》卷一三五《仪饰部六·粉六十四》"皑白洁清"引"《尚书大事》纳后礼文"云:"既皑且白,既洁且清,美人玩好,以饰姿容。"其显然摘自纳后礼或相关仪注中的颂文。这类礼文或仪注例皆由主者奏上制可而生效,性质类同敕例。又《太平御览》卷五三五《礼仪部十四·释奠》引《晋尚书大事》佚文,为尚书问太常和太常王彪之答释奠于太学或辟雍之事。当时尚书出纳帝命,其符与诏无异。如《通典》卷五九《礼十九·嘉礼四》"婚礼不贺仪"载穆帝升平元年,"台符问:'皇后拜讫,何官应上礼?上礼悉何用?'太常王彪之上书以为:'上礼唯酒犊而已……太学博士虽不在贺,而常小会者同悉应上礼。'"此条不见于《晋书》等处,杜佑当别有据,"上书"即奏疏,彪之以"上书"答问,说明"台符"即诏。

书》卷三三《经籍志二》史部旧事类后叙说诸故事书常由"缙绅之士，撰而录之，遂成篇卷"；职官类后叙说诸官制书，亦多"缙绅之徒，或取官曹名品之书，撰而录之，别行于世"；仪注类后叙说诸仪制书，"载笔之士，删其大纲，编于史志，而或伤于浅近，或失于未达，不能尽其旨要"①。但这些记载也表明，缙绅之徒在撰录诸制度规定时皆有所本，其基底仍是官府的文档或官修之书，尤其是官方对相关敕例的编纂②。而《晋故事》所代表的敕例编纂立法化势头，正构成了推动和影响魏晋以来这类编纂活动的轴心。

当时有几种现象集中说明了这方面的事态。首先是各种行政过程已经常需要通检和调整以往的敕例。魏晋以来这方面记载甚多，其典型如《宋书》卷六〇《王韶之传》载其武帝初为黄门侍郎之事：

> 有司奏东冶士朱道民禽三叛士，依例放遣。韶之启曰："尚书金部奏事如右，斯诚检忘一时权制，惧非经国弘本之令典。臣寻旧制，以罪补士，凡有十余条，虽同异不紊，而轻重实殊。至于诈列父母死、诬罔父母、淫乱破义、反逆，此四条，实穷乱抵逆，人理必尽，虽复殊刑过制，犹不足以塞莫大之罪……愚谓此四条不合加赎罪之恩。"侍中褚淡之同韶之，三条却宜仍旧。诏可。③

这段记载提供了晋宋间敕例的不少信息：

尚书金部奏"依例放遣"的"例"，即韶之所称的"权制"、"旧制"，其实都是以往的制敕，也就是敕例，盖因其不入《律》、《令》而称"权制"。此其一。

---

① 其史部刑法类后叙所说皆为官书，然其著录的"见存可观者"，如陈寿《魏名臣奏事》四十卷、高堂隆《魏台杂访议》三卷等书，性质亦参差不齐。
② 即以范汪的《尚书大事》为例，《晋书》卷三《武帝纪》泰始六年七月乙巳诏曰："自泰始以来，大事皆撰录，秘书写副。后有其事，辄宜缀集以为常。"当时所谓的"大事"，自以上达天听和皇帝画闻书可为其前提，故缀集大事，很大程度上也就是编录敕例集。而范汪所撰的《尚书大事》二十卷，无非是对台阁编纂而秘书录副的"大事"集的选编或再加工。
③ 中华书局点校本《校勘记》于"检忘"下，引张森楷《校勘记》云："检忘当作检亡，犹捕亡也。正谓上文禽三叛士耳。"又《宋书》卷三《武帝纪下》载永初元年七月壬子诏，内有"反叛淫盗三犯补冶士，本谓一事三犯，终无悛革。主者顷多并数众事，合而为三，甚违立制之旨，普更申明"之文。可与相参。

韶之启奏尚书金部所据乃为"一时权制",又述"臣寻旧制,以罪补士,凡有十余条"。这说明当时各种敕例除存于有司外,亦总聚于门下省,且有可能以"尚书金部"等官府部门或"以罪补士"等事类编目。此其二。

韶之从门下所存敕例中检出了"以罪补士"者十余条加以考究,述其"虽同异不紊,而轻重实殊"。是其各篇所存敕例皆单独成条,内容上不相重复,而处分轻重有所区别,显然已经历过一定的删定整理,而非随事照录归档的制敕簿籍。此其三。

韶之奏请"诈列父母死"、"诬罔父母"、"淫乱破义"、"反逆"四条"不合加赎罪之恩",侍中褚淡之则同意"反逆"不在"以例放遣"之列,其余三条"却宜仍旧"①,事得"诏可"。这说明敕例可随时随事奏请调整增删。此其四。

据此可以明确的是,魏晋以来不少机构均有切实指导其行政过程的敕例集,其所含敕例皆经奏请制可而选择删定,并可陆续调整增补,这实际上也可视为随时随事把敕例与一般制敕区别开来的立法过程。在此基础上,朝廷对各种敕例的统一清理和删定自属大势所趋。前面提到刘宋以来开始在尚书省设立"删定郎"②,即是适应此势而把这种清理和删定工作经常化、制度化的重要举措。

至于改朝换代或制度积重难返之际,通盘清理和大幅删定各种敕例之举更是史不绝书。前已述东晋草创之际,大理卿卫展奏"今诏书宜除者多,有便于当今,著为正条,则法差简易"。即是适应江左当时形势和法制需要的建议。此后这方面的情况,如《宋书》卷三《武帝纪下》永初元年七月壬子诏:

> 往者军国务殷,事有权制,劫科峻重,施之一时。今王道惟新,

---

① 中华书局点校本《宋书·王韶之传》此处标点,"诬罔父母淫乱","父母"后当点断,"淫乱破义"为又一罪;又"侍中褚淡之同韶之三条,却宜仍旧",其义不通,当标点为"侍中褚淡之同韶之,三条却宜仍旧"。其文意盖以"叛士"为反逆,淡之同意韶之启奏反逆"不合加赎罪之恩"的建议,而以为其余三条"却宜仍旧"赎刑。

② 《陈书》卷二《高祖纪下》永定元年十月癸未,"立删定郎,治定《律》、《令》"。此即《隋书·刑法志》载当时武帝命范泉为删定郎"参定《律》、《令》"之事。似梁定《律》、《令》以后删定郎之职已不常设。

政和法简，可一除之，还遵旧条。

这显然是因刘宋初建，下诏清理和废止了一批过于"峻重"的刑事敕例。又《南齐书》卷七《东昏侯纪》载永泰元年十月己未，"诏删省科律"①。这是萧宝卷即位三个月后下诏清理不断累积的刑事敕例和《律》条。另如《梁书》卷一《武帝纪上》载其即位前夕入屯武堂，大赦天下，令曰：

> 猥以寡薄，属当大宠，虽运距中兴，艰同草昧，思阐皇休，与之更始。凡昏制谬赋，淫刑滥役，外可详检前源，悉皆除荡。其主守散失，诸所损耗，精立科条，咸从原例。

这是要全面删定以往泛滥以至错谬百出的各种敕例，而"精立科条，咸从原例"，则是明确新删定的敕例仍如以往，像《晋故事》等敕例集那样加以编集。这实际已揭开了其登位后删定《律》、《令》和梁《科》的序幕②。后来陈武帝即位后下诏"删改科令，务存平简"，也是以清理和删定各种敕例，为修订陈《律》、《令》、《科》的先声。③

北朝的有关情况，如《魏书》卷一一一《刑罚志》载北魏每定律制，必以轻减为务而大幅删定以往的重科峻制，可见其亦以统一删定敕例为再定《律》、《令》之准备。又如《魏书》卷一一《出帝纪》载中兴二年五月丁未诏：

> 理有一准，则民无觊觎；法启二门，则吏多威福。前主为律，后主为令，历世永久，实用滋章，非所以准的庶品，堤防万物。可令执事之官四品以上，集于都省，取诸条格，议定一途。其不可施用者，

---

① 《南史》卷五《齐本纪下·废帝东昏侯纪》载此为"诏删省律科"。所谓"律科"或"科律"，当统指《律》和各种刑事敕例而言。

② 《梁书》卷二《武帝纪下》载天监元年四月己巳诏"依周汉旧典，有罪入赎，外详为条格，以时奏闻"。是月甲戌又诏斥当时"治纲弛落，官非积及……且玩法惰官，动成递弛，罚以常科，终未惩革"，要求"外详共平议，务尽厥理"。八月丁未诏"中书监王莹等八人参定《律》、《令》"。

③ 《隋书》卷二五《刑法志》载陈武帝即位思革梁弊，"乃下诏曰：'……朕始膺宝历，思广政枢，外可扫举良才，删改科令，群僚博议，务存平简。'于是稍求得梁时明法吏，令与尚书删定郎范泉，参定《律》、《令》"。

>当局停记；新定之格，勿与旧制相连。务在约通，无致冗滞。

这是适应魏齐之际形势而全面删定敕例之举，从中可以看出当时各种敕例亦随时存录于"当局"，即散在各主管部门，集之则在尚书都省，诏文要求"新定之格勿与旧制相连"，显然是要编辑一部新的敕例集。正是这类具有明确立法意义的敕例编纂活动，在《律》、《令》久未修订之时，解决了诸多法律问题，推进了必要的制度调整进程，也为新《律》、《令》制定和新法律形式的出现奠定了基础。

由上可见，从汉代的律、令体制发展到魏晋以来的《律》、《令》体制，一方面是《律》、《令》皆成法典，特别是《令》的形态和性质发生了重大变化；另一方面则是官方对敕例的删定编纂，已从只有部分立法意味转而成为性质十分明确的立法活动，并在整个立法和法律体系中确立了前所未有的重要地位。从魏晋以来敕例编纂立法化的总体态势来看，无论是在日常行政过程中随事奏准调整增删，还是隔一段时期由官员奏请或皇帝直接下诏统一删定，这种由分散而集中，皆经奏请制可程序而展开的敕例删定、编纂活动，无疑已构成了一个完整的系统。正是在此基础上，出现了《晋故事》及《梁科》、《陈科》等重要的敕例集，更产生了大量必定存在而史载不详的部门性敕例集，从而构成了此期敕例编纂的轴心。就其作用而言，其不仅为各种私家编集之作提供了取材的蓝本，更为《律》、《令》体系的稳定发展提供了基石和保障，建构起了敕例与法典的新关系，同时也在其不断编纂和指导行政的过程中积累着新的立法技术和经验，从而为敕例编纂的法典化趋势提供了条件。

第二节　敕例编纂的法典化及其影响

敕例编纂立法化，是朝廷按既定程序对敕例进行统盘取舍后加以编辑和施用，使由此而形成的法书整体具备了独特的法律效力和地位，也就超越了文档整理意义上的敕例缀录或选编，使之变成了一项重要的立法活动。而敕例编纂的法典化则在此基础上更进一步，是据敕例内容重新起草条文加以编辑或扩充为法典而颁行，可说是敕例编纂立法化的一个特殊组成部分。两者之间最为直观的区别，表现为前者仍是敕例的选集，即其具体条文由"敕条"构成；后者则已是重新起草制定的法典，由"法条"

所构成。不过到这一步，相关的敕例显然也就不成其为"敕例"了，因为其各条的基本内容已经重新斟酌推敲而趋简要严谨，其具体形态则已掐头去尾而再看不出其原为制敕，其相互关系亦往往除其扞格重复而一以贯之，从而开始了其在法律形态上向制定法即法典进化的历程。

一 魏晋以来敕例编纂法典化的途径和趋势

在中古法制史上，这种从敕例及其选集，到再进一步编纂而向制定法形态的进化，当以魏晋至隋唐时期最为活跃。从前面的讨论不难看出，魏晋以前，由于《律》、《令》之分不严，"令"在编集成帙之前，其实只是某些"著令"的制诏且常补《律》而行，敕例编纂的法典化往往只表现为那些具有制定法形态的《律》章的形成过程[①]；到曹魏制定《新律》，始体现于全部《律》篇，至西晋制定《泰始令》以来，才进而体现于全部《令》篇的形成之中[②]；西晋以后更扩展至《律》、《令》之外，表现为条制的不断制定推出和《麟趾格》、《大统式》等过渡性新法典的出现。在此期整套法律体系的发展过程中，这种法典类型和作用范围一步一步扩展延伸的态势，显然构成了一条值得认真观察和思考的发展脉络。

据前所述，作为魏晋以来敕例编纂法典化进程的代表作，东魏的《麟趾格》和西魏的《大统式》，在编纂方式上均是在晋以来特别是北朝"条制"流行的基础上发展而来的；而"条制"的流行，无非是要在《律》、《令》难以及时修订之时，满足新制必须立即推行或旧制亟待调整修改的需要[③]。东晋、南朝及十六国、北魏政权推出的诸多条制，皆由朝廷专门组织起草编纂并以制诏形式颁下实施，这显然是与《律》、《令》等法典的制定颁行特点相一致的；又由于其同样需要首先依据以往积累的

[①] 随时随事"著于律"的制诏及附有这种制诏的《律》篇不在其列。在张家山汉简《二年律令》这类通盘删定和重修的律令中，诸《律》篇以往所附制诏已被仅存其规范内容而删去其制诏形式，故已皆由法条所构成，此时的《律》篇方可说是法典，但其形态不久将随有关制诏的陆续附入而变得驳杂。

[②] 参崛敏一《晉泰始令の成立》，载《東洋文化》第60辑，东京大学出版会1980年版；富谷至《晉泰始律令への道——第二部 魏晉の律と令》，《東方学報》第73册，京都，2001年；廣瀨薫雄《秦漢律令研究》第一部"序論"第一章"律令史の時代區分について"二"私見"。

[③] 在这个意义上，条制实与汉代的"著令制诏"相仿，可说是汉"令"在魏晋以来的一种变化了的存在方式，其制定过程有类于汉代的"具为令"。

敕例来重新起草和编纂,所含各条规定均为"法条"而非"敕条",故条制的形成过程,本身就可以视为敕例编纂法典化的一种表现。

因此,当条制所含法条不多时,其与一般敕例的区别其实并不明显;而当条制所含法条甚多、编排也随之变得讲究时,事实上也就无异于一部特殊的、尚余若干敕例特征的法典了。《麟趾格》和《大统式》即属此类,均可以视为一份专门下诏修订和颁行,在以往敕例和条制基础上重新起草法条加以编排而成的巨型条制。其编纂方式和立法程序,实际上都继承了东晋、南朝及十六国、北魏政权针对专门政务随时推出诸多条制的做法。像刘宋孝武帝时针对藩王妃主仪节而制定的"二十四条格"[①],及前面所说北魏孝文帝针对僧尼管理制定的"僧制四十七条",这类条款甚多的条制集,实际上都构成了《麟趾格》和《大统式》编纂形态的先河;且可设想其在编排上,不免亦会以各条换行或书"一"起首等方式来加以区分,其条文形态当与敦煌文书中的唐《神龙吏部散颁格》和《开元水部式》残卷所示相类。

在基本性质和形态上类于《麟趾格》、《大统式》的法典,最早或应溯至石勒制行的《辛亥制度》。《晋书》卷一〇四《石勒载记上》载勒称赵王前夕:[②]

> 下书曰:"今大乱之后,律令滋烦,其采集律令之要,为施行条制。"于是命法曹令史贯志造《辛亥制度》五千文,施行十余岁,乃用律令。

前已提到,《辛亥制度》与曹魏《甲子科》、《甲辰仪》有相似处,盖因其首条令书或其全书颁于辛亥日而得名。这条记载则清楚地表明,《辛亥制度》其实就是"条制",其文总计约五千字,其内容则"采集律令之

---

① 《宋书》卷六一《武三王传·江夏文献王义恭传》载其事由义恭与竟陵王诞发起,奏上九事,"诏付外详",有司奏"九条之格,犹有未尽,谨共附益,凡二十四条:听事不得南向坐,施帐并踏。藩国官,正冬不得跕登国殿,及夹侍国师传令及油戟。公主王妃传令,不得朱服……诏可"。《南史》卷一三《宋宗室及诸王列传》上《江夏文献王义恭传》所载略同。

② 《十六国春秋辑补》卷一三《后赵录三》载其事在赵王元年。

要"而成,故可进一步推定"辛亥"应是指全书的颁行日①。从其语境判断,上引文中的"律令滋繁",显当兼指魏晋以来的《律》、《令》、敕例,包括刘汉、前赵和石勒本人的各种敕令而言②,然则所谓"采集律令之要",一方面自然是要从中删定或选取当时合用的内容,另一方面也说明其中相当一部分规定来自于《律》、《令》,并不具有敕例形态,而其余采用的敕例令书,似乎也不宜再保留其敕令形式,即把前朝的"制诏某某"及其年号月日与本朝"令曰"等字样相并置。

由此推想,《辛亥制度》五千文,恐怕都是在魏晋《律》、《令》文及相关敕例,包括石勒以往所下令书的基础上重新起草而成③,其各条规定皆当以"法条"形态出现,而非敕例、令书的选集,这大概也就是史臣载其由法曹令史贯志"造"的原因。根据这些迹象,在性质和形态上类于《麟趾格》、《大统式》的法典雏形,或者早自石勒的《辛亥制度》便已出现。这又不禁让人想起了更早的曹魏《甲子科》和《甲辰仪》,它们是否也已兼具一定的制定法性质,从而构成了《辛亥制度》形态的某种滥觞,其间的可能性恐怕也是值得再加考虑的。

至此庶几可说,魏晋以来敕例编纂的法典化,在敕例编纂立法化势头明朗之时或其稍后,即已开始发展起来。而催驱《辛亥制度》及于《麟趾格》和《大统式》等过渡性新法典的出现,并在制定程序和内容、形式上构成其蓝本素材的,在法律背景上自应首推条制的不断推出和流行,前面的讨论已经证明了这一点。这里还有必要追究的是其思想背景,因为在魏晋以来条制流行和《辛亥制度》这类新的法律形式出现的现象背后,显然还贯注着一种强调制定法重要性的倾向,一种尽可能以法典来规范行政行为的理念。

从文献所载情况来看,对此的表述大略可以追溯到汉末以来,《汉

---

① 《资治通鉴》卷九一《晋纪十三》中宗元帝太兴二年纪石勒此事,称《辛亥制度》为"辛亥制"。

② 《晋书》卷一〇五《石勒载记下》载勒为赵王十一年后称帝,当时并无制定《律》、《令》之事,故《辛亥制度》"施行十余岁,乃用律令",一方面表明了这部法律的效力时限,另一方面也说明其"律令"必是兼指晋以来《律》、《令》及石勒所下制诏而言,而《辛亥制度》中仍然合用的规定则当复以制诏形式续其效力。《石勒载记下》载勒称帝后下书曰:"自今诸有处法,悉依科令",即反映了这一点,其或者是汉代律令多由制诏构成的称谓习惯的余绪。

③ 《晋书》卷一〇五《石勒载记下》载其太兴二年称赵王,"制法令甚严,讳胡尤峻",这应当就是指的《辛亥制度》,"讳胡尤峻"的内容显然取自石勒的令书。

书》卷八《宣帝纪》载地节四年九月诏称《令甲》,师古注引文颖曰:

> 萧何承秦法所作,为《律》、《令》。《律》,经是也;天子诏所增损,不在《律》上者为《令》。

引文中的"《律》,经是也",意谓自萧何作《九章律》以来,《律》作为制定法理应在整套法律体系中居于高端,地位当在"天子诏所增损"的"令"之上,犹如经学体系中充当注疏之本的"经"[①]。文颖在汉魏间著《汉书注》,以《律》譬经强调的显然是《律》、《令》之别,应是汉末以来律家之见。曹魏始严《律》、《令》之分而定《新律》十八篇,即可视为此类观念的贯彻。

而其继续发展,如《艺文类聚》卷五四《刑法部·刑法》引西晋张斐《律序》曰:

> 《律》、《令》者,政事之经,万机之纬。

张斐可谓魏晋律家的重要代表,其以"《律》、《令》"为"政事之经,万机之纬",说明其眼中的《泰始律》、《令》已并为法典而高居其他法律形式之上。这种提升《令》的地位,视其为与《律》相经纬的认识,显然发展了文颖说所反映的汉魏律家之见,且可视为在观念或指导思想上决定此后《律》、《令》性状之所以如此的重要背景[②]。以之联系前引杜预奏上《律注》时,对"法"为"绳墨"的性质及其形态必须"文约"和"禁简"的论述,又可看出当时律家理想之"法",实际上只指"文约禁简"的法典而言,这也就总括地明确了法典性质、作用和地位实为敕例

[①] 《唐律疏议》卷一《名例篇》卷首《疏议》曰,即以"昔者圣人制作谓之为经,传师所说则谓之为传"来譬喻《律》、《疏》关系,且引《史记》卷一二二《酷吏杜周列传》载其述"前主所是著为律,后主所是疏为令"为说。

[②] 《晋书》卷三〇《刑法志》载张斐《上律注表》文有曰:"律始于《刑名》者,所以定罪制也;终于《诸侯》者,所以毕其政也。王政布于上,诸侯奉于下,礼乐抚于中,故有三才之义焉,其相须而成,若一体也。"所述"相须而成,若一体也",便是对法典体例和形态的高度概括。

或敕例集等其他法律形式所难以比拟的特点。①

由此看来，杜预不像张斐那样用"律、令"、而是用"法"来指代制定法即法典的做法，亦当是其认为唯有《律》、《令》这样的法典方可称"法"，以及制定法形态不应止于《律》、《令》的观念使然②。这样的观念和认识，后来也在《唐律疏议·名例篇》卷首的《疏议》中得到了贯彻，其云当时：

> 爰造《律疏》，大明典式，远则皇王妙旨，近则萧、贾遗文，沿波讨源，自枝穷叶，甄表宽大，裁成简久。譬权衡之知轻重，若规矩之得方圆。迈彼三章，同符画一矣。

"远则皇王……自枝穷叶"，说的是《律》及《律疏》作为制定法的渊源和起草特点；而所谓"宽大"、"简久"，义与杜预述法须"文约禁简"相类；"权衡"、"规矩"也就是"绳墨"的意思；"迈彼三章，同符画一"则说明其地位超越了权宜约法的"三章"之例，而合乎萧何《九章律》规范诸法的性质③，交代了其在整套法律体系中的崇

---

① 《晋书·刑法志》载晋惠帝时刘颂为三公尚书，上疏论"近世以来法渐多门，令甚不一"，称"法者，固以尽理为法，而上求尽善，则诸下牵文就意，以赴主之所许，是以法不得全"；认为"法欲必奉，故令主者守文；理有穷塞，故使大臣释滞；事有时宜，故人主权断……天下万事，自非斯格重为，故不近似此类，不得出以意妄议，其余皆以《律》、《令》从事。然后法信于下，人听不惑，吏不容奸，可以言政。人主轨斯格以责群下，大臣小吏各守其局，则法一矣"。又载东晋草创之初熊远奏事有曰："法盖粗术，非妙道也，矫割物情以成法耳。若每随物情，辄改法制，此为以情坏法。法之不一，是谓多门，开人事之路，广私情之端，非先王立法之本意也。"刘颂说"法欲必奉"而"理有穷塞"事难"尽善"，熊远述"法盖粗术非妙道也"，与杜预说法为绳墨而非穷理尽性之书义旨相同；二人皆以法令"不一"为大患，强调了《律》、《令》的重要性和严肃性；《晋书》卷四六《刘颂传》且载其"上疏论《律》、《令》事，为时论所美"，这都反映了张、杜法律观的影响。

② 《艺文类聚》卷五四《刑法部·刑法》引张斐《律序》"又曰：'郑铸刑书，晋作执秩，赵制国律，楚造仆区，并述法律之名。申韩之徒，各自立制。'"可见张斐认为当世之《律》、《令》其实也是"各自立制"的"法律之名"，杜预以"法"来概括《律》、《令》之类的法典，当亦有鉴于此。

③ 参刘俊文《唐律疏议笺解》卷一《名例》之"笺释"，中华书局1996年版。

高地位①。由此即可体会到魏晋以来强调制定法重要性的法律观影响之大,特别是对于此后敕例编纂的法典化进程来说,这类理念的发展,当不仅是对现状的被动"反映",且亦能动地"先导"着条制和相关法典的演进方向。

事实上,在立法指导思想上特别强调制定法重要性的倾向,西晋以后不仅是通过《律》、《令》,更是通过条制的不断制定推出,或进一步将之扩展为《辛亥制度》、《麟趾格》和《大统式》这类兼具敕例集和法典特点的过渡性法典而体现出来的,这可以说是魏晋以来敕例编纂法典化势头的一个基本特点。而其要害在于,当《律》、《令》有待全盘修订或其作用不甚正常之时,一般的敕例或敕例选编本来也可起到补充或取代《律》、《令》规定的作用;但朝廷却不取此,而是专门另行起草和颁行性质和形态类于《律》、《令》规定的条制,或进一步将之编纂定型,使之像法典那样来规范各种行政行为。而之所以会这样取舍,除欲以制定法来压缩司法援例过程的自由裁量余地,以加强集权和强调法的"划一"外,在思想背景上恐怕还是在《律》、《令》地位已趋稳固的格局熏染下,强调法典的重要性和尽可能以之来规范行政行为的理念占了上风的结果。

魏晋以来敕例编纂法典化的另一个基本特点,是其势虽南北皆有而北盛于南。其中的原因前已论及,相比于体例严谨、内容系统而制定难度较大,在复杂的民族关系格局下又难全面贯彻的《律》、《令》,条制的流行在北族政治社会的发展中,历史性地承载着更为重要的作用,特别是在其各项变革中居于主导地位;基此制定法律来补充或修正《律》、《令》的必要性,本就强于南朝。更何况,就像西晋"户调式"后来被编入《故事》那样,东晋、南朝《晋故事》至《梁科》、《陈科》相承发展的敕例编纂传统,已为诸多条制和敕例的一并分类汇编提供了现成模式,从而阻碍了条制在南朝进一步演进为新法典的过程。也就是说,强调制定法重要性和尽可能以法典来规范行政行为的思想倾向,因南北社会、政治及法律传统与现实关系的差异,还是存在着表现方式上的不同:同一种思想背景

---

① "画一"典出萧何制《九章律》,南北朝以来常被用来形容条制、《律》、《令》等制定法的作用和地位。如《南齐书》卷三《武帝纪》永明七年十月己丑,诏以其时婚丧吉凶"动违矩则",命有司"可明为条制,严勒所在,悉使画一。如复违犯,依事纠奏。"这是说条制颁行而诸法画一。

在南朝往往止步于条制的不时制定和推出，在北朝则常进一步将其扩充为法典。《辛亥制度》及《麟趾格》、《大统式》等过渡性新法典之所以突出地出现于北方政权，根由即在于此。

由上讨论可以看出，魏晋以来的立法和法制格局中，有两个紧密相关的新因素对其发生了重大影响：一是强调制定法重要性和法典作用的法律观日渐发展壮大，一是从《新律》十八篇到《泰始律》、《令》以及条制的不断推出和《辛亥制度》等过渡性法典的出现。两者在各个阶段上互为表里和积累，相互激荡和推动，一步步展现了敕例编纂法典化进程的全景画卷。

就其总体而言，这幅画卷无疑是敕例编纂立法化进程中最为夺目的一章，因为其不仅具有敕例编纂立法化进程的其他属性，更在魏晋以来不断重构今上制敕和法典关系的历程中，最为直接地代表了以更为严整的法律形态来约束和保障今上制敕权威，这样一个制定法所集中代表的发展方向。就其结果而言，此期敕例编纂的法典化，首先表现为《令》成为制定法而与《律》并行，继而则是条制在南北政权各行政领域的不断制定和颁行，又因北方社会、政治和法律的特定格局，形成了孕育新法典出现的深厚土壤，至北魏末年以来遂演成了《律》、《令》与诸新法典相辅而行的格局，从而为隋唐时期法律体系的重建奠定了基础。

二 敕例编纂法典化与《律》、《令》关系的定型

魏晋以来敕例编纂的法典化，对于中古法律体系的演变进程发生了重大影响，《令》体的转折即是这个进程的第一个重大表现。汉魏时期以制诏或制诏集形式出现的"令"，至西晋《泰始令》已变而以法典形式出现。这就直接标志了汉代"前主"、"后主"递次补充式的"律令体制"的转折变迁，也在历史上首次形成了《律》、《令》两部法典究应保持何种关系的问题，围绕此而逐渐奠定了晋以来新的"《律》、《令》体制"的内涵和轮廓。[1]

《晋书》卷三〇《刑法志》述《泰始律》、《令》的制定过程，先成《律》二十篇：

---

[1] 参马韶青《晋令法典化研究》，《法律史论集》第六集，法律出版社2006年版。

蠲其苛秽，存其清约，事从中典，归于益时。其余未宜除者，若军事、田农、酤酒，未得皆从人心，权设其法，太平当除，故不入《律》，悉以为《令》。施行制度，以此设教，违《令》有罪则入《律》。

这段记载当据泰始三年贾充等奏上《律》、《令》、《故事》的表文而来，从中可以看出，《泰始令》虽已与《律》同属法典，主其事者却仍不以之与《律》相并，而是视之为"太平当除"的权宜之法，这显然是受汉魏律、令关系状态和观念影响的结果①。与之明显有别的是，参与晋初立法的杜预在注《律》时，已特别强调了《律》、《令》相辅而行的同等地位，其明确指出："律以正罪名，令以存事制，二者相须为用。"② 其说与张斐注《律》而称"《律》、《令》者，政事之经，万机之纬"相呼应。

由此可见，在《泰始令》作为一部新法典被制定出来加以颁行时，人们对其与《律》的关系定位尚有歧见和疑问，张、杜显然摒弃了汉魏的律、令关系旧说，以"罪名"与"事制"、"经"与"纬"的表述，明确了《律》、《令》同属法典、各有侧重而相辅相成的关系格局。而这样的认识，自然会贯穿于张、杜《律注》之中③，并因其施用及于十六国和东晋南朝而不断扩大其影响，从而代表了《律》、《令》关系的基本发展方向。④

---

① 《汉书》卷八《宣帝纪》地节四年九月诏提到"令甲"，师古注引文颖曰："萧何承秦法所作为律令，律，经是也。天子诏所增损，不在律上者为令。令甲者，前帝第一令也。"文颖以律为"经"的看法，适可与《晋书·刑法志》述令为"太平当除"之权制说相证。
② 《艺文类聚》卷五四《刑法部·刑法》引杜预《律序》。
③ 甘肃玉门花海所出晋《律注》诸残片的夹注文中，有"贼侦候令"、"亡捕令"、"葬令"等字样，当反映了张杜《律注》引《令》注《律》之况。又《晋书》卷四六《李重传》载其晋武帝时为尚书郎，奏称"八年己巳诏书申明《律》、《令》：诸士卒百工以上所服乘，皆不得违制。若一县一岁之中有违犯者三家，洛阳县十家以上，官长免"。这份己巳诏书所申明的，显然是泰始所定《违制律》和《服制令》的规定，体现了《律》、《令》相须为用的精神。
④ 《晋书》卷三《武帝纪》泰始四年正月丙戌，"《律》、《令》成，封爵赐帛各有差"。戊子诏曰："……《律》《令》既就，班之天下，将以简法务本，惠育海内，宜宽有罪，使得自新，其大赦天下……"这是历史上首份以《律》、《令》同颁天下的诏书，从中可见晋武帝并不以《令》为权宜之法，而是认同了张、杜的《律》、《令》"相须为用"说，其中"简法务本"亦与杜预法须"文约禁简"说相应。

第二章　敕例编纂的立法化、法典化及其影响　65

尽管《律》正罪名，《令》定事制确为后来梁、陈及北魏所定《律》、《令》关系的基本格局，却不等于其间发展一帆风顺。前已提及，东晋、宋、齐及十六国皆未见有制行《律》、《令》的记载，或仅制《律》而皆中辍，亦未及《令》。如《晋书》卷一二八《慕容超载记》述其义熙元年称帝改元后，议复肉刑、九等之选：①

乃下书于境内曰："……自北都倾陷，典章沦灭，律令法宪，靡有存者。纲理天下，此焉为本？既不能导之以德，必须齐之以刑。且虞舜大圣，犹命咎繇作士，刑之不可已已也如是。先帝季兴，大业草创，兵革尚繁，未遑修制……今四境无事，所宜修定。尚书可召集公卿，至如不忠不孝若封嵩之辈，枭斩不足以痛之，宜致烹辗之法，亦可附之《律》条，纳以大辟之科。肉刑者，乃先圣之经，不刊之典……光寿、建熙中，二祖已议复之，未及而晏驾。其令博士已上，参考旧事，依《吕刑》及汉、魏、晋律令，消息增损，议成《燕律》……周汉有贡士之条，魏立九品之选，二者孰愈，亦可详闻。"群下议多不同，乃止。

此诏既因议复肉刑及九等之选而下，又说北都倾陷以来，"律令法宪靡有存者"，似其当时有意制定《律》、《令》。然其通篇着眼全在于《律》而不及于《令》，关于贡士选举之法亦止令公卿"详闻"而已。这固然是由于军国务繁其要在刑，却也未尝不是汉魏样式的律令体制及其相互关系影响仍大，而西晋以来《令》、《律》同为法典而相互经纬的地位仍未巩固下来的反映。②

---

①　《十六国春秋辑补》卷六一《南燕录四》载此事在太上二年。
②　上引文述"北都倾陷"云云，说明前燕以来是有其"律令法宪"的；然其后文称慕容儁、慕容暐分别于光寿和建熙中议复肉刑其事未成，遂命博士等官"依《吕刑》及汉、魏、晋律令"来制定《燕律》，可见前燕实未制行《律》、《令》，否则其所据自应首先是本朝之物。由此亦可看出，此诏所谓前燕的"律令法宪"，只能是指慕容皝以来沿用的前朝律令及本朝敕例之类，与前述石勒称帝后"乃用律令"的"律令"相类，这应当是合符北族政权所处发展阶段的现象。

北魏的情况似乎也是如此。前已指出，《魏书·太祖纪》载天兴元年定制，命王德"定律令，申科禁"。而《刑罚志》载此则不出"律令"之名，仅记为"命三公郎王德除其法之酷切于民者，约定科令，大崇简易"。则当时所谓"律令"的性质和形态，是已经类同西晋《泰始律》、《令》，还是更近于汉魏律令体制之下的状况？也还应当存疑①。但无论如何，《魏书》卷一一一《刑罚志》载太武帝以来屡定律令而每只修律，同书卷一一三《官氏志》载道武帝至孝文帝初内外百官屡有减置而"旧令亡失，无所依据"，再考虑孝文帝以来《律》的修订施行较为正常而《令》的制定班行多有问题②，这些史实均表明《律》、《令》相辅而行之制在北魏大部分时期颇多滞碍，其况可能要到孝文帝厉行改革之后才有明显改变。

《魏书》卷七八《孙绍传》载其宣武帝时与常景等共修《律》、《令》，孝明帝延昌时奏请颁行已修之《令》有曰：

> 臣以《令》之为体，即帝王之身也，分处百揆之仪，安置九服之节，经纬三才之伦，包罗六卿之职，措置风化之门，作用赏罚之要，乃是有为之枢机，世法之大本也……《律》、《令》相须，不可偏用，今《律》班《令》止，于事甚滞。若《令》不班，是无典法，臣下执事，何依而行？

孙绍对《令》的重要性及其"《律》、《令》相须，不可偏用"的论述，当反映了宣武帝以来的《律》、《令》关系格局，以及时人对此格局的认识。西晋形成的《律》、《令》体制在北朝一脉不绝若缕的影响、延续和发展，至此方可说是稳定和巩固下来了。

在南朝，刘宋孝武帝大明七年八月丁巳，曾下诏罪己，且命"详省《律》、《令》，思存利民"而无下文③。萧齐武帝永明七年至九年，方始修订东晋以来相承沿用的《晋律》，取张、杜《律注》删订考正为《律》

---

① 参楼劲《北魏天兴"律令"的性质和形态》，载《文史哲》2013年第2期。
② 参楼劲《关于北魏后期令的班行问题》，载《中国史研究》2001年第2期。
③ 《宋书》卷六《孝武帝纪》。

文二十卷和《叙录》一卷，其事亦不涉《令》①。究其所以，除当时《晋令》的重要性远逊于《晋律》外，恐亦是各种敕例在诸制度领域差堪其用，《律》、《令》相辅而行的必要性未得公认的缘故。直至梁武帝天监元年八月，"诏中书监王莹等八人参定《律》、《令》"，至二年四月"尚书删定郎蔡法度上《梁律》二十卷，《令》三十卷，《科》四十卷"②，这才再现了西晋泰始年间《律》、《令》并行辅以《故事》的格局。

但尽管如此，其间也并非没有曲折。《隋书》卷二五《刑法志》载梁武帝欲议定律令，天监元年八月诏曰：

> 《律》、《令》不一，实难去弊，杀伤有法，昏墨有刑，此盖常科，易为条例。至如三男一妻，悬首造狱，事非虑内，法出恒钧。前王之《律》，后王之《令》，因循刱附，良各有以……咸使百司，议其可不，取其可安，以为标例。宜云"某等如干人同议，以此为长"，则定以为《梁律》，留尚书比部，悉使备文，若班下州郡，上撮机要，可无二门侮法之弊。

这应当是命蔡法度修订《梁律》之诏，下于八月丁未诏王莹等参定

---

① 《南齐书》卷四八《孔稚珪传》。《隋书》卷二五《刑法志》载蔡法度云："齐武帝时，删定郎王植之集注张、杜旧《律》，合为一书，凡一千五百三十条，事未施行，其文殆灭。"两处所载有所不同。《资治通鉴》卷一三七《齐纪三》永明九年岁末亦载王植之集定张、杜《律注》之事，而所据即为《孔稚珪传》。此外，《新唐书》卷五八《艺文志二》史部刑法类著录有"宗躬《齐永明律》八卷"，则当时别有宗躬所定《永明律》。宗躬史无其传，《南史》卷二六《袁湛传》附《袁象传》提到宗躬齐时曾为江陵令，《隋书》卷三五《经籍志四》集部别集类著录有"齐平西谘议《宗躬集》十三卷"，《新唐书》卷五八《艺文志二》史部杂传记类又著录有"宗躬《孝子传》二十卷"，《初学记》、《艺文类聚》等处引有此书内容。是其颇有文史之才，曾任江陵令、平西谘议参军，余不可考。

② 《梁书》卷二《武帝纪中》。关于梁武帝定《律》、《令》之事，《梁书》与《南史》所载甚简，主其事者蔡法度官至廷尉卿亦不立《传》，惟《隋书》卷二五《刑法志》详记其事。另《艺文类聚》卷五四《刑法部·刑法》引有"梁任昉《为梁公请刊改〈律〉〈令〉表》"文，可见梁武帝意欲刊改《律》、《令》时尚未登位，表文提到"法开二门，为政之蠹；生杀多绪，谁其适政"，说明此举盖以"宽简"和"画一"为旨。

《律》、《令》以前①。从中可见当时梁武帝亦如齐武帝之仅欲定《律》，且表达了汉代那种"前王之律，后王之令"的观念。可信其《律》、《令》同修共颁之制，是在蔡法度实际主持制定《律》、《令》的过程中明确起来的。《隋志》后文载《梁律》二十篇，制刑为十五等，又记其囚械、杻、鞭、杖之类"并立轻重大小之差，而为定制"有曰：

> ……老、小于《律》、《令》当行鞭、杖罚者，皆半之……将吏以上及女人应有罚者，以罚金代之。其以职员应罚及《律》、《令》指名制罚者，不用此《令》。

所述"此《令》"，当是《狱官令》及《鞭杖令》②，故这段记载实兼《律》、《令》规定而言，从中可以看出，当时的确贯彻了《律》、《令》相须为用的法理。

要之，自西晋建立《律》、《令》同为法典而各有侧重的新格局，汉魏旧式律令体制的影响或实践并未骤然断绝，新格局的发展，一直要到南北朝后期，在南朝梁、陈和北魏宣武帝至北齐文宣帝继定《律》、《令》的过程中，才算是进入了较为稳固的阶段。西晋张、杜注《律》所明确的新《律》、《令》体制的发展方向，以及这两部法典之间的现实关系，也是至此才真正趋于定型的。

因此，如果说魏晋以来敕例编纂立法化的影响之一，是在今上制敕与法典之间设置了一个缓冲环节，从而保障了《律》、《令》的法典形态和《律》、《令》体制的基本面貌；那么同期敕例编纂法典化进程所带来的《律》、《令》并行局面，便在历代处理其间关系的曲折过程中，逐渐导致了汉魏旧式"律令体制"的消褪，也不断展现和深入勾画了晋以来新"《律》、《令》体制"的具体内涵。

---

① 《资治通鉴》卷一四五《梁纪一》高祖武皇帝天监元年"八月丁未，命尚书删定郎济阳蔡法度损益王植之《集注旧律》为《梁律》，仍命与尚书令王亮、侍中王莹、尚书仆射沈约、吏部尚书范云等九人同议定"。所述"九人"即《隋志》所载王亮、王莹、沈约、范云、柳恽、傅昭、孔蔼、许懋，加蔡法度共为"十人"。

② 《唐六典》卷六《刑部》原注详载《梁令》篇目，第十五为《狱官令》、十六为《鞭杖令》。

三　敕例编纂法典化与条制的流行

魏晋以来敕例编纂的法典化进程，又表现为条制的不断推出和流行。这种便于操作而具有某些制定法特点的特殊敕例，不仅为处于复杂社会和政治变迁之中的创制、改制活动提供了法律保障，也在很大程度上牵动了当时整套法律体系的形态和走向。

前面已经讨论过条制的不少侧面，这里还须说明的，是其在魏晋以来敕例和《律》、《令》之间所起的独特作用，以及在此期法制总体格局和法律演化史上的位置。《晋书》卷三〇《刑法志》载东晋草创时熊远奏事：

> 自军兴以来，法度陵替，至于处事不用《律》、《令》，竞作属命，人立异议，曲适物情，亏伤大例……凡为驳议者，若违《律》、《令》节度，当合经传及前比故事，不得任情以破成法。愚谓宜令录事更立条制，诸立议者，皆当引《律》、《令》、经传，不得直以情言，无所依准，以亏旧典也。

其时元帝尚未登位，故此奏以《律》、《令》、经传及前比故事为"成法"，而所谓"前比故事"，其实也就是以往的敕例。但熊远建议"更立条制"来规定立议者必须依准《律》、《令》、经传时，却没有把"前比故事"包括在内。这自然是因为当时的"任情破法"之举，对今后来说实际上也会是一种"前比故事"，"更立条制"正是要适时抑制或规范这种现象。是故东晋以来的法律体系，不外乎是由《律》、《令》、条制和充当各种"前比故事"的敕例所构成的。在《律》、《令》久不修订的前提下，要维持整套法律体系的正常运作，可以因事制宜随时立制的条制，特别是其对各种敕例的重新规范和约束，显然起着极为重要的作用。

这一点在《南齐书》卷四八《袁彖、孔稚珪、刘绘列传》末的史臣曰中也得到了反映：

> ……端简为政，贵在画一，轻重屡易，手足无从。《律》、《令》之本，文约旨旷，据典行罚，各用情求，舒惨之意既殊，宽猛之利亦

异。辞有出没，义生增损，旧尹之事，政非一途，后主所是，即为成用，张弛代积，稍至迁讹。故刑开二门，法有两路，刀笔之态深，舞弄之风起……

这段议论是要表彰孔稚珪参与的"永明定《律》"之举，其大意是说"文约旨旷"的《律》、《令》，难以总括形形色色的现象和情理，故司法过程不免会有舒、惨和宽、猛之别；况其辞义解释的出没增损，常因政策需要而不同，一旦得到人君确认也就有了法律效力；如此相沿积累，便导致了《律》、《令》规定和各种制敕成例"刑开二门，法有两路"的局面。而要解决这个问题，显然要么是再定《律》、《令》，否则就需要对相关领域随时随事形成、相互不无扞格的制敕成例常作删定或再加以规范，这也正是条制在当时的重要性之所在。因为晋以后法律体系的现实，正是《律》、《令》、《故事》久未及修，尚书删定郎亦不常设，重视制定法的理念又已深入人心，用足以灵活反应的条制来重新规定诸重要领域的敕例故事，可谓势在必行。

因此，在晋以后各种敕例迅猛冲击《律》、《令》规定的法制格局中，条制起着协调其间关系和抑止法出多门现象的作用，而这种协调和抑制，显然是循着加强制定法作用和地位的方向来展开的，故其实际上可以视为《律》、《令》规定的一种延伸或替代。

如《宋书》卷六〇《王韶之传》载：

（韶之）驳员外散骑侍郎王寔之请假事曰："伏寻旧制，群臣家有情事，听并急六十日。太元中改制，年赐假百日。又居在千里外，听并请来年限，合为二百日。此盖一时之令，非经通之旨。会稽虽途盈千里，未足为难，百日归休，于事自足。若私理不同，便应自表陈解，岂宜名班朝列，而久淹私门。臣等参议，谓不合开许。或家在河洛及岭、沔、汉者，道阻且长，犹宜别有条品，请付尚书详为其制。"从之。

其驳开头所说的"旧制",是指《泰始令》中的给假规定[①]。而东晋孝武帝太元中"改制",将六十日之假增为百日,加《令》文中的道途用日"合为二百日"。这个变动当为敕例而被编入了《故事》[②],却被韶之斥为不足经远的"一时之令";故其建议废此敕例,另由尚书起草按路途远近给假的条制以规范其事。是为条制重新规范和统一有关敕例故事的实例,在《律》、《令》难以随时修订的前提下,便于随事立制而专门起草颁行的条制,显然在其针对的事务上充当了基本法,起到了替代《律》、《令》有关规定的作用。

北朝条制的情况与之略同,《魏书》卷五《高宗纪》太安五年九月戊辰诏:

> 夫褒赏必于有功,刑罚审于有罪,此古今之所同,由来之常式也……自今诸迁代者,仰列在职殿最,案制治罪,克举者加之爵宠,有愆者肆之刑戮,使能否殊贯,刑赏不差。主者明为条制,以为常楷。

此诏大意,盖因以往《律》、《令》的规定中,缺少迁代官员的离职审查和相应的赏罚条款,故命"主者明为条制,以为常楷"。"常楷"亦即常式,与前述"由来之常式"义同,由此可知条制性质和地位近于《律》《令》,其制定可据需要随事进行,其内容则延伸了《律》《令》的规定。

又《魏书》卷四一《源贺传》附《源怀传》载景明二年诏颁惩治犯

---

① 《初学记》卷二〇《假第六》引《晋令》:"急假者,一月五急,一年之中,以六十日为限,千里内者,疾病申延二十日,及道路解故九十五日。"可证《泰始令》中有此条文。《太平御览》卷六三四《治道部十五·急假》引范宁《启断众官受假故事》亦提到,"旧有急假,一月五急,一年之中六十日为限,不问虚实,相率如此"。其后引有《假宁令》文多条。《唐六典》卷六《刑部》原注载《晋令》四十篇中无"假宁令"之目,推想其当属第十八至二十《杂令》上中下或第三十九、四十《杂法》之列。张鹏一《晋令辑存》卷四(三秦出版社1989年徐清廉校补版)名之为"给假令",将之与《仓库令》、《盐铁令》等皆归于《杂令》。

② 《太平御览》卷六三四《治道部十五·急假》引范宁《启国子生假故事》请国学诸子"谓应断假,精加督励"。继引其《启断众官受假故事》(《北堂书钞》卷三二《政术部·急假十一》引作"范宁《启丐众官管改解故事》"而其文简略多有错讹)曰:"伏见内外正官,皆陈假纷纭,烦渎无已……臣谓宜去病解故制,一年令赐表,假日随其所欲之适,任其取日多少。"范宁这两份启奏都是请求形成新的给假"故事",则帝"从之"后自为敕例而编入《故事》。

罪逃吏的条制而源怀上奏请停之事：

> 怀乃奏曰："谨按条制，逃吏不在赦限。窃惟圣朝之恩，事异前宥，诸流徙在路，尚蒙旋反，况有未发而仍遣边戍……恐非均一之法。如臣管执，谓宜免之。"书奏，门下以成式既班，驳奏不许。怀重奏曰："臣以为法贵经通，治尚简要，刑宪之设，所以网罗罪人，苟理之所备，不在繁典，行之可通，岂容峻制。此乃古今之达政，救世之恒规。伏寻条制：勋品以下罪发逃亡，遇恩不宥，仍流妻子。虽欲抑绝奸途，匪为通式。谨按事条：侵官败法，专据流外，岂九品以上人皆贞白也……又谋逆滔天，轻恩尚免；吏犯微罪，独不蒙赦。使大宥之经不通，开生之路致壅，进违古典，退乖今《律》。辄率愚见，以为宜停。"书奏，世宗纳之。

源怀把条制看作"均一之法"及"通式"，可与上条称之为"常楷"相证，因而条制的制定，虽亦如一般敕例可随时随事进行，却需更好地兼顾其他法律规定。其时《正始律》、《令》未颁，则所谓"进违古典，退乖今《律》"，意即这份针对逃吏的条制，既不符经典中法当均一的根本情理，也与《太和律》谋逆轻罪遇赦可免的规定相冲突。这些都说明了条制与《律》、《令》相辅而行，地位高于一般敕例而更具通性，其制定过程也须更为审慎等特点。尤其值得注意的是，源怀说"法贵经通"、"不在繁典"一段，显然发挥了张斐和杜预对《律》、《令》性质的论述，且进一步把条制视为其同类，从而体现了时人对条制的制定法本质的认识。

有关南北朝条制性状的事例还可以举出不少[①]。要而言之，作为专门针对有关政务而制定、颁行的系统规定，条制在灵活适用等方面类于一般

[①] 《晋书》卷一二五《冯跋载记》述其太元二十年僭称天王，"励意农桑，勤心政事，乃下书省徭薄赋，惰农者戮之，力田者褒赏。命尚书纪达为之条制"。《十六国春秋辑补》卷九八《北燕录一》载其事在冯跋太平四年。"命尚书纪达为之条制"，说明晋以来条制常由统会众务的尚书省详定起草，可与前引《宋书·张茂度传》附《张永传》载元嘉中"尚书中条制繁杂"相证。又《梁书》卷四一《刘潜传》载其字孝仪，大同十年出为伏波将军、临海太守，"是时政网疏阔，百姓多不遵禁。孝仪下车，宣示条制，励精绥抚，境内禽031，风俗大革"。潜到任后"宣示条制"，是因为天监《律》、《令》早已颁行，各种敕例零散不一，近期施行的条制在当时相关政务上实际起着基本法的作用。

敕例，然其法律地位相对较高，经常都是《律》、《令》规定的一种延伸，表现为重新对相关敕例内容作出统一规定，以此补充或取代《律》、《令》条款未及和不合时宜的部分。看起来，当汉代那种"后主"增补"前主"规定的律令体制变而为西晋以来的《律》、《令》体制，《律》、《令》皆成形态严整而修订不易的法典以后，实际已失去了对时势作出灵活反应的功能。当此之时，便于灵活反应的敕例又有嫌零散和过于就事论事，在相互照应及其规定的周延性上多有局限，兼具敕例和制定法特点的条制便应运而盛，这就满足了既以制定法来规范各种行政行为，又便于灵活操作和随事立制的要求。

故条制的流行及其具备的特性，可说是在西晋以来形势和需要的交相催驱之下，朝廷面对《律》、《令》和诸敕例故事各自的长短优劣，为展开和保障各种必要的创制改制活动，为维护整套法律体系正常运行所做的选择。而条制不断推出和流行所客观导致的，首先是由于其统一起草颁行的制定法形态，及其基于敕例又延伸了《律》、《令》规定的性质和作用，明显扩大了制定法在整套法律体系中的比重和地位，使之呈现了《律》、《令》、条制和一般敕例有序组合的结构功能；其次也为《律》、《令》之外一再出现《辛亥制度》等新法典提供了现成基础，构成了牵动此期敕例编纂法典化进程和整套法律体系递嬗演化的关键所在。

四 敕例编纂法典化与若干过渡型法典的出现

在条制流行的基础上，晋以后敕例编纂的法典化，还表现为《辛亥制度》到《麟趾格》和《大统式》等新的过渡性法典的出现，自此开启了《律》、《令》与其他法典并行的新局面，孕育了唐代《律》、《令》、《格》、《式》体系的出现。

前面已经指出，《辛亥制度》及《麟趾格》和《大统式》，其实都可说是巨型条制，故其属性在许多方面，包括其与《律》、《令》的关系上，自与一般条制无异。所不同的，无非是其条文甚多，已经再次编纂而以法书形式统一颁行，从而放大了其补充或修正《律》、《令》的一面，也就有了更大幅度地取代《律》、《令》而行的性质和地位。

石勒制定的《辛亥制度》就是如此。据前所述，这部五千字的新法典，也就是一部"施行条制"，内容则兼取了"律令之要"，行用时期在石勒称赵王到称帝的十余年间，因而是一部在相当程度上暂代《律》、

《令》而行的过渡性法典①。《麟趾格》采诸刑事敕例制定而成，颁于东魏孝静帝兴和三年，随北齐文宣帝河清三年新《律》、《令》的施行而废，乃是这二十余年刑事领域最为重要的一部过渡性新法典②。从窦瑗对其若干条文的奏论中，可以看出其并未完全取代北魏《正始律》的作用和地位，而只是以多达十五篇的规定，对此进行了大幅度补充或修正。《大统式》颁行于西魏文帝大统十年，是取此前"适治"二十四条和十二条制撰成的一部过渡性新法典。据其五卷的篇帙，亦可判断其只在相关领域充当了代《正始律》、《令》而行的基本法③，在更多领域中，恐怕还是与《律》、《令》相辅而行的。从北周后来制定《大律》而不及于《令》的事实来看，《大统式》有可能一直沿用了下来，至隋《开皇律》、《令》颁行而自然停废。

这些在敕例、条制基础上进一步形成的过渡性新法典，明显存在着若干共性：除皆兼具敕例集和法典的某些特征外，从《辛亥制度》到《麟趾格》和《大统式》，都是王朝更替之际的产物，都在若干领域满足了围绕"新主"来统一新、旧法律或制度的需要。同时，它们又都是"新主"称帝之前，朝代更替尚未完成的产物，这就限制了其以《律》、《令》形式出现，也使其无法完全取代前朝《律》、《令》的作用和地位。诸如此类的事态，都决定了这些新的法典形式的权宜性、过渡性，使之往往随着本朝新《律》、《令》的颁行，因形势变迁及其主要内容被采入新《律》、《令》而自然停废。

也就是说，这些脱胎于条制的新法典，不外乎是十分需要，却又无法制定新《律》、《令》时采取的一种急就章和替代品。故其实际上只是与前朝《律》、《令》并存而发生关系，虽在朝代更替这种非常时期的若干领域中充当了基本法，并使前朝《律》、《令》的大量条款成为具文，却

---

① 《晋书》卷三〇《刑法志》载《泰始律》二十卷、《令》四十卷，"合二千九百二十六条，十二万六千三百言"。而《辛亥制度》五千言仅及其字数零头，所取又兼及前朝以来敕例令书，可见其只取用了《泰始律》、《令》合乎其需要的一小部分，而难完全取代其所包括的各种规定。

② 参楼劲《北齐初年立法与麟趾格》，载《文史》2002 年第 4 辑。

③ 《正始令》篇帙不详，从《唐六典》卷六《刑部》原注载《晋令》四十篇，《梁令》三十篇，《北齐令》五十卷，隋《开皇令》三十卷之事，可以推断《大统式》五卷的篇帙，显然亦无法涵盖《正始令》所涉各项制度。

并未总体地改变《律》、《令》在此期整套法律体系中的地位。可以认为,其只是在当时条制与《律》、《令》及敕例所构成的法律格局中,因特定形势需要和其较大的篇帙而骤然放大了条制重新规范有关敕例规定及其补充或修正《律》、《令》的作用。

不过这类新法典的出现,毕竟还是导致了《律》、《令》与之究竟应保持何种关系的新问题。特别是北周《大律》、《刑书要制》与《大统式》、《正始令》四部法典的并存格局,更在历史上第一次开启了本朝新《律》颁行以后,仍另制定《刑书要制》并与前朝《正始令》、《大统式》相互关联发挥作用的新局面。从中不难体会,魏晋以来那种强调制定法重要性和尽可能以法典来规范行政行为的理念,经北朝长期的发育浸润,到北周已得到了空前的贯彻。与北齐《河清律》、《令》与《权令》和《权格》相辅而行的态势相比,北周形成的这种新旧法典的并存格局,虽仍存续着《律》正罪名而《令》定事制的轮廓,但《大律》与《刑书要制》,尤其是《正始令》与《大统式》之间,显然并不是一般的主辅或互补关系,这与北齐《权令》和《权格》作为敕例集,其地位明显逊于《律》、《令》的状态是明显不同的。[①]

可以认为,在处理《律》、《令》与新出法典的关系问题时,北齐是随本朝新《律》、《令》颁行而停废了《麟趾格》,改以便于增补的两种敕例集即《权令》、《权格》来分别补充和修正《律》、《令》。其选择显然是对西晋以来《律》、《令》、《故事》体系的回归,又对《故事》作了一分为二的调整。之所以如此选择,当是因为关东地区法律文化深受孝文帝以来传统和南朝影响,特别是《律》、《令》相辅而行的体制自北魏后期以来还有待进一步巩固,《河清律》、《令》的制定又极其精审和完备的缘故。

北周在处理这一问题时的选择,则是继续在其独自开辟的制度创革轨道上,沿着高度重视法典作用和地位的方向来发展。从有关法典的制定背景和颁行次序来看,其大体是以分别关乎事制和刑名的《大统式》和《大律》,来集中寄托其所继承和发展的统治理念,推进其所认定的统治秩序;而《刑书要制》则首先是在关东地区厉行推进这种理念和秩序的

[①] 《权令》与《权格》的敕例集性质前已讨论。关于北齐与北周法律体系的有关问题,详见本书第七章。

工具,至于北魏宣武帝以来的《正始令》,则当与本朝各种敕例条制一起弥补着行政领域的规范缺口,起着辅助和补充《大统式》的作用。因而北周相继出台《大统式》、《大律》、《刑书要制》,再辅以前朝《正始令》而形成的新旧法典并存格局,既反映了其改制、创制尤其依赖于法典的设计和推动,且需凭此整合和重建关东地区秩序的现实,同时也说明了这一格局的临时性。特别是其定《律》而不制《令》,这种明显不符南北朝后期新王朝立法常态,但却经常可见于此前北族政权的做法,显然不仅是《大统式》和《正始令》效力得以延续的主因,且亦预示了其新旧法典并存之局必将随今后重定新《令》,随《律》、《令》体制进一步巩固而再次走向变迁的历史归宿。

因此,北周出现的这种新、旧几部法典的并存局面,实际上是以存旧推新的方式,来随宜安排和处理《正始令》、《大统式》与《大律》和《刑书要制》各自作用和相互关系的结果;也是以新法典的逐步推出,来分别满足政局变动和制度创革均甚频繁形势下的法律需要,借此巩固和推进其统治秩序的一种探索。而始终贯穿其中的,显然仍是魏晋以来敕例编纂法典化进程不断强调制定法重要性的法制理念和倾向,特别是北朝所表现出来的那种以制定法来推进和保障各种变革的传统。正是在这样的背景和宇文泰制行《大统式》奠定国基的成功先例指引下,北周率先进入了敕例编纂法典化的新阶段,开启了不再是满足于敕例集和条制,而是要进一步以新的法典来补充《律》、《令》规定的新局面。这就孕育了唐代《律》、《令》、《格》、《式》体系的出现,也就预示了中古法律体系的又一轮转折变迁。

第三章

北魏前期立法与《律》、《令》形态、性质的变迁

北魏《律》、《令》的发展，包括其修订与形态、作用与地位及其演变过程，可说是认识北朝法制和考虑唐法系渊源的首要问题。有关这一问题的研究，特别是在抉发、勾稽北魏《律》、《令》的形态、内容及相关规定的源流脉络方面，以往法制史界已获得了可观的成果①，但也还存在着若干空白或悬疑。以下即拟先来集中考察和辨正北魏前期《律》、《令》的形态变迁，以图弄清孝文帝以来立法、法律体系及相关改革的基础和起点，同时借以澄清相关史实，消解某些歧误，推动有关研究的进一步深入。

第一节 天兴"律令"的性质和形态

北魏一代《律》、《令》研究的一个最为突出的难点，在于其究竟是否存在着从汉代样式的律令，向魏晋定型的那种《律》、《令》的变

---

① 程树德《九朝律考》卷五《后魏律考》可称是近现代研究北魏法律的开山奠基之作，此后中外学者的相关研究，均在其奠定的基础上展开。近年以来的研究成果，则可举出李书吉《北朝礼制法系研究》（人民出版社2002年版），此书对孝文帝以来法的精神和《太和律》、《正始律》做了系统研究。邓奕琦《北朝法制研究》一书则侧重于刑律体系的研究，对北魏各朝刑律均有涉猎。薛菁《魏晋南北朝刑法体制研究》（福建人民出版社2006年版）一书则对北魏法律思想、刑法制度的相关问题进行了讨论。

迁过程①。故首先要提出的问题是：道武帝天兴定制之时的"律令"，是以汉代样式的律令出现的，还是以魏晋以来定型的《律》、《令》形态而出现的？如果肯定其后来确已趋近于魏晋样式的《律》、《令》，那么其转折发生于何时，其经过又如何呢？可以认为，如果这个问题不清楚、不解决，就无法真正说明北魏《律》、《令》体制的发展问题，也将极大地限制对北朝法制其他问题的讨论。②

一 天兴所定"律令"及其内涵

《魏书》卷二《太祖纪》载道武帝天兴元年十一月辛亥：

> 诏尚书吏部郎中邓渊典官制，立爵品，定律吕，协音乐；仪曹郎中董谧撰郊庙、社稷、朝觐、飨宴之仪；三公郎中王德定律令，申科禁；太史令晁崇造浑仪，考天象；吏部尚书崔玄伯总而裁之。

这次定制可称是道武帝开国建制的关键一步，《魏书》对此多有记载。如卷二四《崔玄伯传》载其时道武帝常与玄伯讨论"王者制度、治世之则"和"古人制作之体"，遂"命有司制官爵，撰朝仪，协音乐，定律令，申科禁，玄伯总而裁之，以为永式"。同卷《邓渊传》载其当时为吏部郎，"与尚书崔玄伯参定朝仪、律令、音乐"。这些记载都表明当时制定了"律令"，但卷一一一《刑罚志》所述却与之有异：

> 既定中原，患前代刑网峻密，乃命三公郎中王德除其法之酷切于民者，约定科令，大崇简易。

---

① 陈寅恪《隋唐制度渊源略论稿》（上海古籍出版社1980年版）四《刑律》："拓跋部落入主中原，初期议定刑律诸人多为中土士族，其家世所传之律学乃汉代之旧，与南朝之顾守晋律者大异也……至宣武帝正始定律，河西与江左二因子俱关重要，于是元魏之律遂汇集中原、河西、江左三大文化因子于一炉而冶之，取精用宏，宜其经由北齐，至于隋唐，成为二千年来东亚刑律之准则也。"实际已提出了这一问题。

② 如邓奕琦《北朝法制研究》第一章"北朝法制研究之回顾"第一节"北朝法制研究之概况"二"对北朝法律源流（系）之研究"归纳了对北魏律源流的几种看法，就都与这个问题密切相关。

第三章　北魏前期立法与《律》、《令》形态、性质的变迁　79

其中并没有提到"律令"，而所谓"科令"，魏晋以来常指《律》、《令》之外随时随事形成的科条诏令，一般是并不以此来指代《律》、《令》的①。考虑到《刑罚志》后文记太武帝以来屡次立法，必一一明确其是否涉及律令②，则其载天兴元年王德仅云其"约定科令"，就显得异乎寻常了。

另值一提的是，后来《通典》述及天兴立法时，也只据《魏书·刑罚志》说王德"定科令"，而舍弃了《太祖纪》的"定律令"之说③。以此联系《唐六典》卷六《刑部》原注把北魏律令的起点定在太武帝而非道武帝时期④，《通典》的这种取舍就不能视为偶然，而是代表了唐人对天兴元年"定律令"之事的怀疑。也就是说，《魏书·太祖纪》等处所载道武帝天兴元年十一月"定律令"，有可能只是用"律令"一词来表示某

---

①　《三国志》卷三五《蜀书·诸葛亮传》载陈寿编定的《诸葛氏集目录》，内有《科令上第二十》、《科令下第二十一》两篇；同书卷四八《吴书·孙登传》载嘉禾三年孙权出征，命登留守，"时年谷不丰，颇有盗贼，乃表定科令，所以防御，甚得止奸之要"。《晋书》卷四〇《贾充传》载其入仕初拜尚书郎，"典定科令，兼度支考课，辩章节度，事皆施行"。皆为"科令"指称有关科条诏令之例。必须注意的是，汉魏《令》篇如《令甲》、《令乙》或《关律令》之类，无非是某些制诏的汇编，故当时"科令"也可以兼指这类《令》篇中的制诏，与《律》则判若有别。像《晋书·刑法志》节载曹魏《新律序》文，述其《请赎律》归并了以往《盗律》、《杂律》和《令乙》、《甲子科》的有关规定，后文又述《新律》"凡所定增十三篇，就故五篇，合十八篇，于正《律》九篇为增，于旁章、科令为省矣"。其"科令"显即"正《律》"和"傍章《律》"之外别存的科条诏令，实际上是各种敕例故事的合称。到西晋《律》、《令》体制确定以后，"科令"或"科禁"基本上已只指《律》、《令》以外不断滋生的科条诏令。

②　如其载太武帝"神䴥中，诏司徒崔浩定《律》、《令》"；正平元年，命"游雅与中书侍郎胡方回等改定《律》制"。又载文成帝太安时"增《律》七十九章，门房之诛十有三，大辟三十五，刑六十二"。又载孝文帝登位后，"以《律》、《令》不具，奸吏用法，致有轻重，诏中书令高闾集中秘官等修改旧文，随例增减。又敕群官参议厥中，经御刊定。五年冬讫"。太和十一年又诏议《律》文，且命"详案《律》条，诸有此类，更一刊定"。又载宣武帝正始元年冬，诏"尚书门下可于中书外省论《律》、《令》，诸有疑事，斟酌新旧，更加思理……庶于循变协时，永作通制"。事实上，法制史界正是根据这些记载来判断天兴以后修订《律》、《令》的次数的。

③　《通典》卷一六四《刑二·刑制中》："道武既平定中原，患旧制太峻，命三公郎中王德除其酷法，约定科令。至太武帝神䴥中，诏崔浩定《律》、《令》。"

④　《唐六典》卷六《刑部》述《律》时，原注曰："后魏初，置四部大人，坐庭决辞讼，以言语约束，刻契记事，无刑名之制。至太武帝，始命崔浩定刑名。"这里"无刑名之制"一句，显然是指"刻契记事"的早期状态，故其实际上是略去了道武帝时期的立法之况。《唐六典》同卷述《令》时，其原注又曰："后魏初命崔浩定《令》，后命游雅等成之，史失篇目。"这里直接从太武帝时期崔浩主持立法说起，在略去道武帝立法之事上与前完全一致。

些法令；当时王德及崔玄伯、邓渊诸人所从事的，也许本来就不是魏晋时期定型的那种《律》、《令》。细加揣度，这样理解当更合乎天兴开国之际的史实。

如所周知，魏晋时期定型的《律》、《令》，作为两部经纬举国政务的法典，业已初步具有体例严谨、行文简洁和篇章条文"相须而成，若一体焉"的性质和形态①，可说是华夏法律文化长期发展的结晶。那么道武帝初定中原之时，是否也已具备了制定这种《律》、《令》的可能和条件呢？

这个问题，显然就是《唐六典》和《通典》把北魏律令之始定在太武帝时期的部分原因，其根子当可归结为对北魏开国之初"文明程度"的怀疑。《南齐书》卷五七《魏虏传》说道武帝时，虽都平城而"犹逐水草，无城郭"，明元帝时"始土著居处"，太武帝时其国方成气候，然仍"妃妾住皆土屋"。这种情况下的朝章国典，自亦难脱粗放鄙陋，故按南朝国史系统的记录，北魏不少制度一直要到宋、齐易代之际，王肃北投为之筹划润饰后，才能算是像个样子了。②

这样的判断当然充满了傲慢和偏见。不过在法律领域，其说却与北朝国史系统所载，存在着若干合拍之处。

《魏书·刑罚志》载道武帝以前法制：

> 魏初礼俗纯朴，刑禁疏简。宣帝南迁，复置四部大人，坐王庭决辞讼，以言语约束，刻契记事，无囹圄考讯之法，诸犯罪者，皆临时决遣。神元因循，亡所革易。穆帝时，刘聪、石勒倾覆晋室，帝将平其乱，乃峻刑法，每以军令从事……昭成建国二年，当死者，听其家献金马以赎；犯大逆者，亲族男女无少长，皆斩；男女不以礼交，皆

---

① 参《晋书》卷三四《杜预传》载其《上律注表》节文及《晋书》卷三○《刑法志》载张斐《上律注表》节文。

② 其典型如《陈书》卷二六《徐陵传》载其梁末出使东魏，对主客魏收说："昔王肃至此，为魏始制礼仪；今我来聘，使卿复知寒暑。"然《魏书》卷六三《王肃传》惟载肃深得孝文帝器重，共论"为国之道"，时亦及于礼制礼事，而于王肃参定其他制度之事则甚少着笔。《魏书》卷一一三《官氏志》载太和十五年官品与二十三年官品，两者差别亦不算大；卷五五《刘芳传》更载芳与肃共论礼经文字，令肃有"祛惑"之感。陈寅恪先生以此证明当时北方礼学已长于南，然则王肃对北魏礼制所起作用，亦当不如南朝人想象之大。

死；民相杀者，听与死家马牛四十九头，及送葬器物，以平之；无系讯连逮之坐；盗官物，一备五，私则备十。

这段记载简要勾勒了神元帝至道武帝时期拓跋部的法制传统，其总的特点，显然是部落习惯法加上严酷的"军令"，还有昭成帝以来积累的若干法令[1]。这也就是道武帝天兴元年"患前代刑网峻密"，而命王德"约定科令，大崇简易"的主要背景。

事情很清楚，道武帝所患的"刑网峻密"，一方面是指拓跋部以往每以军令从事的严刑酷法，另一方面也是指华夏法律系统相较于北族的繁多细密；因而其"大崇简易"的含义，自亦需一方面改变部落制及其军令约束之况，另一方面则要大幅度简化华夏之法以便于统治。正是在此背景下，道武帝与一班汉臣的合理选择，似乎也应像当时其他领域那样杂糅胡汉，总结以往的各种科条诏令，围绕道武帝本人的制诏来构筑其法律系统，而无必要一下子把"律令"弄得像西晋那样，以两部形态严整而相辅相成的法典来规范其司法和行政。

再看道武帝艰难坎坷的创业复国历程，其最大的助力和阻力都来自诸部落大人，当其完成复国伟业进取中原时，自须继续纵横捭阖于诸部大人之间，更须厉行专制集权，强化自身的君王地位，同时采取多种方式来削弱部落大人的权力[2]。这样的形势，又决定了道武帝天兴建制更需要的是强化其所下诏令的绝对权威，而不是以系统严密的法典来规范和约束其诏令的效力。因此，对道武帝开国之际的立法，对王德诸人所定"律令"的形态，的确存在着不宜高估的大量理由。

更何况，道武帝所平定的"中原"，本在后燕治下，此前还经历了前秦和前、后赵共约六十多年的统治，这几个胡族建立的王朝，似均未制定

---

[1] 《魏书》卷一《序纪》载穆帝被晋愍帝进为代王，"先是，国俗宽简，民未知禁。至是，明刑峻法，诸部民多以违命得罪。凡后期者皆举部戮之，或有室家相携而赴死所"。"后期者举部戮之"，这显然是部落兵制之下的"军令"。

[2] 参田余庆《北魏后宫贵母死之制的形成与演变》，收入所著《拓跋史探（修订本）》，三联书店 2011 年版；楼劲《道武帝所立庙制与拓跋氏早期世系》，载《文史》2006 年第 4 辑。

过《律》、《令》①，其时所称的"律令"，除仍在某种程度上流播或被沿用的汉、魏、西晋旧物外，主要是指时君随宜下达或制定的科条诏令。这也就是天兴定制之际"中原"的法律传统，北魏早期文献之所以把天兴立法称为"定律令"，当是承此传统而来。②

《晋书》卷一二八《慕容超载记》载其义熙元年称帝改元后，议复肉刑、九等之选：

> 乃下书于境内曰："……自北都倾陷，典章沦灭，律令法宪，靡有存者……先帝季兴，大业草创，兵革尚繁，未遑修制……今四境无事，所宜修定。尚书可召集公卿，至如不忠不孝若封嵩之辈，枭斩不足以痛之，宜致烹辗之法，亦可附之《律》条，纳以大辟之科。肉刑者，乃先圣之经，不刊之典……光寿、建熙中，二祖已议复之，未及而晏驾。其令博士已上，参考旧事，依《吕刑》及汉、魏、晋律令，消息增损，议成《燕律》……周汉有贡士之条，魏立九品之选，二者孰愈，亦可详闻。"群下议多不同，乃止。

上引文反映了前、后燕至南燕的立法和法律状态。说北都倾陷而"律令法宪，靡有存者"，则前、后燕是有"律令法宪"的。因封嵩之罪而别设"烹辗之法"③，将其"附之《律》条，纳以大辟之科"；此"律"应主要

---

① 前赵与前秦俱未留下任何有关"律"、"令"的记载，然其仍有典章制度。如《晋书》卷一一三《苻坚载记》述其登位五年后，广修学官，人思劝励，盗贼止息，田畴修辟，"典章法物，靡不毕备"。所谓"法物"，自是御用仪仗之类，"典章"犹同慕容氏所称的"律令法宪"，仍难说明前秦是否制定《律》、《令》。《晋书》卷一一四《苻坚载记下》记王猛辞司徒之位，称"上亏宪典，臣何颜处之"。此处"宪典"亦当为泛指诸制度法令。

② 附于中华书局点校本《魏书》之末的范祖禹等撰《旧本魏书目录叙》，称拓跋"虽享国百余年，典章制度、内外风俗，大抵与刘、石、慕容、苻、姚略同"。即强调了北魏继承五胡以来传统的一面。

③ 封嵩为尚书左仆射，因预于慕容法等谋反案而被车裂，事见《十六国春秋》（《四库全书》本）卷六五《南燕录三·封嵩传》。

是指《晋律》，且可见当时仍在以诏令附著于《律》①。然其后文又称慕容儁、慕容暐分别于光寿和建熙中议复肉刑而其事未成，遂命博士等官"参考旧事，依《吕刑》及汉、魏、晋律令"来制定《燕律》；这说明前、后燕在刑法领域只有"旧事"，也就是由诸诏令科条构成的故事，而肯定未曾制定过《律》、《令》，否则其所参考的自应首先是本朝《律》、《令》。

由此可见，前燕以来仍在相当程度上沿用了西晋《律》、《令》，再以本朝诏令科条修正或替代其有关规定；但与此同时，汉、魏"律令"也仍存世而有其影响，方得在立法时加以参鉴。故慕容超说的"律令法宪"，并非只指前燕以来沿用的西晋《律》、《令》，而已把本朝随宜增补的科条诏令包括在内。且其明令《燕律》的制定先须参考前燕以来"旧事"，至于《吕刑》及汉、魏、晋"律令"，则起"消息增损"的辅助作用，说明本朝科条诏令在其"律令法宪"中，无疑居于主导地位。这应当也是汉魏"律令"对当时的影响之一，因为其所体现的，正是汉代那种"制诏著令"和"令可称律"的局面中孕育出来的独特"律令观"。

这种原出"前主所是著为律，后主所是疏为令"时期的"律令观"，显然与五胡开国尤须强调君王诏令权威的主题合拍；而把诏令科条归在"律令"名下的做法，又甚符当时借用名义来润饰其制的需要；故其在十六国时期应当具有普遍性。

后赵之况即足与燕相证，《晋书》卷一〇四《石勒载记上》载勒称赵王前夕：

> 下书曰："今大乱之后，律令滋烦，其采集律令之要，为施行条制。"于是命法曹令史贯志造《辛亥制度》五千文，施行十余岁，乃用律令。

其开头既说"大乱之后，律令滋烦"，则其"律令"自然是指西晋末年以

---

① 《十六国春秋》卷四七《后燕录五·慕容盛》长乐元年七月辛酉下诏曰："《法例律》公侯有罪，得以金帛赎。此不足以惩恶，而利于王府，甚无谓也。自今皆令立功以自赎，勿复输金帛。"劲案：《法例律》是西晋《泰始律》才创立的《律》篇，据此可知前燕以来沿用了《晋律》，也都随时以科条诏令修正或替代了其相关规定。慕容超此时说的"附之《律》条"，自然也应是指《晋律》。

来特别是勒所推出的科条诏令。而"采集律令之要",固然可指其时仍在一定程度上沿用的西晋《律》、《令》①,据其前文却应同时包括以往各种科条诏令在内。至于"施行十余岁,乃用律令",似表明《辛亥制度》至石勒称帝后业已停废,却不能同时理解为当时勒已制定了新的《律》、《令》②。这不仅是因为文献中全无后赵制定律令的任何踪迹,更是因为当时所称的"律令",仍无非科条诏令之类。③

尤其可以说明"乃用律令"的真实内涵的,是《晋书》卷一〇五《石勒载记下》载其称帝改元,大赦境内,既而下书曰:

> 自今诸有处法,悉依科令。吾所忿戮怒发中旨者,若德位已高不宜训罚,或服勤死事之孤,邂逅罹谴,门下皆各列奏之,吾当思择而行也。

故所谓"乃用律令",固然也可包括继续在一定程度上沿用西晋《律》、《令》的意思④,但其更为真切的内涵却是"悉依科令",并且特别点明

---

① 《晋书》卷一〇五《石勒载记下》载赵王元年"署从事中郎裴宪、参军傅畅、杜嘏并领经学祭酒,参军续咸、庚景为律学祭酒,任播、崔濬为史学祭酒"。其后文载勒子石弘事迹,述其"受经于杜嘏,诵律于续咸"。石勒在法制上实行的是胡汉双轨制,"律学祭酒"当是承魏晋"律博士"之官,其教学的自应是汉人的律令,《十六国春秋》卷二二《后赵录十二·续咸》载其师事《泰始律》起草者和主要注者杜预,明言其"修陈《杜律》"。是知后赵律学所教主要是"《晋律》杜注本"。

② 邓奕琦《北朝法制研究》第二章"五胡十六国对封建法律文化的鉴取"第一节"引用汉族封建王朝律令进行统治"认为"乃用律令"是指"重新恢复行用晋律令"。这样推测的前提,是晋《律》、《令》在《辛亥制度》行用期间已被废止,其实不然。一是因为后赵律学是在《辛亥制度》施行稍后建立的,如果晋《律》已废止不行,又何用精于《杜律》的续咸来做律学祭酒?二是因为《辛亥制度》仅"五千文",断难涵盖《晋书》卷三〇《刑法志》载《泰始律》、《令》合共"二千九百二十六条,十二万六千三百言"的主要内容。合理的解释是《辛亥制度》作为本朝"施行条制"部分替代了晋《律》、《令》的作用,而"乃用律令"则指勒称帝后诸事以制诏为准,乃是汉来"律令观"的反映。

③ 《晋书》卷一〇五《石勒载记下》载其称赵王之后,参军樊坦当勒面失口而称"羯贼",勒曰:"孤律自防俗士,不关卿辈老书生也。"其时勒未称帝,所"制法令"或即《辛亥制度》,勒把"讳胡尤峻"的法令称为"律",尤可证当时"律令"常以指称诏令科条。

④ 《晋书》卷一〇六《石季龙载记上》咸康二年下书曰:"……吏部选举,可依晋氏九班选制,永为揆法。选毕经中书、门下宣示三省,然后行之。其著此诏于《令》,铨衡不奉行者,御史弹坐以闻。"劲案:此处"著令",可释为编附于《晋令》,也可释为以此诏书自为一《令》,且以后者可能为大。

了"科令"必按既定程序产生的属性。因而"乃用律令"所寓意涵，是勒称帝后所下制诏即为"律令"或附著于律令；其着力强调的其实还是石勒所下制诏的至上效力，以此明确本朝"科令"高于前朝《律》、《令》的法律地位①。由此看来，《魏书·刑罚志》把《太祖纪》所载的"定律令"记作"约定科令"，恐怕正体现了天兴立法承五胡政权有关传统而展开的特征，同时也是汉代以来的"律令"体制和"律令观"仍有较大影响的反映。

二 天兴"律令"的形态和性质深受汉魏影响

天兴定制确在不少地方呈现了直承汉魏的一面，北魏前期律令受汉代"律令体制"和"律令观"的影响，实际上是相当突出的，这是天兴"律令"形态和性质有别于西晋所定《律》、《令》的又一重背景。

前文已提到汉、魏、晋律令在南燕的影响，这种影响在五胡时期各地区、各统治集团那里，应当是有差异的。从中原王朝自身的文化辐射或渗透来看，西晋吞并蜀、吴未久即告灭亡，并未与北族打过很深的交道。倒是曹魏，自曹操起长期经营北方各族，对乌桓、鲜卑影响尤大，故五胡时期多有以"魏"为国号者②。汉朝四百余年统治对各族影响更是深远，汉

---

① 其各地司法参用晋《律》、《令》和前、后赵制诏、令书的状况，至勒称帝后，确有必要统一到本朝制诏上来。又《晋书》卷一〇六《石季龙载记上》载其杀尚书朱轨，"立私论之条，偶语之律，听吏告其君，奴告其主，威刑日滥"。石虎所立的"私论之条"和"偶语之律"，显然皆为《杜律》所无之条，而皆以制诏的形式出现。

② 如《晋书》卷一〇五《石勒载记下》载勒死后石弘继位而石虎不臣，命弘拜己魏王，封魏郡等十三郡为邑，后又"讽弘命己建魏台，一如魏辅汉故事"。其后冉闵、翟辽、拓跋珪亦俱以"魏"为国号，其原因当是因为汉末"当涂高"之谶发展到十六国时期，又出现了五胡乱定于魏的变种。《晋书》卷八七《凉武昭王李玄盛传》载其义熙元年改元建初，遣舍人黄始、梁兴间行奉表诣阙曰："……自戎狄华，已涉百祀，五胡僭袭，期运将杪，四海颙颙，悬心象魏……""象魏"即"当涂高"也，当然，这一谣谶的传播变种，仍与曹魏的影响分不开。故《魏书》卷二四《崔玄伯传》载其在天兴元年六月议定国号曰："夫魏者大名，神州之上国，斯乃革命之征验，利见之玄符也。"所谓"魏者大名，神州之上国"即指历代国号为魏者，而首先是指曹魏；"革命之征验，利见之玄符"即"当涂高"之谶预示的易代革命之征。

代声教文明在各族社会生活、思想文化等方面的渗透不容低估①，且其与晋末相距不远，北魏时人或称之为"近世"②，尤其是在官方意识形态领域，北方经学承汉发展的一面较为突出，此可谓经学史上的定论。③

因此，当时各北族政权的建制，并非一定是更多地采取晋制，其各项制度取鉴乎晋或汉、魏的孰多孰少，当视其条件和需要及其历史传统来具体分析。事实上，道武帝开国建制，即兼采了汉魏的相关制度。如其"从土德，服色尚黄，数用五，牺牲用白"④，即取于曹魏之制⑤，可说是其定国号为"魏"的副产品⑥；然其"未祖辰腊"，即祖祭于未日，腊祭于辰日，则与曹魏的"未祖丑腊"之制有别，其依据的当是东汉光和时刘洪及蔡邕所撰，后由郑玄作注的《乾象历》"五行用事"之法。⑦

北魏法律承用汉代的一面尤为突出。《唐六典》卷六《刑部》原注：

> 太武帝始命崔浩定刑名，于汉、魏以来《律》，除髡钳五岁、四

---

① 即以内蒙古地区鲜卑墓葬的情况而言，札赉诺尔鲜卑墓葬中有早至东汉初年的规矩镜，拉布达林鲜卑墓葬中有"大泉五十"币；孟根楚鲁—东大井组鲜卑墓葬中有五铢钱及"四乳四禽"和"长宜子孙"铜镜，皮条沟鲜卑墓葬中有东汉中晚期"长宜子孙"铜镜，六家子鲜卑墓葬中有年代约在东汉晚期至西晋的"位至三公"铜镜，二兰虎沟鲜卑墓葬中有剪轮五铢钱及较多的汉代铜镜和陶器。参魏坚主编《内蒙古地区鲜卑墓葬的发现与研究》第十一章"内蒙古地区鲜卑墓葬的初步研究"，科学出版社2004年版。

② 蜀汉之灭在曹魏末年，30年后晋尚未亡而首建割据政权的巴人李氏和匈奴刘氏俱以"汉"为国号。《魏书》卷一一一《刑罚志》载太武帝太平真君五年游雅论政，引汉武帝和宣帝徙民实边之举为据，称为"近世之事"。

③ 皮锡瑞：《经学历史》六"经学分立时代"，周予同注释，中华书局1959年版。

④ 《魏书》卷二《太祖纪》天兴元年十二月。

⑤ 《宋书》卷一四《礼志一》载魏受禅于汉，黄初元年诏曰："……当随土德之数。每四时之季月，服黄十八日，腊以丑，牲用白……"又载当时尚书令桓阶等奏："据三正周复之义，国家承汉氏人正之后，当受之以地正，牺牲宜用白……"是北魏从土德，服色尚黄，数用五，牺牲用白皆袭曹魏，尤其"服色尚黄"而"牺牲用白"，是因"三正周复之义"，魏承汉火德、人正、赤统而为土德、地正、白统之故。

⑥ 参何德章《北魏国号与正统问题》，载《历史研究》1992年第3期。

⑦ 程辑《汉魏丛书》本蔡邕《独断》卷上："青帝以未腊卯祖，赤帝以戌腊午祖，白帝以丑腊酉祖，黑帝以辰腊子祖，黄帝以辰腊未祖。"此说当已撰入《乾象历》中，而北魏既自承为黄帝之后，故不依曹魏而行"未祖辰腊"之制。参见楼劲《周礼与北魏开国建制》，载《唐研究》第十三卷，北京大学出版社2007年版。

岁刑，增二岁刑，大辟有辗、腰斩、殊死、弃市四等。①

北魏刑名自应始于道武帝时期，太武帝定刑名取"汉、魏以来《律》"加以增损，这种做法当在崔浩之父崔玄伯主持天兴立法之时就已开始。程树德《九朝律考》卷五《后魏律考序》曾从两个方面，点出了"元魏大率承用汉律，不尽袭魏晋之制"的史实。一是在《律》的构成和特色上，北魏《律》中"严不道之诛"，"重诬罔之辟"，"断狱报重常竟季冬"和"疑狱以经义量决"诸端，皆属汉代所有，而为直承魏晋的江左刑律所无②。二是就定律诸人的法律文化背景而言，崔浩曾为汉《律》作序③，高允则长于汉儒之经义决狱，其后律学又代有名家④，孝文帝以来定《律》亦以综鉴古今，考订精密著称，从而构成了当时立法、司法之所以多有汉制印记的原因。陈寅恪《隋唐制度渊源略论稿》四"刑律"则进一步指出："拓跋部落入主中原，初期议定刑律诸人多为中原士族，其家世所传之律学，乃汉代之旧，与南朝之颛守晋律者大异也。"其所强调的便包括了天兴立法以来的情况。⑤

总体看来，北魏刑律取鉴和承用汉制的特色，在现存文献中虽多体现在太武帝以及孝文帝以来的事例和记载中，实际上却应当是从道武帝天兴

---

① 《魏书》卷一一一《刑罚志》载此为"神䴥中，诏司徒崔浩定《律》、《令》，除五岁、四岁刑，增一年刑……"

② 其后文"斩"、"不道"、"大不敬、不敬"、"诬罔"、"自告"、"马度关"诸条案语，皆述其承自汉律。

③ 参沈家本《历代刑法考·汉律摭遗》卷一"崔浩汉律序"，邓经元、骈宇骞点校，中华书局1985年版。

④ 其后文"魏律家"条所举，惟羊祉及其弟灵引二人。不过孝文帝以来议定《律》、《令》者如常景诸人，不少亦可视为"律学名家"；而当时所定《律》中既然仍有汉《律》印记，又可反映这些律家中仍有精通和维护汉《律》原则者。关于当时定《律》、《令》诸人的学术背景，可参陈寅恪《隋唐制度渊源略论稿》四"刑律"。

⑤ 邓奕琦《北朝法制研究》第四章"北魏前期的法制建设"第二节"立法司法概况"一"天兴律"亦"推测天兴律极可能在内容、形式上效纳汉律、魏律"。

定制延续下来的一个传统①；而西晋《泰始律》、《令》对北魏一代法制的影响，则要到孝文帝改制以来才真正开始明显起来。然则天兴所定"律令"形态和性质，自会更近于汉魏而非西晋，由此直到孝文帝改制以来，律令的制度和律令的观念均经历了长达百年之久的发展过渡。

正因为如此，自太武帝直至孝文帝改制以来的律令，都还带着与西晋《律》、《令》形态不符的某些痕迹，如当时仍可像汉魏那样随时随事以制诏附著于《律》、《令》，《令》篇的构成及"职令"、"品令"、"朝令"等泛称的流行，也与《泰始令》至梁、陈和北齐《令》的发展轨道明显不同，说明其《律》、《令》形态仍处在复杂的变迁之中，法典特征和性质尚不清晰。其详在此暂不展开，待后面述及太武帝和孝文帝时期《律》、《令》的发展时再集中讨论，但有一点可以肯定：这类现象都是汉代律令制度的常态，其根子其实都是来自北魏开国之际，来自天兴"律令"。

三 《天兴律》应是编集科条诏令而成的条制集

综上诸端，对于道武帝天兴元年王德、邓渊、崔玄伯诸人所定"律令"，显然不宜贸然视为当时制定了《律》、《令》两部法典。如果从汉魏律令观尚有较大影响的史实出发，再把天兴"律令"放入北魏前、后期法律系统的演变脉络中加以观察，那么当时"定律令"一事的真相，恐怕正是"约定科令"，而非制定魏晋时期定型的那种《律》章和《令》篇。也就是说，当时立法的实情，应是以昭成帝至道武帝时期的诏令科条为核心，兼采拓跋早期习惯法和汉、魏、晋乃至前秦、后赵和后燕法律的相关内容，按宽简原则将之删定成集加以施用，并循五胡时期的习惯称之为"律令"。

不过，要弄清其中曲折，可以凭借的记载实在太少，今仍可知的北魏

---

① 具体如《魏书》卷三〇《安同传》载同太宗时与贺护出使巡察并、定二州及诸山居杂胡、西零，至钜鹿而发众，欲治大岭山，护使人"告同，筑城聚众，欲图大事。太宗以同擅征发于外，槛车征还，召群官议其罪……以同虽专命，而本在为公，意无不善，释之"。由此可见《天兴律》中并无公坐或公事免坐的规定。而据《晋书·刑法志》载曹魏《新律》十八篇中设《免坐律》而一一辨其"由例"，西晋《泰始律》的《法例篇》则区分"犯罪为公为私"而"随事轻重取法"。故安同之事正好表明：取仿汉《律》精神的《天兴律》，并未继承魏晋《律》的这种区分公坐及公事免坐的传统。

第三章 北魏前期立法与《律》、《令》形态、性质的变迁

律、令资料大都出现于孝文帝以来,而此前的律令则多逸佚,这都给研究带来了困难和疑团。以下即将分析有限的史料,希望能建立比较可靠的研究基点,以有助于对北魏法制及天兴"律令"形态和性质的认识:

《魏书》卷三〇《安同传》载明元帝登位之初:

> 命同与南平公长孙嵩并理民讼,又诏与肥如侯贺护持节循察并、定二州及诸山居杂胡丁零,宣诏抚慰,问其疾苦,纠举守宰不法。同至并州,表曰:"窃见并州所部,守宰多不奉法,又刺史擅用御府针工古彤为晋阳令,交通财贿,共为奸利。请案律治罪。"太宗从之,于是郡国肃然。①

安同既与长孙嵩"并理民讼",肯定是了解当时法律的,故其要求对并州郡县长官"多不奉法",刺史"擅用"县令和"交通财贿"等项不法情节"案律治罪",并且收到了"郡国肃然"的效果,说明当时的确存在着统一规范诸种罪行和罚则的"律"。考虑到明元帝时并无定"律"之举②,故其应当就是指道武帝天兴元年所定之"律"。因此,这是一条证明天兴所定"律令"中确实包括了"律"的重要资料。

不过安同所说"案律治罪"的"律",是否也像前引石勒把自己所定之法称为"孤律"那样,只是对当时刑法的一种统称,还是确指一部业已编修成帙的《律》呢?对此问题,安同所称之"律"包括了诸多罪名和罚则,已提供了一定的线索。另可确定的是,天兴所定"律"中,已有曹魏方始入《律》的"八议"之条。《魏书》卷二四《张衮传》载其佐道武帝屡有功,"既克中山,听入八议"。此外,来大千因助道武"创业之功"亦入八议③。两者均为"议功"之例,也都说明天兴定制之前的

---

① 《魏书》卷三《太宗纪》载永兴三年二月己亥,"诏北新侯安同等循行并、定二州及诸山居杂胡、丁零"。其时上距天兴元年不到13年。

② 《魏书》卷三五《崔浩传》载太武帝诏浩修史有曰:"我太祖道武皇帝协顺天人,以征不服,应期拨乱,奄有区夏。太宗承统,光隆前绪,釐正刑典,大业惟新。"此处"釐正刑典",应当不是指太宗有修定律令之举,而是指太宗对太祖晚年刑罚酷滥局面的调整,即《刑罚志》记载的"太祖不豫,纲纪褫顿,刑罚颇为滥酷。太宗即位,修废官,恤民隐,命南平公长孙嵩、北新侯安同对理民讼,庶政复有叙焉"。从中也可以看出,长孙嵩和安同"对理民讼"的任务,是要恢复到《天兴律》、《令》的"宽简"轨道上来。

③ 《魏书》卷三〇《来大千传》。

"科令"中,已确定了有关司法原则,故至天兴元年十一月王德诸人"约定科令"之时,必已编之人"律"。《魏书》卷三〇《闾大肥传》载其天赐元年与弟大埿倍颐"率宗族归国……并为上宾,入八议"①。即可为证。

关于天兴"律"包括的内容,更重要的记载是《魏书》卷一一一《刑罚志》载太武帝神䴥中,诏司徒崔浩"改定律令"之事:②

> 除五岁、四岁刑,增一年刑。分大辟为二科:死斩,死入绞。大逆、不道腰斩,诛其同籍;年十四以下腐刑,女子没县官;害其亲者,轘之。为蛊毒者,男女皆斩,而焚其家;巫蛊者,负羖羊抱犬沉诸渊……

神䴥四年改定律令,被公认为是道武帝天兴定制以后的首次大规模立法。这段记载择要说明了当时对天兴以来法律的修改,且可看出其首先是对刑名的修改。其中提到的"五岁、四岁刑",乃是汉至魏、晋《律》共有的内容,"腰斩"、"腐刑"则汉律有之而为魏晋以来所无③,唯有"轘"刑汉及魏晋皆罕见,却广泛地出现于十六国时期④,故特值注意。

"轘"即车裂,典出《周礼》,前引南燕慕容超诏修《燕律》,称"至如不忠不孝若封嵩之辈,枭斩不足以痛之,宜致烹轘之法,亦可附之《律》条,纳以大辟之科"。是其有意将"轘"刑修入《燕律》,也说明

---

① 《魏书》卷二《太祖纪》天赐元年四月,"蠕蠕社崙从弟悦伐大那等谋杀社崙而立大那,发觉,来奔"。姚薇元《北朝胡姓考》(中华书局修订本 2007 年版)外篇第一《东胡诸姓》一三《闾氏》认为,"悦伐大那"即闾大肥。其说可从。然《魏书·闾大肥传》载其与弟率宗族来归,而"太祖善之,尚华阴公主,赐爵其思子"。《魏书》卷一〇三《蠕蠕传》则载天赐中,"社崙从弟悦代、大那等谋杀社崙而立大那,发觉,大那等来奔。以大那为冠军将军、西平侯,悦代为越骑校尉、易阳子"。二处记载不同,《蠕蠕传》所记明显有误。

② 《魏书》卷四上《世祖纪上》载为:神䴥四年十月戊寅,"诏司徒崔浩改定《律》、《令》"。

③ 《晋书》卷七《成帝纪》咸和元年十月庚辰,"赦百里内五岁以下刑"。同书卷一〇五《石勒载记下》记勒称帝改元后,"南郊,有白气自坛属天,勒大悦,还宫,赦四岁刑"。此亦后赵部分匍用晋《律》刑名之证。参沈家本《历代刑法考·刑法分考》卷三《要斩》、卷六《宫》。

④ 参沈家本《历代刑法考·刑法分考》卷二《轘》,其所举有前凉一例、前秦二例、南燕、西秦各一例。这里还可补充一例,即《魏书》卷一五《昭成子孙传·寔君传》载其与拓跋斤共弑昭成帝及诸皇子,苻坚闻之而称"天下所恶一也。乃执寔君及斤,轘之于长安西市"。

当时存在着把"辗"刑纳入"大辟之科"的立法主张。由此不难推想，天兴元年定"律令"时，应当也存在着"辗"刑入"律"的可能。《魏书》卷二《太祖纪》载天兴三年正月戊午，"和突破卢溥于辽西，生获溥及其子焕，传送京师，辗之"①。大概与此同时，长孙肥讨擒作乱于赵郡、常山等地的赵准，也是"传送京师，辗之"的②。这两次辗刑或者也是案"律"治罪的实例，因为《刑罚志》上引文已表明，神䴥四年改定《律》、《令》之时，辗刑已被确定为死刑四等中最重的一种③，适用于大逆、不道罪中的"害其亲者"，从而对道武帝以此惩处作乱谋反罪的规定作了调整。因而"辗"刑入"律"，当不始于神䴥四年，而应在天兴定制之时。

此外，神䴥四年对"蛊毒"和"巫蛊"二罪的惩处，本旨似都是要厉禁巫觋作恶，"焚其家"针对的是北族巫觋家传世承的职业特点，"负杀羊抱犬沉诸渊"或含厌胜之意，更可直接归为部落习惯法④。这类习惯法在天兴律中当有较多存留，至于规范和限制巫觋作用的"祛魅"进程，在汉《律》中早有体现⑤，在北魏显然也不始于太武帝时⑥，故其也应是对天兴律有关蛊毒或巫蛊之法的一种调整。也就是说，类似的罪名当亦出现在天兴"律"中。

总之，如果天兴所定"律令"确如《安同传》所示，包括了统一规

---

① 其前文载天兴二年八月，"范阳人卢溥聚众海滨……攻掠郡县，杀幽州刺史封沓干"；十二月辛亥，"诏材官将军和突讨卢溥"。

② 《魏书》卷二六《长孙肥传》载国初赵准作乱于赵郡、常山、钜鹿、广平诸郡，道武帝遣肥讨擒，"准传送京师，辗之"。据《太祖纪》，遣肥讨准在天兴二年三月。故其与卢溥、卢焕被辗约略同期。

③ 即辗、腰斩、斩、绞，亦即《唐六典》卷六《刑部》原注所述崔浩定刑名时，"大辟有辗、腰斩、殊死、弃市四等"。自此直至孝文帝以来及北齐和北周《律》中，皆保留了辗刑，构成了北朝刑法的特点之一。《南齐书》卷四七《王融传》载"虏使遣求书，朝议欲不与，融上疏曰：'……前中原士庶，虽沦慑殊俗，至于婚葬之晨，犹巾构为礼，而禁令苛刻，动加诛辗……'"可见南朝已把辗刑看作针对汉族士人的酷刑。

④ 要瑞芬《北魏前期法律制度的特征及其实质》即以此为"鲜卑旧法"；文载《中央民族大学学报》1997年第3期。邓奕琦《北朝法制研究》第四章《北魏前期的法制建设》第二节"立法司法概况"二"神䴥律"认为"负杀羊抱犬沉渊"是要"达到厌胜目的"。

⑤ 参《九朝律考》卷一《汉律考》四"律令杂考"上"祝诅"条。

⑥ 《魏书》卷一〇八之一《礼志一》载道武帝时祀制常以女巫行事，既反映了当时巫风之盛，也体现了对女巫参与皇家仪制的一种规范。又《魏书》卷一〇五之三《天象志三》载道武帝天赐三年五月"荧惑犯氐，氐，宿宫也，天戒若曰：是时蛊惑人主而兴内乱之萌矣，亦视我天视而修省焉"。此史官占语表明"蛊惑"在当时亦为重罪。

范各种罪名和罚则的"律";那么《闾大肥传》所记可证其中含有"八议"之条,而《刑罚志》载神䴥四年的上述修改内容,则不仅补充了天兴以来存在的若干罪名和罚则,更十分清楚地表明其中规定了"五岁、四岁刑"及"大辟"、"轘"之类的刑名。而这样一部统一规范了诸多罪名和罚则,又包括了"八议"等司法原则和各种刑名的"律",自然只能是一部业已编集成帙的"《律》"本,而不是对各种陆续下达的刑事诏令的统称。

讨论至此,天兴所定"律令"中包括了"《律》",其"《律》"中含有"八议"之条及各种刑名、罪名和罚则①,其内容兼取汉魏晋《律》中的"五岁、四岁刑"等规定,包括十六国以来"轘"刑等法令和拓跋自身部落习惯法而加以损益的状况,应当都已可以断论。但既然如此,《刑罚志》又何以不出"律"名,而只说天兴元年是"约定科令"呢?《唐六典》又为何还是要把北魏《律》的起点,划在崔浩改定《律》、《令》之时呢?问题恐怕正出在天兴所定"《律》"的形态和性质上。

无论如何,天兴立法的中心任务,是要删定和编撰各种科条诏令。《魏书》卷三五《崔浩传》载其才干颇受明元帝器重:

> 朝廷礼仪,优文策诏,军国书记,尽关于浩。浩能为杂说,不长属文,而留心于制度、科律及经术之言。

此处"科律"与"制度"、"经术"并举,当特指"律令"尤其是刑法而言,"科"自是指"科条"、"科禁"之类,"律"则涵盖了汉、魏、晋以来及天兴所定之《律》。崔浩之学既特重当世之用,故其留心"科律",说明的正是各种科条诏令与当时"律令"密切相关不可分割的现实。由此遂可根据《太祖纪》载王德"定律令,申科禁",而《刑罚志》载天兴定"律令"为"约定科令,大崇简易",把天兴"律令"与诸科条诏令理解为一而二、二而一的关系。

---

① 《九朝律考》卷五《后魏律考》上"徒刑"条,据《魏书·太祖纪》天赐元年五月"发州郡徒谪"之事,认为"道武帝时已有徒刑"。同卷《后魏律考》下"魏禁图谶"条又据《魏书·世祖纪》、《高祖纪》等处诛私藏图谶者的记载,认为"魏盖沿石赵之制"。劲案:"沿石赵之制",依理推想亦当在天兴时。又《魏书》卷四八《高允传》:"魏初法严,朝士多见杖罚,允历事五帝,出入三省,五十余年,初无谴咎。"据此可知,道武帝时亦已有杖刑。

由此推想，天兴元年所定"律令"，似应与石赵时期"采集律令之要，为施行条制"而推出的《辛亥制度》相类，而其编纂过程及其之所以称为"律令"，则应有鉴于汉代的"旁章律"。据《晋书》卷三〇《刑法志》关于汉《律》的记载，所谓"旁章律"，无非是《九章律》外不断补充衍生和陆续编纂成篇的刑事"科令"[①]，而所谓"科令"，在汉代其实也就是"著令"的"施行诏书"，其中内容较多者后世常称"条制"，石勒所定"施行条制"即应如此解释。就这样，汉代的"旁章律"来源于补充"正《律》"的"科令"，进一步编集则成依傍《九章》之"律"，本来就兼具"律令"的性质；而天兴立法既无法照搬，而只能撷取汉魏以来《律》、《令》的某些内容，又要依仿汉制来"约定科令"，也就只能像汉代编纂"旁章律"那样来修本朝"律令"。故其事甚类于石勒编集施行条制以为《辛亥制度》，其性质和形态既非汉、魏《九章律》和《新律》之比，更与西晋的《泰始律》、《令》不同。

如果这样理解大体不误的话，那么天兴元年王德、崔玄伯诸人所定之"《律》"，无非是删定和编纂了刑事领域的科条诏令而冠名为"律"，却未将其制定为诸如《九章律》或《新律》这种具有特定篇章结构和条文关系的刑法典，而仍是一部集诸刑事科令编纂而成的条制集。在此前提下，凡是后续形成和补充其内容的诏令，自然也会与"《律》"具有同等地位，从而像汉代一样适用于"前主所是著为律，后主所是疏为令"的原则，表现出"律、令之分不严"的种种特点。

[①] 《晋书》卷三〇《刑法志》载萧何定《律》九篇后，"叔孙通益《律》所不及，傍章十八篇，张汤《越宫律》二十七篇，赵禹《朝律》六篇，合六十篇。又汉时决事，集为《令甲》以下三百余篇"。又载《新律序》文述其分篇之况，称《新律》共"合十八篇，于正《律》九篇为增，于旁章、科令为省矣"。是叔孙通、张汤、赵禹诸人所定各篇，包括作为"决事比"的《令甲》之类，皆为"旁章、科令"。《汉书》卷二三《刑法志》载汉武帝"招进张汤、赵禹之属，条定法令，作见知故纵、监临部主之法，缓深故之罪，急纵出之诛……文书盈于几阁，典者不能遍睹"。也说明张汤《越宫律》和赵禹《朝律》实为"法令"而已。《隋书》卷三三《经籍志二》史部刑法类后叙述"萧何定《律》九章，其后渐更增益，《令甲》已下，盈溢架藏"。将其与《汉书·刑法志》所载相参，这里所说的"《令甲》已下"，亦皆为"傍章科令"。这当然是汉代律、令之分不严，著"令"制诏事关刑事者亦可称"律"的缘故。参张建国《叔孙通定"傍章"质疑》，载《北京大学学报》1997年第6期；冨谷至《晋泰始律令への道——第一部秦汉の律と令》。

因此,《刑罚志》载天兴立法之所以不出"律"名,《唐六典》之所以不认为天兴元年制定了《律》,实际上是由于《天兴律》在形态和性质上还只是刑事条制集,而尚未进化为《九章律》和《新律》那样的刑法典,由于其怎么都不像是魏晋以来所公认的《律》而导致的。而《天兴律》的这种状态所反映的,正是当时尤须强化专制君权、强调制诏权威而并不急于推出煌煌法典的现实。天兴立法之所以更多地接受了汉律的影响,归根到底也应是汉代那种"制诏即法"和前主之律、后主之令皆应以"当时为是"的律令观①,极为符合天兴开国建制之需的结果。②

四 《天兴令》应是相关诏令集

对于天兴元年以来的"令",自然也应依此视之方得其要。《魏书》卷二《太祖纪》载天兴二年八月辛亥:

> 诏礼官备撰众仪,著于新令。③

这是关于天兴"令"的一条重要记载。这里的"新令",自然就是天兴元年十一月以来新定之《令》。至于其究竟是像汉代《令甲》那样把前后所下若干诏令编纂到一起而成,还是已按事类编目,并且区分为官制爵品、郊社祭祀等不同《令》篇?现在已经很难得知。无论如何,后续下诏所定之制既可随时附著或编录于其中,也就证明天兴所定之《令》业已编纂成帙,是可以加上书名号的。大概董谧所定仪制之《令》并不完整,

---

① 关于汉代的律、令关系和律令观,参中田薰《支那における律令法系の発達について》、《〈支那における律令法系の発達について〉補考》,收入《法制史論集》第四卷,东京,岩波书店1964年版;宫宅洁《漢令の起源とその編纂》;富谷至《晉泰始律令への道——第一部 秦漢の律と令》。

② 《魏书》卷二四《崔玄伯传》载其明元帝时与长孙嵩等坐朝堂决刑狱有曰:"王者治天下,以安民为本,何能顾小曲直也。譬琴瑟不调,必改而更张。法度不平,亦须荡而更制。"崔玄伯以王者治道为"本",而以"法度"为可以"荡而更制"的"小曲直",这种见解必然也会贯彻在其与道武帝反复讨论开国建制的过程中,《天兴律》、《令》以"约定科令"为中心,而不汲汲于法典制作的状态,此亦为其重要的思想背景。

③ 《魏书》卷一〇八之四《礼志四》载"太祖天兴二年,命礼官捃采古事,制三驾卤簿",即"大驾"、"法驾"、"小驾"之制。当即此时"备撰众仪,著于新《令》"的重要部分。

至此则命礼官"备撰"而编附于中。这就表明:天兴元年立法既编纂了"《律》"来规范刑事活动,也的确编纂了可以用来规范有关制度的《令》篇,但却与西晋《泰始律》、《令》存在着重大不同,即后续形成的有关制诏规定,可以随时随事不断附著于《令》,从而透露了其并非法典,而是某种制诏汇编的形态和性质。

由此再看《太祖纪》前文载天兴二年三月甲子:

> 初令五经群书各置博士,增国子太学生员三千人。

既然是"初令",则北魏学制始定于此,从而说明天兴元年定律令时,并未像《晋令》那样立有《学令》之篇①。事实上,道武帝时许多制度尚付阙如,《天兴令》的覆盖范围显然更是有限②。即以《唐六典》卷六《刑部》原注所列《晋令》篇目,对照《魏书·太祖纪》等处载天兴元年定律令时所列举的邓渊"典官制、立爵品、定律吕、协音乐",董谧"撰郊庙、社稷、朝觐、飨宴之仪",晁崇"造浑仪、考天象"诸事,便可推知《天兴令》还缺少很多重要的内容,诸如"计口授田"等重要的制度,似乎都还没有入《令》。这也表明当时无意仿照《晋令》之体,没想使之成为一部比较完整地规定各种重要制度和与《律》相辅而行的法典。对于天兴元年以来还未入《令》,或按西晋以来传统应当由《令》来规定的制度,当时的选择显然不是求全于一时或不断重新定《令》,而是像汉代那样随时随事下诏制订而"著令"施用。天兴二年三月"初令"五经群书各置博士,并规定国子太学生员为三千人,便是属于学制方面的此类举措。

类似的例子在《魏书》中还有不少。如《太祖纪》载天赐元年十一月"大选朝臣"之事:

---

① 《唐六典》卷六《刑部》原注载《晋令》篇目,其第二篇即为《学令》。
② 《魏书》卷一〇八之四《礼志四》载"太祖天兴元年冬,诏仪曹郎董谧撰朝觐、飨宴、郊庙、社稷之仪。六年,又诏有司制冠服,随品秩各有差,时事未暇,多失古礼"。是天兴元年所定《令》中并无冠服之制,而六年所定则被史官视为董谧定仪制之令的后续。又《魏书》卷一〇九《乐志》载"天兴元年冬,诏尚书吏部郎邓渊定律吕、协音乐,及追尊皇曾祖、皇祖、皇考诸帝,乐用八佾,舞《皇始》之舞……六年冬,诏太乐、总章、鼓吹增修杂伎……大飨设之于殿庭,如汉晋之旧也。"是六年"增修杂伎"亦为邓渊协音乐之后续。

>令各辨宗党，保举才行。诸部子孙失业赐爵者二千余人。

这是要给"诸部子孙"授官赐爵，以安抚天兴建制以来地位飘摇的部落贵族，随之便需作出"宗党"辨别、"才行"鉴定、官爵铨衡等方面的规定。另需注意的是，这条记载与上条一样都是道武帝之诏，却都不是记为"诏各置博士"、"诏各辨宗党"，而是径书"令"云云。《魏书》中这类"称诏为令"的例子还有不少①，其"令"虽亦可在"命曰令"的意义上作动词解，但由于"命曰令"正是汉代律令体制中"后主所是疏为令"的本义所出，天兴立法又的确具有取本汉制的特征，故这种史笔是否意味着相关制诏同时也被编著于《令》，说明这类制诏与其他制诏存在着区别，恐怕是一种值得考虑的可能②。如果按此来解释的话，那么天兴二年三月"令五经群书各置博士"和天赐元年十一月"令各辨宗党"二诏，也就是推出了有关学制之《令》，又在有关官制爵品的《令》中充实了部落子孙授官赐爵的内容。

又《魏书》卷三《太宗纪》永兴五年二月庚午：

>诏分遣使者巡求俊逸，其豪门强族为州闾所推者，及有文武才干临疑能决，或有先贤世胄德行清美、学优义博，可为人师者，各令诣

---

① "称诏为令"在《三国志》及二史八书中一般都是承制行事之例，用来表示权臣称帝之前的命令。《魏书》中亦用于称帝后，其中绝大部分"称诏为令"之例，都包括了某种制度规定，但亦有例外。如《魏书》卷三《太宗纪》泰常八年正月，司空奚斤围虎牢，刘宋将毛德祖距守。四月丁卯，帝"幸成皋，观虎牢。而城内乏水，悬绠汲河，帝令连舰，上施幨幅，绝其汲路，又穿地道以夺其井"。这条记载并非记诏而是记事，所述"帝令连舰"云云即谓发号施令而已。《太宗纪》乃宋人取魏澹书补之，《旧本魏书目录叙》称魏收书"三十五例、二十五序、九十四论、前后二表一启，咸出于收"；至隋文帝时又命魏澹等更撰《魏书》九十二卷而"义例简要"。说明魏收书三十五义例之细远过魏澹书，《魏书》中"称诏为令"的例外多出后人所补篇卷，恐非偶然。

② 张家山汉简《二年律令》不少《律》文以"令毋得以爵偿、免除及赎（简38）"，"……令一尉为守丞，皆得断狱、谳狱（简102）"等形式出现。韩树峰《汉魏法律与社会——以简牍、文书为中心的考察》（社科文献出版社2011年版）上篇"法律篇"第二章"西汉前期赎刑的发展"在分析"附属赎刑"时，认为《二年律令》中"赎"前冠以"令"字者当是其原为补充性诏令之故。其实非止赎刑之条，其他《律》文曰"令"云云者皆可如此解释，《魏书》中的"称诏为令"之例，似亦可归入此类。

京师，当随才叙用，以赞庶政。

诏遣使者巡行各地，本是常见的政治举措，但这次遣使的任务是要"求俊逸"，并且特别规定了需要巡求的三类人员，从中可以体会到，当时明元帝是要吸收有才望的汉士为官，为此作出了一系列相应规定。且《魏书》记此诏文不书"皆诣京师"，而是书"各令诣京师，当随才叙用，以赞庶政"，则可视为"称诏为令"的又一类型，因为原诏或有此"令"字，并有可能像天赐元年十一月"令各辨宗党"一样，补充了事关官员选举的《令》文规定。①

上面这三个"称诏为令"的例子，其实都有关官制、爵品及其授受，《魏书》也都没有明示其是否"著令"②，故其究竟是不是律令之"令"？及其有没有被编附于邓渊所定官制爵品的《令》后？都只能推测而无确凿的证据可供判断。不过其至少可以证明一个事实：天兴元年所定之《令》，在官制爵品及其选举授受等规定上非常粗疏，因而也就必须像天兴二年八月"诏礼官备撰众仪，著于新《令》"那样，由随时随事下诏撰定的后续之"令"来加以补充和完善。

由此看来，道武帝和明元帝时期的《令》，除天兴元年十一月所定者外，其余都是此后因事下诏"著《令》"而形成的。当这些制诏所做规定与天兴元年所定之《令》属于同类时，便会各被附于其中；但若其无法归入以往之《令》，那自然就需另立名目别成一《令》，以供今后增补其制的同类制诏附丽。在这样的体制下，所谓"令"，其实就是补充《律》文或专门规定某些制度的施行诏书，"定令"过程即是这些制诏的形成、

---

① 如《太宗纪》后文载泰常二年二月丙午，诏曰："九州之民，隔远京邑，时有壅滞，守宰至不以闻。今东作方兴，或有贫穷失农务者。其遣使者巡行天下，省诸州，观民风俗，问民疾苦，察守宰治行。诸有不能自申，皆因以闻。"这是一份普通的遣使诏书，《魏书》载此诏节文不出"令"字，不书"令诸不能自闻者皆因以闻"，当是因为其并不含有系列规定和不构成"令"的缘故。

② 《魏书》中还有一些例子是虽然下诏规定了某些制度，其中却没有出现"令"字。如其卷四上《世祖纪上》神䴥三年七月己亥诏曰："昔太祖拨乱，制度草创；太宗因循，未遑改作，军国官属，至乃阙然。今诸征、镇将军、王公仗节边远者，听开府辟召；其次，增置吏员。"此诏允许征、镇将军和王公仗节边远者开府自辟僚属，位在其下而情况相类者则可增置下属吏员，其显然包括了各种可能的规定，且对以往官制作了重要补充。如果这条记载不是讹"令"为"今"，那就说明这是一份条制，即规定了制度而并不著令的制诏。

"著令"过程，而将之编纂成帙的《令》，则无非是"著《令》"或"附《令》"制诏的删定和编集。这样的状况，当与汉代的"著令"诏书，与在此基础上按时间先后编排的"令甲"、"令乙"，或按事类称名的"祀令"、"斋令"、"金布令"之类大体不异。也就是说，天兴以来的"《令》"其实就是可以不断编附或删定的诏令集，其中所作的一项项规定有可能就是一份份诏书，其形态显然要比当时作为条制集的"《律》"更为原始。因此，天兴元年"定律令"之所以不被后世视为北魏《律》、《令》之始，《魏书·刑罚志》之所以把当时"定律令"说成是"约定科令"，不仅是因为天兴所定之"《律》"与魏晋以来殊为不同，也是因为当时所定之"《令》"不过是删定和编撰有关诏书而成的缘故。两者的形态和性质，不仅与西晋的《泰始律》、《令》殊为不同，而且与孝文帝以后及北齐以来的《律》、《令》也有很大的差别。

最后还需明确的是，天兴元年所定之"《律》"既然主要是刑事规范，则当时所定之"《令》"似应多涉正面的制度规定，那么能否据此认为，从此北魏已确立了"《律》正罪名，《令》定事制"之体呢？答案是否定的，因为后续之"令"既可专门规定或补充各种行政制度，更可补充、修正"《律》"的规定而包括大量断罪量刑的刑法规范。

如《魏书》卷三《太宗纪》神瑞元年十一月壬午：

> 诏使者巡行诸州，校阅守宰资财，非自家所赍，悉簿为赃。诏守宰不如法，听民诣阙告言之。

此二诏都针对郡县长官，也都可视为对《天兴律》有关"赃罪"和守宰贪贿不法之文的补充。其中"听民诣阙告"守宰不法的规定，显然未被太武帝神䴥四年立法时修入《律》文，故太延三年五月下诏："其令天下吏民，得举告守令不如法者。"① 这也是"称诏为令"之例，说明其从此可能是作为一条《令》文而生效的。

《魏书》中这类补《律》之诏甚多，绝大多数都难以判断其究竟是作为一般制诏成例，还是被编著于《令》发挥作用的，但也有少量事例明确了这一点，如《魏书》卷七上《高祖纪上》延兴二年十二月庚戌诏曰：

---

① 《魏书》卷四上《世祖纪上》。

> ……自今牧守温仁清俭,克己奉公者,可久于其任;岁积有成,迁位一级。其有贪残非道,侵削黎庶者,虽在官甫尔,必加黜罚。著之于《令》,永为彝准。

此诏规定牧守克己奉公者可久任,满岁有成可"迁位一级";贪残非道者,则虽上任未几,亦当黜罚。其前半部分是有关考绩制度的正面规范,后半部分显然是补充《律》文的刑事规范。诏文明定将此"著之于《令》",说明经太武帝以来一再修订的《令》,也还是可以随时编附后续下诏制定的刑事规范的。然则天兴元年以来的《令》亦当如此,除可确定积极性的行政制度外,也可包括消极性的刑事规范,起补充或修正《律》的作用。也就是说,天兴元年所确定的《律》、《令》关系,实际上还是汉代以来的那种《律》正罪名而《令》为补充的体制,这种补充作用既表现为对行政制度包括司法诸制的规范,也表现为直接对《律》的补充和调整。《魏书》所载制诏之所以罕有"著《律》"而多"著《令》"之文,原因即在于此。①

第二节　神䴥四年以来"改定《律》制"

《天兴律》、《令》在北魏法制上的建树和遗留问题,在于其以强化专制皇权和制诏权威为中心,初步建立了北魏的法律系统,却全由科条诏令所构成,易于导向"当时为是"的法无定准局面。对于初入中原的北族各部来说,这是他们不难接受或早已习惯的;但要改造北族、开创新的前景,要围绕皇权来完善体制和巩固统治,要致力于确立其相对于南北方其他政权的政治优势,"律令不类"而"法无定准"的状态,就成了统治集团的一个痛脚。在道武帝因乱被弑的动荡中终得继位的明元帝,既未在立

---

① 唯一的例外是《魏书》卷七上《高祖纪上》太和二年五月诏以婚丧过礼,"先帝亲发明诏,为之科禁,而百姓习常,仍不肃改。朕今宪章旧典,祗案先制,著之律令,永为定准。犯者以违制论"。这里的"著之律令",首先是因为其前文已载太和元年八月乙酉"诏群臣定律令于太华殿",因而是要求将之撰入新《律》、《令》。至于新《律》、《令》颁行前,此诏及其所提到的"先帝明诏"也不可能分别著于太武帝以来的现行《律》、《令》,而当是之于《令》来一并补充有关制度和《律》文的。

法上有所作为，问题便延续了下来。至神䴥四年，太武帝登位将满十年，在自身地位稳固之余，遂命总裁天兴立法的崔玄伯之子崔浩主持"改定《律》、《令》"①，也正是要治理这个先朝遗留下来的痛脚。再二十年后，太武帝不仅已统一了北方，且亦整顿了内部，遂又命游雅、胡方回等"改定《律》制"②，以总结和梳理此前帮助其臻成文治武功的诸多大狱要案和严刑酷法。

对于太武帝时期的这两次立法，《魏书·世祖纪》的记载都强调了一个"改"字，是两者皆可归为天兴以来"《律》、《令》"的后续调整。至于其究竟作了哪些改革？相对详细的仍是《魏书》卷一一一《刑罚志》的记载，以下即以此为主来展开讨论。

一 神䴥四年改定《律》、《令》的几个问题

前面已经引用了《刑罚志》载神䴥四年改定《律》、《令》时有关刑名部分的文字，现再将其下文引出：

> ……当刑者赎，贫则加鞭二百。畿内民富者烧炭于山，贫者役于圊溷，女子入舂稾；其固疾不逮于人，守苑囿。王官阶九品，得以官爵除刑。妇人当刑而孕，产后百日乃决。年十四已下，降刑之半，八十及九岁，非杀人不坐。拷讯不逾四十九。论刑者，部主具状，公车鞠辞，而三都决之。当死者，部案奏闻。以死不可复生，惧监官不能平，狱成皆呈，帝亲临问，无异辞怨言，乃绝之。诸州国之辟，皆先漱，报乃施行。阙左悬登闻鼓，人有穷冤则挝鼓，公车上奏其表。

引文中包括了赎刑、官当和不同罪犯的服刑、缓刑、减刑，其余则为审讯、治狱、诉讼方面的程序和权限规定。连同前引"除四岁、五岁刑"等刑名调整的内容，这段记载应当就是神䴥四年"改定"天兴以来《律》、《令》的要点，其中值得注意和需要补充说明的问题有三：

一是诸处皆载神䴥四年立法同时关系到《律》、《令》，《刑罚志》这段记载却为何全是刑事而不涉其他行政制度呢？

---

① 《魏书》卷四上《世祖纪上》。
② 《魏书》卷四下《世祖纪下》。

这个问题在《刑罚志》中先已有所交代。其述天兴以来法制,特别点出了道武帝末年"纲纪褫顿,刑罚颇为滥酷"和明元帝"练精庶事,为吏者浸以深文避罪"的问题,从而明确了神䴥四年立法主要有鉴于以往"刑禁过重"。故其要在定《律》的史实,说明刑事规范已构成了天兴以来法律体系的最大问题,是亟待太武帝解决的迫切任务。

至于更为具体的记载,如《魏书》卷二《太祖纪》末载帝服寒食散而性愈狂躁多疑之事:

> 归咎群下,喜怒乖常,谓百僚左右人不可信,虑如天文之占,或有肘腋之虞。追思既往成败得失,终日竟夜独语不止,若旁有鬼物对扬者。朝臣至前,追其旧恶,皆见杀害……死者皆陈天安殿前。于是朝野人情各怀危惧,有司懈怠,莫相督摄,百工偷窃,盗贼公行,巷里之间人为希少。

"药数动发"固然是其心理失态的要因,但其走向滥杀,又与制度、政策上的更作同期相伴①,可见其在根本上仍与道武帝既要镇压又要依赖汉人,既要背靠又要限制和改造北族保守势力的困境,及其在此困境下巩固皇权的焦虑相关,也与其法律观念本甚淡薄,《律》、《令》严肃性尚未树立的状况分不开。无论如何,这段记载都直接表明了道武帝因用刑酷滥以致乱生被弑的背景,也典型地体现了刑政随心而《律》成具文在政治上所可能导致的危害。

如果说道武帝滥行杀戮是"刑禁过重"的异常表现,那么明元帝"精练庶事"而"为吏者浸以深文避罪",就是正常情况下刑禁过重的产物。《魏书》卷三《太宗纪》载其登位以后甚重狱讼,多有恤民之举而治吏极严。如永兴三年二月己亥:

> 诏北新侯安同等持节循行并、定二州及诸山居杂胡、丁零,问其

---

① 《魏书》卷二《太祖纪》载天兴三年十二月帝因天文错乱连下二诏,陈说符命,斥诸觊觎帝位,诽谤朝政者;又"数革官号,一欲防塞凶狡,二欲消灾应变"。此即上引文"虑如天文之占,或有肘腋之虞"的时间起点。"数革官号"事详《魏书》卷一一三《官氏志》,天兴所定官制至此一变,其"法古纯质"之旨当与天赐元年以来政策和制度转向北族保守派同出一辙。参何德章《北魏初年的汉化制度与天赐二年的倒退》,《中国史研究》2001年第2期。

疾苦，察举守宰不法。其冤穷失职、强弱相陵、孤寒不能自存者，各以事闻。

神瑞元年十一月壬午：

> 诏使者巡行诸州，校阅守宰资财，非自家所赍，悉簿为赃。诏守宰不如法，听民诣阙告言之。

神瑞二年三月诏曰：

> 刺史守宰，率多逋慢，前后怠惰，数加督罚，犹不悛改。今年赀调悬违者，谪出家财充之，不听征发于民。

泰常二年二月丙午诏曰：

> 九州之民，隔远京邑，时有壅滞，守宰至不以闻。今东作方兴，或有贫穷失农务者。其遣使者巡行天下，省诸州，观民风俗，问民疾苦，察守宰治行。诸有不能自申者，皆因以闻。

这些举措针对的显然都是地方长官，其中永兴三年之诏可与前引《安同传》所载相证，而神瑞元年和二年之诏尤其异乎寻常，从中不难体会当时刺史、守、宰成分的复杂，及其多有贪贿不法的状况①，也直接说明了明元帝对之深恶痛绝的态度。

《魏书·刑罚志》说的"为吏者浸以深文避罪"，便是在这种不惜以

---

① 据《魏书》卷二《太祖纪》所载，皇始元年九月"初建台省，置百官，封拜公侯、将军，刺史、太守、尚书郎已下悉用文人"。此举奠定了天兴元年定制的基调，说明开国之初道武帝刻意抑制了"征服者为官"的常情。到天赐元年九月和十一月帝两度"大选朝臣"量能叙用，针对的主要是北族成员和地方官职位，从而放开了皇始以来的限制。又《太祖纪》载天兴元年八月"遣使循行郡国，举奏守宰不法者，亲览察黜陟之"；三年正月癸亥，"分命诸官循行州郡，观民风俗，察举不法"；四年二月丁亥，"分命使者循行州郡，听察辞讼，纠劾不法"。自此再无这类举措，当与天赐以来的政策转向有关。故明元帝的上述举措，既针对了地方长官成分复杂的新局面，又是其力图使政治复归天兴定制之轨的体现。

法外之罚来惩处恶吏的高压下所形成的氛围①。这也是神䴥四年定《律》之所以要规范刑法并设立"官当"的直接原因②。而若联系道武帝天赐元年以来北族成员纷纷为官占据要津的事实,"官当"和其他宽刑规定对明元帝时期治吏过严之势的缓冲,显然还是一种有助于消解和安抚北族成员潜在不满的政治动作,可称是刑《律》调整在当时已深关治乱安危的又一例证。

还需要指出的是,修订《律》、《令》而重心在《律》,同时也是汉代样式的律令体制的一种必然;因为在以《令》规范各项制度和补充、修正《律》文的前提下,定《律》之举势必涉《令》,也一定会导向《令》篇的再修订③。就是说,神䴥四年太武帝的本意或重点正是要修订刑《律》,但因为天兴《律》、《令》所取仿的和此时所认同的,都是汉代律令体制的精神,故其客观上都不仅要修改过去的《律》,而且也必定要牵涉以往的《令》,即删定天兴元年以后所下有关刑事规范的诏令,将其内容采入《律》文,同时亦必重新调整相关的《令》篇。

这一点在正平元年"改定《律》制"时也有所体现。《魏书》卷四下《世祖纪下》正平元年六月壬戌:

> 诏曰:"夫刑网太密,犯者更众,朕甚愍之。有司其案《律》、

---

① 《魏书》卷一一一《刑罚志》载太武帝太延三年,"诏天下吏民,得举告牧守之不法。于是凡庶之凶悖者,专求牧宰之失,迫协在位,取豪于闾阎。而长吏咸降心以待之,苟免而不耻,贪暴犹自若也"。此诏显然是对明元帝神瑞元年诏"守宰不如法,听民诣阙告言之"的重申。说明神瑞元年诏文的规定在神䴥四年并未入《律》,其在当时和以后都是被当作异常措施来看待的。又《晋书》卷一〇六《石季龙载记上》记其"立私论之条、偶语之律,听吏告其君,奴告其主,威刑日滥"。是后赵已有此类法令,听民告官或奴告主显然有违汉代以来的法律传统,当是五胡时期的创制。

② 北魏前期另一个对地方长官采取严厉管治的时段是文成帝时,《魏书》卷五《高宗纪》载太安元年六月遣尚书穆伏真等三十人巡行州郡,诏有治昏理浊者"黜而戮之,善于政者,褒而赏之"。四年五月诏"自今常调不充,民不安乐,宰民之徒,加以死罪"。五年九月诏牧守多有侵渔,"自今诸迁代者,仰列在职殿最,案制治罪";十二月又诏六镇、云中、高平、二雍、秦州赈济旱灾,"若典司之官分职不均,使上恩不能下达,下民不赡于时,加以重罪,无有攸纵"。和平二年正月又诏刺史富商逼民借贷,要射时利,"其一切禁绝,犯者十足以上皆死"。这些法外加罚之举,是要解决太武帝以来地方吏治的弛坏,又构成了文成帝当时增《律》条章的基础。

③ 张家山247号汉墓所出"二年律令",此名为其首简背面之原题,其中包括了《贼律》、《盗律》等27个《律》篇和1篇《津关令》。这是当时《律》、《令》并不别为二本而统称"律令"的明证,也是当时修订"律令"而其要在《律》的实录。

《令》,务求厥中。自余有不便于民者,依比增损。"诏太子少傅游雅、中书侍郎胡方回等改定《律》制。

这段记载说明当时所要解决的,正是神䴥定《律》以来屡掀大狱,特别是太平真君年间灭佛杀僧,镇压各地民变,族诛崔浩等汉人领袖所导致的"刑网太密,犯者更众"局面,故需在刑事领域"改定《律》制"来稳定形势,但其诏命有司案治的,却同时包括了《律》和《令》[①]。由此看来,神䴥四年和正平元年本来都是要修订刑《律》,而诏文之所以云"改定《律》、《令》"或"其案《律》、《令》",实际上正是当时"《律》正罪名,《令》定事制"的体制尚未形成的反映,是《令》还在补充、修正《律》而维持着"律、令之分不严"格局的体现。

二是《刑罚志》载崔浩定《律》、《令》,"除五岁、四岁刑……非杀人不坐"一段,其中有关刑名、罚则和量刑方面的诸种规定,无疑都是对天兴《律》的调整增补,那么,与此同时崔浩等人是否也改进了《神䴥律》的形态和性质,使之构成了北魏一代刑法典的开端呢?

关于这个问题,前面所引《唐六典》卷六《刑部》原注"太武帝始命崔浩定刑名,取汉、魏以来《律》,除髡钳五岁、四岁刑"之文,虽有表述不甚明确及文字脱讹之疵,但还是提供了一定的线索。据《刑罚志》述神䴥四年修改天兴法律的内容,证以前引《安同传》载其明元帝时奏劾并州刺史、守宰不法而请"案《律》治罪"之事,可以肯定北魏"刑名"不始于太武帝此时而在其前。故《唐六典》说"太武帝始命崔浩定刑名",应是指此时方始参照"汉、魏以来《律》"而确定了完整的刑名序列。

再看"汉、魏以来《律》"的情况,汉《律》中起着某种纲领作用和规定诸司法原则的,是《具律》[②],其中却并未集中规定"大辟"之类

[①] 《魏书》卷七下《高祖纪下》太和十五年五月己亥,"议改《律》、《令》于东明观,折疑狱"。事在十六年四月"班新《律》、《令》"前一年,"议改《律》、《令》"与"折疑狱"相连,说明当时其实是在东明观议《律》,之所以称"议改《律》、《令》",也是因为改《律》必然要涉及《令》的缘故。

[②] 《晋书》卷三〇《刑法志》节载曹魏《新律序》文,称汉《九章律》"因秦《法经》,就增三篇,而《具律》不移,因在第六。罪条例既不在始,又不在终,非篇章之义"。是《具律》的主要内容为"罪条例",也就是诸断狱之例。

的"刑名",张家山出土《二年律令》中的《具律》,似已证明了这一点。因此,如果北魏的确是从"太武帝始命崔浩定刑名",才确定了一套完整的刑名序列的话,那么其实际上并未承袭汉《律》刑名散在《具律》和其他各篇的状况,而是取鉴了魏晋《律》新创的体例。据《唐律疏议·名例篇》篇首的疏议曰,把汉《律》中的《具律》改为《刑名律》,又将之提升为《律》本首篇,乃自曹魏《新律》而始,至《泰始律》又从中析出了《法例》篇列于其次。《晋书》卷三〇《刑法志》节载《新律序》文,称其"集罪例以为《刑名》,冠于《律》首"①,可见其《刑名》篇正是把以往《具律》和散于其他各篇的刑名、法例集中到一起,做了系统的规定。

这就不能不引人推想,崔浩"取汉、魏以来《律》"而"始定刑名"之时,或者也已把诸刑名、法例统一撰定为《刑名》篇而置于《律》首,甚至有可能已像《泰始律》那样从中析出了《法例》篇。由此考虑,《刑罚志》载《神䴥律》内容先述徒刑、大辟等刑名,继及赎刑、量刑、官当等法例的叙次,恐怕也不是史官信手为之,而是《神䴥律》本身内容的展开顺序使然。

再看《刑罚志》关于正平元年改定《律》制的记载:

> 初,《盗律》:赃四十匹致大辟。民多慢政,峻其法,赃三匹皆死。正平元年诏曰:"刑网太密,犯者更众,朕甚愍之。其详案《律》、《令》,务求厥中,有不便于民者增损之。"于是游雅与中书侍郎胡方回等改定《律》制。《盗律》复旧,加故纵、通情、止舍之法及他罪……

《盗律》乃《九章律》承自《法经》的篇名,上引文中提到的《盗律》,则是目前所知出现时期最早的北魏《律》篇名,其既形成于正平定《律》之前,可证《神䴥律》确实已像"汉、魏以来《律》"那样区分了《盗

---

① 其后文载《新律》"改汉旧律不行于魏者皆除之,更依古义制为五刑。其死刑有三,髡刑有四,完刑、作刑各三,赎刑十一,罚金六,杂抵罪七,凡三十七名,以为《律》首"。此即《新律》所定刑名之总况。

律》之类的篇章①。既然如此,《刑罚志》所集中概括和依次叙述的刑名、法例规定,必定也已自成篇章。由此似可判断当时其中也已区分了《刑名》等篇,至于其《刑名》篇中是否也已析出了《法例》篇,则还需要更多的证据才能判断。②

《盗律》的出现,可证《神䴥律》至少已像汉代《九章律》那样区分篇章;而《刑名》等篇的可能存在,则说明其已在相当程度上类同于曹魏的《新律》。比之于尚为刑事科条集,又不知其如何分篇的《天兴律》,这些无疑都标志了《神䴥律》形态和性质的重大变化。正如法制史界公认的那样,置于曹魏《新律》之首而统一规定刑名法例的《刑名》篇的出现,其意义不仅是设立了一篇"刑法总则",更意味着《律》的全部内容已被统率于同一原则和体例之下,意味着其各个篇章及其条文结构和名词表述的严密化、一体化③。尽管《神䴥律》未必达到了《新律》的高度,但《刑名》篇的出现,势将全方位地影响《律》的内容和体例,促其处处讲究条文和用辞及其呼应关系,使之再也无法现成地编辑制诏科条而成,而必须重新起草其文并作通盘的斟酌安排。而这一系列事态,自必会使《神䴥律》成为北魏历史上第一部具备制定法特征的刑法典,从而构成了《天兴律》后续演变及其在内容和性质上开始向魏、晋《律》靠拢的转折点。这也就是《唐六典》之所以略过天兴立法,而把北魏

---

① 张家山汉简《二年律令》第二篇《盗律》的首条,为"盗臧直过六百六十钱,黥为城旦舂。六百六十到二百廿钱,完为城旦舂……"这种由重而轻的叙次,似乎说明汉初盗赃罪最重为"直过六百六十钱,黥为城旦舂"。据此推想《魏书·刑罚志》述"《盗律》赃四十匹致大辟",也应是神䴥所定《盗律》的首条,其叙次亦应由重而轻,至于其上限已至大辟,则是汉初以后相关刑罚已不断加重的缘故。如《汉书》卷六六《陈万年传》师古注引如淳曰:"《律》:主守而盗直十金,弃市。"如淳所引自是东汉之《律》,而已有监守自盗十金弃市的规定。

② 《唐律疏议·名例篇》疏议曰:曹魏"改汉《具律》为《刑名第一》,晋命贾充等增损汉魏《律》为二十篇,于魏《刑名律》中分为《法例律》。宋、齐、梁及后魏因而不改"。所述"后魏因而不改",按"疏议"文例单称"后魏"者均指《正始律》,而非正始以前即有《法例律》也。

③ 《晋书》卷三〇《刑法志》载西晋张斐《上律注表》文有曰:"《刑名》所以经略罪法之轻重,正加减之等差,明发众篇之多义,补其章条之不足,较举上下纲领。其犯盗贼、诈伪、请赇者,则求罪于此,作役、水火、畜养、守备之细事,皆求之作本名。告讯为之心舌,捕系为之手足,断狱为之定罪,名例齐其制。自始及终,往而不穷,变动无常,周流四极,上下无方,不离于法律之中也。"透彻地说明了《刑名》篇对于《律》的意义。

《律》、《令》起点定在神䴥四年的原因。

三是《刑罚志》载崔浩改定律令的内容，自"非杀人不坐"以下，直至"公车上奏其表"一段，皆为拷讯、断狱、申诉等方面的规范而不易判断其归属，那么其中是否不只是《律》，而是还含有《令》的规定呢？

这里先应明确《九章律》本承《法经》而有《囚》、《捕》之篇，魏、晋定《律》皆增《告劾》、《系讯》、《断狱》诸篇，故《神䴥律》中存在着拷讯、断狱和申诉方面的规定，这一点并不出人意料①，且可认为是其中设立了类于《囚》、《捕》、《系讯》、《断狱》等篇的某种佐证②。不过从其中的"三都"决狱和"登闻鼓"之制来看，设"三都大官"断决北族及其与汉人之间的狱讼，其制始创于道武帝登国、皇始年间，后来其所治理，主要大概是京畿地区的狱讼③，直至孝文帝仍多由宗戚功臣任之，而地位高于廷尉和都官尚书④。神䴥四年立法的这项内容，显然是对道武帝以来三都大官决狱之制的继承和发展。"登闻鼓"之制则典出《周礼》提到的"路鼓"、"肺石"之法⑤，秦汉以来其制始见于西晋⑥。神䴥

---

① 《魏书》卷一一一《刑罚志》载宣帝时"无图圄考讯之法"，昭成帝时"无系讯连逮之坐"。是相关制度或始于道武帝《天兴律》，而《神䴥律》对之作了进一步规范。

② 《唐律疏议》中有关拷讯系囚的规定已并在《断狱篇》中。

③ 《刑罚志》载崔浩定律令内容中，有"畿内民富者烧炭于山，贫者役于囹圄……"之条。此"畿内"，疑即与后文"诸州国之大辟，皆先谳报乃施行"为对。无论如何，这都说明"畿内"在《神䴥律》中确为一特定司法区域。《魏书》卷一一〇《食货志》载"天兴初，制定京邑，东至代郡，西及善无，南极阴馆，北尽参合，为畿内之田，其外方四维置八部帅以监之，劝课农耕，量校收入，以为殿最"。又《元和郡县志》卷一四《云州》："后魏道武帝又于此建都，东至上谷军都关，西至河，南至中山隘门塞，北至五原，地方千里，以为甸服。"则其"畿内"之范围可知。

④ 参严耀中《北魏前期政治制度》第六章"刑法的泾渭分合"三"'三都大官'及其地位"，吉林教育出版社1990年版。

⑤ 《周礼·夏官司马》篇大仆"建路鼓于大寝之门外而掌其政，以待达穷者与遽令，闻鼓声则速逆御仆与御庶子"。《周礼·秋官司寇》篇大司寇"以肺石达穷民，凡远近茕独老幼之欲有复于上而其长弗达者，立于肺石三日，士听其辞，以告于上而罪其长"。

⑥ 《晋书》卷三《武帝纪》泰始五年六月"西平人麹路伐登闻鼓，言多袄谤，有司奏弃市"。卷三六《卫瓘传》载其为贾后及楚王玮所害，其主簿刘繇等"执黄幡挝登闻鼓上言"诉冤。《资治通鉴》卷八二《晋纪四》惠帝元康元年"刘繇等执黄幡挝登闻鼓"条胡注亦述"登闻鼓之名，盖始于魏晋之间"。

四年此鼓之设①，似为太武帝有鉴道武帝以来刑禁过重局面而设法救济的举措，亦为当时立法参照了晋制的重要例证，且使《神麚律》是否已从《刑名律》中分出《法例篇》的问题增加了几分可能。

但细味《刑罚志》"论刑者，部主具状，公车鞫辞，而三都决之"；"阙左悬登闻鼓，人有穷冤则挝鼓，公车上奏其表"两条之文，前一条规定的明显只是部分性质特殊的刑狱审级和断决程序，说其是《神麚律》文固无不可，说其是对之起着补充作用的《神麚令》文亦甚有可能。特别是后一条中的"阙左悬登闻鼓"云云，这类制度设置文字，出现在作为科条集的《天兴律》中自属正常，却断然不合形态和性质已是刑法典的《神麚律》文之体，而更像是补充《律》文的诏令规定②。由此看来，关于神麚四年立法，至少其中关于审级和申诉等事的三都大官决狱和登闻鼓之制③，目前仍难确定其究竟是《律》还是《令》的规定，从《刑罚志》记述的语次和后世关于审级权限的法律规定来看④，其被编入刑事之《令》的可能，似乎要比入《律》更大。

神麚四年"改定《律》、《令》"确是涉及了《令》的，《唐六典》卷六《刑部》原注对此作了十分肯定的说明：

> 后魏初命崔浩定《令》，后命游雅等成之，史失篇目。

---

① 《水经注》卷一六《谷水》"东过河南县北东南入于洛"条下，述"今阊阖门外夹建巨阙"亦即象魏，"今阙前水南道右置登闻鼓以纳谏"。是迁洛以后登闻鼓之所在。

② 《隋书》卷二五《刑法志》载隋文"帝以《律》、《令》初行，人未知禁，故犯法者众。又下吏承苛政之后，务锻炼以致人罪。乃诏申敕四方敦理辞讼，有枉屈，县不理者，令以次经郡及州、省，仍不理乃诣阙申诉，有所未惬，听挝登闻鼓，有司录状奏之"。是《开皇律》、《令》中皆无登闻鼓之制，而是另行下诏规定其法。

③ 另如"以死不可复生，惧监官不能平，狱成皆呈，帝亲临问，无异辞怨言乃绝之"。这条规定开创了死刑必经"帝亲临问"之制。其文意语次似亦不像是《律》而像是《令》文。《唐律疏议》卷二四《斗讼篇》"诸越诉及受"条有"即邀车驾及挝登闻鼓，若上表诉，而主司不即受者，加罪一等"的规定，《疏议》设问作答，又有"依《令》，尚书省诉不得理者，听上表"之文，可见当时有关审级和申诉的正面规定，是由《令》来加以规范的。

④ 据《唐律疏议》卷三〇《断狱篇》"应言上不言上"条，当时《律》文只明确了"诸断狱应言上而不言上，应待报而不待报，辄自断决者"的罪名和罚则，至于具体的审级和权限，则是由《狱官令》来具体规定的。当然凭此实难确定神麚四年的情况，而可大体说明北魏《正始律》、《令》至北齐《河清律》、《令》以来的发展。

第三章　北魏前期立法与《律》、《令》形态、性质的变迁　109

据此则崔浩定《令》未竣，至正平元年方由游雅等人完成，似太武帝时期的定《令》过程，为时长达二十年之久。揆诸前面所述当时《律》、《令》体制略同汉代，而《令》除规定一般制度外，亦以补充或修正《律》文，可知神䴥四年《律》成之时，实际上一定会把以往补充《律》的《令》文内容删采入《律》，因而也势必调整相关的《令》篇。故而《唐六典》此处云"崔浩定《令》"是完全正确的，然述"后命游雅等成之"则是误解，因为正平元年游雅、胡方回同样是"详案《律》、《令》"，而其要在于"改定《律》制"。其误盖因开元诸臣以当时《律》、《令》之分已严的体制，来看待神䴥、正平《律》、《令》之所致。

正其如此，《唐六典》所说的"史失篇目"，也就易于理解而不能以西晋至唐代的《令》篇来看待了。就是说，太武帝时期显然并未改变天兴以来《令》的形态和性质，当时所谓的《令》，实际上仍是汉代以来那种规定制度和补充刑《律》的诏令集。故其仍可以不断增删并随《律》的修订而经常变动，其篇名也像汉《令》那样泛称和特指错杂多端。这种《令》的篇目，显然与西晋《泰始令》所代表而唐人所习惯的状态大相径庭，因为其形态和性质已决定其并不，也不可能表现为一部篇章、条文稳定的法书，其况有如《晋书·刑法志》述曹魏立法时面临的"汉时决事，集为《令甲》以下三百余篇……世有增损，率皆集类为篇，结事为章"之所示。[①]

因此，不要说晚至唐代，就是在北魏后期编修国史之时，对神䴥以来的《律》或者还有本可依而能作出扼要概括，对并无定本存留而其篇章又历经变迁的《令》，恐怕正应是所知寥寥篇目茫然才合乎情理。《魏书》卷一一三《官氏志》所述"太祖至高祖初，其内外百官屡有减置，或事出当时，不为常目，如万骑、飞鸿、常忠、直意将军之徒是也。旧令亡失，无所依据"。便确切地证明了直至孝文帝初年"旧《令》"的状态及其已多"亡失"的事实，而其背景正如上述。

---

① 《隋书》卷三三《经籍志二》史部故事类后叙述"汉时萧何定律令，张苍制章程，叔孙通定仪法，条流派别，制度渐广。晋初《甲令》已下至九百余卷"。刑法类后叙述"汉初萧何定《律》九章，其后渐更增益，《令甲》已下，盈溢架藏"。其"《甲令》"亦即"《令甲》"，概指《九章律》后增衍的律令，其述"晋初《令甲》已下九百余卷"，《晋志》则述曹魏立法时"汉时决事，集为《令甲》以下三百余篇……"都只能概括其篇帙之多，"盈溢架藏"而无法——殚其篇目。

综此诸端可断：神䴥四年所定《律》体已有重大变化，《令》亦不免相应调整而形态和性质却仍照旧，当时形成的《律》、《令》体制，大略当近乎曹魏《新律》与为之补充的众多《令》篇所构成的样态。是故崔浩"改定《律》、《令》"的轴心和要害在《律》，其实质是形成了北魏的第一部刑法典。

另值一提的是，《神䴥律》在内容上也呈现了进一步与汉魏以来《律》文接轨的态势。如《刑罚志》载其时规定了"当刑者赎"，这说明《天兴律》中很可能取消了赎刑[①]。而赎刑在秦汉《律》中早已有之[②]，如张家山汉简《二年律令》第86简为《具律》之条：

> 吏民有罪当笞，谒罚金一两以当笞者，许之。有罪年不盈十岁，除；其杀人，完为城旦舂。

所谓"吏民有罪当笞，谒罚金一两以当笞者，许之"，说明汉初亦循秦《律》而可罚金赎刑。到曹魏《新律》，赎刑的直接规定已多达十一条，另有罚金规定六条和"杂抵罪"之法七条，其法已空前系统而完备[③]。因而《神䴥律》"当刑者赎"的规定，可说是归复到了汉魏相关《律》文发展的轨道上。

又，上引《具律》"有罪年不盈十岁，除，其杀人，完为城旦舂"之文，反映了汉初有关刑事责任年龄的规定，这方面的规定到景帝时又有调整而被"著令"，《汉书》卷二三《刑法志》载景帝后元三年下诏曰：

> 其著令：年八十以上，八岁以下，及孕者未乳，师、朱儒当鞠系者，颂系之。[④]

[①] 《刑罚志》载昭成帝建国二年定刑制，有"当死者，听其家献金马以赎"之条。故《神䴥律》始作"当刑者赎"的规定，说明道武帝"约定科令"时删去了昭成帝时的这条死刑可献金马以赎的法令。

[②] 参韩树峰《汉魏法律与社会——以简牍、文书为中心的考察》上篇"法律篇"第二章"西汉前期赎刑的发展"。

[③] 《晋书》卷三○《刑法志》载《新律序》文所云。

[④] 《魏书·刑罚志》载《神䴥律》有"妇人当刑而孕，产后百日乃决"的规定，其渊源显应溯至汉景帝时著令的这份诏书。

此次"著令"在罪犯的桎梏上宽待"年八十以上、八岁以下"和孕者、师、朱儒,其中年龄部分后来再经修订而被称为"律令",《周礼·秋官司寇》篇司刺职文郑玄注引郑司农云:

> 幼弱老耄,若今时律令:年未满八岁、八十以上,非手杀人,他皆不坐。

这条"律令"后来应当已被曹魏《新律》和西晋《泰始律》收纳,《晋书·刑法志》载西晋张斐《上律注表》有曰:

> 《律》之名例,非正文而分明也。若八十,非杀伤人,他皆勿论;即诬告谋反者反坐。十岁,不得告言人,即奴婢捍主,主得谒杀之……

即可为证①。其中把刑事责任年龄限制定到八十岁以上和十岁以下的内容,显然就是《魏书·刑罚志》载《神䴥律》"八十及九岁,非杀人不坐"规定的由来②。而凡此之类,都表明《神䴥律》不仅在形态和性质上,也在内容规定上构成了汉魏以来《律》文发展演变的重要一环。

二 关于正平元年"改定《律》制"

从上面已经提到的情况来看,正平元年立法的大要亦已可知。《魏书·世祖纪》和《刑罚志》皆载其时诏以"刑网太密",而命有司"详案《律》、《令》",遂由游雅、胡方回等"改定《律》制"。则其面临的

---

① 此其意谓《律》所含法例有的无须明文而可推知,如《律》既然规定"八十非杀伤人,他皆勿论",那么八十岁者凡诬告谋反等罪而须反坐死刑者,自然也不能"勿论"。十岁以下既然不能作为诉讼主体,那么同非诉讼主体的奴婢"捍主"时,主人自亦可谒请官府而杀之。凡此之类,皆可类推。

② 从中可以看出,《神䴥律》"非杀人不坐"的规定上承于汉,而与《泰始律》"非杀伤人"有异;而其"九岁"的限制则近于《泰始律》而较汉"八岁"为宽。关于刑事责任年龄规定在汉代的陆续调整,参南玉泉《张家山汉简二年律令所见刑罚原则》一文,载于中国社会科学院简帛研究中心编《张家山汉简二年律令研究文集》,广西师范大学出版社2007年版。

形势和任务，显然是与神䴥四年立法相当接近的。从上面分析道武帝和太武帝以来《令》篇至孝文帝时已多"亡失"的体制原因，可见正平元年《令》体也无大的变动。是故当时立法，要在于《律》，而最值关注之处，则是其"改定《律》制"究竟体现在哪些方面？

《刑罚志》关于正平元年立法背景共有三条记载：一是太平真君五年，游雅建议仿汉推行谪徙之法而未被采纳。这是要减少诛杀，同时也说明了游氏在刑事上的见解。二是太平真君六年，"以有司断法不平，诏诸疑狱皆付中书，依古经义论决之"。这是仿汉《春秋》决狱，其实际主持者高允也是正平定《律》的参与者，说明当时仅法不足以平决疑狱，而须讲究法原法意，遂须以"经义"帮助决狱。这恐怕是与《神䴥律》条文虽或附会儒经义旨而非甚明的状态相关的现象，同时也确认了汉族士人和儒经在法原法意解释上的地位①。三是神䴥《盗律》赃四十匹大辟，后来已加重至"赃三匹皆死"，从而直接表明了正平元年立法时，太武帝诏"刑网太密，犯者更众"的程度。

据此则游雅、胡方回等"改定《律》制"，不外是要进一步向汉魏以来法律传统靠拢，而以宽其刑禁、"务求厥中"为其核心。《刑罚志》对此作了正面介绍：

> 于是游雅与中书侍郎胡方回等改定《律》制，《盗律》复旧，加故纵、通情、止舍之法及他罪，凡三百九十一条。门诛四，大辟一百四十，五刑二百二十一条②。有司虽增损条章，犹未能阐明刑典。

---

① 《魏书》卷四八《高允传》："真君中，以狱讼留滞，始令中书以经义断诸疑事，允据《律》评刑，三十余载，内外称平。"以经义断疑狱而又"据《律》评刑"，说明《律》中本有相关义旨，而允则结合实例阐明之。其后文载允与公孙质、李虚、胡方回等共定《律》、《令》，太武帝引允"与论刑政，言甚称旨"，恐怕也是以经义阐释法理。

② 中华书局点校本此处作"大辟一百四十五，刑二百二十一条"，大概是认为"大辟"不应在"五刑"之外的缘故。然《唐六典》卷六《刑部》原注载崔浩定刑名以来所定《律》条为"大辟一百四十条，五刑二百三十一条"。是当时"大辟"实不在"五刑"之中，乃是一套特殊的"五刑"制度。同理，《刑罚志》后文载文成帝时"增《律》七十九章，门房之诛十有三，大辟三十，五刑六十二"；又载孝文帝太和五年定《律》旋，"凡八百三十二章，门房之诛十有六，大辟之罪二百三十，五刑三百七十七"。中华书局点校本皆把"五刑"点破为"五、刑"，均误。

所谓"《盗律》复旧",是指废除了神䴥以来《令》中的"赃三匹皆死"之条,而恢复了《神䴥律》"赃四十匹大辟"的规定。"故纵、通情、止舍之法",秦汉以来皆与抓捕罪犯和定罪量刑相关①,说明当时又在《捕律》等篇中增加了诸多条文②。这大概是由于太武帝屡兴大狱,在罪犯抓捕方面多有敕例出台,正平时对此有所清理的缘故。

当时所作的清理当然不止于此,正平"改定《律》制"时,实际上对以往整套刑名序列都作了梳理和调整,最终则表现为上引文所述,新增"故纵"等法及"他罪三百九十一条",删定"门诛四,大辟一百四十,五刑二百二十一条",及由此构成的刑名体系。这个体系当反映了《正平律》对神䴥以来种种严刑酷法的调整,其"五刑"中不含"大辟"殊异于魏晋以来,或是对《神䴥律》附会儒经以定刑名刑制的继承和发展。

《唐六典》卷六《刑部》原注曰:

> 太武帝始命崔浩定刑名,于汉魏以来《律》,除髡钳五岁、四岁刑,增二岁刑③,大辟有轘、腰斩、殊死、弃市四等。凡三百九十条,门房诛四条,大辟一百四十条,五刑二百三十一条,始置枷拘罪人。

其述"三百九十条……二百三十一条",在《魏书·刑罚志》中皆为正平定《律》之物,可见《唐六典》这里是综述太武帝时期的这两次定《律》,强调的是神䴥、正平立法之间的因袭关系。根据上面所述神䴥定《律》恢复了"赎刑",而"赎刑"自魏晋以来即在"五刑"之列,即可推知太武帝时期新建的这个不包括"大辟"在内的"五刑"体系,正应始于神䴥而定型于正平立法。

---

① "止舍"法商鞅变法时已有,见《史记》卷六八《商君列传》,商鞅既受李悝《法经》以相秦,则其有可能原出《法经》的《捕》篇。"故纵"法或始萧何定《九章律》"增部主见知之条"时,见《晋书·刑法志》。"通情"当起于汉武帝命张汤、赵禹"条定法令,作见知故纵,监临部主之法"时,见《汉书·刑法志》。

② 《唐六典》卷六《刑部》原注述当时"始置枷拘罪人"之法,此亦汉《律》所有,魏晋当在《系讯律》中。

③ 《魏书·刑罚志》"二岁刑"作"一年刑",后文的"三百九十"则作"三百九十一","二百三十一"作"二百二十一"。这些显属文字脱讹所致。

由此对照魏晋时期的"五刑"构成,《晋书》卷三〇《刑法志》载曹魏《新律序》节文有曰:

> 更依古义制为五刑,其死刑有三,髡刑有四,完刑、作刑各三,赎刑十一,罚金六,杂抵罪七,凡三十七名,以为《律》首。

这是对《新律》首置《刑名》篇内容的说明,儒经中的"五刑"自此入《律》而成刑名之纲。又《唐六典》卷六《刑部》原注述晋《泰始律》所定"五刑":

> 其刑名之制,大辟之刑有三,一曰枭,二曰斩,三曰弃市。髡刑有四:一曰髡钳五岁刑,笞二百;二曰四岁刑;三曰三岁刑;四曰二岁刑。赎死,金二斤;赎五岁刑,金一斤十二两;四岁、三岁、二岁各以四两为差。又有杂抵罪罚金十二两、八两、四两、二两、一两之差。弃市以上为死罪,二岁刑以上为耐罪,罚金一两以上为赎罪。

可见曹魏所定"五刑",实由作为死刑的"大辟"、取仿古肉刑剃发苦役的"髡刑",以及不髡而服徒役的"完刑"、"作刑"和赎罚金刑所构成[①],西晋则承此而有所损益[②],且其皆如《尚书·吕刑》所述"五刑",而把"大辟"包括在内。

现在再看太武帝时期两次"改定律制"的内容,即可明白神䴥定《律》恢复"赎刑",实际上也是要像魏晋那样,"更依古义制为五刑";只是崔浩"始定"的刑名体系,所取鉴或附会的乃是儒经中的另一套不

---

① 参韩树峰《汉魏法律与社会——以简牍、文书为中心的考察》上篇"法律篇"第一章"完刑、耐刑与徒刑"、第三章"秦汉徒刑结构"。
② 《晋书》卷三〇《刑法志》载张斐《上律注表》节文有曰:"故《律》制生罪不过十四等,死刑不过三,徒刑不过六,囚加不过五。累作不过十一岁,累笞不过千二百,刑等不过一岁,金等不过四两……"将此与《唐六典》所述相参,可见其基本刑等显然也是死刑、耐刑和赎刑三种,其中"耐刑"显然又因"徒加"、"囚加"等附加刑的不同而分为三等。

含"大辟"的"五刑"范畴①;而正平立法则是在此基础上,又据神䴥以来的诸种措置,对之作了进一步厘定②。综据《魏书·刑罚志》及《唐六典》上引文所述,除两处所载《正平律》条数体现了这次厘定的基本结果外,其具体又包括了把《神䴥律》"大辟"的"斩死、入绞",扩展为"轘、腰斩、殊死、弃市"四类③;删定"门诛"为四条,正式将之纳入了《刑名》篇④;另又增加了"故纵、通情、止舍之法及他罪,凡三百九十一条"。这应当就是正平元年"改定《律》制"的突出之处。至于《刑罚志》评说其时"有司虽增损条章,犹未能阐明刑典",则显然是因为当时新增的391条加上删定之后的门诛、大辟、五刑共达756条,以往"刑网太密"之弊其实未能根本矫正之故。

"五刑"在《刑名》篇中的别加规定和明确下来,显然是神䴥和正平

---

① 其依据似即古文《尚书·舜典》(今文在《尧典》)所述的"象以典刑,流宥五刑,鞭作官刑,扑作教刑,金作赎刑"。马融以来注家释之为肉刑、流刑(以流放代肉刑和死刑)、作刑(徒役加鞭杖)、笞刑和赎刑(罚金)。参孙星衍《尚书今古文注疏》卷一《尧典第一下》,丛书集成本。

② 《魏书》卷一一四《释老志》载崔浩被族诛而"备五刑"。《汉书》卷二三《刑法志》载汉有"夷三族之令","皆先黥、劓,斩左右趾,笞杀之,枭其首,菹其骨肉于市,其诽谤詈诅者又先断舌,故谓之具五刑"。崔浩被诛所具"五刑"当即类此,似神䴥以来"五刑"之制又有所改,但正平定《律》显然又回到了《神䴥律》"五刑"不含"大辟"的轨道上。

③ 《魏书·刑罚志》载崔浩定律,"分大辟为二科:死斩,死入绞",另又分别以腰斩、轘刑处置大逆不道者和害其亲者,其中"轘"刑在道武帝时期仍是含有族诛内容的,但到崔浩以之处罚"害其亲者",似已不含族诛内容。《唐六典》则述崔浩定刑名,"大辟有轘、腰斩、殊死、弃市四等",其"轘"及"腰斩"列入"大辟"显然是正平所定,当时"门诛"已是独立的刑名,"轘"刑显然已与族诛无关。

④ 《正平律》有关"门诛"的佚文,如《魏书》卷四一《源贺传》,其载文成帝初贺上书论断狱多滥曰:"案《律》:'谋反之家,其子孙虽养他族,追还就戮。'所以绝罪人之类,彰大逆之辜。'其为劫贼应诛者,兄弟子侄在远道,隔关津,皆不坐'。窃惟先朝制《律》之意,以不同谋,非绝类之罪,故特垂不死之诏。若年十三已下,家人首恶,计谋所不及,愚以为可原其命,没入县官。"所谓"先朝"之《律》,自是游、胡改定之《正平律》,其中规定"谋反"者子孙虽养他族,亦须"追还就戮";而"为劫贼应诛者",若"兄弟子侄在远道,隔关津,则可不坐"。又《魏书》卷八四《儒林陈奇传》载游雅陷奇以罪,称"如依《律》文,造谤书者,皆及孥戮"。奇"竟致大戮,遂及其家"。似亦"门诛"之文也。

《律》在向魏晋《律》靠拢的基础上进一步发展的表现①。此外,还有两个现象可以帮助说明神麚、正平以来"改定《律》制"的要害和结果。

一个现象是太武帝时期,法律的严肃性已被进一步强调,严格执法不避亲贵的风气也更被提倡。这在《魏书》卷四下《世祖纪下》末述太武帝"明于刑赏"和"终不亏法"的作派中,即有反映。如当时高允等中书诸臣以经义决诸疑狱,看似"亏法",其实仍是"据《律》评刑"而"内外称平"②,说明其基本上是以经义来帮助选择适用《律》条,而非弃法不用。又如太武帝兄弟鲜有善终③,这自然与当时权斗残酷、大狱屡兴的背景分不开,但太武帝对不法宗戚勋贵确亦执法甚严不稍宽纵,自神元平文诸帝至道武帝子孙"坐事伏法"或免官爵者,不在少数④。由此足以体会史官说太武帝之重法知法并非虚言,而法律的严肃性既被进一步确立和强调,落实到立法上,自然就要讲究法律的普适性和稳定性,这可以

---

① 陈寅恪《隋唐制度渊源略论稿》四"刑律"曾分析胡方回、游雅与崔浩、高允俱秉汉《律》传统,而与西晋江左一脉律学有所不同之况。从神麚、正平定《律》显示的某些魏晋因素来看,时人传承的汉《律》传统与魏晋《律》传统,除分野之外必然亦多混融交叉。《魏书》卷三三《张济传》载其曾为道武帝说"晋之法制,有异于魏",是当时于晋制亦非无知。《史记》卷一〇《孝文本纪》载文帝十三年因淳于公女缇萦愿代父刑而诏除肉刑,《索隐》引崔浩《汉律序》云:"文帝除肉刑而宫不易。张斐注云:以淫乱人族类,故不易之也。"此处"张斐注云"显然是解释前面的"宫不易"之文的,故其应当也是崔浩的《汉律序》文,说明崔浩固然关注汉《律》而为之作《序》,但同时也研习过西晋《律》的《张斐注》本,故《魏书·刑罚志》载《神麚律》有大逆不道诛其同籍,"年十四已下腐刑"之条。可见崔浩不仅兼通汉、晋《律》,且将之付诸立法,这是今人特别应该加以注意的。

② 《魏书》卷四八《高允传》。《刑罚志》载献文帝时事:"自狱付中书覆案,后颇上下法,遂罢之。狱有大疑,乃平议焉。"两者相参可知太武帝时期是"据《律》"以经义决狱的,后来才有"上下法"之弊,遂改其制。

③ 《魏书》卷一七《明元六王列传》载安定王弥,明元帝时已卒,建宁王崇,文成帝初预于京兆王杜元宝谋逆,"父子并赐死"。此外,永昌王健"无疾薨"而其子"谋为不轨,发觉赐死";乐平王丕"坐刘洁事,以忧薨",子拔"后坐事赐死";乐安王范亦闻刘洁之谋而不告,"因疾暴死";新兴王俊先"坐法削爵为公",后"颇有悖心,事发赐死"。

④ 《魏书》卷一四《神元平文诸帝子孙列传》载太武帝时"坐事伏法"或免官爵者,有高凉王孤之孙那、河间公齐、扶风公处真。卷一五《昭成子孙列传》中此类有秦明王翰之孙纂、常山王遵之孙陪斤、辽西公意烈侄浑。卷一六《道武七王列传》载诸王多死于明元帝时,不过太武帝时仍有河间王修之继子略阳王羯儿(河南王曜之子)先以贪暴降爵,后因"有罪赐死"。另如《魏书》卷三〇《王建传》附子《王斤传》载建姑即平文王皇后,昭成帝生母,斤屡随太武帝征战有功,关陇平,斤为镇西将军假节镇长安,而"不顺法度,信用左右,调役百姓,民不堪之,南奔汉川者数千家"而委罪雍、秦二州刺史,太武帝召问刺史,遣官勘实,"斩斤以徇"。

说是在主观认识方面，解释了当时立法之所以会把作为科条集的《天兴律》，改定为形态和性质都已是刑法典的神䴥和正平《律》的原因。

另一个现象是文成帝以来所下制诏事关刑法者，已多以规范化了的刑名、罪名和罚则来表达。由于太武帝正平元年定《律》后，不到九个月即已身死，文成帝时的定律则仅"增《律》条章"而未变其体①，因而这些规范化了的刑名和罪名，正可视为正平定《律》进一步巩固神䴥以来立法成果的集中体现。

具体如《魏书》卷五《高宗纪》太安元年六月诏遣尚书穆伏真等三十人巡行州郡，观察风俗，其文有曰：

> ……其有阿枉不能自申，听诣使告状，使者检治。若信清能，众所称美，诬告以求直，反其罪。使者受财，断察不平，听诣公车上诉。其不孝父母，不顺尊长，为吏奸暴，及为盗贼，各具以名上。其容隐者，以所匿之罪罪之。

引文中的"阿枉"、"诬告"、"反其罪"、"受财"、"断察不平"、"不孝"、"不顺"、"尊长"、"容隐"等，显然都是高度凝练的法律名词，这在太武帝及其以前各朝制诏中是看不到的。其中"容隐"当在前述正平定《律》所加"故纵、通情、止舍之法"的范围内，"听诣公车上诉"则是神䴥四年定《律》、《令》时所设之制，故可合理地断定这些名词其实都原出于《正平律》，从而典型地说明了太武帝两次立法所改定的"《律》制"，在刑名、罪名和罚则及其文字表达的规范化方面所达到的水平。

---

① 《唐六典》卷六《刑部》原注述"文成帝时又增《律》条章"而未详其况。《资治通鉴》卷一二八《宋纪十》孝武帝大明二年正月丙午朔："魏设酒禁，酿酤饮者皆斩之，吉凶之会，听开禁，有程日。魏主以士民多因酒致斗，及误国政，故禁之。增置内外候官，伺察诸曹及州镇官过失，有司穷治，讯掠取服。百官赃满二丈者皆斩。又增律七十九章。"则将数事并系于大明二年即文成帝太安四年。劲案：《魏书·高宗纪》未记此事，《刑罚志》载当时"增律七十九章，门房之诛十有三，大辟三十，五刑六十二"（若"增律七十九章"不误，则其后三类数字当有讹误）；系其事在太安四年"始设酒禁"和增置候官"伺察诸曹、外部州镇……诸司官赃二丈皆斩"之后，和平末年源贺上表论事之前。据《高宗纪》载太安五年九月戊辰诏责"主者失于督察"，似其"伺察"之制起于此后；又载和平二年正月以刺史与富商"逼民假贷"，诏"一切禁绝，犯者十匹以上皆死"，似当时尚无"赃二丈皆斩"之制。由此推测文成帝增《律》条章，当在和平二年正月至和平六年五月帝崩之间。

又如《高宗纪》和平四年三月乙巳诏曰：

　　……在职之人，皆蒙显擢，委以事任，当厉己竭诚，务省徭役，使兵民优逸，家给人赡。今内外诸司、州镇守宰，侵使兵民，劳役非一。自今擅有召役，逼雇不程，皆论同枉法。

是年八月壬申诏曰：

　　前以民遭饥寒，不自存济，有卖鬻男女者，尽仰还其家。或因缘势力，或私行请托，共相通容，不时检校，令良家子息，仍为奴婢。今仰精究，不听取赎，有犯加罪。若仍不检还，听其父兄上诉，以掠人论。

这两份诏书都根据形势需要而禁止了某些行为，并规定其处罚分别参照《律》中的"枉法"和"掠人"罪来进行。故其一方面明确了新立禁限的罪名和罚则，另一方面也是对以往《律》中有关"枉法"和"掠人"的条文作了补充。①

在北魏，如果说前引太安元年诏中的"阿枉"、"诬告"之类，偶尔亦在太武帝及其以前的奏诏文中以近似的字眼出现的话②；那么这种"论同某某"或"以某某论"的句式，就只出现在文成帝以来的诏书中，且

---

① 从其性质来看，这类含有"以某某论"句式的诏书，显然都是补《律》之诏，在太武帝以来的法律形式中当属《令》的范畴，故其虽无"著《令》"之文，仍将被不断编附于有关《令》篇，直至太和、正始之际《令》体大变，《律》、《令》体制近于西晋江左一脉之前皆是如此。

② 前引《安同传》载其明元帝时奏并州刺史"擅用"御府针工，"交通财贿"，并"请案《律》治罪"，即属此类。又《魏书》卷三《太宗纪》神瑞二年三月诏"刺史守宰，率多逋慢……今年赀调悬违者，谪出家财充之，不听征发于民"。卷四上《世祖纪上》始光四年十二月"行幸中山，守宰贪污免者十数人"。两处的"赀调悬违"、"谪出家财"、"贪污免"，均反映了当时有关法律规定，而非现成的法律名词。《世祖纪上》延和元年十二月诏以征诸贤良而"刺史、守、宰宣扬失旨"，责令"宣朕虚心求贤之意"。此诏所称"失旨"，大概是《魏书》所载神䴥四年改定《律》、《令》后首次在奏诏文中出现的法律名词。又《刑罚志》载太平真君五年，恭宗总百揆监国，少傅游雅上疏曰："……汉武时始启河右四郡，议诸疑罪而谪徙之。十数年后，边郡充实，并修农戍。孝宣因之，以服北方，此近世之事也……自非大逆，正刑皆可从徙，虽举家投远，忻喜赴路，力役终身，不敢言苦。且远流分离，心或思善，如此奸邪可息，边垂足备。"奏疏中的"大逆"、"正刑"之称，似亦为《神䴥律》中的专名。

随时间推移而增多①。其所反映的，无疑是神䴥、正平以来《律》作为刑法典的形态和性质业已明确，各种刑名、罪名和罚则已被严格规范化了的事实，也是始设《刑名》篇为《律》所带来的重大变化和转折之一。另外，皇帝下诏规定刑事尽可能使用《律》中专名的现象，除说明《律》的形态进化外，本身就可以理解为是臣下奏谳及草诏"据律正名"的结果，这又势必会进一步促进整个司法过程依《律》办事的氛围，从而标志了北魏法律文化和法律观的发展，并且反过来证明了神䴥、正平以来《律》作为刑法典所本应具有的权威性。

三 关于太武帝"改定《律》制"几点认识

综上所述，关于太武帝神䴥四年"改定《律》、《令》"和正平元年"改定《律》制"之事，大略可得如下结论：

其一，相比于尚为科条集的《天兴律》，《神䴥律》最为重要的改革和调整，应是建立了《盗律》、《系讯》等稳定的篇章，特别是取仿魏晋而设置了《刑名》篇来统一规定刑名法例，又依儒经所示而重建了"大辟"在外的"五刑"体系。由此导致的《律》体变化，使之成了北魏历史上也是北朝一脉的第一部刑法典。在此基础上，《正平律》又进一步对之加以删定和调整，明确了由"门诛"、"大辟"和"五刑"构成的整套刑名序列，同时更加规范了刑名、罪名、罚则及相应的文字表述，进一步巩固了《律》的刑法典地位。

其二，太武帝时期两次立法的重心皆在于《律》，《令》则随《律》删定和修改，却未在形态和性质上发生重大变化，而仍是补充《律》和规定制度的诏令集，仍可随事把"著令"制诏编附于《令》，或随时将之立为单行之《令》，也仍保持着类似于汉《令》那种篇章不断滋繁和名称错杂多端的样态。因此，太武帝所定《律》、《令》体制，在根本上仍维持着汉魏时期的模样，而与西晋"《律》正罪名，《令》定事制"，两者皆为法典而相辅相成的体制存在较大距离。

---

① 如《魏书》卷六《显祖纪》和平六年九月丙午诏"刺史、守宰到官之日，仰自举民望忠信，以为选官，不听前政共相干冒。若臣任失所，以罔上论"。天安元年七月诏诈取爵位者削，父祖假爵号货贿者不听继袭，诸非劳进超迁者亦各还初，"不以实闻者，以大不敬论"。皇兴五年三月乙亥诏"自今诸有逃亡之兵及下代守宰浮游不赴者，限六月三十日悉听归首，不首者论如《律》"。凡此之类，不胜枚举。又显祖以来诏定禁限而出现"论如《律》"或"以《律》论"的句式渐多，这可能是有关罪名在《律》文中非只一端的缘故。

其三，神䴥和正平所定《律》、《令》，在其体制的精神实质上沿袭了汉代，但在具体内容上不仅存有五胡时期及北族部落习惯法的特点，而且也取鉴了不少魏晋时期的新制，其发展的趋势则显然是前者渐消而后者愈长。特别是在后一方面，太武帝时期《刑名》篇的出现，新"五刑"体系的确立和"登闻鼓"的设置，都表明当时《律》、《令》的删定编纂，不仅继续受到了汉制的影响，而且也是北魏《律》、《令》体制在向魏晋、江左一脉靠拢的同时，又进一步有所发展和完善的重要转折点。

从其后续事态来看，文成帝和平年间"增《律》七十九章，门房之诛十有三，大辟三十，五刑六十二"[1]，显然延续了太武帝时期"改定《律》、《令》"而要在刑《律》的做法。直至孝文帝太和元年再定《律》、《令》，《律》的修订至太和"五年冬讫，凡八百三十二章，门房之诛十有六，大辟之罪二百三十，五刑三百七十七"[2]。将之与正平、和平定《律》之举及其刑名体系相较，足见其仍然未改太武帝以来《律》、《令》体制发展的轨辙。因此，太武帝以后《律》、《令》体制的重大变化，只能发生于太和五年以后，具体则当以太和十年孝文帝亲政为标志而揭开序幕。从种种迹象来看，这种变化显然未因太和十六年"班新《律》、《令》，大赦天下"而结束[3]，而是自此进入了愈发显著和深刻的新阶段。

第三节　太和元年至十六年修订《律》、《令》

孝文帝时期是制度变革发展的时期，也是加速汉化的时期，在《律》、《令》体制上则表现为向西晋、江左一脉的进一步靠拢。具体可以将之区分为两个阶段：第一阶段是太和元年至十六年再定《律》、《令》，这一阶段的《律》、《令》体制，无论是其沿用以往《律》、《令》之况，还是其新定《律》、《令》之况，大体上都保持着太武帝以来《律》为刑法典，《令》则规定制度又补充《律》文的格局，故其再定《律》、《令》

---

[1]　《魏书·刑罚志》载此条条数当有讹误。
[2]　《魏书·刑罚志》。《唐六典》卷六《刑部》原注载"文成时又增《律》条章，至孝文时定《律》，凡八百三十三章，门房之诛十有六，大辟之罪二百三十，五刑三百七十七"。其"八百三十三"较《刑罚志》多出一章，而此"章"盖即"条章"之章，与《刑罚志》载文成帝时"又增《律》七十九章"义同，即"条"也。
[3]　《魏书》卷七下《高祖纪下》。

而重心仍在于《律》，但改革的展开已使《令》的编纂愈显重要，"《令》定事制"的独立性已渐突出。第二阶段则自太和十六年班行新《律》、《令》，十七年迁都洛阳至太和二十三年孝文帝崩殂，修订《律》、《令》之举仍络绎不绝，然其重心已转移至《令》及其所规定的各项制度，整套《律》、《令》体制开始加速转折变迁，呈现出从汉代样式的《律》、《令》向西晋、江左一脉的《律》、《令》体制迅速过渡的诸种现象。在此请先考察其前一阶段"定《律》、《令》"的大要，至于其第二阶段的状况，特别是有关《令》的制订、施用及其发展变迁则将在下一章加以阐述。

一　孝文帝亲政前后的立法进程及其转折

《魏书》卷七《高祖纪》清楚地交代了太和元年以来定《律》、《令》的起讫点：[①]

> 太和元年八月乙酉：诏群臣定《律》、《令》于太华殿。
> 太和十六年四月丁亥朔：班新《律》、《令》，大赦天下。

与天兴以来几度修订《律》、《令》，皆于当年或不久即告竣的状况相比，太和元年至十六年定《律》、《令》为时长达十六年，说明其过程远较以往曲折，目标和内容并不单纯。而其之所以如此，则与北魏前期以来《律》、《令》体制的发展演变相关，尤其是与太皇太后冯氏执柄和孝文帝亲政的阶段性，以及二人在法律修订或变革上的不同思路分不开。

太和元年始定《律》、《令》时，孝文帝年方十岁，主其事者自然是太皇太后冯氏，这次修订《律》、《令》的序幕之所以在太华殿揭开，就是因为此殿乃冯氏临朝称制之所[②]。《魏书·刑罚志》关于太和元年修订

[①] 《魏书》卷一一一《刑罚志》并未明确说明太和元年以来诏定和班行《律》、《令》的时间，而只记载了与之相关的要事节目。

[②] 《魏书》卷五《高宗纪》太安四年三月丙辰，"起太华殿"；九月辛亥，"太华殿成。丙寅，飨群臣，大赦天下"。和平六年五月癸卯"帝崩于太华殿"。是太华殿为文成帝时新修的理政之所，于其皇后冯氏，也就是后来的文明太后有着特殊意义，故冯氏在献文帝时和献文帝"暴崩"后两度临朝称制，俱在太华殿。参殷宪《北魏平城钩沉·关于东宫》对"太华殿"的阐述，文载中国魏晋南北朝史学会、武汉大学中国三至九世纪研究所编《魏晋南北朝研究：回顾与探索——中国魏晋南北朝史学会第九届年会论文集》，湖北教育出版社2009年版。

《律》、《令》有两条记载，一条关于斩刑的修订：

> 故事：斩者皆裸形伏质，入死者绞，虽有《律》，未之行也。太和元年诏曰："刑法所以禁暴息奸，绝其命不在裸形。其参详旧典，务从宽仁。"司徒元丕等奏言："……臣等谨议，大逆及贼，各弃市袒斩；盗及吏受赇，各绞刑；踣诸甸师。"又诏曰："民由化穆，非严刑所制。防之虽峻，陷者弥甚。今犯法至死，同入斩刑，去衣裸体，男女媟见。岂齐之以法，示之以礼者也？今具为之制。"

这应当是八月乙酉下诏定《律》、《令》稍后之事，要求修改以往《律》文斩者"去衣裸形，男女媟见"之弊，既体现了这次立法的"宽仁"取向，又应与冯氏身为女性的感受有关。故当元丕等拟议，坚持裸形伏质适用于大逆及贼杀人者，太皇太后断然再诏驳回，要求"具为之制"，也就是将废除"裸形伏质"的精神贯彻于新《律》。

另一条记载则是对太和元年以来修订《律》、《令》的概括：

> 先是，以《律》、《令》不具，奸吏用法，致有轻重。诏中书令高闾集中秘官等，修改旧文，随例增减。又敕群官，参议厥衷，经御刊定。五年冬讫，凡八百三十二章，门房之诛十有六，大辟之罪二百三十，五刑三百七十七。除群行剽劫首谋门诛，《律》重者止枭首。

既由"高闾集中秘官等修改旧文"，是当时预其事者多为汉士[①]。这一点

---

① 《魏书》卷五四《高闾传》载其渔阳雍奴人，"博综经史，文才俊伟"，太武帝时为中书博士，文成帝末迁中书侍郎，献文帝时文明太后临朝称制，闾与中书令高允并入禁内"参决大政"，文明太后二度临朝称制时，闾"为中书令，加给事，委以机密"。然传中未详其修订《律》、《令》之况，唯载其甚重法度、刑赏，太和十六年"以参定《律》、《令》之勤"赐布帛、粟及牛马。《魏书》载当时与议《律》、《令》者尚有穆亮、封琳、冯诞、李韶、源怀、李冲、游明根、高祐、崔挺、李彪、高遵等人，由于此次定《律》、《令》为时长达十六年，故此诸人非皆参与了太和元年至五年之事。据《北史》卷三一《高允传》附《高遵传》载其"与中书令高闾增改《律》、《令》，进中书侍郎，假中书令……后与游明根、高闾、李冲等人议《律》、《令》，亲对御坐，时有陈奏"。即反映了太和元年定《律》、《令》及其后续之态。

可与上条所示的"宽仁"取向相证,并可看出这次修订《律》、《令》,本意仍与太武帝以来因"刑网太密"而欲宽刑简《律》的考虑大体接近。

再者,太和五年修《律》讫时,"凡八百三十二章"①。将之比较文成帝和平年间"增《律》七十九章,门房之诛十有三,大辟三十,五刑六十二"②,所增79条加上前述太武帝《正平律》756条,总计已达835条。两者相比,太和五年《律》条总数仅仅减少了3条③。同时其由"门诛"、"大辟"、"五刑"等构成的刑名和罪名体系,显然也无甚变化,特别是"大辟"在"五刑"之外这个特征,也还继续保留了下来。由此可见,冯氏所主导的太和元年修订《律》、《令》之举,基本上仍可归为文成帝时期"增《律》条章"轨辙上的修修补补,也是对冯氏诸种讲求刑政之举的一个总结④,暂时还算不上是对以往《律》、《令》体制的变革。

不过当时在其他诸多制度上展开的变革,势必也要影响到刑《律》。太和五年已十五岁的孝文帝,即认为当时所定之《律》仍失之过重。《刑罚志》记太和五年定《律》讫后,载其时系讯每用重枷,诬服者多,"帝闻而伤之,乃制非大逆有明证而不款辟者,不得大枷"。又载太和八年始班禄制后,大幅度加重了对贪赃罪的惩处力度,"更定义赃一匹,枉法无多少皆死"。于是坐赃当死者甚众,"帝哀矜庶狱,至于奏谳,悉从降恕"。把《刑罚志》中的这两处记载,与其前文载太和元年以来议定《律》、《令》之文相比,"经御刊定"也就是由冯太后决定,而特别记明

---

① 《魏书·刑罚志》。《唐六典》卷六《刑部》原注载为八百三十三章。章即条,说已见前。

② 《魏书·刑罚志》载此条数当有讹误,因为其门诛、大辟和五刑之条相加共为105条,不符"增律七十九章"之数。而若"大辟三十,五刑六十二"不为和平年间所增条数,而为其删定《正平律》后"大辟"、"五刑"条的总数,其与《正平律》"大辟一百四十,五刑二百二十条"相较又明显较少。颇疑和平《律》"五刑"之条为"三十六",而后来讹为"六十二"矣。又其"门房之诛十有六",当是在《正平律》"门诛四"加上和平《律》所增"门房之诛十有三"共为十七条的基础上,"除群行剽劫首谋门诛"一条以后所得之数。

③ 上引文中"除群行剽劫首谋门诛"为一条,"《律》重者止枭首",则《神䴥律》以来的"辕"、"腰斩"亦已被废。

④ 《魏书·刑罚志》载献文帝禅位后,"犹躬览万机,刑政严明"。延兴四年诏罢门诛,改革中书经义决狱之制,又规范司法过程使趋"精详",以及其他慎赦慎杖之类。又《魏书》卷一七下《景穆十二王传下·南安王桢传》载冯氏与孝文帝俱临皇信堂案桢"不顺法度,黩货聚敛,依犯论坐"之事,亦足说明冯氏用法甚严。

"帝闻而伤之"、"帝哀矜庶狱",强调的显然是孝文帝本人的态度及其对新定之《律》的看法。

也许正由于此,太和五年定讫之《律》是否已经颁行,史书并无明文记载①,因为接下来就轮到孝文帝自己提出改《律》要求了。《刑罚志》载太和十一年春,诏曰:

> 三千之罪,莫大于不孝,而《律》不逊父母,罪止髡刑,于理未衷。可更详改。

又诏曰:

> 前命公卿论定刑典,而门房之诛犹在《律》策,违失《周书》父子异罪。推古求情,意甚无取。可更议之,删除繁酷。

八月,诏曰:

> 《律》文刑限三年,便入极默。坐无大半之校,罪有死生之殊。可详案《律》条,诸有此类,更一刊定。

十月:

> 复诏公卿,令参议之。

这次定《律》的举措一定要结合《高祖纪下》所载二事来理解方得其要。一是"太和十年正月癸亥朔,帝始服衮冕,朝飨万国";二是四月甲子,

---

① 有些研究者是把太和元年至五年和太和十五年至十六年定《律》、《令》之事当作两次立法的。如刘精诚《魏孝文帝的法制思想和法制改革》(《中国史研究》1993年第2期)、程维荣《北魏究竟修订过多少次法律》二文,即是如此看待。但从《高祖纪》不载太和五年颁《律》之事,此后改《律》之举仍络绎不绝,特别是据《刑罚志》载太和十一年屡诏改《律》诸事来判断,太和五年《律》颁行与否,显然不宜骤为定论。即便确是"两次"的话,太和十六年所颁新《律》、《令》的制定,也当从太和十年孝文帝亲政后"命公卿论定刑典"算起。

"帝初以法服御辇，祀于西郊"。就是说，从太和十年正月初一帝始服衮冕受万国朝贺起，二十岁的孝文帝，实际已以合乎华夏法统的方式宣告了亲政，四月的西郊祭天，更象征其正式承袭了拓跋氏君统，权位已得到北族各部确认①。故《刑罚志》载十一年春其下诏要求加重"不孝"之罪和废除"门诛"，"删除繁酷"而"更一刊定"，意味的正是其亲政以后，要按自己的意图来对太和五年大体已修订讫的《律》作全面修改。

至于其改《律》的方向，在这些诏书中亦已言明，即进一步向儒家化了的法的精神及相关理念靠拢，相应则废止"门诛"等以往沿袭下来而不符这种精神和理念的繁酷之刑。此举显然得到了冯氏的同意，因为她本来也是要求"宽仁"的，但其是否积极支持孝文帝大肆改动经自己"御刊"的太和五年之《律》呢？史籍中对十一年以后定《律》之事着墨不多，这一点一直到太和十四年九月冯氏逝世还是个谜。

到了次年，其谜底可以说已经揭晓。《魏书》卷七下《高祖纪下》太和十五年五月己亥：

> 议改律令于东明观，折疑狱。

八月丁巳：

> 议律令事，仍省杂祀。

这两个举动把太和十一年以来全面修订《律》、《令》之举推向了高潮，其中五月己亥"议改《律》、《令》"而"折疑狱"，其重点显然在《律》的有关疑难问题；八月丁巳"议《律》、《令》事"而"省杂祀"，显见其重点在《令》中的祭祀部分。大概也正是从此开始，议定《律》、《令》的主要人物已从太皇太后的亲信高闾，变成了孝文帝锐志改革的同

---

① 《魏书》卷一《序纪》神元帝三十九年"夏四月，祭天，诸部君长皆来助祭，唯白部大人观望不至，于是征而戮之，远近萧然，莫不震慑"。这是拓跋氏四月祭天见于史载的首例，从此其开始成为拓跋君统传承及其取得北族共主地位的必要仪式，《魏书》卷一○八之一《礼志一》载登国元年拓跋珪"即代王位于牛川，西向设祭，告天成礼"及天赐二年四月"祀天于西郊"诸事，即为神元帝四月祭天之典的继承和发展。

志李冲①。看起来，这两次议定《律》、《令》，或许是解决了那些冯太后在世时难以解决的问题，才为太和十六年四月"班新《律》、《令》，大赦天下"准备了条件。

这一点在同期发生的另一件事情上得到了佐证。《魏书·高祖纪》太和十六年正月戊午：

> 饗群臣于太华殿，帝始为王公兴，悬而不乐。己未，宗祀显祖献文皇帝于明堂，以配上帝……二月庚寅，坏太华殿，经始太极（殿）。②

十六年正月戊午在太华殿宴饗群臣，大概是这个文成帝所建、冯太后在此两度临朝称制的殿堂履行的最后一次重要功能，孝文帝借此完成了太皇太后时代的告别式③；继在新近定制建设的明堂中"宗祀"献文

---

① 《魏书》卷五三《李冲传》："文明太后崩后，高祖居丧，引见待接有加，及议礼仪、《律》、《令》，润饰辞旨，刊定轻重，高祖虽自下笔，无不访决焉。"李冲显然是从"文明太后崩后"全面参与修订"礼仪、《律》、《令》"的，而孝文帝也正是由此开始亲自"下笔"从事其内容、文字的制定推敲的。当然其过程延伸到了太和十六年以后。

② 《水经注》卷一三《漯水》："太和十六年，破太华、安昌诸殿，造太极殿、东、西堂及朝堂，夹建象魏、乾元、中阳、端门、东西二掖门、云龙、神虎、中华诸门，皆饰以观阁。"杨守敬纂疏、熊会贞参疏《水经注疏》本，科学出版社1957年影印版。此条熊氏补疏曰："戴删'太华'二字。会贞按：《通鉴》宋大明二年《注》引此，有'太华'二字。《魏书》本纪高宗太安四年三月，起太华殿；九月，太华殿成。高祖太和元年正月，起太和、安昌二殿；七月，太和、安昌二殿成。太和十六年，坏太华殿，经始太极殿；十月，太极殿成。十一月，依古六寝，权制三室，以安昌殿为内寝，皇信堂为中寝云云。在太极成之后，则造太极殿未破安昌殿，所破者惟太华殿，'安昌'二字衍文，戴反删'太华'二字，慎矣。"所论甚确。

③ 《魏书》卷二七《穆崇传》附《穆亮传》载其事："时将建太极殿，引见群臣于太华殿，高祖曰：'朕仰遵先意，将营殿宇，役夫既至，兴功有日，今欲徙居永乐，以辟嚣埃。土木虽复，无心毁之，能不悽怆？我故临对卿等，与之取别。此殿乃高宗所制，爰历显祖，逮朕冲年，受位于此。但事来夺情，将有改制，仰唯畴昔，惟深悲感。'亮稽首对曰：'臣闻稽之卜筮，载自典经，占以决疑，古今攸尚。兴建之功，事在不易，愿陛下讯之蓍龟，以定可否。又去岁兴役，为功甚多，太庙、明堂，一年便就，若仍岁频兴，恐民力凋弊，且材干新伐，为功不固。愿得逾年，小康百姓。'高祖曰：'若终不为，可如卿言，后必为之，逾年何益？朕远览前王，无不兴造，故有周创业，经建灵台；洪汉受终，未央是作。草创之初，犹尚若此，况朕承累圣之运，属太平之基，且今八表清晏，年谷又登，爰及此时，以就大功。人生定分，修短命也，蓍蔡虽智，其如何！当委之大分，岂假卜筮？'遂移御永乐宫。"可见孝文帝"坏太华殿，经始太极殿"谋划早定，持志极坚，且欲以之比"有周创业"和"洪汉受终"之事。

皇帝①，通过祭祀制度确立了被冯氏所害的、其父献文帝的崇高地位；最后再把这座象征着冯氏无上权柄和自己诸般屈辱痛苦的太华殿夷为平地②，在上面建起太极殿作为今后理政的正殿，以表示自己终于确立的独尊地位。③

在当时可能选择的举措中，难道还有比"坏太华殿，经始太极"更为激烈，也更富告别过去和开辟未来意义的举动吗？由此不难推想，只能在太皇太后去世后解决的《律》、《令》难题，必然是那些与冯氏杀子和孝文帝如何对待杀父仇人相关的伦理准则，以及有关献文帝地位的祭祀问题，同时也包括了废除那些与北族旧俗相关的"杂祀"等内容④。正是这些，既是儒家化了的法的精神的集中体现，也是孝文帝太和十年亲政以来改革的要旨所在，从而明确了当时再定《律》、《令》所必须坚持的原则。

由上可见，太和元年定《律》、《令》之举，其初不过是太皇太后冯氏按"严明刑政"和施以"宽仁"的套路，要针对以往刑禁过重和奸吏弄法之弊来删定刑法，到太和五年成《律》八百三十二条后，其目标已基本达到。如果当时已将之颁行，这次定《律》、《令》之举就会像太武

---

① 《魏书》卷一〇八之一《礼志一》载太和十五年正月诏穆亮等与高闾、李彪议魏之行次，四月"经始明堂，改营太庙"。又《礼记·祭法》："有虞氏禘黄帝而郊喾，祖颛顼而宗尧……周人禘喾而郊稷，祖文王而宗武王。"《孝经·圣治》："昔者周公郊祀后稷以配天，宗祀文王于明堂以配上帝。"故宗祀献文帝于明堂，正是要确立献文帝地位，同时标榜其"以孝治天下"。

② 参《魏书》卷一三《皇后列传·文成文明皇后冯氏传》。又《魏书》卷二七《穆崇传》附《穆泰传》："初，文明太后幽高祖于别室，将谋黜废，泰切谏乃止。"又《魏书》卷五八《杨播传》附《杨椿传》载其诫子孙有曰："太和初，吾兄弟三人并居内职，兄在高祖左右，吾与津在文明太后左右，于是口敕，责诸内官十日仰密得一事，不列便大瞋嫌，诸人多有依敕密列者，亦有太后、高祖中间传言构间者。"又载太和二十一年孝文帝谓诸王诸贵曰："北京之日，太后严明，吾每得杖左右，因此有是非言语，和朕母子者，唯杨椿兄弟。"

③ 《魏书》卷七下《高祖纪下》载太和十六年十月庚戌"太极殿成，大飨群臣"。关于"太极殿"之象征意义，如《初学记》卷二四《殿第四》叙事："历代殿名，或沿或革，唯魏之太极，自晋以降，正殿皆名之。"《文馆词林校证》卷六九五《令下·毁废》录《魏曹植毁鄄城故殿令》命撤去当地之汉武帝殿，且曰："汉氏绝业，大魏龙兴，只人尺土，非复汉有。是以咸阳则魏之西都，伊洛为魏之东京。故夷朱雀而树闾阖，平德阳而建泰极，况下县腐殿，为狐狸之窟藏者乎？"所述"平德阳而建泰极"之义，或亦孝文帝"平太华而建太极"所属意者乎？

④ 《魏书》卷一〇八之一《礼志一》载太和十五年八月戊午诏"国家自先朝以来，飨祀诸神，凡有一千二百余处，今欲减省群祀，务从简约"云云。即是其事。

帝和文成帝时期那样，进入新一轮不断以诏令补充和修正《律》的过程。但少年孝文帝却先是不满于《律》的依然过重，继更指责其未能贯彻"孝"这类伦理准则，至于《律》文规定与新出俸禄、三长、均田等制内容的配套，自属题中应有之义。故太和十年其年满二十亲政以后，便围绕这些掀起了对新定之《律》的全面修订，又因冯氏仍执国柄而有掣肘难通之处，其儒家化法律观和定《律》大旨的贯彻，直到太和十四年冯氏去世才真正具备了条件。也正是冯氏的去世，才解放了久已酝酿于孝文帝心头的种种宏伟蓝图，从而揭开了太和十七年其执意迁都洛阳，实行暴风骤雨式改革的序幕。

因此，太和十六年四月新《律》、《令》的颁行，既是对太皇太后时代整顿刑政和陆续展开制度改革的总结；同时又是孝文帝完全在自身主导下，通过对各种制度包括对《律》、《令》的进一步修订来全面反思和改造北魏前期以来政治、社会和文化的起点。

二 太和改革与定《律》、《令》的关联

在以上考察的基础上，关于太和元年至十六年定《律》、《令》之事，还有下列三点值得注意：

一是此次修订《律》、《令》为时长达十六年之久，在此期间不断推出和具有制度变革内容的制诏或条制，既补充和修正了旧《律》、《令》而指导着各种行政过程，又直接构成了新《律》、《令》制定的一个环节。

按照新法既颁，旧法自然停废的通例，太和十六年班行新《律》、《令》以前的行政过程，首先要依据的自然还是以往的《律》、《令》，由于献文帝时未有大幅度立法之举，故其所据主要是文成帝以来的《律》、《令》。不过，新《律》、《令》修订过程的旷日持久，必然会放大以往一种立法惯例的作用：即凡修正或补充以往《律》、《令》的规定，每多先以制诏或条制的形式颁下施用，然后再据以修入正在编纂的新《律》、《令》。也就是说，冯氏和孝文帝自太和元年定《律》、《令》以来推出的一系列改革举措，无论是均田制、三长制还是俸禄等制，一开始都是以制诏、条制的形式颁布施行的，这些制度的设计同时也是新《律》、《令》制定的一个重要环节，或为之提供了重要素材。

即以"三长制"的推出为例，《魏书》卷七下《高祖纪下》载其事

在太和十年二月甲戌,"初立党、里、邻三长,定民户籍"①。卷五三《李冲传》载"冲创三长之制而上之",其制要为"立长校户",改宗主督护为依户输赋,事经公卿博议,因冯氏一力支持而得确立。卷一一〇《食货志》载其施行,是由孝文帝下诏遣使各地加以贯彻的,其诏曰:

> 夫任土错贡,所以通有无;井乘定赋,所以均劳逸。有无通则民财不匮,劳逸均则人乐其业,此自古之常道也。又邻里乡党之制,所由来久,欲使风教易周,家至日见,以大督小,从近及远,如身之使手,干之总条,然后口算平均,义兴讼息……自昔以来,诸州户口,籍贯不实,包藏隐漏,废公周私,富强者并兼有余,贫弱者糊口不足。赋税齐等,无轻重之殊;力役同科,无众寡之别。虽建九品之格,而丰埆之土未融;虽立均输之楷,而蚕绩之乡无异;致使淳化未树,民情偷薄。朕每思之,良怀深慨。今革旧从新,为里党之法,在所牧守,宜以喻民,使知去烦节简之要。

这道诏书很清楚地表明,在所谓"三长制"名下,包括了乡里组织、户籍校阅和均徭省赋等多种规定,相当于涵盖了晋、唐《户令》和《户调令》(唐为《赋役令》)的基本内容,而如此庞杂的内容先被遣使一体加以贯彻②,这本身就说明当时其制必是体例不拘和作用灵活的制诏或条制③,其推行则因其急迫性而不容延缓④。至于将此一系列规定再加推敲

---

① 关于"三长制"施用年代等问题,参侯旭东《北朝"三长制"四题》,载《中国史研究》2002年第4期。解决这一问题的关键,在于明确"三长制"先陆续以条制形式施用,至太和十六年方以《令》的形式颁行的史实。

② 《魏书》卷四二《尧暄传》载其太和中迁南部尚书,"于是始立三长,暄为东道十三州使,更比户籍,赐独车一乘,厩马四匹"。同书卷八三上《外戚闾毗传》载其孙豆,后赐名庄,"太和中初立三长,以庄为定户籍大使,甚有时誉"。皆为当时遣使的实例,而《令》的施行本来是毋庸遣使的。

③ 前引《魏书·高祖纪下》太和十四年十二月壬午,"诏依准丘井之式,遣使与州郡宣行条制,隐口漏丁,即听附实"。即说明关于乡里编组和户籍校阅的三长制,在当时实以"条制"形式施行,其以《令》的形式颁行,乃是太和十六年四月新《令》颁行以后之事。

④ 《魏书》卷五三《李冲传》载当时公卿博议三长制,"咸称方今有事之月,校比民户,新旧未分,民必劳怨,请过今秋,至冬闲月,徐乃遣使,于是为宜"。而李冲坚执此制须即施行,"宜及课调之月,令知赋税之均"。是施行三长制的二月为课调有事之月。

而编入正在修订之《令》①，斟酌和部署其篇章条文及其与旧《令》的关系，则必是随后才从容进行的。

当时在刑法上做出的各种调整，也是按这种先诏施行，同时将之修入正在制定的《律》、《令》的套路来展开的。如《魏书》卷七上《高祖纪上》太和五年三月诏曰：

> 法秀妖诈乱常，妄说符瑞，兰台御史张求等一百余人，招结奴隶，谋为大逆，有司科以族诛，诚合刑宪。且愚重命，犹所弗忍。其五族者，降止同祖；三族，止一门；门诛，止身。

法秀作乱平城，事极诡异而牵连甚众②。其时新《律》尚未修成，所谓"科以族诛，诚合刑宪"，即其完全符合旧《律》惩处谋大逆者的规定。此诏则要求递次减降其族诛范围，从而对有关规定作了调整，其精神应已体现在《刑罚志》载是年冬修讫之《律》"门房之诛十有六……除群行剽劫首谋门诛，《律》重者止枭首"的条款中。

又《魏书·高祖纪上》太和七年十二月癸丑诏曰：

> ……夏殷不嫌一族之婚，周世始绝同姓之娶，斯皆教随时设，治因事改者也。皇运初基，中原未混，拨乱经纶，日不暇给，古风遗朴，未遑釐改，后遂因循，迄兹莫变。朕属百年之期，当后仁之政，思易质旧，式昭惟新。自今悉禁绝之，有犯以不道论。

这是要按周典来禁止同姓婚姻，其在诏下之日即已生效，同时也补充了太和五年所定《律》中的"不道"罪条，故亦必被修入新《律》，而于太和十六年颁行之。诸如此类的事例，都可以表明当时以制诏或条制来驱动

---

① 三长制有关规定必已进入了太和十六年所颁新《令》，且一直稳定地沿用了下来。《魏书》卷一九中《景穆十二王传中·任城王云传》附《元澄传》载其孝明帝时奏事十条，七曰"边兵逃走或实陷没，皆须精检三长及近亲"；九曰"三长禁奸，不得隔越相领，户不满者，随近并合"。同书卷七六《卢同传》亦载其孝明帝时因吏部勋书多有伪滥，上表建议"征职白民具列本州郡县三长之所，其实官正职者亦列名贯，别录历阶，仰本军印记其上，然后印缝，各上所司"以塞其弊。可见三长后来又增加了"禁奸"等职能。

② 参《魏书》卷四四《苟颓传》；卷六〇《程骏传》；卷九三《恩倖王叡传》。

各项改革，随之以《律》、《令》加以定型的路径。

二是太和元年至十六年定《律》、《令》的重心，无疑仍在于《律》，但冯氏和孝文帝陆续展开的制度改革，不仅使《令》的编纂比重较之过去明显增大，也使太和五年冬初步修讫的《律》需要不断随之调整，从而拉长了这次定《律》、《令》的进程。

如前所述，太和元年以来冯氏主导的定《律》、《令》之举，基本上沿袭了太武帝和文成帝以来的轨辙，即以《律》的修订为中心，着重解决"刑网太密"的问题。至太和五年冬，《律》已大体撰成，但此后《律》的修订仍未停歇，其修订幅度自太和十年孝文帝亲政起，更已明显变大，其贯彻儒家化宗旨的意图已日益凸显。

这方面的事例前已举到，另值得注意的，还有《魏书》卷七上《高祖纪上》太和九年正月戊寅诏曰：

> 图谶之兴，起于三季，既非经国之典，徒为妖邪所凭。自今图谶秘纬及名为《孔子闭房记》者，一皆焚之，留者以大辟论。又诸巫觋，假称神鬼，妄说吉凶，及委巷诸卜，非坟典所载者，严加禁断。

图谶之禁在西晋《泰始律》中罪止二岁刑[1]，十六国时期的石赵已加其刑至大辟[2]，北魏则至太武帝太平真君五年正月，诏禁"私养师巫，挟藏谶记阴阳图纬方伎之书"，犯者师巫身死，主人门诛[3]。从太和九年此诏来看，太武帝时期的这项禁止私藏谶记图纬之书的规定，似乎并未进入正平元年所定之《律》，此时方明确其"留者以大辟论"，也就是增补了文成帝以来《律》中关于大辟的罪条，同时亦必将其修入了太和十六年所颁之《律》。因此，这个例子反映了太和十六年所颁之《律》对以往相关禁令的总结和对晋《律》的发展。

---

[1] 《太平御览》卷六四二《刑法部八·徒作年数》引《晋律注》："有挟天文图谶之属，并为二岁刑。"

[2] 《晋书》卷一〇六《石季龙载记上》咸康二年"禁郡国不得私学星谶，敢有犯者诛"。程树德《九朝律考》卷五《后魏律考下》"魏禁图谶"条即以为北魏此制"盖沿石赵之制"。

[3] 《魏书》卷四下《世祖纪下》太平真君五年正月戊申诏。诏文惟规定"限今年二月十五日，过期不出，师巫、沙门身死，主人门诛"，而未涉及不出谶记图纬之书者该当何罪。

又如《魏书》卷五三《李冲传》载迁洛后议元拔、穆崇谋逆案，太尉咸阳王禧等俱上其议，李冲奏论其是非，其中多处涉及了《律》文：

> 前彭城镇将元拔与穆泰同逆，养子降寿宜从拔罪。而太尉咸阳王禧等以为："《律》文：'养子而为罪，父及兄弟不知情者，不坐'"。谨审《律》意，以养子于父非天性，于兄弟非同气，敦薄既差，故刑典有降……臣以为依据《律》文，追戮于所生，则从坐于所养，明矣。又《律》惟言父不从子，不称子不从父，当是优尊厉卑之义。臣禧等以为："《律》虽不正见，互文起制，于乞也举父之罪，于养也见子坐，是为互起。互起两明，无罪必矣。若以嫡继，养与生同，则父子宜均，祇明不坐。且'继养'之注云：若有别制，不同此《律》……"臣冲以为：指例条寻，罪在无疑；准《令》语情，颇亦同式。

此事在宣武帝新立为太子后不久，当在太和十九年左右，故上引文中的《律》、《令》，必是太和十六年四月所颁。从中可以看出，其时《律》文确已相当全面地贯彻了嫡庶继养等宗法准则；同时又有"互文起制"之例，足见其法例甚密而条文之间互为呼应。而所谓"'继养'之注"，更表明其《律》逐条附有官方统一诠解之注，以为标准解释①。凡此均体现了太和十六年《律》已进一步贯彻了《晋律》所代表的儒家化精神，反映了其作为刑法典已达到了较高的水平。

再如《唐律疏议·斗讼篇》疏议曰：

> 从秦汉至晋，未有此篇。至后魏太和年，分《系讯律》为《斗律》。至北齐以讼事附之，名为《斗讼律》。

前已述及，《系讯律》篇乃曹魏《新律》首创，而为西晋《泰始律》所

------

① 《魏书》卷一〇八之二《礼志二》载孝明帝熙平二年七月议宗室资荫之事，"灵太后令曰：议亲《律》注云：'非唯当世之属籍，历谓先帝之五世。'此乃明亲亲之义，笃骨肉之恩重……"是《正始律》亦逐条有注，当承自太和十六年《律》。

继承。而此处所谓"太和年",从孝文帝时期的立法进程来判断,只能是太和元年至十六年定《律》之时。其时定《律》既然已从《系讯律》中分出了《斗律》,说明北魏最晚至文成帝所定《律》中,已仿魏晋而设立了《系讯篇》,从而进一步佐证了北魏法律自太武帝以来已明显向魏晋靠拢的倾向;更说明太和元年至十六年定《律》之时,充分取鉴了魏晋及本朝文成帝以来《系讯律》之况而新创了《斗律篇》。这显然是《太和律》不仅在体例、条文和注释上,也在篇章上较前发展变化的重要表现。

当时立法的重心在《律》,既是由于其为太和元年以来冯氏确定的基本立法方向,也是因为《律》在当时法律系统中确实起着主导作用的结果。不过冯氏和孝文帝不断推出的制度改革,确已使这次修订《律》、《令》,出现了有别于以往完全以《律》为中心而展开的新气象,表现为《令》的编纂比重和独立性较之以往明显变大,且渐形成了以之进一步驱动修《律》进程的态势。

如《魏书》卷一一一《刑罚志》载太和三年:

> 下诏曰:"治因政宽,弊由网密。今候职千数,奸巧弄威,重罪受赇不列,细过吹毛而举。其一切罢之。"于是更置谨直者数百人,以防喧斗于街术,吏民安其职业。

《刑罚志》前文载文成帝"增置内外候官,伺察诸曹、外部州镇,至有微服杂乱于府寺间,以求百官疵失。其所穷治,有司苦加讯惻,而多相诬逮,辄劾以不敬"。又载太和元年"以《律》、《令》不具,奸吏弄法,致有轻重,诏中书令高闾集中秘官等修改旧文,随例增减"。太和三年罢此"奸吏弄法"的候官之制,另置谨直者以防街衢喧斗,显然也在高闾等"随例增减"《律》、《令》条款的范围之内。如果文成帝所设候官之制,是以《令》的形式发挥作用的,那么太和三年也就是修改了此《令》,其既专设"数百人"来防止街衢"喧斗",说明当时修改此《令》不仅是由于候官弄奸之弊,且亦有鉴于平城地区斗殴之风甚盛之况,故又提示了《系讯律》中分出《斗律篇》很可能就在此时,从而构成了当时《律》、《令》同加修订和相互联动的一个例证。

这种联动关系,在太和五年《律》初步修讫,而《令》的编纂方兴未艾以后，变得更加突出了①。其最为典型的事例，是太和八年起始行俸禄制，直接要求《律》作出相应调整。《刑罚志》载其事曰：

> 《律》：枉法十匹，义赃二百匹，大辟。至八年，始班禄制，更定义赃一匹，枉法无多少，皆死。

又如太和九年起始行均田制，《魏书》卷一一〇《食货志》载当时下诏行其制曰：

> 九年，下诏均给天下民田：诸男夫十五以上，受露田四十亩……诸应还之田，不得种桑榆枣果，种者以违令论，地入还分……诸宰民之官，各随地给公田，刺史十五顷，太守十顷，治中、别驾各八顷，县令、郡函六顷，更代相付。卖者坐如《律》。

所谓"种者以违《令》论"，说明均田制当时还不是《令》，而是以制诏形式下达的条制，但诏文已明确其效力与《令》相同。其与"卖者坐如《律》"，都是对《律》中有关违《令》之罪和非法买卖罪的补充，说明均田制的推行，同样直接关系到了《律》的进一步修订。②

另如《魏书》卷一一四《释老志》载太和十年冬：

> 有司又奏："前被敕以勒籍之初，愚民侥倖，假称入道，以避输课，其无籍僧尼罢遣还俗。重被旨，所检僧尼，寺主、维那当寺隐审。其有道行精勤者，听仍在道；为行凡粗者，有籍无籍，悉罢归齐民。今依旨简遣，其诸州还俗者，僧尼合一千三百二十七人。"

---

① 《令》的编纂自太和五年以后加速之况，如《魏书》卷一〇八之一《礼志一》载孝文帝对祭祀之制的改革，太和二年有"帝亲祈皇天、日月五星于苑中"之举，三年又有"祈于北苑和祷星于苑中"之举。较为重要的举措则自太和六年"亲祀七庙，诏有司依礼具仪"始，到太和十三年五月帝在皇信堂召群臣议禘祫之制开始进入高潮，其过程直至太和十六年四月颁新《律》、《令》后仍在陆续进行。

② 程树德《九朝律考》卷五《后魏律考下》"魏以均田入律"条，据此以为太和均田制进入了《律》文。这显然是一种误解，均田制先是以条制形式施用的，到太和十六年新《令》颁行，则以《令》的形式施行，进入《律》文的是违背均田制有关规定者的惩处办法。

奏可。

　　这显然是太和十年二月三长制施行后，针对有人"假称入道，以辟输课"采取的后续措施。上引文中，虽未涉及此举与《律》文的关系，但惩处"假称入道"和寺主审核不力的情节尤劣者，自属必然之事。也就是说，三长制的推行，与《律》中惩处隐漏户口和输赋不均之条的增订，也构成了一种联动关系。

　　此外，《魏书》诸《志》所载太和元年至十六年在祭祀、仪制、车服、音乐以及厩牧、转运等方面推出的制度改革，显然都可归入当时修《令》的范畴，同时又不可能完全与《律》无关，如祭祀礼乐必涉"失仪不敬"或"淫祀"等情节的处罚，其中庙制、丧制则与《律》中贯彻的儒家化原则密切相关[①]，定乐律所牵涉的度量衡制，更切关国计民生而广涉刑事[②]，故这类制度的施行及其有关《令》篇的编纂，势必会带来《律》条的相应调整或补充。

　　从当时立法的总体格局来看，如果说太和元年以来定《律》、《令》的过程，主要是围绕《律》来修订涉及刑事之《令》的话；那么太和五年《律》初步修成之后，除孝文帝本人欲进一步把儒家化原则贯彻于《律》的修订外，其过程也已开始围绕各种制度变革和《令》的修订，来继续补充和完善《律》的内容。这整个过程皆在文明太后冯氏和孝文帝不断推出的改革举措的主导之下，又在《律》、《令》修订间形成了联动关系，此次《律》、《令》修订为时长达十六年之久，及其颁行之后仍因孝文帝加速展开的改革而不止不歇地修订，其原因都寓于当时形成的这个特定的改革立法格局之中了。

[①] 《魏书》卷一○八之二《礼志二》载孝明帝初议宗室与祭太庙之事，国子博士李琰之提到"国家议亲之《律》，指取天子之玄孙"，灵太后令亦引"议亲《律注》云：非唯当世之属籍，历谓先帝之五世"。前已述北魏自《天兴律》以来即有"八议"之条，其"议亲"至孝文帝以来必以宗法制为准则，此亦庙制与《律》常相关联之一证。

[②] 《魏书》卷一○九《乐志》载太和十六年春，诏高闾制定音律乐典，卷七下《高祖纪下》载太和十九年六月戊午，"诏改长尺大斗，依《周礼》制度，班之天下"，是其至此方成而颁行。其过程详见《魏书》卷一○七上《律历志上》，参同书卷一九上《景穆十二王传上·广平王洛侯传》附《元匡传》及卷七八《张普惠传》。又《隋书》卷一六《律历志上》载有"后魏前、中、后尺"之长度，其"后魏中尺"即为太和时所定。

三是此期的制度改革大都直接关乎《令》的编纂，而与《律》的修订则关系相对间接，这就使《令》独立规定各项制度的性质变得格外突出。当时不少制度已非删定和摘编现有制诏而成，而往往斟酌古今另起炉灶起草，这又凸显了有关《令》篇的制定法性质，从而揭开了北魏《律》、《令》体制向魏晋、江左一脉转折过渡的新阶段。

太和五年以来修《令》比重的增大和《令》相对于《律》的依附性趋于减退，自太和十年孝文帝亲政以后，已进一步明显化了，其突出表现是当时不少制度的改革，都分门别类地专门详议和起草，且经常都从属于相关《令》篇的编纂过程。如《魏书》卷七下《高祖纪下》载太和十一年正月丁亥：

> 诏定乐章，非雅者除之。

同书卷一〇九《乐志》载太和十一年春太皇太后令曰：

> 先王作乐，所以和风改俗，非雅曲正声不宜庭奏。可集新旧乐章，参探音律，除去新声不典之曲，裨增钟悬铿锵之韵。

可见冯氏和孝文帝都认为"庭奏"之乐需要改革。"裨增钟悬铿锵之韵"，显然是要再建代表华夏正声的雅乐，故所谓"新声不典之曲"，当指民间流行乐曲，其中恐怕也应包括天兴以来掖庭中和郊庙宴飨"时与丝竹合奏"的北族传统歌谣。①

不过音律之事所涉经典和技术本甚复杂，况又牵扯到北族旧俗的变革，其过程之坎坷就成了必然。《魏书·乐志》载太和十五年冬，孝文帝诏置乐官，称"今方釐革时弊，稽古复礼，庶令乐正雅颂，各得其宜"②。证明其事至此仍乏进展。《魏书·乐志》又载太和十六年春，太乐奏请与中书参议音律，而孝文帝"览其所请，愧感兼怀"，遂命高闾"与太乐详

---

① 《乐志》后文载太和十六年孝文帝诏天兴以来，"司乐失治定之雅音，习不典之繁曲"，即已明言其所针对的"不典之曲"，包括了天兴以来此类在内。
② 《魏书》卷一一三《官氏志》载太和中官品有协律中郎、方舞郎庶长、协律郎、太乐祭酒、方舞郎、秘书钟律郎、太乐典录诸官，当即十五年冬统一厘定者。

采古今,以备兹典"。这又可证太和十一年以来再造雅乐之举,本应从属于太和元年以来由中书监高闾主持修订《律》、《令》的过程,至十六年春,则被正式纳入了详定和编纂有关乐律之《令》的进程。其制在太和十六年四月颁新《律》、《令》时远未告竣①,也正说明了其编纂过程"稽古复礼"和改革旧俗的艰巨性,及其并不附属于《律》的专门性和独立性。

这方面表现得更为典型的,是祭祀之制及相关《令》篇的修订。《魏书》卷一〇八之一《礼志一》载太和十三年五月壬戌,帝临皇信堂引见群臣,议禘祫之制,孝文帝最终下诏为之总结和定论曰:

> ……今互取郑、王二义,禘、祫并为一名,从王;禘是祭圆丘大祭之名,上下同用,从郑。若以数则黩,五年一禘,则四时尽禘,以称今情。禘则依《礼》文,先禘而后时祭。便即施行,著之于《令》,永为世法。

"便即施行",说明这个结论自此诏下时已生效贯彻;"著之于《令》"则证明这次议制其实也就是《令》的修纂,其结论必被采入其中。

《魏书·礼志一》又载当日在皇信堂还讨论了六宗祀制,高闾引汉魏晋诸儒之说共有十一家,认为可按"从多"、"依古"的原则,"别处六宗之兆,总为一祀而祭之"。孝文帝则认为当辨其是非,评而定之,下诏总结曰:

> 详定朝令,祀为事首,以疑从疑,何所取正……今祭圆丘,五帝在焉,其牲币俱禋,故称"肆类上帝,禋于六宗"。一祭而六祀备焉。六祭既备,无烦复别立六宗之位。便可依此附《令》,永为定法。

---

① 《魏书》卷一〇九《乐志》述正始元年诏公孙崇更调金石,变理音准,四年秋又命刘芳参与其事,永平年间又以刘芳为主定诸乐器、乐章而用之,然犹有御史中尉元匡与芳等"竞论钟律",至孝明帝熙平二年又因元匡奏停刘芳所定乐制。

"朝令"义与"朝仪"相仿,其中自应包括有关礼制之《令》在内①,故所谓"详议朝令,祀为事首",表明这次皇信堂议禘祫及六宗祀制,乃是太和十一年以来修《令》过程的重要一步。而"依此附《令》,永为定法",说明时议其制也是有关《令》的编纂,孝文帝此诏所作规定必被采入了正在修订之《令》。

再看《魏书·礼志一》载太和十六年正月戊午诏曰:

> 夫四时享祀,人子常道,然祭荐之礼,贵贱不同……自顷蒸尝之礼,颇违旧义。今将仰遵远式,以此孟月,牺祔于太庙。但朝典初改,众务殷凑,无遑斋洁,遂及于今。又接神飨祖,必须择日,今礼律未宣,有司或不知此,可敕太常,令剋日以闻。

此诏表明祭祀之制及相关《令》篇,也像上面所说乐律的修订一样,直至太和十六年正月还有许多问题有待解决。"礼律"则是西晋以来的习称,常泛指礼典或礼制,用来强调礼合乎天道人心的严肃性②,由于孝文帝当时未有编修礼典之举,故此"礼律未宣",当指祭祀等有关礼制之《令》尚未告竣施用,遂命太常先择本月牺祔太庙之日奏闻。

又《魏书·礼志一》载太和十六年二月丁酉诏定尧、舜、禹与周公、孔子之祀有曰:

---

① 《魏书》卷八二《常景传》载宣武帝时,"太常刘芳与景等撰朝令,未及班行,别典仪注,多所草创,未成芳卒,景纂成其事"。卷五五《刘芳传》载此为"世宗以朝仪多阙,其一切诸议,悉委芳修正"。是"朝令"与"朝仪"略同,在位阶上高于规定具体礼节的仪注,至于其中包括了礼制之《令》,如《魏书》卷一〇八之二《礼志二》载神龟初议灵太后父胡国珍庙制,清河王怿议曰:"先朝祀堂令云:'庙皆四栿五架,北厢设坐,东昭西穆。'是以相国构庙,唯制一室,同祭祖考……相国之庙,已造一室,实合朝令,宜即依此,展其享祀。"可证"朝令"涵盖了"先朝祀堂令"。

② 参程树德《九朝律考》卷三《晋律考上》"晋礼律并重"条。祝总斌《略论晋律之"儒家化"》(载《中国史研究》1985年第2期)一文据以认为:"礼、《律》并举,乃西晋特点。"其实时人所称的"礼律",经常都不是"礼"和"律"的合称,而只是在强调礼的严肃性,相当于今人所说的"道德律"。如《晋书》卷四四《华表传》附《华廙传》载其为荀勖中伤而除名削爵,武帝诏责其辩护者"诡易礼律,不顾宪度"。此以"礼律"与"宪度"为对,明显只是指"礼"。《晋书》卷五〇《庾纯传》载其得罪贾充,诏免其官,"又以纯父老不求供养,使据礼典正其臧否。太傅何曾、太尉荀顗、骠骑将军齐王攸议曰:'凡断正臧否,宜先稽之礼律。八十者,一子不从政;九十者,其家不从政。新《令》亦如之……'"此处"礼律"无疑是指"礼典"。

……今远遵明令，宪章旧则，比于祀令，已为决之。其孟春应祀者，顷以事殷，遂及今日。可令仍以仲月而飨祀焉。凡在祀令者，其数有五：帝尧树则天之功，兴巍巍之治，可祀于平阳。虞舜播太平之风，致无为之化，可祀于广宁。夏禹御洪水之灾，建天下之利，可祀于安邑。周文公制礼作乐，垂范万叶，可祀于洛阳。其宣尼之庙，已于中省，当别敕有司。飨荐之礼，自文公已上，可令当界牧守，各随所近，摄行祀事，皆用清酌尹祭也。①

将此参以上引太和十三年定六宗祀制时，诏云"详定朝令，祀为事首"，足见太和十三年以来屡屡集中修订祭祀诸制，实际上都是在编纂"祀令"，且可看出其至太和十六年二月已大体告竣。其设计编纂则分门别类独立展开，而并不依附于《律》。特别是其依据经典注疏，参酌往代故事及当今时宜，每逢疑难辄由公卿群臣博议而孝文帝亲自裁定的过程，已在很大程度上呈现了制定法的编纂特征。

三　《律》、《令》体制的进化与《太和令》的形态

由上不难看出，无论是太和九年以来的俸禄、三长、均田等制，还是太和十一年以来的礼乐祭祀诸制，这些不断推出的制度改革和修《令》之举，显然并不因《律》的修订而起，而是自有其根据和必要。而如此众多专门针对制度改革，又旷日持久的修《令》活动，自然会使《令》的独立性格不断凸显，从而在事实上划出"《律》正罪名、《令》定事制"的分野。

《魏书》卷五四《高闾传》载有当时皇信堂议政时，孝文帝与高闾的一段对话：

　　高祖曰："刑法者，王道之所用，何者为法？何者为刑？施行之日，何先何后？"闾对曰："臣闻创制立会，轨物齐众，谓之法；犯违制约，致之于宪，谓之刑。然则法必先施，刑必后著。自鞭杖已上至于死罪，皆谓之刑。刑者，成也，成而不可改。"

---

① 《魏书》卷七下《高祖纪下》载太和十六年二月丁酉，诏祀尧、舜、禹、周公，丁未"改谥宣尼曰文圣尼父，告谥孔庙"。

这里孝文帝已将"刑"与"法"做了明确的区分，并且关心两者施行的先后，当是有鉴于其时议定《律》、《令》，并前瞻其颁行问题而展开的探讨，高闾对此的见解，也正是把"刑"、"法"与《律》、《令》联系起来加以讨论的，并认为各项制度规定，理当具有先导地位，正刑定罪的《律》，就是要保障其贯彻执行。当时君臣的这种认识，除有可能受到西晋、江左一脉《律》、《令》体制的影响外，更与孝文帝亲政以来锐意改革，各项制度的制定和施行越来越显得独立和重要的态势分不开的。

由此再看上引《魏书》卷五三《李冲传》载其关于元拔、穆崇案的奏论：

> ……咸阳王禧等以为："《律》虽不正见，互文起制……且'继养'之注云：'若有别制，不同此《律》。'又《令》文云：'诸有封爵，若无亲子，及其身卒，虽有养继，国除不袭。'是为有福不及己，有罪便预坐。均事等情，《律》、《令》之意，便相矛盾。伏度《律》旨，必不然也。"臣冲以为：指例条寻，罪在无疑；准《令》语情，颇亦同式。

这里咸阳王禧等认为，元拔养子降寿不应从戮，其论据除《律》文、《律》注、《律》意外，还特别引用了《令》文，强调了《律》、《令》之间相辅相成的关系。而李冲的驳论，同样依据了《律》文及其法例，指出了《令》文与之并不冲突的事实。这说明孝文帝和高闾对"刑"、"法"和《律》、《令》关系的认识，已经贯彻于太和十六年所颁《律》、《令》，两者确已体现了《律》正罪名，《令》定事制的辅成关系。若再考虑当时改制和《令》的修订特点，确是经常撇开以往的制诏成例，另起炉灶起草条制，然后在此基础上参酌古今别撰为《令》的。则相关之《令》更多地呈现出某种制定法形态，亦为理所当然。①

---

① 《李冲传》上引文中的《令》文，与《魏书》卷一九下《景穆十二王传下·南安王桢传》附《中山王英传》载其宣武帝初为吏部尚书奏事时所引《学令》，皆体现了其《令》各条以"诸"起首的体例，尽管孝文帝时所定各《令》未必皆是如此，却至少可以表明当时部分《令》篇已由法条构成，从而也已不再是制诏集而是法典。

要之，孝文帝亲政以来围绕改革和修《令》的一系列事态，实际上已经宣告了太武帝以来《律》成为刑法典，而《令》体仍然照旧的局面难以为继，也预示了太和十六年以后《令》的编纂向独立规定事制的法典加速过渡的结局。

但尽管如此，在总体地估价太和十六年四月告成的《律》、《令》体制时，也还是要承认当时的《令》体还未大变，尤其是《令》作为诏令集向法典的过渡，至孝文帝时期仍未结束，因而当时的《律》、《令》体制，也仅仅是出现了许多新的苗头和趋势，却未在根本上改变太武帝以来《律》、《令》关系的基本格局。以下请以两个方面的事实来证明这一点：

一个事实是诏书"著令"的立法方式仍在流行。如《魏书》卷七上《高祖纪上》太和二年五月诏曰：

……迺者民渐奢尚，婚葬越轨，致贫富相高，贵贱无别。又皇族贵戚及士民之家，不惟氏族，下与非类婚偶。先帝亲发明诏，为之科禁，而百姓习常，仍不肃改。朕今宪章旧典，祗案先制，著之《律》、《令》，永为定准，犯者以违制论。

婚葬越礼之况，太武帝时已有禁限[①]，文成帝时，继此而专门制定过婚丧等级规范并将之"著令"[②]，孝文帝此时又为之制定了新的规范。当时所谓"著之《律》、《令》"，应是把其中的有关规定，依其性质分别编入太和元年以来正在修订的《律》、《令》。而"犯者以违制论"，则说明新《律》、《令》颁行前，这些规定已随此诏下达而生效，故须在诏文中明确罚则；同时也说明这份包括了婚丧等级规制的诏书，实际上也就是现行的补《律》之《令》。如前所述，这种诏文明定"著令"，即把随时随事下达的诏书规定编附于《令》的做法，自天兴以来即已如此，孝文帝此时无非增加了一层将之编入新《律》、《令》的意思罢了。

[①] 《魏书》卷四下《世祖纪下》太平真君九年十月："以婚姻奢靡，丧葬过度，诏有司更为科限"。此处"科限"显然具有刑事规范的性质；且其既是"更为科限"，则此前应已有所规定。

[②] 《魏书》卷五《高宗纪》和平四年十二月辛丑诏曰："名位不同，礼亦异数，所以殊等级，示轨仪。今丧葬嫁娶，大礼未备，贵势豪富，越度奢靡，非所谓式昭典宪者也。有司可为之条格，使贵贱有章，上下咸序，著之于令。"

现在再看太和时期"著《令》"的事例，如《魏书》卷一一一《刑罚志》载太和十二年诏曰：

> 犯死罪，若父母、祖父母年老，更无成人子孙，又无期亲者，仰案后列奏以待报，著之《令》格。

同书卷一一四《释老志》载太和十六年诏曰：

> 四月八日、七月十五日，听大州度一百人为僧尼，中州五十人，下州二十人，以为常准，著于《令》。

这两个例子，以及前引《礼志一》载太和十三年分别诏以禘祫和六宗之祀"著之于《令》"，实际上都是既将之即时编附入《令》，同时又将之修入正在制定尚未颁行的新《令》。

必须强调的是，这种下诏制定规章而"著之于令"的做法，多见于汉代①，不见于两晋南朝，北魏又常用之，可称是当时继承汉代《律》、《令》体制传统的一个标志性现象。这是因为汉代的《令》篇，无论是《津关令》、《功令》等按其针对事项来命名的②，还是《廷尉挈令》、《光禄挈令》等以官府部门来命名的，或是《令甲》、《令乙》这种按时间先后来编排的③，其实都是特定制诏的汇编。故其方可不断编附后续下达的同类制诏，也就是那些补充、修正《律》文，或规定某项制度而诏文特书"著于令"、"具为令"的制诏。到西晋泰始四年确立《律》、《令》、《故事》并行之制，《律》、《令》都已是通盘制定的法典，其中条文皆为内涵周延和相互关系严密的"法条"，而非现成节录有关制诏而成的"敕

---

① 《后汉书》卷四六《陈宠传》载其章帝时为尚书，上疏请宽法轻刑，"帝敬纳宠言，每事务于宽厚，其后遂诏有司绝钻钻诸惨酷之科，解妖恶之禁，除文致之请，蠲五十余事，定著于令"。可见一斑。参大庭脩《秦汉法制史研究》第三篇"关于令的研究——汉代的立法手续和令"第一章"汉代制诏的形态"第四节"著令用语与具、议令用语"、第五节"结论"。

② 以所涉事项命名的汉代《令》篇形态，现已有张家山247号汉墓所出《二年律令》中的《津关令》和336号汉墓出土的《功令》简可证。

③ 参陈梦家《汉简缀述·西汉施行诏书目录》，富谷至《晋泰始律令への道——第一部秦漢の律と令》。

条"，即便其内容基于某份制诏，亦被重新斟酌起草而除去了原诏痕迹。《故事》则仍为制诏汇编，用以容纳不便收入《律》、《令》的成例或规定。

因此，从汉代的律令体制到西晋定型的《律》、《令》体制的转折，其重要标志之一，就是《律》、《令》都已成为由"法条"构成，相互关系严密、篇章条数稳定的法典，故后续补充或修正《律》、《令》内容的制诏，实际上已只能编附于《故事》之类的制诏集中，而不再能随时编附于《律》、《令》了，否则就会破坏《律》、《令》的制定法体例，且必有碍其篇章条文的严谨和统一。这也就是两晋南朝有关制诏不再有"著令"之文的原因所在①。正其如此，北魏自道武帝以来至孝文帝之时仍然盛行的诏书"著令"现象，适足以说明其《令》仍可编录制诏而成②，形态和性质与汉《令》相类，说明当时的《律》、《令》体制，距西晋定型的《律》、《令》体制还有一定的距离。

另一个事实是《令》篇并不明确而稳定，其篇名多为泛称、约称而显得错杂不堪。前已分析，太武帝时所定之《令》"史失篇目"，直至孝文帝初年，以往官制改作之况仍因"旧《令》亡失"而史载无据；是因为《令》在当时并非法典，而是补充《律》和规定制度的诏令集，故其篇章条文无法稳定而常在伸缩变动，既会随《律》的修订发生变化，又可随时随事因相关制诏的下达而不断增删，史官修史时自难——详载。种种迹象表明，这种状况直至孝文帝太和十六年以来仍未改变。

如《魏书》卷四一《源贺传》附《源怀传》载其景明四年巡行北边六镇，上表奏事有曰：

……诸镇水田，请依"地令"分给细民，先贫后富。若分付不

---

① 至唐代复又出现的"著于令"之例，均发生于修订《律》、《令》之时，又尤其多见于《新唐书》的表述，其义无非是"撰入《令》"。这与汉魏"著于令"往往是指随时"附于《令》"的情况截然不同的。此外，唐后期出现的"著于令"之例，则与定格后敕相关，宋初"著于令"则常就"附令敕"而言，其所体现的是格后敕在当时地位的迅速上升，以致《律》、《令》、《格》、《式》体系走向瓦解的史实。

② 《魏书》卷七下《高祖纪下》载太和十七年六月诏《职员令》"权可付外施行，其有当局所疑而《令》文不载者，随事以闻，当更附之"。所谓"随事以闻，当更附之"，即臣下奏补其制而诏附于《令》，这就清楚地说明了这篇《职员令》是编录有关制诏而成，且可随时增附后续制诏，从而有力地证明了当时有些《令》篇还未具备法典形态而仍是诏令集的史实。

平,令一人怨讼者,镇将已下连署之官,各夺一时之禄;四人已上夺禄一周。

其时《正始令》尚未修撰①,此奏建议据以分田的"地令",显然就是孝文帝太和十六年以来关于田地管理之《令》,盖采纳太和九年所定均田制等内容而成。又《魏书》卷一一三《官氏志》记载了"太和中"和太和二十三年两次修订"职令"的成果,从其内容可知"职令"主要规定了百官品阶。

此外,前述太和十三年以来制定祭祀礼乐之《令》,孝文帝诏文中提到有"朝令"和"祀令",其内容关乎朝仪和祭祀。以上"地令"、"职令"、"朝令"、"祀令",皆以事类为名,显然已近乎"《令》定事制"之体,但若将其与《唐六典》卷六《刑部》原注所载《泰始令》篇参照,就可以发现其"地令"、"祀令"尚与西晋的《佃令》、《祠令》篇名相仿,"朝令"和"职令"则无其匹。《泰始令》中规定百官品阶的是《官品令》,另有《吏员》、《军吏员》、《选吏》、《选将》、《选杂士》等篇关乎官制,而可能规定了朝廷仪制的,则有《服制令》等篇②。其实孝文帝诏"详定朝令,祀为事首",已经表明"朝令"只是一个涵盖了"祀令"的泛称。

"朝令"的情况似提示,"职令"也有可能不是《令》篇正名,而只是泛称,其包括的内容应当不是只有百官品阶,而是包括了官吏员额职掌乃至于选举等多种规定。《魏书》卷五七《崔挺传》附《崔振传》载其太和二十年为高阳内史:

> 高祖南讨,征兼尚书左丞,留京……后改定职令,振本资惟拟五品,诏曰:"振在郡著绩,宜有褒升。"除太子庶子。

即可证明太和二十三年再定的"职令",其中是兼含官品、官资和相关选

---

① 《魏书》卷八《世宗纪》载景明四年十一月"诏尚书左仆射源怀抚劳代郡、北镇,随方拯卹"。明年即正始元年十二月己卯方"诏群臣议定《律》、《令》"。
② 《唐六典》卷六《刑部》原注载《泰始令》中有《服制》篇,虽关礼制而非朝仪,另有《杂》上、中、下篇和《杂法》两篇,其中或有朝仪内容。

举内容的①。这样的状况表明，孝文帝时所定有关朝仪礼乐和官制诸《令》，其实并未——明确和稳定下来，而是处于有泛称、通称而无定名的状态，遂致论事者或史官引据时，只能将有关规定分别统归在"朝令"和"职令"名下来加以指称。②

"地令"和"祀令"的内容和名称，可能要相对稳定和明确一些，但其形态是由"法条"还是由摘编制诏条制而成的"敕条"构成，实难肯定，两者是否《令》篇正名也无确证，故其仍有可能只是对若干制诏条制的一种约称或俗称。

此外，当时的《令》，还可拆分其一部分先行施用，太和年间所定"考令"就是如此。《魏书》卷二一上《献文六王传上·广陵王羽传》载其太和十八年奏事有曰：

> 外考令文，每岁终州镇列牧守治状，及至再考，随其品第，以彰黜陟。去十五年中，在京百寮，尽已经考为三等，此年便是三载，虽外有成令而内令未班。内、外考察，理应同等。臣辄推准外考，以定京官治行。

此奏引据了"外考令"文，称其时"外有成令而内令未班"，说明太和元年尤其是十年以来定《令》时，是包括了考核百官之"令"的。据奏文所称"外考令"，当时其名称很可能就叫"考令"，但到太和十六年颁行新《令》时，关于考课显然只施用了其中有关外官考核的部分。像这样考课之《令》大致已成，而先只颁行其中一部分的做法，似乎表明当时《令》所包括的各个部分均可独立生效，而非考簿、考课及其考等和奖惩等规定前后一体首尾相应。故最大的可能，是其形态仍像前引太和十七年所颁《职员令》那样并非法典而是诏令集，即其内容仍由关于考核的各种诏书或条制所构成，"考令"即是对这些诏书或条制的泛称或通称，"外考令"则是对其中关于外官考核的诏书或条制的约称。

---

① 《太平御览》卷二二九《职官部二十七·太常少卿》："景明初，班职令，太常少卿第四品上，第一清，选明礼兼天文阴阳者为之。"其所引"景明初"班行的"职令"，显然就是《魏书·官氏志》所载太和二十三年复次而宣武帝初颁行的"职令"，其中也包括了品阶和铨选条件。

② 参楼劲《对几条北魏官制材料的考绎——太和年间官制整改与官制诸令的若干问题》。

又《魏书》卷六七《崔光传》附《崔鸿传》载其延昌二年论事，称"考令于体例不通"，说明《正始令》颁行后，人们还在以"考令"称呼考核之《令》。但这显然是沿袭以往的习称，因为《魏书》卷六四《郭祚传》载同一年，曾参与"刊正"《正始令》的郭祚奏考课之事，已非常正式地引用了"考令"的法定篇名和部分条文：

> 《考察令》："公清独著，德绩超伦，而无殿负者，为上上；一殿为上中，二殿为上下，累计八殿，品降至九。"

从《正始令》中已有《狱官令》、《官品令》等篇的事实来判断[1]，显然《考察令》才是正始所定关于考核之《令》的法定篇名，"考令"之称则与"地令"、"祀令"、"朝令"、"职令"之类相仿，无非沿袭了以往对《令》的称谓习惯。

这种《令》体及其篇名已在法律上得到了确认，其称谓却仍在沿用旧习的现象，直至孝明帝以来仍在延续[2]。这当然不能说明《正始令》篇章条文还未明确和稳定下来，而只是其形态接近于西晋、江左一脉的新《令》体仍未巩固的表现，这种现象反映的是北魏开国至正始以前，《令》一直都是诏令集而篇章名称却一如汉《令》之错杂细碎的传统[3]，是《令》的分篇、名称直至魏末仍未被人们认真对待的旧习。

四　关于太和元年至十六年立法的几点认识

综上所述，大略可得如下结论：

---

[1] 《魏书》卷一一一《刑罚志》永平元年七月尚书令高肇等奏文所引。

[2] 如《魏书》卷一四《神元平文诸帝子孙传·高凉王孤传》附《元子思传》载其孝庄帝时奏论尚书与御史台关系，其中引据了孝文帝时所定有关御史中尉职掌和出行仪制的"御史令"，同时又引据了百官"朝会失时，即加弹纠"的"职令"文，可见"职令"也规定了御史职掌。由此可推"御史令"当是"职令"中关于御史职掌的部分，两者关系犹如"外考令"与"考令"。

[3] 如汉有"祀令"，见《汉书》卷二五下《郊祀志下》载平帝时王莽奏改祭祀一事，师古注引臣瓒曰；又有"祠令"，见《汉书》卷四《文帝纪》载陈平、周勃等劝进代王一事，师古注引如淳曰。两者内容显然有所重合，或属同令异名。汉又有"斋令"，见《续汉书·祭祀志下》载明帝为光武帝起庙，尊号曰世祖庙，刘昭补注引蔡邕《表志》曰。此"斋令"或者也只是"祀令"或"祠令"部分内容的约称。

一、太和元年至十六年定《律》、《令》的过程，可用太和五年《律》初步告讫，十年孝文帝亲政，十四年太皇太后冯氏去世和十六年新《律》、《令》颁行这些事件为界，划出其改革和立法不断递进的若干阶段。这实际上也就是当时立法、改革的方向和目标，随形势变化而不断更新、推进的过程。其中的决定性因素，则是孝文帝作用和地位的日益突出。正其如此，太和十六年新《律》、《令》的颁行，对于冯氏当政时代所展开的立法和改革来说是一个总结，而对于孝文帝所主导的改革和立法来说，则是一个新的起点。

二、太和元年以来冯氏主导下的定《律》、《令》活动，其要是围绕《律》的修订来宽简和整顿刑法，其过程至太和五年已告一段落。此后特别是太和十年孝文帝亲政以后续定《律》、《令》的过程，其大旨是要在《律》中全面贯彻法律儒家化的精神，更要相应改革和调整其他各项制度，其重心则已逐渐转移至《令》的修订，又明显驱动了《律》的进一步调整和发展，从而构成了改革全面展开和不断深入的转折点。由此可见，太和元年以来定《律》、《令》，实际上只是揭开了改革的序幕，或为改革提供了契机，而改革的正剧显然是在太和五年，尤其是太和十年以后才全面上演的，这也表明改革和立法形成了相辅相成的关系。

三、太和年间改革、立法的路径特色，大体是先以制诏或条制即时改革有关制度加以实施，然后将其修入、完善和刊定为《律》、《令》加以颁行，以此巩固改革的成果，并为改革的进一步深入奠定法律基础。作为其中的一个阶段性成果，太和十六年颁行的新《律》、《令》，不仅以法律的形式总结和完善了此前的改革举措，同时也在具体的法律形态上，继太武帝以来的发展，凸显了《令》的独立性和《律》正罪名、《令》定事制的格局，呈现了加速向魏晋、江左一脉《律》、《令》体制靠拢，且又有所超越的态势。《太和律》篇、《律》条、《律》注和《律》意，均表明其在体例和内容上已开始具有优于《晋律》的某些特点，其《令》的形态和性质，亦已在明显向法典过渡，从而为《正始令》的完全法典化准备了条件。

第 四 章

太和十六年后的官制改革与相关诸《令》的修订

太和十六年四月新《律》、《令》的颁行，与其说是太和元年以来广泛而曲折的立法活动的终结，不如说是揭开了更大规模和更加深入的制度改革的序幕。

《魏书》卷七下《高祖纪下》太和十六年五月癸未：

> 诏群臣于皇信堂更定《律》条，流徒限制，帝亲临决之。

时距四月丁亥"班新《律》、《令》，大赦天下"不到两个月，孝文帝已掀起了又一轮《律》的修订[①]。当时各种制度的更作，重要的如七月壬戌，诏"自今选举，每以季月，本曹与吏部铨简"；八月己酉，设三老、五更，养国老、庶老，癸丑又诏修"讲武之式"；十一月乙卯则"依古六寝，权制三室"；十二月"赐京邑老人鸠杖"[②]。这些制度汉晋以来皆在《令》的规范之下，故亦皆可视为孝文帝进一步展开的修《令》之举。到太和十七年迁都洛阳，除继续朝有利于标榜正统的"雅训"方向，来建立和完善其政教制度外，更是其改革不断朝衣服、语言、族姓等社会深层肌理展开的时期。因而就太和十六年四月以后的立法态势来看，《律》的

[①] 《魏书》卷七下《高祖纪下》太和十八年八月丙寅，"诏诸北城人，年满七十以上及废疾之徒，校其元犯，以准新《律》。事当从坐者，听一身还乡，又令一子扶养，终命之后，乃遣归边；自余之处，如此之犯，年八十以上，皆听还"。说明对新《律》的修正，也常随时随事进行。

[②] 俱见《魏书》卷七下《高祖纪下》。

修订固然仍在进行，其重心却无疑已转移至《令》。

以下将以太和十六年前、后官制之《令》的制定为个案，较为细致地观察当时官制改革与修《令》的关系及其《令》体之况，希望能梳理某些基本史实①，澄清学界的有关分歧②，以有助于揭示孝文帝后期《令》发展演变的脉络。

第一节　太和以前官制与《令》的状况

为方便讨论展开，这里先须回溯天兴以来官制及相关《令》的状况。在这个问题上，最为关键的记载，即是前引《魏书》卷一一三《官氏志》介绍太和十六年所颁官制之《令》内容时的一段说明：

> 自太祖至高祖初，内外百官屡有减置，或事出当时，不为常目，如万骑、飞鸿、常忠、直意将军之徒是也。旧《令》亡失，无所依据。

这里勾勒了孝文帝以前官制及相关之《令》的基本状态，所述"自太祖至高祖初，内外百官屡有减置，或事出当时，不为常目"，既涵盖了此期官制上的各项举措，又说明了此期官制改作的频繁和灵活。《令》的状态，则是其所隐含着的另一条线索。

一　官制"旧《令》"的状态

上引文所谓"旧《令》"，是与太和十六年所颁"新《令》"相对而言，统指道武帝至孝文帝初有关官制诸《令》。《官氏志》载拓跋氏自昭

---

① 如黄惠贤、聂早英《〈魏书·官氏志〉载太和三令初探》（载武汉大学历史系魏晋南北朝隋唐史研究室编《魏晋南北朝隋唐史资料》第十一期，武汉大学出版社1991年版）一文，虽从士、庶及姓、族区分的角度，对习惯上所谓太和前、后"职令"以及太和十九年"品令"有关问题作了有益的探讨，然其基本史实的认定，却宥于前人成说而多可商榷。

② 即以太和十七年施用的《职员令》为例，徐崇《补南北史艺文志》（《二十五史补编》第五册，中华书局1955年版）录魏《职官令》二十一篇，盖以《魏书·高祖纪》所载太和十七年《职员令》为"职官令"；而姚振宗《隋书经籍志考证》则以为太和十七年《职员令》即《唐六典》所引之后魏《职品令》；两者看法即有歧异。现代研究者对太和年间"职令"、"职员令"、"职品令"等名的看法更纷纭不已。

成即位，官制"多同晋朝"。道武帝皇始元年"备置百官，封拜五等"，内建曹省，外设太守、刺史、令、长。可见其体系本乎晋制。到天兴元年国号称魏，迁都平城，定《律》、《令》，是为北魏官制入《令》之始。

《魏书》卷二《太祖纪》天兴元年十一月辛亥：

> 诏尚书吏部郎中邓渊典官制，立爵品，定律吕，协音乐；仪曹郎中董谧撰郊庙、社稷、朝觐、飨宴之仪；三公郎中王德定《律》、《令》，申科禁；太史令晁崇造浑仪，考天象；吏部尚书崔玄伯总而裁之。

同书卷一一一《刑罚志》、卷一一三《官氏志》及卷二四《崔玄伯传》等处所载略同。可注意的是同书卷二四《邓渊传》载其"明解制度，多识旧事，与尚书崔玄伯参定朝仪、《律》、《令》、音乐"而语不及官制，似其"参定朝仪、《律》、《令》"的过程，已包含了"典官制，立爵品"的内容，史笔与卷一〇八之一《礼志一》载太和十三年，游明根、郭祚、封琳、崔光等与议祀制，而诸人本传多仅载其"参定《律》、《令》"相类，因为当时议祀制亦即修订"祀令"。故《太祖纪》天兴元年十一月记事，虽载三公郎中王德"定《律》、《令》，申科禁"，其实际主持的必是刑法，而有关官制爵品之《令》的基本内容，则应出自邓渊之手。此后至孝文帝初，唯太武帝神䴥四年十月、正平元年六月两度修订《律》、《令》，则《官氏志》所谓"旧《令》"，当主要是指正平元年六月以来规定官制的诸《令》。《魏书》卷四五《裴骏传》附《裴宣传》载其孝文帝初为尚书主客郎，后转都官郎，迁员外散骑侍郎，"旧《令》与吏部郎同班"，即其内容之残存于史传者。[①]

至于天兴定《令》以来，用以规范官制之《令》的分篇、体例如何？文献不足，已难详考。从前面所述《天兴令》并非法典而是诏令集的基本形态和性质来看，其中有关官制部分，恐怕不会是《晋令》所示的《官品令》之类，而应是有关官吏品阶职掌，及其选用考核等规定的敕例

---

① 今此传"旧《令》与吏部郎同班"下阙若干字句，然其所指仍易判别。《官氏志》载太和十五年十二月置员外散骑侍郎员，后议定百官，吏部郎从四品上，员外散骑侍郎从四品下，两者已品同而班异。是《裴宣传》所称"旧令"，必是太和元年以前所定。

汇编。或又可据《官氏志》载太和二十三年"复次职令"的语意，定其前文载太和中议定百官"著于《令》"之《令》亦称"职令"；而史臣书"著于《令》"，盖将有关规定著为或纳入既定《令》篇之谓；从而推想孝文帝初上溯至道武帝时，有关官制各种规定的"旧《令》"皆被统称为"职令"。但这样解释并无可靠证据，这里无妨存疑。

又《官氏志》载天兴元年十二月以来的官制改作，皆可视为随事下诏，或以条制对以往有关《令》作补充或修正。观其各项举措的内容，往往涉及品位、员额、职掌、所属、选用标准等方面。如其载天兴三年十月：

> 置受恩、蒙养、长德、训士四官。受恩职比特进，无常员，有人则置，亲贵器望者为之。蒙养职比光禄大夫，无常员，取勤旧休闲者。长德职比中散大夫，无常员。训士职比谏议大夫，规讽时政，匡刺非违。又置仙人博士官，典煮炼百药。

这里"职比某官"，当指职事、地位与某官类①；"无常员"，明确了其编制状况；"亲贵器望者为之"，表明了选用标准；"规讽时政，匡刺非违"和"典煮炼百药"，明确了其职掌。其又载天赐元年八月置六谒官，下述其品位、属官；神瑞元年春置八大人官，下述其职掌、所属。作为《令》的补充或修正，这类举措所涉内容，应当与原《令》规定的事项有所呼应，故这些记载，应可在一定程度上说明天兴元年所定官制爵品之《令》的基本内容。

至于道武帝以后至孝文帝前，唯太武帝时两度再定《律》、《令》，以预于其事的崔浩、袁式、游雅、胡方回、公孙质、穆亮、高允诸人本传，与诸《帝纪》及《刑罚志》参证，其修议重心皆在于《律》，前已指出当时《律》已成为刑法典，《令》则随《律》调整而其体未变，故官制诸《令》的具体内容及其分篇，虽亦随之续有订补增损，却仍应是以诏令集的形态和性质存在和发挥作用的。若再考虑《官氏志》载道武帝至

---

① 《魏书·官氏志》：天赐元年十一月设国师、郡师，"比令之中正也"；二年二月，置武归、修勤二职，"武归比郎中，修勤比令史"；二（三）年正月，置内官员二十人，"比侍中、常侍，叠直左右"。史例相同。

孝文帝初，官制调整多"事出当时，不为常目"的状态，此期官制领域由于汉化和保守倾向的交替而倏然兴废的不少制度，也许本来就因其"不为常目"而并未编之入《令》，仅为一时之制而以单行敕例、条制下达生效，似亦属事理之必然。

二 "旧《令》亡失"的背景：制度与《令》体形态

关于太武帝时期的两次定《令》，上章已述其皆围绕《律》的修订而展开，这里毋庸再赘。对于官制"旧令"之所以"亡失"的原因，除前所述当时《令》作为诏令集的体例，限制了史官对此的记载外，也还另有若干可以注意之处。

《唐六典》卷六《刑部》原注：

> 后魏初命崔浩定令，后命游雅等成之，史失篇目。

同书卷一《都省》原注则述后魏"尚书有三十六郎，史阙曹名"。证以《魏书》各处所载，《唐六典》这两处所述皆颇疏桀[1]，然其大意，盖谓北魏前期以来诸《令》篇目及尚书诸曹建制皆失载或不存于史。故《官氏志》所谓"旧令亡失"，自应先理解为亡于史载。从北魏国史的文本因革关系来看，失载道武帝至孝文帝初有关制度的史乘，当溯至太和十一年以前的《国纪》（或称《国书》）。《魏书》卷七下《高祖纪下》太和十一年十二月：

> 诏秘书丞李彪、著作郎崔光改析《国纪》，依《纪》、《传》之体。

同书卷六二《李彪传》：

---

[1] 崔浩定《律》、《令》在神䴥四年，上距天兴元年定《律》、《令》已三十余年；游雅定《律》、《令》当在正平元年六月诏有司详案《律》、《令》之时，而诸处多载其时游雅、胡方回"改定律制"；尚书三十六曹盖始于道武帝皇始元年或天兴五年，后屡有废置。《唐六典》上引文于此数节皆未明言而易致误解。

>自成帝以来至于太和，崔浩、高允著述《国书》，编年序录，为《春秋》之体，遗落时事，三无一存。彪与秘书令高祐始奏从迁、固之体，创为《纪》、《传》、《表》、《志》之目焉。

可见太和初年以前史事，在北魏前期国史中已多"遗落"。其原因，除国史修撰的波折，如崔浩之狱的影响外①，更是由于国史乃"编年序录，为《春秋》之体"的缘故。因为既以《春秋》为体，自必语短而意长，且必详于理乱之迹而略于典章经制。故所谓"三无一存"，必以《律》、《令》等各项制度内容为甚。就官制而言，其至太和中而犹存者，如《官氏志》载天兴至太和初的官制举措年月颇详，当即采据原来的《国纪》；其亡者，此期诸《令》篇目以及尚书三十六郎之曹名皆是也。

但"旧《令》亡失"显然还包含着另一层意思。因为天兴元年以来，尤其是太和初年所定之《令》，倘真在有关行政过程中起着基准作用，则其虽或失载于《国纪》，而仍当存留于有司之簿档，太和十一年起史臣修《志》尚不致于"无所依据"。是故《官氏志》"旧《令》亡失，无所依据"八字的确诂，是"旧《令》"既佚于北魏前期的《国纪》，亦亡于太和年间的有司；且其未必是魏收以来史官之语，很可能是李彪以来修《志》史臣所书。否则，李彪以来史臣至少须将太和元年至十六年所修官制诸《令》的大要收纂入《志》，后来续成其《志》者，便不得谓之"无所依据"了。

那么太和初年以前的"旧《令》"，何以竟不存于有司呢？这里自当考虑孝文帝迁都洛阳，诸制变更尤剧，旧《令》已无意义而致散失的可能。但这只能说明太和十一年国史创为《纪》、《传》、《表》、《志》之目以后的事态。若肯定"旧《令》"已佚于李彪以来史臣修《志》之前，那么，《官氏志》述"太祖至高祖初，其内外百官屡有减置，或事出当时，不为常目"，实已交代了此期统治集团对《令》的法律地位尚乏自觉，各项制度每仅一时以敕例加以规定，遂使先定之《令》不断被后出之《令》修正或取代，《令》的内容总在迅速变化而难稳定这个基本的原因。

具体如《魏书·官氏志》载道武帝"欲法古纯质"，官号每革汉晋旧

---

① 《魏书》卷五《高宗纪》和平元年六月："崔浩之诛也，史官遂废，至是复置。"

名，为"凫鸭"、"白鹭"之类，《太祖纪》系其事在天兴三年，是天兴元年定《令》后不久，官号已多变易。《魏书·世祖纪》延和元年正月，诏"王公、将军以下普增爵秩，启国承家，修废官，举俊逸"。是神䴥四年定《令》不数月，又诏"修废官"。其余《魏书·帝纪》及《官氏志》载正平元年六月及至太和元年再定《律》、《令》以后，官制上的诸多随事减置，类皆如此。

北魏前期尚书诸曹的建制变更尤其剧烈。严耕望《北魏尚书制度考》指出：道武帝至明元帝时，"保守势力极为顽强，故三十六曹屡置而卒废"；太武帝至孝文帝初，尚书部曹"因事制宜，不为常格"。又述道武帝至孝文帝初，尚书所统或为郎中，或为大夫、曹监、令、长；其郎中或处令、长之下，或与大夫、曹监、令、长并置。其论甚确。这种尚书诸曹废置不常，置亦官属建制屡加变更的状态，自然易致各期相关之《令》成为空文。更何况，在"后主所是著为令"，《令》篇只是有关诏令的汇编，前所汇编者又必随着新诏频繁下达而不断增删的前提下，其内容实际上总在变化之中，也就谈不上有稳定的篇帙和名称了。《官氏志》所谓"事出当时，不为常目"，正是因为大到尚书诸曹这种行政骨架的反复变更，小到"万骑、飞鸿、常忠、直意将军之徒"的不断废置；使得汇编了这类诏令并在不断增删之中的《令》篇，其内容一直在伸缩调整之中，体例和形态本来就与西晋以来那种相对稳定的《令》篇迥然不同，史家也就无法将之一一录于史乘了。在此前提下自然还可考虑，作为文案渊薮的尚书诸曹，其建制乃至其存废的频繁改动，除势必对《令》的形态和效能造成冲击外，其所包含的种种可能，亦可视为"旧《令》亡失"于有司的一个重要背景。

由上可见，道武帝至孝文帝初，官制领域虽有其《令》，却由于当时政治、法律系统的特定状态，使其有关规定常随国策在汉化和保守间交替而废置不常，作用和地位受到限制。加之当时《令》体尚属诏令集而有类汉代，故必带来篇章条文难以稳定和篇名错杂等种种问题，遂致其篇目要节不载于史乘，散失于有司，太和中史臣修《志》时已"无所依据"。应当说，重视或漠视《律》、《令》，在当时实际上是汉化与保守倾向消长局面中的一个突出方面。因而"旧《令》亡失"的底蕴，反映的正是此期官制的制度化程度甚低，部落制余绪极大地影响了制度氛围的总体特色。

第二节 "太和中"所定"职令"
与孝文帝的官制整改

"旧《令》亡失"所意味的官制状态,不能不成为孝文帝改革的重要方面。《魏书》卷一一三《官氏志》:

> 太和中,高祖诏群僚议定百官,著于《令》。今列于左,勋品流外位卑而不载矣。

这段文字紧接前引"自太祖至高祖初……旧《令》亡失,无所依据"而书,说明的是孝文帝通过《令》的厘订来全面整顿官制的开始。然其具体究指何时何事呢?

一 太和中"职令"即太和十六年所颁官制之《令》

从《魏书·官氏志》叙事之次来看,此处其详列"太和中"官品之后[①],紧接的一条是:

> 太和十八年十二月,降车、骠将军、侍中、黄门秩,依魏、晋故事。

而其述"自太祖至高祖初……旧《令》亡失,无所依据"之前的一条是:

> 旧制:缘边皆置镇都大将,统兵备御,与刺史同。城隍、仓库皆镇将主之,但不治(民),故为重于刺史(下有脱文)。

再前则记太和十六年正月改降五等之事。案《魏书》诸《志》述"旧

[①] 《魏书》载"太和中",常可涵盖太和十年至十九年的较长时段。如卷四二《尧暄传》:"太和中,迁南部尚书,于时始立三长……"时为太和十年。同书卷四三《刘休宾传》附《刘旋之传》:"太和中,高祖选尽物望,河南人士才学之徒咸见申擢。"事在太和十九年。

"制"云云之后，类皆记某年月有某改作①，故《官氏志》此处所脱之文，内容当为某年月改镇都大将之制，使不重于刺史②。镇都大将既"统兵备御与刺史同"，则单为此将，地位应与都督一州军事者相当。而《官氏志》载此"太和中"所定的官品，司州刺史（第二品中）位已高于都督一州诸军事（从二品下）三阶。是此项改作，实从属于《官氏志》所述"议定百官，著于《令》"的过程，其结果实已体现于《官氏志》"列于左"的《令》文内容之中。故其年月必在此《令》修毕之前，太和十六年正月改降五等稍后。

据此可断，《魏书·官氏志》述太和中，"议定百官，著于《令》"，乃是一个经历相当时段的过程，而其最终确定下来的时间，下限不得晚于太和十八年十二月，上限应在太和十六年正月稍后。在这个时限之内，有关官制之《令》的最终确定，不外乎《高祖纪》所载二事：

一是太和十六年四月"班新《律》、《令》"。如前所述，其事始于太和元年而历时甚久，直至太和十五年仍有五月"议改《律》、《令》"，八月"议《律》、《令》事"，十一月"大定官品"等项活动③。故此次所颁《律》、《令》中，必已包括了关于官品位序的《令》篇。④

二是太和十七年六月，诏《职员令》"权可付外施行"。然孝文帝这份施用《职员令》诏，不仅说明了《职员令》于太和十六年八月起创制，

---

① 如《魏书》卷一一〇《食货志》："旧制：民间所织绢布……高祖延兴三年秋七月，更立严制……"例多，不赘举。
② 此前镇都大将重于刺史的表现之一，是其结衔常在刺史前，如《魏书》卷三一《于栗䃅传》附《于洛拔传》载其世祖时，出为使持节散骑常侍宁东将军和龙镇都大将营州刺史。此后则反之，如《魏书》卷二七《穆崇传》附《穆罴传》载其太和十七年前后除镇北将军燕州刺史镇广宁，寻迁都督夏州高平镇诸军事本将军夏州刺史。又此前常由刺史迁将，如《穆崇传》附《穆亮传》载其高祖初除使持节秦州刺史，大著声称，征为殿中尚书，又迁使持节征西大将军西戎校尉敦煌镇都大将。此后又反之，如《魏书》卷三〇《楼伏连传》附《楼秉传》载其迁都后为征虏将军平城镇将，迁朔州刺史。
③ 《魏书》卷七下《高祖纪下》。
④ 《高祖纪》下太和十七年正月乙丑诏："夫骏奔入觐，臣下之常式；锡马赐车，君人之恒惠。今诸边君蕃胤，皆虔集象魏，趋锵紫庭。贡飨既毕，言旋无远。各可依秩赐车旗衣马，务令优厚。其武兴、宕昌，各赐锦缯纩一千；吐谷浑世子八百；邓至世子，虽因缘至都，亦宜赉及，可赐三百。命数之差，皆依别牒。"《北史》卷三《魏本纪第三·高祖孝文帝纪》太和十七正月乙丑载之为："诏大赐诸蕃君长车旗衣马、锦绫、缯纩，多者一千，少者三百，各以命数为差。"是诸蕃君长"命数"此前已定之证，是必太和十六年四月之事。

乃是一个主要针对百官职司的《令》篇，而且交代了其因太和十六年四月所班官品之《令》并未包括职掌等内容而修的背景，其详下节将要讨论。而《官氏志》述太和中"议定百官，著于《令》，今列于左，勋品流外位卑而不载矣"。显已表明当时议定而著于《令》的，大体就是列于其左的官品班位，以及史臣因其位卑而略载的流外勋品官阶①。况史臣既将著于《令》的官品班位录入了国史，则其《令》当时自然已经颁行生效。

因此，太和十六年四月所颁官品位序之《令》，与太和十七年六月所行关于百官职司的《职员令》，必是两个不同的令篇。而《官氏志》所谓"太和中，高祖诏群僚议定百官，著于《令》"，虽可在十分宽泛的意义上兼指《职员令》内容的酝酿；严格意义上却只能指太和十六年四月所颁，其内容主要是官品位序，其名则很可能循旧的官制《令》篇的修订过程。具体亦即《高祖纪》所载太和十五年五月议改《律》、《令》以来，尤其是此年十一月起"大定官品"的过程。

由此看来，《魏书·官氏志》所载太和十五年七月置司仪官，至十六年正月稍后改镇都大将之制，这一连串改作在时间上恰值此际，所设官职名称，大多又进入了其后所列的官品班位，也就皆可视为从属于这个过程的事件②。同时，由于这些举措中有的已涉及了设官员额问题，再考虑道武帝以来官制爵品之《令》，有可能业已包括了职掌等内容。那就可以推想，孝文帝太和十六年四月，把一个主要针对官品序位的《令》篇确定下来予以颁行，这本身就意味着对以往乃至晋以来官制诸《令》分篇体例的某种改造，且已埋下了日后专门制订针对百官职掌、员额问题的《职员令》的伏笔。

---

① 所谓"今列于左，勋品流外位卑而不载矣"，显然是修《志》史官的一个说明，其证明的是太和中议定百官著于《令》时，已确立了勋品流外等级。

② 《魏书·官氏志》记载的这些举措：首先，太和十六年改降五等，革有爵者世袭军号一事，又见于《高祖纪》，此盖无关于官爵位号的设置。其次，诸缘边镇将旧制的改革，前述太和中官品，司州刺史高于都督一州诸军事三阶，很可能已体现了这个变化。再次，太和十五年七月"置司仪官"，或指太乐祭酒、协律中郎之类；同年十二月置侍中、黄门及诸散骑常侍、侍郎员；又置司空、复育等九曹少卿、光爵、骁、游、五校、中大夫、散员士官及"侍官"（或即散臣中校或侍御中散之类）一百二十人；又改立诸局监、羽林、虎贲。这些官职除"游（击将军）"外，皆已进入了《官氏志》所记官品序列。至于游击将军之不见于其中，或系今《官氏志》文有脱漏，或其在太和十六年四月颁《令》前又被废除，其故今已不得而知。

二　太和十六年"职令"的官制改革内容

关于太和十六年四月所颁此《令》的内容，《官氏志》述"今列于左，勋品流外位卑而不载矣"一句最值注意。作为《魏书》提及勋品流外的最早记载，其表明此次"议定百官，著于《令》"的重大内容之一，是开始在法律上专门为"位卑"官职设立了勋品流外序列，将之与当时所定九品正、从各分上、中、下等的官阶序列，明确区分了开来。1995年出土于河南偃师的《皮演墓志》文有云：①

> 太和初，召为中散，出入云禁，夙夜匪懈，忠勤之至，简在帝心。十有五年，高祖首创流品，位置庶官，亲御宝轩，妙选英彦，复除强弩将军、假扬武将军……

这里十分明确地指出：太和十五年"大定官品"的要害，在于"首创流品，位置庶官"。以下即拟综诸文献记载，来讨论此举的背景及其具体内容。

《魏书》卷二一上《献文六王传上·高阳王雍传》载其宣武帝永平末上表：

> ……臣观部尉资品，本居流外，刊诸明《令》，行之已久。然近为里巷多盗，以其威轻不肃，欲进品清流，以压奸宄。甄琛启云："为法者施而观之，不便则改。"窃谓斯言，有可采用。圣慈略览，更高宰尉之秩。

同书卷六八《甄琛传》载琛奏其事曰：

> 世祖太武皇帝亲自发愤，广置主司，里宰皆以下代令、长及五等散男有经略者乃得为之……（今）里尉铅刀而割，欲望肃清都邑，不可得也。里正乃流外四品，职轻任碎，多是下才，人怀苟且，不能督察……先朝立品，不必即定，施而观之，不便则改。今闲官静任，

---

① 罗新、叶炜：《新出魏晋南北朝墓志疏证》三六《皮演墓志》，中华书局2005年版。

犹听长兼，况烦剧要务，不得简能下领。请取武官中八品将军以下，干用贞济者，以本官俸恤领里尉之任，各食其禄。高者领六部尉，中者领经途尉，下者领里正。不尔，请少高里尉之品，选下品中应迁之者，进而为之，则督责有所，萆毂可清。

宣武帝对此奏的诏答是："里正可进至勋品，经途从九品，六部尉正九品，诸职中简取。何必须武人也。"以上所述"部尉"、"里宰"资品之况中，值得注意者有三：

一是太武帝时，里尉、正之类的职务与令、长等官之间，显然没有难以逾越的鸿沟，以至下代令、长及五等散男有经略者方得为里宰。由是可推，当时尚无把位卑之职摒于勋品流外这类专门序列，予以明确限制的制度。参以《魏书》卷五《高宗纪》和平三年十月诏：

今选举之官，多不以次，令斑白处后，晚进居先，岂所谓彝论攸叙者也？诸曹选补，宜各先尽劳旧才能。

这里"劳旧才能"，当就寒门及代北诸部旧人而言①，故其"彝论攸叙"的标准，显然是年劳，而非一般士大夫理解的官职清浊、出身高下之类。

又《魏书》卷五七《高祐传》载其太和十年前后上疏：

今之选举，不采职治之优劣，专简年劳之多少，斯非尽才之谓。

可见直至此时，虽始终有人力持选官须重门品才地之论，但占主导地位的倾向和法律上的原则，仍是各种官职在年劳面前大略平等。可见勋品流外之设，必然要在铨选上有种种相应的限制，从这一点来看，其足以表明勋品流外不可能设于太和中定《令》以前。故甄琛所云"先朝立品"之事，正当溯至《官氏志》载太和中"议定百官，著于令"之时。高阳王雍谓

---

① 《魏书》卷四八《高允传》载太武帝时崔浩欲以五州之士起家郡守，太子不可曰："先召之人，亦州郡选也，在职已久，劳勤未答。今可先补前召，外任郡县，以新召者代为郎吏。"其云门第在五州之士下，原由州郡选为郎吏，"在职已久，劳勤未答"者，亦即前引《高宗纪》诏曰的"劳旧"。

"部尉资品，本居流外，刊诸明《令》，行之已久"，其"明《令》"既不可能指早已亡佚的太和初年以前"旧令"，则"刊诸明《令》"，自应与琛云"先朝立品"同属一事。而"行之已久"，则说明太和十六年创设的勋品流外序列，大体上一直沿用了下来。

二是以高阳王雍及甄琛所奏与宣武帝诏相参，流外显然是一个包括了若干等级的序列。里正、经途尉、六部尉既然皆属流外，并在任用条件上构成了"下者"、"中者"、"上者"的阶梯，再考虑里正原为流外四品，则经途尉、六部尉当居流外三至一品间。宣武帝且诏三者分别升至勋品、从九品、正九品，则勋品之位，似应在从九品之下，而远在流外四品之上。

《南齐书》卷五六《倖臣刘系宗传》载其"泰始中，为主书，以寒官累迁至勋品"。则南朝宋齐勋品之下还有若干寒官等级，其况与北魏太和中所定有相类之处。但宋、齐勋品的构成，如《唐六典》多处引《齐职仪》文所示，有"三品勋位"、"勋位第六"等名目，显见是包含了若干个等级的。且其各等所含官职如太祝令、秘书令史等，在九品官阶中往往又列于第七至第九品①。故宋、齐的勋品，很像是一个其下尚有诸寒官，而其上与九品官阶的低品平行，主要用以指导铨选的等级序列。②

北魏的勋品则颇为不同，除《甄琛传》所示勋品位在从九品之下外，《魏书》卷四一《源贺传》附《源怀传》也提供了有力的证据。其载景明二年宣武帝诏奸吏犯罪逃遁者遇恩不赦，怀奏：

> 伏寻条制，勋品以下，罪发逃亡，遇恩不宥，仍流妻子。虽欲抵绝奸途，匪为通式。谨案事条：侵官败法，专据流外，岂九品以上人皆贞白也？诸州守宰，职任清流，至有贪浊，事发逃窜而遇恩免罪。勋品以下，独乖斯例。如此则宽纵上流，法切下吏……

此处"勋品以下"，"遇恩不宥"，与侵官败法"专据流外"，乃是源怀对同一份条制有关内容的概括。其表明勋品以下亦即流外，都是九品"上

---

① 如《唐六典》卷一四《太常寺》："《齐职仪》：太祝令，品第七，秩四百石……用三品勋位。"
② 《隋书》卷二六《百官志上》载梁天监七年革选定班，位不登二品者又为七班，另有三品蕴位与三品勋位，当已对宋齐之制有所厘革。然其显然仍构成了用以铨选不同出身的序列。

流"官阶以下的"下吏"。是北魏的"勋品",实从属于流外序列而位居其首,也就是流外各品中的第一品①。而《官氏志》所以要"勋品流外"连称而并举,则应是勋品作为流外序列的首品,还有某些特殊性质的缘故。

三是高阳王雍谓部尉"资品"本居流外,欲进其品于"清流";甄琛云里正原系流外四品,"职轻任碎,多是下才,人怀苟且";源怀述勋品以下非"上流"而为"下吏";都说明流外官不仅行政地位低下,更重要的是其担任者门资、身份卑微而非清流之比。如果肯定这种内容后来虽被强化,而大体仍始于太和十六年确定官品序列之时,那么这应当就是《官氏志》述勋品流外"位卑"的完整含义。

再看北魏前期之况:道武帝至太武帝以来,曾先设国师、郡师,后设中正以辨诸部宗党,品第士人②,亦已有"清望"、"士流"、"清流"之类的名目③,并陆续在入学、婚偶、选官等方面④,对工商驺卒卑姓杂户加以限制。但这类措施基本上都只涉及了门族、职业等身份待遇的差异,而未直接表现为官职本身的流内、外分野。在代北部族与汉人士族有冲突、有适应的过程中,当时的身份等级限制,尤其是各种官职所附有的身份性内容,毋宁说还是笼统而稀薄的。由之判断,孝文帝太和十六年专设流外序列,正是要在以往对身份卑微者有所限制的基础上再进一步,把可供出身非清流者担任的官职列为流外而打入另册,从而限定其仕进的阶梯。

因此,孝文帝所创"勋品流外",显然取鉴了南朝宋、齐承晋风气,

---

① 《隋书》卷二八《百官志下》及《通典》卷三九《职官二十一》、卷四〇《职官二十二》分载隋唐流外有勋品、二品……九品之等,盖源于此。又《隋书》卷二七《百官志中》载北齐"自一品至流外勋品,各给事力"。其不言勋品流外而言流外勋品,盖为流外一品(勋品)方给事力。又《魏书》卷二一上《献文六王传上·咸阳王禧传》载禧宣武帝时赐死而籍没家财,分赏"内外百官逮于流外,多者百余匹,下至十匹"。味其文意,当亦为流外勋品以下尚得十匹。

② 《魏书》卷二《太祖纪》天赐元年十一月、卷一一三《官氏志》及卷二七《穆崇传》附《穆亮传》、卷四三《刘休宾传》附《刘文晔传》等处。

③ 分见《魏书》卷四八《高允传》、卷四六《李䜣传》、卷七上《高祖纪上》太和元年八月诏。

④ 分见《魏书》卷四下《世祖纪下》太平真君五年正月诏并参《高允传》;卷五《高宗纪》和平四年十二月诏;卷七上《高祖纪上》太和二年五月诏;卷七上《高祖纪上》太和元年八月诏。

把出身卑庶者可得担任的官职列为勋品的制度，却并未照搬，且因北魏此时尚乏南朝那样对出身门品的精细鉴别系统而难以照搬，而像是把宋、齐的勋品及其以下的"寒官"，合并成了一个流外序列，用以衡量各种位轻任碎之职的行政级别，更用来突出其担任者身份的卑微，以指导相应的铨选过程。

三 太和十六年"职令"在官制改革上的过渡性

《魏书》卷七下《高祖纪下》太和十六年七月诏：

> 王者设官分职，垂拱责成，振网举纲，众目斯理。朕德谢知人，岂能一见鉴识，徒乖为君委授之义。自今选举，每以季月，本曹与吏部铨简。

其"振网举纲，众目斯理"，应即指太和十六年四月新《令》已颁，官品位序已得条流之事。《北史》卷三六《薛辨传》附《薛聪传》载太和十五年之事：

> 孝文留心氏族，正定官品，士大夫解巾，优者不过奉朝请。

即点出了当时区分流内外序列与门族出身问题相关的底蕴。不过，在部落姓族与汉人门品高下未得详定之前，流内、外序列的分野，当是先把业已较易判别的身份最卑微者与行政地位最低下者啮合到了一起，暂且似乎还谈不上诸流内官职与出身等级的全面匹配。

《魏书》它处载及太和十六年议定百官之事者，如卷二四《邓渊传》附《邓侍传》：

> 高祖赐名述……守廷尉少卿，出为建忠将军齐州刺史。初，改置百官，始重公府元佐。时太傅元丕出为并州刺史，以述为太傅长史带太原太守。寻征为司空长史，卒官。

同书卷一四《神元平文诸帝子孙传·武卫将军谓传》附《元丕传》载其领并州刺史在太和十九年，且公府长史晋、宋皆在第六品，北魏前期恐亦如此，而《官氏志》载太和中官品已列之在第四品上。是"始重公府元佐"，必在太和十五年大定官品，至太和十六年四月将之著《令》颁行之时。

值得注意的是，《高祖纪》载太和十五年十一月"大定官品"，《官氏志》载"太和中，议定百官"，而《邓侍传》载为"改置百官"。这表明官品位序的确定，不能不牵涉官职建置的厘正，尤不能不以官职名号的确定为其前提。即以邓侍当时所任官职"廷尉少卿"为例，《官氏志》载太和中官品列之在第三品上，《唐六典》卷一四《太常寺》："太和十五年，初置少卿官。"《通典》卷二五《职官七·总论诸卿》所述与同而增"掌同大卿"四字。此亦太和十五年议定百官时厘正诸卿佐贰官之证。《官氏志》载太和十五年七月以来的设置，性质亦与之相类；而其后详列的官品序列中，三师、三公、列曹尚书等晋以来官制名目的确立，则表明孝文帝此次所做的官制整改，除区分流内、外序列，调整了若干官职的品位外，还在于使官制朝进一步汉化的方向迈进。这恐怕就是太和十五年起大定官品或改置百官的主题。

但也正是在《官氏志》所载太和十六年确定的官品中，诸大夫、士等具有北魏前期特色的官职的存留，书吏、吏干之类的厕于流内九品之列，以及五等封爵的不入于品级①，又反映了此次官制调整与有关《令》篇的修订，从孝文帝厉行汉化的目标看来，仍是不甚完整或彻底的，从而意味了继续调整和修《令》的必要。

第三节　太和十七年《职员令》与官制诸《令》的演变

太和十六年新《律》、《令》颁行后，孝文帝继续修《令》的一个重大举措，是于次年颁行了《职员令》。《魏书》卷七下《高祖纪下》太和十七年六月诏：

> 六职备于周经，九列炳乎汉晋，务必有恒，人守其职。比百秩虽陈，事典未叙，自八元树位，躬加省览，远依往籍，近采时宜，作

---

① 《魏书》卷二《太祖纪》载天兴元年十一月邓渊"典官制，立爵品"，似太祖以来有关官品位序之《令》是包括了各等爵级的，《官氏志》载太和二十三年所定官品中亦含爵级。

《职员令》二十一卷。事迫戎期，未善周悉。虽不足纲范万度，永垂不朽，且可释滞目前，厘正时务。须待军回，更论所阙，权可付外施行。其有当局所疑而《令》文不载者，随事以闻，当更附之。

对孝文帝迁都洛阳以前的官制整改来说，从太和十五年"大定官品"，至十六年官职名号及其品阶班序之《令》的颁行，再到太和十六至十七年关于百官职司的《职员令》的制定施用，乃是前后衔接，相辅相成的两个重要事件。此诏正下于太和十七年八月孝文帝借南征而迁都的前夕，是令人赖以说明《职员令》制定背景、经过及其内容、形式的基本资料。

一 推出《职员令》的背景

上引诏文首称周及汉、晋职司详明[1]，法典有恒，人守其职。继云"比百秩虽陈，事典未叙，自八元树位，躬加省览"，说明当时之所以要制定《职员令》，非惟古法之所示，尤为今事之要切。

诏文所述"百秩"，自然是指百官品阶；"事典"此处当释为职司而非《周礼》冬官之属。"八元"典出尧舜治迹，亦即《左传·文公十八年》载鲁大史克言："高辛氏有才子八人，天下之民谓之八元……舜举八元，使布五教于四方。父义，母慈，兄友，弟共，子孝，内平外成。"杜预释"元"为"善"。据《魏书·高祖纪》太和十六年八月：

> 以尉元为三老，游明根为五更；又养国老、庶老，将行大射之礼。

《魏书》卷五〇《尉元传》且载，其时孝文帝备称尉、游二人德行，君臣共论教化之要。其事显即"八元树位"之所指[2]。联系上文，"比百秩虽

---

[1] 此处"六职"显指《周礼》六官职司。"九列"可指汉、晋列卿建制，如《汉书》卷七三《韦贤传》附《韦玄成传》载其曾为少府，后作诗诫子孙曰："明明天子……恤我九列"，师古注"九列，卿之位，谓少府"；亦可据"列"之本义，释为百官位秩。若依后者则以下所释稍有不同，然无害于诏文大旨。

[2] 《三国志》卷四《魏书·三少帝纪》高贵乡公曹髦甘露三年八月甲戌，以王祥为三老，郑小同为五更。裴注："郑玄注《文王世子》曰：'三老、五更各一人，皆年老更事致仕者也。'注《乐记》曰：'皆老人更知三德五事者也。'"

陈……躬加省览",意即太和十六年四月百官名号位阶之《令》业已颁行,然诸职掌、员额、所属之类尚未厘正,比古鉴今,须定其法,遂自太和十六年八月立三老、五更以来,亲自主持,以成其事。又由于此《令》自太和十六年八月开始撰作,至十七年六月迫于迁都在即而匆匆施行,故言"事迫戎期,未善周悉"。

这当然只是其时修订《职员令》的一部分背景。若就更大的背景来看,《唐六典》卷六《刑部》原注述晋及南朝皆有《官品令》、《吏员令》等篇,而今存《晋令》残文,如程树德《九朝律考》卷三《晋律考下》所辑,其《官品令》盖录官号、品秩、职掌及于印绶、冠服;《吏员令》则关乎建制员额。大体西晋、江左一脉,除选举诸《令》外,有关官职建置之《令》,不外乎是以此二篇为基干的。

至于北魏前期,前已述道武帝天兴元年所定官制爵品之《令》,总体上包括了品位、职掌、员额、所属、选用标准等项。无论其分篇名目如何,假设当时已仿晋而有《官品令》等篇,则其内容亦应兼含品位、职掌。而从北魏建国之初酋豪用事,行政粗放,官制倏忽变动,建置难以稳定等特点来看,其官制爵品之《令》虽对品位、职掌、员额等内容有所规定,却难设想其有必要专门把官吏的职掌、员额及其统属关系,编为一《令》而固定下来①。此后《令》体既然未有大的变化,官制诸《令》的这种状态应当一直延续了下来。

由此判断,当孝文帝太和十六年八月意欲进而明确百官职司时,一种选择是在新定官吏职掌、员额、所属之后附入品阶序列,但这由于此年四月新《令》已颁,百秩已陈而无可能。是故现实的选择,只能是在原有《令》篇之外专门创设一《令》,也就是《职员令》,从而对晋及南朝百官职掌、员额等内容散于《官品》、《吏员》等令的体裁,对本朝开国定制以来有关规定分见或集中于官制爵品之《令》的格局,进行了重大改造。

---

① 《魏书》卷四上《世祖纪上》神䴥三年七月诏:"昔太祖拨乱,制度草创;太宗因循,未遑改作;军国官属,至乃阙然。今诸征、镇将军、王公杖节边远者,听开府辟召其次,增置吏员。"是道武帝及明元帝对将军、王公府署建制未作规定。又卷四下《世祖纪下》正平元年七月,"省诸曹吏员三分之一"。是神䴥定制以来,诸曹吏员已有员额。

二 《职员令》的开创性和重大影响

太和十七年颁《职员令》诏文继述:"远依往籍,近采时宜,作《职员令》二十一卷",便体现了当时对有关《令》篇的改造。据其前文所述,所谓"往籍"而"远"者,指的自应是《周礼》,此书正备述官吏职掌、员额及其所属,汉以来已被公认为"周公致太平之迹",官制完备之典范,且其牵扯北朝经学及诸典章制作者尤深[①]。而"近采"之"时宜",当指直承汉代的晋制和本朝开国以来,特别是太和十六年新《令》颁行后,已进一步朝晋制靠拢的现行官制。可见"远依往籍,近采时宜",文意仍自此诏首云"六职备于周经,九列炳乎汉晋"而出。

而其之所以要依《周礼》、采时宜,除今古官制毕竟不同外,还有一层意思是现在诸官名号,已不再能像《周礼》六卿之下诸大夫、士、府、史、胥徒之称那样,直接体现其位序的高下了。这个问题,正是在太和十六年四月所陈的"百秩"中解决的。又其"作《职员令》二十一卷"之"作",显系述、作之作,乃创制而非因循之谓。故诏文至此,已明言《职员令》乃是一个新创令篇,新就新在其依本《周礼》之体,采鉴当世之宜,依次叙录了各部门官吏的构成、职掌、员额,明确了其统属关系。这就突破了以往官制诸《令》的基本格局,也为今后规定官制的法律形式奠定了新的基础。

有一个事实似可作为太和十七年《职员令》性质与影响的佐证。自《汉书·百官公卿表》及《续汉书·百官志》以来,凡记录官制之书,均是以各级长官、要官为纲而叙次的。这种状态至《隋书·百官志》而发生变化,其述梁、陈官制,多已以尚书省、门下省、集书省、御史台等机构为纲,述北齐及隋制,则全在台、省、府、寺等机构之下,系以长官及属官员额职掌等,且自此凡官制书或类书的有关子目,几已全采此种体例。

如此普遍的转折,如此明显的分野,当然不能理解为是史臣或史家记载方式忽然变化的结果,而只能理解为有其所本,乃是某种官制事实的体现。而其重大的意义,首先在于机构本身的法律地位,已从秦汉以来的隐而不显,转而为南北朝后期以来的十分明确。这样的转折当然不可能完成

[①] 参楼劲《〈周礼〉与北魏开国建制》。

于一朝，但若可以为之划出标志性界线的话，那么其在北朝一脉的官制发展中，显然应当越过北齐的"官、寺连称"，而追溯到北魏，追溯到太和十七年《职员令》的施行。①

在《魏书》中，体现台、省、府、寺等机构具有明确法律地位的记载，正是在北魏后期才大量出现的。如其卷一四《神元平文诸帝子孙传·高凉王孤传》附《元子思传》，载孝庄帝时子思奏劾尚书郎中裴献伯等，引"御史令"文云：

> 时经四帝，前后中尉二十许人奉以周旋，未曾暂废，府、寺、台、省，并从此令。

又如卷四一《源贺传》附《源怀传》载其正始三年卒，太常寺与司徒府官议其谥，诏曰："寺、府所执，并不克允。"卷一一一《刑罚志》载永平三年议冀州民张回之狱，太保高阳王雍奏"州处张回，专引《盗律》"云云。其后文又载此年六月，兼廷尉卿元志、廷尉监王靖等论奏《律》文"狱成"之条曰："若使案成，虽已申省，事下廷尉，或寺以情状未尽，或邀驾挝鼓，或门下立疑更付别使者，可从'未成'之条。"卷一〇八之四《礼志四》载延昌二年领军元珍判一事关乎丧制，尚书三公郎中崔鸿驳论谓之"府判"，珍又上言曰："省依王、杜，禫、祥同月，全乖郑义。"凡此之类，皆以台、省、府、寺机构为行政主体，其义近乎行政法人，与北魏前期所称"有司"、"曹省"、"行台"等其意泛泛者殊为不同。

以此对照北魏后期《令》的修订过程，各机构法律地位的明确，至少可推溯到宣武帝正始定《令》；但以前揭孝文帝施行《职员令》诏所示此《令》的性质，再参以元子思述"时经四帝"之语，各机构法律地位的明确，似正应以太和十七年《职员令》为标志。由此再联系后来隋唐《职员令》全以台、省、寺、监、卫、府诸机构为纲，《律》文又有各机

---

① 台、省机构法律地位的逐渐明确，当始于魏晋以来，而充当秦汉以来京朝官建制主体的公府、卿寺尤其是诸卿寺机构的法律地位，依《隋书》卷二七《百官志》及《通典》卷二五《职官七·诸卿总叙》的记载，其明确化似可以"官、寺连称自北齐始"一事为界。北齐的这一做法，显属北魏有关法意继续发展的产物。

构自长官至主典在行政过程中连为一体而节级连坐的规定[①],则尤足见孝文帝此举在官制诸《令》发展史上的里程碑意义。

三 《职员令》编纂的迫促与局限

太和十七年《职员令》显因匆匆制订而未能使孝文帝满意,故诏文云"事迫戎期,未善周悉……权可付外施行"。其"事迫戎期",当然是指当时借口南伐而迁都之事。问题是,既然"未善周悉",又何以一定要在迁都前夕下诏"权可付外施行"呢?

对此问题,仍须从其前文"百秩虽陈,事典未具"一句中来求解。

当太和十六年四月百官品阶班序之《令》颁行后,进一步明确其职掌、员额、统属关系,使之与官号品位一样有《令》可依,自属当务之急。尤其是那些为向晋宋之制靠拢而刚刚改置的官职,不尽早明确其职能、性质、司存等,将在实际行政中导致疑滞。故在迁都务繁,近期无暇再加详究的情势下,《职员令》大要既定,自宜先施行了再说。

同时,孝文帝迁都洛阳,可谓谋定而后动,故《高祖纪》载太和十七年八月六军甫出,九月廿九(丙子)停洛晓喻迁都之计,十月初一(戊寅)已"诏征司空穆亮与尚书李冲、将作大匠董爵经始洛京"。而要"经始"洛京的宫室官廨,自须明确各机构的建置、地位;《职员令》正是以确定百官职掌、所属与机构编制为主要内容的。因而"百秩虽陈,事典未叙",不仅有行政滞碍之虞,也直接关系到新都的规划与营构。

这两点大体即可视为诏文中"虽不足纲范万度,且可释滞目前,厘正时务"之所指,从而说明了《职员令》所以要在迁都前夕付外施行的原因,也再次印证了其基本内容与性质。又若考虑《职员令》从制定到施行的迫促时限,则其内容大体也只能是尽可能明确各部门官吏的职掌、员额、统属关系,而诸官职的设置名号、等级序列之类,仍当基本沿袭太和十六年四月新《令》所定。由于当时所定官号品位如《官氏志》所示,仍存留了不少北魏前期官制不辨清浊等方面的特色,从整改要求来看显然

---

① 《唐律疏议》卷五《名例篇》"诸同职犯公坐"条。又上引元子思奏劾文有曰:"请以见事免献伯等所居官,付法科处。尚书纳言之本,令仆百揆之要,同彼浮虚,助兹乖失,宜明首从,节级其罪。"《魏书》卷一一一《刑罚志》载永平三年高阳王雍议曰:"《贼律》:杀人有首、从之科,盗人买卖无唱、和差等。"可见《正始律》中已有首从节级连坐之法。

有欠彻底，这也是诏文称《职员令》"未善周悉"的一个重要原因。

此外，太和十七年《职员令》多达二十一卷，以隋唐《职员令》不过六七卷相衡，其二十一卷之数若无问题，则其内容必甚庞杂，这或者是孝文帝言其"未善周悉"的又一重要理由。这是因为当时此《令》既属创制，又迫于时限而未及精审，也就难如《晋令》一般简明。尤其是诏文末云："其有当局所疑而《令》文不载者，随事以闻，当更附之。"细味此语，其一方面固然是要解决《职员令》未善周悉而权宜施行的有关问题，并为"须待军回，更论所阙"做准备。另一方面，这里的"更"，既作"复"、"续"、"迭"、"再"解，则"当更附之"，也即主者有疑奏闻诏复后，可再编附于此《令》，这就透露了《职员令》在形态和性质上很可能仍是诏令集，而迥异于《晋令》的制定法体例。

由此揣测，太和十七年《职员令》的编纂，或竟以诸台、省、府、寺等机构为纲，其下略仿汉代《令》体而缀录一系列有关官吏职掌、员额等内容的条制、敕例，又因这类条制、敕例每因皇帝依可相应奏议而成，陆续累加而未在定《令》时大幅删削，故其内容不得不多，篇帙难于压缩，亦未可知。换言之，《职员令》的创置虽构成了对以往官制诸《令》的重大改革，但其编纂体例却还是沿袭了北魏开国以来编集诏令而成《令》篇的状态，反映了当时《令》体尚在演变之中而未成终局。

四 《职员令》对太和十六年"职令"的损益

说太和十七年《职员令》的官品名号基本沿袭了十六年四月所定，当然不是说其完全没有增益或改动。《魏书》载其事而可注意者有三：

一是卷四二《尧暄传》载其太和中任南部尚书以后的阀阅：

> 及改置百官，授太仆卿。车驾南征，加安南将军，转大司农卿，太和十九年卒于平城。

将此参以《魏书·高祖纪》及《南齐书》卷三《武帝纪》的相关记载，所谓"改置百官"，即应指太和十七年《职员令》的施用。是《职员令》的修撰亦可称"改置百官"，可见当时编纂此《令》，必亦涉及了百官的设置问题。①

二是卷五四《高闾传》载其约太和十九年任幽州刺史：

> 以诸州罢从事，依府置参军，于治体不便，表宜复旧。高祖不悦。

此事显然关乎刺史所属僚佐的建制，正在《职员令》规范之内。且《官氏志》载太和十六年及二十三年所定官品，俱无州参军之号，而仍存从事之职。由此可推"诸州罢从事，依府置参军"，很可能就是太和十七年创制《职员令》时所为。虽孝文帝后来似又改变主意，恢复了州从事之制，州置参军仍不失为隋初"以州、府之职参为郡官"，改以诸曹参军事为州（郡）僚佐主体一事的先河②，是为隋唐地方机构建制渊源上的重要事件。

三是卷一三《皇后传》序所载内官建制：

> 高祖改定内官，左右昭仪位视大司马，三夫人视三公，三嫔视三卿，六嫔视六卿，世妇视中大夫，御女视元士。后置女职以典内事，内司视尚书令、仆、作司、大监，女侍中三官视二品……春衣、女酒、女飨、女食、奚官女奴视五品。

这里"高祖改定内官"的时间，据《魏书》卷五三《李冲传》："高祖初

---

① 《魏书》卷二四《邓渊传》附《邓侍传》载太和十五年议定百官事，亦称"改置百官"。又《魏书》卷五三《李冲传》："及置百司，开建五等，以冲参定典式，封荥阳郡开国侯，食邑八百户。"事系太和十七年六月立皇太子，冲拜太子少傅前。其"开建五等"，当指《高祖纪》载太和十八年十二月诏定五等爵开国食邑之事，其事可与《魏书》卷一九中《景穆十二王传中·任城王云传》附《元澄传》、卷二一上《献文六王传上·咸阳王禧传》及《广陵王羽传》相证。然则《李冲传》事次颇紊，而所载"改置百司"，乃可合指太和十五年以来修定百官位序之《令》及十七年撰作《职员令》二事。看来此数处之"改置百官"或"改置百司"，皆可以表明此期对官制进行了调整，而不得以为太和十七年《职员令》与十六年官品位序之《令》为同一《令》篇之证。

② 参《通典》卷三二《职官十四·总论州佐》、卷三三《职官十五·总论郡佐》。又《唐六典》卷三〇《州府》司录参军条述后魏、北齐、周、隋，州皆有录事参军。则或孝文帝后州佐又以参军替代了从事史。

依《周礼》，置夫、嫔之列。以冲女为夫人。"可推事在太和十七年六月《职员令》施用时。加之其"初依《周礼》"，与孝文帝颁《职员令》诏"六职备于周经"和"远依往籍"之语相应；《皇后传》载"夫、嫔之列"所视的大司马、三公、三卿、六卿诸官，皆定于《官氏志》所载太和十六年官品，此又与诏文"百秩虽陈"义相吻合；又隋唐《职员令》中，皆有《命妇品员》或《内外命妇品员》篇。是又可推孝文帝"改定内官"，乃在太和十六年四月所颁官品之《令》的基础上进行，其改定的内容当亦收入了太和十七年《职员令》。

顺便指出，上引《皇后传》文中，"后置女职"的视尚书令、仆，视二品至视五品，显然与前定夫、嫔之列"位视大司马"、视三公诸官之序一脉相承。故太和十七年《职员令》改定内官时，似已开始出现了某种视官序列。这种"位视某官"的做法，其渊源自应溯至《官氏志》载天兴以来，新置官常以"比"原有某官的方式来表明其职能和位序的成式。只是其现在显然已不再包含职能内容而已仅指位序，其义近乎《宋书》卷四〇《百官志下》末载百官品秩后云："凡新置而不见此诸条（指其所列百官品阶）者，随秩位所视，盖□□右所定也。"① 南、北两制于此颇有相通之处。

另据《魏书》卷一一一《刑罚志》载熙平时任城王澄奏直阁、直后、直斋等"比视官"犯遣除罪之事，参以魏末和北齐的相应记载②，可知孝文帝以后的"比视官"，大体是指不入于《令》所规定的官品序列，非正官而有事任禄恤，且可加授或另补正官的若干职务。则《皇后传》载太和十七年《职员令》改定内官时所用"位视大司马"至元士，及后置女职的"视尚书令、仆"、"视二品"等名目，都有可能是太和十六年四月官品位序之《令》颁行以后，为明确诸新置官秩位，或安置那些并不纳入正规官品却仍有事任禄恤的职务而出现的。是故北朝"视品"之制，其源恐怕亦应溯至太和十六年官品位序之《令》和十七年《职员令》。

总之，据太和十七年施用《职员令》诏文，再结合前释"太和中"

---

① 中华书局点校本此条《校勘记》引岳珂《愧郯录》卷十《人品明证》条，述此原阙二字为"晋江"。是《宋志》载此九品之秩，乃东晋所定。

② 如《魏书》卷一一三《官氏志》载太和十九年八月、卷一六《道武七王传·京兆王黎传》附《元乂传》、卷七五《尔朱彦伯传》附《尔朱世隆传》关于"直斋"的记载，以及《隋书》卷二七《百官志中》所载北齐流内比视官之制。

事，可见孝文帝迁都以前的官制整改，自太和十五年十一月"大定官品"而全面展开，其要旨在于向晋制靠拢。而大定官品势须厘正官职的设置名目，也就不能不涉及职掌、员额等问题。到太和十六年四月新《律》、《令》颁行，最终在新《令》中被确认的，只有流内外官品序列，其中勋品流外的界定，内涵尤其深刻。但官号位序已明而职员统系未定，行政在新、旧扞格间或难免于疑滞，故自太和十六年八月起，孝文帝又亲自主持，创制了《职员令》，其取鉴《周礼》的体裁，梳理百官的职掌、员额，明确了台、省、府、寺诸机构的建制与地位，意义重大，然因迁都在即而不能不匆匆成篇，又留下了仍为诏令集而尚非法典等种种缺憾。尽管如此，到太和十七年六月《职员令》施用，十五年以来已展开两年的官制整改，毕竟已通过《令》的修订和实施而取得了阶段性成果。至于仍存的问题，则还要看迁都这头等大事的进展再相机处理。

第四节　太和十九年《品令》及相关问题

《魏书》卷七下《高祖纪下》载太和十九年十二月乙未朔：

> 引见群臣于光极堂，宣示《品令》，为大选之始。

对于这篇《品令》，往释纷纭①，亟待讨论和弄清其相关状况。

一　制定"《品令》"的背景

上引《高祖纪》文所称的"大选"，显指太和十九年十二月初一宣示《品令》后，即行铨选内外百官之举。这是由孝文帝亲自主持，意在为迁都后的进一步改革奠定人事基础，也切关群官利害而备受关注的一件大事，故《魏书》对此多有记载。

如卷三一《于栗䃅传》附《于烈传》载太和十九年大选百僚，烈子登引例求进，烈表谦让，诏曰：

---

① 对这个"品令"，史界同仁以之为"职令"之再修者有之，以之为《职员令》之再改者有之，以之为"职令"与《职员令》合帙再修者亦有之。其究竟是否《令》篇正名？现在亦难明确判断。这里姑书之为单独成篇之《品令》以便叙述。

朕今创礼新邑，明扬天下，卿父乃行谦让之表，而有直士之风，故进卿为太子翊军校尉。

卷三八《刁雍传》附《刁整传》：

高祖都洛阳，亲自临选，除司宪法曹参军。

卷四三《刘休宾传》附《刘旋之传》：

太和中，高祖选尽物望，河南人士才学之徒，咸见申擢。

卷六〇《韩麒麟传》附《韩显宗传》载其奏对：

陛下光宅洛邑，百礼惟新，国之兴否，指此一选。

卷六三《宋弁传》：

时大选内外群官，并定四海士族，弁专铨量之任，事多称旨。

卷六六《崔亮传》：

高祖迁洛，欲创革旧制，选置百官……征亮兼吏部郎。

殆皆其事。

从这些记载中，足以看出"宣示《品令》，为大选之始"，第一说明了此《令》修于太和十九年十二月前；第二交代了此《令》为选官而修，实为大选提供了法律依据；第三又可由大选之况推知其内容当直接关乎士流登进的一系列问题。然则太和十九年《品令》，显然是继十六年官品位序之《令》、十七年《职员令》颁行以后的又一个关于官制的重要《令》篇。若再考虑太和十七年九月六军驻洛，迁都之计始大白于天下，至十九年九月六宫及文武方尽迁洛阳。其间车驾往返南北，又革衣服之制，停北俗之语，著南迁代人之籍，十二月初一即宣示《品令》开始大选。这又尤足见其事至要，牵涉甚广而又不能不推行于百废待兴之际的基本背景。

二 《品令》解决的首先是官职的清、浊问题

关于太和十九年《品令》，记载相对较为完整的，莫过于《魏书》卷五九《刘昶传》载其时孝文帝临光极堂大选的一段言论：

> 朝因月旦，欲评魏典。夫典者为国大纲，治民之柄，君能好典则国治，不能则国乱。我国家昔在恒代，随时制作，非通世之长典，故自夏及秋，亲议条制。或言惟能是寄，不必拘门，朕以为不尔。何者？当今之世，仰祖质朴。清浊同流，混齐一等，君子小人，名品无别。此殊为不可。我今八族以上士人品第有九，九品之外，小人之官复有七等。若苟有其人，可起家为三公，正恐贤才难得，不可止为一人，浑我典制。故今班镜九流，清一朝轨，使千载之后，我得仿象唐虞，卿等依稀元凯。

其下又载昶曰："陛下光宅中区，惟新朝典，刊正九流"云云，及孝文帝与论大选之语[①]。这段记载涉及了新宣《品令》修订过程和内容的一系列问题，特别是其所涉官吏的清浊流别及其担任者的出身门品问题。而其对于了解此《令》性质和内容来说至关重要，故须勾稽其事，诠释其义，以明其事。

先来看孝文帝开头说的"朝因月旦，欲评魏典"云云。"月旦"语源在汉月旦评，这里显然是指评定门品。"典"，义与后语"典者为国大纲"、"通世之长典"、"浑我典制"及刘昶言"惟新朝典，刊正九流"之

[①] 《刘昶传》系此事于太和十九年十月昶朝京师后，大选时以昶为大将军之前。又据《高祖纪》太和十六年七月诏"自今选举，每以季月"。是孝文帝于十二月初一宣示《品令》，正为此乃季月例须大选之故。则《刘昶传》载"高祖临光极堂大选"，亦即《高祖纪》载是年十二月乙未朔"引见群臣于光极堂，宣示《品令》，为大选之始"时。即使晚于初一，亦必在十二月之内。而《资治通鉴》卷一四〇《齐纪六》系《刘昶传》载孝文帝上引语于太和二十年（齐明帝建武三年）正月，又系《刘昶传》载孝文帝后述"国家本来有一事可慨"云云于太和十九年正月；另又系韩显宗诸人与孝文帝论门族事于太和二十年，亦与《韩麒麟传》附《韩显宗传》文意不符。《资治通鉴》此数处系年皆支离《魏书》之文，以就己叙事之次，恐不足信，后文将随事注出。

"典"相通,既泛指煌煌法典,亦可专指刚刚宣示的《品令》。故这段文字不仅说明了迁都洛阳以后,孝文帝更为明确地以《令》的修订来推进官制改革的思路,也说明了太和十九年《品令》的修订,是因仿汉月旦评而论列士族品第,深感本朝以往有关法规尚欠完备的状况才开始着手的①。继之,"我国家昔在恒代……非通世之长典"及"当今之世……此殊为不可"两段,前一段对迁都以前有关法规,包括太和十六年官品位序之《令》和太和十七年《职员令》在内,作出了这都是"非通世之长典"的评介。后一段虽隔数语而述世风,却明确交代了前面之所以如此评介,是因为它们都未能解决"仰祖质朴"而"清浊同流,混齐一等,君子小人,名品无别"的问题,更不能适应迁都以后厉行汉化和胡、汉加速融合的新形势。此即太和十九年《品令》的修撰背景,其意显然是要全面厘正官职清浊名品问题,同时也表明了孝文帝视此《令》为煌煌长典的期待。

由之亦可看出,太和十六年官品位序之《令》虽区分了流内外,但在官职的清、浊界定与官人出身门品高下的匹配关系上,却的确存在着前文所指出的限度。《官氏志》载太和十六年官品序列中,书吏、吏干之类仍在流内官之列,便是孝文帝"清浊同流,名品无别"一语的显证。《魏书》卷六○《韩麒麟传》附《韩显宗传》:

> 既定迁都,显宗上表:"……朝廷每选举人士,则校其一婚一宦,何其密也;至于开伎作宦途,得与膏粱华望接闼连甍,何其略也!"

同书卷二一上《献文六王传上·咸阳王禧传》载迁都前后之制,王国嫔妃"应取八族及清修之门",而禧娶任城王隶户之女,深为孝文帝所责,并诏禧及河南王幹、广陵王羽等各聘名门之女。这些都可看作是孝文帝所言"当今之世"云云的注脚,且足见太和十六年新《律》、《令》颁行

---

① 孝文帝此时把迁都以前之制看作权宜之计的观点,亦可于其末云"卿等依稀元凯"一语见之。元、凯出典与太和十七年施用《职员令》诏述"八元"同,当时孝文帝尚以立三老、五更为"八元树位",现在则改以《品令》宣示后,已可在铨选中各得其所的士大夫们为元、凯。则前之"八元树位"现在亦被视为权宜而非长典。

后，婚宦讲究门族出身的做法虽仍被关注和强调，但"仰祖质朴"的旧习，以及官职的清浊名品在法律上和实践上混淆不清的局面，仍未根本改变。此况到迁都以后北族各姓已落籍河南，太和十九年起已改为汉姓而定其门族高下，"为国大纲"的《令》又被孝文帝分外强调时，自属"殊为不可"，遂有太和十九年"自夏及秋，亲议条制"，修撰《品令》之举。

《品令》的修撰过程自然是与种族、门族问题密切相关的。孝文帝继云："或言惟能是寄，不必拘门，朕以为不尔。"后又云："若苟有其人，可起家为三公，正恐贤才难得，不可止为一人，浑我典制。"这两段话都是在追述《品令》修撰过程中的一次讨论。其详见于《魏书·韩麒麟传》附《韩显宗传》所载李冲、李彪、韩显宗诸人与孝文帝共论选官应否"专崇门品"之事[①]。于中尤其可见，太和十九年夏秋"亲议条制"的焦点，乃在于确认门族出身对铨选的指导作用。那么能不能进而据孝文帝当时详定门族诸事，认为《品令》的修撰过程，就是门族等级的确定过程呢？这个问题对了解《品令》内容和性质来说十分重要，而结论是不能。

一是因为孝文帝临光极堂大选时已说得相当清楚：《品令》的要旨，在着眼于铨选而确定官职的清浊名品，其直接针对的，只是官职本身的某种分类及其任用上的相应次序，范围较为狭窄而便于把握。而门族的高下等级，则包括了一系列社会和政治内涵，在当时又尤其包括了胡、汉姓族的内容；其作用也不仅是充当铨选的依据或官职清浊的底蕴，而是还要在婚丧规制等社会各领域起到基准作用。故门族高下等级所牵扯的问题，显然要远为广泛和复杂。其与官职清浊虽相关连，却毕竟是可以区别对待，不必混杂在一起的。《魏书》卷二四《崔玄伯传》附《崔僧渊传》载其称述孝文帝当时"分氏定族，料甲、乙之科；班官命爵，清九流之贯"。说明"清九流之贯"，是通过官职的区分来体现的；其与确定氏族高下，是互相关联的两件事。

二是孝文帝所说"朝因月旦，欲评魏典"云云，已蕴含了评定门族

[①] 《资治通鉴》卷一四〇《齐纪六》系此于齐明帝建武三年（太和二十年）正月。然《韩显宗传》载此事在太和十八年昶为宋王大将军都督吴越楚彭城诸军事后，显宗与崔逸参定朝仪稍前。《魏书》卷一〇八之一《礼志一》载太和十九年十一月崔逸与议朝仪，是孝文帝与群臣的这次讨论，应在太和十九年十一月前，或即"自夏及秋"之时，恰与《刘昶传》载孝文帝语（前已考定其必在太和十九年十二月）"或言惟能是寄"的追述相符，且与韩显宗论其事时前瞻太和十九年大选之语"陛下光宅洛邑，百礼惟新，国之兴否，指此一选"合契。

第四章 太和十六年后的官制改革与相关诸《令》的修订

是先于修撰《品令》而进行的意思。《魏书》卷一一三《官氏志》载太和十九年定姓族诏曰：

> 代人诸胄，先无姓、族，虽功贤之胤，混然未分。故官达者位极公卿，其功衰之亲，仍居猥任。比欲制定姓、族，事多未就，且宜甄擢，随时渐铨。其穆、陆、贺、刘、楼、于、嵇、尉八姓，皆太祖以降，勋著当世，位尽王公，灼然可知者。且下司州、吏部，勿充猥官，一同四姓。自此以外，应班士流者，寻续别敕。

其载后下之"别敕"明确了详定代人姓、族高下的一系列标准，并规定：

> 凡此定姓、族者，皆具列由来，直拟姓、族以呈闻，朕当决姓、族之首末。其此诸状，皆须问宗族，列疑明同，然后勾其旧籍，审其官宦，有实则奏，不得轻信其言，虚长侥伪。不实者，诉人皆加"传旨问而诈不以实"之坐，选官依"职事答问不以实"之条。令司空公穆亮、领军将军穆俨、中护军广阳王嘉、尚书陆琇等详定北人姓，务令平均。随所了者，三月一列簿账，送门下以闻。

这里前诏之下，当在《品令》宣示之前；后下之"别敕"则不晚于太和十九年十二月卅日，然其内容之落实，自非短期之事①。可见《品令》宣示前，汉人"四姓"和代北八族地位"灼然"，"勿充猥官，一同四姓"

---

① 《资治通鉴》卷一四〇《齐纪六》系此前诏后敕俱在齐明帝建武三年（太和二十年）正月，或是据代姓改为汉姓在太和二十年正月初三之故，其他论氏族事皆系于此年，抑或由此。陈毅《〈魏书·官氏志〉疏证》（《二十五史补编》第四册）说已及此。劲案：《魏书》卷七下《高祖纪下》及卷四〇《陆俟传》附《陆琇传》，琇预其事时为祠部尚书司州大中正，未几，因太和十九年十二月卅日（甲子）从兄叡与于穆泰谋反案而免官。故《官氏志》所载"别敕"之下，不得晚于此时，罔论前诏。又"前诏"初定八族勿充猥官，已明其必下于《刘昶传》载帝临光极堂大选曰"我今八族以上士人品第有九"之前。又据《官氏志》载前诏"且宜甄擢，随时渐铨"文意，似此诏下时，《品令》的修撰和姓、族的厘定皆头绪未定，十二月以大选尚未可必。再据时制季月铨选和详定代人姓、族当在太和十九年七月丙辰诏代人著籍洛阳后，可断此诏下于太和十九年九月铨选之前。而"别敕"既明言诸臣"三月一列簿账"，则其簿账之一再上，必已在《品令》宣示之后。

的原则已被明确①，而其余大部分代人姓、族和汉族士人的门品，则显然还需要一定的时间来加以确定。②

再看《隋书》卷三三《经籍志二》史部谱系类后叙云：

> 后魏迁洛，有八氏十姓，咸出帝族；又有三十六族，则诸国之从魏者；九十二姓，世为部落大人者；并为河南洛阳人。其中国士人，则第其门阀，有四海大姓、郡姓、州姓、县姓。

将此参以上引《宋弁传》所载："时大选内外群官，并定四海士族，弁专铨量之任，事多称旨。"后文又载其好言人之阴短，或毁高门而申旧族，"又为本州大中正，姓、族多所降抑，颇为时人所怨"③。可见当时厘定门族，包括代人姓、族的高下等次，乃是一个横跨太和十九年十二月大选前后的较长过程。

三是《新唐书》卷一九九《儒学柳冲传》述：

> 魏太和时，诏诸郡中正各列本土姓、族次第，为举选格，名曰

---

① "四姓"指汉族高门无疑。《资治通鉴》卷一四〇《齐纪六》"胡注"："四姓，卢、崔、郑、王也。"陈毅《〈魏书·官氏志〉疏证》从此说。而近人多据《新唐书》卷一九九《儒学柳冲传》推释之为"郡姓"，即甲、乙、丙、丁之族构成的"郡四姓"。然据前引《北史·薛辨传》附《薛聪传》载高祖"与朝臣论海内姓地人物"以致争论之事，则太和十九年《品令》宣示后，汉族之郡姓尚未定讫。当时定族姓之相关情况及'四姓'渊源脉络，可参陈爽《世家大族与北朝政治》第二章"'四姓'辨疑：北朝门阀体制的确立过程及其历史意义"，中国社会科学出版社1998年版。

② 汉人高门和代北八族地位显赫已久。其证如《献文六王传》上《咸阳王禧传》载迁都以前之制："王国舍人应取八族及清修之门"，其"八族"及"清修之门"即指高祖为诸王所聘穆氏及汉人李、郑、卢氏之类。而其余代、汉门族高下的确定则颇费踌躇，《资治通鉴》卷一四〇《齐纪六》引元行冲《后魏国典》所载当时河东薛氏为争郡姓碎载殿庭之事，表明汉人门族等次的确定，实与代人姓、族同样非短期之可就。又揆诸情势，高祖所以要在当时详定氏族，首要解决的应是代人姓、族高下这个关乎迁洛以后大局安定与否的紧迫问题，而既然《品令》宣示前代人姓、族多未定讫，也就难以设想汉人门族已皆确定。

③ 《资治通鉴》卷一四〇《齐纪六》亦系其事于齐明帝建武三年（太和二十年）正月。然据《宋弁传》文意，此事当在太和十九年十二月大选前后。又《魏书》卷五七《崔挺传》载"高祖将辨天下氏族"，遥授挺为本州大中正。事系太和二十一年张彝兼侍中出巡之后，误。其实当在太和十九年四月高祖幸兖州，"召挺赴行在所"稍后。

"方司格"。①

《魏书·官氏志》载孝文帝定姓、族的"别敕",要求"凡此定姓、族者,皆具列由来,直拟姓、族以呈闻,朕当决姓、族之首末"。《柳冲传》所述显即其下文,故所谓"举选格","举选"意指其所规定的姓、族之次,乃为铨选过程所依准②;"格"之为名,则表明其乃是一份各郡中正奉诏详列的"本土姓、族次第",其显然并不是《令》,而与"条格"、"条制"相类。此又可见姓、族等次,要到太和十九年以后才由各郡中正列上,再将之编纂为"方司格"来加以明确,因而绝不能将其混同或纳入太和十九年十二月初一宣示的《品令》。

要之,孝文帝当时详定四海士族,意在适应迁都以后的形势,统一安排汉、代门族的高下。其要害则是由朝廷来裁定门族高下的标准及其详定办法,从而为各种政治和社会过程提供一个统一的门阀标准,以促进胡、汉的融合,也对以往的中正评第之制作了重大改革③。然其清定姓、族的过程,很可能比《品令》的修撰开始得早,且肯定比《品令》的宣示结束得晚,因而是一条自有其宗旨、对象和进展阶段的制度整改线索。相比之下,太和十九年《品令》的修撰,却迅速完毕即行宣示以指导大选,其虽必关联到门族问题,却无疑是另一个制度的撰作过程,其内容既没有、也无须、更不可能包括整套代、汉门族等级。

由此再据前释《刘昶传》载孝文帝言此《令》的修撰背景、要旨及其所针对的问题,即可断定《品令》的修撰,其实只须界定以往尚未解决的官职清、浊类型与次序,同时明确各种官职的任用条件,特别是其所需门资是高是低就可以了。至于代、汉百姓各族究竟孰为高,孰为低,那完全是另一码事,正可以在行之已久的中正评第之制的基础上大加厘定或

---

① 《旧唐书》卷四六《经籍志上》史部谱牒类著录有《后魏方司格》一卷。《史通》卷三《书志》:"谱牒之作,盛于中古。汉有赵岐《三辅决录》,晋有挚虞《族姓记》,江左有两王《百家谱》,中原有《方司格》。盖氏族之事,尽在是矣。"是"方司格"后来已别帙单行。

② 方司之"方",盖方舆、方国之"方";"方司"意为各地之主者;故"方司格"之为名,正表明此格规定的姓、族等次,虽最终由皇帝裁决,而其具体内容则主要是由各"方"(郡)中正所拟定的。

③ 此举显已开唐撰《氏族志》的先河,且预示了九品中正制的消亡。盖其既由朝廷统一控制门族高下,则此后除非再有统一厘正门族之举,中正实已无所事事,可有可无。宣武帝正始元年罢郡中正,孝明帝正光元年罢诸州中正,殆即由此。

从容调整。也就是说，官职的清浊，只是在体现其任用条件的意义上涉及了门族的高下，而绝不能等同于各门族的等级。

因此，太和十九年《品令》的内容和实质，无非要在太和十六年确定的官品序列上再进一步，定出和明确各种官职的清、浊之次及其相应的任用条件，在此基础上构筑起出身各等门族者与诸种清、浊官职间的全面对应关系，从而为铨选提供明确的法律依据，也扭转此前不同出身者仕进除已有的若干限制外，大多仍主要据劳旧而叙的"清浊混齐、名品无别"局面。前引《皮演墓志》后文也提到了太和十九年《品令》：

……军还，进为奉车都尉。十有九年，改创百官，仍除奉车，从新《令》也。

这里是用"改创百官"来概括太和十九年《品令》的，在墓志作者看来，全面确定百官清、浊及其门资等任用条件，在当时确为一项意义重大的"改创"。

三 "《品令》"非"职令"的重修而属创体

太和十九年《品令》既是在以往官品位序上再分清、浊的产物，那么其修撰过程是否可以像有些研究者认为的那样，就是太和十六年官品位序之《令》的再修订呢？这个问题同样切关于对《品令》内容和性质的把握，而结论还是否定的。

理由之一，是官职的品阶高低与清、浊之次，虽或有所照应而肯定并不重合。所谓照应，即在其他条件大体相同时，诸官职的品阶越高，其在清、浊之次中便越居于前；反之亦然，下至流外则其"浊"无比。但与内涵较为单纯的品阶相比，从尚书、御史、将军、校尉到诸局书吏，各种具体官职毕竟还有文、武、冗、剧等职掌性质之别，也有相应的任用条件与迁转顺序之异。这些内容，才是与官吏的出身门族等社会性因素关系最为直接的部分，且构成了划分其清、浊之次的主要依据。

因此，从太和十九年以后的有关记载来看，品阶高的官职在清、浊之次中居后，或品阶同者清、浊之次不同，或反之的情况，是广泛存在着的。如《魏书》卷七七《辛雄传》载其孝明帝末上疏奏请：

上等郡县为第一清，中等为第二清，下等为第三清。

此条可与前引《魏书·源贺传》附《源怀传》载其宣武帝景明三年奏"诸州守宰，职任清流"相参。是郡守与县令品阶虽殊，但在清浊之次中列为同等。

又《魏书》卷八八《良吏明亮传》载其宣武帝延昌中奏事有曰：

臣本官（员外散骑）常侍，是第三清，今授臣武勇（将军），其号至浊。

据《魏书·官氏志》载太和二十三年所定，至宣武帝初颁行以为永制的官品序列，员外散骑常侍第五品上，勇武将军第四品下，则后者品阶虽高而清浊之次明显在前者之下。且从明亮语次，可推散骑常侍及员外、通直散骑常侍，虽品阶不同而皆当属第三清。

又《魏书》卷一九中《景穆十二王传中·任城王云传》附《元澄传》载孝明帝熙平时，澄奏高阳王雍拷杀奉朝请韩元昭事曰：

不宜以三清九流之官，杖下便死。

是奉朝请亦属第三清，而其品阶仅从七品下。另《魏书》卷一○三《蠕蠕传》载孝明帝正光元年阿那瓌来朝事：

引五品以上清官及皇宗、藩国使者列于殿庭。

亦可见同属五品以上而清浊仍殊有别。

凡此之类，皆足证官职的品阶与其清、浊之次，乃是两种无法合并到一起的序列，故旨在确定清、浊之次的《品令》的修撰过程，即便可能引起有关官职品阶的调整，却断不能说是太和十六年官品位序之《令》的再次修订。

另一个理由蕴含在《刘昶传》载孝文帝"自夏及秋，亲议条制"之语中。"条制"即规定内容包括了若干条款的敕例，前已述"方司格"性质亦属此类，其显然并非《律》、《令》而是对之起补充、修正作用的单行法律规范。故"亲议条制",本身就表明太和十九年夏秋讨论的,乃是这类规范而非太和十六年所颁官品位序之《令》,具体当即以往所下关于铨官讲究门族出身的各种制诏规定。

前已提及,太武帝以来,已续有制诏对出身卑微者的仕进、入学等方面加以限制。而太和十五年以来,既专设勋品流外序列以处"位卑"者,相关的措施自应更多一些①。只要它们在当时及后来未被著《令》,便皆可说是条制之类。《北史》卷三六《薛辨传》附《薛聪传》载太和十五年:

> 孝文留心氏族,正定官品,士大夫解巾,优者不过奉朝请。聪起家便佐著作,时论美之。

据此则孝文帝在太和十五年大定官品,区分流内外序列时,已甚"留心氏族"问题,且已以奉朝请为高门子弟的起家官。②

又《魏书》卷六二《李彪传》载太和十五年孝文帝下诏擢彪之官有曰:

> 彪虽宿非清第,本阙华资,然识性严聪,学博坟籍……可特迁秘书令。

这也是迁官讲究门资之例。前引《韩麒麟传》附《韩显宗传》载其迁都计定时表曰:"朝廷每选举人士,则校其一婚一宦,以为升降,何其密

---

① 其实道武帝以来就有不同官职须有不同任用条件的规定,如《魏书》卷二《太祖纪》皇始元年定"刺史、太守、尚书郎以下悉用文人"。天赐元年十一月"大选朝臣","令各辨宗党,保举才行"。即其证,又《魏书》卷一一三《官氏志》载太和十六年所定官品序列,国子学生第七品中。卷二四《邓渊传》附《邓侍传》:"袭爵,为太学生,稍迁中书侍郎。"卷三三《王宪传》附《王嶷传》:"少以父任为中书学生,稍迁南部大夫。"是北魏前期以来入国学者即仕进,故有关入学的限制亦即对仕进的限制。

② 《魏书》载其时拜奉朝请者类皆高门子弟,如卷四八《高允传》附《高绰传》:"太和十五年拜奉朝请。"卷四九《李灵传》附《李谨传》:"太和中拜奉朝请。"其例甚多。又据《宋书》卷六〇《范泰传》、卷六六《王敬弘传》、卷九四《恩幸阮佃夫传》等处所载,南朝奉朝请常由门第二品者任之。则孝文帝此制盖仿南朝,然当时亦有以才用优长为奉朝请者。如《魏书》卷七二《路恃庆传》:"恃庆有干用,与广平宋酾俱知名,为乡间所称。相州刺史李安世并表荐之。太和中除奉朝请,恃庆以从兄文举有才望,因推让之,高祖遂并拜焉。"

也。"是太和十五年以来有关规定实已不少。但考虑到孝文帝太和十九年临光极堂大选，仍云当世"清浊同流，混齐一等；君子小人，名品无别"。足证以往的这类规定既不成系统，亦未在《令》中明确下来，故它们必定是以条制、敕例的形式起作用的。这就构成了太和十九年夏秋孝文帝亲自主持修撰《品令》，全面区分官职清、浊及其任用条件的现成素材。

由此再回味《刘昶传》载孝文帝之语："我国家昔在恒代，随时制作，非通世之长典，故自夏及秋，亲议条制。"语锋固扫及了所有迁都以前的法律，包括太和十六年官品位序之《令》在内；然其直指的，显然还是上述这些并未纳入新《律》、《令》，关于官职清浊、选举而"随时制作"的制诏或条制。而其之所以要在修撰《品令》时亲议条制，则显然是要取择其内容，使之上升为《令》。

至此，已可得出一个关于《品令》性质及其修撰过程的重要结论：太和十九年夏秋《品令》的修撰，并非北魏以往任何一个《令》篇的续修或补正，而是要把以往不入于《令》的有关条制、敕例集中到一起，围绕着全面区分官职的清、浊流别，明确其相应的任用条件而讨论之、充实之，编之为一个专门以此来指导铨选的新《令》篇。

四 《品令》中的"士人品第"和"小人之官"

《魏书·刘昶传》载孝文帝临光极堂大选时说："我今八族以上士人品第有九，九品之外，小人之官复有七等。"此语概括了太和十九年《品令》的若干重要内容。其前述"士人品第"，后曰"小人之官"，意似欠明，然语指新宣《品令》无疑，大意盖谓此《令》把八族以上士人可以担任的官职分成了九等；其下，小人可任之官又被分成了七等。

这应当就是太和十九年《品令》区分百官清浊的大框架。所谓"八族以上士人"，必指门族特高者而非全部士人。前引《魏书·官氏志》载太和十九年定姓、族诏，即称穆、陆、贺、刘、楼、于、稽、尉八姓地位：

> 皆太祖以降，勋著当世，位尽王公，灼然可知者。且下司州、吏部，勿充猥官，一同四姓。

这里所说的"灼然可知"，似乎套用了晋以来中正品第以"门在灼然"或

"灼然二品"来表示某族门资在二品以上的语式，而是否门在二品，正是衣冠高门（上品）与卑庶寒族（下品）的界限。北魏既早已实行九品中正制，孝文帝此时又基此厘定四海门族，是亦当有中正所评九品之等及二品上、下之别①。然则孝文帝定姓、族诏，称八姓"皆太祖以降，勋著当世，位尽王公，灼然可知"，已表明当时中正所评"门在灼然"者，必为家世高官。而"且下司州、吏部勿充猥官"②，又表明八族无论在司州还是由吏部任用，皆可因其为二品以上高门顶端而不得任以猥职。至于"一同四姓"之四姓，前已释其不外乎崔、卢、李、郑、王等门第特高之汉人士族，要亦在"灼然二品"之列。

由此推断，孝文帝光极堂大选时所称，"我今八族以上士人品第有九"，大意当谓太和十九年《品令》中，可供中正所评代、汉二品（"灼然"）以上高门担任的"清官"被分成了九等③。由于清、浊等次皆蕴含着一定的门资条件，此语也可释为同属门在"灼然"（二品以上）者，在铨官时"品第有九"。前述太和十九年后官职有"第一清"、"第二清"、"第三清"之别，当即蕴含了这样的内容。

在此基础上，"小人之官复有七等"亦已易解。小人、君子之别，自晋以来已寓有明显的门族出身意味，《晋书》卷一二五《冯跋载记》载马

---

① 《魏书》卷九《肃宗纪》正光四年七月诏七十致仕有曰："其有高名俊德、老成髦士、灼然显达、为时所知者，不拘斯例。"此"灼然显达"，似与高祖诏"门在灼然"同义。同书卷六六《崔亮传》载其孝明帝时为吏部尚书，作停年格，"庸才下品，年月久者灼然先用"。其大意是：虽门品为下而停解年月久者，可先于门在灼然的高品而用。是北魏亦以二品上、下为"上品"、"下品"之界。

② 孝文帝命八族勿充猥官之诏，之所以不仅要下吏部还要下司州，盖因八族原籍平城，无论为司州僚吏还是为朝廷命官，皆须由司州中正上其品状之故。《魏书》卷二七《穆崇传》附《穆亮传》载太和十年复置司州时，"高祖曰：'司州始立，未有僚吏，须立中正，以定选举。然中正之任，必须德望兼资者。世祖时，崔浩为冀州中正，长孙嵩为司州中正，可谓得人。公卿等宜自相推举，必令称允。'尚书陆叡举亮为司州大中正"。可与参证。然太和十九年诏南迁代人统一著籍河南洛阳后，原司州中正的地位便开始被河南邑中正取代。《魏书》卷四五《韦阆传》附《韦崇传》载"迁洛，以崇为司州中正，寻除右将军，咸阳王禧开府从事中郎，复为河南邑中正。崇频居衡品，以平直见称。"即已反映了这一点。又《魏书》卷六六《崔亮传》载司空谘议刘景安书规崔亮，内称本朝"立中正不考人才行业，空辨氏姓高下"。可见太和以来中正评品之态。

③ 《魏书》卷一九中《景穆十二王传中·任城王云传》附《元澄传》载孝明帝时，澄奏请四中郎将宜"选二品、三品亲贤兼称者任之"。此处二品、三品，显指中正所评门第之品，是此前官阶为从三品上的四中郎将必由门第二品者任之。其时澄虽奏请选及三品而帝"卒不纳"。

弗勤受工人李训货贿，跋曰：

> 弗勤拔自寒微，未有君子之志，其特原之。李训小人，污辱朝士，可东市考竟。

北魏如《魏书》卷四八《高允传》载其作《征士颂》，述太武帝神䴥四年征范阳卢玄等四十二人，皆冠冕之胄，《颂》有"淑人君子，其仪不忒"之句，亦然。是"小人之官"，当时正指出身寒微者可任之官。而"我今八族以上士人品第有九"，既然是指《品令》中可供门族二品以上高门担任的清官品第有九，则"九品之外，小人之官复有七等"，自应指出身二品以下卑庶者可任之官，在《品令》中又有七个等级。至于其所以是七等，当是由于中正所评门第三至九品尚有七级的缘故①。此亦可见清、浊固然是相对的范畴，却毕竟还有绝对的界限存在着：同属士人官，限由出身二品以上担任的为"清"，以下为"浊"，为"小人之官"。

就这样，太和十九年《品令》所定的官职清、浊之次及其任用条件，具体正是通过上述九清七浊16个等级，来使高门、寒族和君子、小人在官职的分配上各得其所的，此即孝文帝临光极堂大选，谓新宣《品令》"班镜九流，清一朝轨"的内涵所在。也正是在这个使君子、小人各得其所的意义上，颇为自得的孝文帝才会用尧、舜举八元、八凯之典而说："使千载之后，我得仿象唐虞，卿等依稀元凯。"

五　太和十九年"《品令》"的影响

现在再看太和十九年《品令》的影响。《魏书》卷一九中《景穆十二王传中·任城王云传》附《元顺传》载其孝明帝末年云：

> 高祖迁宅中土，创定九流，官方清、浊，轨仪万古。

足见官分清、浊之制大体上一直沿用了下来。《通典》卷三八《职官二十·后魏百官》的一段按语尤值注意，其录太和二十二（三）年所定官

---

① 《隋书》卷二六《百官志上》载梁天监七年革选定班，"位不登二品者，又为七班"。其义颇与此类。

品后①，言魏初以来官制诚非经远曰：

> 孝文帝太和十八（九）年定令，方有伦序。今所录者，以此为正焉。

是杜佑实以太和十九年《品令》的班行为北魏官制"方有伦序"的转折点，且以之为太和二十三年所定官品之"正"。此处"伦序"，显即官职清、浊之次及其相应的位阶之别。由此可见，太和二十三年复次"职令"时重新确定的官品位序，已据太和十九年所定官职的清、浊之次作了相应调整。也就是说，太和二十三年"职令"已将太和十六年官品位序之《令》和太和十九年《品令》作了整合。

但太和十九年出台的《品令》，一方面固然使官职的分配，按孝文帝对门阀制度的要求排出了"伦序"，另一方面也势必导致新的纠葛，特别是清、浊界隔自此不断深化，带来的后果是相当严重的。

《魏书》卷八七《节义刘侯仁传》载宣武帝永平时事：

> 有司奏其操行，请免府籍，叙一小县。诏可。

所谓"府籍"，亦即府户、兵户②，卑姓杂户之类。《魏书》卷七下《高祖纪下》太和十七年九月：

> 诏厮养之户不得与士民婚；有文武之才，积劳应进者，同庶族例，听之。

则免府籍当为庶族，听与士民通婚。又所谓"小县"令、长，据《魏书》卷七七《辛雄传》载其孝明帝末奏请下等郡县为第三清，则其前下等郡、县长官必在第三清以下，正属"小人之官"。因此，刘侯仁免府籍而叙小县，似正是太和十九年《品令》所定"伦序"的表现。至于由此导致的纠葛，前引《魏书·良吏明亮传》载其不愿出任"其号至浊"的勇武将

---

① 《通典》此处述太和十八年定令及二十二年改次职令，当即《魏书·官氏志》所载太和十九年宣示《品令》及二十三年复次职令之事，其皆少一年，《唐六典》卷一五《光禄寺》："太和二十二年重次职令。"亦然。

② 参《魏书》卷六八《高聪传》及《北齐书》卷二三《魏兰根传》。

军一职，即说明按太和十九年《品令》所定的"伦序"，一旦出任浊职必极难转清，也就必然意味着其担任者的身份趋于卑微。

具体如《魏书》卷七二《路恃庆传》附《路雄传》载雄字仲略：

> 以军功为给事中，高祖曾对群臣云："路仲略好尚书郎才。"仆射李冲云："其人宜为武职。"遂停转太尉咸阳王录事参军，迁伏波将军，奉车都尉，卒。

从李冲为仆射、咸阳王禧为太尉的时间可知，路雄停转太尉录事参军当在太和十九年《品令》宣示后，其既以军功为给事中，盖曾为武职，相对于文职为浊，而李冲之语必据新宣《品令》清浊有别的原则而发，孝文帝遂肯舍己意而从新《令》，而路雄以后亦一直未能再任文官。

如果说这个事例表明为浊职者甚难转清，那么下一个事例便昭示了久任浊职者身份必趋卑微。《魏书》卷一八《太武五王传·广阳王建传》附《元深传》载其孝明帝正光五年上书述六镇之事有曰：

> ……及太和在历，仆射李冲当官任事，凉州土人悉免厮役，丰沛旧门仍防边戍，自非得罪当世，莫肯与之为伍。征镇驱使，但为虞侯、白直，一生推迁，不过军主。然其当世房分，留居京者，得上品通官，在镇者便为清途所隔……自定鼎伊洛，边任益轻，唯底滞凡才，出为镇将……

这段记载语次错杂，而所言大体当是太和十九年《品令》宣示以来，任军官浊职者身分急剧跌落之况①。尽管自来铨选过程的清浊悬隔非如元深

---

① 《魏书》载元深此奏事次甚紊。劲案：李冲始兼仆射在太和十九年正月，"定鼎伊洛"在太和十七年。一也。倘"定鼎伊洛"指太和十九年六宫及文武尽迁洛阳，李冲任仆射也不到一年；即自李冲太和十六年始任吏部尚书算起，也不过三年，诸镇军官又怎会"一生推迁，不过军主"。二也。再若其"一生推迁，不过军主"指迁都前出身限制之多规定，则当时不乏军官转任文职之例。三也。又边任趋贱，必是一个长过程，"定鼎伊洛"前自不当"莫肯与之为伍"。四也。另其云"往世房分留居京者，得上品通官"，显属太和十九年高祖诏八族勿充猥官，继又别敕详定代人姓、族以来之事，"上品通官"尤似《品令》宣示后出现的名目。则元深此奏的主要内容应是太和十九年《品令》施行以后直至魏末的概况。《魏书》此卷早佚，今其文乃宋人抄撮诸书而成，深此上书几全采《北史》本传，则其事次之紊，李延寿不得辞其咎。

所奏边任之严重，从中仍可看出《品令》的贯彻，虽解决了以往清、浊混杂，名品无别的问题，但由之而起的，却是社会地位的鸿沟与对立大大深化①。至于其最终构成了魏末北镇之乱的要因之一，则非欲仿唐虞、班镜九流的孝文帝始料所及。

据上述太和十九年《品令》的方方面面，可断其与太和十六年官品位序之《令》及太和十七年《职员令》既互相照应又彼此独立，乃是孝文帝为适应迁都后的形势需要，专为指导铨选、明确官职分配中的门阀秩序而创制的一篇新《令》。

《通典》卷一六《选举四·杂议论上》载孝明帝时清河王怿上表：②

> 孝文帝制出身之人，本以门品，高下有恒。若准资荫，自公、卿、令、仆之子，甲、乙、丙、丁之族，上则散骑、秘、著，下逮御史、长兼，皆条例昭然，文无亏没。自此或身非三事之子，解褐公府正佐；地非甲、乙之类，而得上宰行僚。自兹以降，亦多乖桀……斯皆仰失先准，有违明《令》，非所谓式遵遗范，奉顺成规。

其云依门品铨官，高下有恒的"成规"、"遗范"、"明《令》"，显即太和十九年《品令》以来的相关规定和《令》篇。

又《魏书》卷一〇八之二《礼志二》载孝明帝熙平二年江阳王继奏事有曰：

> 伏见高祖孝文皇帝著《令》铨衡，取曾祖之服以为资荫，至今行之，相传不绝。

其述孝文帝"著《令》铨衡"，是太和十九年《品令》，正可以说是一篇铨衡之《令》。然则其上承晋以来铨选以《贡士》、《选吏》、《选将》、《选杂士》诸令并用之源，下启隋唐以《选举令》一篇统一指导铨选过程之流，中创革北魏道武帝开国以来，铨选标准及其他规定或散于有关

---

① 参《魏书》卷六四《张彝传》、卷六六《崔亮传》及卷七八《张普惠传》。
② 《魏书》卷二二《孝文五王传》包括《清河王怿传》至北宋已佚，《通典》载此表文当采自原传。

《令》篇，或仅以敕例而存在的状态；故其不仅是孝文帝在官制整改上的又一重大立法举措，也揭开了魏晋以来铨选之《令》从诸《令》并陈至合篇为一的新篇章。

第五节　太和二十三年再修"职令"

孝文帝最后一次修订官制诸《令》，是在其临终的太和二十三年。《魏书》卷一一三《官氏志》：

> （太和）二十三年，高祖复次职令，及帝崩，世宗初班行之，以为永制。

关于当时"复次职令"，无论是其主要内容，还是其与前此诸《令》的关系，史界看法皆众说纷纭。推其之所以如此的原因，主要是史载缺略，踪迹迷茫，加之文献流传、文字脱误等问题，其间的种种可能，实难遽为取择。姑综诸记载，理其头绪于次。

一　"复次职令"指的是什么？

既云"复次职令"，则孝文帝此次对官制的整改仍重在立法，具体是要对以往有关官制诸《令》加以调整。此端毋庸置疑①。而以往有关官制诸《令》，显然不外乎太和十六年官品位序之《令》，十七年《职员令》和十九年《品令》，故此处"职令"之所指，当于此三《令》求之，这大概也没有问题。

据前所述，在这三个《令》篇宣用之时，实际上都已存在着后续修正的必要。太和十六年官品位序之《令》，一开始就存在着改革有欠彻底、内容不够完整的问题。太和十七年《职员令》则大体是在十六年所定官品位序的基础上，匆匆确定了相应的机构统系、职掌、员额；结果是十六年《令》的问题未及解决，其本身内容也"未善周悉"，故只是"权

---

①　《唐六典》卷八《门下省》述侍中"太和末革《令》，正第三品"；卷一五《光禄寺》述"太和二十二（三）年重次职令，九卿并第三品"。其"重次职令"即"革《令》"，亦即《官氏志》所述的"复次职令"。

可付外施行"。太和十九年《品令》旨在确定官职的清浊之次及其任用条件，通过官职分配理顺迁都以后代、汉贵族间的关系。然其内容并未直接涉及百官品位、职掌、员额与机构统系，也就未及处理太和十六年官品位序之《令》和十七年《职员令》留下的问题。至于其本身，由于清、浊官职的区分不但要依据以往有关流品限制的习惯和条制，还要考虑各种官职的所属机构、职掌性质乃至行政地位，故在前二《令》的内容有待调整的前提下，太和十九年《品令》的内容，在当时恐亦难言周悉而有再行修订的必要。

这三个《令》篇既然皆有再加修订的必要，那么太和二十三年"复次职令"，如果先假定是其中一个的话，又该是哪一个呢？

《品令》的可能似乎较小，其在名称上便与"职令"迥异，且要解决其存在的问题，当须以前此二《令》的调整为前提，故当时"复次"的倘只是一个《令》，似不大可能是《品令》。《职员令》的可能自较《品令》为大。因为其本就"须待军回，更论所阙"。且其既在太和十六年官品位序之《令》的基础上，进一步明确了百官的职、员与机构统属关系，似"复次职令"，也可以释为通过对《职员令》的修正来调整官号位序和职、员、统系这两大官制内容。不过问题在于，《职员令》的内容毕竟并不是官品位序本身，假定太和二十三年只"复次"了一个《令》，《官氏志》后列复次职令的具体成果，又何以仅是官品位序而不及其他呢？

也许正是为了回答这个问题，不少学者便认为太和十六年所定官品位序，后来已被并入了太和十七年《职员令》，从而把"职令"看作《职员令》的约称，再把《官氏志》所列只有官品的现象，解作是史臣删略了其他内容的结果。但要把"职令"与《职员令》等同起来，并无可靠的证据和取信的理由；说太和十六年著于《令》而施行的官品位序并入了十七年《职员令》，又不符前述孝文帝施用《职员令》诏文所指的种种事实。因而在现有材料上，要说太和二十三年复次的"职令"就是十七年《职员令》，还存在着难以逾越的障碍。

太和十六年官品位序之《令》的可能最大。因为其不仅在内容上与《官氏志》"复次职令"后列的官品序列相符，更丝丝扣合了《官氏志》"太和中，高祖诏群僚议定百官，著于《令》。今列于左，勋品流外位卑而不载矣……二十三年，高祖复次职令，及帝崩，世宗初班行之，以为永制"的文义。况流内、外官品序列的厘定，势必是对各种官职设置的确认；官品位序之《令》，在整套官制中实具有最为基本的地位。故无论是《职员令》还是《品令》，其涉及的官职名目，都应基本上取诸太和十六年官品位序之《令》；而此《令》的遗留问题，亦必影响到《职员令》和《品令》的合理性。这些都是太和二十三年"复次"的有可能是十六年所颁官品位序之《令》的有力理由。

依此而推，孝文帝对北魏开国以来官制的整改，是自太和十六年官品位序之《令》的颁行始，至太和二十三年复次此《令》而终。而《官氏志》载孝文帝时期的官制改作，除一些随时进行的调整外，亦先列太和十六年，后列太和二十三年所定官品。其中似皆有深意存焉。不可否认：太和二十三年"复次职令"，必切关于官品位序的再修订；而若肯定当时复次的"职令"乃指前此三《令》中的一个，那是确非太和十六年官品位序之《令》莫属的。

可以佐证这一点的记载还有不少。如《官氏志》详列太和二十三年所定官品后，又述：

> 前世职次，皆无从品。魏氏始置之，亦一代之别制也。

联系其上文，此处语意已蕴"职令"首先关乎"职次"，即官职的品位次序。北魏官制始设从品，当在太和十六年官品位序之《令》颁行时[①]。《通典》卷三八《职官二十·后魏百官》有曰：

> 后魏初有九品，及有从品，每一品之中又有上、中、下三等之差。至孝文帝太和二十二（三）年改次职令，除其中等而有上、下二等，以为永制。

即说明了北魏开国以来已有九品，至孝文帝太和十六年则有"从品"和正、从上、中、下三等的发展过程。可见太和二十三年改次职令的一个重要内容，就是把太和十六年以来的九品上、中、下三等职次改为上、下二等。

---

① 《魏书·官氏志》载太和十六年所定官品已皆有从。据其载天赐元年九月定王、公、侯、子爵品及天赐二年正月定刺史、太守、县令之品皆无从，似道武帝以来实无从品。

又《南齐书》卷五七《魏虏传》述魏主死后:

  谥孝文皇帝。是年,王肃为虏制官品百司,皆如中国,凡九品,品各有二。①

这条记载一方面说明太和二十三年"复次职令",乃在时任尚书令的王肃主持下进行②,且其要旨在使官品百司皆如"中国";另一方面又至少表明了当时"复次"的重点,首在于官号名目与品级序列。

二 "复次职令"应是对前此三《令》的总结和调整

要肯定太和二十三年"复次职令",就是对太和十六年官品位序之《令》的修正,似乎还存在一些障碍。具体说来,孝文帝以来史传乃至于唐宋文献所引"职令"之文,所涉及的内容除官品以外,也往往包括了职掌与统属关系、清浊及任用条件等内容。由于这些内容本应分别由《职员令》和《品令》来加以规范,也就极易令人把"复次职令"的过程,解释为太和十七年《职员令》和十九年《品令》的再修订。

如《魏书》中提到"职令"的还有两处,一处是卷五七《崔挺传》附《崔振传》载其太和二十年任高阳内史以后之事:

  高祖南讨,征兼尚书左丞,留京……后改定职令,振本资惟拟五品,诏曰:"振在郡著绩,宜有褒升。"除太子庶子。

所谓"改定职令",显即《官氏志》的"复次职令"。"本资",指本官资历,因崔振本官内史,改定职令后位在第五品下,故云"本资惟拟五品"③。是"职令"内容正涉及了百官品阶,足与《官氏志》所述相证。不过,考虑到崔振担任的内史及太子庶子必在"五品以上清官"之列,

---

① 《通典》卷一九《职官一·职官总叙》所述略同。
② 王肃的参与,实为孝文帝迁都后各项制度改革的背景之一。《北史》卷四二《王肃传》:"孝文虽厘革制度,变更风俗,其间朴略,未能淳也。肃明练故事,虚心受委,朝仪国典,咸自肃出。"即指太和十七年十月王肃抵邺以来之事。
③ 《魏书·官氏志》载太和二十三年所定官品,内史第五品下,尚书左丞位在太子庶子之右而皆为从四品上,故振本官内史迁太子庶子为不次,依其本官资历惟当拟为第五品上。

则所谓"本资",亦当兼顾了崔振本官内史的清浊之次,及其所需的门资条件。由之似可推知"职令"的内容,同时也包括了清浊门资之次。

此说虽有嫌勉强①,但《太平御览》卷二二九至二三二所引七条"后魏职令"残文支持了这一点。如卷二二九《职官部二十七·太常少卿》:

> 景明初,班职令,太常少卿第四品上,第一清,选明礼兼天文阴阳者为之。

此已明言其诸处所引"后魏职令",盖即《官氏志》所载太和二十三年"复次",至宣武帝景明初颁行以为永制的"职令"。而此条所含内容:"第四品上",指官阶;"第一清",指清浊之次,其中已寓门资条件②;"选明礼兼天文阴阳者",指其他任用条件。《职官分纪》卷十八至二二述太常、宗正、光禄、卫尉、太仆、廷尉、鸿胪、司农少卿引"后魏职令"文,内容与《太平御览》所引略同。

《魏书》中另一处提到的"职令",在卷一四《神元平文诸帝子孙传·高凉王孤传》附《元子思传》。其中载及孝庄帝时,子思奏论尚书应朝名账须送御史台纠核之事曰:

> ……职令云:"朝会失时,即加弹纠",则百官簿账应送上台灼然明矣;又"皇太子以下违犯宪制皆得纠察",则令、仆朝名宜付御史台又亦彰矣。

《通典》卷二四《职官六·御史台》亦述其事,称其所引的"职令"为"孝文帝职令",似已明其即为太和二十三年所订职令之文③。又《通典》同卷《监察侍御史》条:

---

① 因为《崔振传》"本资惟拟五品"一语所蕴含的门资意味,实际上是官品位序本就间接地蕴含或"照应"了有关资历或门品要求的体现。

② 《太平御览》卷二三二《职官部三十·太府少卿》:"后魏职令曰:太府少卿第四品上,士人清官,用勤笃有干、细务无滞者。"他处述"第一清"者,此处述为"士人清官",其所说明的显然都是任用条件。

③ 今《神元平文诸帝子孙传》亦宋人所补,《通典》所述当取自原传。

> 后魏太和末亦置此（检校御史）官，宿直外台，不得入宿内省。

显亦为"复次职令"时事。可见"职令"的内容，又包括了百官的职掌。

此外，《唐六典》原注引有后魏"职品令"三条，卷四《礼部》膳部郎中条：

> 后魏职品令：太和中改定百官，都官尚书管左士郎。

同卷主客郎中条：

> 后魏职品令：太和中，吏部管南主客、北主客，（祠部管左主）客、右主客。①

卷五《兵部》述明威将军又曰：

> 后魏职品令正六上。

这里的"职品令"，程树德《九朝律考》卷五《后魏律考》言其与《太平御览》所引"职令"类同②。然则"职令"内容除前述种种外，似还包括了机构统属关系。

综上诸处所载，"职令"所含，似兼括了太和十六年官品位序之《令》、十七年《职员令》、十九年《品令》的有关内容。从中可以得到两个结论：第一，这意味了太和二十三年"复次职令"，乃是对前此三《令》的整改，亦即对太和以来几乎全部官制厘定过程的总结，而不止是

---

① "祠部管左主"五字据《通典》补。
② 《九朝律考》卷五《后魏律考》本注："……《御览》时引后魏职品令及职令，考《魏书·高祖纪》，太和十七年作《职员令》二十一卷，付外施行。又太和十九年，引见群臣于光极堂，宣示《品令》，为大选之始。《官氏志》所据及《唐六典》注、《御览》所引者，当即指此。盖此本尚单行于世，至南宋方佚也。"则程氏乃以"职品令"为太和十七年《职员令》与十九年《品令》合帙之谓，而可约称"职令"。然其后文列北魏《令》篇名，又以《唐六典》所引"职品令"及《刑罚志》载任城王澄所奏引者为"品令"，而以《太平御览》及《元子思传》所引为"职令"。可见程氏对之实无把握，故其说游移而不能一贯。

对前此三《令》中某一个的再修订。第二,既然太和二十三年"复次职令"是对前此三《令》的厘定,那么所谓"职令"也就不可能是一个正规的《令》篇名了。

三 "职令"之称及其在唐宋类书中的佚文出处

但新的问题随之就产生了:《元子思传》所引,以及直至唐宋仍在流传的"职令"及"职品令",难道不是正规的《令》篇吗?或者,"复次职令"的产物,乃是一篇内容庞杂,总括了官品位序、职员统系、清浊之次以及任用条件的新"《职令》(《职品令》)"?

这里的后一个可能似乎令人难以置信。理由是以一篇《令》而要包罗官品位序、职员统系、清浊之次之类,除非这些内容仍被各自独立地加以叙录,否则必会乱成一锅粥,无法体现有关制度的完整内涵。比如:像《太平御览》引用的"职令"文那样:某官第几品,第几清,用何种人;就根本无法体现同一品阶者的班位之别或同属第几清者的等次。再如:把官品位序与职、员、统系糅到一起,则要么拆散机构的统属关系,要么支离百官的品阶班位,而肯定无法两头兼顾。显然,只要有关内容仍被各自独立地加以叙录,"职令"或"职品令"作为一个《令》篇来包罗它们,那不过是把以往由几个令篇来规范的内容现成地摆放到了一起,因而是毫无必要的;而要将之糅合为一,又明显悖于《令》体和事理。①

更重要的是,《魏书》述及宣武帝以来所行有关官制之《令》不少,皆不以"职令"为名。如《元子思传》载其上述奏事,一开头就说:

> 案御史令云:"中尉督司百僚;治书侍御史纠察禁内。"又云:"中尉出行,车辐前驱,除道一里,王公百辟避路。"时经四帝,前后中尉二十许人奉以周旋,未曾暂废。府、寺、台、省,并从此令。

此处"御史令"是否正规的令篇名,现在很难判断;但有一点是肯定的,其与元子思奏事后文所引的"职令"显非同一《令》篇。两者既然都涉及了御史职掌等内容,"御史令"从属于某一《令》篇的性质,及其自孝

---

① 自晋《泰始令》至于梁、陈《令》以及隋、唐《令》,各朝关于官制诸《令》之所以常分立为《官品》、《吏员》及《选吏》等篇,实际上已经证明了这一点。

文帝以来一直被遵行的效力，在奏文中又十分明确，说明当时不仅存在着规范御史职掌的其他《令》篇，亦使人对"职令"究竟是不是一个法定的《令》篇名发生怀疑。

尤其值得注意的是，《刑罚志》载宣武帝延昌二年议五等爵当刑之制时，先引了一段《法例律》文：

> 五等列爵及在《官品令》从第五品，以阶当刑二岁……

此处《法例律》，当即《洛阳伽蓝记》卷一《永宁寺》述"正始初，诏刊《律》、《令》，永作通式"，命常景等人撰定，"今《律》二十篇是也"的《正始律》篇，从而证明了当时《律》已进一步向《晋律》靠拢的特色。而其中所引据的《官品令》，很明显是指正始所定官品位序之《令》，其名已与《晋令》中规定官品位序之篇完全相同。

如果说一般奏议或官制书引《令》，尚没必要称正式篇名的话，那么《律》文所载，自为正名。况且《官氏志》既载太和二十三年所定官品至"世宗初班行之以为永制"，则其自宣武帝景明时颁行后，到正始元年修订《律》、《令》时，不应再有大的变更。据此亦可判断，景明以来，至晚自正始元年班《律》以来，官品位序之《令》的法定篇名已是《官品令》，《新唐书》卷五八《艺文志二》史部职官类著录《魏官品令》一卷，便佐证了这一点。

可以与之印证的，如《魏书》卷一〇八之四《礼志四》载宣武帝永平四年，以员外将军兼尚书都令史陈终德为祖母服丧之期有疑，太常卿刘芳奏议有曰：

> 案晋《官品令》所制九品，皆正无从，故以第八品准古下士。今皇朝官令皆有正从，若以其员外之资，为第十六品也，岂得为正八品之士哉？①

---

① "今皇朝官令皆有正、从"一句，中华书局点校本《魏书》为"官令"加书名号，然此句于"官"下点开亦无不可，文例与《通典》卷二《食货二·田制中》述"北齐给授田令仍依魏朝"相类。且"官令"亦有可能为《官品令》之约称，故其书名号似不应加。又据《官氏志》载太和二十三年所定官品，陈终德本官员外将军在从第八品下，故刘芳述其"为第十六品也"。

又《魏书》卷一一一《刑罚志》载孝明帝熙平时，尚书令任城王澄奏请直阁、直后、直斋、队主、队副等比视官亦得当刑曰：

> 案诸州中正，亦非品令所载，又无禄恤，先朝以来，皆得当刑。①

这两次上奏所据"令"的内容，皆与《官氏志》载太和二十三年复次职令，至景明初颁行以为永制的官品序列相符。故若"职令"真是当时用来规范官品位序的一个法定《令》篇，则刘芳及元澄大可以径称之为《职令》，又怎么会称其为"官令"、"品令"呢？这自然是由于当时有关的令乃是《官品令》的缘故。而刘芳、元澄所说的"官令"、"品令"，倘非今《魏书》文有所脱，无非《官品令》的约称罢了②。这就否定了《正始令》中存在着一篇内容包括官品位序以及职掌员额、清浊流别等各项制度的"《职令》（《职品令》）"的可能。

那么，唐宋文献所引的后魏"职令"或"职品令"又是怎么回事呢？《唐六典》卷五《兵部》原注引"职品令"，述明威将军"正六（品）上"。参以《唐六典》原注引到的其他两条"职品令"文，可见其内容除述尚书诸曹归属外，亦及于官品，确与《太平御览》、《职官分纪》所引的后魏"职令"有重合处。又《职官分纪》卷一八《总叙卿》：

> 后魏百官令：少卿第四品上。

其"少卿第四品上"，与《官氏志》载太和二十三年复次职令时所定的官品、《太平御览》引后魏"职令"诸少卿皆为第四品上完全相符，然其却称"百官令"，且其概言"少卿第四品上"，文例与《官氏志》所载"三少卿"、"六少卿"为第四品上相近，而与《职官分纪》他处及《太平御览》所引"职令"文不同。

---

① 《魏书·官氏志》载太和二十三年所定官品，中正及直阁、直后、直斋及武官队主、队副等皆不在其列，与元澄所云"亦非品令所载"相合。

② 北魏实有此语例，如《魏书》卷六四《郭祚传》载其延昌时奏考课事，称引了《考察令》文；而卷六七《崔光传》附《崔鸿传》载其当时"以考令于体例不合"而上奏疏。是《考察令》又可约称为"考令"。

问题的关键是：如果"职品令"及"百官令"就是"职令"，则其名的变化多端，只能使人怀疑它们是不是法定的《令》篇名；倘三者所指不同，又岂有同一个官品序列而在三个不同的《令》中加以规定之理？再若"职品令"或"百官令"只指"职令"中的某一部分，则不能不使人对这个"职令"的性质、形态，以及《太平御览》等处所引是否《官氏志》所载宣武帝初颁行的"职令"原文产生怀疑。看起来，要以唐宋文献中的上引文，来说明太和二十三年复次职令以后北魏有关《令》篇的状态，包括"职令"的名称和内容等，是极成问题的。

又《隋书·经籍志》不录后魏《令》，可见其完帙初唐已亡。故程树德《九朝律考》卷五《后魏律考》述《太平御览》等处所引，当系有关《令》篇"单行于世"者。但两唐书《经籍志》(《艺文志》)及宋人所撰目录书中，却全无"后魏职令"的踪迹；诸处征引其文又皆神龙一现，《太平御览》及《职官分纪》所引稍多，绝大部分亦集中在叙寺卿沿革时提及，而述其他省、府、州县官时则全然不引。是可断言，即使有关《令》篇在唐宋时尚存其文，亦必亡后之残零。

由此必须提出这些残零是以何种方式流传于世的问题：是"后魏职令"的确留下了一个为诸目录书所不录的残本，还是其仅被记存于有关官制书中？就是说，《太平御览》、《职官分纪》等处所引，是从魏《令》原篇残本中摘出，还是抄撮于已经转辗编辑的官制书？如果是前者倒还罢了，若是后者，则此类官制书正如《隋书》卷三三《经籍志二》史部职官篇所叙，乃"缙绅之徒，或取官曹名品之书，撰而录之，别行于世"；其有关名目、内容，实不免在"撰而录之"的过程中失真[①]，也就很难据以说明魏《令》原貌了。

从种种蛛丝马迹来看，后一种可能实不能排除。

其一，《隋书》及两唐书《经籍志》(《艺文志》)职官类，皆录有郭演《职令古今百官注》十卷；《职官分纪》卷一四《治书侍御史》及《侍御史》则引述了郭演"魏职品令"文，从其内容可断，此"魏"，当

---

① 如《太平御览》卷二一一《职官部九·左右仆射》、卷二三〇《职官部二十八·太仆卿》等处引《唐书·职官志》为"唐书官品志"，而《职官分纪》亦照录之。即其显例。

非曹魏而是元魏①。两者皆出于郭演，而前书涉及"职令"，后者则名"魏职品令"，其况与《唐六典》引"后魏职品令"及《太平御览》引"后魏职令"有所对应，而又让人颇费思量。但无论其间关系如何，既然魏末至唐宋不仅存在着郭演《职令古今百官注》这种记及北魏有关《令》文的官制书，而且这种私家摘记之文也可以编目为"魏职品令"之类，又怎么能肯定《唐六典》及《太平御览》、《职官分纪》所引就是魏《令》原文，而不是采自此类转辗抄撮之作呢？②

其二，《唐六典》卷六《刑部》原注综述《唐令》渊源，备举《晋令》及梁、隋《令》篇目，而于北魏前期《令》则言"史失篇目"，于孝文帝以来《令》篇之况亦付阙如，故其所引"后魏职品令"之名，其来源实颇可疑。且其别处所引后魏"职品令"文"太和中，吏部管南主客、北主客"云云，语意甚可怪。这种对以往制度状况的溯述性文字，不仅与《魏书》残存的后魏《令》行文体式全然不符；且按新《令》颁行而旧《令》相应规定自动失效的原则，如果这个"职品令"是一个叙录了百官统属关系的法定《令》篇，那么其述太和中的制度如何如何，便既无必要，又不合法理。因此，《唐六典》所引"后魏职品令"之名及其行文，适足以使人怀疑其来源以及是否具有法律效力。其显然更可能出自郭演"魏职品令"或《职令古今百官注》之类，为私人摘记抄撮之作，

---

① 《职官分纪》此卷注治书侍御史"协《律》、《令》以备顾问"云："郭演《魏职品令》云：'乘舆临朝堂及诸处视事，则治书侍御史协《律》、《令》于阶侧以备顾问。'"其后又注侍御史"视事番直"云："《职品令》：'侍御史无曹别，所主惟参署台内文案，与殿中侍御史昼则分台视事，夜则番直在台。'"后条所引《职品令》，当即前条所引郭演的《魏职品令》。孙逢吉以之说明曹魏故实，误。劲案：郭演其人无考，《通志·艺文略》书郭演为"郭衍"，出处未详。姚振宗《隋书经籍志考证》则疑郭演出于后魏法律名家太原郭祚之族。今据《通典》卷二四《职官六·侍御史》：后魏"侍御史与殿中侍御史昼则外台受事，夜则番直内台"。其所述与郭演《魏职品令》文略同。又据《宋书》卷四〇《百官志下》及《晋书·职官志》，两汉魏晋南朝侍御史皆分曹视事，曹魏侍御史八人，有治书、课第等曹。则《魏职品令》所谓"无曹别"之侍御史，必非曹魏之制。且诸处皆载曹魏之殿中侍御史并非正官而属差遣，盖兰台遣御史居殿中伺察非法者之号，故没有可能在《令》文中规定其与侍御史"昼则分台视事，夜则番直在台"。另据《初学记》卷一二《职官部下·侍御史》引《魏略》，可知曹魏凡大会群臣，"殿中侍御史簪白笔侧阶而坐"。则郭演《魏职品令》所云"乘舆临朝堂……治书侍御史协《律》、《令》于阶侧"，亦非曹魏之制。是可推断郭演《魏职品令》，必为撰集后魏有关官制之书。

② 姚振宗《隋书经籍志考证》以为《太平御览》所引"后魏职令"，就是郭演的《职令古今百官注》文。如果其推测不错，则《唐六典》所引"后魏职品令"，很可能就是《职官分纪》所引郭演的"魏职品令"。

而非一个法定《令》篇。

其三,《太平御览》卷二二九《职官部二十七·太常少卿》:"《后魏书》曰:太和十五年置少卿,太常少卿第三品上,至二十二年降为正四品上。景明初,班职令,太常少卿第四品上,第一清,选明礼兼天文阴阳者为之。①"此其所引,实非今本魏收书,而应是隋唐间魏澹或张太素再修之《后魏书》文,其"景明初"以下文字,显然与《太平御览》等书引及的"后魏职令"文相类。就是说,诸唐宋文献征引的"后魏职令"或"职品令"文,除出于郭演《职令古今百官注》之类的官制书外,亦有可能出自隋代魏澹、唐初张太素等所撰的《后魏书》述及北魏宣武帝以来"职令"的有关内容。但无论如何,其皆已转辗摘抄,而非后魏《正始令》原文。《太平御览》卷二三二《职官部三十·太府少卿》述"后魏职令曰:太府少卿第四品上,士人清官,用勤笃有干细务无滞者"。其"职令"文式与其余各条颇有差异。这种差异,恐亦须以其所抄并非魏《令》原文,而只是后世的某种摘记文来解释。

其四,如前所述,要把官品位序、清浊之次、任用条件等内容放到一个《令》篇中,要么只能分别叙录,要么必然破坏有关法规的完整性。可以说,这两种编撰法只适用于一般官制书,而绝不适用于正始以来体例严整精详,性质已为法典的《律》、《令》。因而像《太平御览》、《职官分纪》所引"后魏职令"这样,依次述"某官第几品、第几清,选何种人为之",其实已经露出了其并非魏《令》原文而乃摘记之文的痕迹。再者,这个"职令",时间在宣武帝以来,内容包括官品;《唐六典》所引"职品令"文既溯述"太和中"事,其内容亦当行于宣武帝以来,又关乎尚书所属和将军品阶;要皆有悖于正始以来官品位序之《令》已是《官品令》的事实。这也佐证了两者不可能是直录魏《令》原篇条文,而很可能是私家抄撮编辑之作。

由此数端,可见唐宋文献所引的后魏"职令"、"职品令",实难现成看作是北魏有关《令》篇的残余,其名也不是有关《令》篇的法定名称。

---

① 《职官分纪》卷一八《太常少卿》作"班职令,景明初,太常少卿第四品上,第一清,选明礼乐兼天文阴阳者为之。"又《新唐书》卷五八《艺文志二》史部职官类所录的《魏官品令》一卷,由于其不入于录诸《律》、《令》等法书的刑法类,而是与公私所撰诸官制书并录于职官类中,这一卷后《魏官品令》究属后魏《令》佚后幸存之单行本,还是后人据《魏书·官氏志》所录官品钞撮而成?也是令人生疑的。

因此，太和二十三年"复次职令"，并非对前此三《令》中某一个的再修订，而是对太和中以来几乎全部官制厘定和令篇修撰过程的总结，前面得出的这个结论是可以成立的。

显然，郭演的《职令古今百官注》和"后魏职品令"也好，《太平御览》、《职官分纪》和《唐六典》引及的后魏"职令"、"职品令"也好，很可能都只是在《令》文摘抄的意义上，部分体现了太和二十三年以来官制诸《令》的有关内容。其"职令"、"职品令"之名，实亦与《魏书》中泛泛而指的"职令"、"品令"等名属于同类①，在澄清后魏《令》篇目、体例时，说明不了更多的问题。而《魏书》中提到的"职令"，据前所考，若肯定太和二十三年"复次职令"的过程，实际上是对前此三《令》的一种再修订，其"职令"之名又涵盖了前此三《令》所含官品位序、职员统系、清浊之次及任用条件等项，那么合理的结论似只能是："职令"并非某个《令》篇的正式名称，而只是北魏前期以来，对包括有关《令》篇在内的各种官制法规的一种习称或泛称。

四　对太和二十三年"复次职令"的几点认识

在理清了上述头绪以后，基本上已可理出太和十六年至太和二十三年官制改革与官制诸《令》修订的关系脉络，这也可以说是孝文帝迁都洛阳前后围绕《令》的修订来展开立法的一个缩影。至于《官氏志》所载太和二十三年"复次职令"一事的内涵及相关的《令》篇问题，如果撂开可能存在的文字讹误问题不论，可得的推论当有如下几端：

首先，"职令"肯定包括了官品位序，太和二十三年复次职令，亦必对太和十六年官品位序之《令》进行了再修订。故凡爵级的进入官品序列、书吏等职从流内官序列中消失，以及京朝官和州郡县官等一系列设官名目和品位的调整，皆可于《官氏志》载太和中著于《令》及宣武帝初颁行以为永制的官品中一一证之。

其次，除官品位序外，太和二十三年复次职令的过程，同时亦应涉及了太和十七年《职员令》和十九年《品令》内容的调整，因而是一次相

---

① "职品令"之名，很可能不过是摘记诸史志律令仪注的一般官制书的命名，今见其残文又仅涉官品、职掌和统属关系，且宣武帝以来官品位序实已以《官品令》为其正名，是可推定其命名亦应如其内容之取自《职员令》和《官品令》，盖二令之约称而已。

当全面的官制整顿过程。若再考虑孝文帝于太和二十二年大病几死，至二十三年正月方愈，而四月即驾崩于南征之役，又尤可见此次复次职令，不仅是一般的官制厘定，也应看作孝文帝急欲以立法形式对太和十五年以来改革北魏前期官制的成果作一总结的临终交代。

再次，所谓"职令"，并非《令》篇的法定正名，而很可能是魏人对诸官制法规包括有关《令》篇在内的一种习称或泛称。包括"朝令"、"御史令"等名称在内，这类与汉代《令》称相近的称谓习惯，应与道武帝天兴立法以来《律》、《令》并非法典而是科条诏令集，《令》体直至太和后期才向法典过渡的状态相关。不过，从太和"二十三年复次职令，及帝崩，世宗初班行之，以为永制"，到正始元年定《令》后，官品位序之《令》肯定已作《官品令》，其时任城王澄又约称之为"品令"。则太和十九年《品令》若为《令》篇正名，至此当改其名。由此推想：魏末官制诸《令》，很可能已由《官品令》、《职员令》及另一个规范官职清浊与任用条件的《令》篇所构成，这应当就是隋唐以《官品令》、《职员令》、《选举令》三篇为官制诸《令》主体的状态的正源。

最后，唐宋文献所引的"职令"、"职品令"，大体上只能说明其内容转自太和二十三年"复次职令"以后的有关《令》文，说明前此三《令》所涉官品位序、职员统系、清浊之次及任用条件等项内容，宣武帝以来仍是以《令》的形式来加以规定的，从而也说明"复次职令"确为孝文帝对以往官制整改成果的某种总结。由于这些"职令"、"职品令"文的来源，很可能是一般官制书的转辗摘记，因原《令》篇条已被这类官制书取其所需而另行编排，因其名或取魏人对有关《令》篇或诸官制法规的约称（如约称《考察令》为"考令"、《官品令》为"品令"）和泛称（如"职令"），从而是难以用其说明宣武帝以来官制诸《令》的本来篇名和体例的。

第 五 章

北魏后期《令》的修订与颁行

前面以官制改革与官制诸《令》之况为个案，考察了太和十六年以来《令》的修撰施用过程。从中可以看出，随着孝文帝迁洛前后制度变革的不断深入，《令》的修订和施行出现了一系列新的趋向：《令》的分类和篇目已明显以西晋、江左一脉为范而发展变化，《律》、《令》关系已逐渐被纳入"《律》正罪名"而"《令》定事制"的轨道。同时又因各项制度改革的预期目标和制订难度不同，而不能不视形势发展和修《令》进度陆续推出，断难像西晋、江左那样让多个《令》篇同时告竣而一体颁行。以下即将集中考察太和、正始以来《令》的修订与颁行问题，以见当时立法尤其修《令》过程的概要和突出问题。

第一节 北魏后期"《令》未班行"说不能成立

太和以来《令》的修撰颁行与改革过程纠结缠绕，陆续向前推进的状况，直至宣武帝正始元年再定《律》、《令》时也还存其惯性。当时常景诸人修讫的《律》二十篇，随即被一体颁行成为定制[1]，而《令》虽篇目体例开始具有法典特征，其修订和颁行却仍参差不齐。这种状态一方面说明了《令》向法典过渡，及其所涉各种制度变革进程的复杂，另一

---

[1] 《洛阳伽蓝记》卷一《永宁寺》载"常景为寺碑文"，原注云："正始初，诏刊《律》、《令》，永telemetry通式，敕景共治书侍御史高僧裕、羽林监王元龟、尚书郎祖莹、员外散骑李琰之等撰集其事，又诏太师彭城王勰、青州刺史刘芳入预其议。景讨正科条，商榷今古，甚有伦序，见行于世，今《律》二十篇是也。"《魏书》卷七八《孙绍传》载其延昌中表曰："今《律》班《令》止，于事甚滞……臣等修《律》，非无勤止，署下之日，臣乃无名。是谓农夫尽力，他食其秋，功名之所，实怀介悒。"此乃《正始律》在宣武帝时确已"署下"颁行之证。

方面也有助于解答北朝法制史上的一个悬案,即北魏后期《令》究竟是否颁行?或正始所定《律》、《令》是否"《律》班《令》止"的问题。

北魏诸制至太和改革而转折变迁,《令》的修订在此过程中具有重要地位,故其究竟颁行与否的问题,也就不仅关系到太和以来各项改革和有关立法过程及制度形态的研究,更直接关系到对北魏后期《律》、《令》体制发展过程的认识,遂须辨析相关史料,以明其是非。

一 "《律》班《令》止"的记载有问题

《魏书》卷七八《孙绍传》载其宣武帝时,"与常景等共修《律》、《令》,延昌中,绍表曰":

> ……先帝时《律》、《令》并议,《律》寻施行,《令》独不出,十余年矣。臣以《令》之为体,即帝王之身也,分处百揆之仪,安置九服之节,经纬三才之伦,包罗六卿之职,措置风化之门,作用赏罚之要,乃是有为之枢机,世法之大本也。然修《令》之人,亦皆博古,依古撰置,大体可观,比之前《令》,精粗有在。但主议之家,太用古制,若全依古,高祖之法,复须升降,谁敢措意有是非哉!以是争故,久废不理。然《律》、《令》相须,不可偏用,今《律》班《令》止,于事甚滞。若《令》不班,是无典法,臣下执事,何依而行?

这篇表文充分体现了时人对于《令》及《律》、《令》关系的认识,反映了正始定《令》非唯博综古今,且亦以其与《律》共为法典,"相须而行"的转折性变化。不过其说"先帝时《律》、《令》并议,《律》寻施行,《令》独不出",又说"今《律》班《令》止,于事甚滞";似可与《魏书》卷八二《常景传》载正始时,"太常刘芳与景等撰朝令,未及班行"之事相证。程树德《九朝律考》卷五《后魏律考》"魏令"条遂据此认为:北魏"高祖以来所定诸《令》,经葛荣、尔朱之乱,迄未行用也"。

这个结论对法制史界颇有影响①,但《后魏律考》下文既已指出了太

---

① 这种影响既表现为有的法制史著述接受了程说,也表现为不少法制通史著作对北魏后期《令》相关问题的回避。

和十七年颁《职员令》和十九年"显示《品令》"之事，也已看到《魏书》中孝文、宣武帝以来群臣论事常征引《令》文的史实，则其仍然坚持"迄未行用"之说，实颇费解①。更何况，《孙绍传》所载上引文字，本身就存在着明显的问题。

据《魏书》卷一一一《刑罚志》及诸《帝纪》，孝文帝以来"《律》、《令》并议"凡有三次：一是太和元年九月起，"诏群臣定《律》、《令》"，至五年冬成《律》八百三十一章，前已述其随即续有所改。二是太和十一年起屡治改《律》；至十五年五月"议改《律》、《令》，于东明观折疑狱"；八月又"议《律》、《令》事，仍省杂祀"；直至十六年四月，"班新《律》、《令》，大赦天下"。前亦述自此修订《律》、《令》之举仍史不绝书。三是宣武帝正始元年十二月，"诏群臣议定《律》、《令》"。故《孙绍传》载其延昌中表称"先帝时《律》、《令》并议，《律》寻施行，《令》独不出"，若指二三十年前孝文帝太和初或太和中事，则不符"十余年矣"；若指宣武帝正始以来之事，则不得称"先帝"；可见今《孙绍传》文必有讹误脱夺之处。

从其上下文来看，孙绍上表的延昌"中"，或应是延昌"末"之讹②。也就是说，孙绍实际上是在孝明帝即位之初年号未改时，奏称正始元年以来令未颁行的③。但即便如此，其说仍与宣武帝以来《令》多施用的一系列记载相悖。故《孙绍传》所载，非但无法证明太和以来，亦不足以证正始所定诸《令》皆未颁行。

二 "朝令"的"未及班行"当属实

再看《常景传》所述"太常刘芳与景等撰朝令，未及班行"之事。

---

① 程氏以为唐宋类书所引后魏"职品令"及"职令"，可能即是太和十七年《职员令》和十九年《品令》"单行于世"者，又述"《魏书》及《通典》尚引魏《令》数条，此或征引当时书奏，不能指为魏《令》尚存之证也"。劲案：唐宋类书所引"职品令"之类，前已考其或出于私人抄撮之作，而非魏《令》原本，《魏书》载诸论事者引据《令》的情况则须具体分析，其中不少均可说明当时《令》施行之况。

② 如表文既称孝文帝为"高祖"，则其"先帝"当指宣武帝，是知其表若延昌年间所上，必在孝明帝延昌四年正月登位之后，次年正月戊辰大赦改年"熙平"之前。

③ 孙绍此表又云："今'法分清、浊而清、浊不平"。其所谓"分清、浊"的"法"，当即太和十九年《品令》集中规定的官分清、浊选以门资之法，这些规定在正始以来当仍存于有关《令》篇之中。仅此亦可见孙绍所云"《令》独不出"，不可指孝文帝以来所修全部《令》篇。

无论如何,"朝令"显然不能等同于全部《令》篇,故即便其"未及班行",也无法说明太和后期和宣武帝所定诸《令》"迄未行用"。

所谓"朝令",前已说明其并非《令》篇正名,而是对某些《令》篇的统称或泛称。这里不妨分析这方面的几个语例,以见其经常指的是什么。

前文引《常景传》述"太常刘芳与景等撰朝令,未及班行,别撰仪注";而《魏书》卷五五《刘芳传》载此事为:

> 世宗以朝仪多阙,其一切诸议,悉委芳修正。

则"朝令"亦即"朝仪"。又《魏书》卷一〇八之一《礼志一》载太和十三年孝文帝与群臣议祀典时曰:

> 详定朝令,祀为事首;疑以从疑,何所取正?

所谓"祀为事首",乃指厘正祭祀之制为"详定朝令"的首要之务,据其后文可知其具体是指"祀令"的修订。然则"朝令"之名涵盖了"祀令"。《魏书》卷一〇八之二《礼志二》载孝明帝神龟初,清河王怿奏议灵太后之父胡国珍薨后庙制,先引宣武帝时所定"祀堂令"文,继又称之为"朝令"。是"朝令"之名又涵盖了"祀堂令"。

又《魏书》卷二一上《献文六王传上·咸阳王禧传》载太和十三年"详定朝令"以来,孝文帝曾谓诸王公有曰:

> 皇太后平日以朝仪阙然,遂命百官更欲撰辑。今将毕修遗志,卿等谓可行不?当各尽对,无以面从。

当时元禧对曰"仪制之事,取舍各随其时"云云。这又可见"详定朝令"亦即撰辑"朝仪",所涉乃"仪制之事"。《魏书》卷五九《刘昶传》载太和十三年"改革朝仪,诏昶与蒋少游专主其事";同书卷九一《术艺蒋少游传》则载其时昶与少游所主,实为冠服之制。是孝文帝所谓"详定朝令"亦即"改革朝仪",其事包括冠服仪制。

此外,《魏书》卷一四《神元平文诸帝子孙传·高凉王孤传》附《元子思传》载其孝庄帝时奏劾尚书郎中裴献伯、王元旭等，称其不遵孝文帝以来所定"御史令"及"职令"之文，以为"此而不纠，将隳朝令"。是"御史令"和"职令"所涉事关御史、尚书郎威仪者，也皆可归在"朝令"名下。

综此诸处所载，可见"朝令"实非法定《令》篇名，而可泛指朝廷有关仪制、祭祀的各种规定，也包括那些内容为仪制、祭祀等事的《令》篇在内。然则《常景传》所载"撰朝令，未及班行"，也就只能说明刘芳、常景诸人所撰礼仪诸制或相关《令》篇并未颁行，是无法用来说明宣武帝正始年间所定诸《令》皆未行用的。

由此可见，《后魏律考》认为孝文帝以来所修诸《令》搁置未行，在最基本的证据上就经不起推敲。《魏书·孙绍传》载其延昌中上表云云，显然只是节文且有脱讹之误，《常景传》所述"朝令"则非全部《令》篇的统称，充其量只能泛指某些礼仪方面的《令》篇，因此也无法据此断定太和后期及正始以来所定诸《令》"迄未行用"。准确说来，这两处记载中关于《令》未颁行的文字，显非统指太和十六年颁行新《律》、《令》后陆续修订的各种《令》篇，而应只指部分《令》篇，特别是有关礼仪制度的《令》篇。这当然也是太和后期以来《令》体向法典的过渡相当复杂和曲折的反映，是礼仪、祭祀等制的变革阻力和立法定《令》难度尤大，遂致聚讼纷纭而难出台的体现。

第二节 太和十六年以来《令》多颁行之况

前已指出，自太和元年诏定《律》、《令》起，文成帝以来所定《律》、《令》仍在施行①。当时推出的各项制度改作，大致应是一方面以制诏或条制下达即时生效施行，另一方面则被纳入正在修撰之《令》从容斟酌，其中有的旷日持久议而难定，有的则已修成与《律》同颁。也正因为如此，太和以来各种《令》篇的修订和颁行，是按其所涉内容及

---

① 前已引《魏书》卷四五《裴骏传》附《裴宣传》载其孝文帝前期迁员外散骑侍郎，"旧《令》与吏部郎同班"之事，可证。又《魏书》卷六〇《韩麒麟传》载其太和十二年春卒于齐州刺史任上，"立性恭慎，恒置《律》、《令》于座旁"。其时新《律》、《令》尚未颁行，其置于座旁者应为旧《律》、《令》。

其处阶段而有所不同的。

一　太和十六年及正始元年修成之《令》多已颁行

关于太和十六年《律》、《令》颁行之况，《魏书》卷七下《高祖纪下》载太和十六年四月丁亥：

> 颁新《律》、《令》，大赦天下。

十七年二月乙酉：

> 诏赐议《律》、《令》之官各有差。

《魏书》且明载当时因此而受赐者，有封琳、高闾、游明根、高祐、崔挺、李彪、高遵等人[①]。这些记载皆言之凿凿，其人大多非以《律》见长，而是熟谙典制故事，可见当时业已告成之《令》，必已与《律》一体颁行。

具体如《魏书》卷一一三《官氏志》所载太和中官品，前已证其就是太和十六年所颁官品位序之《令》的内容。太和十七年施行《职员令》诏文云"比百秩虽陈"，可证此《令》实已宣下。至于其实施之况，则可证于《皮演墓志》和《北史》卷三六《薛辨传》附《薛聪传》、《魏书》卷二四《邓渊传》附《邓侍传》等处。更何况，《魏书》卷五三《李冲传》载太和十九年前后议处元拔、穆泰案时，持论相左的太尉咸阳王元禧与尚书仆射李冲俱引《律》、《令》文以证己说，其中所引《令》文：

> 诸有封爵，若无亲子，及其身卒，虽有养继，国除不袭。

显然就是太和十六年颁行生效的爵位继嗣之《令》。这种只能在《律》、《令》相辅而行前提下展开的讨论，足见太和十六年《律》、《令》确已同颁。

[①] 分见《魏书》卷三二《封懿传》附《封琳传》、卷五四《高闾传》、卷五五《游明根传》、卷五七《高祐传》、《崔挺传》、卷六二《李彪传》、卷八九《酷吏高遵传》。

太和十六年以后及正始元年以来所定诸《令》，其中大多已颁亦可断言。前面所论太和十七年《职员令》和太和十九年《品令》，以及太和二十三年"复次"而至"景明初颁行"的"职令"，即证明了太和十六年以后修成之《令》的颁行状态。至于正始元年立法，《魏书》卷八《世宗纪》等处对此的记载，虽多称"议定《律》、《令》"、"诏刊《律》、《令》"，而不正面言明其《令》颁行与否；但从正始以来诸《令》施用及大臣议政引《令》的情况来看，当时凡修成之《令》多已与《律》同颁，这应当也没有什么问题。

其实《孙绍传》上引表文对此即有所反映，特别是其中的"《令》之为体"一段，实际上是把《令》的性质、地位及其与《律》并行的重要性，提到了前所未有的高度。其自然不可能是凭空立论，而是充分反映了孝文帝及宣武帝以来，人们对《令》指导政务和维系法度所起作用的普遍认识。很难设想这样的认识，能够在"《令》独不出"或大多未颁的情况下产生。当然相比之下更有说服力的，还是那些史文明载了施用之况的《令》篇实例。

二 太和十六年以来及正始元年已颁而篇名可考之《令》

《魏书》等处有明确记载，或可据以推定颁行于太和十六年后及正始元年以来的《令》，为数实颇不少，且其分篇内容多可纳入西晋、江左及隋、唐《令》篇的发展脉络中来上溯和下推。大体则可按记载详略分为两种情况，这里先要考察的是第一种情况，即记载中标出了已行《令》篇的名称，且其篇名很可能并非泛称、约称而是法定正名的，至少有下列六个：

一是《魏书》卷七下《高祖纪下》载太和十七年六月诏"权可付外施行"的《职员令》二十一卷。

此《令》的相关问题前已有述，可以证明其施行之况的，如《魏书》卷五四《高闾传》载其为相州刺史时事：

> 以诸州罢从事，依府置参军，于治体不便，表宜复旧。高祖不悦。

从其叙事之次及间为相州刺史的时间来看，此事约发生于太和十九年。所载"诸州罢参军，依府置参军"，当反映了太和十七年《职员令》的内容。①

又《魏书》卷一四《神元平文诸帝子孙传·高凉王孤传》附《元子思传》载其孝庄帝时论奏，尚书应朝名账须送御史台监察，引"职令"之文以证其说，其内容为御史中尉之职，"自皇太子以下无所不纠"。据孝文帝施行《职员令》诏述"比百秩虽陈，事典未叙"，可见《职员令》明确规定了各机构官吏的职掌和员额；故元子思所引"职令"，虽已经孝文帝末年"复次"而宣武帝初颁行，且又经正始定《令》再加修撰或归并其篇，但其有关百官职掌的规定，却显然是承自太和十七年《职员令》。

又《魏书》卷一一《前废帝纪》普泰元年三月诏：

> 顷官方失序，仍令沙汰，定员简剩，已有判决。退下之徒，微亦可愍。诸在简下，可特优一级，皆授将军，予参选限，随能补用。

四月又诏：

> 员外谏议大夫、步兵校尉、奉车都尉、羽林监、给事中、积射将军、奉朝请、殿中将军、宫门仆射、殿中司马督、治礼郎十一官，得俸而不给力，老合外选者，依常格；其未老欲外选者，听解。其七品以上朔望入朝，若正员有阙，随才进补。前员外简退优阶者，追之；称事简下者，仍优一级。

二诏所言"定员"、"正员"、"员外"等，皆反映了《职员令》颁行以来愈加巩固起来的官员编制术语和观念。

二是《魏书》卷七下《高祖纪下》载太和十九年十二月大选前夕，"引见群臣于光极堂"所"宣示"的《品令》。

此《品令》内容、性质亦如前述，其大体是为"班镜九流、清一朝轨"而修，其内容主要是百官的清浊流别及其选举所需的资品，亦即

---

① 《魏书》卷一一三《官氏志》载太和中及末年所定官品俱有"司州从事"之官。是诸州从事在太和中尚未罢撤，至十七年《职员令》改置参军，而太和末"复次职令"时又复从事之制。不过州参军之官后来仍见于史载，说明此制自《正始令》起或又恢复。

《魏书》卷五九《刘昶传》载孝文帝当时所说："我今八族以上士人品第有九，九品之外，小人之官复有七等。"意即《品令》把八族以上高门士人可任的官职分成了九等；另外又把门资寒微的"小人"可任之官分成了七等。《魏书》卷七七《辛雄传》、卷八八《良吏明亮传》所述某官为"第一清"、"第三清"之类，即体现了官职的这种与门资相配的清浊等级。

此《令》显然指导了太和十九年起的"大选"①，至于其正始以来仍被沿用之证，在记载中亦所在多有。前面所引《魏书》卷一〇八之二《礼志二》载孝明帝时江阳王元继表曰："高祖孝文皇帝著《令》铨衡……至今行之，相传不绝。"《通典》卷一六《选举四·杂议论上》载同期清河王元怿表称："孝文帝制出身之人，本以门品，高下有恒……自此或身非三事之子，解褐公府之佐……斯皆仰失先准，有违明《令》。"皆其显例。

又《魏书》卷一九中《景穆十二王传中·任城王云传》附《元澄传》载孝明帝时澄奏有曰：

> 窃闻司州牧、高阳王臣雍拷杀奉朝请韩元昭、前门下录事姚敬贤，虽因公事，理实未尽……若昭等状彰，死罪以定，应刑于都市，与众弃之；如其疑似不分，情理未究，不宜以三清九流之官，杖下便死。

其称奉朝请和门下录事为"三清九流之官"，亦表明太和十九年所颁《品令》经正始定《令》以后，其内容、篇名虽或有所调整而大体仍行用不绝。

三是《魏书》卷四一《源贺传》附《源怀传》载其宣武帝景明后期使持节巡行北边六镇时上表提到的"《地令》"。

源贺此表有曰：

> 景明以来，北蕃连年灾旱，高原陆野，不任营殖，唯有水田，少可蓄亩。然主将参僚，专擅腴美，瘠土荒畴给百姓，因此困弊，日月

---

① 《皮演墓志》："十有九年，改创百官，仍除奉车，从新《令》也。"即反映了《品令》区分百官清浊和指导大选的内容和性质。

滋甚。诸镇水田,请仍《地令》分给细民,先贫后富,若分付不平,令一人怨讼者,镇将已下连署之官,各夺一时之禄,四人已上夺禄一周。

表文所述"《地令》",说其是泛称,或者是孝文帝太和十六年四月所颁《令》篇正名,当皆无不可。

不过有一个事实是显见的,北魏自道武帝初定中原"计口授田"以来,有关田土授受必有其《令》,至孝文帝太和九年推行均田之制,也可视为对以往有关《令》文规定的调整和修改。《魏书》卷一一〇《食货志》俱载当时此制的规定,有的研究者或直接以此为"均田令"文,从其内容来说似亦有理,因为太和九年所定均田之制肯定被修入了十六年四月颁行的新《令》。不过从法律形式的角度来看,当时所定均田之制显然是作为条制即时生效施行的,说其是"均田令"文而颁行于太和九年,显然不符太和元年以来制定《律》、《令》和《令》篇命名的实际情况。更何况,《食货志》载太和九年均田之制,其禁止露田植树,"种者以违《令》论"一条,殊与《令》体不符。同理,《九朝律考》卷五《后魏律考》据其中有卖公田者"坐如《律》"之文,即认为"魏以均田入《律》",亦颇可议。因为《食货志》载此制规定公田更相代付,"卖者坐如《律》"一条,殊非《律》体所宜。岂有《律》文而述"犯者坐如《律》"之理?正如《令》文绝不可能加上一条"不从者以违《令》论"的赘尾一样。①

---

① 《魏书》所载司法处分,凡其事《律》有正条者径曰"以某某论";《律》有多条者则曰"坐如《律》"或"论如《律》"。凡此之类包括"以违《令》论"、"以违制论"等字样的制诏,其实都是补《律》之诏,其大意是谓《律》文中有"违《令》"、"违制"之罪及其处罚之条,若有违犯有关规定者,即依此条量刑定罪。在北魏前期取仿汉代的《律》、《令》体制中,这类补《律》之诏都将被编入性质尚是制诏集的《令》,惟其篇目、内容并不稳定,故多亡失,亦不知其是否已有"地令"之类的分篇。自太和元年定《令》以来,情况开始发生变化,《令》定事制的独立性已逐渐显露,常被分门别类加以制定,至十六年四月颁《令》之时,其"祀令"、"地令"、"职令"之类的名目,显然体现了元年以来修《令》的类别和分篇意向,前面所述官制诸《令》的修订过程尤其反映了这一点。故《食货志》载太和九年均田制中的"种者以违《令》论",意即露田植树者按《律》文"违《令》"条处理;而"卖者坐如《律》",则指出卖公田者依《律》相关条文处理;而不是说均田制各项规定当时即为《令》条或《律》文,因为其时新《律》、《令》皆在修订之中而尚未颁行。

由此推断，太和九年所定均田之制，先是以条制形式即时宣下施用的，同时又被修入有关《令》篇而调整其文，到十六年四月此《令》方与新《律》和其他《令》篇一体颁行。而《源怀传》所载则表明其当时被称"《地令》"，又增加了"先贫后富"之类的规定，当是有鉴于西晋《佃令》和江左《公田公用仪迎令》相关内容，又据本朝均田等制而有所调整创革的结果。现在再看《通典》卷二《食货二·田制下》：

北齐给授田令仍依魏朝。

据此则规范田地授受的"《地令》"一直施用到了北齐河清年间定《令》之时，其主要内容则被采入了《河清令》相关之篇，从而构成了隋、唐《田令》的正源。

四是《魏书》卷一一一《刑罚志》载宣武帝延昌二年议爵级当刑之制的背景，述及《法例律》文所引的《官品令》。

前已提到，北魏前期以来有关百官品位序列等方面的《令》文规定，经常是被归在"职令"这个统称或泛称之下的。《魏书》卷一一三《官氏志》述"太和中，高祖诏群僚议定百官，著于《令》，今列于左……二十三年，高祖复次职令，及帝崩，世宗初班行之，以为永制"。其中所列的"太和中"官品，前亦证其来自太和十六年四月所颁官品位序之《令》，故其接下来说太和二十三年"复次职令"，适足以表明直至宣武帝初年，官品位序之《令》也还是称为"职令"定讫颁行的①。因此，《魏书·刑罚志》载《法例律》引及《官品令》的事实，实际上说明正始元年再定《律》、《令》时，已明确在法律上把官品位序之《令》正名为《官品令》，故此处出现的《法例律》，只能是《正始律》篇②，而非孝文帝时之物。

---

① 《魏书》卷三二《封懿传》附《封琳传》载其"及改定百官，除司空长史"。即在太和二十三年复次"职令"而宣武帝初颁行之时。

② 《魏书》载及《法例律》名共有四处，皆在《刑罚志》中，第一处即为延昌二年尚书邢峦奏爵秩当刑之制时，第二、第三处皆在熙平中廷尉裴延儁奏置负罪逃亡不自归首者之制时，第四处在同年司徒主簿李瑒驳司州及司徒法曹参军对李怜投毒案的处理时。从时间上看，这四处《法律例》显然都是《正始律》篇。

由此再看《刑罚志》的这段记载：

> 《法例律》："五等列爵及在《官品令》从第五，以阶当刑二岁；免官者，三载之后听仕，降先阶一等。"延昌二年春，尚书邢峦奏……诏："议《律》之制，与八坐、门下参论。"皆以为："官人若罪本除名，以职当刑，犹有余资，复降阶而叙……"诏从之。

其中已非常清楚地说明，这个《官品令》规定了官品序列，且其既为《律》文所引，自然应是官品位序之《令》的法定正名，同时也可看出，其必是与《律》相辅而行的已颁之《令》。

《魏书》中关于正始所定《官品令》颁行的证据还有不少，前面所引卷一〇八之四《礼志四》载宣武帝永平时太常刘芳议陈终德服丧之事，引据了"皇朝官令皆有正、从"的时制；卷一〇八之二《礼志二》载孝明帝时任城王元澄奏比视官当刑之制，提到了"诸州中正亦非品令所载"而可当刑的现行做法。无论两处的"官令"、"品令"是否时人对《官品令》的省称，也不管其与太和十七年和十九年所班《职员令》和《品令》是何种关系，其内容显然都针对着百官品阶，也都证明了正始以来有关官品位序之《令》业已颁行的事实。

五是《魏书》卷一一一《刑罚志》载宣武帝永平元年七月议枷杖刑具之制时，尚书令高肇等奏议所引的《狱官令》。

高肇此奏有曰：

> 谨案《狱官令》："诸察狱，先备五听之理，尽求情之意，又验诸证信，事多疑似，犹不首实者，然后加以考掠。诸犯□年刑已上枷锁，流徒已上，增以杻械。迭用不俱。"非大逆外叛之罪，皆不大枷、高杻、重械，又无用石之文。而法官州郡，因缘增加，遂为恒法。进乖五听，退违《令》文，诚宜案劾，依旨科处……从今断狱，皆依《令》尽听讯之理，量人强弱，加之拷掠，不听非法拷人，兼以拷石。

这里的《狱官令》，显然是正始时与《律》同颁的《令》篇，若其未颁，高肇等就不能指责执法者"进乖五听，退违《令》文"了。

又《魏书》卷七七《辛雄传》载其孝明帝时为三公郎中,议刑狱之事六条,其三有云:

> 经拷不引,傍无三证,比以狱案既成,因即除削。或有据《令》奏复者,与夺不同,未获为通例。又须定何如得为证人……

可见当时主司据《律》定罪,除削犯者官爵,在某种情况下仍可以"据《令》奏复",由制诏另加予夺。尽管辛雄未交代此《令》篇名,但其内容既然关乎"狱成"以后何种情况可以"奏复",推其很可能也是辅助断狱的《狱官令》。

值得注意的是,这两条记载不仅说明了正始以来《狱官令》等篇业已颁行,也反映了《正始令》与《律》并行的关系格局,以及当时在《律》、《令》体例上的调整。据《唐律疏议》等处所载,《正始律》有《断狱》、《系讯》诸篇,上引高肇等人及辛雄所奏,即体现了《狱官令》与这些《律》篇相辅而行的状态,而这反过来又说明《正始律》中的《断狱》、《系讯》等篇,必已将以往《律》、《令》中的相关内容作了调整和归并,从而意味着《律》正罪名、《令》定事制格局的进一步明确。

非但如此,高肇等人奏引的《狱官令》,已显示其各条以"诸"起首和不再保留制诏原形的法条形态[①],说明《魏书》等处所存各种《正始令》佚文的简洁严整,实际上乃是一种通例,也就证明了《正始令》已是法典而不再是制诏汇编的性质。此外,晋及梁《令》中,《狱官》、《鞭杖》仍为两篇,高肇等人所奏则表明,正始所定《狱官令》已将其归并为一。这就奠定了隋、唐《狱官令》的基础,也说明了当时定《令》,除取鉴西晋、江左一脉以外亦多改革的事实。

六是《魏书》卷六四《郭祚传》载其宣武帝延昌中奏论考课之制所引的《考察令》。

现将这段记载列出:

> 祚又奏言:"《考察令》:'公清独著,德绩超伦,而无负殿者,

[①] 《魏书》卷五三《李冲传》载其太和末奏论元拔、穆崇案,引《令》条亦以"诸"起首,可见这种变化在孝文帝时业已发生。

为上上;一殿为上中,二殿为上下;累积八殿,品降至九。'未审今诸曹府寺,凡考在事公清,然才非独著;绩行称务,而德非超伦;干能粗可,而守平堪任;或人用小劣,处官济事,并全无负殿之徒;为依何第……或为御史所弹,案验未周,遇赦复任者,未审记殿得除以不?"诏曰:"独著、超伦及才备、寡谷,皆谓文武兼上上之极言耳。自此以降,犹有八等,随才为次,《令》文已具。其积负累殿及守平得济,皆含在其中,何容别疑也……"

前已引《魏书》卷二一上《献文六王传上·广陵王羽传》,载其太和十八年奏事提到了"外考令"文,且述当时"外有成《令》而内《令》未班"。这就说明太和十六年颁行新《律》、《令》时,关于考课之《令》,只宣用了其中的外官考部分,故此《令》至宣武帝景明时仍在修订之中[①]。而郭祚此奏所引《考察令》,显然就是正始年间再次修讫颁行的考课《令》篇,其中已对内、外官考级如何确定作了统一规定。

又《魏书》卷六七《崔光传》附《崔鸿传》载:"延昌二年,将大考百僚。鸿以考令于体例不通,乃建议"再定其制,而宣武帝诏不许。这里的"考令",或为《考察令》的省称,或因崔鸿以此兼指景明和正始年间所定考课之《令》,而景明之《令》尚未正名为《考察令》之故。另须指出的是,西晋和江左皆无专门规定考课制度的《令》篇,孝文帝以来至宣武帝数度修订"考令"之事,实为隋、唐《考课令》的正源,是北魏后期对《令》篇体系的又一重大调整。

以上六个《令》篇,都不仅在记载中标出了篇名,而且其名似非泛称或约称,因而特别值得注意。其中《职员令》、《品令》颁行于太和十

---

① 《郭祚传》前文载祚当时所上另一奏文:"谨案前后考格虽班天下,如臣愚短,犹有未悟……景明初考格,五年者得一阶半。正始中,故尚书、中山王英奏考格,被旨:但可正满三周为限,不得计残年之勤。又去年中,以前二制不同,奏请裁决。旨云:'黜陟之体,自依旧来恒断。'今未审从旧之旨,为从景明之断,为从正始为限……今之考格,复分为九等,前后不同,参差无准。"从中可以看出,孝文帝以来"考令"至宣武帝登位后亦如"职令"一般定稿后加以颁行,其有关规定被称为"景明考格"。正始定《令》时,元英又修订其制加以颁行,即郭祚上引奏文所引的《考察令》。两者皆定考级为九等而多有"参差",故延昌以来屡有再修之议。这就典型地反映了孝文帝太和十六年以后,某些《令》仍在不断修订和讫后即颁的状态。

七年和十九年，不能排除此后至正始定《令》时，其篇名、内容仍有调整归并的可能。"《地令》"是否法定篇名尚难确知，然其必当颁于太和十六年四月新《律》、《令》一体施用之时，其后则在陆续补充或修正中一直保留了其篇而行至魏末以来。《官品令》、《狱官令》和《考察令》则确凿无疑地属于《正始令》篇。其中《官品令》规范了太和二十三年所定《职令》的品阶位序；《狱官令》导致了太和十六年《律》、《令》中断狱、系讯等内容的调整，又把江左《狱官令》、《鞭杖令》的规定合二为一；《考察令》则大体是继太和十六年专门针对考课创立《令》篇的做法，统一了"外考令"和"内考令"的相关规定。诸如此类的史实，对于理解孝文帝太和十六年至宣武帝正始年间《令》的发展变化，皆有重大的价值。

三 太和十六年以来及正始元年已颁而篇名不详之《令》

《魏书》等处记载太和十六年以来及正始元年所定《令》的第二种情况，是虽无其称而必有其篇，或虽有其称而可能并非法定正名，却无疑都已生效施行。略可归纳为如下数种：

一是关于户籍、三长、征调之《令》。

《魏书》卷一八《太武五王传·临淮王谭传》附《元孝友传》载其孝静帝时表曰：

> 《令》制百家为族党，二十家为闾，五家为比邻。百家之内，有帅二十五，征发皆免。苦乐不均，羊少狼多，复有蚕食，此之为弊久矣。京邑诸坊，或七八百家，唯一里正、二史，庶事无阙，而况外州乎！请依旧置，三正之名不改，而百家为四闾，闾二比，计族省十二丁，得十二匹赀绢……此富国安人之道也。

此其所引，显然是元孝友时的现行《令》制，故称"为弊久矣"。其内容既关乎户籍与基层编制，又涉及赋役征发，显然是在太和十年所行三长制基础上发展而来的。且其既以四比邻为一闾，已与《魏书》卷一一〇《食货志》载李冲定三长制时以五家为邻，五邻为里者不同。当系太和十六年颁《令》之前，或正始元年定《令》以来所改。

北魏户籍从道武帝初定中原"计口授田"，到明元帝永兴五年再行此制于大宁川①，恐早已有相应的《令》来作出规定②，但其制度必甚粗疏，遂致宗主督护盛行而多隐户漏丁。太和十年以来行三长制③，前已述其旨在编制邻里，阅户造籍而依此征调，故元孝友表文中的《令》制，也同时包括了这三项内容。这应当并不是一种偶然，而是太和十六年以来以三长制为主体而修此一《令》，以综邻里、户籍、征调三事的反映。

可以在一定程度上为之佐证的，是《通典》卷五《食货五·赋税中》载：

> 魏《令》：每调一夫一妇帛一匹，粟二石。人年十五以上未娶者，四人出一夫一妇之调。奴任耕、婢任绩者，八品当未娶者四……

这条魏《令》佚文，与《魏书·食货志》载李冲奏三长制规定中的户调之法几乎完全相同④，似可表明太和十年李冲奏行之制，确被通盘修入了太和十六年颁行的某篇新《令》，后来又被正始定《令》时所沿袭。尽管邻里、户籍和征调规定是否被修入同一个《令》篇，显然无碍于其《令》业已颁行的事实；但若其确被修为一《令》，那就说明太和十六年或正始元年定此《令》制，实际上是因三长制诸内容在当时实难拆分，而把西晋、江左的《户令》、《户调令》和《复除令》作了合并为一的处理。这在《令》篇发展史上不失为一个重要变化，同时又构成了隋、唐再分《户令》和《赋役令》来规范有关制度的基础。

---

① 《魏书》卷一一〇《食货志》、卷三《太宗纪》。
② 《魏书》卷一一〇《食货志》："先是，禁网疏阔，民多逃隐。天兴中，诏采诸漏户，令输纶绵，自后诸逃户占为细茧罗縠者甚众，于是杂营户帅遍于天下，不隶守宰，赋役不同，户口错乱。始光三年，诏一切罢之，以属郡县。"所谓"诏采诸漏户，令输纶绵"，也是"称诏为令"之例，可见道武帝至太武帝初有关户籍之《令》的一斑。
③ 《魏书》卷七下《高祖纪下》太和十一年七月己丑诏曰："今年谷不登，听民出关就食，遣使者造籍，分遣去留，所在开仓赈恤。"九月庚戌诏曰："去夏以岁旱民饥，须遣就食，旧籍杂乱，难可分简。故依局割民，阅户造籍，欲令去留得实，赈贷平均……"十四年十二月又诏"依准丘井之式，遣使与州郡宣行条制，隐口漏丁，即听附实"。所述"旧籍杂乱，难可分简"，自是三长制行用以来的状况，而其况直至太和十四年仍未有根本改变。
④ 两处所载异者有二：一是《食货志》载"耕牛二十头当奴婢八"，《通典》引魏《令》作"耕牛十头当奴婢八"；二是《食货志》载"孤独癃老笃疾贫穷不能自存者，三长内迭养之"，《通典》引魏《令》作"孤独病老笃贫不能自存者，亦一人不从役"。两处之异或即太和十六年和正始元年定《令》时所改。

二是关于封爵之《令》。

前面引到《魏书》卷五三《李冲传》载其太和二十一年奏论元拔、穆崇案时，屡屡提到过一个规定封爵诸事的《令》篇，将其与《律》文对证，且举出了此《令》的一条佚文：

> 诸有封爵，若无亲子，及其身卒，虽有养继，国除不袭。

从时间上看，其显然应属太和十六年四月所颁有关封爵的《令》篇，这条《令》文以"诸"起首，则是当时部分《令》篇已由法条构成而不再具有制诏集性质的重要证据。

北魏封爵制度入《令》，当自道武帝天兴元年定《律》、《令》，命邓渊"典官制，立爵品"而始。据《魏书》卷一一三《官氏志》载天赐元年九月改定爵制，"王第一品，公第二品，侯第三品，子第四品"，似爵制和官品在当时是被一体加以规定的。由此转辗沿革至太和十六年所定官品位序之《令》，如《官氏志》载太和中官品所示，其中已无爵品，说明太和元年以来的定《令》过程，很可能已把封爵之《令》与官品位序之《令》分别开来。这或者是当时有鉴于西晋《官品令》与《王公侯令》分为两篇的结果。但《官氏志》载太和二十三年"复次职令"，至宣武帝初颁行的官品序列中，王、公、侯、伯、子、男又已赫然在列，各有其品。再到正始定《令》之时，前面所引《魏书》卷一一一《刑罚志》载正始所定《法例律》文：

> 五等列爵及在《官品令》从第五，以阶当刑二岁；免官者，三载之后听仕，降先阶一等。

据此文意，似当时"五等列爵"之制确已不在《官品令》规定的范围之内。

不过无论如何，即便爵级仍有相应的品阶[①]，《魏书·李冲传》所示

[①] 《魏书》卷一〇八之二《礼志二》载孝明帝神龟初年，太学博士王延业议灵太后父胡国珍庙制，其中提到："武始侯本无采地，于皇朝制《令》，名准大夫。"所谓"皇朝制《令》，名准大夫"，依据的即是《官氏志》载太和二十三年复次职令所定官品中，金紫光禄大夫、散侯同为从第二品之制。故《正始令》中爵级仍有品阶，而有关爵级管理的各项办法却必另有其《令》来加以规范。

的《令》文规定，说明此《令》显然还应包括一系列封爵管理办法，很难设想将之一并修入规定百官品阶的《官品令》中。由此判断，正始以来必定还有一个专门规定爵制的《令》篇，指导着有关行政过程。

《魏书》卷七八《张普惠传》载孝明帝时诏访冤屈，普惠上疏奏论此前高肇推行的封爵世减之法有云：

> ……又《律》罪例减，及先帝之缌麻；令给亲恤，止当世之有服。《律》、令相违，威泽异品，使七庙曾玄，不治末恤，嫡封则爵禄无穷，枝庶则属内贬绝……诸王开国，非犯罪削夺者，并求还复。其昔尝全食，足户充本，减从令式者，从前则力多于亲懿，全夺则减足之格不行。愚谓禄力并应依所□之食而食之。若是则力少蕃王，粟帛仍本户邑虽盈之减……①

引文中的"《律》、令"和"令式"之"令"，指的似乎都不是《令》篇，而是灵太后胡氏所下之"令"②。尽管如此，高肇当时推出封爵待遇的"世减"之法，显然仍是对正始元年以来有关封爵之《令》的一种修正。故其仍可在很大程度上证明，此《令》规定了封爵"犯罪削夺"、"还复"及其享受"全食"、"足户"、"禄力"之法，盖与李冲所引封爵继嗣之《令》同属一篇损益而成。这就不仅说明了正始以来此《令》一直在施用的事实，而且说明了此《令》很可能早在太和十六年四月颁行以来，即包括了太和八年起所定俸禄制度的相关内容③，从而构成了隋、唐《封爵俸廪令》的前身。

三是关于医疾、假宁之《令》。

---

① 中华书局点校本此处有《校勘记》，谓"若是力少"以下数句"语不可解，疑有讹脱"。
② 从其文意判断，这几处的"令"，都可解释为灵太后所下之"令"，即高肇所行"世减"之法。其文例同于《魏书》卷五四《高闾传》载淮南王元他奏请依旧断禄，文明太后令召群臣议之，闾表曰："……置立三长，班宣俸制，事设令行，于今已久。"当时《令》尚未颁，此"令"实为文明太后之令，太后临朝称制或皇太子监国之时，其所下之"令"虽效力与《令》相近而毕竟仍有区别。张普惠指责灵太后之令与《律》相违，即说明了这一点。
③ 《魏书》卷七上《高祖纪上》载太和八年六月丁卯始颁禄制；九月戊戌诏颁禄"以十月为首，每季一请"；九年二月乙亥，"制皇子封王者、皇孙及曾孙绍封者、皇女封者岁禄各有差"。卷七下《高祖纪下》又载太和十年十一月"议定州郡县官依户给俸"。是为当时俸禄制度陆续制定和逐步以条制形式颁下施行之概要。

第五章 北魏后期《令》的修订与颁行

《魏书》卷九《肃宗纪》正光四年七月辛亥诏：

> 今庶僚之中，或年迫悬车，循礼宜退。但少收其力，老弃其身，方念勤旧，眷然未忍。或戴白在朝，未当外任；或停私历纪，甫受考级。如此之徒，虽满七十，听其莅民，以终常限。或新解郡县，或外佐始停，已满七十，方求更叙者，吏部可依《令》不奏。其有高名俊德，老成耄士，灼然显达，为时所知者，不拘斯例。若才非秀异，见在朝官，依《令》合解者，可给本官半禄，以终其身。

此诏两处提及的《令》，自属正始以来所行《令》篇，其内容都是关于七十致仕的规定。

七十致仕在儒经中早有典据，至于北魏的有关规定，则可能要到孝文帝太和十六年新《律》、《令》颁行后，这才开始明确起来[①]。有关致仕待遇的办法[②]，在西晋、江左《令》篇的沿革脉络中，大概是被归入《医药疾病令》中有关给假告休部分的[③]。隋《开皇令》则有《假宁令》而无《医疾令》，唐开元复有《医疾令》而无《假宁令》。据此推想，西晋

[①] 《魏书》卷七下《高祖纪下》载太和十八年八月丙寅，诏"诸北城人年满七十以上及废疾之徒，校其元犯，以准新《律》"。可见新《律》、《令》中，"七十岁"必是有关规定的重要年龄界限。同书卷五五《游明根传》载其参定《律》、《令》而"年逾七十，表求致仕"，孝文帝虽挽留而仍以"七十致仕，典礼所称"许之。

[②] 《晋书》卷五〇《庾峻传》载其武帝时奏论其时风俗趋竞有曰："臣愚以为古者大夫七十悬车，今自非元功国老、三司上才，可听七十致仕，则士无怀禄之嫌矣。"其事在《泰始律》、《令》颁行之后，可见当时尚无七十致仕之制，但二千石以上高官年老致仕以三分之一故禄终其身的规定，汉代以来早有其制。见《汉书》卷一二《平帝纪》元始元年事。又《晋书》卷三三《郑冲传》载其泰始六年抗表致仕，帝挽留称"公屡以年高疾笃致仕告退"云云，可见当时致仕每以年老疾笃为辞，实际是请长病假，故其事本与医疾相关。

[③] 《唐六典》卷六《刑部》原注载西晋及梁皆有《医药疾病令》而无《假宁令》。据《初学记》卷二〇《政理部·假第六》引《晋令》："急假者，一月五急，一年之中，以六十日为限。千里内者疾病，申延二十日，及道路解故九十五日。"可见《晋令》中有关假宁规定本与医疾之事相关。《太平御览》卷六三四《治道部十五·急假》引范宁《启断众官受假故事》亦提到"旧有急假，一月五急，一年之中六十日为限"。其后引有"假宁令"文多条，或当时其已附于《医药疾病令》末，亦未可知。张鹏一《晋令辑存》把《初学记》所载《晋令》佚文名为"给假令"，归入《杂令》三篇之中，可备一说。

以来医疾和假宁事宜，一直是在同一《令》篇中加以规定的①，其中也包括了致仕的相关制度②。而《开皇令》将之称为《假宁令》的做法，则明显不合西晋、江左以来《令》篇命名的传统，很可能即从《河清令》、《正始令》及太和十六年所颁之《令》一脉相承而来。

又《魏书》卷七八《张普惠传》载其宣武帝时为安西将军、雍州刺史、任城王元澄的军府录事参军，当时元澄正在服丧，却欲于七月七日集会文武于北园马射，普惠劝阻有曰：

> 按《射仪》，射者以礼乐为本，忘而从事，不可谓礼……又七日之戏，《令》制无之。班劳所施，虑违事体。库府空虚，宜待新调，二三之趣，停之为便。

所谓"七日之戏，《令》制无之"，说明太和十六年以来关于节庆亦有其《令》，而节庆之事经常都是与假宁规定联系在一起的③。无论上面关于正始或太和十六年已有《假宁令》的推测是否成立，张普惠所说《令》中的节庆规定，都应当与假宁及致仕规定属于同一《令》篇，且其自孝文帝以来至宣武帝、孝明帝时期皆施行不绝，其内容亦当像"《地令》"那样被北齐修入《河清令》相关之篇，从而构成了隋、唐《假宁令》及《医疾令》的重要来源。

四是其他诸《令》。

除上述各种《令》篇外，《魏书》等还载有不少分篇不详、其名难知而显然都已施行的《令》，以下谨举二例以见其况：

关于僧籍管理之《令》：《魏书》卷一一四《释老志》载太和十六

---

① 据宁波天一阁藏明抄本《天圣令》，第二十六卷《医疾令》下标有"假宁令附"四字，推想开元二十五年所定《医疾令》可能已将《假宁令》附于其后。见宁波天一阁博物馆、中国社会科学院历史研究所《天圣令》整理课题组《天一阁藏明钞本天圣令校证》上册《影印本·医疾令卷第二十六（假宁令附）》，中华书局2006年版。

② 明钞本《天圣令·医疾令第二十六（假宁令附）》第二十二条："诸文武职事五品以上官，致仕有疾患在京城者，官给医药；在外者亦准此量给，以官物市供。"可见唐《医疾令》中涉及了致仕后的待遇问题。

③ 明钞本《天圣令·医疾令第二十六（假宁令附）》所载"假宁令"文，第一条即为"元日、冬至、寒食各给假七日（前后各三日）"。以下则为各种节日包括七夕"并休假一日"的规定。

年诏：

> 四月八日、七月十五日，听大州度一百人为僧尼，中州五十人，下州二十人，以为常准，著于《令》。

此诏或下于太和十六年四月颁新《律》、《令》前，所谓"著于《令》"，在这里即是将之修入新《令》。此《令》显然事关僧籍及其管理①，唯不知其是否专立一《令》。②

至于其是否颁行的问题，据《释老志》后文载孝明帝熙平二年灵太后令曰：

> 年常度僧，依限大州应百人者，州郡于前十日解送三百人；其中州二百人，小州一百人；州统、维那与官及精练简取充数。若无精行，不得滥采……

这里"年常度僧，依限大州应百人者"之"常限"，应当就是太和十六年规定每年二节"听大州度一百人为僧尼，中州五十人，下州二十人"而"著于《令》"的规定。可证相关《令》篇自太和十六年或正始元年以来必已施行，至此则已进一步规定了如何解送简选的具体办法。

关于贡士之《令》：《北齐书》卷四五《文苑樊逊传》载其孝静帝武定七年，被梁州刺史举为秀才之事：

---

① 此《令》似未包括"僧制"在内。据《魏书·释老志》，太和十七年"诏立僧制四十七条"。《初学记》卷二三《道释部·僧第七》引"后魏孝文帝立僧尼制诏"，即当时颁僧制四十七条之诏，其中提到，此四十七条由沙门统僧显等据先朝僧禁"更一刊定"，并由孝文帝亲自裁决，诏文明言其"触未详究，且可设法一时"。可证太和十六年新《令》中并未包括规范僧尼行为的诸多规定。《释老志》后文载宣武帝永平元年秋诏曰："自今已后，众僧犯杀人以上罪者，仍依俗断，余犯悉付昭玄，以内律、僧制治之（劲案：此'内律僧制'中华书局点校本未点开，不妥）。"又载永平二年沙门统惠深奏上僧制数条，"诏从之"。这都说明"僧制"自成一体而与俗法不同，乃是得到朝廷许可而由僧统负责执行的僧尼规范，其在当时很可能未被纳入《令》的系统，而是以条制形式颁下施用并陆续补充的。

② 据《唐六典》卷六《刑部》原注，西晋、江左至隋俱有《户令》、《复除令》（隋称《赋役令》），不知其僧籍管理规定归属何篇。上引太和十六年诏既将年常度僧之限"著于《令》"，也有可能不立专篇而附入相关《令》篇。

尚书案旧《令》：下州三载一举秀才。为五年已贡开封人郑祖献，计至此年未合。兼别驾王聪抗议，右丞阳斐不能却。尚书令高隆之曰："虽逊才学优异，待明年仕非远。"逊竟还本州。

这个"旧《令》"，显即正始以来所行之《令》而内容关乎举贡者，因时值东魏而被称"旧《令》"，从上引文中可以看出其效力仍存，无可置疑。从西晋、江左俱有《贡士令》[①]，至隋改立《选举令》的脉络来看，正始以来所颁此《令》，当亦名为《贡士令》或《选举令》。而其"下州三载一举秀才"的规定，则明显沿袭了东晋以来州举秀才的限额规定。[②]

除以上篇名明确和不甚明确的十余个《令》篇之外，《魏书》等处所载尚有"朝令"、"公令"、"职令"之类，前已考其应属若干《令》篇规定的泛称或统称；另又有"外考令"、"御史令"、"祀堂令"等名目，则是对有关《令》篇部分规定的约称或俗称。可以肯定，这些与《令》相关的称谓均非《令》篇正名，且其内容与上述十余个《令》篇必有交叉重合。其所反映的是孝文帝改革以来，《令》体正从北魏前期更多取仿汉代的制诏集形态，向后期更多取仿西晋、江左一脉的法典形态的过渡，是《令》的分篇和名称正在新、旧错杂的局面中陆续调整的史实。无论如何，与此相关的记载，都不仅无法支持，而恰恰否定了"高祖以来所定诸《令》，经葛荣、尔朱之乱，迄未行用"的判断，证明了太和十六年和正始元年以来，《令》凡修毕者已多颁行的事实。

第三节　太和以来未颁之《令》的两种情况

在确认太和十六年及正始元年《令》多颁行的基础上，从孝文帝以来各种《令》篇常随改革进程陆续制定，再相机出台施用的事实出发，已可推知《孙绍传》载其上表节文所说的"《律》班《令》止"，大体不

[①]《北堂书钞》卷七九《设官部三十一·秀才》引有晋"品令"三条："举秀才，明经传者，以入学宫。"又："举秀才，必五策皆通，拜为郎中；一策不通，不得选。"又："举秀才，皆行义典为一州之俊。"凡此之类，皆当为《贡士令》文，称之为"品令"者，或是北朝人对此的约称或俗称。

[②]《宋书》卷四〇《百官志下》载州制："晋江左扬州岁举二人，诸州举一人，或三岁一人，随州大小，并对策问。"

外乎两种情况：一是《令》篇已修成者虽多颁行，但也仍有成而不颁者。二是有的《令》篇久修而未讫，或其体例内容虽轮廓粗具，却仍在不断修订充实之中，也就谈不上颁行。这两种情况在《魏书》中皆有其证，以下分别述之。

一　《令》篇有大体修成而未颁及久修未成而无从颁行者

《令》篇修撰已成而未颁的情况，当以《学令》为其典型。

《魏书》卷五六《郑羲传》附《郑道昭传》载其宣武帝正始初为国子祭酒，屡次上表论学之事：

> 道昭又表曰："……臣学陋全经，识蔽篆素，然往年删定《律》、《令》，谬预议筵。谨依准前修，寻访旧事，参定《学令》，事讫封呈，自尔及今，未蒙报判。但废学历年，经术淹滞，请《学令》并制，早敕施行，使选授有依，生徒可准。"诏曰："具卿崇儒敦学之意，良不可言。新《令》寻班，施行无远，可谓职思其忧，无旷官矣。"道昭又表曰："窃惟迁鼎中县，年将一纪，缙绅褫业，俎豆阙闻……臣自往年以来，频请《学令》，并置生员，前后累上，未蒙一报。故当以臣识浅滥官，无能有所感悟者也。馆宇既修，生房粗构，博士见员，足可讲习。虽新《令》未班，请依旧权置国子学生，渐开训业，使播教有章，儒风不坠，后生睹徒义之机，学徒崇知新之益。至若孔庙既成，释奠告始，揖让之容，请俟《令》出。"不报。

这段记载说明正始定《令》之时《学令》已成，且宣武帝本欲将之与其他各《令》一体颁行而终于搁置，郑道昭虽再奏请而仍未果。

据《唐六典》卷六《刑部》原注，西晋、江左与隋俱有《学令》，北魏前期虽"旧《令》亡失"，然道武帝天兴二年既已"初令五经群书各置博士，增国子太学生员三千人"[①]，其制后来续有调整补充，至献文帝时又规范地方官学之制[②]，可以推定其学校之制必当有《令》。由于学校

---

① 《魏书》卷二《太祖纪》天兴二年三月甲子。
② 参《魏书》卷八四《儒林传》序、《魏书》卷六《显祖纪》天安元年九月己酉及卷四六《李䜣传》、卷四八《高允传》。

之制本来就是贯彻古圣王治道的某种象征，必在厉行汉化政策和崇儒尊经的孝文帝关注之列，故宣武帝时期修订《学令》，自应承自太和以来。其证如《魏书》卷一九下《景穆十二王传下·南安王桢传》附《中山王英传》载其宣武帝初，为吏部尚书奏事有曰：

> 谨案《学令》：诸州郡学生，三年一校所通经数，因正使列之，然后遣使就郡练考……今外宰京官，铨考向讫，求遣四门博士明通五经者，道别校练，依《令》黜陟。

此值景明二年以来考课之时，其所引据的《学令》，显然是现行之《令》，应是太和十六年四月所颁。郑道昭参与制定的正始元年《学令》，自是据此再加修订而成，故其内容必已相当成熟。由此考虑，正始《学令》终于搁置不颁的原因，虽也有可能是其内容有所未安①，但主要恐怕还是由于外部条件不备。

事实上，《魏书·中山王英传》载宣武帝当时诏答其奏，即曰："学业堕废，为日已久，非一使能劝，比当别敕。"这是与郑道昭上引奏文所称"迁鼎中县，年将一纪，缙绅褫业，俎豆阙闻"之况完全吻合的。《魏书·郑道昭传》载其屡次上表，更有"今国子学堂房粗置，弦诵阙尔。城南太学，汉魏石经，丘墟残毁，藜藿芜秽"等描述。凡此皆表明太和十七年迁都以来，国学之制虽有其《令》，其房舍营构则有未遑，学政亦因军国务繁而经年"堕废"，从而使太和十六年《学令》虽颁，却难以落实，更使正始《学令》虽已修成封呈，却缺乏起码的施行条件而被搁置。

又《魏书》卷八《世宗纪》正始四年六月己丑诏曰：

> 高祖……徙县中区，光宅天邑，总霜露之所均，一姬卜于洛涘，戎缮兼兴，未遑儒教。朕纂承鸿绪，君临宝历，思模圣规，述遵先志……可敕有司准访旧式，置国子，立太学，树小学于四门。

---

① 据《魏书·郑道昭传》载其奏论学事，内有请求"重敕尚书、门下，考论营制之模，则五雍可翘立而兴，毁铭可不日而就"之文。上引其奏文中又有"至若孔庙既成，释奠告始，揖让之容，请俟《令》出"之语。是国学"营制"当时尚被认为有必要再加"考论"，而释奠祭孔等仪似亦有待再加厘定。

可见孝文帝迁洛以来,难以兼顾学校之事。正始元年《学令》修成封呈之时,国子学、太学、四门学尚未修造,而郑道昭所称国子学"馆宇既修,生房粗构",在正始四年六月此诏下达以前,恐怕也不甚合符《学令》所定的规制。

又《魏书》卷八四《儒林传》序:

> 神龟中,将立国学,诏以三品以上及五品清官之子以充生选。未及简置,仍复停寝。正光二年,乃释奠于国学,命祭酒崔光讲《孝经》,始置国子生三十六人。

据此则北魏后期国学,不仅营构蹉跎而学政堕废,就连郑道昭所请"虽新《令》未颁,请依旧权置国子学生,渐开训业"的建议,也要近二十年后才被部分落实。在此背景之下,正始元年所定《学令》的搁置不颁,自亦不难理解了。

《令》篇久修而未成也谈不上颁行之况,则当以"《祀令》"为其典型。

如前所述,太和十三年以来"详定朝令,祀为事首",祭祀制度的厘定,从此已是当时朝仪改革的头等大事。综《魏书》卷一〇八之一《礼志一》与卷七下《高祖纪下》所载其进展:太和十三年五月,帝临皇信堂与群臣共论禘祫及六宗祀制;十四年八月诏定丘、泽配尚之制,改以道武帝为"太祖";十五年正月,改定本朝"承晋为水德"而"祖申腊辰"①;是年四月"经始明堂,改营太庙",议七庙之祀;八月"又议肆类上帝禋于六宗之礼……亲定禘祫之礼"②,另又"省诸杂祀",定朝日夕月等制;十一月"亲省斋宫冠服及郊祀俎豆";十六年正月诏定"蒸尝之礼",二月议定尧、舜、禹、周公、孔子祀制时,孝文帝更两次提到了《祀令》之名。这个以祀制为中心密集展开的议制过程,显然也就是《祀

---

① 《魏书》卷二《太祖纪》载天兴元年十二月议定行次为"土德",服色尚黄,"未祖辰腊"。

② 《礼志一》载太和十三年帝临皇信堂与群臣所议即为禘祫及六宗之祀,《高祖纪下》载此为"又议",当是续定其制。

令》的修撰过程，尽管其是否为法定篇名现已很难确知①，但其体例至此已轮廓粗具，恐怕是没有问题的。

那么此《令》是否已随新《律》、《令》于太和十六年四月一体颁行了呢？答案是否定的，因为"《祀令》"所必须包括的若干重要内容和规定，在太和十六年四月以前并未修讫，直至正始以来也还在继续修订之中。

如《魏书·礼志一》载太和十六年十月己亥诏：

> 夫先王制礼，所以经纶万代，贻法后昆。至乃郊天享祖，莫不配祭，然而有节。白登庙者，有为而兴，昭穆不次。故太祖有三层之宇，已降无方丈之室。又常用季秋，躬驾展虔，祀礼或有亵慢之失，嘉乐颇涉野合之讥。今授衣之旦，享祭明堂；玄冬之始，奉烝太庙。若复致斋白登，便为一月再驾，事成亵渎。回详二理，谓宜省一。白登之高，未若九室之美；帏次之华，未如清庙之盛。将欲废彼东山之祀，成此二享之敬。可具敕有司，但令内典神者，摄行祭事。献明、道武各有庙称，可具依旧式。

这是太和十五年四月"经始明堂，改营太庙"的后续举措。"白登庙"即《礼志一》前文载明元帝永兴四年在白登山所立道武帝庙，神瑞初又于白登西道武帝旧游之处，"立昭成、献明和道武帝庙……别置天神等二十三于庙左右"。这种在祖宗"旧游之处"立庙祭祀的做法，显然不合中原王朝的庙祭故事和儒经所示礼制典则，故上引诏文称其"有为而兴，昭穆不次……祀礼或有亵慢之失，嘉乐颇涉野合之讥"。孝文帝意在废除其制，唯存新近厘定的太庙祭祀之法。所谓"回详二理，谓宜省一"，适足

---

① 中华书局点校本《魏书》卷一〇八之一《礼志一》未为"祀令"加书名号，《唐六典》卷六《刑部》原注载晋、梁、隋、唐《令》中皆有《祠令》。不过唐代仍有将《祠令》称为"祀令"之习，《唐会要》卷九上《郊祭》载永徽二年长孙无忌等奏议郊天配祀之制有曰："据《祠令》及《新礼》，并用郑玄六天之义……且检《吏部式》，唯有南郊陪位，更不别载圜丘。《式》文既遵王肃，'祀令'仍行郑义，《令》、《式》相乖，理宜改革。"《册府元龟》（中华书局1960年影印本）卷五八六《掌礼部·奏议第十四》又载显庆元年六月长孙无忌与修礼官等奏："伏见'祀令'，以高祖太武皇帝配五天帝于明堂，太宗文皇帝配五人帝，亦在明堂之侧座……"可证。

以表明北魏前期以来的白登庙和太和十五年四月所定太庙祭祀之制①，在此前修撰的"《祀令》"中要么仍双轨并存，要么制度规定与实际施行之间距离甚大，遂下此诏申述其谬而废旧存新。

这就表明，在"《祀令》"中极具地位的宗庙祭祀之制，在太和十六年四月新《律》、《令》颁行之时，尚因北族旧俗是否循废的讨论纷纭不决，而存在着不能不解决的重大疑问，从此也还在继续讨论修订之中。②

当时存在种种疑问的自然不限于宗庙制度。《礼志一》后文载太和十九年十一月庚午，帝幸委粟山，议定圆丘。己卯，帝与群臣在合温室议圆丘祭天之礼，诏曰：

> ……我魏氏虽上参三皇，下考叔世近代都祭圆丘之礼，复未考《周官》，为不刊之法令。以此祭圆丘之礼示卿等，欲与诸贤考之厥衷。

其下文载当时所议，包括了圆丘祭天的"夕牲之礼"、其牲之色、是否依旧"以鼓集众"及百官祭天法服等制。且载孝文帝议夕牲之制有曰：

> 夕牲之礼，无可依准，近在代都，已立其议。杀牲祼神，诚是一日之事，终无夕而杀牲，待明而祭。

---

① 《魏书·礼志一》前文载太和六年十一月起，帝亲祀七庙，从而对此前"七庙之祭，依先朝旧事，多不亲谒"之制作了改革。太和十五年四月"改营太庙"时，除重新确定七庙构成外，亦当明确了亲祀太庙的制度，故上引诏文称"一月再驾，事成亵渎"。

② 《魏书·礼志一》载太和十五年四月孝文帝与群臣议立七庙，定道武帝为"太祖"而迁平文帝庙，诏称："始令七庙，一则无主，唯当朕躬此事，亦臣子所难言。夫生必有终，人之常理。朕以不德，忝承洪绪，若宗庙之灵，获全首领以没于地，为昭穆之次，心愿毕矣。必不可豫设，可垂之文，示后必令迁之。"意谓除神元、道武、明元、太武、文成、献文六庙外，孝文帝身后自当一庙。而穆亮等人奏言："七庙之祀，备行日久，无宜阙一，虚有所待。臣等愚谓，依先尊祀，可垂文示后。理衷如此，不敢不言。"诏曰："理或如此，比有间隙，当为文相示。"可见七庙之制当时尚未定论，此亦当时不能不解决之重大问题。据《礼志一》后文载太和十九年二月癸亥诏"知太和庙已就，神仪灵主，宜时奉宁"云云，可见七庙之制在迁洛后营构宗庙之时当已解决。

诸如此类的讨论，都为其月甲申"祀昊天上帝于委粟山"的大典，提供了制度依据。

前已有述，圆丘祭天之制，在太和十三年以来"详定朝令，祀为事首"之时已被反复讨论，其中如丘、泽规制、配尚之主以及禘祫、六宗等制，多被修入了《祀令》。孝文帝上引诏文称夕牲之礼，"近在代都，已立其议"，也说明了这一点。不过"已立其议"，同时也证实了迁都前所议圆丘祀制仍是拟议之物，而非已颁之《令》的明确规定。上引太和十九年诏文所强调的，也正是有关诸制尚"无可依准"，或因其缺乏典据而非"不刊之法"的缺陷，故须"议定圆丘"再论其制。这就佐证了太和十三年以来所修"《祀令》"尚未告竣，也未在十六年四月颁行的事实。

对此还可联系另一个事实来加以考虑，《魏书·礼志一》载太和十年四月：

> 帝初以法服御辇，祀于西郊。

十二年闰九月：

> 帝亲筑圆丘于南郊。①

十三年正月：

> 帝以大驾有事于圆丘。

十八年三月：

> 诏罢西郊祭天。②

由此可见，平城南郊的圆丘祭天之制，在太和十二年以来，必已承前有所

---

① 中华书局点校本此条《校勘记》述"闰九月"诸本作"十月"。
② 《魏书》卷七下《高祖纪下》太和十六年三月癸酉，"省西郊郊天杂事"；乙亥，"车驾初迎气南郊"。先撤西郊祭天诸"杂事"，旋即迎气南郊，亦为富于除旧布新意味的举措。

修订而轮廓粗具,因此才有此年九月"亲筑圆丘"和十三年正月南郊祭天之事。前述太和十三年以来,孝文帝与群臣屡屡讨论其配尚、用牲、禘祫、六宗等制,则是有感于其制"不典"所做的完善。更为重要的是,在太和十三年以来集中修订"《祀令》"之时,不管南郊祭天之制已如何接近或合乎儒经所示典制,事实上却一直是与作为拓跋旧俗的西郊祭天之制并行的。太和十八年三月"诏罢西郊祭天",即是要结束孝文帝再难容忍的这种"二天并存"局面。

要之,在太和十六年四月颁行新《律》、《令》时,就"《祀令》"之中最关重大的祭天之制而言,其自身规定尚多不明或"不典"之处,其制之外又并存着另一套属于拓跋旧俗的西郊祭天之制。这两点,显然都意味着此《令》尚未修讫和制度亟待调整,是不可能骤然加以颁行的。

至于宣武帝以来"《祀令》"的陆续修订,如《魏书》卷一〇八之二《礼志二》载景明二年十一月壬寅:

> 改筑圆丘于伊水之阳。

至此,孝文帝所定委粟山圆丘已被移至洛阳南部伊水北岸,当是依准东汉郊坛故事所为①。然则太和十九年"议定"的圆丘之制,以及"《祀令》"的相关部分,自然又已有所调整。

《礼志二》又载此年六月秘书丞孙惠蔚上奏,据《礼记·王制》郑注及《春秋公羊传》何休注论禘祫之礼,以为太和十三年以来及宣武帝登位后所定其制尚有可议之处,诏付八坐以下"参定以闻"。这又表明"《祀令》"有关禘祫部分在当时仍在修订。以此联系前引郑道昭正始时奏论学事,其末建议"至若孔庙既成,释奠告始,揖让之容,请俟《令》出"。其所指的虽是《学令》,但从中也可以看出,其时洛阳孔庙

---

① 《水经注》卷一五《伊水》载其"东北至洛阳县南,北入于洛",注谓"伊水又东北至洛阳县南,径圜丘东,大魏郊天之所,准汉故事建之"。可见宣武帝将圆丘移至伊水之阳,是取鉴了东汉洛阳南郊故事。

营构未毕①,《学令》中有关释奠祭孔的"告始"、"揖让"规定也还有待明确。由此可推正面规定诸祭祀制度的"《祀令》"之中,关于祭孔的规定恐亦同样没有定案。故其所谓"请俟《令》出",同时也意味着"《祀令》"在正始元年尚未颁行。

可以佐证这一点的,如《魏书·礼志二》载孝明帝登位之初,太常卿崔亮上言:

> 秋七月应祫祭于太祖,今世宗宣武皇帝主虽入庙,然烝尝时祭,犹别寝室,至于殷祫,宜存古典……仰寻太和二十三年四月一日,高祖孝文皇帝崩,其年十月祭庙,景明二年秋七月祫于太祖,三年春禘于群庙。亦三年乃祫。谨准古礼及魏晋之议,并景明故事,愚谓来秋七月,祫祭应停,宜待三年终,乃后祫禘。

孝明帝对此的答复是:"太常援引古今,并有证据,可依请。"作为主管祭祀的太常卿,崔光奏行宣武帝崩后如何殷祫和禘祭之事,所引据的全无太和十三年以来所定"《祀令》"之中的禘祫规定,而仅是"古礼"、"晋魏之议"以及"景明故事"。这也表明"《祀令》"的有关规定仍多缺略之处,而待参详古今之制再加厘定。《礼志二》下文载熙平二年三月太常少卿元端上奏,请召群官议定明元帝庙被迁以后的丘、泽配尚之制,也只引据了《礼记·祭法》之文及其郑注而不及"《祀令》"。凡此之类所说明的,应当都是"《祀令》"在正始元年以来仍未修讫施用的事实。

---

① 《魏书》卷一〇八之一《礼志一》载太和十六年二月诏定古圣德之祀有云:"其宣尼之庙,已于中省,当别敕有司。"中华书局点校本于"已于中省"下有《校勘记》,据《礼志一》后文载稍后"帝临宣文堂,引仪曹尚书刘昶、鸿胪卿游明根、行仪曹事李韶,授策孔子,崇文圣之谥。于是昶等就庙行事。既而帝斋中书省,亲拜祭于庙"。认为"当时洛阳孔庙即在中书省,这里'中省'下当脱'置'字"。劲案:其时尚未迁都,《高祖纪下》载太和十六年二月丁未"告谥孔庙"实在平城,"中省"当是禁中之谓,《校勘记》谓"洛阳孔庙"误甚。且十六年二月诏只规定了周公以上祀制,于祭孔则称"当别敕有司";其后帝命刘昶等策授孔子谥号,又亲拜祭于孔庙,显然仍属特例而非定制。

从太和十六年和正始元年以来议制立法的总体状况来看，像《学令》那样修讫而不颁者，肯定要远少于《祀令》这类久修未讫而无法颁行者。这样判断固然是由于久修未成之《令》的记载甚多，而修讫不颁之《令》在现有资料中只能看到《学令》一例；更是由于孝文帝迁洛前后，改革重心开始转向仪制风习等领域，有关制度的制定大旨皆为标榜正统，动辄强调合乎典据，且几乎要把北族传统文化连根拔起，从而格外增加了难度和争议的缘故。

二 太和后期以来改制与礼仪诸《令》的纷纭难定

在考虑北魏后期修《令》、颁《令》的进程时，对上述态势显然必须给予足够关注。从孝文帝述太和十三年以来"详定朝令，祀为事首"，即可看出祭祀制度虽在当时修《令》过程中占有首要地位，却必还有更多的礼乐仪制被纳入了立法进程。这类制度在西晋、江左除《祠令》以外，尚有《服制》、《丧葬》及《杂令》等加以规定。北魏自道武帝天兴定制以来亦有其《令》①，但在孝文帝眼中，其粗略不典自不待言，因此也就皆在革故鼎新之列。

《魏书》卷五三《李冲传》载其自太和十四年起开始在议制立法中居重要地位：

> 及议礼仪、《律》、《令》，润饰辞旨，刊定轻重，高祖虽自下笔，无不访决焉。

可见当时礼仪制度的议定，是与《律》、《令》修订同时展开的，其中必有相当一部分属于《令》的修撰过程。不过这类制度既关社会深层风习，又涉朝廷国策所寄，实为孝文帝改革的难点所在，故其立法进程并不顺利。《魏书》卷三九《李宝传》附《李彦传》载其太和十八年后行主客曹事，后徙郊庙下大夫，俱为掌礼之职：

---

① 《魏书》卷二《太祖纪》天兴元年十一月定《律》、《令》，"仪曹郎中董谧撰郊庙、社稷、朝觐、飨宴之仪"。二年八月"诏礼官备撰众仪，著于新《令》。"同书卷五《高宗纪》又载和平四年十二月，诏以婚丧规制"著之于《令》"。可见道武帝以来关于诸礼仪制度的《令》，是续有删定修订的。

> 时朝仪国典，咸未周备，彦留心考定，号为称职。

"朝仪国典"显然指诸礼乐制度，上引文则表明其至太和十六年颁新《律》、《令》后，仍"咸未周备"而待考定。

到正始定《令》之时，有关礼仪方面的制度修订，也仍聚讼纷纭而难骤决。《魏书》卷五五《刘芳传》载正始时：

> 议定《律》、《令》，芳斟酌古今，为大议之主，其中损益，多芳意也。世宗以朝仪多阙，其一切诸议，悉委芳修正。于是朝廷吉凶大事，皆就咨访焉。

正始议定《律》、《令》的主持者，是太师彭城王元勰①，刘芳所负责的应主要是其中涉及古今礼制的部分。由于当时也像孝文帝时那样，礼仪与《律》、《令》同修②，相关聚讼则多围绕礼制而起，故称芳为"大议之主"。

刘芳卒于延昌二年，而永平三年以来仍在考论郊庙乐舞及社稷树木等礼乐之制③，则上引文所谓"朝仪多阙，其一切诸议，悉委芳修正"，所述主要是正始元年以后，礼乐诸制仍然"多阙"而续加讨论之况。其结

---

① 《魏书》卷二一下《献文六王传下·彭城王勰传》载正始议定《律》、《令》，"勰与高阳王雍、八座、朝士有才学者五日一集，参论轨制应否之宜"；且载其时勰"凡所裁决，时彦归仰"。同书卷六九《袁翻传》则载："正始初，诏尚书、门下于金墉中书外省考论《律》、《令》，翻与门下录事常景、孙绍、廷尉监张虎、律博士侯坚固、治书侍御史高绰、前军将军邢苗、奉车都尉程灵虬、羽林监王元龟、尚书郎祖莹、宋世景、员外郎李琰之、太乐令公孙崇等，并在议限。又诏太师彭城王勰、司州牧高阳王雍、中书监京兆王愉、前青州刺史刘芳、左卫将军元丽、兼将作大匠李韶、国子祭酒郑道昭、廷尉少卿王显等，入预其事。"是当时先由常景等人在中书外省"考论《律》、《令》"，旋又诏勰主持集中讨论其中难点，刘芳即在此"五日一集"的"大议"中居于重要地位，而其地点当已移至尚书上省，其考详下。

② 《魏书》卷三九《李宝传》附《李韶传》载其正始初，"参定朝仪、《律》、《令》"。卷八五《文苑卢观传》载其当时与李神俊、王诵等"在尚书上省撰定朝仪"。卷六七《崔光传》附《崔鸿传》载其时宣武帝"诏太师彭城王勰以下公卿朝士儒学才明者三十人，议定《律》、《令》于尚书上省"。综此三处记载，可见元勰主持群臣在尚书上省"五日一集"，确是《律》、《令》与"朝仪"共同"参论"的。

③ 《刘芳传》载其延昌二年卒前曾奏论乐制及社稷树木之制，《魏书》卷一〇九《乐志》载其论乐在永平三年冬。

果则如前引《孙绍传》载其延昌时上表所述:"修《令》之人,亦皆博古,依古撰置,大体可观,比之前《令》,精粗有在。但主议之家,太用古制,若全依古,高祖之法,复须升降,谁敢措意有是非哉?以是争故,久废不理。"这段话,可以说总体地概括了正始以来礼制诸《令》久修未成,也谈不上颁行的症结所在。①

也正是在这样的态势中,太和十六年和正始元年以来的礼制领域,大都处于有其制而无其《令》,其《令》修撰则在纷纭不决中难以告讫的状态。具体请以舆服、乐律、营缮等制及其相关《令》篇的修订为例来加以说明。

舆服之制在西晋、江左皆有《服制令》等篇加以规定②,隋《开皇令》改立《衣服》、《卤簿》、《仪制》诸篇③,这种篇目的变化,似即始于北朝。关于北魏道武帝至孝文帝以来冠服之制的修订过程,《魏书》卷一〇八之四《礼志四》载:

> 太祖天兴元年冬,诏仪曹郎董谧撰朝觐、飨宴、郊庙、社稷之仪。六年又诏有司制冠服,随品秩各有差,时事未暇,多失古礼。世祖经营四方,未能留意,仍世以武力为事,取于便习而已。至高祖太和中,始考旧典,以制冠服,百僚六宫,各有差次。早世升遐,犹未周洽。肃宗时,又诏侍中崔光、安丰王延明及在朝名学更议之,条章粗备焉。

可见冠服之制,自道武帝以来规模初具而"多失古礼",至孝文帝时改革

---

① "太用古制"无疑有其深刻背景,同时又是相关诸《令》"久废不理"的要因之一。《魏书》卷九一《术艺蒋少游传》载其太和十三年与刘昶共定冠服之制,因昶多拘古制而"二意相乖,时致争竞,积六载乃成"。卷六九《袁翻传》载翻宣武帝时奏称"先朝轨度,每事循古,是以数年之中,梭换非一"。卷一〇八之二《礼志二》载"宗配之礼"因拘于明堂五室、九室之争,至孝明帝时"迄无所设"。又载神龟初清河王怿议曰:自来庙制之纷纭,乃因"去圣久远,经礼残缺,诸儒注记,典制无因。虽稽考异闻,引证古谊,然用舍从世,通塞有时,折衷取正,固难详矣"。皆说明了这一点。

② 《唐六典》卷六《刑部》原注载晋、梁之《令》皆有《服制》、《丧葬》篇,则其《服制令》规定的当非丧服,而是冠服等制。

③ 《唐令》车辇之制在《卤簿令》,而车辇、衣服的等级使用规定在《仪制令》中。参仁井田陞《唐令拾遗》所辑《仪制令第十八》、《卤簿令第十九》,东京大学出版会1964年版。

其制，自必触动汉化和保守势力的再度交锋，众说纷纭之时，恐难获得必要共识。故虽初成其制而仍"犹未周洽"，一直要到孝明帝时更加修议而方"条章粗备"。

《魏书》卷五九《刘昶传》载太和十三年"改革朝仪，诏昶与蒋少游专主其事"。参以同书卷九一《术艺蒋少游传》所载：

> 及诏尚书李冲与冯诞、游明根、高闾等议定衣冠于禁中，少游巧思，令主其事，亦访于刘昶。二意相乖，时致诤竞，积六载乃成，始班赐百官。

此外，《魏书·高祖纪下》则载"班赐冠服"事在太和十九年十二月。根据这些记载，孝文帝厘正冠服之制，亦始于太和十三年"详定朝令，祀为事首"之时，因"专主其事"的刘昶与蒋少游意见不合、多有争竞而未能速成，也就无法在太和十六年四月与新《律》、《令》一体颁行，而是延至太和十九年底方施行其制。从《魏书·礼志四》上引文述其制太和十九年"犹未周洽"，至孝明帝时仍只"条章粗备"，可断其当时必是以条制行下，同时也反映了相关的聚讼仍在继续。《隋书》卷一一《礼仪志六》载其"著《令》定制"，乃在北齐河清三年。

车辇之制的修订大略与冠服同步。《魏书》卷一〇八之四《礼志四》：

> 太祖世所制车辇，虽参采古式，多违旧章……至高祖太和中，诏仪曹令李韶监造车辂，一遵古式焉。

其后文又载孝明帝熙平元年以来，议定灵太后车辂之制"宜同至尊，不应更有制造"的经过。据《魏书·高祖纪下》，太和十五年五月"诏造车辂"，时值太和十六年颁行新《律》、《令》前的修订高潮，车辇之制亦当从属于相关《令》篇的撰作。《魏书》卷三九《李宝传》附《李韶传》载其太和中除仪曹令，"时修改车服及羽仪制度，皆令韶典焉"；又载其宣武帝时"兼将作大匠，敕参定朝仪、《律》、《令》"。上引《袁翻传》且载韶正始时，预于"五日一集"议定《律》、《令》诸官之列，可见其作为孝文帝时修订车辇羽仪之制的实际主持者，正始定《令》之时也在这方面发挥了重要作用。

不过太和十五年和正始元年对车辇之制的修订，实际上均未告讫。《隋书》卷一〇《礼仪志五》：

> 孝文帝时，仪曹令李韶更奏详定，讨论经籍，议改正之。惟备五辂，各依方色，其余车辇，犹未能具。至熙平九年①，明帝又诏侍中崔光与安丰王延明、博士崔瓒采其议，大造车服……自斯以后，条章粗备，北齐咸取用焉。其后因而著《令》，并无损益。

是太和十六年颁新《律》、《令》时，舆制唯备五辂而已，正始定《令》其况仍然，至孝明帝熙平元年以来，方与冠服之制一起修订增益。而所谓"自斯以后，条章粗备"，则表明舆服之制前后皆以条制形式施用，且其内容、形态尚难称备，一直要到北齐将之修入《河清令》加以颁行，其制其《令》自孝文帝以来久修而未成的状态，才算告一段落。

乐律歌舞之制在《晋令》中并无专篇②，但其《服制令》、《祠令》在分别规定服饰等制和庙祭之仪时，或当涉及钟磬雅乐等内容。隋、唐《令》中皆有乐制规定，且有可能一度设立过《乐令》③，这种为乐制设立专门《令》篇的做法，其源亦当溯至北魏。正是自道武帝天兴元年开国建制，吏部郎中邓渊"定律吕，协音乐"，律吕音乐之制似已在其《律》、《令》体系中自成一类，这似乎反映了北族爱好和重视乐舞的传

---

① 《魏书》卷一〇八之四《礼志四》载崔光、崔瓒等议五时朝服之制在熙平元年。劲案：熙平无九年，此"九"当是"元"之讹。

② 《艺文类聚》卷三九《礼部中·朝会》引挚虞《决疑要注》曰："晋制大会于太极殿，小会于东堂，会则五时朝服，庭设金石、虎贲、旄头，文衣绣尾。又曰宴之与会，威仪不同也。会随五时朝服，庭设金石，旄头之衣鹮尾以列陛。谯则服常服，设丝竹之乐，宿卫列仗，会于太极殿，小会于东堂。"《决疑要注》是挚虞奉诏论《礼》之作，所述"晋制"或即有关《令》文规定。又《唐六典》卷六《刑部》原注载《梁令》增设《公田公用仪迎》篇，未知其中"仪迎"部分是否有乐舞规定。

③ 《唐六典》卷六《刑部》原注载《开皇令》和《开元令》皆无《乐令》，然《隋书》卷一四《音乐志中》："高祖既受命，定《令》：宫悬四面各二虡，通十二镈钟，为二十虡……"同书卷二五《刑法志》载开皇元年定《律》、《令》，讫而颁行。卷一六《律历志上》则载开皇初"诏太常牛弘议定律吕"而"未能决"，平江右后，"异代器物，皆集乐府，晓音律者，颇议考覈，以定钟律。更造乐器，以被《皇夏》十四曲"。是《隋书·音乐志中》所载定《令》之事，当在开皇九年平陈以后，唯其是否即是《乐令》今不可知。唐曾有《乐令》，应在开元以前及开元二十五年定《令》时，参仁井田升《唐令拾遗》所辑《乐令第二十》。

统。当时邓渊等人所定除祭祀乐舞外，还包括了《真人代歌》一百五十章，晨昏歌于掖庭，"时与丝竹合奏，郊庙宴飨亦用之"。天兴六年起，又增修诸杂伎、百戏设于殿庭，"如汉晋之旧"。明元帝时"又修之，撰合大曲，更为钟鼓之节"。至太武帝平河西，得当地所存晋世雅乐伶人、器服及西域乐舞而择存之。此后文成、献文二帝"不以声律为务"而其制凋零，接下来就迎来了太和元年起，定《律》、《令》而厘正诸制的变革时期。①

对道武帝至太武帝以来所存乐律歌舞，文明太后冯氏和孝文帝一是痛感其"缺略"，二是有嫌其"不正"。《魏书》卷一〇九《乐志》载：

> 太和初，高祖垂心雅古，务正音声。时司乐上书，典章有阙，求集中秘群官议定其事，并访吏民，有能体解古乐者，与之修广器数，甄立名品，以谐八音。诏可。虽经群议，于时卒无洞晓声律者，乐部不能立，其事弥缺。然方乐之制及四夷歌舞，稍增列于太乐，金石羽旄之饰，为壮丽于往时矣。

这段记载，说的大概是太和五年以前的状况，似乎乐制也像天兴定制那样，被纳入了太和元年以来定《律》、《令》的过程，但其进展难如预期，可称者只有"方乐之制及四夷歌舞"略补其缺，这自然难使"垂心雅古"的孝文帝和文明太后满意。故《乐志》后文载：太和七年中书监高允奏陈乐府歌词"不（丕）准古旧、辨雅、郑"；十一年文明太后下令"可集新旧乐章，参探音律，除去新声不典之曲，裨增钟悬铿锵之韵"；十五年孝文帝诏简置乐官，称"今方厘革时弊，稽古复礼，庶令乐正雅颂，各得其宜"；十六年春又诏太乐与中书群官参议乐制，命中书监高闾主持其事。

前已指出，高闾乃是太和元年以来定《律》、《令》的重要主持者，中书群官则是这次立法的中坚力量，故太和十六年春诏准太乐所奏，命其在高闾主持下与中书群官参议乐制，标志的正是十一年以来的乐制改革，再次被纳入了诸礼乐之《令》的修订过程。不过此时已在太和十六年四

---

① 以上详见《魏书》卷一〇九《乐志》，并参《隋书》卷一四《音乐志中》载北齐祖珽上书所论北魏乐制。

月颁新《律》、《令》前夕，乐律歌舞之制牵涉深广，其《令》自难一蹴而就。《乐志》下文载"间历年考度，粗以成立，遇迁洛，不及精尽，未得施行。寻属高祖崩，未几闻卒"。可见其制撰作在孝文帝时虽已粗成，而远未告讫。

宣武帝时期乐制的继续撰作，是在高闾定乐所倚重的公孙崇主持下展开的，后来又由刘芳一并主持。《魏书》卷五五《刘芳传》载其事：

> 先是，高祖于代都诏中书监高闾、太常少卿陆琇并公孙崇等十余人修理金石及八音之器。后崇为太乐令，乃上请尚书仆射高肇，更共营理。世宗诏芳共主之。芳表以礼乐事大，不容辄决，自非博延公卿，广集儒彦，讨论得失，研穷是非，则无以垂之万叶，为不朽之式。被报听许，数旬之间，频烦三议。于是，朝士颇以崇专综既久，不应乖谬，各默然无发论者。芳乃探引经诰，搜括旧文，共相质难，皆有明据，以为盈缩有差，不合典式。崇虽示相酬答，而不会问意，卒无以自通。尚书述奏，仍诏委芳别更考制，于是学者弥归宗焉。

与《乐志》所载相参，这段记载覆盖的时间，上自景明而下至永平年间，刘芳的介入则在正始四年，《乐志》且明言正始元年十月，其制仍"未能考定"。可见《正始律》、《令》颁行之时，乐律歌舞之制并未，也无法包括在内。前面已经提到，有关礼乐之《令》当时大都修而未成，故宣武帝以"朝仪多阙"而命刘芳主持续加讨论。上引文则表明乐律歌舞之制也在其列，而刘芳对此动辄引经据典，为"研穷是非"而不惜推倒重来，显然也在前引《孙绍传》述"主议之家，太用古制……以是争故，久废不理"所指之列。[①]

营缮之制在西晋、江左及隋《令》中并无专篇，其制有可能是在

[①] 刘芳所定乐器、乐章，永平中虽得宣武帝认同而施用，但仍不免于"竞论"，相关讨论和撰作自孝明帝以来直至魏末仍在进行，详见《魏书·乐志》并参卷一〇七上《律历志上》、卷一〇八之四《礼志四》及卷一八《太武五王传·临淮王谭传》附《元孚传》、卷一九上《景穆十二王传上·文平王洛侯传》附《济南王匡传》。

《杂令》中加以规范的①。北魏营造之制亦发轫于道武帝,定都平城展开的大量设计构筑,皆应有其规制。自后或陆续有所损益,至孝文帝迁洛时,遂再次全面厘定其制。

《魏书》卷七下《高祖纪下》太和十七年十月,"诏征司空穆亮与尚书李冲、将作大匠董爵经始洛京"。卷五三《李冲传》载其时孝文帝诏曰:

> ……我皇运统天,协纂乾历,锐意四方,未遑建制,宫室之度,颇为未允。太祖初基,虽粗有经式,自兹厥后,复多营改。至于三元庆飨,万国充庭,观光之使,具瞻有阙。朕以寡德,猥承洪绪,运属休期,事钟昌运,宜遵远度,式兹宫宇。指训规模,事昭于平日;明堂、太庙,已成于昔年。又因往岁之丰资,借民情之安逸,将以今春,营改正殿,违犯时令,行之惕然。但朔土多寒,事殊南夏,自非裁度当春,兴役徂暑,则广制崇基,莫由克就。成功立事,非委贤莫可;改制规模,非任能莫济。尚书冲器怀渊博,经度明远,可领将作大匠;司空、长乐公亮,可与大匠共监兴缮。其去故崇新之宜,修复太极之制,朕当别加指授。②

其中提到道武帝时营构"粗有经式",自来"复多营改",反映了北魏前

---

① 张鹏一《晋令辑存》卷四《杂令》之下列有"营缮令"、"工作令"等目,其"营缮令"之名来自《太平御览》卷七七〇《舟部三·舰》、《艨衝》两条所引的同一条《营缮令》文:"诸私家不得有战舰(后条'战舰'作'艨衝')等船。""工作令"名为张氏自加,其下所列三条:一为《太平御览》卷七五六《器物部一·器皿》引《晋令》曰:"欲作漆器物卖者,各先移主吏者名,乃得作,皆当淳漆者布骨,器成,以硃题年月姓名。"二为《太平御览》卷八五七《饮食部十五·蜜》引《晋令》:"蜜工收蜜十斛,有能增二升者,赏谷十斛。"三为宋初苏易简《文房四谱》卷四《纸谱一》引《晋令》:"诸作纸,大纸一尺三分,长一尺八分,听参作广一尺四寸。小纸广九寸五分,长一尺四寸。"可见《晋令》中确有关于工作规制及其赏罚的规定。劲案:天一阁藏明钞本《天圣令》所存《营缮令卷第二十八》第二十四条:"诸私家不得有战舰海鹘、蒙衝、黄龙、双利、平乘、八掉、舴艋、艓子等,自外杂船,不在禁限。"故《御览》所引《营缮令》文实属唐《令》,池田温《唐令拾遗补》(东京大学出版会1997年版)第二部《唐令拾遗补订·营缮令卷第三十一》亦以之为开元二十五年《令》文,当然亦不排除此条乃自《晋令》有关规定发展而来的可能。

② 上引文既称"将以今春营改正殿",又述"朔土多寒"云云,似此诏下于太和十七年初迁都计定而未行之时。

期相关《令》的状态。此时新《律》、《令》方颁不久，为适应新都营构的需要，孝文帝已把立法"去故崇新"，改革道武帝以来营缮之制的任务提上了日程。

《李冲传》后文载其"有巧思，北京明堂、圆丘、太庙，及洛都初基，安处郊兆，新起堂寝，皆资于冲。勤志强力，孜孜无怠，旦理文簿，兼营匠制，几案盈积，剖劂在手，终不劳厌也。"可见迁洛以后有关"匠制"，也像高闾从事的律吕之制那样，一直都在讨论完善之中，而所谓"安处郊兆，新起堂寝"，更表明新都的营缮在在涉及礼乐制度及其相关观念，绝非简单的土木工程而已。

又《魏书》卷一一四《释老志》载神龟元年冬，任城王元澄奏僧徒擅造寺庙之事有曰：

> 仰惟高祖，定鼎嵩瀍，卜世悠远。虑括终始，制洽天人，造物开符，垂之万叶。故都城制云：城内唯拟一永宁寺地，郭内唯拟尼寺一所，余悉城郭之外。欲令永遵此制，无敢逾距。逮景明之初，微有犯禁。故世宗仰修先志，爰发明旨，城内不造立浮图、僧尼寺舍，亦欲绝其希觊……

此处"虑括终始，制洽天人，造物开符，垂之万叶"数语，正说明孝文帝欲以洛阳规制标榜正统的用意，则其营缮之法，亦必动依典据而非旦夕可就，当时出台的便是上引文所称的"都城制"。尽管元澄所奏只举出了其中有关寺庙营造的限制，但既然称为"都城制"，其内容自应包括新都营造的种种规定，且其必是以条制形式颁下施用的。非但如此，上引文又表明宣武帝时，亦有"明旨"重申了"都城制"的相关规定，其事似在正始定《令》以来，可推营缮之法当时必随新都建筑的不断展开而续加修撰。

由此再看《魏书》卷六九《袁翻传》载其正始初与定《律》、《令》，后议明堂辟雍之制有曰：

> 迁都之始，日不遑给，先朝规度，每事循古。是以数年之中，悛换非一，良以永法为难，数改为易。

同书卷一〇八之二《礼志二》则载：

> 世宗永平、延昌中，欲建明堂，而议者或云五室，或云九室。频属年饥，遂寝。

这两条记载表明洛阳殿宇，特别是诸礼制建筑的营构，自孝文帝以来即因其中贯注了"每事循古"的观念而颇坎坷，正始定《令》之时也还谈不上完善，永平、延昌以来仍处纷纭之中。

又《魏书》卷一〇八之二《礼志二》载孝明帝神龟初年议灵太后父胡国珍薨后庙制，清河王元怿议曰：

> 古者七庙，庙堂皆别。光武以来，异室同堂。故先朝祀堂令云："庙皆四栿五架，北厢设坐，东昭西穆。"是以相国构庙，唯制一室，同祭祖考。比来诸王立庙者，自任私造，不依公令，或五或一，参差无准。要须议行新《令》，然后定其法制。相国之庙，已造一室，实合朝令。宜即依此，展其享祀。

按照魏收《魏书》的文例，隔代称庙号，先帝称"先朝"[1]。是可推知元怿奏议所称的"先朝祀堂令"，应是宣武帝正始定《令》的产物。

在上引文中，这个"祀堂令"是被涵盖在"公令"、"朝令"等泛称之下的。前已指出其当非法定的《令》篇名，而应是某个《令》篇中有关祠堂营构部分的约称或俗称。这种祠堂营构的规制，或从属于孝文帝以来一直在讨论撰作的营缮之《令》，或从属于同样久修而未成的"《祀令》"，两者皆有可能。但有一点可以肯定：此"祀堂令"既为元怿奏议所引据，又为胡国珍已构之庙所依从，则其自必是现行规定[2]。这说明宣武帝正始定《令》时，确对祠堂营构作了规范，且已付诸实施。

---

[1] 如《魏书》卷一一一《刑罚志》载神龟中三公郎中崔纂执奏，引"永平四年先朝旧格"为据，亦为其证。

[2] 《魏书》卷五六《郑羲传》附《郑道昭传》载其正始时参定"学令"，"事讫封呈，未蒙报判"。是未颁之《令》实乃臣下封呈之奏案，待定之拟议，又岂能在议事时引以为据。

至于元怿奏称的"要须议行新《令》,然后定其法制",则说明此前所定祠堂规制,虽从属于某个《令》篇的修订过程,却在先成之后即以条制形式颁下施用,而整个《令》篇在正始之时还远未完帙修讫,亦谈不上颁行,直至神龟初年仍在"议行"之中。揆之前述太和立法"外考令"文先已施用,而"内考令"文尚未定讫的状况,这当然是极有可能的,也是合乎上面对"《祀令》"和营缮之《令》修订进程的分析的。

因此,"祀堂令"的施用,提供的是太和十六年或正始元年以来,有关《令》篇久修不成背景下的一种变例,即某个《令》篇的完帙虽未修讫,其中部分规定却可单行施用。上面举到的"外考令"和"祀堂令"是如此,魏末时人引据的"御史令",很可能也是如此。

《魏书》卷一四《神元平文诸帝子孙传·高凉王孤传》附《元子思传》载其孝庄帝时为御史中尉,因尚书郎中裴献伯、王元旭力主尚书应朝名账无须送御史台勘核,子思奏劾有曰:

> 案御史令云:"中尉督司百僚,治书侍御史纠察禁内。"又云:"中尉出行,车辐前驱,除道一里,王公百辟避路。"时经四帝,前后中尉二十许人奉以周旋,未曾暂废,府、寺、台、省,并从此令……又寻职令云:"朝会失时,即加弹纠。"则百官簿账应送上台,灼然明矣。又"皇太子以下违犯宪制,皆得纠察。"则令、仆朝名宜付御史,又亦彰矣……谨案尚书郎中臣裴献伯、王元旭等,望班士流,早参清宫,轻弄短札,斐然若斯,苟执异端,忽焉至此,此而不纲,将骤朝令。请以见事免献伯等所居官,付法科处……

前已指出,"职令"、"朝令"皆为泛称而可涵盖相关《令》篇,"御史令"亦当从属于其中的某个《令》篇。且元子思既凿凿而言"御史令"时经四帝未曾暂废,府寺台省一体遵行,足见其所作规定自太和十六年及正始元年以来皆在行用。

从其规定的内容来看,此"御史令"有可能是从属于太和十七年所班《职员令》,乃其中有关御史职掌和威仪部分的约称。前已述《职员令》当时内容多达二十一卷,其形态必甚庞杂,后来孝文帝"复次职令"

及宣武帝定《令》之时，恐皆对此有所修订调整①。不过正始元年以来是否确立和颁行了《职员令》，现在并无其他资料可以证明，而元子思上奏引据其文只称"御史令"或"职令"、"朝令"，反倒说明正始以来其并未修讫颁行，否则其大可径称《职员令》便了。

另一种可能，是此"御史令"从属于又一个孝文帝以来修而未成而名称不详的《令》篇。据《唐六典》卷六《刑部》原注，西晋、江左俱有《三台秘书令》，而"三台"自东汉以来皆包括"兰台"即御史台在内②。太和十六年以来，孝文帝是否也曾仿此而修《三台秘书令》？此《令》修撰是否亦多坎坷而终未成，仅以其中关于御史台规定部分单行施用？限于史料匮乏，这些问题今已难知其详，姑记于此以备一说。不过无论如何，"御史令"为某个《令》篇部分规定的约称，且应是以条制形式先行颁下施用的，这一点应当没有问题。

三 关于北魏后期《令》制定和颁行的几点认识

综上所述，关于北魏后期《令》的修订和颁行问题，大致可得以下结论：

其一，太和十六年四月《律》、《令》同颁殆无可疑，自此直至正始元年以来，其《令》修成者多已颁行。由于此期改革频繁，立法多变，前《令》方行，或复又修，故诸《令》分篇及其修订和颁行，也就呈现了错综复杂的态势。但无论如何，《九朝律考·后魏律考》谓"高祖时《律》、《令》并议，《律》寻施行，《令》独不出……高祖以后所定诸《令》，经葛荣、尔朱之乱，迄未行用"的判断，显然是不能成立的。

其二，今《魏书·孙绍传》载其延昌中上表节文必有脱误。其中所说"先帝时《律》、《令》并议，《律》寻施行，《令》独不出"，应当是指世宗正始定《令》以来之事，且不应指全部《令》篇。而其所谓"修

---

① 《职官分纪》卷一四《治书侍御史》、《侍御史》两引郭演《魏职品令》文："乘舆临朝堂及诸处视事，则治书侍御史协《律》、《令》于阶侧以备顾问。""侍御史无曹别，所主唯参台内文案，与殿中侍御史昼则分台视事，夜则番直在台。"孙逢吉以之为曹魏掌故，前已考其实为北魏之制，而其内容正可与元子思所引"御史令"文相参，且可印证"御史令"在当时确可归在"职令"、"朝令"之类的名下。

② 《通典》卷二四《职官六·御史台》原注引谢灵运《晋书》曰："汉尚书为中台，御史为宪台，谒者为外台，是谓三台。"

《令》之人，亦皆博古……主议之家，太用古制"，则主要是指刘芳主持讨论修订的有关《令》篇，并不能兼括《考察令》、《官品令》、《狱官令》等所有正始以来已行之《令》。由此联系孝文帝以来"详定朝令"，而仍"朝仪多阙"的坎坷和曲折，可断孙绍所说"久废不理"和"《律》班《令》止"者，必是指刘芳主持讨论而事关诸礼仪风习改革的部分《令》篇。

其三，太和十六年及正始元年以来未颁之《令》可分两种情况：一是已经臣下修定封呈而搁置不颁者，记载所见唯正始时所撰《学令》一例，其原因当是施行条件不备和内容尚待推敲；二是因久修未成而颁行无期者，可以肯定这是修而未颁之《令》中的多数，其中不少在孝文帝时都已发凡起例或轮廓粗具，而又处于不断调整和充实之中。"《祀令》"的修订即为其典型，其他如舆服、乐律、营缮之制及其相关《令》篇的修订，类皆如此。

其四，这类《令》篇久修未成的原因，主要是由于其制所涉礼仪及社会风习，本就头绪繁多且事关夷、夏，所牵扯的政治矛盾和观念冲突至为复杂和深切，实为孝文帝以来尤其是迁洛以后改革的难点所在；又因主议之人锐欲阐扬礼教、标榜正统而又泥古不化，动辄撇开既往成例来依本经典另起炉灶，大大增加了其修撰的难度，遂致其《令》久难完帙。不过其局部规定如"祀堂令"之称所涵盖的祠堂规制之类，仍得循北魏前期旧例以某种形式单行施用，可谓有关《令》篇久修未成之况的变种。

其五，太和十六年后及正始以来已颁之《令》，至少包括了《职员令》、《品令》、《地令》、《官品令》、《狱官令》、《考察令》，以及分篇和名称不详的户籍、邻里、征调之《令》、封爵之《令》、医疾、假宁之《令》和僧籍管理、察举贡士等《令》。另有正始时期修订已成而搁置不颁的《学令》，又有业已发凡起例但却久修不成的"《祀令》"及舆服、乐律和营缮等制的相关《令》篇。无论已颁或未颁，它们所呈现出来的分篇、名称和内容、体例之况，俱构成了西晋、江左至隋、唐《令》篇发展脉络中的重要一环，又体现了《令》从北魏前期以来作为补充法的诏令集，向正始以来作为与《律》并行而专门规范诸制度形态的法典的过渡。

第六章

北魏的科、格、式与条制

以上讨论了北魏《律》、《令》的发展进程。至于《律》、《令》以外的法律形式，主要就是大量含有规范内容而随时随事下达的制诏，本书第一章已统称之为"敕例"，其中内容包括了多条的又称"条制"，并对北魏至北齐、北周敕例的编纂形态作了梳理。当时各种敕例常被冠以"科"、"格"、"式"等名而无定准，其所指对象亦多交叉重合，却仍有较为确定的性状。对于北朝整套法律体系的发展及唐代《律》、《令》、《格》、《式》体系的形成过程来说，这些敕例的存在方式，其与《律》、《令》的关系及其对东、西魏《麟趾格》、《大统式》等法律形式的影响，无疑构成了研究的重要基础，甚至具有某种关键意义，故有必要对其作较为具体的讨论。以下即将从指称出发来探其内涵，集中梳理北魏这方面的基本史料和问题，以有助于弄清当时各种敕例的性状，为研究的展开提供较为可靠的基础。

北魏各种法律的指称，除《律》、《令》外，更为常见的是"科"、"格"、"式"与"条制"等，这些称谓看似并无定准，又名实参错，史文纷杂而易致歧见，却隐隐有其内在的秩序和共性，并关系到当时法制状态及其演变的若干重大问题。以往学界在讨论唐代《律》、《令》、《格》、《式》的渊源或汉—唐法律体系的演变问题之时，都曾不同程度地触及过有关的内容，也得出了不少认识，从而为进一步探讨提供了基础[1]。现

---

[1] 参马小红《"格"的演变及其意义》、张建国《"科"的变迁及其历史作用》，二文俱载《北京大学学报》1987年第3期；又日本学者滋贺秀三《汉唐间の法典についての二三の考证》（《东方学》第十七辑，1958年）、崛敏一《中国における律令法典の形成—その概要と問題点》（唐代史研究会编《中国律令制の展開とその国家・社会との関係—周辺諸地域の場合を含めて》，刀水书房，1984年）谈到了魏晋及南北朝的科、格问题；兼田信一郎《南朝法制小考—南朝期の補足法に関する若干の考察》（上智大学大学院《纪尾井史学》9，1989年）在研究南朝"条制"时亦涉及了北朝的有关问题。

在看来，魏人冠以"科"、"格"、"式"或"条制"等称的法律规范，与南朝的同类规范既有一致性，又有相当不同的发展线索①，并且构成了唐代《格》、《式》的某种源头，这应当已可断言；但对其在当时展现出来的一系列具体的历史内涵，却至今仍乏正面的讨论而不甚清楚，故须专门加以考究和澄清。

第一节 科、格、式义项沿自汉代以来

北魏所称的科、格、式，在不同语境中各有多重含义。以下谨就《魏书》所载考察其相关语例，其中有的是史官之语，其至少可以表明它们在《魏书》渐次成书之时的指称状况，有的则是时人论事所称，其史源当更为原始。结合汉魏以来语例对之加以讨论并略作分析，有助于澄清研究的出发点。

一 "科"的几种含义

"科"义常见者有三，其一如《魏书》卷七上《高祖纪上》载太和五年三月诏：

> 兰台御史张求正等一百余人招结奴隶，谋为大逆，有司科以族诛，诚合刑宪。

同书卷一一一《刑罚志》载永平元年七月：

> 诏尚书检枷杖大小，违制之由，科其罪失。

---

① 以"科"为例，三国魏、蜀、吴皆曾制"科"为法，晋泰始三年以《律》、《令》、《故事》构成法律体系的骨架，自此"科"基本上还是各种补充性法规或《律》《令》条款的一种泛称。《隋书·经籍志》史部刑法类述梁"取故事之宜于时者为《梁科》"，《刑法志》述天监二年四月"法度表上新《律》，又上《令》三十卷，《科》三十卷"。可见南朝自梁天监以来的法律体系中，《科》约相当于晋之《故事》。而北魏以来"科"并未成为"故事"的专称，"格"与"式"则渐各成一系分化为二，南、北的有关发展明显有别。

这类"科",与魏晋人每言治罪为"科罪"者相同①,显然是作动词用的。当循东汉末刘熙《释名·释典艺》:"科,课也。课其不如法者,罪责之也。"训作课。又据《魏书》卷五八《杨播传》附《杨津传》:"将士有功者,任津科赏。"是其非只用于罪责,亦可用于酬赏。

其二如《魏书》卷七下《高祖纪下》太和十九年十月:

> 诏诸州牧精品属官,考其得失,为三等之科以闻。

同书卷二一上《献文六王传上·广陵王羽传》载孝文帝亲自论考课之等有曰:

> 上、下二等,可为三品,中等但为一品。所以然者,上、下是黜陟之科,故旌丝发之美;中等守本,事可大通。

这两处的"科",皆差等、品类之谓。其义与西汉丞相四科之"科",《说文解字》释"科"为程,释"程"为品,以及《广雅·释言》谓"科,品也"相合。

其三如《魏书》卷五五《刘芳传》附《刘懋传》载其宣武帝时领考功郎中:

> 立考课之科,明黜陟之法,甚有条贯。

此"科",释为差等固无不可,然既云"甚有条贯",则释为包含了若干差等内容的条规当更准确,其义盖从《说文解字》"科,程也,条也"的后一义衍来。《魏书》卷一一一《刑罚志》载神𪊽中,诏司徒崔浩定《律》、《令》,"分大辟为二科";又载永平三年高阳王雍议曰:"《贼律》:杀人有首、从之科,盗人买卖无唱、和差等。"两处的"科",亦同时包

---

① 如《晋书·宣帝纪》载曹魏嘉平元年正月,有属奏收曹爽司马鲁芝、主簿杨综"科罪",司马懿赦之;同书《食货志》载太元三年诏禁销钱铸物,"重为禁制,得者科罪";同书《宗室传》载简文帝甫登位,御史中丞司马恬"劾(桓)温大不敬,请科罪"。

含了法条和差等的意思①。再者,《刘懋传》述其"立考课之科,明黜陟之法",句虽为二而所指则一,此正"科"、"法"互训而皆可指某种条例规章之证。《魏书》卷一一四《释老志》载太上老君谓寇谦之曰:

> 授汝天师之位,赐汝云中音诵新科之诫二十卷……汝宜宣吾新科,清整道教,除去三张伪法。②

足见科、法相通以指某种规范,在当时实甚流行而不止于官场。科之此义,同样是自汉代沿袭而来的。程树德《九朝律考》卷一《汉律考》所辑的大部分"科"例,以及《广雅·释言》谓"科……条也",俱可为证。又《文选》卷五二韦曜《博弈论》述孙吴"设程试之科,垂金爵之赏";《晋书》卷二六《食货志》载安帝元兴中孔琳之议事云"弘敦本之教,明广农之科"③;同书卷七五《范汪传》载其孝武帝时上言时政,请"明考课之科,修闾伍之法";句式皆与《刘懋传》所述相同。④

二 "格"义与"科"相类

"格"义与科相当接近,其第一义如《魏书》卷二一上《献文六王传上·广陵王羽传》载孝文帝曰:

> 迁都洛阳,事格天地。

---

① 魏晋以来常以法条称"科",如《晋书》卷七七《殷浩传》载浩卒后,故吏顾悦之上疏,述"寻浩所犯,盖负败之常科";同书卷八四《殷仲堪传》载其理狱引律,有"驱置之科"。至于其同时兼含差等意味,如《宋书》卷一《武帝纪上》晋末卢循克江陵后,京师震动,"于是大开赏募,投身赴义者,一同登京城之科";同书卷六《孝武帝纪》孝建元年正月诏述"褒甄之科,精为其格";同书卷八《明帝纪》载泰始二年十一月诏缓徭优调,"有司详加宽惠,更立科品"。皆其例。

② 《正统道藏》第三十册《老君音诵诫经》记此为:"谦之,汝就系天师之位……一从吾乐章诵诫新法,其诈伪经、法、科,勿复承用。"此处"科"、"法"要亦相通。

③ 今《晋书》虽是初唐房玄龄等奉敕撰,但其实据以往诸家《晋书》特别是臧洪绪书编成,史源仍出两晋国史,故其所述语例,除显然可辨为唐人用语习惯者外,其余大多反映的仍是晋来江左之习。

④ 曹魏有《甲子科》,尚书设"定科郎"(科或作"课",以科为是),晋及南朝"科"作为法规指称的确定性,相对于"格"、"式"似要明显一些。《晋书》有关法规每称"常科",《宋书》则多"土断之科"、"复除之科"、"褒甄之科"、"赙赠之科"等名目,便反映了这一点。

同书卷八《世宗纪》正始四年六月诏：

> 高祖德格两仪，明并日月。

这类"格"，与《尚书·尧典》"格于上下"之"格"相类，汉儒训作"至"，引申为"通"、"感"，要即"格物"之"格"而作动词用。魏晋之例如《晋书》卷二《文帝纪》载魏帝封司马昭为晋王，其制有"忠格皇天"之语，同书卷二二《乐志上》载泰始二年傅玄作《祠文皇帝登歌》有"勋格皇天"之语。

"格"的第二义如《魏书》卷二一上《献文六王传上·高阳王雍传》载其宣武帝时表论考课之制有曰：

> 武人本挽，上格者为羽林，次格者为虎贲，下格者为直从。

将之与上引孝文帝论考等之语相参，其"格"显亦差等品类之谓。案《史记》卷三〇《平准书》、卷一二二《酷吏列传》及《盐铁论·刺复》篇，都提到汉武帝时行"见知"、"废格"之法，诸家皆训"格"为"阁"。《史记》卷三《殷本纪》及《韩非子·喻老》皆述殷纣王有"炮格"之法，《吕氏春秋·贵直论第三》过理篇述纣王以"肉圃为格"，高诱注："格以铜为之，布火其下，以人置上，人烂堕火而死。"①《文选》卷一一鲍照《芜城赋》有"格高五岳"之句，李善注引《苍颉篇》曰："格，量度也。"是格的品类差等之义，当从庋阁格架之义衍来。《晋书》卷四五《刘毅传》载其九品八损疏，二谓九品之制为"所立品格"，三述"本立格之体，将谓人伦有序"云云；同书卷五四《陆云传》附《陆喜传》载其作《西州清论》有《较论格品篇》；其"格"皆蕴品类差等之义。

---

① 类此之例尚有《金石萃编》卷五《开通褒斜道石刻》铭"始作桥格六百廿三"；《周礼·地官司徒》牛人条郑注"互，若今屠家悬肉格"；《广雅·释室》"格，篱也"；《一切经音义》卷一二引《苍颉篇》"樾，格也"；《史记·梁孝王世家》索隐引《周成杂字》"格，庋阁也"。

其第三义如《魏书》卷一一《出帝纪》太昌五年五月诏：

> 如有孤老疾病无所依归者，有司明加隐括，依格赈赡。

此"格"与"法"同义，又因其本有品类等级之义，而指含有某种等级标准的规范。《礼记·缁衣》："言有物而行有格也。"郑注："格，旧法也。"可见格以称法，语源至晚亦在秦汉。《魏书》卷七八《张普惠传》载其孝明帝时上疏议食封之制，有"臣肇弗稽往事，曰：'五等有所减之格，用为世减之法'"之语，正是格、法互用并举之例。但这也是魏晋以来的常用语，《晋书》卷三〇《刑法志》载张裴表《上律注表》有曰："诸勿听理似故纵，持质似恐褐，如此之比，皆为无常之格也"；又载惠帝时刘颂上疏曰："人主轨斯格以责群下，大臣小吏各守其局，则法一矣。"即其例。

三 "式"可指法与"科"、"格"同

"式"亦有用作动词者。如《魏书》卷七上《高祖纪上》太和七年十二月诏：

> 朕属百年之期，当后仁之政，思易旧质，式昭惟新。

同书卷八三上《外戚冯熙传》附《冯诞传》载其薨后，孝文帝诏谥元懿，称"式准前迹，宜契具赡"。亦同。这里的"式"，当如《尔雅·释言》及《诗·小雅·南有嘉鱼》郑笺，训作"用"。《晋书》卷三《武帝纪》载泰始三年立太子诏云"思与天下式明王度"，卷六《元帝纪》载臣下劝进表曰"式固万世"，卷一〇《安帝纪》义熙元年正月诏述"式遏奸宄"，都是这种用法。但《魏书》中大量的式，皆当循《诗·小雅·楚茨》"如畿如式"毛传，《诗·大雅·烝民》"古训是式"郑笺，及《说文解字》、《广雅·释诂》等处，释之为法度。如卷四上《世祖纪上》始光元年三月诏：

> 今制定文字世所用者，颁下远近，各为楷式。

卷七下《高祖纪下》太和十六年八月诏：

> 将于马射之前，先行讲武之式，可敕有司预修场埒。

卷一○八之四《礼志四》载孝明帝时太常卿穆绍等议曰：

> 舆驾之式，宜备典礼。

如此等等，皆样式、成规、法例之谓，与上述科、格的第三义略同，同时这也是魏晋以来"式"的一个常见义。如《晋书》卷一九《礼志上》载太康元年华峤奏"蚕礼尚缺，宜依古式，备斯盛典"；卷二五《舆服志》载义熙五年，"刘裕执慕容超，获金钲辇、豹尾，旧式犹存"；卷二六《食货志》载武帝平吴后，"又制户调之式"；卷三○《刑法志》载泰始《律》、《令》成，"其常事品式常程，各还其府，为故事"。皆是。

以上是对北魏"科"、"格"、"式"语例的归纳，其中值得注意者有二：

一是在集中反映了北魏用语习惯的《魏书》中，科、格、式所共同具有的"法"的含义，以及所分别具有的其他含义，基本上都沿自汉代以来。这说明人们既然接受了汉字表意系统，也就不能不同时沿袭其既定的用语习惯和含义。这就从一个侧面表明：北魏科、格、式所牵涉的法律术语问题，固然有其当时的历史背景与内涵，但以科、格、式来指称有关法规，却仍是两汉魏晋以来相应用语习惯的延伸，并不是北族文化的某种体现。

二是在"法"的含义上，科、格、式往往可以泛指各式各样的成例或条规，即使在官方用语中，其具体所指，也总是忽此忽彼，需要逐个据语境才能判别。这就表明，北魏的科、格、式在指称有关法规时，尚处于很不明确也不稳定的状态。因此，对此期法制史来说，除非先弄清当时的科、格、式可以指称哪些法规，或主要指称何种法规，否则恐怕是谈不上有意义的研究的。

第二节　科、格、式在法制领域常指敕例

北魏指称法规的科、格、式之例，绝大部分都非《律》、《令》，而可归为与之并行，对之起补充或修正作用，并以制诏形式出现的规定或成例，也就是前面所说的"敕例"。

一　科、格、式所指多与《律》、《令》有别

如《魏书》卷五《高宗纪》和平四年十二月诏：

> 今丧葬嫁娶，大礼未备，贵势豪富，越度奢靡，非所谓式昭典宪者也。有司可为之条格，使贵贱有章，上下咸序，著之于《令》。

此诏命有司制定关于丧葬嫁娶的"条格"，将之"著之于《令》"，足见条格可以著《令》而本不为《令》。

又如《魏书》卷七上《高祖纪上》太和二年五月诏：

> 皇族贵戚及士民之家，不惟氏族高下，与非类婚偶，先帝亲发明诏，为之科禁。朕今宪章旧典，祗案先制，著之《律》、《令》，永为定准。犯者以违制论。

此诏将先帝的有关科禁加以充实整理后"著之《律》、《令》"，尤足明"科禁"原非《律》、《令》。由此再观《魏书》卷二《太祖纪》载天兴元年十一月诏定诸制，"三公郎中王德定《律》、《令》，申科禁"之事，似北魏开国伊始，《律》、《令》与"科禁"就是并行关系，即便当时把某些诏令编入了《律》、《令》，但除此之外，必定还存在着不少与之并行或后续下达的制诏规定或成例。

另有许多看起来属性不甚明显的科、格、式之例，稍加分辨后亦可明其不指《律》、《令》。如《魏书》卷四上《世祖纪上》延和元年正月立拓跋晃为皇太子，诏：

> 王公、将军以下，普增爵秩，启国承家，修废官，举俊逸，蠲除

繁苛,更定科制,务从轻约,除故革新,以正一统。

案其前文载神䴥四年十月,"诏司徒崔浩改定《律》、《令》"。两事相距不到三个月,故此时其"更定科制",固然是要适应太子新立的局面,同时也是要对《律》、《令》改定之时及其后陆续下达的科制再作删定和整理,使之与《律》、《令》协调或编之入《令》而发挥作用。

又如《魏书》卷一五《昭成子孙传·常山王遵传》附《元晖传》载其孝明帝时上书论政有曰:

> 国之资储,惟籍河北,饥馑积年,户口逃散……自非更立权制,善加检括,损耗以来,方在未已。请求其议,明宣条格。

这里元晖要求制定抚纳河北户口的"条格",而又称之为"权制",似蕴《律》、《令》为经,条格之类为权之意。参以同书卷六六《崔亮传》载其灵太后当政时,因官多阙少而"奏为格制,不问士之贤愚,专以停解日月为断"。其外甥刘景安因此规亮,亮答书曰:"……是以权立此格,限以停年耳。"是崔亮为济一时之用而奏行"停年格",显然亦未将其纳入《律》、《令》,故称"权立此格"。则元晖称有关条格为"权制",亦说明其并非《律》、《令》而是敕例。

再如《魏书》卷一一一《刑罚志》载"先是,皇族有谴,皆不持讯";永平时尚书李平奏宗室属籍疏远者犯罪,理须推鞠,"请立限断,以为定式"。宣武帝诏答:"先朝既无不讯之格,而空相矫恃,以长违暴,诸在议请之外,可悉依常法。"其"常法"盖指《律》、《令》,在这里是指《律》有议亲之条①。诏述"先朝无不讯之格",意谓以往虽有皇族犯罪不加刑讯的习惯做法,但"议亲"《律》文是有一定适用范围的,此外并无皇族无论远支疏属一概不得"持讯"的规定。故李平"请定限断,以为定式",也就是奏请在《律》外专门明确皇族犯罪可免刑讯的具体范

---

① 《魏书》卷一九上《景穆十二王传上·京兆王子推传》附《元遥传》:"《律》云'议亲'者,非惟当世之属亲,历谓先帝之五世。"又《刑罚志》载熙平二年七月议宗室预祭之制,灵太后令曰:"议亲《律》注云:'非惟当世之属籍,历谓先帝之五世。'此乃明亲亲之义笃,骨肉之恩重……"此即宣武帝所说的"常法"。

围。可见其"不讯之格"和"定式",都是指《律》、《令》以外的敕例。又《魏书》卷八《世宗纪》永平二年十二月诏:

> 五等诸侯,比无选式。其同姓出身:公,正六下;侯,从六上……可依此叙之。

既云"比无选式",则此前全无有关规定,那么此诏所定的诸侯"选式",自然也是一项在《律》、《令》之外新作的规定。

二 科、格、式可泛指法条而不指代《律》、《令》

还有少许科、格、式之例,看起来是指《律》、《令》,然细辨之,其要么不过是对各类法规的一种泛指,要么仅指《律》、《令》的有关条文,要非《律》或《令》的全称代词。

如《魏书》卷一一一《刑罚志》载太武帝正平元年诏游雅、胡方回等改定《律》制之事:

> 《盗律》复旧,加故纵、通情、止舍之法及他罪,凡三百九十一条。门诛四,大辟一百四十,五刑二百二十一条。有司虽增损条章,犹未能阐明刑典。高宗初,仍遵旧式。

据《魏书》卷四下《世祖纪下》正平元年六月诏及卷四八《高允传》所载,其时游、胡与高允、公孙质、李虚等共定《律》、《令》,故其"增损条章"的条章,指的是《律》文中的具体条款,而"仍遵旧式"的"式",看起来似乎是高宗文成帝沿袭了《正平律》的规定,其实此"式"不过是泛指"刑典",包括了正平所定《律》、《令》和其他法规中的各种刑事规定。

再如《刑罚志》载孝文帝太和十二年诏:

> 犯死罪,若父母、祖父母年老,更无成人子孙,又无期亲者,仰案后列奏以待报者,著之令格。

其"令格"一词,意似格、《令》义同,遂可连称并举。然细味之,此处的"格",显然只是取其等差标准之义,指《令》中的具体条款。其时正值太和元年以来修订《律》、《令》的过程,是故"著之令格",是要把有关规定撰入相关《令》篇,成为其中的一个条款,而不能说"令格"是《令》的别称①。

又如《刑罚志》后文载宣武帝永平三年高阳王元雍议狱有曰:

……谋杀之与和掠,同是良人,应为准例,所以不引杀人减之,降从强盗之科。

此"强盗之科",显指《律》中的"强盗"之条,其"科",是在"条也、程也"的意义上使用的。同样,《魏书》卷一一〇《食货志》载孝明帝熙平初,任城王元澄上言:

谨寻不行之钱,《律》有明式,指谓鸡眼、环凿,更无余禁。

所谓"《律》有明式",即《律》文中有什么样的钱禁止流通的具体规定,其"式",是在"样式"的意义上被使用的。②

另如《魏书》卷六七《崔光传》附《崔鸿传》载:

延昌二年,将大考百寮。鸿以考令于体例不通,乃建议曰:"……窃见景明以来考格,三年成一考,一考转一阶,贵贱内外,万有余人,自非犯罪,莫非上、中……"

此处崔鸿以"考令"不通而所论列者则为"景明以来考格",则此"考

---

① 唐代以来"令格"、"格令"之称甚为多见,基本上都是法律的泛称,可指《律》、《令》兼及《格》、《式》与各种格后敕。如《唐会要》卷三九《定格令》篇名所示,其中又载"景云元年又令删定格令,太极元年二月二十五日奏上之,名为《太极格》……开元三年正月,又敕删定格式令,上之,名为《开元格》,六卷……七年三月十九日,修令格,仍旧名曰《开元后格》"。可证"格令"、"格式令"、"令格"之类,无非泛指法令或删定后的制敕。

② 《魏书·刑罚志》载永平元年诏尚书检枷杖之制,尚书令高肇等奏曰:"检枷杖大、小,鞭之长、短,《令》有定式;但枷之轻、重,先无成制。"这里的"式",显亦应作"样式"解,指《狱官令》中的有关条款。

格"所指，自必兼含了"考令"和其他各种有关考核的规定。《魏书》卷六四《郭祚传》称"景明考格"为"景明考法"，即可与之参证。

显然，科、格、式等词既可指称法，本亦可用以指称《律》、《令》；但在北魏的用语习惯中，它们却多被用来指称《律》、《令》以外的法规，少量或作为各种法律形式的泛称，或可指称《律》、《令》所包括的具体条款，此时其都是被作为一个普通词汇，在其"条"、"法"的本义上加以使用的，而绝不是《律》、《令》的全称代词。这个现象应非偶然，其反映的正是在《律》、《令》已明确成为特定法律形式的专有名词后，势必很少再用科、格、式来对之加以指称的事实。换言之，北魏的科、格、式，虽其义错综，所指泛泛而并不稳定，尚非法律专称；但在人们用以指称法律时，却已经显露了它们所指称的对象与《律》、《令》的区别，以及已被集中用来指称与《律》、《令》并行的各种敕例的性质。

第三节　科、格、式与条制：敕例指称方式的灵活不定

科、格、式主要指与《律》、《令》并行的各种敕例，这些敕例却不一定以科、格、式来指称，从记载中提供的事例来看，它们的名称或表现方式可以是多种多样的。其所表明的，自然是"科"、"格"、"式"在当时尚非法律专有名词的史实。

一　科、格、式可互称

就像上面列举的那样，在指称各种敕例时，科、格、式常与他词合成一个意义相对具体的名词：如科与科禁、科制、科限、旧科、考课之科；格与条格、格制、旧格、旨格、考格；式与成式、前式、旧式、条式、选式，等等。需要特别引起注意的是，此时这些名词往往可以互称，即使是同类敕例，称之为科或格、式，似无一定之规，看不出有什么实质性的差别。

如《魏书》卷四下《世祖纪下》太平真君九年十月：

以婚姻奢靡，丧葬过度，诏有司更为科限。

同书卷五《高宗纪》和平四年十二月诏：

> 今丧葬嫁娶，大礼未备，贵势豪富，越度奢靡，非所谓式昭典宪者也。有司可为之条格，使贵贱有章，上下咸序，著之于《令》。

同书卷七上《高祖纪上》太和二年五月诏：

> 乃者民渐奢尚，婚葬越轨，至贫富相高，贵贱无别；又皇族贵戚及士民之家，不惟氏族高下，与非类婚偶；先帝亲发明诏，为之科禁，而百姓习常，仍不肃改。朕今宪章旧典，祗案先制，著之律、令，永为定准。犯者以违制论。

同书卷六〇《韩麒麟传》载其太和十一年上表：

> 凡珍玩之物，皆宜禁断；吉凶之礼，备为格式。令贵贱有别，民归朴素。

以上四条所涉之事，都是要制定针对婚丧等事奢靡越度的制度，而太武帝诏有司制定的称为"科限"，文成帝诏有司制定的称为"条格"，孝文帝则称之为先帝的"科禁"，韩麒麟表文又述之为"格式"。

再如《魏书》卷二一上《献文六王传上·高阳王雍传》载其宣武帝时上表有曰：

> 蕃使之人，必抽朝彦……先朝赏格，酬以爵品；今朝改式，止及阶劳。

其称先朝酬赏出使蕃邦者的规定为"格"，而称当时的同类规定为"式"。又如《魏书》卷一〇《孝庄帝纪》建义元年五月诏：

> 以旧叙军勋，不过征虏，自今以后，宜依前式，以上叙阶，积而为品。

七月又诏：

> 军级从三品以上从征，四品者优一大阶，正五品以下，还依
> 前格。

两诏皆指军勋叙阶之法，时隔两月，"前式"已称"前格"。

二 含有多条规定的科、格、式可称"条制"

在指称敕例时，科、格、式不仅可以互称，而且可以通用于各种形态的敕例；但这并不等于敕例一定要以科、格、式来指称，事实上也还存在着其他种种指称。其中特别值得注意的，是"条制"及由此派生出来的不少指称，这类指称，似亦如科、格、式而沿自魏晋以来，其所强调的则是有关敕例所含条款较多，内容较为系统①。由于"科"可训为"条"并含有差等之义，"格"尤其含有等级规制意味，故"条制"等称与"科制"、"条格"、"格制"之类经常是相通的；又由于科、格、式和条制皆可指法，故其相互之间亦可互称。

如《魏书》卷四八《高允传》载其文成帝时谏曰：

> 前朝之世，屡为明诏，禁诸婚娶不得作乐，及葬送之日，歌谣、
> 鼓舞、杀牲、烧葬一切禁断。虽条旨久颁，而俗不变革。

其述前朝禁诸婚丧奢靡的规定，显然就是上引太平真君九年十月诏有司制定的"科限"，而高允称之为"条旨"。科者，条也；"科限"即禁条，义与"科禁"略同，有司制定的禁条既蒙皇帝旨许而生效，是为"条

---

① 如《晋书》卷二六《食货志》载晋武帝泰始二年下诏通籴以充俭乏，"主者平议，具为条制，然事竟未行"。同书卷一〇四《石勒载记上》载其称赵王，命法曹令史贯志"采集《律》、《令》之要，为施行条制"，号《辛亥制度》。《宋书》卷五三《张茂度传》附《张永传》："先是，尚书中条制繁杂，元嘉十八年，欲加治撰，徙永为删定郎掌其任。"是西晋至十六国、南朝俱用"条制"指称那些条款内容较为系统的敕例。另据《后汉书》卷七六《秦彭传》载其建初元年为山阳太守，上言宜令天下度顷亩之肥瘠以为田赋之准，"诏书以其所立条式，班令三府，并下州郡"。是汉代已称有关规章为"条式"。又据《晋书》卷三五《裴颜传》附《裴楷传》，"删定郎"在魏晋称为"定科郎"，是"条制"等称亦与"科"、"格"之类相通。

旨"。又旨、制实一，皆为王命，故"条旨"亦即"条制"。①

又如《魏书》卷五《高宗纪》太安五年九月诏：

> 夫褒赏必于有功，刑罚审于有罪，此古今之所同，由来之常式。牧守莅民，侵食百姓，以营家业，王赋不充……自今诸迁代者，仰列在职殿最，案制治罪。克举者加之爵宠，有衍者肆之刑戮，使能否殊贯，刑赏不差，主者明为条制，以为常楷。

此处以"条制"为"常楷"，而"常楷"亦即"常式"。②

再如《魏书》卷七上《高祖纪上》太和二年十一月诏：

> 悬爵于朝，而有功者必縻其赏；悬刑于市，而有罪者必罹其辜。斯乃古今之成典，治道之实要。诸州刺史，牧民之官，自顷以来，遂各怠慢，纵奸纳赂，背公缘私……有司明为条禁，称朕意焉。

这是因各地牧守贪墨，而诏有司制定相应的规章，其内容侧重于禁限，故称"条禁"，其与前述"科禁"、"科限"之类显然是相通的。

另如《魏书》卷六六《崔亮传》载灵太后当政时"停年格"的制定：

---

① 《唐律疏议》卷九《职制篇》被制书施行有违条："制、敕之义，轻重不殊。其奏抄御亲画闻，制则承制宣用；御画不轻承旨，理与制书义同。"唐《律》此条在法理上可谓由来已久。以北魏而言，《北史》卷九二《恩幸赵修传》载宣武帝时，"有诏按其罪恶，鞭之一百"；而甄琛、王显监决其罪，"旨决百鞭，其实三百"。是诏、旨实一之证。又《魏书》卷七一《裴叔业传》附《裴植传》载其宣武、孝明之际为人所陷，尚书奏"羊祉告植姑子皇甫仲达，云受植旨，诈称被诏，率领部曲，欲图领军于忠。臣等穷治……按《诈伪律》：诈称制者死……计同仲达，处植死刑"。是《正始律》文视诏、制义同之证。又《魏书》卷七八《张普惠传》载宣武帝时，尚书令高肇立格奏夺袭爵者食封之数，"仍被旨可"，后普惠奏其谬误，屡称之为"旨格"。此"旨格"，显即"格制"之类。

② 《广雅·释诂》释"楷"、"式"皆"法也"，又释"楷"为"式"。另王弼本《老子》第六十五章及帛书甲、乙本《德经》皆曰"知此两者亦稽式"云云，朱谦之《老子校释》述"稽"，"六朝写本与诸唐本作'楷'"，且"'稽''楷'古混"；高明《帛书老子校注》又引蒋锡昌云"'稽'为'楷'之借字，'稽''楷'一声之转"，并断"朱、蒋之说皆是"。然则前引《世祖纪》始光元年三月诏制定文字颁下远近"各为楷式"的"楷式"，亦早已连用并举。

亮乃奏为格制，不问士之贤愚，专以停解日月为断，虽复官须此人，停日后者终于不得……

是"停年格"亦即"格制"。又《魏书》卷一一《出帝纪》太昌元年五月诏：

执事之官四品以上，集于都省，取诸条格，议定一途。其不可施用者，当局停记。新定之制，勿与旧制相连。

诏称议定之前的"条格"为"旧制"，而称议定以后的条格为"新定之制"。这里的"制"，一般地释之为制度固无不可；然其确诂或词源，自应是"制诏"之"制"。"条制"、"科制"、"格制"之"制"，其义显然也从此出。上举诸例表明，这类指称固然强调了有关规定的内容较多和较为系统，但其归根到底都是由制诏作出的系列规定。

三　科、格、式及条制皆非法律专有名词

从大量实例来看，与《律》、《令》并行的敕例，除灵活多变地以条制或科、格、式为称外，还可用具体的行文或特定用语来表示。这显然表明各种敕例在北魏并无法定名称，同时也从一个侧面表明了其形态的灵活多样。

以具体行文来表示的敕例，如《魏书》卷五《高宗纪》和平四年十二月：

制战阵之法，十有余条。

同书卷六《显祖纪》和平六年七月诏：

先朝以州牧亲民，宜置良佐，故敕有司颁九条之制。

同书卷七上《高祖纪上》太和五年六月：

班乞养杂户及户籍之制五条。

同书卷一九中《景穆十二王传中·任城王云传》附《元澄传》：

> 熙平中，奏垦田授受之制八条，甚有纲贯，尤便于时。①

同书卷一一四《释老志》载太和十七年：

> 诏立僧制四十七条。

以上这种"某某之制多少条"的行文，显然表明其就是包括了若干制条的条制。

行文不甚明显而仍足据以作出判断的，如《魏书》卷七六《卢同传》载其孝明帝时表曰：

> 臣顷奏，以黄素为勋，具注官名户属，及吏部换勋之法，事目三条，已蒙旨许。

所谓"事目三条"，即三项办法或三个事条；其既"已蒙旨许"，也就成了制（旨）条；此诸制（旨）条的集合，亦即条制（旨）。

以此相衡，凡属臣下奏行条规，而被制可诏依的，都可以说是条制。《魏书》卷四五《裴骏传》附《裴宣传》载其宣武帝初上奏：

> 自迁都以来，凡战阵之处及军罢兵还之道，所有骸骨无覆藏者，请悉令州郡戍逻检行掩埋；并符出兵之乡，其家有死于戎役者，使皆招魂复魄，附祭先灵；复其年租调，身被疮痍者，免其兵役。

此奏显然包含了若干事条而"朝廷从之"，是其亦"已蒙旨许"而为条

---

① 《魏书》五七卷《崔挺传》附《崔孝芬传》记之为"熙平中，澄奏地制八条，孝芬所参定也"。

制①。以此参照《魏书》卷九《肃宗纪》神龟二年二月诏：

> 冀瀛之境，往经寇暴，死者既多，白骨横道。可遣专令收葬，赈穷恤寡，救疾存老。准访前式，务令周备。

这里提到的"前式"中，自应包括了世宗时裴宣奏行的条制。

以特定用语来表示的敕例，如《魏书》卷五《高宗纪》和平四年十二月诏：

> 今制皇族、师傅、王、公、侯、伯及士民之家，不得与百工伎巧为婚，犯者加罪。

此即前引太和二年五月诏"皇族贵戚及士民之家，不惟氏族高下，与非类婚偶；先帝亲发明诏，为之科禁"之所指。"今制"云云常见于北魏诏文，以明其所作规定实以制诏行下，在这里则因其规定内容较多而明其所制定的即为条制。而孝文帝称此"先帝明诏"所定的规范为"科禁"，又明其亦得称科或格、式。由此可见，北魏凡下诏称"今制"云云者，正是表明其所制实为敕例的特定用语。②

又《魏书》卷四八《高允传》载献文帝命允等议定郡国学制之事：

> 允表曰："……请制大郡立博士二人，助教四人，学生一百人……"显祖从之。郡国立学自此始也。

既载多项规定而得显祖"从之"，则所定各项办法自必以制诏形式下达而为条制；上奏而言"请制"云云，正可与下诏而称"今制"云云者互证；而史官谓"郡国立学自此始也"，更是历来创设某项法规的常用语式，与

---

① 《魏书》卷八《世宗纪》景明三年二月诏"有骸骨暴露者，悉可埋瘗"。不及复、免之事，盖史家省文之故。
② 如《魏书》卷七下《世祖纪下》太平真君五年正月诏："……今制自王公以下至于卿士，其子息皆诣太学，其百工伎巧驺卒子息，当习其父兄所业，不听私立学校，违者师身死，主人门诛。"其例甚多，不备举。

史载始设某项规章称"初制"云云者略同。①

同理，当时凡诏行某项规范而云"自今"等语者，性质亦与此相类。如《魏书》卷四上《世祖纪上》太延元年十二月诏：

> 自今已后，亡匿避难，羁旅他乡，皆当归还旧居，不问前罪；民相杀害，牧守依法平决，不听私辄报者，诛及九族；邻伍相助与同罪；州、郡、县不得妄遣吏卒，烦扰民庶……

同书卷七上《高祖纪上》太和元年八月诏：

> 工商皂隶，各有厥分，而有司纵滥，或染清流。自今户内有工役者，唯止本部丞以下准次而授，若阶籍元勋以劳定国者，不从此制。

"自今"之语，已明确了其作为敕例的性质及其对今后同类行政事务的指导作用；不书"著之《律》、《令》"之类的文字，又表明其未被纳入《律》、《令》系统。

也就是说，当时凡诏有"以为永制"、"永为定准"等语，奏准而书"纳以为制"、"遂以为常"等文，又无文字表明其是否著《令》入《律》的，其实都是与《律》、《令》并行的敕例，皆可以科、格、式称之，其头绪事项较多者则皆可称为"条制"、"条格"、"条式"之类。

由上梳理可知，北魏与《律》、《令》并行的各种敕例，内容和形式俱甚灵活多端，科、格、式只是一些常用的指称；倘其规定包括了若干条款，又常被称为条制，变而有"条章"、"条例"、"科制"、"条格"、"条式"等称谓。这些名称，所指常相通，其名可互用，即便像"考格"、"选式"、"考课之科"、"夺禄事条"以及"科禁"之类的名称，其具体构词方式及其所指的不同，虽或在一定程度上体现了有关敕例之间的某些差异，其间也肯定不存在法律形式或性质的区别。称之为条制、条章还是

---

① 《魏书》中常以"初立"、"始制"、"初令"、"初制"之类的行文，来表明某项制度的创设，而它们在当时法律系统中的位置，则需据具体情形来判断。如"初令"及前面提到的"称诏为令"之例，就有可能是某项制度被纳入《令》的系统的特定用语；而"初制"、"始制"，则更多的是始设某项未入于《律》、《令》的法规的常用语。

称之为科制、条格，实际上是一个用语习惯的问题，而不是法律问题。

这样的状态似乎已经表明，北魏的敕例，尚未从内容到形式、层次或领域上分化为几个判然有别的部分，如果以为当时的条制或科、格、式之类业已各成为一种特定法律形式，那是不能成立的。

第四节　科、格、式所指敕例的基本状况

现在该来正面探讨这些常被冠以科、格、式或条制等名称的敕例的基本性状了。从前举事例已可看出，北魏与《律》、《令》并行的敕例，确是作为规章成例而随时随事形成和下达的制诏，这也就是其本身所以常被称为科制、格制或条制，其包括的事条则被称为制（旨）条的原因。以下即请由此出发来考察其基本状况。

一　"科"、"格"、"式"所指敕例的形成程序

科、格、式所指敕例的形成或调整程序，大致可分为下列几种情况：

一是在百官有司的履职过程中形成或调整。自北魏前期始，诸曹理事有疑，每须奏请取旨，敕例即由此而生。

如《魏书》卷三八《刁雍传》载其太平真君七年为薄骨律镇将，表奏北镇运粮之法，世祖诏答：

> 知欲造船运谷，一冬即成，大省民力，既不废牛，又不废田，甚善。非但一运，自可永以为式。

前引《魏书·卢同传》载其孝明帝时表请严密吏部勋书的管理，"事目三条，已蒙旨许"，也具体地反映了相关敕例的形成过程。

又如《魏书》卷四四《薛野猪传》附《薛虎子传》载太和时增调制禄，虎子为徐州刺史，上疏请减缘边民户调绢。文明太后令曰：

> 俸制已行，不可以小有不平，便亏通式。

同书卷五五《刘芳传》载其为太常卿，疏言前郊祀之法未尽合礼，及灵星、周公之祀不应隶太常，宣武帝诏答：

> 所上乃有明据，但先朝置立已久，且可从旧。

此二例为臣下请求改变有关规定而批复不依。不难看出，敕例的制定或改变，往往缘起于各地各部门的履职行为，因而这应当是一种最为普遍的情况。

在这种情况下，主管部门或长官拟定有关处理意见而奏上，即为敕例的制定过程；而其最终的形态及其能否生效施用，则完全取决于皇帝的批复。如上引《刁雍传》所示，即使奏上来的是对行政个案的处理办法，也可以由批复之诏确定是否扩大其指导意义，使之上升为一项法规。同时，若其所奏问题颇难决断，或其处理意见有可商榷之处，则往往会在这样的程序中再加一个诏议环节。如《魏书》卷五三《李冲传》载其孝文帝时，"创三长之制而上之，文明太后览而称善，引见公卿议之"。同书卷五四《高闾传》载太和中"淮南王他奏求依旧断禄，文明太后令召群臣议之"；卷五九《萧宝夤传》载其正光四年为尚书左仆射，表论考核黜陟之法数条，孝明帝"诏付外博议，以为永式"。皆属此类。

二是有关敕例虽亦在臣下奏请和皇帝批复的过程中形成或调整，却并不与各地各部门的履职过程相重合。

其典型如《魏书》卷六二《李彪传》载其太和中上封事七条，所涉遍及诸仪制等差、太子训育、劝农薄赋、慎刑宽狱、优礼大臣、敦俗、崇礼诸端，其末有云：

> 如臣之言少有可采，愿付有司别为条制。

这份封事广论时政利弊，其中包括了大量立法建议，且其明确奏请孝文帝下诏有关部门各自起草相应的"条制"，其下文则是帝"览而善之，寻皆施行"。与此相类的，如太和十四年因旱诏卿士各上得失，高闾表奏"开关弛禁，薄赋贱籴"等事，诏答：

> 省表闻之，当敕有司依此施行。①

---

① 《魏书》卷五四《高闾传》。

这显然也是让各主管部门去起草有关具体规定加以实施。

又《魏书》卷四一《源贺传》附《源怀传》载其景明时使持节出巡北边六镇，"所上事宜便于北边者四十余条，皆见嘉纳"；正始时又奉诏案视恒代诸镇要害之地，"凡表五十八条……世宗从之"。这是受诏出使而提请多个立法建议，其所涉自然不可能限于某一管理部门，而是各种可能的兴利除弊之方，故与此相应的立法，也必牵涉多个部门。《源怀传》又载其为尚书左仆射时，奏改景明二年所定奸吏逃遁者不赦的条制，当时郭祚为长兼吏部尚书、并州大中正，亦表请"罪人既逃，止徙妻子，走者之身，悬名永配，于赦不免，奸途自塞"①。可见景明二年制定的这份条制不妥处甚多，遂有不少大臣奏请修改。

另如《魏书》卷一九中《景穆十二王传中·任城王云传》附《元澄传》载其孝明帝时：

> 奏利国济民所宜振举者十条……灵太后下其奏，百僚议之，事有同否。

这是大臣奏请定制，经集议后有的被采纳，有的则被否定。

在以上所述情况中，有关奏疏亦即立法动议的提出，虽非主管部门或其长官的履职行为，而只是臣下有感于时政而上书论谏；然其程序仍是与当时每有灾异辄求谠言的习惯，以及高官、近臣可随时上书论事议政的制度相吻合的，因而也仍是一种较为常见的情况。不过限于论谏之体，此时臣下所奏若只有原则性意见，那么皇帝"纳之"、"从之"或"下有司施行"的实际含义，当仍是由各主管部门据以制定具体操作所需的明确规定，再经奏准而生效。这就又回到上一种程序上去了。具体如《魏书》卷四六《李䜣传》载其献文帝初为相州刺史，上疏请"州郡各立学官"，诏从之。遂有前引《魏书·高允传》所载献文帝诏命秘书监高允与中、秘二省参议其制，继而允领衔奏上州郡立学的具体办法，帝又从之，而"郡国立学自此始也"。

三是成批地或统一地加以修订。在上面两种情况中，有关敕例是在日

---

① 《魏书》卷六四《郭祚传》。

常行政过程中，随事随时随人分散地，但也是经常地修订或调整的。在有必要时，皇帝也会下诏专门对有关敕例进行较大规模的修订。

如前述太武帝延和元年正月因立太子，诏"王公、将军以下普增爵秩，启国承家，修废官，举俊逸。蠲除繁苛，更定科制，务从轻约，除故革新，以正一统"。又《魏书》卷一四《神元平文诸帝子孙传·武卫将军谓传》附《元丕传》载其太和元年三月拜侍中、司徒公：

> 时有诸疑事三百余条，敕丕制决，率皆平允。

同书卷五九《刘昶传》载太和十九年，孝文帝临光极堂大选，曰：

> 我国家昔在恒代，随时制作，非通世之长典。故自夏及秋，亲议条制。

同书卷八《世宗纪》景明四年十二月诏：

> 先朝制立规式，庶事惟允；但岁积人移，物情乖惰。比或擅有增损，废坠不行；或守旧遗宜，时有桀妨；或职分错乱，互相推委。其下百司，列其疑阙，速以奏闻。

同书卷一一《出帝纪》太昌元年五月诏：

> ……可令执事之官四品以上，集于都省，取诸条格，议定一途。其不可施用者，当局停记；新定之格，勿与旧制相连。务在约通，无致冗滞。

这些事例，或因修订《律》、《令》，则需对各种敕例展开厘正；或是集中清理某项制度，只须对部分敕例进行调整，但都奉诏集中统一进行，而其具体的方式则可分为两类：

一类是指定大臣主持逐条决疑，至于其"疑"之所来，则无非以往的奏议事无明据或法有疑阙，故上引《元丕传》载其奉诏决诸疑事，恰可与《世宗纪》景明四年十二月诏下百司"列其疑阙，速以奏闻"相证。

因此，这个方式其实是把对臣下有关奏疏的随时批复集中起来进行了。

另一类是因形势有改制之需，或岁积月累以后，各种敕例间不免出现了抵牾冗滞，遂诏群臣集议，或帝亲临决，统一对各种敕例加以清理删定。如上引《出帝纪》太昌元年五月诏，就主要是对现有敕例的裁择和编辑，而不像是据形势需要来另行起草某些规定。当然，无论以哪种方式，最终还要皇帝批准才能生效。

由上可见，与《律》、《令》并行的敕例，其形成或调整，一般都从属于皇帝批复主管部门奏事或大臣论政的既定程序，必要时再专门对其进行较大规模的讨论和修订，而皆以奏准为不可或缺的环节。这样的状态，显然是与《律》、《令》的修订或诏文明确把有关规定"著之《律》、《令》"的程序相类的，从而是它们之所以可与《律》、《令》并行而效力相当的基本原因。同时这也昭示了一个根本的原则：作为制诏或条制，这些敕例并非行政过程中自然形成的惯例，尤非臣下可得自行制定而生效。

如《魏书》卷二一上《献文六王传上·广陵王羽传》载其太和十八年录尚书事，以当时考课"虽外有成《令》，而内《令》未班"，奏谓"臣辄推准外考，以定京官治行"。结果被孝文帝诏责之曰：

> 论考之事，理在不轻；问绩之方，应关朕听。辄尔轻发，殊为躁也！

可见重大的制度性举措，即使是位在"枢端"者，亦不得辄援《律》、《令》成法而擅推行。由此看来，《魏书》中关于臣下修行某个条制或科、格、式的记载，如前引《刘芳传》附《刘懋传》记其"立考课之科"；《神元平文诸帝子孙传·东阳王丕传》载其奉敕决诸疑事，率皆平允。显然都是史臣略书了有关奏准环节。

二、"科"、"格"、"式"所指敕例的基本性质

特定的形成和调整程序，决定了这些敕例内容和形式的特色。由于它们常在百官有司对有关政务提出具体处理意见的基础上形成，统一的修订亦以逐条决疑或删定编辑的方式进行，这就决定了其内容的局部性或个别性。就是说，虽然各种敕例汇总起来大到军国体制，小到各部门的行政细则几于无所不涉，却毕竟只是一些逐事制定的单行规定。因而就每个具体

的敕例来说，不管其内容有多少条，却仍只针对某项具体事务，其涵盖面实际上相当狭窄。也正是这一点，使之拥有了便于随时停改修订的极大灵活性。

同时，敕例既然须以奏准为其生效的必经环节，而所有奏疏一经皇帝制可诏依，在法理上就再也不是臣下的建议而是皇帝的意见了，因而其性质和形式实际上都无一例外是一份份制诏。

即以前面所引《魏书》卷四一《源贺传》附《源怀传》载景明二年惩处逃吏的规定为例：

> 有诏："以奸吏犯罪，每多逃遁，因赦乃出，并皆释然。自今以后，犯罪不问轻重，而藏窜者，悉远流；若永避不出，兄弟代徙。"怀乃奏曰："谨案条制：逃吏不在赦限……如臣管执，谓宜免之。"书奏，门下以成式既颁，驳奏不许。怀重奏曰："……谨案事条，侵官败法，专据流外，岂九品以上人皆贞白也……辄率愚见，以为宜停。"书奏，世宗纳之。

此处已明言源怀奏请停废的"条制"，就是一份关于"逃吏不在赦限"的诏书，这也是"条制"仍应在总体上归入敕例的证明。至于其具体形态，从这类敕例常由臣下奏请，再由皇帝批准的一般程序来判断，要亦当以臣下拟订有关处理办法的章奏为其主体内容，再注明"制可"及副署之人及其下达年月日而构成[①]。前已提及，条制实为包括了若干制条或事条的制诏，《源怀传》上引文称世宗的有关诏书为"条制"，而称其具体条文为"事条"，亦其例证。

又《魏书》卷一〇八之四《礼志四》载延昌三年议清河国官服制，

[①] 北魏诏案的具体流程今已难知，然《源怀传》载其请改条制而门下省驳其奏，足见有关诏案亦须由门下审署申复。又《魏书》卷八二《常景传》载其延昌二年为门下录事，"受敕撰门下诏书，凡四十卷"。所谓"撰门下诏书"，亦即据门下留底存档之诏案而编辑之。另《魏书》卷一九中《景穆十二王传中·任城王云传》附《元澄传》载孝明帝时，公车以理冤事重，奏请尚书真案，"澄执奏，以尚书政本，特宜远慎，故凡所奏事，阁道通之，盖以秘要之切，防其宣露。宁有古制所重，今反轻之；内犹设禁，外更宽也？宜缮写事意，以付公车。诏从之"。是尚书"真案"虽奏请亦不得出借，可推门下之诏案，必早已"设禁"而仅以抄本行下。可推唐代诏案皆须抄录后由"门下注'制可'，印缝署送尚书省施行"之制，当是沿自北魏以来的做法。

太学博士封伟伯等十人议：

> ……今司空以仰厌先帝，俯就大功，臣之从服，不容有过。但礼文残缺，制无正条，窃附情理，谓宜小功。

这里所谓的"制无正条"，即有关敕例规定中，并无明确规定国官为君母服丧期限的条文。

另《魏书》卷二一上《献文六王传上·北海王详传》载其景明时为录尚书事，与八座合奏曰：

> 谨寻夺禄事条，班已周岁。然京邑尹令，善恶易闻；边州远守，或难听审……今请改制条，还附《律》处，其励己公清，赏有常典；风谣赎贿，案为考第。

其"事条"亦称"制条"，明其实为有关条制的具体条文。①

凡此之类，足见与《律》、《令》并行的各种敕例，特别是其中的条制，不但是因事立制的，而且是随事生条的。其具体内容常一事一条或数条，在臣下奏事而言则称事条，从皇帝下制的角度则名制条；合诸制条，则为条制，或称条格、条禁、条式、条章，等等。

此外，有关规定既常为百官有司履职时上奏的具体意见，而由皇帝的批复来明确其是否可以为同类行政过程所援引，故其往往也具有判例的性质。其所以可总名为"敕例"，依据即在于此。

如《魏书》卷四下《世祖纪下》正平元年六月诏：

> 有司其案《律》、《令》，务求厥中。自余有不便于民者，依比增损。

同书卷五九《萧宝夤传》载其孝明帝时表论考课之制曰：

---

① 这个条制，亦即《魏书》卷八《世宗纪》景明二年三月诏："诸州刺史，不亲民事，缓于督察……尚书可明条制，申下四方，令日亲庶事，严勒守宰，不得因循，宽急亏政。"

同书卷九《肃宗纪》延昌四年九月诏：

> ……若益事利治，不拘常制者，自依别例。

同书卷一〇八之四《礼志四》载熙平二年十一月太傅清河王怿表曰：

> ……乞集公卿枢纳、内外儒学博议定制，班行天下，使礼无异准，得失有归，并因事而广，永为条例。

上引文中的"比"、"例"，也可以说是有关敕例的另一种名称，"条例"则可直接视为"条制"的别名，而太武帝诏文所述的"自余"，更明确说明了敕例皆处《律》、《令》之外的性质。因此，对与《律》、《令》并行的敕例来说，称之为制诏或条制、判例，无非突出了其所具有的某一属性，而其基本属性则是完全一致的。

常由主管部门负责拟订和解释、实施，可说是各种敕例的另一个引人注目的特点。这不仅是由于其具体拟订常是主管部门的履职行为，更是因为在需要立法的事项头绪较多、所涉较广时，结果也总会交由各主管部门去分头撰作。

如《魏书》卷四下《世祖纪》太平真君四年十一月诏：

> 其令皇太子副理万机，总统百揆；诸朕功臣勤劳日久，皆当以爵归第，随时朝请，饗宴朕前，论道陈谟而已，不宜复烦以剧职；更举贤俊，以备百官。主者明为科制，以称朕心。

此诏至少包括了太子副理万机、功臣罢职归第及另举贤俊以备百官三个涉及面极广的事项。而"主者明为科制"，自应解释为由各主管部门来拟定不同的条制。前引《魏书·李彪传》载其太和中表上封事七条，其末请求"如臣之言少有可采，愿付有司别为条制"，意似为一份条制的内容，不能兼含数种性质不同的事务，倘其内容所涉过广时，便将分解给有关主管部门去各各拟订。

由此看来，即便是所含事条较多的条制，更不必说是较为零散的一般敕例，不仅往往是部门性的，且也总是被归属于主管部门的。正由于此，形形色色与《律》、《令》并行的敕例，除禁中机要出纳之司归档及有诏统一辑集者外，更是各各存于主管部门，以便其负责具体施用或解释的。

如《魏书》卷五九《刘昶传》载其太和中事：

> 加仪同三司，领仪曹尚书。于时改革朝仪，诏昶与蒋少游专主其事。昶条上旧式，略不遗忘，高祖引见于宣文堂。

又《魏书》卷一〇八之一《礼志一》载太和四年八月集群官，诏问日月之祀"朔、朏二分，何者为定"？仪曹尚书游明根对曰：

> 考案旧式，推校众议，宜从朏月。

这两个事例中，仪曹尚书显然都是所涉事项的主管。从中可以看出，有必要时，主管部门必须提供本司存档的有关敕例，或对之作出解释。

最能说明各种敕例的部门性特点的，当属前引《魏书·出帝纪》太昌元年五月诏。其中说到"执事四品以上集于都省，取诸条格，议定一途"；原因就是执事四品以上皆为存诸敕例的各部门长官，同时各种敕例又集中存档于充当行政枢纽的尚书都省。其又说"其不可施用者，当局停记"，已明敕例乃由各主管部门随时存录在案，以指导有关行政事务。而所谓"新定之格，勿与旧制相连"，又可见都省和诸司必有专档登录有关敕例，故"议定一途"后，自须从旧档中剔出已被停废者，或为新定之格另行设立专档。

由上所述，可见北魏与《律》、《令》并行的各种敕例，就其基本特点来说，无非一种以单行制诏出现的法律规定或成例。正其如此，它们一方面表现为总体内容十分庞杂，名目称谓很不稳定，作用和形态十分灵活；另一方面又总是按臣下奏请和皇帝批复的既定程序，由主管部门负责拟订、调整、实施和解释的。必要时，亦可在此基础上，下诏统一对之删定和编纂。这就构成了其混沌表象后的内在秩序。

第五节　科、格、式所指敕例与《律》、《令》的关系

对任何一个法律体系来说，该体系所包括的各种法律形式之间，在各自作用的领域或层次上，总会保持一定的关系，这种关系体现了这些法律形式的不同作用和地位，因而可说是其最重要的一种性状。

一　作用和地位视《律》、《令》的状态消长波动

自晋以来，《律》正罪名，《令》定事制，两者已是整个法律体系中地位最高、形态最为稳定的部分。北魏《律》、《令》的发展虽自有脉络和特点，但在这一点上，时人的认识大体也是如此。

《魏书》卷二四《张衮传》附《张白泽传》载：

> 显祖诏诸监临之官，所监治受羊一口、酒一斛者，罪至大辟，与者以从坐论。纠告得尚书已下罪状者，各随所纠官轻重而授之。白泽上表谏曰："伏见诏书，禁尚书以下受礼者刑身，纠之者代职……如臣愚量，请依《律》、《令》旧法。"

献文帝此诏自是一个新定的敕例，而张白泽以为有所不妥，建议对监临之官受贿，还是要按《律》、《令》来处罚。可见在他心目中，《律》、《令》的地位显然要更高一些。

可与参证者，如《魏书·刑罚志》载孝文帝延兴四年，诏"事无大小，皆令据《律》正名，不得疑奏"。也强调了《律》与随时奏请的敕例的不同。《魏书》卷六〇《韩麒麟传》载其太和十二年卒于齐州刺史任上，"立性恭慎，恒置《律》、《令》于坐傍"。同样表明了《律》、《令》无可比拟的重要性。故通常被视为权宜的敕例，在法理上显然是处于《律》、《令》之下，对之起补充或辅翼作用的。

但在此同时也要看到，在《律》、《令》规定暂付阙如，或其无法正常发挥作用的情况下，各种敕例便会无可避免地成为法律的主角，而难以再说其只是一种"补充"或"辅翼"了，两者之间并非总能以基本法和补充法那样的主辅关系来看待。

据《魏书》卷一一一《刑罚志》所载，道武帝天兴元年前，无

《律》、《令》可言而有法例可循;孝明帝孝昌以后,"天下淆乱,法令不恒";无疑都属于这种情况。除此一头一尾外,中间自天兴元年直至宣武帝正始元年,曾有多次修订《律》、《令》之举,无论其形态和性质如何进化发展,两者在当时法律体系中的基干作用和地位,总体说来是日益明确和强化了。不过这样的趋势,是在代北各族的曲折适应和调整过程中展开的,各种制度的改作特别频繁,又未必及时著于《律》、《令》;特别是其所定《律》、《令》本身的形态、作用和地位,也存在着逐渐向法典过渡的过程,且随各领域改革的不平衡而参差不齐。这类事态,都难免会经常局限《律》、《令》的地位和效用。相形之下,那些本可随事随时立制,形态十分灵活,性质和形态接近于部落制下酋长的号令约束,因而也更对北族统治者和民众胃口的敕例,也就有了地位和作用膨胀的空间,以至于它们常在某些时期和领域替代《律》、《令》而行,此时就不能说它们是一种只起辅助或补充作用的法律形式了。

二 刑事敕例的删定入《律》与代《律》而行

即以太武帝神䴥四年以来的《律》而言,当时其虽已具有法典形态和地位,但自此以后的各次修订,实际上还是在以往各种科限禁条不断滋生的背景下进行的,其要无非是对过去《律》外别行的大量刑事敕例的裁择删订,以便重建新《律》与尚存和新出敕例之间的主、辅关系。

具体如《魏书》卷四下《世祖纪下》载太平真君五年正月诏:

> 王公以下至于庶人,有私养沙门、师巫及金银工巧之人,其在家者皆遣诣官曹,不得容匿。限今年二月十五日,过期不出,师巫、沙门身死,主人门诛。

又诏:

> 今制……百工伎巧驺卒子息,当习其父兄所业,不听私立学校。违者师身死,主人门诛。

同书卷一一四《释老志》载太平真君七年三月诏:

> 自今以后，敢有事胡神及造形象泥人、铜人者，门诛。

同书卷三五《崔浩传》载太平真君十一年六月诛浩：

> 清河崔氏无远近，范阳卢氏、太原郭氏、河东柳氏，皆浩之姻亲，尽夷其族。①

正是与这类大案、大狱相伴产生的大量株连性条制或成例，当然还有更多随时随事涌现的刑事敕例，构成了《魏书·刑罚志》所载正平元年游雅、胡方回等再定《律》、《令》时，"加故纵、通情、止舍之法及他罪，凡三百九十一条，门诛四，大辟一百四十，五刑二百二十一条"的重要来源。

由此可见，《魏书》记载的大量科限禁条，尤其是那些后缀"犯者加罪"或"以某某论"之文的，其初虽只是补充《律》文的敕例，到统一修《律》时，则往往被删定以后编之入《律》了。诸处载北魏修《律》，常有"依比增损"、"随例增减"、"参论轨制"、"讨正科条"等语②，所指即此。

但科条禁限的大批出现和删定入《律》，不啻等于以往《律》在刑名、法例诸条款上存在着极大的缺口，也意味着有关敕例在这些缺口中代《律》而行的主导性作用和地位。因此，像《魏书·刑罚志》载太武帝正平元年、文成帝和平年间那样，一次性成百数百地更新《律》条，是不能不令人对《律》在其前刑事领域的基干作用产生疑问的。这种大幅度增删《律》条的现象，自太和五年以后虽已鲜见于史载，但孝文帝每次定《律》未久即多改作，其况直至太和十六年新《律》颁行后仍然如此③，足见当时其内容和形态也还在持续斟酌调整之中。可以认为，北魏刑事领域以《律》为主，而以敕例辅之的格局，实际上一直要到宣武帝

---

① 《魏书》卷四八《高允传》载是时"诏自浩以下，僮吏以上百二十八人皆夷五族"。
② 分见《魏书》卷四下《世祖纪下》正平元年六月诏；卷一一一《刑罚志》载太和初定《律》之事；卷二一下《献文六王传下·彭城王勰传》载其正始初与八座朝士议定《律》、《令》事；《洛阳伽蓝记》卷一《永宁寺》载常景与修《正始律》之事。
③ 如《魏书》卷七下《高祖纪下》太和十六年四月班新《律》、《令》，五月又诏群臣"更定《律》条"。

《正始律》颁行以来才真正明确了下来；而此前的刑法领域，实当以刑事敕例或条制特殊重要的地位和作用为其基本特色。

三 定《令》的曲折与敕例的活跃

北魏《令》与敕例的关系尤为复杂。这是因为西晋以来，《律》所直接规范的，基本上只有刑事领域，而《令》所规范的，则是户口、田土、赋役、职官、选举、学校、礼仪，还包括某些刑事等多个领域。而北魏这些领域的制度化过程又尤为曲折且不平衡，所集中的各种矛盾和问题也更为尖锐而深刻。因此，修《令》过程虽亦如修《律》，原则上也必须清理各种随时产生的敕例，使新《令》与其达成某种主、辅关系①。但实际上，自道武帝天兴元年始定《律》、《令》以来的历次调整，《律》的修订大都相对顺利，《令》的厘正却总是面临着更多的困难，结果则总是《令》的修订过程明显跟不上敕例出台的步伐。考虑到北魏的制度调整和改革每每十分频繁而又幅度较大，修《令》的这种步调相对滞后的现象，适足以使相应的敕例在较长时期和较多领域中充当了法律的主角。

就孝文帝时期的情况而言，如前所述，当时无论是对《令》的重视，还是通过《令》的修撰来调整和改革有关制度，都堪称是北魏一朝之最。《通典》卷四一《礼典总叙》：

> 道武帝举其大体，事多阙遗；孝文帝率由旧章，择其令典。朝仪国范，焕乎复振。

即反映了孝文帝时立法的这一特点。但即便在此时期，以内容较为系统的敕例，也就是条制来改制、创制，仍是朝廷的一种基本选择。有关敕例究竟是《令》的补充或辅翼，抑或直接在相关领域充当了基本法，其情况仍需视不同时段和领域而定。

---

① 如《魏书》卷五九《刘昶传》载太和十九年孝文帝曰："我国家昔在恒代，随时制作，非通世之长典。故自夏及秋，亲议条制……"其"亲议条制"即指太和十九年《品令》的修撰过程。是修《令》时亦必清理有关条制之证。

具体如《魏书》卷七上《高祖纪上》载俸制之行：太和八年六月丁卯，诏：

> 置官班禄，行之尚矣……自中原丧乱，兹制中绝，先朝因循，未遑厘改。朕永鉴四方，求民之瘼，夙兴昧旦，至于忧勤。故宪章旧典，始班俸禄。罢诸商人，以简民事。户增调三匹，谷二斛九斗，以为官司之禄。均预调为二匹之赋，即兼商用。虽有一时之烦，终克永逸之益。禄行之后，赃满一匹者死。变法改度，宜为更始，其大赦天下，与之惟新。

此诏明确了实施俸禄制度的方针，规定了俸制的财政来源及此制施行后的惩贪办法[①]。继而至九月戊戌：

> 诏："俸制已立，宜时班行，其以七月为首，每季一请。"于是内外百官受禄各有差。

再到太和九年二月己亥：

> 制皇子封王者，皇孙及曾孙绍封者，皇女封者，岁禄各有差。

然后是同书卷七下《高祖纪下》载太和十年十一月：

> 议定州郡县官依户给俸。

这些显然都是俸禄制度的组成部分，其整个定制过程在短期内连续下诏，随时立制而因事生条，逐渐扩充完善，正反映了条制的形成和形态特色。其时新《律》、《令》正在制定，尚未颁行，故俸禄制度的这些规定，自然都是《令》外别行之制，具有代《令》而行的作用

[①] 以下并参《魏书》卷一一〇《食货志》载太和八年"始准古班百官之禄"诸事。

和地位①。与俸禄制度同期推行的三长和均田等制，在当时也是以条制形式颁下施用的，其后来入《令》颁行，当在太和十六年四月。对此前已有述，此不再赘。

显然，在这种大幅度的改革和调整中，有关条制并非只是一般地充当了创制或改制的灵活手段，或起着补充或辅助有关《令》的作用，而是在所涉大片领域中充当了基本法，这就势必导致以往相应《令》篇或其条文的大幅度停废或形同虚设。事实上，孝文帝时期各种条制的上述作用和地位，也可说是道武帝以来有关做法和状况的延伸和缩影。

即以官制为例：《魏书》卷二《太祖纪》载天兴元年十一月诏定《律》、《令》时，吏部郎中邓渊"典官制，立爵品"。故前已指出北魏自天兴元年始有《律》、《令》，其中必有关于官制爵品的《令》篇。将此与《魏书》卷一一三《官氏志》所载下列诸事相参：天兴元年十二月：

> 置八部大夫、散骑常侍、待诏等官。其八部大夫于皇城四方四维面置一人，以拟八座，谓之八国。常侍、待诏侍直左右，出入王命。

天兴二年三月：

> 分尚书三十六曹及诸外署，凡置三百六十曹，令大夫主之。大夫各有属官，其有文簿，当曹敷奏，欲以省弹驳之烦。初令五经诸书各置博士，国子学生员三十人。

天兴三年十月：

---

① 《魏书》卷四四《薛野䐗传》附《薛虎子传》载其于俸制行后，奏淮南民赋太重，请停增征之绢曰："今班制已行，布之天下，不宜忤冒，以乱宪章；但猥籍恩私，备位藩岳，忝奏之地，敢不尽言？"文明太后令曰："俸制已行，不可以小有不平，便亏通式。"薛虎子所谓"班制已行"，文明太后称"俸制"为"通式"，其语已明此制当时仅为条制而已。又《魏书》卷五四《高闾传》载淮南王他奏求依旧断禄，文明太后令召群臣议之，闾表曰："……置立三长，班宣俸制，事设令行，于今已久。"或以之为太和十六年颁新《律》、《令》前三长与俸制皆已著《令》之证。然此二制皆在文明太后主持下推出，而汉来太后之命亦称令，《高闾传》后文且载文明太后有"十八条之令"，则"事设令行"之"令"，当为文明太后之令而非《律》、《令》之《令》。

置受恩、蒙养、长德、训士四官。受恩职比特进，无常员，有人则置，亲贵器望者为之。蒙养职比光禄大夫，无常员，取勤旧休闲者。长德职比中散大夫，无常员。训士职比谏议大夫，规讽时政，匡刺非违。又置仙人博士官，典煮炼百药。

天兴四年：

七月罢匈奴中郎将官，令诸部护军皆属大将军府。九月，罢外兰台御史，总属内省。十二月，复尚书三十六曹，曹置代人令史一人，译令史一人，书令史一人。

天赐元年八月：

初置六谒官，准古六卿，其秩五品。属官有大夫，秩六品。大夫属官有元士，秩七品。元士属官有署令、长，秩八品。令、长属官有署丞，秩九品。

天赐元年九月：

减五等之爵，始分为四，曰王、公、侯、子，除伯、男二号。皇子及异姓元功上勋者封王，宗室及始蕃王皆降为公，诸公降为侯，侯、子亦以此为差……王第一品，公第二品，侯第三品，子第四品。又制散官五等……文官五品已下才能秀异者，总比之造士，亦有五等。武官五品已下堪任将帅者，亦有五等。若百官有阙者，则于中擢以补之。

以上改作，无论是八部大夫监诸畿外部落，还是诸部护军归属大将军府[1]；是尚书诸曹之制的三次大变，还是内朝近侍体制的不断扩充[2]，皆

---

[1] 参唐长孺《拓跋国家的建立及"封建化"》，《魏晋南北朝史论丛》，生活·读书·新知三联书店1955年版；侯旭东《北魏境内胡族政策初探——从〈大代持节豳州刺史山公寺碑〉说起》，载《中国社会科学》2008年第5期。

[2] 参严耕望《北魏尚书制度考》。

涉军政要制而密集地发生于短短七年之中。足见邓渊所定"官制爵品"，到天赐元年已面目全非，以往相关《令》篇大半已成具文。

更何况，《魏书·官氏志》还特别点出了当时存在的另一套官号系统：

> 初，帝欲法古纯质，每于制定官号，多不依周汉旧名，或取诸身，或取诸物，或以民事，皆拟远古云鸟之义。诸曹走使谓之凫鸭，取飞之迅疾；以伺察者为候官，谓之白鹭，取其延颈远望。自余之官，义皆类此，咸有比况。

所谓"法古纯质"而称有关官职为凫鸭、白鹭之类，无非因为北族一时很难熟悉周汉以来的官名系统，故须以其所习惯者加以比况和称谓①。结果则是在《令》所规定的周汉以来官制名目之外，另外流行着一套北族所习惯的官号。从文献所载及今存北魏前期碑刻所存官号来看，其在道武帝以后也仍一直存在着，特别是那些并非"比况"，而属北族原有的身份性"官称"，如"直勤"之类，且可在正规结衔时加以使用②。这种官制名目因北族固有习惯，或因其原有"官称"难以入《令》而导致的双轨并行局面，反映了其胡汉体制协调及其汉化进程的复杂性，其中也包括了《令》在作用和地位上的更多局限。

正其如此，上面所述甫定其《令》，旋又以条制对其内容大加改作的做法，亦不限于道武帝时期③，而是《令》的严肃性尚未树立，北族统治者更习惯随时以号令从事的必然产物。故《魏书·官氏志》概括道：

> 自太祖至高祖初，其内外百官屡有减置，或事出当时，不为常

---

① 《左传》昭公十七年载郯子之语："昔者黄帝氏以云纪，故为云师而云名……我高祖少皞挚之立也，凤鸟适至，故纪于鸟，为鸟师而鸟名。"其下历述诸以鸟命名之官。此即道武帝"法古纯质"的典据。

② 参罗新《北魏直勤考》，《历史研究》2004年第5期。

③ 如《魏书》卷四上《世祖纪上》载延和元年正月己巳，以太子已立，诏"王公将军以下普增爵秩，启国承家，修废官，举俊逸，益除烦苛，更定科制，务从轻约，除故革新，以正一统"。时距神䴥四年十月改定《律》、《令》仅三个月，而已以"更定科制"来"除故革新"。

目,如万骑、飞鸿、常忠,直意将军之徒是也。旧《令》亡失,无所依据。

所谓"事出当时,不为常目",也就是相关改作皆以敕例或条制随时随事进行,而不像《令》的规定那样有其常目。至于"旧《令》亡失,无所依据",前已述其正是在大量敕例随时改制的态势下,有关的《令》非惟作用不彰,抑且常为空文之故,同时也与其《令》本为诏令集,篇目亦常游移变更而不甚稳定相关。从北魏前期行政粗放、制度屡改和诸《令》篇目多已亡佚的事实看,各种敕例大幅度代《令》而行,显然不只是官制,而是各制度领域的普遍情形。

至于宣武帝以来的状况,当时虽是北魏一代《令》的作用和地位发挥得较为充分的时期,敕例也仍在不少领域占有主导地位。前面讨论北魏后期《令》的颁行问题时,已指出正始定《令》以来,仍有《学令》等篇虽已撰定而未颁行,至于礼制诸《令》则久修而未成。在这些领域中起着基本法作用的,也就都不是《令》,而是各种以条制形式出现的敕例。

四 北魏《律》、《令》与敕例关系的发展态势

总之,北魏的敕例与《律》、《令》之间,或前辅后主,或相辅而行,甚至倒过来前主后辅,都因明显贯穿于有魏一代的制度调整与改革线索,在不同时期和领域中呈现了不同的态势,而总的说来,则是以诸敕例特别重要的作用和地位为特色的。

就时期而言,道武帝至孝文帝前期,以敕例为主而以《律》、《令》为辅的情况较为经常和普遍;孝文帝太和中至孝明帝孝昌以前,这种状况已有所扭转,但仍很难一概地说成是《律》、《令》主之,敕例辅之。就领域而言,各种敕例在《令》所规范的场合,尤其是那些涉及社会深层风习,其调整和改革较为困难的制度领域中,其作用和地位显然要比《律》所规范的刑事领域更为突出。

从发展的角度来看,由于敕例最为直接地处理和反映着各种随时发生的问题和趋势,这就使《律》、《令》的修订,不能不主要取材于以往的有关敕例。也就是说,各种敕例既然辅《律》、《令》而行或代《律》、《令》而用,也就势必为《律》、《令》之素材,随《律》、《令》而删正。

这些敕例在每一次《律》、《令》的修订过程中,都会被全面清理整顿,或被采入《律》、《令》,或因与新《律》、《令》扞格而被停废,或仍继续以敕例的形式发挥作用。而若这种不被纳入《律》、《令》系统的敕例数量较大,其中部分又在形态和属性上有所分化和进一步明确,那就意味着新的法律形式的出现。

敕例的这种既与《律》、《令》有出入,又自有其形态演变脉络的发展态势,实际上就是导向唐代《律》、《令》、《格》、《式》体系形成的关键。

第六节 科、格、式所指敕例的源与流

这里要讨论的源流是就两层意思而言的,一是以科、格、式及条制等词来指称某些法律规范的习惯,自然有其源流问题;二是它们所指称的法律规范本身,也有其演化的来源和流变的过程。[①]

一 有关指称习惯的源与流

据前所述,以科、格、式来指称各种敕例,是沿袭了魏晋以来的习惯,以条制等词来指称那些内容较为系统的敕例也是如此。这类指称习惯的源头,往往可以追溯到更早的时候,如云梦睡虎地秦简中,有一份原题为"封诊式"的文书,汉《律》中有"废格"之罪,"格"在这里即是法的代称,此外,汉代以来亦有将某些规范称为"科品"、"条式"的语例。

但须特别注意的是,所有这些语例,都是在科、格、式可指法规条章的原有义项内灵活地组词表意的,因而无法将其视为法律的专有名词。即就"封诊式"而言,当时既无"式"已专指某些法律规范的任何证据,自来又无同类案例规程渐被稳定地称为"式"的例子,甚至也无法判断,秦简的这份"封诊式",究竟是全国通行的治狱法式,还是有关人员的一份学习记录。故其"封诊式"之名,显然与后世的"户调式"、"黄案

[①] 法制史界惯以各式各样的制诏("王命"、"王言")为"法律的渊源",其立足点显然是放在法律效力发生或延伸的来源上的,这就需要严格界定"法律",并通过立法程序等环节来明确"王言"与"法律"的区别。不过,这层意思不在本书讨论的范围之内。

式"等名称属于同类,"式"在这里同样是在此字原有"样式"或"法度"的义项下来构词称名的。因此,绝不能仅凭这些就认为"式"是当时一种特定的法律形式[1],并且率尔将此归结为后来西魏《大统式》乃至于唐《式》之源。[2]

也就是说,尽管秦汉时期已经出现了用科、格、式等词来指称某些法律规范的语例,但它们实际上都只是作为一个普通单字,而不是作为法律专有名词使用的。正其如此,当时的同类法律规范,也还存在着"章程"、"比例"、"故事"、"诏书"等别名以及更多的表述方式,之所以称此而不称彼,则完全因人、视事而异,并无定准可言。应当说,这种可以广泛互称而无定准的称谓习惯,反映的不仅是科、格、式等指称并非法律专名的状况,更是当时除《律》、《令》等法律形式之外,其他各种法律规范尚未各自形成特定类型的事实。

与此对照,北魏以科、格、式及条制来指称有关敕例的习惯,虽已呈现了某些较为确定和值得注意的性状,但在总体上也还是秦汉以来同类称谓习惯的延续。这些称谓要发展为特定法律形式的专有名词,还有待于法律体系和法制实践的进一步化育。

有一个事实可以部分地说明这种化育过程在汉魏以来已有苗头。以科、格、式及条制等词来指称某些法律规范的习惯虽早已有之,并一直处于灵活不定的状态之中,相关指称在各时期的流行程度却并不一致。"科"在汉魏时期显然已常被用来指称法条或敕例规章,且往往更多地专指某些《律》、《令》以外的法律规范[3],至南朝梁、陈改称《故事》为《科》,似即承此习惯而来。"格"与"条制"之类以称头绪条文较多的敕例,则在东晋、宋、齐较为常见,当与其时《律》、《令》久未

---

[1] 刘海年:《文物中的法律史料及其研究》二"研究文物中法律史料的意义"(载《中国社会科学》1987年第5期),即据秦简《封诊式》认为:"早在战国,至迟在秦代,'式'作为一种法律形式已经存在。西魏的《大统式》和以后其他朝代的'式'是流而不是源。"

[2] 陈仲安:《律令格式》(载武汉大学历史系魏晋南北朝隋唐史研究室编《魏晋南北朝隋唐史资料》第四辑,1982年,此文系陈先生为《中国大百科全书》"律令格式"条所写的初稿)述秦简《封诊式》"是目前已知的最早的式",并据此认为唐《式》的起源当溯至战国末期。

[3] 法制史研究界有以"科"、"比"为汉代的法律形式者,其依据即是此类现象。不过"科"、"比"等指的其实就是敕例,在汉代皆非法定名称,且广泛互称而谈不上稳定,故其充其量只能说是有了向某种法律形式发展的苗头。

修订而作用受限，各种替代或补充规定在内容上往往较多，也更合乎"格"与"条制"之义的事实有关。北魏一朝以"格"及"条制"指称各项制度之例甚多，"条格"、"格制"及"考格"、"停年格"等名称的流行，显然与东晋以来的情况有类似处，而其盛则更有过之。这大概也就是《唐六典》卷六《刑部》原注提到唐《格》渊源时，说"后魏以格代科"的意蕴所在。其所提示的是：正是因为内容较为系统的敕例至北魏经常被称为格，故像曹魏《甲子科》以及《梁科》、《陈科》这种称名为"科"的敕例集，到东魏编纂《麟趾新制》时遂已改称为"格"。

由此可以得到的启示是，在旧有成例和特定条件之下，如果科、格、式之类的名词被日益稳定地用来指称某些特殊的法规章程，那就会相应开始排除这些指称原来可以广泛互称的不确定性，从而向特定法律的专有名词过渡。在这个意义上，北魏一代科、格、式经常被用来指称《律》、《令》以外各种敕例的状态，可以说已为这些名称开始走向法律专称提供了某种基础。

事情很清楚，指称习惯首先是与指称对象的状态联系在一起的，要形成较为稳定的指称习惯，一个重要的前提，就是要出现较为稳定的指称对象。秦汉以来"律"、"令"之称有时或可互换，乃是当时"《律》、《令》之分不严"所致；魏晋以来"律"、"令"分指两种法典，则是被《律》、《令》属性的确定及其不断被删定修撰的事实所决定的；唐代"格"、"式"成为某种法律的专称，则是贞观、永徽以来《格》、《式》已相继具有特定形态和性质，及其不断被加以修撰的结果。至于汉、唐之间，虽亦出现过以"科"、"格"、"式"及"故事"之类为名的法律形式，如前面所述的《甲子科》、《晋故事》、《麟趾格》和《大统式》之类；却均未形成持续不断的修撰势头，其特定法律属性也未稳定地延续下来。相关的指称便总是显得灵活不定，称"科"称"格"并无定准，无法视之为特定法律形式的专称。因此，在指称习惯背后，起着决定作用的，归根到底还是法律体系本身的状态。

二 北魏敕例盛行的两个源头

在汉代的法律体系中，《律》为刑法典，《令》则补充《律》又规定其他各项制度。此外的各种敕例则虽形态、名目多端，且可按部门、事项或时序来灵活进行分类编纂①，但其在法律属性上，却仍可说是"混沌未凿"。故其基本上只能总为一类，而无法在法律位阶或功能等方面再加区别，朝廷立法时亦未对此作进一步分类，而只有各部门或私家以各种方式编纂的敕例集。魏晋以来其况有所变化，《律》、《令》同为法典的属性，至西晋泰始四年开始得到了明确，处于其外的各种敕例，则被区分为两个层次或类型：一是经过删定的部分敕例被统一编纂为《故事》，朝廷已明确规定其具有"与《律》、《令》并行"的作用和地位；一是未被编入《故事》的各种敕例，如前面所述的"干支诏书"之类，也仍有其法律效力，且仍在按汉魏以来的习惯对之加以编纂，其中有的还可在特定情况下放大其作用②。只是由于东晋、宋、齐《律》、《令》久未修订或修而未成，《故事》的统一编纂自亦难以为继，一直要到梁、陈再定《律》、《令》，同时又删定敕例编纂了与之并行的《梁科》、《陈科》，西晋开启的这种把敕例区分为两大层次或类型的传统，至此才得到了巩固。

要之，汉魏以来各种敕例的分化程度是相当有限的，如果要列举魏晋南北朝《律》、《令》以外的其他法律形式，那首先就是大量按既定程序形成，作用地位十分灵活，可用多种方式加以编纂，却难进一步区分其类型的敕例；其次才是西晋泰始四年以来的《故事》和梁、陈的《科》，这种特定的敕例集，显然是在以往编纂各种敕例的基础上形成的法律新类型。

经此梳理即可看出，正是因为大量敕例尚未分化为若干稳定的类型，相关指称也就难以稳定下来，而是处于灵活多变的状态。故从发展的源头来看，北魏科、格、式及条制等称的不确定性，实际上正是其各种敕例的存在方式有类于汉魏的混沌未凿，其分化程度甚至还不如西晋、梁、陈的必然结果。这当然是与北魏整个法律体系的发展状态紧相关联的，前面第

---

① 《晋书》卷三〇《刑法志》载建安元年应劭删定《律》、《令》以为《汉议》，奏称其"窃不自揆，辄撰具《律本章句》、《尚书旧事》、《廷尉板令》、《决事比例》、《司徒都目》、《五曹诏书》及《春秋折狱》凡二百五十篇，蠲去复重，为之节文"。这里的《尚书旧事》等书即为此类编纂物，且应劭所删定者多有原本，其考详见第二章第一节。

② 汉魏之际的《甲子科》、十六国时期石赵的《辛亥制度》直至东、西魏的《麟趾格》和《大统式》之类，皆可以视为此类法书，在当时部分地取代着《律》、《令》的作用。不过这些法书都不像《晋故事》或《梁科》、《陈科》那样是对所有敕例的统一删定，也皆未有续修之举，而只是在短期内作为特定法律形式而存在。

三章已经指出，道武帝天兴元年所定《律》、《令》，还都只是科条诏令集，自太武帝至孝文帝以来，《律》、《令》的性质和形态才相继从更近于汉魏，向更近于西晋的方向曲折过渡，各种敕例尤其是内容事项较多的条制则一直贯穿其中，在整套法律体系中具有特殊重要的作用和地位。而其之所以如此，又须结合北族自身的法律文化源头来加以理解。

《魏书》卷一《序纪》载穆帝拓跋猗卢总摄三部时事：

> 先是，国俗宽简，民未知禁。至是，明刑峻法，诸部民多以违命得罪。凡后期者皆举部戮之，或有室家相携而赴死所，人问："何之？"答曰："当往就诛。"

其时乃在晋封穆帝为代王后不久，所谓"先是，国俗宽简"而"至是，明刑峻法"，反映了拓跋部为首的部族联盟在"法律"上正迅速从"原始"向"文明"转折。早期各从其俗的部落习惯法，至此已开始在向统一的王者号令法过渡；而"后期者举部戮之"，则表明当时其有关法规近乎军法，盖因其部落组织军、政合一的性质所致①。至昭成帝什翼犍建国二年"始置百官，分掌众务"，其原有的部落组织上又开始有了专门设置、统一管理的行政系统。《魏书》卷一一一《刑罚志》且载其当时定制：

> 当死者，听其家献金马以赎；犯大逆者，亲族男女无少长皆斩；男女不以礼交皆死；民相杀者，听与死家马、牛四十九头，及送葬器物以平之。无系讯连逮之坐；盗官物，一备五，私则备十。法令明

---

① 《魏书》卷一一一《刑罚志》载"魏初礼俗纯朴，刑禁疏简……无囹圄考讯之法，诸犯罪者，皆临时决遣"；穆帝"乃峻刑法，每以军令从事，民乘政劳，多以违命得罪，死者以万计"。即明确了这一点。此亦可与《尚书·甘誓》、《汤誓》中王曰："……予则孥戮汝"之语相证。又《周礼·夏官司马篇》大司马职文载中冬教大阅，"田之日，司马建旗于后表之中，群吏以旗物鼓铎镯铙，各帅其民而致。质明弊旗，诛后至者"。《汉书》卷九四上《匈奴传上》载冒顿出击东胡，"上马，令国中有后者斩"。《魏书》卷一〇三《蠕蠕传》述柔然"北徙弱洛水，始立军法……先登者赐以虏获，退懦者以石击首杀之，或临时捶挞"。可见早期部落法往往有此内容。古巴比伦的《汉谟拉比法典》第二十六条规定兵士"奉王命出征而不行"应处死，亦然。现代民族志材料如《青海藏区部落习惯法资料集·浪加部落制度及法规》（青海人民出版社1993年版）等篇，亦多有各部落处罚征发后期者的规定。

白,百姓晏然。

这显然是适用于其治下胡、汉各族的法律规范①,且可看出其已具有相当的系统性。

而所有这些规范,包括道武帝登国元年成功复国以及皇始元年初定中原以来的一系列制度措置,无疑都是以拓跋可汗和代王号令二位一体的形式颁布施用的,也都可以看作当时的"敕例"或"条制"。也就是说,在道武帝天兴元年十一月始定《律》、《令》之时,拓跋政权早已经历了由随事随时下达的号令来规范诸种建置和行为的历史;习惯了无《律》、《令》而有敕例的法律生活。②

因此,北魏的法律体系及有关法律形式的发展演变,实际上存在着两个源头:一个是汉魏以来除制定《律》、《令》法典外,还存在着大量随时随事推出施行的敕例,以及进一步将之删定编纂为《故事》等敕例集的传统;一个是北方各部族也包括拓跋氏在内,在国家形成和发展过程中曾长期以"大人"或"王者"号令为法的传统。此即天兴元年十一月道武帝命崔玄伯等人拟定本朝法律的历史前提。而其结果则如前所述,新的法律体系在构成名称上,确已与代表着中原王朝法统的"律令"和敕例构成的体制一致,但在其背后起着主导作用的,却无疑仍是以号令为法的北族传统。当然,以往的可汗或代王号令,现在已因专制体制的建立而成了皇帝的制诏,至于《律》、《令》,则无非是对敕例的编集,两者形态和

---

① 《魏书》卷一《序纪》载昭成帝"时国中少缯帛,代人许谦盗绢二匹,守者以告,帝匿之,谓燕凤曰:'吾不忍视谦之面,卿勿泄言,谦或惭而自杀,为财辱士,非也。'"反映了当时法律执行之况。

② 这种无法典而以首领随时裁决或命令为法的状态,可以说是许多早期国家的共同经历。参 E. A. 霍贝尔《初民的法律》(朱勇译,中国社会科学出版社 1993 年版)第十二章"法的发展趋向"。又《汉书》卷二八下《地理志下》载殷末"箕子去之朝鲜,教其民以礼仪,田蚕织作",并作八条之教而民化之,"今于犯禁寖多,至六十余条"。其述箕子作八条之教,自从属于先秦以来流行的圣贤立法教化传说,不必为真。然其载汉代当地禁条已渐而达六十余条是实,这种禁条大抵亦当为王者随时立制,因事生条的条制之类。又《三国志》卷三〇《魏书·乌桓鲜卑东夷列传》注引《魏书》述乌桓"约法:违大人言,死;盗不止,死;其相残杀,令部落自相报,相报不止,诣大人平之,有罪者出其牛羊以赎死命,乃止;自杀其父兄无罪;其亡叛为大人所捕者,诸邑落不肯受,皆逐使至雍狂地。"又述鲜卑"言语习俗与乌桓同",至檀石槐时,"乃施法禁,平曲直,无敢犯者,遂推以为大人"。是拓跋氏所属的东胡族系早期似多曾经历以"大人"之令为基本法律形式的阶段。

性质虽与原始形态的代王号令或制诏有所不同，却未被后世视为法典，其实质显然仍近于科、格、式所指称的敕例，只是其已被编纂成帙，可说是一种尚待向法典过渡的法律形式。

换言之，天兴所定的法律体系，实际上是由两种经过统一编纂而分别称为《律》、《令》的科条诏令集，再加上大量随时下达的敕例所构成的。这种状态，当然不仅是因为北族习惯于此，或其尚不具备较为复杂的立法技术；更是由于在巩固专制体制和加强皇权这个压倒一切的历史任务面前，其立法之要，不在以严整稳定的法典来约束皇帝，而恰恰是要最大程度地强调其所下制诏的无上权威，包括其不断设范立制和改弦更张的权威。从根本上说，整个北魏前期《律》、《令》作用并不甚彰，《令》的法典化徘徊不前，科、格、式及条制指称的各种敕例则十分活跃，地位突出，都是北族自身的号令法传统影响尚大，又颇吻合当时强化制诏权威的政治需要的结果。

在政治和法律领域，拓跋政权的汉化或封建化进程，确是经常通过各时期这两种传统的相互缠绕和影响而展现出来的。随着社会的进步和专制皇权的巩固，在各领域改善统治、标榜正统和进一步改革的必要性日益显露，法典的重要性与时俱增，各种法律形式的流变，就开始加速朝魏晋以来的法统靠拢。故自太武帝神䴥四年起，《律》已变而为刑法典；至孝文帝太和改制以来，《令》也开始向专门规定各项制度的法典过渡；由此再到宣武帝正始元年立法，《律》、《令》已归复至魏晋、江左一脉《律》正罪名、《令》定事制，两者并为法典的轨道上继续发展。接下来在法律形式上的最大问题，实际上已集中到了科、格、式及条制所指各种敕例的整理上。

三 孝文帝以来礼制与法制、刑事与行政敕例的分化趋势

这种整理在北魏亦早有之。天兴元年和神䴥四年立法前后，都曾对相关"科禁"、"科制"进行过清理并作某种编纂，之后这方面的举措亦络绎不绝，这一点前面已经提到。这类做法似乎隐约地取鉴了西晋编纂《故事》，使之与《律》、《令》并行的传统，但其更大的可能，还是沿袭了汉魏时期的习惯，即在各部门所存敕例簿档的基础上，出于行政需要进一步对此展开多种编纂，却未形成某种稳定持续的趋势，也就同样未能催生出新的敕例集类型或法律形式。

但太和、正始立法以来，一方面《律》、《令》的法典属性业已明确，各种敕例灵活对之补充或修正的作用和地位，从此已被注定。另一方面，当时对各项制度的改革，特别是相关《令》篇的制定，又存留了大量未决之题。各种敕例的清理、分类和归置，包括其所定之制是否入《令》？归于何篇？或另以何种方式加以规定等问题，便显得分外突出起来。对这些问题的处理，直接关系着科、格、式及条制所称敕例的发展，乃至整个法律体系的流变走向，其过程则颇多曲折，大致上一直要到北朝后期方显露了某种头绪和轮廓。

就其要者而言，由于孝文帝以来改革的要害和难点是全盘汉化，而这恰与魏晋以来法统中的儒家化主题高度合拍[1]，故其制度和法律的一条重要的发展线索，便是围绕着魏晋以来的法统和孝文帝改革以来的礼、法关系而展开的。在敕例整理上，则表现为礼制与法制、刑事与行政敕例的纠葛和分化。而其结果则是：礼制类敕例有若干内容进入了《律》、《令》系统，大部分则经整理、编辑以后，陆续融入了孝文帝后期开始着手，此后又陆续修撰的《五礼》及相关的《仪注》[2]，以此构筑了礼制领域基本法与其他规范相辅而用的格局。而法制领域的各种制度性敕例则大都充当了《律》、《令》的素材，其中仍存于《律》、《令》之外和后续下达者，则渐分为刑事与行政两个部分来补充或修正《律》、《令》，并被分别整理编辑。这就明确了《律》、《令》与这些新编法书相辅而行的法制框架，孕育了《律》、《令》、《格》、《式》体系的雏形。

这一过程虽头绪甚多，内容繁纷，但总体上都可说是孝文帝改革所存法律问题的延续和处理，而其明确的起点，正应划在正始元年以来。这是因为正始再定《律》、《令》以后，清理和编纂各种敕例不仅已成立法之要，而且呈现了礼制与法制、刑事与行政类敕例分途整理和发展的明显势头。以下请就当时围绕敕例整理的举措略述其要，以见北魏科、格、式及条制所指敕例流变的概要。

正始元年定《律》、《令》，也像以往各次那样，是以通盘清理各种敕

---

[1] 参瞿同祖《中国法律与中国社会》第六章"儒家思想与法家思想"及本书附录之《中国法律之儒家化》一文，中华书局1981年版。

[2] 参梁满仓《魏晋南北朝五礼制度考论》第三章"五礼制度化的过程原因及意义"第二节"五礼制度发展的三个阶段"三"天监、太和以后——五礼制度的成熟期"，社会科学文献出版社2009年版。

例为其前提的。《魏书》卷八《世宗纪》景明四年十二月诏：

> 先朝制立轨式，庶事惟允；但岁积人移，物情乖惰。比或擅有增损，废坠不行；或守旧遗，时有桀妨；或职分错乱，互相推委。其下百司列其疑阙，速以奏闻。

此诏要求"百司"具列孝文帝以来诸"轨式"在施行过程中发生的"疑阙"，即是要对以往《律》、《令》和各种敕例作全面清理，就此拉开了次年即正始元年十二月"诏群臣议定《律》、《令》"的序幕。

《魏书》卷一一一《刑罚志》载正始元年定《律》、《令》诏云：

> 议狱定《律》，有国攸慎；轻重损益，世或不同。先朝垂心典宪，刊革令轨，但时属征役，未之详究，施于时用，犹致疑舛。尚书、门下可于中书外省论《律》、《令》。诸有疑事，斟酌新旧，更加思理，增减上下，必令周备。随有所立，别以申闻，庶于循变协时，永作通制。

又《魏书》卷二一下《献文六王传下·彭城王勰传》载其时立法之事：

> 勰与高阳王雍、八座、朝士有才学者五日一集，参论轨制应否之宜。而勰夙侍高祖，兼聪达博闻，凡所裁决，时彦归仰。

所谓"斟酌新旧"、"参论轨制应否之宜"，不外乎是在各种敕例与《律》、《令》间裁择取舍①。如果顺利的话，新《律》、《令》的修订出台，自会消解以往所存的"疑阙"，且必大大减少仍然可行的敕例的数量。

但事实是其立法过程并不顺利。前面讨论太和、正始所定之《令》究竟是否颁行的问题时，已明确其改革和修《令》面临的最大障碍，大

---

① 《洛阳伽蓝记》卷一《永宁寺》："正始初，诏刊《律》、《令》，永作通式……（常）景讨正科条，商榷今古，甚有伦序，见行于世，今《律》二十篇是也。""讨正科条"，即裁择旧《律》及有关敕例条文之谓。

都发生在涉及社会深层风习的礼仪领域。盖自孝文帝后期锐意汉化,除兵刑钱谷诸《令》修订急于时用,相对顺利外,其余则几乎无不以阐扬礼教,标榜正统为创制定《令》之的,亦无不碍于胡汉关系、古今异同以及经传的歧义而颇费周折。宣武帝正始定《令》基本上承此衣钵而行,其礼仪诸制的修撰,亦仍以拙于政事而泥古不化的刘芳诸人主持,遂被后人责为"主议之家,太用古制",也就难免重蹈孝文帝时期的覆辙,致使有关《令》篇的修订"久废不理"。因而在与礼相关的许多领域,尤其是在《令》篇久修而不成之处,各种敕例的继续膨胀和原有"疑舛"的积累,不仅无法避免,且有可能因新《律》与旧《令》及诸敕例间更为错综的关系,而使原有的问题呈现放大之势。

四 正始立法以后对科、格、式的清理与编纂

是故正始定《律》、《令》后不久,对诸敕例进行编纂的举措便接踵而至。这方面最重要的是《魏书》卷八二《常景传》的下列记载:

> 正始初,诏尚书、门下于金墉中书外省考论《律》、《令》,敕景参议……(延昌初)受敕撰门下诏书,凡四十卷……先是,太常卿刘芳与景等撰朝令,未及班行。别典仪注,多所草创,未成,芳卒,景纂成其事。及世宗崩,召景赴京,还修仪注……又敕撰太和之后朝仪已施行者,凡五十余卷。

这段引文,包含了三件事情和基于敕例奉诏编撰的两部礼书和一部法书。

一是编纂"朝仪"。刘芳开始参定《正始律》、《令》,其身份是"前青州刺史"①,任太常卿主撰"朝令"的时间当在稍后。"朝令"义与"朝仪"相通,前已述其大体是诸礼仪制度,包括有关礼仪《令》篇在内的一种泛称。《魏书》卷五五《刘芳传》载"世宗以朝仪多阙,其一切诸议,悉委芳修正",即与《常景传》载芳、景共撰"朝令"为一事②。以

---

① 《魏书》卷六九《袁翻传》。
② 《魏书》卷三九《李宝传》附《李韶传》载其正始初,"参定朝仪、《律》、《令》";卷八五《文苑卢观传》则载其当时与李神俊、王诵等"在尚书上省撰定朝仪"。是正始元年以来"朝仪"与《律》、《令》同修,与其事者尚有此数人。

此参以《魏书》卷一〇八之一《礼志一》载太和十三年孝文帝曰："详定朝令，祀为事首"，可见宣武帝命刘芳等人"撰朝令"，乃接续了孝文帝以来对诸礼仪制度包括祭祀、冠服、辂制等方面的改革。而其至孝明帝时，最终由常景受敕撰成"朝仪已施行者凡五十余卷"，则说明正始元年以来刘芳主撰"朝令"，其初或许也要像孝文帝太和十三年以来定"《祀令》"那样，修撰相应的《令》篇；但到后来就完全不是修《令》，而只是统一编辑了太和之后礼仪领域的现行敕例集。这个过程表明，正始元年以来制定礼制诸《令》时面临的重重困难，实际已迫使朝廷放弃了孝文帝以来通过修订有关《令》篇来改革和厘定有关礼仪制度的意向，退而改为整理和编纂礼仪领域的敕例集了。

二是修"仪注"，其事也发生在正始定《律》、《令》后不久。所谓"仪注"，即是官方行礼的具体程式和规制，西晋以来修撰的礼典即由仪注构成，常称《五礼仪注》。而单行的"仪注"其实就是条制，如《魏书》卷一〇八之二《礼志二》载景明二年秘书丞孙惠蔚请定禘祫仪注，《刘芳传》载其为太常卿奏事而引"合朔仪注"，《常景传》载其孝明帝时撰定灵太后亲奉庙祀的仪注等，要皆内容包括多条，由主司或明礼大臣参详撰拟，制可而行。正始初刘芳、常景"别典仪注"而"多所草创"，显然是要按照某种体例，把诸典礼仪注统一修撰成书，可说是对孝文帝以来制礼作乐的一种总结，也是北朝修撰类于《五礼仪注》的礼典之始。芳卒以后常景"纂成其事"，则是最终完成了这一过程。因此，从修撰"朝令"到"别典仪注"，同样是宣武帝和孝明帝针对礼制诸《令》纷纭不决、颁行无期的现状所做的调整，即以统一编纂《仪注》来规范礼制，其事直至魏末似已告成[①]。而孝明帝时期常景奉敕编纂"朝仪已施行者，凡五十余卷"，显然为之提供了基础。

三是延昌初敕常景撰就的《门下诏书》四十卷。此举的具体状况今

[①]《隋书》卷三三《经籍志二》史部仪注类著录《后魏仪注》五十卷；《旧唐书》卷四六《经籍志上》史部仪注类著录"《后魏仪注》三十二卷，常景撰"；《新唐书》卷五八《艺文志二》史部仪注类著录"常景《后魏仪注》五十卷"。似即常景"纂成其事"的产物。陈寅恪《隋唐制度渊源略论稿》二"礼仪"认为《旧志》三十二卷之"三"为"五"之讹，当是将之视为常景孝明帝时奉敕撰"朝仪已施行者凡五十余卷"。从《常景传》明确区分了"撰朝令"与"别典仪注"的行文看，常景所撰《后魏仪注》五十卷显然是其"别典仪注"的产物，也就是北朝的第一部礼典，《旧志》著录其三十二卷当是其书后来有所散佚之故。

虽不得而知，但由于门下出纳帝命，诸施行诏书无不留底存录于此，而其编成者却仅有四十卷，是景所纂集，自非全部现行敕例，而必有所归约取舍。从常景所编"仪注"和"朝仪"一为类于《五礼仪注》的礼典，一为礼制类现行敕例集的情况来判断，此《门下诏书》四十卷应主要不是关于礼制，而是其他各种敕例的删定之作。其素材应是正始定《律》、《令》以来，在法制领域仍存而行及后续形成的敕例。然则《门下诏书》四十卷的统一编纂，不仅对今后的行政过程有其指导意义，还可认为是宣武帝以来礼与法、礼制类和法制类敕例分途整理编纂的明显标志。后来孝武帝太昌五年诏"执事之官四品以上，集于都省，取诸条格，议定一途"①，即是对各种敕例的一次全面清理。从当时未暇礼制的形势，以及诏文特命"执事四品以上"与议的情况来看，此举应主要仍是法制类敕例的清理，可以看作是常景编纂《门下诏书》四十卷的后续举措。

在反映正始以来各种敕例的流变趋势时，《常景传》所载这三次具有一定立法性质的编纂活动，应当是颇具代表性的。概略言之：由于孝文帝以来改革和《律》、《令》修撰过程存在的问题，宣武帝正始元年继此再定《律》、《令》的过程，显然并没有达到消解法律上各种"疑阙"和"舛妨"的预期目的，对大量敕例的整理和编纂，便成了此后立法的要切所在。其中，"朝仪"和"仪注"的分别编纂，既集中反映了孝文帝以来立法的难点和问题，体现了宣武帝以来礼仪诸《令》久修未成，退而另编礼事敕例集和礼典来规范各种礼乐仪制的努力；同时也标志了礼制类敕例在类型、性质和编纂方式上的分途发展，催生出了另行编纂法制类敕例的诸种尝试。

至于由此进一步发展起来的立法势头，如果说正始以来有关立法仍保持着太和后期礼、法并重的态势，故其主题是礼制和法制类敕例的分途发展的话；那么从"有司勤勤请定刑法，至于礼乐则曰未敢"的神龟以来②，特别是到"孝昌以后，天下淆乱，法令不恒"之时③，其立法主题无疑已舍礼而重法，主要围绕着刑事和行政类敕例来展开了。东魏的《麟趾格》和西魏的《大统式》，便应视为法制类敕例或条制在新形势下

---

① 《魏书》卷一一《出帝纪》。
② 《魏书》卷六六《李崇传》。
③ 《魏书》卷一一一《刑罚志》。

分化发展的集中反映，是高氏和宇文氏统治集团有鉴其当务之急，分别对刑事和行政类敕例进行整理编纂的代表作，从而又带来了其自身定位，其与其他敕例和《律》、《令》应当保持何种关系等一系列新问题、新趋向。

正是在这样的基础上，北齐河清立法以后，形成了《律》、《令》与《权格》、《权令》相辅而行的法律体系；北周保定立法以后，则形成了《大统式》、《大律》与旧《令》和《刑书要制》相辅而行的法律体系。《律》、《令》以外敕例的分化程度，至此已达空前水平，将之分类编纂为新的法律形式可谓大势已成，称之为"格"、"式"的习惯也已较北魏更有定准。唐代的《律》、《令》、《格》、《式》体系，便可说是对此加以继承和发展的结果。

第七章

北齐与周、隋法律体系的若干问题

自北魏《正始律》、《令》总结孝文帝改革成果以来，仍有不少《令》篇久未修讫，各种敕例难得及时归置，删定和编纂专项敕例集的做法开始流行。承此趋势，东魏既把诸刑事敕例删定编纂为《麟趾格》，也就不能不影响到北齐《律》的修订，进而又出现了把《律》外别存或续下刑事敕例归置为《权格》的尝试。而刑事类敕例的这种自成一格的发展状态，自然会相应地促使和凸显行政类敕例别为一途的删定编纂，从而催化出《河清令》与《权令》并存而行的局面。此即东魏、北齐法律形式演化发展的大势。西魏立法同样承魏正始以来之势，先以《大统式》整顿行政，继而通过周官改制调整、润饰各项制度，易代以来又先后以《大律》和《刑书要制》定其法制，而未措意于《令》的制定。隋初即针对此而重归《律》、《令》体制，而又矫枉过正地失于对敕例的约束和归置。

北齐至周、隋法制的上述事态，关键均与正始以来《律》、《令》以外敕例的继续演化和整理编纂分不开，同时又表明：各种敕例如何发挥其作用的方式，对于整套法律体系有着极大影响。以下即拟由此出发，着重就北齐初年立法与《麟趾格》的纠葛，《河清令》篇目是否以尚书二十八曹分篇，北齐与北周法律体系的构成，以及隋代法制的主要问题展开讨论，以有助于对北朝后期法制和唐法系来源问题的认识。

第一节 北齐初年立法与《麟趾格》

《麟趾格》是东魏孝静帝兴和三年修撰的一部重要法律，行用九年后北齐代魏，在以后的十多年中也仍发挥着重大作用。其既称名为"格"，也就上可与北魏以科、格、式等词指称《律》、《令》以外各种敕例的习惯相衔接，下又可与唐《格》这种新的法律形式相联系。《唐六典》卷六《刑部》原注将其视为唐《格》之源，似正是要表明其在北魏后期以来法律发展和敕例编纂史上的重要地位。但对《麟趾格》性质、形态，及其在东魏、北齐交替之际的作用和地位，包括其与唐《格》的关系在内，法制史界的认识长期以来并不一致，甚至存在着诸种误解①。这一方面是由于史载的模糊和错杂，另一方面也还是学界对北齐初年立法的认识不够充分的缘故。

有鉴于此，这里拟将北齐初年立法和《麟趾格》相关问题联系起来加以讨论，既据此澄清史料记载中的种种问题，辨明《麟趾格》与北齐初年立法的关系状态，亦以此深化对北魏以后敕例整理编纂和整套法律体系继续演变的认识。

一　北齐初年立法记载的出入

《北齐书》卷三〇《崔昂传》载其天保元年与邢邵议定国初礼，稍后：

> 又诏删定《律》、《令》，损益礼乐，令尚书左仆射薛淑等四十三人在领军府议定。又敕昂云："若诸人不相遵纳，卿可依事启闻。"昂奉敕笑曰："正合平生之愿。"昂素勤慎，奉敕之后，弥自警勖，部分科条，校正今古，所增损十有七八。②

天保元年五月戊午北齐代魏，此处所载"诏删定《律》、《令》，损益礼

---

① 如陈仲安《〈麟趾格〉制定经过考》，载《文史》第二十一辑，中华书局1983年版；赵蕴《北魏〈麟趾格〉辨》，载《西北史地》1987年第2期；马小红《"格"的演变及其意义》，载《北京大学学报》（哲学社会科学版）1987年第3期；三者有关《麟趾格》的讨论即各执一端而多有歧义。此外，日本学者内田吟風《北齊律令删定考》（《史林》第二十九卷第四号，京都大學史學研究會1945年），论《麟趾格》与东魏、北齐立法多有卓见，但误处亦复不少。以下即在内田先生所论基础上加以讨论。

② 《北史》卷三二《崔挺传》附《崔昂传》载其事为："诏删定《律》、《令》，损益礼乐，令尚书右仆射薛淑等四十三人在领军府议定。帝寻幸晋阳，将发，敕递相遵率；不者，命昂以闻。昂部分科条，校正今古，手所增损，十有七八。"其中并无"昂奉敕笑曰"以下两句。今《北齐书》卷三〇乃宋人所补，这两句当别有据。

乐"，必在五月戊午之后①，是为北齐大规模定制之始。其既四十三人与议，增损十有七八，可见北齐法律和各项制度之所以明审简要、影响深远，发端乃在于此。然诸史所载其事与之出入颇多，以下举其要者，并略事解释：

《北齐书》卷四《文宣帝纪》天保元年八月甲午，诏曰：

> 魏世议定《麟趾格》，遂为通制，官司施用，犹未尽善，可令群官更加论究。适治之方，先尽要切，引纲理目，必使无遗。

这份诏书必与《崔昂传》载天保元年"诏删定《律》、《令》，损益礼乐"之事相关②，或者就是当时删定《律》、《令》诏的部分节文，但其中只提到文宣帝命群臣对《麟趾格》"更加论究"，而未涉及修议《律》、《令》、礼乐之事。

《北史》卷七《齐文宣帝纪》天保元年八月甲午，诏曰：

> 魏世议定《麟趾格》，遂为通制，官司施用，犹未尽善。群官可更论讨新令。未成之间，仍以旧格从事。

此与上引《北齐书·文宣帝纪》所载同属一诏，其前半段与上相同，后半段令群官"可更论讨"的则是"新令"，或是史官删节诏文各取所需的结果③。其表明"论究"《麟趾格》在当时并不是孤立展开的活动，而正

---

① 《崔昂传》前文载其"齐受禅，迁散骑常侍，兼太府卿、大司农卿"，当在天保元年六月文宣帝赏酬功臣之时；又载其"奏上横市妄费事三百一十四条"，当在是年八月庚寅文宣帝诏求谠言之时。

② 《北齐书》卷四《文宣帝纪》天保元年五月辛未遣大使于四方，诏"法有不便于时者，政有未尽于事者，具条得失，还以闻奏"。六月辛巳，诏婚丧车服诸制"可量事具立条式，使俭而获中"。八月庚寅，诏求谠言，"在位王公文武大小，降及民庶，爰至僧徒，或亲奉音旨，或承传傍说，凡可载之文籍，悉宜条录封上"。这些应当都是大规模定制之前的准备，故《崔昂传》载"诏定《律》、《令》、损益礼乐"之事，必在天保元年八月庚寅之后，而庚寅至甲午仅相隔四天。

③ 李延寿约自贞观十七年始承其父李大师的未成之作而编修《北史》，而李百药的《北齐书》已于贞观十年修毕可供参考，故这段记载取本的当是李德林《齐书》或王劭《齐志》的相关内容。

是与《崔昂传》载"删定《律》、《令》"之事连在一起的。又上引文中"未成之间，仍以旧格从事"的"旧格"，指的应当就是东魏编纂的《麟趾格》，其文意似为此《格》本是代《律》、《令》而行之物。

《隋书》卷二五《刑法志》：

> 文宣天保元年，始命群官刊定魏朝《麟趾格》。是时军国多事，政刑不一，决狱定罪，罕依《律》文，相承谓之变法从事……既而司徒功曹张老上书，称大齐受命以来，《律》、《令》未改，非所以创制垂法，革人视听。于是始命群官，议造齐《律》，积年不成，其决狱犹依魏旧。①

这段记载，说的也是天保元年诏定《律》、《令》之事。其先述当时"始命"群官刊定魏朝《麟趾格》，然则无论《北史·齐文宣帝纪》所载"论讨新令"是否准确，《北齐书·文宣帝纪》载天保元年甲午诏命群官论究《麟趾格》，确为事实而非错误。《隋志》继而插叙当时决狱"罕依《律》文"之况，以及张老上书请改《律》、《令》之事，交代了当时诏定《律》、《令》的背景。然后再接着天保元年刊定《麟趾格》之事，述"始命"群官"议造齐《律》"。其中的两处"始命"，在《北齐书》和《北史》上引文中，显然是天保元年八月甲午所下同一诏书的内容，《隋志》此处则先后错开而笼统述之。不过其"其决狱犹依魏旧"一句，与《北史·齐文宣帝纪》载天保元年八月甲午诏"仍以旧格从事"之语相合，从而还是透露了诏命群官"刊定《麟趾格》"和"议造齐《律》"，实属同一过程。

《资治通鉴》卷一六三《梁纪十九》大宝元年八月甲午：

> 司都功曹张老上书，请定齐《律》。诏右仆射薛琡等，取魏《麟趾格》，更讨论损益之。

《通鉴》此处明显综合了上面四处记载的相关内容。《隋志》中的"司徒

---

① 《册府元龟》卷六一一《刑法部·定律令三》载天保元年立法，基本照录了《隋志》的这段记载。

功曹张老"，其官衔已被改正为"司都功曹"[①]；述文宣帝因张老上书，而诏薛琡等讨论和损益东魏《麟趾格》，正好把《隋志》的叙次倒了过来。这都说明刘恕和司马光在综述这段史事时，对诸史所载内容做过细致辨正，其所认定或强调的，显然只是当时定《律》与论讨《麟趾格》的密切关系。这一点固然特别值得引起重视，但也因此而使其叙述与上引四条材料都有了冲突，从而容易令人产生疑惑，使北齐初年立法看起来成了一个与定《令》和损益礼乐无关的过程。

以上五条记载，内容彼此相关，其文多可互证，所记无疑都是天保元年八月甲午下诏立法之事，然其载当时所修议者，除《北齐书·崔昂传》外，皆仅及一二而不及其余，尤其所述论讨《麟趾格》与修《律》、《令》之事文意不清，这就产生了一系列问题。这些问题在以往有关北齐立法和《麟趾格》的文著中很少涉及[②]，却切关于北齐初年立法的认识，特别是与确定《麟趾格》性质、作用，及其在北魏末年以来法律体系演变过程中的地位甚有关系，遂有必要逐一梳理加以讨论。

二　天保元年下诏立法的范围

关于北齐初年立法的第一个问题，是当时修议的范围有多大，究竟包括了哪些规范？

上引《北齐书》与《北史》载天保元年八月甲午诏，皆凿凿言《麟趾格》之"犹未尽善"，《隋志》又明载当时"始命群官刊定魏朝《麟趾格》"。以此参以《北史》卷三三《李灵传》附《李浑传》载天保初事：

> 文宣以魏《麟趾格》未精，诏浑与邢邵、崔㥄、魏收、王昕、李伯伦等修撰。尝谓魏收曰："雕虫小技，我不如卿；国典朝章，卿不如我。"

是《麟趾格》确在当时经历了一次修订或刊正，这显然是北齐代魏以后的应有之举。又《隋志》载张老上书称"《律》、《令》未改……于是始命群官议造齐《律》"，《资治通鉴》则述张老上书"请定齐《律》"，两

[①] 《资治通鉴》此条胡注云："司都功曹，司州之功曹也。时都邺，以邺为司州治所。"
[②] 参内田吟风《北齊律令刪定考》。

处文字均易导致文宣帝下诏修订只有刑《律》的错觉。

据《北齐书》卷三八《辛术传》载其天保初事：

> 征为殿中尚书，领太常卿，仍与朝贤议定《律》、《令》。迁吏部尚书。

可见天保元年修议的，显然也包括了《令》。又《北史》卷五六《魏收传》：

> 天保元年，除中书令，仍兼著作郎，封富平县子。二年，诏撰《魏史》……八年夏，除太子少傅，监国史。复参修《律》、《令》。

这里"复参修《律》、《令》"的"复"字①，既表明天保元年开始修订《律》、《令》的过程，至天保八年以后仍在进行，又表明魏收自天保二年"诏撰《魏史》"后，已暂时退出了"参修《律》、《令》"诸臣之列，至此则再加入其中。②

可以确证当时《律》、《令》并修的记载，如《北齐书》卷四四《儒林刁柔传》载其天保初行迹：

> 除国子博士、中书舍人。魏收撰《魏史》，启柔等与同其事……又参议《律》、《令》。时议者以为立五等爵邑，承袭者无嫡子，立嫡孙；无嫡孙，立嫡子弟；无嫡子弟，立嫡孙弟。柔以为无嫡孙，应立嫡曾孙，不应立嫡子弟。议曰："柔案《礼》：立嫡以长……礼有损益，代相沿革。必谓宗嫡可得而变者，则为后服斩，亦宜有因而改。"

这段引文，非常清楚地说明了天保元年修订《律》、《令》，专门讨论过只

---

① 《北齐书》卷三七《魏收传》载为"复参议《律》、《令》"。
② 《北齐书》卷四三《封述传》载其"河清三年，敕与录尚书赵彦深、仆射魏收，尚书阳休之、国子祭酒马敬德等议定《律》、《令》"。是魏收在天保元年、天保八年及河清三年曾三次参加了《律》、《令》的修订。

能由《令》来规定的爵位继承次序及相关的嫡庶、服制礼意。可与印证的，还有同书同卷《儒林李铉传》的记载：

> 天保初，诏铉与殿中尚书邢邵、中书令魏收等参议礼、《律》。①

"礼律"一词前已有释，在魏晋以来用语习惯中，其可以是一个强调"礼"像《律》一样严肃凛然的专有名词，也可以分指"礼"与《律》。在这里其显然只能依后者来解释。由此已可断定，当时确实是将《律》、《令》、礼乐一起加以讨论的②。揆诸北魏孝文帝以来法律儒家化全面展开和深入的态势，自来定《律》已势必牵扯大量礼制问题，实际上已很难与议"礼"截然分开。

经此梳理可见，天保元年八月甲午下诏以后，薛琡等四十三人在领军府开始论讨和修撰的，确实包括了《麟趾格》和《律》、《令》、礼乐等诸多法律和制度。而这当然是完全合乎这次立法旨在总结太和以来改革定制成果，完成或调整宣武帝和孝明帝的未竟之业的需要的。因此，在关于北齐初年立法的上举记载中，当以《北齐书·崔昂传》"删定《律》、《令》，损益礼乐"的概括最为完整。而其他各条，无论是只及《麟趾格》的《北齐书·文宣帝纪》，还是在此之上再加"议造齐《律》"的《隋志》和《资治通鉴》，或是说当时别又"论讨新《令》"的《北史·齐文宣帝纪》，显然都存在着明显缺失。

三 天保元年立法的重心：《麟趾格》与议造齐《律》的关系

关于北齐初年立法的第二个问题，是当时立法的重心何在？

《北齐书·文宣帝纪》载天保元年八月甲午诏群官论究《麟趾格》，且曰："适治之方，先尽要切，引纲理目，必使无遗。"这实际上已经说明，当时所修议的虽遍及《格》、《律》、《令》、《礼》，却并不是均等视之、多头并进，而是有其轻重缓急的"要切"和举纲张目的重点的。综

---

① 《北史》卷三三《李顺传》附《李希礼传》载其曾"居议曹，与邢邵等议定礼、《律》"。亦其事也。

② 《北齐书》卷四五《文苑睦豫传》："天保中，参议礼、《令》。"此为"礼"、"令"并举之例，亦可证当时所议涉及了《令》。

诸记载，当时君臣亟欲振理的纲要，盖非《令》、《礼》而是《格》、《律》，其中《麟趾格》又因其原本与《律》并行，并在一定程度上代《律》而行的性质而首当其冲，成为议造齐《律》所必论究，在新《律》颁行前须先刊定施用的当务之急。这一点应该就是史载北齐初年立法每每都要提到《麟趾格》的原因。

《令》非当时修议之要，可于齐初多循北魏旧制之况而推知。如《隋书》卷二四《食货志》述北齐"文宣受禅，多所创革"，是当时在财政等军国要务上颇多措置。其下所述简练"百保鲜卑"，"始立九等之户"，"减百官之禄，撤军人常廪"等新出之法，可信亦在天保元年薛琡等人论讨之列。然其又载：

> 旧制，未娶者输半床租调，阳翟一郡，户至数万，籍多无妻。有司劾之，帝以为生事。由是奸欺尤甚，户口租调，十亡六七。

可见在田土租调及相关的乡里编制、户籍检阅等制度上，北魏末年以来虽已问题重重，齐初却多因循未改。据其后文可知，这方面一直要到河清三年定《令》时方有整套新制[①]。

另如学制，《北齐书》卷四《文宣帝纪》天保元年八月：

> 诏郡国修立黉宇，广延髦俊，敦述儒风。其国子学生亦仰依旧铨补，服膺师说，研习礼经。往者文襄皇帝所运蔡邕石经五十二枚，即宜移置学馆，依次修立。

同书卷六《孝昭帝纪》皇建元年八月甲午：

> 诏国子寺可备立官属，依旧置生，讲习经典，岁时考试。其文襄帝所运石经，宜即施列于学馆。外州大学，亦仰典司勤加督课。

[①]《通典》卷二《食货二·田制下》："北齐给授田令仍依魏朝。每年十月普令转授，成丁而授，丁老而退，不听卖易。文宣帝天保八年议徙冀、定、瀛无田之人，谓之乐迁，于幽州宽乡以处之。武成帝河清三年诏：每岁春月，各依乡土早晚课人农桑……"是为河清三年以前袭用北魏《田令》之况，不过其十月转授和"丁老而退"的规定，显然已对北魏授田"恒以正月"及"年逾七十不还所授"之制略有调整，这应当也是天保元年以来群臣讨论立法的结果。

这两次下诏表明，天保元年八月以来的学制，基本上是在致力于恢复北魏洛阳和郡国立学的旧观。诏文所谓"依旧铨补"和"依旧置生"之"旧"，显然就是前面所述太和、正始以来的《学令》及相关敕例。

礼乐制度的状况大致也是如此。《隋书》卷一四《音乐志中》述文宣帝禅位后，乐舞宫悬之制"犹未改旧章"：

> 其后将有创革，尚药典御祖珽自言旧在洛下，晓知旧乐。上书曰："……至永熙中，录尚书长孙承业，共臣先人太常卿莹等，斟酌缮修，戎华兼采，至于钟律，焕然大备。自古相袭，损益可知，今之创制，请以为准。"珽因采魏安丰王延明及信都芳等所著《乐说》，而定正声。始具宫悬之器，仍杂西凉之曲，乐名《广成》，而舞不立号，所谓"洛阳旧乐"者也。武成之时，始定四郊、宗庙、三朝之乐。

可见其后所谓的"创革"，也仍是北魏孝明帝以来的"洛阳旧乐"[①]，至河清定《令》方渐确立了新的制度。此外，前已提到北魏太和、正始以来，大量不宜纳入《律》、《令》的礼制内容和相关敕例，亦已开始被归属"五礼"系统，编纂类于《五礼仪注》的礼典。像魏末孝武帝永熙时常景、李绘等辑修《五礼》[②]，东魏孝静帝天平年间高隆之、李业兴等续定《五礼》[③]，均是其最明显的标志。至于北齐撰修"五礼"的活动，则

[①] 据《北齐书》卷三九《祖珽传》载其天保元年"被召从驾"，虽屡犯宪，而以才伎直中书。后除尚药丞，迁尚药典御，因过免官。"文宣崩，普选旧иад，除为章武太守。"由此判断，其任尚药典御，作宫悬之器及"洛阳旧声"，当在天保后期。以魏收天保八年"复参定《律》、《令》"之事衡之，祖珽定乐当在天保八年前后。

[②] 《北齐书》卷二九《李浑传》附《李绘传》："时敕侍中西河王、秘书监常景选儒学十人辑撰《五礼》，绘与太原王乂同掌军礼。"《魏书》卷八二《常景传》则唯载其"永熙二年，监议事"。所谓"监议事"主要也就是议纂《五礼》。而常景主持其事，显与其在宣武、孝明帝时修撰朝仪、仪注相关，从而说明了"辑撰《五礼》"与太和、正始以来法制和礼制在纠葛中分化流变的关系。

[③] 《魏书》卷八四《儒林李业兴传》载其时"诏右仆射高隆之及诸朝士与业兴等，在尚书省议定《五礼》"。

集中发生在《河清律》、《令》颁行以后的天统、武平年间①。也就是说，天保元年八月以来薛琡等四十三人所议，虽及于礼乐之制，但其幅度显然有限，因为整套礼制的调整，实际上是在《河清律》、《令》颁行之后才大规模展开的。

因此，在天保元年八月刊正《麟趾格》和"删定《律》、《令》，损益礼乐"之时，无论是对礼乐的关注，还是对《令》及相关制度的讨论，固然也可视为北齐修订《五礼》和新《令》的开始，但其主要恐怕还是出于调整《麟趾格》和议造齐《律》的必要，是要配合或从属于此，来解决礼制和其他制度领域中的那些亟待调整或明确的问题，而不是同时也要全面修订新《令》，更遑论各项礼乐制度。

由此再看《隋志》所述"是时军国多事，政刑不一，决狱定罪，罕依《律》文"一段，就是在交代张老上书请定《律》、《令》和天保元年下诏论究《麟趾格》并议造齐《律》，既是出于新朝必须统一法令的考虑，更是有鉴魏末以来天下淆乱，刑事尤为军国要务的形势需要。据此可断，北齐初年立法虽亦兼及多项制度，但其重点显然是要修订新《律》；而《崔昂传》载其"部分科条，校正今古，所损益十有七八"，也应主要是就新《律》，而非针对《令》或礼乐制度的变动而言，这一点实无可疑。

而在当时，要修订新《律》，就势必需要"论究"东魏以来的《麟趾格》；新《律》既难骤然颁行，又势必需要适应北齐代魏之局而"刊定"此《格》，使之继续指导刑事活动。这都是《麟趾格》作为刑事规范的题中应有之义。如前所述，魏收在天保元年参议《律》、《令》，既有本传载

---

① 《北齐书》卷一三《赵郡王琛传》附《高叡传》载其天统三年"进拜太尉，监议《五礼》"；卷二三《崔㥄传》载㥄昆季仲文之子儦，"武平中，琅琊王大司马中兵参军，参定《五礼》，待诏文林馆"；卷三七《魏收传》载其天统四年武成帝崩后，"除尚书右仆射，总议监《五礼》事，位特进……多引文士，令执笔，儒者马敬德、熊安生、权会实主之"；卷四二《袁聿修传》载"天统中，诏与赵郡王叡等议定《五礼》"；《隋书》卷五七《薛道衡传》载其"武平初，诏与诸儒修定《五礼》"。又《隋书》卷三三《经籍志二》史部仪注类著录《后齐仪注》二百九十卷，同书卷六《礼仪志》序称"高祖命牛弘、辛彦之等采梁及北齐《仪注》，以为《五礼》"，《新唐书》卷五八《艺文志二》史部仪注类著录"赵彦深《北齐吉礼》七十二卷"。据此可断《后齐仪注》二百九十卷必是北齐编纂的《五礼仪注》，《北齐书》卷八《后主纪》载武平六年闰八月赵彦深由司空为司徒，七年六月庚申薨。其奏上《吉礼》应在司徒任上，由此可推北齐《五礼仪注》当成于武平六年闰八月至武平七年六月间。

其天保八年"复参议《律》、《令》"之文为据，又在《北齐书·儒林李铉传》述其与魏收等"参议礼、《律》"之事中得到了证实，而《北史·李灵传》附《李浑传》却载此为魏收与邢邵诸人修撰《麟趾格》。这实际上已经透露了当时修《律》与论究和刊定《麟趾格》之间不可分割的关系。

又《北史·齐文宣帝纪》载当时下诏立法，"未成之间，仍以旧格从事"。《隋志》载此为："议造齐《律》，积年不成，其决狱犹依魏旧。"《唐六典》卷六《刑部》原注则述："北齐初，命造新《律》未成，文宣犹采魏制。"这里的"旧格"，应当就是指《麟趾格》，而"魏旧"、"魏制"，所指显然亦当包括《麟趾格》在内。

在此特须指出的是，在关于齐初立法的所有记载中，大都是视《麟趾格》为"决狱"依据，把论讨和刊正此《格》与修《律》联系在一起的。只有《北史·齐文宣帝纪》载天保元年八月甲午诏，称东魏《麟趾格》犹未尽善，"群官可更讨论新令"，似乎此《格》与《令》的关系更为密切，从而显得甚为可疑。

这里的一种可能，是其"新令"或本兼指"新《律》、《令》"。另一种可能则是张老上书本来就是请定《律》、《令》，《崔昂传》又载当时下诏"删定《律》、《令》，损益礼乐"，故"论讨新令"本是诏文所及一事，且其间或有脱文。从诸处所载天保元年八月甲午诏文多有出入之况来判断，此诏原件恐早佚失，李德林书和王劭书对此的记载亦必语焉不详，故唐初史官只能据此加以推断概括，遂皆及其一二而不及其余。不过无论如何，这都无碍于北齐初年立法重心在于修订新《律》，为此又必然要论究和刊正东魏以来充当决狱之准的《麟趾格》的事实。可以认为，综合了诸处记载的《资治通鉴》前引文，之所以要强调天保元年论究《麟趾格》与议造齐《律》的密切关系，并说当时张老上书请定齐《律》，而文宣帝下诏则命薛琡等讨论损益《麟趾格》，也正是有鉴于这一事实的缘故。①

---

① 《资治通鉴》卷一六九《陈纪三》天嘉五年在记载河清三年颁行《律》、《令》的背景时说："初，齐显祖命群官刊定魏《麟趾格》为齐《律》，久而不成……"就点出了当时刊《格》修《律》不可分割的关系。

四 《麟趾格》的基本状况

关于北齐初年立法的第三个问题,是《麟趾格》究竟是一部什么样的法律,其性质、作用、地位和形态如何?

上面的讨论已经表明,《麟趾格》的这些问题,直接关系着对北齐初年立法的认识和相关史料的解读。如果其确是一部刑事规范,那么《北齐书·文宣帝纪》载天保元年八月甲午诏何以只论究《麟趾格》而不及于《律》?《北齐书·崔昂传》何以载当时"诏删定《律》、《令》,损益礼乐"而不及于《格》?《北史·齐文宣帝纪》载此诏何以言《麟趾格》"犹未尽善"而命群官"论讨新《令》",却略书了《律》?《隋志》何以先言刊《格》后曰造《律》?凡此种种问题,皆可迎刃而解。也就是说,既然齐初立法之要在于修订新《律》,那么《麟趾格》作为东魏以来通行的刑事规范,也就不能不被论究,同时也不能不适应北齐代魏之局而再加刊定,以适应新《律》施行之前的需要。是故修定新《律》和论究《麟趾格》,两者固属同一过程,举此即可该彼,才有了上面这些当时明明属于不言而喻,在今人眼中却易致迷惑的记载。

《麟趾格》充当决狱之准的刑法性质,当先从其在东魏始被修撰的过程来加以说明。《魏书》卷一二《孝静帝纪》兴和三年十月:

> 先是,诏文襄与群臣于麟趾阁议定新制。甲寅,班于天下。

是《麟趾格》颁于兴和三年十月甲寅。《北齐书》卷二一《封隆之传》载其孝武帝时,"诏隆之参议麟趾阁,以定新制"。这显然就是《麟趾格》的始修,时在太昌元年九月以后,天平迁邺之前①。在此之前,孝武帝曾于太昌元年五月丁未下诏,"令执事之官四品以上,集于都省,取诸条格,议定一途"。前已多次提到,这是要清理正始以来滋章起来的各种敕

---

① 《北齐书·封隆之传》载其参议麟趾阁以定新制在"进位仪同三司"后,其后又相继行并州刺史,任清河王亶大司马府长史,"天平初,复入为侍中,预迁都之议"。而《魏书》卷一一《出帝平阳王纪》载太昌元年五月己酉,以清河王亶为司徒公;九月甲寅,"以侍中、骠骑大将军封隆之、任祥并为仪同三司";十一月己酉,以汝南王悦为侍中、大司马,开府;然其载清河王亶为大司马居尚书省总万机在永熙三年八月。是知《麟趾格》之始修,必在天平元年十月迁邺以前,而《封隆之传》载其太昌元年九月进位仪同三司以后的阀阅必有所误。

例。也许正是有鉴于此,前引陈仲安《麟趾格制定经过考》一文,便认为《麟趾格》即继此而续成,因而也是汇总各种敕例"议定一途"之物。这种看法显然与《北史·齐文宣帝纪》载天保元年八月甲午诏述《麟趾格》"犹未尽善,群官可更论讨新《令》"之文部分契合,但却与诸处所载《麟趾格》始修时间、人员、地点等项不符,特别是与时人皆以《麟趾格》为刑事规范的性质有冲突。

可以肯定的是,《麟趾格》虽始修于天平元年迁邺之前,其修订活动的高峰却是在迁邺之后①。《洛阳伽蓝记》卷三《景明寺》记其事曰:

> 暨皇居徙邺,民讼殷繁,前格后诏,自相与夺,法吏疑狱,簿领成山。乃敕子才(邢邵)与散骑常侍温子升撰麟趾新制十五篇,省府以之决疑,州郡用为治本。②

这就非常清楚地说明,无论始修《麟趾格》时的意图是什么,不管孝武帝当时是否要继太昌元年五月丁未之举,来继续对各种敕例作全盘清理;到高欢另立孝静帝和定计迁邺后,其修撰重心已无疑是要整齐刑制,既以应付数十万户仓促至邺后,"民讼殷繁"而疑狱成山的需要,又以适应自此大政皆归霸府,生杀须由高氏定夺的局面。③

由此看来,从孝武帝太昌元年五月清理各种敕例,到九月以后命封隆之等在麟趾阁议定新制,再到孝静帝天平元年十月迁邺以后,崔暹、邢邵、温子升等加速修撰《麟趾格》的立法态势,实际上还是再现了前面所述正始以来不同类型的敕例分化流变的历史惯性。就是说,在魏末以来天下淆乱,法令不恒而事急于刑的总背景下,"有司勤勤请定刑法,至于

---

① 《魏书·孝静帝纪》上引文"诏文襄与群臣于麟趾阁议定新制",是高澄为当时修撰《麟趾格》的主持者。《北齐书》卷三《文襄帝纪》及《北史》卷六《齐文襄帝纪》皆载其自天平三年驻邺辅政,可见《麟趾格》的密集修订当在此时。

② 《北史》卷三二《崔挺传》附《崔暹传》载其"从文襄镇抚邺都,加散骑常侍,迁左丞、吏部郎,领定州大中正。主议《麟趾格》"。是迁邺后以暹为《麟趾格》之主议者。

③ 据《资治通鉴》卷一五六《梁纪十二》中大通六年记事,以及《魏书》卷一二《孝静帝纪》、《北齐书》卷二《神武纪下》所载,天平元年八月孝武西出,十月高欢立孝静帝,并议迁都于邺,"诏下三日,车驾便发,户四十万,狼狈就道。神武留洛阳部分,事毕还晋阳。自是军国政务,皆归相府"。

礼乐则曰未敢"①；法制类敕例的清理和删定，显然要比礼制类敕例的整理为重要和迫切得多；而在法制类敕例中，当时统治者对清理和删定刑事类敕例的关注，又总是超过了对其他各种制度性敕例的关注。正是这样的历史惯性和现实需要，注定了《麟趾格》在兴和三年十月甲寅颁行之时的刑法性质。而文宣帝天保元年八月甲午下诏"删定《律》、《令》，损益礼乐"，其重心却完全放在论究、刊定《麟趾格》和制订新《律》上，显然也还是这种与现实需要完全合拍的历史惯性，在北齐代魏之际的持续展现。

再就《麟趾格》取材范围和内容构成而言，《北史》卷二四《封懿传》附《封述传》：

> 天平中，为三公郎中。时增损旧事，为《麟趾新格》，其名法科条，皆述所删定。

封述身为主管刑事的三公郎中，在《麟趾格》制定过程中发挥着重要作用，这本身就是此《格》性质实为刑法的一个佐证。从上引文中可以看出，《麟趾格》乃"增损旧事"而成，包括了各种"名法科条"，这就透露了此《格》的取材范围和内容、形态。所谓"名法科条"，"名法"即刑名、法例或罪名、罚则，这些本来都在《律》的规定之列，是足以证明《麟趾格》具备刑法特征的内容。"科条"既然与"名法"相连，也就不外乎是科罪之条，就《麟趾格》取材来源或封述等人的"删定"对象而言，当主要包括了各种刑事性敕例。同理，《麟趾格》既由"名法科条"所构成，则封述等人的"增损旧事"，也就不可能是讨论和删定以往所有"故事"，而必主要是各种刑事规定。

非但如此，《麟趾格》的取材范围，在时间上恐怕也不可能上溯至北魏前期，而主要是正始以来的敕例。这是因为"科"、"格"、"式"及"条格"、"格制"等词所指称的各种敕例，一直都是随《律》、《令》的修订而被删定取舍的。而如前所述，所有正始以前仍存的敕例，在正始定《律》、《令》之时，必已经历了一次全面的厘订和取舍，即便其时仍有不

---

① 《北齐书》卷三六《邢邵传》载此奏为太昌时邵与杨愔、魏收所奏。《北齐书》此卷为宋人所补，此奏或出《魏书·李崇传》，钱大昕《廿二史考异》卷三九已言之，则其时当在神龟末。

少《令》的修订蹉跎未成，致使相关的敕例虽经某种删定整理而仍大量存在，那也主要是在礼制等领域，而不可能是在那些《令》已颁行的制度领域，尤其不可能在《律》已颁行的刑事领域。

具体如《魏书》卷五八《杨播传》附《杨椿传》载其永平时任朔州刺史时事：

> 在州，为廷尉奏椿前为太仆卿日，招引细人，盗种牧田三百四十顷，依《律》处刑五岁。尚书邢峦据正始别格，奏椿罪应除名为庶人，注籍盗门，同籍合门不仕。世宗以新《律》既班，不宜杂用旧制，诏依寺断，听以赎论。

其中邢峦所据的"正始别格"，显然是《正始律》颁行之前形成的敕例，故称"旧制"。宣武帝既然"以新《律》既班，不宜杂用旧制"，正说明以往各种刑事敕例已在制订新《律》时大加采纳或删除，而不得自动延伸其效力。

又《洛阳伽蓝记》卷一《永宁寺》云：

> 正始初，诏刊定《律》、《令》，永作通式。敕（常）景共治书侍御史高僧裕、羽林监王元龟、尚书郎祖莹、员外散骑侍郎李琰之等撰集其事。又诏太师彭城王勰、青州刺史刘芳入预其议。景讨正科条，商榷今古，甚有伦序，见行于世，今《律》二十篇是也。

可见《正始律》一直都在发挥着重要作用，而常景等人"讨正"的"科条"，就《律》的内容构成来说可以指《律》条；但就《律》的取材而言，亦当包括其时厘正和取舍的刑事敕例在内。也就是说，孝文帝以来《律》外别行之刑事敕例或条制，在《正始律》修订过程中已被全面删定取舍，除其扞格之处，故无论是迁邺前始修，还是迁邺后续修《麟趾格》时，断无可能，亦无必要取有魏以来全部敕例再加删定编纂，邢邵、封述等人所要删定的"前格后诏"或"名法科条"，无非是正始颁《律》以来陆续形成而"自相与夺"的刑事敕例而已。

由此再看正始以来的各种敕例，其中的礼制部分显然与《麟趾格》关系甚远，可以不论。此外则大略可分为两类：一类是指导有司所行常事的各种制度性规定。如神龟末崔亮奏准之"停年格"①，熙平初卢同奏设之授勋事条②，熙平中元澄奏行之地制八条③，魏末奖励民间生男的"格制"④，等等。然此类规定显然并未"自相与夺"，都起着补充或修正《令》的作用，与《律》则关系间接，且多沿用至齐，当非针对迁邺后疑狱成山而修《麟趾格》所关注及取材的重点。另一类则为补充或修正《律》的刑事敕例，其中不乏同属一事而屡屡下诏者。

如《魏书》卷八《世宗纪》永平二年十一月甲申：

> 诏禁屠杀含孕，以为永制。

《北史》卷四四《崔光传》载其永平元年秋，谏不宜刑元愉妾李氏含孕之人，"帝纳之"，即其缘起。而其既为"永制"，自应包括了一系列处罚规定，但其中有些条款至孝明帝时又形成了新的敕例。《魏书》卷一一一《刑罚志》载神龟中，兰陵公主驸马都尉刘辉与人私通而殴主伤胎，其案经往复奏议以后，最终以其"虽《律》无正条，罪合极法，并处入死"，私通者家属"处以流坐"。可见永平二年"诏禁屠杀含孕"，本为《律》外别行的敕例，至此又补充了如何处罚伤及身份贵重的"含孕之人"的新敕例。

又如《魏书·世宗纪》载永平四年五月丙辰：

> 诏禁天文之学。

同书卷九《肃宗纪》则载熙平二年五月庚辰，"重申天文之禁，犯者以大

---

① 《魏书》卷六六《崔亮传》、卷七七《辛雄传》。《北齐书》卷三《文襄帝纪》载停年格至元象元年又有所修改。

② 《魏书》卷七六《卢同传》。

③ 《魏书》卷一九中《景穆十二王传中·任城王云传》附《元澄传》、卷五七《崔挺传》附《崔孝芬传》。

④ 《北史》卷四三《邢峦传》附《邢邵传》"旧格制：生两男者，赏羊五口，不然则绢十四。仆射崔暹奏绝之，邵云：此格不宜辄断……"诏依邵议。陈仲安先生上引文定其事在武定六年邢邵任中书令后，且以此"旧格制"为《麟趾格》文。然《北史》及《北齐书·文宣帝纪》天保元年八月诏既言《麟趾格》为当时"通制"，是其在东魏尤其不得称为"旧格"，此"旧格"当是东、西魏相分和孝静帝登位以前形成的敕例。

辟论"。这也是前已"诏禁"而后又下诏调整了其处罚规定。《魏书·刑罚志》对这类敕例此后的发展态势有相当翔实的记载:

> 孝昌以后,天下淆乱,法令不恒,或宽或猛。及尔朱擅权,轻重肆意,在官者多以深酷为能。至迁邺,京畿群盗颇起,有司奏立严制:诸强盗杀人者,首、从皆斩,妻子同籍,配为乐户;其不杀人及赃不满五匹,魁首斩,从者死,妻子亦为乐户。小盗赃满十匹已上,魁首死,妻子配驿,从者流。侍中孙腾上言:"谨详,法若画一,理尚不二,不可喜怒由情,而致轻重。案《律》,公私劫盗,罪止流刑。而比执事苦违,好为穿凿,《律》、《令》之外,更立余条,通相纠之路,班捉获之赏。斯乃刑书徒设,狱讼更烦,法令滋彰,盗贼多有。非所谓不严而治,遵守典故者矣。臣以为升平之美,义在省刑;陵迟之弊,必由峻法……请诸犯盗之人,悉准《律》、《令》,以明恒宪,庶使刑杀折衷,不得弃本从末。"诏从之。

这段记载,可以说直接交代了《麟趾格》的修撰背景及其取材范围。从中可以看得很清楚,正是各种续有补充出入的刑事敕例,才是前引《洛阳伽蓝记·景明寺》述魏末及东魏迁邺以后"前格后诏,自相予夺"而致"法吏疑狱,簿领成山"的症结所在,也就构成了邢邵、常景等人修撰《麟趾格》时需要着力删定和讨正的主要对象。

通过以上对《麟趾格》修撰过程、目的及其取材范围的梳理,其删定和编纂正始以来各种刑事敕例而成的刑法性质,已可断定无疑。至于其通体可视为一篇巨型条制,其编纂体例和条文形态正在从敕例集向法典过渡的特点,及其仍然与《律》相辅而行的作用和地位,前面第一章第三节已据《魏书》卷八八《良吏窦瑗传》中仅存的《麟趾格》佚文作了分析和阐述,此处毋庸再赘。

五 关于北齐立法的几点认识

另外还需说明的是,《麟趾格》既然是这样的一部法律,则记载中还有一些问题亦可得其确解。如时人何以在在称其为"新格"、"新制"、"通制"?现在看来,所谓"新",其实非仅指其新修,亦因《麟趾格》意在整齐刑法,虽仍称"格"而取相关敕例编纂而成,然其性质实为与

《律》并行之刑法典，其性质、地位、体例和形态已与以往编撰的敕例集大为不同，故曰"新格"、"新制"。而所谓"通"，也不仅是指其通行于当时，更是指其取诸刑事敕例而统一编纂，其通体效力与《律》相当而颁于天下一体遵行，已与分头存于有司指导其日常行政的部门性规章有异，故曰"通制"。

由此再看前引《北齐书·崔昂传》之文，其述昂"部分科条，校正今古"，正指当时论究《麟趾格》而修新《律》之举，其事与常景修魏《正始律》时"讨正科条，商榷今古"，封述与修《麟趾格》时删定"名法科条"实相仿佛。故其下文所谓"增损十有七八"，针对的要亦为《律》，而非《令》及礼乐，则《河清律》以十二篇易《正始律》之二十篇，及其体例条文之所以简要精当、超越以往，关键正在此时。而文宣帝之所以要别敕崔昂"诸人不相遵纳，卿可依事启闻"，则必是因为当时与议者邢邵等人曾为《麟趾格》修撰者，帝恐其拘执原《格》条文而命崔昂立足于除旧布新而特加留心之故。《北史·崔昂传》记其时文宣帝"敕递相遵率；不者，命昂以闻"，亦体现了这层意思。

最后，关于《麟趾格》的结局，诸处既载天保元年议《格》修《律》，而"未成之间"，仍用"旧格"、"魏旧"、"魏制"，《隋志》和《北史·李浑传》且述当时"刊正"或"修撰"了《麟趾格》，这实际上已经说明了此《格》在天保元年调整后，继续与《正始律》相辅而行的史实，同时也预示了其随新《律》颁行而废止的命运。

事实也正是这样，《隋书·刑法志》载河清三年，新《律》十二篇、《令》四十卷终于告成颁行[①]，"敕士门弟子常讲习之"；"其不可为定法者，别制《权令》二卷与之并行"；另又有《别条权格》"与《律》并行"。这样，河清三年以来形成的法律格局，是刑事领域以《律》与《权格》，而其他制度领域则以《令》与《权令》相辅而行。在此格局中，《麟趾格》充当刑典的历史使命显然已被《河清律》取代而自然停废，其有关内容当被采入了新《律》，《律》所难容而事仍可存者或为《权格》所采。

《北齐书》卷二五《王峻传》载其河清四年之事：

[①] 此据《隋书》卷二五《刑法志》，同书卷三三《经籍志二》史部刑法类及《唐六典》卷六《刑部》原注述《河清令》为五十卷。

坐违格私度禁物，并盗截军粮，有司依格处斩，家口配没。特诏决鞭一百，除名，配甲坊，蠲其家口。会赦免，停废私门。

此处的"格"，或者就是与《律》并行的《权格》，其大体皆为《河清律》外仍存或续下的刑事敕例而被编入《权格》者，故《权格》可以说是《麟趾格》之余绪。至于《隋书》卷三三《经籍志二》史部刑法篇后叙述"后齐武成帝时，又于麟趾殿删正刑典，谓之《麟趾格》"。其述《麟趾格》为"刑典"准确无误，然谓此格删定在"后齐武成帝时（即《河清律》、《令》修成之时）"，则与诸处所载《麟趾格》修撰及北齐立法之事莫不扞格，可断其文必有所误而不足为凭。

综上所述，关于北齐初年立法与《麟趾格》的相关问题，可得的结论有四：

一是北齐天保元年八月甲午，诏薛琡等四十三人在领军府所修议者，包括了《格》、《律》、《令》及诸礼乐制度。

二是北齐初年立法重心在于整齐刑法，尤其在于论究《麟趾格》以造新《律》。当时对《令》和礼乐制度的讨论，除须应付若干亟待处理的制度问题外，主要是从属于新《律》修订而展开的，而新《律》的规模大略成于此时。

三是《麟趾格》乃东魏兴和三年至北齐河清三年与《律》并行之刑典，其体例、形态已从传统的敕例集向制定法过渡，其效力则随河清三年新《律》颁行而停废，其有关内容除被采入新《律》者外，仍有可存者当被编入了《权格》。

四是诸处所载北齐初年立法活动的参差出入，皆可据上列三点加以辨明。

从前面的讨论中还可以看出：北齐初年以来的立法活动，显然仍延续了北魏太和、正始以来整套法律体系的发展势头，特别是《律》、《令》以外敕例围绕礼、法关系而展开的分化过程，也仍在继续沿礼制与法制、刑事与其他各种制度性敕例分头整理编纂的方向演变。在此过程中，刑事性敕例显然在严峻的军政形势下首当其冲，东魏制定《麟趾格》即其表现，北齐初年立法以刊定此《格》和修订新《律》为轴心，也是如此。至天保后期新《律》修订必已过半或大体已备，立法重心当已逐渐转至对其他各种制度性敕例的条流和归置。至河清三年以来新《律》、《令》颁行及其与《权令》、《权格》并行之局形成,可说是法制类敕例俱已得到条流归置的标志,立法重心遂又开始转向礼制类敕例的整理编纂,这也就是北齐《五礼》的修撰至天统、武平年间进入高潮的原因。

第二节 《河清令》的分篇体例与修撰过程

《河清令》即北齐武成帝河清三年三月辛酉与《律》一起颁行的新《令》。此《令》可称是北魏孝文帝以来波澜曲折的制度改革和修《令》进程的一个总结,也是考察北魏至隋、唐《令》发展链条的重要一环。

一 《河清令》体例问题事关重大

关于《河清令》的面目,史籍的记载相当简略且出入颇大,从而产生了若干问题和悬疑。而其症结,则是《唐六典》卷六《刑部》原注的下列记载:

> 北齐令赵郡王叡等撰《令》五十卷,取尚书二十八曹为其篇名。又撰《权令》二卷,两《令》并行。

引文与其他文献中有关《河清令》的记载有两点不同,一是卷数,二是分篇体例。

如《隋书》卷二五《刑法志》载其事曰:

> 河清三年,尚书令、赵郡王叡等奏上《齐律》十二篇……又上新《令》四十卷,大抵采魏晋故事……其不可为定法者,别制《权令》二卷,与之并行。[①]

这两处记载中最为明显的不同,《隋志》此处所载的"四十卷",应当是指河清三年赵郡王高叡等奏上新《令》时的卷数,而《唐六典》所说的

[①] 《通典》卷一六四《刑二·刑制中》、《册府元龟》卷六一一《刑法部·定律令第三》等处所载与之略同。

"五十卷"，则应是唐前期人所知北齐《令》的卷数。《隋书》卷三三《经籍志二》史部刑法类著录有"《北齐令》五十卷、《北齐权令》二卷"，这应当就是《唐六典》述《河清令》卷数之所据。[①]

再看《河清令》的分篇体例，《唐六典》既述其"取尚书二十八曹为其篇名"，是《河清令》也像《麟趾格》有《三公曹》篇那样，是以统会众务的尚书省诸曹来分其篇目的。而《隋书·刑法志》所谓"大抵采魏晋故事"，则是一个颇为含糊且易致歧义的概括。前已指出，魏、晋《律》固然相承发展，《令》体却有重大差别。曹魏的《尚书官令》、《州郡令》和《军中令》诸篇，显然是按官司或部门来分门别类的，而西晋《泰始令》至南朝梁、陈和北魏太和、正始《令》，却都不是以官司，而是以事类分篇的。况且北齐立法既然是要解决北魏后期以来法律领域的问题，尤其是《令》的制定问题；史籍载其所定诸《令》从田土、宫防到车服、乐律等制，亦多与正始以来定制之况接轨。遂可断定《河清令》删定采鉴的对象，就其内容而言大部分当不是魏晋故事，在体例上更不可能远取曹魏而抛弃西晋以来《令》以事类分篇的传统。在此认识的基础上来解释《隋志》所述河清立法的"大抵采魏晋故事"，其恐怕只是泛泛而说当时《律》、《令》的修订取鉴了魏晋以来传统[②]。即便在若干内容的敲定上，尤其是在解决太和以来定制"太用古制"的问题上取鉴了魏晋故事，其中也不可能包括《令》在体例上不按事类而改以官司来分篇的意思。显然，这个意义上的"大抵采魏晋故事"，就与《唐六典》述《河清令》"取尚书二十八曹为其篇名"有了重大不同。

《河清令》究竟是以事类分篇还是以官司为目？这个问题无论是对于探讨当时的立法和法律体系，还是对于探讨此《令》的形态和特点，也

[①]《旧唐书》卷四六《经籍志上》著录"《北齐令》八卷"，其所据乃为"开元盛时四部诸书"，而应以毋煚等撰《群书四部录》（开元九年由元行冲奏上）为其主体。这个开元九年官家所藏的八卷本"《北齐令》"，也就是修《唐六典》诸臣所得见者。又《新唐书》卷五八《艺文志二》史部刑法类著录"赵郡王叡《北齐律》二十卷、《令》八卷"，当袭此而来。

[②]《隋书》卷二五《百官志上》总叙魏晋以来官制，讲到周隋沿革而述隋文帝"复废周官，还依汉魏"。《隋书》卷一《高祖纪上》开皇元年二月甲子载之为"易周氏官仪，依汉魏之旧"。其语也不是说隋初恢复了汉魏之制，而是泛泛地说其恢复了汉魏以来的传统，实质是回到了孝文帝以来的轨道上。

包括其卷数问题在内，都具有关键意义。

如果是以尚书二十八曹分篇，那就意味着《河清令》的制定，是在分别下达至尚书诸曹并由其主持施行和存档、解释的各种部门性敕例的基础上，将其现成删定、修饰而完成的，其形态当与《晋故事》所收敕例散之可"各还官府"，合之还是以官府为目的状况相近。而这种部门性敕例集的特点之一，就是其篇帙往往会随敕例的不断下达而增加。也就是说，河清三年以后这类敕例既然仍在不断下达，朝廷若仍继续依前编纂，北齐《令》的卷数自然也会像《晋故事》初仅三十卷而后人著录为四十三卷那样，从四十卷增加到了五十卷①。应当看到，像这样把部门性敕例汇编、修削为《令》的做法，也正是曹魏按官司的系统定《令》为《尚书官令》、《州郡令》和《军中令》三大部分的一种"故事"。而太和、正始以来定《令》既在礼制等领域久经蹉跎，北齐修《令》诸臣受武成帝催督，遂依此故事，将诸敕例分别编入尚书二十八曹名下加以修削而速成新《令》，似乎确有其合理性。

而若以事类为目，那就表明《河清令》体例类同于西晋《泰始令》和梁《令》，继承和发展了北魏太和、正始定《令》的传统，乃是一部以事类分篇而与《律》并行的法典。然则唐初著录的《北齐令》五十卷，要么是"五"字有误，要么是河清三年以后又有不见于史载的再次定《令》之举，否则就只能是唐初流传的"《北齐令》"本已经在四十卷《河清令》之上加入了其他成分的结果。

也许正是因为问题甚多难以确知，故《资治通鉴》卷一六九《陈纪三》天嘉五年载北齐河清三年之事，先述齐初以来决狱罕依《律》文，相承谓之变法从事，继曰：

> 世祖即位，思革其弊，乃督修《律》、《令》者。至是而成《律》十二篇，《令》四十卷……三月辛酉，班行之。

其所据显然是《隋书·刑法志》的记载，却删去了"大抵采魏晋故事"一句，实际上是回避了《河清令》的分篇体例问题。到了现代，自程树

---

① 沈家本《历代刑法考·律令》卷三《北齐令》案语云："按，齐《令》，《刑法志》称四十卷，而《经籍志》及《唐六典》并云五十卷，或后来有所增益也。"

德撰《九朝律考》，在《唐六典》上引文下注出二十八曹之名，述"齐《令》即以此为篇目"①。以后的不少研究者更完全无视《隋书·刑法志》"大抵采魏晋故事"的记载，而只取《唐六典》之说，又未涉及其奏上时"四十卷"与《隋书·经籍志》著录"《北齐令》五十卷"的差异。问题显然并未得到解决。

相沿至今，《河清令》以尚书诸曹为目几乎已成法史学界的定论②，却很少有人意识到，《唐六典》原注说此《令》"取尚书二十八曹为其篇名"，实际上只是一条绝不见于其他记载的孤证。以下即将综诸记载，来讨论其说的种种破绽和大量反证，以图明确《河清令》更有可能继承了太和、正始修《令》以事类分篇的体例，亦有助于进一步理解北朝后期《律》、《令》体制的发展脉络。

二 《河清令》不可能以尚书诸曹分篇

从发展的源流脉络看，自西晋《泰始令》篇以事类为目，《令》除补充《律》文以外更独立规定各项制度，这就改变了曹魏《令》以官司、部门分篇的状态，影响至为深远，非只南朝梁、陈《令》而已。北魏天兴以来官制、爵品、律吕、音乐等事分别定制著《令》，虽其尚非法典而为敕例的编集，却也透露了按事类来分其篇目的倾向。故前已指出，《魏书》中时而可见的"职令"、"朝令"等名，当是沿自北魏前期《令》的称谓习惯，这也说明了其一直以来不以官司而以事类为别的状态。到太和以来则有《职员令》、《品令》等篇，迨至《正始令》的法典性质和形态俱已定型，则有《官品》、《考察》、《狱官》诸令。而《河清令》后的隋代《开皇令》到唐初《武德令》，也无一不是按事类分篇立目的法典。因此，如果《河清令》确如《唐六典》所述以尚书诸曹来分篇，那就真可谓独此一家，在魏晋至隋唐《令》体的发展脉络中构成了一个非常可怪的现象。③

---

① 《九朝律考》卷六《北齐律考》"齐令"条。程氏此书除各考前附简短序论为其研究心得外，皆逐条列出史料，必要时附注案语。此语即为其注《唐六典》上引文的案语。

② 如《中国大百科全书》法学卷《北朝法制·北齐令》即采此说。中国大百科全书出版社1984年版。

③ 对此仁井田陞已疑及之，见《唐令拾遗》之"序说"第一"唐令の史的研究"二"唐前令"。

从整套法律体系的结构和功能来看，西晋以来《律》正罪名，《令》定事制，两者并为法典而相辅相成，实际上是一种关系到整套法律体系根本状态的布局。故《律》、《令》常同时颁行天下，时人亦往往两者并举，共尊之为经邦重典。自此《律》、《令》在权威性、稳定性上已与各种敕例或敕例集拉开了距离，也就无法再把有关敕例随时"著令"编附于中了。正因如此，西晋才会在《律》、《令》之外再编《故事》，以后各朝也总是会以种种方式，来清理和编纂那些并非颁行天下，而是在主管部门的行政过程中随时随事产生，由其负责施行、解释和存档管理的敕例，使之更好地起到补充或修正《律》、《令》的作用。北魏正始立法以来，实际上重演了这种局面，除《律》、《令》以外又编纂过若干敕例集。而这显然就是北齐河清三年定《律》、《令》后，仍需要编纂《权令》和《权格》的原因所在。

因此，如果《河清令》确以尚书诸曹为目，且其卷数确从起初的四十卷增加到了齐末的五十卷的话，那只能说明其仍在部门性敕例的基础上修削而成和续加编纂，也就不可能再出现《权令》和《权格》了。也就是说，《河清令》以尚书诸曹为目及其卷数的增加，是与西晋和北魏正始以来《律》、《令》的性质、地位和整套法律体系的运行，特别是与北齐当时编纂《权令》和《权格》的事实相矛盾的。

从《令》自身的性质和形态来看，西晋以来《令》成法典以后，其条文形态、内容安排及其各篇关系，业已像《律》一样精加讲求以相互匹配，以杜绝其间文字和内容上的扞格、重复，以体现《律》、《令》相辅相成统一指导各地各部门行政的严肃性和普适性。北魏《令》虽自太和以来方始法典化，但其与《律》共同指导举国行政的性质，则自天兴以来即然，至正始其法典性质和形态定型以后，其普适性和权威性更加得到强化。北齐定《令》自然亦当如此，其作用皆非限于一司、一事，而是天下百司俱须遵行。在此前提下，其所含各种规定若要改以官司为目来加以归置，那就势必会使形式与内容背道而驰，导致其分篇的部门性与规定本身跨部门的普适性之间的尖锐冲突。如果硬要这样修撰的话，就会无法处理众多逸出一曹一司主管范围的法律规定，也很难解决一项规定而有几个部门来共同负责施行的问题。结果则要么是难以避免各篇内容的错杂重复，要么就只能把某个内涵周延首尾完整的制度一一拆解到有关官司名下。

质言之,《令》成为各地、各部门俱须遵行的法典,其所含规定自必相应具有较大的通性和严密性。这不只是一种立法技术的进步,更是各地各部门行政一体化进程的必然要求,是法律必须适应此演化升华的结果。前已指出,这一过程在北魏孝文帝《职员令》施用以来已甚明显,宣武帝以来更为突出。故若《河清令》忽以尚书诸曹为目,那就不仅仅是《令》文编排方式的改变,而是意味着当时制度发展形态的倒退,是《令》复降格成为部门性法律,这显然是不符北魏至北齐法律发展的根本趋势的。

从《律》、《令》的关系来看,西晋以来《律》、《令》既各有特点又相辅而行,其内容彼此补充、依赖和发明、照应,两者犹如车之两轮,织之经纬,难以割截,不可偏废,北魏正始以来也大抵如此,前引孙绍之奏即是证明。故直至隋唐,《律》、《令》往往同时修撰,其编纂质量也总是相互制约而处于同一水平。特别是由于《令》所规定的是各项重要的制度,若其匆匆而就水平低劣,是不可能同时产生一部高水平的《律》来的。而《河清律》体例、内容之精良素有定论,与之并行的《河清令》自应精心修撰足与其相称才是。《隋书·刑法志》述《河清律》、《令》颁行,"是后法令明审,科条简要",说的正是其《律》、《令》足相媲美之况。

既然如此,倘若《河清令》真如《唐六典》所述,是把各项制度一一归入尚书二十八曹名下而成,遂可断其必是据诸部门性规章敕例因陋就简而成,则势难避免其各篇内容的重复错杂或割截、拆分等问题,那么《河清律》水平高于南朝梁、陈和北魏正始、北周保定《律》,又该如何保障?《隋志》说当时的"法令明审,科条简要",又从何谈起呢?更何况,《正始律》、《令》内容相辅相成之况既多见于史载[①],《河清律》即沿袭于此而舍弃了《麟趾格》以尚书诸曹分篇的做法。故若《河清令》确以尚书诸曹为目,那便是《律》承正始发展而《令》忽变创其体,为《律》所弃者反而为《令》所取,而全然不顾这会破坏《正始律》、《令》的既定关系,结果只能是给立法过程带来大量不必要的困难,这实在是令

[①] 《魏书》卷一一一《刑罚志》宣武帝载永平元年七月"诏尚书检枷杖大小,违制之由,科其罪失",尚书令高肇等奏案《狱官令》以定枷杖及断狱拷讯之制。《魏书》卷七八《孙绍传》载其上表论事而称"《律》、《令》相须,不可偏用"。皆其显例。

人难以置信的。

三 《河清令》不以尚书诸曹分篇的证据

以上诸端，皆是揆诸事旨法理而言，以见《唐六典》述《河清令》"取尚书二十八曹为其篇名"的突兀可怪，不仅有违北魏以来《律》、《令》体制的发展脉络，亦不符北齐初年以来的立法态势。不过归根到底，《河清令》以尚书诸曹来分篇在事旨法理上的不可信、不可能，毕竟还是需要通过具体证据来落实的。以下即拟从三个方面梳理相关的记载，以证明《唐六典》这条记载的不符史实，其中恐必存在着脱误错讹之类的问题。

一是从立法过程来看，《河清令》的修撰，自天保元年八月至河清三年三月的十四年中，几乎从未止歇，且隐隐以事类为纲展开，因而其绝非取诸部门性敕例规章草草急就之物。

前面已经指出，《河清令》的始修，自应以天保元年八月甲午诏定《律》、《令》，损益礼乐为其标志。只是齐初立法重在刑制，《令》和礼乐的修订显然并未全面展开，从前面所述魏收、李铉、刁柔、崔㥄等文士儒生参与其事的状况来判断，当时对《令》和礼乐的讨论虽有可能从属于《律》文的撰作进行，却也占有相当的比重。前引《北齐书》卷四四《刁柔传》载其天保初"参议《律》、《令》"，议及爵位继承及相应的嫡庶服制问题，便同时牵涉到了《律》、《令》和礼制的相关内容。至于此后的情形，从诸处所载有关立法活动中，全然不见当时有改革《令》体，变其篇目的任何佐证，倒是可以清晰地看到天保元年以后，《律》、《令》修撰过程按有关事类的持续展开和不断深入。

如《北史》卷五〇《辛雄传》附《辛术传》载其在东徐州刺史、淮南经略使任上之事：

> 及王僧辩破侯景，术诏携安抚……获传国玺送邺，又宣以玺告于太庙……寻征为殿中尚书，领太常卿，仍与朝贤议定《律》、《令》。迁吏部尚书，食南兖州梁郡幹……（天保）十年卒。[①]

[①] 《北齐书》卷三八《辛术传》所载略同。

据《梁书》卷五《元帝纪》，王僧辩破侯景在大宝三年三月，时当北齐天保三年①。故上引文可证天保三年以来《律》、《令》仍在修订之中，且辛术以太常卿而参与其事，其作用自然会较多地体现在有关《令》的修订上。以此联系前面所述天保八年魏收"复参议《律》、《令》"之事，足见《律》、《令》的修订迄文宣帝朝一直在进行。

又《北史》卷二四《王宪传》附《王晞传》载孝昭帝初，晞为散骑常侍兼吏部郎中之事：

> 敕（晞与）尚书阳休之、鸿胪卿崔劼等三人，每日本职务罢，并入东廊，共举录历代废礼坠乐，职司废置，朝飨异同，舆服增损，或道德高僑久在沉沦，或巧言眩俗妖邪害政，爰及田市舟车、征税通塞、婚葬仪轨、贵贱等衰，有不便于时而古今行用不已者，或自古利用而当今毁弃者，悉令详思，以渐条奏。②

其事上距文宣帝崩只有一年，这段记载中虽未出现《律》、《令》字样，但三人每日东廊所议，固为当时立法要务，其所论显然主要是《令》所规定的各项事制。由此可见，北齐立法重心至此已确切无疑地转移到了各类事制和《令》的修订。从上引文对众制的归类倾向中，看不出任何以官司为纲的痕迹，倒是与以往《令》篇的事类隐隐相合，这是特别值得注意的。

又《隋书》卷二五《刑法志》载：

> 武成即位，思存轻典。大宁元年，乃下诏曰："王者所用，唯在赏罚，赏贵适理，罚在得情。然理容进退，事涉疑似。盟府司勋，或有开塞之路；三尺《律》、《令》，未穷画一之道……自今诸应赏罚，皆赏疑从重，罚疑从轻。"又以《律》、《令》不成，频加催督。

是武成帝即位后，又有鉴于赏罚不明，法令未一而催督《律》、《令》的

---

① 《北齐书》卷四《文宣帝纪》载"辛术于广陵送传国玺"在天保三年四月壬申。
② 《北齐书》卷三一《王昕传》附《王晞传》所载略同，括号内"晞与"二字为笔者据其前后文意所加。

修订。从中可见孝昭帝以来《律》、《令》的修订一直都在进行，至此则已告成有望，亟待颁行，遂"频加催督"。特别是诏文所述"三尺《律》、《令》，未穷画一之道"，透露的正是当时把《律》、《令》并为"画一"的法典视为理所当然的共识，这是与《令》忽改以尚书诸曹为目的变体不相容的。

此外，关于孝昭帝至武成帝立法的连续性，《北史》卷三五《王慧龙传》附《王松年传》载：

> 孝昭擢拜给事黄门侍郎，帝每赐坐，与论政事，甚善之。孝昭崩，松年驰驿于邺都宣遗诏……还晋阳，兼侍中，护梓宫还邺……武成虽忿松年恋旧情切，亦雅重之。以本官加散骑常侍，食高邑县干。参定《律》、《令》，前后大狱多委焉。兼御史中丞，发晋阳之邺，在道遇疾卒。①

据《北齐书》卷六《孝昭帝纪》，其梓宫还邺在大宁元年闰十二月癸卯。同书卷七《武成帝纪》则载帝大宁二年正月、河清元年十二月、三年五月三度"至自晋阳"。王松年病卒显然不在河清三年五月晋阳至邺都道上，故其"参定《律》、《令》"，必在河清元年十二月前。盖因松年颇得孝昭信重，上引文中的"帝每赐坐，与论政事，甚善之"，表明其亦参与了当时围绕诸制厘订和定《令》的讨论②。这应当是其虽为武成帝所忌而仍得参议《律》、《令》的一个重要背景。

又《北齐书》卷一三《赵郡王琛传》附《高叡传》：

> 孝昭临崩，预受顾托，奉迎世祖于邺，以功拜尚书令，别封浮阳郡公，监太史、太子太傅，议《律》、《令》。

《北齐书》卷七《武成帝纪》载河清元年七月丁酉，"以太子太傅、赵郡

---

① 《北齐书》卷三五《王松年传》"大狱"作"大事"，其余略同。
② 《北史》卷二四《王宪传》附《王晞传》载其东廊论政，"以渐条奏"之下，有"未待顿备，遇忆续闻，朝晡给典御食，毕景听还"等句。可见东廊论政实在御前，故无论孝昭赐松年坐是否亦在东廊，"与论政事"必与东廊所议者相关，当可断言。

王叡为尚书令"。以此对照上引文，可见高叡为尚书令"议《律》、《令》"，当自河清元年七月始①。可与参证的，如《北齐书》卷二一《封隆之传》附《封子绘传》载冀州刺史高归彦谋反之役平定之后：

> 敕子绘权行州事，寻征还，敕与群官议定《律》、《令》，加仪同三司。

高归彦之役的平定在河清元年七月，太子太傅高叡正是在此月再任尚书令的。将此与上引《王松年传》、《高叡传》文相证，足见河清元年武成帝确曾下敕"群官议定《律》、《令》"，此乃其"频加催督"的举措之一②。而主持其事者，自非尚书令高叡莫属，其参与者则包括了封子绘和王松年等多人。

值得注意的是，此后武成帝又进一步扩大了议定《律》、《令》者的范围。《北齐书》卷四三《封述传》载：

> 河清三年，敕与录尚书赵彦深、仆射魏收、尚书阳休之、国子祭酒马敬德等议定《律》、《令》。③

这应当就是《隋书·刑法志》述武成帝"以《律》、《令》不成，频加催督"的最后一次。其所述诸人均为重臣，其下必有参与其事而实际作用

---

① 《北齐书·武成帝纪》载大宁元年十一月乙卯，"以尚书右仆射、赵郡王叡为尚书令"。这是因其"奉迎世祖于邺"而授。继载河清元年五月己丑，"以尚书右仆射斛律光为尚书令"，是此前高叡已解尚书令。又载河清元年七月丁酉，"以太子太傅、赵郡王叡为尚书令"。《高叡传》载其"议《律》、《令》"在兼太子太傅后，似其为尚书令主持立法亦应在河清元年七月后。不过这样理解似嫌胶刻，武成帝督修《律》、《令》既在大宁元年，高叡主持其事也有可能是从大宁元年初任尚书令开始的。

② 据《北齐书》卷一〇《高祖十一王传·彭城王浟传》，时为御史中丞的崔昂，即是在处理高归彦案后不久，因罪除名而退出了《律》、《令》修撰过程。《崔昂传》则载其有刚直之名而好探上意，"议曹《律》、《令》、京畿密狱及朝廷大事多委"。是崔昂自天保元年以来一直都在《律》、《令》修撰过程中发挥重要作用。

③ 这段记载存在问题。据《北齐书·武成帝纪》河清二年正月乙亥，"以太子少傅魏收为兼尚书右仆射。己卯，兼右仆射魏收以阿纵除名"。三月丙戌，"以兼尚书右仆射赵彦深为左仆射"。故魏收为右仆射在河清二年，且旋即除名。由此判断，此次下敕议定《律》、《令》，有可能是在河清二年乙亥至己卯之间，而不是在河清三年，其时赵彦深亦非录尚书事。

更大之人。如《北史》卷二八《陆俟传》附《陆凯传》提到其孙陆罩，即为《河清律》撰《序》者，故必参加了最终的定稿过程。而时任尚书右仆射的魏收，至此已继天保元年、天保八年而第三次受敕参议《律》、《令》，其人并不以刑法见长而文名籍甚熟谙掌故，三度入议的作用，要当不在于《律》①。阳休之、马敬德或擅文翰，或娴经史，赵彦深则久参机要，精于吏事②，敕此四人"议定《律》、《令》"，当是要对《律》、《令》文字和内容作最后的润饰。新《律》、《令》即应在此后不久完成，由仍在主持其事的尚书令高叡领衔奏上，于河清三年三月辛酉颁行天下。

由上可见，《河清令》的修撰，从文宣帝天保元年八月以来的局部讨论斟酌，到天保后期至孝昭帝时期的全面展开，再至武成帝登位后继此而最终定稿，其议程几乎从未止歇，且又分阶段递进。其整个过程皆依事类与《律》相连展开，其事集思广益而又极其审慎。因此，《河清令》的修订并未回避太和、正始以来定《令》厘制的种种问题，似非现成地取诸部门性规章和敕例修削而成，而恰恰是要攻坚克难地完成以往的各篇未成之《令》。

非但如此，这样的修订过程实际也证明了《唐六典》述《河清令》"取尚书二十八曹为其篇名"必有问题。这是因为天保元年以来诸制大都袭魏之旧，其修《令》活动自然不会把正始以来已按事类分篇之《令》，逐一拆解到尚书诸曹名下。而孝昭帝以来众制的归类讨论，既然仍与以往《令》的分篇相近，显然也没有这样去做。故若当时真要把各种制度规定逐一拆解到尚书诸曹名下，在其修订阶段上，只能是《河清令》颁行前

---

① 《隋书》卷九《礼仪志四》载天保二年议皇太子监国之冬会仪注，魏收与邢邵就"西面"或"东面"各执一端。此事当从属于天保元年以来讨论《律》、《令》、礼乐的过程，魏、邢二人适为其重要人物。其时邢邵强调："凡礼有同者，不可令异。"魏收则云其"但知礼有同者，不可使异；不知礼有异者，不可令同"。此亦可见当时领军府四十三人议论之时，于制度名实异同之际所守甚严，似不可能有忽改《令》体紊其名实之事。

② 《北齐书》卷三七《魏收传》、卷三八《赵彦深传》、卷四二《阳休之传》、卷四四《儒林马敬德传》。这里还值一提的是，北齐诸帝登位之前类曾综诸政务，谙于法理。像《北齐书》本纪载文宣帝则"果敢能断……留心政术"；废帝则"省览时政，甚有美名"；孝昭帝则"长于政术，剖断咸尽其理"；武成帝则"政事咸见委托"。至于天保元年以来与修《律》、《令》诸臣，崔、封、邢、魏等皆或礼有师法，或《律》学名家，或娴于掌故，魏末以来凡制度之作每与其役。自余薛淑、辛术、高叡等亦皆历职内外，政有能名，晓谙事理之辈，都不像是割截法理、徒紊《令》体之人。

不久，尚书二十八曹之制确定下来以后的事情①。然则当时便是断然舍弃了以往十余年中按照事类展开的修《令》成果，而在短期内变其体例另起炉灶草草成《令》，这就与上面所述《河清令》连续修订十四年而步步推进的史实形成了尖锐对立，因而是不足取信的。

二是从《河清令》内容所承或其取材来看，其内容和篇章大体都在北魏太和、正始以来定《令》和厘订制度的基础上损益而来，有的几乎是全盘承袭，因而其并未忽变体例改以尚书诸曹为目。

《河清令》取材于魏《令》、魏制是不言而喻的，关键在于其取材过程如何？其间有多大变化？这里不妨先检阅一下太和、正始以来定《令》厘制的成果。前面第五章第二节中，已考出当时所修诸《令》业已颁行而篇名明晰的，有《官品令》、《职员令》、《品令》、《地令》、《考察令》、《狱官令》六篇；篇名不详的则有户籍、三长、征调之《令》、封爵之《令》、医疾、假宁之《令》等数种。第五章第三节中，则明确了当时另有大体已成而留中不颁的《学令》，还有尚未告竣的《祀令》和其他种种丧葬、舆服、营缮、乐舞等涉及礼制的《令》篇。

在这些《令》篇尚未修成的领域，有关制度自太和以来即按事项分类修撰，其中不少在正始之时业已粗就。正始以后，它们仍在继续按事类加以完善，到孝明帝熙平年间继续定制以来，诸如舆服、乐律等制实已基本修成。此后的制度领域，虽然还存在着若干遗留的新问题，但就多数领域的情况而言，要么已经有《令》可据，要么即使无《令》也多有已按事类编纂的敕例，条制可循。这也就是北齐天保元年八月以来定制修《令》的取材对象和现成基础，进一步将之修削成同类之《令》，实为顺理成章之事。

前面所述齐初众制多循后魏的格局，便须在这样的基础上来加以理解。《隋书》卷一四《音乐志中》开篇即曰：

    齐神武霸迹肇创，迁都于邺，犹曰人臣，故咸遵魏典。及文宣初

---

① 《北齐书》卷四〇《唐邕传》："齐朝因高祖作相，丞相府外兵曹、骑兵曹分掌兵马，及天保受禅，诸司监咸归尚书，唯此二曹不废，令唐邕、白建主治，谓之外兵省。其后邕、建位望转隆，各为省主，令中书舍人分判二省事，故世称唐、白云。"这说明北齐代魏以后，原丞相府外兵、骑兵二曹职司犹存，兵事非皆总于五兵尚书。这也说明齐初以来修《令》，无法尽以尚书诸曹为目。

禅,尚未改旧章。①

此其所说虽是宫悬乐舞之制,却也未尝不是概括了齐初制度因循多于创革,而北魏旧《令》则多在沿用的总体态势。

具体如《北齐书》卷一〇《高祖十一王传·彭城王浟传》载其处理高归彦谋反案事:

> 赵郡李公统预高归彦之逆,其母崔氏即御史中丞崔昂从父子,兼右仆射魏收之内妹也。依《令》:年出六十,例免入官。崔增年陈诉,所司以昂、收故,崔遂获免。浟摘发其事,昂等以罪除名。

此事发生在河清元年七月乙未处理高归彦案同谋诸人之后,河清三年三月新《令》颁行之前,故这里关于年过六十"例免入官"的《令》,显然是当时沿用的《正始令》文,说明直至《河清令》颁行之前不久,旧《令》的规定非有敕例修正更改者,均在持续沿用之中。②

这样的态势,实际上已经否定了《河清令》忽变其体的可能。其道理非常简单:如果既无其《令》又无专门条章的领域占了多数的话,修《令》过程改以尚书诸曹分篇,尚不失为一种易于操作的方便法门。但要把大部分领域正在沿用的旧《令》内容,一一从原来田地、考课、车服、乐舞等事类拆解到尚书二十八曹名下,那就真可谓是削足适履了。

事实当然并非如此,天保元年以来的制度损益和修《令》活动,实际上都是在其沿用的正始以来诸《令》和有关敕例的基础上继续展开的。而其中心任务,则无非要继续调整和完善大部分制度领域所沿用的《正始令》篇内容,再就是要在太和、正始以来制度建设的基础上,最终修成那些蹉跎未成而为数不多的《令》篇。

《隋书》卷二四《食货志》关于北齐三长等制的下列记载,即提供了

---

① 其后文载齐初以后,尚药典御祖珽"采魏安丰王延明及信都芳等所著《乐说》而定正声……武成之时,始定四郊、宗庙、三朝之乐"。是此诸乐亦被收入了《河清令》,而祖珽所定"正声",正取本于太和以来直至孝明帝熙平年间厘定乐舞之制取得的成果。

② 《北齐书》卷四五《文苑樊逊传》载武定末年文宣帝代魏前,梁州刺史举逊秀才,"尚书案旧《令》,下州三载一举秀才,为五年已贡开封人郑祖献,计至此年,未合"。亦高氏当政而沿用《正始令》之证。

一个《河清令》调整和完善《正始令》内容的典型个案：

> ……至河清三年定《令》，乃命人居十家为比邻，五十家为闾里，百家为族党。男子十八以上，六十五已下为丁；十六已上，十七已下为中；六十六已上为老；十五已下为小。率以二八受田，输租调，二十充兵，六十免力役，六十六退田，免租调。

这段文字所示《河清令》的规定，显然取材于太和、正始以来有关《令》文而作了调整。《魏书》卷一一〇《食货志》载太和九年下诏均给天下民田，男夫受田的年龄是十五岁以上，年逾七十则不还所受。相比之下，《河清令》的规定，已将之改为十六"受田"和"六十六退田"。

《魏志》又载太和十年李冲奏立三长制，是以五家为邻，五邻为里，五里为党；邻长复一夫，里长复二夫，党长复三夫的。这些规定自然都进入了太和十六年所颁之《令》。不过其内容后来又有所改动，《北史》卷一六《太武五王传·临淮王谭传》附《元孝友传》载其东魏孝静帝时表陈时政有曰：

> 《令》制百家为党族，二十家为闾，五家为比邻。百家之内，有帅二十五，征发皆免，苦乐不均。羊少狼多，复有蚕食，此之为弊久矣……请依旧置，三正之名不改，而百家为族，四闾，闾二比……①

这里的《令》，显然只能是《正始令》。与《太和令》的规定相比，其"五家为比邻"不变，"二十家为闾"和"百家为党族"及"有帅二十五人征发皆免"的规定，则已发生了较大变化。《河清令》中的"百家为族党"即承袭于此，同时又把五家为邻扩大成了十家为邻，二十家为闾则已扩大为五十家为闾。尽管由于记载的缺乏，今人已无法知晓《河清令》对丁男年龄及其授、还田和租调义务的细致区分，究竟有哪些是沿袭，哪

---

① 《北齐书》卷二八《元孝友传》所载略同。

些是新创？但其必定在正始定《令》及其此后调整的基础上加以损益而来①，这应当是毫无疑问的。

这个例子表明，在正始以来已有其《令》的前提下，《河清令》的修订套路，大体上是沿其框架而存其合乎本朝需要的规定，再改变某些不合时宜的内容。因而上引《隋书·食货志》所示《河清令》的规定，显然是把乡里编制、户籍制度和丁男的还受田及租调义务，合于同一《令》篇加以规定，其况适与前面考定的北魏太和、正始以来其名不详的"户籍、三长、征调之《令》"相合，其变化只在局部内容而已。

而在那些未有其《令》的领域，《河清令》的修订套路，也首先是要把太和、正始以来在相关领域修撰的条制，继续撰成相关的《令》篇。具体如《隋书》卷一〇《礼仪志五》述北魏至北齐车辂之制的沿革：

> 后魏天兴初，诏仪曹郎董谧撰朝飨仪，始制轩冕，未知古式，多违旧章。孝文帝时，仪曹令李韶更奏详定，讨论经籍，议改正之。唯备五辂，各依方色，其余车辇，犹未能具。至熙平九年②，明帝又诏侍中崔光与安丰王延明、博士崔瓒采其议，大造车服。定制：五辂并驾五马……自斯以后，条章粗备，北齐咸取用焉。其后因而著《令》，并无增损。

可见齐初基本上循用了北魏孝明帝熙平元年以来崔光、元延明、崔瓒等人制定的车辂制度，以后则现成将此著入了有关《令》篇而"并无增损"。

此外，《隋书》卷一一《礼仪志六》综述北魏至北齐冠服之制的递嬗：

> 后魏天兴六年，诏有司始制冠冕，各依品秩，以示等差，然未能皆得旧制。至太和中，方考故实，正定前谬，更造衣冠，尚不能周洽。及至熙平二年，太傅、清河王怿、黄门侍郎韦廷祥等奏定五时朝

---

① 《通典》卷三《食货三·乡党》："北齐《令》：一党之内，则有党族一人，副党一人，闾正二人，邻长十人，合有十四人，共领百家而已。"是《河清令》一党之内免赋者已减为十一人。这显然是东魏时，有鉴于元孝友所奏利弊而作的调整。孝友建议的一闾二比之制在《河清令》中改成了一党二闾，也仍体现了减少免赋者数量的用意。

② 熙平唯有三年而无九年，此"九年"当是"元年"之讹，释已见前。

服,准汉故事,五郊衣帻,各如方色焉。及后齐因之。河清中,改易旧物,著《令》定制云。

是天保元年以来袭用了熙平二年以来元怿、韦廷祥等所定朝服之制,而其改作,则主要是在《河清令》接近定稿时发生的。

上面这两个例子都关系到礼制,且都在太和至正始定《令》久而不成的篇章之列;同时也都反映了熙平年间继续解决以往定《令》厘制诸疑难问题时的成果,并且分别代表了《河清令》有关篇章在修撰过程中对此或取或改的状态。需要特别注意的是,《隋书·礼仪志》这两段记载,都拉出了《河清令》中的舆服制度上承太和以来定制过程的脉络,前面讨论太和以来未颁之《令》的情况时,业已指出这条脉络在解释西晋、萧梁《服制令》至隋开皇变而分立《衣服令》、《卤簿令》、《仪制令》的中间环节时,具有相当重要的意义。其中有一点是确切无疑的:对车辂和冠服制度的厘定,实际上都是太和十三年以来"详定朝令"的组成部分,正始定《令》时亦曾措意于此而未能告竣,故熙平元年以来舆服之制的"条章粗备",显然仍是在以往修撰有关《令》篇的框架下完成的。也就是说,在太和、正始以来按事制分篇修《令》的过程中,实际上已经设立了有关舆服之制的《令》篇,只是其内容仍在陆续形成和完善而已。

正其如此,上面两段引文中的"著《令》",也就无非把有关规定再加斟酌,将之著入了《河清令》承自正始、熙平以来的某个《令》篇,而不含有其原来所属《令》篇已被割截重分的意思。更何况,熙平以来的车辂和冠服制度,在齐初以来既然都被现成沿用了下来,后来则或被全盘采入了《河清令》加以颁行,或直至《河清令》定稿时才有改易。这也在一定程度上证明:天保元年直至河清中的修《令》活动,的确未曾发生过削足适履地割截正在沿用的旧《令》、旧制内容,将之各各拆分而系于尚书诸曹名下的大变动。

三是从今存《河清令》佚文来看,其内容常非一曹一司所可涵盖,不仅将之一一拆解至尚书二十八曹名下为不可能之事,且其有关篇名亦呼之欲出。

《河清令》佚文今仍多见于文献征引,如《北齐书》卷四〇《唐邕传》载其天统时为护军将军时事:

>以军民教习田猎,依《令》十二月,月别三围。以为人马疲敝,奏请每月两围。世祖从之。①

这显然是一条关于十二月三次围猎的《河清令》文,其中的"民"字,《北史》卷五五《唐邕传》中作"人"。尽管这一般都与唐人避太宗李世民名讳有关,但"军人"与"军民"自有重大差别,落实到《河清令》分篇上,则有"军民"更难以分其《令》文于尚书某曹名下的问题。不过即便是"军人",按河清定《令》,五兵尚书下辖左中兵、右中兵、左外兵、右外兵和都兵五曹,祠部所属"虞曹"亦掌田猎;把这条明显与护军将军职责相关,"军人"十二月三次围猎训练的规定系于何曹名下,显然也还是颇费踌躇的。

凡此之类,均是《令》篇按事类为目甚易处理,而以尚书诸曹分篇则必额外多出来的棘手问题。特别是《隋书》诸《志》所存的《河清令》佚文,由于其往往大段摘引而更多地留存了此《令》的面貌,因而值得专门加以分析。其中所录《令》文性质相对较为单纯的,如《隋书》卷七《礼仪志二》载宗庙祀制有曰:

>河清定《令》:四时祭庙禘祭及元日庙庭,并设庭燎二所。王及五等开国,执事官、散官从三品以上,皆祀五世。五等散品及执事官、散官正三品已下、从五品已上,祭三世。三品已上,牲用一太牢;五品已下,少牢。执事官正六品已下,从七品已上,祭二世,用特牲。正八品已下,达于庶人,祭于寝,牲用特肫,或亦祭祖祢。诸庙悉依其宅堂之制,其间数各依庙多少为限。其牲皆子孙见官之牲。

这段《河清令》节文中的宗庙祭祀规定,若按二十八曹分篇之体,先就有究竟将之系于"祠部曹"还是"仪曹"的问题②。再者,其中"诸庙

---

① 《北齐书》此卷早佚,今本乃宋人补辑而成。《北史》卷五五《唐邕传》载此《令》内容,"民"作"人","十二月"作"十一月"。
② 《隋书》卷二七《百官志中》载北齐尚书仪曹"掌吉凶礼制事",祠部曹"掌祠部、医药、死丧赠赐等事"。

悉依其宅堂之制"一句，在《河清令》中，恐怕还有像北魏孝明帝神龟年间清河王怿议胡国珍庙制时所引"祀堂令"那样，"庙皆四栿五架，北厢设坐，东昭西穆"之类的内容①，那又会发生是否要把这类祭祀建筑的营构规定，系于尚书"起部曹"名下的问题。而若此《令》所属之篇本来就是承自前面所考北魏以来的"祀令"或"营缮之令"，自然也就不会有这类不必要的麻烦了。

又如《隋书》卷八《礼仪志三》载诸丧制有曰：

> 后齐定《令》：亲王、公主、太妃、妃及从三品已上丧者，借白鼓一面，丧毕进输。王、郡公主、太妃、仪同三司已上及令、仆，皆听立凶门柏历。三品已上及五等开国，通用方相。四品已下，达于庶人，以魌头。旌则一品九旒，二品、三品七旒，四品、五品五旒，六品、七品三旒，八品已下，达于庶人，唯旐而已。其建旐，三品已上及开国子、男，其长至轸，四品、五品至轮，六品至于九品至较，勋品达于庶人，不过七尺。

这都是各等官爵的丧葬仪节，若按尚书诸曹分篇，自可将之系于"祠部曹"下，但从其为等级仪制看，统归于"仪曹"或更合适。不过接下来的问题是，诸如冠服、车舆、卤簿、印绶、营构等种种制度，无不都是等级性的仪制规定②，如果把这些规定皆系于仪曹之下，则必会与二十八曹中的"驾部"、"起部"等曹所收内容混淆不清，且必发生二十八曹分篇内容畸多畸少的问题。而这在《河清令》循着太和、正始以来按照事类修诸《令》篇的轨辙，设有丧葬、营构、卤簿等目的前提下，本来是不成其为问题的。③

至于《隋志》所录《河清令》节文明显跨越了一曹一司职掌的，将之一一纳入二十八曹名下就更匪夷所思了。如《隋书》卷八《礼仪志三》

---

① 《魏书》卷一〇八之二《礼仪志二》。
② 如《隋书》卷一〇《礼仪志五》载"后齐定《令》"，以下130余字皆关卤簿与车饰之制；卷一一《礼仪志六》载"河清中改易旧物，著令定制云"，以下2000余字皆冠冕、衣服、印绶之制。
③ 《唐六典》卷六《刑部》原注载隋《开皇令》有《卤簿令》、《仪制令》、《丧葬令》，应即承此发展而来。

载军礼有曰：

> 河清中定《令》：每岁十二月半后讲武，至晦逐除。二军兵马，右入千秋门，左入万岁门，并至永巷南下，至昭阳殿北，二军交。一军从西上阁，一军从东上阁，并从端门南，出阊阖门前桥南，戏射并讫，送至城南郭外罢。

这段《河清令》节文，显然包括了讲武与驱除两项内容，前者属军事而后者则是蜡日驱邪之制①。在尚书二十八曹职掌中，当与殿中曹、仪曹和都兵等曹职掌相关，很难设想当时应如何把这两者归到其中一曹名下，但若《河清令》以事类为目，则此问题就不存在。②

又如《隋书》卷一〇《礼仪志五》载齐初取用北魏熙平以来"条章粗备"的车辂之制，"其后因而著《令》，并无增损"，以下130字皆述卤簿与车饰。这显然也是《河清令》的节文，但在二十八曹职掌中，车舆当归驾部而卤簿当属仪曹、库部等曹，其逐曹分篇之难与上略同。而若《河清令》本循太和、正始以来修《令》之辙，设有规定卤簿仪仗之篇，则皆顺理成章而不成问题。

此外，前已指出《隋书》卷二四《食货志》载"河清三年定令"以下，首述三长及丁、中、老、小等户籍登录之制，次述田制及授受之法，再述赋役及劝课之方，这些规定显然是与北魏太和、正始《令》所立户籍、三长、赋役之篇的内容相合的③。不过在河清三年所定尚书诸曹中，它们却分别与祠部尚书下属的"屯田曹"和度支尚书下属的"度支"、"左户"、"右户"等曹职能相关，由于这些规定彼此之间你中有我、相辅相成，将之一一拆分至相关曹名之下，那就不只是可能与否的问题，而是

---

① 《南齐书》卷五七《魏虏传》载北魏太武帝以来有"蜡日逐除，岁尽城门磔雄鸡，苇索桃梗如汉仪"之制。

② 情形类此的，如《隋书》卷一二《礼仪志》七载"河清三年定令，宫卫之制"云云，以下280余字乃宫禁侍卫及其旌旗服饰之制。此为军事最要之务，故由左右卫和领左右将军分掌，若将之一一系于尚书诸曹名下则又成难题，而若《河清令》已先于隋《开皇令》而有《宫卫军防》篇，难题自可迎刃而解。

③ 《唐六典》卷六《刑部》原注载隋《开皇令》有《户令》、《田令》、《赋役令》，当亦承此发展而来。《通典》卷二《食货二·田制下》："北齐给授田令仍依魏朝。"此句或字有衍、夺，然其《田令》篇名已呼之欲出。

势必要影响到规定本身的系统性和严密性了。

与之相类的还有《隋书》卷二七《百官志中》载齐官制，实亦《河清令》节文[①]，其内容则先述职员，继述禄制，末述官品，这当然也是与前面所述北魏太和、正始以来分立《官品令》、《职员令》及封爵禄制之《令》的状态相吻合的。而在河清所定尚书二十八曹中，这些规定却分别关系着吏部尚书属下的"吏部"、"主爵"和度支尚书所统的"度支"、"仓部"等曹之职，将之一一拆解至这些曹名之下，显然同样会带来有损规定完整性等一系列问题。

这里特别要注意的是，《隋志》所存的这些《河清令》节文，都是唐初《河清令》完帙尚存之时所摘，也就仍可在一定程度上反映此《令》的体例。从修《志》者记诸制度应尽量存真而勿失其体的准则来看，《隋志》所存《河清令》的各段节文，大都应当摘自同一《令》篇；如果其确需摘集不同《令》篇的相关内容的话，那也一定会在文字段落的次序上表现出来，而绝不可能在一段节文之中，交错着一句摘自此《令》而下一句却摘自彼《令》。正其如此，上面所举《隋志》所存《河清令》节文字数较少，又难一一拆解至尚书诸曹名下的，其实正体现了此《令》本不以二十八曹，而是以事类来分篇的原貌。至于《隋志》所存《河清令》节文字数较多而包括了多个段落的，则有可能是摘集了几个《令》篇的相关内容，却仍可清楚地看出，其同一段落所本之《令》不是以尚书诸曹，而是以事类为目的状态。

总之，《隋志》所存的《河清令》内容，虽为节文而其以事类分篇的体例依稀犹存，且其归属之篇往往与今仍可考之《正始令》目相近，其与隋代《开皇令》目的递嬗关系亦隐隐可辨。这都是《河清令》并未忽变其体，而仍在太和、正始以来修《令》轨道上继续发展的表现。

四 《唐六典》述《河清令》体例之误的可能原因

以上从事旨法理和具体史实两个方面，集中围绕篇目体例讨论了《河清令》的种种问题。现在已可断定，此《令》的修撰，并未违扭魏晋至隋唐《律》、《令》体制，特别是《令》体的发展脉络，而恰恰是北魏太和、正始以来修《令》厘制进程的继续，且构成了正始至开皇《令》

[①] 其文中有"行台，在《令》无文"之句，可证。

篇递嬗演化的重要一环。因此,《唐六典》说《河清令》"取尚书二十八曹为其篇名",显然是不足取信的。其间恐怕还存在着文字上的错误,或与当时整套法律体系发展状态相关的种种蹊跷。综诸记载来看,其大体不外乎有下列两种可能:

一是今通行本《唐六典》述《河清令》"取尚书二十八曹为其篇名",有可能是此书在后世的传抄刊刻过程中发生了文字上的错误。据河清三年以来《律》、《令》与《权格》和《权令》并行之况,似可推想"取尚书二十八曹为其篇名"一句乃是错简,当移至"又撰《权令》两卷"句之后,其全文应作:

> 北齐令赵郡王叡等撰《令》五十卷,又撰《权令》二卷,取尚书二十八曹为其篇名,两《令》并行。

如此则文顺而义通,所有疑问俱可涣然得释。

前已指出,从散之可"各还官府",汇之自必以官府为目的《晋故事》,到《梁科》、《陈科》及于北齐的《权格》、《权令》,其实都是要归置那些不宜进入《律》、《令》,而仍具有重要指导作用的部门性敕例。特别是北齐的《权格》、《权令》,在分篇体例上更有东魏兴和三年至河清三年行用的《麟趾格》为其前身,而此《格》正是以尚书诸曹为其篇名的。况《权令》的删定编纂,当在《河清令》基本定稿后着手进行,而北齐尚书诸曹,从沿袭北魏以来的三十余曹到最终核定为二十八曹[①],正是在《河清令》中才明确下来的制度。故天保元年开始的修《令》过程,本不可能以尚书二十八曹为目,以此分篇的正是与《河清令》并行的《权令》。至于今本《唐六典》这一错简问题发生的时期,由于南宋绍兴本《唐六典》现仍残存的十五卷中[②],尚余《刑部》原注述《河清令》"取

---

① 参严耕望《北魏尚书制度考》。
② 《古逸丛书》三编所收绍兴四年温州州学刻本《大唐六典》(残十五卷),中华书局影印本1983年版。

尚书二十八曹为其篇名"一段，遂可推定其错发生在绍兴四年之前。[①]

二是说《河清令》"取尚书二十八曹为其篇名"，也有可能直接是《唐六典》撰写者之误。如前所述，修撰《唐六典》诸人其实未见《河清令》完帙，而只能看到一个八卷本的"《北齐令》"，其述赵郡王叡撰《令》五十卷，也无非转述了《隋书·经籍志二》史部刑法类著录的"《北齐令》"卷数，这又是与《隋书·刑法志》载《河清令》奏上时的四十卷不同的。既然如此，就不能不提出一个问题：《唐六典》修撰者所看到的，也即《旧唐书·经籍志上》史部刑法类著录的"《北齐令》八卷"，究竟是《河清令》的一个残本？还是《权令》的一个增订本呢？前一个可能似应先被排除，理由就是前面讨论得出的结论：《河清令》本以事类而不以尚书二十八曹为目。后一个可能似须认真对待，因为河清三年以来既"两《令》并行"，故《权令》自然也是"《北齐令》"；且其既为部门性敕例集，则其卷帙之增亦属必然。也就是说，《唐六典》撰写者所看到的八卷本"《北齐令》"，很可能只是河清三年以后继续在尚书二十八曹篇名之下附入相关敕例的《权令》增订本，却被人们当作了其时已佚不存的《河清令》，从而才误以为其"取尚书二十八曹为其篇名"的。

当然这个推想也还存在着一些问题。其中最为突出的是，《隋书·经籍志二》史部刑法类同时著录了"《北齐令》五十卷，《权令》两卷"，如果其"五十卷"之说没有文字错讹的话，确易给人以《河清令》后来卷帙增加，而《权令》则一直未变的印象。不过这个印象实在是有悖常理的，因为在《律》、《令》重要性早已深入人心的唐初，实难设想史臣竟会删略河清三年以后再度修《令》、颁《令》的记录，在当时所修五代史全无北齐后续修《令》的相关记载前提下，这个较之四十卷《河清令》多出了十卷的"《北齐令》"究竟是怎么来的？本来就是深可怀疑之事。倒是作为部门性敕例集的《权令》，由于其本被视为"权制"而非法典，其编纂和续编过程的立法性质也不甚明确，以往这类敕例集的编纂，也往往不受史臣重视而一一录入国史，尤其不像《律》、《令》的修订那样总

[①] 笔者撰写《北齐令篇目疑》（载《文史》2000年第四辑）一文时，曾怀疑此句的问题，可能发生在今通行各本《唐六典》的祖本，也就是明代王鏊于禁中抄录，后由席文同、李立卿所刊的"正德本"上。盖因当时认为绍兴残本所余不含卷六《刑部》，故未再加细核之所失，现在这一怀疑已可排除。

是被载于本纪，故《权令》后来卷帙增加，却未在史籍中留下痕迹，这才是一件正常的事情。

然则为什么最有可能增衍卷帙的《权令》反倒一直是两卷，而偏偏是最无可能续修增订的《河清令》增加到了五十卷？这又是一件不可思议之事。从《经籍志》所录只是官家藏书之本，而未必反映其实际施用之况这一点出发，或者还可以作这样的解释：当时官方的确藏有《北齐令》五十卷本和《权令》两卷本，只不过后者乃是河清三年以来与新《令》并行的本子，此本自入藏以后再未流出。前者则是北齐末年以来《河清令》与《权令》的合帙本，由于当时《权令》已增至八卷，将之合帙时或再编两《令》目录各一卷，遂合为五十卷，且因自来"两《令》并行"，而仍可统称之为"《北齐令》"。不过这也只是笔者猜想而已，至于其究竟如何，幸博识通达者有以明之。

第三节 北齐和北周的法律体系及相关问题

北齐《河清律》、《令》的删定和编纂，向来被法史学界公认为北魏以后和隋代以前最为重要的立法活动，与之约略同期的北周保定立法，则被相对置于次要地位[①]。这当然是有其道理的，但也不能忽视，最终毕竟是北周吞并北齐统一了北方，并为隋代进一步统一南方奠定了基础，在立法上，隋代直承的毕竟也首先是北周的法律，理应予以更多的关注。以下即拟着重就法律体系的构成，来一并梳理北齐和北周的相关状况，以有助于对北朝后期法制的认识，同时亦可据此清理其与隋唐立法和法律体系发展的内在联系。

一 《河清律》、《令》与《权格》、《权令》的并行

上面已集中讨论了北齐《律》、《令》的相关问题，对于整套法律体系的运行来说，《河清律》、《令》的告成颁行固然重要，却还不能说已毕其全功。《律》、《令》的明审简要，只是北齐法律地位重要影响深远的一个侧面，另一个侧面则是其对《律》、《令》以外各种敕例的处理方式。魏晋以来立法领域的所有事态都表明，《律》、《令》以外纷至迭出的大量

[①] 程树德：《九朝律考》卷六《北齐律考》；陈寅恪：《隋唐制度渊源略论稿》四《刑律》。

敕例的归置定位，对于整套法律体系的构筑，包括《律》、《令》作用和权威性的维护来说，往往都是其关键所在。由此看来，河清三年以来《权令》和《权格》的编纂，无论是对于清理北魏末年以来《律》、《令》与各种敕例的关系，还是对北齐整套法律体系的构筑，对当时几种法律形式并行互补格局的形成来说，其意义之深远都不下于《律》、《令》的制定。

《权令》和《权格》的编纂前已屡屡提到。要而言之，自河清三年新《律》、《令》颁行后，以往的刑事条法集《麟趾格》已被自然停废，其部分内容当被采入了《河清律》。而以往那些规定各种事制的敕例，像太和至熙平年间所定的车辂冠服等制，亦已被分门别类纳入了《河清令》。这就对北魏后期以来各种敕例作了全面清理。但尽管如此，就像西晋泰始三年定《律》、《令》又再编纂《故事》时所面临的问题一样，一方面有些敕例不宜进入《律》、《令》，却仍有可存之必要，另一方面后续下达的各种敕例，也还需要继续加以归置和定位。因此，河清三年定《律》、《令》时，就同时编纂了《权令》；此后不久，又出现了补充或修正《律》的《权格》。

《隋书》卷二五《刑法志》载河清三年赵郡王叡等奏上《齐律》十二篇，又上《新令》四十卷，继曰：

> 其不可为定法者，别制《权令》二卷，与之并行。后平秦王高归彦谋反，须有约罪，《律》无正条，于是遂有《别条权格》，与《律》并行。①

从中可以看出，《权令》显然是与《河清律》、《令》同时颁行的，而所谓"不可为定法者"，自是那些随时随事形成施行，经删定后难以入

---

① 《北齐书》卷七《武成帝纪》载河清元年七月，"冀州刺史、平秦王归彦据州反，诏大司马段韶、司空娄叡讨擒之。乙未，斩归彦并其三子及党与二十人于都市"。同书卷一〇《高祖十一王传·彭城王浟传》载其时参与了高归彦案所涉诸人的处理。《别条权格》既原出于此，则《隋志》此处载河清三年奏上新《律》、《令》，称"后平秦王高归彦谋反"及"《律》无正条"云云，其语次行文显属不妥。但无论《别条权格》是否始编于河清元年处理高归彦谋反案时，最终确定《别条权格》另成一编"与《律》并行"，仍是河清三年的重要立法举措，《隋志》于此并无错误。

《令》),而仍有其规范作用的敕例。其既与《令》并行,又与《权格》相对,可断其并不同时辅翼《律》、《令》,而应是主要补充《令》的事制规定。《别条权格》显然也是敕例集,这应当就是其与《权令》同样称"权"的原因,只是《别条权格》原出河清元年七月高归彦谋反案的处理,因而事关刑制。

如前所述,当时《河清律》尚在修订而大体已备,刑事领域依准的常法,主要是经天保元年再次修订的《麟趾格》,对高归彦谋反案的惩处,显然逸出了《麟趾格》的规定,却对此后同类案件的处理具有重要指导意义,遂将之连同其他性质相类的敕例编为"别条权格"加以施用。从上引《隋志》述其"与《律》并行"的文意来看,当时的定《律》过程,恐已确定了不把这类需要额外加重处罚的补充性敕例纳入《律》文,而是另成一编与《律》并行的原则。故至河清三年新《律》告成颁行后,《别条权格》亦被最终确认了下来并已有所续补[1]。至此,北齐的整套法律体系,便呈现了《权格》和《权令》分别辅翼《河清律》、《令》而行的格局。其要害则是以《权格》和《权令》这两种统一编纂,并且可以不断续修扩充的敕例集,来删定和归置必然要在《律》、《令》之外涌现出来的大量刑事性和事制性敕例,以此条流和清理北魏正始以来《律》、《令》与各种敕例错杂并陈的关系,也以此保障了《律》、《令》的简要明审及其稳定性和权威性。

综上所论北齐立法之况,到河清三年新《律》、《令》告成颁行及《权格》和《权令》编纂施用,自东魏一系发展而来的高氏关东政权,可说已率先在孝昌以后天下淆乱法令不恒的形势下,在曲折重建统治秩序的过程中,大体完成了对北魏太和、正始以来法律领域诸种事态的总结。其整个过程大略可以分为四个阶段:

在大量敕例纷至迭出,一方面仍在继续展开正始以来制度厘定的未竟之业,另一方面又不断扭曲和改变了正始《律》、《令》内容和效用的历史前提下,东魏迁邺以后,先制定和推出了《麟趾格》这部新的刑法典,使之

---

[1] 《北齐书》卷二五《王峻传》载河清四年,峻"坐违格私度禁物并盗截军粮,有司依格处斩,家口配没。特诏决鞭一百,除名配甲坊,蠲其家口"。此处有司所据为既有之"格",显然与高归彦谋反案之处理无关,而是河清元年以来后续形成之"格",即在与《律》并行的《别条权格》之中。

删定补充了那些最关紧要的刑事性敕例,并在很大程度上取代了正始《律》的地位,以此作为统一法令、重整秩序的重要一步。这是其第一阶段。

继而又在完成魏、齐禅代后不久,下诏"删定《律》、《令》、损益礼乐",并在再次刊定《麟趾格》和论其得失的过程中,基本奠定了新《律》的规模,且以新《律》的修撰带动了其他各项立法和制度整顿的进程。这是第二阶段。

至天保后期以来,其立法重心转向《令》的修订,经孝昭帝时期对各项制度的全面讨论,再在武成帝登位后的一再催督下,终于在河清三年三月完成并颁行了新《律》、《令》,确立了分别以《权格》、《权令》为之辅翼的格局。这就结束了《麟趾格》与正始《律》相辅而行的局面,解决了太和、正始以来某些制度和相关《令》篇久修未成的问题,更形成了一套新的法律体系。这是第三阶段。

此后其立法重心,已落在《律》、《令》以外各种敕例的进一步删定和归置上。其中礼制类敕例不宜入《令》者,皆被天统以来集中修撰的《五礼》所囊括;而法制类敕例则被可以续加增补的《权令》和《权格》这两种新的法律形式所容纳涵盖。这是第四阶段。

这整个过程的各个阶段,显然仍是围绕着长期以来《律》、《令》和各种敕例的作用、地位及其相互关系而展开的,也仍贯穿着礼与法、刑事与其他各种制度性敕例及其编纂方式的分化流变势头。正因如此,河清三年形成的法律体系,不仅是对太和、正始以来立法和法律体系发展进程的一个总结,且亦集中体现了北魏前期以来各种法律形式逐步向西晋、南朝一脉靠拢,又立足于自身特点进一步发展的成果,同时又揭开了唐代《律》、《令》、《格》、《式》并行体系的序幕。

若把北齐的这套由《律》、《令》这两部法典和《权格》、《权令》这两部敕例集所构成的法律体系,与西晋、南朝一脉相比较,其在法律形式上的最大特点,显然不过是在同样修撰《律》、《令》的同时[①],又对

[①] 《五礼》的编撰亦继承和发展了西晋、南朝一脉的做法,《五礼》的形态和性质近于法典,而作用、地位则其特殊,其构成并体现了法律背后的秩序和原则,可说是与整个法律体系相配套和互为表里的制度系统,这是当时礼、法关系或法律儒家化进程的集中反映。关于西晋、南朝修撰《五礼》之况,参梁满仓《魏晋南北朝五礼制度考论》第三章"五礼制度化的过程原因及意义"第二节"五礼制度发展的三个阶段"二"两晋宋齐——五礼制度的发育期"、三"天监、太和以后——五礼制度的成熟期"。

《晋故事》及《梁科》、《陈科》所一并处理的各种敕例,作了进一步的分类编纂。在这个意义上可以认为,自魏晋以来至南北朝后期,在不同于汉代的新《律》、《令》体制趋于巩固以后,立法和法律体系的各种问题,已在很大程度上集中到了《律》、《令》之外各种敕例的作用、地位及其删定编纂上。事实上,北周和隋代的法律体系,也正是围绕此而呈现其发展态势和特点的。

二 北周并未定《令》

关于北周的法律体系,存在着一个突出的问题,即其究竟是否制定和颁行了周《令》?以往有不少学者特别是研究均田制的学者,是认为北周颁行了"《保定令》"的,其说当然并非无据。如《周书》卷三二《柳敏传》载其阀阅:

> 久处台阁,明练故事,近仪或乖先典者,皆案据旧章,刊正取中。迁小宗伯,监修国史。转小司马,又监修律令。进位大将军,出为鄜州刺史,以疾不之部。武帝平齐,进爵武德郡公。①

其载柳敏"监修律令"在北周禅魏之后,武帝平齐之前,当在保定三年《大律》颁行之前。而《唐六典》卷六《刑部》原注则说:

> 后周命赵肃、拓跋迪定《令》,史失篇目。

"史失篇目",显然是其《令》已行而不存于史,况且《唐六典》所载从无不颁之法,故据上引文,北周不但有定《令》之举,且其已与周《律》一同成于拓跋迪之手,而于保定三年一起施用。

不过细加考究,《唐六典》的这一记载,实与现存所有北周立法史料相矛盾。《柳敏传》所说"律令",很可能只是长期以来以"律令"连称

---

① 《北史》卷六七《柳敏传》所载与同。

来泛指法律的习惯①，即非如此也只能说明北周定《律》之时不能不涉及《令》的修订，而无法以之证明保定三年与《大律》同时颁行了新《令》。遍检群书，保定三年定《令》颁行之说，并无任何证据可以支持，恐怕只能是开元时人基于北魏以来修《律》必随之定《令》之事的一种想当然。以下试略为考辨，以明其况。

首先应当看到，修《律》虽必定会牵涉《令》，但其与是否明诏定《令》毕竟是两回事。特别是太和、正始以来，《令》已不再附属于《律》，而是确定无疑地成为独立规定事制的法典以后，定《律》先讫而《令》则延后已不足奇。在此前提下，尽管定《律》的进程必然会牵涉有关制度和旧《令》内容的调整，宇文氏大可审时度势，先集中制定新《律》而暂时搁置《令》的制定。

《北史》卷七七《裴政传》的记载即与《柳敏传》不同：

> 江陵平，与城中朝士俱送京师，周文闻其忠，授员外散骑侍郎，引入相府，命与卢辩依《周礼》，建六官，并撰次朝仪、车服、器用，多遵古礼，革汉魏之法，事并施行。寻授刑部下大夫，转少司宪。政明习故事，又参定《周律》。

裴政所擅本非刑法，而是南朝及古今掌故，如果当时的确《律》、《令》并修，则其自须"参定《律》、《令》"，而不应该只是"参定《周律》"。

又《北史》卷三二《崔挺传》附《崔仲方传》：

> 为晋公宇文护参军，转记室，迁司正大夫，与斛斯徵、柳敏等同修礼、《律》。

是其时柳敏与崔仲方、斛斯徵所共修撰者，乃是"礼律"而不及于《令》。"礼律"一词前已有解，此处当释为"礼、《律》"，盖因宇文氏动议修《律》后不久，即行周官改制，故其修《律》与定礼及诸制"多遵

---

① 《柳敏传》载其"监修律令"，《周书》中仅此一例，至于《周书》以"律令"来泛指法律，如卷四五《儒林传》末史臣曰，即有"两汉之朝，重经术而轻律令"之说，此"律令"自然也不能解释为《律》、《令》，而是各种法律的泛称。

古礼"的改作，自必紧密相联，其后来修成之《律》亦必包括了礼的相关内容。①

由此再看《周书》卷五《武帝纪上》：

> 保定三年二月庚子，初颁新《律》。辛丑，诏魏大统九年以前，都督以上身亡而子孙未齿叙者，节级授官……辛酉，诏："……自今举大事，行大政，非军机急速，皆宜依《月令》，以顺天心。"

据此则保定三年颁行的，只有《律》而没有《令》。理由不仅在于其明载颁行的只有《律》，也在于颁《律》次日下达的辛丑诏，是把都督以上身亡而子孙叙官之限定在大统十年《大统式》颁行的前一年的；更在于颁《律》二十天后下达的辛酉诏，规定了凡非军机急务，所有大政皆依《月令》时序展开的原则。这都只能是《大统式》仍有其效力而保定三年并未定《令》颁行的结果，从而表明此前立法的重心本在于《律》而不包括《令》。裴政"参定"的之所以只有《周律》，原因即在于此。

关于宇文氏立法之事，记载稍详的还是《隋书》卷二五《刑法志》：

> 其后（劲案：指《大统式》颁行后）以河南赵肃为廷尉卿，撰定法律。肃积思累年，遂感心疾而死，乃命司宪大夫托拔迪掌之。至保定三年三月庚子乃就，谓之《大律》，凡二十五篇……大凡定法一千五百三十七条，班之天下。其大略滋章，条流苛密，比于齐法，烦而不要。

《周书》卷三七《赵肃传》载其大统十六年由廷尉少卿擢任廷尉卿，受命"撰定法律"，过劳累年，去职卒于家而其年不详。大统十六年也就是北齐禅魏之年，其年八月北齐文宣帝下诏删定《律》、《令》，损益礼乐，宇文氏撰定法律与之几乎同步。托拔迪即拓跋迪，《周书》无传，其任司宪

---

① 《周书》卷二三《苏绰传》载其为宇文泰撰"六条诏书"，奏施行之，其五恤狱讼，要求司法者"消息情理，斟酌礼、《律》，无不曲尽人心，远明大教，使获罪者如归"。事在大统十年后不久，此即柳敏等同修"礼、《律》"之指导思想。

大夫当不早于周明帝登位时①。由此可见，宇文氏自西魏大统十六年有鉴于关东高氏所为，始命赵肃"撰定法律"，中间因肃劳心而死，至北周禅位后的明帝或武帝之时，方由拓跋迪接手，再到保定三年共历十三年，而仅成《大律》二十五篇一千五百三十七条。②

至于其颁行之时何以有《律》而无《令》，揆诸事势，一是因为刑《律》及诸刑事敕例的整顿，自北魏末年以来已是为政和当时立法的要切所在，其况类同于东魏。二是因为北魏太和、正始以来定《令》的遗留问题和聚讼最多，且赵肃受命立法时，《大统式》颁行不久，其后禅魏前夕又进行了周官改制，而朝仪车服器用亦多用古礼。这两次定制其实都是以条制行事，其中应当已经包括了宇文氏认为最关重要的行政制度和原则，而不甚重要者，自可沿用北魏正始《令》而随时以敕例补充之。三是因为《律》的修撰过程既不能不涉及旧《令》的规定，最终修成的《大律》又"烦而不要"，且以内容芜杂著称，故其中应当也包括了不少本应由新《令》来规范的行政规定③。这三点都可以说明，只要把西魏、北周立法放到北魏后期以来修《律》定《令》和处置各种敕例的发展线索，以及宇文氏整顿制度的背景之中，那么大统十六年开始的立法并不包括《令》的修订，或虽涉及了《令》的修订而未全面展开更未颁行，便是极有可能和合乎情理的。④

---

① "司宪大夫"是西魏恭帝三年宇文氏周官改制之衔，定员二人。不一年北周禅魏，闵帝登位，时任司宪大夫者有令狐整和权景宣，令狐整即《周书》作者令狐德棻的祖父。十个月后，闵帝被弑，明帝登位，四年后中毒而崩，武帝继位改元保定，其年王悦卒于司宪大夫任上，保定二年又有李和任司宪大夫，寻出为洛州刺史。故拓跋迪任司宪大夫不得早于明帝时，有可能在保定元年王悦卒官以后。参王仲荦《北周六典》卷六《秋官府第十一·司宪中大夫》，中华书局1979年版。

② 《隋书》卷二五《刑法志》载隋初"更定新《律》，除死罪八十一条，流罪一百五十四条，徒杖等千余条，定留唯五百条"。此其所"除"，自是周《律》之条，可见其述北周保定三年"定法一千五百三十七条"只是《律》条未含《令》条。

③ 《隋志》载北周《大律》有《祀享》、《朝会》、《兴缮》、《市廛》等篇，似即反映了这一点，其中恐已包括了周官改制的部分内容。

④ 《隋志》及《周书·赵肃传》所述的"撰定法律"，《册府元龟》卷六一一《刑法部·定律令第三》述北周立法时，即据《隋志》上引文，载之为"以河南赵肃为廷尉卿，撰定律法"。不过中华书局1988年影印的南宋刻本《册府元龟》载此亦作"法律"。"律法"显然是以《律》为中心的，而"法律"自应涵盖《律》、《令》在内。如果《隋书》及《册府》原本载此确作"律法"的话，那就说明宇文氏当时并未把修《令》纳入立法范围。

第七章 北齐与周、隋法律体系的若干问题　345

当然，更为重要的还是史实。如果北周确实制定和颁行了有些学者所说的"《保定令》"的话①，那么其内容就必定会被《隋书》诸《志》记载北周制度时所取，正如其载北齐诸制每每摘自《河清令》一样。但事实却是《隋志》所载北周诸制，全然不见有保定三年所定之制的任何内容，亦丝毫不见有关"《保定令》"的踪迹。这个事实，应当是北周并未定《令》颁行的有力判据。

具体如《隋书》卷二四《食货志》载北周田土、赋役、盐政、常平、关市诸制，其时期最晚者截止于保定二年。卷二七《百官志中》载北周官制，则是西魏恭帝三年所行依仿周官之制，以及稍前推出的内外九命禄秩之法②。卷一四《音乐志中》载北周乐舞宫悬之制，为行周官时及武帝天和、建德年间所定，至宣帝时方有所调整。卷六至一二《礼仪志》于北周之制则多付阙如，仅存的郊丘坛墠、宗庙祀制之类，亦非取之于《令》，而是出于保定以前苏绰、卢辩所创之制，以及保定三年以后宇文弼所定之《五礼》③。凡此种种，均否定了《唐六典》说保定三年业已颁《令》而全面施用了新制的可能，特别是历代无不纳入《令》篇的田土、赋役、官制、禄秩等制，其在《隋志》中的这种记载状况，显然很难再作其他解释④，

---

① "《保定令》"之称在研究均田制的学者中曾相当流行，当是仅据《唐六典》之说所致。内田吟风《北周の律令格式に関する雑考》（《東洋史研究》第十卷第五號，日本東洋史研究會1945年）一文亦未明确这一问题。

② 据《周书》卷二《文帝纪下》，内外九命之法定于魏废帝三年正月，行周官则在恭帝三年正月。同书卷五《武帝纪上》又载保定元年正月"班太祖所述六官"。《隋书·百官志中》载北周禄秩以公、孤、卿、大夫、士为等，且云"六官所制如此"。是其亦当定于魏恭帝三年及周武帝保定元年。

③ 《隋书》卷六《礼仪志一》序述"在周，则苏绰、卢辩、宇文弼，并习于仪礼者也，平章国典，以为时用"。就是说，其下所载北周之制大都出此三人之手。据《周书》卷二三《苏绰传》、卷二四《卢辩传》所载，绰卒于大统十二年，辩卒于明帝时。《隋书》卷五六《宇文弼传》载其"奉诏修定《五礼》"，事在出使"邓至国及黑水、龙涸诸羌，前后降附三十余部"归来以后。《周书》卷五《武帝纪上》载天和元年五月庚辰，"吐谷浑龙涸王莫昌率户内附，以其地为扶州"。弼制《五礼》当在此时，时距保定三年颁《律》已有数年。

④ 《隋书》卷三三《经籍志二》史部刑法类著录了《北齐律》、《北齐令》、《北齐权令》和《周律》、《周大统式》而独无《周令》，这恐怕不是此《令》已佚，而是本无此《令》的结果。况北周至唐初为时非远，修《五代史志》诸人无不晓谙掌故，北周史事更是令狐德棻的家学，若真有所谓"《保定令》"而唐初已佚，《隋志》载北周诸制亦断不会使保定三年定制之事成为空白。

而只能断为宇文氏并未定《令》颁行的结果。[1]

当然另有一种可能，也是最有可能接近真相的状况，那就是宇文氏并未制定按照事类定其篇章，并与《大律》相辅而行的《令》，当时之"令"盖随时随事所下敕例，而非西晋《泰始令》、南朝梁、陈《令》及北魏太和、正始《令》之类。故赵肃、拓跋迪受诏制定"律令"，其实就是要编纂《大律》，同时自须清理和删定以往各种称"令"的敕例。待到《大律》颁行以后，这些敕例或被采入，或停效力，尚可行用及后续下达者，仍无妨补充或修正《大律》的规定，却仍散存朝廷有司而名为"令"，故无篇目之可言，史家自亦无从记载。

三 《大律》与《刑书要制》、《大统式》与《正始令》并行

在宇文氏并未定《令》颁行的前提下，西魏、北周一脉的各项事制，其中不少，包括与周官改制相关的部分，当已被"烦而不要"的《大律》加以规范，却毕竟难以彻底解决魏末以来正始《令》与有关敕例夹杂不清的状态。不过其行政纲要已有《大统式》加以规范，并且充当了当时诸制紊杂局面中的某种基准。如前所述，《大统式》正是在大统元年以来所下各项条制的基础上制定的，是继承和发展了以往编纂的敕例集，使之初具制定法形态和性质的一种过渡型新法典。这里也不能排除北周禅魏以后，曾经对此有所修订的可能，就像北齐天保元年对《麟趾格》再加修订而续其效力一样。

因此，在北周的事制领域，一方面是诸随时随事下达的敕例未能全面清理和归置，必在发挥着重要作用；另一方面是《大统式》仍在起着纲辖作用，正始《令》的规定自亦难以尽废，故必辅之而行。这样的法制局面虽是不得已而形成，也显得有些混乱，却确切无疑地在历史上首次形成了《令》、《式》两部法典并行互补的状态，是值得法制史界，特别是研究唐法系源头的学者深切注意的现象。

在刑事领域，保定三年《大律》颁行后，魏末以来正始《律》与诸刑事敕例既相辅翼又多扞格的状态已得清理，接下来的主要问题，也还是

---

[1] 也许正是有鉴于此，《资治通鉴》卷一六九《陈纪三》天嘉四年载保定三年之事，亦不取《唐六典》之说，而是只据《隋志》，述"周主命司宪大夫拓跋迪造《大律》二十五篇"而语不及《令》。

第七章　北齐与周、隋法律体系的若干问题　347

在于后续刑事敕例的定位归置。其中堪值注意之事，是《大律》颁行十余年后，为适应平齐后治理其地纲纪弛坏局面的需要，又制定了《刑书要制》。

《周书》卷六《武帝纪下》载建德六年十一月己亥：

> 初行《刑书要制》，持杖群彊盗一匹以上，不持杖群彊盗五匹以上，监临主掌自盗二十匹以上，小盗及诈伪请官物三十匹以上，正长隐五户及十丁以上、隐地三顷以上者，至死。《刑书》所不载者，自依《律》科。

既云"《刑书》所不载者，自依《律》科"，说明了《刑书要制》补充或在所涉事项上取代《律》文的地位；而"持杖群彊盗一匹以上……隐地三顷者，至死"的规定，实为其基本条文和内容[1]。从其各条罪名次序和关系的严密，似可推知《刑书要制》也是基于条制而来，其各项规定亦由重新起草的"法条"构成，而非编缀零散敕例之物。这部法书至静帝即位之初一度被废，稍后则增广内容"更峻其法"，改名为《刑经圣制》加以推行[2]，至杨坚为相时，又宽其处罚，仍名《刑书要制》而奏上施用。[3]

要之，除各种敕例以外，在北周法律体系中起着重要作用的法律或法典，在刑事领域有周武帝保定三年颁行的《大律》，建德六年以来其又与新颁《刑书要制》并行；在各项事制上，《大律》恐亦起着特定的规范作用，再就是沿用了北魏正始《令》和西魏制行的《大统式》。其中《大统式》与《刑书要制》均在删定有关敕例的基础上起草斟酌而成，是两种

---

[1] 《隋书》卷二五《刑法志》载此事，继"持杖群盗一匹以上……隐地三顷以上者，皆死"后，云"自余依《大律》"。则是以"持杖群盗一匹以上……隐地三顷以上者，皆死"为《刑书要制》的基本内容。

[2] 《隋书·刑法志》载"大象元年，又下诏曰：'高祖所立《刑书要制》，用法深重，其一切除之。'然帝荒淫日甚……政令不一，下无适从。于是又广《刑书要制》而更峻其法，谓之《刑经圣制》。宿卫之官，一日不直，罪至削除；逃亡者皆死，而家口籍没。上书字误者，科其罪。鞭杖皆百二十为度，名曰天杖。"这些条文应当是《刑经圣制》所"增广"的主要内容。

[3] 参中华书局点校本《周书》卷七《宣帝纪》大象元年八月甲戌条《校勘记》所辨《刑书要制》与《刑经圣制》之关系。

初具制定法形态和性质的过渡型新法典,并在其所涉范围内分别取代了《律》、《令》的规定。这就在维护朝廷法度和司法的过程中,形成了《律》与《刑书要制》、《令》与《大统式》两组四部新、旧法典均不可或缺的关系。

北周法律体系的这一格局,显然与北齐河清三年以来形成的,以《律》与《权格》、《令》与《权令》相辅而行的局面有着类同之处,从而说明北朝后期立法,确已呈现了区分刑制和事制来条流和编纂各种敕例,使之分别辅翼《律》、《令》而行的稳定趋势。非但如此,从东魏《麟趾格》到西魏《大统式》,及至北周的《刑书要制》,又都已在编纂敕例集的基础上进一步向起草制定法过渡,这显然是北朝后期在各种敕例的删定和编纂上出现的又一重要趋势。从根本上说,正是这两个趋势,决定了东魏、北齐和西魏、北周法律体系的基本格局,也决定了此后一个时期立法和法律体系的基本走向。这就为唐代《律》、《令》、《格》、《式》相辅而行的法律体系提供了历史基础,也构成了唐《格》更多消极性条款而与《律》关系较近,《式》则更多积极性条款而与《令》相近的历史因缘。

第四节　隋定《律》、《令》而未修《格》、《式》

据上所述,北周法律体系中存在的一个明显的问题,是其事制领域所用法典乃是前朝之物,因为北周易代之后的立法,主要是着眼于最为要切的刑事需要,制定了本朝新《律》和与之辅翼的《刑书要制》,却并未像北齐那样,通过制定新《令》,系统总结太和、正始以来制度改革和定《令》过程遗留的各种问题。推其缘由,宇文氏推行的恢复胡姓和周官改制,实际上已标志其立法偏离了太和、正始以来的轨道,同时又额外增加了理顺新、旧制度间关系和制定新《令》的困难。不过,对一个业已统一了北方,雄踞中土而虎视江东的王朝来说,有《律》而无《令》的状态只能是暂时的、过渡性的,因为其所继承的全部传统都表明,制定和颁行新的《律》、《令》,不仅是显示新王朝与民更始和正常展开自身统治的必要,更是体现王者受命必更作众制,以示正统所归的必要。

一 隋代"格"、"式"仍指敕例而非法书

隋文帝打断了北周的历史进程,却不能不接手处理北周的遗留问题。其登位当日即"易周氏官仪,依汉魏之旧"①,便是其在制度上回归到太和、正始以来发展轨道上的宣言。此后其立法进程,也正是围绕着再定《律》、《令》而展开的。对于其中的关键,如其广泛取鉴了《河清律》、《令》的内容和体例,然其定《律》仍以北周《大律》为本加以改造,定《令》则综合古今及南北朝众制加以开新,凡此之类,学界已多有阐述,在此毋庸再赘②。而尚余的问题,恐怕还是要着眼于整套法律体系,来观察和讨论隋对《律》、《令》以外诸多敕例的处置,因为其不仅关系到当时对东、西魏以来法律发展态势的总结,实际上也直接决定了隋代法律体系的格局和走向。而将其集中到一点,则可以概括为一个问题:即有隋一代究竟有没有制定过类于其后李唐王朝那样的《格》、《式》?或当时是否已经形成了《律》、《令》、《格》、《式》并行的法律体系?

提出这个问题在许多学者看来也许会感到惊奇,因为不少记载都说,隋初以来制定了"律令格式",有些学者遂据此认定当时已《律》、《令》、《格》、《式》并行,其制为唐所继承,至今其几乎已是法史学界的定论③。但稍加梳理便不难发现,所有提到隋法有"律令格式"的记载,实际上都只是笼统述之,其中"格式"所指的对象又尤其含混不清;要由此来说明其已是两部形态独立、性质明确的法书,更存在着大量的反

---

① 《隋书》卷一《高祖纪上》开皇元年二月甲子。同书卷六六《裴政传》载其江陵陷时入周,先后参与周官改制及《大律》修撰,开皇元年"诏与苏威等修定《律》、《令》。政采魏晋刑典,下至齐梁,沿革轻重,取其折衷。同撰著者十有余人,凡疑滞不通,皆取决于政"。可见开皇立法上承魏晋而兼取南朝的旨趣。

② 参程树德《九朝律考》卷八《隋律考·序》、陈寅恪《隋唐制度渊源略论稿》四"刑律"、刘俊文《唐律渊源辨》、叶炜《北周大律新探》、邓奕琦《北朝法制研究》第七章"北朝法制在北齐、北周的总结和创新"第五节"隋律兼采齐周之制——北周律地位再评价"。

③ 张晋藩主编的《中国法制通史》第四卷《隋唐》(陈鹏生主编)第一章"隋朝的立法概况和立法思想"第二节"隋朝的立法概况"三"隋朝的法律形式"即认为隋"形成了《律》、《令》、《格》、《式》四种主要的法律形式",法律出版社1999年版。高明士新著《律令法与天下法》第一章"隋代的律令制度"第一节"律令格式的编纂"仍袭此说。台湾五南图书出版股份有限公司2012年版。当然对这种认识的怀疑也有一些,如滋贺秀三《中国法制史论集·法典と刑罚》一书"概说篇"第一章"法典编纂の历史"第四节"隋·唐前半——律令古典期"即对是否有开皇《格》、《式》的问题提出了怀疑。东京,创文社2003年版。

证;因而是无法说明隋代已形成了《律》、《令》、《格》、《式》并行之制的。现将《隋书》中常被据为当时"律令格式并行"的相关记载择要分析如下:①

《隋书》卷三三《经籍志二》史部刑法类后叙:

> 晋初贾充、杜预删而定之,有《律》、有《令》、有《故事》。梁时又取故事之宜于时者为《梁科》。后齐武成帝时,又于麟趾殿删正刑典,谓之《麟趾格》。后周太祖又命苏绰撰《大统式》。隋则律令格式并行。自《律》已下世有改作,事在《刑法志》。

此叙先说西晋《律》、《令》、《故事》并行,再提到《梁科》、《麟趾格》和《大统式》,所述虽稍有瑕疵而大体皆为晋《故事》之流绪,然后再说"隋则律令格式并行",确易给人隋在《律》、《令》之外又编纂了《格》、《式》与之并行的印象。故其常为讨论隋代法律体系的学者所引用,以之为当时已确立《律》、《令》、《格》、《式》并行体制的明证。

但这条记载的最大问题,在于其前文著录的隋代法书并无《格》、《式》,而只有"《隋律》十二卷、《隋大业律》十一卷"和"《隋开皇令》三十卷、《隋大业令》三十卷"四种;同时其所著录的北齐、北周和梁、陈法书中,却又包括了各朝《律》、《令》以及《北齐权令》、《周大统式》、《梁科》、《陈科》之类。显然,导致这样著录的可能只有两种:一是隋代制定了《格》、《式》而初唐皆已亡佚,其所意味的是南北朝后期所行法书,到唐初只亡佚了隋代的《格》、《式》,因而是一种几乎不可能出现的情况。二是隋代虽有称为"格"、"式"的敕例而并无其书,即当时仍有不少以制诏形式下达施用的法律规定散处于《律》、《令》之外,却并未被统一编纂和制定为法书或法典,才会发生《隋志》著录的这种现象。这也就不能不使人对隋代究竟有无《格》、《式》这两部法书产生怀疑,并促人对《隋志》史部刑法类后叙所述隋"律令格式"的含义再

---

① 唐代也有若干提到隋代有"律令格式"的记载,如《唐大诏令集》卷一二三《政事·平乱上》所录武德四年《平王世充赦》,其中即有"律令格式,且用开皇旧法"之条。《资治通鉴》卷一八九《唐纪五·武德四年》系之在七月丁卯。但唐人提到隋代"律令格式"的语例,都不过是以"律令格式"来泛指各种法律,其性质与《隋书》所示诸例相同,这里不再一一列举分析。

加考虑了。

又如《隋书》卷四一《苏威传》：

> 隋承战争之后，宪章踳驳，上令朝臣厘改旧法，为一代通典，律令格式，多威所定，世以为能。

这条记载也常被有些学者看作是隋初以来制定了《律》、《令》、《格》、《式》的证据，但他们往往忽略了上引文是对开皇元年至九年苏威参与立法之事的概括，在此期间，"律令格式"实际上并非一次性同步修订和出台①；更忽略了《苏威传》末对其当年参与立法的下列评论：

> ……所修格令章程，并行于当世，然颇伤苛碎，论者以为非简久之法。

其述苏威所修的"格令章程"，显然也就是其前面说"多威所定"的"律令格式"。"格令"和"章程"前已有述，两者都可以泛指朝廷的法令，特别是"格令"，在隋唐时期更被经常用来指称《律》、《令》等多种法律。

其中尤其值得注意的，也是直接与《苏威传》所载相关的一例，见于《隋书》卷四二《李德林传》：

> 开皇元年，勅令与太尉、任国公于翼、高颎等同修《律》、《令》。事讫奏闻，别赐九环金带一腰，骏马一匹，赏损益之多也。

---

① 这条记载在《苏威传》中的上下文关系是："时高颎与威同心协赞，政刑大小，无不筹之，故革运数年，天下称治。俄转民部尚书，纳言如故。属山东诸州民饥，上令威赈卹之。后二载，迁吏部尚书，岁余，兼领国子祭酒。隋承战争之后，宪章踳驳，上令朝臣厘改旧法，为一代通典，律令格式，多威所定，世以为能。九年，拜尚书右仆射。其年，以母忧去职。"据《隋书》卷一《高祖纪》开皇元年三月戊戌，"以太子少保苏威兼纳言、吏（劲案：吏字误，当改作民）部尚书，余官如故"；开皇三年闰十二月戊午，以"刑部尚书苏威为民部尚书"；开皇七年四月甲戌，"以民部尚书苏威为吏部尚书"。是苏威在开皇三年闰十二月以前还担任过一段时间的刑部尚书。据《隋书》卷二五《刑法志》，开皇元年以来集中展开的立法活动，包括了开皇元年定新《律》、《令》和三年再次定《律》及此后有关制度的后续调整。故苏威参定"律令格式"的活动显然不限于开皇元年，其中相当一部分当发生在其任刑部尚书之时及以后。

格令班后，苏威每欲改易事条。德林以为格式已颁，义须画一，纵令小有蹉驳，非过蠹政害民者，不可数有改张。①

此处"格令"、"格式"，显然皆指新定《律》、《令》，故所谓"格令班后，苏威每欲改易事条"，是指《律》、《令》颁行后，苏威又欲以敕例补充或修正其相关规定。而德林所说的"格式已颁，义须画一……不可数有改张"，意即《律》、《令》的颁行已统一了各种法律规定，若非特有必要就不宜再出新制②。然则《苏威传》末所说的"格令章程"，正是指威所参修的《律》、《令》和后来其力主改易的相关规定。

这些后续推出的规定在文献中是留下了一些记载的，《李德林传》紧接上引文曰：

> 威又奏置五百家乡正，即令理民间辞讼。德林以为本废乡官判事，为其里闾亲戚，剖断不平，今令乡正专治五百家，恐为害更甚……苏威又言废郡，德林语之云：修《令》时，公何不论废郡为便？今《令》才出，其可改乎？然高颎同威之议，称德林狠戾，多所固执，由是高祖尽依威议。

据此则废除乡官判事和保留州、郡、县三级制，都已在开皇元年以来颁行的新《律》、《令》中得到了明确，苏威却仍要奏请对此加以改易，其奏虽遭德林非议，却得到了高颎的支持而被文帝一一批准。就其形态而言，这些显然都是随臣下奏请而随时随事形成的敕例，其虽有可能被纳入开皇三年再定的《律》、《令》，此后出台者亦补充或修正了《律》、《令》而与之并行，当时却并未将其统一删定编纂成为相对独立的法书。至于隋代对此的指称，在上引《苏威传》述"律令格式，多威所定"时，其显然仍像北魏以来所习惯的那样，是被有别于《律》、《令》而称为"格"、

---

① 《资治通鉴》卷一七五《陈纪九》记此事于至德元年（当隋开皇三年）十一月，"隋既班《律》、《令》，苏威屡欲更易事条，内史令李德林曰……"胡注："前年十月隋行新《律》。"

② 《苏威传》载其炀帝时被下诏除名为民，诏文列其罪过，即有"诋诃《律》、《令》，谤讪台省"之目。这一点再次表明李德林所说的"格令"和"格式"都是指《律》、《令》，也证明了苏威当时改易的确非《格》、《式》而是《律》、《令》。

"式"或"格式"的①；而在史臣评论苏威立法之事时，其又与《律》、《令》一起被概称为"格令章程"。这似乎是一个以"格令"来对应《律》、《令》，而以"章程"来对应有关敕例的笼统称呼。

由此看来，对出现在记载中的隋代"格式"，有两点确是需要加以注意的：

一是经东、西魏以《麟趾格》和《大统式》代《律》、《令》而行，另又有《权令》、《权格》、《刑书要制》与《律》、《令》并行的局面熏育以后，"格"、"式"所指称的法律已在整套法律体系中显得更为重要，甚至出现了以"格式"或"格令"来指称《律》、《令》的现象②。但尽管如此，北魏多以"格"、"式"指称《律》、《令》以外敕例的习惯，也还是延续了下来，当时经常以《律》、《令》与"格式"相提并论，便是其集中体现。

二是开皇元年新《律》、《令》颁行后，确在苏威等人建议之下，陆续推出了一些常被称为"格式"的新规定，且其中部分有可能被采入了开皇三年再定的《律》、《令》。但其本是随时随事形成的单行敕例，且可肯定开皇元年和三年以来，都未将之统一编纂为与《律》、《令》并行的法书或法典。

因此，《隋书》中凡属"《律》、《令》、格式"并称者，除体现了隋唐时人对这类敕例重要性的认识，且有可能掺杂了唐人的称谓习惯外，其实都不过是当时法律体系由《律》、《令》，以及经常被称为"格式"的大量单行敕例所构成的反映。

二 开皇所定唯有《律》、《令》而无《格》、《式》

现在再来观察《隋书》卷七三《循吏赵轨传》所述：

---

① 《魏书》卷六〇《韩麒麟传》载其太和十一年上表有曰："凡珍玩之物，皆宜禁断；吉凶之礼，备为格式。令贵贱有别，民归朴素。"是"格式"连称以指《律》、《令》以外敕例的习惯亦始于北魏。《隋书》卷四二《李德林传》载周武帝平齐得德林，大为慰怀，"从驾至长安，授内史上士，自此以后，诏诰格式及用山东人物，一以委之"。是为北周"格式"以指法律之例。又《隋书》卷一二《礼仪志七》载大业元年，炀帝诏牛弘等"宪章古制，创造衣冠"，其中关于皇太子朝谒是否着远游冠之制，最终"竟用开皇旧式"。又载"开皇以来，天子唯用衮冕，自鷩以下，不施于尊，具依前式"。据其前文所载，这里的"开皇旧式"及"前式"，也就是开皇《衣服令》中的相应规定。是为隋代以"式"指称《令》文规定之例。

② 这与十六国时期以"律令"来指称敕例的状态有相通处。又《隋书》卷六〇《崔仲方传》载北周武帝"阴有灭齐之志，仲方献二十策，帝大奇之。后与少内史赵芬删定格式，寻从帝攻晋州……"此"格式"当指北周之《大律》，可见"格式"指《律》北周已然。

高祖受禅，转齐州别驾……在州四年，考绩连最。持节使者邰阳公梁子恭状上，高祖嘉之，赐物三百段，米三百石，征轨入朝……既至京师，诏与奇章公牛弘撰定律令格式。时卫王爽为原州总管，上见爽年少，以轨所在有声，授原州总管司马。

要以这条记载来证明当时撰定了"律令格式"，前提是要先弄清其时间。轨既在州四载而被征，则其抵京自应在开皇三年以后①。梁子恭持节使齐州一带，即当《隋书》卷一《高祖纪上》开皇三年十一月己酉"发使巡省风俗"，访求文武才用、志行超伦之士，"还日奏闻"之事。赵轨抵京之日显然还应在此之后，其时开皇元年及三年两次所定《律》、《令》皆已告讫颁行，故上引文载文帝诏赵轨与牛弘"撰定律令格式"，本身就存在着问题。当然，牛弘是参与了开皇三年再次定《律》和大业三年修撰《律》、《令》之事的②，但《隋书》卷四九《牛弘传》却未正面提到其曾参定《律》、《令》，而只记载了弘在开皇元年以来奏请增广典籍，被封为奇章公③，开皇三年又"拜礼部尚书，奉敕修撰《五礼》"，以及此后其在制定有关礼制、仪注、乐律等制时所发挥的作用。这似乎表明牛弘参定《律》、《令》，亦当因其精通文教礼乐之故，而其在开皇三年以后的主要建树，则集中在《五礼》及其他礼乐制度的撰作。

由此可断，赵轨抵京之时，文帝命其与牛弘所撰定的"律令格式"，应主要是指仍在修撰过程中的《五礼》④，以及与之相关的其他礼乐制度。

---

① 《隋书》卷一《高祖纪上》载开皇二年六月壬午，"雍州牧、卫王爽为原州总管"。轨任原州总管司马必在此后。

② 《隋书》卷二五《刑法志》载开皇三年，"敕苏威、牛弘等，更定新《律》"。《隋书》卷七五《儒林刘炫传》则载"炀帝即位，牛弘引炫修《律》、《令》"。

③ 《资治通鉴》卷一七五《陈纪九》至德元年系牛弘上表广收典籍之事在此年（开皇三年）三月，隋迁都城于大兴城后不久。

④ 《牛弘传》载其开皇三年"拜礼部尚书，奉敕修撰《五礼》，勒成百卷，行于当世"。这应当就是《隋书》卷三三《经籍志二》史部仪注类著录牛弘所撰的"《隋朝仪礼》一百卷"。不过其书撰作与修订迄文帝末年仍在进行，《牛弘传》后文载其开皇十九年拜吏部尚书后，"高祖又令弘与杨素、苏威、薛道衡、许善心、虞世基、崔子发等并召诸儒，论《新礼》降杀轻重，弘所立议，众咸推服之"。《隋书》卷二《高祖纪下》载此事在仁寿二年闰十月己丑，诏文命此诸人，"可并修定《五礼》"。

也就是说，《赵轨传》所载不仅无法看作当时存在着《律》、《令》、《格》、《式》并行之制的证据，反而进一步提供了当时可以用"律令格式"来泛指各种法律或规章的语例。这个语例显然与前引《苏威传》以"格令章程"来指代"律令格式"的现象有相通之处，从而佐证了前述《隋书》提到的"律令格式"，有可能体现了唐人称谓习惯的推想。

又《隋书》卷二《高祖纪下》载其仁寿四年七月丁未崩于大宝殿，其遗诏末云：

> 自古哲王，因人作法，前帝后帝，沿革随时。律令格式或有不便于事者，宜依前敕修改，务当政要。呜呼，敬之哉，无坠朕命！

有些学者就是把这份交代修改"律令格式"的遗诏，与《苏威传》等处关于开皇时期修撰"律令格式"的记载相证，来断定文帝时期业已形成了《律》、《令》、《格》、《式》并行体制的。不过上面既已指出，"律令格式"可以泛指各种规章制度，又明确了开皇以来的"格式"，无非指各种随时随事形成的敕例，即当时虽有称为"格式"的法律规范，却无统一编纂而与《律》、《令》并行的《格》、《式》法书，其据也就无法成立了。

值得注意的是，这份遗诏既然专门交代了文帝身后律令格式"宜依前敕修改"的问题，也就说明此前曾有关于立法必须因时制宜而"务当政要"的"前敕"存在着。从现存隋代立法史料来看，合乎这种条件的"前敕"，自当首推《隋书》卷二五《刑法志》记载的开皇元年颁行新《律》、《令》诏：

> 帝王作法，沿革不同，取适于时，故有损益。夫绞以致毙，斩则殊刑，除恶之体，于其已极。枭首轘身，义无所取……其余以轻代重，化死为生，条目甚多，备于简策。宜班诸海内，为时轨范。杂格严科，并宜除削。先施法令，欲人无犯之心；国有常刑，诛而不怒之义。措而不用，庶或非远，万方百辟，知吾此怀。

其通篇皆述刑制而不及于《令》，应当是《隋志》所载专重刑事而对此诏原文作了删节的缘故。不过其起首所述"帝王作法，沿革不同，取适于时，故有损益",正可与上引遗诏所述"自古哲王,因人作法"云云相证。

这里还须留意的是,开皇元年此诏又专门明确了"杂法严格,并宜除削"的原则。也就是说,新《律》《令》既已颁行,所有以往相关规定,无论是《刑经圣制》、《大统式》等法书,还是陆续积累起来的各色敕例,皆被此诏明令停废。这不仅说明,当时无意在《律》、《令》之外另以《格》、《式》来删存各种敕例,更集中体现了贯穿于全诏追求宽、简的立法精神。尤其值得注意的是,正是这一精神,在文帝末年已经有了格外强烈的针对性,构成了纠正文帝时期经常不以《律》、《令》为准,而是另以形形色色的敕例实施严苛之政的当务之急。此即遗诏所述以往法律"不便于事",而此后立法"务当政要"的实质所在。

当然,遗诏所称的"前敕",也有可能是指开皇三年再定《律》、《令》以来的某份诏书,甚至是指以往全部有关立法的制敕,因为其中不免也会有立法必须因时制宜和务当政要等辞。但"前敕"所指究竟是哪份诏书其实并不重要,重要的是文帝当年既已明诏"杂格严科,并宜除削",则开皇元年和三年定《律》、《令》之时,并未另编《格》、《式》与之并行,实已得其佐证而可无疑。同理,炀帝初年为政之要在于宽刑简法既是不争的事实,当时且以遗诏的形式预告了《律》、《令》、格式将据此整改[①],那么其立法要旨在于宽简,由此自必大幅度除削以往以敕例推行的严刑苛法。因而大业三年定《律》、《令》时也未另编《格》、《式》与之一体颁行,也就基本上可以肯定下来了。

三 大业立法也未统一编纂过《格》、《式》

《隋书》卷三《炀帝纪》:

> 大业三年四月甲申,"颁《律》、《令》,大赦天下,关内给复三年"……大业四年十月乙卯,"颁新式于天下"。

前面所列的记载,说的都是文帝开皇元年以来的立法,而此条说的是炀帝

[①] 《隋书》卷二五《刑法志》:"炀帝即位,以高祖禁网深刻,又敕修《律》、《令》,除十恶之条……三年,新《律》成,凡五百条,为十八篇,诏施行之……其五刑之内,降从轻典者二百余条。其枷杖决罚讯囚之制并轻于旧。是时百姓久厌严刻,喜于刑宽。"

大业三年以来的立法。有些学者就是把大业四年"颁新式于天下",与大业三年"颁《律》、《令》"同等看待,视之为当时《律》、《令》、《格》、《式》并行之据的。但这里有必要注意三点:

第一,这份"新式"的颁行,已在施行新《律》、《令》一年半后。这一点已经说明其更像是一份单行条制,而不是一部与《律》、《令》一起通盘斟酌取舍的综合性法书。其虽有可能补充或修正了《律》、《令》的相关内容,却非与之并行不可或缺,否则这一年半中《律》、《令》的施行就成问题了。

事实上,《律》、《令》颁后再制"新式",文帝时期已有先例。《隋书》卷三六《后妃列传》序:

> 开皇二年,著内官之式,略依《周礼》,省减其数……又采汉晋旧仪,置六尚、六司、六典,递相统摄,以掌宫掖之制。一曰尚宫,掌导引皇后及闺阁廪赐。管司令三人,掌图籍法式,纠察宣奏……

此"内官之式"既施用于开皇元年十月戊子颁新《律》、《令》后[①],显然也是一份规定宫人内官编制职掌的单行条制,其所补充或修正的,当是已颁《命妇品员令》的相关规定[②]。正如前述北魏的情况那样,这种敕例皆随时随事视需要形成和推出,每逢《律》、《令》修订之时,就有可能

---

① 《隋书》卷一《高祖纪上》开皇元年十月戊子唯载"行新《律》"而不及于《令》。《玉海》卷六五《诏令·律令上》"隋律令格式"条述"开皇元年冬十月戊子,始行新《律》。二年七月甲午,行新《令》。"其说为《通志》卷一八《隋纪第十八·文帝》所取。然则《开皇律》、《令》乃先后颁行。不过《隋书》卷二五《刑法志》载开皇元年颁行新《律》,"至是尽除苛惨之法,讯囚不得过二百。枷杖大小,咸为之程品,行杖者不得易人"。此枷杖大小的"程品"显然是《狱官令》的规定。其接着又载"帝又以《律》、《令》初行……乃诏申敕四方,敦理辞讼"。《通典》、《册府元龟》等处所载略同于此,可见开皇元年实已《律》、《令》同颁,其再次修订已在开皇三年。《资治通鉴》卷一七五《陈纪九》载至德元年三月丙辰:"隋迁于新都。初令民二十一成丁,减役者每岁十二番,为二十日役,减调绢一匹为二丈。周末榷酒坊、盐池、盐井,至是皆罢之。"是为开皇三年修《令》颁《令》之证。《玉海》所述,今已不知其依据何书,且其列"隋律令格式"之条本就不妥,恐不得遽然信之。也许正是有鉴于此,仁井田陞《唐令拾遗·序说》第一"唐令的史的研究"二"唐前令"虽列《玉海》、《通志》之说,却仍以为据《隋书·文帝纪》及《刑法志》与《唐六典》所载,高颎等所撰《律》、《令》,已同时于开皇元年十月戊子修成颁行。

② 《唐六典》卷六《刑部》原注载《开皇令》中有《命妇品员令》之篇。

被权衡是否需要或以何种方式采入其中,但这并不妨碍其即时下达施用。

《隋书》所载这类被称为"式"的敕例实颇不少。如《隋书》卷二四《食货志》载开皇五年之事:

> 工部尚书、襄阳县公长孙平奏:"……去年亢阳,关内不熟,陛下哀愍黎元,甚于赤子。运山东之粟,置常平之仓,开发仓廪,普加赈赐。少食之人,莫不丰足。鸿恩大德,前古未比。其强宗富室,家道有余者,皆竞出私财,递相赒赡。此乃风行草偃,从化而然,但经国之理,须存定式。"于是奏令诸州百姓及军人,劝课当社,共立义仓。收获之日,随其所得,劝课出粟及麦,于当社造仓窖贮之。即委社司,执账检校,每年收积,勿使损败。若时或不熟,当社有饥馑者,即以此谷赈给。

这里后半段所包括的一系列制度,也就是当时制定的义仓条制,而被长孙平称为"定式"。其用语习惯与前述北魏之况显然并无不同。

又如《隋书》卷二《高祖纪下》开皇十七年十月庚申,诏曰:

> ……仰惟祭享宗庙,瞻敬如在,罔极之感,情深兹日。而祀毕升路,鼓吹发音,还入宫门,金石振响。斯则哀乐同日,心事相违,情所不安,理实未允。宜改兹往式,用弘礼教。自今已后,享庙日不须备鼓吹,殿庭勿设乐悬。

隋代乐制自《开皇令》规定以后,由于其中因循了周乐而多用胡声,故自开皇二年以来屡有改作。此诏所说祭享宗庙用乐的"往式",即是《隋书》卷一五《音乐志下》所载,由牛弘等人于开皇十四年三月定讫施用的乐制①。而诏文既规定此后"享庙日不须备鼓吹,殿庭勿设乐悬",自

---

① 《隋书》卷一四《音乐志中》载《开皇令》中,乐制"尚因周乐"而多胡声,开皇二年以来,颜之推、郑译相继请改,遂诏牛弘等人议乐,至七年又诏求知音之人,集于尚书省参定音乐,而由牛弘"总知乐事"。同书卷一五《音乐志下》载开皇九年平陈以后,又采诸南朝之制加紧定乐,至十四年三月定讫,由牛弘领衔奏上,"并撰歌辞三十首,诏并令施用,见行者皆停之"。其事亦在前引《赵轨传》载其与牛弘"撰定律令格式"的范围内,亦佐证了当时凡补充或修正《律》、《令》的敕例均可泛称"律令格式"的习惯。

然是形成了又一个"新式"。

另如《隋书》卷三《炀帝纪》大业三年四月庚辰，诏曰：

> 古者帝王观风问俗，皆所以忧勤兆庶，安集遐荒。自蕃夷内附，未遑亲抚，山东经乱，须加存恤。今欲安辑河北，巡省赵魏，所司依式。

此诏"所司依式"四字未尽其意，其前后或有脱文①，完整的意思当是相关事务命"所司依式"处理。这里提到的"式"，亦当包括前引《隋书·高祖纪上》所载开皇三年十一月发使巡省风俗的规定在内，从而说明当时诏命使者持节巡省各地，同时访求文武才用、志行超伦之士还日闻奏，实际上也形成了一份可称为"式"的敕例。炀帝此时则要求"所司"，"依式"处理新遣使者巡省河北赵魏之地的相关事务。

上面所举的这些"式"，显然都是随时随事形成施用的单行敕例，都沿袭了北魏以来称这类规范为"式"的习惯，也都构成了与炀帝大业四年十月乙卯颁行"新式"性质相同的先例。

第二，大业四年十月所颁"新式"的制定过程，在《隋书·炀帝纪》中是有迹可寻的。其大体当于下列事件求之：

《炀帝纪》大业二年五月乙卯，诏曰：

> 旌表先哲，式存飨祀，所以优礼贤能，显彰遗爱……其自古以来贤人君子，有能树声立德，佐世匡时，博利殊功，有益于人者，并宜营立祠宇，以时致祭。坟垄之处，不得侵践。有司量为条式，称朕意焉。

这是要为古来先贤立祠护坟，遂须为之建立一系列规定，故诏文命"有司量为条式"。

又《炀帝纪》载大业三年四月甲申颁新《律》、《令》八天之后的壬

---

① 《北史》卷一二《隋炀帝纪》、《册府元龟》卷一一三《帝王部·巡幸第二》载其事，皆述至"所司依式"而语止。《资治通鉴》卷一八〇《隋纪四·大业三年》载此事而无"所司依式"四字。

辰日，又下达了若干改制决定：

> 改州为郡。改度量权衡，并依古式。改上柱国已下官为大夫。

其时新《令》已经生效①，这些举措显然都是对《令》中所定有关制度的修改。其中"改州为郡"和"改上柱国已下官为大夫"，都不只是名称之改，而是关系到一系列制度的调整变化，"改度量权衡，并依古式"亦非一蹴可就，这些新规定自然都需要有个制定过程。

《炀帝纪》后文又载大业四年之事：

> 十月丙午，诏曰："……可立孔子后为绍圣侯。有司求其苗裔，录以申上。"辛亥，诏曰："……周兼夏、殷，文质大备；汉有天下，车书混一；魏、晋沿袭，风流未远。并宜立后，以存继绝之义。有司可求其胄绪列闻。"

引文包含了两份诏书，分别下于大业四年十月"新式"颁行的前三天和前八天，其中自然也需要制定一系列配套之制。

以上三事中，大业二年五月命有司制定祀贤护坟的"条式"时，新《律》、《令》尚在修撰之中，而其中的《祠令》，显然是包括了立祠祀贤等内容的。因而其后续事态当有三种可能：一种可能是炀帝认为其事甚要，应即修成其制加以施用，同时又将其主要内容撰入新《令》，则其效力当随大业三年四月《律》、《令》颁行而止。另一种可能是这份"条式"，也就是大业四年十月颁于天下的"新式"，则其一直修了两年多，直至新《律》、《令》颁行后方告成，而以单行条制的形式加以施用。第三种可能是大业四年十月颁于天下的"新式"，乃是与《律》、《令》同时筹划修撰的一部综合性法书，无非其修成颁行的时间较晚而已。故其中不仅编入了大业二年五月开始制定的立祠祀贤"条式"，而且编入了所有"新式"颁行以前制定，却又未被撰入《律》、《令》的各项制度，也包

---

① 《炀帝纪》载其颁新《律》、《令》九天之后的甲午日，又下诏分为十科访求贤能，其诏谓："文武有职事者五品已上，宜依《令》十科举人。"此《令》即是新颁之《令》，而"十科"则是此诏新定，其大意是合符这十科之人，当依新《令》展开其举贡甄别过程。

括上举后二事所制定的相关制度在内。认为大业三年以来存在着《律》、《令》、《格》、《式》并行体制的学者，其实就是持这种看法①，因为在前两种可能中，祀贤护坟的"条式"都只是单行条制，而非综合性法书，肯定这一点就会推翻他们对"新式"性质的判断。

但事实是第三种可能并不存在。如果"新式"是一部综合性法书，并且编入了大业二年五月始修的祀贤护坟条式，那就说明这部"新式"确是与新《律》、《令》同时修撰的，三者的内容和相互关系亦必早已确定，也就一定会出现《祠令》中不作祀贤规定，而是将之编入了"新式"的现象。但立祠祀贤这类大事不入《祠令》显然是不可能的，护坟的有关规定亦必明载于相关《令》篇②，只要"新式"是综合性法书，并且与《令》同修，两者就必定会在不同层面上分别规定祀贤护坟的事项，而绝不会在同一层面上重复作出祀贤护坟的规定。只有在祀贤护坟的条式作为随时随事形成的单行条制的前提下，其无论是很快修成施行又被撰入有关《令》篇，还是后来修成而在外补充或修正《令》中的祀贤护坟规定，才合乎当时的法理。

这个道理，也可以帮助判断上举第二事所含制度的法律形态和性质。前已点出，大业三年四月壬辰"改州为郡；改度量权衡，并依古式；改上柱国以下官为大夫"，各包括了整套制度的调整变化。其况见于《隋书》卷二八《百官志下》载炀帝大业三年以来所定之制：

> 旧都督以上至上柱国，凡十一等，及八郎、八尉、四十三号将军官，皆罢之。并省朝仪大夫。自一品至九品，置光禄、左右光禄、金紫、银青光禄、正议、通议、朝请、朝散等九大夫，建节、奋武、宣惠、绥德、怀仁、守义、奉诚、立信等八尉，以为散职。

---

① 霍存福《唐式佚文及其复原诸问题》论述篇"唐式研究"一"式的历史发展"即认为隋有《律》、《令》、《格》、《式》并行之制，为唐初沿袭。并认为大业二年五月这份条式，"可能是将本条内容编入业已存在的式之中，即把单行式编入成体制的式文中"。收入中国法律史学会《法律史论丛》第十一辑《中国古代法律形式研究》（杨一凡主编），社会科学文献出版社2011年版。

② 《唐律疏议》卷一三《户婚篇》"诸盗耕人墓田"条疏议曰："墓田广袤，《令》有制限。"这种由《令》来规定坟地制限及保护范围的做法，当自隋代沿袭而来。

这显然就是大业三年四月壬辰"改上柱国以下官为大夫"所包括的整套制度,即便只就其中的"大夫"而言,那也是全部文散官序列了。①

《隋书·百官志下》后文又载其时定制:

> 罢州置郡,郡置太守。上郡从三品,中郡正四品,下郡从四品。京兆河南则俱为尹,并正三品。罢长史、司马,置赞务一人以贰之。次置东、西曹掾,主簿、司功、仓、户、兵、法、士等书佐,各因郡之大小而为增减。改行参军为行书佐。旧有兵处,则刺史带诸军事以统之,至是别置都尉、副都尉。都尉正四品,领兵,与郡不相知,副都尉正五品。

此即大业三年四月壬辰"改州为郡"所含的整套制度。如果"新式"与新《律》、《令》同时修撰,并且编入了这两套制度,那将意味大业三年四月颁行的《官品令》中没有了整套文散阶,相应的《职员令》中也将没有了整套郡官职员②。而这显然要比《令》中没有祀贤护坟规定更难设想,因为这种层面上的制度,实际上只能由《令》来加以规定。此亦可见"改州为郡"和"改上柱国以下官为大夫",都不过是大幅度修正《新令》的单行条制,即便其被编入了"新式",这份"新式"也绝无可能是与《律》、《令》同时修撰而通盘筹划之物。

同理,当日诏"改度量权衡,并依古式",也是对已颁新《令》的修正。《隋书》卷一六《律历志上》在《审度》目载"开皇官尺"有曰:

> 开皇初,著《令》以为官尺,百司用之,终于仁寿。大业中,人间或私用之。

是开皇《关市令》中本有度量权衡之制,其中尺度规定至仁寿时或被下

---

① 参《通典》卷三四《职官一六·文散官》。
② 《唐六典》卷六《刑部》原注载《开皇令》中有《州郡县镇戍职员》篇,"改州为郡"既在新《令》颁行之后,可推新《令》此篇仍为《诸州郡县镇戍职员》篇。然则"改州为郡"就需要废除全部州官和改设全部郡官,这几乎已使新《令》此篇大半作废。

敕停废①。这里所谓"大业中，人间或私用之"，大意是说大业三年四月壬辰日下诏修改的度量权衡之制施用以后，官方的尺度已经统一，但民间还有私用开皇官尺者。

需要特别注意的是，这次度量权衡的修改既然是要"并依古式"，也就额外牵涉了典籍记载与汉晋制度等一系列问题，因而正如上引文述开皇确定的尺度"终于仁寿"所示，其度、量、衡制定讫及其行用的时期并不是同步的。《律历志上》在《嘉量》目下曰：

> 开皇以古斗三升为一升。大业初，依复古斗。

其《衡权》目下又云：

> 开皇以古称三斤为一斤。大业中，依复古称。

在上面这些记载中，出现了"大业初"和"大业中"两个时间段，其显示的正是尺度、嘉量和权衡虽同时开始修改，其定讫施行的时间却是有先有后的。现在可以确定的是，这里的"大业初"，实际是在大业三年四月壬辰诏改度量、权衡之后，嘉量之制首先定讫颁行之时；而"大业中"，则在此后尺度和权衡之制告讫行用之时。因此，尽管当时依据古式修改的度量、权衡也可以称为一种"新式"，但嘉量与尺度、权衡施行时间的这种差异，却已经证明了其不可能是大业四年十月乙卯日颁行的"新式"，也提供了这份"新式"并未被编入以往各种敕例的一个证据。

至此已可判断：大业四年十月乙卯日颁于天下的"新式"，肯定仍是一份单行的敕例，而不是一部统一删定编纂了多种敕例的综合性法书，亦非与《律》、《令》同时开始修撰而较晚告讫颁行。从种种迹象来看，其最有可能就是指前举第三事，即"新式"颁行前几天刚刚下诏制定的崇封孔子和周、汉、魏、晋后裔之制，因为这些都是以往曾有相关"旧

---

① 上引文中的"终于仁寿"四字，如果不是说开皇官尺至仁寿时被明令停废的话，那就是对开皇官尺行至文帝之末直至炀帝时方加改动的概括之语，此语的疵病在于仁寿之末到大业三年诏改度量权衡，直至"大业中"颁行其制，开皇官尺很可能仍是官方标准。《隋书》卷二《高祖纪下》仁寿四年正月乙丑，"诏赏罚支度，事无巨细，并付皇太子"。是此后朝政庶务已由炀帝掌管，若开皇官尺确在仁寿时停废的话，也许就在炀帝掌管"赏罚支度"之时。

式",而《大业令》中未予明确的制度,故须另以敕例对之加以补充。其性质亦决定其确有必要"颁于天下",而不是仅仅存于有司,以示炀帝尊孔重统之意。况《炀帝纪》载此数事在行文上本就前后相继,故就史笔而言,亦无须就"新式"所指再作说明。

第三,即便"新式"性质仍可存疑,在当时并未颁行"新《格》"的前提下,也还是无法说明大业时期存在着《律》、《令》、《格》、《式》并行之制。前已指出,北魏以来各种敕例,称"格"称"式"实际上并无明确界限。隋代的情况大体仍与之相类,即如上引《后妃传》述开皇二年制行的"内官之式"中,尚宫所辖司令三人"掌图籍法式,纠察宣奏",其所掌"法式"自然首先就是这份"内官之式"。然其后文载炀帝时,"又增置女官,准尚书省以六局管二十四司",其中尚宫局所属司正"掌格式推罚",此"格式",显然也就是前面所称的"法式"。既然如此,隋代的那些被称为"格"或"式"的敕例,实际上并不能说明其间有什么重要的区别,更不能视为当时业已分别编纂了《格》、《式》这两部法书的证据。

具体如《隋书》卷七五《儒林刘炫传》：

> 炀帝即位,牛弘引炫修《律》、《令》。高祖之世,以刀笔吏类多小人,年久长奸,势使然也。又以风俗陵迟,妇人无节。于是立格,州县佐吏三年而代之,九品妻无得再醮。炫著论以为不可,弘竟从之。诸郡置学官及流外给廪,皆发自于炫。

"州县佐吏三年而代"和"九品妻无得再醮",这两个"格",分别立于开皇十四年和十六年①,故其与当时的"式"一样是以制敕形式下达的单行敕例。两"格"在炀帝修订《律》、《令》之时,很可能均被采纳而告终止,其时新定的"诸郡置学官及流外给廪"之制,体现的也是对开皇以来《学令》和《封爵俸廪令》的补充。这都表明刘炫当时所论,确为

---

① 《隋书》卷二《高祖纪下》开皇十四年十一月壬戌,"制州县佐吏,三年一代,不得重任";开皇十六年六月辛丑,"诏九品以上妻,五品以上妾,夫亡不得改嫁"。即是其事。又《隋书》卷六六《李谔传》载其亦奏其时朝臣死后,其子孙每每"分其妓妾,嫁卖取财",称之为"实损风化"而请求禁止。"上览而嘉之。五品以上妻妾不得改醮,始于此也"。

《律》、《令》的修订问题，而以往各种称"格"或"式"的敕例是存是废，在当时都是直接与制定新《律》、《令》相连，而不是从《格》、《式》的编纂出发来加以斟酌的。其所透露的，显然仍是开皇以来和大业之时并未统一编纂《格》、《式》这两部法书的史实。

顺便指出，对于有隋一代的三次集中立法，绝大部分记载都是只说《律》、《令》而不及"格式"的。特别是直接依据当时实录或国史所撰的《隋书·高祖纪》和《炀帝纪》，关于开皇元年立法，只有十月戊子"行新《律》"三字[1]，对开皇三年立法则全不着笔[2]。对大业三年立法，也只有上面所引"颁《律》、《令》，大赦天下，关内给复三年"寥寥数语。专门记载当时法制的《隋书·刑法志》，关于开皇元年立法，也只着重记载了定《律》之况，对当时修《令》之事只是侧面述之。其对开皇三年再次定《律》也是语焉而不详，以致于当时是否同时改《令》，至今还是一个无法完全确定的问题。诸处对大业时期的立法，则是先述炀帝"敕修《律》、《令》"，而后却只提到了《律》的施行。[3]

史官记载的这种状态，固然说明《隋书》尤其《五代史志》的修撰，因过于简略而删却了大量本应载入的内容；却也未尝不是隋代这几次立法重心的体现，是当时确未制定《格》、《式》这两部法书，更未形成《律》、《令》、《格》、《式》并行体制的反映。《隋书》卷二八《百官志下》载炀帝时官制之况，末云：

> 帝自三年定《令》之后，骤有制置，制置未久，随复改易。其余不可备知者，盖史之阙文云。

---

[1] 《资治通鉴》卷一七五《陈纪九》太建十三年当隋开皇元年，其十月戊子亦载隋文帝"始行新《律》"。不过其前文于是年二月甲寅载隋主禅周诸事，其中包括了"置三师三公及尚书、门下、内史、秘书、内侍五省，御史、都水二台，太常等十一寺，左右卫等十二府以分司统职。又置上柱国至都督十一等勋官，以酬勤劳；特进至朝散大夫七等散官，以加文武官之有德声者"。这些显然都是《开皇令》规定的内容。《资治通鉴》中经常有这种不是以统一颁《令》的时间为准，而是把其特别重视的制度改作单独系年的现象，这应当是其特有的笔法之一。

[2] 《资治通鉴》卷一七五《陈纪九》至德元年当隋开皇三年，于十一月之下记载了"隋既班《律》、《令》，苏威屡欲更易事条"之事。十二月乙卯又记载了隋主"又敕苏威、牛弘等更定新《律》"之事。

[3] 《资治通鉴》卷一八〇《隋纪四》载大业三年四月，"牛弘等造新《律》成，凡十八篇，谓之《大业律》。甲申，始颁行之"。

由此可见"史之阙文"的原因，正是因为《律》、《令》颁行以后，各项制度仍改易无常，各种改易其制的敕例，后来也未续加删定编纂为法书或法典，而是一直处于散存于有司的状态，遂致史官无法殚载而只能付阙。故所谓"史之阙文"，说到底也还是隋代未编《格》、《式》等法书的一种表现。

再从隋代的司法来看，凡是那些需要正面说明其司法依据的记载，也都是只提《律》、《令》而不及《格》、《式》的。

如《隋书》卷二八《百官志下》载开皇所定官制：

> 左右领军府，各掌十二军籍账、差科、辞讼之事。不置将军，唯有长史、司马、掾属及录事、功、仓、户、骑、兵等曹参军，法、铠等曹行参军、行参军等员。又置明法，隶于法司，掌《律》、《令》轻重。

这条记载，依据的显然是开皇所定《诸卫职员令》的规定，明法职"掌《律》、《令》轻重"而不及《格》、《式》，应是《令》文规定中原无《格》、《式》之文。

又如《北史》卷一一《隋文帝纪》载开皇十七年三月丙辰：

> 诏诸司属官有犯，听于《律》、《令》外斟酌决杖。

"听于《律》、《令》外斟酌决杖"，即诸司主官不仅可对下属《律》外决杖，且其杖制和决杖过程亦可不按《狱官令》规定来进行[1]。这显然是一个必须精确表述而不容有误的规定[2]，其中并未提到《格》、《式》，应是当时本无《格》、《式》之故。

另如《隋书》卷四五《文四子传·庶人谅传》载其开皇十七年出为

---

[1] 《隋书》卷二五《刑法志》载此诏下后，"于是上下相驱，迭行箠楚，以残暴为干能，以守法为懦弱"。

[2] 《隋书》卷二《高祖纪下》及《刑法志》载开皇十七年此诏节文，皆作"听于《律》外斟酌决杖"。这显然不如《北史》表述得准确。

并州总管：

> 上幸温汤而送之，自山以东至于沧海，南拒黄河五十二州尽隶焉。特许以便宜，不拘《律》、《令》。

"许以便宜，不拘《律》、《令》"而其语不及格式，是因为当时只有《律》、《令》才是法典和稳定的常制，格式则无非是"权制"，是各种随时所下敕例的泛称，这恐怕也是当时并无《律》、《令》、《格》、《式》并行之制的体现。

再如《隋书》卷四一《苏威传》载其炀帝时被除名为民，诏文数其罪有曰：

> 威立性朋党，好为异端，怀挟诡道，徼幸名利，诋诃《律》、《令》，谤讪台省……

这里，"朋党"是指威在文帝时，曾与卢恺、薛道衡、王弘、李同和结党营私之事；"诡道"是指威在炀帝时，常在"承望风旨"和"微以讽帝"之间首鼠两端；"诋诃《律》、《令》，谤讪台省"，当是指其《开皇律》、《令》颁后"每欲改易事条"，因此攻讦李德林等台省官为"狠戾固执"之事。而诏文之所以数此诸事，必是由于《大业律》中有"朋党"、"诡道"、"诋诃《律》、《令》"之类的罪名，故其之所以只举《律》、《令》而不及《格》、《式》，倒不是因为苏威所诋不及《律》、《令》以外的其他制度，而是当时本无与《律》、《令》并行的《格》、《式》，《律》、《令》中亦无有关《格》、《式》之文的缘故。①

四 关于隋代立法和法律体系的几点认识

通过以上梳理考析，大体可得几点结论：

一是隋代仍延续了北魏以来常以"格"、"式"来指称《律》、《令》

---

① 这一点在开皇《诸卫职员令》只提《律》、《令》而不及《格》、《式》的状态中已有反映。又《唐律疏议》卷三〇《断狱篇》有"诸断罪不具引《律》、《令》、《格》、《式》"条，隋若有此四法并行之制，其《律》、《令》文中自亦应提到《格》、《式》。

以外敕例的习惯，同时常以"格式"来指代《律》、《令》等各种法律，甚至出现了以"律令格式"来泛指各种法律或规章的现象。这种变化体现了北朝后期法律文化的影响，反映了"格"、"式"在当时法律体系中渐受重视的趋向，同时也构成了准确理解当时记载的"律令格式"并称之例的钥匙。

二是隋代出现的各种"格"、"式"，包括炀帝大业四年十月颁行的"新式"在内，其实都是随时随事形成的单行敕例。故当时虽有分称为"格"、"式"或合称为"格式"之法，却未统一编纂与《律》、《令》并行的《格》、《式》这两种法书或法典，也就并未形成《律》、《令》、《格》、《式》并行的法律体系。这一点连同上述隋代的法律指称习惯，即构成了《隋书·经籍志》史部刑法类后叙述"隋律令格式并行"，却未著录有隋代《格》、《式》的原因所在。

三是隋代的法律体系，是由《律》、《令》和各种补充、修正其规定的敕例所构成的。这样的格局，显然延续了北魏太和、正始以来完全围绕新《律》、《令》制定来展开立法的状态，却舍弃了北齐和北周以《律》、《令》和其他几种新的法律形式相辅而行，特别是以这些新的法律形式来删定和约束各种敕例的做法。这应当还是北魏以来政治和法律儒家化进程中特别强调法典作用和地位的强劲趋势使然，但也意味着《律》、《令》这两部法典直接面对各种敕例冲击的叵测局面。

隋代法制的实际走向，正是这种叵测性的生动展现。在这个各种敕例缺乏制度约束，并不定期清理和删定编纂的法律体系中，各种单行敕例对《律》、《令》作用和严肃性的冲击，也就只能靠"今上"的自律来约束了，而这早已被证明是绝对靠不住的。《隋书·刑法志》对有隋一代法制状态的记载和评述，虽是以唐人特别是太宗时期对隋史的总结为指导而展开的，对其中的利弊得失也就不免有些夸大或缩小之处；但其通篇对文帝和炀帝时期《律》、《令》宽简而苛法横行，《律》、《令》稳定而改制频繁，《律》、《令》优良而大半具文的描述，确是切中了当时法制的根本问题的。程树德《九朝律考·隋律考序》称隋末"刑罚滥酷，本出于《律》、《令》之外"，说的正是其症结所在。在各种敕例纷至迭出，从一般性的补充、修正到大幅度取代和扰乱《律》、《令》的现实中，法典在整个制度领域的作用和地位的束之高阁，整个司法氛围朝法愈繁而犯愈众的方向不断恶化，实际上是一种无法避免的结局。

总之，有隋一代的法律体系，看来是在北周以《大律》与《刑书要制》、《正始令》与《大统式》等新、旧法律错杂并陈局面的刺激下，通过针对周官改制和恢复胡姓的"还依汉魏"，回归到了太和、正始以来的立法路径，走上了一条试图只以《律》、《令》这两种法典，或者再加上更具基础性的《五礼》来规范其全部制度的道路。

就其主要贡献而言，其确实已通过新《律》、《令》的制定和施用，总结了北魏孝文帝改制以来，《律》、《令》修订久经蹉跎而大量敕例难以彻底清理的状态，也进一步显示了置各行政过程于法典指导之下的倾向。《开皇律》、《令》的简明优良，体现了其立足北周至隋的实际来汲取正始、河清《律》、《令》之长的成就，这一点连同其对唐代《律》、《令》的影响，业已充分体现了其继往开来的历史地位。

但就其主要缺憾而言，其只修《律》、《令》两部法典的状态，实际已舍弃了北魏末年至北齐和北周编纂《格》、《式》等新的法律形式，以此来删定和约束各种敕例的做法，故其不仅并未继承和发扬北朝后期《律》、《令》和其他法律形式相辅而行的主要成果，甚至也没有取鉴西晋至梁、陈《律》、《令》与《故事》或《科》并行局面的经验教训。其结果是使隋代的大量敕例，始终缺乏定期删定和统一编纂的制度；相应地则不能不使隋代的《律》、《令》，始终都面临着纷至迭出的大量敕例的直接冲击和扰乱。由之带来的法愈繁而犯愈众的局面，直接构成了隋代速亡的原因之一。

在这个意义上可以认为，正是由于隋代舍弃了北朝后期在《律》、《令》之外出现的那些新的法律形式，也就决定了其只能在《律》、《令》的制定上承前启后，却失去了在整套法律体系的发展上继往开来的历史契机。同时也决定了其在面对"今上制敕与法典的关系"这个帝国法制的根本问题时，陷入了一种首鼠两端和软弱无力的状态，留下的更多是反面的教训。在效力至高无上的今上制敕面前，只用法典来规范行政过程，实际上适足以断送法典对行政过程的指导；不以新的法律形式对今上制敕加以某种约束和归置，最终导致的只能是敕例横行而法制糜烂。唐初的立法，正是在总结这种历史教训和启示的前提下展开的，到永徽二年终于形成的《律》、《令》、《格》、《式》体系，便是其集中体现。

在此还要特别指出的是，不少学者往往在处理"格"、"式"的名、实关系时出了问题。表现为看到某些规定被称为"格"或"式"，就直接将之视为一种法律形式。常见的如把战国以来称"格"或"式"的规范，看作是特定的法律形式，或把隋唐时人经常提到的"格"、"式"一概视为《格》、《式》，却不去追究这些名称所指究竟是什么，其作为法律规范的形态和性质如何，相互之间究竟有什么不同，忘记了这才是学界关心这些名称的原因。事实上，正如前面讨论所揭，指称和对象的关系同样是有其发展过程的。从一般地以"格"、"式"等多种名称和方式来指称某些法律规范，到北朝后期出现《麟趾格》、《大统式》及《权格》、《权令》等各有其特定形态和性质的法书；从隋及初唐较为集中地以"格"、"式"来指称某些敕例，到唐高祖制定"五十三条格"、贞观十一年定《格》十八卷，再到永徽二年《格》分两部和《式》的创制。这种相互影响和交替发展的过程，一方面解释了各时期有关法律为什么如此命名，另一方面也说明了同期对有关敕例所做的归约和整理。其所反映的既是各种法律规范的名、实关系，更是敕例与法典的相互关系。因此，只有认真探讨和比较各时期"格"、"式"等称所指规范的形态和性质，才有可能揭示这个中古法律体系中最为活跃和关键部分的发展演变，也才能避免讨论浮于皮相和似是而非，方得切实解决唐代《律》、《令》、《格》、《式》体系的渊源和形成问题。

中国社会科学院文库
历史考古研究系列
The Selected Works of CASS
History and Archaeology

中国社会科学院创新工程学术出版资助项目

中国社会科学院文库·历史考古研究系列
The Selected Works of CASS · History and Archaeology

魏晋南北朝隋唐立法与法律体系

敕例、法典与唐法系源流
（下 卷）

HISTORY OF EDICT PRINCIPLES, CODE, AND LAW SYSTEM FROM WEI—JIN TO SUI—TANG DYNASTIES

楼 劲 著

中国社会科学出版社

目　录

下　卷

第八章　《律》、《令》、《格》、《式》体系的形成 ……………………（373）
 第一节　武德"新格"及所谓"武德式"的相关问题 ……………（374）
  一　基本史料及问题的由来 ………………………………………（374）
  二　唐高祖两次定"格"至武德七年已采入新《律》 …………（377）
  三　《新唐书·艺文志》关于"武德式"的孤证不能成立 ………（382）
  四　"五十三条格"确有某种承前启后地位 ……………………（387）
 第二节　贞观十一年立法史料及《贞观式》之有无问题 …………（389）
  一　贞观所定《律》、《令》、《格》在记载中并无问题 …………（390）
  二　《旧唐书·刑法志》载贞观立法的文句错杂 …………………（392）
  三　《旧志》之误的原因及与之同源的一组史料 ………………（394）
  四　关于"贞观式"的另外两条记载及其分析 …………………（402）
  五　贞观十一年前后的立法趋势 …………………………………（411）
  六　关于贞观立法的几点认识 ……………………………………（413）
 第三节　永徽二年《律》、《令》、《格》、《式》体系的形成 …………（415）
  一　永徽开创《律》、《令》、《格》、《式》体系的关键所在 ………（415）
  二　永徽所定《律》、《令》、《格》、《式》体系的基本状况 ………（422）
  三　永徽以后《律》、《令》、《格》、《式》体系的调整完善 ………（427）

第九章　开元前后《格》、《式》的基本性状 …………………………（433）
 第一节　《散颁格》和《式》的形态和共性 …………………………（434）
  一　《散颁格》和《式》皆为法典而非敕例汇编 …………………（435）

二　《散颁格》和《式》的另一些共性 …………………………… (439)
　第二节　《留司格》形态及相关问题 ………………………………… (443)
　　一　《留司格》踪迹的探寻 …………………………………………… (443)
　　二　《通典》附存的"《开元格》"佚文性质判断 …………………… (446)
　　三　《留司格》形态的相对原始 ……………………………………… (450)
　第三节　《格》、《式》编纂的要点 ……………………………………… (456)
　　一　《格》、《式》的编纂对象和编排方式 …………………………… (456)
　　二　"格后敕"与《格》的编纂 ………………………………………… (458)
　　三　敕例的另一形成途径与《式》的编纂 ………………………… (462)
　　四　《格》、《式》的编纂与条文数量 ………………………………… (468)
　　五　关于《格》、《式》编纂问题的归结 ……………………………… (472)
　第四节　《格》、《式》的作用、性质和地位 …………………………… (474)
　　一　《格》、《式》均可补充《律》、《令》 ……………………………… (474)
　　二　《格》、《式》与《律》、《令》的效力、位阶大体相当 …………… (482)
　　三　"别格"之所指及相关问题 ……………………………………… (486)
　　四　《式》的条、款结构及其"纲要"与"细则"并存 ………………… (490)
　　五　"别式"之所指及相关问题 ……………………………………… (496)
　第五节　对唐前期《律》、《令》、《格》、《式》体系的几点认识 ……… (501)
　　一　《唐六典》和《新唐书·刑法志》所述之得失 ………………… (501)
　　二　几点总结 ………………………………………………………… (504)

第十章　《律》、《令》、《格》、《式》体系的变迁 …………………………… (507)
　第一节　类似《格》、《式》的几种法规及《格后长行敕》的编纂 …… (508)
　　一　"选格"、"举格"及"长行旨"、"烽式" ………………………… (508)
　　二　"格后长行敕"及其相关问题 …………………………………… (514)
　第二节　《格式律令事类》的编纂与《大中刑律统类》 ……………… (520)
　　一　"《格式律令事类》"的编纂背景 ………………………………… (521)
　　二　"《格式律令事类》"的体例 ……………………………………… (527)
　　三　"《格式律令事类》"的后续之举 ………………………………… (533)
　第三节　长行敕的删定编纂与开元二十六年至唐末立法 ………… (536)
　　一　开元以后的七次通盘立法 ……………………………………… (537)
　　二　对中唐以来立法的几点认识 …………………………………… (550)

第四节　唐后期立法与法律体系之变 ……………………（552）
　一　德宗对立法体制的两点调整 ……………………（552）
　二　敕例及"长行敕"效力和地位的上升 ……………………（557）
　三　"一切取最向后敕为定"及其解释 ……………………（562）
　四　关于唐前、后期敕例及长行敕作用和地位的几点认识 ……（565）

第十一章　宋初三朝的"例"与规范形态的变迁
　　　　　——以礼例为中心的考察 ……………………（567）
第一节　礼例表述方式和含义的庞杂 ……………………（568）
　一　"礼例"的指称和表述方式 ……………………（568）
　二　"例"的庞杂和内涵不定 ……………………（573）
第二节　礼例的构成、援引及其反映的问题 ……………………（578）
　一　宋初所援"礼例"中包括了前朝旧制 ……………………（578）
　二　礼例可兼指礼典及《令》、《式》规定 ……………………（583）
　三　以制敕为"例"和因习惯相承为"例" ……………………（587）
第三节　礼例发展升华的趋向和相应的制度形态 ……………………（592）
　一　著于现有《令》、《式》或编入《编敕》 ……………………（592）
　二　"条例"的修撰 ……………………（597）
　三　"著为定例" ……………………（605）
第四节　例册、例簿的编纂和礼书的新形态 ……………………（612）
　一　承敕编纂例册 ……………………（613）
　二　各部门自编例簿 ……………………（615）
　三　例簿、册的收录范围和作用 ……………………（617）
　四　礼书类同"例册"的新趋势 ……………………（619）
第五节　辨所谓"淳化令式" ……………………（622）
　一　淳化并未立法而仅校改违碍文字 ……………………（623）
　二　后唐仅存的唐代法书文本及相关认识 ……………………（626）

第十二章　中古"制定法运动"与"法律儒家化"进程 ……………………（629）
第一节　中古"制定法运动"及其兴衰起伏 ……………………（629）
　一　魏晋时期制定法运动的开启 ……………………（630）
　二　制定法运动在南北朝时期的展开 ……………………（634）

三　唐初以来制定法运动走向顶峰 …………………………（647）
　　四　制定法运动的迅速跌落和衰变 …………………………（655）
　　五　关于魏晋至隋唐制定法运动的几点认识 ………………（658）
第二节　"儒家化进程"与魏晋以来的"制定法运动" …………（660）
　　一　推进魏晋以来制定法运动的若干因素 …………………（660）
　　二　"法律儒家化"命题及其内涵和背景 …………………（674）
　　三　法律儒家化与制定法运动的关联 ………………………（678）
　　四　古文经学与法律儒家化及制定法运动 …………………（688）
　　五　修礼典与定《律》、《令》的相互驱动 …………………（692）
第三节　儒家化北支传统与制定法运动的高涨 …………………（698）
　　一　北朝法律儒家化与制定法运动的同步发展 ……………（699）
　　二　儒家化、汉化改革的缠绕与制定法运动的逐步推进 ……（700）
　　三　托古改制的三次高峰与制定法运动的逐浪高涨 ………（708）
　　四　关于北朝法律儒家化与制定法运动的几点认识 ………（714）
第四节　儒家化进程的终结与制定法运动的衰落 ………………（717）
　　一　汉化的完成与社会发展的新阶段 ………………………（718）
　　二　经本经解趋于统一及其对法律儒家化进程的影响 ……（722）
　　三　礼典与法典的制作及礼、法关系的厘定 ………………（733）
　　四　法律儒家化的终结与制定法运动的衰落 ………………（741）

跋语　敕例、法典与中国古代法制的基本特征 ………………（750）

下 卷

第八章

《律》、《令》、《格》、《式》体系的形成

从历史渊源和形态、结构来看，唐代建立的《律》、《令》、《格》、《式》体系，取鉴了隋代法制的经验教训，在制度框架上对北齐《律》、《令》并行辅以《权格》、《权令》的格局作了进一步完善，实际上也是对西晋、梁、陈《律》、《令》、《故事》并行之局的继续发展。另外，这一体系又在精神实质上，继承了北周相继推出新的法典来规范行政过程和巩固其制度创革成果的衣钵，即把《晋故事》直至《权格》、《权令》之类的敕例集，改造成了《格》、《式》这两种辅助《律》、《令》的新法典，从而完成了北周新、旧法典并存局面所遗留，其解决过程又被隋代所中辍了的历史任务。同时这也极大地弘扬了魏晋以来特别是北魏孝文帝以来，尽可能以法典来推进制度更作，规范行政过程的理念和传统。正是在这样的意义上，唐代的《律》、《令》、《格》、《式》体系，不仅是对北齐、北周和隋代立法进程和法制格局的总结，同时也是对整个魏晋南北朝立法和法律传统的继承和发展。

《律》、《令》、《格》、《式》体系的形成，自应以《格》、《式》这两部法典的编纂及其与《律》、《令》并行为标志。以此来衡量，这一法律体系的形成时间，既不应定在隋代，也不应定在唐武德或贞观时期，而应断在高宗永徽二年。在实际进程中，《格》、《式》这两种新的法律形式，自武德、贞观时期的酝酿培育，到永徽二年《格》分为二和《式》的创制，为时长达二十余年，当然其在永徽以后也仍在演化发展之中。而其中的关键，仍在于今上制敕与法典的关系，正是北朝后期以来这一关系的继续演化及相应发生的种种事态，进一步放大了整个法律体系朝强调制定法作用和地位的方向来重新组合的趋势，驱动了唐初以来不断把各种单行敕例编纂为综合性法书的尝试，并且推进了其在性质和形态上的进化，这才

导致了《律》、《令》、《格》、《式》体系的形成。

本章即拟揭示其中的若干重要片断和关键所在，借以凸显其主要的阶段和线索。同时也要梳理和考证有关唐初立法和法律体系的基本史料，以尽可能澄清"武德新格"之所指，"《武德式》"和"《贞观式》"之是否存在，贞观时期究竟有没有形成《律》、《令》、《格》、《式》并行体系，以及永徽二年所定《格》、《式》的形态和性质等重要问题。

第一节 武德"新格"及所谓"武德式"的相关问题

关于唐高祖武德年间立法，突出的问题有二：一是武德元年"五十三条格"的性质如何；二是所谓"武德式"是否存在的问题。以下即拟围绕这两点考察武德时期的立法和法律体系，以明确当时尚未形成《律》、《令》、《格》、《式》并行体系。

一 基本史料及问题的由来

武德立法的基本史料，如《唐会要》卷三九《定格令》、《旧唐书》卷五〇《刑法志》和《新唐书》卷五六《刑法志》所载。这些记载在参与立法之人，所定法律内容及各次立法时间上小有差异，但在大事节目上还是基本相同的。

这里先将《唐会要》卷三九《定格令》所载列出，以见其要：

> 武德元年六月一日，诏刘文静与当朝通识之士，因隋《开皇律》、《令》而损益之，遂制为五十三条。务从宽简，取便于时，其年十一月四日颁下。仍令尚书左仆射裴寂、吏部尚书殷开山、大理卿郎楚之、司门郎中沈叔安、内史舍人崔善为等，更撰定《律》、《令》。十二月十二日，又加内史令萧瑀、礼部尚书李纲、国子博士丁孝乌等，同修之。至七年三月二十九日成，诏颁于天下，大略以开皇为准，正五十三条。凡《律》五百条，格入于新《律》，他无所改正。

这段记载年月日分明，当自《实录》等较为原始的记载节录而来，其所说明的是武德时期立法的两件大事：

一是武德元年损益《开皇律》、《令》而制行"五十三条",这显然是一份包括了五十三个条款的条制,故《旧志》述之为"五十三条格",《新志》述为"新格五十三条",可见唐初仍沿袭了北魏以来称敕例尤其是条制为"格"的习惯。

二是五十三条施用后,又诏裴寂等"撰定《律》、《令》"①。具体则是以《开皇律》、《令》为其蓝本,又"正五十三条"来展开的,至武德七年告成颁行,却无同时颁行《格》、《式》之事②。所谓"正五十三条",意即新《律》、《令》的制定,是把五十三条格从条制"正"为《律》文,又据此调整了《开皇律》、《令》的相关内容。故《旧志》载此为"惟正五十三条格,入于新《律》,余无所改"③,其意与《唐会要》所述相同而更加明晰,特别是明确了五十三条格基本上是刑事条法的性质。

据此则武德时期的立法,先是武德元年制定了性质类于东魏《麟趾格》的五十三条新格,行至武德七年本朝新《律》、《令》修订完毕颁于天下,此格内容亦像当年《麟趾格》那样被采入了新《律》而自然停废。由此看来,除非武德七年以后另有不见于史载的集中立法之事,整个武德时期实际上从未形成过《律》、《令》、《格》、《式》并行之制,而只是在武德元年至七年出现过"五十三条格"替代隋法而行的局面。也就是说,武德七年最终确定的法律形式,实际上仍如前面所说的隋代法律体系那样,只有《律》、《令》以及各种敕例,却并未将有关敕例统一编纂为《格》、《式》,使之与《律》、《令》相辅而行,这在关于当时立法的记载

---

① 《唐会要》述命裴寂等人及再命萧瑀等人修订新《律》、《令》,显然都在武德元年。《旧志》述武德立法通篇不出具体年月。《旧唐书》卷一《高祖纪》载五十三条格颁行在武德元年十一月乙巳,新《律》、《令》颁行在武德七年四月庚子,虽与《唐会要》时间稍异而仍同在武德元年。但《新志》述"武德二年,颁新格五十三条",述裴寂等十五人更撰《律》、《令》则在武德四年。《新唐书》卷一《高祖纪》未载武德元年以来制行五十三条格及修《律》、《令》之事,而只记载了武德七年四月庚子"大赦,颁新《律》、《令》"之事。《新志》与《旧唐书》及《唐会要》所载的这些差异,当是《高祖实录》经太宗以来修改,其中与刘文静相关史事包括其主持当时立法的过程已面目皆非,遂致后来几次修撰的《国史》,在武德二年九月刘文静被诛以前史事撰作上,并未按《高祖实录》原本所存时序来系年的结果。

② 《唐会要》卷三九《定格令》载唐历次立法,不像国史《帝纪》等处那样往往只书《律》或《律》、《令》,而是把《格》、《式》也放到重要位置上来记载的,故其记武德七年颁法而不及《格》、《式》,记贞观十一年颁法有《格》而无《式》,应当都不是失载而是史实本来如此。

③ 《册府元龟》卷六一二《刑法部·定律令四》所载与同。

中应当是十分清楚、毋庸置疑的。①

而其之所以成了问题，首先是因为《新唐书》卷五八《艺文志二》史部刑法类，著录了"《武德律》十二卷，又《式》十四卷，《令》三十一卷"。这条记载意味着武德七年曾与《律》、《令》同时制定和颁行了《武德式》十四卷。南宋王应麟编纂《玉海》时，即已注意到这条记载，遂在概括武德立法时标出了"律、令、格、式"之目②。直到最近，也还有不少学者据此认为唐有《武德式》③，此外又有学者将之联系《隋书》提到"律令格式"之文和两《唐书》、《唐会要》中的某些记载，认为武德已承隋而有《律》、《令》、《格》、《式》并行之制。④

---

① 关于武德立法，《旧唐书》卷八〇《韩瑗传》载其"武德初为大理少卿，受诏与郎楚之等掌定《律》、《令》……请崇宽简，以允惟新之望。高祖然之，于是采定《开皇律》行之，时以为便"。同书卷八一《刘祥道传》载其父刘林甫，高祖时"诏与中书令萧瑀等撰定《律》、《令》，林甫因著《律议》万余言"。同书卷一八九下《儒学郎余令传》载其祖楚之，"武德初为大理卿，与太子少保李纲、侍中陈叔达撰定《律》、《令》"。诸处皆只提《律》、《令》而已。

② 《玉海》卷六六《诏令·律令下》。《通志》卷六五《艺文略第三·史类第五》刑法类亦著录了《唐武德式》十四卷，当是照袭《新志》之故。

③ 如张晋藩主编《中国法制通史》第四卷《隋唐》（陈鹏生主编）第六章"唐朝的立法"第一节"唐朝前期和后期重大的立法活动"仍认为有《武德式》十四卷。王立民《唐律新探》第四章"唐律与令格式"二"唐律令格式的各自特点"中亦说："唐代先后颁行过武德式、贞观式、永徽式、垂拱式、神龙式、开元格式律令事类等。"北京大学出版社 2007 年版。杨一凡主编《中国法制史考证续编》收录的霍存福《唐式辑佚》和李玉生《唐代法律形式综论》，皆认为"《武德式》"是与《律》、《令》一起完成的。

④ 如杨廷福《唐律疏议制作年代考》（文载《文史》第五辑，中华书局1978年版）表列唐代编制的重要法典，前两种依次为武德七年三月裴寂等制定的"武德律、令、式"和武德九年六月刘文静等制定的"武德新格"。这显然是说武德时期已经出现了《律》、《令》、《格》、《式》并行之制，但刘文静被诛于武德二年九月，武德九年六月适值玄武门之变，其时当然没有制定和颁行过"新格"。故后来遂有庄昭《武德新格并非制作于武德九年》一文（《史学月刊》1982 年第 2 期），认为这个"武德新格"，指的或许就是五十三条新格。这似乎表明杨先生当年所据乃是一张讹"九"为"元"的资料卡片，故其后来《唐律初探》（天津人民出版社 1982 年版）一书再收此文时，纠正了这一错误，其中所列唐代编制的重要法典表上，已把"武德新格"放到了第一栏，制定年代则改为武德元年十一月，意即此为"新格五十三条"。不过此表仍列有"武德式"，说明杨先生至此仍倾向于武德时期已形成了《律》、《令》、《格》、《式》并行之制，这应当与法史学界长期都认为隋代已"《律》、《令》、《格》、《式》并行"相关。《唐律初探》收录的《唐律内容评述》一文对此作了清晰表述："唐代的成文法典与隋代相同，分为律、令、格、式四类。"后来的《中国法制通史》第四卷《隋唐》第六章"唐朝的立法"第三节"唐朝的法律体系及其渊源"—"唐朝的法律体系"，以及最近高明士《律令法与天下法》第二章"唐代武德到贞观律令的制度"第一节"武德律令格式的编纂"中，都还在因循此说。

在这个问题上，前面既已明确了隋代虽有可称为"格"、"式"的敕例，却并未将之统一编纂为《格》、《式》，故无《律》、《令》、《格》、《式》并行之制，也就无法再因武德立法多承隋制，而说当时已《律》、《令》、《格》、《式》并行了。若再梳理和考察，《新唐书·艺文志》著录武德时期的"又《式》十四卷"，乃是一条同期文献仅此一说的孤证①，而学者用来证明武德时期已有《格》、《式》的另外一些记载，则要么是原文存在着明显的错误，要么是今人在理解上存在问题，不仅不能说明武德七年以后还编纂过"新格"，且亦无法构成"又《式》十四卷"的佐证。

二 唐高祖两次定"格"至武德七年已采入新《律》

对武德"格"的不少误解，既与记载不够明确有关，也与对记载的梳理不够有关。这里不妨把这些记载逐一列出略加分析：

《新唐书》卷五六《刑法志》载五十三条格颁后：

> 已而又诏仆射裴寂等十五人更撰《律》、《令》，凡《律》五百，丽以五十三条。流罪三，皆加千里；居作三岁至二岁半者，悉为一岁。余无改焉。

这条记载中的"丽以五十三条"，同书卷五八《艺文志二》史部刑法类著录"《武德令》三十一卷"的原注，述为"以五十三条附新《律》，余无增改"。两处所述"附"、"丽"，意思都较为含混，似乎五十三条格未被

---

① 除若干陈陈相因的目录书以外，《通典》卷一六五《刑四·刑制下》、《册府元龟》卷六一二《刑法部·定律令第四》载武德立法，俱只提制行约法十二条、五十三条格和《律》、《令》之事，而全然不及《式》的制行。沈家本《历代刑法考·律令》卷四《唐约法十二条》等处述唐武德立法只列"约法十二条"、"新格五十三条"和"武德律"，而全然不提《艺文志》著录的"又式十四卷"，即是有鉴于此的结果。滋贺秀三《中国法制史论集·法典と刑罚》一书"考证篇"第六章"汉唐间の法典についての二三の考证"三"贞观留司格一卷の不存在——旧唐书刑法志の衍文、新唐书芸文志の批判"（此文原载《东方学》第十七辑，1958年）中，更指出《新唐书·艺文志》史部刑法类著录的开元以前法书，不少都未亲见其书，而是取《隋书》、《旧唐书》等处记事折中而成。认为其中如"《贞观留司格》一卷"其实并不存在，且对武德"又《式》十四卷"及"《贞观式》三十三卷"是否存在的问题提出了怀疑。东京，创文社2003年版。

修入新《律》，而是附《律》而行①。然则武德七年以来出现的，就会是《律》、《令》与五十三条格和《艺文志》著录的"又《式》十四卷"并行的局面了。

不过这样解释显然极不妥当，因为其毫无道理地否定了上面所说《唐会要》和《旧志》关于五十三条格至新《律》、《令》颁行时已"入于新《律》"的记载。特别是《唐会要》载武德七年诏颁新《律》、《令》，"大略以开皇为准，正五十三条，凡《律》五百条，格入于新《律》，他无所改正"这段文字，实际上不仅是《旧志》述当时"惟正五十三条格，入于新《律》，余无所改"的史源所在；也是《新志》所述"凡《律》五百，丽以五十三条"一句的出处，说明其无非是对《唐会要》"凡《律》五百条，格入于新《律》"这一句的改写。至于《艺文志》说当时"以五十三条附新《律》"，更可说是对改写的改写。而改写显然是不能用来否定史源的，故两处所用"丽"和"附"字都极成问题而不足训，武德七年以来肯定已不再施行五十三条格，也就谈不上有《律》、《令》、《格》、《式》并行的局面了。

又《旧唐书》卷一《高祖纪》载：

> 武德元年五月壬申，"命相国长史裴寂等修《律》、《令》"。六月甲戌，"废隋《大业律》、《令》，颁新格"。十一月乙巳，"诏颁五十三条格，以约法缓刑"。

根据这些记载，在武德元年五月壬申"修《律》、《令》"与十一月乙巳"颁五十三条格"之间，又制行过另一个"新格"。给人的印象是：五十三条格固然已随武德七年新《律》的颁行而停废，但当时还存在着另一个未被废止的《格》。

这个印象还是经不起推敲的。上引文述"废隋《大业律》、《令》，颁新格"之事，当即《唐会要》卷三九《定格令》下列记载之所指：

---

① 《通典》卷一六五《刑三·刑制下》载"及受禅，又制五十三条格，入于新《律》，武德七年颁行之"。其文意亦欠明朗。《资治通鉴》卷一九〇《唐纪六·武德七年》四月庚子，"赦天下，是日颁新《律》、《令》。比开皇旧制，增新格五十三条"。也是一个易致误解的表述。又其前文载三月，"初定《令》，以太尉、司徒、司空为三公……上柱国至武骑尉十二等为勋官"。这显然只是《官品令》的内容，亦属不妥的记载。

> 高祖初入关，除苛政，约法十二条，唯制杀人、劫盗、背军、叛逆者死，余并蠲除之。

《旧志》亦载此事，但把"初入关"改成了"既平京城"①。两处所谓的"余并蠲除之"，说的也就是上引《旧纪》文中的"废隋《大业律》、《令》"；同时又说明十二条约法中"杀人、劫盗、背军、叛逆者死"等规定，也是像诸处所载五十三条格的制定那样，是"损益"隋《律》、《令》而成的。

由此可断：《旧纪》所载武德元年六月甲戌颁行的"新格"，其实就是约法十二条，由于其同样是一份条制，故亦可称之为"格"；其既损益和取代了隋代《律》、《令》，故颁行之日自须明令废除正在行用的《大业律》、《令》。而其后颁行的五十三条格，则必然是为解决约法十二条内容过简不敷治理之用的问题，在此基础上增益而成的②。故其实际上是继十二条而再次"约法"，上引《旧纪》文述其"约法缓刑"，正包含了这层意思。《新唐书·刑法志》曰：

> 武德二年，颁新格五十三条，唯吏受赇、犯盗、诈冒府物，赦不原。凡断屠日及正月、五月、九月不用刑。③

---

① 《资治通鉴》卷一八四《隋纪八》义宁元年十一月丙辰，"与民约法十二条，悉除隋苛禁"。且其后文未载武德元年制行五十三条格之事。

② 事实上，即便五十三条格也还是不敷治理之用的。据《唐大诏令集》卷一二三《政事·平乱上》收录的武德四年《平王世充赦》及《资治通鉴》卷一八九《唐纪五》武德四年七月丁卯记事，这份赦令已部分恢复了"开皇旧法"的效力，使之与五十三条格一起发挥作用，从而又标志着当时定《律》、《令》的过程已明确以开皇为范来展开。

③ 《册府元龟》卷六一二《刑法部·定律令第四》："武德二年正月，诏自今已后，每年正月、五月、九月及每月十斋日，并不得行刑。二月，制官人枉法受财及诸犯盗诈请仓库、隐藏官物者，罪无轻重，皆不得赦原。"《新志》显然认为国史的这条记载，指的就是五十三条格中的两条，遂把五十三条格的颁行时间定在武德二年。若据《唐会要》和《旧纪》五十三条格颁于武德元年十一月，武德二年这两条规定就不应列于其中。又《新唐书》卷一《高祖纪》武德二年正月甲子，"诏自今正月、五月、九月不行死刑，禁屠杀"。《唐会要》卷四一《断屠钓》则载武德二年正月二十四日诏："自今以后，每年正月九日，及每月十斋日，并不得行刑，所在公私，宜断屠钓。"两处所载这份诏书的内容，《新纪》与《册府》所载武德二年正月诏略同，《唐会要》则明显与之有异，但其"正月九日"断屠并无典据之可言，且此诏全文载于《唐大诏令集》卷一一三《道释》所载武德二年正月《禁正月五月九月屠宰诏》，《册府元龟》卷四二《帝王部·仁慈》亦载之，校之可知《唐会要》"九日"实是"九月"之误，且其前脱"五月"二字。

这里概括的，便是五十三条格的内容，但其显然不会只有官吏犯罪不赦和用刑日期的规定，而是必然包括了以往约法十二条中"杀人、劫盗、背军、叛逆者死"等规定，这一点恐怕不会有什么问题。

这样，武德元年的立法进程，大体就是高祖入关以后先约法十二条，登位以后又在此基础上制行五十三条格，再开始正面修订本朝的新《律》、《令》。因此，《旧纪》所载武德元年五月壬申"命相国长史裴寂修《律》、《令》"，指的实际上是高祖入关以后约法十二条之事，因为从约法十二条到再定五十三条格，都是损益隋《律》、《令》而成，也都可以视为修撰本朝新《律》、《令》的开始①。《唐会要》和《新唐书·刑法志》之所以都把五十三条格颁行后诏修《律》、《令》之事，载为命裴寂等人"再撰定《律》、《令》"，也正透露了此前其修撰过程业已开始的意思。

至于《旧纪》之所以会把"废隋《大业律》、《令》，颁新格"放在高祖登位以后的武德元年六月甲戌，一种可能是入关之初只是明确废除了隋法而只作泛泛之约，而内容较为精确的十二条"新格"确是在此时定讫颁行的。另一种可能则是《高祖实录》系年已经淆乱，当时史事在贞观初姚思廉至长寿中牛凤及再到长安中刘知几、吴兢以来的几次《国史》修撰中，其系年已有所不同的缘故②。不管是哪种情况，武德元年这三次立法的基本内容和先后次序大体上仍是清楚的。

对于"五十三条格"的行用来说，还有一件事情值得注意。《唐大诏令集》卷一二三《政事·平乱上》收录的武德四年《平王世充赦》有曰：

> ……可大赦天下，自武德四年七月十二日昧爽以前，大辟罪已下已发露、未发露，悉从原放。自武德二年十二月三十日以前亡官失爵者，量听叙用。天下民庶给复一年，其陕鼎函虢□芮六州供转输之费，幽州管内久隔寇戎，给复二年。身死王事，量加褒赠。律令格

---

① 《旧唐书》卷一《高祖纪》武德二年正月乙卯，"初令文官遭父母丧者，听去职"。《新唐书》卷一《高祖纪》武德二年二月乙酉，"初定租庸调法。令文武官终丧"。这类规定显然都在新《律》、《令》规定之列，而其当时先以敕例形式施用，这也是武德二年正月以前《律》、《令》修订实已开始之证。

② 参《史通·外篇》卷一二《古今正史》。

式,且用开皇旧法……

《资治通鉴》卷一八九《唐纪五》武德四年七月丁卯记事节引其文,其"律令格式,且用开皇旧法"一句,则被改写为"律令格式,且用开皇制"。有些学者即是以此来证明隋文帝时已有《律》、《令》、《格》、《式》并行之制的,前面已对隋及初唐这类以"律令格式"来泛指《律》、《令》等各种法律规定的语例做过辨析,此不再赘。无论如何,这条记载表明:武德四年七月以后,前面所述高祖入关"约法十二条"以来"并蠲除"隋法的局面已被改变。也就是说,此前"五十三条格"实际上完全取代了隋法,而此后,隋开皇所行之法至少已部分恢复了效力,直至武德七年新《律》、《令》推出以前,五十三条格实际上有过一段与《开皇律》、《令》相辅而行的历史。这是切关于武德时期法制局面,特别是"五十三条格"效力和地位变迁的一件大事,在此基础上,武德七年颁行的新《律》、《令》之所以要取本《开皇律》、《令》又采纳"五十三条格"而成,就成了再自然不过的事情了。

另有一条时代有误的资料需要在此说明一下。《唐会要》卷三九《定格令》:

> 贞观二年七月二十三日,刑部侍郎韩洄奏:"刑部掌《律》、《令》,定刑名,按覆大理及诸州应奏之事,并无为诸司寻检《格》、《式》之文。比年诸司,每有与夺,悉出检头,下吏得生奸,法直因之轻重。又文明敕:当司格令,并书于厅事之壁。此则百司皆合自有程式,不唯刑部独有典章。讹弊日深,事须改正。"敕旨:"宜委诸曹司,各以本司杂钱,置所要《律》、《令》、《格》、《式》,其中要节,仍准旧例录在官厅壁。左、右丞勾当,事毕日闻奏。其所(请)诸司于刑部检事,待本司写格令等了日,停。"①

这条贞观二年的记载说到了《律》、《令》和《格》、《式》,粗心者或亦以此来说明武德时期已《律》、《令》、《格》、《式》并行,且诸司皆按

---

① 《通典》卷一六五《刑三·刑制下》原注亦载此为贞观二年七月事。上引文圆括号内"请"字即据此补。

"旧例"将其常用条文书于厅壁,而未注意到其本是贞元二年之事,"观"当作"元"才是。这不仅是因为这条记载在《唐会要》此目之下排在开元十四年和宝历二年之间;也不仅是因为其中提到了"文明敕",而此敕即为《唐会要》此目前文所载的"文明元年四月十四日敕";更是因为此"韩洄"是在德宗贞元二年正月才由京兆尹转刑部侍郎的①。故其所证明的,只能是贞元以前的状况。

三 《新唐书·艺文志》关于"武德式"的孤证不能成立

通过上面的梳理和辨析,非惟武德七年所颁无《格》的事实可以确定无疑,武德元年以来立法之要亦已可明。由此再看《新唐书·艺文志》除著录《武德律》、《令》以外,尚有"又《式》十四卷"一句,更可见这条记载之突兀,且几乎与当时立法的所有史实相悖。以下再举四端以见其断然不能成立之况:

一是诸处皆载武德七年颁行的新《律》、《令》,是取《开皇律》、《令》为准,又据五十三条格而制定的。这方面说的相对比较准确的,当首推《唐六典》卷六《刑部》原注:

> 皇朝武德中,命裴寂、殷开山等定《律》、《令》,其篇目一准隋开皇之《律》,刑名之制又亦略同,唯三流皆加一千里,居作三年、二年半、二年,皆为一年,以此为异。又除苛细五十三条。

这段文字也为《新志》述《武德律》、《令》所据,其中只列举了《武德律》、《令》在"刑名"上与《开皇律》、《令》的不同,但亦可以想见其他变化还有不少。同时其"篇目一准隋开皇"和"以此为异"之语,亦体现了变化幅度的有限。

因此,诸处所谓"余无所改",说得可能有些过分,但《武德律》、

---

① 严耕望《唐仆尚丞郎表》卷四《通表下·兵刑工尚侍表》、卷二〇"辑考七下·刑侍"韩洄条。上海古籍出版社2007年版。

《令》未对《开皇律》、《令》作全面调整,仍是无可置疑的史实①。而若当时确实创制了与之并行的《式》十四卷,那就必然会全面涉及《律》、《令》与《式》的相互关系及其各自的内容安排、定位和文字表述,也就不能不对《开皇律》、《令》进行大幅度修改了。然则史官们言之凿凿的"余无所改"等语,也就成了全然不顾史实的荒谬表述了。应当说,在这件事情上显得荒谬的,不是《武德律》、《令》并未大变的史实,而是竟出现了武德七年存在着"又《式》十四卷"的记载。

二是诸处皆载五十三条格的规定被修入了新《律》,前已辨其内容被修入而非附《律》而行,亦应是确凿的史实。不过"入于新《律》"之类的表述可能还不够准确,因为五十三条格的内容,显然远较约法十二条细致,上引《唐六典》卷六《刑部》原注甚至称之为"除苛细五十三条"。《新唐书·刑法志》则述其中包括了官吏犯贪赃等罪不赦和正月、五月、九月及断屠日不得用刑的限制,故可推知其不仅关系到《律》,亦必关系到了《令》的制定。

其显例如《唐律疏议》卷三〇《断狱篇》"诸立春以后秋分以前决死刑"条疏议曰:

> 依《狱官令》:"从春分至秋分,不得奏决死刑。"违者徒一年……其正月、五月、九月有闰者,《令》文但云正月、五月、九月断屠,即有闰者,各同正月,亦不得奏决死刑。

这条疏议十分清楚地表明,正月、五月、九月不得用刑的规定,后来不仅其大意被修入了《律》,其具体规定亦被修入了《狱官令》。因此,较之"入于新《律》"更为准确的表述,是武德七年已把五十三条格修入了新

---

① 这方面一个典型的例证,是均田制研究者对《隋书》卷二四《食货志》所载开皇《田令》与《唐六典》卷二《户部》所载武德《田令》相关规定的异同比较,其所示变化大致有五:一是"丁中"年龄段从11—20岁改为16—20岁;二是"露田"改称"口分田";三是"公廨田"从无到有;四是妇女、奴婢从受田到不受田;五是僧尼道冠从不受田到受田。而第三及第四、第五项之变化其实发生于隋代,分别是开皇十四年及炀帝时所改。由此可见,《武德令》并非皆取《开皇令》加以损益而成,而是兼取了开皇和大业《令》的相关内容,同时其损益幅度确实有限。参赵俪生《中国土地制度史·中国土地制度史讲稿》第五章"北朝、隋唐的均田制度",齐鲁书社1984年版;武建国《均田制研究》第七章"北朝隋唐均田制度的演变",云南人民出版社1992年版。

《律》、《令》。而这一点实际上已经表明，武德君臣并无意在《律》、《令》之外，另再制行与之并行的《格》、《式》两部法书，"又《式》十四卷"在当时的立法规划中肯定并不存在。

三是武德七年制行新《律》、《令》，要在以此纠正隋法之弊，而隋法之弊，本不在《律》、《令》，而在敕例的横行和大幅度架空了《律》、《令》的规定。《旧唐书·刑法志》载武德七年颁行新《律》、《令》诏，虽为节文而此要愈显①。其中指斥隋法之况并称本朝立法之旨有云：

> 有隋之世，虽云厘革，然而损益不定，疏舛尚多，品式章程，罕能甄备。加以微文曲致，览者惑其深浅；异例同科，用者殊其轻重。遂使奸吏巧诋，任情与夺，愚民妄触，动陷罗网。屡闻厘革，卒以无成……是以斟酌繁省，取舍时宜，矫正差遗，务从体要。迄兹历稔，撰次始毕，宜下四方，即令颁用。

所谓隋代"虽云厘革，然而损益不定"，说的正是当时《律》、《令》既定而仍以敕例屡加改作；"品式章程，罕能甄备"，亦主要是说敕例横行，却全无约束而多"差遗"之况；"微文曲致"以下，则是说《律》、《令》成为具文而敕例层出不穷，势必使司法过程失去定准，从而陷入法愈繁而犯愈众的困境。正是在此认识的基础上，诏文用"斟酌繁省，取舍时宜，矫正差遗，务从体要"来概括本朝颁行新法的宗旨，显然是要通过制定和颁行新《律》、《令》来抑制敕例的横行，此即其明示"矫正差遗"所务须遵循的"体要"。②

如果这样解读并无大误的话，那么新《律》、《令》的制定和颁行，也就必然会是武德七年立法的唯一中心；因为当时已认定这才是彻底纠正隋代"品式章程，罕能甄备"局面的"体要"，而不是要为此另行制行《格》、《式》与《律》、《令》并行。当时新《律》、《令》之所以未对

---

① 此诏全文见《唐大诏令集》卷八二《刑法》收录的武德七年四月《颁新律令诏》。
② 沈家本《历代刑法考·律令》卷四"武德律"即引此诏的这些言论，以之为武德制定《律》、《令》时"颇有所厘正，不全用开皇也"的证据。其实这些言论主要是针对隋时敕例横行之况而发，而不是说的新《律》、《令》具体应该如何修订。

《开皇律》、《令》作重大修改即予颁行,其行用七年的五十三条格之所以要修入新《律》、《令》而随其颁行自然停废,也正是贯彻了这个宗旨。就是说,武德七年颁行新《律》、《令》诏实际上已经表明,当时根本就没有同时颁行"又《式》十四卷"。

四是武德七年前后被称为"式"的敕例仍然不少,说明当时"式"还不是特定法律的专有名词①。这里不妨剖析其中典型的一例:《旧唐书》卷一《高祖纪》载武德九年五月辛巳,以京师寺观不甚清净,诏曰:

> 诸僧、尼、道士、女冠等,有精勤练行,守戒律者,并令大寺观居住,给衣食,勿令乏短。其不能精进,戒行有阙,不堪供养者,并令罢遣,各还桑梓。所司明为条式;务依法教,违制之事,悉宜停断。京城留寺三所,观二所。其余天下诸州,各留一所,余悉罢之。

此诏显然是要求有司制定一份关于僧尼、道人及寺、观管理的单行条制,并且称之为"条式",从而反映当时"式"还不是某种法律形式的专有名词②。同时,诏文所述"违制之事,悉宜停断",意谓违反这份"条式"也就是"违制",适用于《律》中的"被制书施行有违"等条。这不仅再次证明"条式"在当时同于条制或制敕,亦透露了当时《律》中尚无

---

① 如《唐大诏令集》卷一〇八《政事·禁约上》收录武德三年四月《关内诸州断屠杀诏》,其末云:"其关内诸州,宜断屠杀,庶六畜滋多,而兆民殷赡。详思厥衷,更为条式。"同书卷一〇五《政事·崇儒》收录武德七年二月《置学官备释奠礼诏》,末云:"释菜之礼……比多简略,更宜详备,仲春释奠,朕将亲览。所司具为条式,以时宣下。"相应地,当时也还有不少称"格"的例子,如《唐大诏令集》卷一〇二《政事·举荐上》收录武德五年三月《京官及总管、刺史举人诏》,其末有"赏罚之科,并依别格,所司颁下,详引援引,务在奖纳,称朕意焉"之文,意即命所司制行一份赏罚有关官员举人得当与否的"别格","别格"自然是单行条制。同书卷一一九《政事·讨伐上》收录武德六年九月《讨辅公祐诏》,其末云:"勋赏之科,具如别格,宜明宣布,咸使闻知。"

② 两《唐书》及《唐会要》、《唐大诏令集》等文献中,"格"、"式"除特指《格》、《式》及在普通单字意义上被使用外,以之指称敕例的语例,大都发生在初唐以前,这种现象正是《律》、《令》、《格》、《式》体系形成以后,"格"、"式"已开始成为特定法律名词的反映。需要特别注意的是,初唐以后"格"、"式"所指仍有不少例外,其中突出的如诏文特别标明有关规定"永为常式",这种制诏实际上也就是可供今后行政取法的敕例,除此之外,"格后敕"被称为"格"更为常见,其中实际上已经蕴含了中晚唐法律体系变迁的要因。

"违《式》"的规定①,从而反映了武德七年确未颁行"又《式》十四卷"的史实。

尤其值得注意的是,这类限制和管理佛道的规定,自北魏孝文帝推出"僧制四十七条"直至隋代以来,皆是以单行敕例的形式加以施用的②。武德九年制此条式,便取鉴了以往的这类规定。《续高僧传》卷二六《习禅篇六·润州牛头沙门释法融传》载辅公祐反于丹阳之后的一段史事:

> 左仆射房玄龄奏称入贼诸州,僧尼极广,可依关东旧格,州别一寺,置三十人,余者遣归编户。

此事应发生在武德七年四月新《律》、《令》颁行以后③,而当时定制所依的"关东旧格",也就是武德四年平定关东以后,下达的一份限制当地寺僧数量的条制。《续高僧传》卷三一《护法下·京师胜光寺释慧乘传》载有此事:

> 武德四年扫定东夏,有敕:伪乱地僧,是非难识,州别留一寺,留三十僧,余者从俗。上以洛阳大集,名望者多,奏请二百许僧住同华寺。乘等五人,敕住京室。

武德七年便是把这个原本行于关东地区每州限置一寺三十僧的规定,推行

---

① 《唐律疏议》往往规定有关事务须"依《律》、《令》、《格》、《式》"而行,违犯者则正刑定罪。如其卷一〇《职制篇》"事应奏不奏条"疏议曰:"应奏而不奏者,谓依《律》、《令》及《式》,事应合奏而不奏;或《格》、《令》、《式》无合奏之文及事理不须闻奏者,是'不应奏而奏';并合杖八十。"同时《唐律疏议》又在卷二七《杂律篇》中专设了"违《令》、违《式》"条,用来处理那些《令》、《式》有所禁制而《律》无罪名的行为。

② 孝文帝制行"僧制四十七条"前已有述。隋代这方面的情况,如《续高僧传》卷一四《义解篇八·江都慧日道场释慧觉传》:"隋朝剋定江表,宪令惟新,一州之内,止置佛寺二所,数外伽蓝,皆从屏废。"同书卷二十四《习禅篇五·汾州光严寺释志超传》:"大业初岁,政网严明,拥结寺门,不许僧出……(武德初年)时遭严敕,度者极刑。"

③ 《释法融传》载此事在武德七年。《资治通鉴》卷一九〇《唐纪六·武德七年》三月戊戌,李孝恭克丹阳,辅公祐授首,"江南悉平"。房玄龄据"关东旧格"奏行州留一寺三十人之制,显然是平定此乱的后续措施。严耕望《唐仆尚丞郎表》卷二"通表上·左右仆射左右丞年表"、卷五"辑考一上·尚书左仆射"述武德六年至九年裴寂为左仆射,其后萧瑀两任此职,而房玄龄则在贞观三年二月方由中书令迁左仆射。

到了辅公祏作乱的江表地区，而上面所引的武德九年五月诏，则又将之推广到了全国范围的寺观僧道管理。

从这个"关东旧格"从局部地区逐步推广至全国的过程中，可以清楚地看到武德七年四月庚子新《律》、《令》颁行前后，实际上都未出现过本应统一规定寺观僧道管理事宜的《格》和《式》。直至贞观十一年定《格》十八卷，永徽二年以来又以《祠部格》、《祠部式》来统一规范寺观僧道以前①，朝廷在这方面的有关规定，除散见于《律》、《令》者外，一直都像孝文帝"僧制四十七条"和隋代以来的相关规定那样，是以单行敕例的形式陆续推出施用的，且其称"格"称"式"仍无定准可言。这也就否定了《武德律》、《令》之外存在着"又《式》十四卷"的可能。

四 "五十三条格"确有某种承前启后地位

据上所述，《新唐书·艺文志》著录的武德"又《式》十四卷"，可以说是必无其事，必无此书。这应当就是现存唐代记载中绝无此《式》存在踪影的原因，否则的话，武德创《式》十四卷对于当时法制来说是何等重大的事情，史官们又岂能对此置若罔闻，全不在《实录》和《国史》中留其痕迹？故在《新唐书·艺文志》何以在《武德律》、《令》外载有"又《式》十四卷"这一问题上，有可能是其在传抄过程中出现了这条衍文，更有可能是《艺文志》在修撰之时已经发生了错误②。而这两种可能背后，包括直至今天仍在信从这条孤证的学者的意识中，多少都是

---

① 贞观初年以来这方面仍承武德而续有措施，如《续高僧传》卷三一《护法下·京师大总持寺释智实传》："贞观元年，敕遣治书侍御史杜正伦，检校佛法，清肃非滥。"同书卷二六《习禅篇六·扬州海陵正见寺释法响传》："贞观三年，天下大括，义宁私度，不出者斩。"日本泷川政次郎《〈令集解〉中所见的唐代法制史料》一文认为，《广弘明集》卷二八上《启福篇第八》收录的《度僧于天下诏》，即为太宗贞观十年所下，此诏乃因沙门玄琬上年遗奏请定僧科，而命有司制定了一份规范和管理天下寺观僧道之事的完备条制。文载氏著《中国法制史研究》，东京，有斐阁1941年版。泷川先生钩稽出来的这份贞观十年条制，很可能是贞观十一年定《格》十八卷之前推出的最后一份规范寺观僧道之事的单行条制，永徽以后有关规定就被集中在《祠部格》和《祠部式》中来规范了。

② 参滋贺秀三《中国法制史论集·法典と刑罚》一书"考证篇"第六章"汉唐间の法典についての二三の考证"三"贞观留司格一卷の不存在——旧唐书刑法志の衍文、新唐书艺文志の批判"。

与两件事情联系在一起的：

一是那种认为隋代已有《律》、《令》、《格》、《式》并行之制，而武德则完全继承了此制的先入之见。只要秉承这一歧见，自然就不会再去怀疑《艺文志》著录的"又《式》十四卷"，或将之视为一条孤证，同时也不免会影响其在史料出现种种歧义而需要作出判断之时的倾向。但若重新考虑隋代究竟有无《律》、《令》、《格》、《式》并行之制这个前提，只要仔细审视开皇、大业和武德时期的立法史料和立法进程，当时实际上还未形成这种法律体系的史实是不难得到澄清的。

二是武德元年以来五十三条格的制行，毕竟还是构成了当时已继东魏、北齐《麟趾格》、《权格》而再次出现了《格》这样的法书或法律形式的事实，又证明了武德时期除制行《律》、《令》之外，还曾制行了《格》的事实。不可否认，这样的事实多少也使"又《式》十四卷"的存在，看起来显得不是那么突兀或出人意料了。只是，对认识武德时期的法律体系来说，在肯定这样的事实时，绝对不能因此而忽略武德七年四月庚子五十三条格已被修入《律》、《令》，并已随其颁行而自然停废，以及武德任何时期都未出现过《律》、《令》、《格》、《式》并行之制的事实。当然反过来也一样，在看到这后一个事实的同时，也不能因此而忽略当时制行五十三条格这一事实背后的历史内涵，特别是其上承东魏、北齐《麟趾格》而下启贞观定《格》之举，而在北朝后期至唐初立法史上所具有的地位和意义。

事情很清楚，制行五十三条格的事实，虽然无法证明武德时期存在过《律》、《令》、《格》、《式》并行之制，但却可以证明当时确在一定程度上继承或取鉴了北朝后期的相关做法，从而再现了以《格》来删定和归置隋代横行于《律》、《令》之外的大量敕例的努力。

前已指出，五十三条格的前身是"约法十二条"，且其同样是被称为"新格"的。唐高祖李渊即位前后相继推出而内容累加的这两份"格"，针对的都是隋的苛法；而隋法之苛，又完全是通过《律》、《令》之外纷至迭出的敕例体现出来的。后来颁行的《武德律》、《令》之所以基本沿袭了《开皇律》、《令》，而只作了局部调整，恰好证明当时立法的重心在于处理各种敕例。因而约法十二条和五十三条格的基本性质和功能，固然也是要以新朝制定的若干新规定来取代隋的《律》、《令》，更重要的却是要以之取代隋代横行于《律》、《令》之外的各种内容苛暴的敕例。武德四年平王世充敕令明定五十三条格与《开皇律》、《令》相辅而行的之事，就十分明确地体现了这一点。

由此看来，唐高祖李渊入关之后，相继推出十二条"新格"和五十三条格，同时又开始制定本朝新《律》、《令》，显然不是简单地取鉴汉高帝刘邦约法三章的故智，而是在正面处理北朝后期以来《律》、《令》与各种敕例之间的关系问题。其先后约法之所以皆称为"格"，也必是由于北朝后期至隋以来"格"或"格式"的指称习惯所致；而其约法从多达十二条再到五十三条的事实，又已在很大程度上说明了《麟趾格》、《大统式》等东、西魏以来出现的新法律形式对其产生的影响。

因此，尽管武德七年最终仍以五十三条格修入《律》、《令》的方式，再次舍弃了北齐和北周以《格》、《式》来删定和归置各种敕例的做法，以此强调了《律》、《令》作为基本法的地位；但十二条新格和五十三条格的制定施用，却还是体现了武德初年以"格"来删定和归置各种敕例的尝试和努力，反映了当时对北朝后期至隋代立法经验和教训的总结。这也就预示了《格》、《式》这类新的法律形式，确可以在处理《律》、《令》与各种敕例的关系，删定和约束必然会不断涌现出来的敕例时，发挥重要而灵活的作用。

在这个意义上可以说，正是武德元年至七年十二条和五十三条格的相继制定施用，特别是五十三条格曾与《开皇律》、《令》相辅而行的经历，为太宗贞观年间的立法提供了弥足珍贵的前例和在此基础上继续发展、发挥的创制空间。这就连接了从东魏《麟趾格》、西魏《大统式》，到北齐制订《权令》、《权格》和北周编纂《刑书要制》，再到隋代"格"、"式"所指单行敕例在整套法律体系中愈受重视，直至唐太宗、高宗相继制定《格》、《式》的演化史；并在北朝后期以来"格"、"式"由泛指某些重要法令，再到隋代"格式"常与《律》、《令》相提并论，直至初唐以后特指与《律》、《令》并行互辅的《格》、《式》这两种法律形式的发展链条中，构成了具有承前启后意义的一环。

第二节　贞观十一年立法史料及《贞观式》之有无问题

唐太宗自登位之初，即命长孙无忌、房玄龄主持立法，所定诸法告成施用于贞观十一年,这在记载中大体上是清楚的。问题在于,贞观十一年行用的,除《律》、《令》、《格》三者可以确定无疑外,是否也包括了《式》?这一点在史料中是错杂不清的,从而需要加以辨析来正本清源,方能明确贞观十一年虽已定《格》十八卷与《律》、《令》一起颁行,却还未形成《律》、《令》、《格》、《式》并行体系。

一 贞观所定《律》、《令》、《格》在记载中并无问题

关于贞观十一年立法,各处的记载详略不同。其极端如《新唐书》卷二《太宗纪》根本未载当时颁法之事,这自然是其过于追求省文之所致。《旧唐书》卷三《太宗纪下》贞观十一年正月则虽载其事而甚简略:

> 庚子,颁新《律》、《令》于天下……甲寅,房玄龄等进所修《五礼》,诏所司行用之。

从《旧唐书》的编纂特点来判断,这里只说颁行《律》、《令》而不及其他,当是其所据国史《太宗纪》本就如此。不过这并不能说明当时没有制行《格》、《式》,而可视为史官的常见笔法[①]。其所说明的可能是当时即便施用了《格》、《式》,也被认为是附属于《律》、《令》的观念。这里另值注意的一点,是当时《律》、《令》和《五礼》(也就是《贞观礼》)的颁行只相隔十几天[②],说明此前法律与礼典几乎是同时修讫的。与魏晋以来往往《律》、《令》修行先讫,再开始修订礼典的次序相比,其所反映的不仅是礼、法关系更趋紧密的态势,更是各种规范和制度在以往十一年中曾被通盘加以考量和归置的史实,这就为当时编纂与《律》、《令》并行的新法书提供了重要的前提条件。

[①] 《晋书》卷三《武帝纪》泰始四年正月戊子只载当时诏颁《律》、《令》而不及《故事》,《北齐书》卷七《武成帝纪》河清三年三月辛酉只载"以《律》、《令》班下"而不及《权令》之类,皆用此例。

[②] 《唐会要》卷三七《五礼篇目》载《贞观礼》于"七年正月二十四日献之,诏行用焉"。《册府元龟》卷五六四《掌礼部·制礼二》载其事为"贞观七年以《新礼》颁示"。至十一年三月下诏颁行。劲案:《会要》取自《实录》,《册府》及《太宗纪》则据《国史》。《太宗纪》不载贞观七年而载十一年颁《礼》,盖因"颁示"不等于行用,而可再加润饰修订之故。《新唐书·太宗纪》及《资治通鉴》贞观七年及十一年皆不载颁《礼》之事。

《唐会要》卷三九《定格令》载贞观十一年立法之事较为完整：

> 贞观十一年正月十四日，颁新格于天下。凡《律》五百条，分为十二卷，大辟者九十二条，减流入徒者七十一条；《令》为三十卷①，二十七篇②，一千五百九十条；《格》七百条，以为通式。

上引文先说"颁新格于天下"，末述"以为通式"，说明当时史官仍在按习惯以"格"、"式"泛称《律》、《令》等各种法律③。其中非常明确地记载了当时推出施用的，有《律》十二卷五百条，《令》三十卷二十七篇一千五百九十条，《格》七百条，而其语不及于《式》。

如所周知，《唐会要》所据主要是各朝《实录》④，因而是现存最为原始的唐史记载，尤其《定格令》所载立法之事，并不像其他史书那样详《律》、《令》而略《格》、《式》，其中所记各次立法施行的《律》、《令》和《格》、《式》，一般都是据其实况——书明的，有时甚至只载修订《格》、《式》而省书《律》、《令》。故其所载贞观十一年立法只述《律》、《令》、《格》而不记有《式》，适足以说明《实录》中并无贞观十一年颁《式》的记载，这是引人怀疑"《贞观式》"是否存在的一个重要理由。

足与相证的是《唐六典》卷六《刑部》那两条关于《格》、《式》渊源的原注。其述开元二十五年《格》的渊源，紧接北齐《权格》而述"皇朝《贞观格》十八卷"，以下历述永徽《留司格》、《散颁格》直至开元前、后《格》之况⑤；至述《开元式》渊源时，则接《大统式》而述"皇朝《永徽式》十四卷"，以下历述垂拱、神龙、开元《式》之况。这

---

① "令"字原文作"分"，显属讹误，故径改。
② 《新唐书》卷五八《艺文志二》著录《贞观令》为二十七卷。若其"卷"非"篇"的话，那么《贞观令》各篇似尚未区分上卷、下卷。
③ 《旧唐书》卷五〇《刑法志》载《贞观格》十八卷七百条"留本司施行"，故此"颁新格于天下"，显然是不能解释为把新定之《格》十八卷颁于天下的。
④ 《唐会要》记诸事不以干支而以数字纪日，这正是《实录》系日的史例，以干支纪日，是强调"正朔"而以当时官颁历法所定朔日为系日标准的国史史例。
⑤ 《唐六典》卷六《刑部》此处正文述《律》、《令》、《格》、《式》之况，而原注述《令》、《格》、《式》渊源皆溯至开元七年，可见其正文所述皆为开元二十五年所定。以下凡引《唐六典》正文述开元《令》、《格》、《式》者皆然，不再——注出。

样的叙次，特别是为《贞观格》和《永徽式》特别标明的"皇朝"二字，实际上已明确了唐《格》始于贞观而《式》始于永徽的史实。

前面提到北魏前期立法时指出，《唐六典》之所以把北魏《律》、《令》的起点放在太武帝神䴥四年而不是放在《魏书》所载的天兴元年，是因为天兴所定法律形态，并不合乎唐人持有的《律》、《令》标准。同理，《唐六典》这里把《贞观格》和《永徽式》分别视为"皇朝"《格》、《式》的起点，应该也是采取了形态和性质近于《开元格》、《式》的标准，而把那些可以灵活指称为"格"或"式"的敕例之类排除在外了。因此，《唐六典》所述恰好证明了《唐会要》上引文的确凿可靠，也就是说，关于唐《格》、《式》形成时间的这两处最为原始的记载，实际上都否定了贞观十一年曾制定和颁行过《式》。这是研究唐代《格》、《式》的学者必须予以高度重视的证据。

二 《旧唐书·刑法志》载贞观立法的文句错杂

当然两《唐书》等处也还留下了不少关于《贞观式》的记载，其中经常被人摘引，问题也最为突出的，是《旧唐书》卷五〇《刑法志》对贞观立法的记载。由于其中问题重重，又关系到理解贞观立法之况的各种问题，故须将其相关文字全部列出以便分析：

> 及太宗即位，又命长孙无忌、房玄龄与学士法官，更加厘改……玄龄等遂与法司定《律》五百条，分为十二卷……又定《令》一千五百九十条，为三十卷。贞观十一年正月，颁下之。又删武德、贞观已来敕格三千余件，定留七百条，以为《格》十八卷，留本司施行。斟酌今古，除烦去弊，甚为宽简，便于人者。以尚书省诸曹为之目，初为七卷，其曹之常务，但留本司者，别为《留司格》一卷。盖编录当时制敕，永为法则，以为故事。《贞观格》十八卷，房玄龄等删定。《永徽留司格》一卷，《散颁格》七卷，长孙无忌等删定。永徽中，又令源直心等删定，惟改易官号曹局之名，不易篇目。《永徽留司格后本》，刘仁轨等删定。《垂拱留司格》六卷，《散颁格》三卷，裴居道删定。《太极格》十卷，岑羲等删定。《开元前格》十卷，姚崇等删定。《开元后格》十卷，宋璟等删定。皆以尚书省二十四司为篇目。凡《式》三十有三篇，亦以尚书省列曹及秘书、太常、司农、

光禄、太仆、太府、少府及监门宿卫、计账名其篇目，为二十卷。《永徽式》十四卷，《垂拱》、《神龙》、《开元式》并二十卷，其删定格令同。太宗又制在京见禁囚……

引文述贞观立法之事，至"《格》十八卷，留本司施行"，大致仍与《唐会要》前引记载相合；至"以尚书省诸曹为之目"以下，则显得叙次紊杂而内容对错参半，又夹叙了永徽至开元立法的大段文字；尤其述及"《留司格》一卷"和"《式》三十三篇"时，给人印象似两者皆为贞观立法所定，乃是比较明显的错误文字。

之所以说其有明显的错误，是因为"《留司格》"之名和三十三篇之《式》均非贞观可有。《唐会要》卷三九《定格令》载永徽二年立法之事：

> 遂分《格》为两部，曹司常务者为《留司格》，天下所共者为《散颁格》。

其后文又记垂拱元年：

> 删改《格》、《式》，加《计账》及《勾账式》，通旧《式》成二十卷。①

《旧唐书·刑法志》后文及《新唐书·刑法志》等处载永徽、垂拱立法莫不如此，说明《留司格》之名及其与《散颁格》的区别，乃始于永徽二年以后，而《计账式》的出现和《式》最终形成三十三篇二十卷的架构，则是垂拱元年以来发展的结果。但其在《旧志》上引文中，却都已被混为贞观之事，这就带来了一系列悬疑，并且构成了法史学界长期难以准确认识贞观十一年立法的症结所在。

需要特别指出的是，五十多年前，日本学者滋贺秀三即曾围绕这条史

---

① 文渊阁四库本作"三十卷"。《新唐书》卷五八《艺文志二》著录垂拱"《留司格》六卷"，其下原注称其为裴居道、韦方质等奉诏撰；并述当时定《式》增加了"《计帐》、《勾帐》二式"。是二式当时并非合为一篇而是分为两篇。

料做过梳理，具体即将之比勘《唐六典》卷六《刑部》关于《格》、《式》的叙述，指出其中"以尚书省诸曹为之目"一句，直至"其删定格令同"，乃是"混入"了《唐六典》有关正、注文的一段文字。其结论是：《贞观式》及贞观《留司格》本来并不存在，《新唐书·艺文志》等处关于《贞观式》和《留司格》的记载，都是受《旧志》混入的这段文字影响的结果[①]。应当肯定，滋贺先生的这项研究，实际上已经解决了《旧志》上引文的释读问题，其述《贞观式》三十三篇和《留司格》一卷并不存在，也是确切不移之论。

但尽管如此，至今也还有不少学者并不同意滋贺先生关于《贞观式》并不存在的看法，甚至继续不加分析地引用着《旧志》的这段记载。究其原因则不外乎二：一是滋贺先生此文对《贞观式》存在与否的讨论，特别是对那些载及此《式》的史料的辨析，似还不够充分；二即法史学界长期以来认为贞观已承隋及武德而有《律》、《令》、《格》、《式》并行之制[②]，受此影响，有关史料中存在的问题往往易遭忽略。

以下即拟在滋贺先生研究的基础上，一方面继续围绕《旧志》所载展开分析以明其史源，另一方面也将就《贞观式》存在与否的问题再作讨论，以有助于弄清贞观立法的相关问题。

三 《旧志》之误的原因及与之同源的一组史料

关于滋贺先生对《旧志》上引文的释读，还可以作下列四点补充说明：

一是《旧志》中"以尚书省诸曹为之目"至"其删定格令同"这段文字，倘确为"混入"其中的《唐六典》文的话，那么《旧志》就完全混淆了《唐六典》卷六《刑部》关于《格》、《式》的下列正、注文关系：

[①] 滋贺秀三《中国法制史论集·法典と刑罚》一书"考证篇"第六章"汉唐间の法典についての二三の考证"三"贞观留司格一卷の不存在——旧唐书刑法志の衍文、新唐书芸文志の批判"。

[②] 如前述张晋藩《中国法制通史》及高明士新著即是如此，又如杨际平《唐令田令的完整复原与今后均田制的研究》一文指出："隋及武德年间皆曾修《律》、《令》，但当时却并无《式》，直到贞观十一年后，《律》、《令》、《格》、《式》始并存。"《中国史研究》2002年第2期。

（正文）："凡格二十有四篇。"（原注）："以尚书省诸曹为之目，共为七卷，其曹之常务但留本司者，别为留司格一卷。盖编录当时制敕，永为法则，以为故事……北齐因魏立格，撰权格，与《律》、《令》并行。皇朝《贞观格》十八卷，房玄龄等删定。《永徽留司格》十八卷，《散颁格》七卷，长孙无忌等删定。永徽中，又令源直心等删定，唯改易官号曹局之名，不易篇第。《永徽留司格后本》，刘仁轨等删定。《垂拱留司格》六卷，《散颁格》二卷，裴居道等删定。《太极格》十卷，岑羲等删定。《开元前格》十卷，姚元崇等删定。《开元后格》十卷，宋璟等删定。皆以尚书省二十四司为篇名。"

（正文）："凡《式》三十有三篇。"（原注）："亦以尚书省列曹及秘书、太常、司农、光禄、太仆、太府、少府及监门宿卫、计账为其篇目，凡三十三篇，为二十卷……后周文帝……命尚书苏绰总三十六条更损益为五卷，谓之《大统式》。皇朝《永徽式》十四卷，《垂拱》、《神龙》、《开元式》并二十卷，其删定与定格令人同也。"

如上所示，《唐六典》原有正、注文叙次是十分清晰的，即其正文先述开元时"凡《格》二十有四篇"及"凡《式》三十有三篇"，然后再分别在下注出当时《格》、《式》的形态及其此前的沿革之况。其中所说《开元格》"以尚书省诸曹为之目，共为七卷，其曹之常务但留本司者，别为留司格一卷"，实已通过正、注文关系清楚表明了这里的《散颁格》七卷和《留司格》一卷，皆为开元之物。再者，其原注对《开元式》所作的解释，其中并无《贞观式》的任何踪迹。

但在《旧志》上引文中，这种正、注文间泾渭分明的关系已然泯灭，结果则把《唐六典》正文述开元"《格》二十有四篇"的原注，放到了《贞观格》名下；又把《唐六典》述开元"《式》三十有三篇"的正、注文，安到了《贞观式》头上；从而给人以贞观时期已有《留司格》和《散颁格》之别，以及《贞观式》已有三十三篇而包括了《计账式》等一系列错觉。因此，《旧志》上引文所示贞观《格》、《式》之况，显然都倒错了时代而有违史实，完全无法用来说明《贞观格》的面貌和《贞观式》的存在。

这也就是滋贺先生所说的题中之义。不过在《唐六典》中十分清晰的正、注文关系，在《旧志》此处居然被混淆成这般模样，更不必说其中还有叙次紊杂、删节失当等种种问题①，此类现象似乎又说明其并不是直接摘抄《唐六典》之文而成。事实上也很难设想，《旧志》竟会据《唐六典》所述的开元诸法之况及其渊源，来形成其对贞观十一年立法的阐述，况且《唐六典》中也根本没有提到"《贞观式》"。由此推想，"混入"《旧志》上引文中的《唐六典》节文，本应是《旧志》或其所据文献的某种夹注文②，却在其传抄过程中与正文混到了一起，这才呈现了上面这些在撰史著作时几乎不可能发生的问题。

二是《旧志》上引文错把开元之法安到贞观头上的现象，在《新唐书》关于贞观立法的记载中亦有其例。

如《新唐书》卷五六《刑法志》载：

> 太宗即位，诏长孙无忌、房玄龄等复定旧令，议绞刑之属五十……玄龄等遂与法司增损隋《律》，降大辟为流者九十二，流为徒者七十一，以为《律》。定《令》一千五百四十六条，以为《令》。又删武德以来敕三千余条为七百条，以为《格》。又取尚书省列曹及诸寺、监、十六卫、计账以为《式》……自房玄龄等更定《律》、《令》、《格》、《式》，讫太宗世，用之无所变改。

这段记载述当时"降大辟为流者九十二，流为徒者七十一"，显然补正了前引《唐会要》中"大辟者九十二条"一句中存在的缺失，同时其亦并

---

① 《旧志》上引文前半段述贞观十一年定《律》、《令》、《格》之事，可谓井然有序清晰无比。而其述至《贞观格》"以尚书省诸曹为之目"以下，却忽然插入了一段有类注释而关于修《格》的沿革介绍，并且脱开了太宗朝一直说到了《开元后格》，其中的"《贞观格》十八卷，房玄龄等删定"12字，显属摘抄失当的复文。由此直至"凡《式》三十有三篇"云云，其下又插入了一段类似注释和脱开了太宗朝的沿革文字。其混淆《唐六典》正、注文关系和倒错《格》、《式》时代的错误，也正发生在其忽然插入修《格》的沿革介绍，再转到"凡《式》三十有三篇"的叙次上。此外，其后文的"其删定格令同"6字语意不明，而这一句在《唐六典》关于《式》的原注中，是作"其删定与定格令人同也"，意即永徽、垂拱、神龙、开元四次主持定《式》者，与同期主持删定《律》、《令》、《格》之人相同。

② 中华书局点校本《旧唐书》唯《礼仪志》、《刑法志》、《食货志》通篇无夹注，其余《音乐志》、《历志》、《天文志》、《五行志》、《地理志》、《职官志》、《舆服志》及《经籍志》皆有夹注文。颇疑其无注之《志》本来亦有夹注而后或被删除，或竟混入了正文。

非现成摘自《旧志》①，当是综据了《国史》等处的相关记载②。其述《令》一千五百四十六条，明显是《唐六典》卷六《刑部》原注所说《开元令》的条数，而迥异于《旧志》与《唐会要》所载《贞观令》的一千五百九十条。其后文述当时"取尚书省列曹及诸寺、监、十六卫、计账以为《式》"，也同样是把《开元式》错认成了《贞观式》。③

又如《新唐书》卷五八《艺文志二》史部刑法类著录了"《贞观律》十二卷，又《令》二十七卷，《格》十八卷，《留司格》一卷，《式》三十三卷"④，其下原注曰：

> 中书令房玄龄、右仆射长孙无忌、蜀王府法曹参军裴弘献等奉诏撰定。凡《律》五百条，《令》一千五百四十六条，《格》七百条，以尚书省诸曹为目。其常务留本司者，著为《留司格》。

其所著录的"《留司格》一卷，《式》三十三卷"⑤，以及原注所称的

---

① 除《令》条数不一外，《旧志》述《贞观律》对武德的改动，作"减大辟者九十二条"，《新志》明确其为"减大辟入流者九十二条"，这都说明其并非径据《旧志》改写。

② 《史通》卷一二《古今正史》述《唐书》即唐《国史》的撰作，自贞观初姚思廉"粗成三十卷"，显庆时令狐德棻等"复为五十卷"，到龙朔中许敬宗"混成百卷"；再到长寿中牛凤及"撰为《唐书》百有十卷"，长安中刘知几、朱敬则、徐坚、吴兢等更"勒成八十卷"。据《唐会要》卷六三《修国史》及《旧唐书》卷一〇二《吴兢传》、《韦述传》等处所载，此后又有开元时吴兢编撰的九十余卷本和天宝时韦述进一步编成的一百十三卷本《唐书》，至肃宗时则有柳芳所编一百三十卷本《唐书》。参《文献通考》卷一九二《经籍考十九·史部》正史类录《唐书》一百三十卷下引的《崇文总目》此书提要。

③ 《唐六典》卷六《刑部》原注述开元二十五年《式》"以尚书省列曹及秘书、太常、司农、光禄、太仆、太府、少府及监门宿卫、计帐为其篇目，凡三十三篇"。《新志》所述《式》有"十六卫"之篇，即"监门宿卫"篇的异写，盖因监门宿卫事本为一，皆十六卫所掌之故。记载中包括《唐律疏议》和日本《令集解》中则常简称之为《监门式》。霍存福《唐式佚文及其复原问题》和李玉生《唐代法律形式综论》均认为"监门宿卫"应别为《监门式》和《宿卫式》两篇，开元二十五年《式》为三十四篇。这似乎并未注意到《新志》将其概括为"十六卫"之事，能否如此推翻诸处明确记载的《式》三十三篇之说亦可再酌。

④ 《旧唐书》卷四六《经籍志上》史部刑法类关于贞观十一年立法，只著录了"《贞观格》十八卷"一种。这应当是其所据毋煚等撰《群书四部录》等处并未著录《贞观律》、《令》或《式》的缘故。

⑤ 这里著录的"《贞观式》三十三卷"，在《旧唐书·刑法志》及《册府元龟》卷六一二《刑法部·定律令三》所载的贞观立法之事中，皆作"三十三篇"，故其"卷"当作"篇"为是。"篇"、"卷"在先秦以来本是帛书和简书之别，后常混用，《新志》此处亦然。

"《令》一千五百四十六条",同样存在着把开元之法误认为贞观所定的问题。其所提到的贞观《留司格》,不见于《新唐书·刑法志》而见于《旧志》;所说的《贞观令》一千五百四十六条,又不见于《旧唐书·刑法志》而见于《新志》。三者的共同点是都发生了贞观、开元所定之法的时代倒错问题,特别是它们共同提到的《贞观式》,绝不见于《唐六典》所载。

这样的事实进一步证明:《旧唐书·刑法志》和《新唐书·刑法志》、《艺文志》把开元之法误为贞观所定及与之相关的种种问题,并不能以它们都"混入"了《唐六典》有关文字来解释,且可排除《旧志》原有夹注文后来被混为正文,以及《新唐书》这几处文字又取自《旧志》的可能,而是因为它们共同依据了一个存在着这些错误的文本。

三是这个存在着错误的文本,应当就是吴兢以来至韦述、柳芳相继所修《国史》的某个流传本。从前引《旧志》文中不难看出,其中"以尚书省诸曹为之目"句前的文字,内容大体准确无误,却又与《唐会要》所节《实录》文存在着明显区别。至于《新志》等处述贞观立法的上引文字,更与《实录》迥然有别。由此可断,这些记载很可能都来自于《国史》,且其最有可能是《国史》在唐后期以来的某个流传本。

其证如《册府元龟》卷六一二《刑法部·定律令三》所述:

> 太宗贞观十一年正月,颁新《律》、《令》于天下。初,帝自即位,命长孙无忌、房玄龄与学士法官更加厘改……玄龄等遂与法司定《律》五百条,分为十二卷……又定令一千五百九十条,为三十卷,至是颁下之。又删武德、贞观以来敕格三千余件,定留七百条,以为《格》十八卷,留本司施行。斟酌古今,除烦去弊,甚为宽简,便于人者。以尚书省诸曹为之目,初为七卷,其曹之常务,但留本司者,别为留司格一卷,盖编录当时制敕,永为法则,以为故事。凡《式》三十有三篇,亦以尚书省列曹及秘书、太常、司农、光禄、太仆、太府、少府及监门宿卫、计帐名其篇目,为二十卷。

稍加比勘就可以发现,这段文字与前引《旧志》文相比少了不少内容,但其间显然存在着极大的共同点。其同样可按"以尚书省诸曹为之目"一句为界而分为两截,之前的文字内容也与《旧志》一样准确有序,之后的文字亦原出于《唐六典》。不过《册府元龟》虽不明标各条出处，而仍自有其体例和特点。其述唐代大政，多节录于《实录》和《国史》，且其各条所述只取一种记载，而非综合各种记载加工而成①。具体到这段文字，《太宗实录》对贞观十一年立法的记载，其概要已如前引《唐会要》文所示，与此有着明显不同。故其应当就是来自《国史》，准确地说，是来自《国史》流传至后晋修《旧唐书》、宋修《册府元龟》时采鉴的那个文本。②

正是这个明显属于史馆所藏的文本，构成了《旧志》等处关于贞观立法的记载并且发生种种时代倒错的共同来源。由于《国史》作者同样不至于据《唐六典》所载来阐述贞观立法，遂可推断这个文本原来曾在叙述《贞观令》三十卷和《格》十八卷诸处句后，分别摘录《唐六典》关于开元《令》、《格》、《式》的相关文字而做过夹注。只是因为这些夹注文在唐末、五代《国史》的流传过程中已被混为正文，在此基础上再加上《旧志》、《新志》和《册府》在编纂相关内容时，发生了不加详察而照录其文的疏失，这才导致了所有这些记载中，因时代倒置而无中生有的问题和错误。

四是由于《格》分两部和《式》增为三十三篇，分别是永徽二年和垂拱元年以后之事，这不仅可以说明《新唐书·艺文志》史部刑法类著录的"贞观《留司格》一卷、《式》三十三卷"并不存在；且可说明此《志》体例有类后世的《补经籍（艺文）志》，其所录非皆宋人亲见之书，而是可据记载当有之书而加以著录。

这些在上引滋贺先生的文中也已说得相当明确。但令人遗憾的是，法史学界至今仍有不少学者信从《新唐书·艺文志》史部刑法类对贞观所定法书的著录，甚则有仅据《通志·艺文略》史部刑法类所录，来断定"《武德式》十四卷"和"《贞观式》三十三卷"这种本属子虚乌有之书

---

① 参周勋初《册府元龟（校订本）》之"前言"，凤凰出版社2006年版；吴浩《〈册府元龟〉引文方法述论》，载《扬州职业大学学报》2010年第4期。

② 吴玉贵《唐书辑校》（中华书局2008年版）前言指出：今通行本《旧唐书》自后晋修讫后，曾在宋真宗咸平三年经历过一次大的修订刊正，这也就是《太平御览》常加引用而文字内容与通行本《旧唐书》多有不同的"《唐书》"。从《册府元龟》与《旧志》上引文仍相类似的情况来看，两处问题的根源显然不在咸平三年刊正前后的《旧唐书》，而只与吴、韦、柳《国史·刑法志》夹注文在流传过程中混为正文相关。

在"宋代尚存"者,这是需要深切反思的。

事实上,两宋目录著作以各种方式流传至今者,《崇文总目》据朝廷藏书而录,至南宋绍兴中又明标存阙①、《遂初堂书目》录及版本、《郡斋读书志》和《直斋书录解题》皆有提要②,四者均据特定藏书而加撰录,所录存者皆为作者确知传世之书③。其余自《新唐书·艺文志》至于《通志·艺文略》,其所著录多有早已不存之书,是为治目录史及留意古人著述源流者夙知的事实。

即以其史部刑法类而言,《新志》所录如《麟趾格》四卷、《大统式》三卷、《贞观律》十二卷、《贞观令》二十七卷之类,皆为《旧志》及《崇文总目》所无④,又不见于宋代类书的征引,恐怕都是《新志》作者仅据记载有此诸书即行著录之物。再如《通志》卷六五《艺文略三·史类第五》刑法类著录了多部唐代《格》、《式》,其中本属子虚乌有的"唐《武德式》十四卷"⑤、"《贞观式》三十三卷"、贞观"《留司格》

---

① 《四库全书总目提要》卷八五《史部四十一·目录类一》之《崇文总目》十二卷提要,引《续宋会要》载绍兴十二年十二月权发遣盱眙军向子固言,"乞下本省,以《唐书·艺文志》及《崇文总目》所阙之书,注阙字于其下,付诸州军,照应搜访"云云。指出"今所传本每书之下多注'阙'字,盖由于此。今亦仍之"。

② 其中唯《郡斋读书志》有南宋以来传世本,分为衢州和袁州刻本两个系统。其余《崇文总目》、《直斋书录解题》虽有传世钞、刻残本,而今通行本皆在清修《四库全书》时辑自《永乐大典》的辑本基础上整理而来。《遂初堂书目》则唯有从元代陶宗仪《说郛》辑本的基础上整理而来各本。

③ 此外,《文献通考·经籍考》所录诸书及提要大略转自晁公武、陈振孙等各家所说,然其著录有明显少于《直斋书录解题》同类之书者,亦当在一定程度上反映了南宋以来存书的状况。

④ 《四库》本《崇文总目》残本卷四《史部刑法类》所录唐及以前法书,仅《唐律》十一卷、《律疏》三十卷及显属北宋孙奭编辑的《律音义》一卷与《唐开元格令科要》一卷(《新唐书》卷五八《艺文志二》史部刑法类著录为裴光庭《唐开元格令科要》一卷),其余标明为"阙"即至南宋已佚的有《梁令》三十卷、《梁式》二十卷、《唐令》三十卷、《开元格》十卷、《式》二十卷、《式苑》四卷、《太和格后敕》四十卷、《开成详定格》十卷、《大中刑法总要格后敕》六十卷、《度支长行旨》五卷,以及《旁通开元格》一卷、《唐律令事类》四十卷等书。

⑤ 《新志》著录武德有"又《式》十四卷",《通志》承此录之,而本属子虚乌有。说已见前。

一卷"皆赫然在列①，另又录有大量早已佚失不存或仅余残本的魏晋以来法书完帙。但若考虑《崇文总目》著录的唐代法书至南宋犹存者唯有三部，其余及唐以前法书皆已标"阙"；南宋前期尤袤的《遂初堂书目》和晁公武的《郡斋读书志》中，其史部刑法类已全无唐代法书存在②；南宋后期陈振孙的《直斋书录解题》收书多于《中兴馆阁书目》近八千卷，然其史部法令类所录唐及以前法书，也唯有开元《律》、《令》、《式》三种而已③。以此相衡，时期与尤、晁相近，又与《直斋书录解题》所据藏书密切相关的《通志·艺文略》，其史部刑法类著录的所有唐以前法书，绝大部分并非郑氏亲见或当时实存之书，而同样是类于《补经籍（艺文）志》的据载而录或摘自《新志》，也就不言而喻了。

当然，所录并非亲见而据记载，对于人们了解前代著作之况不无裨补，但具体到武德"又《式》十四卷"及贞观"《留司格》一卷、《式》三十三卷"这类著录上，却因其所据《国史》文本羼入了另文或发生了正、注文相淆的错误，也就难免无中生有之谬了。

经过以上补充说明和考析，不仅滋贺先生所说"《贞观式》三十三篇"和"《留司格》一卷"并不存在的结论无可置疑；且可同时明确，两《唐书·刑法志》、《新唐书·艺文志》和《册府元龟·刑法部》等处关于贞观十一年立法的记事，尤其当时与《律》、《令》、《格》一起施行了《式》的记载，都存在着因其所据文本有误，遂倒错了开元与贞观时代的问题，是断然无法成立的。

相比之下，前引《唐会要》述当时只施行了《律》、《令》、《格》而不及于《式》，《唐六典》关于"皇朝"之《格》始于贞观而《式》则始于永徽的记叙，就更显其准确而值得采信了。由此看来，《通典》卷一六五《刑三·刑制下》载贞观十一年立法，以及《资治通鉴》卷一九四

---

① 见《通志》卷六五《艺文略三·史类五》刑法目。其中著录"《留司格》一卷"在"《唐格》十八卷"后，"永徽《留本司行格》十八卷"前。可见其"《唐格》十八卷"即指《贞观格》，而"《留司格》一卷"亦即"贞观《留司格》"。此目所录各朝《律》、《令》、《科》（《格》）、《式》多有早佚之物，如其中著录的《北齐令》五十，前已证此《令》至修《唐六典》时早已只剩拼凑而成的八卷本，两《唐志》所录皆为八卷本，至《崇文总目》已无其踪迹，南宋又怎么会忽然有其完帙呢？

② 孙猛《郡斋读书志校证》卷八"史部刑法类"，上海古籍出版社1990年版。

③ 何广棪《陈振孙之史学及其〈直斋书录解题〉史录考证》下册十三"法令类"，台北花木兰出版社2006年版。

《唐纪十》贞观十一年正月记当时施用《律》、《令》、《格》之事①，之所以根据《实录》所载，而不取两《唐书·刑法志》所据《国史》文本关于贞观立法的诸般说法，恐怕正是有鉴于其文多有混杂错误而审慎取舍的结果。

四　关于"贞观式"的另外两条记载及其分析

不过问题至此并未结束，"《贞观式》三十三篇"事实上并不存在，贞观十一年也未与《律》、《令》、《格》一起施用过《式》，严格说来并不等于此后或整个贞观时期没有制行过篇帙不为三十三篇的"式"。特别是文献中确还存在着其他一些关于贞观有"式"的记载②，因而需要继续对此加以考辨。

关于贞观有"式"的其他记载主要有二，一是《唐会要》卷二〇《公卿巡陵》景龙二年三月记事提到的"贞观式"，二是《旧唐书》卷一二八《颜真卿传》载其代宗时上疏论政，称引了太宗所制的"司门式"。以往学者往往都以此与两《唐书·刑法志》等处的记载互证，来说明《贞观式》确实存在并讨论其相关内容。但上面的讨论既已明确，《旧志》所代表的这组关于贞观立法的记载都倒错了时代而无法采信，实际上也就失去了帮助判断这两处"式"是《贞观式》的佐证。现在看来，这两条史料所示之"式"，都难以判断其形态和性质而可两释，既可以解释为具有一定篇章体例的《式》，也可以按前面所说北朝至初唐的指称习惯，将其看作可称为"式"的规范章程。在这个问题上，除非找到明确的判据，骤然断论显不足取，而只能在准确释读这两处记载的基础上，明确其中的问题所在，以便澄清讨论的前提，尽可能避免歧误而接近真相。

以下先来考察《唐会要》卷二〇《公卿巡陵》的记载：

> 景龙二年三月，左台御史唐绍以旧制元无诸陵起居之礼，惟贞观式文，但以春秋仲月，命使巡陵。太后遂行每年四季之月及忌日降诞

---

① 《资治通鉴》卷一九二《唐纪八》贞观元年正月己亥已载当时"命吏部尚书长孙无忌等与学士法官更议定《律》、《令》"之事。

② 滋贺先生之文及后来其将之修订为《中国法制史論集——法典と刑罰》第六章时，对这些记载均未加以注意，这应当是迄今部分学者并不认同其结论的重要原因。

日,遣使往诸陵起居。准诸故事,元无此礼。遂上表曰:"臣伏以既安宅兆,礼不祭墓。所谓送形而往,山陵为幽静之宫;迎精而返,宗庙为享荐之室。但以春秋仲月,命使巡陵,卤簿衣冠,礼容必备。自天授以后,时有起居,因循至今,乃为常事。起者以起动为称,居者以居止为名,参候动止,盖非陵寝之法。岂可以事生之道,行之于时?望停四季及忌日降诞日并节日起居,陵使但准二时巡陵,庶得义合礼经,陵寝安谧。"手敕答曰:"乾陵每岁正旦、冬至、寒食,遣外使去;二忌日,遣内使去。其诸陵并依来表。"

此处提到的"贞观式文",显然是唐绍表文开头一段述其事由时所引,"但以春秋仲月,命使巡陵"显非此"式"原文,而只是唐绍对其内容的总括。从中可以看出,这里所引的"贞观式"包括了不少规定,其中并无"诸陵起居之礼",而只有遣使巡陵之制。从唐绍表文中还可看出,这个遣使巡陵之制,并不像武氏所定四季及忌、诞日"祭墓"起居之制那样是违背古来礼制的[①]。那么能否将之标点为"《贞观式》文",据此认为太宗时期的确已制定了《式》呢?

《唐会要》的这条记载,另见于《通典》卷五二《礼十二·上陵》及《册府元龟》卷五八七《掌礼部·奏议一五》[②],两处皆无"贞观式文"四字,而是在唐绍表文末尾提出的建议中增加了一个"式"字,使之变成:"……请停四季及降诞并节日起居,使但准'式'二时巡陵,庶义合礼经,陵寝安谧。"这明显是要照应到《唐会要》所据《实录》提到的"贞观式文",说明太宗所定春秋巡陵之制在当时确是被视为"式"的。且可从中体会到,一项制度是不是"式",在史官眼中并不是一件无关紧要的事情。但尽管如此,要视此"式"为《式》,也还存在着若干难

[①] 秦汉以来陵园在太常管辖之下,汉代则有太常"每月前晦,察行陵庙"之制。见《汉书》卷一九上《百官公卿表上》、《续汉书·百官志二》。

[②] 三处记此事有所不同,如《通典》载唐绍当时为太常博士,上表在同日太常博士彭景直上疏之后。《册府》亦载绍其时为太常博士,至景龙三年迁左台侍御史兼太常博士,后又迁左司郎中,皆有礼事之奏。而《唐会要》是把彭景直奏事放在卷二一《缘陵礼物》目中,系于神龙二年二月而其文尤详。《新唐书》卷一四《礼乐志四》亦载右台侍御史唐绍请"准式二时巡陵",此后又记彭景直之奏。《旧唐书》卷二五《礼仪志五》唯载帝亲谒陵,不及命使行陵之制。又《旧唐书》卷八五及《新唐书》卷一一三《唐临传》附《唐绍传》皆不载此事。

断之处。

一是此"式"形态似不像是永徽以来所定之《式》,其证如《唐会要》卷二〇《公卿巡陵》首条记高宗显庆五年二月之事:

> 上以每年二月①,太常卿、少卿分行二陵,事重人轻,文又不备,卤簿威仪有阙。乃诏三公行事,太常卿、少卿为副,太常造卤簿,事毕,则纳于本司。仍著于《令》。

由此可见,显庆五年以前唯遣太常卿、少卿为使行陵,高宗此时有鉴于其"事重人轻,文又不备,卤簿威仪有阙",方诏"三公行事",改以太常为副,又增修其卤簿,并将相关制度"仍著于《令》",即著入《卤簿令》中。然则"公卿巡陵"始于此时,以前只有太常卿和少卿充使而于春秋巡陵之制。故若肯定此制在太宗时乃是《式》条,且其《式》形态、性质已近于永徽以来所定之《式》;则其自应有较为详尽而足以规物程事的规定,又怎么能"文又不备,卤簿威仪有阙"呢?再者,此制若本为《式》文的规定,自应一直相沿至显庆此时,高宗改以三公为使而增益其制,又怎么会忽然要将之"仍著于《令》"呢?难道永徽立法时此制业已出《式》入《令》,且其内容已被大幅删削而至"文又不备"?这都是很难讲通的问题。

二是唐绍上表既请"但准式二时巡陵,庶得义合礼经,陵寝安谧",似可表明这个关于春秋巡陵的"贞观式",有可能是《贞观礼》的规定。事实上,三《礼》中根本就没有"巡陵"之说,"礼不祭墓"确是儒经述古代墓葬"不封不树"等文所示的礼意。故这里的"礼经",要么是指阐说"祭不欲数,数则烦,烦则不敬"之义的《礼记·祭义》之类,要么是应标点为"礼、经"。其"礼"即指当时并行的《贞观礼》和《显庆礼》,今仍存其完帙的《开元礼》"吉礼"部分确有《太常卿行诸陵》篇,而据上引高宗显庆五年之事,可知《显庆礼》中亦有此篇②。若再追溯,两者皆自《贞观礼》承袭损益而来。

---

① 《通典》卷五二《礼十二·上陵》原注亦载此事,而"月"作"时",是。
② 《旧唐书》卷四《高宗纪上》载《显庆礼》显庆三年正月戊子由长孙无忌奏上,共一百三十卷,二百五十九篇。《唐会要》卷三七《五礼篇目》载为一百三十卷二百二十九篇。

上陵之制虽自秦汉有之①，但其进入礼典却以《贞观礼》为始。《唐会要》卷三七《五礼篇目》载太宗诏房玄龄、魏徵等撰定《贞观礼》一百卷，分为一百三十八篇之事：

> 玄龄与礼官建议，以为《月令》蜡法，唯祭天、宗，谓日月已下，近代蜡五天帝、五人帝、五地祇，皆非古典，今并除之。神州者，国之所托，余八州则义不相及。近代通祭九州，今唯祭皇地祇及神州，以正祀典。又皇太子入学及太常行山陵、天子大射、合朔……天子上陵朝庙、养老于辟雍之礼，皆周、隋所阙，凡增二十九条，余并依古礼。②

据此则"太常行山陵"及"天子上陵"之制确为《贞观礼》所增。因此，如果肯定唐绍称引的是"《贞观式》"，那等于是说，当时把"春秋仲月，命使巡陵"之制修入了《式》，同时又把太常充使巡陵之制修成了《贞观礼》中的一篇。揆诸事理，似无这样的可能③。更何况，今存《开元礼》卷四五《太常卿行诸陵》的规定中④，虽有赴陵行礼的具体仪注，却的确呈现了"卤簿威仪有阙"的状态。可信《贞观礼》中也是如此，

---

① 参《通典》卷五二《礼十二·上陵》。
② 其下文载《贞观礼》于贞观"七年正月二十四日献之，诏行用焉"，其"七"当为"十一"之讹。
③ 《旧唐书》卷二一《礼仪志一》载高宗时修改《贞观礼》，成《显庆礼》一百三十卷，"至显庆三年奏上之，增损旧礼，并与《令》、《式》参会改定，高宗自为之序"。其时已行《永徽式》，官修《五礼》既须与《令》、《式》"参会改定"，其间自然不可能是重复关系。
④ 今通行本《开元礼》卷四五以《皇帝拜五陵》、《皇后拜五陵》及《太常卿行诸陵》三篇备拜陵仪，其中并无《公卿行陵》之篇。而《唐会要》卷二〇《公卿巡陵》载贞元四年二月国子祭酒包佶奏事，有"谨按'开元礼'有公卿拜陵旧仪"之文；又载苏氏"议曰：按'开元礼'春秋二仲月，司徒、司空巡陵，春则扫除枯朽，秋则艾薙繁芜"云云。劲案：《唐六典》卷四《礼部》述"五礼之仪，一百五十有二，一曰吉礼，其仪五十有五"，其原注载其"二十二曰拜五陵，二十三曰巡五陵"。《通典》卷一〇六《礼六十六·开元礼纂类一》"五礼篇目"原注述开元二十年颁行《开元礼》，"自后续有变改"。又述《开元礼》百五十二篇，其中吉礼五十五篇，第二十二篇为《拜陵》，第二十三篇为《太常节行诸陵》。两相参照，《唐六典》和《通典》所存的《开元礼》篇目安排，显然与今通行本不同。则包佶、苏氏所引有公卿行陵内容的《开元礼》，可能是一个不同于今通行本的《开元礼》文本。另一种可能则是指《开元礼义鉴》，此书由萧嵩等继《开元礼》撰成，与之相辅而行，且"取历代沿革随文释义"，其中必有公卿巡陵内容，唐后期且与《开元礼》一起被纳入科举考试范围，故又有将之简称为"开元礼"者。

这才发生了上面所说高宗规定三公巡陵太常副之,详其卤簿威仪,并且将之著入了《卤簿令》的史事。

由此看来,唐绍上表所称"贞观式文",很可能就是指《贞观礼·太常行山陵》篇中的规定。称之为"式",显然是要突出《贞观礼》作为礼典明示诸行礼范式的性质,至于其之所以要舍显庆而远引贞观之制为据,当是因为其时《显庆礼》和《贞观礼》虽并用[1],但巡陵之制毕竟始定于贞观,而《显庆礼》不少内容与唐绍所要奏革的"祭陵"之制都深受武氏影响而多遭非议[2],实际上是不便据此论事的。

三是循北朝至隋的指称习惯,以"式"指称礼典规定或《律》、《令》等法的现象,在贞观以来仍颇常见。前引《唐会要》载贞观十一年立法之事,即把当时施行的《律》、《令》、《格》通称为"新格",同时又泛称之为"通式"。

足与相证的,如《贞观政要》卷八《论赦令第三十二》:

> 贞观十年,太宗谓侍臣曰:"国家法令,惟须简约,不可一罪作数种条,格式既多,官人不能尽记,更生奸诈。若欲出罪,即引轻条;若欲入罪,即引重条。数变法者,实不益道理,宜令审细,毋使互文。"

太宗这段议论所针对的,正是贞观十一年正月《律》、《令》、《格》施行之前的定稿过程。其中提到的"格式",显然不能释之为《格》、《式》或《格》的规定,而是泛指"国家法令",在这里主要指的是《律》,因为其主旨是要求《律》文不可一罪数条,轻重有异,将之视为重要的立法原则。

事实上,"格式"以及"令式"、"格令"之类,在隋唐以来经常都被用来泛指各种法律规定,其究竟是否确指《格》、《式》或《令》、

---

[1] 《新唐书》卷一一《礼乐志一》载《显庆礼》颁行后,学者多有非议,"上元三年,诏复用《贞观礼》。由是终高宗世,《贞观》、《显庆》二礼兼行。而有司临事,远引古义,与二《礼》参考损之,无复定制"。

[2] 参《旧唐书》卷二一《礼仪志》序。

《式》，经常需要根据具体语境才能作出判断①。前析《隋书·苏威传》及《李德林传》所述"格式"，即是泛指《律》、《令》等各种法律而言。贞观以后类此之例，如《旧唐书》卷一〇二《徐坚传》：

> 多识典故，前后修撰格式、氏族及国史等，凡七入书府，时论美之。

坚卒于开元十七年，其所预修者不外是《开元前格》与《后格》，同时又在《开元礼》的起草过程中占有重要地位②。故上引文中徐坚参与修撰的"格式"，实际上兼指了《开元格》和《开元礼》。

贞观以来以"式"指称礼制的情况亦颇常见，即以公卿巡陵之制为例，《唐会要》卷二〇《公卿巡陵》载开元十五年二月二十四日敕：

> 每年春秋二时，公卿巡陵。初发准式，其仪仗出城，欲至陵所十里内，还具仪仗。所须马以当界府驿马充，其路次供递车两，来载仪仗，推辂三十人。余差遣并停。所司别供，须依常式。

这里前面"初发准式"的"式"，显然就是指公卿巡陵出发时的制度规定③。后一个"常式"，是指以往巡陵时，所司另行供给公卿及其随行人

---

① 梅原郁《隋唐书刑法志研究中的若干问题：译注续中国历代刑法志补记》（周东平译，载《中西法律传统》2006年号）二"关于法典的解说"认为"武则天以来，律令格式的法律框架开始变动，其中尤以'格'对律令框架的突破最引人瞩目。从而就'格'字而言，仍拘泥于律令格式的'格'的解释，毋宁是自己的一厢情愿"。这是充分注意到文献所述"格式"或"格"所指内涵的敏锐认识，当然其所述的这种状况并不始于武则天时期，对隋及唐初也是适用的。同时也要看到，贞观、永徽以来，以"格"特指《散颁格》或《留司格》及"格后敕"的语例确已骤然增多。

② 《唐会要》卷三七《五礼篇目》所载《开元礼》撰作缘起之事。徐坚同时又是《唐六典》的重要撰者之一，事在其"七入书府"之后，其中大量摘录了《令》、《格》、《式》文。参陈寅恪《隋唐制度渊源略论稿》三"职官"。

③ 《通典》卷五二《礼十二·上陵》载开元二十年四月制曰："寒食上墓，礼经无文，近代相传，浸以成俗。士庶有不合庙享，何以用展孝思？宜许上墓，同拜扫礼，于茔南门外奠祭，馔讫泣辞，食余馔任于他处，不得作乐。仍编入《五礼》，永为恒式。"这是把寒食扫墓修入《五礼》，称为"恒式"，事在开元二十年九月颁行《开元礼》前不久。今《开元礼》卷七八《王公以下拜扫（寒食拜扫附）》当因此而来。

员的一般标准和规定。其固然有可能是《式》，但也无妨是《令》或《格》的规定，或者是一份标明"永为常式"的敕例。

需要指出的是，唐代制敕提到的"常式"，确有其特定的法律内涵和地位。《唐会要》卷三九《定格令》载景龙三年八月九日敕：

> 应酬功赏，须依格式，格式无文，然始比例。其制敕不言"自今以后"、"永为常式"者，不得攀引为例。①

此敕规定，只有那些标明"自今以后"和"永为常式"的制敕，才是有别于一般制敕，可以被行政过程援引的敕例②。从中不难看出，这类通过写明"自今以后"、"永为常式"等语而可充例的制敕，以往亦已存在而未必被纳之入《式》③，中宗此敕无非正式明确了其法定用语和地位罢了。事实上，唐初以来这类敕例经常都在司法过程中起着极为重要的作用，尽管朝廷屡欲抑制其地位，但其实际作用和地位，显然仍是与《律》、《令》、《格》、《式》及礼典的规定相仿的④。在这样的法律背景和用语习惯下，所谓"常式"、"恒式"，自然也就有了不同于一般规范的严肃性，这应当也是前面所说某个制度是不是"式"，在史官看来是需要讲究的部分原因。

从上面所说的这些情况来看，唐绍表文所说，内容为"春秋仲月，命使巡陵"的"贞观式"，有可能是指《贞观礼》中的《太常行诸陵》

---

① 这里的两处"格式"，可以释为《格》、《式》，也可以泛指《律》、《令》等各种法律。
② 《唐律疏议》卷三〇《断狱篇》"诸辄引制敕断罪"条："诸制敕断罪，临时处分，不为永格者，不得引为后比。"景龙三年八月九日敕之义适与这条《律》文相证。
③ 以特定用语及其他种种方式来表明某份制敕对今后行政具有指导意义和不同于一般制敕的法律地位，实际上是魏晋以来敕例的共同特点。唐代这类制敕的性质及其与《格》、《式》的关系，详见本书第九章第三节之三。
④ 《旧唐书》卷五〇《刑法志》载高宗时"详刑少卿赵仁本曾撰《法例》三卷，引以断狱，时议亦为折衷"。至仪凤时高宗以为凡事遵守《律》、《令》、《格》、《式》即可，"何为更须作例，致使触绪多疑"？"自是，《法例》遂废不用。赵仁本所撰《法例》三卷，必是在以往所下刑事敕例的基础上编纂而成，高宗当时虽否定了"例"的作用和地位，但《法例》可废而以制敕处分和规定政事却在所难免，敕例的不断涌现实乃必然之事。《唐律疏议》卷三〇《断狱篇》"辄引制敕断罪"条："诸制敕断罪，临时处分，不为永格者，不得引为后比。若辄引，致罪有出入者，以故失论。"这里所说的"永格"，亦即"永式"、"恒式"，说明援例断罪本属合法，无非何者为"例"有其规定而已。

篇，在缺乏更多佐证的前提下，显然不宜将之直接看作"《贞观式》"。

现在再来看关于贞观"式"的另一条记载。《旧唐书》卷一二八《颜真卿传》载代宗大历初年元载为相，引用私党，惧朝臣论奏其短，乃请百官凡欲论事，皆先白长官，长官白宰相，然后上闻。真卿上疏曰：

> 御史中丞李进等传宰相语，称奉进止，缘诸司官奏事颇多，朕不惮省览，但所奏多挟谗毁，自今论事者，诸司官皆须先白长官，长官白宰相，宰相定可否，然后奏闻者。臣自闻此语已来，朝野嚣然……臣闻太宗勤于听览，庶政以理，故著司门式云：其有无门籍人，有急奏者，皆令监门司与仗家引奏，不许关碍。所以防壅蔽也。并置立仗马二匹，须有乘骑便往。所以平治天下，正用此道也……①

颜真卿此疏引据了太宗时所著的"司门式"，其内容除监门之司与侍卫须及时引入有急奏之人，不得阻碍外，还有专置仗马两匹，以备急奏者和引者骑乘的规定。司门是刑部四司之一，故此"司门式"名，似可证当时所定之《式》已以尚书诸曹为目，其形态实与《唐六典》卷六《刑部》原注所述《开元式》之况相类②。考虑到《新唐书》卷一五三《颜真卿传》、《册府元龟》卷五四六《谏诤部·直谏第十三》等处皆载真卿此奏，其文字虽与《旧传》略异而"司门式"之名及其内容基本一致，则据此断言唐《式》始于贞观时期，又何疑之有呢？

这条史料的问题在于，在其他一些文献据颜真卿此疏所做的记载中，太宗所定的这个有关门司和仗家不得阻碍急奏之人的规定，并不是称为"司门式"，而是以别的名称出现的。其典型如《资治通鉴》卷二二四《唐纪四十》代宗大历元年二月辛卯亦载此疏，其文作：

> 太宗著"门司式"云：其无门籍人，有急奏者，皆令门司与仗

---

① 清人黄本骥编辑的《颜鲁公集》卷一收录此疏，命名为《论百官论事疏》。
② 《唐六典》卷六《刑部》原注载《开元式》三十三篇中包括了"《监门式》"，这是常见于唐代文献的《式》篇，有关门禁的内容当在此篇。据颜真卿此疏则贞观有关门禁是由"司门式"来规定的，这本身就是一个问题。

家引奏，无得关碍。所以防壅蔽也。①

其文把《旧唐书·颜真卿传》等处所载的"司门式"改成了"门司式"，这显然是与其后文所述"门司"二字相照应的表述。南宋程大昌所著的《雍录》卷一〇《立仗马》条载颜真卿此事，也说太宗所定的是"门司式"。

此外，南宋赵汝愚编辑的《宋朝诸臣奏议》卷三九《天道门·灾异三》收录的张方平《上仁宗答诏论地震春雷之异》则述：

> 唐太宗躬勤政理，明于听受，著司马式云："其无门籍人，有论奏者，皆令监门司马引对，不许关碍。"

这里又把"门司式"改成了"司马式"，其"司马"之名同样是与后文"监门司马"相照应的表述。又李焘《续资治通鉴长编》卷四一〇《哲宗元祐三年》五月载苏轼奏言三事，其一有曰：

> 谨按唐太宗著司门令式云："其有无门籍人，有急奏者，皆令监门司引奏，不许关碍。"②

从其所引内容可知，苏轼也像张方平那样，是从颜真卿上疏而知唐太宗时有此规定的，但张氏所说的"司马式"，在苏氏这里又变成了"司门令式"。③

以上这些关于唐太宗时著有此"式"的记叙，其共同来源都应该是代宗大历元年颜真卿的上疏，但其"式"名却各各不同。这恐怕不是真

---

① 此条胡三省注，仍是以《唐六典》所载的《开元式》三十三篇来说明这个"门司式"的。

② 《宋朝诸臣奏议》卷七七《百官门·转对》收录苏轼《上哲宗乞依旧制许臣寮上殿》即是轼此上言，其中亦称"司门令式"。

③ 隋唐人所称"令式"，有时是《令》、《式》的合称，有时则可泛指《律》、《令》等各种法律。如《隋书》卷七五《儒林房晖远传》载其文帝受禅，累迁太常、国子博士，深通经义，"奉诏预修令式"。《旧唐书》卷六〇《宗室李孝恭传》载高宗将幸洛阳，令孝恭在京居守，顾谓之曰："关中之事，一以付卿。但令式蹋人，不可以成官政，令式之外有利于人者，随事即行，不须闻奏。"这几处"令式"，如果确指其为《令》、《式》，是讲不通的。

卿上疏原文转辗流传而有多个文本的缘故，而是从颜真卿本人开始，各人皆据太宗此制的内容以意命名的产物。因为在他们所处的时代中，这种有关门司通进的制度的确是可以称"式"，并且经常是由《式》来规定的，至于其在太宗当时究竟是单行敕例，还是较为系统的条制或以别的什么形态出现①，是称"司门式"还是"门司式"、"司马式"、"司门令式"之类，则是无关紧要的。无论如何，仅据颜真卿此疏，恐怕是无法确认贞观时期已经制定了《式》并有《司门式》篇的。

五　贞观十一年前后的立法趋势

以上所述大体可以表明，现有资料尚不足以证明，贞观时期已经制定了形态类于永徽以来的那种《式》，倒是可以证明当时仍像隋及武德年间的情况那样，存在着形形色色可以而又不一定称"式"的敕例之类。

不过同时也要看到，这两条关于太宗定"式"的记载，似亦表明贞观时期，一方面被称为"式"的敕例数量必在增多，另一方面以"式"来指称某些规范的习惯也在开始突出。这是不难理解的，因为贞观十一年既总结了北朝至武德年间编《格》施行的经验，删定武德以来"敕格三千余件"而编纂了《格》十八卷七百条②，《格》作为特定法律形式的性质业已空前清晰，那么未被编入其中的敕例更多地称"式"以免名称混淆，亦属自然之势。在此基础上进而编纂某种形态的《式》，似乎也不是完全不可能的。

事实上，唐太宗当时确已认为需要经常审定、编纂各种敕例，并已明确提出了这样的要求。《贞观政要》卷八《论赦令第三十二》载：

> 贞观十一年，太宗谓侍臣曰："诏令格式，若不常定，则人心多惑，奸诈益生。《周易》称涣汗其大号，言发号施令若汗出于体，一

---

① 霍存福《唐式佚文及其复原问题》论述篇"唐式研究"二"唐式的制定与修缉"即认为颜真卿上书所称"《司门式》"乃是"单行式"。可谓卓见。

② 《旧唐书》卷五〇《刑法志》述贞观十一年立法"又删武德、贞观已来敕格三千余件，定留七百条，以为《格》十八卷，留本司施行"。前面已引《旧志》此文，并指出其开头一段取自《国史》准确无误，且补充了其他记载的不足之处。所谓"敕格"实际上也就是制敕，这是武德时期在"十二条格"和"五十三条格"相继行用之余，惯称各种敕例为"格"的反映。贞观删此而名其为《格》，应当也是这种背景和指称习惯的体现。

出而不复入也。《书》曰：慎乃出令，令出惟行，弗为反。且汉祖日不暇给，萧何起于小吏，制法之后，犹称画一。今宜详思此义，不可轻出，诏令必须审定，以为永式。"

这是关于当时立法的一条重要史料，因为此事正发生在贞观十一年正月施行《律》、《令》、《格》之时或其后不久。从太宗开头说"诏令格式，若不常定，则人心多惑，奸诈益生"，最后又说诏令"必须审定，以为永式"，可以看出其"诏令格式"显然不是指一旦确定下来即须保持相对稳定的《律》、《令》，也不能解释为"诏令和《格》、《式》"，而是指诏令所作的规定，也就是各种以制敕形式出现而可称为"格式"的敕例。

如果这样解释并无大误的话，那么太宗这里所说"诏令格式"必须经常审定的问题，针对的其实就是当时删定武德以来制敕而编成的《格》十八卷七百条[①]，所表达的是对其有类于西晋泰始三年编集《故事》，现成删定既有敕例"留本司施行"的立法方式的不满，从而体现了对《贞观格》局限性的认识和如何弥补其不足的思考。应当说，太宗的这段议论，相当典型地再现了北朝以来不断强调《律》、《令》在整个法律体系中的重要性，尽可能以制定法来规范各种行政过程，相应则归置和约束各种随时随事所下敕例的立法取向。这就表明了唐太宗在如何处理法典与今上制敕的关系这个根本问题上的态度，也构成或预示了魏晋以来敕例编纂立法化和法典化进程在当时的进一步发展。

正是在这样的认识基础上，在当时已经编纂了《贞观格》十八卷的前提下，在太宗接下来在位的十多年中，在遵此不断审定诏令"以为永式"时，编纂出形态与《贞观格》不同的某种"式"，确是不无可能的。

《唐会要》卷一七《祭器议》载永徽二年礼部尚书许敬宗议笾豆之数曰：

> 谨按《光禄式》："祭天、地、日、月、岳、镇、海、渎、先蚕等，笾豆各四；宗庙，笾豆各十二；社稷、先农，笾豆各九；风师、

---

① 若其语在《贞观格》颁行之前，那就是在强调当时对武德以来制敕加以删定而编纂为《格》十八卷的必要，并申明今后还应经常对后续敕例加以审定。

雨师等，笾豆各二。"寻此《式》文，事实乖戾。社稷多于天地，似不贵多；风雨少于日月，又不贵少；且先农、先蚕，俱为中祀，或四或六，理不可通。谨按《礼记·郊特牲》云："笾豆之荐，水土之品，不敢用亵味，而贵多品。所以交于神明之义也。"此即祭祀笾豆，以多为贵；宗庙之数，不可踰郊。今请大祀同为十二，中祀同为十，小祀同为八，释奠准中祀。自余从座，并请依旧式。

这里所引的《光禄式》，当然是高宗永徽二年所定《式》中的一篇；其末建议"自余从座，并请依旧式"的"旧式"，显然不能是此年闰九月新颁之《式》，而必是贞观十一年以后"审定诏令"时，关于祭祀笾豆数量所形成的"永式"。尽管其具体形态今已不得而知，却无疑与颜真卿奏疏引据的太宗"司门式"或"门司式"一样传递了贞观后期立法举措的某些信息和趋向，从而构成了高宗永徽立法之时，终于定《式》与《律》、《令》、《格》并行，并分《格》为两部的序幕。

六　关于贞观立法的几点认识

综上所述，关于贞观十一年立法史料及贞观立法的相关问题，可以得而明确的认识有以下几点：

一是在贞观十一年立法的各种记载中，较为准确可靠的是《唐会要》卷三九《定格令》节取《实录》所做的叙述。据此参以其他记载，可以断定贞观十一年施行的，只有《律》十二卷五百条，《令》三十卷二十七篇一千五百九十条，《格》十八卷七百条。因此，当时尚未形成《律》、《令》、《格》、《式》并行的法律体系，而是着重对《律》、《令》作了清理和修改[①]，又有鉴于《晋故事》直至武德"五十三条格"的经验，而

[①]《玉海》卷六六《诏令·律令下》"唐贞观律、留司格"条引《唐会要》卷三九《定格令》载贞观十一年正月十四日立法之文，然其"以为通式"四字后有一条原注："崔融云：《贞观律》唯有十卷，《捕亡》、《断狱》乃永徽二年长孙无忌等奏加。"劲案：崔融或即则天时史官，《旧唐书》卷九四有传，《玉海》此条原注似表明《唐会要》据《实录》载贞观十一年立法亦可能有误。但贞观、武德与隋开皇《律》一脉相承而皆十二卷，《旧唐书》卷四六《经籍志上》虽未著录《贞观律》而著录了长孙无忌等撰的《律疏》三十卷，《唐律疏议》卷二八《捕亡》、卷二九《断狱》篇首《疏议》分述二篇自《法经》直至隋《律》沿革之况甚详，可断崔融所述实不可信。

编纂了《格》十八卷七百条。

二是以《旧唐书·刑法志》为代表，包括《新唐书·刑法志》、《艺文志》和《册府元龟·刑法部》等处对贞观十一年立法的记载，都因其所据《国史》文本把摘录《唐六典》所做的夹注混入了正文，而发生了错把开元《令》、《格》、《式》之况误为贞观所定的问题。这组记载提到的贞观《留司格》一卷、《贞观式》三十三篇，皆为子虚乌有之物，《新唐书·刑法志》和《艺文志》原注所述《贞观令》一千五百四十六条，也只是《开元令》的条数。

三是《新唐书·艺文志》史部刑法类著录的唐初及唐以前法书，许多都不能视为宋代实存或作者亲见之书，而是但据记载所有之书即录其书名称、卷帙，《通志·艺文略》史部刑法类的有关著录亦与之相仿。这种有类于后世《补经籍（艺文）志》的做法，虽可帮助人们了解一代著书撰作之况，但却极易由于所据记载本身的问题而致无中生有之谬。两处著录的武德"又《式》十四卷"和贞观"《留司格》一卷"、"《贞观式》三十三篇"即其典型。

四是其他几处史料提到的"贞观式"或"司门式"，目前尚难判定其形态和性质，更难证明贞观十一年施行了有类于永徽以来的《式》，并且据此认为当时已形成了《律》、《令》、《格》、《式》并行的体制。但贞观十一年以后，以"式"指称并未入《格》的重要规范的习惯，正在明显突出起来，进一步归置和约束各种敕例的必要性亦在凸显。这就为永徽定《式》和《格》分两部准备了条件，同时也不能完全排除太宗此后曾编纂过某种形态的"式"的可能。

因此，相较于隋及武德年间的状况，贞观十一年立法最大的变化，是在修订《律》、《令》和礼典的同时，又制定了《格》十八卷。此《格》既在清理武德至贞观以来敕例三千余条的基础上，定留了其中的七百条加以编录而成，且又各"留本司施行"，其本身已经表明当时清理及删定的，显然是不宜进入《律》、《令》而仍散存各司指导其政务处理过程的全部敕例，此《格》形态和性质其实也就是永徽二年以后所谓的"留司格"。这一点似乎表明当时已在总结隋代法制教训的基础上，回归到了像西晋泰始三年那样另编《晋故事》来删定和约束各种敕例的轨道上，或者说其是确认了北齐、北周几部法书相辅而行做法的价值，但其毕竟还未在此方向上开创新局，而只是迈出了《律》、《令》、《格》、《式》并行体制面世之前的重要一步。从其"定留七百条"的做法,可以看出当时在《格》的形态和性质上尚未形成定见,七百条这个数量,显然不过是随宜删定所致,必将随此后敕例的不断增益及继续删定而伸缩变化。如何归置和约束《律》、《令》以外层出不穷的敕例,仍有待新的法律形式和整个法律体系的进一步调整来加以明确。

第三节　永徽二年《律》、《令》、《格》、《式》体系的形成

继太宗贞观十一年以后的再次大规模立法,是从高宗登位之初的永徽元年开始,至次年闰九月颁行的。《旧唐书》卷四《高宗纪》永徽二年闰九月辛未:

> 颁新定《律》、《令》、《格》、《式》于天下。

这里之所以不像前面分析隋以来记载中提到的"律令格式"那样,说其只是《律》、《令》等各种法律的泛称,而是分别为其加上书名号,是因为永徽二年所颁除《律》、《令》外,的确包括了调整《贞观格》而形成的两种《格》和新创的《式》,这些都是有其篇章卷帙和条文结构、通体法律效力和地位十分明确、功能性质各有特点,又在此基础上相辅而行的综合性法书,从而在历史上首次形成了《律》、《令》、《格》、《式》并行的法律体系。

一　永徽开创《律》、《令》、《格》、《式》体系的关键所在

相对于贞观十一年立法史料的错杂不一,文献中关于永徽二年所颁诸法的记载[①],大体上是确凿无疑的,有所歧异的只是一些枝节。如《唐会

[①] 《新唐书》卷三《高宗纪》未载其事,卷五六《刑法志》只记载了《格》分二部及《律疏》撰作之事,与《通典》卷一六五《刑三·刑制下》所载略同。《资治通鉴》卷一九九《唐纪十五·永徽二年》闰九月载此事为"长孙无忌等上所删定《律》、《令》、《式》。甲戌,诏颁之四方"。这里没有提到《格》,当是因为《留司格》显然不属"诏颁之四方"者。

要》卷三九《定格令》：

> 永徽二年闰九月十四日，上新删定《律》、《令》、《格》、《式》，太尉长孙无忌、开府仪同三司李勣、尚书左仆射于志宁、尚书右仆射张行成、侍中高季辅、黄门侍郎宇文节、柳奭、尚书右丞段宝元、吏部侍郎高敬言、刑部侍郎刘燕客、太常少卿令狐德棻、给事中赵文恪、中书舍人李友益、刑部郎中贾敏行、少府监丞张行实、大理丞元诏、太府丞王文端等同修，勒成《律》十二卷，《令》三十卷，《式》四十卷，颁于天下。遂分《格》为两部，曹司常务者为《留司格》，天下所共者为《散颁格》，《散颁格》下州县，《留司格》本司行用。①

从中可以清楚地看到，当时颁行的包括了《律》十二卷，《令》三十卷，《式》四十卷，以及在《贞观格》基础上调整而来的《留司格》和《散颁格》。

《旧唐书》卷四六《经籍志上》史部刑法类著录了《永徽令》三十卷、《永徽成式》十四卷、《永徽散颁天下格》七卷、《永徽留本司行格》十八卷，这就补充了不见于《唐会要》等处的永徽《格》、《式》卷数。其所著录的《永徽成式》十四卷，显然就是《新唐书》卷五八《艺文志二》史部刑法类著录永徽时期的"又《式》十四卷"。由于《唐六典》卷六《刑部》亦载永徽《式》十四卷，《旧志》所据《群书四部录》作者毋煚等皆亲见其书加以著录，各书"并有小序及注撰人姓氏"②，其所著录的《永徽成式》十四卷应当是可靠的，而《唐会要》中的"四十

---

① 《旧唐书》卷五〇《刑法志》及《册府元龟》卷六一二《刑法部·定律令四》所载与之略同，而未出《律》、《令》、《格》、《式》的卷数。又敦煌文书S.3375号残卷末原题"《令》卷第六《东宫诸□□□》"，且有"永徽二年闰九月十四日朝散大夫守刑部郎中上柱国判删定臣贾敏行上"等字样，原本级于其后的P.4634C2号残卷依次署有张行实、李友益、赵文、刘燕客、高敬言、令狐德棻、段宝玄、柳奭、宇文节、高季辅、张行成、于志宁、李勣、长孙无忌及其具衔。与文献所载永徽立法诸人及奏上时间相同且更为完整。

② 《旧唐书》卷四六《经籍志》序，其又提到《群书四部录》篇帙达二百卷之多，可见其各书小序内容颇详。

卷"，则应是"十四卷"之误。①

从武德元年以来五十三条格施用，至七年新《律》、《令》颁行而停废；到贞观十一年定《格》十八卷与《律》、《令》并行，再到永徽二年对此体制加以创革而另行制定《散颁格》和《式》，其间明显存在着针对《律》、《令》以外各种敕例，不断思考其约束归置之方的发展脉络。

《旧唐书》卷五〇《刑法志》载仪凤时高宗谓侍臣曰：

> 《律》、《令》、《格》、《式》，天下通规，非朕庸虚所能创制。并是武德之际，贞观已来，或取定宸衷，参详众议，条章备举，轨躅昭然，临事遵行，自不能尽。何为更须作例，致使触绪多疑？计此因循，非适今日，速宜改辙，不得更然。

据前所述武德、贞观立法之况，这里说的《律》、《令》、《格》、《式》"非朕庸虚所能创制"，本身就表明《格》、《式》与《律》、《令》并行之制，当时公认其为高宗所创，否则此语岂非可怪？故其继云"并是武德之际，贞观已来……条章备举，轨躅昭然"，自然也不能当作这四部法书"创制"于武德、贞观时期的证据，而只能解释为永徽《格》分两部和《式》的制定，都是沿高祖、太宗以来的轨辙发展而来②。高宗此语显然是要强调其所立诸法渊源有自，即便其中有所改作的部分也是合乎祖宗法意的③，但对今人来说，还应将之放到更长的历史发展过程中加以考察。

---

① 《旧志》并未著录《永徽律》，而是著录了长孙无忌撰《律疏》三十卷，其中已经包括了永徽《律》十二卷的全部内容。《新唐书》卷五八《艺文志二》对永徽二年所颁诸法的著录是："《永徽律》十二卷，又《式》十四卷，《式》本四卷，《令》三十卷，《散颁天下格》七卷，《留本司行格》十八卷。"其中的"《式》本四卷"，《旧志》载为"《永徽中式本》"四卷，未必是永徽二年所颁之物。

② 类此的说法，如《唐会要》卷三九《定格令》载开成元年三月刑部奏事有曰："伏以《律》、《令》、《格》、《式》，著自汉初，其后经历代增修，皇朝贞观、开元又重删定，理例精详，难议刊改。"所述"《律》、《令》、《格》、《式》，著自汉初"，大体是据汉初萧何定《九章律》而言，从汉代以来《令》补充和修正《律》，唐初以来《格》、《式》则在补充或修正《律》、《令》的过程中滋生出来的史实看，这样说也没有什么问题。

③ 《唐大诏令集》卷八二《政事·刑法》永徽二年九月《颁行新律诏》述其缘起："太宗文皇帝拨乱反正，恤狱慎刑，杜浇弊之余源，削烦苛之峻法。道臻刑措，二十余年，玉几遗训，重令刊改。朕仰遵先旨，旁求故实，乃诏太尉、扬州都督无忌……刑部郎中贾敏行等，爰逮朝贤，详定法律。"说的也是这层意思。

《格》分为《散颁格》和《留司格》两部,无疑是永徽立法的一项重大改革。其中的《永徽留本司行格》十八卷,卷数与《贞观格》相同,性质上恐怕也与本来就是"留本司行用"的《贞观格》相同,只是其删定范围应已延至永徽元年,条数则未必还是七百条罢了。前文已经明确,统一删定各部门处理政务时存档的敕例,聚之则以部门为目编缀成册,散之仍可"各还其府"指导其今后行政过程,这是《晋故事》以来约束和归置各种敕例的一个传统。《贞观格》十八卷既"删武德、贞观以来敕格三千余件,定留七百条……留本司行用",显然也是以主管部门为目,其下编缀已经统一斟酌删定以后的敕例而形成的。永徽二年确定的《留司格》,若仍保持了这种形态,那就不仅与《贞观格》,也与《晋故事》、《梁科》、《陈科》一脉相承。故其价值或历史地位,便是肯定了《贞观格》所体现的立法路向,也就是由此重建《律》、《令》、《故事》并行之制的做法,继承了其对北朝一脉至隋及唐初法律体系的反思和总结。①

因此,相较于以往的创革,永徽二年《格》分两部的新意,实际上集中体现在《散颁格》的出现上。即在贞观十一年各种敕例一并被删定和编纂为《格》的基础上,又进一步把其中部分敕例加工编纂成了《散颁格》。《唐会要》等处述"曹司常务者为《留司格》,天下所共者为《散颁格》,《散颁格》下州县,《留司格》本司行用";正点明了《留司格》与《散颁格》的区别,在于前者删定和编纂的是仅关"曹司常务"的敕例,后者则是据"天下所共"的敕例加工编纂而成的。

这大概是因为大量敕例,都是在主管部门处理日常政务不断上奏其事和得到御批的过程中形成的,其中不少未必需要颁之天下,甚至亦无关乎各州县行政,而只是下至主管部门指导其"常务"或由其"内部掌握"即可。但若事有普遍性,有关官员或部门奏准的是举国行政机关共同适用的政务处理办法,或朝廷专就其事组织讨论起草而形成了统一的规定,再以制敕的形式下至天下州县准此执行②;这类敕例经门下录副后即由尚书

---

① 《唐大诏令集》卷八二《政事·刑法》收录的永徽二年闰九月《颁行新〈律〉诏》有曰:"太宗文皇帝拨乱反正,恤狱慎刑,杜浇弊之余源,削烦苛之峻法。"其中"削烦苛之峻法"当然不会是指武德之法,而是指太宗继《武德律》而进一步减降隋《开皇律》中的死刑和流刑而言;"杜浇弊之余源"则显然是指太宗除定《贞观律》、《令》之外又删定敕例定《格》十八卷之事。

② 《唐会要》等处载《散颁格》"天下共之",便是特别以其是否"下州县"来衡量的。

第八章 《律》、《令》、《格》、《式》体系的形成

都省抄发各地各部门贯彻落实①，其后续管理和删定、加工、编纂，自然也就不能与仅"留本司施用"的敕例同等处置了。

各种敕例之间因不同政务处理过程所发生的这种差异，以及在后续贯彻和管理上是强调还是淡化主管部门的"自由裁量权"或责任，在删定编纂时是否可以把性质不同的敕例一概纳入同一种法律形式？诸如此类的问题，实际上已经表明了只以《留司格》来归置或约束各种敕例的局限。前引《贞观政要》载贞观十一年颁法前后不久，太宗强调"诏令格式"需要经常审定，便反映了其对《贞观格》体例不甚满意的补救性考虑②。由此推断，永徽二年之所以要在《留司格》外另行编纂《散颁格》，必是因为《留司格》性质和体例，无法一并容纳那些必须颁至各地各部门，其普适性和重要性也要来得更大的敕例的缘故。也就是说，正是因为永徽二年除《留司格》外另又专门编纂了《散颁格》，才在编纂体例上解决了《贞观格》存在的局限和问题，从而突出地体现了以此来分别约束和归置《律》、《令》之外性质和功能明显有别的各种敕例，同时也以此来压缩各主管部门的"自由裁量权"和扩大"法定主义"效用的立法路向。

由此又可合理地推想，永徽二年同属"颁于天下"的《式》的制定，应当也是针对那些需由各地各部门一体遵行或取仿的敕例，进一步分其类型整理编纂的产物，且可肯定其必与《散颁格》在某些方面形成了区别或分工关系。《唐六典》卷六《刑部》原注述永徽、垂拱、神龙、开元《式》，均在同期定格令时"删定"而成，说明唐《式》同样是在有关敕例的基础上形成的；而其追溯唐《式》渊源只到西魏《大统式》为止③，恐怕也正是有鉴于两者均取颁行天下的敕例而成，皆为综合性法书而性质

---

① 参刘后滨《唐代中书门下体制研究——公文形态、政务运行与制度变迁》第七章"中书门下体制下的奏事文书与政务裁决机制"、第八章"中书门下体制下的制敕文书及其运作"，齐鲁书社 2004 年版。

② 这类局限在《晋故事》中显然也是存在的，晋以来删定颁行的其他一些敕例集，即可说是在此背景下出现的。

③ 《唐六典》卷六《刑部》原注述唐《格》包括《留司格》和《散颁格》在内，均"编录当时制敕，永为法则，以为故事"，将其渊源追溯到了《晋故事》和东魏制定的《麟趾格》。又述唐永徽、垂拱、神龙、开元《式》，却只将其渊源追溯至《大统式》。这是因为《留司格》确与《晋故事》等一脉相承，而《散颁格》则与《麟趾格》在"颁于天下"这一点上性质相通的缘故。既然如此，其也就不能再把《晋故事》和《麟趾格》等视为唐《式》之源，而只能将之追溯至同为综合性法书和颁行天下的《大统式》了。

相通的缘故。

事实上，魏晋以来一直都存在着两类并非《律》、《令》而须颁于天下的诏令或法律规范，北朝的情况尤其如此。

一类是单行敕例适用于各地各部门者，如《魏书》卷四上《世祖纪上》太延三年五月下诏：

> 其令天下吏民，得举告守令不如法者。

同书卷一〇八之四《礼志四》载熙平二年十一月太傅清河王怿表曰：

> ……乞集公卿枢纳内外儒学博议定制，班行天下，使礼无异准，得失有归，并因事而广，永为条例。

前面所说隋炀帝大业三年颁行天下的"新式"，亦属此类。

另一类是朝廷进一步编纂的法书而"颁于天下"者，如《魏书》卷八八《良吏窦瑗传》载其为齐献武王丞相府右长史，上表论其兴和时为平州刺史时事：

> 臣在平州之日，蒙班麟趾新制，即依朝命宣示所部。

《周书》卷二《文帝纪下》大统十年七月：

> 魏帝以太祖前后所上二十四条及十二条新制，方为中兴永式。乃命尚书苏绰更损益之，总为五卷，班于天下。于是搜简贤才，以为牧守令长，皆依新制而遣焉。数年之间，百姓便之。

是《麟趾格》和《大统式》亦皆颁于天下，前面所述石勒称王前施用的《辛亥制度》亦属此类。

这两种情况显然是有关联的。正是因为存在着不少必须颁于天下的敕例，才使进一步制定同属颁于天下的法书有了必要，若其确有可存而未撰入《律》、《令》，或者将之撰入《律》、《令》后尚有可存，再把它们一并编入"留本司施行"的敕例集就很不合适了。这应当就是前面所说太宗不满于《贞观格》体例的原因所在,如果肯定这些敕例确需经常审定和编纂,其出路只能是另编能够恰当地容纳它们的新法书。

不过从《大统式》到《永徽式》,仍有一段历史距离需要跨越。自隋开皇废除《大统式》至于唐初,"式"又重新变成了《律》、《令》以外敕例的一种灵活不定的指称。尽管贞观十一年后,这种指称有了某些新的趋向,说明永徽二年制定的《式》十四卷有其因缘或背景,但其总体说来仍应视为是创制。《旧志》著录其全称为"《永徽成式》",似乎也体现当时强调了此《式》内容、体例或其基于相关敕例的编纂形态,已在新形势和新条件下被重新确定,而与以往称"式"的各种规范有了较大的不同。从永徽二年创革整套法律体系的现实需要出发,这种重新确定的过程,固然也要参照新《律》、《令》来展开,其与同属删定和整理普适性敕例基础上形成的《散颁格》的关系,恐怕更是需要通盘斟酌和着力找准其各自定位的重大问题。

讨论至此可见,在如何约束和归置《律》、《令》之外层出不穷的敕例,在制敕与法典的关系这个长期以来影响法律发展的基本问题上,永徽二年《格》分两部和《式》的制定所体现出来的立法路向,显然不是像《贞观格》所取鉴的《晋故事》那样,把《律》、《令》之外形形色色的敕例编入同一种法书或法律形式之中;而是采取了类于北齐编纂《权令》和《权格》的做法,以不同类型的法书或法律形式,来分别容纳和整理那些性质和功能明显有别的敕例。就其历史渊源和现实需要而言,《留司格》源出《晋故事》,其所删定编纂的是"留本司施行"的敕例;《散颁格》和《式》则部分取鉴了东、西魏的《麟趾格》和《大统式》,其显然同在清理和删定那些"颁于天下"的敕例的基础上加工编纂而成,却肯定已对两者作了进一步区分,并在其各自的编纂方式和功能定位上体现了这种区别。

也就是说,在贞观十一年立法回归到魏晋南朝一脉的《律》、《令》、《故事》并行体系,又定下"诏令"必须经常审定的方针以后,永徽二年又进一步汲取了北朝一脉修撰《麟趾格》、《大统式》,以及隋代对诸敕例不加归约的经验与教训,特别是借鉴了北齐以《权格》和《权令》、北周以《刑书要制》和《大统式》与《律》、《令》并行的做法,最终则以《律》、《令》、《格》、《式》并行体系的创立,集大成地扬弃和总结了魏晋南北朝至唐初法律体系的发展成果。

二　永徽所定《律》、《令》、《格》、《式》体系的基本状况

关于永徽二年所定《散颁格》、《留司格》和《式》的具体形态，其详今已不得而知。唯一较为完整而具体的记载，只有前引《唐会要》卷一七《祭器议》许敬宗奏议所引永徽二年《光禄式》文一条。由此可以推知其与贞观后期不断"审定诏令"之举的关系，且可看出其文字相当简洁，规定亦甚严谨。另外还可依据某些笼统的记载，来明确《唐六典》卷六《刑部》所述《开元式》篇目，大部分都应承自永徽以来。除此之外，也就只能尽可能据间接的记载作大节的推断了。

以上勾勒永徽二年《律》、《令》、《格》、《式》并行之制的形成，要害仍在《格》、《式》的定型。即以形式不同的法书或法典，来分别约束和整理性质不同的各种敕例，从而在魏晋南朝一脉法律体系的基础上，进一步取鉴了北魏后期以来这方面的立法经验和教训。这就是永徽立法最重要的大节，也是理解当时《格》分两部和《式》的创制之所以具有重大影响的关键。明确了这一认识以后，关于永徽二年形成的《律》、《令》、《格》、《式》体系，还有两点堪值注意：

一是永徽二年闰九月辛未"颁新定《律》、《令》、《格》、《式》于天下"，本身就是法制史上一个划时代的事件。特别是对《格》、《式》来说，只有当其与《律》、《令》同样被颁于天下时，才意味其真正开始与《律》、《令》一起规范和指导着举国司法过程，形成了四者不可或缺的法律体系。

而这种颁于天下的《格》，当然只能是指《散颁格》而言。事实上，在唐代此后的官方用语中，凡《律》、《令》、《格》、《式》四法并称，其"格"基本上都是特指《散颁格》而言的。

其显例如《唐六典》卷三〇《府州县》载诸府州僚佐职掌：

> 法曹司法参军，掌《律》、《令》、《格》、《式》，鞠狱定刑，督捕盗贼，纠遥奸非之事。以究其情伪而制其文法，赦从重而罚从轻，使人知所避，而迁善远罪。

据此可知永徽二年以来，诸府州法曹参军"鞠狱定刑……使人知所避，而迁善远罪"，都须遵照《律》、《令》、《格》、《式》行事。这里的

《格》，显然只能是下至州县的《散颁格》而并不包括《留司格》在内。

又《唐大诏令集》卷八二《政事·刑法》录孙逖起草的开元二十五年《颁行新定〈律〉、〈令〉、〈格〉、〈式〉敕》有曰：①

> 先令中书门下及明法人等商量刊定，兼亦采诸群议，遍示具寮……斯其宜矣，可颁告天下。

既然明令"颁告天下"，其《格》自亦指《散颁格》而言。②

非但如此，文献载永徽二年以后各时期立法，凡不交代其留司或散颁而单称为《格》者，也大都是指《散颁格》。

如《唐六典》卷六《刑部》："凡《格》二十有四篇。"其原注述当时《格》的状况时曰：

> 以尚书省诸曹为之目，共为七卷。其曹之常务，但留本司者，别为《留司格》一卷。

其既特明编为一卷的是《留司格》，那么编为七卷的《格》自然就是《散颁格》③。《旧唐书·经籍志上》著录武周时期的"《垂拱格》二卷，《垂拱留司格》六卷"。同书卷六《则天皇后纪》垂拱元年三月："颁下亲撰

---

① 《唐大诏令集》未出此敕年月，《旧唐书》卷一九〇中《文苑孙逖传》载其开元二十四年拜中书舍人，"掌诰八年，制敕所出，为时流叹服"。此敕必逖为中书舍人时所草，期间唯开元二十五年有颁《律》、《令》、《格》、《式》之举。《新唐书》卷二〇二《文艺孙逖传》亦载开元间逖典诏诰八年，其文"尤精密"。

② 《旧唐书》卷九《玄宗纪》开元二十五年九月壬申："颁新定《令》、《式》、《格》及《事类》一百三十卷于天下。"此一百三十卷，必是《令》三十卷、《式》二十卷、《开元新格》十卷、《格式律令事类》四十卷再加《律疏》三十卷之和，故《开元新格》亦为《散颁格》。

③ 此处"七卷"恐为"十卷"之讹。又李玉生《唐代法律形式综论》一文，认为景云所定《太极格》"将自永徽以来分为散颁、留司两部的'格'重新合为一部，此后唐代的格不再有散颁、留司之别"。此说显然有违《唐六典》载开元《留司格》一卷和《散颁格》七卷的史实。又日本《类聚三代格》（收入新订增补《国史大系》第25卷，东京：吉川弘文馆1965年版）卷一《序事》收录的《贞观格序》，述日本清和天皇时期修编了《贞观格》十卷，另又择事理较轻内容琐碎者"撰为两卷，准《开元留司格》，号《贞观临时格》，并一帙十二卷，象十有二月以成岁"。此《开元留司格》即唐开元二十五年所定。

《垂拱格》于天下。"这就是两卷本的《垂拱格》,因为武氏亲自为它作了《序》①,故称"亲撰";其既颁于天下,自然就是《散颁格》。

又如《唐会要》卷三九《定格令》载:

> 景龙元年十月十九日,以神龙元年所删定格式漏略,命刑部尚书张锡集诸明闲法理人,重加删定。至景云元年,敕又令删定格令,太极元年二月二十五日奏上之,名为《太极格》,户部尚书岑羲、中书侍郎陆象先……等同修。

这段记载把《太极格》的由来交代得非常清楚,却未明其是散颁还是留司。《新唐书》卷五八《艺文志二》也著录了"《太极格》十卷",《册府元龟》卷六一二《刑法部·定律令四》则载景云初岑羲等奉敕"删定《格》、《式》、《律》、《令》,至是(太极元年二月)奏上之,名为《太极格》,诏颁于天下"②。是其显然亦为《散颁格》。

此外,《旧唐书》诸帝纪虽不一一记载各次立法,不过凡是得到记载的,全都是把相关法律颁于天下之事,其中提到的《格》也就无不是《散颁格》。像武德七年四月"颁行新《律》、《令》",贞观十一年正月"颁新《律》、《令》于天下",永徽二年闰九月"颁新定《律》、《令》、《格》、《式》于天下",垂拱元年三月"颁下亲撰《垂拱格》于天下",太极元年二月"颁新格式于天下",开元二十五年九月"颁新定《令》、《式》、《格》及《事类》一百三十卷于天下"③。《帝纪》的这种特意标明"颁于天下"的记载方式④,也说明其与并不颁于天下之法是截然不同的。

从这些现象不难看出:唐代的《律》、《令》、《格》、《式》体系,很大程度上是把《留司格》打入另册或排除在外的,严格说来其只是指

---

① 《唐会要》卷三九《定格令》。
② 《旧唐书》卷七《睿宗纪》太极元年二月己巳:"颁新格式于天下。"上引《册府》此条首亦载此。当时既删定了《格》、《式》、《律》、《令》,则其颁行的未必只有《太极格》,所谓"新格式"或系泛指诸法而不特指《格》、《式》。
③ 《新唐书》帝纪由于省文过甚,对《旧唐书》帝纪所载的这几次颁法之事,只留存了武德七年四月、垂拱元年三月二事。
④ 《唐会要》卷六三《史馆上·诸司应送史馆事例》规定"法令变改,断狱新议"由刑部随时报送。这也就是修撰国史《刑法志》的基本资料,至于立法颁法之事是否载于《帝纪》,则当与修史体例及修撰者个人的取舍相关。

《散颁格》、《式》与《律》、《令》并行和相辅相成的体制，因为只有这四部法书才被颁行天下，由各地各部门直接准此展开行政过程，也才真正构成了不可或缺的互补关系。

由此方可更加清楚地体会到：永徽二年在历史上首创《律》、《令》、《格》、《式》并行体系的实质，其与南北朝直至贞观立法的最大不同，不在于其一般地删定和编纂了《律》、《令》之外层出不穷的各种敕例，而在于其通过《散颁格》和《式》的制定，把这些敕例进一步编纂成了两种普适性的法律规范。又尤其在于其因此而明显扩展了公诸天下的普适性法律的作用范围，也就相应压缩了已经删定而留于各部门"内部掌握"的敕例的作用和地位。

二是今本《唐律疏议》虽经永徽以后陆续修订刊写，特别是开元二十五年曾对《律疏》进行过较为全面的刊定，但其主体部分仍应形成于永徽四年[①]。故其中提到和反映《律》、《令》、《格》、《式》的不少条款，当可在很大程度上说明永徽二年以来《格》、《式》与《律》《令》的相互关系及各自状态。

具体如《唐律疏议》卷二《名例篇》"官当条"，内有官员身任二官以上"先以高者当"的规定，《律注》且有"若去官未叙，亦准此"之文。其《疏议》有曰：

> ……从见任解者，叙法在《狱官令》。先已去任，本罪不至解官，奉敕解者，依《刑部式》，叙限同考解例。

此其大意是说，官员犯罪以官当罪者，若在任上免官，其再次叙用的限制已规定在《狱官令》中；如果其犯罪事发时已经离任，其罪不至于免官

[①] 《唐会要》卷三九《定格令》等处皆载《律疏》始撰于《律》、《令》、《格》、《式》颁行以后的永徽三年五月，奏上颁行于永徽四年十月。唯《新唐书·刑法志》载其始撰于高宗初即位，当是宋人习惯于把《律疏》与《律》相混的缘故。关于今通行本《唐律疏议》的形成时期，日本学者以仁井田陞、牧野巽《〈故唐律疏议〉制作年代考》一文为代表，多以之为开元二十五年修订的《律疏》，其论据之一即永徽《律疏》500条而今本有502条。而杨廷福《〈唐律疏议〉制作年代考》认为其即是《永徽律疏》，并解释今存502条乃是后人析《斗讼篇》、《职制篇》各一条为二所致。刘俊文《唐律疏议笺解》之"序论"五"唐律的解释"(2)"律疏的修撰"则认为："今传《唐律疏议》所据当是神龙以后、开元二十五年以前通行本《律疏》。"

而皇帝特别下敕免官者,则按《刑部式》规定办理,其再次叙用的限制与考核因罪解官者"期年听叙,不降其品"的规定相同①。由此推想,永徽二年以来《式》已确以尚书诸司等部门分篇②,同时也反映了当时《律》、《令》、《式》在行政、司法过程中相辅相成之况。

又如《唐律疏议》卷三《名例篇》"诸除名者"条有"诬告道士女冠应还俗者,比徒一年"之文。其《疏议》曰:

> 依《格》:"道士等辄著俗服者,还俗。"假有人告道士等辄著俗服,若实,并须还俗;既虚,反坐,比徒一年。"其应苦使者,十日比笞十",依《格》:"道士等有历门教化者,百日苦使。"若实不教化,枉被诬告反坐者,诬告苦使十日比笞十,百日杖一百……

这条《疏议》似可表明永徽二年以来所定之《格》,规定了道士、女官的行为规范。此《格》显然是统一颁至州县准此执行的,故其必是《散颁格》。

前面讨论武德立法时已经指出,关于僧、道管理,自北魏孝文帝制行"僧制四十七条"直至隋代,均是以《律》、《令》之外的单行敕例来加以规范的,武德九年曾在四年以来"关东旧格"等规定的基础上,制定过这方面的"条式"。贞观十一年定《格》十八卷,既取"武德、贞观已来敕格三千余件,定留七百条"而成,武德九年单行的僧道管理"条式"当已编录其中。而上引《疏议》则表明,有关规定在永徽二年立法之时已被纂入了《散颁格》,同时又在《律》中明确了诬告道士、女官应还俗者的处罚。这就具体地展示了永徽二年《格》分两部时,其《散颁格》有关内容取自贞观留司行用之《格》的状况,以及《律》文所作的相应调整。

---

① 参刘俊文《唐律疏议笺解》卷二"名例"本条之"笺释"。
② 《唐律疏议》卷七《卫禁篇》"诸奉敕夜开宫殿门"条《疏议》引有《监门式》文两条,末又称"大明、兴庆宫及东都进请钥匙,依《式》各有时刻,违者并依此科罪"。仁井田陞、牧野巽《故唐律疏议制作年代考》一文指出:"东都"之名在唐始于显庆二年,"兴庆宫"则是开元二年玄宗在其故藩邸所在兴庆坊开建,说明此条《疏议》已历经修订。不过这并不妨碍其中所引《监门式》文仍自永徽四年所颁《律疏》而来。此外,《唐律疏议》各篇《疏议》又引有《主客式》、《职方式》、《太仆式》、《礼部式》等《式》文。这类情况似可反映永徽二年所定《式》的分篇直至开元以来并无多大变化,且与《唐律疏议》中绝无《格》篇之名的状况形成了鲜明对照。

另如《唐律疏议》卷一三《户婚篇》"诸差科赋役违法"条《疏议》曰：

> 依《赋役令》："每丁，租二石；调绫、绢二丈，绵三两，布输二丈五尺，麻三斤；丁役二十日。"此是每年以法赋敛，皆行公文，依数输纳；若临时别差科者，自依临时处分。如有不依此法而擅有所征敛，或虽依《格》、《令》、《式》而擅加益，入官者，总计赃至六疋，即是重于杖六十，皆从"坐赃"科之……入私者，以枉法论……

由此可见，《赋役令》中规定了"依法赋敛"的基本种类和数额，在此基础上的增赋办法，亦已规定于《格》、《令》、《式》中，这里的《格》，主要亦应指《散颁格》，但在尚书部司或可自行依《格》下符增赋的情况下，似亦可兼指《留司格》而言，《律》文则规定了违反所有这些规定的处罚办法。这就表明，《新唐书·刑法志》所说邦国之政皆已规定于《令》、《格》、《式》中，"其有所违及人之为恶而入于罪戾者，一断以《律》"的体制，在永徽二年以来当已明确下来了。

三 永徽以后《律》、《令》、《格》、《式》体系的调整完善

永徽二年以后《律》、《令》、《格》、《式》体系仍在发展之中，特别是《散颁格》和《式》，更不可能在新创之际即十分完备，后续的调整在所难免。这种陆续调整完善的过程，也从一个侧面反映了永徽二年所定法律体系的状况，更为理解此后这一体系尤其是《格》、《式》的样态提供了基础。

永徽以后，史载高宗龙朔二年、仪凤二年、武周垂拱元年、中宗神龙元年、景龙元年、睿宗景云元年、玄宗开元三年、开元七年及二十五年，曾九次围绕《格》、《式》展开集中立法和相应的调整[①]。其中龙朔和仪

---

① 详见《唐会要》卷三九《定格令》、《通典》卷一六五《刑三·刑制下》、《册府元龟》卷六一二《刑法部·定律令第四》等处。必须指出的是，其并非包括了当时实有的各次重要立法，如《唐大诏令集》卷四《帝王·改元中》录《改元载初敕》（《文苑英华》卷四六三《诏敕五·改革》名为"《改正朔制》"，中提到"仍令所司刊正礼乐，删定《律》、《令》、《格》、《式》不便于时者"。《新唐书》卷五六《刑法志》载天宝四年萧炅主持的立法。即不见于这几处记载。

凤二年立法，分别由源直心和刘仁轨主持，《旧唐书》卷五〇《刑法志》说这两次立法皆因"改易官号"而起，"唯改曹局之名，而不易其篇第"。但事实恐不如此简单。①

《唐大诏令集》卷八二《政事·刑法》收录的仪凤元年二月五日《颁行新令制》②，其中提到当时立法之况有曰：

>……比者在外州府，数陈表疏；京下诸司，亦多奏请。朕以为帝命多绪，范围之旨载弘；王言如丝，弥纶之道斯洽。前后处分，因事立文，岁序既淹，条流遂积，览之者滋惑，行之者逾怠。但政贵有恒，词务体要，道广则难备，事简则易从。故自永徽已来诏敕，悤令沙汰，详稽得失，甄别异同，原始要终，捐华庶实。其有在俗非便，事纵省而悉除；于时适宜，文虽繁而必录。随义删定，以类区分，上秉先规，下齐庶政，导生灵之耳目，辟风化之户牖。俾夫施之万祀，周知训夏之方；布之八埏，共识司南之路。仍令所司编次，具为卷帙施行，此外并停。自今以后，诸有表奏，事非要切，并准敕令，各申所司，可颁示普天，使知朕意。

从中可以看出，仪凤二年立法的缘起，绝非仅因曹局改名，而是对永徽以来各种诏敕展开了"详稽得失，甄别异同"的全面清理。故其所定诸法，亦当非仅调整官司名称而已，而是在追求其内容的简久划一和"以类区分"、"具为卷帙"的编纂体例上，下了不小的功夫。

---

① 《唐六典》卷六《刑部》原注述《格》篇体例："永徽中，又令源直心等删定，唯改易官号曹局之名，不易篇第。"这或许就是《旧志》所据史源，但诸处皆载源直心奉诏修《格》在龙朔二年二月甲子"改京诸司及百官名"后，故此处"永徽中"三字后恐有脱文。或源直心早在永徽中即已主持修订《格》、《式》，至龙朔二年官名改易后方再调整而成？同时，《唐六典》这里说"唯改易……不易篇第"显然是就《格》本来按诸曹局命名的篇目而言的，《旧志》将其说成广及全体，又连同仪凤立法在内，恐亦不妥。源直心两《唐书》无传，《册府元龟》卷六九《帝王部·审官》载"高宗龙朔二年五月丙申，大司宪窦德玄为司元太常伯、左肃机，源直心为奉常正卿……"是源直心删定《格》、《式》后，已从司刑太常伯迁为奉常正卿。

② 《唐会要》卷三九《定格令》等处皆载仪凤二年"删辑格式"，其事当遍涉《律》、《令》、《格》、《式》，而《唐大诏令集》名此为《颁行新令制》；类此的如永徽二年九月颁行的明明是《律》、《令》、《格》、《式》，而《唐大诏令集》本卷名之为《颁行新律诏》，皆属拟名不妥。又《旧唐书》卷五《高宗纪下》及《资治通鉴》卷二〇二《唐纪十八》仪凤元年皆载上元三年十一月壬申改元仪凤，故仪凤元年无二月。此元年当是"二年"之误。

由此再看《旧唐书》卷四六《经籍志上》著录的龙朔、仪凤所定诸法，其中源直心等所撰"《永徽散行天下格中本》七卷、《永徽留本司行中本》十八卷"和刘仁轨等所撰"《永徽留本司格后本》十一卷"，即为龙朔二年和仪凤二年修《格》之物。其之所以仍冠"永徽"之名，如果不是文字错讹的话，当是因为这两次立法在《格》的修订上，即便不是"唯改曹局之名，而不易其篇第"，也是在永徽《留司格》和《散颁格》基础上调整，且其变化并不很大的缘故①。不过《式》以及《律》、《令》的情况，据上引仪凤《颁行新令制》所述，恐怕就不能依此类推了。

特别是《旧志》还著录了"《永徽中式本》四卷"，这说明永徽二年所定之《式》及其后续修订，还存在着一些未发之复。推想其一种可能，是"《永徽中式本》"也是龙朔二年所定而题为"式中本"者②；然则龙朔二年立法至麟德二年奏上时，产生的便是一个较之永徽《式》十四卷大大精简了的四卷本《式》。另一种可能则是在永徽二年九月《式》十四卷颁行后不久，还出现过另一个篇帙为四卷的《式本》③。无论如何，这个《式本》的存在，都构成了永徽二年以来《式》在调整中发展的一个重要环节。因此，当时何以会需要制定另一个《式本》，或龙朔二年立法为什么要大肆精简永徽二年所定之《式》，以及其内容和体例究竟存在着什么样的可议之处？就都是需要进一步考虑的问题。

垂拱元年对《格》、《式》的调整更为引人瞩目。《唐会要》卷三九《定格令》载：

---

① 前引《唐六典》卷六《刑部》原注述"永徽中，又令源直心等删定"云云，其中问题与之或有关联。

② 《新唐书》卷五八《艺文志二》著录永徽"《留本司行格》十八卷"，其后有原注曰："至龙朔二年，诏司刑太常伯源直心、少常伯李敬玄、司刑大夫李礼复删定，唯改司曹局名而已。题行格曰'留本司行格中本'，散颁格曰'天下散行格中本'。"在字面上解，"中本"也就是内藏或宫内本。不过《旧志》著录仪凤二年刘仁轨等所定《永徽留本司格后本》十一卷，其"后本"之名似又相对于"中本"而言。

③ 《旧志》列之在"《永徽留本司行格》十八卷"与"《垂拱式》二十卷"之间。《新志》著录为"《式本》四卷"，列之在永徽"又《式》十四卷"与永徽"《令》三十卷"之间。以此联系 P. 2507 号敦煌文书《开元水部式》残卷所示《式》分条、款的结构，亦似不能排除此《式本》所收唯为书"诸"起首的《式》条，而不包括其条下之款的可能。关于唐《式》的条款结构，详见本书第九章第三节。

至垂拱元年三月二十六日，删改《格》、《式》，加《计账》及《勾账式》，通旧《式》成二十卷。又以武德以来、垂拱已前诏敕便于时者，编为新《格》二卷，内史裴居道、夏官尚书岑长倩、凤阁侍郎韦方质与删定官袁智宏等十余人同修，则天自制《序》。其二卷之外，别编六卷，堪为当司行用，为《垂拱留司格》。时韦方质详练法理，又委其事于咸阳县尉王守慎，有经理之才，故垂拱《格》、《式》，议者称为详密。其《律》唯改二十四条①，又有不便者，大抵仍旧。

可以看出，这次立法要在《格》、《式》的进一步修订。对《式》来说，即在其中增加了"《计账》及《勾账式》"两篇。而所谓"通旧《式》成二十卷"，究竟是直接在永徽二年《式》十四卷基础上再增新编的六卷，还是加上"《永徽中式本》四卷"再增《计账》、《勾账式》二篇而成，或者是在龙朔二年"《式本》四卷"的基础上大幅扩充其内容而成？这些可能至今已都难以取舍。

与此同时，当时又修订了《新格》二卷，《垂拱留司格》六卷。上引文已清楚地表明，《新格》就是《散颁格》，且其与《垂拱留司格》均是从"武德以来，垂拱以前诏敕便于时者"删定而来。这就是说，垂拱元年所定《散颁格》二卷、《留司格》六卷，实际上取代了永徽二年以来的《散颁格》和《留司格》，如果两者经龙朔二年和仪凤二年修订以后，仍被分别为七卷和十八卷的话，垂拱元年立法显然对其篇幅作了大幅压缩②。

---

① 《册府元龟》卷六一二《刑法部·定律令四》载此句为"其《律》、《令》唯改二十四条"。

② 《旧唐书·经籍志上》著录"《垂拱式》二十卷，《垂拱格》二卷，《垂拱留司格》六卷"，与《会要》、《通典》、《册府》等处所载垂拱立法之事完全吻合。《新唐书·艺文志二》则在神龙《格》、《式》前著录有"《垂拱式》二十卷、又《格》十卷、《新格》二卷、《散颁格》三卷、《留司格》六卷"。较之其他各处所载垂拱元年立法，这里又多出了"又《格》十卷"和"《散颁格》三卷"，其中的"《散颁格》三卷"，当据前述《旧唐书·刑法志》余入的《唐六典》文而来。其述"《垂拱留司格》六卷，《散颁格》三卷，裴居道删定"，这里的"三卷"实为"二卷"之讹，今通行本《唐六典》亦作"二卷"。至于其著录的"又《格》十卷"，则与其所著录的武德"又《式》十四卷"同属现有记载中绝无踪影之物。当是《新志》撰者误把垂拱所定《新格》二卷与《散颁格》二卷当作两部法律，再加《留司格》六卷共为十卷所致之谬。《新唐书》卷五六《刑法志》载垂拱立法之事："武后时，内史裴居道、凤阁侍郎韦方质等又删武德以后至于垂拱诏敕为新格，藏于有司，曰《垂拱留司格》。"所述与他处记载垂拱立法之事多有出入，与其《艺文志二》的著录同不足取。

因此，垂拱所定《格》、《式》的"详密"，固然是因为实际主持其事的韦方质、王守慎"详练法理"和"有经理之才"[①]，更是因为《式》的篇帙增加而两种《格》则反而被大幅精简之故。由此可断，武则天时期的这次集中立法，必对永徽二年以来《格》、《式》的内容和体例作了重要的调整。

至于垂拱以后直至开元时期的几次立法，当然也还会继续对《格》、《式》进行某种删补调整。但神龙元年至开元二十五年定《式》，皆如《垂拱式》为二十卷，这似乎表明《式》的体例，自垂拱以来已基本稳定了下来。《格》则自垂拱《散颁格》二卷，到中宗神龙二年复如永徽二年定之为七卷[②]，睿宗景云元年立法将其增加至十卷，到玄宗开元三年、七年和二十五年所定《开元前格》、《后格》和《新格》的卷数[③]，记载虽出入于六至十卷之间，却有可能皆为十卷[④]。篇帙的这种状态，似亦可表明《散颁格》体例的调整，至神龙二年特别是睿宗景云元年至太极元年立法以后，大体也已维持在较小幅度之内了。

不过各期《留司格》之况鲜有记载留下。《唐六典》卷六《刑部》原注述与《散颁格》七卷同时制定的《留司格》一卷，当系开元二十五

[①] 《旧唐书》卷七五《韦云起传》附《韦方质传》："则天初鸾台侍郎、地官尚书、同凤阁鸾台平章事。时改修《垂拱格式》，方质多所损益，甚为时人所称。"

[②] 神龙二年定《散颁格》七卷，《唐会要》、《通典》、《册府元龟》等处所载皆尽一致。《旧唐书》卷九二《韦安石传》附《韦巨源传》载神龙初"巨源奉制与唐休璟、李怀远、祝钦明、苏瑰等定《垂拱格》及格后敕，前后计二十卷，颁下施行"。是神龙《格》删定《垂拱格》和格后敕而来，其"二十卷"当为《散颁格》七卷和《留司格》合计之数。

[③] 《册府元龟》载开元六年诏宋璟等"删定《律》、《令》、《格》、《式》，至七年上之，《律》、《令》、《式》仍旧名，《格》曰《开元后格》"。其既与《律》、《令》、《式》并举，故与常被单称为《格》的《开元前格》同为《散颁格》。

[④] 《唐会要》卷三九《定格令》载开元三年奏上《开元格》六卷，于开元七年宋璟等同修的《开元后格》则未及其卷数，又载开元二十五年李林甫等删辑的《开元新格》十卷。《唐六典》卷六《刑部》原注述《格》"以尚书省诸曹为之目，共为七卷"，其下追溯其渊源："……《开元前格》十卷，姚元崇等删定；《开元后格》十卷，宋璟等删定。皆以尚书省二十四司为篇名。"是其七卷本应为开元二十五年所定《开元新格》的卷数。《旧唐书·经籍志上》著录有姚崇等撰的《开元前格》十卷、宋璟等撰的《开元后格》九卷，而未著录开元二十五年的《开元新格》，当是开元九年成书的《群书四部录》不及著录之故。《新唐书·艺文志二》则著录《开元前格》、《后格》和《新格》皆为十卷。《通典》及《册府元龟》皆载《开元新格》十卷而未及《前格》、《后格》卷数。综此数处所载，《开元前格》有六卷和十卷说，《后格》有九卷和十卷说，《新格》有七卷和十卷说，且其"六"、"九"、"七"均有可能为"十"之讹。

年所定之物①，乃是反映垂拱以后《留司格》情况的重要记录。《留司格》从贞观、永徽时期的十八卷和垂拱元年所定六卷，神龙时虽或增至十三卷，到开元二十五年却只剩下了一卷。可见留本司指导其常务的敕例，经不断删定以后如果不是多被废除或另行编辑，就是多被采入或升华为必须颁于天下的《式》和《散颁格》中了。不管是哪一种情况，其所反映的，都是《散颁格》和《式》的指导作用更为突出，而供诸司"自由裁量"或"内部掌握"的《留司格》作用则被相应压缩的趋势，是"法定主义"至此已臻登峰造极的反映。

要之，在永徽二年至开元时期《律》、《令》、《格》、《式》体系的发展过程中，《格》、《式》的后续调整和完善，显然要比《律》、《令》来得更为突出。其中"《永徽中式本》四卷"的出现，仪凤二年围绕《格》、《式》修订对永徽以来敕例的全面清理和分类，垂拱元年《格》、《式》的显著"详密"化，神龙元年以来《散颁格》和《式》在篇幅上的趋于稳定，以及贞观以来《留司格》篇帙和作用的越益缩减，都显示了永徽二年以来《格》、《式》演变的重要节点和独特轨迹。

从上面的讨论中不难看出，永徽二年创立的《律》、《令》、《格》、《式》并行互补的体系，尤其是当时所分《散颁格》、《留司格》和新创《式》的样态，虽然有可能还不像其后来历经调整过的面貌那样完善或成熟，却毕竟还是开辟了创建《散颁格》和《式》这两种与《律》、《令》并行的法书或新的法律形式，借此分类删定和归约各种势必要不断涌现出来的敕例的新格局。这就不仅体现了对魏晋以来直至唐初法律体系发展过程的总结，也为今后法律体系的完善和演化奠定了方向和轨辙。

---

① 《唐六典》此处先述"《格》二十有四篇"。继以原注述其共为七卷，另编《留司格》一卷，以下述其渊源从东汉《建武律令故事》直至《开元前格》和《后格》。这无疑已说明其正文和原注开头说的《散颁格》七卷和《留司格》一卷，皆为《开元后格》以后所定，即开元二十五年所定。

第九章

开元前后《格》、《式》的基本性状

要研究和讨论唐代的《律》、《令》、《格》、《式》体系及其源流脉络，一个重要的前提就是要弄清其各自的形态和性质，而其中难点，要在弄清《格》、《式》的状况。这是因为唐《律》的样态在今天仍存的《唐律疏议》中得到了全面体现；《令》的性状经过学界多年研究和近年以来据明抄本《天圣令》所作的复原工作①，也可说已相当清楚；唯有《格》、《式》的性质、体例、地位等问题，史界的认识仍不充分而尚在陆续积累之中，有的地方可能已比较明白而得到了公认，有的仍多疑问和歧见②。如对《留司格》和《散颁格》的认识，大部分讨论都不辨其别一概视之，甚至认为两者自《太极格》后已经合一，遂制约了研究的深入而难免谬误；把《式》定性为"行政细则"或《令》的"实施细则"的看法，虽早有学者指出其不确③，却仍被许多研究者陈陈相因加以接受。

讨论唐《格》、《式》形态面临的最大困难，是能够说明《格》、《式》面貌的现存资料，包括敦煌吐鲁番文书中可以推知为《格》、《式》

---

① 这方面的成就主要有：仁井田陞《唐令拾遗》，东京大学出版会1964年版；池田温《唐令拾遗补》，东京大学出版会1997年版；宁波天一阁博物馆、中国社会科学院历史研究所《天圣令》整理课题组《天一阁藏明钞本天圣令校证》，中华书局2006年出版。最近又有中村裕一《唐令の基礎的研究》，汲古书院2012年版。

② 近年以来这方面的成果，较为重要的如霍存福《唐式辑佚》，收为杨一凡主编《中国法制史考证续编》第八册，社会科学文献出版社2009年版；郑显文《唐代律令制研究》第一章"律令格式的法律体系"第四节"唐格与律的关系——以唐神龙年间《散颁刑部格》残卷为中心"，北京大学出版社2004年版；郑显文《出土文献与唐代法律史研究》第一章"敦煌吐鲁番文书与唐代法典体例研究"第二节"敦煌吐鲁番文书与唐式体例研究"，中国社会科学出版社2012年版。

③ 霍存福：《令式分辨与唐令的复原》，载《当代法学》1990年第3期。

的写本，大都分属于不同时期。在此之中，关于永徽二年《格》、《式》的资料尤其缺乏，其后各次所定《格》、《式》亦仅残留一星半点，即便是史官特加留意的开元二十五年所立诸法，相关记载虽存世较多，其佚文也多经转辗摘录而难知原貌。而事实则如前面所述，永徽二年直到开元二十五年，《留司格》、《散颁格》和《式》都已经历了不少变化。在此前提下，今天学者实际上只能在开元前后这个较宽的时间段上，综合各时期资料来说明《留司格》、《散颁格》和《式》的形态、性质及其相互关系，由此概括出来的状况，显然不能系于开元二十五年或此前任何一次立法名下，至于其究竟可以在多大程度上反映永徽以来《格》、《式》的情况，更是存在着问题的。

不过有一点似乎没有问题：以前面讨论的《唐律疏议》所示《律》、《令》、《格》、《式》并行之况，证以高宗以来提到这个法律体系的相关言论，可以推知永徽以后其各自面貌大体上没有根本改变，相关变化恐非不断重起炉灶[1]，而是在永徽二年基本定性和体例的范围内陆续调整、完善，且其自垂拱、神龙以来已逐步稳定了下来。这一判断意味着开元前后《留司格》、《散颁格》和《式》的特点，是从高宗以来陆续积累形成的；也就为综合利用不同时期的相关资料，据以推知《留司格》、《散颁格》和《式》的形态、性质及其相互关系提供了合理性。这同时也使由此得到的基本认识，不仅可以大体代表开元二十五年及此前几十年中的状况，而且可以多少反映出高宗以来几十年中的状况。

以下即拟综合现存各种资料及学界研究所得，着重就开元前后发展已较为成熟的《格》、《式》形态和性质加以梳理，以尽可能弄清其在学界以往关注不够的若干基本点上的面貌，以有助于建立探讨其源流的基准，也更为准确地认识唐代《律》、《令》、《格》、《式》体系的结构与功能。

第一节 《散颁格》和《式》的形态和共性

前面已经指出，贞观十一年《律》、《令》、《格》修讫施行，是对西

---

[1] 日本《类聚三代格》卷一《序事》收录醍醐天皇延长五年（927）修讫施行的《延喜式序》，述其编纂过程有云："……准据《开元》、《永徽式》例，并省两《式》削成一部……"所述"两《式》"是指日本前此所修的《弘仁》和《贞观式》，其既综据了开元及永徽《式》体例，此亦两者必有不同之处而其大体仍相一致的证据。

晋、南朝一脉《律》、《令》、《故事》(《科》)并行局面的继承和发展，因而永徽二年立法相较于贞观的最大变化，在于《格》分两部和《式》的创制。也就是说，《散颁格》和《式》的出现，既是《律》、《令》、《格》、《式》并行体制形成的关键，亦必深刻反映这一体制的历史内涵。因此，《散颁格》和《式》相较于以往各种称"格"或"式"的规范或法律形式的发展和异同所在，不能不是所有研究唐《律》、《令》、《格》、《式》体系及其来龙去脉的学者首先需要关心的问题。而要把握这种发展和异同，一个亟待展开的重要方面，就是要弄清其形态和编纂要点，因为不从形态出发，就不可能真正了解其编纂过程，也就很难揭示其各自特点，更谈不上准确把握其性质、作用和地位了。

一 《散颁格》和《式》皆为法典而非敕例汇编

《散颁格》和《式》的基本共性和特点，是两者皆为制定法，都已不再是《晋故事》以来的那种敕例集，而是条文已被重新起草和编纂的法典。能够确凿地作此判断，是因为在敦煌藏经洞所存文书中，十分幸运地留下了一个神龙二年所定，其原题即为《散颁刑部格》的残卷，还有一个可以肯定为《开元水部式》的残卷[1]，两者所示状况足以帮助今人树立《散颁格》和《式》的形态基准，并得以由此出发来明确关于两者的一系列问题。以下请先介绍二残卷所示之况，再就两者形态及其所示编纂概要略作阐释。

法藏 P.3078、英藏 S.4673 号敦煌文书本属一卷，前完后阙，学界已将之缀合并定名为《神龙散颁刑部格残卷》。其原文首题"散颁刑部格卷"六字，下注"银青光禄大夫行尚书右丞上柱国臣苏瑰等奉敕删定"，次再并列当时尚书刑部四司《刑部、都部、比部、司门》之名，其下所存《格》文连续 5 纸 117 行，分属 18 个法条，各条皆另起一行，起首书"一"为别。具体如第 40—47 行所示，即为其中第 9、第 10 两个法条：

---

[1] 此二残卷之录文及样态皆据刘俊文《敦煌吐鲁番唐代法制文书考释》，中华书局 1989 年版；并参山本达郎、池田温、冈野诚编《敦煌吐鲁番社会经济资料》第一卷《法律文书》，东京，东洋文库 1980 年版。必须指出的是，敦煌吐鲁番所出法律文书已被学界定名为《格》、《式》者，原有题名的只有《刑部散颁格》一份。其他有的如《开元水部式》之类，学界对其定名少有异议；有的如法藏 P.4745 号敦煌文书被定名为《贞观吏部式断片》，显属错误；特别是不少被中日学者看作是《格》的文书定名，都还存在着较大的问题，详见本章第二节。

一私铸钱人，勘当得实，先决杖一百，头首处尽，
家资没官；从者配流，不得官当、荫赎，有官
者仍除名。勾合头首及居停主人，虽不自铸，
亦处尽，家资亦没官。若家人共犯罪，其家
长资财并没；家长不知，坐其所由者一房资财。
其铸钱处邻保，处徒一年；里正、坊正，各决杖一百。
若有人纠告，应没家资并赏纠人。同犯自首
告者，免罪，依例酬赏。
一略及和诱、和同相卖为奴婢自首者，非追得
卖人，并不得成首。其略良人，仍先决杖一百，然后
依法。若于羁縻及轻税州自首者，虽得良人，
非本州者亦不成首。

这个《散颁格》残卷，尤其可贵的是保存了原题。据《唐六典》卷六《刑部》原注述开元二十五年《散颁格》七卷，《留司格》一卷，且自贞观十一年以来，《格》"皆以尚书省二十四司为篇名"[1]。此卷开头在"散颁刑部格卷"之下并列刑部四司之名的样态，足以说明神龙二年定《格》以来，《散颁格》已按尚书六部二十四司分为六卷二十四篇[2]，还有一卷应是序录，或以都省左右司为目。同时亦可推知，这种篇卷体例，必是从永徽定《散颁格》为七卷的状态沿袭而来的。

这就部分印证了前面所说，永徽至开元《格》、《式》体例应未大变，神龙以来其形态当已基本稳定的判断。故此《神龙刑部散颁格残卷》所示的题名篇目及条文之况，应可反映此后至开元二十五年《散颁格》的

---

[1] 《唐六典》卷六《刑部》原注述开元以前修《格》之况："皇朝《贞观格》十八卷，房玄龄等删定；永徽《留司格》十八卷，《散颁格》七卷，长孙无忌等删定……皆以尚书二十四司为篇名。"

[2] 由于此卷后阙，其后是否以特定方式区分都部、比部和司门《格》篇各条，今已不得而知。由于刑部司本是刑部四司的"头司"，刑部郎中、员外郎本就协助刑部尚书、侍郎掌管刑部之务，故此《散颁刑部格卷》条文径自刑部司始实属正常。这一点在《唐六典》和《旧唐书·职官志》述六部各司职员时，头司郎中、员外郎前不书司名，各子司郎中、员外郎必书司名的体例中可得印证，应是《职员令》体例本就如此。

第九章 开元前后《格》、《式》的基本性状 437

基本形态，又可在一定程度上说明永徽以来《散颁格》之况。上引文则包括了犯私铸钱罪的处置和略卖奴婢者的自首两个办法，在所涉事项内，看得出其规定是相当完整和周密的。

法藏 P.2507 号敦煌文书首尾皆残，中有所阙，共存七纸 144 行，自罗振玉以来学界即公认为是《水部式残卷》①，池田温及刘俊文均定其为开元二十五年《水部式》文。其所示体例为各条换行称"诸"起首，其下尚有细则或个案规定者，各款皆换行示别②。故其残存的 144 行，共包括了 8 条 21 款，另有 2 款因卷首、卷中之阙而不知其所属之条。具体如第 46—80 行，即为其中两条 7 款，现摭其 46—61 行部分条款以见其况：

> 诸水碾硙，若拥水质泥塞渠，不自疏导，致令水
> 溢渠坏，于公私有妨者，碾硙即令毁破。
> 同州河西县瀵水，正月一日以后，七月卅日以前，听百姓
> 用水，仍令分水入通灵陂。
> 诸州运船向北太仓，从子苑内过者，若经宿，船别
> 留一两人看守，余并辟出。
> 沙州用水浇田，令县官检校。仍置前官四人，三月以
> 后、九月以前行水时，前官各借官马一疋。
> 会宁关有船伍拾隻，宜令所管差强干官检校，
> 着兵防守，勿令北岸停泊。自余缘河堪渡处，亦
> 委所在州军严加捉搦。
> 沧、瀛、贝、莫、登、莱、海、泗、魏、德等十州，共差水手五千
> 四百人，三千四百人海运，二千人平河。宜二年与替，不烦
> 更给勋赐，仍折免将役年及正役年课设，兼准

---

① 罗振玉《水部式跋》，收入《鸣沙石室佚书》1913 年影印本。参仁井田陞《（補訂）中國法制史研究：法と慣習・法と道德》第二部"唐代以後の法典"第十九章"敦煌發見唐水部式の研究"第三節"唐式の构成"，東京大學出版會 1980 年版。

② 刘俊文《敦煌吐鲁番唐代法制文书考释》二四，认为吐鲁番文书 72TAM230：46（1）号、（2）号及同墓所出 72TAM230：84（1）—（6）号有可能是《仪凤度支式》的断片。然则此即现存唐《式》原型中时期最早者，其中前者尚存二纸十九行而内容保存相对完整，亦呈现了各条称"诸"起首，其下各款换行示别且多地方性个案规定的形态。

>屯丁例，每夫一年各帖一丁。其丁取免杂徭人，家道
>稍殷有者，人出二千五百文资助。

上引条款中，一条称"诸"起首的是碾硙有妨公私者须毁破的规定，其下附有1款，为同州河西县瀵水的使用和分水规定。另一条称"诸"起首的是船运看守之法，其下附有6款，分别规定了沙州县官检校用水浇田的人员和马匹数额，会宁关船只的管理及其防守，沧、瀛等十州海运和平河水手的番役资给等制度或办法。①

至于开元二十五年《式》的篇卷构成，《唐六典》卷六《刑部》原注述其"以尚书省列曹及秘书、太常、司农、光禄、太仆、太府、少府及监门宿卫、计账为其篇目，凡三十三篇，为二十卷。"就是说，当时《式》的编目，由尚书二十四司加秘书、太常、司农、光禄、太仆、太府、少府七个部门，再加上监门宿卫和计账这两个类别的事务，共为三十三篇。其分卷则大概是按尚书六部、秘书、太常等七部门和监门宿卫、计账两类事务分为十五卷，其中五卷分为上、下，遂成二十卷②。故其实际上只比十四卷的《永徽式》增加了《计账》一卷。这自然是把《垂拱式》在《永徽式》基础上所增的《勾账》《计账》篇合二为一的结果，也就印证了前面所述永徽二年至垂拱以来《式》的发展，要为篇目增加而体例变动应甚有限的判断。因此，《开元水部式残卷》所示状态，当可在很大程度上反映永徽、垂拱以来《式》文的样态。

前已指出，敕例集与制定法或法典最为突出的区别，是敕例集的编纂只有部分立法意义，甚至可以不是一种立法，因为其所编录的敕例本来就有明确的法律效力和地位。而制定法即法典的编纂，则必然是意义完整的立法，即便其仍在敕例的基础上进行，也由于其须重新起草加工，而意味

---

① 上引文未录的另3款，分别是胜州转运水手的取充资给、河阳桥等处水手及安东都里镇防人的设置管理、桂、广二府铸钱及岭南诸州庸调等物递至扬州后的续运及脚直支付方法。
② 《唐六典》卷六《刑部》载《令》二十七篇分为三十卷，即是《官品》、《卤簿》、《公式》三篇各分上、下卷的缘故。开元二十五年《式》三十三篇分为二十卷，亦当是其中某几卷分为上、下的缘故。

着把某些敕例没有的内容制定为法律和赋予其法效①。故两者在形态上即有明显的标志：前者由"敕条"构成，各条均须保留足以标明其原为制敕的样态，以明其效力之所自，包括开头必书"敕曰"之类，中间删存其内容要节（得到奏准的删改即立法），尾有制敕下达的年月日。而后者则由"法条"构成，即其内容要节已经熟虑而作订补修改或重新起草，毋庸再保留其本为制敕的痕迹，因为其效力已不再来自原敕，而是由颁行法典的制诏所赋予。

上引《神龙散颁刑部格残卷》和《开元水部式残卷》所示之况，足见两者所含规定都已蜕去了制敕原型，已由法条而非敕条所构成。《散颁格》每条换行书"一"起首，各条规定均涵盖了所涉事项的可能情节②；《式》则每条换行，且像《律》、《令》那样称"诸"为始，所含各款又换行示别。这都表明其各条曾经重新加工或起草，内容则被重新厘定以求涵盖周延，体例上亦经斟酌取择而使眉目清晰，表述文字上也已尽去制敕必有的浮赘语词。这些都说明其确已不再是《晋故事》那样现成选编敕例而成的敕例集，而已具备了制定法的基本特征。因此，如果说永徽时期《散颁格》和《式》的形态还缺乏实证，说其是法典尚属猜想，而只能审慎地称之为"法书"的话，那么经垂拱、神龙立法发展到开元时期，两者已是名副其实的法典，就确凿无疑了。

二　《散颁格》和《式》的另一些共性

由于不少学者不太关心各种法律形式的具体形态，又经常不在严格意义上使用"法典"这个本应严格限定其含义的专有名词，也就往往容易忽略，能够真正确定《散颁格》和《式》并非敕例集而是法典，无论是对于唐代《律》、《令》、《格》、《式》体系的运行，还是对于今人探讨与

---

① 《唐律疏议》卷一〇《职制篇》"诸制书有误辄改定"条《疏议》曰："'制书有误'，谓旨意参差，或脱剩文字，于理有失者，皆合覆奏，然后改正施行。不即奏闻，辄自改定者，杖八十。"《唐律疏议》卷二五《诈伪篇》"诸诈伪制书及增减"条《疏议》曰："'诈伪制书'，意在诈伪，而妄为制敕及因制敕成文，而增减其字者，绞……"这两条《律》文均总结了长期以来关于制敕内容更改的法理原则，足见改动或增减制敕字句非经特定程序皆须入罪。因此，即便是敕例集，即便只是删减原敕的浮赘冗语，亦须奉敕得到明确授权方可进行。

② 郑显文《唐代律令制研究》第一章"律令格式的法律体系"第四节"唐格与律的关系"四"P3078号、S4673号唐神龙散颁刑部格残卷的文献价值"，已指出了《散颁格》与《留司格》在是否保留"敕"及"年月日"上的区别。

之相关的一系列问题，都是多么事关重大而影响深远。

即就其对立法的影响而言，《散颁格》和《式》既然都已是法典，也就意味着其一旦修讫颁行，便会尽可能保持稳定，非经再次通盘立法是不得随时增删修订的。如《唐大诏令集》卷八二《刑法》文明元年四月二十二日《颁行〈律〉〈令〉〈格〉〈式〉制》有曰：

> 近见有司进《律》、《令》、《格》、《式》，一一自观，至于经国成务之规，训俗惩违之范，万目咸举，一事无遗，但能奉以周旋，守而勿失，自可悬诸日月，播之黎庶，何事不理，何化不成？先圣忧勤万务，省念庶绩，或虑须有张弛，所以迅令删定。今既纲维备举，法制弘通，理在不刊，义归无改，岂可更有异同，别加撰削？必年月久远，于时用不便，当广延群议，与公卿等谋之。今未有疑，无容措笔。其先定《律》、《令》、《格》、《式》之本，宜早宣布。

其时适值高宗驾崩不久①，中宗、睿宗相继被黜，武后临朝称制的过渡期，群臣对是否即行颁法似有疑议，诏文则强调"宜早宣布"。这说明其中所述"《格》"本，显然也是指《散颁格》；同时也说明此诏所说，实乃次年所颁垂拱《律》、《令》、《格》、《式》之况。诏文确认《律》、《令》与《散颁格》和《式》一起织成了"万目咸举，一事无遗"的完备法网，同时又强调了当时公认的立法原则，即此四者一旦颁于天下，其篇卷内容即"理在不刊"，即便有所异同，非再次立法是不得随时增删其条或"别加撰削"的。

当时之所以形成了这样的立法原则，一方面自然是因为永徽二年以来，《散颁格》和《式》已与《律》、《令》同在指导举国行政时构成了相辅相成、缺一不可的关系，这就意味着其中任一法典的修订，都已很难再限于其本身。另一方面也是因为作为法典，其体例本身就已排除了随时增删修订的可能，而往往须通盘斟酌定其取舍。对于《散颁格》和《式》来说，两者既已皆由法条而非敕条构成，也就无法再把随时随事形成的敕例现成地附入其中了。况且其条既须尽可能周密，要把敕例附于其中，除

---

① 《旧唐书》卷五《高宗纪下》载高宗崩于弘道元年十二月己酉。文明元年即其此年，后年即为垂拱元年。

需考虑其条与原有各条内容的关系外，还要对之先作一番重新加工起草的功夫。这也就决定了《散颁格》和《式》的增删为难而修订不易，其篇帙条文只能在通盘立法时加以调整，而不会因为随时增删敕例而膨胀或缩减，否则就会与《散颁格》和《式》已经成为法典的体例发生冲突。

更加重要的，还是《散颁格》和《式》成为法典对于整个法律体系的影响。如前所述，永徽二年《格》分两部和《式》的创制，一定要与当时"颁新定《律》、《令》、《格》、《式》于天下"的事实相联系，才能真正明其意义。因为"留本司施行"的《留司格》显然不在"颁于天下"之列，故唐代的《律》、《令》、《格》、《式》体系，严格说来只是《律》、《令》与《散颁格》和《式》相辅而行的体制。而其之所以要同颁于天下，正是要以这四部法典来一体指导各地各部门行政，以此扩大法典对举国行政的指导作用，相应则压缩了由主管部门各自"内部掌握"的敕例的作用范围。

这就是说，只有"颁于天下"的法典，才能直接指导各地各部门行政。而以往各种随时随事下达的敕例，如果不被撰入这四部法典，就只能"留本司施用"而不具普遍指导意义，可经删定而被归入《留司格》，或干脆就被排除在重要规范之外了。前述《贞观格》和永徽《留司格》皆为十八卷，发展到开元二十五年《留司格》只剩一卷的事实，恰好证明了永徽以来这种法典作用扩大，而敕例作用则被压缩的态势。因此，永徽二年《格》分两部和《式》的创制，根本不是要增加两部以往寻常可见的敕例集，而是借此新创了《散颁格》、《式》与《律》、《令》四部法典一体颁于天下，指导举国行政的新法律体系，从而把魏晋以来敕例编纂的法典化进程，把崇尚法定主义而强调法典作用和地位的倾向推向了顶峰。

但在此同时也要看到，《散颁格》和《式》的条文结构都还比较散乱，特别是在条文关系的严密性上犹有不足，都还残留着敕例集的若干印记，相比于《律》、《令》，其法典形态尚欠成熟。

《散颁格》条之间关系的松散，在《神龙刑部散颁格残卷》中即有典型表现。细观现存其书"一"起首的18条，从其首条伪造官文书印的处理、第2条官人在任犯罪的录奏办法，直到残存的第18条"别敕推事囚禁用枷"的规定，除其皆与刑部职能相关外，看不出其排序背后有何理致。特别是其中第5条"盗及诈请两京及九城宫库物"，第6条"诙诱官奴婢及藏隐并替换"，第7条"工、乐、杂户犯者，没为官奴婢，并不在赦限",第 8 条"盗计赃满一匹以上,及诖诱官私奴婢,并恐喝取财",第 9 条"私铸钱人",第 10 条"略及和诱、和同相卖奴婢自首",第 11 条"告密",其间有关官、私奴婢的规定,显然是间隔着出现或附于其他条文而不加归并的,其处置的轻重以及能否赦免和自首之类的程序规定,也显得参错不一。这就反映了《散颁格》条文在事项类别和相互关系上不甚讲究的问题,其严密性及简要程度显然无法与《律》、《令》相比。

《开元水部式残卷》所示各条的关系也是这样。其凡换行以"诸"起首的现存 8 条,第 1 条是诸造堰用水规定,第 2 条为诸渠长、斗门长管理,第 3 条涉诸水碾硙有妨公私,第 4 条乃诸州船运看守,第 5 条是诸小渠碾硙启闭时限,第 6 条为诸州贮存官船供役,第 7 条为诸浮桥脚船预备,第 8 条为诸置浮桥处防汛。这些《式》条确都有关尚书水部职能,各条规定均可独立施行而思虑甚周,重要性不下于《律》、《令》或《散颁格》条,却像《散颁格》条一样看不出其排列有何理序。

特别是其条下各款换行为别,却多少不一而事类有异[①]。如现存第 1、第 8 条下无款,第 2 条下含款最多,共有 8 个,分别是京兆府高陵县界诸渠水口斗门的管理、泾水南白渠、中白渠、南渠等渠水口斗门的管理、龙首、泾堰、五门、六门、昇原等堰的启闭节水、蓝田新开渠斗门、水槽、渠堰的管理、合壁宫旧渠斗门的管理、河西诸州县府镇公廨田、职田的修渠灌溉、扬州扬子津斗门的看守管理、洛水中桥、天津桥的洒扫维护。第 3 条只有 1 款,为同州河西县瀵水的分水规定。第 5 条下包括了 2 款,分别是都水监三津桥丁的配置、三津木匠和都水监渔师的差科。可见《式》文条下之款,不仅都是具体而微的事务细则,而且多为某些地方或部门的个案规定,甚则如第 3 条和第 5 条下之款,还表明其条、款内容未必直接相关。

《式》的这种各条关系缺乏理序、条下设款体例不一、各款内容琐细且多个案规定的状态,同样说明其在条文构成、类别及其相互关系的严密性上,要远逊于《律》、《令》这种形态完全成熟的法典。

---

① 这些条、款均据《开元水部式残卷》各条以"诸"起首,每款换行为别的特点来归纳。但现存第 5 条下有关都水监三津桥丁的配置是"款"还是"条"?有关都水监渔师的差科、尚食等处供鱼之法是否分为两"款"?从事项性质来说是不无疑问的。这类问题,也有可能是此卷抄写者漏书"诸"字或疏略换行之所致。

第二节 《留司格》形态及相关问题

　　《散颁格》、《式》与《留司格》之间的区别，在诸处记载中，要在前者与《律》、《令》同颁天下，后者则仅留本司施行而已，前已指出这个区别绝非无关紧要。现在的问题是，上面已经明确了《散颁格》和《式》的形态，两者连同《律》、《令》都是由法条构成，也均是颁于天下的法典；那么留本司施行的《留司格》，是否也同样具有法典特征，至少是由法条构成而非仍由敕条构成呢？

一　《留司格》踪迹的探寻

　　要解答这个问题，要么是有《留司格》原文可以为凭，要么是弄清其具体的编纂过程。从现存资料来看，这两个条件已难完全满足，但也仍有某些踪迹可供搜讨探寻，并可借以推知《留司格》形态、性质之概要。

　　迄今可见的所有唐《格》佚文，并无一条明书其为《留司格》。即从今人定名为"《格》"的几件敦煌吐鲁番文书来看，只有《神龙散颁刑部格残卷》原题犹存，其余德藏 TIIT 号吐鲁番文书《垂拱后常行格断片》[1]、法藏 P.4978 号敦煌文书《开元兵部选格断片》[2]，学界拟名准确无误，性质却分别是格后长行敕和吏、兵部每年颁布铨选条件至各地的"选格"，故其虽可说明唐《格》的某些问题，但毕竟还不是《留司格》或《散颁格》。

　　至于另外几件分别被中、日学者视为"开元户部格"和"开元职方格"孑遗的敦煌残卷，其条文形态既与《神龙散颁刑部格残卷》所示迥然不同，自然均难视为《散颁格》，但要说其是《留司格》抄件，则从残卷归属到纸质、笔迹和纸背内容等项，又都无从回答这些"留本司施行"的规定，究竟为何会出现在河西一带官文书中的问题。加之这几件定名为"《格》"的残卷所存条文，在内容上多为天下州府通行的规范，在形态上

---

[1]　刘俊文《敦煌吐鲁番唐代法制文书考释》二〇 "TIIT 垂拱后常行格断片"。此卷与德藏 CH3841 号敦煌文书残片内容略同，有些学者亦曾将之定名为"神龙吏部留司格残卷"，以致刘先生后来在所著《唐代法制研究》（台北：文津出版社 1999 年版）第二章第三节"唐格初探"中再将 TIIT 号吐鲁番残卷改名为"神龙吏部留司格残卷"，皆误。

[2]　刘俊文《敦煌吐鲁番唐代法制文书考释》二三 "P.4978 开元兵部选格断片"。

相互之间还有明显不同①，则其定名之有误，及其不足取为《留司格》形态之基准，也就可想而知了。

就《留司格》本身的特性而言，要从敦煌、吐鲁番文书中找到其残卷，几乎是不可能的。遂有必要另觅其踪影。由于永徽至开元《格》、《式》虽有发展变化，而其体例并未大变，神龙以来《格》、《式》形态已趋稳定，特别是由于《神龙散颁刑部格残卷》与敦煌文书所存"选格"在形态上的相通性②；遂可断定此卷由法条构成的形态绝不是一个特例，而应视为代表了当时《散颁格》形态的一个基准。基此再考虑永徽以来《格》分两部的事实，那就可以认为：今仍可见的那些条文性质和形态与《散颁格》迥然不同，而又确被唐人冠名为"《格》"的佚文，也就无妨因其均有可能是《留司格》文，而值得特别加以关注了。

这当然是探寻《留司格》踪迹的一个重要思路，但在具体考察时困难依然存在。这是因为文献所存这类《格》文，大都经过转载、摘录，而已不存其原有形态。特别是原文中表明其形态的字样，无论是《散颁格》那样的书"一"起首，还是仍作为敕条的开头书"敕"和末署其下达年月日，这类仅具形式意义的字样，经常会被主要关注其内容的转载摘引者删除或改动，可以说是理所当然的。

具体如《唐会要》卷八一《勋》：

> 开元十七年十月，诸叙勋应加转者，皆于勋官上加……叙其官当及免官、免所居官，计隆卑于此法者，听从高叙。《司勋格》："加累勋，须其小勋摊衔，送中书省及门下省勘会，并注毁小勋甲，然许累加。"

此处引用的《司勋格》佚文，显然只涉吏部司勋司的履职过程，故可判

---

① 被分别视为"开元户部格"和"开元户部新格"的英藏 S.1344 号和北图藏周字六十九号敦煌残卷，内容皆为制敕，前者今可辨者十九条，后者四条，各条皆开头书"敕"，末换行署下敕之年月日。被视为"开元职方格"的北图藏周字五十一号敦煌残卷则由"法条"构成，却又不像《神龙散颁刑部格残卷》那样书"一"起首。这表明两者绝无可能同属散颁或留司《格》，更无法取为《留司格》形态的基准。

② 前已指出，《散颁格》与《式》皆由法条而非敕条构成，这是由于两者都已成为颁于天下的法典所导致的。此外，法藏 P.4978 号敦煌文书《开元兵部选格断片》既亦称"格"且被颁于天下，其性质亦与《散颁格》有相通处，故其各条同样书"一"起首，此亦敦煌《神龙散颁刑部格残卷》所示形态并非特例的证据。

断其无须颁于天下，当属"留司勋行格"之条①。但《唐会要》这里记载开元十七年十月的叙勋加转之法，先已省略了"十月"之后可能存在的"敕"字②，其接下来节引的这条"留司勋行格"之文，恐亦非其原貌，至少不能据此节文来判断《留司格》条是否仍保留了原敕的样态。

又如学界定名为《开元兵部选格断片》的法藏 P.4678 号敦煌残卷，其中即引到了"兵部格后敕"和"《兵部格》"文：

一准兵部格后敕：同、□□□□等州，简充□
结二万人数者，其中有得劳番考人□□
免，并申所司，准《式》合承，选日任依常例。
一准《兵部格》：诸色有番考资□人，身供□□
者，初至年及去军年经三个月已上，
折成一年劳。中间每年与一年，不得累折。

这里的"兵部格后敕"和"《兵部格》"显属两类规范，其内容一为同州等地得劳番考人的铨选规定；一为各地上番选人如何折劳为资的办法，显然都有可能在"留本司施行"之列。这是因为二事均在尚书兵部的职掌范围之内，且若两者早被颁于天下，那就无须在此重申了。从其形态来看，前者开头并不书"敕"，后文又不明其下敕年月日，完全不符格后敕本为制敕的样态③。后者亦已不存制敕痕迹，其开头所述的"诸色"云

---

① 据《旧唐书》卷四六《经籍志上》史部刑法类的著录，《留司格》全称为《留本司行格》。

② 这当然也有可能是脱文所致。从开元十七年十月所定此制的内容来看，其似乎也是尚书省集京官七品以上议定奏准的结果，故此制原形亦当是一份格后敕，原文"十月"之下当有"敕"或"诏曰"云云的文字。

③ "格后敕"样态大体当如刘俊文《敦煌吐鲁番唐代法制文书考释》二〇"TIIT 垂拱后常行格断片"录文所示，其各条皆开头书"敕"，末书下敕年月日。刘先生已指出"垂拱后常行格"即"《垂拱格》后长行敕"，据《唐会要》卷三九《定格令》所载开元十九年删撰《格后长行敕》六卷之事，"格后长行敕"也就是经过删定编纂可长行用的格后敕，其内容和形态已在一般格后敕基础上作了加工修削。换言之，未经删定编纂的格后敕，形态应比 TIIT 号吐鲁番文书所存格后长行敕条更为原始。至于传世文献摘录的"格后敕"，在《唐会要》中经常直接将之载为"某年月日敕云云"，有时也以"户部格敕云云"等形式出现。前一种情况显然是因为记载体例不容其末署下敕年月日，遂将之提至开头的缘故。后一种情况则是对其内容的概括而完全失其原貌，不过名之为"格敕"，本身就已表明了这是格后敕。

云,"诸色"本是唐人习语,乃是构词本身使然,而非与颁于天下的《律》、《令》、《式》条一样称"诸"起首,故无论其是否为《留司格》,均已不足据此判断其原文样态。诸如此类的问题,皆当因其本为节文而原貌已失所致。

要之,现存记载中,凡属摘引的"《格》"节文,都不免会被删去与其摘引目的无关的语句,特别是那些仅仅体现其原有形貌样态而与规定内容无关的文字。是故这类节文,实际上都只能凭以探究有关规定的内容,却已绝对无法据此讨论其具体形态,这是研究者需要特别加以注意的。①

二 《通典》附存的"《开元格》"佚文性质判断

在剔除了这类经过删节摘引、已很难帮助判断《留司格》形态的例子之后,文献中也还是存在着形态保留较为完整而又明显不同于《散颁格》的《格》文,这就是《通典》卷一七〇《刑八·峻酷》末附的一条《开元格》,现按《通典》所录此《格》原样横排如下(括号内为原注):

《开元格》附:

周朝酷吏来子珣(京兆府万年县)、万国俊(荆州江陵县)、王弘义(冀州)、侯思止(京兆府)、郭霸(舒州同安县)、焦仁亶(蒲州河东县)、张知默(河南府缑氏县)、李敬仁(河南府河南县)、唐奉一(齐州金节县)、来俊臣、周兴、邱神勣、索元礼、曹仁悊、王景昭、裴籍、李泰授、刘光业、王德寿、屈贞筠、鲍思恭、刘景阳、王处贞(以上检州贯未获及)。

  右二十三人残害宗支,毒陷良善,情状尤重,身在
    者宜长流岭南远处;纵身没,子孙亦不得仕宦。
陈嘉言(河南府河南县)、鱼承晔(京兆府栎阳县)、皇甫文备(河南府缑氏县)、傅游艺。

---

① 戴建国《唐格条文体例考》(载中华书局《文史》2009年第2辑)指出:现存史料所载唐《格》条文体例,存在着"格文起始无'敕'字,末尾不署格文的发布年月";"格文以'敕'字起始,末尾不署颁布年月";"格文以'敕'字起始,末尾署有年月"三种类型。这是值得重视的看法,唯惜其讨论并未以区分《散颁格》和《留司格》为前提,其所据之例有不少实际上是格后敕,还有不少则是因为摘引而失去了其原有形态的《格》节文,且未以今存那些较多保持了原貌的《格》佚文为基准来展开探讨,从而极大地限制了其结论的价值。

　　　　右四人残害宗支，毒陷良善，情状稍轻，身在者，宜
　　　　　　配岭南；纵身没，子孙亦不许近任。
　　敕依前件。
　　开元十三年三月十二日

这条《开元格》前列奏案，末书"敕依前件"及下敕年月日，显然是一份保留了原件要节的制敕。从中可以看出，当时在惩处武周时期的酷吏时，可据的《律》、《令》、《式》条俱嫌不足，遂需提交尚书省议定处理办法，具体则据各人犯罪情状的轻重，分别作了来子珣等二十三人流岭南远处，子孙不得仕宦，陈嘉言等四人流岭南，子孙不得近任的规定，终得"敕依"而即日生效。

　　这条"《开元格》"当属"留刑部行格"，因为其既保留了制敕原形，正与《神龙散颁刑部格残卷》由法条构成的状态迥然有别。且官员犯罪流放和禁锢子孙，实在尚书刑部职掌范围之内①，故其作为开元十三年三月十二日形成的一个格敕，本来就只须"留本司施行"，而无必要下至各地州府。上引文中的"右二十三人"、"右四人"云云，必为当时尚书据议定结果所上奏文的节要。到开元二十五年立法修成《散颁格》七卷和《留司格》一卷之时，这份格敕显然仍须延续其效力而未被删除，也就理所当然被编入了《留司格》一卷之中。杜佑编撰《通典》之时，又特意将其原样抄录，从而为今人留下了一份足以说明《开元留司格》条文形态的宝贵记载。②

　　要把《通典》存留的这条"《开元格》"视为《留司格》条文形态的基准，前提自然是要先认定其是《留司格》。在这个关键问题上，由于杜佑并未明言其究属散颁还是留司，对此的认定确是容易发生分歧的③，但

---

①《唐六典》卷六《刑部》郎中、员外郎条原注："……其大理及京兆、河南断徒及官人罪，并后有雪减，并申省司审详无失，乃覆下之；如有不当者，亦随事驳正。若大理及诸州断流已上若除、免、官当者，皆连写案状，申省案覆，理尽申奏；若按覆事有不尽，在外者遣使就覆，在京者追就刑部覆以定之。"可见官员犯罪，皆须由刑部按覆申奏，禁锢其子孙自然亦须由刑部移文吏部处理。

② 由于开元二十五年《留司格》唯有一卷，其中未必再明标六部二十四司篇目，这应当就是《通典》只称其为"《开元格》"而不明其为"留刑部行格"的原因。

③ 如戴建国《唐格条文体例考》即认为这是一条被"附录在四十卷的《格式律令事类》中"的"格后长行敕"。

也还有两点可以帮助今人作出判断：

一是从内容来看，《留司格》之所以仅"留本司施行"，首先是因为其所删定编纂的格敕作出的规定，皆在尚书部司的职掌范围之内，故可通过指导尚书主管部司的履职过程，来达到"纲纪"全国政务的效用。而《散颁格》所删定编纂的格敕作出的规定，则并不限于尚书部司的职掌，而是遍涉了各地各部门职掌，故须颁于天下直接指导其行政过程。这样的区别，不失为判断现存《格》文是否属于《留司格》的一个重要依据。

也就是说，由于尚书省在整个行政体系中占有特殊重要的地位，其六部诸司作为举国行政纲辖，不仅所掌皆为大政要务，且可下符直接指导各地行政。在此基础上，当各地各部门有鉴于《律》、《令》、《式》不便于时，向尚书省提交有关立法建议后，如果尚书省议定奏准的办法只涉及了尚书主管部司的履职过程，或可通过其对全国行政的指导作用来实现①，由此产生的敕例，自然只需要留本司施行就可以了。同理，若其议定奏准的办法并不限于尚书主管部司的职掌，由此形成的敕例方须颁于天下，遂得为各地各部门一体遵行。因此，"留本司施行"，本意即为《留司格》条并不直接指导各地各部门行政，因为其所删定编纂的敕例，都只针对尚书各部司的履职过程。

在此认识的基础上，若现存《格》文所涉职事范围较为明确具体，便可有把握地据其是否限于尚书某个部司的职掌范围，对不少现存《格》文究竟是《散颁格》还是《留司格》的性质作出判断。上面所论《唐会要》载及的"《司勋格》"、法藏敦煌文书 P. 4678 号中引据的"《兵部格》"，以及上列《通典》所附的《开元格》文，其共同点是所作规定都只针对尚书主管部司的职掌而无须颁于天下，遂可将其分别断为"留司勋行格"、"留兵部行格"和"留刑部行格"。然则其条文形态本来都是一致的，而现存其佚文形态之所以不同，无非因为前两者本是节文，而《通典》则系照录其文所致。

二是从编纂过程来看，《旧唐书》卷五〇《刑法志》述贞观十一年，"又删武德、贞观以来敕格三千余件，定留七百条，以为《格》十八卷，

---

① 像上举法藏敦煌文书 P. 4678 号《开元兵部选格断片》，即显示了尚书兵部可以下符摘录本未颁于天下的格后敕、《留司格》条及开元七年十月廿六日敕，将之编为"选格"经奏准后下至各地。

留本司施行"。这说明唐代《留司格》始于《贞观格》十八卷,其本来就是删定"敕格"编集而成的①。永徽二年以来《留司格》的编纂过程虽不见于任何史载,但从种种迹象来看,其删定和编集"格敕"之时,并未包括像《散颁格》编纂那样改其敕条而成法条,使之上升为法典的内容。这是帮助今人判断现存《格》文是否《留司格》的又一重要依据。

据敦煌《神龙散颁刑部格残卷》所示形态,可见《散颁格》的编纂过程,已把原来的敕条改成了法条。这自然是《散颁格》性质的必然要求,尽管其删定编纂的素材本就多是颁于天下的格敕,但要与《律》、《令》、《式》并行互补,与之一起直接指导各地各部门的行政过程,也就不能不在统一立法之时全盘斟酌,对其做更多和更为审慎的修削和加工,使其内容和形态足以与同为法典的《律》、《令》、《式》匹配。相比之下,《留司格》删定编纂的格敕,本只针对尚书各部司的履职过程,其贯彻落实完全是由主管部司自行掌握和全权负责的。在这一点上,"留本司施行"的格敕,其性质实与直接下至任一主管部门和任一地方州府处分某件政务的制敕并无不同。这就很难设想:无须与《律》、《令》、《式》同颁天下并行互补的《留司格》的删定过程,会有必要像编纂《散颁格》那样,对这些本来就由各部司自行掌握和全权负责其贯彻落实的格敕,再做法典化的修削加工。删除其中不合时用者,合用者则存留其敕条原貌和内容要节,再现成地将之编缀于各主管部司之下形成篇卷,恐怕就是最切实际和最有可能的方案。

更为重要的是,对《留司格》条来说,保留其敕条形态在法理上也是绝对必要的。《散颁格》及《律》、《令》、《式》无须保留敕条形态,不仅是由于其作为法典总需要经历修削或改写,更是因为它们都被诏颁天下,其法律效力和地位已被此诏加以明确。对于《留司格》来说,其固然也是像《散颁格》那样得到授权奉敕编纂的,这才可以删节以往的制敕;但其删定的,本来就是那些针对尚书各部司履职过程的敕例,自然是无需再次下诏明确其"留本司施行"的。故若其编纂加工过程删除了显示其本为制敕的"敕"字及其下敕年月日之类,那就等于是表明其并非

---

① 贞观十一年删定武德以来敕格三千余条,应当也存在着颁于天下和留本司施行的不同,其中颁于天下者当被酌情修入了《律》、《令》,留本司施行者则定留了七百条,编为《格》十八卷。所谓"敕格",唐人亦常称为"格敕"、"格后敕"或简称为"格"。详见本章第三节之二。

制敕，也就失去了制敕应有的法律效力和地位。这也说明上引《通典》所附《开元格》条存留的"敕依前件"及其下敕年月日字样，本是《留司格》性质的必然要求，是借以表明其为制敕的关键文字。

三 《留司格》形态的相对原始

以上当然是就事理、法理而言，但也存在着某些佐证。如格后敕的删定和编集，即可用来印证《留司格》的形态要点。所谓格后敕，其实也就是各地各部门有鉴《律》、《令》、《式》规定的不便于时，把有关立法建议申送尚书省，由其集京官七品以上议定奏准的格敕。而格后敕中凡被颁于天下者，除在统一立法时被删定为《散颁格》外，有时亦被朝廷随宜删定编为《长行敕》集，下至各地指导其行政过程。

这种做法自中唐以来不再删定《散颁格》和《留司格》时已极为盛行，当时编成的长行敕集且被径称为"格"，而与《开元格》之类相提并论[1]。但其开始却很早，日本古代学者藤原佐世所撰《日本国见在书目录》第十九"刑法家"著录的"《垂拱后常行格》十五卷"[2]，应是一部神龙定《格》以前编纂而称"格"的长行敕集，为现知唐代随宜删集长行敕集之最早者。而这部《垂拱后常行格》的样态，今犹可见于德藏TI-IT号吐鲁番文书残卷，其中所存长行敕条的特点，即是各条皆开头书"敕"，下存敕文要节，其末再以小字注明下敕年月日。[3]

长行敕集的这种样态，当可在很大程度上说明《留司格》的形态特点，因为两者都应是据尚书省存档的格后敕簿删定编集，其间的不同，无

---

[1] 《新唐书》卷五六《刑法志》："开成三年，刑部侍郎狄兼謩采开元二十六年以后至于开成制敕，删其繁者，为《开成详定格》。"这显然也是格后敕的删定编缀之作，却被称为"详定格"。《新唐书》卷五八《艺文志二》史部刑法类将之著录为"狄兼謩《开成详定格》十卷"。《册府元龟》卷六一三《刑法部·定律令五》则载为"开成四年九月，中书门下奏两省详定《刑法格》一十卷，敕令施行"。《五代会要》卷九《议刑轻重》载后唐长兴二年大理寺剧可久奏文及《宋刑统》卷三〇《断狱律》"断罪引律令格式"门均此俱作"《开成格》"。而《五代会要》卷九《定格令》载后唐天成元年九月二十八日御史大夫李琪奏："奉八月二十八日敕，以大理寺所奏见管四部法书，内有《开元格》一卷，《开成格》一十一卷……"即把此"《开成格》"与《开元格》相提并论视为同类。关于中唐以来编行长行敕集，参本书第十章第三节。

[2] 藤原佐世撰此书目一卷，约在日本宇多天皇宽平年间（889—897 年），当唐昭宗时期。晚清黎庶昌使日访得此书的日本旧抄卷子本，将之影印编入了《古逸丛书》。见《古逸丛书》之十九，贵州人民出版社 2003 年影印版。

[3] 关于《垂拱后常行格》的性质及"格后长行敕"的编纂，详见本书第十章第一节之二。

非《留司格》由本司自行掌握施用，而《格后长行敕》本为颁于天下而编罢了。这种不同，显然不会让《留司格》的编纂加工幅度更大，而只能意味其更为便捷简易。《通典》所附《开元格》条原封不动地保留了"敕依前件"四字及其前后文式，即透露了这一点。

此外，时当晚唐的日本立法史料，亦可佐证唐代《留司格》的形态要点。如清和天皇时期（858—876年在位）编成《贞观格》十二卷的《序》文今犹存世，其中述其编纂概要有曰：①

> ……上起弘仁十载之明年，下至贞观十年之晚节，择成规于州郡，搜故实于官曹。事与先《格》异者，举而取之；理与旧制同者，推而弃之。凡《格》者，盖以立意为宗，不以能文为本。故省其繁丽之文，增其精微之典，随官分类，先敕后符，概皆据古之前模，非为今之新意。唯一部之内，事有两存，颇涉重构，不以为例。勘解由使所奏《新定内外官交替式》，所载数事，亦复准之前例，不烦取舍。臣等……谨因诏撰《贞观格》十卷奏闻。若理轻作《格》，事不足为仪，专弃之如遗，兼取之似碎，更撰为两卷，同以奏上，准《开元留司格》，号《贞观临时格》，并一帙十二卷，象十有二月以成岁……

此《序》提到了"《开元留司格》"，故其对讨论唐《留司格》形态及其删定、编纂来说极可宝贵。兹先释读其文，再抉发其所说明的相关问题。

上引文开头四句是说日本《贞观格》的取材范围，接着的"取之"、"弃之"，交代了此《格》的取舍原则②。继而所述的"省其繁丽之文，增其精微之典"，表明日本《贞观格》的编纂，也像唐《格》那样删除了

---

① 见日本《类聚三代格》卷一《序事》录存的《贞观格序》。
② 其后文所说的"《新定内外官交替式》所载数事……不烦取舍"，意谓不取于新定的《贞观交替式》。此《交替式》撮取《令》、敕、符文对官员迁代交割等事的规定，是日本"律令时代"的法律形式之一。参看日本《交替式》（收入新订增补《国史大系》第26卷，东京：吉川弘文馆1965年版）一书存录的《延历交替式》、《贞观交替式》、《延喜交替式》。又《类聚三代格》卷一《序事》录存的《延喜格序》述其取材范围和取舍原则曰："起自贞观十一年，至于延喜七年，其间诏敕官符，搜抄撰集，除其滋章，删其烦杂。若祖述先《格》，事有增损者，撼而无遗；若改张恒规，理无辅益者，废而不采。"两相参照，其事甚晰。

各种无关文字而只存其内容要节，又推敲了文字使其臻于"精微"。所谓"随官分类，先敕后符"，是指此《格》也以官司分其类目，其下依次编录天皇诏敕和太政官符①。后文所述的"一部之内，事有两存，颇涉重构，不以为例"；意即其同一篇目之下的敕、符之条，在彼此内容上虽然有所交叉重合，却不相互比况，而是各可独立施用的规定。这说明其各条皆由原敕、符删节修饰而成，并未归并其内容和条流其相互关系，其况仍与敦煌《神龙散颁刑部格残卷》条文类别和相互关系缺乏理序的状态相类。《序》文最后说，奉诏撰定《格》十卷之后，还有一些事理较轻、内容琐碎的规定，另被编成了两卷，且专门说明其取准了唐朝的《开元留司格》，名之为《贞观临时格》，由此遂成十二卷一并奏上，以应一岁十二个月之数。

以这篇《序》文参考其他史料，特别是日本《类聚三代格》摘录的《弘仁格》、《贞观格》和《延喜格》条文形态，可以帮助了解一直以来显得扑朔迷离的唐《留司格》形态及相关问题，同时亦可明确日、唐《格》体的异同所在：

其一，从《序》文可以看出，《贞观临时格》的编纂体例，大体与《贞观格》完全相同，区别只在其规定所涉事理的轻重、大小。据《类聚

---

① 今存《弘仁格抄》上下两卷，仅存其部分条目而不存其原来的分篇及《格》文，然其条目亦反映了不少重要信息。如其卷上《格卷第一·中务》第1条只有一个"敕"字，下书"神龟五年九月六日"；第2条为"诸司请时服解文事"，下书"大同四年六月廿二日"；第3条为"应行敕旨并内侍移文事"，下书"大同元年八月十二日"；第4条为"拟定位阶事（原注：尚侍二人、典侍四人、掌侍四人）"，下书"大同二年十二月十五日"，再换行书一个右侧标有朱点的"闻（下有朱字原注：闻字，为不混次官符，突朱点也）"字；第5条为"应给女官职事五位以上时服事（原注：官符也）"，下书"弘仁三年八月廿日"。这种排序体现的，应当就是《序》文所说"先敕后符"的原则，其各条后附的年月日，则必是原诏敕和官符下达的年月日。此外，《弘仁格抄》所存条目，有些年月日左侧标有朱点一或两个，这也许是其条实为"御画发日敕"的标记。将此参以《类聚三代格》所存《弘仁格》、《贞观格》和《延喜格》条文之况，其各条皆由天皇诏敕和太政官符构成，前者皆开头书"诏"或"敕"字，下存其内容要节，末换书其下达年月日。后者皆先书"太政官符"四字占一行，下换行存其内容要节，末书年月日。具体又可分为两种：一种太政官符在条文中明书有"奉敕"二字，其性质自与诏敕无异，《弘仁格抄》所存条目后有"闻"字（或其年月日左侧有朱点）者亦属此类。《唐律疏议》卷九《职制篇》"诸被制书施行有违"条《疏议》曰："制、敕之义，轻重不殊，其奏抄御亲画'闻'，制则承旨宣用，御画不轻承旨，理与制子义同。"可证。另一种太政官符条文内并无"奉敕"字样，即是《贞观格序》文中与"敕"相对而言的"符"，也就是《弘仁格抄》所存条目后注"官符也"之条。

三代格》的摘录,其所有条文均以天皇诏敕和太政官符的形式出现,各条不仅相当完整地录存了诏敕和太政官符的内容,而且无例外地保留了其开头的"诏"、"敕"、"太政官符"字样,以及"右得右大臣宣称奉敕"、"右得某某状称"之类的文句,其末又都标明了下达年月日。作为上应天数的十二卷本《格》的组成部分,《贞观临时格》条的形态理应也是如此。

其二,《序》文又说,《贞观临时格》号取准了"《开元留司格》",这恐怕不能仅从"命名"来理解,彼此的性质和体例亦必有其相通之处。从《类聚三代格》中的《贞观格》条多为普适性规定,《临时格》条都只针对具体事务的状态来看①,《序》文所述《贞观格》和《贞观临时格》之别在于事理的轻重和大小,似应寓有或对应着前者"颁于天下"而后者"留本司施用"的意涵。此外,这些《格》条均相当完整地保留了天皇诏敕及太政官符的原有样态。这应当都是日本《贞观临时格》与唐《开元留司格》内容和体例相类的重要表现。

其三,《序》文既述《贞观临时格》因取准《开元留司格》而得名,醍醐天皇延喜三年再次定《格》为十二卷,《类聚三代格》卷一《序事》所存《延喜格序》亦云:"又有理非大典,政出权时……如此之类,别为《延喜临时格》二卷。"②同样点出了《临时格》事理较轻和适用于一时的性质。合此两者以观,则唐代《留司格》条的规定,亦应以"临时性"为重要特点③。这与前面所述"留本司施行"的敕例,在性质上实与随时随事下至任一机构处分政务的一般制敕并无不同,也是完全对得上号的。

---

① 如日本《类聚三代格》卷三《僧纲员位阶并僧位阶事》所抄《贞观临时格》条:先列"太政官符"四字,换行书"传灯大法师位正仪(原注:年六十騰四十一)药师寺"。再换行书"传灯大法师位延寿(原注:年四十一,騰廿)兴福寺"。再换行书"右被右大臣宣称奉敕,件等僧宜定大威仪师"。再换行空阙二字书"天安三年四月廿七日"。这条太政官符构成的《临时格》,显然只是奉敕任命大威仪师的个案,而与举国政务无关。此外,《弘仁格抄》所示条目亦有这种普适或具体个案之异。这似乎说明嵯峨天皇定《格》,是无论诏敕或官符所涉事理的轻重、大小,都一并将之修入《弘仁格》十卷的。到清和天皇立法,方有鉴《开元留司格》而认知到对此作出区分的必要,遂另编了《临时格》二卷。这恐怕也从一个侧面反映了永徽二年《格》分两部的原因。

② 日本《类聚三代格》卷一《序事》存录的《延喜格序》。

③ "《临时格》"的"临时"二字,当以《唐律疏议》卷三○《断狱篇》"诸辄引制敕断罪"条:"诸制敕断罪,临时处分,不为永格者,不得引为后比。"为其正解。

其四，日本弘仁、贞观、延喜《格》皆不由法条构成，故其形态与唐《留司格》和《垂拱后常行格》之类的格后长行敕集差相仿佛，却与唐《散颁格》明显不同。考虑到日本编修形态独立的《格》始于《弘仁格》，适值唐宪宗以来格后长行敕及其删集之作大行其道，唐前期散颁及留司《格》则皆成具文而其别不存之时。恐怕正是受此影响，加之日、唐两国毕竟官制有别，立法环节差异不小，才导致了日本《格》并非法典而不过是诏敕、官符选集，又不明确规定其《临时格》留司与否的状态。①

综上所述，结论是《留司格》在形态上仍是一种敕例集，且可约略推知其删定、编纂过程，必是在那些仅留尚书本司施用的敕例基础上，删其不合于时者，存者则保留了原件的制敕形式及其内容要节，再将之分别编缀于六部诸司目下即告完成。因而文献所载唐代《留司格》文不存"敕"及"年月日"字样者，实际上都是其记载或摘引者省略了原件的形式部分之故。由此再观《通典》卷一七〇《刑八·峻酷》末附的《开元格》条，即可断定其必是开元二十五年所定《留司格》一卷中的"留刑部行格"，且《通典》对此采取了照样抄录的记载方式，这显然不是要记录世人皆知的制敕面目，而是要翔实地保存时人已觉陌生的《留司格》形态特点。

故就条文形态而言，《留司格》甚至要比"《垂拱后常行格》"直至"《开成格》"这种格敕集更为原始；因为其并未把各种格敕都改成开头书"敕"而末署年月日的样子，而是可如上引《通典》照录的"留刑部行格"所示：先列出尚书省刑部主持议定奏上的办法要节，再依次换行，存其"敕依前件"或"制可"之类的御批及其年月日。就是说，尽管同样是由敕条构成，《留司格》经历的修削加工相对最少，其删定以后的编纂过程也最为简便。由此亦可推知，贞观十一年把武德以来"敕格"三千余件删定为《格》十八卷"留本司施用"，采取的应当就是这种编纂方式。而唐人之所以常把各种格后敕简称为"格"，原因不仅与北朝以来至贞观定《格》在这方面的称谓习惯相关，更是与永徽以来《留司格》现

---

① 坂上康俊《有关唐格的几个问题》一文（收入戴建国主编《唐宋法律史论集》，上海辞书出版社 2007 年版），认为《格》条皆应称敕并署有原敕所下年月日，进又以为敦煌《神龙散颁刑部格残卷》皆由法条构成的形态是一种特例。这显然是一种误解，盖因其不明唐《格》编纂概要，不辨其散颁、留司之别及日、唐《格》体之异，且以学界定名有误的几件敦煌吐鲁番"格"文书为据来推测唐《格》形态所致。

第九章　开元前后《格》、《式》的基本性状　455

成删定有关格后敕而成的状态联系在一起的。

还要顺便指出的是，根据上面所论《散颁格》和《留司格》的形态特征，即可断定学界以往泛泛定名为"《格》"的几件敦煌吐鲁番文书，都还存在某些难以解释的问题，而有必要重新考虑其性质和定名。如以往分别定名为"《开元户部格》残卷"和"《开元户部新格》残卷"的S.1344 号、周字六十九号敦煌文书，两者皆由敕条构成，体例、形态基本一致，却与《散颁格》迥然不同；又根本无法回答其作为"留本司施用"的《留司格》，何以会被河西一带官府抄录行用，及其所涉既多天下州县政务，又何以竟会是《留司格》等问题。故与其视之为《格》，显然远不如将之定名为格后长行敕之类的抄件来得稳妥。至于其具体究属何种法律形式，则尽可在文书断代基本无误的前提下，参考其他各种因素加以辨识①。凡是不由敕条构成，而以法条形态出现的，如旧名为"《开元职方格残卷》"的周字五十一号敦煌文书，则应认真考虑其是否属《散颁格》，或属其他法律形式的可能②。无论如何，在敦煌吐鲁番法制文书的

---

① S.1344 号敦煌文书，当即开元十九年裴光庭奏请编纂的六卷本《格后长行敕》抄件。考详楼劲《证圣元年敕与南北朝至唐代的旌表孝义之制——兼论 S.1344 号敦煌残卷的定名问题》，载《浙江学刊》2014 年第 1 期。

② 中日学者以往将之定名为"《开元职方格残卷》"的主要证据，无论是关于其时期还是性质的，皆经不起推敲。据其形态断非《留司格》，又与《神龙散颁刑部格》存在着差异，说其性质为《格》恐成问题。而现存其两条残文，前条内有"所由知烽健儿决六十棒"一句，"棒"字尤其不符唐前期《律》、《令》、《格》、《式》文中称"杖"的习惯。后条则为禁断"相知捉搦"，而由专门官司捉搦犯科之人的规定。似据景云时期所下制敕删定而来，其内容今犹可证于《新唐书》卷一一二《韩思彦传》附《韩琬传》，传载其景云初上言称当时"位下而骄，家贫而奢，岁月渐渍，不救其弊，何由变浮之淳哉？不务省事而务捉搦，夫捉搦者，法也。法设而滋章，滋章则盗贼多矣。法而益国，设之可也。比法令数改，或行未见益，止未知损"。其所针对的，应即《旧唐书》卷五《高宗纪下》永隆二年正月诏雍州长史李义玄，称欲还淳返朴而禁游手堕业，其异色绫锦、花间裙衣及商贾富人厚葬越礼"严加捉搦，勿使更然"之后所定之制。据此种种，似可断其应是宣宗大中七年五月孔戣所编《大中刑律统类》十二卷部分内容的抄件。《唐会要》卷三九《定格令》载大中五年四月刘瑑编纂《大中刑法统类》六十卷，"起贞观二年六月二十八日，至大中五年四月十三日"。至七年五月孔戣又"编集《律》、《令》、《格》、《式》条件相类者一千二百五十条，分为一百二十一门，号曰《刑法类》"。《新唐书》卷五八《艺文志二》史部刑法类分别著录为"刘瑑等纂《大中刑法总要格后敕》六十卷"和"孔戣《大中刑律统类》十二卷"，《五代会要》卷九《定格令》载周世宗显德四年中书门下奏当时朝廷所用之法包括了"《大中统类》一十二卷"，即孔戣所编者。其既取"《律》、《令》、《格》、《式》条件相类者"编纂而成，这才包括了《开元新格》删定的景云时期敕文和刘瑑所编晚唐有关烽燧健儿的管理规定，且又不存其敕条形态，从而完全合乎周字五十一号残卷所示之况。

整理中，那种不辨"散颁"、"留司"而笼统名之为"《格》"的做法，再也不应继续下去了。

第三节 《格》、《式》编纂的要点

《散颁格》、《留司格》和《式》在内容、形态和性质上的一系列问题，其实都与其形成过程或编纂方式直接相关。学界关于这些问题的歧义、争论甚至误解，很大程度上也都是因不甚了解其究竟如何编纂而导致的。以下即拟讨论其形成和编纂的一些最为重要的方面，尽可能补充这个研究缺环。需要先行说明的是，在如何形成、编纂的问题上，《散颁格》与《留司格》显然具有不少共性，在此不妨一并言之，因而以下提到的《格》、《式》，大都兼括了《散颁格》和《留司格》，需要特别区别时则随文说明，且可参照上节已有提及的《留司格》编纂之况。

一 《格》、《式》的编纂对象和编排方式

《格》、《式》本就基于制敕删定编纂而成，许多条文原来都是敕例，这在文献里是有明确记载的。

《唐六典》卷六《刑部》原注述《格》的修订："盖编录当时制敕，永为法则，以为故事。"即是兼指《散颁格》和《留司格》而言的。这里所谓"编录当时制敕"，自然不可能兼及以往各种临时处分的一般制敕，而是可被援引和法律效力明确的制敕，也就是敕例，具体包括旧《格》之条和《格》后续下的敕例两个部分。统称其为"制敕"，是因为旧《格》之条也就是以往经过"编录"的敕例。《唐六典》原注述《式》则云："其删定，与定格令人同也。"对永徽以后《式》的修订来说，其所"删定"的，也无非是以往的旧《式》和续下的敕例。

足与相证的，如《唐会要》卷三九《定格令》载神龙立法之事：

> 删定《垂拱格》及格后敕，尚书左仆射唐休璟、中书令韦安石、散骑常侍李怀远、礼部尚书祝钦明、尚书右丞苏瑰、兵部郎中姜师度、户部郎中狄光嗣等，同删定至神龙二年正月二十五日已前制敕，为《散颁格》七卷。又删补旧《式》为二十卷。

前面所述《神龙散颁刑部格残卷》所示诸况，即是此次立法"删定《垂拱格》及格后敕"之所致，所谓"格后敕"也就是《格》后续下的敕例。而所谓"删补旧《式》"，则说明《神龙式》删去了不少《垂拱式》的内容，又据神龙二年正月二十五日以前的敕例补充了不少条款。

《唐会要》卷三九《定格令》又载开元二十五年九月三日兵部尚书李林甫奏：

> 今年五月三十日前敕，不入新《格》、《式》者，并望不任行用限。

此奏上于开元二十五年下诏立法两天后，所谓"五月三十日前敕"，即当时开始编纂《律》、《令》、《格》、《式》，需要删定以往敕例的时间断限①。《开元水部式残卷》所示，便是在此次删定旧《式》和这些敕例的基础上形成的。

既然如此，《格》和《式》篇各条排序的基础，无非是每次立法分别删定以往《格》、《式》各篇之条，以及截止时段内所存敕例后展现的次序。由于永徽以来，《格》皆以尚书二十四司为其篇目，《式》则以尚书二十四司加秘书、太常等部门和监门宿卫等事项为其篇目，此后各次立法删定的旧《格》、《式》条，自应各在其原属篇目之内。而新删定的有关敕例，亦必各各分入这些篇目。若像垂拱立法那样新增《勾账》、《计账》等篇时，则须把这部分旧《式》条和新删定的敕例一并归入新篇。由此推断，《神龙散颁刑部格》和《开元水部式》所示各条的排序，实际上只是当时立法删定后所存旧《格》、《式》条和有关敕例的时间先后。这种顺序是在每次立法皆先划出时限范围，然后删定有关敕例的过程中形成的，而其删定之前的原型，显然就是统一汇聚至尚书都省分类存档编录，本来就按时间排序的敕例簿册。②

---

① 《唐会要》卷三九《定格令》："开元二十五年九月一日，复删辑旧《格》、《式》、《律》、《令》。"

② 《唐六典》卷一《尚书都省》："……凡制敕施行，京师诸司有符、移、关、牒下诸州者，必由于都省以遣之。凡文案既成，勾令行朱讫，皆书其上端，记年、月、日，纳诸库……凡天下制敕、计奏之数，省符宣告之节，率以岁终为断。京师诸司皆以四月一日纳于都省；其天下诸州，则本司推校以授勾官，勾官审之，连署封印，附计账使纳于都省。"可见其况。

因此，如敦煌《神龙刑部散颁格残卷》和《开元水部式残卷》所示，《格》、《式》各篇条文排序在关系结构上显得散乱，事项和性质上也不合并归类的状态，是因为它们都是由这种簿册删定而来，只斟酌修削了各条内容和文字，而未对其所涉事项统一拆分归并和分其事项类别，也未改变其原有时间顺序。当然对《式》来说，还要额外多出一个条下之款的排序问题，这自然是要以条、款关系为其前提的，而大体无外乎两种情况：如果《式》条各款来自同一份敕例，那么其有条无款和一条多款，就应是原敕本未规定细则，或其要求制定了多项细则之所致；而若各款本是不同的敕例，则其排序及其之所以附于某条之下，恐怕也是由它们被删定之后的时间顺序所决定的。对此后面还要详述，这里且先搁下不提。

二 "格后敕"与《格》的编纂

由此再看唐代《格》、《式》篇目的不同，即可明白《散颁格》和《留司格》所以都纯以尚书六部二十四司分篇，说明的正是两者所编纂的敕例，完全是在尚书省履职的过程中形成的。尤其是尚书省特有的立法功能，更是揭示唐《格》编纂过程的关键所在。

《唐六典》卷一《尚书都省》：

> 凡都省掌举诸司之纲纪与其百僚之程式，以正邦理，以宣邦教。

所谓"百僚之程式"，指的就是各种制度规章。其后各卷载六部尚书、侍郎职掌，亦皆突出了其在制定制度规章上的职能[①]。故《唐会要》卷七八《诸使杂录上》载崔氏驳玄宗以来诸使之制有曰：

[①] 由于尚书省充当"政本"、"会府"的性质，六部诸司在集议有关制度提案或其他拟制活动，以及相关制度的贯彻和解释中，便有了极为突出的地位。故尚书六部头司郎中二员中，常有一员掌"格式"。《唐会要》卷五四《中书省》："（太和）九年十二月敕：中书门下、吏部各有甲历，名为三库，以防踰滥。如闻近日请处奏官，不经司检寻，未免奸伪，起今以后，诸使、诸道应奏六品以下诸色人……宜令先下吏部、中书门下，三库委给事中、中书舍人、吏部格式郎中各与本库官同检勘，具有无，申报中书门下，审无异同者，然后依资进拟……"《唐国史补》卷下："故事，吏部郎中二厅，先小铨，后格式；员外郎二厅，先南曹，次废置。"可见"格式郎中"即主"格式厅"者，其所掌要为有关立法及法规解释。

> 九寺、三监、东宫三寺、十二卫及京兆、河南府，是王者之有司，各勤所守，以奉职事。尚书省准旧章，立程度以颁之，御史台按格令、采奸滥以绳之，中书门下立百司之体要，察群吏之能否，善绩著而必进，败德闻而且贬。政有恒而易为守，事归本而难以失，夫经远之理，舍此奚据？

崔冕这里概括初唐以来机构建制的法意，即分外突出了尚书省"准旧章，立程度"的立法职能。①

关于尚书省立法职能最为明确的规定，还应首推《唐律疏议》卷一一《职制篇》"诸《律》、《令》、《式》不便辄奏改行"条，此条所示下列内容，可以视为今人把握唐《格》、《式》编纂过程的纲要：

> 诸称《律》、《令》、《式》不便于事者，皆须申尚书省议定奏闻。若不申议，辄奏改行者，徒二年。即诣阙上表者，不坐。
> 《疏议》曰：称《律》、《令》及《式》条内，有事不便于时者，皆须辨明不便之状，具申尚书省，集京官七品以上于都座议定，以应改张之议奏闻。若不申尚书省议，辄即奏请改行者，徒二年。谓直述所见，但奏改者。即诣阙上表，论《律》、《令》及《式》不便于时者，不坐……

这里说得非常清楚，各地各部门凡认为《律》、《令》、《式》规定有不便于时者，皆不得径自上奏②，而必须申报尚书省，由其集京官七品以上，也就是在京各部门重要官员于都省厅事议定，以应当如何改张之议奏闻，获准以后自然也就形成了一个新的敕例。而其实际主持者，且须负责其今

---

① 参严耕望《论唐代尚书省之职权与地位》，收入《严耕望史学论文选集》下册，中华书局2006年版。
② 《律疏》的这条规定，显然是与其卷一○《职制篇》"诸事应奏不奏、不应奏而奏"条相呼应，并从属于当时时关于何事应奏，何事不应奏的各项法律规定的。

后贯彻和解释的，显然就是尚书省的主管部司。①

这就具体展示了尚书省"准旧章，立程度"的过程。更为重要的是，这条《律》文和《疏议》之所以只举《律》、《令》、《式》而语不及《格》，并不意味着《格》不能通过这样的程序来补充或修正，而是说明了两个问题：一是由于《格》本来就是对《律》、《令》、《式》的补充或修正，若其不便于时而有司不申尚书省即"辄奏改行"，其惩罚力度便当据《格》文补充或修正的事由来定，而非同是"徒二年"。二是各地各部门申报尚书省集京官七品以上议定奏准，用来补充或修正《律》、《令》、《式》的敕例，自然就是定《格》之后续下的敕例，此即所谓的"格后敕"，也就是修《格》之时所要删定和编纂的对象。

"格后敕"在唐代亦常被称为"格敕"、"敕格"，有时也被简称为"格"。《唐律疏议》卷三〇《断狱篇》"诸赦前断罪不当"条《疏议》曰：

> 《令》云："犯罪未断决，逢格改者，格重，听依犯时；格轻，听从轻法。"

这是《狱官令》的规定②，可见依"格"断罪，当据情节量其轻、重，其中即包括了上引"诸《律》、《令》、《式》不便辄奏改行"条规定的情况。《疏议》此处所述"逢格改者"云云，显然很少会是断狱之时凑巧碰到了新《格》颁行，其"格"主要不是指通盘立法前稳定不变的《格》，而正是指各地各部门见《律》、《令》、《式》有不便于时而申报尚书省，由其集京官七品以上议定奏准而下达施用的格后敕。

以"格"来指称补充、修正现行法律的敕例，本属长期以来的习惯，唐《格》即由此而修，《格》条即以此构成，虽经删定而性质、作用仍相

---

① 这条《律》文和《疏议》显然适应着永徽二年以来《律》、《令》、《格》、《式》已并行的新形势，但以此结合前引《贞观政要》载太宗在贞观十一年立法时强调诏令必须常加审定之事，似可推断：各地各部门见《律》、《令》有不便者，须"具申尚书省，集京官七品以上，于都座议定，以应改张之议奏闻"之制，正是对太宗这一要求的落实。

② 《唐律疏议》卷四《名例篇》"诸犯罪时未老疾"条的《疏议》引此为《狱官令》。《唐六典》卷六《刑部》述诸司法准则时，将其内容概括为"凡有罪未发及已发未断，而逢格改者，若格重则依旧条，轻从轻法"。其法理更为清楚。

类似，故《狱官令》仍将之径称为"格"。这条《疏议》则以此来说明"赦前断罪不当"条的法意，其义盖谓随时下达的赦令，其指导司法的性质与"格后敕"相近。在处断大狱要案时，现行法条往往皆难为凭，申报尚书省集官议改实属正常，但到由此形成的"格后敕"下达，再违犯《律》条径行上奏此"格"如何"不便于事"，则其处分自当据其情节量其轻重，而不能再是"徒二年"了。

与此法意相互呼应的，如《唐律疏议》卷三〇《断狱篇》"诸制敕断罪"条曰：

> 诸制敕断罪，临时处分，不为永格者，不得引为后比。若辄引，致罪有出入者，以故失论。

这条《律》文区别了"临时处分"的制敕和可为"永格"的敕例。凡经尚书省集京官七品以上议定奏准的格后敕，显然属于后者，即是足以"引为后比"之"格"。按照这条《律》文与上引"诸《律》、《令》、《式》不便辄奏改行"条的规定，在有司断罪、厘务之时，若现行法律难以为凭，即应依法具其事由，申报尚书省集官议定奏准相应的"格后敕"，以为新的法据。倘皇帝对此个案在法外另作裁定，此即所谓"临时处分"而不得"引为后比"。至于有司不申尚书省而径行上奏以求裁定，或援引临时处分之敕径行处理，也就必须厉行禁止。如若因此而致处理结果与法律规定不符，则因其事叵测而须一概以"故意"治罪。

经此分析以后，关于唐代"格后敕"之所以形成，及其性质、作用和地位等一系列问题，包括其与《律》、《令》、《格》、《式》的关系，尤其是作为《格》的删定、编纂对象的状态，俱已可说能知其所以然了。

这里还要再对"格后敕"的称谓略作说明，以见上引《狱官令》所称之"格"主要是指"格后敕"的背景，亦以明确"格后敕"名、实的发展过程。《旧唐书》卷五〇《刑法志》述贞观十一年立法，删定"武德、贞观已来敕格三千余件，定留七百条，以为《格》十八卷"。这说明武德以来即以"敕格"指称敕例，当时其自然不是"格后敕"，但到这次立法将之删定为《格》与《律》、《令》并行以后，其时尚未定《式》，后续形成的敕例自然只能是"格后敕"。到永徽立法《格》分两部，别又创《式》，"格后敕"显然不再是各种续下敕例的通称，而只是与《格》

直接相关的敕例。前面提到的"《垂拱后常行格》",即是把"格后敕"删定为"格后长行敕",且又将之名为"常行格"。开元十九年宰相裴光庭奏请删定"格后敕",结果编为《格后长行敕》六卷,正是继此而为①。二事证明神龙立法以前及开元立法以来,"格后敕"数量甚大,在通盘立法之前即需有所删定,且其仍循旧习而可径称为"格"②。上引《狱官令》所述之"格"主要是指"格后敕",即是这种指称习惯使然。③

弄清"格后敕"的诸种状况包括其名、实关系,对于把握《格》的编纂及与此相关的种种问题来说,显然具有基础性意义④。现在已可明白,《唐律疏议》"诸《律》、《令》、《式》不便辄奏改行"条,实际已说明:尚书省受理各地各部门申报的立法建议,由其集京官七品以上于都省议定奏准的,也就是用来补充《律》、《令》、《式》文的《格》的后续敕例,即所谓"格后敕"。到统一立法时再对之加以删定,有的可被采入《律》、《令》,其余则按必须"颁于天下"和仅"留本司施行"者分别编纂,便是《散颁格》和《留司格》,这也就是两者皆以尚书六部诸司为目的原因。

三 敕例的另一形成途径与《式》的编纂

非但如此,上引《唐律疏议·职制篇》"诸《律》、《令》、《式》不便辄奏改行"条末,"即诣阙上表者,不坐"一句,以及《疏议》对此的

---

① 《唐会要》卷三九《定格令》。

② 开元以后的情况,如《旧唐书》卷一四八《权德舆传》载:"先是,许孟容、蒋乂等奉诏删定格敕……留中不出。德舆请下刑部,与侍郎刘伯刍等考定,复为三十卷奏上。"《唐会要》卷三九《定格令》载其事为:"刑部侍郎许孟容、蒋乂等,奉诏删定格后敕,勒成三十卷,刑部侍郎刘伯刍等,考定修为三十卷。至长庆三年正月,刑部奏请户部郎中王正、司门员外郎齐推详正敕格。从之。"此即《新唐书》卷五八《艺文志二》史部刑法类著录的《元和删定制敕》三十卷及《元和格敕》三十卷,其正是把"格敕"称为"格后敕"的,而长庆三年刑部的奏请又称之为"敕格",足见三者实质为一而常可互称。

③ 《白氏六帖事类集》和《宋刑统》中常见的"户部格敕"、"刑部格敕"云云,其实皆是此类,具体如俄藏敦煌文书Дx.06521号中即录"户部格敕"一条,其末署有开元某年月日下达的时间,足证其本为格后敕,《白氏六帖事类集》等处所引的"户部格敕"之类则省略了其末的下敕年月。故学界以往或将之标点为"《户部格》:敕"、"《刑部格》:敕"云云,其书名号及冒号显属误加。这应当是学界长期以来在《格》的形态和编纂上难有进展的一个重要原因。

④ 参侯雯《唐代格后敕的编纂及特点》,《北京师范大学学报》(哲社版) 2002年第1期;戴建国《唐格后敕修撰体例考》,《江西社会科学》2010年第9期。

解释，还透露了另一种显然不同于"格后敕"的敕例形成途径：即在有司按上述程序把立法建议申报尚书省议定之外，若百官大臣有鉴于《律》、《令》、《式》文不便于时，也还可直接奏上诣阙通进的章表来论列其事，只要不是直接要求修改既定判决和法律条文①，而是据实论其如何不便于时，那也是完全合法或合乎既定的上表论事之制的。

由此证以《唐六典》卷六《刑部》所载：

（正文）：凡狱囚应入议、请者，皆申刑部，集诸司七品已上于都座议之。

（原注）：若有别议所司科简，具状以闻。若众议异常，堪为典则者，录送史馆。

以上正文所述，是必须"原情议罪"和"上请"的罪犯处罚②，其同样涉及了《律》、《令》、《式》文的适用问题，故须"皆申刑部，集诸司七品已上于都座议之"。这是与上引《律疏》"诸《律》、《令》、《式》不便辄奏改行"条前半部分法意完全一致的规定。而由此形成的，自然就是刑部格后敕，到统一立法时，若非将之修入《律》、《令》，也就是删定和编纂《刑部格》的素材。

而其原注所述，显然也包括了上引《律疏》规定后半部分"即诣阙上表"的情况。即有关官员直接上表对"狱囚应入议、请者"的处理提出建议，奏闻以后皇帝也可另敕再议，其中"众议异常，堪为典则"者自须"录送史馆"，这自然只能是已经奏闻诏可而已下达施用的敕例③，且其在形成程序和主管部门上显然有别于格后敕。故《唐六典》这段正、注文，适与《律疏》"诸《律》、《令》、《式》不便辄奏改行"条的规定

---

① 那就只能按照前一程序申报给尚书省来议定处理。《疏议》解释此句也只提到《律》、《令》、《式》而语不及《格》，同样不是因为其不能论列《格》的不便于事，而是要与前面《律》文所述保持一致以免生歧义。

② 《唐律疏议》卷二《名例篇》"诸八议条"《律注》："议者，原情议罪，称定刑之《律》而不正决之。"《疏议》曰："'议者，原情议罪'者，谓原其本情，议其犯罪。'称定刑之《律》而不正决之'者，谓奏状之内，唯云准犯依《律》合死，不敢正言绞、斩，故云'不正决之'。"

③ 《唐会要》卷六三《史馆上·诸司应送史馆事例》所载条例之中，即有"法令变改，断狱新议（原注：刑部有即报）"之条。这也说明"断狱新议"实即"法令变改"的一种情况。

相应，两者共同说明了唐代各种随时随事补充现行法律的敕例，实际上存在着两大形成程序或途径：即要么是由有司依法向尚书省提出法案，由其集京官七品以上议定；要么是由百官大臣直接上表论列现行法律不便于事，再下有司别议或拟订；而皆须奏准以后生效施用。

据此即可合理地推断，《式》所删定的敕例，即是在这种既定的上表言事体制下，在臣下直接奏陈时政所需或法律不便于事的基础上形成的。其间皇帝自可下敕别议或咨询有关主管部门，或直接指定其起草有关规定，再经奏准而施行。这类敕例事出多头而各自所涉事项又大小不同，在其形成过程中，若皇帝将其御批至尚书省，由其集京官七品以上于都省议定，此时所产生的自然也成了"格后敕"。其余凡下至主管部门，包括尚书诸司和寺、监、卫、府讨论拟定而奏准施行的，便是另一大宗可供相关行政过程援引取则的敕例。而"格后敕"既已分别由《留司格》和《散颁格》加以约束和归置，这些敕例则虽主司不一而事项多端，却也仍足轨物程事指导行政，而须有所归约，《式》即是用来统一删定和编纂这些敕例的法律形式。

唐代文献中常见的那些明确要求"永为常式"的制敕，应当就是这类不同于"格后敕"的敕例。这是因为如果其是尚书省集京官七品以上议定奏闻的"格后敕"，本身就已是着眼于全局和长远作出的规定，故在奏准下达施行之时，即便其文可以加上"自今以后"之类的字样，却显然是无需再特别标明其"永为常式"的。①

具体如《唐会要》卷二五《亲王及朝臣行立位》载：

---

① 对这类含有"永为常式"等字样的制敕的性质，法史学界有视为"例"和视为《式》的不同看法。直接视为《式》之说，如郑显文《出土文献与唐代法律史研究》第一章"敦煌吐鲁番文书与唐代法典体例研究"第二节"敦煌吐鲁番文书与唐式体例研究"认为："编为'永格'和'永为常式'、'永为恒式'，本身就是格、式法律条文上升为国家法典形式的过程。"此说看到了这类制敕与《格》、《式》的关系，可谓敏锐之识，但直接将之视为《格》、《式》条文恐怕是无法成立的，因为它们不仅可以修入《格》、《式》，也可以酌情修入《律》、《令》；且《神龙散颁刑部格残卷》和《开元水部式残卷》已表明《散颁格》和《式》条并不直接由制敕构成，而需对之进一步删定加工。前已指出，两者均已无法随时增附相关敕例，否则就会与其作为法典的体例相冲突。视之为"例"的看法，如霍存福《唐式佚文及其复原诸问题》，即据《唐会要》卷三九《定格令》载景龙三年八月九日敕"其制敕不言'自今以后'、'永为常式'者，不得攀引为例"，认为"'例'与'常式'互通"。这是正解，不过"例"的形成程序和性质仍会有所不同，含有"自今以后"或"永为常式"字样的"例"，仍存在着是否经由尚书省集京官七品以上议定，在统一立法时是被修入《格》还是《式》的区别。

第九章　开元前后《格》、《式》的基本性状　465

> 开元六年八月一日，右散骑常侍褚无量上疏曰："……臣伏见开府仪同三司在三品前立，望请嗣王亦与开府同行，诸致仕官各于本司之上。则重亲尚齿，典礼式存。"五日，敕："九族既睦，百官有序，至于班列，宜当分位……嗣王宜与开府仪同三司等，致仕官各居本司之上。用永为常式。"

褚无量当时建议：嗣王位与开府仪同三司同列，致仕官各居本司之上。这是要补充或修正以往有关朝会班序的《令》文规定，却并未申送尚书省集京官七品以上议定，而是直接上疏得到玄宗认可，其间或另咨询宰相、侍臣及有关部门，再以制敕形式下达而"永为常式"。有研究表明，至开元七年立法时，这个新近调整了嗣王和致仕官班位的敕例即被修入了《公式令》。①

又如《唐会要》卷三一《舆服上·内外官章服》载开元八年二月二十日敕：

> 都督、刺史品卑者，借绯及鱼袋，永为常式。

此敕规定都督、刺史不及五品者，可借着绯衣及鱼袋，所针对的自是开元七年所定《礼部式》的规定②。故到开元二十五年统一立法时，其若未被删除，即应被修入《式》。③

---

① 仁井田陞《唐令拾遗》所辑《公式令第二十一》三五即为开元七年和二十五年所定之条，其中即有"致仕官各居本品之上"及"亲王、嗣王任皂官职事者，仍依王品"的规定。
② 参霍存福《唐式辑佚》之《礼部式第九》，其中关于品官着绯、紫及鱼袋的几条佚文，分别出于《唐会要》卷三一《舆服上·杂录》太和六年六月敕详度诸司制度条件所引《礼部式》及同卷《舆服上·鱼袋》所载神龙二年二月及八月之事。
③ 《唐会要》卷三一《舆服上·内外官章服》开头即述："旧制，凡授都督、刺史，皆未及五品者，并听着绯佩鱼，离任则停。若在军赏绯、紫、鱼袋者，在军则服之，不在军不在服限。若经叙录不合得者，在军亦停之。"其下载有开元三年至大中三年的相关措置，这说明开元八年敕都督、刺史品卑者加绯及鱼袋，可能是恢复了在开元七年定《式》时被删除的"旧制"相关内容。从开元二年闰二月和二十五年五月均曾下敕限制军人借绯及鱼袋的情况来看，这方面的制度在开元七年和二十五年九月立法时，必曾做过整顿。另参《唐会要》卷三一《舆服上·鱼袋》。

遍检唐前期这类含有"自今以后"、"永为常式"字样的制敕，许多都未交代其下敕背景，当是史官省文所致。其中，凡只标明了"自今以后"应当如何，而无"永为常式"字样者，仍有可能经历了尚书省集京官七品以上议定的程序。

如《通典》卷一六五《刑三·刑制下》述开元二十五年立法之事有一条原注：

> 开元十四年九月敕："如闻用例破敕及《令》、《式》，深非道理。自今以后，不得更然。"

又《册府元龟》卷一五九《帝王部·革弊一》载开元十六年二月癸未诏：

> 养人施惠，患在不均……比来公私举放，取利颇深，有损贫下，事须厘革。自今已后，天下私举质，宜四分收利；官本，五分收利。

这两份制敕在《宋刑统》中分别被称为"刑部格敕"和"户部格敕"[①]，前者几乎照录其文，后者则节取了"天下私举质……五分收利"的基本内容，是其性质实为"格后敕"。据此遂可断定，这类含有"自今已后"字样而不标明"永为常式"的制敕，必有不少是经尚书省集在京各部门重要官员议定奏准的程序形成的。

除此之外，凡在记载中标明了"永为常式"的唐代制敕，无论其是否同时还有"自今已后"等字样，也有一些是像上举开元六年的褚遂良上疏那样，说明了其因奏下敕的情节的。从《唐会要》所载这类制敕的情况来看，其奏请者包括了宰相及尚书、侍郎、御史中丞、散骑侍郎等大臣或言官；有的还在敕文中明确了起草或主管有关规定的部门或官员，包括太常寺、太仆寺或博士之类。据此推断，所有这类含有"永为常式"字样的制敕，皆应未经尚书省集京官七品以上议定奏闻，而是百官直接奏事建议，通过多种方式而形成的。这类敕例既与"格后敕"迥然有别，

---

① 戴建国《唐格条文体例考》一文已指出了《宋刑统》这两处所引"刑部格敕"、"户部格敕"源出开元十四年和十六年制敕。

却也切实补充或修正了各种现行的法律规定,到统一立法之时,也就不宜修之入《格》,而是会被酌情修入《律》、《令》、《式》文或被删除,而更大的可能自然是经删定之后修入《式》中。①

现在已可断定,永徽二年之所以要在《格》分两部之外另再编《式》,关键在于贞观十一年定《格》十八卷以来,"格后敕"的形成程序,必因太宗"诏令必须常加审定"的要求而被严格化。故除基此修《格》,并且进一步区分其"颁于天下"和"留于本司"外,其他各种性质参差不齐的敕例如何归置,也就成了当时立法的当务之急和重大问题,此即永徽二年特别为之创制《式》的由来。从编纂的角度来看,散颁或留司《格》,均可在尚书省集京官七品以上议定奏准的敕例基础上,现成地根据存档的"格后敕"簿删定、编纂;而《式》所删定和编纂的敕例,却皆未经尚书省集京官七品以上议定奏准的程序,只有其中一部分才与六部二十四司职掌相关,自然不宜将其修入纯由尚书省主持议定,只按尚书六部诸司来编排的《格》,也就只能另行创体,将之修入体例和形态均适应其自身特点的《式》了。

由此反观《式》的形态,唐《式》之所以内容驳杂,呈现了特定的条、款结构,正是因其归约的敕例性质、事由参差不齐之故。而其之所以并不全以尚书诸司为目,相对于《格》增加了太常等部门和监门宿卫、勾账计账等事类之篇,也是因为其所删定、编纂的敕例来源多端,本未经历尚书省集在京各部门重要官员统一议定的程序。其中以尚书二十四司及太常等部门为目者,当是因为相关敕例所作规定与这些部门的职掌直接相关,或其形成过程与之干系较大,甚至本就由其具体拟

---

① 以是否含有"永为常式"或是否只含"自今已后"之文,来区别相关制敕是否经由尚书省集京官七品以上议定,大体只适用于唐前期,又由于记载或转引时不免省文摘录而不可胶刻视之。到唐后期尚书省职能,特别是其立法功能萎缩,统一立法时也已不再修订《散颁格》、《留司格》和《式》时,立法程序和方式均已变化,含有"自今已后"、"永为常式"字样的制敕都可归为格后敕,已不再分别对应不同的形成程序。《唐会要》卷七八《诸使杂录上》:"建中元年四月一日,门下侍郎杨炎充删定格式使,五月□(原阙)日,刑部侍郎蒋涣充副使。二年七月,中书侍郎张镒与卢杞同充格式使。"是唐后期诸使兴起而尚书六部诸司功能有所削弱后,曾以宰相充"格式使",总删定法律之事,此"格式"显然已不是分指《格》、《式》。

定之故①。至于其另以"监门宿卫"及"计账、勾账"为目,前已述"监门宿卫"对应于"十六卫",虽为事类而实仍与部门职掌相关;而计账、勾账为专门事项,至垂拱以来独立成篇,则是因为相关制度虽与户部度支和比部二司职掌相关,却又自成系统而各有专籍,至此又已特别强调其重要性的缘故。②

四 《格》、《式》的编纂与条文数量

永徽以后编纂《格》、《式》的上述状况,亦可与日本史上"律令制时代"编纂《格》、《式》的有关记载印证。③

如嵯峨天皇弘仁年间编修的《弘仁格式序》,即叙述了《弘仁格》、《式》的编纂概要:④

>……上遵叡旨,下考时宜,采官府之故事,摭诸曹之遗例,商量今古,审察用舍,以类相从,分隶诸司。其随时制宜,已经奉敕者,即载本文,别编为《格》。或虽非奉敕,事旨稍大者,奏加"奉敕",因而取焉。若屡有改张,向背各异者,略前存后,以省重出。自此之

---

① 《唐会要》卷二〇《公卿巡陵》:"天宝六载八月一日敕:每年春秋二时,巡谒诸陵,差公卿各一人,奉礼郎一人,右校署令一人。其奉礼郎、右校署令,自今以后宜停,至陵所差县官及陵官摄行事。其巡陵仪式,宜令太常寺修撰一本,送令管陵县收掌,长行须用,仍令博士、助教习读,临时赞相。永为常式。"同书卷二三《牲牢》载天宝六载正月敕文:"祭祀之典,牺牲所备,将有达于虔诚,盖不资于广杀。自今以后,每大祭祀应用骍犊,宜令所司量减其数,仍永为常式。"此二敕一明确了太常寺"修撰巡陵仪式"之事,一则述大祭祀所用骍犊由"所司"定其数量"永为常式",都说明了这一点。

② 参王永兴《唐勾检制研究》,上海古籍出版社1991年版;李锦绣《唐代财政史》上卷第一分册第一编"唐前期的财务行政及财政机构"第一章"唐前期的财务行政"一"支度国用"、七"财务勾检",北京大学出版社1995年版。

③ 日本史上的"律令制时代",指文武天皇大宝元年(701)至镰仓幕府成立(1192),大规模取仿唐《律》、《令》体制的时期,相当于中国史上的唐武周大足元年至南宋光宗绍熙三年。其仿唐所修的第一部《格》、《式》,是嵯峨天皇弘仁十至十一年(819—820)分别编成施行的《弘仁格》十卷、《式》四十卷;继由清和天皇贞观十一至十三年(869—871)分别修讫施行了《贞观格》十二卷、《式》二十卷,这是日本《格》中开始附入相当于唐《留司格》的"《临时格》"之始;其制又为醍醐天皇延喜七年至延长五年(907—927)分别修讫施行的《延喜格》十二卷、《式》五十卷所承袭。这三部《格》、《式》的编修年代适值唐宪宗元和末年至唐末、后梁,故尤其值得研究唐《格》、《式》者关注。

④ 日本《类聚三代格》卷一《序事》。

外，司存常事，或可裨法令，或堪为永例者，随状增损，总入于《式》。若事类斑杂，不得指附者，各为《杂篇》，次之于末……上起大宝元年，下迄弘仁十年，都为《式》四十卷，《格》十卷，辞简而事详，文约而旨畅……

《弘仁格》、《式》体例与唐有所不同，因其并无尚书六部二十四司这样的行政总枢；故对那些"事类斑杂"，无法一一"分隶诸司"的敕、符故事，遂须另设《杂格》、《杂式》篇来加以收录。其他与唐不同之处，如其《格》尚未区分散颁或留司，各篇皆有条目标题，《格》条则由天皇诏敕及太政官之符构成，且都保留了其原为敕、符的样式及其下达年月日[①]。其《式》亦篇下先列条目标题，其中只有部分称"诸"起首，各条换行示别而不存敕、符原貌，又有部分前书"凡"字。[②]

除此之外，上引文亦显示《弘仁格》、《式》的编纂，大体皆当取鉴了唐制。如其"采官府之故事，摭诸曹之遗例"而成，"以类相从，分隶诸司"的编排，正取鉴了唐修《格》、《式》之况。引文又提到当时删定天皇诏敕及太政官府"奉敕"之符，原则是"略前详后，以省重出"而"别编为《格》"，这也反映了唐《格》的编纂概要。其接下来说，"司存常事，或可裨法令，或堪为永例者，随状增损，总入于《式》"，则突出地说明了《式》所删定的敕、符来源和性质之多端，及其规定大小之参差不齐。这显然也与前揭唐《式》的形态特点相类，其虽未述《弘仁式》

---

① 如日本《类聚三代格》卷一《神社事》第一条即为《弘仁格》佚文："诏：禳灾招福，必冯幽冥；敬神尊佛，清净为先。今闻诸国神祇社内多有秽冕及放杂畜。敬神之礼，岂如是乎！宜国司长官自执币帛，慎致清扫，常为岁事。神龟二年七月廿日。"其第二条即为宝龟八年三月十日下达的"太政官符"，《类聚三代格》中所存《弘仁格》条不少，类皆如此。又今存《弘仁格抄》上卷、下卷（收入新订增补《国史大系》第25卷）唯摘抄了其条目标题，而不以诸司分篇，故只反映了《弘仁格》的部分体例。

② 《弘仁式》现唯存《式部》、《主税寮》两篇（收入新订增补《国史大系》第26卷，东京：吉川弘文馆1965年版）部分内容，其中《式部》篇有"二日皇后受贺"、"赐蕃国使宴"、"诸司申送朝日见参人数"等目。《主税寮》篇则有"凡出举官稻者，皆据人多少，若须加减者，正税公廨各须同数。其出举账，附大账使申送官"之类的条文。此篇仅剩的"驿马直法"和"驿马死损"这两个条目标题下，其条文开头皆无"凡"字，而为"畿内国，上马二百五十束，中马二百束，下马一百五十敕"。"伊势、美浓二国，上马三百五十敕，中马三百敕，下马二百敕"等具体规定。

是否也以条下列款的体例来编纂①，但"总入于《式》"四字，实际已经说出了《式》一并收入了未修入《格》的各种"永例"的意思。由此也可看出，唐《式》的条、款结构，是因为要把明显有所不同的敕例一并纳入其中所采取的编纂办法，其条、款关系的松散和条下设款有无多少的参差不齐，应当都是因此所致。②

也正是因为《格》、《式》是如此编纂出来的，也就注定了其条文必随各次立法增删更改，结构关系也谈不上严密的状态。这应当就是史载唐代通盘立法，每皆明书《律》、《令》条数，而于《格》、《式》则付阙如的原因。

《唐会要》卷三九《定格令》载开元二十五年立法：

> 中书令李林甫、侍中牛仙客……酸枣尉直刑部俞元杞等，共加删辑旧《格》、《式》、《律》、《令》及敕，总七千二十六条。其一千三百二十四条于事非要，并删除之；二千一百八十条，随事损益；三千五百九十四条，仍旧不改。总成《律》十二卷、《律疏》三十卷、

---

① 《延喜式》五十卷今仍存其完帙（收入新订增补《国史大系》第26册，东京：吉川弘文馆1965年版），其条目标题之下，各条开头多有"凡"字，其下再有地方性、个案性规定者，则唯换行示区别而前不书"凡"。这种结构似亦取鉴了唐《式》的条款结构。另有一事费解，《弘仁式》今存的《式部》、《主税寮》两篇及《延喜式》所含条文皆为法条，俱不存其敕、符原型和下达年月日。然《类聚三代格》中不少《式》条却都保留了敕、符原形和下达年月日，如卷四《加减诸司官员并废置事》中所存《弘仁式》、《贞观式》和《延喜式》条即是如此。《类聚三代格》成书约在平安时代（794—1192）中期，其所抄或为弘仁、贞观、延喜三代《格》、《式》的原敕、符，其况或与晚唐《大中刑法总要格后敕》取贞观二年至大中五年原敕删定类编而成相类。

② 日本《类聚三代格》卷一《序事》及《延喜式》皆予收录的《延喜式序》述其编纂过程有云："……准据《开元》、《永徽式》例，并省两《式》削成一部……爰蒙明制，参详斟讨，搜符案于官曹，摭文记于台阁，究本寻源，编新隶旧。至如祭祀宴飨之礼，朝会蕃客之仪，大小流例，内外常典，事存仪式，不更载斯……凡起弘仁旧《式》，至延喜新定，前后缀叙，笔削甫就，总编五十卷，号曰《延喜式》。庶使百川之流，皆归于海，万目之纪，俱理于纲……"此《序》明言《延喜式》乃据开元、永徽《式》体例而编，而"并省两《式》，削成一部"，则是指其删定了《弘仁式》、《贞观式》的相关内容，又补入了"延喜新定"之例而为五十卷。而所谓"大小流例，内外常典"，亦说明《式》中所含"永例"皆为诸司常事而性质各有不同的特点。故此《序》所述大意，显然仍与《弘仁格式序》相类，同时又反映了唐永徽至开元《式》体基本一致的事实。又《延喜式》今仍存其完帙，故可由此推知永徽、开元《式》体之大要。

《令》三十卷、《式》二十卷、《开元新格》十卷。

以此与《唐六典》卷六《刑部》所载开元二十五年《律》"大凡五百条"、《令》"大凡一千五百四十有六条"相参，可见当时所成《律》、《律疏》、《令》、《开元新格》和《式》，都是在"删辑"开元七年所定法典之条和自来积存之敕，总共7026条的基础上形成的。①

这里面，有1324条已被删除；又"随事损益"了2180条，"仍旧不改"的为3594条，两者相加共成5774条；除去《律》500条和《令》1546条后，剩下的3728条，即为《律疏》及《开元新格》和《式》的条数②。其中《律疏》条数无论如何统计，显然是一个常数，若按《律》条计《疏》则为500条③。这样，对开元二十五年立法，史臣所载根本不及其条数的，其实主要是《格》、《式》。

这应当不是偶然失载，而是有其背景和理由的。乍看上去，魏晋以来史臣凡载立法所定之条，都只明确了《律》、《令》的条数，而对《晋故

---

① 《唐会要》卷三九《定格令》载此次立法始于开元二十五年九月一日，其下文所载李林甫之奏，则表明此次删定的敕例截止于当年五月三十日以前。

② 《唐会要》上引文所载删除、修改和不改之条相加为7098条，较7026条多了72条，当是其"随事损益"的2180条对以往旧法及敕条益多于损的结果。郑显文《出土文献与唐代法律史研究》第一章"敦煌吐鲁番文书与唐代法典体例研究"第二节"敦煌吐鲁番文书与唐式体例研究"二"唐式的立法程序及条文数量蠡测"，把开元二十五年删定后"保留下来的律令格式条文总数5774条"，除去律500条，令1500余条所余3774条直接视为10卷《开元新格》和20卷《开元式》的条数，由此认为开元二十五年《式》条数量"应至少有2000条以上，而不是像一些学者所说的1000余条"。这一统计在《律疏》之条应否计算在内的问题上还可以商量，同时亦未注意到《开元新格》其实只是《散颁格》，而当时另又存在着《留司格》一卷，故又有条数如何计算的问题。其又以《唐六典》所载《令》1546条为开元七年《令》的条数，故而约称开元二十五年《令》为"1500余条"。这恐怕没有注意到《唐六典》原注述《令》渊源已溯至开元七年宋璟"刊定"法律之事（劲案：原文作"四年"，误），故其正文所述《令》条必然也是开元二十五年所定之数，且《唐六典》原注述《格》、《式》渊源皆已溯至开元前、后《格》、《式》，故其正文所述《格》、《式》篇目皆为开元二十五年之物，又怎么会在《令》条上独举开元七年之数呢？此外，在《散颁格》、《留司格》条数不详的前提下，说《式》有2000余条或1000余条，都纯属猜测而已；在《律疏》之条如何统计和应否计入的问题解决以前，这样猜测的条数更是缺乏意义的。

③ 若以四库本《唐律疏议》各条凡称"疏议曰"者计条，电子检索其数约为1102条。

事》、《梁科》、《陈科》及《权令》、《权格》之类的条数则皆付阙如①。唐代史臣循此笔法而为，似乎亦无不可。但更为重要的是，《晋故事》以来的各种部门性敕例集，其"各还其府"的性质，实际已决定了其所收敕条是在各主管部门陆续积累、不时增附的，也就本无载其一时条数的必要②。至唐贞观十一年删定以往的三千余件敕例，定《格》十八卷七百条"留本司施用"，看来是想把其条数稳定下来，却马上就发现其必然还要不断增加而全无可能。故前已指出，太宗随即便确定了诏令必须"常加审定"的原则。由此看来，《贞观格》七百条留于史载，可称是一个不循以往史笔的特例。

永徽二年《格》分两部和《式》的创制，至少其中的《散颁格》和《式》，都已成了不能随时增删的法典，却又因其脱胎于敕例集，一开始就注定了两者条数必随后续立法加以增删的命运。在此背景和理由之下，史臣只载条文结构严密和稳定性较高的《律》、《令》条数，而不载条文结构松散，到下次立法必然还要变动的《格》、《式》条数，就可说是事理之常了。更何况，永徽以来另还存在着形态仍为敕例集，条数有可能更不稳定的《留司格》，至于《式》的条数，更要涉及其条下之款的统计问题。这都足见史臣只载《律》、《令》而不记《格》、《式》多少条，本就虑及了它们各自的形态、性质和稳定性，体现的是一种审慎取舍的史例。

五 关于《格》、《式》编纂问题的归结

综上所述，对于《格》、《式》编纂问题的讨论，在记载并不明确的前提下，尽可能确凿地把握其各自形态，就有了基此回溯其编纂过程，据以印证相关推想的重要意义。《留司格》应当是一种形态相对原始的敕例

---

① 《晋书》卷三〇《刑法志》载泰始时修成《律》"二十篇，六百二十条，二万七千六百五十七言……凡《律》、《令》合二千九百二十六条，十二万六千三百言，六十卷，《故事》三十卷。泰始三年事毕，表上"。其载《律》、《令》皆有条数甚至字数，说明了其修撰过程的审慎取舍和字斟句酌；《晋故事》不举条数则是有鉴于其必有增删之故，前已述其篇帙有三十卷、四十卷之异，东晋时已增至四十三卷。又《唐六典》卷六《刑部》原注出《晋律》二十篇之名，述其"凡一千五百三十条"。其所载《晋律》条数大大多于《晋志》所载的原因，当是其所据为传世晋《律本》之故，盖即萧齐武帝时王植等取张斐、杜预《晋律注》所删定之本。参《南齐书》卷四八《孔稚珪传》载永明七年尚书删定郎王植撰定《律》章之表奏。

② 参池田温《中国令と日本令——篇目と条文数をめぐって一》，载《周一良先生八十生日纪念论文集》，中国社会科学出版社1993年版。

集,《散颁格》和《式》则基本上已与《律》、《令》一样成为法典,但其条文结构和编排方式尚乏理致,都还留有脱胎于敕例集的若干印记。正是基于《格》、《式》表现出来的具体形态,再综合史文明载其删定敕例而成、是否颁于天下,以及篇目构成等项线索,也就为进一步弄清其各自的编纂过程提供了可能。

现在已可断定:永徽以来《格》、《式》编纂的关键,在于贞观十一年定《格》十八卷以来,已在强调"诏令必须常加审定"的过程中,把《格》后续下敕例的形成程序严格化了,各种敕例由此而形成了两大类型。各地各部门凡有补充或修正《律》、《令》、《式》文的立法建议,依法不得直接奏上皇帝,而须申报尚书省集京官七品以上议定奏准,由此形成的敕例,也就是唐人习称的"格后敕"。在通盘立法时,这些敕例除可酌情撰入《律》、《令》外,其余若只涉尚书诸司的履职过程而无须颁于天下的,即被删定编纂为《留司格》;而那些各地各部门皆须遵守,本来就被颁于天下的[①],则被删定编纂为《散颁格》。与此同时,百官大臣仍可按既定的上表奏事之制,直接上奏皇帝论列时政,以及现行制度和法律的不便之处,其结果往往会由主管部门或相关官员奉敕集议或拟定办法,再经奏准后,也就形成了不同于"格后敕"的另一类敕例。这类敕例经常含有"永为常式"的字样,所作规定则事出多端而大小不等,在通盘立法时若非将之修入《律》、《令》,就会被一并删定、编纂入《式》。应当说,这样两种三部法书的编纂状态,集中体现了长期以来敕例编纂立法化和法典化的新进展。

在这些问题得到澄清以后,《格》和《式》、《散颁格》和《留司格》究竟是一些什么样的法律,这个最为重要的问题也就基本清楚了。至于其编纂过程的其他各种问题,如《格》、《式》的排序、《格》条与"格后敕"的关系、《式》的条、款结构之类,在此基础上亦已可得较为准确的说明。

[①] 本来只留本司施行的敕例,若在统一立法时认为有必要推广其用而颁于天下,亦有可能加以修改而编入《散颁格》。这种可能无法完全排除,但在可以撰入《律》、《令》的前提下,其数量肯定不会很多。到中唐以来基本上不再修订《律》、《令》,则又当别论。

第四节 《格》、《式》的作用、性质和地位

根据上面的讨论，《散颁格》和《留司格》所删定、编纂的，都是尚书省集在京各部门重要官员议定奏准，用来补充现行法律的敕例，其间区别要为一颁于天下而一留本司施行。《式》所删定、编纂的，则是按一般上奏——御批程序，在处理百官随时表奏政务及制度得失的过程中，由主管部门或相关官员集议或拟订，再经奏准而形成的敕例。故其颁于天下的属性近于《散颁格》，却又事涉多端而规定大小参差不齐，而其可以针对一地一部门作出规定的状态，又有些类于《留司格》。

因此，无论散颁、留司，《格》与《式》之间存在着实质相通之处：它们都是奉敕删定和编纂有关敕例而成的法律，其性质、地位和效力都因这个根本点而一致。其基本作用和意义，也无非是要分别删定和归置形成程序和普适程度不同的敕例，以此来解决今上制敕与法典的关系这个帝制时代法制的根本问题。而其区别或各自特点，则主要是程序性的和形式上的：是基于尚书省集京官七品以上议定奏行的专门途径，还是基于百官上表论政的既定程序？是因其仅留本司施用而无须改变其本为敕例的样态，还是因其颁于天下而需将之进一步斟酌加工为法典？《留司格》、《散颁格》和《式》的不同，即围绕这两个问题而发生，原因则是补充《律》、《令》的各种敕例，本就存在着形成程序和是否颁于天下的区别，故其清理、删定和编纂过程，也就不能不随之产生差异。至于其各自针对的内容事项或其作用方式，则无论是一开始的尚书集议或百官上表，直到统一立法时的删定和编纂，实际上都没有，也不可能事先加以限定。

明确了这些认识以后，法史学界以往关于《格》、《式》特点及其作用、性质和地位的不少结论，就都需要重新考虑了。以下即拟综诸记载，考察和明确散颁、留司《格》和《式》的作用、性质、地位，亦以纠正以往这方面流行的某些误解。

一 《格》、《式》均可补充《律》、《令》

首先需要明确的问题是：《格》、《式》均可补充《律》、《令》，其间亦可相互补充，因而不能以消极或积极性规范、刑事或非刑事性规范来分别对其作用和性质作出界定。

第九章　开元前后《格》、《式》的基本性状　475

　　《格》、《式》均可补充《律》、《令》的规定，这在敦煌《神龙散颁刑部格残卷》和《开元水部式残卷》的规定中可以看得很清楚。如《神龙散颁刑部格残卷》中关于略卖奴婢罪的处置办法，即补充了《唐律疏议》"诸犯罪未发自首"、"诸略人、略卖人"等条的规定。[①]

　　再如此卷第52—72行，是一条关于告密的规定：

> 一但有告密，一准《令》条。受告官司，尽理推鞫，如
> 先有合决笞、杖者，先决本笞、杖，然后推逐状
> 内。不当密条者，不须勘当。密条灼然，有逗
> 留者，即准《律》掩捕，驰驿闻奏……

此条开头既说"但有告密，一准《令》条"，则下文所谓"密条"均指《令》的有关规定[②]；后文又述"有逗留者，准《律》掩捕"，具体即指《唐律》"诸将吏捕罪人逗留不行"条[③]；掩捕的同时需要"驰驿闻奏"，则是这条关于告密的《格》文追加的要求。由此可见，即便是《刑部散颁格》，其所涉及和补充的也不只是《律》，而是同时包括了《令》的规定。[④]

　　《留司格》在这方面也与《散颁格》完全相同，前举《通典》所存惩处来子珣等二十三人和陈嘉言等四人并禁锢其子孙的《开元留司格》条，显然也都补充了《律》、《令》的相关规定。

　　《式》对《律》、《令》的补充，如前引《开元水部式残卷》中的水务船运看守差役之法，即可与天圣《杂令》所附唐《令》第5条相比较：

> 诸舡运粟一千五百斛以下，给水匠一人；一千五百斛以上，匠二人。率五十斛给丁一人。其盐铁杂物等，并准粟为轻重，若空舡，量

---

① 参《唐律疏议》卷四《名例篇》"诸略和诱人等赦后蔽匿"条、卷五《名例篇》"诸犯罪未发而自首"条、卷二〇《贼盗篇》"诸略人略卖人"以下相关各条。
② 刘俊文《敦煌吐鲁番唐代法制文书考释》一九"P.3078、S.4673神龙散颁刑部格残卷"据日本养老《狱官令》文认为，这就是神龙《狱官令》中的告密条。
③ 参《唐律疏议》卷二八"捕亡篇""诸将吏捕罪人逗留不行"条。
④ 王立民《唐律新探》第四章"唐律与令、格、式"二"唐律、令、格、式的各自特点"认为"格是一种与《律》并用，以补充《律》之不足为目的的法律形式"。

> 大小给丁、匠。①

这是对船运配置丁、匠的《令》文规定，而《开元水部式》此条第 3、第 4、第 5 款，则对沧、瀛等十州和胜州、河阳桥三地的船运丁、匠配置作了补充规定。

再如此《式》的"诸水碾硙有妨公私"条，在《唐律疏议》卷二六《杂律篇》中不仅有"诸占固山野陂湖之利"条明确了山野陂泽之利"与众共之"的原则，更有"诸侵巷街、阡陌"条作了如下规定：

> 诸侵巷街、阡陌者，杖七十。若种植垦食者，笞五十。各令复故。虽种植，无所妨废者，不坐。

此外，天圣《营缮令》后附的唐《令》第 5 条还有这样的规定：

> 诸傍水隄内，不得造小隄及人居。②

这三条《律》、《令》文，显然已经明确了如何处置在水渠河隄之畔兴造设施兴利者的法意，而《水部式》的"诸水碾硙有妨公私"条，则对《律》、《令》中并未直接规定的兴造碾硙之事作了补充规定。这也说明《式》补充的不只是《令》，而是也包括了《律》。

又《白氏六帖事类集》卷一一《祥瑞二》：

> 《式》云：麟、凤、鸾、龙、驺虞、白泽、神马为大瑞，随即奏之。应奏不奏，杖八十。

这条《式》文中的"应奏不奏，杖八十"七字，与《唐律疏议》卷十

---

① 宁波天一阁博物馆、中国社会科学院历史研究所《天圣令》整理课题组《天一阁藏明钞本天圣令校证》上册《影印本·杂令卷第三十》。

② 宁波天一阁博物馆、中国社会科学院历史研究所《天圣令》整理课题组《天一阁藏明钞本天圣令校证》上册《影印本·营缮令卷第二十八》。

《职制篇》"诸事应奏不奏"条规定相同，应是《律》而非《式》文①。无论如何，在处理"大瑞"是否"随即奏之"的行为时，《式》与《律》显然是缺一不可相辅相成的。以上事例都表明断罪处罚时，《令》、《格》、《式》与《律》皆密切相关，这也就是当时要求断罪必须"具引"《律》、《令》、《格》、《式》正文的原因所在。

必须指出的是，除均可补充《律》、《令》外，《格》和《式》也存在着相互补充的一面。《唐律疏议》卷二四《斗讼篇》"诸监临主司知所部有犯法不举劾"条《疏议》曰：

> 监临，谓统摄之官；主司，谓掌领之事及里正、村正、坊正以上；知所部之人有违犯法令、《格》、《式》之事不举劾者，减罪人罪三等……

又《唐律疏议》卷三〇《断狱篇》"诸官司出入人罪者"条《疏议》曰：

> 官司入人罪者，谓或虚立证据，或妄构异端，舍法用情，锻炼成罪……或虽非恩赦而有《格》、《式》改动，或非示导而恐喝改词，情状即多，故云之类。若入全罪，谓前人本无负犯，虚构成罪，还以虚构枉入全罪科之。

这两条《疏议》述相关规定皆《格》、《式》并举，正是两者互补之证。

再如《唐律疏议》卷三《名例篇》"诸工乐杂户及妇人犯流决杖"条《疏议》曰：

> 工、乐及太常音声人，习业已成，能专其事，及习天文并给使、散使犯徒者，皆不配役……若习业未成，依《式》配役。

据此则《式》中存在着工、乐等伎术人犯罪如何配役的规定②。由此再观

---

① 由此判断，这条《式》文也有可能是出于某种辗转摘录编集的唐《式》及其他规范条文的选集。
② 霍存福《唐式辑佚》将之辑入《刑部式第十七》。

《神龙散颁刑部格残卷》所存第 7 条中的规定：

> 工、乐、杂户犯者，没为官奴婢，并不在赦限。

唐代的官奴婢"长役无番"，有伎能者则"配官曹长输其作"①，故这条《散颁格》规定的"没为官奴婢，并不在赦限"，显然加重和补充了《式》中有关工、乐、杂户犯罪的配役办法。就此后工、乐等伎术人犯罪的处置而言，两者不仅对《律》、《令》的相关规定作了补充，同时也构成了相互补充的关系。

《留司格》和《式》也是这样，P.4678 号敦煌残卷摘录的《兵部格》文，前已指出其当是留司之物，其中规定的诸色上番选人的折劳办法，与《吏部式》和《兵部式》中必有的计劳、叙功规定，同样存在着明显的互补关系。②

前已指出，《散颁格》和《留司格》所要删定和编纂的敕例，都是在尚书省集京官七品以上议定《律》、《令》、《式》"不便于时"者的基础上形成的，故其对《式》的补充作用是毫无疑问的。《式》所删定和编纂的敕例，则是在百官直接上表论政得失的基础上，再下敕主管部门或有关官员讨论拟订而形成的，但百官上奏显然也可以论及《格》特别是颁于天下的《散颁格》的"不便于时"。因此，进而形成的敕例，其与尚书省集京官七品以上议定有关敕例的区别，只是途径和程序不同，而非其补充对象不同，更难设想其所议、所奏的事项先被限定。也就是说，《格》对《式》的补充或相反的情况，实际上都是当时立法体制本身的安排和功能之所致。

具体如《唐会要》卷二四《受朝贺》载：

> （开元八年）十一月十三日，中书门下奏曰："伏以十四日冬至，一阳初生，万物潜动，所以自古圣帝明王，皆以此日朝万国，观云物，礼之大者，莫逾是时。其日亦祀圜丘，令摄官行事，质明既毕，日出视朝。国家以来，更无改易。缘新修条格将毕，其日祀圜丘，遂

---

① 参张泽咸《唐代阶级结构研究》第十四章"官户、杂户及其他"第一节"官奴婢和官户"，中州古籍出版社 1996 年版。

② 参霍存福《唐式辑佚》之《吏部式第一》、《兵部式第十三》。

改用立冬日受朝。若亲拜南郊，受贺须改，既令摄祭，理不可移。伏请改正。"从之。因敕自今以后，冬至日受朝，永为常式。

这是因中书门下奏请而敕"自今以后，冬至日受朝，永为常式"，当是对开元七年所定《令》、《式》冬至大朝之法的申明。而中书门下的奏请，通常会有群臣上奏建议或皇帝咨询的背景，在此即当与"新修条格将毕"，而其内容关于圜丘祀日和立冬受朝之事相关。这份即将修毕的规定既称"条格"，又包括了改动以往《令》、《式》规定冬至受朝和圜丘祀日的内容①，应属尚书省集京官七品以上议定之列，而中书门下则有鉴于其中拟定立冬受朝的不妥，奏请"改正"而被玄宗"从之"。

不难看出此事实际上导致了两个结果：一个是形成了一份关于"冬至日受朝，永为常式"的敕例，其既不由尚书省集京官七品以上议定奏闻，而是由中书门下在某种背景下奏请形成，也就是后来统一删定和编纂《律》、《令》特别是《式》的素材。另一个结果是调整了那份还在尚书省议定的"条格"关于立冬受朝的内容，其既然改动了《令》、《式》规定，就必然要颁于天下，并且成为今后统一删定和编纂《律》、《令》，尤其是《散颁格》的素材。由此可见，无论是由尚书省集京官七品以上议定奏准，还是由百官直接上奏提出建议，这两种立法途径都可以彼此补充或修正对方的有关规定。既然如此，分别由此删定而成的《格》和《式》的相互补充、修正，也就不言而喻了。

《格》和《式》既可补充《律》、《令》，又可相互补充，说明以往不少学者认为《格》是消极性或刑事性规范，《式》则是积极性或非刑事性规范的概括，是无法成立的。②

---

① 仁井田陞《唐令拾遗》所辑《祠令第八》即含"每岁冬至，祀昊天上帝于圆丘"之条，《仪制令第十八》有关于朝会的规定。霍存福《唐式辑佚》之《礼部式第九》有"文武官赴朝"的规定，《祠部式第十》有关于祀日的规定。另据《唐会要》卷二四《受朝贺》所载诸事及上引开元八年之事，可知开元七年前后的礼部、祠部《格》、《式》中，皆应有冬至受朝和南郊拜祭的相关内容。

② 如刘俊文《敦煌吐鲁番唐代法制文书考释》二一《S.1344 开元户部格残卷》即以"规定某事不得违反，或是规定某事必须'严加禁断'"为《格》的判断标准。钱大群《唐律研究》（法律出版社 2000 年版）第一编"立法研究"第一章"唐代法律体系与唐律"二"令格式的性质特点"，虽指出《格》"绝大部分是行政法规"而不一概视之为消极性规范，却认为其中的"《刑部格》是刑法"，同时又认为"《式》是正面制度性立法"。

即就现存佚文来看,《神龙散颁刑部格残卷》第 20—28 行所示《格》条:

> 一法司断九品以上官罪,皆录所犯状进内。其外推断罪定,于后雪免者,皆得罪及合雪所由,并元断官同奏。事若在外,以状申省司,亦具出入之状奏闻。若前人失错,纵去官经赦,亦宜奏。若推断公坐者,不在奏限。应雪景迹状,皆于本使勘检,如灼然合雪,具状牒考、选司。若使司已停,即于刑部、大理陈牒,问取使人合雪之状,然后为雪。仍牒中书省,并录状进内讫,然后注。

此条显然是一个关于"法司断九品以上官罪,皆录所犯状进内",包括如何奏上"合雪之状"的正面规定,说明即便是《刑部格》,亦非皆为消极性规范。①

再如《唐会要》卷八一《勋》开元十七年记事征引的《司勋格》文,内容关乎累勋办法,前已述其应属《留司格》,也是一条十分明显的正面规定。又《唐律疏议》卷九《职制篇》"诸置官过限"条《疏议》有曰:

> "官有员数",谓内外百司,杂任以上,在《令》各有员数。"而署置过限及不应置而置",谓《格》、《令》无员,妄相署置。

其既先述"在《令》各有员数",则后文的"格令"显然不是泛指各种法律,而是特指《职员令》和补充此《令》的《格》文规定而言。遂可断定散颁或留司《吏部格》内,多有关于官吏员数的正面补充规定。

《式》中包括的消极性禁限亦颇不少。如《唐律疏议》卷八《卫禁

---

① 张晋藩主编《中国法制通史》第四卷《隋唐》(陈鹏生主编)第六章"唐朝的立法"第三节"唐朝的法律体系及其渊源"一"唐朝的法律体系"也认为《格》包括身份法、户籍法等,"《刑部格》则属于'正刑定罪'的法律"。

篇》"诸越度缘边关塞"条《疏议》曰：

> 准《主客式》：蕃客入朝，于在路不得与客交杂，亦不得令客与人言语。州县官人若无事，亦不得与客相见。

又《白氏六帖事类集》卷九《卜筮二十一》、《相二十二》、卷二七《淫厉五》皆引《祠部式》（三处之文略有不同）：

> 诸私家不得立杂神，及觋巫卜相，并宜禁断。

这两条《式》文与《开元水部式残卷》中的"诸灌溉大渠有水下地高者，不得当渠造堰"条，以及见诸上引的"诸水碾硙……于公私有妨者，碾硙即行毁破"条，显然都是消极性的禁限。

再如《宋本册府元龟》卷六一二《刑法部·定律令第四》载代宗宝应元年九月八日刑部、大理寺奏：①

> 准《式》：制敕与一顿杖者，决四十；重杖一顿者，决六十；无文至死。《式》内自有杀却处尽等文。即明重杖只合加数。京城先因处分决杀者多，一死不可复生，望准《式》文处分。或使决痛杖一顿者，《式》文既不载，请准重杖六十，例不至死……

此《式》当为《刑部式》②，其中规定了不同制敕决杖的具体数量，且云《式》内自有"杀却处尽"等文。这明显是对《律》和《狱官令》中有关杖刑之文的补充，故其"积极"和"消极"、刑事和非刑事性质实际上兼而有之。凡此之类，可以说完全否定了以"正面规定"或"非刑事性

---

① 中华书局1988年影印版。今通行本《册府元龟》载此为刑部侍郎卢元裕奏，其奏文相同。此奏所述的"京城先因处分决杀者多"，显然构成了《唐会要》卷三九《议刑轻重》载德宗建中三年八月决重杖"以代极法"之敕的背景。

② 《唐会要》卷三九《议刑轻重》亦载此奏而具体文字有所不同："准《式》：制敕处分'与一顿杖'者，决四十；'至到与一顿'及'重杖一顿'，并决六十。无文'至死'者，为准《式》处分。又制敕或有令决痛杖一顿者，《式》文既不载杖数，请准'至到与一顿'，决六十，并不至死。"此其所载较《册府》准确，但无"《式》内自有杀却处尽等文"以下数句。

规范"来界定《式》的合理性。

至此已可明确,《格》、《式》既然是在两类形成程序不同的敕例的基础上产生的,则其分别补充《律》、《令》及其相互补充实为必然,至于其各条规定究竟是"积极"还是"消极",是"刑事"还是"非刑事",是行政的、军事的、民事的还是诉讼的,则完全须取决于其具体补充的对象或规定的事项和内容。无论散颁、留司,《格》既可以补充《律》、《令》、《式》中一种或数种,其中补充《律》及《狱官令》等篇的规范,自然会更多地具有消极性或刑事性,补充其他各种《令》篇的部分则会更多积极性或非刑事性规范,补充《式》的部分则当两者兼有,同时自亦无妨再据部门法或实体法、程序法等现代法学范畴来分类。对《式》来说,情况显然也是这样。

在此前提之下,如果说《格》条更多消极性禁限而《式》条更多非刑事规范,那也只能说明各地、各部门申报至尚书省,由其再集京官七品以上议定的,较多涉及了《律》的补充或修正问题;而百官奏上的立法建议,则往往较多正面的行政规定。导致这种多少不等的原因前亦已经揭示,这既是因为疑狱的处理常必须履行前一程序,而疑狱经常都是司法的焦点;更是缘于行政一线发生的问题,最终多必须断之以《律》,而百官大臣论其得失和原因,则多是与各种正面规定联系考虑的。但这种通过数量多少体现出来的差异,显然不能用来概括《格》、《式》各自的性质;因为《留司格》、《散颁格》和《式》的特点及其作用、性质和地位,本来就不是按其规定事类和作用方式的不同来区分的。尚书省集京官七品以上议定,或百官上表论列现行法律规定的不便于时,直到最终形成相应的敕例,都绝无可能事先就限定其范围和作用方式;将之进一步删定和加工编纂为《格》、《式》的过程,也绝不存在消极和积极性敕例,应分别修入《留司格》、《散颁格》或《式》的规则。由此即可看出,从分析内容出发,特别是从分析现存少量佚文内容出发来概括《格》、《式》特点和性质,在起点上就是一种易致错误的方向。

二 《格》、《式》与《律》、《令》的效力、位阶大体相当

需要明确的又一问题是:《格》、《式》均与《律》、《令》相辅而行不可或缺,其法律效力和位阶是大体相当的。《格》对《律》、《令》、《式》的补充作用,并不意味其法律效力或位阶要来得更高,对《式》来

说亦然。

《律》、《令》、《格》、《式》这个通行的排序，确应在一定程度上反映四者地位的差异。但要特别注意的是，这种位序的实际内涵和原因可以多种多样，却很难归结到法律效力和位阶的高低上来。像《律》、《令》地位相对较高的事实，便是长期以来法律传统的体现，却根本不能据此认为《律》的法律效力和位阶要高于《令》。《律》、《令》与《格》、《式》的关系也是如此，作为两种新出的法律形式，《格》、《式》补充《律》、《令》的作用及其地位相对次于《律》、《令》的情况，都可以从两者的编纂缘由和基本作用得到解释，其中并不寓有多少法律效力或位阶高低的意味。《格》、《式》既然皆可补充《律》、《令》，又可相互补充，实际上已经说明其间并不存在各各对应统属的上、下位法关系。在这样的前提下，用补充或修正作用来区分其法律效力或位阶的高低，还是一种在起点上就已错误的思考方向。

唐代也像以往各朝一样，存在着有其特色而内在相通的法令位阶序列，永徽至开元期间，其由低而高的分组依次为：并非制敕的行政命令与制敕、一般制敕与可被依法援引的格后敕和其他敕例、格后敕和其他敕例与在此基础上删定编纂而来的《律》、《令》、《格》、《式》[①]。这三组四种法令的位阶区分，在唐前期是相当明确的，其中每一种内部也还可有某种地位差异，却不再别其法律效力和位阶高下[②]。《律》、《令》、《格》、《式》的情况就是如此，朝廷从未规定过其效力和位阶的高低，倒是在不断强调这四种法律的并行互辅和不可或缺，这本身就说明四者在效力和位

---

① 制敕以上皆可称"法"，非制敕的行政命令可以包括相应的行政规定，魏晋以来已不视之为法。这里所说的"法令"即兼指两者而言。

② 即以制敕与非制敕的行政命令来说，汉代以来制敕即有策书、制书、诏书、戒敕之别，非制敕亦有教、令等不同类型。唐代其别如《唐六典》卷一《都省》所载："凡上之所以逮下，其制有六：曰制、敕、册、令、教、符。"原注："天子曰制，曰敕，曰册。皇太子曰令，亲王、公主曰教。尚书省下于州，州下于县，县下于乡，皆曰符。"同书卷九《中书省》又述："凡王言之制有七：一曰册书，二曰制书，三曰慰劳制书，四曰发日敕，五曰敕旨，六曰论事敕书，七曰敕牒。皆宣署申覆而施行焉。"此为唐代适用于各种场合的制敕与非制敕类别，其中制敕中的册、制、敕及非制敕中的令、教、符，在仪制上皆有其特定等级内涵，却并无法律效力或位阶高低的意味。同属制敕，册、制、敕的法律效力和地位是等同的，《唐律疏议》卷九《职制篇》"诸被制书施行有违"条对此法理解释得十分明确，在实践上，皇帝口敕亦足决定册书下达与否或改变其内容。《律》、《令》、《格》、《式》地位有别而各自的法律效力和位阶基本同等的状况，即与此相类。

阶上同等的一面,是明显压倒了其位序差异的。

前面已引《唐律疏议》的有关条文,讨论过永徽以来《格》、《式》与《律》《令》相辅相成的关系,而最为直接地体现了四者效力和地位基本相当的,则是其卷三〇《断狱篇》"诸断罪不具引《律》、《令》、《格》、《式》"条的规定:

> 诸断罪皆须具引《律》、《令》、《格》、《式》正文,违者笞三十。若数事共条,止引所犯罪者,听。

此条《疏议》有曰:

> 犯罪之人,皆有条制,断狱之法,须凭正文,若不具引,或致乖谬。而不具引者,笞三十。"若数事共条",谓依《名例律》:"二罪以上俱发,以重者论。即以赃致罪,频犯者,并累科。"假有人虽犯二罪,并不因赃,而断事官人止引"二罪俱发以重者论",不引"以赃致罪"之类者,听。

上引《律》文及其《疏议》所示法理,是《律》、《令》与《格》、《式》的规定,已经包括了各种犯罪的处置条制,却又互不统属而地位相当,故断狱之时,主司必须将罪犯所触四者之条一一引明,只可在"数事共条"时,才能省略与其罪行无关之文。

一般行政过程的情况亦与之相类,《唐会要》卷六一《御史台中·弹劾》载景龙二年十二月御史中丞姚廷筠奏:

> 《律》、《令》、《格》、《式》,悬之象魏,奉而行之,事无不理。比见诸司僚寀,不能遵守章程,事无大小,皆悉奏闻……比者修一水碾,或伐一枯木,并皆上闻疏启,取断宸衷,岂代天理物,至公之道也?自今以后,若缘军国大事及牒式无文者,任奏取进止,自余据章程合行者,各令准法处分。其故生疑滞,致有稽失者,望令准御史随事纠弹。[①]

[①] 《资治通鉴》卷二〇九《唐纪二十五》景龙二年十二月亦载姚廷筠此奏而文字稍异。

此奏开头的《律》、《令》、《格》、《式》"悬之象魏，奉而行之，事无不理"，强调的也是四者指导行政过程的重要性及其相辅相成的关系。这类言论在高宗、武则天以来甚为常见，都是足与上引《律疏》相证的认识。而姚廷筠建议今后奏事须据章程准法处分，也就是要按《律》、《令》、《格》、《式》的规定来办。

又《唐律疏议》卷一〇《职制篇》"诸事应奏不奏、不应奏而奏"条《疏议》曰：

> 应奏而不奏者，谓依《律》、《令》及《式》，事应合奏而不奏；或《格》、《令》、《式》无合奏之文，及事理不须闻奏者，是"不应奏而奏"，并合杖八十。

这条《律疏》表明，何事应奏在《律》、《令》、《式》中已作规定，何事不应奏在《格》、《令》、《式》中亦已明确[1]，违犯者则须准《律》此条治罪。这些也就是姚氏上奏除"军国大事及牒式无文者"外，"自余……各令准法处分"的"法"，从而具体展示了指导行政之时，这四种法律的作用和地位是缺一不可、大体相当的，也说明了《律疏》"诸断罪不具引《律》、《令》、《格》、《式》"条所示法理的基础所在。

显然，《格》可以补充《律》、《令》、《式》的事实，必须连同《式》也可以补充《律》、《令》、《格》的事实来加以考虑，两者补充《律》、《令》及其相互补充的作用，都是《律》、《令》、《格》、《式》并行互辅、不可或缺关系格局的安排或表现，其目的是要织成更为完整的法网，而非彼此取代或统属，因而谈不上其中何者法律效力和位阶更高。

具体如敦煌《开元水部式残卷》中"诸水碾硙有妨公私"的处置办法，前已指出其补充了《律》、《令》并未直接对此作出规定的不足，却不能认为其效力和位阶要高于或低于《杂律》"诸占固山野陂湖之利"、

---

[1] 前引《唐律疏议》卷一一《职制篇》"诸《律》、《令》、《式》不便辄奏改行"条，即明确了各地、各部门见法律有不便于事者，不得径自上奏而须申报尚书省的规定。故这条《律疏》只举《格》、《令》、《式》而语不及《律》，也不等于《律》中无此规定，而是因为《律》中的此类规定并不都是"杖八十"。其述"应奏而不奏"只举《令》、《式》而语不及《格》，其理与同。

"诸侵巷街、阡陌"条和《营缮令》"诸傍水隄内不得造小隄及人居"条，而是与之一样独立发挥规范作用而位阶相当的。同理，敦煌《神龙散颁刑部格残卷》所示私铸钱人的处置办法，也不能说其在效力和地位上高于或低于《唐律》"诸私铸钱"条的规定[①]，而只是补充了《律》、《令》的相关内容，且在处置私铸钱罪相关事项时起着相当于《律》、《令》的作用。至于《格》、《式》之间，两者既可互补，其效力和地位同样大体相当。

三 "别格"之所指及相关问题

这里还要专门讨论一下《唐律疏议》中提到的"别格"。有些学者经常引此来证明《格》的作用和地位，但究竟什么是"别格"及其与之相关的问题，对于理解当时法制来说事关非轻，却还不能说已清晰无疑，故有加以分析和澄清的必要。

《唐律疏议》卷四《名例篇》"诸彼此俱罪之赃"条《疏议》设问作答：

> 问曰：私铸钱事发，所获作具及钱、铜，或违法杀马牛等肉，如此之类，《律》、《令》无文，未知合没官以否？答曰：其肉及钱，私家合有，准如《律》、《令》；不合，没官。作具及钱不得仍用，毁讫付主，罪依法科。铸钱见有别格，从格断；余条有别格见行破《律》者，并准此。

《疏议》确认"别格"可以"破《律》"，亦即肯定了其对《律》文的补充或修正作用。有些学者就是凭此来说明《格》的效力要高于《律》、《令》、《式》的，却未注意到，"别格"破《律》的作用，在这里是由《律疏》来加以明确的，故其说明的恰恰是按当时的法理，这种补充或修正作用并不能说明其法律效力和位阶要来得更高。

更何况，"别格"虽可称"格"，却还不能直接等同于《格》，这条资料实际上是无法现成说明《格》、《律》关系的。如所周知，《唐律疏

[①] 《唐律疏议》卷二六《杂律篇》此条规定为："诸私铸钱者，流三千里；作具已备，未铸者，徒二年；作具未备者，杖一百。"

议》凡引《格》文,皆不出其篇名而是直接称《格》的①,这就透露其特意另称的"别格",有可能并不是留司或散颁《格》,而是指可以称"格"又与《格》有别的格后敕。以下即请围绕上引文提到的铸钱"别格"来讨论其是不是《格》的问题:

尽管唐人所称之"格"有时仍被用作泛称,但在所指为法的情况下,除去"格令"、"格式"之类的连称,凡是单称为"格"者,大部分语例都显示其要么是留司或散颁《格》,要么是指格后敕。这条铸钱的"别格"显然针对天下各地而言,先可排除其为《留司格》的可能。而要说其是《散颁格》,一个有利的证据是前面所引敦煌《神龙散颁刑部格残卷》第9条之文,即为对私铸钱人的惩处办法。将之比对《唐律疏议》卷二六《杂律篇》"诸私铸钱"条的规定,神龙《散颁格》此条不仅补充了《律》所未及的不少具体内容,更有"头首处尽"之文,突破了《律》文"流三千里"的限制。由于今存《唐律疏议》在神龙元年至开元二十五年均曾可能修订,似可认为这个关于铸钱的"见行"之"别格",就是出于神龙或此前所定的《散颁刑部格》。

但问题在于,今存《唐律疏议》主体部分毕竟是永徽所定,其中的"私铸钱条"则应来自《贞观律》或更早的时期②,故《律疏》提到有关铸钱的"别格",更有可能在永徽三年撰定《律疏》时就已"见行"。就今存资料而言,唐代惩处私铸钱人的格后敕,先可追溯到高宗末年。《通典》卷九《食货·铸钱下》载:

> 永淳元年五月敕:"私铸钱,造意人及勾合头首者,并处绞,仍先决一百杖。从及居停主人,加役流,各决杖六十。若家人共犯,坐其家长;老疾不坐者,则罪归其以次家长。其铸钱处,邻保配徒一年;里正、坊正、村正各决六十。若有纠告者,即以所铸钱毁破,并

---

① 如《唐律疏议》卷三《名例篇》"诸除名"条有"诬告道士、女官"之文,《疏议》即两引《格》文:"依《格》:'道士等辄著俗服者,还俗。'……依《格》:'道士等有历门教化者,百日苦使。'"所引皆应是《祠部格》文。

② 盗铸钱法由来已久,据《隋书》卷二四《食货志》载开皇元年更铸新五铢钱,三年四月诏颁钱样,样不同者"坏以为铜,入官"。四年,"诏仍依旧不禁者,县令夺半年禄"。五年正月,"诏又严其制"。是开皇三年十一月所颁《律》、《令》中,当有禁止私铸钱的规定而开皇五年下诏更严其制。

铜物等赏纠人。同犯自首免罪，依例酬赏。"

从其内容可知，敦煌《神龙散颁刑部格》第9条关于私铸钱人的惩处办法，即承此敕而来①，遂可推知其必是格后敕方被删定入《格》，从而构成了格后敕如何被删定加工为《散颁格》条的一个实例。考虑到永淳元年上距高祖武德四年新铸开元通宝已整六十年，其间必有关于私铸钱者的惩处办法出台②，也就只能把永淳的这个格后敕看作当时在这方面的一个总结性举措，而无理由将之视为武德新钱铸行以来初次对《律》"诸私铸钱条"所做的补充。

据此再循种种迹象，即可认为《律疏》提到的补充《律》"诸私铸钱人"条的"别格"，更有可能是指贞观十一年以来出台，永徽立法之时"见行"的格后敕。

首先，《贞观格》删定武德以来敕格三千余条，定留其中七百条而皆"留本司施用"，这就表明贞观立法之时，以往适用于天下州府的格敕要么已修入《律》、《令》，要么已被废除，故其必是在贞观立法之后"见行"的。其次，永徽《留司格》既无可能收入这种针对天下各地的盗铸钱惩处办法，而本条《律疏》已表明其被称"别格"又可径称为"格"；这又表明其恐怕亦未被修入《散颁格》，否则惜墨如金的《律疏》大可像他处那样径书"依《格》"。其三，这条《疏议》是要说明本条《律》文原注所说的盗物倍赃没官规定，故其设问作答所述"余条有别格见行破《律》者，并准此"，意即当时这方面"见行"的，乃有多条可以"破《律》"的"别格"，这显然有违《散颁格》删定、编纂的基本目标，不符其与《律》、《令》、《式》同颁天下，起码须先协调、消除其间扞格的要求。

---

① 戴建国《唐格条文体例考》已明此端。当然此敕更有可能先被垂拱及更早时期的《散颁格》删定修入，然后再被神龙《散颁格》所沿袭。至于此敕内容与《宋刑统》卷二六《杂律》"私铸钱"条征引的"刑部格敕"相同，则是因为原敕至晚唐又被宣宗大中五年四月取贞观二年至大中五年格敕所编的《大中刑法总要格后敕》收入的缘故。戴先生以此为开元二十五年所定《格》条，显然是因为学界惯把《宋刑统》等处的"刑部格敕"之类标点为"《刑部格》敕"所致之误。其实"格敕"即格后敕，说已见前。

② 《旧唐书》卷四八《食货志上》载武德四年七月"废五铢钱，行开元通宝钱……改有盗铸者身死，家口配没"。时在武德七年新《律》、《令》颁行前。

这就是说，无论是关于铸钱还是关于盗物倍赃没官，这些更有可能在永徽四年《律疏》颁行之时业已"见行"的"别格"，恐怕只能是可以称"格"的格后敕。其中的铸钱"别格"到永淳元年五月已被内容再经调整的新下格后敕取代，其后的垂拱、神龙立法方将之修入了《散颁格》，同时有关《律》文亦应作了相应调整。敦煌《神龙散颁刑部格残卷》第九条，即是其被修入《散颁格》以后的状态，但此时其也就不再是"别格"了。

由此再看《唐律疏议》卷八《卫禁篇》"诸越度缘边关塞"条《疏议》曰：

> 越度缘边关塞将禁兵器私与化外人者，绞。共为婚姻者，流二千里……又准别格："诸蕃人所娶得汉妇女为妻妾，并不得将还蕃内。"又准《主客式》："蕃客入朝，于在路不得与客交杂，亦不得令客与人言语。州县官人若无事，亦不得与客相见。"即是国内官人百姓不得与客交关、私作婚姻，同上法。如是蕃人入朝听住之者，得娶妻妾，若将还蕃内，以违敕科之。

上引文中的这条蕃客娶汉妇女为妻妾，并不得将还蕃内的"别格"，显然也突破了不得与化外人"共为婚姻"的《律》文；而《律疏》规定"若将还蕃内，以违敕论"，又兼顾了《主客式》关于汉蕃交往的限制，同时再次明确了《名例篇》"诸彼此俱罪之赃"条《疏议》所说"余条有别格见行破《律》者，并准此"的处理原则。"以违敕论"，尤足见此"别格"即是制敕，也就是往往被称为"格"的格后敕。①

至此已可明确，"余条有别格见行破《律》者"，说的显然不是《格》中存在着许多"破《律》"的规定，而只是随时随事形成的格后敕对《律》的补充或修正作用，也是要为其发挥这种作用预留法理空间。而"并准此"的处置原则，既由《律疏》来加以明确，且又兼顾了《式》的规定，则透露了其实际上是在《律》、《令》、《格》、《式》的规范之下来发挥补充或修正作用的。

---

① 《唐律疏议》中提到"别格"的共有四处，除上引两处外，另外两处分别见于卷十一《职制篇》"诸役使所监临"条和卷二五《诈伪篇》"诸妄认良人为奴婢"条，皆当解作格后敕。

这方面的例证还有不少,如《唐律疏议》卷四《名例篇》"诸犯罪时未老疾"条的《疏议》曰:

> 《律》以老、疾不堪受刑,故节级优异……依《狱官令》:"犯罪逢格改者,若格轻,听从轻。"依《律》及《令》,务从轻法,至于老、疾者,岂得配流?

此处的《狱官令》文,亦被《唐律疏议》卷三○《断狱篇》"诸赦前断罪不当"条的《疏议》所引,其法意则完全合乎《唐律疏议》卷六《名例篇》"诸断罪无正条"条关于出入罪"举重明轻"或"举轻明重"的规定。前曾指出这条《令》文所说"逢格改者"的"格",其实就是刑部格后敕,也就是《律疏》特意所称的"别格"。因而这个《律》条及其所引《狱官令》文昭示的法理是:制敕或格后敕虽可一时或长久地补充或修正《律》、《令》、《格》、《式》,其效力和地位却并不凌驾其上,而是仍可由《律》、《令》来加以明确,并在《律》、《令》规定的"轻法"等原则的指导下来发挥作用。

要之,制敕可以补充或修正现行法律,实为专制体制下的题中应有之义。格后敕本是按特定程序形成的制敕,是各地、各部门因《律》、《令》、《式》不便于时而申报尚书省,由其集京官七品以上议定奏准的敕例,故"别格"所得"破"者,自然不只是《律》。因此,在唐代的法律体系和法令位阶序列中,可以补充或修正《律》、《令》的,首先并不是《格》、《式》,而是格后敕等各种敕例,《格》、《式》则是删定其中仍可用者编纂而成,也就继续保持了补充《律》、《令》的性质,却必然要先协调或消除其中与《律》、《令》冲突的部分。经过这样的删定、编纂之后,《格》、《式》的效力和位阶自必仍居各种制敕和格后敕等敕例之上,同时亦未改变其与《律》、《令》相辅而行的原有关系和地位。这就典型地体现了唐代以《格》、《式》来约束和归置各种随时随事形成的敕例,并已把法典置于更高地位上的"法的精神"。

四 《式》的条、款结构及其"纲要"与"细则"并存

关于《式》的性质,这里需要明确的是:《式》条与《律》、《令》、《格》条同为纲要性规定,只有其条下之款方为个案性、细则性的行政办

法，把《式》一概视为行政细则的看法并不准确。

把《式》视为补充《令》的"行政细则"，甚至看作《令》的"实施细则"，是法史学界常见的看法。但据前面的讨论，这一看法包含的两种认识都似是而非，亟待厘清。《式》补充着《令》固是事实，但其同时也补充着《律》、《格》；《令》、《式》之间更为密切的关系，显然并非立法设计或安排所致，而只是事实上形成的一种局面。这是因为《式》所删定编纂的既然是在百官上表论政基础上形成的敕例，而百官上表论政根本不可能预设限制，故其在立法安排上就不仅可以补充《令》，也可以补充《律》、《格》。至于现存《式》文更多地涉及《令》，以及唐人常以"令式"连称的事实，则无非是百官上表论政经常广及各种制度之故。

认为《式》是"行政细则"的看法，在立论依据上先就存在着严重的问题。霍存福《唐式辑佚》在讨论《令》、《式》关系的各种情况时，即已明确了"唐令、式之间在总体上不存在纲领与细则的区分"这一事实。同时其又指出：《令》、《式》间存在着两种"联事"关系类型：一是不分主次与详略的交叉式联事规定；二是可分主次详略的纲目式联事规定[1]。以此联系前面对《式》文形态所作的分析，即可明确这两种类型，无非是《式》的条、款结构的某种反映。也就是说，正因为《式》条皆为纲要规定，才往往与《令》文规定构成了难分主次的交叉型"联事"关系；同理，也正因为《式》条之下各款皆为个案性、细则性办法，也就出现了似可与《令》辨其主次的"联事"关系。因此，说《式》是"行政细则"，实际上只对《式》款有效，如果以此来概括《式》的全部规定，那显然是以偏概全，是一种既不明《式》的条、款结构，也无视《式》条皆为普适性纲要规定的误解。

这里不妨先来观察和比较《式》条的状况。据敦煌《开元水部式残卷》所示，《式》条皆称"诸"起首。这是一个与《神龙散颁刑部格残卷》所示各条书"一"起首的状态有别，却与《律》、《令》之条相同的重要特征，因为书"一"起首可以只有别其条文的意义，而称"诸"起首显然还可在此基础上，进一步表明其为普适性规定。尽管敦煌吐鲁番文

---

[1] 霍存福《唐式辑佚》论述篇"唐式研究"三"唐式的性质与地位"（二）"唐式的地位"1"式与令的关系"。

书所示《式》文体例可能并不完整①,但现存唐《式》佚文不少仍在开头书有"诸"字②,说明其应当是《式》条的通例。

如《白氏六帖事类集》卷二二《征役七》在"充夫式"名下征引的下列《式》文:

> 《户部式》:诸正丁充夫,四十日,免;七十日,并免租;百日已上,课役俱免。中男充夫,满四十日已上,免户内地租;无他税,折户内一丁;无丁,听旁折近亲户丁。又谓男女三岁已下为黄,十五已下为小,二十已下为中,二十一成丁也。

此处《户部式》文称"诸"起首,显属《式》条。以此对照天一阁藏明抄本《天圣赋役令》中据唐《令》参定的相关条文:

> ……凡差科,先富强、后贫;先多丁,后少丁(原注:凡丁分番上役者,家兼丁者,要月;家贫单身者,闲者)。其赋役轻重,送纳还远近,皆依此以为等差,豫为次第,务令均济……

又《天圣赋役令》后附搁置不行的唐《令》之文:

> 诸以公役使二千里外还者,免一年课役。③

---

① 日本《令集解》(新订增补《国史大系》普及版,东京:吉川弘文馆1989年版)卷一三《赋役令》"春季"条在解释"逃亡者亦同"时,引日本《古记》云:"《开元式》云:'一依《令》,孝义得表其门闾,同籍并免课役。'……'一依《令》,授官应免课役,皆待蠲符至,然后注免。杂任解下应附者,皆依解时月日据征。'……'一依《令》,春季附者,课役并征;夏季附者,免课从役;秋季附者,课役俱免。'……一防阁、疾仆、邑士、白直等,诸色杂任等,合免课役。其中有解替,即合计,日二人,共免一年。一诸色选人中间有替解,或有转选得官,征免依破除法,各与本司计会。"这里提到的五条《开元式》文皆书"一"起首,现在已难判断其原《式》如此还是《古记》摘引时加此"一"字,若为前者亦不知其为《式》条还是条下之款起首的体例,而皆不见于敦煌《开元水部式残卷》和吐鲁番《仪凤度支式残卷》。

② 参韩国磐《传世文献中所见唐式辑存》,《厦门大学学报(哲学社会科学版)》1994年第1期。

③ 宁波天一阁博物馆、中国社会科学院历史研究所《天圣令》整理课题组《天一阁藏明钞本天圣令校证》上册《影印本·赋役令卷第二十二》,参仁井田陞《唐令拾遗》所辑《赋役令第二十三》。

尽管《天圣令》各篇对唐《令》之条有所增减，但比较这两条令文与上引《户部式》规定的状态，仍可看出《式》条虽补充了《令》文之未备，却绝不能概括为《令》的"实施细则"①。两者显然同为纲要规定，一起构成了丁役差科之法不可或缺的内容。

此外，《白氏六帖事类集》上引《户部式》文末的"又谓"以下，显属另一条《式》文，而被省略了"诸"字，这种省略之况在今存其他《式》条佚文中也可看到。如《唐会要》卷六〇《御史台上》"监察御史"条：

《吏部式》：监察里行及试，以七员为定额。

这显然是《吏部式》的节文，其开头并无"诸"字是不难理解的。《通典》卷二四《职官六·御史台》"监察御史"条也引用了这条《吏部式》文：

《吏部式》：其试监察，神龙以来无复员外及试，但有里行。凡诸内供奉及里行，其员数各居正官之半，唯俸禄有差，职事与正同。

此"《吏部式》"文与《唐会要》所引显出同源，其开头"其试监察……但有里行"一句述及沿革显非《式》文，而是杜佑据《式》概

---

① 《唐律疏议》中存在着不少这方面的事例，如其卷十《职制篇》"诸增乘驿马"条《疏议》引《公式令》："给驿，职事三品以上若王，四匹；四品及国公以上，三匹；五品及爵三品以上，二匹；散官、前官各递减职事官一匹；余官爵及无品人，各一匹……"又引《驾部式》："六品以下前官、散官、卫官，省司差使急速者，给马；使遍及余使，并给驴。"其所引《公式令》与《驾部式》显然皆为纲要规定而相互补充。又如其卷一五《厩库篇》"诸官马不调习"条："诸官马乘用不调习者，一匹笞二十，五匹加一等，罪止杖一百。"《疏议》曰："依《太仆式》：在牧马，二岁即调习，每一尉配调习马人十人……又《令》云：殿中省尚乘，每配习驭调马，东宫配翼驭调马，其检行牧马之官，听乘官马，即令调习。故'官马乘用不调习者，一尺笞二十，五匹加一等'，即是四十一匹，罪止杖一百……"是《厩牧令》中规定了供御马的调习，而《太仆式》规定了官牧场马的调习办法，两者实为交叉互补关系。

括之语①，据此可以推定此《吏部式》乃开元时期所定②。"凡诸内供奉"以下，方为此《式》规定"诸内供奉及里行"员额、待遇的节文，且透露了《吏部式》中关于御史内供奉、里行及试监察御史员数、待遇的规定，本是称"诸"起首的《式》条。

这个《式》条补充的，自然是同期《三师三公台省职员令》和规定俸禄之《令》未予明确的内容③。而《职员令》规定各种官职的状况，今尚可见于敦煌所出《永徽东宫诸府职员令残卷》④，其体例大致皆先列官司名称，其下换行以品秩高低依次列出"某官几人"，再各以小字夹注该官职掌。与《唐会要》上引《吏部式》节文相比，显见《令》、《式》之条，都是普适性的纲要规定，只是其对象、内容有别而已。

至于俸禄之《令》规定的状况，则可于《通典》卷三五《职官十七·禄秩》所载贞观以来禄制见其大概。其中京官则于各品之下以小字夹注其禄秩多少，如正一品下小字夹注"七百石"，其下的各项规定亦必出于《令》文。试举其中一段如下：

> 诸给禄者，三师、三公及太子三师、三少，若在京国诸司文武官职事九品以上，并左右千牛备身、左右太子千牛，并依官给。其春秋二季，春给；秋冬二季，秋给。其在外文武官九品以上，准官，皆降

---

① 据《通典》此卷"殿中侍御史"、"监察御史"条所载，"御史里行"始于贞观后期，太宗以马周为之，"试监察御史"之类流行于武后时。这些制度当自永徽以来定《式》时进入《吏部式》，神龙以来有关员外及试监察御史的规定已从《吏部式》中删除，至开元定《式》，监察御史内供奉及试监察御史的内容又进入了此《式》。杜佑这里概括了《吏部式》内容的这种沿革，而《式》文体例是不叙沿革的。

② 《唐会要》同处"殿中侍御史"条又载："文明元年，又制殿中里行，以杨启、王侍徵为之。准《吏部式》，以三员为定额。"其载文明元年所准《吏部式》规定殿中侍御史员额三人，恰为《唐六典》卷一三《御史台》载殿中侍御史六员的"半数"。可见上引两处开元《吏部式》的规定，在《垂拱式》以前就已大体如此了。

③ 天一阁藏明抄本《天圣令》之《仓库令第二十三》中规定了俸禄、赐给及其授受之法，而无九品禄制之文。法藏 P.2504 号敦煌文书中出现了"禄令"之名，仁井田陞《唐令拾遗》辑有《禄令第十三》，然《唐六典》卷六《刑部》所载《令》目有《仓库令》而无《禄令》篇，"禄令"或是《仓库令》等篇有关俸禄部分的约称，性质与《白氏六帖事类集》中的"充夫式"等约称式名相类。

④ 参见刘俊文《敦煌吐鲁番唐代法制文书考释》一七《P.4634、4634C2、4634C1、S.1880、3375、11446 永徽东宫诸府职员令残卷》。

京官一等给；其文武官在京长上者，则不降。

这段文字有可能属于一个《令》条，也有可能分属数个《令》条。无论如何，以此比较《通典》上引《吏部式》"凡诸内供奉及里行……唯俸禄有差，职事与正官同"之文，两者规定皆为纲要而非细则的状态，也是非常清楚的。

由此参以敦煌《开元水部式残卷》所示《式》的条款结构，遂可得到判别现存唐《式》佚文原有性质和位置的一个重要原则：凡是称"诸"起首，或其内容为普适性纲要规定者，其实皆是《式》"条"；凡是属于细则性或个案性规定者，则应都是"条"下之"款"。

这种细则性和个案性的《式》文，在传世文献中不乏其例。如《唐律疏议》卷一六《擅兴篇》"诸私有禁兵器"条《疏议》有曰：

> 铁甲、皮甲，得罪皆同……其甲非皮、铁者，依《库部式》，亦有听畜之处。其限外剩畜及不应畜而有者，亦准禁兵器论。

上引文说明《库部式》中存在着一个某些地方可以私家拥有非皮、铁甲的规定①，其性质与敦煌《开元水部式残卷》各条之下关于"京兆府高陵县界清、白二渠"、"河西诸州用水溉田"、"洛水中桥、天津桥"、"胜州转运水手"等地方性个案规定显属同类，说明其必是"条"下之"款"。又，前面曾引《唐会要》卷一七《祭器议》载永徽二年礼部尚书许敬宗议笾豆之数有曰：

> 谨案《光禄式》："祭天地、日月、岳镇海渎、先蚕等，笾豆各四；宗调，笾豆各十二；社稷、先农等，笾豆各九；风师、士师等，笾豆各二。"寻此《式》文，事实乖戾……

这里所引《光禄式》文相当完整，而不称"诸"起首，且为具体而微的

---

① 霍存福《唐式辑佚》的《库部式第十六》将此条内容改为："诸甲非皮、铁者，私家听畜。"明显不符《唐律疏议》此处所引《库部式》规定只限某些地方的本义，同时其擅在开头辄加"诸"字亦属不当。

部门性细则规定，故可断其亦为《式》款而非《式》条。

五　"别式"之所指及相关问题

从上举例子也可以看出，《式》的条、款关系的确相当松散，两者虽有纲要或细则、普适或个案规定之别，却均可独立发挥规范作用或为人征引，也经常是被唐人一体视为《式》文的。但尽管如此，《式》款的细则性、个案性，毕竟仍与作为纲要规定的《式》条存在着性质和地位之别，有时且被特加区分。

如《唐律疏议》卷二七《杂律篇》"诸违《令》"条：

> 诸违《令》者，笞五十（原注：谓《令》有禁制而《律》无罪名者）；别式，减一等。
>
> 《疏议》曰：……别式减一等，谓《礼部式》五品以上服紫，六品以下（劲案：下当作上）服朱之类，违《式》文而着服色者，笞四十，是名"别式减一等"，物仍没官。①

许多学者都是因为把《式》看作《令》的"实施细则"，再据《律疏》此条，而认为《式》的位阶要低于《令》。但从《疏议》所举的这条《礼部式》文规定确是"细则"而非纲要来判断，其恐怕也像上举《光禄式》以及"库部式"文那样，不是《式》条而只是其条下之款。况其之所以要以《礼部式》中的服紫、服朱规定来明确"别《式》"之所指，正是因为《式》文存在着条、款之别，而若"别式"即《式》的话，如此解释也就全无必要了。

这与前面所说"别格"可以称"格"而不等于《格》的状况有些类似。《唐律疏议》引《式》要么出其篇名，要么只称为《式》②，这个事实本身也说明其总共两处特称的"别式"，必非《式》的全称代词。也就

---

① 此处"五品以上服紫，六品以下服朱"，刘俊文《唐律疏议笺解》卷二七《杂律》篇此条《笺释》据《唐会要》卷三一《杂录》所引《礼部式》文认为其可能有误。但其显然更有可能是永徽和开元《式》在具体规定上的不同。

② 如《唐律疏议》卷六《名例篇》"诸称乘舆车驾及制敕"条《疏议》曰："依《公式令》：三后及皇太子行令……"即为引《式》出其篇名之例，另有不少单称为《式》及"法式"、"令式"等连称之例。

是说,"别式"固然也是《式》文,具体却是指个案和细则性的《式》款规定。然则这条《律》文规定违"别式"减《令》一等处罚,说明的正是《式》款性质与条有别而地位较逊的特殊性。

可与参证的是《唐律疏议》卷八《卫禁篇》"诸烽候不警"条《疏议》提到的另一处"别式":

> ……烽燧相应,以备非常。放烽多少,具在别《式》。候望不举,是名"不警"。

这里的"烽燧相应,以备非常",是说有关烽燧的制度,在《军防令》和《职方式》中已作规定,而"别《式》"只是关于"放烽多少"的细则①。仁井田陞《唐令拾遗》所辑《军防令第十六》:

> 诸烽候所置,大率相去三十里。若有山冈隔绝,须逐便安置,得相望见,不必要限三十里。

这条《令》文已对烽燧设置作了纲要规定。而《职方式》的有关内容,今犹可于宋仁宗时曾公亮等编纂的《武经总要》前集卷五《烽火》述唐"兵部烽式"之法见其大概,兹节引其开头数段如下:

> 唐法凡边城候望,每三十里置一烽,须在山岭高峻处。若有山冈隔绝,地形不便,则不限里数,要在烽烽相望。若临边界,则烽火外周筑城障。
>
> 凡掌烽火,置帅一人,副一人,每烽置烽子六人,并取谨信有家口者,充副帅,往来检校。烽子五人分更刻望视,一人掌送符牒,并二年一代,代日须教新人……

---

① 此条《疏议》后文又述:"……依《职方式》:'放烽讫而前烽不举者,即差脚力往告之。'不即告者,亦徒三年……依《式》:'望见烟尘,即举烽燧。'若无事故,是'不应举'……放烽多少,具在《式》文,其事高秘,不可具引。如有犯者,临时据《式》断。"是其前称"放烽多少,具在别式",后文又称"放烽多少,具在《式》文"。这自然是因为"别式"作为《式》款也是《式》文的缘故,与前引《唐律》"诸违《令》条"疏议以《礼部式》"五品以上服紫"云云来解释"别式"是一样的道理。

置烽之法，每烽别有土筒四口，筒间火台四具，台上插橛，拟安火炬，各相去二十五步。如山险地狭不及二十五步，但取应火分明，不须限远近……

　　凡应火土筒……

　　凡白日放烟……

　　凡寇贼入境，马步兵五十人以上，不满五百人，放烽一炬。得蕃界事宜，又有烟尘知欲南入，放烽两炬。若余寇贼则五百人以上，不满三千人，亦放两炬。蕃贼五百骑以上，不满千骑，审知南入，放烽三炬。若余寇贼三千骑以上，亦放三炬。若蕃贼千人以上，不知头数，放烽四炬。若余寇贼一万人以上，亦放四炬……

以此比对《唐令拾遗》所辑，其首条显然原出《军防令》，可见《武经总要》所说的唐"兵部烽式"，其中是包括了《令》文的①。次条为各烽帅、副和烽子的员额、职责及其差科之法，据前《吏部式》规定御史内供奉及里行员额、待遇，以及《户部式》规定差科之制的状况，即可确认其为《职方式》条②。再次三条，皆为"置烽"、"放烟"之法而极为细琐，恐怕很难说其是《职方式》文，倘是，则必为《式》款而非《式》条。上引文中的末条，则显然就是《律疏》关于"放烽多少"的"别《式》"。

由此再看《唐六典》卷五《兵部》职方郎中、员外郎条关于置烽、放烽之法的记载：

　　（正文）：凡烽候所置，大率相去三十里。

　　（原注）：若有山冈隔绝，须逐便安置，得相望见，不必要限三

---

① 郑显文《律令体制下的唐代军事管理的法律规定》（收入《律令时代中国的法律与社会》，知识产权出版社2007年版）以此为"唐《烽式》条文"，霍存福《唐式辑佚》的《职方式第十四》亦收入此条，皆误。

② 仁井田陞《唐令拾遗》所辑《军防令第十六》，据日本《赋役令杂徭条集解》引"唐《令》烽条云：取中男配烽子者，无雜徭故也"，遂列有"取中男配烽子"条。但其并未把各烽帅、副、烽子建制列为《军防令》条，日本《养老军防令》有关烽候的规定亦无有关内容，则"中男配烽子"的规定，未必在《军防令》中，唐《令》中应当也没有各烽帅、副、烽子员额、职责及差科之法。

十里。

（正文）：每烽置帅一人，副一人。

（原注）：其放烽有一炬、二炬、三炬、四炬者，随贼多少而为差焉。旧关内、京畿、河东、河北皆置烽。开元二十五年敕以边隅无事，寰宇乂安，内地置烽，诚为非要。量停近甸烽二百六十所，计烽帅等一千三百八十八人。

上引文中，前一段正文和原注皆来自《军防令》，揣其"若有山冈隔绝"云云之所以进入原注，或是《六典》撰者移之入注，或是这段文字在《令》中本来就是注文，就像前述《职员令》和"《禄令》"皆有夹注一样。后一段正文和原注，据上引《武经总要》述唐"兵部烽式"之法，可推其均来自《职方式》，其正文前已断其必为《式》条。而这段原注的第一句，则显然是对《律疏》所说"别《式》"，亦即上引《武经总要》述唐"烽式"末一段内容的概括[1]。《六典》撰者之所以要将之移入注文，当是因其内容与正文的烽帅建制不同，规定又甚细琐而本为《式》款的缘故。《唐六典》原注接下来所述内容，在这一点上也与之相类，无论是开元二十五年以前关内、京畿、河东、河北道置烽之况，还是开元二十五年量停近甸烽二百六十所和烽帅等一千三百八十八人，显然也是《六典》撰者对《职方式》内容的概括，其所说明的是开元七年《职方式》中存在着关内、京畿等道烽候建制和人员配备的规定，二十五年《职方式》则减去了近甸不少地方的烽燧及烽帅等人员。

以此参照《开元水部式残卷》所示的条、款关系，即可断定《职方式》中的这些地方性个案规定，其实都是"别式"，也就是其"每烽置帅一人，副一人"等条之下所含之款。由此可以得到的认识是：《唐六典》

---

[1] 《唐令拾遗》所辑《军防令第十六》，是把这段概括之语作为《令》文，列在"诸烽候所置大率相去三十里"条下的。这显然不妥，由于《唐六典》这段正文即为《职方式》文，自无再把《令》文放入原注的可能。日本《养老军防令》这段文字作："凡有贼入境，应须放烽者，其贼众多少，烽数节级，并依别式。"这才更像是唐《令》之文，同时这也说明在《令》文中，有关放烽多少的《职方式》文，也是被称为"别式"的。故仁井先生后来将此条改为"烽数节级，并依别式"，并作了说明。参仁井田陞、池田温《唐令拾遗補》第一部《唐令にかかぉる仁井田陞論文》之"唐军防令と烽燧制度——瀧川博士の批評に答ぇて"、第二部《唐令拾遺補訂》之"軍防令第十六"，東京大學出版會 1997 年版。

述有关制度，经常是以《令》、《式》之条为其正文，而以《令》注及《式》款也就是"别式"为其原注的；在其正文和原注皆来自《式》文时，原注中的那些部门性、地方性的细则规定，往往都是来自"别式"[①]。质言之，《唐六典》的这种记载体例，正好证实了《式》的条、款结构；其正、注文关系，则具体地说明了《式》条及其条下之款关系的松散和地位上的差异。

要之，唐《式》虽以条下设款的方式，编录了大量部门性细则和地方性个案规定，但其称"诸"起首的各条之文，无疑是像《律》、《令》、《格》条一样具有普适性和纲要性的。且其条、款关系相当松散，条下是否设款并不影响其条的生效实施；各款所涉事项亦未必皆相关联，皆可独立发挥规范作用。两唐书《经籍（艺文）志》著录有永徽以来《式本》四卷，前曾推测其有可能是存条而去款之本，即是基此而来。因此，唐《式》实际上是以一部法律而同时包括了两类性质有别的敕例，从《律疏》关于违犯"别式"类同"违敕"，并降"违《令》"一等处罚的规定来看，《式》条之下各款作为部门性细则和地方性个案规定，其效力和地位显然要略逊于《式》条及《律》、《令》、《格》条。[②]

这样的构成，与《格》分两部的状况显然是相通而类似的，特别是《留司格》既为留本司施行的敕例，其性质与随时随事下达至任一机构处分政务或作出规定的敕例并无不同，其效力和地位也要略逊于《散颁格》而近似于《式》款。这就再次证明，《格》、《式》的具体构成和各自作用、性质与地位，都是因其所要约束和归置的敕例的不同特点而导致的。在分别基于尚书集议和百官上表这两种立法途径的基础上，《散颁格》和《式》条删定和编纂的，都是那些普适性、纲要性的敕例，而《留司格》

[①] 如《唐六典》卷三《户部》："凡内外百官家口应合递送者，皆给人力、车牛。"原注："一品手力三十人，车七乘，马十匹，驴十五头；二品手力二十四人，车五乘，马六匹，驴十头……八品、九品手力五人，车一乘，马一匹，驴二头。若别敕给递官者，三分加一。家口少者，不要满此数。无车牛处，以马、驴代。"将此原注与前引《律疏》解释"别式"时所举《礼部式》五品以上服紫，六品以上服朱之文相较，即可断定这里按品级规定人力车牛的待遇，亦必是"别式"，也就是《式》款的规定。则其正文所述当为《式》条规定。《唐六典》中这类例子可谓比比皆是，此不赘举。

[②] 由此推想，"别式"所指，似乎亦可兼及那些直接诣阙上表再经有司拟订而得奏准，可被删定入《式》的敕例，也就是那些带有"永为常式"字样的敕例。此说虽不符《唐律疏议》以《礼部式》解释"别式"之意，却为题中应有之义，姑记于此以备一说。

和《式》款删定、编纂的，则都是下至各主管部门具体规定某些事项的敕例，无非前者只下于尚书主管部司，后者则下于各有关地方和部门，常为行政细则和地方性个案规定罢了。也就是说，永徽以来《格》分两部和《式》的制定，正是有鉴于约束和归置各种敕例的这种基础、需要和逻辑而发生的，从而也就决定了《散颁格》、《留司格》和《式》条、《式》款的不同形态、作用、性质和地位，并且因此而形成了《律》、《令》、《格》、《式》之间的特定结构关系和辅成态势。

第五节 对唐前期《律》、《令》、《格》、《式》体系的几点认识

在以上讨论的基础上，以下请为唐《律》、《令》、《格》、《式》体系尤其是《格》、《式》的诸多问题作一总结。

一 《唐六典》和《新唐书·刑法志》所述之得失

《唐六典》和《新唐书·刑法志》关于《律》、《令》、《格》、《式》性质有两段常被学界引用的概括，现在回过头来重新释读其文，庶几已可明其概要和得失。

《唐六典》卷六《刑部》：

> 凡文法之名有四，一曰《律》，二曰《令》，三曰《格》，四曰《式》……《律》以正刑定罪，《令》以设范立制，《格》以禁违正邪，《式》以轨物程事。

《新唐书》卷五六《刑法志》：

> 唐之刑书有四，曰《律》、《令》、《格》、《式》。《令》者，尊卑贵贱之等数，国家之制度也；《格》者，百官有司之所常行之事也；《式》者，其所常守之法也。凡邦国之政，必从事于此三者。其有所违及人之为恶而入于罪戾者，一断以《律》。

两者一以《律》、《令》、《格》、《式》为"文法"，一则称之"刑书"，

而实则同义。按照古来及当时语例,"文法"即指法令,"刑"、"法"之义相通,"刑书"也就是"法书"。称之为"书",强调的是这四部法律皆经删定编纂,有其篇章卷帙和整体效力。这都是表述方式或语言问题,两者后文对《律》、《令》、《格》、《式》的描述之所以有同有异,即因其不同的表述方式和侧重点所致。《唐六典》取仿《周礼》而编,其中凡属这类带有总括性的文字,其表述一般都较为规整;而《新志》确是史家笔法,并按历代《刑法志》的习惯,着眼于刑法而对四者性质及相互关系作了侧重于《律》的介绍。

因此,对于这几部法律的性质、作用、地位和相互关系,《唐六典》和《新志》上引文的表述,实际上都只交代了部分事实而并不完整,因为其都只是继而叙说唐代法律之况的一个引子,后面还有大量文字来具体介绍四者的种种情况,也就根本无法以"定义"视之,更不能仅仅凭此就来为《律》、《令》、《格》、《式》定性作结。

具体说来,其中有关《律》、《令》的说法,因其所说与魏晋以来对这两部法律的各种描述大略相类,故理解起来尚无问题;但对《格》、《式》这两种新的法律形式,两处所述的笼统及其界别的含混是显而易见的。无论是按法令或规范的应有之义,还是就其内容和目的而言,《唐六典》说《式》的"轨物程事",难道不是已同时包含了"禁违正邪"的意思?而所谓《格》的"禁违正邪",又何尝不是在"轨物程事"呢?同理,《新志》说的"常行之事"与"常守之法",其内涵也不免是交叉重合的①。显然,要用区区四字来为《格》、《式》定性,毋宁说是一个不可能的任务。

但尽管如此,两处的描述仍涵盖了《律》、《令》、《格》、《式》体系的若干基本方面。就《唐六典》上引文来看,首先,其述"《律》以正刑定罪,《令》以设范立制",就已经包括了《格》、《式》"禁违正邪"和"轨物程事"的功能,而其表述用辞的分量显然要来得更重,这就透露了《格》、《式》晚出于《律》、《令》而为其补充的性质。其次,"禁违正

---

① 《唐律疏议·杂律篇》"违《令》、《式》"条:"诸违《令》者,笞五十(原注:谓《令》有禁制而《律》无罪名者)。"《疏议》曰:"'《令》有禁制',谓《仪制令》'行路,贱避贵,去避来'之类……"此亦可见当时法理肯定正面规定事制的《令》、《式》,也未尝不是在作出"禁制"。

邪"和"轨物程事"必然会发生的交叉重合，亦正对应着《格》、《式》亦可相互补充的关系，同时又涵盖了《格》往往更多地涉及《律》的补充，《式》则经常会补充《令》的事实①。最后，其述"凡文法之名有四，一曰《律》，二曰《令》，三曰《格》，四曰《式》"，也反映了四者法律效力和位阶基本相当，而其实际地位则有所不同的格局，这样排序也确是合乎其各自属性和当时共识的。

《新志》所说《律》、《令》的性质显然与之相类，却由于其侧重于刑《律》而极易给人《令》、《格》、《式》皆与刑法无关的错觉。事实则如前所举证，《令》中的《狱官令》，收录了魏晋以来《系讯律》有关内容而与刑法相辅而行；《格》中更有私铸钱人"头首处尽，从者配流"这种与《律》同属正刑定罪的条文；《式》中亦有犯徒"配役"的规定，从而补充了《律》文的不足。故唐代凡违犯《令》、《格》、《式》及其他犯罪，虽主要据《律》以断，准确说来却不是"一断以《律》"，而是综据《律》、《令》、《格》、《式》来断罪定罚的。这就透露了处于宋代法制氛围中的《新志》作者对于唐前期法律体系的认识隔膜。不过其述《格》、《式》分别是百官有司的"常行之事"和"常守之法"，也还是反映了两者内容有所交叉而性质和地位更为接近的状态。

而若进一步推敲，其既特别以"常行之事"和"常守之法"来分别概括《格》、《式》的特点，似乎也非信手书之，而是辨别、斟酌了两者来源和功能的结果。如前所述，《格》来自于百官有司处理日常政务时，见现行法律有不便于时而申报尚书省，由其集在京各部门重要官员议定奏准的敕例；故其一旦下达施行或到统一立法时将之删定编纂为《格》，也就仍然指导着百官有司的日常行政过程。故所谓"常行之事"，说的正是《格》既来自、又指导着百官有司日常行政的特性。《式》所删定编纂的

---

① 《朱子语类》卷一二八《法制》述元丰中神宗喻执政安焘曰："设于此而逆彼之至，谓之格；设于此而使彼效之，谓之式；禁于未然谓之令，治其已然谓之敕。"朱熹释之为："格如五服制度，某亲当某服，某服当某时，各有限极，所谓'设于此而逆彼之至'之谓也。式，如磨勘转官，求恩泽封赠之类，只依个样子写去，所谓'设于此而使彼效之'之谓也。令，则条令禁制其事不得为，某事违者有罚之类，所谓'禁于未然'者。敕，则是已结此事，依条断遣之类，所谓'治其已然'者。"这当然是宋代"敕、令、格、式并行而《律》恒在其外"之制下的说法，其说仍与《唐六典》述"《格》以禁违正邪，《式》以轨物程事"有相通之处，但也同样只反映了当时《格》、《式》的部分事实。

则是在百官大臣直接上表提出立法建议的基础上形成的敕例,这类建议未必针对百官有司的日常行政,而是广泛涉及了各种制度的建立和调整,也就决定了《式》所规范的内容相当庞杂,尤其条下之款,包括了百官有司所须遵守的行政细则,其中有大量个案性规定涉及了有关制度在各地各部门的布局和样态。故就《式》的总体功能来看,其旨在为百官有司树立行政范式的一面确实显得更为突出,这应当就是《新志》区别于《格》而将之概括为"常守之法"的原因。

二 几点总结

综合本章所述,关于永徽二年至开元二十五年《律》、《令》、《格》、《式》体系的状况,大致已可获得以下认识:

一是相较于魏晋南朝一脉的《律》、《令》、《故事》并行之制,永徽以来形成的《律》、《令》、《格》、《式》体系,要害在于通过《格》、《式》这两种新的复合型法律形式的创设,对《律》、《令》以外层出不穷的敕例,分别作了更为细致的约束和归置。

这显然是在北魏孝文帝以来重定《律》、《令》,却因各项制度改革而使其与各种敕例的关系亟待条流的基础上,又取鉴了东、西魏制定《麟趾格》、《大统式》以来几部法书相辅而行的局面,以及贞观立法定《格》十八卷与《律》、《令》并行的做法,再对以往各种敕例的形成程序及其编纂方式加以总结而形成的。而贯穿于北魏孝文帝以来这个进程的,则是以制定法来推动和保障北族的汉化进程,以此来标榜正统、体现王道的主线。正由于此,永徽二年《律》、《令》、《格》、《式》体系的形成,既是魏晋以来政治和制度儒家化北支传统的法律表现[①],也把魏晋以来的"法定主义"倾向,把与之相关的敕例编纂立法化和法典化趋势推向了顶峰。

二是如何协调法典与对之起着补充、修正作用的各种敕例的关系,一直都是帝制时代法制的核心问题。在确保制敕干预或处分政务之效的前提下,区分一般制敕和对今后行政具有指导作用的敕例,使前者只能通过特定程序上升为后者方可补充或修正《律》、《令》,正是魏晋以来处理这个问题的主要套路。

永徽二年以来的《律》、《令》、《格》、《式》体系,首先整顿了各种

[①] 关于魏晋以来政治与制度儒家化的北支传统,参楼劲《周礼与北魏开国建制》。

敕例的两大形成程序，即由尚书省集在京各部门重要官员议定，或由百官直接上表而下主司讨论拟订，再经奏准而形成施用。同时也明确了统一立法之时，通过这两种程序产生的现行敕例，除被酌情修入《律》、《令》以外，多被分别删定编纂为《格》、《式》的具体路径。经此整顿和明确以后，以往显得错杂混沌的各种敕例，不仅其源头已被分疏而变得更为规范，其与各种临时处分的一般制敕的区别亦空前凸显。更重要的是，现在这些敕例只有被删定编纂为《格》、《式》，方得与《律》、《令》效力、位阶相当而真正构成"并行"关系。这就较之过去增加了一个约束各种敕例补充、修正以至扰乱《律》、《令》规定的环节，相应则拉开了敕例与《律》、《令》以及《格》、《式》之间的距离。

质言之，正是由于《格》、《式》的出现，既不能不整顿与之接轨的敕例形成程序，又势必限制各种敕例对《律》、《令》的补充或修正作用，也就直接促成了一般制敕—敕例—《律》、《令》、《格》、《式》的法律位阶序列。其实质显然是要确保制敕处分政务的效能，同时着力疏浚和规范了其如何递升为敕例和法典的渠道、方式，以此缓冲和限定了制敕、敕例与法典的关系，从而保障了法典指导举国行政的统一性和权威性。

三是永徽二年以来形成的《律》、《令》、《格》、《式》体系，在结构、功能和相互关系上，显然要比学界已有的认识更为丰富和复杂。而这主要是因《格》、《式》各以特定方式来约束和归置不同类型敕例的复合性所导致的：凡统一经由尚书省集在京各部门重要官员议定奏准的现行敕例，也就是唐人所谓的"格后敕"，在统一立法时多被删定、编纂为《格》；其中需要颁于天下的，则被进一步修订为粗具法典形态的《散颁格》，留于本司施用的，则仍保留其敕例形态而编为《留司格》。凡由百官直接上表提出立法建议，再经往复奏准的现行敕例，也就是那些标明为"永为常式"的敕例，在统一立法时则多被删定、编纂为同样颁于天下而粗具法典形态的《式》，具体则把普适的纲要性规定编为《式》条，而把部门性细则或地方性个案规定编为其条下之款。

在此基础上，所谓《律》、《令》、《格》、《式》并行之制，既是指《格》、《式》补充《律》、《令》且相互补充的体制，从而在整个法律体系中数量最大和作用最为活跃的敕例之上，织成了四者相辅相成的完整法网；又是指《散颁格》、《式》与《律》、《令》这四部法典皆被颁于天下，共同直接指导各地各部门司法、行政的体制；也是指性质介于敕例和法典之间的《留司格》和《式》款指导各主管部门具体政务，并与《散颁格》、《式》条和《律》、《令》相互补充的体制。正是这三种关系格局的组合，才较为完整和准确地体现了《律》、《令》、《格》、《式》体系的内涵，也集中反映了这一体系的基本宗旨：即其强调和明确了一般制敕与可以援引的各种敕例的区别，又保障、约束了各种敕例的作用范围和方式，同时又显著扩大了法典对举国行政的指导作用。

四是在唐前期的《律》、《令》、《格》、《式》体系中，《律》、《令》的性质和作用与魏晋以来并无大的不同，两者依次居于前列的地位可以说是历史地形成的。至于学界素称性质、地位复杂难断的《格》、《式》，其实也就是两种晚出而补充着《律》、《令》，其效力和位阶与之相当，而实际地位则略逊之的法律形式。《式》在排序上居于《格》下的原因，也无非由于唐初本以尚书省集在京各部门重要官员议定奏准的敕例为补充《律》、《令》的主渠道，由此删定编纂而成的《格》条多为纲要性规定；而《式》则相对晚出，本属除《格》之外编辑其余各种敕例的杂烩的缘故。表现为《式》所删定、编纂的敕例来源多端，又包括了大量部门性细则和地方性个案规定，其重要程度及其整齐性上自然也就难以与《格》相比了。

可以认为，学界长期以来围绕《格》、《式》性质、地位、作用问题而发生的种种纷扰，大都是因为对两者为何编纂和怎样编纂的史实不甚清楚，认识不够深入的缘故。有关理论或范畴是否适用于中国古代法制的史实固然是个问题，但目前矛盾的主要方面还在史实而非理论。关键显然不在是否要用现代法学概念或话语系统来研究或表述古代法制，而在于无论使用什么样的概念或话语系统，都必须以弄清研究对象在其所处时代中的状态为其前提，真正的理论创造显然只能在这样的基础上才能健康展开。

第十章

《律》、《令》、《格》、《式》体系的变迁

关于《律》、《令》、《格》、《式》体系的变迁，其要自然是向五代至宋初大体循用唐《律》、《令》、《格》、《式》，对此加以损益的各种"编敕"则已凌驾其上的格局过渡，进而又向宋神宗以来敕、令、格、式统类合编，而《律》恒在其外的体制过渡[①]。而所谓编敕，其实也就是唐后期不断删辑的格后长行敕。故《律》、《令》、《格》、《式》体系的衰变和瓦解，实际上仍是由于层出不穷的敕例对之的冲击，围绕着修正或取代法典规定的各种敕例及其删定、编纂活动来展开的。对此，中外学者均作过讨论，许多问题业已明确[②]；但也还可为之补充若干史实，使其脉络更为清晰。其中需要特别注意的是，《律》、《令》、《格》、《式》体系变迁的各个重要方面，无不种因于唐前期，种因于这一体系自身的状态及其面临的问题。以下即将由此考察相关事态及其演化概要。

[①] 《宋史》卷一九九《刑法志一》："宋法制因唐《律》、《令》、《格》、《式》，而随时损益则有《编敕》，一司、一路、一州、一县又别有敕。建隆初，诏判大理寺窦仪等上《编敕》四卷，凡一百有六条，诏与新定《刑统》三十卷并颁天下，参酌轻重为详，世称平允……神宗以《律》不足以周事情，凡《律》所不载者一断以敕，乃更其目曰《敕》、《令》、《格》、《式》，而《律》恒存乎《敕》之外。"即其大要。《刑统》承周而编，亦即"刑法统类"，为唐宣宗时删定诸格后敕而成的《大中刑法统类》之流绪。

[②] 张晋藩主编《中国法制通史》第四卷《隋唐》（陈鹏生主编）第六章"唐朝的立法"第一节"唐朝前期和后期重大的立法活动"；曾我部静雄《中国律令史の研究》第一章第一节"律令格式から敕令格式へ"，东京：吉川弘文馆1971年版；梅原郁《唐宋时代の法典编纂——律令格式と敕令格式》，收入《中国近世の法制と社会》，京都大学人文科学研究所1993年版。另参戴建国《唐宋变革时期的法律与社会》，上海古籍出版社2010年版。

第一节　类似《格》、《式》的几种法规及《格后长行敕》的编纂

《唐六典》卷六《刑部》说"唐之文法有四",《新唐书·刑法志》说"唐之刑书有四",准确说来都只是强调了《律》、《令》、《格》、《式》在唐法律体系中的地位,而并不等于唐之"文法"或"刑书"只有《律》、《令》、《格》、《式》。

一　"选格"、"举格"及"长行旨"、"烽式"

事实上,除此四者及其所删定编纂的单行敕例以外,永徽二年以来,也还存在着若干可说是从《格》、《式》派生而来的法律形式,并对相关行政过程起着类于《格》、《式》的规范和指导作用。这是因为即便已设立了《散颁格》、《留司格》和《式》的条、款结构,并在分别约束和归置各种敕例时达到了相当精细的程度,但要真正网尽随时随事层出不穷而又性质、功能各异的敕例,却也还是有所未逮。或者说,这些专门用来删定和编纂敕例,以便使之以更为协调和规范的方式来发挥作用的法律形式,总也追不上制敕处分或干预政务的步伐。

归根到底,在今上制敕和法典的关系问题上,处于主动地位的永远都是前者。无论是要适应客观形势的需要,还是出于主动调整的目的,制敕和敕例总会随处突破法典的规范。而要避免法典因其冲击成为具文,要缓冲和协调法典与今上制敕的关系,固然也可通过及时立法,据今上意旨来充实和修订《律》、《令》、《格》、《式》,从而消除其间的扞格或扰乱;但更为简捷易行的途径,还是以类于《格》、《式》的方式来删定和编纂这些敕例。事实表明,这同样可以达到既保障、又约束有关敕例对《律》、《令》、《格》、《式》的补充或修正作用的目的。

具体如《新唐书》卷四五《选举志下》述唐文武官铨选之制:

> 凡选有文、武,文选吏部主之,武选兵部主之……每岁五月,颁格于州县,选人应格,则本属或故任取选解,列其罢免、善恶之状,以十月会于省,过其时者不叙。

"颁格于州县"以明确当年大选的条件和限制,应是初唐以来所行之制①。此"格"每年五月颁于天下,显然是性质有类于《散颁格》的另一种称"格"的规范。前面已述敦煌文书 P.4978 号即为"《开元兵部选格》残卷",今存其内容包括了勋官放选的年资条件,且摘录了兵部格后敕、《兵部格》和以往有关敕文②,明其如何累考、折劳等具体办法;其形态则如前引其文所示,各条亦皆书"一"起首,与《散颁格》条体例类同。

可以设想,"选格"的内容每年虽会有所调整,但其基本规定应当还是有其连续性和相对稳定的,《新志》后文载裴光庭作"循资格"之事曰:

> 开元十八年,侍中裴光庭兼吏部尚书,始作循资格。而贤愚一概,必与格合,乃得铨授,限年蹑级,不得逾越。于是久淹不收者皆便之,谓之"圣书"。及光庭卒,中书令萧嵩以为非求材之方,奏罢之。乃下诏曰:"凡人年三十而出身,四十乃得从事,更造格以分寸为差,若循新格,则六十未离一尉。自今选人才业优异,有操行及远郡下寮名迹稍著者,吏部随材甄擢之。"

裴光庭兼吏部尚书,作"格"特别强调了选人参选授官的年资条件,遂被称为"循资格"③。此"循资格"或者就是开元十八年五月颁下州县,

---

① 《通典》卷一五《选举三·历代制下》载唐文武选"始于孟冬,终于季春",原注曰:"先时,五月颁格于郡县,示人科限而集之。初皆投状于本郡或故任所,述罢免之由,而上于尚书省,限十月至省。乃考核资叙,郡县乡里名籍、父祖官名、内外族姻、年齿形状、优劣课最、谴负刑犯必皆焉。"唐惟天宝至乾元元年改州为郡,《通典》所述当是天宝之制。

② 《白氏六帖事类集》卷一四《功二十七》:"兵部叙录格:跳荡,先锋挺人陷坚者为一等,陈万人,叙十人,上资加两阶,优与处分……《兵部式》:叙功计杀获及输失数,若输多,除跳荡及斩将外,自余节级酬勋,不在与官放选限也。"这个"兵部叙录格"显然也就是每年五月兵部颁下州县规定放选条件的"选格",而其中包括了《兵部式》文。其开头述"跳荡"叙勋一段,可与《唐六典》卷五《兵部》原注述武选"凡跳荡人,上资加两阶,即优与处分"相证,亦应是有关《格》或《式》文。

③ 《新唐书》卷一〇八《裴行俭传》附《裴光庭传》载光庭作循资格,乃承其父行俭为吏部侍郎时所设长名榜等铨注故事而来。《唐会要》卷七四《选部上·吏曹条例》载裴光庭"奏用《循资格》"在开元十八年四月十一日,萧嵩奏罢则在二十一年,玄宗下诏在是年六月二十八日,且将这类具体的铨选规定统归为"条例"。《通典》卷一五《选举三·历代制下》概括了裴光庭所作循资格的主要内容:"凡官罢满,以若干选而集,各有差等,卑官多选,高官少选;贤愚一贯,必合乎格者乃得铨授,自下升上,限年蹑级,不得逾越。"

规定当年铨选条件的"选格",其主要内容自此历年沿用①。即便其为另行制订,性质亦必与每年五月颁于天下的"选格"相类,而非散颁或留司之《格》②。据上引文述选人谓之"圣书",而后萧嵩"奏罢"和玄宗诏改其制等项情节判断,这类颁行天下指导当年铨选的法令,当是由分管文、武铨选的吏部和兵部各自主持拟订奏准,中间或亦召集在京各部门重要官员议定的一种敕例,故其亦可被称为"格"。《新唐书》卷五八《艺文志二》史部职官类著录了"天宝中定"的《唐循资格》一卷和"王涯《唐循资格》五卷",说明其制在天宝时期确曾编为一卷,至宪宗时又被先后任职吏部和兵部的王涯加以辑集。③

另如唐代指导科举制实施的又有"举格",《册府元龟》卷六四一《贡举部·条制三》载会昌四年十月:

> 中书门下奏:"朝廷设文学之科,以求髦俊,台阁清选,莫不由兹。近缘核实不在于乡闾,趋名颇杂于非类,致有跋扈之地,情计交通。将澄化源,在举明宪。臣等商量,今日以后,举人于礼部纳家状后,望依前,三人自相保,其衣冠则以亲姻故旧,久同游处者;其江湖之士,则以封壤接近,素所谙知者为保。如有缺孝弟之行,资朋党之势,迹由邪径,言涉多端者,并不在就仕之限。如容情故,自相隐蔽,有人纠举,其同保人并三年不得赴举。仍委礼部明为戒励,编入举格。"从之。④

上引文述会昌四年宰相奏请武宗下敕礼部修订"举格",其内容关乎今后

---

① 《旧唐书》卷四二《职官志一》亦载其事:"开元中,裴光庭为吏部尚书,始用循资格,以注拟六品已下选人。其后每年虽小有移改,然相承至今用之。"

② 《唐会要》卷七七《贡举下·科目杂录》载太和元年十月中书门下奏称"近年以来,格文差误,多有白身及用散试官,并称乡贡者,并赴科目选"云云。其"格"显然亦为"选格"之类。

③ 《旧唐书》卷一六九《王涯传》载其元和五年为吏部员外郎,七年改兵部员外郎,十三年罢相守兵部侍郎,寻迁吏部。其余时期并无任职吏、兵二部的经历,可推其编《循资格》五卷当在元和时。

④ 《唐会要》卷七六《贡举中·进士》亦载其事而未明其具体时间。文字亦小有出入,如上引文中的"三人"作"五人","就仕"作"就试","同保人"作"同举人","从之"作"依奏"之类。

贡举的品行条件和连保相坐办法，性质当与上述吏、兵二部拟订奏准的"选格"相类。

今已不知"举格"的颁行是否也从唐初相承而来①，但其在晚唐不乏其例。《唐摭言》卷一摘录的《会昌五年举格节文》，内容是各地贡举进士、明经的限额和程序，即为当时形成和施用的另一份"举格"。特别是这份会昌五年"举格"文中，提到了"诸州府所试进士杂文，据元《格》并合封送省"，可见"举格"确非"元《格》"即散颁《礼部格》，而是补充或调整了有关《令》、《格》、《式》的规定②。其中又提到了"准开成三年五月三日敕落下者，今缘自不送"，此其文式，适可与敦煌文书P.4978号"《开元兵部选格》残卷"今存末条"一准开元七年十月廿六日敕"云云相证，反映其条文也摘录了有关制敕或敕例的规定。这都说明"举格"的性质和形态，也像"选格"一样是与《散颁格》相类似的。

除《格》可衍生出"举格"和"选格"外，《式》亦有类似的变种。《唐六典》卷三《户部》度支郎中、员外郎条：

> 凡天下边军皆有支度之使，以计军资、粮仗之用，每岁所费，皆申度支而会计之，以《长行旨》为准。③

---

① 《唐会要》卷七五《贡举上》有《帖经条例》之目，盖自初唐以来即有各种条例指导科举考试内容，以《唐会要》所列《吏曹条例》目下包括《循资格》在内推之，这类"帖经条例"的性质显然亦与"举格"相类。

② 据仁井田陞《唐令拾遗》所辑《选举令第十一》，进士、明经等常科名目、举贡程序、名额和及第授官的基本办法，皆在《选举令》中加以规定。此处所述"元《格》"，说明《礼部格》中规定了有关考试的办法和程序。又《白氏六帖事类集》卷一二《举选五十七》引《考功式》："诸州及国子监贡举人，试官须对长官、判官共加考试，至省及第不成分数者，其罪以长官为从；虽未成分，落第人内有帖试俱不通一者，亦依不成分例。"科举考试本由吏部考功司主持，后来方改由礼部侍郎负责，故《考功式》中也有关于科举考试的规定。

③ 仁井田陞《唐令拾遗》之《赋役令第二十三》从日本《令集解》之《赋役令》"雇役丁条"中辑得"《唐令》云：本司量校，录送度支"残文一条，天一阁藏明抄本《天圣令》之《赋役令卷第二十二》存搁置不行的唐《令》第6条为："诸课役，破除、见（劲案：此处脱一"在"字）及账后附，并同为一账，与计账同限申。"又其《仓库令卷第二十三》所存宋《令》第16条为："诸仓库受纳、出给，在见杂物账，年终各申所属，所属类其名account，递送三司。"此必改编唐《令》相关规定而来，"三司"本是"度支"。由此诸端，可断《唐六典》这条关于"每岁所费，皆申度支会计之"的正文，必摘自赋役或仓库《令》文。

此条原注解释了与之相关的制度及其《长行旨》的由来：

> 支度使及军州每年终，各具破用、见在数，申金部、度支、仓部勘会。开元二十四年，敕以每年租耗杂支，轻重不类，令户部修《长行旨条》五卷，诸州刺史、县令改替日，并令递相交付者。省司每年但据应支物数进画颁行，附驿递送。其支配处分，并依《旨》文为定，金部皆递覆而行之。①

《新唐书》卷五一《食货志一》亦记载了开元二十四年编纂《长行旨》之事：

> 中书令李林甫以租庸、丁防、和籴、春彩、税草无定法，岁为旨符，遣使一告，费纸五十余万。条目既多，覆问逾年，乃与采访、朝集使议革之，为《长行旨》，以授朝集使，及送旨符使，岁有所支，进画附驿以达，每州不过二纸。

据此数处所载，可见唐代本有尚书户部诸司"岁为旨符"，确定当年各地财赋收支，将之抄录后遣使颁告各军州，以指导其财计活动的制度，其况与吏、兵二部每年"颁格于州县"以明当年铨选条件相类。由于其条目繁多，审覆不易，统一抄发所耗纸张过多，开元二十四年遂由宰相李林甫主持，将之议革简化为《长行旨条》之制。即"省司每年但据应支物数进画颁行，附驿递送"各地，其当年财赋的支出、调度，"并依《旨》文为定"，并由主管举国库藏出纳之制的金部、仓部司递相审覆加以监督②。从其称为"旨符"、"旨条"，可见两者条文，本由尚书户部诸

---

① 据其文意，这段原注末句的"金部"后，当脱"仓部"二字，方符其开头所说"各具见在、破用数，申金部、度支、仓部勘会"，以及其末所说的"递覆"之意。

② 关于唐初以来"岁为旨符"，至开元二十四年改为《长行旨条》的变化，参李锦绣《唐代财政史稿》第一编"唐前期的财务行政及财政机构"第一章"唐前期的财务行政"一"支度国用（预算）"，特别是其中（二）"支度国用计划的内容和特色"、（五）"〈长行旨〉及其在支度国用中的意义"两个部分。

司，尤其是由主管财政收支的度支司主持拟订和奏准的制敕构成①，即便对之加以摘录选编，亦已通过"进画"得到了皇帝授权方予颁行。加之唐代的这类财政收支办法，本来主要是由《度支式》来规定的②，故无论是唐初以来的"岁为旨符"，还是开元二十四年以来改行的《长行旨条》，在性质和功能上主要也是《度支式》规定的延伸③。

另值一提的是，上引《唐六典》原注述：开元二十四年户部修《长行旨条》五卷，"诸州刺史、县令改替日，并令递相交付"。说明这种"每州不过二纸"的旨条规定，亦具有相当的稳定性，故当时不仅将之编集到了一起，且又因其明具一地财赋支出和积欠之由，使之成了州县长官办理迁代交割事务的重要法据。

以此联系日本古代所编延历、贞观、延喜《交替式》，皆摭取有关迁代交割事宜的《令》、敕、符文而成，其敕符所含具体条例，皆各换行书"一"起首，其中多有关于如何交割财物支出和积欠情况的规定④；即可帮助推想唐代《长行旨条》性质类同于《式》，且又有似于敦煌文书P.4978号"《开元兵部选格》残卷"的条文形态。若再以此联系前引《武经总要》所录唐代兵部的"烽式"之况，其内容除取自《军防令》及《职方式》外，另有不少关于"土筒"、"火台"、"放烟"规制的琐细文字而合为一篇；则又可推这个唐《式》本无其篇的"烽式"，或者亦与

---

① 四库所收天一阁藏《崇文总目》残本卷四史部刑法类著录有"《度支长行旨》五卷（阙）"。则此条所谓的"户部修"，其实是户部各司修，而又以度支司为主。

② 参李锦绣《唐代财政史稿》第一编"唐前期的财务行政及财政机构"第一章"唐前期的财务行政"二"财政立法"（二）"唐前期财政立法的内容"。

③ 据前所示《唐六典》述诸制度常以《令》条为正文而《式》为注文，或以《式》条为正文而《式》款为注文的体例，上引《唐六典》正文既必出自《令》文，则其原注所述"支度使及军州每年终，各具破用、见在数申金部、度支、仓部勘会"两句，必是来自《式》条。由此可见其下交代的开元二十四年所修《长行旨条》及相关规定，在《唐六典》撰者眼中其性质也是与《式》相类的。

④ 延历（782—806年）为日本桓武天皇的年号，约当唐德宗初至宪宗初。具体如《延历交替式》第二条，即为延历十七年四月七日所下"奉敕依奏"的一份太政官符，其内容为"国司交替付领过限准状科罪事"。此符先列条例，每条皆书"一"起首，末尾一段明其处罚规定。其条例的第二条云："一太政官去天平宝字三年三月十五日符称，'凡公廨物者，先填欠负未纳，次割国内之储，后以见残作老处分'者。然则未知欠负，理难分得。又交替之程，明立法文。而今诸国司等，一任之内，犹云未检官物，不进税账，且用公廨，不填欠仓，寄事前人，规避后息。自今以后，如是之类，不给公廨，没为官物。"其余各条及《贞观交替式》、《延喜交替式》各条体例与之相同。三《式》皆见新订增补《国史大系》第26卷所收《交替式》。

吏、兵、礼部的"选格"、"举格"和户部的"《长行旨条》"属于同类，乃是兵部职方司摘取有关《令》、《式》、敕文拟订，再经议奏获准之物。称为"烽式"，正表明其也是性质类似于《式》的法律规定。

二 "格后长行敕"及其相关问题

以上所述"选格"、"举格"、"长行旨条"和"烽式"，看来都是尚书主管部司为指导某类政务而拟订奏准的法律规范。其内容往往摘编了有关制敕、敕例的规定，像"选格"和"烽式"，甚至还包括了有关《格》、《式》以及《令》文。其效用或限当年，或可相沿长行，性质则多与《格》、《式》类似，皆可视为由之派生而补其不足的特定法律形式。

这些例子一方面说明，即便是在唐前期，《律》、《令》、《格》、《式》修订较为频繁，功能亦在正常发挥之时，也还是需要某种较之《格》、《式》更便修订、调整，而较之单行制敕、敕例则更具综合性的法律形式，来集中规范或指导那些专门化或年度特点较强的行政过程。另一方面也证实了永徽二年以来的"文法"或"刑书"，的确不是只有《律》、《令》、《格》、《式》，而是一直存在着由主管部门另行摘编有关制敕和敕例加以拟订，再经奏准而颁行天下的另一些法律形式，使之起到了补充《格》、《式》不足和延伸其相关规定的重要作用。

唐前期删定和编纂《格后长行敕》之举，应当就是在此基础上发生和发展起来的，并且构成了这类从《格》、《式》派生出来的法律形式中最为重要的一种。

如前所述，今知唐代最早编纂的《格后长行敕》，乃可追溯至《日本国见在书目录》著录的"《垂拱后常行格》十五卷"，而其样态今犹残存于德藏TIIT号吐鲁番文书及德藏CH3841号敦煌文书断片，其内容皆由敕条构成，各条皆开头书"敕"而末注下敕年月日。故此"《垂拱后常行格》"之"格"，显然也是指垂拱元年定《格》以后形成施用的格后敕，因为当时正是把格后敕称为"格敕"、"敕格"，或直接简称为"格"的。故"常行格"自然就是"长行格后敕"，盖因其已经删定可长行用而得名。

《唐会要》卷三九《定格令》载开元十九年：

侍中裴光庭、中书令萧嵩,又以格后制敕行用之后,与《格》文相违,于事非便,奏令所司删撰《格后长行敕》六卷,颁于天下。

这里已清楚地表明,《格后长行敕》的删定和编纂,是由于随时随事形成施用的格后敕,尽管已经尚书省集京官七品以上议定奏准,却仍不免与现行之《格》特别是颁至各地的《散颁格》有所矛盾。在无法连同《律》、《令》、《式》文的调整而频繁定《格》的前提下,便有必要在再次定《格》之前,就对正在施用的各种格后敕加以清理和删定,将之修削编纂为《格后长行敕》颁于天下,以消除《格》文与格后敕所作规定之间的冲突,解决可能由此带来的司法歧异。据此亦可推断,《垂拱后常行格》的删定和编纂,似应发生在神龙元年再次立法定《格》以前①,因为此次立法已把《垂拱格》和自来陆续推出施行的格后敕删定编纂为《神龙格》,其间有关规定相互出入的状态当已得到消除,恐怕就再无另编《常行敕》的必要了。②

除德藏 TIIT 号吐鲁番文书残片体现了《垂拱后常行格》样态外,开元十九年出台的六卷本《格后长行敕》,也在敦煌文书中留下了踪迹。英藏 S.1344 号敦煌文书所录敕条即其抄件,其旧名"《开元户部格》残卷",亟应正为"《开元十九年〈格后长行敕〉残卷》"③,其中即反映了《格后长行敕》如何删定和编纂有关格后敕的情况。如其今存 18 个敕条中的第 15 条,即为唐隆元年关于逃人及其田宅处置的规定,现据刘俊文《敦煌吐鲁番唐代法制文书考释》转录其条样态于下:

---

① 《旧唐书》卷九二《韦安石传》附《韦巨源传》载神龙初,"巨源奉制与唐休璟、李怀远、祝钦明、苏瑰等定《垂拱格》及格后敕,前后计二十卷,颁下施行"。是神龙元年立法确在《垂拱格》和格后敕基础上删定而成,所谓"格后敕",亦当包括了《垂拱后常行格》在内,"二十卷",前已指出其应是神龙《散颁格》七卷与《留司格》合计之数。

② 如 TIIT 号吐鲁番文书残片尚存 7 个敕条,第 1 条残甚无法知其内容和时间,第 2 条即为长寿三年腊月十一日所之敕,内容关乎"诸司有大事及军机"须仗下奏事,"并宜进状"和夏季炎热时的仗下奏事时限。参以《唐会要》卷二五《百官奏事》:"景龙二年二月七日敕:'仗下奏事人,宜对中书门下奏,若有秘密未应扬露,及太史官,不在此限。'三年二月二十六日敕:'诸司欲奏大事,并向前三日,录所奏状一本先进,令长官亲押,判官对仗面奏。其御史弹事,亦先进状。'"此二敕显然已经改变了长寿三年敕文的规定,其时间既在神龙之后,故未进入《垂拱后常行格》,也就未被 TIIT 号吐鲁番文书抄录。

③ 参楼劲:《证圣元年敕与南北朝至唐代的旌表孝义之制——兼论 S.1344 号敦煌残卷的定名问题》。

> 敕：逃人田宅，不得辄容卖买，其地任依乡原价，租充课役，有赃官收。若逃人三年内归者，还其赃物。其无田宅，逃经三年以上不还者，不得更令邻保代出租课。
> 　　　　　　唐元年七月十九日①

刘先生对此已指出了两点，一是其末所署此敕下达年月日，把唐隆元年写作"唐元年"，是以缺字之法避玄宗名讳，反映的是此件形成的时期。二是此敕"即《唐大诏令集》卷一一〇《政事·诫谕》所载之唐隆元年七月十九日所下《诫励风俗敕》"。查核其文，此敕所涉内容远非只关逃人及其田宅处理，而是广及劝导礼仪、改革贡举、修缮庠序、奖惩州县长官、督正僧尼戒行等多项措施。

为便对比，兹摘其中的相关文字如下：

> 门下：朕克缵丕业，诞膺景命，宪章昔典，钦若前王……诸州百姓，多有逃亡，良由州县长官，抚字失所。或住居侧近，虚作（劲案：此处似脱二字）逃在他州，横征邻保，逃人田宅，因被贼卖。宜令州县，招携复业。其逃人田宅，不得辄容卖买。其地在（劲案："在"为"任"之讹）依乡原例，租纳州县仓，不得令租地人代出租课……凡此数事，咸宜区分，系乎风俗，义存奖劝。刺史、县令等，各申明旧章，勉思抚辑，罢彫弊之务，归淳厚之源，训道黎蒸，宣我朝化。《书》不云乎？德惟善政，政在养人。布告天下，咸知朕意。

两相比较即可看出，原敕的"门下"，在 S.1344 号敦煌文书抄录的《格后长行敕》中已被改写为"敕"，说明只要是格后敕，无论其原为制书还是敕书、奏抄，皆被一概以敕视之。而原敕开头和结尾的诸种堂皇文字，则显然已被删除，其中所含其他各项措施的内容则或被删，或被编入了这部《格后长行敕》的其他篇卷。至于其编入此处的逃人及其田宅的处分办法，原敕中的"依乡原例，租纳州县仓"，已被改写为"依乡原价，租

---

① 刘俊文：《敦煌吐鲁番唐代法制文书考释》二一"S.1344 开元户部格残卷"。

充课役，有媵官收"；原敕中的"不得令租地人代出租课"，则被改写为"不得更令邻保代出租课"。这就直观地表明了《格后长行敕》对原敕文字的修削改动，其规定显然已经更为准确和严密了。而所有这些，都表明《格后长行敕》的删定编纂，确是有"删"有"撰"的，且其幅度有时并不算小，这是其编纂过程具有立法性质的突出证明。

再如 S.1344 号敦煌文书今存第 3 条，为证圣元年所下有关旌表孝义之敕。此敕文字尚可见于传世文献，对比这些文字，不仅可以反映开元十九年《格后长行敕》的删定之况，还可看出其与《垂拱后常行格》的递嬗和发展所在。

以下亦据刘俊文上引书，先录 S.1344 号敦煌文书所存其文：

> 敕：孝、义之家，事须旌表，苟有虚滥，不可哀称。其孝必
> 须生前纯至，色养过人；殁后孝思，哀毁逾礼，神明通感，
> 贤愚共伤。其义必须累代同居，一门邕穆，尊卑有
> 序，财食无私，远近钦永，州闾推伏。州县亲加按验，知
> 状迹殊尤，使覆同者，准《令》申奏。其得旌表者，孝门复终
> 孝子之身，义门复终旌表时同籍人身。仍令所管长
> 官以下及乡村等，每加访察。其孝、义人，如中间有声
> 实乖违，不依格文者，随事举正。若容隐不言，或检
> 覆失实，并妄有申请者，里正、村正、坊正及同检人等，
> 各决杖六十，所由官与下考。
>
> 证圣元年四月九日

这条敕文的部分文字，亦见于日本《令集解》卷一三《赋役令》"孝子"条。其在解释"唯当五代人可称义夫者"时有曰：

> 《古记》云："义夫，谓《格后敕》十三卷云：其义必须累代同居，一门邕穆，易衣而出，同爨而食，尊卑有序，财产无私，言行匪亏，乡闾不竞，官寮委验，远近称扬……"①

---

① 《令集解》此条前文在解释"孝子顺孙"时又述：《古记》云："孝子，谓……格后敕云：'其孝必须生前纯至，色养过人，没后陪（劲案：此处当脱一字），哀毁喻礼，神明通感，贤愚共伤。'"这条存于《古记》的"格后敕"文，显然与其后文所引"《格后敕》十三卷"云云同源。

《古记》此处所引①，乃是某部传至日本而篇帙不下十三卷的《格后敕》所收之条。从其内容大略同于 S.1344 号所存此敕，但又较此多出了"易衣而出，同爨而食"及"言行匪亏"等处文字；且其"远近称扬"已被改写为"远近钦永"，"州闾不竞"和"官寮委验"则被改写为"州闾推伏"和"州县亲加按验"；遂可断其形态要比 S.1344 号敦煌文书所存此敕更接近原敕。因而这部"《格后敕》"的删纂时间，肯定要早于 S.1344 号所示的开元时期，而有可能就是神龙以前删定编纂而流入日本的《垂拱后常行格》十五卷。

然则已可拉出此敕续被删定编纂的历程：武则天证圣元年所定旌表孝义之制，本来就是一条格后敕，不久即被删定编入了《垂拱后常行格》十五卷，当时其"删撰"幅度应甚有限。神龙元年定《格》之时，此敕显然未被修入《散颁格》，而是仍以格后敕形式发挥作用②。到开元十九年其再被编入《格后长行敕》六卷，据 S.1344 号敦煌文书所示，足见其修削幅度明显大于《垂拱后常行格》。继至开元二十五年立法之时，此敕方被删定入《格》，这也就是《令集解》卷一三《赋役令》"孝子"条解释"义夫节妇"时所引的《开元格》：

　　《开元格》云：其义必须累代同居，一门邕穆，尊卑有序，财食无私，远近钦承（劲案：承当作永），州闾推伏。州县亲加按验，知状迹殊尤（劲案：充当作尤），使覆问（劲案：问当作同）者，准

---

① 《令集解》各处引"《古记》"之文甚多，其中往往杂引《孝经序》、《韩诗外传》、日本天皇敕旨及《令》文以及唐《令》与《格后敕》之类的文献以证日本《令》义，仁井田陞先生已指出其是《大宝令》的注释书，成书于圣武天皇天平十年正月至十二年八月（当唐开元二十六年至二十八年）间。见《唐令拾遗》序说第二"唐令拾遗採擇资料に就ぃて"之"令集解"条。

② 《唐会要》卷三九《定格令》："开元二十五年九月三日，兵部尚书李林甫奏：'今年五月三十日前敕，不入新《格》、《式》者，望并不任行用限。'"《通典》卷一六五《刑三·刑制下》原注亦载此事。这是要求不编入当时所定新《格》、《式》的各种敕例一概停废，是一种由于当时另编了《格式律令事类》而特别提出的建议，而非以往各次立法的惯例。说详见本章第二节。

《令》申奏。其得旌表者，孝门复终孝子之身也。①

　　这条《开元格》关于义门认定标准和程序的文字，显与S.1344号敦煌残卷所存证圣元年敕文相同。以往有些学者即以此为该卷乃是《开元户部格》抄件的两大证据之一，但其说服力实甚有限。除形态不符等种种问题以外②，开元十九年所定《格后长行敕》既对有关格后敕作了精心删定和修削，也就必是开元二十五年修订《散颁格》的首选取材，故两者部分文字的相同，毋宁说是完全正常的事情。其可证明的实际上只是S.1344号敦煌文书所存此敕被修入了《令集解》所引《开元格》的事实，却不能据此就把两者简单等同起来③，因为所有迹象都否定了S.1344号敦煌文书作为散颁或留司《格》的可能，而《令集解》所引的《开元格》，也更有可能是开元二十五年统一立法时删定而成的《开元新格》。④

　　德藏TIIT号吐鲁番文书与S.1344号敦煌文书，所收皆为敕条，各条

---

①　《令集解》此处解释"义夫节妇"所引的《开元格》文，前面说的都来自证圣元年敕中判断"义门"的标准，末句"其得旌表者，孝门复终孝子之身"则说的是旌表孝子的待遇，而已全然不见证圣元年敕中对解释"义门"来说十分重要的"义门复终旌表时同籍人"以下内容。出现这种令人费解的现象，当是《令集解》征引所致，而非此《开元格》行文如此，尽管当时必对证圣元年敕旌表孝义的规定作了一定调整。

②　如上引证圣元年敕文所作规定中，有一项是"其孝、义人，如中间有声实乖违，不依格文者，随事举正"。此处"格文"，从上下文意来看只能是此敕前文所述的孝、义标准，其况正与《日本国见在书目录》著录的《垂拱后常行格》称"敕"为"格"之习相应。这说明此敕在当时确可称"格"，同时又应视为S.1344号敦煌残卷所录不是散颁或留司《格》的证据。因为《格》条绝不会出现"不依格文者，随事举正"这类赘语，就像《律》、《令》、《式》条或任何一份制敕的规定，都只会附加"违者杖六十"或"以某某论"等规定，而不可能出现"不依《律》（《令》、《式》、敕）文者，随事举正"之类的文字一样。显然，这种以敕条为形态，可以称"格"而又并非散颁或留司《格》的法律形式，只能是格后敕。若其再经删定编纂则为格后长行敕或被修之入《格》。

③　以往学界认为S.1344号残卷是《开元户部格》抄件的另一个证据，是此卷所存万岁通天元年五月六日敕中关于"市师、壁师之徒，听于当州县供官人市买"的规定，被《唐会要》卷八六《市》大中五年八月记事引为"户部格式"之文。但此"户部格式"显然也是开元二十五年之物，其编入了S.1344号残卷抄录的开元十九年《格后长行敕》条，同样不足为奇。

④　顺便指出，以往有些学者把S.1344号敦煌文书断为开元三年所定《前格》的理由，在时间依据上只是其上今存敕条时间最晚者在开元元年。这显然也是没有多少说服力的。

亦皆开头书"敕",末署下敕年月日,不同点惟在其条是否换行示别而已①。作为不同时期删定编纂并经不同官府抄录的敕集,这类差异自然不足掩其性质和体例的基本一致,将之分别定名为神龙以前所定《垂拱后常行格》十五卷和开元十九年所定《格后长行敕》六卷的抄件,似无大的问题。故其所示样态,正是具体说明唐前期删定和编纂《格后长行敕》基本情况和体例的第一手资料。

毫无疑问,《格后长行敕》也是从《格》派生而来,补充和延伸其有关规定,用来缓冲和协调法典与各种随时随事形成施用的敕例间关系的法律形式。与"选格"之类相比,其涵盖和指导面显然已不限于某类年度性专门政务;在综合性和效用的持续性上,其性质实已与《散颁格》相当接近;其所保留的敕条形态,亦未影响其颁于天下直接指导举国政务的效能,倒是省却了将之上升为法典的立法工作量。

正其如此,从《垂拱后常行格》十五卷到开元十九年《格后长行敕》六卷的删定和编纂,既与"选格"和"长行旨条"等一起反映了永徽二年以来《律》、《令》、《格》、《式》体系留下的法律缺口;又集中代表了弥补这些缺口的一种运用灵便,效用又基本与《散颁格》相类,且最宜在通盘立法之前补充或修正现行法律的立法手段。这也就决定了《格后长行敕》作为一种特定的法律形式,在开元以后特别是安史乱后朝廷长期未能清定《律》、《令》、《格》、《式》之时大行其道的命运,以至于整个唐中后期乃至于宋代的立法,都可说是围绕其删定和编纂来展开的。

第二节 《格式律令事类》的编纂与《大中刑律统类》

开元二十五年通盘立法时,除删定了《律》十二卷、《律疏》三十卷、《令》三十卷、《式》二十卷和《新格》十卷外,还编纂了《格式律令事类》四十卷。这是一部现行法律条文的摘编,而与上面所述类似《格》、《式》的几种法律形式性质迥异。但其影响亦甚重大,不仅其体例

---

① 前者各条不换行,每条敕节文末以小字注明下敕年月日为别。S.1344号敦煌文书今存18个敕条中,17个皆换行空阙十字左右再署年月日,惟第13条长安二年二月十二日敕,乃于敕节文后空阙数字即署月月日而并不换行。应是书手抄写偶误。

为晚唐《大中刑律统类》等部法律所取鉴,更直接关系到中唐以来如何删定和归置格后长行敕等重大问题。故需述其来龙去脉,明其编纂概要,以见唐前期至后期立法和法律体系发展过程的一个重要侧面。

一 "《格式律令事类》"的编纂背景

《唐会要》卷三九《定格令》记开元二十五年立法之事,专门提到了这部法书的编纂:

> 又撰《格式律令事类》四十卷,以类相从,便于省览。奉敕于尚书都省写五十本,颁于天下。

据此则《格式律令事类》是要分类统编《格》、《式》、《律》、《令》条文,以便各行政过程综取四者的相关规定凭为法据。其看起来只是对现有法典条文的摘编①,并未从中增加新的内容而无多少立法意义。《旧唐书》卷五〇《刑法志》记其事与上引文略同,而末句作"发使散于天下"。"散于天下"与"颁于天下"虽仅一字之差,却明显淡化了此举的立法意味。不过,《新唐书》卷五八《艺文志二》史部刑法类著录《格式律令事类》四十卷,其原注曰:

> 中书令李林甫、侍中牛仙客、御史中丞王敬从、左武卫胄曹参军崔晃、卫州司户参军直中书陈承信、酸枣尉直刑部俞元礼等删定,开元二十五年上。

此其所列编者名单,与《唐会要》上条前文所载开元二十五年立法之人完全相同,其中"崔晃"显为"崔冕"之讹。其把开元二十五年立法的原班人马注为此书撰者,尽管未必妥当,却反映了《新志》撰者将此书与《律》、《令》、《格》、《式》同等视之的认识。

这种摘编现有法律条文以便各地各部门依据的做法,背景首先就是高宗以来屡屡强调《律》、《令》、《格》、《式》并行而不可或缺的司法氛围。如前所举,当时强调这一点的诏令或规定可谓不胜枚举,而最为突出

---

① 既为"颁于天下",其所摘编的自然只是《散颁格》文而不包括《留司格》。

的，仍是《唐律疏议》卷三〇《断狱篇》中，"诸断罪皆须具引《律》、《令》、《格》、《式》正文，违者笞三十"的规定，其所强调既须"具引"又必"正文"的要求，可说已把法典的作用提升到了空前程度。《唐六典》卷六《刑部》概括有关《律》文曰：

> 凡断狱之官，皆举《律》、《令》、《格》、《式》正条以结之。若正条不见者，其可出者，则举重以明轻；其可入者，则举轻以明重。

永徽二年以来，显然是通过这类规定和不断下诏对有关原则的强调，把举国司法和行政过程，包括法无正条之时的定罪量刑和厘务判事过程，都置于《律》、《令》、《格》、《式》的指导之下了[①]。正是在这样的氛围下，各地各部门官员，自然必须以各种方式来熟习其条文，方能运用得当或避免得咎。

于是便出现了抄录其文于厅事壁上的做法。《唐会要》卷三九《定格令》载文明元年四月十四日敕：

> 《律》、《令》、《格》、《式》，为政之本。内外官人退食之暇，各宜寻览。仍以当司格令书于厅事之壁，俯仰观瞻，使免遗忘。

这里所说的"格令"，也就是《唐会要》所立《定格令》之目的"格令"，当是泛指各种法律而非分指《格》、《令》，从上引文意，可知其首先是指本司常用的《律》、《令》、《格》、《式》文，对于尚书诸司来说，其同时亦应包括"留本司施用"的《留司格》条。而对尚书诸司以外的内外官人来说，以往下至本地本部门指导其政而性质与《留司格》甚近的敕例，恐亦须在记录备忘之列，因为在法无"正条"的情况下，这类敕例定会有力地辅助"举重以明轻，举轻以明重"的过程。文明元年敕文要求"仍以当司格令书于厅事之壁"，表明这类做法之前必已有之，现在则已将之推广为统一的要求。

而问题也正由此产生，本司常用的《律》、《令》、《格》、《式》文和

---

① 参《唐律疏议》卷六《名例篇》"诸断罪无正条"条关于出入罪"举重明轻"或"举轻明重"的规定。

其他敕例，究竟应该如何摘录，如何分类，最终又以何种方式和次序逐一"书于厅事之壁"？围绕着这类问题，自会有多种多样的选择。各地各部门在摘录"当司格令"时，亦必取我所需地分类排列，从而不免扰乱各部法律原有的篇章体例和条文关系①，也就不能不再次面临司法过程如何确定和如何"具引"各部法典的"正文"，及其与敕例的关系等基本问题。

这类相互关联的问题，当时肯定已引起了人们的注意。《新唐书》卷五八《艺文志二》著录有裴光庭《开元格令科要》一卷，与《律》和《律疏》并为南宋仅存的三部唐代法书之一②，可见其颇有影响且流传甚广。裴光庭即开元十九年奏请删撰《格后长行敕》六卷之人，《格令科要》的编纂当即在此前后，其"格令"亦应泛指各种法律。从其篇帙惟有一卷，可推此书必非摘录各种"格令"条文，而只是述其科目条文之纲要，遂名"科要"③，故此书的编纂，自然也涉及了对《律》、《令》、《格》、《式》篇目条文和各种相关敕例的分类编排问题。④

无论如何，裴光庭当时身为宰相而接连考虑编纂《格后长行敕》和《格令科要》，只能是其关系到了当时司法的重要问题。而两书也确都存在着有关法律条文如何编排，其相互关系如何理解的问题，则其间理路自亦有其连贯之处。在这类前例的基础上，开元二十五年编纂《格式律令事类》四十卷的重要性，即是统一提供了对现行各种法律条文进行分类

---

① 敦煌吐鲁番文书中有些法律的名称和条文，往往与文献所载有所出入，部分原因即在于此。如法藏 P. 2504 号敦煌文书是一份录有《令》、《式》内容的表格，其中"禄令"栏下列有正二至从九品禄秩，但《唐六典》卷六《刑部》所载《令》篇却并无《禄令》。刘俊文《敦煌吐鲁番唐代法制文书考释》二八"P. 2504 天宝令式表残卷"认其为"官府为便寻览另行编制之律令格式要节一类东西的抄件"，并列举了包括文明元年敕"当司格令书于厅事之壁"在内的四条资料来说明其必要性，并指出此制"在唐代各级官府中是普遍实行了的"。

② 《四库》本《崇文总目》残本史部刑法类不标"阙"字的唐代法书惟此三部。

③ 宋代释觉范（僧惠洪）《石门文字禅》卷二五《题〈华严纲要〉》称此书"其文简而义无尽，其科要而理融通"。此处"科要"即指科目甚要而使其理融通，语例与之相近。

④ 《宋史》卷二〇四《艺文志三》史部刑法类著录有宋璟《旁通开元格》一卷，萧昊《开元礼律格令要诀》一卷，列于裴光庭《开元格令科要》一卷之前。二书内容今已难知而篇帙皆尽一卷，故亦不可能是《格》或其他法律条文的摘编。从书名判断，宋璟所撰显然关乎其主持编纂的《开元后格》与其他法律的相关性，此即所谓"旁通"；而萧昊所撰则有关《开元礼》与诸"格令"的科目条文纲要，《开元礼》颁于开元二十年，萧昊此书必在其后。

摘编的办法或范型①。其意义集中到一点，就是要明确：如何把体例和条文展开方式不同的《律》、《令》、《格》、《式》连同其他敕例条文"以类相从"，从而解决如何将之分门别类加以编排，也包括如何将之书于厅壁等种种问题。

所谓"以类相从"，即按统一的分类来编排各种法律条文，也就是既要拆散，又要兼顾这几部法律原有条文之间的相互关系，再重新把其所有条文区分为若干条文群，各各明确其共同的属性。此事不仅关系到对有关法律条文的理解和解释，且必深切地牵连到司法过程。这应当就是开元十九年前后裴光庭亲自编纂《格令科要》的原因，更是《格式律令事类》编纂的要切所在。由此看来，此书的编纂虽似不同于立法而其实甚近于立法，《唐会要》说其"颁于天下"恰如其分。

由此再看《唐大诏令集》卷八二《政事·刑法》所收开元二十五年《颁行新定律令格式敕》：

> 敕：简而易从，疏而不漏，二者之义，良有旨哉。朕思正国纲，举为大化，至于《律》、《令》、《格》、《式》，政之堤防，岂惟沿袭，亦致增损。条流既广，繁冗遂多，或轻重不伦，或交互相背。侮法之吏，因以情坐，得罪之人，何妨悮人，触类而长，颇乖折中。永言于此，用是兴怀。先令中书门下及明法人等，商量刊定，兼亦采诸群议，遍示具寮，洎乎毕功，已淹岁序。近者亲览，又历旬时，如此再三，事亦详慎，不刊之典，固亦庶乎！适时之方，斯其宜矣。可颁告天下。

其中的"条流既广，繁冗遂多，或轻重不伦，或交互相背"，说明开元二

---

① 《唐会要》卷三九《定格令》及《通典》卷一六五《刑三·刑制下》原注，俱载"贞观二年七月刑部侍郎韩回"奏请尚书诸司各置《律》、《令》、《格》、《式》，"其中要节，仍准旧例，录郎官厅壁"。前已考其乃是德宗贞元二年刑部侍郎韩洎所奏，所称"旧例"，既指其奏所说"先有敕，当司格令并书厅事之壁"，亦应指其书于厅壁之法，已有开元二十五年以来续加编修的《格式律令事类》为范。同理，《唐会要》卷六六《大理寺》载大中四年七月大理寺卿刘濛奏请，准文明元年四月敕"仍以当司格式书于厅之壁"，宣宗批复其奏的敕旨曰："尚书省郎官，亦委都省检勘，依旧抄撮要，即写于厅壁。"所谓"依旧抄撮要"，亦当指开元二十五年以来编修《格式律令事类》所示"撮要"之体。

十五年立法之前，《律》、《令》、《格》、《式》体系已经积累了不少问题。这自然是因为玄宗此前的立法活动，主要是开元三年和七年对睿宗太极立法以来的各种敕例作了删定，其时虽亦调整了《律》、《令》《式》的相关内容，但主要还是《格》的修订，故其成果也集中体现为《开元前格》和《后格》[①]。由此即可理解"轻重不伦，交互相背"的问题，应主要针对相对稳定的《律》、《令》、《式》与变动较大的《格》的关系而言。上引文继述"侮法之吏，因以情坐，得罪之人，何妨悮人，触类而长，颇乖折中"，说的都是司法过程的问题。这类问题，首先就是因为以往两次定《格》与《律》、《令》、《式》间的关系并未理顺而引起的。而各地各部门缘此"触类而长"所发生的释法曲法之弊，特别是其不免尤重今上所定《开元前格》和《后格》，以及将之"书于厅壁"突出位置之类的事态，恐怕亦属理所当然。[②]

在此背景下，宋璟、裴光庭及萧昊之所以要考虑各种法律和礼法规定的关系，从而编纂"旁通"、"科要"、"要诀"；开元二十五年之所以要在通盘修订《律》、《令》、《格》、《式》时，再修《格式律令事类》为各地各部门统一提供将其条文分类统编的范式；及其之所以会以"格式律令"为序而突出《格》的位置，也就可以恍然大悟了。

现在即可明白，《格式律令事类》的编纂和颁行，一方面前置了《格》条的地位，也就等于强调了"今上"所定格后敕在指导举国行政时的重要性，另一方面显亦寓有针对以往因此所致之弊的纠偏作用。也就是说，其大旨是要明确：行政、司法不得只据今上烙印最为密集的《格》文为准，而须以此综据相关《律》、《令》、《式》文行事。因而"格式律令"这个排序所反映的，正是当时立法过程越发以《格》为中心来展开，

[①] 《册府元龟》卷六一二《刑法部·定律令四》载开元元年"删定格式令……至三年奏上之，名为《开元格》"，又载开元六年"删定律令格式……至七年上之，《律》、《令》、《式》仍旧，名《格》曰《开元后格》"。其所代表的是《国史》系统的记载，《旧唐书》卷五〇《刑法志》所载与之略同。《唐会要》卷三九《定格令》载此两次立法，前一次与《国史》同，后一次则述"修令格"。这是《实录》系统的记载，与《国史》所载相较，其述后一次的"令格"显然犹如"格令"乃是泛称，故《国史》编修时已对此加以明确。两个系统的记载都显示开元三年和七年立法的主要成果是《格》的删定。

[②] 前已提及《宋史》卷二〇四《艺文志三》史部刑法类著录有"宋璟《旁通开元格》一卷"。宋璟乃编纂《开元后格》的主持人，"旁通"当是以《开元后格》为纲条流有关《律》、《令》内容。故此书之纂同样反映了开元以来《格》作用和地位的特殊性。

而《律》、《令》、《式》尤其是《律》、《令》其实未做多少调整的状态。在这种状态之下，如此排序可以说是《律》、《令》、《格》、《式》体系适应和协调今上制敕与法典关系的一种方式。而不能据此就简单地认为，《格》这种法律形式的效力和位阶，在当时已经优于或高于《律》、《令》和《式》。

诚如论者指出，"格式律令"这种排序，并不始于开元时期[①]。史载高宗麟德、仪凤以来至武周垂拱、中宗神龙和睿宗太极元年历次立法，几乎皆以"重定格式"、"删辑格式"、"删定格令"之类的文字加以表述[②]，对其结果则往往只载《格》或《格》、《式》的颁行。而事实则是垂拱立法曾改《律》条数十[③]，《唐大诏令集》卷八二《政事·刑法》所录文明元年四月《颁行〈律〉、〈令〉、〈格〉、〈式〉制》，要求"先定《律》、《令》、《格》、《式》之本，宜早宣布"，前已指出其说的就是次年所颁的垂拱《律》、《令》、《格》、《式》。由此可见史载此期屡屡进行的"重定格式"，其实大都是重定《律》、《令》、《格》、《式》，只是其重心在以《格》、《式》约束和归置既往积累的敕例，至于《律》、《令》则未多措意，主要成果也集中在新《格》及新《式》罢了。也就是说，高宗以来的这种主要围绕《格》、《式》修订展开的立法活动，实际上已为"格式律令"的排序奠定了基础，也都构成了《格式律令事类》编纂之所以要前置《格》文的序曲。

---

① 雷闻《俄藏敦煌Дx.06521残卷考释》即以睿宗景云初命岑羲等十人"删定格式律令"来释《格式律令事类》排序的缘起。文载《敦煌学辑刊》2001年第1期。而《唐会要》卷三九《定格令》载开元二十五年立法，也同样是说当时命李林甫等"共加删缉旧《格》、《式》、《律》、《令》及敕"的。这样的次序表明这次立法要亦在《格》，从而直接说明了《格式律令事类》编纂体例的由来。

② 《唐会要》卷三九《定格令》、《册府元龟》卷六一二《刑法部·定律令四》。但在史传中，这类记载仍有随意性，如《旧唐书》卷七八《于志宁传》载其"前后预撰格式律令、五经义疏及修礼修史等功，赏赐不可胜计"。志宁卒于麟德二年，所参与的包括贞观、永徽和麟德立法，所述"格式律令"显然不能去逐一对号胶刻视之。

③ 《唐会要》卷三九《定格令》载垂拱立法，"其《律》惟改二十四条"。《册府元龟》卷六一二《刑法部·定律令四》载为"其《律》、《令》惟改二十四条"。又如《旧唐书》卷八八《苏瑰传》载"特命删定律令格式"。《新唐书》卷一二五本传载为"一朝格式，皆所删正"。苏瑰参与的是神龙立法，亦可见其时实遍修诸法而重心在于《格》、《式》。

二 "《格式律令事类》"的体例

关于《格式律令事类》的编纂体例,《通志》卷六五《艺文略三·史类第五》刑法部总类著录《唐格式律令事类》四十卷,有一条原注亟值注意:

> 李林甫纂《律》、《令》、《格》、《式》、长行敕,附尚书省二十四司,总为篇目。

由于南宋时期较为可靠的诸家著录皆无此书踪迹[①],《通志》的这条著录,有可能也是取诸记载以意度之,而郑氏实际上并未见书。但在上面讨论的基础上,即可看出郑樵所说的两点都极有见地:

一是"附尚书省二十四司,总为篇目",这当然是《格》文前置的必然结果,因为四种法律中只有《格》纯以尚书诸司分篇。也就是说,《格式律令事类》的"以类相从",即以尚书二十四司为"类"而先列《格》条,再把与《格》条规定相关的《式》、《律》、《令》条依次系于其下而编成。故其列于最前的各种《格》条,事实上起到了二十四司分篇之下次一级子目的作用。就此又可合理地推想,由于《格式律令事类》只有四十卷,而开元二十五年所定《格》有十卷,《式》有二十卷,《律》有十二卷,《令》有三十卷,另外还有《律疏》三十卷;则可断其必非编其全部条文集于此书,其中所录《律》、《令》、《式》文,皆当据其是否与《格》文规定相关而取舍。

二是郑樵指出《格式律令事类》除编录了四部法律的条文以外,还编录了"长行敕"。这一做法的可能性和实用性前面亦已交代,各地各部门将有关法规摘抄诵习或"书于厅壁"之时,对《律》、《令》、《格》、《式》条文以外,随时、随事下至本司指导其行政过程的敕例,恐亦应择要写录,至于本就颁于天下与《格》相类的《格后长行敕》条,自然更在录写之列。可以认为,裴光庭也正是有鉴于此才考虑编纂《格后长行敕》和《格令科要》的。

[①] 参《遂初堂书目》、孙猛《郡斋读书志校证》卷八《史部刑法类》、何广棪《陈振孙之史学及其〈直斋书录解题〉史录考证(下)》下册十三《法令类》。

当然郑樵所述必另有据。《唐会要》卷三九《定格令》载元和十年十月之事：

> 刑部尚书权德舆奏："自开元二十五年修《格式律令事类》三十卷，处分长行敕等，自大历十四年六月、元和二年正月两度制删之，并施行。伏以诸司所奏，苟便一时，事非经久；或旧章既具，徒更烦文。狱理重轻，系人性命，其元和二年准制删定，至元和五年删定毕，所奏三十卷，岁月最近，伏望且送臣本司。其元和五年已后，续有敕文合长行者，望令诸司录送刑部，臣请与本司侍郎、郎官，参详错综，同编入本，续具闻奏。庶人知守法，吏绝舞文。"从之。①

其奏开头即说，"自开元二十五年修《格式律令事类》三十卷，处分长行敕等"。这表明诸处所载李林甫等编修的《格式律令事类》四十卷中，确是包括了"格后长行敕"的②，且其所占篇幅达十卷之多，而其余《格》、《式》、《律》、《令》条文只占三十卷。奏文接着说大历十四年和元和二年"两度制删之，并施行"，则明显存在着问题。这是因为从上引文意理解，德宗登位后和宪宗元和二年正月的"制删"③，似乎都是对《格式律令事类》的修订，但《唐会要》等各处却载这两次只删定了格后敕各三十卷，且皆"留中不出"④，根本没有提到当时又修订了《格式律令事类》。

根据这些记载，再考虑到权德舆此奏主要说的是其正在从事的格敕编

---

① 德舆此奏述"大历十四年六月、元和二年正月两度制删之，并施行"；据其后文述"其元和二年准制删定，至元和五年删定毕"，可见前面的"并施行"存在问题，其前或有脱文。
② 戴建国《唐格条文体例考》已引权德舆此奏，指出《格式律令事类》中包括了长行敕。
③ 《旧唐书》卷一二《德宗纪上》载大历十四年五月辛酉代宗崩，是月癸亥德宗登位。故大历十四年六月"制删"此书，乃是新登位的德宗所为。
④ 《唐会要》卷三九《定格令》明载德宗贞元元年十月"尚书省进贞元定格后敕三十卷，留中不出"，这也就是大历十四年六月开始删定的结果。其下又载"元和二年七月，诏刑部侍郎许孟容……等删定开元格后敕"，上引权德舆奏文明言其至元和五年删定毕为三十卷，而未交代其是否颁行。《旧唐书》卷一四八《权德舆传》则载其先由许孟容、蒋乂等奉诏删定，孟容改官以后蒋乂独成三十卷，表献之，"留中不出"，再由刘伯刍等接手修订。

修活动，其事明显就是前两次删定活动的继续①。由此似可断定德宗登位和宪宗元和二年实未修订《格式律令事类》，而上引文中的"并施行"，应当是脱落了"未"字②。也就是说，权德舆此奏交代的，正是前此两次删定格敕皆未施行之事，因而才会奏请将之"且送臣本司"，且请诸司把"续有敕文合长行者"录送刑部，以便一并"参详错综，同编入本"。

经此梳理后再观权德舆此奏，可见《格式律令事类》直至安史乱后，一直都因其类编了开元二十五年《格》、《式》、《律》、《令》条文，并且收录了此前有关长行敕条，而仍有其重要作用。这也就是元和十年权德舆接手编修格敕，其奏文却要从这部法书说起的原因。当然时隔多年又值军兴战乱之余，其内容已不免多有过时之处，开元以后陆续下达的各种敕例已愈显重要，对之加以删定编纂，使之与《格式律令事类》所含开元"旧章"参照行用，也就成了极具必要性和迫切性的立法任务。这样的态势，实际上已经决定了这部法书自来再不修订，而各种长行敕集的删定编纂则层出不穷的结局。

《格式律令事类》在敦煌文书中也有抄件，目前已为学者考证揭示的有两件。

一件是俄藏 Дx. 03555 号残卷，其上现存文字 10 行，各行上部所阙过半，李锦绣《格式律令事类祠部残卷试考》一文，已校理其残存内容③，考其第 2—4 行为《主客式》文，第 6 行以下皆为开元二十五年《祠令》之文。这种《式》在《令》前的条文排序，正为《格式律令事类》所独有，这是判断其为此书抄件的重要理由。然则其《式》条之前残缺的部分，原本应有《格》条；而其所示《式》、《令》之间未现《律》条的现象，则是由于本条《格》文规定的具体祭祀之务，本无与之相应的《律》条规定之故。而这本身就是《格式律令事类》以《格》条为纲加以取舍

---

① 大历十四年、元和二年及元和十年"制删"和编修长行敕集时，必会集中考虑新、旧长行敕的关系问题，也就不免会把《格式律令事类》附入的长行敕一并抽出加以审视。这样一来，人们才会知道此书所编《格》、《式》、《律》、《令》条文原来只有三十卷，而其余皆为长行敕所占的篇幅。又《五代会要》卷九《定格令》载后唐天成年间从定州敕库抄出仅存之唐代法书，其中的"《格式律令事类》四十卷"，即为开元二十五年所定。

② 上引权德舆奏文开头一段，"自开元二十五年……并施行"，其中脱讹恐不止于此。关于这几次编纂长行敕之事，详见本章第三节。

③ 载《文史》2002 年第 3 辑。

的结果。

另一件是俄藏Дх.06521号残卷，其上现存文字14行，前面3行残缺尤甚，第4行以下缺字较少，第1、2、4、5行中有小字双行夹注。前引雷闻《俄藏敦煌文献Дх.06521残卷考释》一文已对此件内容作了考证，基本恢复了第4行及其以下所阙的文字内容，在此基础上明确了其性质和定名。由于此件较之Дх.03555号残卷更为完整地体现了《格式律令事类》的体例，特别是其收录了长行敕和其他敕例的状况，故特列出雷闻录补的此件行文，以见其形态之概要（方括号内为雷闻考补文字）：

（前阙）

　　　　　　　　　　　□排山社
1　　　　　　　　　　　两京诸司
2　　　　　　　　　　　□社桥　嶲州会川差官
3　　　　　　　　　　　□□聚敛。
　　　　　　　　　　　　　　　都□□□
4　[考课]令：诸都督、刺史上佐　□□□□[每年分]
　　　　　　若上佐已上有阙及事故，只有　　录事
5　番朝集　参军代集，若录事参军有　　　[限十]
6　月廿五日到京，十一月一日见。[所部之内，见任及]
7　解代，皆须生。其在任以[来，年别状迹，随问]
8　辨答。若知长官考有不当，
9　以状通送。
10　户部格敕：诸州应朝[集，长官、上佐分番入]
11　计，如次到有故，判[司代行，未经考者，不在]
12　集限，其员外同正员，[次正员后集。]
13　　　　　　　　　　　开元[八年十一月十二日]
14　敕：刺[史]□到任，当年

（后阙）

以下即在雷闻讨论的基础上，着眼于《格式律令事类》的体例，来对上列14行文字略加说明和疏通：

　　上文第1行有夹注提到"排山社"和"两京诸司"，雷闻已将之联系英藏S.1344号敦煌文书所录景龙元年十月廿日敕文所示，禁断诸州百姓"作排山社"之事，认为其有可能是"重申这个禁令"。如前所述，S.1344号实为开元十九年所编《格后长行敕》六卷的抄件，其中相当一部分敕条，必被修入了开元二十五年《散颁格》。故可判断俄藏Дх.06521号残卷现存第1行，本是一条《格》文。据此件本属《格式律令事类》的抄件及其第4行以下的内容，还可进一步判断，这是一条把有关禁令的实施与官员考课联系起来的《格》文。

第2—3行提到了"巂州会川差官"和"聚敛"之事，雷闻推测其为朝廷"戒谕地方官不得聚敛而下的禁令"。根据前面的讨论，在《律》、《令》、《格》、《式》之中，这种具体到巂州会川县的地方性个案规定，正是《式》条之下各款独有的内容，遂可断其本属一条与地方官考课相关的《式》文。这也表明《式》款中的地方性个案规定，虽也像《留司格》那样不具普适性，却仍可作为行政范式发挥重要作用。

第4—9行雷闻已明其为《考课令》文，并且考补了所阙文字，其论精确可从。

第10—13行是一条"户部格敕"，雷闻已据《唐会要》所载此敕，补足其下达时间在开元八年十一月十二日，至于其误认之为《户部格》文，则是受到了学界长期以来不辨《格》的留司、散颁及其各自形态和性质，且常把"户部格敕"标点为"《户部格》：敕"的影响。其实"格敕"就是格后敕，对之再加删定修削即为"格后长行敕"，第10—13行的这条开元八年所下有关诸州朝集使之事的"户部格敕"，显然也就是《格式律令事类》编入的一条"长行敕"[①]，从而真切地呈现了这部法书把有关"长行敕"条附于《令》文之后的体例。

第14行只留下了一道敕文的前几字，内容则关乎"刺史到任，当年"如何的规定。由于上条已显示格后长行敕是以"户部格敕"这类名称出现的，故此条单名为"敕"，必是另一种性质的敕例。也就是说，这行文字虽然残缺漫漶，却是《格式律令事类》收录范围肯定不限于格后

---

① 《唐会要》卷二四《诸侯入朝》载其原敕节文："（开元八年）十一月十二日敕：诸州朝集使，长官、上佐分蕃入计。如次到有故，判司代行，未经考者，不在禁限。其员外同正员，次正官后集。"将之与残卷所载相参，可见原敕的某些文字已被改写。这当然是前面所述《格后长行敕》可对原敕进行不小"删撰"的结果，也是这条"户部格敕"性质是长行敕而非一般格后敕的证据。

长行敕的关键证据。从其残存内容关乎刺史到任的有关规定来看，这里不妨即据前面所述当时几种类于《格》、《式》的法律形式，拟之为开元二十四年所定"诸州刺史、县令改替日，并令递相交付"的《长行旨条》某条之文。"长行旨条"必须"进画颁行"，本属"长行"之法，性质实与"长行敕"相类，将之附于长行敕之后是合乎逻辑和实际需要的。

经上疏通后，不仅俄藏 Дх.06521 号残卷乃是《格式律令事类》抄件的性质可以无疑①，其内容、体例亦可更加清晰。此卷残存的显属《格式律令事类》的部分内容，今存其首条必是关于地方官考课的一条《散颁吏部格》文，其下所列则为内容与之相关的一条《式》文。由于这条《格》文规定并无事类与之相同的《律》条，故《式》文之下径接《考课令》条，其况与上述俄藏 Дх.03555 号残卷《式》文之下直接就是《祠令》之条相同。继《令》依次所列的"户部格敕"和"长行旨条"，则是《格式律令事类》确实编入了长行敕和其他长行敕例的实证。特别是后者的编入，若非此卷所示，今人就只能揣度而难断论，对于明确《格式律令事类》的收录范围，以及进一步认识"长行旨条"等法律形式的性质来说，都不仅提供了极可宝贵的原始资料，而且直接说明了德宗以来这部法书重心位移而性质变迁的动因和背景。

要之，开元二十五年编纂《格式律令事类》而附入长行敕及其他有关敕例之举，实际上是以另一种方式存续和扩展了开元十九年"删撰"《格后长行敕》六卷的做法，使其得以将删定之后仍有可存，却不宜修入《格》、《式》的长行敕和长行旨条之类，分类统编在《格》、《式》、《律》、《令》条文之后。也正是有鉴于此，李林甫才可以奏准开元二十五年五月三十日以前所下的各种敕例，凡不入新《格》、《式》者皆尽停废。

故开元二十五年立法，一方面把各种敕例经过修削纳入了法典，以此标志了长期以来"法定主义"实践的登峰造极，体现了各种法律形式俱已按此主义各得其所的集大成局面。另一方面也以《格式律令事类》的编纂，保留了长行敕和其他长行敕例存续其用的通道，表明了当时编纂此书来约束和归置那些尚有可存的敕例的特定立法意义。故当安史乱后无暇

---

① 戴建国《唐格条文体例考》认为"这件文书所载法令性质的推定还是有疑问的"。原因即在戴先生亦受"户部格敕"常被学界标点为"《户部格》：敕"的影响，遂疑惑于此卷何以呈现了《令》文在前而《格》文在后的形态。

通盘立法之时，此书对开元二十五年《格》、《式》、《律》、《令》条文的分类统编，则不仅因其事类分明便于实用的特点，且亦因这些条文难被骤然取代而仍长期保持着其价值。至于当年编附其中的长行敕和长行旨条之类，则势会会与自来续下的各种敕例一并被考虑删定。这也就是元和十年权德舆奏文述其惟有三十卷的原因所在，同时其又构成了中唐以来重新像开元十九年那样，专门另行删定格敕而编行长行敕集颁行天下的因缘之一。

三 "《格式律令事类》"的后续之举

最后还须一提的是，研究这部《格式律令事类》的学者，大都将之与南宋《庆元条法事类》分类统编敕、令、格、式条文，又后附有关"申明敕"的体例作了对比，指出了其间的近似之处和渊源关系。从长远看来这当然没有问题，但就实际演变历程而言，直承《格式律令事类》之体而编修的法书，首先还是宣宗时期张戣等人奉敕编纂的十二卷本《大中刑律统类》。

《唐会要》卷三九《定格令》载宣宗时期的两次立法：

> 大中五年四月，刑部侍郎刘瑑等奉敕修《大中刑法统类》六十卷，起贞观二年六月二十八日，至大中五年四月十三日，凡二百二十四年杂敕，都计六百四十六门，二千一百六十五条。至七年五月，左卫率府仓曹参军张戣，编集《律》、《令》、《格》、《式》条件相类者一千二百五十条，分为一百二十一门，号曰《刑法统类》，上之。

这就有了刘瑑和张戣分别主持编纂的两部"《刑法统类》"[①]。所载两者名称的相同，自然是因为其皆为"刑法"，又都采取了"分类统编"的体例，可见《格式律令事类》的编纂体例对中晚唐有关立法活动的广泛

[①] 《旧唐书》卷一八下《宣宗纪下》载其事：大中五年四月癸卯，"刑部侍郎刘瑑奏：据今年四月十三日已前，凡二百二十四年，杂制敕计六百四十六门，二千一百六十五条，议轻重，名曰《大中刑法统类》，欲行用之"。大中七年五月，"左卫率府仓曹张戣集《律》、《令》、《格》、《式》条件相类一千二百五十条，分一百二十一门，号曰《刑法统类》，上之"。

影响①，亦可见当时各种制度未及详定，而刑事尤为行政之要的立法态势。

但两者毕竟在内容构成和门类条数上存在着重大区别。《新唐书》卷五八《艺文志二》史部刑法类一并著录了刘瑑等纂《大中刑法总要格后敕》六十卷和张戣《大中刑律统类》十二卷，即可见这两部法书的卷数和名称本就不同。上引文则已清楚地表明：前者删定编纂的是贞观二年直至大中五年的"杂敕"即各种制敕，准确地说，是着眼于刑事需要，对这224年中各种敕例的一次全面清理②，故其接续的是唐前期以来删定格后敕为长行敕的立法传统。后者则取"《律》、《令》、《格》、《式》条件相类者"编集而成，其性质显然更近于《格式律令事类》。③

《新唐书》卷五六《刑法志》未载刘瑑之事，却专门提到了张戣主持编纂的这部法书：

> 宣宗时，左卫率府仓曹参军张戣以刑律分类为门，而附以格敕，为《大中刑律统类》。诏刑部颁行之。

据此可见张戣编纂这部法书的两个要点：一是"以刑律分类为门"，这显

---

① 这方面的显例即是《白氏六帖事类集》常引的各种以专门事类为目的"式"文。如其卷一六《军资粮一》下在"衣赐式"下引《兵部式》文，卷二二《征役七》在"充夫式"下再引《户部式》文，卷二二《蛮夷贡赋二十六》在"蛮夷进献式"下引《主客式》文，卷二三《水田二十二》在"清白渠斗门式"下引《水部式》文（罗振玉当年正是据此推定法藏 P. 2507号敦煌残卷为《水部式》抄件的），卷二七《淫厉五》在"立神式"下引《祠部式》文。这些摘抄《式》文的"式"名，应当都是唐后期分类编录《式》或其他法令规定的门类。据《白氏六帖事类集》卷一一《祥瑞二》："式云：麟、凤、鸾、龙、驺虞、白泽、神马为大瑞，随即奏之。应奏不奏，杖八十。"前已指出其中"应奏不奏，杖八十"本是《律》文，可见其所称"式"云，有可能也是"衣赐式"之类。而此类所摘可以包括《律》文的，其态正与前述"烽式"可以包括《军防令》文的状况相类。

② 揣其之所以不称"格敕"而称"杂敕"，是因为贞观二年至十一年间是无所谓"格后敕"的，此后固然有了格后敕，但永徽二年以来除此之外还有常被删定入《式》的其他各种敕例。到晚唐，以往格后敕和其他敕例实际已被混同为一，亦已不能再以格后敕来对之加以概括了。但其显然不应指所有制敕，而仍是指作为成例和规范可以指导今后行政过程的敕例，且因其着眼于"刑法"而主要是刑事类敕例。

③ 《唐会要》卷三九《定格令》载"宝历二年十月，大理卿裴向进前本寺丞卢纾所撰《刑法要录》十卷"。似可视为张戣编纂《刑律统类》前的中间环节。这部《刑法要录》甚有影响，《五代会要》卷九《定格令》载其至后唐天成元年仍在大理寺"见管四部法书"共计一百六十一卷之列。参《玉海》卷六六《诏令·律令下》之《唐刑法要录》条。

然是其名为《刑律统类》的原因，足与各处提到其编纂体例为"《律》、《令》、《格》、《式》条件相类者"的顺序相证，从而说明其可能正是以《律》为中心编成，而对以《格》为首的《格式律令事类》体例作了调整。二是"附以格敕"，说明其也还是在《律》、《令》、《格》、《式》条文之后，编入了有关长行敕例，也就说明了其对《格式律令事类》体例的继承，及其在指导当时刑事活动时的重要作用。

宣宗大中五年和七年分别由刘瑑和张戣主持编纂的这两部法书，乃是唐代最后两次通盘进行的立法，可以视为当时对中唐以来各种立法活动的总结之举。但各处对两者编纂和出台的记载不无出入，如《册府元龟》卷六一三《刑法部·定律令第五》载大中五年刘瑑奉敕编修，即载其名为《大中刑法总要格后敕》，但其条数则作"三千一百六十五条"，若其"三"字并非传抄讹误，那就比《唐会要》所述整整多出了一千条。其述大中七年五月张戣所编亦与《唐会要》所载相当不同：

> 七年五月，左卫率仓曹参军张戣进《大中统类》六十二卷。敕刑部详定。奏行之。

由于其他诸处提到张戣所编皆为一十二卷，故此处述其原有六十二卷，其"六"字恐为讹衍。不过《唐会要》和《新志》上引文既然都未提到其篇帙，故亦无法完全排除张戣所编原有六十二卷，刑部"详定"后方将其压缩为十二卷的可能。

不管怎样，关于此书的所有记载都表明，张戣进此书时，其名确为《刑法统类》，刑部详定以后，遂将之区别于刘瑑前编之《刑法统类》，改其名为《刑律统类》，而其最终篇帙定为十二卷，则显然是取《律》篇之数而成，体现了其以《律》篇为纲，再分121个门类，其下系以《律》条及相关《令》、《格》、《式》文和格敕的体例。从前面所述开元二十五年删定"旧《格》、《式》、《律》、《令》及敕，总七千二十六条"，而所存总计为5774条来看，《大中刑律统类》所含条文无论是2165条还是3165条，显然都是因其围绕刑事来删定的结果。由于开元二十五年《律》502条在中晚唐只有局部变化，故其删去的主要是《令》、《格》、《式》及各种敕例的非刑事部分。

以上这些，大体也就是今仍可知《大中刑律统类》的基本状况。从中不难体会到，开元二十五年《格式律令事类》确定的《格》条前置体例，在这部法书至安史乱后长期存续其用的过程中，特别是到宪宗以来其实际已与另行编集的续下长行敕集相辅而行以后，显然已经不合时宜而失去意义了。如前所说，《格》条前置反映的是高宗至开元时期立法主要围绕《格》的修订来展开的现实，是突出"今上"所定法律的重要性，遂须把较少改动的《式》、《律》、《令》文置于其后的特定手段。但到宪宗元和十年以来，除随时随事下达的敕例外，直接体现"今上"意旨的已是别加删定编行的长行敕集，《格式律令事类》前置的《格》条则必愈多过时难行者，再要坚持《格》、《式》、《律》、《令》的排序，就不能不与当时司法过程的需要相悖了。张戣编纂《刑律统类》，重新确定以《律》为纲的原则，一方面体现了当时军国务繁而刑事尤急的形势，另一方面显然就是有鉴于此所作的调整。

从五代后唐直至宋初基本上都参择沿用了唐《律》、《令》、《格》、《式》，而随时损益和起主导作用的则为当朝编敕的状态来衡量，《大中刑律统类》的立法路向，应当代表了一段时期以来立法和法律体系的总体走向。张戣当时固然仍把开元二十五年《律》、《令》、《格》、《式》置于重要地位，却已围绕刑事需要来分门别类重新选择和组合其条文；其虽然仍把集中体现"今上"意旨的有关"格敕"附于其后，却毕竟使之与《律》、《令》、《格》、《式》的相关条文跻为同列了。这也就标志了《律》、《令》、《格》、《式》体系原有结构关系的瓦解，注定了实际司法过程必然更重"后敕"而非"前格"的结果，并为五代至宋的《同光刑统》、《大周刑统》和《宋刑统》提供了样板。由此再加上即将到来的改朝换代的催化作用，编敕居于实际已经支离破碎的《律》、《令》、《格》、《式》规定之上的局面，可说已经呼之欲出了。[①]

第三节　长行敕的删定编纂与开元二十六年至唐末立法

唐后期立法主要是格后敕的删定编纂，"编敕"就是从格后敕的删定

[①] 宋代章如愚《群书考索》后集卷六五《刑门》序称"宣宗时张戣又以刑律分类为门，而附以格敕，为《大中刑律统类》，故《律》与格敕合而为一"。已经指出了这一点。

编纂发展而来的，这早已是法史学界的定论。需要对此补充说明的是，经过删定的格后敕，其实已是"格后长行敕"而有别于一般的格后敕了。

如前所述，格后敕无非是各地、各部门向尚书省申报立法议案，再经尚书主管部司集京官七品以上议定奏准的敕例，凡经此程序下达施用者，均对今后行政具有指导作用，这也就是格后敕自唐初以来一直甚受朝廷和各地、各部门重视的原因。长行敕则在格后敕基础上再加删定而来，业已经历了又一番审裁和取舍，像开元十九年裴光庭建议编纂的《格后长行敕》六卷，还对收入其中的格后敕作了幅度不小的"删撰"①，其地位自然也要高于格后敕。更何况，到德宗调整立法体制以后，格后敕与其他敕例在形成程序上已被归并为一，再从字面上来理解时人所称的"格后敕"已不甚合适，因为其已不再像唐前期那样，是"定《格》以后"之物。或者说，中晚唐所称的"格后敕"，实际上已可统指各种敕例，其"格"已主要是指以往删定编纂的长行敕，这才是当时各次立法的中心和最为重要的法律形式。

一 开元以后的七次通盘立法

见诸记载的唐后期各次立法②，除很少几次对《律》有所调整外③，

---

① 《宋刑统》所存唐后期制敕节文，莫不文简意赅。如其卷一《名例律》"五刑"条所存建中三年八月二十七日敕节文，《唐会要》卷三九《议刑轻重》载其为建中三年八月二十七日刑部侍郎任宏奏（《通典》卷一六五《刑制三》载其为"建中三年八月刑部侍郎班宏奏"），其奏节文与《刑统》敕节文略类，而多出"重杖既是死刑，诸司使不在奏请决重杖限。敕旨依"20字。《唐会要》及《通典》所取，必是德宗以来已经删定之长行敕，而其原文必较此为繁，《刑统》引此则再加删节。

② 参杨廷福《唐律疏议制作年代考》二"《唐律疏议》即为《永徽律疏》"所列"唐代所编制的重要法典表"。其中列有武德至大中"三十部主要的法典"，而安史乱后修订的有"贞元定格后敕"、"元和敕敕"、"元和格后敕"、"太和格后敕"、"开成详定格"、"大中刑法总类"、"大中刑律统类"七部。其所列虽不甚准确，但这几部格后敕集既然都已经过删定，也就表明大中以前立法其实都是在删定编纂长行敕集。

③ 刘俊文《唐律疏议笺解》的"序论"二"唐律的编纂"，列出了唐代各次改《律》之事，开元二十五年以后只有天宝、乾元、建中、元和四次。但其中天宝年间是否改《律》尚有可疑，乾元二年诏命中书门下及刑部、大理法官删削刑法而无下文，建中二年删定"格令"亦未必涉《律》，惟有元和二年八月"刑部奏改《律》卷第八为《斗竞》"，为避顺宗名"诵"之音讳。此类局部变化，包括对某些《令》文规定的调整，两《唐书·刑法志》及《册府元龟》卷六一二至六一三《刑法部》定律令四至五所载还有不少。

其余大都是在把格后敕和其他敕例删定为长行敕，而严格说来，"编敕"实际上也就是编纂长行敕。以下谨把开元二十五年以后各次重要立法的记载，依其时间顺序逐一列出而略事阐释，以见中晚唐立法概况，及其以删定长行敕为中心的状态，亦以辨正某些记载中并不明朗而易被误解的史实：

一是开元二十五年以后首次重要的立法活动，以往均被定在天宝四年，这是存在着问题的。《新唐书》卷五六《刑法志》载：

> 至（开元）二十五年，中书令李林甫又著《新格》，凡所损益数千条。明年，吏部尚书宋璟又著《后格》，皆以"开元"名书。天宝四载，又诏刑部尚书萧炅稍复增损之。

天宝四年萧炅主持的这次立法，曾被学者认为是继二十五年《开元新格》以后，再次修订了天宝《新格》十卷①。但此事《唐会要》等各处未见有载，《新唐书》卷五八《艺文志二》史部刑法类亦未著录天宝四年新定之《格》。而正如前所指出，《新唐书·艺文志》著录的唐代法书，经常未见其书而仅据记载即加著录，故此《志》未录此书，适足以说明当时并无萧炅删定了一部"天宝新《格》"的记载。更何况，《新唐书·刑法志》此处载开元二十五年立法之"明年"宋璟又著《后格》，显然是一条把开元七年宋璟主持定《格》之事误在此处的错简。

不过，开元二十六年确在萧嵩主持下删定过"格令"，《唐会要》卷三九《定格令》载文宗开成元年三月刑部侍郎狄兼謩奏事，先称"自开元二十六年删定格令，至今九十余年"，继而又称"伏请但集萧嵩所删定"云云。可见开元二十五年之"明年"，确曾有过立法举措，惟其绝不可能由二十五年十一月业已去世的宋璟主持罢了。②

---

① 刘俊文：《论唐格——敦煌本唐格残卷研究》，收入《敦煌吐鲁番研究论文集》，汉语大辞典出版社1988年版。
② 中华书局点校本《新唐书·刑法志》本条《校勘记》已指出了此点。

因此,《新唐书·刑法志》此条本来应该是有其史据和特定内容的①,但却发生了错误或传抄之误。从当时立法的需要和可能来看,开元二十六年恐怕不会再来全面删定《律》、《令》、《格》、《式》,而只能是作些局部调整。天宝四年萧炅主持的立法,从此处行文来看,也无非在此基础上进行。然则其最有可能形成的,恐怕绝不会是又一部《散颁格》,而有可能是对开元二十六年以来相关举措的进一步"损益"。

由此再看《册府元龟》卷六一二《刑法部·定律令四》:

> 天宝四载诏曰:"刑之所设,将以闲邪;法不在严,贵于知禁……比者应犯极法,皆令免死配流,所以市无刑人,狱无冤系……至于徒罪,虽非重刑,力役之外,不免拘系,载罹寒暑,诚可矜量。自今以后,其犯罪应合徒者,并宜配诸军效力。庶感激之士,因以成功;宽大之恩,叶于在宥。且本置杖罪,是代肉刑,将以矜人,非重为法。今官吏决罚,或有生情,因兹致毙,深可哀悯。其犯杖罪情非巨蠹者,量事亦令效力。宜令所司作载限,仍立条例处分。"

这段记载显然来自《国史》,诏文所称"比者应犯极法,皆令免死配流",应即《旧唐书》卷九《玄宗纪下》所载开元二十六年正月东郊迎气后,下制"天下系囚,死罪流岭南,余并放免"以来之事②。其事是否就是《新唐书·刑法志》所述的开元二十六年立法容可再论,不过天宝四年刑

---

① 狄兼䜣所述开元二十六年萧嵩删定格令及《新志》所称开元二十六年立法,也有可能是指此年告竣的《大唐六典》的连带之事,其书摘抄《律》、《令》、《格》、《式》文甚多,恐亦不免取鉴开元二十五年五月三十日后下达的格敕,为此亦曾对其加以删定。《唐六典》本由李林甫奏上,而林甫在晚唐恶名尤甚,狄兼䜣遂以萧嵩代之,亦未可知。

② 开元二十六年此诏详见《册府元龟》卷八五《帝王部·赦宥四》,其首条即为"其天下见禁囚应犯罪者,特宜免死,配流岭南,已下罪并放免"。《册府》此卷又载天宝三载正旦大朝后,下制赦宥,其中亦有"见禁囚徒,应杂犯罪死者,宜各降一等,自余一切放免。其十恶及造伪、妖妄头首、官吏犯赃并奸盗等,害政既深,情难容恕,不在免限"。又载天宝三载三月壬申制曰:"……其天下见禁囚徒,应合死,配流岭南;流已下罪并见徒,一切放免。其责保在外及追捉未获者,并同见禁例处分。其京城内,宜令中书门下即分往疏决,应令流人,便配讫闻奏。其东京及北京兼诸郡,各委所由长官准此处分。即宣示中外,咸使知闻。"开元二十六年以来这一系列举措,显然有其连续性,故已有别于一般的特赦而须进行制度上的调整,其程序则当同于《唐六典》卷六《刑部》载"凡狱囚应入议、请者,皆申刑部,集诸司七品以上于都座议之"。由此形成的"条例"也就是格后敕。

部尚书萧炅主持的"损益",实有极大的可能即是上引诏文关于徒、杖改为配军效力,命"所司"确定年份断限而"立条例"之事。然则萧炅根本就没有删定编纂过"天宝四载《新格》",而只是把开元二十六年和天宝四年关于死刑配流和徒、杖罪充军的规定,"删撰"成了一份性质类同于格后敕而条数不少的"条例"。①

二是安史乱后首次通盘立法,发生在德宗登位至贞元元年,然其立法成果当时并未颁下施用,至宪宗元和二年以来又对此加以增删订补,至元和五年奏上而仍搁置未行。《唐会要》卷三九《定格令》载其事:

> 贞元元年十月,尚书省进《贞元定格后敕》三十卷。留中不出。至元和二年七月,诏刑部侍郎许孟容、大理少卿柳登、吏部郎中房式、兵部郎中熊执易、度支郎中崔光、礼部员外郎韦贯之等,删定开元格后敕。

上引文反映了安史之乱以后,首次把格后敕删定为长行敕的情况。其表明德宗贞元之初虽把以往的格后敕删定编纂为三十卷,却"留中不出",直至宪宗元和二年七月,方由许孟容等重新删定"开元格后敕"。《新唐书》卷五六《刑法志》载其事为:

> 德宗时,诏中书门下选《律》学之士,取至德以来制敕奏谳,掇其可为法者藏之,而不名书。宪宗时,刑部侍郎许孟容等删天宝以后敕为开元格后敕。

将之与《唐会要》上引文对照,即可明白德宗之所以把《贞元定格后敕》"留中不出",除建中初年以来朝局急剧起伏的影响外,很大一部分原因,当是因其删定格后敕的时间上限,断在肃宗登位的至德元年,故未涉及开

---

① 《册府元龟》卷六一二《刑法部·定律令四》载天宝六载正月诏曰:"朕承大道之训,务好生之德。于今约法,已去极刑,议罪执文,犹存旧日。既措而不用,亦恶闻其名。自今以后,所断绞斩刑者,宜除削此条,仍令法官约近例详定处分。"原注:"今断极刑云:决重杖以代极刑。法始于此也。"是天宝四年至六年所定,实为刑法史上甚为重要的折杖法之起源,故为《新志》郑重记之,惟其文今已错脱而不可卒读耳。又此诏开头所说的"于今约法,已去极刑",正说明天宝四载制订的条例,兼含了死刑配流和徒杖配军之制。

元二十五年以后至天宝十五年间的格敕，这才有宪宗时期的再次删定之举。

《旧唐书》卷五〇《刑法志》载德宗此次立法的由来：

> 大历十四年六月一日，德宗御丹凤楼大赦，赦书节文："《律》、《令》、《格》、《式》条目有未折衷者，委中书门下简择理识通明官共删定。自至德以来制敕，或因人奏请，或临时颁行，差互不同，使人疑惑。中书门下与删定官详决，取堪久长行用者，编入格条。"①

《册府元龟》卷六一二《定律令四》亦载此节文，而其末"格条"作"条格"。综此数处所载，可见德宗登位之初的这个立法举措，结果就是《唐会要》上引文所载贞元元年十月尚书省所进的《贞元定格后敕》三十卷，其删定的时间上限为至德元年，也是这份敕书决定的。但在登位六年以后，德宗显然认为只删定至德元年以来的格敕是不够完备的，遂"留中不出"以俟后举。

正其如此，《新唐书·刑法志》此条述宪宗时，许孟容等"删天宝以后敕为开元格后敕"，其语扞格不通，亦必存在着问题。《册府元龟》卷六一二《刑法部·定律令四》也记录了宪宗元和二年七月命许孟容等立法之事：

> 命刑部侍郎许孟容、大理少卿柳登、吏部郎中房式、兵部郎中蒋武、户部郎中熊执易、度支郎中崔元、礼部员外郎韦贯之等，于命妇院定开元格。②

---

① 此敕文内容详见《册府元龟》卷八九《帝王部·赦宥八》，其部分节文亦见《旧唐书》卷一二《德宗纪上》大历十四年六月己亥御丹凤楼大赦天下条。

② 《旧唐书》卷一四九《蒋乂传》载其元和二年迁兵部郎中，"与许孟容、韦贯之等受诏删定制敕，成三十卷，奏行用。改秘书少监，复兼史馆修撰"。即此事，故上引文中的"兵部郎中蒋武"当是蒋乂。同卷《柳登传》载其"元和初，为大理少卿，与刑部侍郎许孟容等七人，奉诏删定开元以后敕格"。同卷一六八《冯宿传》载其太和六年，"迁刑部侍郎，修《格后敕》三十卷，迁兵部侍郎"。亦其事。又此处度支郎中"崔元"，与上引《唐会要》所述的"崔光"必是同一人，唯"光"、"元"孰是今已难知。

其称此次删定活动的地点是在命妇院，而对象则是"开元格"，如果其并非"格"下脱去"后敕"二字所致，大概也是由于格后敕习惯上可称为"格"的缘故。无论如何，其所说明的，仍是此次删定的对象和结果是"开元格"，也就是上引《唐会要》和《新志》所述的"开元格后敕"[①]。这应当也就是前引《唐会要》卷三九《定格令》载元和十年权德舆奏文中，元和二年正月"准制删定"格后敕，至五年删定为三十卷而奏上之事，而德舆奏文提到这次立法和德宗登位立法之事，都是"自开元二十五年修《格式律令事类》、处分长行敕"说起的[②]。这也证明当时所要删定编纂的，乃是开元二十五年以来的格后敕，也就与《新志》前文称当时删定的是"天宝以后敕"发生了矛盾。

就诸处所载和当时情状而言，这次立法自无理由把开元二十五年至二十九年间的格后敕排除在删定之列，且其既名《开元格后敕》，准确理解本应就是《开元新格》颁行以后下达的格后敕，又怎么会把删定对象定在天宝以来呢？即此可断，《新志》此处所说"天宝以后敕"，要么是其指的就是"至德以来"，则是误以为元和此时的删定范围同于贞元；或者也与其述天宝四年萧炅主持立法之事存在着关连，却甚不得要领。元和二年至五年奏上而未获颁下的"开元格后敕"三十卷[③]，恐怕正是要补上贞元元年只删定肃宗至德以来格后敕所留下的缺憾，把开元二十五年以来直至宪宗当时的格后敕，删定编纂为一部长行敕集。然其既未施行，也就是一次没有最终成果的立法活动。

三即前述元和十年十月权德舆奏事所示再次删定长行敕之事，其事前

---

① 这样的命名在唐前期即有例可循，《旧唐书》卷四六《经籍志上》史部刑法类著录源直心等撰的"《永徽留本司行中本》十八卷"和刘仁轨撰"《永徽留本司格后本》十一卷"，便分别是麟德二年和仪凤二年奏上之物，两者显然皆因其底本为《永徽格》及其所删定者包括了永徽以来格敕而得名。

② 其中提到的元和二年"正月"或是"七月"之讹。否则，此次立法当自元和二年正月始，七月再命许孟容等在命妇院删定，而其毕事为三十卷已在元和五年。

③ 《新唐书》卷五八《艺文志二》史部刑法类本著录了"许孟容、韦贯之、蒋乂、柳登等集《元和删定制敕》三十卷"，即指此。但《新志》史部刑法类本多"据载著录"，故不得以之为其施用之证。上节讨论元和十年权德舆奏文时，已指出元和五年编成的这部三十卷的长行敕集确未施用。对此下文将要谈到。

后颇多曲折，直至元和十三年十月方告结束。《唐会要》卷三九《定格令》：①

>　　元和十三年八月，凤翔节度使郑余庆等详定《格后敕》三十卷，左司郎中崔郾、吏部郎中陈讽、礼部员外郎齐庾、敬休、著作郎王长文、集贤校理元从质、国子博士林宝用修上。其年，刑部侍郎许孟容、蒋乂等，奉诏删定格后敕，敕成三十卷；刑部侍郎刘伯刍等，考定修为三十卷。

其载当时删定编纂了两部皆为三十卷的《格后敕》，而无论是郑余庆等"详定"，还是刘伯刍等续许孟容、蒋乂所为而"考定"，目的显然都是要取元和二年至五年删定的"开元格后敕"三十卷，连同此后续下的格后敕而择要留存，将之编纂为一部新的长行敕集。只是《唐会要》此处所载有误，其中后一事必非元和十三年之事。②

《旧唐书》卷一四八《权德舆传》载其为刑部尚书时事：

>　　先是，许孟容、蒋乂等奉诏删定格敕，孟容等寻改他官，乂独成三十卷，表献之，留中不出。德舆请下刑部，与侍郎刘伯刍等考定，复为三十卷奏上。③

其后文又载权德舆元和十一年以检校吏部尚书出镇兴元，十三年八月有疾归阙，卒于道中，可推其事必在德舆出镇兴元以前。再据《旧唐书》卷一五《宪宗纪下》元和十年十月庚子：

>　　刑部尚书权德舆奏请行用新删定敕格三十卷，从之。

从其名为"敕格"，又确由德舆奏上，事与前述元和十年十月刑部尚

---

① 《册府元龟》卷六一二《刑法部·定律令四》亦载其事而大抵略同，惟"敕成三十卷"作"勒成三十卷"。是。
② 《旧唐书》卷一五四《许孟容传》载其卒于元和十三年四月，且其惟在元和初任刑部侍郎。
③ 《新唐书》卷一六五《权德舆传》所载大抵略同而行文稍异。

书权德舆奏"自开元二十五年修《格式律令事类》,及处分长行敕等"云云完全相合。可见这部元和十年十月奏行的"敕格",无疑就是《唐会要》上引文记载的由许孟容、蒋乂相继删定,再由权德舆"请下刑部"详定,具体则由侍郎刘伯刍主持考定之物。

故《资治通鉴》卷二三九《唐纪五十五》宪宗元和十年十月辛丑载其事:

> 刑部侍郎权德舆奏:"自开元二十五年修《格式律令事类》后,至今长行敕,近删定为三十卷,请施行之。"从之。①

这里已对此事作了另一种叙述,且明白交代了权德舆奏准施行这部长行敕集的史实。从权德舆当时奏称其事关系到"狱理重轻,系人性命",再看其开始和编成皆由刑部侍郎实际主持其事,可以断定其至少到编成施用之时,已主要是一部规范刑事的长行敕集。而郑余庆及其参与其事者所编,从诸人所任官职即可看出,其显然不以刑事规定为主体,且其施用与否史载不详。

应当说,郑余庆和许孟容分头删定两部性质相同的《格后敕》,且又同时开始和颁行,实在是一种很难设想或不可能的情况。综合上述各处记载,联系前面所述元和二年以来立法之事,关于元和十三年八月以前立法的进程和相关诸事的次序,合理的结论只能是:元和二年起,刑部侍郎许孟容等奉敕删定开元二十五年以来续下的格后敕,至元和五年由蒋乂修成"开元格后敕"三十卷奏上,因其不尽合用而留中不出。宪宗不久又命郑余庆及诸通谙故事者,另行详定各种现行的格后敕;未成之前,元和十年刑部尚书权德舆奏准,把蒋乂所编三十卷录送刑部考定。此时其删定编纂的重心已明显在于刑事,具体则由刑部侍郎刘伯刍主持其事,并于元和十

---

① 此条胡三省有注:"《会要》开元十九年裴光庭等奏令有司删撰《格后长行敕》六卷,今又删定二十五年以后长行敕为三十卷。"甚是。不过《资治通鉴》此条载权德舆奏文,把"处分长行敕"改写为"至今长行敕",其语已不含《格式律令事类》附有长行敕之意,这恐怕也是因为前面所述《唐会要》载权德舆奏文存在着文字错脱的缘故。同时其改德舆当时官衔为"刑部侍郎",且把施用这部长行敕的时间系在十月辛丑,而非《旧纪》所载的十月庚子,也都留下了问题。

年十月庚子由权德舆奏上施用①。而郑余庆主持删定者，则一直要到元和十三年八月奏上，今虽不知其究竟是否颁下行用，却可断定其特色是并不限于刑事，且应删定编入了元和十年至十三年间堪久行用的长行敕。

四是穆宗长庆三年正月起再次删定"敕格"。《唐会要》卷三九《定格令》载其事：

> 长庆三年正月，刑部奏请：户部郎中王正、司门员外郎齐推详正敕格。从之。其月又请奏：本司郎中裴潾、司门郎中文格、本司员外郎孙革、王永、大理司直杨惊，与本司尚书崔植、侍郎景重，详正敕格。奏可。

这次立法不见于其他各处记载，但其既由刑部主持，与其事者多为刑部及大理寺官，可推其主要是有关刑事的规范。若再联系元和时期的立法，即可推知其大体是要详定元和十三年以来"敕格"，将之连同以往所定，编为另一部刑事长行敕集。

从记载所及来看，在此期间形成施用的敕例，有些确是至关紧要的，《旧唐书》卷五〇《刑法志》载：

> 长庆元年五月，御史中丞牛僧孺奏："天下刑狱，苦于淹滞，请立程限。大事：大理寺限三十五日详断毕，申刑部，限三十日闻奏。中事：大理寺三十日，刑部二十五日。小事，大理寺二十五日，刑部二十日。一状所犯十人以上，所断罪二十件以上，为大。所犯六人以上，所断罪十件以上，为中。所犯五人以下，所断罪十件以下，为小。其或所抵罪状并所结刑名并同者，则虽人数甚多，亦同一人之例。违者，罪有差。②

此奏显然规定了一份大理寺详断和刑部复核各类刑狱的事类和时限条例，

---

① 《新唐书》卷五八《艺文志二》史部刑法类将之著录为"权德舆、刘伯刍等集《元和格敕》三十卷"，也体现了刘伯刍在权德舆领衔之下"考定"这部长行敕集的意思。

② 《册府元龟》卷六一二《刑法部·定律令四》亦载其事而牛僧孺奏文中尚有两项内容，一是增加刑部四覆官和大理六丞的工作时间及食料，二是加强断狱之前的移牒勘覆，并明载穆宗"从之"。《旧唐书》卷一六《穆宗纪》系其事在长庆元年五月戊戌。

实际上是专门针对司法过程，修改了《公式令》中的理事程限①。这是足与上面所述天宝四年制订死刑配流和徒杖充军条例相证的情况，说明像这样以单行条例来修正《律》、《令》的举措，在唐后期随时、随事都在发生。具体到这个刑狱处理程限的条例，其既形成于长庆三年正月以来"详定"格敕之时，自应进入长行敕之列。②

惜因记载缺佚，穆宗此次详定敕格的过程究竟是否完成和颁行，今皆无法确定，仅有一条记载提供了某种线索。《宋刑统》卷三〇《断狱篇》"断罪引《律》、《令》、《格》、《式》"条引长庆三年十二月二十三日敕节文：

<blockquote>御史台奏："伏缘后敕，合破前格。自今以后，两司检详文法，一切取最向后敕为定。"敕旨："宜依。"③</blockquote>

以此联系后来太和四年大理丞谢登新编当寺《格后敕》六十卷后，曾上状请"准御史台近奏"，今后刑部、大理寺断狱"一切取最后敕为定"之事，似可推想长庆三年正月以来详定敕格，到十二月业已告竣。故此月二十三日御史台奏"一切取最向后敕为定"，应当也是明确其中所存众多敕格，在同类事项上应以最新之敕为准的原则。然则长庆三年正月至十二月确已完成了一部刑事长行敕集，且有可能在十二月二十三日前后得到了施用。

五是文宗太和年间立法，结果是编纂和施用了一部主要规范刑事的新编《格后敕》五十卷，另外还编纂施用了一部删定尚书诸司敕例而成的《大和格后敕》四十卷。《册府元龟》卷六一三《刑法部·定律令

---

① 《唐六典》卷一《都省》载"内外百司所受之事皆印其发日，为之程限"，其中即有"大事二十日，狱案三十日"及中事、小事程限和大、中、小事的界定，其显然并不限于刑事。仁井田陞《唐令拾遗》将之辑入了《公式令第二十一》。

② 《册府元龟》卷六一三《刑法部·定律令五》载文宗太和七年五（劲案：原作九，据后文改）月乙卯御史台奏，准太和四年十月二十五日敕，又定大理寺断狱大事二十日，中事十五日，小事十日；刑部详覆大事十五日，中事十日，小事八日。至七月大理寺又奏重申了这一规定。是这一条例至太和四年又被修改。

③ 此处所述"后敕"合破"前格"，准确解释当如《五代会要》卷九《定格令》载后唐天成元年十月二十一日三法司奏"又准敕立后格，合破前格"云云，是就历次所修《长行敕》条而言。

五》载：

> （大和七年）十二月刑部奏："前大理丞谢登新编《格后敕》六十卷者，臣等据谢登所进，详诸理例，参以格式，或事非久要，恩出一时，或前后差舛，或书写错误，并已下落（劲案：下落当作落下）及改正。去繁举要，列司分门，都为五十卷，状（劲案：状当作伏）请宣下施行。"可之。①

《唐会要》卷三九《定格令》载其编纂似始成于太和四年：

> 太和四年七月，大理卿裴谊奏："当寺《格后敕》六十卷，得丞谢登状，准御史台近奏，从今已后，刑部、大理寺详断刑狱，一切取最后敕为定。"

这里虽未提到谢登"新编"之事，但也可见这部《格后敕》六十卷，乃是"当寺"之物。其时大理丞谢登曾上状请"准御史台近奏"，明确其中所存各敕在指导断狱时，"一切取最后敕为定"，当时御史台所奏有可能是沿袭了上面所述长庆三年十二月立法的故事。既然如此，这部太和四年由大理寺丞谢登主持编纂"当寺"格后敕为六十卷，至太和七年又由刑部删正详定为五十卷的《格后敕》，也就主要是一部刑事长行敕集。

此外，《新唐书》卷五六《刑法志》又记载了太和年间的另一次立法：

> 文宗命尚书省郎官各删本司敕，而丞与侍郎覆视，中书门下参其可否而奏之，为《大和格后敕》。

《唐大诏令集》卷八二《政事·刑法》所收太和元年六月《删定制敕》即其由来：

---

① 《旧唐书》卷一七下《文宗纪下》大和七年十二月己亥，"刑部详定大理丞谢登新编《格后敕》六十卷，令删落详定为五十卷"。其事亦载于《旧唐书》卷五〇《刑法志》而文与上引略同。

> 元和、长庆之中，皆因用兵，且欲济事，所下制条，或是权宜。今四方少宁，庶政须理，每有司检举行下，则诸道援引申论，所执不同，遂成舛驳者。若不刊定，则无准凭。宜令尚书省诸司郎官，各取本司元和以来制敕，参详定讫，送都省。令左右丞重与尚书、侍郎覆视，更加裁度，送中书门下议定闻奏。

这是命尚书郎官各删定本司所存敕例，由尚书左右丞与各部尚书、侍郎复核裁度，最终由宰相酌定奏准。其程序和性质，显然是与太和四年至七年由大理寺和刑部所编的《格后敕》五十卷完全不同的。故《新唐书》卷五八《艺文志二》史部刑法类著录了"《太和格后敕》四十卷、《格后敕》五十卷"两书，且已注明后者即为谢登原编六十卷而刑部详定为五十卷者。

这部《太和格后敕》四十卷，在《崇文总目》中标明为"阙"，说明其直至南宋方佚，从而佐证了《新志》的著录，表明其已得颁行。《玉海》卷六六《律令下》专列《唐太和格后敕》之目，其下分述谢登初编、刑部详定之五十卷和中书门下奏上之四十卷本，又提到了《旧唐书》卷一六八《冯宿传》载其太和六年至九年为刑部侍郎，"修《格后敕》三十卷"之事。冯宿所修三十卷，显然并非刑部详定谢登所编六十卷为五十卷者。不过由此似可推知，《新唐书·刑法志》及《唐大诏令集》所载太和元年以来尚书诸司分别删定，而由宰相最终奏上的四十卷《格后敕》，后来或即在冯宿所修三十卷基础上增补而成。至于其他，在现存史料中已难寻其踪了。

六是文宗开成三年正月至四年九月，再次立法编行了"《开成格》"十卷。《唐会要》卷三九《定格令》载其事：

> 开成三年三月，刑部侍郎狄兼謩奏："伏准今年正月日制，刑法科条，颇闻繁冗，主吏纵舍，未有所征。宜择刑部、大理官，即令商量，条流要害，重修格式，务于简当，焚去冗长，以正刑名者。伏以《律》、《令》、《格》、《式》，著目虽始于秦汉，历代增修，皇朝贞观、开元，又重删定，理例精详，难议刊改。自开元二十六年删定格令后，至今九十余年，中外百司，皆有奏请，各司其局，不能一秉大公。其或恩出一时，便为永式，前后矛盾，是非不同，吏缘为奸，人

受其屈。伏见自贞元已来，累曾别敕，选重臣置院删定，前后数四，徒涉历三十岁，未堪行用。今若只令刑部、大理官商量重修格式，遽焚冗长，恐奸吏缘此舞文。伏请但集萧嵩所删定，建中以来制敕，分朋比类，删去前后矛盾，及理例重错者，条流编次，具卷数闻奏行用。所删去者，伏请不焚，官同封印，付库收贮。仍慎择法官，法署、省等所断刑狱，有不当者，官吏重加贬黜。所冀人知自效，吏不敢欺，上副陛下哀矜钦恤之意。"言者"宜依"。①

狄兼謩的这份奏疏，已把此次立法的由来和体例说得十分清楚。其中的部分内容，前面曾加节引并作诠释，所述"请集萧嵩所删定"一句必有脱文，而大意即其前文说的"开元二十六年删定格令"②，也就是前述《新唐书·刑法志》所载开元二十五年立法之"明年"所发生过的事情。

细读此奏，其所说明的要点有五：一是其交代了这次立法是开成三年正月起奉敕进行的，原因是以往积累下来的"刑法科条，颇闻繁冗"，遂命刑部和大理寺法官条流重修。二是其中回顾了开元二十六年至此九十余年的几次立法，认为其自《贞元定格后敕》以来，皆因"各司其局"的不同考虑，而存在着"前后矛盾，是非不同"，以致"吏缘为奸，人受其屈"的问题。三是有鉴于此，狄兼謩奏请不限刑部、大理寺官，来统一删定开元二十六年萧嵩所定，以及德宗建中以来删定过的各种刑事长行敕，将之分门别类，删除其中的错杂不伦之条，将之重新编次，奏准施用。四是狄兼謩亦请新法编成之后，其所取材的以往各部长行敕集，以及开成三年以前未入新法的敕例，并不焚毁而予"封印收贮"，以备查考。五是依此修成的新法，显然已是开元二十六年以来各次删定格后敕和其他敕例的集成之作，故应成为统一指导法司断狱的重要依据，但有不依此法，妄援他例继续舞文者，自应"重加贬黜"，严惩不贷。

此外，《册府元龟》卷六一三《刑法部·定律令五》载此"《开成

---

① 《新唐书》卷五六《刑法志》载此事为："开成三年，刑部侍郎狄兼謩采开元二十六年以后至于开成制敕，删其繁者，为《开成详定格》。"
② 《旧唐书》卷九九《萧嵩传》载其卒于天宝八年，故狄兼謩奏疏中的"建中以来制敕"显然别为一句而文仍有脱。萧嵩开元十九年为中书令时，曾与裴光庭共奏删定《格后长行敕》，二十五年立法时嵩已从尚书右丞相迁太子太师，亦必参与其中。据狄兼謩此奏，则萧嵩在二十六年还曾主持删定格令。

格》"编成施用于开成四年九月:

> 开成四年九月,中书门下奏两省详定《刑法格》一十卷。敕令施行。①

此法名称在各处所载有所出入,《新唐书》卷五八《艺文志二》史部刑法类著录与《刑法志》所载一致,皆称"《开成详定格》十卷"。《五代会要》卷九《议刑轻重》载后唐长兴二年大理寺剧可久奏文,及《宋刑统》卷三〇《断狱律》"断罪引律令格式"条,引此俱作"《开成格》"。称之为"格",自然是因为初唐以来"格敕"称"格"之习,所谓"详定",已明其实为长行敕,称"刑法格"则突出了其为刑事长行敕的性质。

也正因为《开成格》针对刑事,又汇集了开元二十六年后历次立法的主要成果,到后唐天成元年全面复行唐法之时,曾面临《开元格》和《开成格》相隔久远,法制多异而轻重不同,需要择一而行的问题。结果则是御史台、刑部和大理寺奏准,"《开元格》多定条流公事,《开成格》关于刑狱,今欲且使《开成格》"②。这就典型地说明了《开成格》的性质、重要性和对后世的影响。

七即宣宗大中五年和七年分别由刘瑑和张戣主持删定编纂了《大中刑法总要格后敕》六十卷和《大中刑律统类》十二卷。其要前面已述,此不再赘。

二 对中唐以来立法的几点认识

根据以上对开元二十五年以后直至唐末各次通盘立法之举的梳理,可以得到下列印象:

其一,开元二十六年至天宝四年立法情形不详。此后的通盘立法,共有德宗登位至贞元元年、宪宗元和二年至五年、宪宗元和十年至十三年、穆宗长庆三年、文宗太和元年以来及四年至七年、文宗开成三年至四年、宣宗大中五年至七年共计七次。这七次立法中,除大中七年张戣所编《大中刑律统类》类编了"《律》、《令》、《格》、《式》条件相类者",但

---

① 《旧唐书》卷五〇《刑法志》所载略同,而惟无"九月"二字。
② 《五代会要》卷九《定格令》天成元年十月二十一日御史台、刑部、大理寺奏。

也"附以格敕"外，其余各次立法，都是围绕格后敕和其他敕例的删定和长行敕集的编纂来展开的。这就不仅凸显了唐后期"编敕"成为立法主题，而《律》、《令》修订则随时、随事以敕例进行的状态，更真切地体现了开元二十五年以来《律》、《令》、《格》、《式》体系久不厘定，已在各种敕例和长行敕集盛行的局面中走向瓦解的命运。而其要害，其实还不在《律》、《令》、《格》、《式》具体条文的效用和地位变化，而是四者已不复作为一个结构整体而具有相辅相成的关系，特别是这一体系所昭示的法典至上或法定主义精神，此期业已一去不返。

其二，这七次立法的成果是：德宗登位以来删定编纂的《贞元定格后敕》三十卷，宪宗元和二年至五年删定编纂的《开元格后敕》三十卷，两者皆因存在问题，不尽合用而"留中不行"。在元和五年编纂的基础上，元和十年施用了权德舆、刘伯刍再加考定的刑事《格后敕》三十卷，但元和十三年郑余庆主纂的《格后敕》三十卷不知其施用与否。穆宗长庆三年所编刑事长行敕集其名不详，其施用与否亦难断定。文宗太和七年施用了刑事《格后敕》五十卷，太和元年以来所定《太和格后敕》四十卷是否颁行也存在疑问。开成四年颁行了《开成详定格》十卷。宣宗大中五年施用了刘瑑主纂的《大中刑法总要格后敕》六十卷，七年又施用了张戣主纂的《大中刑律统类》十二卷。以上总计十部，留中不出者两部，确已颁行者五部，施用与否难以确知者三部。其余个人或部门所编，虽或奏上而未经下敕详定或颁行而性质、作用不明者，不在其列。

其三，唐后期这七次立法和十部法书，绝大部分都是对格后敕和其他敕例加以删定和编纂的长行敕集，这本身就说明当时这些敕例正在大幅度冲击和取代《律》、《令》、《格》、《式》的地位，且已无可置疑地成了当时最为重要的法律形式。特别是，这七次立法和十部法书中，可以明确其业已施用的，基本上都是刑事长行敕集，而凡不限刑事而遍涉诸司之务的长行敕集，则要么留中不出，要么其施用与否难以确定。这显然是唐后期制度调整纷杂错综，而军政常务以刑为急的现实的反映。故在当时法制的总体格局中，《律》与各种敕例的关系，已首当其冲地在整套法律体系的转折变迁中，占据了最为重要的地位。而其总体走向，也是以刑事领域的《律》、例关系为先导，再牵连或伴生了《令》、《格》、《式》与诸敕例和长行敕的关系演化。就长期的趋势来看，这种状况不仅开启了五代至宋以

"编敕"为中心的立法传统①，同时也开始颠倒了汉魏以来法典与敕例集的传统关系，从而进入了一个法典性质、形态及其与敕例关系重新调整发展的新时期。以至于直至明清时期《律》以六部分篇和《律》、例体制的确立，其源头仍应溯至唐后期以来形成的这种趋势。

第四节 唐后期立法与法律体系之变

唐后期久未再定《律》、《令》、《格》、《式》，诚然是安史乱后军国务繁无暇从容立法的缘故，但其背后的关键，还在于各项制度自唐前期以来就在急剧而深刻地变迁，现在又因军兴战乱而显得纷乱错杂。在土地、赋税、军事、职官等各项重要制度的发展左冲右突，其方向、基调亦不明朗的前提下，硬要统一删定《律》、《令》、《格》、《式》，又能有多大意义呢②？以长行敕的删定编纂来保障各项新措施的推行，同时以此协调其与开元二十五年所定法律的关系，恐怕是无可避免的选择。

正其如此，中唐以来的立法和法律体系，都已不再把《律》、《令》、《格》、《式》及其修订放在重要位置，其立法体制已随当时整套制度的调整而相应变化，整套法律体系也已围绕着敕例作用的更加活跃和突出化而转折变迁。

一 德宗对立法体制的两点调整

《册府元龟》卷八九《帝王部·赦宥第八》载德宗于大历十四年五月癸亥即位，六月己亥（初一）御丹凤楼大赦天下，其赦文包括与民更始、除弊布新的一系列措置，也包括了整顿法制的下列举措：

……天下诸使及州府，有须改革处置事，一切先申尚书省，委仆射已下众官商量闻奏，外使及州府不得辄自奏请。或《律》、《令》、

---

① "编敕"之称首见五代后唐，《五代会要》卷九《定格令》载后晋天福二年六月中书门下奏，提到了"今诸司每有公事，现执清泰元年十月十四日编敕施行"。又《册府元龟》卷六一三《刑法部·定律令五》载天福二年三月敕称"大理寺见管《统类》一十二卷，《编敕》三卷"云云，此《编敕》三卷即是后唐清泰元年十月编纂施行者。

② 参日本中国中世研究会编《中國中世史研究：六朝隋唐の社會と文化》第三章"中世的再编成及其解体"14"律令体制とその崩壞"（礪波护撰），東海大学出版會1970年版。

《格》、《式》条目有未折衷者，委中书门下简择理识通明官共删定。自至德已来制敕因人奏请，或临事颁行，差互不同，使人疑惑，中书门下与删定官详决，取堪久长行用者编入条格……

这份诏书在前面讨论德宗立法时已经提到，大体可以视之为德宗登位的执政宣言①。而上引文所含内容，则对初唐以来立法体制作了两点改动：

一是"天下诸使及州府，有须改革处置事，一切先申尚书省"。这是针对一段时期以来尚书省职能因诸使冲击而趋于削弱，以及安史乱后"外使、州府"往往直接向皇帝奏请改制的局面，既重申了初唐以来尚书省在整套立法体制中所发挥的重大作用，更强调了尚书省在统一处理各种立法建议时的惟一地位。将之比较前引《唐律疏议·职制篇》"诸《律》、《令》、《式》不便辄奏改行"条，即可看出德宗虽仍坚持了《律》、《令》、《式》条不便于时须"具申尚书省"的法意，却已改变了《律疏》此条"即诣阙上表，论《律》、《令》及《式》不便于时者，不坐"的规定。

也就是说，当时实际上已把初唐以来各种敕例的两大形成程序归并为一，把以往除申尚书省外，还可直接诣阙上表建议立法的途径，也并入了尚书省集议奏闻这条途径。这也就是德宗以来所有敕例都可以统称为"格后敕"、"格敕"或简称为"格"的原因，正其如此，以往标明"自今以后"或"永为常式"字样的敕例，乃分别与《格》、《式》约略对应的关系，自此已不复存在。其所意味的是永徽二年以来分别与《格》、《式》相连的两类敕例，至此实已不分轩轾，从而宣告了在此基础上分别删定编纂《格》、《式》的做法，业已再无必要。

二是强调了宰相主持立法的责任。上引敕文先命中书门下择官删定以往《律》、《令》、《格》、《式》的条目，与接下来由"中书门下与删定官详决"至德以来制敕，"取堪久长行用者编入条格"，其实是同一件事情。前者是要"删定"开元二十五年《律》、《令》、《格》、《式》条文中，哪

---

① 《旧唐书》卷一三《德宗纪下》末史臣曰，称德宗登位之初"励精治道，思政若渴，视民如伤"。所据要即此敕。《资治通鉴》卷二二五《唐纪四十一》代宗大历十四年载六月己亥"赦天下"并采取一系列兴化除弊措施，亦称当时"天下以为太平之治，庶几可望焉"。

些已不合时宜;后者是要"详决"至德以来形成的敕例,哪些足以久长行用编入长行敕集;而其过程皆由中书门下直接主持。

宰相协助皇帝处理各种立法奏请和主持《律》、《令》、《格》、《式》的修订,这当然是初唐以来立法体制的常态,但直接由宰相主持详决有关敕例可否久长行用,却还是侵占了以往尚书刑部在这方面的职能,并把唐前期以来隐在"闻奏"二字背后起作用的宰相,直接推到了主持立法的前台。这一改变与当时把各种敕例的形成途径统一归并至尚书省之举,明显存在着呼应关系。将之与开元十九年宰相裴光庭和萧嵩"奏令所司删撰《格后长行敕》六卷"之事比较,现在宰相已直接主持长行敕集的编纂,其间变化可谓一目了然。

不过在实际发生的顺序上,强调宰相在立法体制中的作用,要先于让尚书省来统一处理各种立法提案。肃宗以来的立法活动中,其实都已明确由宰相直接主持其事。《唐大诏令集》卷一二三《政事·平乱上》收《至德二载收复两京大赦》:

> 诏曰:"……其《律》、《令》、《格》、《式》未折衷者,委中书门下简择通明识事官三两人,并法官两三人删定。近日所改百司额及郡名官名,一切依故事……"

又《册府元龟》卷六一二《刑法部·定律令四》载乾元二年三月诏曰:

> 刑狱之典,以理人命,死无再生之路,法有哀矜之门。是以讼必有孚,刑期不用……自今以后,诸色律令杀人、反逆、奸盗及造伪;十恶外,自余烦冗,一切删除。仍委中书门下与刑部大理法官共详定,具件奏闻。①

是肃宗已命中书门下主持删定各种法律,在这方面德宗无非承此而为。故其大历十四年六月初一敕文对立法体制的改作,主要还是正式明确了各种立法提案统一由尚书省处理闻奏的体制,统一了以往分为两途的敕

---

① 这里提到的"诸色律令",显然是指包括《律》、《令》在内的各种法律。唐初从来绝无此类语例,这也是《律》、《令》地位在削弱,各种敕例作用日益突出的反映。

例形成程序；同时亦总结了肃宗以来的现状，把各种敕例的进一步删定编纂，及其与开元二十五年以来《律》、《令》、《格》、《式》规定的协调，继续交由宰相来主持。其要害则显然是在立法体制上，撤除了初唐以来分别以《格》、《式》来约束和归置各种敕例的基础，从而奠定了中唐以来以宰相和尚书省主导立法，同时又以长行敕为基本法律的格局。

由尚书省统一处理各地、各部门的立法提案，在使职设置愈广，并成为处理各种实际事务的主角时，实际上构成了中晚唐尚书省职能变化的一个重要方面。相比之下，肃宗以来由宰相直接主持立法，却像是低估了当时立法形势的严峻和任务的艰巨，只能是一种权宜之计，也很难使之成为定制，因为其极易使宰相陷于长期积累起来的新、旧制度协调问题，而无暇处理那些更为急迫和重要的军国大政。故德宗不久就对此作了调整，《旧唐书》卷五〇《刑法志》载：

> 建中二年，罢删定格令使，并三司使。先是，以中书门下充删定格令使，又以给事中、中书舍人、御史中丞为三司使。至是，中书门下奏请复旧，以刑部、御史台、大理寺为之，其格令委刑部删定。①

以宰相充"删定格令使"，正是贯彻落实上引大历十四年敕文，命中书门下删定和详决以往法律的具体措施。

《唐会要》卷七八《诸使中·诸使杂录》：

> 建中元年四月一日，门下侍郎杨炎充删定格式使；五月（劲案：此处原阙一字）日，刑部侍郎蒋况充副使。二年七月，中书侍郎张镒与卢杞同充格式使。

是当时曾先以宰相杨炎为删定格式使，刑部侍郎蒋况为副使。至建中二年

---

① 《册府元龟》卷六一二《刑法部·定律令四》载大历十四年六月德宗此诏节文，后有原注曰："初以中书门下为删定格式使，至建中二年罢之，其格令委刑部删定。"

七月庚申，杨炎罢相改官尚书左仆射，又以宰相张镒和卢杞并为删定格式使①。这里的"删定格式使"，也就是《旧志》所说的"删定格令使"，简称"格式使"或"删定使"。《新唐书》卷一四九《刘晏传》载其建中元年七月赐死，而当时杨炎"兼删定使，议籍没，众论不可，乃止"。可见删定使及参与删定之官，除详决既往敕例可否长行外，当时还须议处事关重大的刑狱。

不过《旧志》上引文所说的"建中二年罢删定格令使"，显然存在着问题。《新唐书》卷一五一《关播传》载其事迹：

> 从幸奉天，卢杞、白志贞已贬，而播犹执政。议者不平，遂罢为刑部尚书。韦伦等曰："宰相不善谋，使天子播越，尚可尚书邪？"相与泣诸朝，未几，知删定使。初，上元中诏择古名将十人，配享武成庙，如十哲侑孔子。播奏："太公古贤臣，今其下称亚圣，孔子十哲皆当时弟子，今所配年世不同，请罢之。"诏可。

据《旧唐书》卷一二《德宗纪上》，播为中书侍郎同平章事在建中三年十月，至建中四年十月泾原兵变，德宗出狩奉天，十二月壬戌日贬卢杞、白志贞，癸酉日又改关播官刑部尚书，其知删定使当在此后不久。从上引文且可看出，删定使确在详决诸敕例可否长行时，议及了各种制度的改作。

因此，建中二年德宗其实未罢删定格令使，而只是罢宰相充删定使而改以他官充之②。如关播即以刑部尚书"知删定使"，前述德宗贞元元年十月所上"《贞元定格后敕》三十卷"，即应由杨炎、张镒、卢杞至关播相继主持删定。而其之所以留中不出，除前面所说其删定上限断自至德元年，因而不含开元二十五年以来的敕例外，应当也与其先后主持删定诸人皆饱受指责而续被贬黜，及其本由宰相主持，而后改由刑部尚书主持的变

---

① 据《旧唐书》卷一二《德宗纪上》，杨炎大历十四年八月甲辰为门下侍郎同平章事，至建中二年二月乙巳改中书侍郎同平章事，同日御史大夫卢杞为门下侍郎同平章事，七月庚申杨炎改官尚书左仆射，同日张镒为中书侍郎同平章事。参同书卷一一八《杨炎传》、一二五《张镒传》、卷一三五《卢杞传》。

② 《唐会要》卷四一《左降官及流人》载建中三年四月京兆尹严郢驳御史台奏，认为流罪移配及徒以下罪的申覆办法存在问题，"伏请下删定使详覆，然后施行"。可证建中二年以后删定格式使确仍存在。

化相关。由此再看唐后期七次立法大多皆由刑部负责，但宪宗元和时仍以凤翔节度使郑余庆主持详定《格后敕》三十卷、文宗太和元年以来又以中书门下负责删定尚书诸司《格后敕》四十卷之举，也正反映了德宗建中二年以来删定格式使及唐后期立法体制的基本状况。①

看来，建中二年的这次调整，主要是因为当时形势不允许宰相经常陷于繁重的立法事务，当时立法也常围绕刑事规范来展开的结果。故主持将诸敕例进一步删定为长行敕的删定格式使，自此已不再专由宰相，而已多由刑部长官充任，其差遣和任命实际已是灵便控制立法活动或适应立法需要的手段，而诸敕例的具体删定过程则已常由刑部负责。但在此同时，德宗登位以来把各种敕例的两大形成程序归并为一的新格局却并未改变，各种立法提案仍须统一申至尚书省商量闻奏，才能成为指导今后行政过程的敕例。在此基础上，相机特命删定使编纂刑事或不限刑事的长行敕集，使之与开元二十五年《律》、《令》、《格》、《式》相辅而行，此即中晚唐立法和法律体系的基本状态。

二 敕例及"长行敕"效力和地位的上升

中晚唐法律体系变迁的另一个突出事态，是长行敕开始成为一种效力

---

① 《册府元龟》卷一五一《帝王部·慎罚》载后晋开运三年十一月丁未左拾遗窦俨上疏，称"又准天成三年闰八月二十三日敕，行极法日，宜不举乐，减常膳。又刑部式：决重杖一顿处死，以代极法。斯皆仁君哀矜不舍之道也"。《旧五代史》卷一四七《刑法志》载此略同。这条"决重杖一顿处死，以代极法"的"刑部式"，盖明确于唐德宗时。《唐会要》卷三九《议刑轻重》及《通典》卷一六五《刑三·刑制下》俱载"建中三年八月二十七日刑部侍郎任宏（《通典》作班宏）奏：其十恶中，恶逆已上四等罪，请准《律》用刑，其余犯别罪应合处斩，自今已后，并请决重杖一顿处死，以代极法。重杖既是死刑，诸司使不在奏请决重限内。敕旨依"。即其由来。前已指出其实发轫于玄宗天宝四年。但唐代此后既无重定《律》、《令》、《格》、《式》之举，这个"刑部式"恐怕很难理解为《式》文，也不能用来证明建中三年以后至唐末以前曾经定《式》。事实上，宋人引即不称"式"而是称敕的。《宋刑统》卷一《名例律》"五刑"条："准建中三年八月二十七日敕节文：其十恶中恶逆以上四等罪，请准《律》用刑，其余应合处绞、斩刑，自今已后并决重杖一顿处死，以代极法。"《续资治通鉴长编》（中华书局1992年点校本）卷八二《真宗祥符七年》四月丙寅，"编敕所言：婺州、台州断持仗强盗宋德、叶逸并坐强盗杀人，绞、斩各异。准唐建中敕，恶逆已上四等罪，准《律》用刑，其余应当绞、斩，并决重杖处死，以代极法……"是此敕在宋一直都在编敕所存档。由此判断，建中三年此敕必被收入了贞元以来历次删定编纂的长行敕集，而上引后晋窦俨所引"刑部式"，若非后梁重定《律》、《令》、《格》、《式》之物，即应是晚唐以来附于《刑部式》文之后的格敕，或干脆就是像"烽式"那样的泛称。

和地位超越《律》、《令》、《格》、《式》的法律形式。

这里必须特别注意的是，今上制敕可以补充、修正或废除现存法律，乃是专制体制本身所蕴含的根本法理，也是该体制下法律修订调整的根本途径，是一种秦汉以来各时期皆然的情况。不过这并不等于，制敕就是一种效力和地位高于《律》、《令》的法律形式，因为事实是其效力和地位总会被施加种种约定或限制，并随条件和需要而发生变化。从一般的制敕，到具有特定形成程序或标识的敕例，再到统一删定敕例而成的敕例集，直至进一步将之加工编纂为制定法即法典，这基本上就是秦汉以来各种法律形式的构成原型及其位阶序列的由来，也是自来处理和协调今上制敕与法典关系的基本框架。初唐以来正是循此确定《律》、《令》、《格》、《式》及格后敕、长行敕等法律形式的效力和地位的。对这样一个框架体系来说，历代其发展演化的轴心或焦点，常在敕例和敕例集地位的浮动变迁，又尤其以法典与制敕的关系相对脱节之时最为剧烈。

质言之，当集中体现今上意旨的敕例规定无法顺畅纳入法典时，直接删定敕例而成的敕例集，就不免会在很大程度上取代法典的作用和地位，最终又往往影响到法典本身的构成和形态。中晚唐法律体系的演变，特别是长行敕效力和地位开始在各种法律形式中居于首位，也正再现了这样的规律和发展态势。

长行敕既然是在各种敕例的基础上进一步删定而来的，说到底无非是一种地位特殊的敕例，故其效力和地位的上升，同样需放到唐前期格后敕等各种敕例不断趋于活跃，并且发挥重要作用的背景下来加以认识。以下谨将初唐以来至中晚唐这方面的几条重要记载逐一列出加以阐析，以见其作用和地位的发展历程。

《旧唐书》卷五〇《刑法志》载高宗时停废法例之事：

> 先是，详刑少卿赵仁本撰《法例》三卷，引以断狱，时议亦为折衷。后高宗览之，以为烦文不便。因谓侍臣曰："《律》、《令》、《格》、《式》，天下通规，非朕庸虚所能创制……何为更须作例，致使触绪多疑？计此因循，非适今日，速宜改辙，不得更然。"自是，《法例》遂废不用。

此事发生在仪凤立法以后①，大理少卿赵仁本撰《法例》，当在龙朔改易官号至仪凤二年官号复旧之间。

编集《法例》辅《律》而行，应不始于赵仁本，《旧唐书》卷四六《经籍志上》史部刑法类著录有崔知悌等编纂的《法例》二卷，似即发生在赵仁本之前②。事实上，由于"《律》无正条"等情形的存在，断狱引用或取准既有的敕例本不足奇，特别是大案要案的判决，更不免会要反复讨论奏准，从而形成补充或修正《律》文的新敕例。《唐律疏议·断狱篇》"诸断罪不具引《律》、《令》、《格》、《式》"条已明确规定：凡经某种程序形成而具长久效力的敕例，是可以在断罪时"引为后比"的。崔知悌或赵仁本所撰《法例》，即当取材于此类，晚唐卢纾的《刑法要录》和张伾的《判格》，似乎也是同类作品③。故高宗当时虽然废除了赵仁本所编《法例》的效用，却根本不可能杜绝断狱之时取准有关敕例的做法。

《旧唐书》卷四四《职官志三》载律学博士掌教诸生：

> 以《律》、《令》为专业，《格》、《式》、法例亦兼习之。

唐代律学博士始置于太宗时，这条律生习业的规定，显然是永徽二年

---

① 《册府元龟》卷六一二《刑法部·定律令四》亦载此事而其文略同，其事皆在仪凤立法后，垂拱立法前。两处所述赵仁本《法例》皆为三卷，《新唐书》卷五八《艺文志二》史部刑法类则将之著录为"二卷"。未知孰是。

② 《旧志》列崔知悌《法例》二卷于《武德律》、《令》之前，《新唐书·艺文志》并录"赵仁本《法例》二卷，崔知悌《法例》二卷"，俱在仪凤《格》后，垂拱《式》前。崔知悌两《唐书》无传而所载事迹不少，《册府元龟》卷三一九《宰辅部·褒宠第二》载其咸亨五年八月与郝处俊并为中书侍郎同三品，高宗赐飞白书。其事亦见《旧唐书》卷七〇《戴胄传》附《戴至德传》。《旧唐书》卷五《高宗纪》载其仪凤元年十二月为尚书左丞巡抚江南道，卷八四《裴行俭传》载其永隆时平突厥阿史那温博时，崔知悌为户部尚书劳军。由此推断崔知悌撰《法例》应在咸亨以前。

③ 《唐会要》卷三九《定格令》："宝历二年十月，大理卿裴向进前本寺丞卢纾所撰《刑法要录》十卷。"《新唐书》卷五八《艺文志二》史部刑法类著录有张伾《判格》三卷。《玉海》卷六六《诏令·律令下》列《唐刑法要录》之目，称"《志》卢纾十卷（原注：大理丞），裴向上之（原注：《会要》宝历二年十月裴向进）。赵仁本、崔知悌《法例》各二卷，张伾《判格》三卷"。是王应麟认为《刑法要录》、《判格》性质与赵仁本《法例》相类，皆为可供断狱时比附的敕例集。

《律》、《令》、《格》、《式》并行格局形成以来的常态。其中"法例"与《格》、《式》同在"兼习"之例,正说明了其性质本为格后敕之类,而可删定为《格》、《式》。故其无论有无崔知悌或赵仁本等人加以编集,都是足供断狱时参考之物。由此看来,高宗废除赵仁本《法例》不用,其实表达的只是抑制而非取消敕例作用和地位的意向,其大旨仍是要强调《律》、《令》、《格》、《式》对举国政务的指导作用,避免敕例逾越其上或对之形成干扰。

《唐会要》卷三九《定格令》载景龙三年八月九日敕:

> 应酬功赏,须依格式,格式无文,然始比例。其制敕不言"自今以后"、"永为常式"者,不得攀引为例。

此敕所说虽为"应酬功赏"之事,但其法意与上引《律》文规定制敕"不为永格者,不得引为后比"完全相同。其中所说的"格式",亦不应视为《格》、《式》,而是《律》、《令》、《格》、《式》的统称。《新唐书》卷二〇〇《儒学赵冬曦传》载其神龙元年正月上书,称唐《律》承隋,凡《律》无正条者,出罪举重以明轻,入罪举轻以明重,认为这是导致司法过程盛行比附而轻重不一的症结,故其建议:

> 《律》、《令》、《格》、《式》,谓宜刊定科条,直书其事。其以准加减、比附量情及举轻以明重、不应为之类,皆勿用。①

这里已清楚地反映了高宗以后,中宗之前,有司断罪仍不免"以准加减"、"比附量情"的状态。在此状态中,律学生兼习的"法例"自必起着重要作用,但其又不免会与《律》、《令》、《格》、《式》的规定有所出入。

目前所知唐代最早删定编纂的长行敕集《垂拱后常行格》十五卷,便可以视为当时朝廷解决这一问题采取的措施。前已指出,这部长行敕集当在武周时期删定于神龙元年立法以前,故其恰与赵冬曦上书一起构成了上引睿宗景龙三年敕文的背景。由此联系高宗以后立法越益围绕《格》、

---

① 《唐会要》卷三九《议刑轻重》、《通典》卷一六七《刑五·杂议下》皆载其事。

《式》对诸敕例的删定来展开的史实，即可断定当时各种敕例对《律》、《令》、《格》、《式》体系的冲击，必已达到了相当严重的程度。故睿宗此敕固然仍在像《律》文一样，力欲限制那些"不为永格"的临时制敕的作用，但其对各种敕例可被"攀引"，及其辅《律》、《令》、《格》、《式》而行的肯定，较之高宗仪凤年间废除《法例》之举，毕竟已做了明显让步。应当说，这也是对高宗以后敕例在整套法律体系中作用日趋活跃局面的一种承认。

《通典》卷一六五《刑三·刑制下》原注曰：

> 开元十四年九月敕："如闻用例破敕及《令》、《式》，深非道理。自今以后，不得更然。"

《宋刑统》卷三〇《断狱律·断罪引〈律〉〈令〉〈格〉〈式〉》条，即取准了这道制敕而不存其年月，称之为"刑部格敕"，说明其本是开元十四年九月形成的一道格后敕，辗转存续至宋初仍维持了其效力。这里的"用例破敕"，其"敕"既与《令》、《式》并称，显然是指性质与《格》相类的格后敕；故其所谓的"例"，也就只能是指各种未经尚书省集议奏准的敕例。因此，开元十四年九月的这道格后敕，说明的是睿宗以来各种敕例辅《律》、《令》、《格》、《式》而行的局面不仅仍在继续，且又出现了用地位和效力较低的制敕或敕例来取代格后敕和《令》、《式》规定的势头。而朝廷所强调的，则仍是《律》文和景龙三年八月敕的法意，即继续要求区分不同制敕的性质，将其抑制在各自层面上发挥作用，以保障《律》、《令》、《格》、《式》体系的正常运行。

此敕的这种用意，与开元时期立法主要围绕《格》来展开的态势显然存在着联系。对当时司法系统来说，玄宗结束"武韦之乱"和推行新政所下的制敕和敕例，相较于中宗、睿宗时期形成而当时尚未展开全面调整的《律》、《令》、《式》，自然有了特殊重要的意义。协调这些制敕和敕例及其与其他法律之间的关系，特别是其与再加删定而成的开元前、后《格》的关系，也就成了维持《律》、《令》、《格》、《式》体系正常运行的突出问题。正其如此，开元十九裴光庭建议编纂的《格后长行敕》六卷，由于其缘起正是要解决"格后制敕行用之后，与《格》文相违"的问题，也就完全可以视为开元十四年九月敕文的后续举措，因为在明令禁止"用例破敕"的现象以后,进一步处理格后敕与《格》的关系显然已是当务之急。同理,开元二十五年立法之时,李林甫等以《格》为纲编纂《格式律令事类》,其中之所以收录了为数不少的长行敕条,实际上也还是在继续处理和协调格后敕与《律》、《令》、《格》、《式》的关系。

也就是说,自高宗以后立法主要围绕《格》、《式》来展开,开元时期《格》的地位越益突出以来,敕例作用和地位的扩大和上升,其焦点确已落到了格后敕和长行敕上,这就揭开了中晚唐立法围绕长行敕来展开的序幕。

三 "一切取最向后敕为定"及其解释

《宋刑统》卷三〇《断狱篇》"断罪引《律》、《令》、《格》、《式》条",编入了当时取准的唐穆宗长庆三年十二月二十三日敕节文:

> 御史台奏:"伏缘后敕,合破前格,自今以后,两司检详文法,一切取最向后敕为定。"敕旨:"宜依。"

不少学者常以这道制敕,来证明中晚唐格后敕或制敕效力高于《律》、《令》、《格》、《式》的状态,却未必都读懂了其中的"后敕"、"前格"究竟是指什么。

首先,正如上引开元十四年九月禁止"用例破敕"之"敕",指的不是一般制敕而是格后敕那样,这里的"后敕"既与"前格"相对而言,且又都在"两司检详文法"的范围之内①,故两者所指,实际上是当时大理寺断狱和刑部复核时必须取准的法律,也就是开元二十五年《律》、《令》、《格》、《式》及此后陆续形成的刑事敕例,特别是在此基础上进一步删定编集的长行敕,其中是并不包括那些临时处分的一般制敕在内的。

其证如前引《唐会要》卷三九《定格令》载:

---

① 《宋刑统》此处前条取准的唐代宗广德元年七月十一日敕节文,即重申了大理寺正断而刑部详覆的司法程序,故其"两司"显指大理寺和刑部。"文法"则当以《唐六典》卷六《刑部》述"凡文法之名有四"为解,指大理寺断狱和刑部复核时取准的法律,在当时即指《律》、《令》、《格》、《式》和各种敕例特别是再经删定确认的长行敕。

> 太和四年七月大理卿裴谊奏：当寺《格后敕》六十卷，得丞谢登状，准御史台近奏：从今已后，刑部、大理寺详断刑狱，一切取最后敕为定。

谢登编集刑事《格后敕》六十卷，后经刑部等删定为五十卷之事前已有述。登上状取准的"御史台近奏"，应当就是七年前即前引穆宗长庆三年十二月御史台奏准下达之敕。谢登显然是要据此"近奏"，来明确其所编《格后敕》六十卷在行用时的优先地位。

其次，长庆三年上引敕文，既然把"后敕"取代"前格"视为理所当然之事，实际上已经表明了其所指"后敕"，就是指最新删定或确认的"长行敕"，而非最近下达的一般制敕①。关于这一点，《宋刑统》本条后文取准的后唐长兴二年八月十一月敕节文提供了佐证：

> 今后凡有刑狱，宜据所犯罪名，须具引《律》、《令》、《格》、《式》，逐色有无正文，然后检详后敕。须是名目条件同，即以后敕定罪。后敕内无正条，即以格文定罪。格内又无正条，即以律文定罪。《律》、格及后敕内并无正条，即比附定刑，亦先自后敕为比。事实无疑，方得定罪，恐虑不中，录奏取裁。

后唐法制直承中晚唐而来，上引文表明的，即是长庆三年前后"后敕合破前格"局面下，司法过程取准诸法的顺序。其中所说的"后敕内无正条"及"格内又无正条"，业已清楚地表明："后敕"和"前格"都包括了各种正刑定罪的条文，实际上都不过是德宗以来先后删定编纂的长行敕。当然对后唐来说，"后敕"还可特指本朝之敕，而"前格"则可统指

---

① 《旧唐书》卷一四一《张孝忠传》附《张克勤传》载其为孝忠之孙，长庆中为左武卫大将军，"时有赦文许一子五品官，克勤以子幼，请准近例迴授外甥。状至中书，下吏部员外郎判废置裴夷直，断曰：'一子官，恩在念功，贵于延赏；若无己子，许及宗男。今张克勤自有息男，妄以外甥奏请，移于他族，知是何人？倘涉卖官，实为乱法。虽援近日敕例，难破著定格文，国章既在必行，宅相恐难虚授。具状上中书门下，克勤所请，望宜不允。'遂为定例"。这里的"近日敕例"，即当时所下"许一子五品官"之敕，而"著定格文"必是此前所定长行敕的规定。故裴夷直所据"近日敕例"不得破"著定格文"的法理，说明当时仍在贯彻《律》文"不为永格者，不得引为后比"，及开元十四年禁止"用例破敕"的原则。这也可证穆宗长庆三年敕中的"后敕"非指"近日敕例"。

中晚唐删定的"《开成格》"等各部长行敕集。

《五代会要》卷一六《大理寺》载后唐长兴二年八月十一日大理寺卿李延范具奏断狱要切事节时，也引述了穆宗长庆三年十二月敕节文或后唐长兴时重申这一敕文的内容：

> 奉敕：大理每有详断刑狱案牍，准《律》，须具引《律》、《令》、《格》、《式》正文。又称：准格详狱，一切取最后敕为定，后敕合破前格。今后凡有刑狱，先引《律》、《令》、《格》、《式》有无正文，然后检详后敕，须是名目条件同，即以后敕定罪。敕内无正条，即以格文定罪，格内又无正条，即比附定刑。先自后敕为比，事实无疑，方得定罪。或虑《律》、《令》难明，录奏取裁，仍当比事平情，取法直官不隐法文状在案，本断官祇取愍状书法定罪，不得辄使文章及有征引。①

从中不难看出，《宋刑统》所引后唐长兴二年八月十一日敕节文，即是在李延范此奏的基础上形成的。而其所述"准格详狱，一切取最后敕为定，后敕合破前格"，则非常清楚地说明，穆宗长庆三年十二月敕所说的"后敕"与"前格"，其实皆是"准格详狱"时取为法据之"格"，惟有先、后之别而性质皆为长行敕②。只有在长行敕内亦无正条的前提下，才允许"比附"一般敕例来"定刑"，此时同样须遵循"最后敕"效力优先的原则。

最后，在明白了"后敕"、"前格"皆指长行敕的基础上，所谓"一切取最向后敕为定"，也就主要是指断狱当以最近删定和确认的长行敕效力最为优先。即便注意到其强调的是"一切"，也应将之理解为：同属敕

---

① 由李延范奏称"奉敕"观之，其所奉敕似乎不能是长庆三年之敕，然其所引内容要节则与之相同。由此推断此前当有制敕重申了断罪俱引《律》、《令》、《格》、《式》正文和"准格详狱，一切取最后敕为定"的规定。

② 《旧唐书》卷一六四《王播传》载其元和六年三月，"转刑部侍郎，充诸道盐铁转运使。播长于吏术，虽案牍鞅掌，剖析如流，黠吏诋欺，无不彰败。时天下多故，法寺议谳，科条繁杂。播备举前后格条，置之座右，凡有详决，疾速如神，当时属僚，叹服不暇"。此处所称的"前、后格条"，显然不是指开元二十五年及其之前的《格》条，而是指中晚唐屡次删定的长行敕条。

例或长行敕和同类犯罪情节的前提下，断狱应首先取准最近下达的敕例或长行敕。也就是说，无论如何理解，皇帝最新下达的各种制敕，并不能现成地构成效力超越以往相应规定的法据，只有那些经过特定程序形成或有特殊字样的敕例，才可以取代以往的同类规定。

由此亦可看出，中晚唐至后唐断狱所据，除开元二十五年《律》、《令》、《格》、《式》仍存一定效力外，主要还是当时形成的敕例特别是历次删定编纂的长行敕集。唐穆宗长庆三年十二月敕，则确认了长行敕在当时并行的各种法律形式中的最高地位，标志了长行敕效力和地位从唐前期以来的辅助，到此时终于已超越了《律》、《令》、《格》、《式》的转折。而后唐明宗长兴二年八月十一日敕，又循此突出了本朝敕例和长行敕的效力和地位，同时亦循晚唐以来的习惯，明确规定了同类情节下断狱引据相关法律的优先顺序，一一区分了《律》、《令》、《格》、《式》及后续形成的敕例和长行敕效力和地位的高下。

四 关于唐前、后期敕例及长行敕作用和地位的几点认识

经以上梳理，结合前面对当时各种立法活动的讨论，关于唐前、后期敕例及长行敕作用和地位的上升，大体可获以下认识：

一是自永徽二年《律》、《令》、《格》、《式》体系形成以来，各种随时随事推出的敕例，始终都在自发地趋于活跃，不断扩展其作用和地位。在此同时，朝廷也始终都在严格其构成和形成程序，并以不同方式对其加以删定和约束，力图将其限定在一定层面和范围之内。从高宗仪凤立法以后废除赵仁本所编《法例》，到睿宗景龙三年明确"格式无文，然始比例"，再到玄宗开元十四年禁止"用例破敕及《令》、《式》"，这些举措正是要把敕例效力限定在《律》、《令》、《格》、《式》之下，却也反映了其所作限定正在不断遭受的冲击和出现的缺口。这也就是武则天时期删定《垂拱后常行格》十五卷，开元十九年又删定《格后长行敕》六卷，以及开元二十五年编纂《格式律令事类》之时，仍然删定和收入了大量长行敕的基本背景。

二是唐前期删定和编纂长行敕之举，是要集中处理和协调格后敕与《律》、《令》、《格》、《式》的关系。其原因是在高宗以后至玄宗立法日益围绕《格》、《式》，特别是围绕《格》来展开的过程中，各种敕例的作用正在日趋活跃，格后敕在整套法律体系中的地位也日益突出。而当时

对之的约束和限定之所以收到了效果，从而得以维系了各种敕例辅助《律》、《令》、《格》、《式》而行的局面，主要还是有赖于不断进行的立法活动，尤其是通过《格》、《式》和《格后长行敕》的删定编纂来及时吸纳各种敕例而达成的。但到安史乱后，立法活动无暇从容展开，长期积累和错综复杂的制度变迁，又使全面重定《律》、《令》、《格》、《式》成了几乎不可能完成的任务，以往删定长行敕的做法，自然便成了主要的立法活动。由此形成的长行敕集，也就势将取代《律》、《令》、《格》、《式》而充当主要的法律形式。

三是随德宗对立法体制的调整，以《格》、《式》分别约束和归置两类形成程序不同的敕例，以及在此基础上形成的《律》、《令》、《格》、《式》体系，从此已经一去不返。与此相伴，一方面是开元二十五年《律》、《令》、《格》、《式》因久未修订而条文渐多过时，另一方面则是适应现实需要的各种敕例，业已变得更加活跃并被不断删定编纂为长行敕集。这就直接导致了中唐以来"后敕合破前格"成为公认的法理。到穆宗长庆三年正式明确了断狱以最新形成的长行敕为准的原则，遂终于完成了长行敕在效力和地位上高于《律》、《令》、《格》、《式》的转折。自此各种法律形式的实际位置，大体皆当如后唐长兴二年敕文规定断狱取准诸法的顺序所示。就其后续发展而言，长行敕在整个法律体系中居于首位，这就意味着，从一般制敕到可供比附取准的敕例，再到将之进一步删定编纂而成的长行敕集也就是编敕，实已构成了一个由低而高自成一体的完整序列。正是这个序列的不断发展和完善，使得集中凝聚了汉魏以来敕例编纂法典化进程成果的《律》、《令》、《格》、《式》，越益成了游离于其外的历史遗产，也就注定了其中仍然适用的条文必将被重组改编和重新定位的命运。

第十一章

宋初三朝的"例"与规范形态的变迁
——以礼例为中心的考察

在制敕—敕例—编敕所构成的法令序列中，敕例因其基于制敕，又可升华为编敕而居于枢纽地位，这是容易理解的。但在晚唐至五代法制的实际发展过程中，一方面，由于使职差遣盛行，导致了尚书省职能的萎缩和政务中枢改由二府、三司构成，中唐以来各种敕例统一由尚书省集议奏准的程序已被打散而事出多头。另一方面，又由于后唐以来依次循行前朝法律的格局，本朝与前朝的制敕、敕例和长行敕，以及仍有一定效力的唐《律》、《令》、《格》、《式》条文之间的关系，已在久未通盘清理而陈陈相因的过程中，变得尤为错综复杂。这两个趋势集中到一点，便导致了"例"之所指极为庞杂繁芜，而又无所不在地指导着行政、司法过程的局面。

在当时屡屡易代，新、旧规范错杂并用之际，本朝编敕的效力和地位，很自然地会在当时的法律体系中居于首位。但在此之下，本朝敕例与仍被沿用的前朝编敕和唐《律》、《令》、《格》、《式》条文，乃至于各种代相承袭的习惯和规定，其地位高下及相互关系，实际上很难作出明晰划一的区分界定，也就经常都被一概视为以往的行政成例，而由今上制敕来随时、随事裁量其效力或作补充、修正。但编敕也不过是经过删定的敕例，因而五代后期及于宋初的法律体系，可以说是一个由形形色色的"例"所构成的体系，其基本状态和根本特征，则是法典地位的极度衰微而今上制敕作用的登峰造极。此即唐宋之际政治、制度和社会深刻变迁的法律表现，是《律》、《令》、《格》、《式》体系崩溃以后，整个规范领域在急剧震荡中以"例"为中心走向重组的反映，也是整部中国法制史终于从前期进入了后期的转折点。

以下即拟以宋初三朝为期,来集中考察当时礼事领域"例"的构成、作用及其发展升华之况。可以认为,较之学界以往研究较多的刑事之"例"[1],进一步把握礼例的状况,不仅有助于深化对宋代法律或礼、法制度体系中"例"的研究,且可更为完整地了解唐末五代以来法律体系的流变,特别是各种规范形态如何在纷乱中走向重组的概要。

第一节 礼例表述方式和含义的庞杂

在宋代制度和宋人的记载中,礼事领域的"例",既有灵活的表现方式,又有十分庞杂的内涵。梳理和考察这些表述方式及其具体所指,可以帮助明确五代至宋初"例"的研究前提和基本情况。

一 "礼例"的指称和表述方式

有关礼事的"例",往往径称为"礼例"[2]。如《续资治通鉴长编》(以下简称《长编》)卷五《太祖乾德二年》正月乙酉:

> 吏部尚书张昭请依三祖庙礼例,改明宪皇后谥为昭宪,从之。

所称"三祖庙礼例",指的是建隆元年所定僖、顺、翼祖、妣谥号的前一

---

[1] 参郭东旭《宋代法制研究》第一章"宋代立法总论"第四节"编例",河北大学出版社2000年版。

[2] 就像魏晋以来"礼律"、"礼令"等词多有歧义那样,文献所见宋初的"礼例",可以理解为偏正结构而指"礼事领域的例",也可以是并列结构而释为"礼与例"的合称。如《续资治通鉴长编》卷六三《真宗景德三年》八月辛未,知枢密院事王钦若请复寿星之祀,"乃诏有司详定。遂请以秋分日享寿星及角、亢七宿,为坛南郊,其礼例悉准灵星。奏可。"《宋史》卷一〇三《礼志六》载其事,太常礼院"请用祀灵星小祠礼,其坛料如灵星坛制,筑于南郊,以秋分日祭之"。《文献通考》卷八〇《郊社十三·祭星辰》载之为有司"遂请以秋分日飨寿星及角亢七宿,为坛南郊,高三尺,周回八步四尺,四陛一壝,其祭器、祀礼咸以灵星为准。奏可。"是《长编》载有司请寿星之祀"礼例悉准灵星",具体是指其祀礼按《开元礼》和《开宝通礼》的"灵星小祠礼"、其坛制及祭器礼料按灵星坛的有关成例来执行者。《长编》这里的"礼例",显然是"礼"与"例"的合称,当标点为"礼、例"。

字相同之事①，张昭遂援此例，请改宣祖（谥昭武皇帝）明宪皇后谥为昭宪。②

又《宋会要辑稿》册三十二《礼》三九之三载太宗雍熙二年六月二十日事：

> 太常礼院言："准诏检讨公卿朝陵仪注，并不载祭器礼例、祝版明文。今除检到《开宝礼》公卿行诸陵仪注外，皇帝拜陵即设太牢之馔，宗正行诸陵并无牲牢之馔。今请于太庙荐飨礼例中量事裁减，除不设甑铏牙盘食及太常登歌，及太牢依近例以羊豕代外，余悉如之；祝文令学士修撰，幄幕床榻并令河南府供给。朝拜日，有司预于南百步道东充次，具剪除利器以备洒扫，设宗正卿拜位于兆门外之左，西向。又设陵官位于卿之东南，执事官又于其南，俱西向北上。设器，礼例酒馔于兆门内，宗正卿以下各就位，再拜盥手，奠酒，读祝册，再拜。安陵奠两爵，诸陵止一爵。其应洒扫芟除随事处分，先赴安陵，次永昌、孝明、孝惠、懿德、淑德皇后陵。又按《唐会要》，每陵支辂两乘，送之陵所，所以卿出城日如常仪，巡谒陵寝毕，率皆乘辂。今朝拜皆摄宗正卿，合用三品卤簿，如具车辂巡谒，即请用本品朝服祭服行事。'诏从之，惟不设仪仗，以公服行事。"

这段记载中，礼院提到的"祭器礼例"、"太庙荐飨礼例"、"设酒馔于兆门内"的"礼例"等，显然都是通行于以往礼事领域的成例或规定。

又《宋会要辑稿》册十三《礼》一〇之三载真宗景德四年四月十六日事：

> 皇后郭氏崩，六月二十一日，葬庄穆皇后……七月三日，有司奉神主于琼林苑，谒太庙，祔飨于昭宪皇后。飨毕，祔别庙，帝不视朝，群臣诣阁门奉慰。先是，园陵礼仪使晁迥言："乾德中祔孝明、

---

① 《长编》卷一《太祖建隆元年》三月壬戌条及《宋史》卷一〇八《礼志十一》。
② 《宋会要辑稿》（中华书局1957年影印版）册十六《礼》一五之三〇载仁宗庆历四年六月十四日，同判太常寺吕公绰奏疏有曰："谨按乾德礼例，改谥明宪皇后曰昭宪，以从宣祖之谥。今真宗皇帝谥有章圣，伏请改上五后庄谥为章。"是乾德二年张昭奏准后，赵宋开国以前僖、顺、翼、宣四祖、后谥号中，其上一字皆已相应，后来遂称为"乾德礼例"。

孝惠皇后于别庙，同殿异室。有司言：孝明正位宫壸，宜居上，孝惠追号次之，其庙室请准太庙以西为上，诏从其议。今庄怀皇后虽先庙饗，本自追崇，庄穆皇后正位宫壸，母仪天下，其神主祔庙，望依礼例，迁于上室。"从之。

此其"礼例"，即乾德元年所定孝明后庙室居孝惠后之上的做法。①

宋初这方面更多的情况是只称为"例"，其中较为常见的是缀以若干限定词而称"某例"或"某某例"。见于宋初三朝有关记载者，如"旧例"、"近例"、"新例"、"祖宗之例"等，凸显了其时间性；"荆湖例"、"福建例"、"西川例"等，标明了其地方性；"谒庙例"、"冬、正朝贺例"、"均胙例"、"假日例"等，指出了其所涉事类；"三司例"、"内诸司例"、"阁门例"等，强调了其部门性；"州县官例"、"藩臣例"、"正官例"、"朝官例"等，说明了其适用主体；"安陵例"、"孝章例"、"曹彬例"、"王钦若例"等，说明了其原出何事何人；"常例"、"定例"、"正例"、"永例"等，强调了其地位或效用；"类例"、"条例"、"集例"、"总例"等，概括了其形态、性质。

与此同时，不缀限定词的"例"，在记载中也大量存在。如《宋会要辑稿》册十七《礼》一七之三〇载太宗淳化三年十月八日之事：

> 太常礼院言："今年冬至亲祀南郊，前一日朝饗太庙，前二日奏告宣祖、太祖室。伏缘自来每遇亲祀，承例更设朔、望两祭，乃是十一月内三祭太庙两室，又行奏告之礼。烦则不恭，惧非孝思之意。当院检故事，太平兴国六年尝罢腊饗，求之典礼，亦无明文。窃缘十一月二十日皇帝朝饗，去腊饗。日月相隔，实非烦数。欲望权停十一月朔望之祭，其腊饗如常行礼。"从之。

这是每遇亲祀更设朔、望两祭的"例"，其显然是长期以来相承而用的"典礼"，以及附加其上的有关规定或做法。

又《长编》卷四六《真宗咸平三年》二月己未：

---

① 见《宋会要辑稿》册十三《礼》一〇之一。

命宰相李沆为元德皇太后园陵使,余四使并如例。

这是关于皇太后园陵设使之"例",是从唐设园陵使以来陆续增益和派生出来的成例。

但即使记载或表达时不出"例"字,亦无妨有关做法实际上就是"例"。如《太常因革礼》卷二九《吉礼一·冬至祀昊天上帝于圜丘一》引太祖开宝四年十一月亲祀仪注曰:①

> 有司奏:"鸾驾出宫之日,诸司仪仗并集屯门,将士填街。所有五品以上官,除引驾官外,俟驾未发前,并与六品以下官,先赴郊坛,立班奉迎皇帝。"诏可。

有司奏准形成的这条制敕,虽然未出"例"字,但其既被纳入了是年亲祀圜丘的"仪注",自然也就构成了可以指导今后同类行事的成例。同书卷三四《吉礼六·孟夏雩祀圜丘》载开宝九年四月雩祀仪注曰:

> 南郊礼仪使奏:"……今准开宝四年南郊例,其五品以上除引驾官外,俟驾未发之前,并与六品以下官先赴南郊坛,立班奉迎皇帝。"诏可。

是开宝四年诏有关官员先赴郊坛立班奉迎的规定,正是被后来视为"例"的,且又将之推广到了雩祀场合。

这也说明宋初的"礼例"、"近例"、"某某例"等,是在不断被攀援比附的过程中增广其类型和效用的,其原型则往往都是制敕,常在有司奏请某种做法或规范的基础上,经皇帝批准后形成,而已无需再像中唐坚持的那样统一由尚书省议定奏准。

不过这类制敕,有时也仍会以特定用语,来表示其对今后同类事务具有指导意义。如《宋会要辑稿》册十五《礼》一四之三载建隆四年:

---

① 《丛书集成初编》本,商务印书馆1936年版。

> 五月十二日，诏自今祠祭并委司天台择日。先是止委太卜局故也。①

这道由司天台替代太卜局选择祭祀之日的制敕，被《太常因革礼》卷一《总例一·择日》所引的"礼院例册"收录，说明其正是一项"例"。其中所书的"自今"二字，明显就是唐代制敕可以被"攀引为例"者，多有"自今以后"或"永为常式"字样的余绪。

又《长编》卷九《太祖开宝元年》十一月癸巳，判太常寺和岘请依唐故事设太庙牙盘食，遂诏：

> 自今亲享太庙，别设牙盘食，禘祫、时享皆同之。

参以同书卷八五《真宗祥符八年》十一月庚申之事：

> 兵部侍郎兼宗正卿赵安仁言："准诏，以太庙朔望上食品味，令臣详定。望自今委御厨取亲飨庙日所上牙盘例，参以四时珍膳，选上局食手十人赴庙造馔。上副圣心，式表精悫。"诏所上食味，委官阘令监造，安仁省视之。②

是开宝元年亲享太庙及禘祫、时享别设牙盘食的做法，至此已被称为"牙盘例"。从中且可看出，这类制敕之所以会有"自今"二字，以明其实为一个敕例，是因为有司上奏相关做法之时，本已请求了今后同类事务皆照此办理，故其既得奏准，当然就会是对今后行政具有指导意义的"例"。

同理，凡史官记载某项做法或规定而称"自后皆然"、"某某始于是"云云，也都是因为其奏或其诏本有"自今"等字样，其事又确为后来所沿用，也就皆可称"例"。具体如《长编》卷四《太祖乾德元年》十一

---

① 《宋史》卷九八《礼志一》惟述诸祀"有不克定时日者，太卜署预择一季祠祭之日，谓之'画日'"。
② 《宋会要辑稿》册十六《礼》一五之二载其事在祥符九年十一月十四日，"牙盘例"称"牙盘食例"。

第十一章 宋初三朝的"例"与规范形态的变迁　573

月壬申：

> 以南郊礼成，大宴广德殿，号曰饮福宴。自是为例。

同书卷二六《太宗雍熙二年》四月丙子：

> 召宰相、参知政事、枢密、三司使、翰林、枢密直学士、尚书省四品、两省五品以上、三馆学士宴于后苑，赏花钓鱼，张乐赐饮，命群臣赋诗、习射。自是每岁皆然。赏花钓鱼宴始于是也。①

又《宋会要辑稿》册三十五《礼》四五之二八载真宗时事：

> 咸平二年九月重阳节，宴近臣于张齐贤第，诸将饮射于本营，内职射于军器库。自是重阳赐会如例。②

同册《礼》四五之二七则载：

> 咸平三年二月二十五日清明节，宴近臣于张齐贤第，帅臣于本司，内职于军器库。自后清明皆赐会。

以上记载或明确说了"自是为例"、"自是重阳赐会如例"，或虽不出"例"字，却强调了"自是每岁皆然"、"赏花钓鱼宴始于是也"。这些显然都是史官根据有关做法的原始记录及其性质和后续效用，以此明示其事为"例"的标志性用语。

二 "例"的庞杂和内涵不定

综合上面所举的种种情况，宋初三朝常被有司取凭为据或类推比附的

---

① 李焘此条有案语曰："此据《会要》，赏花赋诗，已见雍熙元年三月。"其以为雍熙元年三月己丑仅召近臣后苑赏花，无钓鱼事，故赏花钓鱼宴严格地说始于雍熙二年，而其源在元年。参《长编》卷二五《太宗雍熙元年》三月己丑条。

② 《宋会要辑稿》册三十五《礼》四五之二二亦载此事："真宗咸平二年九月九日，召宗室宴射苑中，近臣宴张齐贤第，诸将饮射本营。"

成例、做法或规定，有的即是本朝敕例，有的原出唐以来陆续沿用、积累的典制、故事，而其称"例"或不称"例"，称"礼例"、"某某例"或另以"自今"及"某某始于是"等特定用语来加以表达，殆属无所不可。这种"例"无定称的局面，正是唐末以来"例"之所指甚为庞杂的表现。当时有两个现象足以说明"例"的庞杂：

一是宋人常以"例"与"故事"互称。如《宋会要辑稿》册十六《礼》十五之一载太宗兴国二年四月一日事：

> 山陵礼仪使言："太祖皇帝尊号宝册，请如周显德故事，前附庙一日内降，排列于仪仗内，于本室安置。"诏恭依。

同书册二十五《礼》二九之四亦载此事：

> 礼仪使言："太祖旧尊号宝册，欲准礼例，附庙前一日内降，列于仗内，安置本室。"诏恭依。①

两相参照，显见后条所述的"礼例"，实即安置大行皇帝尊号宝册的"周显德故事"。

又《宋会要辑稿》册三十三《礼》四一之五三载咸平三年九月改葬秦王廷美之事：

> 太常礼院言："准礼例：诸王启菆掩圹日，并辍朝参，掩圹日，百官慰。今月二十九日改葬秦王，其日朝参奉慰，望准故事。"从之。

此处礼院末云的"故事"，也就是其前面所述关于亲王掩圹日辍朝参、百官奉慰的"礼例"。又《宋史》卷一○八《礼志十一》吉礼十一载景德三年十月之事：

> 十日，孟冬荐享。其月明德皇后园陵，有司言："故事：大祠与

---

① 《宋会要辑稿》此处系其事于四月四日。

国忌日同日者,其乐备而不作,今请如例。"从之。①

此亦以"故事"与"例"互称。如所周知,隋唐以来的"故事",早已不是一种地位明确的法律形式,而只是"过去之事"包括有关制度、成事乃至形形式式掌故名物的泛称。因而"例"与"故事"经常互称的事实,说明的正是当时的"例"被泛泛视为各种前事成制,可由制敕随时、随事裁量修正,其法律效力和地位既不划一也不稳定的状态。②

二是"常例"内涵的宽泛。《长编》卷四〇《太宗至道二年》十二月记事:

> 故事,知制诰以先入者居上,不系于官次。丁巳,始命工部郎中胡旦立于祠部郎中冯起之上。非常例也。

所谓"非常例"亦即特例,自然是与作用较为稳定或正常情况下的"常例"相对而言的。

如《长编》卷四二《真宗至道三年》十二月甲寅,刑部郎中知扬州王禹偁上疏言五事,其三请严选举有曰:

> 比来五品以下,谓之旨授官,今则幕职、州县而已,京官虽有选限,多不施行。太祖以来,始令后殿引见,因为常例。以至先朝调选之徒,多求侥幸。

---

① 《宋会要辑稿》册十五《礼》一四之一三、册十七《礼》一七之三〇皆载其事在景德三年九月。

② "故事"的涵盖面似要较"例"更宽一些。如《五代会要》卷三《缘庙裁制》载后周广顺"三年九月太常礼院奏:'奉迎太庙神主到京,未审皇帝亲出郊外迎奉否?检讨故事,元无礼例,伏乞召三省集议。'敕:'宜令尚书省四品以上、中书门下五品以上同参议。'司徒窦贞固、苏禹珪等议:'案吴主孙休即帝位,迎其祖父神主于吴郡,入附太庙前一日,出城野次,明日常服奉迎。此其例也。'遂署状,言以车驾出城奉迎为是,请下礼仪使草定仪注。"又《长编》卷六七《真宗景德四年》十二月壬寅,"封驸马都尉石保吉庶女为乐陵郡君。初,上以无例,令中书详讨故事。晋国长公主亟为乞恩,故特加郡号。"所谓"检讨故事,元无礼例"及"上以无例,令中书详讨故事",都说明严格说来,"故事"可涵盖"例",而"例"不得涵盖"故事"。只是由于宋初的"例"庞杂已甚,故又可与"故事"互称。

同书卷七七《真宗祥符五年》二月壬戌又载：

> 令礼部贡院录诸州发解试题进内，上将亲试贡士，虑其重复故也。自是用为常例。

两处的"常例"，皆属先前随宜下诏，后来则规矩相沿，显然都是法律效力明确的敕例。

不过当时"常例"所指又不限于此。《长编》卷六七《真宗景德四年》十二月癸卯：

> 先是，上尝问辅臣以天下贡举人数，王旦曰："万三千有余，约常例，奏名十一而已。"

同书卷六九《真宗祥符元年》六月甲午又载：

> 诏有司加谥太祖、太宗，俟封禅礼毕日，恭上册宝。谥议令王旦撰。旦言："唐故事：丞郎或太常为之。"上曰："尊奉祖宗，岂拘常例？"特命辅臣以申朕之孝思也。

这两处"常例"，显然并非明确的规定，而只是笼统的惯例，甚至是唐代的惯例。

非但如此，《宋会要辑稿》册五十《仪制》九之一〇载真宗祥符四年之事：

> 七月八日，诏："阁门自今文武臣僚充安抚使、副、都监及提点刑狱之类，但系同差带职名者，并令一班辞见，内有合重行异位者，即依常例。"先是，帝宣示宰臣曰："朝廷每命臣僚充使、副出外同勾当诸事，辞见之际，多以文武班例及资品高下，阁门不令同列，甚无谓也。"故有是诏。

这里的"常例"，又包括了当时沿用的唐《公式令》中关于朝位班次的规定①。显然，当时公认的"常例"，盖仅就其作用较为稳定常被因循而言。在宋初君臣看来，处于常态的"例"，实际上并不专指某种地位特定的法规。

从礼事领域"例"的状况不难看出，宋初之所以称有关成事或规范为"例"，经常只是取用了长期以来"例"所具有的"比"、"类"、"法"等字面意义②，即便是缀词而称"某例"或"某某例"，从而突出了其某种属性或侧面，往往也只是为了一时指称或概括方便，而并不意味其是法律上的专有名词③。此即当时"例"在表达方式上灵活不定，其内涵又多有交叉或重合的直接原因。

要之，宋初三朝的"例"，实际已被用来泛指以往存在的各种成事、规范和法律条文，其总体范围及其可能的形态和性质，实已非复唐代法律体系中可供取准比附的敕例所得概括，也远远超出了以往法史学界的界定。在这样的前提下，对宋初以来"例"的研究，倘一开始就视之为意义和地位确定无疑的专有名词或法律形式，而置其内涵已较过去大为泛化

---

① 《宋会要辑稿》册四十七《仪制》三之一〇载真宗祥符九年正月，兴州团练使赵德文奏言其子承显班位之事，诏宗正寺定宗室班图以闻，宗正奏曰："按《公式令》：朝参行立，职事同者先爵，爵同者先齿。今以宗子官同而兄叔次第倂者，并虚一位而立。"是有关"重行异位"的"常例"，除"班图"或"入阁图"外，必亦包括了《公式令》的有关规定。

② 如《宋会要辑稿》册二十七《礼》三一之一〇载太祖乾德二年二月十六日，"太常礼院言：'准诏，问孝惠皇后改葬合造虞主，及得与明皇后同祔谒太庙可否……又按唐天下九年祔昭成、肃明二皇后神主于仪坤庙，详酌故事，虽无同谒太庙之文，且有同日祔别庙之礼。以此比类，同谒为宜，欲请奉二后神主同祔谒于太庙。'从之"。所谓"以此比类"，亦即"以此为例"焉。

③ 如北宋文献所见"总例"，大体可分为三种情况：一如《长编》卷六一《真宗景德二年》十一月己巳："命屯田员外郎判三司勾院杜梦证假检校秘书少监开封少尹，饯契丹使于上德桥。自后皆以府判官假少尹为饯送，推官假判官郎中为接迓，不复命他官。李焘按：五月末所书《总例》可见。"这里李焘所述的"总例"，据《长编》是年五月乙亥所载，实际上是一份关于契丹使者接待，包括接伴、朝见、饯行及其供帐、给赐等事项的条例。二如《涑水纪闻》卷三载吕夷简事曰："吕相在中书，奏令参知政事宋绶编次《中书总例》，谓人曰：'自吾有此《例》，使一庸夫执之，皆可以为相矣。'"《长编》卷一一七《仁宗景祐二年》九月己酉亦载其事。此"《中书总例》"显属有关定例及条例的汇编。三如《开宝通礼》及《太常因革礼》皆有《总例》，仁宗以来所修《编敕》、《条贯》等或亦专设《总例》。如《宋史》卷二〇四《艺文志三》史部刑法类著录《嘉祐编敕》十八卷，《总例》一卷；《庆历编敕》十二卷，《总例》一卷；《新修审官西院条贯》十卷，《总例》一卷。这种《总例》，明显与《开元礼》的《序例》相同。由此可见当时的"总例"，乃在"总的规定"这种笼统的字面意义下，涵盖了"例"的若干不同的样态。

的事实于不顾，那自然就背离了它们的实际状况，也就势必会轻易地放过那些对当时制度发展和例的变迁来说意义重大的问题，甚至得出以偏概全的错误结论。

第二节　礼例的构成、援引及其反映的问题

各种成事或规范皆被泛称为"例"，本身就构成了制度史上的一个独特现象，其背后蕴含了当时整套规范体系正在围绕例而经历着复杂调整的事实。可以认为，"例"成为各种规范的泛称，意味的是一种制度领域"天下大乱"的局面，以及一种以是否切合时用为上，而漠视过去各种规范形态传统及其间差异的演变态势。从宋初三朝礼制体系呈现的状态来看，其中有下列三端似应特别引起注意。

一　宋初所援"礼例"中包括了前朝旧制

宋初三朝的礼事活动，常循据了五代之例。如《宋会要辑稿》册四十一《舆服》一之一六载建隆四年八月六日：

> 南郊仪仗使刘温叟言："兵部取到唐明宗朝《仪仗字图》，导驾用三引，诸司法物，人数极多。周太祖用六引，其数差少。今请用六引，其卤簿准近例不给。"[1]

此"近例"显然是指周太祖所定卤簿之制。

同书册十三《礼》一〇之二载咸平元年三月十二日，判太常李宗讷等奏请淑德皇后之称，亦应如元德皇太后加"太"字，诏下都省集议：

---

[1] 《文献通考》卷一一七《王礼十二·乘舆车旗卤簿》亦载其事，而述此为陶穀之奏。其末句作"按明宗旧《图》，导驾三引而仪仗法物人数多，周太极（劲案：极当作祖）卤簿而人数少。请准《令》文用六引，其卤簿各依本品以给。"今据《太常因革礼》卷二七《总例二七·卤簿上》引《卤簿记》，述当时"又增造五辂副车，复殿中华舆用六引、本品卤簿。"是《通考》述"卤簿各依本品以给"文出于此，而有所淆杂。况诸处皆载其时大礼使范质、卤簿使张昭、仪仗使刘温叟同详定大驾卤簿之制，而其时陶穀为礼仪使。故此事应是刘温叟先上言，而陶穀又总奏其制。

兵部尚书张齐贤等议曰："……又请以淑德皇后准周正（劲案：正当作贞，避仁宗名讳也）惠皇后礼例加太字，诏不加太字者，缘去岁诏下时，元德皇太后未行追册，今册命已毕，望依宗讷等所请。"诏恭依。

其所援乃后周贞惠皇后刘氏追谥太后之例。①

当然宋初援引的五代之例，有不少都循自唐代。如《宋会要辑稿》册三十九《礼》五六之三载：

太祖建隆元年五月朔，有司请受朝。时司天上言，日当食，故罢视朔御殿，非古也。唐德宗以数术之肇行斯礼，宪宗元和中以其不经，罢之。后唐同光中复诏举行，至是犹循旧例。

此其所循，显属后唐同光以来所复唐德宗时期之制。同书册十五《礼》一四之一三载真宗祥符四年八月二十二日监祭使俞献可奏事有曰："按《祠祭令》：'中祠以上，并官给明衣。'斯礼久废，望付礼官详酌。"诏太常寺与礼院官详定以闻，判太常寺李宗谔等言："明衣绢布《唐礼》俱存，然停废既久，望且仍近例。"这里的"近例"，显然也是晚唐五代以来之例。②

此外，在重定本朝新制时，宋人也常越过五代直接援引唐例。如《宋会要辑稿》册三十四《礼》四二之一载太祖乾德二年五月十八日事：

太常礼院言："禘飨太庙，其日惠明皇后忌。按唐开成四年正月二十二日祀先农，与穆宗忌同日；太和七年十二月八日蜡百神，与恭宗忌同日。诏以近庙忌辰，作乐非便，宜令备而不作。窃以农耤之祭，犹避庙忌而不作乐，望依礼例，备而不作。"从之。

---

① 《旧五代史》卷一二一《周书·后妃传》及《五代会要》卷一《追谥皇后》，俱载世宗贞惠皇后刘氏汉末遇害，显德四年四月追册为皇后。《旧五代史》卷一二〇《周书·恭帝纪》载显德六年十一月壬寅朔，"葬世宗皇帝于庆陵，以贞惠皇后刘氏祔焉"。是其追谥太后必在此时。

② 《唐会要》卷二三《缘祀裁制》载代宗大历六年敕："自今以后，五品以上及监察御史、太常博士，宜准《式》给明衣绢及浴巾，余准常例。"是其制此后渐隳。

此"礼例"显即唐文宗太和及开成年间,诏庙乐"备而不作"的做法。

又《太常因革礼》卷二五《总例二五·舆服五》皇太子之制引《礼阁新编》:

> 至道元年十月二十五日,太常礼院状:"来年二月南郊,准礼例:皇太子侍从皇帝,充亚献行礼。所有合着祭祀服色,伏乞下少府监修制,仍开陈古今制度者。衮冕,垂白珠九旒……"诏令文思院依礼院所申制造。

这里所说的"礼例",指的乃是唐德宗贞元六年十一月八日,诏以皇太子为亚献,亲王为终献之例。①

值得注意的是,即便存在着本朝的近例,也可根据唐代旧例来改变其做法②。如《宋会要辑稿》册二十一《礼》二二之三载真宗祥符元年四月五日:

> 以知枢密院事王钦若、参知政事赵安仁为泰山封禅经度制置使,并判兖州,仍叠往乾封县。先是,帝问宰臣东封置使故事。王旦曰:"唐有检校封禅使,先朝亦置大礼、礼仪、仪仗、卤簿等使,惟不置桥道顿递使。"帝曰:"今当遣大臣司其事,择美名以授之。"故命钦若等,仍令且留岳下检校,稍办集,可别命官判兖州。

这是据唐代特命检校封禅使之例,改以"经度制置使"统诸封禅之事,从而改变了"先朝"即太宗太平兴国九年所定的封禅大礼使之例。③

又如《长编》卷七五《真宗祥符四年》四月丙寅:

---

① 《旧唐书》卷二一《礼仪志一》。
② 当然更多的情况是以本朝新例取代前朝旧例。如《宋会要辑稿》册二十五《礼》二九之三载太祖丧礼述:太平兴国元年十二月五日,"礼仪使言:山陵礼毕祔庙,准例:太常卿撰一室登歌、酌献歌词舞名,下太常寺教习。诏差翰林学士李昉撰进"。据《唐会要》卷三三《太常乐章》、《五代会要》卷七《庙乐》,太常卿撰太庙诸室歌舞名乃是唐及五代相承之例,而宋太祖诏差翰林学士撰进则为新例。
③ 《宋会要辑稿》册二十一《礼》二二之一载太平兴国九年四月十四日始筹封禅仪注,二十日"以宰臣宋琪为封禅大礼使,翰林学士承旨扈蒙为礼仪使,学士宋白为卤簿使,贾黄中为仪仗使兼判桥道顿递使事"。是太宗并非未设桥道顿递使,而是以他使判其事。

客省使、忠州刺史曹利用为内客省使领嘉州防御使，日就食于枢密院。先是，以内客省使厅事为三班院，于是，令三班院分厅事处之。

此条李焘有案语曰："近时蔡廷诚之孙名兴宗者，著《祖宗官制旧典》，云太祖以内客省使换枢密，以延福宫使换宣徽。按《本志》内客省使乃唐置，其就食于枢密，亦旧例也。不知兴宗所记换枢密事出何书，当考。"是内客省使宋初已被改换，厅事亦已不存，真宗此时乃复唐例而改变了本朝太祖之例。

再如《宋会要辑稿》册四十七《礼》五八之二又载：

大中祥符五年正月二十二日，诏文武薨卒当定谥者，自今如本家申请，即准故事施行，不须先具奏入俟报。唐制，职事官三品以上、散官二品以上亡者，其佐史录行状申考功……先是，皆秉进止而议，及降是诏，乃议讫以闻。

这里的"故事"，显指唐代文武高官薨卒，先由有司拟议其谥再行上闻的规定。真宗当时正是据此纠正了宋初以来的奏而后议之例。

既然可以越过五代而径援唐制为例，相隔更远的旧制也就同样可以引据为"例"了。如前引《长编》载乾德二年张昭请定昭宪皇后之谥，《宋会要辑稿》册十六《礼》一五之二二载其奏文有曰：

自汉魏以来，凡追谥宗庙，帝后例多复谥，于后谥上一字，皆与帝上一字同……

是其不仅引据了后周的"三祖庙礼例"，亦引据了汉魏以来的旧例。[①]

[①] 《文献通考》卷九三《宗庙三·天子宗庙》载后晋天福二年议立四庙，时张昭为御史中丞力主其议，其所论要害为"臣读十四史书，见二千年故事……自殷周以来时更十代，皆于亲庙之中以有功者为太祖，无追崇始祖之例"。亦以远朝故事为"例"。

又《宋会要辑稿》册十六《礼》一五之二五载真宗咸平元年三月诏议诸祖称谓,礼院上言有曰:

> 谨按《春秋左氏传》,文公二年跻鲁僖公。《正义》云:礼,父子异昭穆,兄弟昭穆同。此明闵、僖兄弟继统,同为一代。又鲁隐公、桓公继及,皆为穆位。又按《江都集礼》:晋建武中惠、怀二主兄弟同闱异坐,以正昭穆。及《尚书·盘庚》有商及王,并《史记》阳甲至小乙兄弟四人相承,故不称嗣子而曰尺王(劲案,尺当作及),明不继兄之统也。又按《唐书》中宗、睿宗皆处昭位,敬宗、文宗、武宗三帝昭穆之时,同为一代。今者简编之内,稽类例以甚明;宗庙之中,序昭穆而可定……

宋人常把同类事例合称为"类例"①,这里则把《尚书·盘庚》、《左传》、《江都集礼》、《左传正义》、《旧唐书》所载兄终弟及故事,概称之为"类例",是儒经注疏及史部所载远朝故事,殆无不可以称"例"了。

应当说,在现有法律规定并不明确时援例行事,这在制度史上并不新鲜;在国初新制未备之时循用前朝的旧例,亦属在所难免。但宋初礼事领域援引的前朝旧例,数量甚大倒也罢了,把前朝的故事以至于礼经及文献所载远朝旧制,与本朝的措置类同视之而皆称为"例",且在本朝礼典出台以及开国数十年后仍然如此②,更有据唐旧例以改本朝近例的情况发生③,这就属于一个极富宋初特色的现象了。其所反映的,当不仅是宋初各项制度仍在晚唐五代的轨道上继续运行,前朝旧制和成例仍在其中占有

---

① 如《长编》卷六〇《真宗景德二年》六月戊寅:"诏忻、代州缘边诸寨,自今北界赍牒至者,并送代州,仍准条给物。以其回报裁处,类例不一故也。"同书卷九〇《真宗天禧元年》十一月壬寅:"礼仪院言:诸节所禁刑罚,今请以前后诏旨类例颁下。"

② 宋太祖开宝六年四月颁行《开宝通礼》及其《义纂》,相关问题可参楼劲《关于〈开宝通礼〉若干问题的考察》,《中国社会科学院历史研究所学刊》第四集,商务印书馆2007年版。

③ 仁宗以来,援引前朝旧例之事已明显减少,引据五代之例则近绝迹,但援引唐例及以之纠正祖宗之例仍非鲜见。《宋史》卷九八《礼志一》载仁宗"庆历元年判太常寺吕公绰言:旧礼郊庙尊罍,数皆准古,而不设三酒、五齐、明水、明酒,有司相承,名为'看器'……宜诏酒官依法制齐酒,分实之坛殿上下尊罍,有司毋设空器;并如唐制以井水代明水、明酒……"又载神宗熙宁以来,"中祀以上皆给明衣"。即其证。

重要地位；且亦表明了在此基础上，制度整顿和发展的总体态势，实际上是把各种规范形态一概视为旧例，再以今上制敕来重新裁量其价值和修正其内涵。

二 礼例可兼指礼典及《令》、《式》规定

长期以来，特别是在唐代的法律体系中，"例"通常都指敕例、判例，即便某些时期其作用可能放大，但与礼典及《律》、《令》、《格》、《式》等法典相较，其法律效力、地位乃至于名称，仍是明显有别且不容混淆的。

在宋初的礼事活动中，这种区别仍常可见。如《宋会要辑稿》册十三《礼》一〇之一载太祖乾德二年二月四日：

> 太常礼院言："少府监移牒讨别庙神门立戟之制。按《仪制令》，庙社每门二十四戟，但无别庙之制。今详别庙祀事一准太庙。又周宣懿皇后别庙亦当立戟，望下少府监，准《令》文、近例修制。"从之。

礼院的这份奏请，便强调了"《令》文"与"近例"的不同。

同书册十七《礼》一七之三〇载太宗淳化三年十月八日：

> 太常礼院言："今年冬至亲祀南郊，前一日朝飨太庙，前二日奏告宣祖、太祖室。伏缘自来每遇亲祀，承例更设朔、望两祭，乃是十一月内三祭太庙两室，又行奏告之礼。烦则不恭，惧非孝思之意。当院检寻故事，太平兴国六年尝罢腊飨；求之典礼，亦无明文。窃缘十一月二十日皇帝朝飨，去腊计日月相隔，实非烦数。欲望权停十一月朔望之祭，其腊飨如常行礼。"从之。

这里的"检寻故事，尝罢腊祭"，指的是太平兴国六年之例；"求之典礼，亦无明文"，则指《开元礼》与《开宝通礼》无此规定[①]。其所说明的是

[①] 《石林燕语》卷一述"国朝典礼，初循用唐《开元礼》"云云，是宋人述"典礼"常指《开元礼》及《开宝通礼》之证。

礼典与例的不同。

但事情的另一侧面是，宋初的定制或行政过程，业已在很大程度上混淆了例与各种制定法或其他法律形式之间的区别。或者说，这种区别在他们看来实已无关紧要，故当时制礼行礼之时，亦常称《开元礼》或《开宝通礼》的有关规定为"例"。

如《宋会要辑稿》册二十四《礼》二八之七〇载建隆四年八月十八日：

> 礼仪使陶榖言："享庙、郊天两日行礼，从祀官前七日皆合于尚书省受誓戒，自来一日之内受两处誓戒，有亏虔洁。今用十一月十六日行郊礼，望依《礼》文，于八日先受从飨太庙誓戒，九日别受郊天誓戒，其日请放朝参。"从之。十月十五日又言："准礼例，皇帝崇元殿致斋日至郊祀日，京城内及坊市禁断凶秽，不得闻哭泣之声，礼毕仍旧。"诏依。

这里陶榖前奏"依《礼》文"，与后云"准礼例"似若有别，其实都是《开元礼》的规定。①

又《宋史》卷九八《礼志一》吉礼一：

> 太庙初献，依开宝例，以玉斝、玉瓒，亚献以金斝，终献以瓢斝。外坛器亦如之。庆历中，太常请皇帝献天地、配帝以匏爵，亚献以木爵；亲祠太庙，酌以玉斝，亚献以金斝，郊庙饮福，皇帝皆以玉斝。诏饮福唯用金斝，亚、终献酌以银斝。至饮福，尚食奉御酌上尊酒，投温器以进。

此处的"开宝例"，很明显是指《开宝通礼》的有关规定。

---

① 《开元礼》卷三《序例·斋戒》："凡大祀，斋官皆祀前七日平明集尚书省受誓戒……至祀前一日，各从斋所昼漏上水三刻向祠所，仍令平明清所行之路，道次不得见凶秽衰绖，过讫任行。其哭泣之声闻于祭所者，权断讫事。"其禁断秽、泣之文，《旧唐书》卷二一《礼仪志一》载为"车驾及斋官赴祠祭之所，州县及金吾清所行之路，不得见诸凶秽及缞绖者，哭泣之声闻于祭所者权断，讫事依旧"。

又《长编》卷六九《真宗祥符元年》六月壬子：

> 判太常礼院孙奭言："按礼文，飨太庙终献降阶之后，武舞止，太祝彻豆，《丰安之乐》作，一成止，然后《礼安之乐》作，是谓送神。《论语》曰：三家者以《雍》彻。又《周礼》乐师职曰：及彻，帅学士而歌彻。郑玄曰：谓歌《雍》也。《郊祀录》载登歌彻豆一章，奏无射羽。然则宗庙之乐，礼有登歌彻豆一章。今于终献降阶之后即作《礼安之乐》，诚恐阙失，望依旧例增用。"诏判太常寺李宗谔与检讨详议以闻。宗谔等言："国初撰乐章，有彻豆《丰安》曲辞，乐署因循不作，望如奭所奏。"从之。①

当时孙奭所按"《礼》文"，自是《开宝通礼》之文②，"望依旧例增用"，是其视《开宝通礼》为"旧例"，盖与"乐署因循不作"之近例相对而言其"旧"。

同样，宋初的礼事活动中，也常把《令》、《式》、《刑统》的有关规定视为"例"。如《宋会要辑稿》册十五《礼》一四之八《群祀一》载淳化四年四月十七日，诏礼官遍视四郊坛位，详定大小祠神坛设壝步数以闻。太常寺上言有曰：

> 准礼例：圜丘、方丘三壝，天地、五郊三百步内不得葬埋；壝外三十步不得耕种，壝内不行人行及樵牧。今详圜丘、方丘已有制度，及先农坛近准敕设两壝外，其余祠坛，礼文并无壝制步数。请大祠各设两壝，中小祠一壝，每壝二十五步，各于壝内安坛。

---

① 其下李焘有案语曰："此事《实录》不载，《会要》载于十一月前，六月后，本志亦与改封禅乐曲名同时载之，今附于此。"
② 《开元礼》卷三七《皇帝时享于太庙》馈食章述终献毕，武舞止，太祝彻豆后，皇帝、众官皆再拜，"乐一成止；太常卿前奏礼毕，太常卿引皇帝还大次，乐作；皇帝出门，乐止"。《开宝通礼》当循此。又其乐名，《长编》卷一《太祖建隆元年》四月癸酉，载窦俨改同乐"十二顺"为"十二安"，无《礼安》之名，其乐当晚此而作。《宋史》卷一三四《乐志九》载建隆以来祀享太庙十六首，迎神用《礼安》，彻豆用《丰安》而不载送神之乐。以迎、送同仪而推，当亦为《礼安》。《文献通考》卷一四三《乐十六·乐歌》载"集太庙十六首"迎神用《理安》，彻豆用《丰安》，送神亦《理安》。恐正当以《宋志》作《礼安》为是。

《太常因革礼》卷五《总例五·坛壝上》引《太常新礼》亦载其事，又引《礼院例册》载仁宗皇祐二年重定其制。以此相互参校，即可知道《宋会要》所载太常寺上言引据的"礼例"，其中关于"天地、五郊三百步内不得葬埋"的规定，其实乃是《礼部式》文；而"壝外三十步不得耕种，壝内不行人行及樵牧"的规定，则应当是《祠令》的规定。至于"圜丘、方丘三壝"，在《开元礼》及《开宝通礼》中已有所体现①，其正面的规定亦当在有关《令》篇中。②

很明显，在《宋会要》编撰者看来，把《令》、《式》的有关规定视为"礼例"，根本就不是问题。《太常因革礼》卷二五《总例二五·舆服五》群臣之制上：

> 《礼阁新编》：大中祥符四年七月，知枢密院王钦若奏："王公车辂，不得与南郊车辂一库收附。窃缘王公车辂上并用龙饰，臣欲乞下有司，检定制度，将见管车辂更改修制，庶尊贱有差，永为定式。"寻诏礼院详定闻奏者。礼官奏："检详礼例，《卤簿令》王公以下辂，象辂，以象饰诸末，朱班轮，八鸾在衡，左建旗（原注：旗画龙，一升一降），右载闟戟。革辂，以革饰诸末，左建旆（原注：通帛曰旆），余同象辂。木辂，以漆饰之，余同革辂。軺车，曲壁，青通幰，碧里。诸辂绵朱质朱盖朱旗旒。一品九旒，二品八旒，三品七旒，四品六旒，其鞶缨就数，皆准此。院司检详王公车辂制度如前，欲乞下太仆寺依此修制。"诏可。

此处有司检详的"礼例"，乃为《卤簿令》的规定，也说明了当时"例"可兼指《令》、《式》的事实。

又《宋会要辑稿》册三十《礼》三六之四载大中祥符八年四月十九日：

---

① 《太常因革礼》卷五《总例五·坛壝上》："《通礼》诸祠皆不著坛壝制度。"《开元礼》亦然，但其圜丘、方丘章屡述陈设等仪，实已体现了三壝之制。

② 《旧唐书》卷二一《礼仪志一》载"武德初定《令》"云云而详述郊坛规制，惟不及其壝，当属史臣之删略，惟不知其所属何篇耳。

皇弟广平公德彝卒。先是，德彝娶王显孙，问名、纳采毕，大归有期。诏问礼例，礼官言："按《礼记·曾子问》曰：娶有吉日，而女死如何？孔子曰：婿齐衰而吊，既葬而除之；夫死，亦如之。《注》云：谓无期三年之恩也，女服斩衰。又按《刑统》云：依礼有三月庙见，有未庙见、就婚等三种之文；妻并同夫法。其有克吉日及定婚夫等，唯不得违约改嫁；自余相犯，并同凡人。今详女令服斩衰于室，既葬而除，或未葬，但出攒即除之。"①

此条"诏问礼例"而礼官引《礼记》及《刑统》文为对，这是以"例"涵盖有关典籍而及于《刑统》之证。

由上可见，在宋初的制度或规范领域中，过去各种正规而稳定的法典或法书，从《开元礼》、《开宝通礼》等礼典，到《令》、《式》、《刑统》的有关规定，已经常被人们与各式各样的前朝和本朝故事、敕例一起视为"例"；而以往其间在法律效力和地位上的差别，则已淡化到了可以忽略的程度。这就解释了宋初的定制和行礼过程，之所以经常会把礼典视同一般礼书，而把《令》、《式》规定视同一般故事的现象。同时这也说明，当时的整个制度领域，正处于一个旧权威业已打破而新权威尚待建立的阶段，一个整套法律正在新、旧规范的错综作用中重新整合的时期。

三　以制敕为"例"和因习惯相承为"例"

在宋初三朝的礼事领域中，大量的例都是随宜处分有关事务的制敕。前曾提到，凡制敕而称"自今"云云者，皆为例。而其中最为显白的，是制敕径称"自今为例"或"自今依此例"。

如《长编》卷七八《真宗祥符五年》九月甲申：

大宴含光殿，军校有醉卧禁街者，诏巡逻者护送之。仍命殿前司自今为例。

《宋会要辑稿》册二十三《礼》二五之五一载祥符七年正月十三日庚子：

---

① 《长编》卷八四《真宗祥符八年》四月戊辰亦载其事而所述未及《刑统》。

礼仪院言："恭谢坛，昊天上帝、皇地祇、配帝五方帝、日月神州、天皇地极及内官五十四、中官百三十九、外官百六、岳镇海渎十八，请并供制币，各如方色。自今皇帝亲郊悉用此例……"并从之。

同书册四十一《礼》五九之三载：

（祥符）八年四月十一日，枢密院言："新枢密使王钦若、陈尧叟及武胜军节度使寇准，各上表辞恩命，其不允批答，合差使臣六人赍赐。"诏枢密副承旨、中书堂后官、主事赍送，所得事例各令均分。副承旨、堂后民为一等，主中、守关（劲案：关疑当作阙）主事为一等，内提点五房公事刘明恕是与加赐。自今并依此例。

皆属此类。

而与之相反的情况，则是制敕明言"不得为例"。如《长编》卷一一《太祖开宝三年》三月记事：

壬寅朔，诏礼部贡院阅进士、诸科十五举以上曾经终场者，以名闻。甲辰，得司马浦等六十三人。庚戌，复取胜十五举未经终场者四十三人，并赐出身，仍诏自今勿得为例。

又《长编》卷二三《太宗兴国七年》九月己丑朔：

诏曰："朕方隆教法，用福邦家。眷言求度之人，颇限有司之制，俾申素愿，式表殊恩。应先系籍童行长发，并特计剃度，自今勿以为例。"

又《宋会要辑稿》册三十三《礼》四一之一六载真宗祥符三年六月二十五日：

幸翰林侍读学士、礼部尚书兼秘书监郭贽第临奠，诏曰："朕以贽逮事先朝，屡登显位，肆冲人之齿胄，资硕学以宣猷。肆朕纂重，益迁华重，践扬斯久，顾待方深，闻寝疾以云亡，颇伤怀而永叹。追思旧德，宜越常钧，朕今亲临以申哀悼，不得为例，仍付所司。"于是幸贽第临哭久之。

这类明言"不得为例"的诏文，适足以说明当时凡属制敕①，原则上皆可类推为例，故凡事出特旨而不欲今后循行②，便须特别明确其不得类推。

除以制敕为例外，亦有纯因积习而相承为例者。如《宋会要辑稿》册四十八《仪制》五之三载太宗淳化元年四月二日：

> 国子祭酒孔维言："窃睹中外文武官称呼之间，多或假借。殿直承旨差出，须邀司徒之称，京朝官等不分品秩高下，一例递呼郎中。伏乞今后员外郎以上，只可正呼；五博至将作监丞，得假员外之称；助教以上，只可正呼本官。毋致僭越班制，渎乱典常。"诏翰林学士宋白等详议，白等奏曰："按《官品令》及内外职官名目，如并令只呼正官，又缘官品之内甚有难为称呼者；遽令改易，皆从正名，亦虑有所未便。今欲且约孔维所奏，于过呼尤甚者，重行条禁，所贵庶官易为遵守……"③

文武官从高称呼之例，显然并无诏旨而属习惯，太宗此时虽禁其"过呼尤甚"者，而其余仍循旧习。

---

① 不少"例"看似由"堂帖"（太宗以来称"中书札子"）等公文形式所构成，其实亦为转达诏旨。如《太常因革礼》一《总例一·择日》引《礼院例册》："乾德元年五月十二日堂帖：应诸司寺监，每年选择四等祠发祭画日，及诸日辰等，自来摄太常寺太卜署令祗应诏令。今后选择日辰，并令司天监选定供报，太常礼院看详无妨碍（原注：凡祀祭妨碍各具本门录之），还本监，仍牒尚书祠部，具画日散下。"此例看似由"堂帖"构成，然《宋会要辑稿》册十五《礼》一四之三载乾德元年"五月十二日，诏自今祠祭并委司天台择日。先是止委太卜局故也"。是此"堂帖"实仅传达诏旨而已。

② 《长编》卷八九《真宗天禧元年》二月壬午："先是，诸王子初授官，即为诸卫将军，余以父官及族属亲疏差等。诏宗正卿赵安仁参议定制，安仁请以宣祖、太祖孙初荫授诸卫将军，曾孙授右侍禁，玄孙授右班殿直，内父爵高听从高荫，其事缘特旨者，不以为例。又诏中书、枢密院详定之。"《宋会要辑稿》册二《帝系》四之三亦载其事。所谓"事缘特旨者，不以为例"，说明一般情况下特旨不得为例。

③ 《辑稿》此处后文载真宗咸平三年八月九日又以"内外官称多过资品"而予条制，可参。

又《宋会要辑稿》册十六《礼》一五之二载真宗景德四年十二月二十二日：

> 判太常礼院孙奭言："伏见太庙荐享，所司惟用一散樽捧抱往来，周而复始，既饮福，又酌献，神樽与笾豆簠簋，并不加盖幂，复阙三甒。臣按《开宝通礼》，设樽彝位于庙堂上，前楹间，各于室户外北向，秋冬每室斝彝一，黄彝一，着樽二壶，樽二，山罍二，皆加勺羃以繡。今则有樽无罍，又阙繡羃。凡笾豆当先撤盖羃而后升簠簋，则既陈之后，却其盖于下甒瓦豆也，以盛太羹，湆谓肉汁也，至恭，不飨味而贵多品也。今有司不详，乃谓毛血之豆为甒，其失一也。夫肝膋之豆，当置于室户外；毛血之豆，当置于神座前。今毛血亦置户外，其失二也。又七祀之神，冬当祀行设莞席，今复不设，其失三也。盖由所司惰窳，厌于斋持，积习既常，便为著例。望下光禄寺、少府监，自今享庙，每室量设樽、罍各一，加繡羃，增三甒；及徙置毛血，并于神座之前，笾豆簠簋悉加盖羃；及设七祀莞席。"从之。后有司以瓦甒易坏，请代以豆。

所谓"积习既常，便为著例"，说明了惯例对行政活动的影响，且其可经一定程序形诸文字而著为定例。

再如《长编》真宗祥符八年四月壬戌载寇准与王旦事曰：

> 及准为枢密使，中书有事关送枢密院，碍诏格，准即以闻。上谓旦曰："中书行事如此，施之四方，奚所取则？"旦拜谢曰："此实臣等之过也。"中书吏既坐罚，枢密院吏惶恐，告准曰："中书、枢密院日有相干，旧例止令诸房改易，不期奏白而使宰相谢罪。"既而枢密院有事送中书，亦碍诏格，吏得之，欣然呈之旦，旦令却送与枢密院。吏白准，准大惭，翌日，谓旦曰："王同年大度如此耶？"旦不答。

此"旧例"亦非有诏而属习惯，其显然是两府胥吏协调有关事务的一项规范。

因此，遇事下诏固然是宋初以来礼例中最为重要的部分，但各具体部门或办事人员的行政习惯，同样是例的重要渊源或构成要件①。这种相沿而成之例，既不赖于诏旨而成，其效力和地位自必较低，实际上也很难视之为一种法律规范，故其在史官的记载中，也远不如制敕为例那样得到了充分的体现。但由于宋初制度的粗疏和错杂，制敕又不可能网罗一切，各种习惯在指导行政第一线的那些局部而具体的操作过程时的作用，及其在例的总量中所占的比重，当肯定要比文献所见的状况广泛或突出得多。这种制敕为例和习惯成例相联而互补的关系，说明的仍是当时正法缺位或不被重视，行政秩序的维系不能不更大地依赖于习惯或下诏随事指导的状况。

综合上述数端，把以往的各种规范形态一概视为"例"，无论是出于一段时期以来礼官的贫乏、胥吏的无知，还是当政者常为武夫的粗俗，其背后所体现的，依然是唐末五代以来立法滞后所导致的三组基本事实：一是以礼典及《律》、《令》、《格》、《式》为代表的旧式制度权威已被打破，新权威却尚未建立或有待明确的历史前提；二是一切因循而以今上制敕随事裁量补充，新旧并陈而名实错杂的制度格局；三是各种规范不断被实际行政过程所修正，又陆续围绕着具体事务而被重新组合的发展态势。

也正是在此背景下，指导或规范着当时礼事活动的所有因素：无论是前朝的故事，还是本朝的措置；无论是作为制定法的礼典、《律》、《令》，还是并非制定法的敕例或其他补充性规定；无论是法律效力和地位向来都很明确的制敕，还是其效力和地位一直含混不清的积习或惯例；其间虽有千差万别，却都有了一个重要的共性。在其实际运行和制度操作者眼中，它们首先是一堆可以取我所需地选择或舍弃的陈事旧制，也就皆可用

---

① 习惯本身就是称"例"的充分条件，故亦有称民间习惯为"例"者。如《宋会要辑稿》册一百六十五《刑法》二之一："太祖建隆四年七月九日，武胜军节度使张永德上言：'当道百姓家有疾病者，虽父母亲戚，例皆舍去，不供饮食医药，疾患之人多以饥渴而死，习俗既久，为患实深，已谕今后有疾者不计亲疏，并须骨肉躬亲看视，如更有违犯，并坐严科。'从之。"同书册一百六十六《刑法》二之一五九载真宗祥符四年八月五日诏曰："火田之禁，著在礼经；山林之间，合顺时令。其或昆虫未蛰，草木犹蕃，辄纵燎原，有伤生类。应天下有畲田，依乡川旧例；其余焚烧田野并过十月，及禁居民延燔。"是民间之例亦可上升为朝廷的统一规定。同书册十六《礼》一五之二三《庙议》载太祖乾德二年二月七日，太常礼院言事引唐宣宗"大中三年十二月诏曰：太常博士李稠所进状言：追尊顺宗、宪宗谥号，礼官请别造神主及改题事，请集通儒详定，且令都省集议闻奏。议曰：以臣等所议，当以新谥与册，告于陵庙，正得其宜，神主不改造，不重题，为得礼。中书门下上言：改造、改题，并无所据，酌情顺理，题则为宜。况今士族之家通行此例，虽尊卑有异而情理则同。望就神主改题，则为通允"。是唐人亦引士大夫家通行之例以定朝廷之制。

"例"这个非正式的规范名称来加以指称了。

要而言之：在"例"可统指各类法律形式和成事旧制的事实背后，实际上是以往所有规范形态在"例"的名义下不断被重新评介和打散重组的场景，是过去的各种制度形式在"例"的名义下反复被拆解而混淆其差别的过程。尤其是在指导着制度整顿或变革的观念领域，把地位和性质各各不同的规范都看作"例"，其中蕴含的预设，无非是当下行政活动和今上制敕的至高无上。也只有在这根标杆之下，才可以把所有以往的制度和规范，不仅是长期以来地位较高的礼典、《令》、《式》之类，而且包括本朝祖宗的有关建置和诏令，一概当作"例"所指称的陈事旧制来随宜处置。这就把专制体制中"当时为是"的法律原则推向了极致，也淋漓尽致地体现了宋初整个制度领域所贯穿的实用主义原则。

第三节　礼例发展升华的趋向和相应的制度形态

对"例"的发展过程来说，各种成事、规范或制度皆可称"例"，并按实用要求和今上制敕来不断拆解和重新评估，不仅说明其早已突破了唐代对"例"所作的各种限定，而且意味着"例"的类型和性质必将进一步分化演变。而其中的一个重要方面，即是通过特定的立法活动，重新赋予某些重要的"例"以明确的法律意义和地位，使之在当时法律体系中发挥更为重要的作用。从宋初三朝礼制领域的有关事态来看，当时整个制度体系和各种规范形态的发展方向，便是以"例"的这些被发展升华了的新样态为代表而体现出来的。现择其中要者分述如下。

一　著于现有《令》、《式》或编入《编敕》

在唐代的法律体系中，例一直是作为《律》、《令》、《格》、《式》之外的补充或辅助部分而存在的，其发展升华的基本途径，则是不断被删定，纳入《律》、《令》、《格》、《式》，或另行编纂而行。在宋初三朝，这样的途径大体上仍在发挥作用，所不同的是《律》、《令》、《格》、《式》久未重定，故对那些仍在对之起着补充或修正作用的"例"，现在是以附著其后的方式，来明确其不同于其他例的法律效力和地位的。在最关治要的刑事领域，这种效力得到了提升的"例"，首先就是附于《宋刑统》所存《律》文后面的唐及五代以来各种敕例①。而对其他领域包括礼事领域来说，其中相当一部分都是像后唐以来那样，被附于当时沿用的唐《令》、《式》各篇之后的。②

如《宋会要辑稿》册八《乐》四之一一载太祖乾德四年十月十九日判太常寺和岘言：③

> 乐器中有抄手笛……可以旋十二宫，可以通八十四调。其制如雅笛而小，其长九寸，与黄钟之管等。其窍有六，左四右二，乐工执持之时，两手相交，有拱揖之状。请改为拱宸管，于十二案上及二十编磬并登歌两架下各一，仍望编于《令》、《式》。

其后文又载太祖诏答和岘的奏请："二舞人数衣冠悉仍旧制，拱宸管乐章如所请。"故这个关于拱宸管规制及其用于雅乐的敕例，当时已被编附于有关《令》、《式》篇后。

又如《宋会要辑稿》册三十四《礼》四二之四载真宗祥符二年十月六日诏曰：

> 恭以宣祖昭武皇帝、昭宪皇后凤蕴庆云，克昌基绪……每临讳日，尤切永怀，式陈尊祖之诚，以罄奉先之礼。自今复为大忌，前一日不坐，其群臣进名行孝，禁屠宰，著于《令》、《式》。

---

① "刑统"之名始于唐大中七年孔戣所编《刑律统类》。《宋刑统》则在后周所定《显德刑统》基础上修订而来，见《长编》卷四《太祖乾德元年》七月己卯条及《宋会要辑稿》册一百六十四《刑法》一之一。又《资治通鉴》卷二九三《后周纪四》显德四年五月丁酉诏详定《刑统》条胡注曰："《刑统》一书，终宋之世行之。"是胡三省以《宋刑统》为全袭《显德刑统》。

② 《五代会要》卷八《服纪》载后唐清泰三年二月礼院请定嫂、叔丧服，"尚书左仆射刘昫等议曰：'伏以嫂、叔服小功五月，《开元礼》、《会要》皆同，其《令》、《式》正文内元无丧服，只一本编在《假宁令》后，又不言奉敕编附年月……臣等集议，嫂、叔并诸服纪，请依《开元礼》为定；如要给假，即乞下太常，依《开元礼》内五服制度录出本编附《令》文。'从之。"是知唐代丧服制度不载于《令》、《式》正文，而只将有关条制附于《假宁令》后，至后唐又改从《开元礼》录出五服制度，与其他有关敕例一起编附之。这说明《令》、《式》篇后附以敕例的做法始于唐而流行于后唐以来。

③ 《长编》卷七《太祖乾德四年》十月辛酉朔载"晋天福末，中原多故，礼乐之器浸以沦废，上始命判太常寺和岘讲求修复之"。即其背景。

自太祖以来，大忌前一日不坐，群臣进名奉慰已是通行之例①，真宗此时又下敕将之编附于有关《令》、《式》。

另如《太常因革礼》卷四八《吉礼二十·立春后丑日祀风师、立夏后申日祀雨师、雷神》引《礼阁新编》载太宗淳化四年准光禄寺奏，以风伯、雨师祀料"著之令甲"。《宋会要辑稿》册三十九《礼》五七之二八载真宗祥符元年十一月二十一日，诏以正月三日天书降日为天庆节，休假五日，"节日臣僚士庶特令宴乐，其夕京师燃灯，著在《令》、《式》"。其实都是把本朝的有关敕例编附于《令》、《式》相应篇后②。后来真宗咸平元年修《咸平编敕》时，"以仪制车服等十六道别为一卷，附《仪制令》"③；以及仁宗天圣七年修成新《令》三十卷颁行，"取敕文内罪名轻简者五百余条，著于逐卷末，曰'附令敕'"④；也还是循用了这种做法。

但唐代的《令》、《式》经后唐络绎沿用到宋初，业已产生了太多的问题。当时经常将之与各种随宜的措置并称为"例"的现象，本身就标志着它们在效力和地位上面临的危机。而宋初既无意重振唐代法典的权威，把本朝的新措置附著于内容越发废弛过时的《令》、《式》，也就只能是"例"发展升华的多种途径中不甚重要的一种。相比之下，像中唐以来删编长行敕那样，将之编入更具权威性的"编敕"，现在已是进一步提升和明确其法律效力和地位的一种更为重要的方式。

---

① 参《宋会要辑稿》册三十四《礼》四二之一至五，其载太祖建隆元年定宣祖忌日为天下大忌，前一日不坐朝，至日群臣诣西上阁门奉慰，退赴佛寺行香。建隆三年又定明宪太后（后改昭宪太后）忌日为大忌。至真宗咸平元年三月五日，太常礼院言元德皇太后忌日"请准礼例，前一日不视事，至日群臣进名奉慰，就佛寺行香"。是大忌的这些做法太祖以来已成通行之例。其又载真宗初即位之至道三年十二月曾规定：宣祖、昭宪皇后忌日"准太祖、太宗在位之日奉翼祖忌辰，前一日更不废务"。遂有祥符二年诏复宣祖及昭宪皇后忌日为大忌之举。

② 如《长编》卷一三《太祖开宝五年》八月癸巳载李符知京西南面转运事。"符前后条奏便宜，凡百余条，其四十八事皆施行，著于《令》"。此"著于《令》"之四十八事所涉必广，是必分附于各有关《令》篇。

③ 《长编》卷四三《真宗咸平元年》十二月丙午。

④ 《宋会要辑稿》册一百六十四《刑法》一之四。天一阁藏明抄本《天圣令》残本各篇，皆在天圣七年所定新《令》条后书"右并因旧文，以新制参定"，再附以搁置不行的《唐令》之条，末书"右令不行"四字。其中除《丧葬令第二十九》在搁置不行的唐《令》条后附以"丧服年月"，《营缮令第二十八》末有错简三条外，其余各篇皆无"附令敕"之踪迹。这应当是判断该残本性质及其传抄过程的重要线索，甚至是关系到其究竟是否为《天圣令》残本的重大问题，而学界尚未对此作出充分说明。

第十一章　宋初三朝的"例"与规范形态的变迁　595

前已指出,"编敕"即中晚唐编纂长行敕集的延续和发展,其名始于五代后唐的《清泰编敕》。由于其皆取材于本朝新出敕例,且又加斟酌和筛选,故其实际效力和地位,当然要远远高于前朝敕例和唐代的《律》、《令》、《格》、《式》①。宋初三朝编敕的删定已更趋活跃,除统一编纂海行《编敕》外,也已开始编行《农田敕》等专项编敕②,故其实际已是当时最为广泛地规范、调整各项制度的法律形式。至于其编纂则可分为两种情况:

一种是按一定体例统一删定和编纂一定时期内下达的各种敕例。宋初以来往往一帝一修或数修,常像唐末五代那样围绕刑事需要来展开,但其中也编入了大量非刑事的礼制或其他制度。

如《宋会要辑稿》册四十八《仪制》五之一载太祖乾德二年九月十二日诏曰:

> 国家职位肇分,轨仪有序,冀等威之斯辨,在品式之惟明。矧著位之庶官及内司之诸使,以至轩墀引籍、州县命官,凡进见于宰司,或参候于长吏,即为总摄,合异礼容,稽于旧仪,且无定法……若以《仪制令》遵守而行,则古今沿革之制不等。晋天福、周显德中,以庭臣、内职、宾从、将校,比其品数,著为纲条,载于《刑统》,未

---

① 《长编》卷六六《真宗景德四年》七月壬午载知制诰周起言:"诸司定夺公事,望令明具格敕、《律》、《令》、条例闻奏。"这里"格敕"指《编敕》所收敕例,周起奏请诸司定夺公事上奏取旨时,也要像唐制那样具列其法据,且须以"格敕"为先,《律》、《令》、条例"次之。这也还是体现了唐穆宗及后唐以来"一切取最向后敕为定"的原则,同时又是编敕在当时法律体系中,与《刑统》相辅而用而居于首位的反映。

② 广义的"编敕"指统一选和颁行的制敕集,包括举国通行的"海行《编敕》"和《三司敕》、《农田敕》等部门性或事类性的专项《编敕》在内。而狭义的《编敕》则只指海行《编敕》。《宋史》卷一六九《刑法志一》述"宋法制因唐《律》、《令》、《格》、《式》,而随时损益则有《编敕》",下文历述建隆、兴国、淳化、咸平、祥符、天圣编敕之况,而云"凡此皆在《律》、《令》外者也";又述其时有一司一务敕及一路一州一县敕云:"凡又在《编敕》之外者也。"是其惟取"编敕"的狭义而言。然其述《天圣编敕》"视《祥符敕》损百有余条",是《祥符编敕》亦可称《祥符敕》。又《长编》卷六一《真宗景德二年》十月庚辰,权三司使丁谓等删定"《景德农田敕》五卷"上之,《宋史》卷七《真宗纪二》是日载为"丁谓上《景德农田编敕》";同书卷二百四《艺文志三》史部刑法类著录"陈彭年《大中祥符编敕》四十卷,又《转运司编敕》三十卷"。是当时海行或专项的制敕集,称"敕"称"编敕"并无定准,而实质皆为"编敕"。

为详悉。宜令尚书省集台省官、翰林学士、秘书监、国子司业、太常博士等详定。内外群官、诸司使副、供奉官、殿直及州县官等见宰相、枢密使及所总摄正一品、二品官、东宫三师、三少、内外所属长官及品位相隔者，以前后《编敕》、故事参定仪制以闻。

是当时群官相见之仪，与唐《仪制令》已有极大距离，后晋以来是将这方面的规定编入《刑统》的。宋太祖此诏则要求群官取"前后《编敕》、故事参定"新制。这说明《建隆编敕》必收录了有关本朝仪制的新敕例。[①]

另一种情况是在统一删定新《编敕》前，在以往《编敕》中随时编附有关敕例。太祖上引敕文所说的"前后编敕"，其实已经包括了这层意思。《长编》卷三三《太宗淳化三年》三月记事：

> 诏有司详定秤法，别为新式颁行之。先是，守藏吏受天下岁输金帛，而太府寺权衡旧式轻重失准，吏因为奸……及时，监内藏库刘承珪等推究本末，改造法制，中外咸以为便。

同书卷六一《真宗景德二年》八月丙戌：

> 诏以刘承珪新定权衡法附《编敕》。

李焘按语以为承珪拟定之权衡法，在太宗淳化三年已行，"及是始附《编敕》耳"。真宗景德二年把权衡法附于《淳化编敕》，而不附于有关《令》、《式》，既表明了《编敕》可以随时编附新定敕例的状况，也说明了当时《编敕》已大半取代了以往有关《令》、《式》的状态。

[①] 《长编》卷四八《真宗咸平四年》二月甲子载"舍人院上重详定百官封赠条制，诏从之。凡现任将、相、在朝正一品及任中书、枢密院官，特追封三代依旧外，应东宫一品以下，虽曾任将相，只依《编敕》本品，追封其三代……"是《咸平编敕》虽"准《律》分十二门"，其中也包括了关于百官封赠的规定。又《宋会要辑稿》册四十九《仪制》八之四载仁宗景祐四年三月，定都省集议之制，集贤校理兼宗正丞赵良规奏疏有曰："谨按国朝故事及令敕仪制，则别有学士、知制诰、待制、三司副使，著位视品，即与前朝制度不同……按《天圣编敕》：学士、知制诰、待制、三司副使正官未至五品，并同五品官例。今若各缀本官班，则是与《编敕》不同……"这又说明《天圣编敕》中有学士、制知诰等从差遣发展而来的诸官品位规定。

又《长编》卷六二《真宗景德三年》二月乙亥：

> 初，开宝中，文武官郎中、将军以上，私忌日给假。其后，编敕者失不载，有司第相缘遵用。乙亥，始诏群臣自今私忌日并给假一日，忌前之夕，听还私第。

这里以开宝年间私忌日给假之诏未入《编敕》为"失不载"，足见凡是重要的敕例，原则上都应被录入《编敕》；故真宗特别下诏"自今"云云而再定其制，当时若非将之附于《咸平编敕》，后来其必被收入了《祥符编敕》①。由此亦可看出，前一种情况即统一删定编敕，显然在重新定位有关敕例的效力时居于主导地位，而随时编附有关敕例于《编敕》，则应当是一种辅助性办法。

以上再次表明，"编敕"的实质就是"编例"，事实上宋人也常视之为例②。敕例被编入《编敕》，是五代至宋初例发展和升华的高级形态，是有关敕例效力和地位被显著提升的重要途径。而礼例被编入《编敕》，则说明海行及一司一务的专项《编敕》，宋初以来也已是各项制度最为重要的法律表现方式。

二 "条例"的修撰

附著于《令》、《式》的例，显然是作为《令》、《式》规定的延伸部分而存在的，其数量自然不会很多。被编入有关《编敕》的敕例，则因其往往围绕刑事需要来展开，加之其地位甚高、删定甚严而数量有限③。故当时仍有大量敕例处于《编敕》之外，其中地位逊于《编敕》而在各种制度领域起着重要指导作用的，乃是形形色色的条例。

---

① 《祥符编敕》所收范围为咸平元年至祥符六年终所下宣敕及杂行制敕。见《宋会要辑稿》册一百六十四《刑法》一之三、《玉海》六六《诏令·律令下》录《大中祥符编敕》条。

② 《宋会要辑稿》册四十九《仪制》八之四载仁宗景祐四年三月定都省集议之制，当时太常礼院承诏列出的"国朝近例"中，便包括了《天圣编敕》及《附仪制令敕》的有关内容。

③ 即以《咸平编敕》而言，《宋会要辑稿》册一百六十四《刑法》一之二、《玉海》六六《诏令·律令》录《咸平新定编敕》、《长编》卷四三《真宗咸平元年》十二月丙午柴成务等奏上《咸平编敕》之文，皆述给事中柴成务等"重详定新《编敕》"，取《淳化编敕》所收及自来续降宣敕18555道（《会要》载为18550道）"遍共披阅，惟选取了其中的856道，而最终又将之归并为286道。

"条例"之名魏晋以来时或可见，与"条制"、"条格"、"条式"等所指略同，大体皆为包含了多个事条的敕例。前已指出，这种内容较为系统的敕例，往往会在《律》、《令》等法典久不修订或作用不彰之时变得特别活跃，成为朝廷改革旧制或推行新政的重要手段，从而牵动整个法律体系的变化和发展。唐代的"选格"、"举格"及"长行旨条"之类，亦可视为包含了多个事条的敕例而性质类同条例，并对《律》、《令》、《格》、《式》体系起着重要的辅助作用。到中晚唐以来《律》、《令》、《格》、《式》体系瓦解，各种敕例在错综复杂的制度调整过程中越益活跃起来，直至宋初，便进入了条例的又一个盛行期。

宋初礼事领域的条例，如《长编》卷二六《太宗雍熙二年》闰九月乙未：

> 诏：岭南诸州民嫁娶、丧葬、衣服制度，委所在长吏渐加诫厉，俾遵条例。其杀人祭鬼，病不求医，僧置妻孥等事，深宜化导，使之悛革，无或峻法，以致烦扰。

是当时嫁娶、丧葬、衣服等制皆有其条例①。又如《长编》卷九〇《真宗天禧元年》十月庚午，尚书右丞兼宗正卿赵安仁请定群臣奏事之制：

> 望自今前殿依旧奏事外，崇政、承明殿及再坐，诸司常务显有条例者，令本司施行讫奏事，其审官、三班院、吏部铨亦令分日引对。

是"诸司常务"凡有条例加以规定者，可先径施行再奏闻有关问题。②

---

① 《宋史》卷五《太宗纪二》是日惟载："禁邕管杀人祭鬼及僧人置妻孥。"《宋会要辑稿》册一百六十五《刑法》二之三亦载其事而无"俾遵条例"一句。
② 《宋会要辑稿》册四十八《仪制》六之五载祥符三年二月十二日诏："三司提举库务、提点仓场、管勾国信官，应自来承准宣敕条贯，并仰遵守。不得将有条事件再具札子，上殿取旨；若实有不便乞行改正者，具状以闻。"是诸司之务凡有"条贯"者正可径遵此施行无须再在事先取旨定夺，而"条贯"其实是"条例"的别称。同书三十四《礼》四四之二四载大中祥符九年十二月五日，"入内内侍省言：'得鸿胪寺牒，取索景德四年十一月以后赙赠则例。伏缘当省每有赐赏，即旋取旨，今如尽以为例，授之有司，窃虑非便，望上（劲案：上当作下）本寺，如合有给赐者，止具官位报当省取裁。'从之。"所谓"尽以为例授之有司"即毋庸事事先行取旨，亦为当时有司理务凡明有条例者可径行之证。

第十一章　宋初三朝的"例"与规范形态的变迁　599

关于条例在当时的地位，《长编》卷六六《真宗景德四年》七月壬午：

> 知制诰周起言："诸司定夺公事，望令明具格敕、《律》、《令》、条例闻奏。或事理不明，无条可援者，须件析具事宜从长酌中之道取旨，不得自持两端，逗遛行遣。如挟情者，望许人论告，重行朝典；或止是畏避，亦量加责罚。"从之。①

这里的"格敕"当指《编敕》所收敕例②，周起此疏要求诸司定夺公事须"明具格敕、《律》、《令》、条例奏闻"，其意仍与前引《宋刑统》卷三〇《断狱篇》"断罪引《律》、《令》、《格》、《式》条"取准的后唐长兴二年八月十一月敕节文相通。即断狱皆须明具所据法律的正文，"须是名目条件同，即以后敕定罪；后敕内无正条，即以格文定罪；格内又无正条，即以律文定罪；《律》、格及后敕内并无正条，即比附定刑"。后唐此敕所说的"前格"、"后敕"，到宋初三朝也就是建隆以来的前、后《编敕》；《编敕》无文即据《律》定罪，并非断狱时，自须像周起所说的据《律》、《令》为断；《律》、《令》亦无其文，即"比附定刑"，而要比附的自然是"例"。这也就是周起要求有司定夺公事时明具的"条例"。故周起此疏列出的"格敕、《律》、《令》、条例"，实际上代表了一段时期以来效力和地位由高而低的三组法律规定，其中"条例"的地位显然次于建隆以来的《编敕》和沿自唐代的《律》、《令》、《格》、《式》，但却在其他各种性质、形态多端的"例"中居于首位。

在《编敕》以下的各种例中，"条例"地位相对较高，自然是因为其规定较为系统而须审慎制订的缘故。《长编》卷五《太祖乾德二年》九月癸未：

---

① 《宋会要辑稿》册四十九《仪制》七之二〇所载略同。
② 五代以来仍称编敕所收为"格敕"。如《长编》卷四三《真宗咸平元年》十二月丙午载柴成务奏上《咸平编敕》之文："自唐开元至周显德，咸有格敕，并著简编。国初重定《刑统》，止行《编敕》四卷。"是成务称后周《显德编敕》及太祖《建隆编敕》为"著于简编"的"格敕"。《宋史》卷二〇四《艺文志三》史部刑法类著录"《铨曹格敕》十四卷"，则是针对铨曹事务的专项《编敕》。

> 权知贡举卢多逊言诸州所荐士数益多，乃约周显德之制，定发解条例及殿罚之式，以惩滥进，诏颁行之。①

同书卷七九《真宗祥符五年》十二月丙寅诏：

> 诸司使、副任缘边部署、知州、钤辖、巡检等，入辞日，求补荫子侄，远近之际，恩典不均。宜令枢密院差定条例。

这类记载表明，条例本来就是为规范有关行政过程，或纠正以往之弊而制订的，故其起草奏拟，总须瞻前顾后地解决新规定与其他制度的衔接和相互关系。

《宋会要辑稿》册三十《礼》三六之一载真宗天禧四年十二月：

> 御史台言："向来京朝官并丁父母忧者，相承服五十四月，别无条例。"事下太常礼院详定以闻。礼院议曰："……臣等参考历代典故，只有重轻兼服之制，遇虞祔练之祭，各服齐、斩之服，则是随先后而除，无通服五十四月之制。自今望依旧改正。"从之。

京朝官丁忧服期既然"别无条例"，则礼院详定者自为"条例"，其制订过程显然综合参考了历代典故和以往的有关做法。

关于条例的形成过程及其具体形态和性质，《太常因革礼》卷二五《总例二五·舆服五》后妃之制引《礼阁新编》提供了一个实例：

> 建隆元年八月二十六日，太常礼院状："准敕制造皇太后册宝法物等，谨具条例如左：玉册一副并匣，靶锁沿册法物等，中书省与内中尚司计会修制；绶宝绶并蓥靶锁钥沿宝法物等，门下省内中尚司计会修制。袆衣一副，十二株花钗，行障三扇，坐障三扇，团扇二柄，方扇十柄，辇一座，绣六柱二扇。尚宫二人、尚仪二人、尚服一人引宝案读宝，其行事，尚宫已下并戴鬓衣。司言、司赞、司宾、典赞并戴鬓，皆裯衣。司记、司宝举案者，并常服。自袆衣以下并内中尚司

---

① 此条李焘有按语曰："显德二年诏书，旧史有之，《通鉴》弗著。"

修制。"诏可。

这显然是一项关于册命皇太后所用器物制造，以及侍从女官行事和服饰的条例，从其奉敕而奏拟，诏可而施行，足见其实质上仍是单行敕例。从其因事而生条，随条而立制，又可见条例的规定不仅系统而简明，且易随事而扩展。其既逐一明确了册宝法物的名目和负责其制造的主司，以及侍从女官的构成角色，则必根据有关册命仪注和典制、故事通盘斟酌拟定，且与其他有关制度兼容和协调。

又《长编》卷七七《真宗祥符五年》四月癸卯：

> 令礼部贡院取前后诏敕经久可行者，编为条例。

是条例的制订，往往兼采以往相关敕例加工而成，故其相较于这些敕例，自然就是"经久可行"的定制，具有更为重要的作用和地位。

此外还应注意到，祥符五年礼部贡院编此条例时，李宗谔实与其事，《宋史》卷二六五《李昉传》附《李宗谔传》载其当时"究心典礼，凡创制损益，靡不与闻。修定皇亲故事、武举武选取人官资叙、阁门仪制、臣僚导从、贡院条贯，余多裁正。"是其又名"贡院条贯"。"贯"者，串连也，所谓"条贯"，也即有关事条或敕例的类编，其义正与条例相通，故两者常可互称。①

《宋会要辑稿》册一百六十四《刑法》一之四载真宗天禧元年六月七日：

> 编敕所上《条贯在京及三司敕》共十二卷，诏颁行。

这是由编敕所把在京及三司有关敕例编为"条贯"，然其显然只是条例而非《编敕》。《宋会要辑稿》前文《刑法》一之三载丁谓等修《景德农田编敕》，"取条贯户税敕文，及四方所陈农田利害事，同删定"。正说明条

---

① "条贯"之称，与"条例"同样盛行于宋初而所指略同，同时"条贯"或亦作动词用。如《长编》卷四八《真宗咸平四年》二月壬戌载陈彭年上疏述当时科条太繁有曰："诏书颁下方及逾年，后敕施行又将累百，或删去者重为条贯，或已有者更示申明，无益宪章，徒繁简牍。"

例也可进一步删定编入《编敕》。

又《宋会要辑稿》册一百六十四《刑法》一之二载咸平元年十二月柴成务等删定《咸平编敕》之后：

> 又请定《诸司使至三班有罪当续（劲案：续当作赎）条例》：诸司使以上领遥郡者从本品，诸司使同六品，副使至内殿崇班同七品，阁门祗候、供奉官、侍禁同八品，殿直内品同九品，奉职、借职同九品下。诏著于《令》。①

是"条例"除可编入《编敕》外，还可附"著于《令》"，这显然也是其效力提升的体现，从而佐证了前面所说条例居于《编敕》、《律》、《令》和其他各种成例之间的地位。

当然条例自身也可以续加补充或修订而施用不辍。《长编》卷六五《真宗景德四年》五月辛酉：

> 三司及提举司上重定在京诸司库务八十二处公人员数请给例，望永为定制。从之。

所谓"重定"在京诸司库务公人员数及请给例，显然是修订了以往这方面的条例。

又《长编》卷六七《真宗景德四年》十一月戊子：

> 令枢密院条上南郊、承天节皇族诸亲延赏恩例……庚寅，赐太庙守卫人等承天节衣服，岁以为例。

---

① 其下文载："旧条持仗行切［劲案：切当作窃］，得财、不得财并处死。张齐贤以为太重，议贷不得财者。济坚执，乃诏尚书省集议，卒用［劲案：此处有脱文，据《长编》四三真宗咸平元年十月乙未条，当作'卒用齐贤议'］。成务等言：'强、窃盗刑名，比《例》文用一年半法及配军条例；品官犯五流，不得减赎，除名配流如法。臣等详定并可行用，欲编入《敕》史［劲案：史为文之讹］.'诏诸司使臣至三班使臣所犯，情重者奏裁，余并从之。"所谓"编入《敕》文"自然就是编入《编敕》，这也是前面所说《编敕》可以随时编附有关敕例的例证。

可见景德四年南郊、承天节典礼之前，先制订了因此赏赐皇族诸亲的条例①，继又补充了太庙守卫人赐衣之例。此条李焘有按语曰："祥符八年正月，密院上新例。"这也就是《长编》卷八四《真宗祥符八年》正月己丑所载的枢密院承诏"定承天节、南郊奏荫子弟恩例"。李焘认为这是对景德四年十一月所定南郊、承天节恩赏条例的修订，故称之为"新例"。这种续加补充修订之况，正反映了条例在指导有司行政或某些专门政务时的重要地位，说明其在当时法律体系中经常持续地发挥着独特作用。

"条例"既可与"条贯"互称，似已说明它们同样不是性质和形态稳定明确的法律形式②。包括"条例"在内，蕴含了多个事条的敕例在当时沿用了魏晋至隋唐的各种旧称，有着形形色色的表达方式。

如上面提到太祖乾德二年定有《发解条例》，然据《长编》卷七六《真宗祥符四年》八月记事：

> 初，龙图阁直学士陈彭年言："前所颁诸路发解条式，与礼部新格不同，虑官吏惑于行用，望申明之。"诏翰林学士晁迥等重加详定。癸卯，迥等上其书，乃颁于诸路。

此"发解条式"亦即"发解条例"。

又《容斋三笔》卷二《进士诉黜落》：

> 天禧三年，京西转运使胡则言：滑州进士杨世质等诉本州黜落，即取元试卷付许州通判崔立看详，立以为世质等所试不至纰缪，已牒滑州依例解发……盖是时贡举条制犹未坚定，故有被黜而来诉其枉者。

---

① 《宋会要辑稿》册三十九《礼》五七之二八载祥符元年"十二月五日，诏宣政使李神福、内侍副都知窦神宝管勾天庆节道场，前七日于上清宫起建，罢散日一如承天节例赐文武官御筵，并令条例以闻。开启道场日，仍令教坊第一部祗应，中书枢密院早赴行香讫，赐斋筵，其开封府准敕所设斋醮，令就寿宁宫排设，一依三司定例支给"。此处"条例以闻"，显亦指"条上"其例以闻。又《长编》卷五一《真宗咸平五年》二月甲午："审刑院上秦州私贩马条例。"此"上某条例"与"条上某例"语式类同，皆为当时制定奏上条例的习惯用语。

② 如《宋史》卷六八《律历志一》载真宗咸平四年三月《仪天历》成，"凡天道运行皆有常度，历象之术古今所同。盖变法以从天，随时而推数，故法有疏密，数有繁简，虽条例稍殊途，而纲目一也"。这里提到的"条例"显然并不指法规而指修历的条目体例。

是"发解条例"又可称为"贡举条制"。①

又《宋会要辑稿》册一百七十一《刑法》七之二载景德四年四月诏：

> 诸军厢主至员僚，今后各依职，一阶一级，全归伏事之仪，违者处斩。其御前忠佐军、见排阵使、总管亦准此。

此诏虽未见条例、条制或条贯字样，但却规定了"今后"诸军厢主至员僚各按其位阶高低伏事的制度。其下文又载是年七月之事：

> 如京使何士宗言："诏书条贯，禁军将士等各依旧等级，并行伏事之理（劲案：理当作礼），违者按军令。其厢军将士等，未立条制，欲望约前诏，减一等定令。"帝曰："禁军兵士无他役，惟习戎艺耳，且廪给优厚，欲其整肃，有所慑畏，故设此条禁。令（劲案：令当作今）以厢军约此施行，必恐滋彰，难于经久，况尊卑相犯，自有条律，不行可也。"

由此可见，真宗景德四年四月诏书规定的，本是禁军依其位阶伏事的"条贯"，且可与"条制"互称，士宗则请厢军亦立相应的"条制"，而真宗未允其请，且称禁军所立条贯为"条禁"。

但后来真宗又改变了主张，《宋会要辑稿》册一百七十一《刑法》七之四载后祥符元年三月诏：

> 诸道州、府、军、监厢军及本城指挥，自都指挥使已下至长行，对本辖人员有犯阶级者，并于禁军斩罪上减等，从流三千里上定断。副兵马使已上，勘罪具案闻奏。厢军军头已下至长行，准敕，犯流免配役，并徒三年上定断……其诸司库务人员、兵士有犯上件罪名者，

---

① 《长编》卷八七《真宗祥符九年》八月己卯述陈彭年等修定《祥符编敕》，其他"贡举、国信条制，仍旧遵用"。是有关发解规定此前已称"贡举条制"。《宋史》卷二〇四《艺文志三》史部刑法类著录仁宗至和二年所定《贡举条制》十二卷，当在真宗以来"贡举条制"的基础上编成。

并依前项厢军条例施行。

这里又把厢军伏事之制称成了"条例"。显然，对将士各依位阶伏事这项包含了若干事条的规定来说，就其类编而成可称"条贯"，就其诏可而行可称"条制"，就其包括了禁限约束可称"条禁"，就其随事定例或编例而成又可称"条例"。因此，如果不是拘泥于名称，而是着眼于规范本身来考察，那么宋初以来形形色色的"条例"，其灵活适用的程度及其总的数量和覆盖面之大，是毋庸置疑的。

要之，"条例"之名及其所指内容较为系统的敕敕虽早有之，但宋初以来条例的性质、作用和地位，显然已在当时以"例"为中心而动荡发展的法律体系中，呈现了新的态势。作为敕例的一种升华了的形态，条例与《编敕》较多相通之处，但其形态、性质和地位均有不同。《编敕》往往围绕刑事来选编最为重要的敕例，且因其按一定体例统一编定而具有综合性；条例则是不限刑事的单行规范，可在以往敕例以及各种故事和习惯的基础上，随时、随事加以制订。在宋初的整套制度或规范体系中，条例地位低于《编敕》和仍在沿用的唐《律》、《令》、《格》、《式》条文，但却居于其他各种零散多样的成例、习惯之上。也正是这些特定的属性，使条例兼具了灵活性、系统性和一定的权威性，使之在宋初以来被大量制订出来，指导各地各部门的日常行政，不仅构成了当时整套制度或规范体系的中坚或主体，也经常充当了此后制度变革的焦点及其演化关键。①

三 "著为定例"

除附于《令》、《式》及上升为编敕和条例外，在大量零散的制敕和惯例中，又有相当部分被"著为定例"，也就是被特别加权而上升为法律效力和地位相对明确的单行规定，从而构成了一种立法定制的新方式，一种一般判例或惯例发展升华的新途径。

宋初以来常有"著例"之事。如《宋会要辑稿》册三十五《礼》四五之二载太宗兴国三年正月十六日：

> 宴亲王、宰臣、翰林学士、节度使、统军观察使至刺史、诸军大

---

① 王安石变法设"制置三司条例司"即说明了这一点。

> 校及刘鋹、李煜、契丹使、诸国蕃客于崇德殿,契丹使来贺正故也。自是凡契丹使贺正锡宴,著为例。景德以后定用正月五日。

是自此契丹使者贺正赐宴之事被"著为例"。

又《长编》卷二六《太宗雍熙二年》六月丙戌:

> 命右谏议大夫刘保勋、兵部郎中杨徽之、屯田郎中孔承恭与判吏部流内铨王祜,同就尚书省以新及第进士、诸科名次先后,乡里远近之便注拟。自是为定例。

同书卷五二《真宗咸平五年》五月乙巳:

> 环庆路部署言:"军士涉雪讨蕃部,苦寒,有支体废堕者,今遣还京师。"上念其久劳,不忍遽弃,令中使就赐缗钱药酒,以隶剩员,凡三十三人,廪给如故。自是遂为定例。

所谓"自是为定例"或"遂为定例",显然也就是"著为定例"的意思。①

又《长编》卷九七《真宗天禧五年》七月壬辰:

> 给宰臣、枢密使杂役军士三十人,参知政事、枢密副使二十人,皆以雄武兵充,著为常例。若指抽外州兵,亦听。

这是把宰臣、枢密使可各以雄武兵二十人为杂役的规定"著为常例"。

《宋会要辑稿》册四十八《仪制》六之四载真宗景德三年五月十日:

> 枢密院言:"近日长春殿奏事官班次甚多,欲望自今每日上殿奏

---

① 《长编》卷二九《太宗端拱元年》闰五月己丑:"近制,宰相子起家即授水部员外郎,加朝散阶。吕蒙正固让,止授六品京官,自是为例。"此条李焘按语有曰:"此事见富弼作《蒙正神道碑》,云蒙正长子从简当得水部员外郎,蒙正恳辞,止授将作监丞,因以为著例,至今不易。"可见"自是为例"与"因以为著例"义同,意皆谓"自是著于例"。

事，不得过五班，仍下阁门著为定例。"诏从其请，内事有急速者，令诣崇政殿。①

这是枢密院奏请真宗下诏阁门，使制订长春殿奏事班次的"定例"。

又《宋会要辑稿》册十六《礼》一五之二载真宗景德四年十二月二十二日，判太常礼院孙奭言：

> 伏见太庙荐享，所司惟用一散樽，捧抱往来，周而复始，既饮福，又酌献。神樽与笾豆簠簋并不加盖幂，复阙三甗……其失一也。夫肝膋之豆，当置于室户外；毛血之豆，当置于神座前。今毛血亦置户外，其失二也。又七祀之神，冬当祀，行设莞席，今复不设，其失三也。盖由所司惰窳，厌于斋持，积习既常，便为著例。

这又是以行政惯例"著例"。②

从这些例子可以看出，所谓"著例"，亦即"著为定例"，其实都是下敕确认有关成例或习惯对今后同类事务的指导意义，或敕命有司制订相关的规范，这应当就是当时那些含有"自今"等字样的敕例的形成过程。也就是说，"著例"乃就其须明敕确认的程序而言，"定例"则是就其所生结果而言，皆可视为当时设范立制，或把一般成例或习惯上升为特定法律规范的一种方式。故其在记载中除"著例"或"著为定例"外，也常以"著为定制"等其他方式表现出来。

如《长编》卷四六《真宗咸平三年》二月丙子：

> 曲宴近臣于后苑，上作《中春赏花钓鱼》七言诗，儒臣皆赋，遂射于水亭，尽欢而罢。自是著为定制。

同书卷五一《真宗咸平五年》正月壬寅：

---

① 《长编》卷六三《真宗景德三年》五月辛亥亦载其事而无"下阁门著为定例"一句。

② 《长编》卷九〇《真宗天禧元年》九月戊戌："上与宰相议省吏员。向敏中曰：'太祖、太宗朝，阁门祗候不过三五员，宣导赞谒而已。今逾数百而除授未已，禄廪至厚，地望亦优，其间不无滥被升擢者，愿赐裁损。'上曰：'此盖相承为例，当渐减省之。'"此"相承为例"，亦指习惯著为定例。

> 谒启圣院太宗神御殿。初，太祖、太宗每岁上元历幸佛寺，然后御楼观灯。上自毕谅阴，以启圣院太宗降诞之地，圣容在焉，不欲为燕游之所，故前期往拜，至望夕，乃幸他寺。遂为定制。

两处所载曲宴赏花钓鱼，及上元节前期往拜启圣院之制，以往并无规定，将之"著为定制"或载其"遂为定制"，当即"著为定例"和"遂为定例"的别名。

又《宋会要辑稿》册十七《礼》一七之一二载真宗祥符三年十二月二日诏曰：

> 朕以亲祀后祇，昭告祖考……顷者详观定仪，有所未安，入庙则步武正门，至庭则回班东向。属以天封蒇事，时迈戒期，未暇改更，靡皇宁处。且躬伸祇见，礼取尊严，是宜避中道以不行，奉至神而如在。庶由诚悫，用罄寅恭。谒庙日，朕祇于南东偏门入，至殿庭，不得令百官回班。仍付所司，著为定式。①

《长编》卷七六《真宗祥符四年》七月辛卯：

> 知枢密院王钦若言："近者王公车辂皆饰以龙，颇紊彝制。请下太常礼院检详，以其法付太仆寺重修，永为定式，使尊卑不黩。"从之。

两处的"式"，显非《令》、《式》之《式》，而是在"式"的字面意义上作"法式"、"程式"解，唐代以来便以"永为常式"等语作为行政过程可援之例的法定用语，而这里的"著为定式"或"永为定式"，亦即"著为定例"、"永为定例"。

事实上，"定例"、"定式"之类，在宋初也常被称为"永例"、"永制"。如《长编》卷八五《真宗祥符八年》八月末：

---

① 《宋会要辑稿》册十五《礼》一四之一四载其事在十二月十日，且文字稍简。

> 诏审官院以近地二年半以上，远地二年以上权与差替。不为永例。

诏文特别明确此制"不为永例"，即说明其本身乃是一项临时处分。

与之相反的情况，如《宋会要辑稿》册四十四《舆服》三之一九载祥符七年二月十四日诏：

> ……今后赴玉清昭应宫、太庙，俟行礼毕归幄殿。郊坛俟礼毕，即警场奏严，鼓吹音乐并振作。仍令所司，著为永制。①

因此，正如"条例"不是法律专有名词那样，宋初以来的"著例"、"定例"或"定制"、"永式"，同样名称虽异而其实一致，都是效力与地位明显高于一般成例或习惯的法律规范。

制敕对各种政务的处分，既以明言"自今"以后如何等方式，而被"著为定例"；各种成例或习惯，既被下敕明确其法律效力而成"永例"；其作用便从可供一般比附攀援，转而为正面而直接的约束。相应地，其适用范围则从只针对一时一事，转而为针对今后所有同类事项；其性质亦从介于法与非法之间，转而为法律效力和地位十分明确的规范了。

具体如《宋会要辑稿》册十五《礼》一四之八载真宗至道三年九月二十八日：

> 山陵仪仗使牛冕言："灵驾发引后，诸司祠祭礼料、沿路桥道、神祠之祭，旧例别无官员监辖。今请应启攒宫后，诸色祭尊，并委权主判监祭使屯田郎中杨延庆点检。"诏以延庆为监祭使。其后明德园陵，亦命监察御史严颖为监祭使，别命秘书丞直史馆判太常礼院姜屿一路监礼，点检行事。庄穆园陵亦然。真宗山陵，命侍御史王贻序为监祭使，同监礼点检行事。后遂著为定式。

牛冕既谓"旧例别无官员监辖"，则当时为太宗治丧而专设监祭使，显然

---

① 《长编》卷八二《真宗祥符七年》二月辛未亦载其事，而无"著为永制"之句。又《宋会要辑稿》册十五《礼》一四之一六亦载其事，而称"用为永式"。

是一项新例。真宗以后其又"著为定式",也就是既有之例可过一段时间再下诏著为定例①,此后国丧设监祭使,当已从比附太宗丧例而设,而转为一项直接、正面的规定。

再如《宋会要辑稿》册三十四《礼》四四之二五载咸平六年十一月二十九日诏晁迥等详定支赐赙赠办法:

> 迥等上言:"近翰林学士李宗谔妹亡,入内内侍省虽引景德元年翰林学士宋白弟亡例为言,终以无正例不行。今请应五服内亲丧亡而无正例者,委鸿胪寺移牒礼院,比类服纪远近,奏取旨。其无例及在外亡殁者,更申中书。昨定五品以上诏书押赐,六品以下传宣押赐,今请除五品以上官正身丧亡即降诏书,自余亲丧亦止传宣。仍并委入内内侍省施行。"从之。

其事大要,是李宗谔妹亡请赐,"援宋白弟亡例为言,终以无正例不行",遂定今后"无正例者",由鸿胪寺移牒礼院径奏取旨,而"无例"者则须先申中书审核。这说明"正例"亦即"定例",指正面而直接的规定,在主管部门处理有关事务时,有正例与无正例乃至于无例,在奏请的程序上显然完全不同。②

又《长编》卷八二《真宗祥符七年》四月:

---

① 与之相类者,如《宋会要辑稿》册五十《仪制》九之四载神宗熙宁"四年五月三日,阁门言:'自来臣僚告谢,并用札子写所授官职差遣奏知,后通某人告谢;惟中书、枢密院、宣徽使并降磨官不写札子。今阁门已一例用札子奏知,寻著为例。'从之。"这里"今阁门已一例用札子奏知,寻著为例",说明一般的判例或惯例,可经"著例"程序而上升为效力和地位更为明确的"定例"。

② 《宋会要辑稿》册三十四《礼》四四之一述赙赠之制:"国朝凡近臣及带职事官薨卒,非诏葬者如有丧计及迁葬者,皆赐赙赠,鸿胪寺与入内内侍省以旧例取旨。"同书册三十四《礼》四四之二四载咸平六年九月十一日,晁迥等奏准鸿胪寺赙赠条件,其中有"五服内亲丧及迁葬合有赙赠者,下鸿胪寺检会体例,牒报内侍省取旨"的规定。这里的"体例","体"指事体,"例"指定例,是有正例者赐赙,由鸿胪寺据之牒报内侍省取旨。又《长编》卷五二《真宗咸平五年》五月庚子:"冯拯、陈尧叟言:与孙冕同去三司积滞文账及诸州无例施行文字二十一万五千余道,减河北勾当京朝官使臣、幕职七十五员。"所谓"诸州无例施行文字",当是诸州因无例而申三司审核而下达或继续奏准之事,正可与赙赠"无正例"及"无例"者,分别由鸿胪寺牒礼院奏取旨及申中书审核之事相证。

第十一章　宋初三朝的"例"与规范形态的变迁　611

> 枢密使王钦若等言："本院小吏，以奉祀礼成，援中书堂后官、直省官例，求恩泽。"帝以问宰臣，王旦等曰："堂后官本选士流经科者，十年无遗阙，改官为通判，盖先朝旧制也。若由流外守职至堂后官，即无此例。直省官，南郊例得七人出职，昨才出行首二人为供奉官，亦定例也。大凡中书、枢密院体制各异，至如密院副承旨，出为诸司副使，若转至副都承旨，即便为大将军。以至主事以下，有特加俸钱及十千者。中书人吏所加，不过两三千。以是不可比类……"帝然之。

这里枢密院吏欲乞恩泽，援引了中书堂后官及直省官转官的"定例"，王旦则谓"中书、枢密院体制各异……不可比类"。是"著为定例"者的针对事项、适用范围和法律效力都十分具体和明确，其他事项要援此而行，须再取旨定夺方可。

由此再看《宋会要辑稿》册三十四《礼》四四之一载祥符九年十二月五日：

> 入内内侍省言："得鸿胪寺牒，取索景德四年十一月以后赙赠则例。伏缘当省每有赐赉，即旋取旨，今如尽以为例，授之有司，窃虑非便。望上本寺，如合有给赐者，止具官位报当省取裁。"从之。

"则例"即法例，与"定例"或"永例"同义。入内内侍省之奏表明，赙赠则例授之有司后，今后赙赠已毋庸再一一取旨裁定，说明"定例"或"永例"在性质和地位上实与"条例"相类[1]，均在指导有司常务时发挥着重要作用。[2]

---

[1] 《太常因革礼》卷八二《新礼十五·河中府祭后土庙》引礼院例册载真宗"景德四年正月，皇帝将朝拜诸陵，祭河中府后土庙，礼院详定仪注，准礼定例：后土庙大祀，礼料：币帛丈八尺，笾豆十二，爵盏散樽各一，龙杓二，爵坫一，烛台一，神酒香席褥氎洗篚等……"此处"准礼定例"乃是制定后土庙祭祀仪注，其实就是一份条例。

[2] 《宋会要辑稿》册三十四《礼》四四之一："国朝凡近臣及带职事官薨卒，非诏葬者，如有表讣及迁葬，皆赐赙赠，鸿胪寺与入内内侍省以旧例取旨，其尝践两府或任近侍者，多增其数。熙宁七年，命官参酌旧例，著为新《式》，付之有司。旧例所载不备，今并其数俱存之新《式》。"这里的"新式"也就是"新例"，所谓"参酌旧例，著为新式"，也就是当时对以往"赙赠则例"的修订。

又《宋会要辑稿》册十六《礼》一五之二四载真宗咸平元年三月二十五日：

> 判太常礼院李宗讷等上言："伏见僖祖称曾高祖，顺祖称高祖，翼祖称曾祖，宣祖称祖，太祖称伯，文懿、惠明、简穆、宪（劲案：宪前似缺昭字）皇后并称祖妣，孝明、孝惠、孝章皇后并称伯妣。详睹旧典，参考近仪，爰自唐朝，降及五代，咸有称祖妣及伯之文，圣朝因之，遂为定式。谨按《尔雅》曰……以此观之，惟父母得称为考妣，考妣已上，皆称王父、王母，伯则称曰世父。今之称号，深虑未合典经。欲望僖祖止称庙号，顺祖而下，即依《尔雅》之文。立此新例，救其前失。"诏下尚书省集官议定。

称太祖为伯既然已为"定式"，李宗讷又据《尔雅》之说，请立"新例"改称世父。这说明对"定式"的补充或修正相当慎重，有时甚至需要"诏下尚书省集官议定"。由此亦可看出，五代以来敕例虽已多由主司直接奏准而来，但其事、其制较为重大时，也还是会特诏尚书省主持议定闻奏的。

由上可见，"著为定例"的对象，乃是各种可供比附攀援的成事、规定和习惯；而将之"著为定例"，便正式明确了其针对事项、适用范围和法律效力，遂与可供一般比附的具体事例或惯例拉开了距离。至于其形态，则可以是日常行政过程中随事而产生的判例，也可以是有关行政习惯的成文化或确定化，或干脆是专门制订的规定。但其基本程序，仍不外乎由主司随事奏请而皇帝诏依，或皇帝随时针对某事敕命有司详定而奏准。故"定例"归根到底也还是一种单行敕例，其显然是从唐代带有"自今已后"及"永为常式"字样的敕例演化而来的，又因承自晚唐五代，而已无复尚书集官议定或百官上表申奏之别。在宋初，定例常被继续删定或编纂为《编敕》和条例而地位居下；却也正是因其介于一般成例、惯例和《编敕》、条例之间的特殊地位，使之构成了宋代法规或制度体系中数量最大、形态最为庞杂、作用最为灵活而又具有基础意义的部分。

第四节　例册、例簿的编纂和礼书的新形态

"例"既大量衍生又灵活多端，为消除其扞格重复，便于检索和参照

比附，对之进行多种编辑便成了必要。其大较则可分为两类：一类是承敕编纂；另一类是各部门自行汇辑。两者性质有所不同，却都反映了宋初以来整个制度体系围绕着"例"而重新整合的过程，并且构成了"例"在发展升华上的另一个重要趋势。

一 承敕编纂例册

承敕编纂例集，可以视为正规的立法活动。前面已经提到，各种海行和专项《编敕》，就是一种在立法上处于最高级别的编例。在此之下，还有各种承敕编辑的部门或事类性编例活动。其中有关礼事、礼制者，如《宋史》卷二〇四《艺文志三》史部仪注类著录不知撰者之"《阁门集例》并《目录》、《大臣特恩》三十卷"，当为仁宗以来对诸阁门之例的汇辑和编纂[①]。同卷史部刑法类著录"李承之《礼房条例》并《目录》十九册"[②]，则为神宗熙宁三年奉敕统编《中书条例》时，对中书礼房条例的汇编[③]。至于宋初三朝的情况，如《宋会要辑稿》册四十七《仪制》三之六载真宗咸平六年梁颢等详定阁门仪制，奏定三司副使班位、朝服、

[①] 《艺文志三》著录此书于梁颢《阁门仪制》十二卷并《目录》十四卷后，《长编》卷五六《真宗景德元年》二月壬午："翰林学士梁颢等上《新定阁门仪制》六卷，诏颁行之。"既谓"新定"且须"诏颁行"，是其必为承敕编集。又据《宋史》卷二九六《梁颢传》载其暴卒于景德元年六月，则《艺文志三》所录梁颢十二卷本之《阁门仪制》必经后人续编，《阁门集例》之编则又在其后。

[②] 《玉海》卷六六《诏令·律令下》录《熙宁中书礼房条例》曰："八年二月己丑编修《中书条例》，李承之等上《礼房条例》十三卷并《目录》十九册，诏之了。"《长编》卷二一一《神宗熙宁三年》五月庚子"著作佐郎俞充、大理寺丞李承之编修《中书条例》"，是《中书条例》或自此始修而成于熙宁八年。《长编》又载熙宁三年九月壬子李承之检正中书刑房公事，七年九月己酉转检正中书五房公事，至八年闰四月癸丑为张谔所代，元祐六年十一月戊辰承之卒。是其编修《礼房条例》，当在熙宁七年九月至八年闰四月间。

[③] 《长编》卷一一七《仁宗景祐二年》九月己酉，吕夷简"奏令参知政事宋绶编次《中书总例》"，神宗熙宁三年五月庚子命俞允、李承之等编修《中书条例》，皆属承敕编修。又《职官分纪》卷一二《编修条例》："庆历四年二月命天章阁侍讲史馆检讨王洙、枢密都承旨皇车士宁编修《例册》"，是《枢密院例册》亦承敕编修。另《宋史》卷二〇七《艺文志六》子部兵书类著录王存《枢密院诸房例册》一百四十二卷，同书卷一六二《职官志二》枢密院编修官条下，载"熙宁三年以王存、顾临等同编修《经武要略》，兼删定诸房《例册》"。《职官分纪》卷一二《编修条例》载此在是年十一月，且述其事"以枢密院副承旨李绶管勾，至九年秋修毕上之"。是承敕编修《枢密院诸房例册》前，诸房本有自编之《例册》。

比品之例①；同书册五十《仪制》九之二又载真宗景德元年三（劲案：三或元之讹）月，梁颢等详定阁门仪制，奏定皇城内监当库务，以及在京盐、曲、商税、榷货务、香药榷易、粮料院官告谢之例。亦为此类作品。

至于其详定编纂之况，《长编》卷五六《真宗景德元年》二月壬午：

> 翰林学士梁颢等上《新定阁门仪制》六卷，诏颁行之。上以阁门仪制多出于胥吏之言，殊无规矩，故颢等别加删修。

是此前阁门仪制多由胥吏晓谙之例所构成，而真宗此次详定阁门仪制，则删定诸例而将之编修成了六卷。从中且可看出，这类例集往往皆奉敕编纂，其取材范围除以往有关敕例外，亦可包括各类故事和习惯，故其"删修"过程自必斟酌取舍而定其条文，讫后自须再经御览而下诏颁行。《长编》卷七六《真宗祥符四年》九月丁亥："三司盐铁副使林特上祀汾阴庆赐例册。"同书卷七九《真宗祥符五年》闰十月庚寅又载龙图阁直学士陈彭年等上"《客省事例》六卷"。前者显然是把西祀汾阴的众多给赐恩例编纂成册，后者则为客省有关事例的编集②。而其之所以皆须上呈御览，必亦因其本属承敕编修之物③，故编成后自须奏进取旨而后施行④。总的看来，这类编例活动既然承敕而辑，并经审慎删定、起草成帙，再奏上取旨而行，其立法的性质是十分明显的。特别是那些基于"定例"或"条例"进一步编修而成的例集，其法律效力和地位实际已与《编敕》相

---

① 《宋史》卷一一八《礼志二一》亦载其事。

② 如《长编》卷八三《真宗祥符七年》七月壬申，"封婉仪杨氏为淑妃……宰相言宫掖加恩，朝廷庆事，臣下不可阙礼，望令客省使依例受贡贺。上勉从之"。即为客省事例之一也。

③ 《长编》卷七五《真宗祥符四年》二月壬戌，帝祠汾阴礼毕，诏"大赦天下，恩赐如东封例"云云。林特所上《汾阴庆赐例册》，即当据此"壬戌敕书"而编。又《长编》卷七六《真宗祥符四年》六月庚申，命陈彭年、张知白、王曙等详定阁门仪制，同书卷七九《真宗祥符五年》闰十月庚寅，又载"陈彭年等上《新定阁门仪制》十卷、《客省事例》六卷、《四方馆仪》一卷"。是《阁门仪制》本承敕而修，而《客省事例》及《四方馆仪制》皆关藩邦使者来朝等事，当亦为此详定过程的产物。

④ 《宋会要辑稿》册一百六十四《刑法》一之一一四载哲宗元祐元年十一月"四日，中书省言：'刑部《断例》，嘉祐中（劲案：此处文有脱讹）今二十余年，内有该在不尽者，欲委官将《续断例》及旧例策（劲案：策、册相通，例策即例册也）一处看详情理轻重，去取编修成策，取旨施行。'从之。"这里中书请将仁宗嘉祐以来"《续断例》及旧例策"编修成册而"取旨施行"，体现了承敕编例取旨而行的过程。

去不远了。①

二 各部门自编例簿

各部门自行编例并非立法，却仍有一定的约束力。《长编》卷五五《真宗咸平六年》六月丁亥：

> 以吏部侍郎陈恕为尚书左丞知开封府。恕在三司，前后逾十数年，究其利病，条例多所改创。其徙他官也，尝荐寇准可用。及准至三司，即检其前后所改创事类为方册，其晓谕榜帖悉以新版别书，赍诣恕第请署。恕一一为署之，不复辞，准拜谢去。故三司多循恕旧贯，自准始也。

此处述寇准与陈恕职务更替有误②，然三司可"检前后所改创事类为方册"，经三司使签署而约束下属的行政过程，必是宋初以来各部门通行的做法。

又《长编》卷六二《真宗景德三年》二月戊戌记寇准为相时事：

> 尝除官，同列屡目吏持例簿以进。准曰："宰相所以器百官，若用例，非所谓进贤退不肖也。"因却而不视。

---

① 如《长编》卷四三《真宗咸平元年》十二月载柴成务等修定《咸平编敕》，敕之要者入《编敕》，次者称"条贯禁法"交由各部门编辑，又次者删去。《宋会要辑稿》册一百六十四《刑法》一之二载真宗"景德二年八月十二日，诏：'诸ército应《新编敕》后续降宣敕札子，并依三司所奏，但系条贯旧制置事件，仰当事官史（劲案：史当作吏）编录为二簿。一付长吏收掌，一送法司行用，委逐路转运使点检，其转运司亦依此例编录。'"两者均表明承敕编辑的《条例》集，地位已相当接近于《编敕》。又《长编》卷八七《真宗祥符九年》八月己卯，翰林学士陈彭年等编定《祥符编敕》，另编"仪制敕书、德音别为十卷，与《刑统》、《景德农田敕》同行。其止是在京及三司本司所行宣敕，别具编录。若三司册，贡举、国信条制，仍旧遵用"。这里"别为十卷"的仪制敕书、德音，"别具编录"的在京及三司本司所行宣敕，以及"三司例册"、"贡举条制"及"国信条制"，皆有关定例或条例的汇编，为地位次于《编敕》的法规集。

② 此条李焘有案语曰："魏泰载此事，盖可取。然叙陈恕、寇准履历皆颠倒失序。当准使三司时，恕徙它官二年余矣……"

这里的"例簿",显然是以往有关任用事例的汇编①,"同列屡目吏持例簿以进",是其必为以往宰相所认可,每被中书拟官所依据。而寇准"却而不视",又表明其未经奏准,并无强制性约束力,当属堂后官吏为便检索而汇辑之簿。②

关于各部门自编例簿的形态和性质,《宋会要辑稿》册一百六十四《刑法》一之六载神宗熙宁元年二月六日诏:

> 近年诸司奏辟官员,就本司编录条例簿书,文字颇为烦冗。今后应系条贯体例,仰本司官依《编敕》分门逐时抄录入册,不得积留,别差辟官。如续降宣敕,岁久数多,合行删修,即依祖宗朝故事,奏朝廷差官修定。见今诸司有官编录处,如替移,更不差填。

与上述编例之况相参,"本司编录条例簿书,文字颇为烦冗",乃自宋初以来即然。故神宗当时其实是要纠正近年诸司"别差辟官"以修本司例册,因而常致"积留"之弊,令其仍由"本司官"负责。对其编录方式和体例,又作了比循"条贯体例依《编敕》分门逐时抄录入册"的明确规定③。其中"续降宣敕"部分若年久合行删修,则仍"依祖宗朝故事,

---

① 《长编》卷九五《真宗天禧四年》六月丙申,寇准罢相,召翰林学士钱惟演草制,"惟演请用王钦若例,授准太子太保。上曰:'与太子太傅。'又曰:'更与加优礼。'惟演请封国公,出袖中具员册以进,上于小国中指莱字,惟演曰:'如此,则中书但有李迪,恐须别命相。'上曰:'姑徐之。'"此"具员册",盖学士院自辑之封爵事例,当与中书之"例簿"为同类。

② 《长编》卷一八《太宗兴国二年》四月记事:"太祖晏驾,诏翰林学士户部侍郎李昉兼判太常寺。昉归,语其子宗谔曰:堂吏不知典故,岂有为丞郎而判寺乎……宗谔因问:'凡制敕所出,必自宰相,今言堂吏不知典故,何也?'昉曰:'命官判寺,宰相必不经心,惟堂吏举近例使押字耳。'"又《长编》卷五三《真宗咸平五年》十月田锡奏疏有曰:"又访闻密院、中书,政出吏胥之手。吏胥行遣,只检旧例,无旧例则不行。枢相商议,别无远谋,无远谋则多失。"二事反映了中书、枢密院自编有关"例簿"、"例册"的由来和用途。其他各部门亦然,如《太常因革礼》卷四八《吉礼二十·有司秋分夕月于西郊》引《国朝会要》载真宗天禧元年四月,中书送到监察御史王博文奏疏,请改秋分夕月已时行礼之旧例;"兼取到光禄寺府史状,称二十余年常于巳时赴坛所,设祭器,实馔,行礼者。参详典礼,合准旧仪,于未后三刻行礼。诏可。"是中书有事询光禄寺,其府史遂检近例状上长官而转申中书。

③ 《宋会要辑稿》册一百六十四《刑法》一之四载仁宗天圣"七年四月二十五日诏:'审刑院、大理寺、刑部、三司,自今参详起请改定条贯,当降敕行下者,并依《编敕》体式简当删定,于奏议后面别项写定;于降敕之际,止写后语颁下。'"是仁宗天圣七年以来,《条贯》体例已与《编敕》相仿,故神宗诏诸司自编例册,今后乃比循条贯体例,依《编敕》分门逐时抄录入册。

奏朝廷差官修定"。是宋初以来的编例活动，确可分为各部门自编例册和承敕编修定例或条例两个大类，而前者所收尤为庞杂，且为承敕编例提供了基础。直至神宗初年，其况虽略有变化调整而大体仍然。

三　例簿、册的收录范围和作用

无论是承敕编纂，还是各部门自编，例册所收包括了有关"定例"或"条例"，这一点没有问题[①]。那么其是否也收录了某些仅具比附攀援作用的具体个案呢？回答是肯定的。

《太常因革礼》卷八九《庙议一·太祖谥议》引《中书例册》：

> 太平兴国二年正月四日，翰林学士李昉奏："奉敕差定大行皇帝谥号如后：伏以易名之典，前古旧章，上自帝王，下及卿士，表功旌行，莫尚于兹。所以昭著圣猷，传示来世，流芳传裕，永永无穷，此百王不易之道也。伏惟大行皇帝，秉上圣之资……请上大行皇帝尊谥为英武圣文神德皇帝，庙号太祖，臣禁林备位，礼寺假名，本非齐鲁之硕学，宁记唐虞之盛烈，实惭浅近，莫尽徽猷。"诏恭依典礼。

其后文又引用了《中书例册》收录的太宗谥议[②]、《礼院例册》收录的仁宗谥议等[③]。这类并非大行皇帝议谥之制的正面规定，而纯属特例，却仍

[①]　如《宋史》卷一二四《礼志二十七》述辍朝之制引《礼院例册》："文武官一品、二品丧，辍视朝二日，于便殿举哀、挂服；文武官三品丧，辍视朝一日，不哀、挂服。然其车驾临问并特辍朝日数，各系圣恩。一品、二品丧，皆以翰林学士已下监护葬事，以内侍都知以下为同监护葬事；葬日辍视朝一日，皆故旨后行。"这显然是一份正面规定辍朝护葬事宜的条例。又《太常因革礼》卷八二《新礼十五·河中府祭后土庙》引《礼院例册》文，说明其收录了太宗兴国四年所定汾阴后土庙祀仪、真宗景德四年所定亲祀后土庙仪注及祥符二年所定后土衣冠之制，三者皆为条例或定例。

[②]　《太常因革礼》卷八九《庙议一·太宗谥议》。又《宋会要辑稿》册二十五《礼》二九之三载李昉所上太祖谥议，《礼》二九之六载宋白所上太宗谥议等，其文甚详可参。

[③]　《太常因革礼》卷九一《庙议三》，同卷前文述真宗谥议所引为《日历》。又同书卷九七《庙议九》述真宗章献明肃皇后刘氏、章懿皇后李氏谥议所引皆为《中书例册》，同书卷九八《庙议十》述章惠皇太后杨氏谥议所引为《礼院仪注》。似有关帝后谥议是否收入《中书例册》或《礼院例册》并无定准。

能为以后的有关谥议提供参照或避忌，便还是被收入了例册①。

有必要指出，《太常因革礼》所引《中书例册》、《礼院例册》，应当都是承敕编修②，而所收已如此具体，遂可推知各部门自编例册的收录范围当更宽泛。上面所述陈恕署"晓谕榜帖"收入三司"方册"，神宗诏称本司"编录条例簿书，文字颇为烦冗"二事，便表明不仅各种定例或条例，本司长官的有关规定和谕令，也可以被收入各部门自编的例册。

因此，承敕编例和自编例册的收录范围，除有关定例或条例外，必亦选取了部分可供比附的具体事例，在自编例册中，还当包括了部分并非制敕的长官谕令或规定。但定例或条例本具明确的法律效力和地位，不论是否将之编入例册，都须加以遵循，因而对"例"作用和地位的发展升华来说，更值得注意的是例册所收的下限。如果肯定并非所有事例都要编入例册，那么把本来仅具一般比附意义的具体事例选入承敕编纂的例册，其在法理上便已与定例或条例等量齐观，也就获得了今后处理同类事务时必须取为依准，或被优先比附的地位③。同样，有关事例及长官的规定或谕令，一旦被收入各部门自编的例册，也可视为其对本部门行政过程的约束力或影响获得了进一步肯定，其地位自然亦应有别于那些未被收入例册的

---

① 又如《太常因革礼》卷七《总例七·誓戒》："《礼院例册》：景祐二年四月，荐享太庙，初命参知政事盛度摄太尉。已受誓戒后，度除知枢密院，度自陈故事，枢密不差摄事。诏令后（劲案：后当作太）庙摄太尉赵贺代之，后庙即差次官通摄。"同书卷二五《总例二五·舆服五》："《礼院例册》：乾兴元年九月，礼仪院奏：准诏制造皇太后御座担子，令详定制度所称名目，今乞以大安车为名。诏可。"同书卷四七《吉礼十九·有司迎气日祀五帝》："《礼院例册》：皇祐二年八月二十五日，礼院奏：'今年立冬，祀黑帝及神州地祇，窃缘近以明堂大享，皇帝各亲一献，今来皆合辍罢一祭。又缘祀黑帝是四时迎气之祭，若从而辍罢，比之常岁，却阙一祭。当院未敢专辍，欲乞特降明旨裁决。'诏仍祀黑帝，罢神州地祇祭。"三者皆似特例，而可为同类情况所援引，遂皆收入了《礼院例册》。

② 《太常因革礼》所引《中书例册》及《礼院例册》乃属英宗以前所编，而《宋史》及《长编》、《辑稿》等处俱无其载。但若考虑前述《中书条例》及《枢密院各房例册》皆奉敕编纂之事，加之其既为《太常因革礼》所取准，其奉敕编纂应无问题。

③ 《宋史全文》卷一九上《高宗七》载绍兴四年八月庚辰，"诏吏部编七司《例册》。时有旨六曹细density令长贰治其事，其有条者以条决之，无条者以例决之，无例条者，酌情裁决。刑部侍郎兼权吏部侍郎胡交修言：'旋行检例，吏得为奸，乞将应干敕札批状指挥可以为例者，各编为册，令法司收掌以俟检阅。'从之。"《宋会要辑稿》册五《帝系》一一之二载其事而文意不若《宋史全文》简明。二事表明承敕所编例册不仅被本司引为依准，往往还要抄付法司以凭检阅。

事例了。由此看来，宋初以来各种例册或例簿的编纂，显然不只关系到检索的方便，也不仅反映了例在宋初以来的盛行及其重要作用，更是在大量混沌莫辨的具体事例中选取一部分，使之在地位上进一步上升的一种初级方式或途径。

四 礼书类同"例册"的新趋势

也正是在这种纷纷编辑各种例册和例簿的风气下，当时的官修礼书，也常常成了另一种"例册"。

如统编了宋初三朝礼制的《礼阁新编》，《宋史》卷九八《礼志一》述其由来：

> 自《通礼》之后，其制度仪注传于有司者，殆数百篇。先是，天禧中，陈宽编次礼院所承新旧诏敕，不就。天圣初，王皞始类成书，尽乾兴，为《礼阁新编》。大率吏文，无著述体，而本末完具，有司便之①。

其谓"制度仪注传于有司者"，由于诸单行仪注或仪制实为条例，且也像定例那样必须奏准而行，故亦皆可视为诏敕。故真宗"天禧中，陈宽编次礼院所承新旧诏敕"，正是要把存于礼院的定例或条例统编为一书。然此事当时"未就"，至仁宗天圣五年方由王皞继而类编为《礼阁新编》。所称"大率吏文，无著述体"，盖指其径录有关事项申奏诏复的例档原文②，唯删去重复而并不润饰。"本末完具，有司便之"，则当指其以五礼

---

① 王皞另名子融字熙仲，为王曾之弟，《宋史》卷三一〇附其传于《王曾传》后，述其"尝论次国朝（劲案：朝当作初）以来典礼沿革，为《礼阁新编》上之，以其书藏太常"。

② 如《太常因革礼》卷一五《总例十五·祭器》引《礼阁新编》载太祖"建隆四年九月一日，礼院准光禄寺问三牲鼎镬，并阳燧、阴鉴、鸾刀制度者。缘随鼎镬合有肩、幕、疏匕、刻匕、挑匕、并毕、载肉之具，《礼图》皆有制度。今若造鼎镬，亦请备置者，谨具检讨如前。自肩幕以下共八事……"同书卷九四《庙议六·淑德皇后尹氏、懿德皇后符氏》引《礼阁新编》载："太平兴国二年正月十三日，敕故越国夫人符氏、故夫人天水尹氏，并追封皇后，仍命所司择日备礼册命。二月八日礼院奏：'伏准近朝周广顺元年九月中追册皇后柴氏，显德四年追册皇后刘氏，并不行册命礼。建隆元年四月中，追册皇后贺氏亦不行册礼。今来册礼行不行，系自朝旨……'"皆然。

诸仪为两级类目，下系先后积累之例，以便有司检索①。是此书在类目上虽仍存旧式礼书的模样，其实际内容和体例已更像是一部自太祖初年讫于真宗朝的礼院例册。

再如仁宗嘉祐六年开始编修的《太常因革礼》，此书实有宋一代礼书体例承前启后之枢轴，据苏洵述其编修宗旨：

> 但欲编集故事，使后世无忘之；非制为典则，使后世遵行之也。②

观其内容，则无非抄撮诸处所存之定例或条例，且多具其申奏诏复之案牍原貌③。是其虽纲要有取于《通礼》而上承唐修礼典之态，实亦如《礼阁新编》之"大率吏文"而有类例册。故其修撰之时，知制诰张环已奏其"不合经制"而"无以示后"；修毕之后，又屡有人讥其"繁简失中"而"榷酿之甚"，"虽号简要，几同钞节"④。但尽管如此，此书自英宗治平二年九月辛酉修成，至神宗元丰、哲宗绍圣、徽宗政和年间皆曾续修，宣和三年更定每年一修，到南宋高宗绍兴又续其书，而淳熙《中兴礼书》及嘉定《续中兴礼书》皆继其体⑤。可见自此宋代官修礼书的基本体例和

---

① 《长编》卷一〇五《仁宗天圣五年》十月辛未："太常博士直集贤院同知礼院王皞上所撰《礼阁新编》六十卷。初，天禧中，同判太常礼院陈宽请编次本院所承诏敕，其后不能就，皞因取国初至乾兴所下诏敕，删去重复，类以五礼之目，成书上之。"所谓"类以五礼之目"，即以五礼诸仪为两级类目。又《玉海》卷六九《礼仪·礼制下》录《天圣礼阁新编》述其删去重复后，所存诏敕共一千八百三十道。

② 见《长编》卷二〇六《英宗治平二年》九月辛酉条、《丛书集成初编》本《太常因革礼》后附之淳熙十五年正月李壁跋文。

③ 《太常因革礼》所采大体可分为三类，一是诸仪注、例册，二是《礼阁新编》、《太常新礼》、《大中祥符封禅记》、《天圣卤簿记》等本朝官修礼书，三是《实录》、《会要》、《日历》等史官之作，要之皆为以不同形式编辑或记载的定例或条例。

④ 参《长编》卷二〇六《英宗治平二年》九月辛酉条、《文献通考》卷一八七《经籍十四·经部》仪注类著录《太常因革礼》条。另如苏颂《苏魏公文集》卷一八《奏议·请重修纂国朝所行五礼》述《太常因革礼》"虽号简要，几同钞节，姑可以备有司之检阅，诚未足以发扬圣朝制作之盛也"。又《丛书集成初编》本《太常因革礼》所附清光绪二十年廖廷相《〈太常因革礼〉校识》跋语有云："是书编集故事，以备稽考，与开元、政和诸礼书垂为定制者不同。故纤曲并详，词繁不杀，其取名因革者以此。"

⑤ 参《玉海》卷六九《礼仪·礼制下》所录《治平太常因革礼》、元丰、绍兴《续编因革礼》及《淳熙中兴礼书》、《嘉定续中兴礼书》诸条。

内容，乃至后世"集礼"、"会典"之流"大率吏文"的样态，实际上都是由此相承发展而来的。

综上所述，自晚唐以来《律》、《令》、《格》、《式》体系崩溃，整个制度或规范领域，业已进入了一个以"例"为中心分化重组的震荡发展期。当时的"例"，既可像唐代那样特指那些在礼典和法典之外随事随时形成施用的单行敕例，更可泛指以往出现的各种规范、成例和行政习惯，故其作用、地位及其发展升华的层面、样态和途径，也就远远超出了汉唐时期"例"的范围和学界以往对此的界定。这一现象反映了所有既往的法律和各种规范形态，现在都须由今上制敕来重新裁量其内容和效力的局面；体现了当时整个制度或规范领域中，法典地位急剧跌落和敕例作用的迅猛崛起；贯穿了唐、宋之际新、旧秩序和权威更替的主线，也就构成了此期政治、社会和制度深刻变迁的法律表现。

从上述宋初三朝"例"的存在方式和升华形态来看，得以进入各部门自编的例簿，乃是以往各种规范和成例的一种初级的发展样态或途径，此时其虽还称不上法规，却也获得了对本部门行政的重要约束力。对之再加提升，则是被编入承敕修辑的例集而成为正式法规，实际上是在法律上确认了其在同类政务处理过程中的指导作用，或可被优先比附的地位。但无论是否编列入册，著为定例或制为条例，都是以往的规范和成例升华为法律规范的独立途径，两者在形成程序和内容的系统性上虽有不同，却都对有关事项作了直接而正面的规定，其法律效力和地位确凿无疑。其中仍与以往法典规定相关的部分，则可被编附于《令》、《式》；而最为重要者则被进一步编入《编敕》，这是宋初"例"发展和升华的高级样态和途径。

因此，从发展的趋势或基本方向来看，宋初以来制度或规范形态演变的轴心，显然已不再是礼典和法典，而已是"例"的这些新的发展样态。在此主导下形成的制度和法律体系，在处理今上制敕与法典的关系这个帝制时代法制的根本问题上，其重心已完全倒向了"当时为是"的今上权威和舍此几无原则可言的实用主义；也就永远丢失了唐《律》、《令》、《格》、《式》体系所代表的法典至上精神，远离了以往礼典和法典所体现的那种严整的规范形态和秩序，宣告了中国法制史上力图以法典来约束和保障今上制敕，以及相关敕例作用和地位的时期的终结。可以认为，与之相关的事态和由此形成的传统，实际上贯穿了整个近古时期各种制度的继续整合，解释了其间发生的几乎所有重大变化。

第五节　辨所谓"淳化令式"

《玉海》卷六六《诏令·律令下》之《淳化编敕》条：

> 端拱二年十月，诏朝林学士宋白等详定端拱以前诏敕。至淳化二年三月，白等上《淳化编敕》二十五卷、《敕书德音目录》五卷。帝阅之，谓宰相曰："其间赏罚条目，颇有重者，难于久行，宜重加裁定。"即诏翰林承旨苏易简、右谏议大夫知审刑院许骧、职方员外郎李范同详定。至五年八月二十一日庚子，骧、范上言重删定《淳化编敕》三十卷。一本淳化三年八月庚子右谏议大夫判审刑院许骧以《新定编敕》一部三十卷上献，《编敕》与《刑统》并行，上以其滋章烦碎，因命重定，至是毕，付有司颁行天下。《稽古录》：淳化五年八月，初行《淳化编敕》。
>
> 太宗以开元二十六（劲案：六当作五）年所定《令》、《式》，修为淳化令式[①]。

上引文前一段述《淳化编敕》之修，后一段述太宗当时又修"淳化令式"之事。这里之所以不惮文烦加以移录，是因为如此方可帮助判断后一事发生的时间，必在淳化五年前后不久。同时亦可明确，"太宗以开元二十六（五）年所定《令》、《式》修为淳化令式"，或非司马光《稽古录》的后续文字，而只是王应麟的叙述。而问题也正由之产生：仁井

[①] 《通典》有时会把开元二十五年立法载在二十六年，如其卷二六《职官八·诸卿中》秘书监条述"大唐为著作局，置著作郎二人，佐郎四人"，原注曰："开元二十六年减佐郎二员。"卷二七《职官九·诸卿下》少府监条述唐贞观以来少府监"领中尚、左尚、右尚、织染、掌冶等五署"，原注曰："开元十年五月于北都置军器监，至二十六年五月废。"卷二八《职官十·武官上》左右龙武军条："开元二十六年析羽林军，置左右龙武军，以左右万骑营隶焉。"卷一七二《州郡二·序目下》述陇右节度使下属"威戎军"原注："开元二十六年置管兵千人，马五十匹。""宁塞军"原注："开元二十六年置管兵五百人，马五十四。""镇西军"原注："开元二十六年置管兵万三千人，马三百匹。"这些把开元二十五年《令》、《式》规定断在二十六年的记载，说明唐后期以来确实存在着一个把开元二十五年立法载为二十六年的文本，宋人述开元二十六年立法者，即当据此文本而来。

田陞《唐令拾遗·序说》第一"唐令の史的研究"四"唐后令",即据王应麟的这段文字,以淳化五年前后为宋修《令》、《式》之始,目之为《淳化令》及《淳化式》,且从《太常因革礼》等处所引辑其《令》篇之目。仁井田陞先生此书于唐《令》研究贡献甚巨,影响亦大,然其此说易使人误解宋太宗淳化年间,业已重新制订了本朝《令》、《式》,而五代以来沿用之唐代《令》、《式》已随之停废,也就牵涉了对整套宋初制度和法律发展的认识,故需有所辨析。

一 淳化并未立法而仅校改违碍文字

"淳化令式"倘真为赵宋重定《令》、《式》之始,则其事何等重要,然《宋史·太宗纪》、《刑法志》、《长编》太宗朝记事、《文献通考·刑五》刑制等处,皆仅记载《淳化编敕》之修,而未及其删定《令》、《式》之事,《宋会要辑稿》刑法门亦不见其事踪迹,且诸处所载淳化以来宋人所论所用,仍为唐代《令》、《式》。如《长编》卷四一《太宗至道三年》九月壬午载孙何表议之《学令》;卷六九《真宗祥符元年》八月己丑有司论事之《仪制令》,卷七一真宗《祥符二年》二月戊子诏命有司虔遵之《祠令》等等,皆是。

又《长编》卷四三《真宗咸平元年》十二月丙午,柴成务等奏上《咸平编敕》,述其编纂之要:

> 凡敕文与《刑统》、《令》、《式》旧条重出者,及一时权宜非永制者,并删去之。

其所云"《令》、《式》旧条",自不应指数年前新修的"淳化《令》、《式》"之条。且《宋会要辑稿》册一六四《刑法》一之四载真宗天禧二年十月十七日右巡使王迎等言:

> 准诏依赵安仁所请,重编定《令》、《式》。伏缘诸处所供文字悉无伦贯,难以刊辑,望具仍旧。

其载时诏重定《令》、《式》而未果,若淳化果已修此二法,则其在此基础上再加修撰编写必甚便易,实不应言其"难以刊辑"。其后文又载仁宗天圣七年五月修定新《令》三十卷,其要乃"取《唐令》为本,先举见行者,因其旧文,参以新制定之;其《令》不行者,亦随存焉"。又尤足见《天圣令》径据唐《令》修之,而无《淳化令》为其蓝本。

赵希弁《郡斋读书后志》卷一《史类》著录《天圣编敕》三十卷,其解题有云:

> 右天圣中宋庠、庞籍受诏改修唐《令》,参以今制而成。凡二十一门:官品一,户二,祠三,选举四,考课五,军防六,衣服七,仪制八,卤簿九,公式十,田十一,赋十二,仓库十三,厩牧十四,关市十五,捕亡十六,疾医十七,狱官十八,营缮十九,丧葬二十,杂二十一。

从其所列篇目,即可见此"《天圣编敕》"显为"《天圣令》"之误①,且足看出宋庠等人受诏定《令》以前,有关制度皆参用"唐《令》"与"今制"。据此已可断定,王应麟所谓太宗曾"修"淳化令式之语,显然是一种误解。

在此基础上,再看《直斋书录解题》卷七《史部·法令类》录《唐令》三十卷、《式》二十卷云:

> 唐开元中宋璟、苏颋、卢从愿等所删定。考《艺文志》卷数同,更同光、天福校定。至本朝淳化中,右赞善大夫潘宪、著作郎王泗校勘,其篇目条例颇与今见行《令》、《式》有不同者。

据此,似北宋以来传世的唐《令》三十卷及《式》二十卷,皆为开元七年宋璟主持立法时所修,而非开元二十五年《令》、《式》,其本续经后唐、后晋"校定"后,至宋太宗淳化时,又经潘宪、王泗等"校勘"而得流传。这自然是与王应麟述"太宗以开元二十六年所定《令》、《式》修为淳化令式"相当不同的表述。

---

① 此"天圣编敕",仁井田陞已于《唐令拾遗·序说》中指出其实际上就是"天圣令"。孙猛《郡斋读书志校证》卷八史部刑法类此条亦称此"'编敕'当'令文'之伪",其下考证征引诸处所载《天圣编敕》十三卷及《令》三十卷之事甚详。

又《玉海》卷六六《诏令·律令下》之《开元格式律令事类》条引《中兴书目》云：

> 《唐式》二十卷，开元七年上，二十六年李林甫等刊定，皇朝淳化三年校勘①。

这部《唐式》二十卷，显然就是淳化三年至五年的校勘本，其上乃有"开元七年宋璟等删定，开元二十六年李林甫等刊定，皇朝淳化三年校勘"之类的题记，《中兴馆阁书目》即据此交代了其版本源流。而今辑本《直斋书录解题》却只存开元七年宋璟等删定之文，而脱佚了其下文字，从而极易导致误解。不过无论如何，《直斋书录解题》和《中兴书目》毕竟都已明确交代，宋太宗当时无非是像后唐、后晋以来那样，"校勘"而非重新制定了《令》、《式》。

关于淳化校勘《令》、《式》的过程，现有资料并无直接的记载，但在此前后有两件事情仍可有助于推知其况。《宋史》卷二六四《卢多逊传》载后周广顺时，大理寺奏重写《律》、《令》、《格》、《式》及《刑律统类》和《编敕》②，其时多逊父亿为侍御史参与其事：

> 亿与刑部员外郎曹匪躬、大理正段涛同加议定。旧本以京兆府改同五府，开封、大名府改同河南府，长安、万年改为次赤县，开封、浚仪、大名、元城改为赤县。又定东京诸门熏风等为京城门……庙讳书不成文。凡改点画及义理之误字二百一十有四。

这表明继后唐同光、后晋天福校勘之举，后周广顺时亦曾校勘《律》、

---

① 此处"淳化三年"与《稽古录》述此在"五年"不同，《玉海》本卷《淳化编敕》条述淳化五年八月二十一日，许骧等上言重删定《淳化编敕》三十卷，后曰："一本淳化三年八月庚子，右谏议大夫判审刑院许骧以新定编敕一部三十卷上献"。是《实录》、《国史》所载有异，而《中兴书目》述淳化三年乃据《国史》。

② 《五代会要》卷九《定格令》载"后唐同光三年二月，刑部尚书卢质上新集《同光刑律充数》十三卷"。此处"充数"显为"统类"之讹，《册府元龟》卷六一三《刑法部·定律令五》载此即作"统类"，而系其事于同光二年二月。是《刑律统类》自后唐续编，后周以来遂简称《刑统》。

《令》、《格》、《式》及《统类》、《编敕》，其所针对的主要是带有旧朝特征的诸种文字。

又《宋会要辑稿》册一六四《刑法》一之一载太宗至道元年十二月十五日：

> 权大理寺陈彭年言："法寺于刑部写到《令》、《式》，皆题伪蜀广政中校勘，兼列伪国官名衔，云奉敕付刑部，其帝号、国讳、假日、府县、陵庙名，悉是当时事。伏望重加校定改正，削去伪制。"诏直昭文馆勾中正、直集贤院胡昭赐、直史馆张复、秘阁校理吴淑、舒雅、崇文院检讨杜镐于史馆校勘，翰林学士承旨宋白、礼部侍郎兼秘书监贾黄中、史馆修撰张佖详定。

倘淳化校勘《令》、《式》在五年施用《编敕》前后，此事便在其后一年左右，从中丝毫看不到《令》、《式》已校讫而行的样子。彭年之奏既称"重加校定改正"，似可推想其前潘宪、王泗所校勘者，或未即告竣刊行，这大概也是《宋史》、《长编》等处全然不载淳化校勘之事的原因。

尤其值得注意的是，至道元年胡昭赐等校勘的《令》、《式》，乃是后唐孟知祥平蜀后行于当地，至其建立后蜀再经孟昶广政年间校勘的通行本。据此可推淳化三年潘宪等人校勘的，恐怕也是这个后蜀刊定的本子。当然上引文也清楚地表明：后唐以来对唐《令》、《式》的各次"校勘"，正是要"校定改正"那些带有"旧朝"或"伪制"烙印的文字，遂可断定王应麟所谓"修为淳化令式"，其实也就是对后蜀广政本《令》、《式》违碍文字的"校勘"。要之，后唐同光以来直至宋太宗时所行《令》、《式》，都不过是当时循用《唐令》与《唐式》的各次校勘本，而淳化年间潘宪、王泗从事的这次校勘，实为上承后周广顺年间卢亿等人"改点画及义理之误字"，下启至道元年胡昭赐等"重加校定改正"之事的又一次《令》、《式》文字校勘，也就根本无法视为一种立法活动，更不能看作宋代编纂本朝《令》、《式》之始。

二 后唐仅存的唐代法书文本及相关认识

最后还须说明一下后唐以来循用唐代法律的文本来源问题。《资治通鉴》卷二七二《后唐纪一》同光元年十二月庚辰：

> 御史台奏："朱温篡逆，删改本朝《律》、《令》、《格》、《式》，悉收旧本焚之。今台司及刑部、大理寺所用，皆伪庭之法。闻定州敕库独有本朝《律》、《令》、《格》、《式》具在，乞下本道录进。"从之。①

据此则后梁开平四年颁行大梁新定《律》、《令》、《格》、《式》后，已"悉收旧本焚之"，至后唐此时欲循行"本朝"旧法时，惟有定州敕库存有唐法之本。《册府元龟》卷六一三《刑法部·定律令第五》亦载其事而更为详尽，其"从之"以下且有以下文字："未几，定州王都进纳唐朝《格》、《式》、《律》、《令》凡二百八十六卷。"这二百八十六卷，应当就是后唐至宋各朝沿用唐法的共同母本。

至于其中包括的唐法种类，《五代会要》卷九《定格令》载后唐天成元年十月二十一日：

> 御史台、刑部、大理寺奏："奉九月二十八日敕，宜依李琪所奏，废伪梁格，施行本朝格令者。伏详敕命，未该《律》、《令》。伏以开元朝与开成，隔越七帝，年代既深，法制多异……若将《开元格》与《开成格》并行，实难检举。又有《大和格》五十二卷、《刑法要录》一十卷、《格式律令事类》四十卷、《大中刑法格后敕》六十卷，共一百六十一卷，久不检举，伏请定其予夺。"②

其述《太和格》、《刑法要录》、《格式律令事类》和《大中刑法总要格后敕》共为一百六十一卷，显然即在定州敕库所存的二百八十六卷之中。又其前文载天成元年九月二十八日御史大夫李琪奏准之文，提到当时《开元格》和《开成格》分别为十卷和十一卷，以此合前一百六十一卷已

---

① 《旧五代史》卷三〇《唐书第六·庄宗纪》同光元年十二月庚辰，"御史台上言：请行用本朝《律》、《令》、《格》、《式》，今访闻，唯定州有本朝法书，望下本州写副本进纳。从之"。

② 与《唐会要》卷三九《定格令》所载《太和格》五十卷相较，这里所载的《太和格》多了两卷，然其后文述其总计一百六十一卷，则"五十二"当是"五十一"之讹，多出的一卷理应是目录。其前文载《开成格》为十一卷，亦较唐代多出了一卷目录。

为一百八十二卷。再加上开元三年至二十五年卷数稳定的《律》十二卷、《律疏》三十卷、《令》三十卷、《式》二十卷，共为二百七十四卷；以二百八十六卷之数衡之，其中尚缺的当即大中七年孔戣主持编集的《大中刑律统类》十二卷。①

也就是说，后唐至宋初沿用的唐法，大体不出这十一部法律二百八十六卷的范围。而后唐定州敕库所存唐《律》、《令》、《格》、《式》，显属安史乱后河北屡次战火之余，又经后梁全面焚毁唐法之劫，其残存或亡佚自难情形一律，而未必皆属开元二十五年所定。

经上梳理考析以后，大概可得到如下结论：

一是宋太宗淳化年间并未重定《令》、《式》，而只是循后唐同光以来的惯例，适应易代以后的需要，校勘了自来沿用的唐代《令》、《式》的部分文字，此举只有文字校勘意义而无立法意义。

二是唐《律》、《令》、《格》、《式》至后梁多被毁弃，至后唐重新施用唐法之时，仅存于世的是当时定州敕库收藏的十一种唐代法律，共计二百八十六卷，这应当就是此后直至宋初朝廷所存唐法的共同来源或母本。

三是《直斋书录解题》述其著录的《唐令》和《唐式》皆为开元七年宋璟等人所定，其下恐有文字脱佚。至于其述淳化校勘以后，《令》、《式》的"篇目条例颇与今见行《令》、《式》有不同者"；陈振孙所谓"今见行《令》、《式》"，自属南宋之物，体现的乃是仁宗天圣定《令》，以及神宗元丰年间重定《敕》、《令》、《格》、《式》体系后的状况，则其"篇目条例"与唐代《令》、《式》"有不同者"，可谓理所当然。

---

① 《五代会要》卷九《定格令》载后晋天福三年六月中书门下奏："伏睹天福元年十一月敕节文：唐明宗朝敕命法制，仰所在遵行，不得改易……"是后晋完全承用了后唐从定州敕库抄出的唐法。其后文又载后周显德四年五月二十四日中书门下奏当时"朝廷所行用者，《律》一十二卷、《律疏》三十卷、《式》二十卷、《令》三十卷、《开成格》一十卷、《大中统类》一十二卷及皇朝制敕等，折狱定刑，无出于此"。此《大中统类》十二卷显即孔戣所编之《刑律统类》，亦应原出后唐定州敕库所存。

第十二章

中古"制定法运动"与"法律儒家化"进程

以上围绕立法和法律体系的问题,从汉魏之际一直讲到了宋初。其中各章的安排及其下设各节,都在力图考释和解决各时期有关法制史料和研究方面的疑难,以此观照和串连此期法制史的内在脉络。由于所涉事项往往十分具体,加之辨正文字难免要游心骋目于那些看似琐屑的细节,故或不免枝叶甚茂而本干反掩。但若概括言之,以上所说其实主要是围绕制敕与法典的关系这个帝制时代法制的根本问题,着眼于当时敕例编纂立法化和法典化进程的起伏来展开的。其所勾勒的是从魏晋以来制定法作用和地位越益突出,直至唐初形成《律》、《令》、《格》、《式》四部法典统一指导举国行政的格局,再到盛唐以后这一格局迅速瓦解,整个法律体系重新开始以各种敕例为中心来整合和发展的历程。

这也就是本书《序言》所说,中古法制史上制定法作用和地位从不断上升凸显到迅速下降褪色的那条"奇异曲线"。深入讨论这条法制演变的曲线,对于进一步认识法典在中华法系中的作用和地位,揭示我国古代法制传统要在敕例和重在司法的特色,修正和完善中国法制史的基本线索,都是有其意义的。

第一节 中古"制定法运动"及其兴衰起伏

根据前面的讨论,这条曲线的走向,是从魏晋以来法典作用和地位的持续上升,至唐永徽二年及于开元二十五年臻于顶点,再到安史之乱以后迅速滑落,历晚唐五代及于宋初而再度向近乎秦汉旧式《律》、《令》体制的发展轨道上回归。由于其整个过程围绕着《律》、《令》作用、地位和相关观念的兴衰起伏而逐次展开,其前半段且突出地表现为不断约束各种敕例和将之制定为法典的立法趋向或冲动，这就不能不令人意识到，自汉魏之际到盛唐四百余年的法制领域，实际上出现了一个连绵不绝和逐浪高涨地强调法典作用和地位的历史运动，值得引起法史学界的高度关注。以下不妨先来回顾和总结前面所述，初步勾勒其大体阶段和脉络。

一　魏晋时期制定法运动的开启

魏晋时期是这个运动的开启阶段。此期最为突出的事件和趋势，是曹魏和西晋相继整顿和改造了秦汉以来的《律》、《令》，使之成为两部制定法形态和特征成熟而名副其实的法典，在此基础上确定了两者分别针对"罪名"和"事制"，互为经纬地指导举国行政的基本作用和关系。这就逸出了以往四五百年中[①]，尤其是秦汉以来敕例即"令"、以《令》补《律》、《律》有"正《律》"、"旁章"之别和"《律》、《令》之分不严"的法律发展轨道，从而构成了一种新型的《律》、《令》体制。对这个新体制形成和巩固来说甚为关键的立法活动，则是西晋泰始三年《故事》的编纂，并且使之"与《律》、《令》并行"。前已结合敕例编纂的立法化和法典化进程，指出了其在当时整个法律体系转折变迁时占有的重要地位。

曹魏制定的《新律》，是把汉代以来的"正《律》"九章与"旁章"各篇[②]，"都总事类，多其篇条"而一并合定为十八篇。这就清理了长期以来"正《律》"与"旁章"有所区别，《律》篇常随《令》的补充、修正而伸缩不定的状态，且必因其专设《刑名》篇的"总集罪例"和前置于首，进一步统一了《律》篇的体例和行文。此即其之所以"新"的集中体现，长期以来《律》分"正《律》"九章和"旁章"各篇的状态，至此已被消除。《律》的制定法形态，至此方可说已通体一致而趋于成熟了。

[①] 若按战国李悝变法行用《法经》，或按《唐律疏议》卷一《名例篇》疏议述商鞅"改法为律"算起，旧式《律》、《令》体制至汉末已沿用了500多年。祝总斌《关于我国古代的"改法为律"问题》一文（《北京大学学报（哲学社会科学版）》1992年第2期）认为："作为法律、成文法意义上的'律'字……应当始于更晚的公元前260年左右。"这个现象应反映了当时法律体系的某种变化，以此下及东汉末，则为450年左右。

[②] 《晋书》卷三〇《刑法志》述曹魏立法之事，所据汉《律》除九章外，另有"叔孙通益《律》所不及，傍章十八篇，张汤《越宫律》二十七篇，赵禹《朝律》六篇，合六十篇"。据其后文节引《新律序》文，称其"更制所定，增十三篇，就故五篇，合十八篇。于正《律》九篇为增，于旁章科令为省矣"。可以认为，张汤、赵禹以来所增益者，其实皆属相对于正《律》九章的"旁章科令"之类。

但《律》的这种性质和形态能否巩固下来,还要取决于《令》的状态。如前所述,当时陈群、刘邵诸人"制《新律》十八篇,《州郡令》四十五篇,《尚书官令》、《军中令》合百八十余篇"。从其《令》大体仍以部门分类,且其篇帙若此之多,又称"合百八十余篇"而无准数,即可推断魏《令》尚为敕例集,篇目恐难稳定下来,且非专门规定各项制度,而仍不免直接补充和修正着《律》的规定。

《三国志》卷二《魏书·文帝纪》黄初五年十二月诏曰:

　　……自今其敢设非祀之祭,巫祝之言,皆以执左道论,著于令典。

同书卷三《魏书·明帝纪》太和五年八月诏曰:

　　古者诸侯朝聘,所以敦睦亲亲,协和万国也。先帝著令,不欲使诸王在京都者,谓幼主在位,母后摄政,防微杜以渐,关诸盛衰也。朕惟不见诸王十有二载,悠悠之怀,能不兴思?其令诸王及宗室公侯各将適子一人朝,后有少主,母后在宫者,自如先帝令申明。著于令。

其后文又载青龙二年二月癸酉诏曰:

　　鞭作官刑,所以纠慢怠也。而顷多以无辜死。其减鞭杖之制,著于令。

这些与汉代相同的"著令"之事,表明魏文帝黄初以来的《令》[①],仍像汉《令》那样可以随时随事编附有关敕例,尤其是上举黄初五年十二月

---

① 《晋书·刑法志》载曹魏命司空陈群、散骑常侍刘邵、给事黄门侍郎韩逊等立法而未详其究在何年。据洪饴孙《三国职官表》(收入《二十五史补编》第二册)"司空"条,陈群"黄初七年由镇军大将军迁,青龙四年薨";"给事黄门侍郎"条韩逊黄初中任此职。可以推知其定《律》、《令》必在文帝黄初以来至明帝青龙四年以前。又《三国志》卷二一《魏书·刘劭传》载其黄初中为散骑侍郎,明帝时由陈留太守征拜骑都尉,"与议郎庾嶷、荀诜等定科令,作《新律》十八篇,著《律略论》。迁散骑常侍"。是魏《律》必成于明帝时,且刘劭着力尤多。

和青龙二年二月诏，显然都是对《律》的补充。

《令》既仍为敕例集，而可不断增其篇条和补充《律》文，结果便是《律》、《令》之分依然不严，《律》的法典性质和形态也就终难稳固。这一局面到西晋泰始立法时得到了改变，泰始三年奏上而于四年颁行的《律》、《令》，业已开始贯彻了《律》正罪名，《令》定事制，两者并为法典、相辅而行的指导思想。今仍存于《唐六典》卷六《刑部》原注的《泰始令》四十篇之名，及其散存于各种记载的佚文，均可表明其大体已是规定各项事制的法典，故其篇目已有定数且已稳定，条文亦蜕去了敕例的原貌而经重新起草厘定，《晋书·刑法志》甚至精确地介绍了《律》、《令》的总条数和字数。在此同时，泰始立法又编行了《故事》三十卷与之并行，其要害是以这种可以不断增订删定和续加编纂的敕例集，来缓冲和解决《律》、《令》规定在今后需要陆续调整的问题，更确保了随时、随事下达的制敕持续补充或修正《律》、《令》的通道。正是有赖于此，《律》、《令》的法典性质和形态，才真正拥有了稳定的前提。

《晋书》卷三〇《刑法志》载惠帝时政出群下，各立私情，每多"临时议处之制"，遂致刑法不定而狱讼繁滋，遂有大臣上表力陈遵守《律》、《令》的必要，其事其论相当典型地体现了前面所说杜预、张斐等人主张的《律》、《令》观及其影响。当时先由尚书裴頠表陈之有曰：

> 夫天下之事多涂，非一司之所管；中才之情易扰，赖恒制而后定。先王知其所以然也，是以辨方分职，为之准局。准局既立，各掌其务，刑赏相称，轻重无二，故下听有常，群吏安业也。

这段文字显然是借"先王"而言时制，说的正是泰始所定《律》、《令》已定"准局"而"刑赏相称"的局面，裴頠正是据此表达了对当时有法不依而别奏议处，有妨"圣朝画一之德"的痛心疾首。

稍后刘颂为三公尚书时，亦针对裴頠所痛心者而上奏：

> ……法多门，令不一，则吏不知所守，下不知所避。奸伪者因法之多门，以售其情，所欲浅深，苟断不一。则居上者难以检下，于是事同议异，狱犴不平，有伤于法……又《律》法断罪，皆当以法《律》、《令》正文，若无正文，依附名例断之，其正文、名例所不

及，皆勿论。法吏以上，所执不同，得为异议。如《律》之文，守法之官，唯当奉用《律》、《令》。至于法律之内，所见不同，乃得为异议也。今限法曹郎、令史，意有不同为驳，唯得论释法律，以正所断，不得援求诸外，论随时之宜，以明法官守局之分。①

此奏下达公卿集议时，汝南王亮奏议有曰：②

  ……周悬象魏之书，汉咏画一之法，诚以法与时共，义不可二。今法素定，而法为议，则有所开长。以为宜如颂所启，为永久之制。

刘颂所论和后一奏文的主旨是完全一致的，二人皆要求严守既定的《律》、《令》，以符"法为公器"而须"画一"的理念，《晋志》载其结果是下诏准此定制，限制了法官动辄别奏议狱的做法。这段记载显然表明，《律》、《令》这两部法典指导举国行政的权威性和严肃性，在当时政坛上实不容置疑很难反对，才会被视为解决惠帝朝特定政治和法制问题的一种方案，从而进一步树立起制定法位阶重于敕例的观念或现实。

  就这样，先是曹魏对《律》体的整顿和划一化，使其法典性质得以成熟而空前凸显。继而则是西晋《令》体的改变和法典化，另又编行《故事》与《律》、《令》协调发挥作用，以保障新《律》、《令》的稳定和严肃性，约束各种制敕和敕例对此的冲击。如此表现出来的过程，确可表明当时的立法活动中，业已持续涌动着一种明显的制定法自觉和实践，遂使整个法律体系的发展逸出了秦汉因循的轨道。其所反映的是魏晋时期的君臣上下，已对制定法作用和地位有了远较以往深刻的认识，也体现了当时朝廷极欲以法典来统一指导刑事和其他各项行政活动，相应则以各种敕例及其选集居于其下来发挥作用的努力。

  尽管其实际过程并非如此单纯和鲜明，如泰始三年所定之《令》，一

---

① 《艺文类聚》卷五四《刑法部·刑法》亦引刘颂此奏，可与参校。
② 此条中华书局点校本《校勘记》引《通鉴考异》述其时汝南王司马亮已卒，《志》误。上此奏者应是别人。

度仍被视为"太平当除"而"权设其法"①。类于汉代《令》篇编集的立法途径和方式也未立即消失，相关敕例及其选集，在当时还与新的《律》、《令》体制并存了相当长的时期。不过所有这些显然都未阻碍或取代曹魏新《律》和西晋新《令》相继推动和代表的新趋势，而恰恰是为《故事》这种新型敕例集的编行提供了借鉴。这就基本上完成了秦汉时期旧式《律》、《令》体制向魏晋以来新型《律》、《令》体制的转折，以此展示了一个长期延续而波澜迭起的制定法运动的开篇。

二 制定法运动在南北朝时期的展开

南北朝时期为制定法运动的展开阶段，其中南、北两支分头展开而有所关联。这个阶段最为突出的事态，是在西晋迅速灭亡以后的乱局中，重新接续和发展了魏晋以来的《律》、《令》体制。而各种敕例或条制的删定、编纂及其法典化趋势则愈显活跃，并在补充、修正《律》、《令》和适应新的形势需要时，发挥了特殊重要的作用。最终则表现为南朝梁、陈进一步厘定了《律》、《令》关系，重建和巩固了西晋以来的《律》、《令》、《故事》体系；而北朝的齐、周则形成了《律》、《令》与基于敕例而编纂的几部法书或法典相辅而行的局面，从而呈现了唐代《律》、《令》、《格》、《式》体系的雏形。

南朝法制直承魏晋，其发展态势可以视为魏晋所启新格局的延伸。东晋、宋、齐皆承用了《泰始律》、《令》②，对此的补充或修正则有随时、随事下达的敕例，需要调整或推出某项重要的制度时，则可专门制定内容较为系统的敕例，也就是条制来加以贯彻。前已指出，条制实质是一种单行的制定法，其性质介于一般敕例和法典之间，其广泛出现是未及制定综合性法典，而又重视制定法作用的体现。另据《隋书·经籍志》著录《晋故事》已达四十三卷，且有《建武故事》一卷、《咸和、咸康故事》

---

① 《晋令》篇目中仍有《赎》篇和《军法》六篇，这是其仍残留着秦汉以《令》补《律》之态的印记；同时其《杂令》三篇之外另有《杂法》两篇，这也是其"权设其法"的表现。参黄正建《〈天圣令·杂令〉的比较研究》，台湾《法制史研究》第十六期，2009年12月。

② 《唐六典》卷六《刑部》原注述《律》的沿革，即称"宋及南齐《律》之篇目及刑名之制，略同晋氏，唯赎罪绢兼用之"。述《令》的沿革则称"宋、齐略同晋氏"。《南齐书》卷一七《舆服志》述进贤冠之制，自"开国公、侯……下至六百石令、长、小吏，以三梁、二梁、一梁为差，事见《晋令》"。亦可为证。

四卷、《晋宋旧事》一百三十五卷，以及《齐职仪》五十卷等存在，结合晋及南朝皆曾设立尚书定科郎或删定郎等举措，似可说明当时朝廷也还是在对各种敕例续加删编施行。不过总体看来，南朝一脉在敕例的进一步删定编纂上，并未出现重大进展和成果，其立法和法律体系最值注意的事态，应该还是魏晋以来《律》、《令》、《故事》并行体制的最终得到巩固。

东晋、宋、齐《律》、《令》久未重定，或即便像萧齐之时欲加重定，也只对《律》进行了修订且未施行。这样的现象，仅以此期政局动荡、军政务繁的形势是难以解释的。除形势对立法的影响外，其大致还可说明两个问题：一是《泰始律》、《令》作为相互经纬的两部法典，在内容和形态上确已相当完善，故其规定大多应可长期行用，惟需随时局部调整而不急于全面修订①。这就使《泰始律》、《令》所代表的法律观念和司法实践，得以在其不断沿袭行用的过程中熏染朝野上下，且亦反映了时人对法典权威性和稳定性的理解。二是萧齐定《律》而不及于《令》，以及梁武帝一度亦把定《律》看得重于定《令》的现象，除说明刑事尤为当时要切，《律》的规定则首当其冲以外，似亦说明泰始三年曾以《令》为"权宜之法"的观念，也还存在着一定的影响，而其说到底仍是秦汉以《令》补《律》旧制和旧观念的余绪②。在此基础上再看梁、陈确定的《律》、《令》与《科》并行的体制，即可明白当时最终还是摒弃了《令》为"权法"的观念，并在东晋、宋、齐对法典作用和地位的理解日益深入的氛围下，进一步巩固和发展了魏晋时期已完成了法典化的《律》、《令》体制。

正如魏晋《律》、《令》的相继进化贯穿着特定的思想认识那样，梁、陈终以《泰始律》、《令》、《故事》为范来重建本朝的法律体系，同样是以这一体制和相关制定法理念在东晋以来已被广泛认同的事实为其背景的。《晋书》卷三〇《刑法志》载东晋草创之时，"议断不循法律，人立

---

① 《艺文类聚》卷五四《刑法部·刑法》引晋郭璞奏曰："……且《律》、《令》以跨三代，历载所遵，未易轻改者也。"即揭此理。从当时察举秀孝等制度的施用发展来看，晋制在此期多沿少革也确是事实。

② 《北堂书钞》卷四五《刑法部·律令十三》引杜预奏事云："被敕以臣造新《律》事，《律》吏杜景、李复等造《律》，皆未清本末之意者也。"这说明西晋定《律》之时，具体从事此事的法吏仍沿以往传统习惯为之，而未能贯彻杜预等人代表的新《律》、《令》体制的精神。

异议"，元帝主簿熊远遂奏：

> 周建象魏之制，汉创画一之法，故能阐弘大道，以至刑厝。《律》、《令》之作，由来尚矣，经贤智，历夷险，随时斟酌，最为周备。自军兴以来，法度陵替，至于处事不用《律》、《令》，竞作属命，人立异议，曲适物情，亏伤大例……愚谓宜命录事更立条制，诸立议者，皆当引《律》、《令》、经传，不得直以情言，无所依准，以亏旧典也。若开塞随宜，权道制物，此是人君之所得行，非臣子所宜专用。主者唯当征文据法，以事为断耳。

此奏大意与惠帝时裴頠、刘颂等人所奏略同，针对的也是那种"人立异议"、"权道制物"而有亏《律》、《令》的现象。其所表达的观念和主张则同样表明，即便在政坛乱象丛生、司法上敕例横行之际，人们对于《律》、《令》这两部法典的应有作用和地位，也还是确认无疑的。

又《宋书》卷三《武帝纪下》永初元年七月壬子诏曰：

> 往者军国务殷，事有权制，劫科峻重，施之一时。今王道惟新，政和法简，可一除之，还遵旧条。

诏文所说的"权制"，其义与熊远奏事所说的"权道制物"相同，具体即是以往严惩劫盗的敕例。而武帝诏命将之废除，"还遵旧条"，则是要复以《律》中的"劫盗"条惩治。这里值得注意的，不是此诏废除了若干敕例的举动，而是诏文将其一概视为"权制"所示的法律分类观念。《宋书》卷六〇《王韶之传》载武帝初，尚书金部奏东冶士朱道民禽三叛士，"依例放遣"，韶之奏其处置有失，"斯诚检忘一时权制"，也是把以往有关"以罪补士"的十余条敕例称为"权制"的。可见当时虽敕例层出不穷，但在时人心目中，其毕竟仍被视为权宜之法，地位本来是难与作为经制的《律》、《令》这两部法典比拟的[1]。相比于泰始立法曾经把《令》

---

[1] 《艺文类聚》卷五四《刑法部·刑法》引晋郭璞奏曰："……按癸西诏书之旨，专为边戍，实之裔土，济当时一切之用，非为经远之法，亦中夏全平之时，威御足指控制，故可得行之矣。"此为东晋以干支诏书为"权制"之例。

视为权制的看法,这种反差体现的正是自来法律观的进步。

又《南齐书》卷四八《孔稚珪传》载其永明九年奏上新定之《律》,请国学置《律》助教,策试生徒以任法职曰:

> 臣闻匠万物者,以绳墨为正;驭大国者,以法理为本。是以古之圣王,临朝思理,远防邪萌,深杜奸渐,莫不资法理以成化,明刑赏以树功者也……今《律》文虽定,必须用之;用失其平,不异无《律》。《律》书精细,文约例广,疑似相倾,故误相乱,一乖其纲,枉滥横起。法吏无解,既多谬僻,监司不习,无以相断,则法书徒明于帙里,冤魂犹结于狱中……①

上引文开头两句,"绳墨"一词易解,"法理"不同于"小理",两者显然皆喻新定之《律》,其义乃自杜预《律注》所述法须"伸绳墨之直,去析薪之理"化出。其后所说的《律》"必须用之,用失其平,不异无《律》",以及"文约例广"云云,似是对张斐《上律注表》述"《律》之名例,非正文而分明也……皆随事轻重取法,以例求其名也"一段的发挥。这就体现了孔稚珪对长期以来法典施用之况的基本观点,同时也是对杜预说《律》"文约而例直,听省而禁简"的一种补充。故孔氏的这篇奏表,反映的正是时人对张、杜《律注》之说的继承和发展,尤其是对法典重要性及其施用过程所生问题的新认识。而这显然是与《泰始律》、《令》一直得到沿用,其所代表的制定法理念已随司法实践而被加深理解的事实分不开的。

因此,梁武帝天监立法之时,一开始虽亦以《律》为中心来展开,并且流露了汉代那种"前王之《律》,后王之《令》"的观念,但其定《律》之诏开篇所说的"《律》、《令》不一,实难去弊"②,以及当时继续

---

① 《艺文类聚》卷五四《刑法部·刑法》引齐孔稚珪《上新定法律表》,可与参校。
② 《隋书》卷二五《刑法志》梁武帝天监元年八月诏。《梁书》卷二《武帝纪中》惟载当时"诏中书监王莹等八人参定《律》、《令》"。参《艺文类聚》卷五四《刑法部·刑法》引梁任昉《为梁公请刊改律令表》。

仿照《晋故事》而编纂《梁科》①，使之与新定《律》、《令》并行之举，还是体现了泰始以来两百多年《律》、《令》施行的影响，及其所承载的制定法理念的深入人心。由此再看当时对晋《律》所作的一系列调整，包括重新梳理了刑名系统，增加了《仓库》而去除了《诸侯》篇，特别是在保持《律》二十篇的前提下，其条文已从一千五百三十条增至二千五百二十九条②。而其所定之《令》，则减泰始的《俸廪》、《佃》篇而增《公用公田仪迎》、《劫贼水火》篇，仍设《贡士》篇而改之为《贡士赠官》篇；另又删除了明显与《律》内容交叉的《赎令》和《军法》六篇③，还删除了《杂法》二篇以消除其与《杂令》名实的参差，从而把《令》从泰始的四十篇减少到了三十篇。由此不难看出，天监立法的大旨，一方面是要适应形势和需要来增删《律》、《令》的规定，重点是要把长期以来行之有效的敕例内容升华为法典的条文，以此体现了强调法典作用的基调。另一方面也要梳理和调整《律》、《令》的内容安排，以进一步明确这两部法典各自的性质和相互关系，从而反映了完善法典形态的意向。

至于陈朝所定《律》、《令》与《科》的情况，《隋书》卷二五《刑法志》载陈武帝下诏立法，称梁之《律》、《令》"纲目滋繁，剞属乱离"，要求"删改科令"；又载当时所定乃"采酌前代，条流冗杂，纲目

---

① 《隋书·刑法志》载梁武帝即位，"乃制权典，依周、汉旧事，有罪者赎。其科：凡在官身犯，罚金；鞭杖杖督之罪，悉入赎停罚；其台省令史士卒欲赎者，听之"。时在定《律》、《令》前，此处所述有关罚赎的"科"文应即采自《梁科》，可证其中收录了定《律》、《令》以前的各种敕例，故称"权典"。此亦《梁科》与《晋故事》性质相类之证。

② 《唐六典》卷六《刑部》原注。而《晋书·刑法志》载泰始《律》唯有六百二十条，《通典》卷一六三《刑一·刑制上》载为六百三十条。诸处载蔡法度等所定梁《律》，乃取本于萧齐永明九年王植、孔稚珪等所定未行之《律》，《南齐书》卷四八《孔稚珪传》载王植当年奉敕"集定张、杜二《注》此《律》"，共为二十卷一千五百三十二条。这大致就是《唐六典》原注称晋《律》一千五百三十条的由来，梁《律》条文正是在此基础上增加的。故其把晋《律》的《盗》、《贼》等篇改为《盗劫》、《贼叛》等篇，其实不只是篇名之改，还意味着罪条之增。如其对"劫"罪惩罚的显著加重，即应取自宋、齐以来相关敕例的规定。

③ 据前引《唐六典》原注述宋、齐刑法略同晋氏，"唯赎罪绢兼用之"，可见晋《律》本有赎罪之条，而宋、齐对此又有新出敕例加以补充。故梁《令》删去《赎》篇，必是把其中的有关规定和宋、齐对之的补充敕例并入了《律》中的赎章和《梁科》。由此可以推想，《梁令》新立的《劫贼水火》篇与承自《晋令》的《捕亡》、《狱官》、《鞭杖》四篇，亦当针对有关司法过程而非径定罪名罚则。此外，《梁令》新立的《军赏》篇，似当存有以往《军法》六篇的部分内容。

虽多，博而非要"；且述其《律》除局部增补和调整外，"篇目条纲，轻重简繁，一用梁法"①。由此即可看出，《律》、《令》纲目条文的分类增删，自梁以来已成突出问题，陈朝要仍须在天监立法的上述两个方面加以调整。故其相比于北齐与隋的《律》、《令》，固然有嫌冗杂滋繁；但却肯定会继承天监立法强调法典作用和完善法典形态的方向，并且着重在这些方面体现出更多的合理性。同时也必会继续受到南朝一脉所承汉晋以来法家相传之学的影响，从而呈现出相当不同于北朝《律》、《令》发展轨辙的特色。

对于梁、陈重定的《律》、《令》体制，《隋志》的记载特别强调其"纲目滋繁"而"条流冗杂"，无疑是站在北朝一支特别是正始、河清以来所定《律》、《令》立场上的观察。却不免忽视，甚或有意掩去了南朝一脉才是当时华夏法系传承的正宗，也明显略过了梁、陈的立法创制和纲目条流之际，自必受到汉以来传统法理、法制和司法习惯的更大影响。前已论证过汉代编行干支诏书为"令甲"之类的传统，在魏晋新型《律》、《令》体制形成以后，仍以"法令"的形式得到了延续，两者的消长乃是一个相当长的渐进过程。另如张斐、杜预《律注》的并行而内容有所冲突，王植之对此加以调和而《永明律》仍搁置不行。蔡法度的"损益旧本"以为梁《律》而众家纷纭，范泉诸人的篇目条纲"一用梁法"而仍"博而非要"。这一系列情状，实际都体现了汉来法律传统，特别是传统法家之学对主持立法者的深切影响，其所处困境则突出地表明了当时法制领域新旧冲突的深刻性。这也就是《泰始律》、《令》在篇目构成和相互关系上仍不免于驳杂，以及梁、陈在力欲消除这种驳杂时，很难像北朝正始、河清《律》、《令》那样彻底的直接原因。

平心而论，自魏、晋先后改造《律》、《令》，使之成为两部名副其实的法典，直至梁、陈相继巩固这个新的《律》、《令》体制，彻底摒弃"前王之《律》，后王之《令》"的格局，相比于以往数百年的相应学说、制度和行政习惯来说，实皆是在多种可能面前划定今后发展方向的大事

---

① 其载陈《令》当时名为《令律》，而《隋书·经籍志》的著录仍名《陈令》。按照当时遵循的天监立法路向，这恐怕不能解释为《陈令》内容与《律》相混，而正是陈武帝和范泉等人力欲强调其并非"权法"，而是与《律》等量齐观的反映，其义盖与魏晋以来常以"礼律"来强调礼的严肃性相仿。

件。故其最终明确以法典为基本大法，相应地则以敕例为"权制"来发挥一定作用，可说已集中体现了制定法运动在魏晋南朝一脉拥有的强劲动力和进展。而其在取得这种成果时所受种种掣肘之多和可以施展的余地之小，自非本为戎狄而常大刀阔斧地重建法制的北朝所能理解。

但在此同时也要看到，在许多方面，特别是就制定法运动的进程而言，北朝一支确是势头更为强劲和更值注意的一支。这不仅表现为北魏前期以来《律》、《令》的形态和性质，一直都在持续而坚定地向魏晋所定《律》、《令》体制靠拢和进化；也表现为这一发展过程的几个重要阶段，都通过相继纳入其统治体系的河西、青齐地区人士，以及其他北投南人和南北交流活动的影响，而借鉴、总结、汇入了魏晋、南朝一脉《律》、《令》体制发展的经验和教训。更为重要的是，其整个过程始终都在北族汉化、封建化和相应的改革进程中，起着特殊重要的先导推进和后续巩固作用。正其如此，北朝立法和法律体系的发展进化，虽起点较为原始落后，过程颇多坎坷曲折，却明显贯穿着更加重视制定法作用和地位的主线，最终则催生了优良程度被公认为超越魏晋、南朝的《律》、《令》。且其同时又在条制作用更为突出的基础上，切实推动了把各种敕例删定编纂为法典的进程，从而呈现了制敕的作用方式和范围进一步受到约束，而法典对举国行政的指导作用则被相应扩大的趋势。这也就是北朝之所以构成了当时制定法运动和法制发展主流的基本理由，以及直承北朝的隋唐之所以汇聚了南北制度之长而得开创新局的历史背景。

北魏道武帝开国之时所定"《律》、《令》"，应是删定和编纂有关"科令"或敕例而成，其过程很可能类似于汉代制订"旁章"，性质当介于敕例集和法典之间。这与十六国时期的有关做法，特别是石勒制定《辛亥制度》和燕欲定《律》的故事，似乎存在着某种关联。接下来，从太武帝神䴥、正平的两次立法，到孝文帝太和十六年前后，直至宣武帝正始元年以来展开的立法进程，都可在很大程度上归为从汉魏样式的《律》、《令》体制，不断向西晋泰始所定新型《律》、《令》体制的靠拢和进化过程。大体即自神䴥、正平《律》成法典，《令》则仍为诏令集，至太和十六年以来《令》也开始向法典过渡，再到正始时期终于形成《律》正罪名、《令》定事制，两者并为法典而相互经纬的体制。前所勾勒的这一发展脉络，很像是再现了魏、晋《律》、《令》相继进化为法典的进程。不过其时间已拉长至百余年，从而说明汉魏时期的《律》、《令》

体制及相关观念，在北魏前期以来也在向西晋泰始立法所示的方向消退和转折，但却发生了更多的波折而显得相当缓慢，从而反衬了魏晋之际这一转折的巨大和不易。

在这形似的过程背后，还发生了更多具有北朝特色的事态。前面已经谈到，北魏一朝法制的发展，从道武帝开国建制以来，就受到了一系列因素的错综影响。诸如部落习惯法余绪、十六国时期相关做法的影响、北方士族传承的秦汉以来法家之学、因新建专制君权而须格外强调制敕的权威、为与南北群雄争统而须附会经典推陈出新等，这类因素在各种法律规定中的表现方式和所占比重，都汇入了围绕改革和保守而展开的螺旋发展而被取舍消长，最终则都被汰择或捏合到了太和、正始以来所定《律》、《令》体制之中。因此，要把握北朝一支制定法运动的轨迹、成就和特色，在注意到北魏前、后期《律》、《令》演化历程，总体上也像魏、晋那样从近乎汉代的样式而被相继法典化时，还有三个相互联系的方面值得深切关注：

一是《律》、《令》内容随社会和政治发展而常大幅度改作。在形态和性质不断向法典进化的同时，北魏前、后期《律》、《令》内容的变化，除部落习惯法余绪的不断消退，汉制的印记则随南北交流展开而渐被魏晋、南朝一脉取代以外，尤其突出的表现是不断附会经典来杂糅众制和推陈出新，相关的改革且常伴随着剧烈的政治变动而屡屡重启接续。即以前面讨论所及而言，"八议"和"镮"刑在天兴至神䴥立法之时入《律》，以及当时对汉魏刑名体系的损益；正平立法创建不含"大辟"的新"五刑"体系，及其至太和、正始时期改向死、流、徒、鞭、杖五刑体系嬗变[①]；孝文帝亲政以来立法的全面贯彻儒家伦理，相应则有经义决狱之风的消退，以及"巫蛊者，负羖羊抱犬沉诸渊"等规定的消失。凡此之类，都反映了《律》文规定屡被大幅刷新而曲折进化的独特轨迹。至于《令》文内容的变迁，从天兴元年官制爵品、律吕音乐及郊庙社稷、朝觐飨宴之仪开始被编集为《令》，到此后学制和婚丧嫁娶等各项新制的相继"著

---

① 魏晋至梁陈及北魏前后期和齐、周所定之《律》，皆有特定的"五刑"范畴，而史籍所载惟《河清律》所定死、流、耐、鞭、杖五等十分清晰，其余则皆名目参差，法史学界在理解其具体构成时意见不一。如邓奕琦《北朝法制研究》第七章"北朝法制在北齐、北周的总结和创新"第四节"封建五刑体系的改造与定型"所附"先秦至唐主刑体系表"，仅据《晋书·刑法志》所载列出了魏、晋"五刑"名目而其余皆付阙如。

《令》",再到太和时期各项制度改革从均田、三长到车服、祀制,皆或隐或显分别制定相应《令》篇,直至正始立法以来承此完成或延续有关制度的修订调整,又尤其体现了北魏制度沿革进程的跌宕起伏,及其在反复改制和不断创作中逐渐强化着的汉化或封建化主题。

现在即可明白,在魏晋之际四十多年中完成的《律》、《令》法典化,其类似的历程在北魏之所以未加快而是拉长至百有余年,很大一部分原因,在于其常在汉化和保守的反复和否定之否定的改革创制中前进。也正是这种不断因政治和改制需要而重新出发的状态,使北魏《律》、《令》逐步向魏晋、南朝一脉靠拢和相继法典化的进程,得以更多地取其精神而撇下其所背负的诸多历史包袱,且得更大幅度地对其纲目条文删繁就简。最终则如正始、河清、开皇《律》、《令》的发展脉络所示,其法典形态显然要较南朝一脉更为成熟和简要明审,其中贯穿的制定法理念也要来得更为自觉和彻底。

二是敕例的更为活跃,朝廷对其删定、编纂也给予了更多关注。特别是作为规定内容较为系统的敕例,条制的制定、编纂在北朝法制中无疑已显得更为重要。前已指出这种状态,合乎当时特须巩固专制君权和强调制敕权威的根本要求,且与改革和政争波澜迭起而《律》、《令》作用往往不彰的态势相关,同时又体现了北族与中原法律文化的相互协调和影响,可说是集中反映北朝社会和政治发展阶段性特征的重要现象。故天兴所定《律》、《令》,本身就是诏令科条的编集。太武帝以来《律》成法典,而为之补充和规定其他制度的《令》体依旧,形形色色"著《令》"或《令》外别行的敕例,一直都是推行新政或调整旧制的主要法律形式。孝文帝太和十六年重定《律》、《令》前后,各种敕例尤其是条制,更充当了厉行改革的主要推手。其时《令》篇的续加编纂,大都在此基础上重起炉灶而相当一部分又蹉跎不决,其况直至宣武帝正始立法,《令》终于成为法典以后仍在延续。于是尚未入《令》的大量敕例、条制,便开始出现了按礼、法及刑事、非刑事来分别加以删定、编纂之势,在此基础上又催生了东、西魏的《麟趾格》、《大统式》,以及北齐、北周承此继续编行的几部法书或法典。至此,北朝已不仅像《晋故事》那样删定和编纂有关敕例,且亦倾向于将之进一步升华为法典而颁于天下,使之与《律》、令》真正构成一体指导举国行政的并行互辅关系,这也就开始形成了唐代《律》、《令》、《格》、《式》体系的雏形。

以上事态表明，由于敕例、条制的分外活跃，对此的约束和归置就成了当时法制的突出问题。而其具体历程，则是从《天兴律》、《令》皆为敕例的编集，到太武帝以来《律》成法典以后，主要以《令》来承担这一功能；再到孝文帝时期《令》亦开始向法典过渡，只能以部分《令》篇辅以某些条制集的编纂来继续对此约束和归置；直至宣武帝以来《律》、《令》法典化基本完成，只能另编各种敕例集来满足同样的需要。这些逐步推进的发展阶段，明显是由讲究法制和保障法典作用的线索来贯穿的，其体现的实际上也还是在敕例盛行之际，制定法理念仍在不断发育和壮大的独特历程。

三是法为公器和准绳的观念和实践，在北族政权中要较魏晋、南朝一脉更为明晰和发达。北族的法律和法律观虽有野蛮落后的一面，但也有较之华夏礼法传统更为质朴直接和较为平等、严格的一面，这应当是其早期"君王"受到部族"大人"的极大制约①，其君权的发展更多地依赖于令行禁止而非礼的约束，其专制君权的逐渐巩固和相应的社会改造，又更为依赖于法律的统一规划和先导的缘故。

《魏书》卷一一一《刑罚志》载道武帝时期的法制：

> 既定中原，患前代刑网峻密，乃命三公郎王德除其法之酷切于民者，约定科令，大崇简易。是时，天下民久苦兵乱，畏法乐安。帝知其若此，乃镇之以玄默，罚必从轻，兆庶欣戴焉。然于大臣，持法不舍。

所谓"前代刑网峻密"，固然也指中原所行华夏法律的繁文缛节，但更多的还是指穆帝以来常以军令治诸部民的严酷之况②；故后文的"畏法乐

---

① 以"大人"与"可汗或单于"的结构关系为起点，"可汗或单于"走向专制君主的过程，即是从"可汗或单于"不在法外逐渐演变为君王凌驾于法上和王言即法的过程，同时也是法的"契约"或"公理"属性不断消退的过程。这对北朝的法制传统显然产生了极大影响。参 E. A. 霍贝尔《原始人的法——法律的动态比较研究（修订译本）》第三编"法律与社会"第十二章"法律发展的历史趋势"，严存生等译，法律出版社 2006 年版。

② 《魏书》卷一《序纪》载穆帝时事："先是，国俗宽简，民未知禁。至是，明刑峻法，诸部民多以违命得罪。凡后期者皆举部戮之，或有室家相携而赴死所，人问'何之'？答曰'当往就诛'。其威严伏物，皆此类也。"这段记载适可与同书卷一一一《刑罚志》载魏初至穆帝法制的转折相证。

安",说的主要也是北族各部自此形成的法制感受。在君权迅速膨胀而尤需强调严格执法的氛围熏陶下,法令的严肃性显已树立,而道武帝"于大臣,持法不舍",则说明其法令更为突出地表现了凌驾于社会等级之上,且因强化君权的需要而常主要针对诸大人酋豪的性质。也正是在这样的氛围下,在君权逐渐凌驾于社会之上,君王号令嬗变为"法",也就是演化为敕例以及《律》、《令》的过程中,法为公器和准绳的观念自亦更易发育壮大,且又因民族关系的复杂而常通过严刑峻法而体现出来,这就与东晋、南朝门阀秩序之下法纪相对松弛的状态形成了对照。

《魏书》卷四下《世祖纪下》史臣概括太武帝的执法和法律观曰:

> 明于刑赏,功者赏不遗贱,罪者刑不避亲,虽宠爱之,终不亏法。常曰:"法者,朕与天下共之,何敢轻也。"故大臣犯法,无所宽假。

太武帝对"大臣犯法,无所宽假",显然是道武帝"于大臣持法不舍"的延续。而其所述"法者,朕与天下共之",其语似与西汉廷尉张释之、晋惠帝时三公尚书刘颂所述相类[①]。不过此二人俱是作为司法主官,力图约束制敕对法律的干扰方出此语,而太武帝则是历史上第一个无需大臣提醒,而亲口说出"法者,朕与天下共之"的皇帝。能够迈出这看似微末而实甚不易的一步,华夏法律传统的影响固然是一个方面,但更多的应当还是北魏开国前后法制发展的特定路径使然。像穆帝以来以军令为法的传统和"明刑峻法"的持续实践、立法与司法不能不顾及"大人"与君王关系结构的状态、道武帝以来《律》、《令》在巩固专制君权和实施社会改造时特殊重要的作用等等,无疑都是北魏前期法制虽甚粗放且常反复,但法为公器和准绳的观念仍得持续发展的要因。

由此再看《魏书》卷一一一《刑罚志》延兴四年记事:

> 先是,诸曹奏事,多有疑请,又口传诏敕,或致矫擅。于是事无

[①] 《史记》卷一〇二《张释之传》载其为廷尉,谏文帝有"法者,天子所与天下公共也"之语。《晋书》卷三〇《刑法志》载惠帝时刘颂为三公尚书上表论法令不一,亦述"人君所与天下共者,法也"。太武帝此语显然源出于此。

大小，皆令据《律》正名，不得疑奏，合则制可，失衷则弹纠之，尽从中墨诏。自是事咸精详，下莫敢相罔。

其时显文帝为太上皇而仍过问国之大事，孝文帝稚龄登位而未亲政，太皇太后冯氏则临朝称制，正所谓主幼国疑之际，故也像前举西晋惠帝和东晋初年那样，发生了有司无法单纯依法办事而是"多有疑请"的情况。这个诸曹奏事"皆令据《律》正名，不得疑奏，合则制可，失衷则弹纠之"的规定，体现的应是显文帝或冯氏的意旨。而其要害，显然是明确了《律》作为法典高于敕例的效力和地位，从而说明法为公器和准绳的观念，至此已集中体现到了法典的作用和地位上。这就构成了上承晋惠帝时刘颂等人请"依《律》、《令》正文"断罪之奏，下启《唐律》规定断罪皆须"具引《律》、《令》、《格》、《式》正文"规定的重要一环。

同理，也正是因为孝文帝以来直至北朝后期，仍然面临着类于以往的立法和法律问题①，而《律》、《令》的法典化进程则已完成，以法典为公器和准绳的观念也就愈趋于自觉而更为发达。其典型如《隋书》卷四五《文四子传·秦孝王俊传》载其以"奢纵"免官，而大臣刘昇、杨素先后上谏以为"可容"，隋文帝则以为"法不可违"，怒曰：

我是五儿之父，若如公意，何不别制天子儿《律》？以周公之为人，尚诛管、蔡，我诚不及周公远矣，安能亏法乎？

"何不别制天子儿《律》"的发问，不仅传承了前引晋惠帝时大臣所奏"法与时共，义不可二"的观念，更是对北魏太武帝所说"法者，朕与天下共之"观念的发挥②，且可视为后世所称"王子犯法与庶民同罪"的另一种表述。况其以周公诛管、蔡为喻本不甚惬，隋文帝所说天子之儿不在

---

① 《隋书》卷四二《李德林传》载开皇立法后德林奏云："……政令不一，朝成暮毁，深非帝王设法之义。臣望陛下若于《律》、《令》辄欲改张，即以军法从事。不然者，纷纭不已。"文帝怒曰："尔欲将我作王莽邪？"是魏末以来胡风复炽之余，北族早期"以军法从事"之习仍有一定影响，由此可推"大人"与君王及刑制与法律的关系问题亦应存其余绪。而文帝之怒，则表明当时君臣皆以辄改法律为王莽之流所为而极不足取。

② 《周书》卷三《孝闵帝纪》天王元年二月赵贵谋反伏诛，其诏亦称"法者天下之法，朕既为天下之守法，安敢以私情废之"。

《律》外，在思想渊源上还是北朝特重法律的传统和怒则父子相杀的旧习相互交融的结果，故其直承的其实也还是北魏太武帝代表的那种"赏不遗贼"、"刑不避亲"的严酷性和彻底性。后来唐太宗认为治要在于"广任贤良，高居深视，法令严肃"[①]；唐中宗申述"《律》、《令》、《格》、《式》，为政之本"[②]，等等，都可视为对北朝一系不断壮大和明晰起来的上述法律观念的继续发挥。

在我国历史上，法为公器和准绳的观念起源甚早，在总体地反映先秦以来的法律观，尤其是对法律与权力的关系认识的同时，其具体表现和贯彻，则明显是随各时期"法"的状态而各有特点的。与秦汉以来"制诏即法"和"特定制诏方为律、令"之类的观念相较，魏晋时期《律》、《令》的法典化相继完成，关于何者为"法"及其本质的认识，即由杜预、张斐等人在以往众家之说的基础上作出了新的阐释，新就新在被确认为公器和准绳之"法"，实际已被聚焦于制定法，且很明确地以法典形态和性质俱臻成熟的《律》、《令》为其主要载体。这显然是对秦汉以来法制传统正、反两个方面展开的反思和总结，又是对当时已完成法典化转折的新型《律》、《令》体制的辩护和勾勒，也就在法律思想史上有了继往开来的历史意义和深远影响，可以说是魏晋以来方兴未艾的制定法运动的理论标帜。

前面提到东晋、南朝法律观时，诸人对张、杜相关学说的继承和发挥，即说明法为公器和准绳的观念，在当时确已突出地表现为强调《律》、《令》的权威性和严肃性。北朝在这一点上大体与之相类，同时又因其特定社会、政治结构和需要，因"大人"对君权的制约和北族自身法律传统的渗入，因其历史进两步、退一步的螺旋式发展和改革创制不断否定之否定的进程，而在汉化或封建化的每一个关键时刻，格外放大了法为公器和准绳的观念。在北朝之"法"逐渐靠拢魏晋、南朝一脉《律》、《令》体制的进程中，人们确已更加自觉和彻底地强调了法典的作用和地位，从而构成了理解北朝法制进化历程的一重特殊的思想背景。

可以认为，正是以上三个方面的综合作用，决定了北朝之所以成为魏晋以来制定法运动主流的前提条件，也就在很大程度上决定了北朝法制的

---

① 《贞观政要》政体第二。
② 《唐会要》三九《定格令》景龙三年八月九日敕。

历史地位。即就北朝法制发展至孝文帝以来的主要成果而言,在改革和法典化进程交互推进的过程中,北魏前期杂糅众制的法律,至此已因儒家伦理的全面贯彻和魏晋以来法制得失的汇聚总结,而被大幅度存精去粗。正始、河清、开皇相承修订的《律》、《令》,在体例和内容上已空前精良和合理。敕例的约束和归置尤其取得了长足进步,将之编纂加工为法书或法典与《律》、《令》并行的做法,业已积累了重要的经验和教训。对法为公器和准绳的认识也已进一步深入,强调法典作用和地位的观念更加深入人心。这就全面超越了魏晋、南朝一脉《律》、《令》、《故事》体系所曾达到的水平,也集中体现了北朝已把魏晋以来的制定法运动推至新的高度,从而有力地说明了唐代的《律》、《令》、《格》、《式》体系直承北朝而来的原因。

三 唐初以来制定法运动走向顶峰

唐初至开元年间是制定法运动走向顶峰的阶段。这一阶段最为突出的事态,自是永徽二年以来《律》、《令》、《格》、《式》体系的形成和发展。前已指出其要害是着眼于协调制敕与法典的相互关系,而对历代以来层出不穷和左冲右突的敕例,朝更为强调法典作用和地位的方向,作了较之以往更为精细合理的约束和归置。其关键则是梳理和规范了各种敕例的形成程序,经常对之展开统一的清理、删定,最终除取相宜者采入《律》、《令》以外,又集中将之分别编入了《散颁格》、《留司格》和具有特定条、款结构的《式》。而其与魏晋以来《律》、《令》、《故事》并行体制的最大不同,则在于至此只有《留司格》的形态和性质,尚与《晋故事》和梁、陈之《科》及北齐的《权格》、《权令》一脉相承,《散颁格》和《式》则已被加工升华为两种新的综合性法典,并且确立了两者与《律》、《令》同颁天下和一体指导举国行政的体制。

这就显著扩大了法典统一指导各地各部门政务的广度和深度,相应则压缩了各种敕例的作用和百官有司在司法过程中"自由裁量"的余地。也正是这种一长一消的强劲势头,把魏晋以来的制定法运动和我国法制史上"法定主义"的影响推向了顶峰。

唐代的《律》、《令》、《格》、《式》体系,虽形成于永徽二年《格》分两部和《式》的创制,其酝酿或诸条件的准备过程,却无疑是由魏晋以来，特别是北朝以来制定法运动的特定走势所完成的。而隋代法制在这方面提供的经验和教训，特别是唐太宗时期对此所作的总结和反思，又在推动这一运动的进一步高涨，从而催生永徽二年《散颁格》和《式》的诞生时，占有十分重要的地位。

隋代法制最为突出的问题，是敕例的横行极大地干扰了《律》、《令》的施行，使其虽甚优良却成空文。根据前面的讨论，隋文帝开皇初年两定《律》、《令》而未措意于另编敕例，显然与其急于厘正北周仿行《周官》以来的制度格局，改变其《律》"烦而不要"和《令》久缺位的现状相关。从开皇新《律》、《令》方颁而改制之议随即蜂起，即可判断其解决问题的过程并非甚惬，这也是此后敕例纷至迭出的重要原因。至于炀帝大业三年再定《律》、《令》，却仍不及敕例的编行，据其《律》尚宽简而《令》所涉及的各项制度改作纷然的状态，亦可断其大抵当与北魏孝文帝锐欲革故鼎新，立法专意于《律》、《令》制作的状态相类。①

由此看来，隋代立法在另以法律形式来约束和归置敕例上未下功夫，显然不能表明当时忽视了《律》、《令》②，或脱离了长期以来强调法典作用和地位的轨道和势头，倒像是其倾注全力于《律》、《令》的制定，以便终结北魏至北周这方面遗留的种种问题，更以此体现和证明王者在位必

---

① 《隋书》卷二五《刑法志》述开皇、大业立法皆详《律》而略《令》，其述《开皇律》"置十恶之条，多采后齐之制，而颇有损益"；《大业律》则定为五百条十八篇，"除十恶之条……其五刑之内，降从轻典者，二百余条"。可见其改作幅度均不算小。同期《令》的改作则可于其余诸《志》见其一二，如《隋书》卷一〇《礼仪志五》载开皇和大业《令》中的车辂之制，卷一二《礼仪志七》载当时所定冕服之制，卷二八《百官志下》载当时所定官制，俱对以往作了较大改动，而大业三年的改作变更尤为明显。

② 《隋书》中即留下了隋文帝和炀帝登位以来甚重《律》、《令》的不少记载，如卷六二《刘行本传》载其为治书侍御史奏劾雍州别驾元肇有曰："《律》、《令》之行，并发明诏，与民约束。今肇乃敢重其教命，轻忽宪章。欲申己言之必行，忘朝廷之大信，亏法取威，非人臣之礼。"遂得文帝嘉奖。同卷《赵绰传》载其历职大理、刑部，处法平允，谏文帝以"《律》者天下之大信，其可失乎"，"上欣然纳之"。卷六五《权武传》载其开皇时检校潭州总管，"常以南越边远，治从其俗，务适便宜，不依《律》、《令》。而每言当今法急，官不可为。上令有司案其事，皆验。上大怒，命斩之"。后因其父有殊勋而除名为民。卷六六《源师传》载其炀帝初为大理少卿，据《律》奏处一罪犯徒刑而帝命斩之，"师奏曰：'此人罪诚难恕，若陛下初便杀之，自可不关文墨。既付有司，义归恒典，脱宿卫近侍者更有此犯，将何以加之？'帝乃止。转刑部侍郎"。可见文帝和炀帝的"乱法"，都是在其后期迅速恶化的。

更作众制与民更始的治道和气象①，一时遂竟未暇虑及其他的结果。新的大一统局面的巩固，原来诸种导致纷乱、分裂的因素的平息消除，本不可能仅靠制定新《律》、《令》来一朝解决。当然后来的事态表明，无论其《律》、《令》多么优良，也总还须有《晋故事》之类的法律形式，在这两部法典与后续下达的制敕之间建立起协调缓冲环节，才能逐步解决当下和长远的诸种问题，否则各种补充或修正性敕例终将冲垮《律》、《令》的堤防。其看似高度重视法典，试图仅以《律》、《令》来规范举国行政的做法，反而适足以断送其应有的作用和地位，导致有法等于无法的恶果。这就集中反映了隋代在继承和发展魏晋以来制定法运动成果时的幼稚和缺陷，并为后世提供了弥足珍贵的经验和教训。

是故隋及唐初的立法，总体上仍是南北朝以来《律》、《令》体制巩固和发展过程的曲折表现，是继正始、河清和保定立法，陆续解决北魏孝文帝以来《律》、《令》制定"太用古制"而多有蹉跎，以及与此伴生的诸多遗留问题的一个特殊阶段。而帮助走出这个阶段的关键，则是唐太宗时期对此的总结和反思。如前所述，贞观立法除修订了《律》、《令》，又从武德以来敕格三千余件中删定七百条，编行了《格》十八卷。以此承续了北齐、北周和武德七年以前的相关做法，补上了隋代立法仅定《律》、《令》而不虑及续下敕例的归约，终至无法保障法典作用和地位的明显缺环。但这还仅是其一时浮在面上的表现，更为重要和影响深远的，则是贞观年间明确下来的其他一些立法前提和条件。

史载贞观之治，最为醒目的是唐太宗为君谦抑自敛的诸多事迹，尤其在发号施令上，不仅态度审慎，更以完善和强调执奏、封驳、集议、谏诤等一系列制度来避免错失。论者早已指出，太宗这类事迹和举措较之以往的卓异之处，是与当时君臣反思隋代速亡教训，得出"水能载舟，亦能覆舟"之类的认识联系在一起的。而现在看来，这也直接针对了隋代敕例横行以致法制大坏的局面，因为在指导思想和制度上来约束和规范皇帝的命令过程，可说是帝制时代尽可能消除敕例扰乱法典作用和地位的不二

---

① 《宋书》卷一四《礼志一》载魏文帝诏定正朔、服色，强调后王膺祚开基，当循尧舜以来圣王故事而定正朔，易服色，殊徽号，异器械，制礼乐，同律度量。又载魏明帝时诏议正朔有云："自五帝三王以下，或父子相继，同体异德；或纳大麓，受终文祖；或寻干戈，从天行诛。虽遭遇异时，步骤不同，然未有不改正朔，用服色，表明文物，以章受命之符也。"即是这种主要与古文经学相联系的改制理念的正面表述，而其影响后来已越益增大。

途径。

由此判断，唐代的那个凡欲补充或修正《律》、《令》，皆须先申尚书省集议奏准的规定，亦即《格》和"格后敕"形成的基本条件，应当正是在贞观年间，有关观念和制度的贯彻已得空前明确之时开始定型和严格化的。而贞观十一年颁法前后，太宗强调"诏令必须常加审定"，并且使之"永为常式"，显然也是在同样的思想背景之下，从《尚书·周官》的"慎乃出令"和萧何定《律》的"画一"之法立义，为今后删定和编纂各种敕例，使之与《律》、《令》相互协调来发挥作用，确立了认识和制度上的重要基础。

贞观时期总结和反思隋代经验和教训的过程，实际上也是继承和发展南北朝制定法运动成果的过程，其中，对北朝至隋法制传统的扬弃，又尤其具有重要地位。即以审慎出令而言，隋文帝以来整顿定型的三省六部之制，就直接构成了唐太宗完善和严格执奏、封驳、集议、谏诤等制的前提条件；贞观五年以来规定的死刑须三或五次覆奏之制[1]，则是对十六国和北魏以来相关制度的踵事增华[2]。特别是太宗对《律》、《令》作用和地位的强调，主旨也是在继续理顺长期以来法典制定与施用的关系。

《唐大诏令集》卷八二《政事·刑法》载贞观元年八月《纠劾违〈律〉行事诏》有曰：

> ……自《律》、《令》颁行，积有岁时，内外群官，多不寻究，所行之事，动乖文旨。此乃臣有所隐，民不见德，与夫不令而诛，何以异也？斯岂守道履正，徇公奉法者乎！自今以后，官人行事，与《律》乖违者，仰所司纠劾，具以名闻。

其时上距武德七年颁行《律》、《令》三年有余，而其执行过程已"动乖

---

[1] 《贞观政要·论刑法第三十一》载太宗定在京死囚五覆奏，天下诸州三覆奏之制，在贞观五年因怒失斩张蕴古之后。

[2] 《晋书》卷一〇五《石勒载记下》述其称帝后下书有曰："自今诸有处法，悉依科令。吾所忿戮，怒发中旨者，若德位已高，不宜训罚，或服勤死事之孤，邂逅罹谴，门下皆各列奏之，吾当思择而行也。"又《魏书》卷一一一《刑罚志》载太武帝神䴥立法之事："当死者，部案奏闻。以死不可复生，惧监官不能平，狱成皆呈，帝亲临问，无异辞怨言乃绝。诸州国之大辟，皆先谳报乃施行。"由此判断太和、正始以来《律》中亦应有相关规定。

文旨",其况正与开皇和大业立法以后一再重现的状态相类。故太宗下诏定制,强化对此的监察,显然是要在北朝后期至隋代以来立法特重《律》、《令》,其体例和内容已趋完善的基础上,有针对性地解决其贯彻执行滞后或脱节的问题。

又《旧唐书》卷五〇《刑法志》载贞观五年以来之事:

> 帝尝问大理卿刘德威曰:"近来刑网稍密,何也?"德威对曰:"《律》文失入减三等,失出减五等。今失入则无辜,失出则便获大罪,所由吏皆深文。"太宗然其言,由是失于出、入者,令依《律》文。断狱者渐为平允。

《武德律》规定断狱失出罪重于失入罪,本是北朝以来严刑峻法传统的体现,太宗亦承秉此风,遂至变本加厉而"吏皆深文",遂下诏命"依《律》文"处分。从自此"断狱者渐为平允"判断,当时在要求臣下守法方面,必有相当严厉的制度和措施持续对此加以矫治,才能达到这样的效果。①

又《贞观政要·政体第二》载贞观六年太宗谓侍臣曰:

> 朕比来临朝断决,亦有乖于《律》、《令》者,公等以为小事,遂不执言。凡大事皆起于小事,小事不论,大事又将不可救。社稷倾危,莫不由此。

这段记载说明贞观君臣的《律》、《令》观中,同样包含了"朕即法律"或皇帝本可破法改法的内容。不过太宗在此也还是强调了法典的严肃性,表现了上承北魏太武帝"法者,朕与天下共也",以及隋文帝"何不别制天子儿《律》"观念的一面,遂以为《武德律》、《令》即有于事不便,也须充分尊重严格遵守,否则就会酿成社稷倾危的大祸。

由此亦可看出,贞观时期,从君上慎于出令到臣下严于守法,从

---

① 《旧唐书》卷七《睿宗纪》景云三年四月辛丑制曰:"……自我朝建国,仅将百年,天下和平,其来已久。往承隋季,守法颇专;比袭时安,持纲日缓……"是唐初以来用刑颇严,至是已成"持纲日缓"。

《律》、《令》不得乖违到诏令必须审定的种种观念、事迹和举措，都因隋代速亡的教训，而被提升到了直接关乎社稷安危的高度。其结果则主要是在北朝一脉法制进化的基础上，突出地以一系列制度补正或完善了有助于严格遵守《律》、《令》的条件，从而保障了这两部法典在整个法律系统中的基本作用和地位，强化了其指导举国行政过程的权威性和严肃性。正由于此，太宗本人虽承北朝诸帝之风而持法甚峻，晚年更或不免"意渐深刻"而"求之法外"，总体上却仍一直保持了政刑严明的状态和法司守法的良好氛围①。应当说，正是这种不以今上喜怒或一时制敕为转移，而能持续保障法典发挥正常作用的制度氛围，集中体现了长期以来制定法运动在贞观时期的新进展。

高宗登位后终于形成的《律》、《令》、《格》、《式》体系，便是这种新进展的直接成果。这是因为贞观年间既在源头上梳理和规范了各种敕例的形成程序，又明确了经常对之加以审定的制度，以协调其相互之间及其与《律》、《令》的关系。在此基础上，已经审定的敕例，自然有了非同一般的作用和地位，且又因其形成程序之别和是否需要颁于天下而呈现了不同类型，也就终将以适当的方式来分别加以编纂和施用。而这种方式的确定，在太宗时期不断以《律》、《令》施用为中心来强调法令的严明统一，以此约束和规范举国行政过程的观念氛围和制度惯性之下，也只能选择强化而非淡化法典作用和地位的方向。承此之势，永徽二年《格》分两部和《式》的创制，可谓已近水到渠成。高宗后来自承"《律》、《令》、《格》、《式》，天下通规，非朕庸虚所能创制"，而是在高祖、太宗相关举措的轨辙上发展而来。其语即应在此基础上来加以理解。

由于唐太宗及其时代继往开来的特殊地位，贞观年间设范立制的影响之大是不言而喻的。即就法律观而言，《旧唐书》卷七〇《戴胄传》载其贞观初年为大理少卿，进谏太宗有曰：

> 法者，国家所以布大信于天下；言者，当时喜怒之所发耳。陛下

---

① 《贞观政要·论诚信第十七》载贞观十一年魏徵上疏谏事，其中提到"贞观之初，志存公道，人有所犯，一于法"。而"顷年以来，意渐深刻"，五品以上犯者闻奏，每从重惩处，"事无重条，求之法外，所加十有六七。故顷年犯者惧上闻，得付法司，以为多幸"。说明当时太宗持法往往从严，而法司仍能秉持《律》、《令》公允判决。

发一朝之忿而许杀之,既知不可而置之于法,此乃忍小忿而存大信也。①

《旧唐书》卷八九《狄仁杰传》载其仪凤中为大理丞,亦曾就断狱之事进谏高宗:

> 陛下作法,悬之象魏,徒流死罪,俱有等差。岂有犯非极刑,即令赐死?法既无常,则万姓何所措其手足。陛下必变法,请从今日为始。

戴胄述法"布大信于天下",也就是狄仁杰所说的"悬之象魏",二人坚持的理念显然一脉相承。要旨即申明法为公器和准绳的权威性和稳定性,尤其强调皇帝一时下达的制敕必须与法的规定相协调,从而构成了当时不少法官类能奉法谏诤的共同思想背景。

又《旧唐书》卷一〇〇《王志愔传》载其中宗时为大理正,有感于一段时期以来大理寺官多尚宽恕而守法不严,遂表上所著《应正论》有曰:

> ……夫在上垂拱,臣下守制,若正应乎上,乃引吉于下。而中士闻道,若存若亡,交战于谲正之门,怀疑乎语默之境,惧独正之莫引,忘此正之必亨。吁嗟乎!行己立身,居正践义,其动也直,其正也方。惟正直而是欤,何往而非攸利……帝王操法,协于礼经不变之义。况于秋官典职,司寇肃事,而可变动者乎!

这篇《应正论》把君臣守法上升到《易经》居中履正的宇宙论高度加以申说,其所说之"法"亦如上引戴胄、狄仁杰之特指法典,且又广征博引,进一步发挥了守法贵在严平正直之理,可谓集中体现了太宗以来制定法和严格执法理念的影响。故自高宗永徽二年《律》、《令》、《格》、

---

① 《旧唐书》卷八七《李昭德传》载其父乾佑贞观时为殿中御史,亦曾就断狱之事执奏:"法令者,陛下制之于上,率土尊之于下,与天下共之,非陛下独有也。仁轨犯轻罪而致极刑,是乖画一之理。刑罚不中,则人无所措手足。臣忝宪司,不敢奉制。"理旨与戴胄所述略同。

《式》体系的形成,到武则天执政以来直至中宗、睿宗和玄宗时期这一体系的持续运行和发展,均建基于太宗重视和强调法典地位,约束和规范制敕作用的一系列观念和制度,特别是承秉了太宗为此明确下来的"诏令必须常加审定"的原则,也就都一以贯之地推进了制定法运动的继续高涨。其过程到玄宗开元二十五年立法而臻于全盛,其主要成就则集中表现为《格》、《式》的调整和完善。

就开元前后立法与法律体系的总体状况而言,《律》、《令》的内容和形态,自永徽四年《律疏》颁行以来已基本稳定了下来,虽有局部调整而无大的变化。不断审定各种诏令,依其不同性质将之分别纳入《留司格》、《散颁格》和《式》,无疑已是当时各次立法的中心任务,也是维系《律》、《令》、《格》、《式》体系正常运行的要切所在。

大体说来,自永徽二年《格》分两部直至开元时期,《格》的编纂基础或素材,都是各地各部门向尚书省申报立法建议,由其集京官七品以上议定奏准而形成的敕例。经此程序下达施用的敕例,自然都是现行法律的重要补充或修正,这也就是唐人所谓的"格后敕",且常因循北朝及唐初以来的称谓习惯,简称之为"格"。在通盘立法对此加以删定后,其中需要颁于天下州府一体遵行而不宜修入《律》、《令》的,则被加工编纂为《散颁格》这种新的法典;凡可留于尚书诸司指导其今后行政而无须颁于天下的,则被编入了《留司格》这种依然与《晋故事》性质相类的敕集。而其他各种直接上奏皇帝的立法动议,亦可经诏付主司起草或另行集议等种种环节,形成敕例加以施用,在通盘立法时仍须一并对之删定,留其不宜修入《律》、《令》而可颁于天下者,加工编纂为《式》。其中具有通性而可一体指导各地各部门行政的,则被编为《式》条;相应的个案规定和行政细则而足供今后行政据以为范者,则被分系于条下编为《式》款。由此可见,永徽二年以来的《式》,虽像《散颁格》一样是颁于天下而由法条构成的新创法典,但其据以编纂的敕例在性质和作用上却要来得更为多样,也就只能以这种特定的条、款结构来分别加以归置,其况似与《格》分两部的做法相通,但已把大量个案规定和行政细则统统纳入了同一部法典。

由此即可清楚地看出,永徽至开元以《格》、《式》为中心展开的各次立法,正是要尽可能把各种敕例删定和升华为《散颁格》和《式》这两部同颁天下的新法典,使之与《律》、《令》一体指导举国行政。这也就解释了大量地方性个案规定和部门性行政细则何以会被一并纳入《式》款,以及此期《留司格》篇帙又何以逐渐萎缩,至开元二十五年而唯余一卷的原因。

也正是《格》、《式》的上述编纂过程及其各自的结构、形态和性质,集中体现了唐初以来制定法运动的主要进展,反映了《律》、《令》、《格》、《式》体系形成和发展的基本成果:一是因《散颁格》、《式》的创制和定位,显著扩大了法典直接指导各地各部门行政的广度和深度,相应则压缩了各种敕例的作用层面和范围。二是在形成程序和编纂方式上,明确了从一般制敕到格后敕和其他可为永式的敕例,再将之删定编纂为《留司格》、《散颁格》和《式》直至《律》、《令》的位阶,据此规范了其各自作用和地位。三是其继续贯彻了皇帝下敕随时、随事干预政务或修正法律的绝对权力,着力保障了其经由特定程序升华为法律和法典的通道,又最大程度地协调了各种敕例与法典的关系。

也正是这些方面,构成了永徽二年至开元二十五年立法的主题,结果遂使整个法律体系,持续围绕高度重视法典作用和地位这个轴心而变得更加有序和严密,从而代表了魏晋以来制定法运动的最高水平。

四 制定法运动的迅速跌落和衰变

开元二十五年至晚唐、五代,是这一运动从顶峰迅速跌落而走向衰变的转折阶段。这一阶段最为突出的事态,是法典修订的长期停滞,特别是永徽以来把各种敕例加工编纂为《散颁格》、《式》而上升为法典规定的活动,至此已被删定现有敕例以编集长行敕集的各种方式所取代。相应地则是《律》、《令》作用的不振和大幅度成为具文,形形色色的敕例终于成为司法过程最为重要的依据,并且主导了整个法律体系的运作和走向。

从其持续至北宋以来的发展趋势而言,此期明确下来的"一切取最向后敕为准"的法律和司法原则,实际已终结了魏晋以来的制定法运动,摒弃了其高度重视法典作用和地位,为此尽可能把各种敕例升华为法典规定来一体指导举国行政的主题。致使自此以后的法制,很大程度上又重新回到了西汉杜周概括当时《律》、《令》体制的那种制敕即法而"当时为是",法典备其体而用舍在乎例的运行轨道。这就开启了整个立法和法律体系发展到中国古代社会后期,复又以"例"为轴心而终于演化为明清

《律》、例体制的曲折历程。①

《律》、《令》、《格》、《式》体系的正常运行，一个重要的前提，是要贯彻太宗所定"诏令必须常加审定"的原则，不断展开统一立法，及时删定和编纂各种后续下达的敕例。故自永徽二年至开元二十五年的86年中，朝廷通盘立法不下十次，其重心则常在《格》、《式》的删补厘定。立法平均不到十年一次的高频率，本身就表明了《律》、《令》、《格》、《式》体系的脆弱性，一旦社会像安史乱后那样出现持续动荡，敕例的约束和归置因难以及时立法而明显滞后，制敕与法典的关系也就势必失衡。

更为重要的是，太宗至武则天以来，整个社会正在朝平民化和市场化方向转折变迁，其深刻程度远超时人想象。唐初以来的制度领域，已越益处于代表旧式等级秩序的《律》、《令》规定已难以为继而鲜加修订，为之弥补或调整的新制则常以敕例来推行，却又因缺乏共识而无法一并上升为法典规定的状态。这才构成了初唐以来处理制敕与法典关系的最大问题。归根到底，正是这种社会和政治走向深刻转折的总体背景，导致了安史之乱及其此后长期持续的动荡局势，在法律领域则使新敕例与旧法典的传统关系，无论是扞格冲突还是协调统一，都已呈现了前所未有的特点和态势。敕例上升为法典规定的通道愈趋滞涩，长行敕等新的法律形式则应运而盛；随时、随事下敕裁量和取舍以往各种成规旧章的效用，业已成为应付和处理行政规范问题的重要方式；法典规定的严密性和稳定性，在权重上已越益逊于制敕和敕例的及时性和灵活性；法律上的实用主义终于压倒了法定主义。不言而喻，这一系列事态的共同方向，指向的自然都是《律》、《令》、《格》、《式》体系的难以为继和一去不返。

如前所述，唐后期法律体系演化的诸种势头，起点都在唐前期。长行敕的删定和编纂为"《开成格》"之类，应自《垂拱后常行格》十五卷及开元十九年的《格后长行敕》六卷说起；《大中刑律统类》的编纂，也无非是开元二十五年《格式律令事类》在晚唐的变种。而贯穿于中的，也仍是今上制敕与法典的关系这个核心问题。初唐以来规范各种敕例的形成程序，并以《格》、《式》来分别约束和归置这些敕例，代表了处理这个

---

① 参马小红《中国封建社会两类法律形式的消长及影响》，《法学研究》1993年第5期；张建国《中国律令法体系概论》，《北京大学学报（哲学社会科学版）》1998年第5期；刘笃才《律令法体系向律例法体系的转换》，《法学研究》2012年第6期。

问题的基本框架。而未能分别纳入《格》、《式》，却仍有其用的敕例，事实上也还存在着"选格"和"长行旨条"等多种方式来加以归约，"长行敕"便是从中发展起来的一种兼顾了便捷性和权威性而前景无限的法律形式。至于其在中唐以来之所以势头强劲且长盛不衰，也不过是因为其在处理今上制敕与法典的关系时，发挥了《格》、《式》所起不到的作用。同理，高宗以来《律》、《令》状态基本稳定而《格》、《式》修订相对活跃，神龙以来《式》趋稳定而修《格》为要，"今上"旨意往往集中于《格》、《式》尤其是《格》的局面，则催出了开元二十五年《格式律令事类》的编纂。其所标志的各种法律以《格》当先分类合编的态势，就《格》集中体现了"今上"旨意的实质而言，已可视为五代至宋法律体系结构形态的预演。

从上面这个简要的勾勒即可明白，唐代的《律》、《令》、《格》、《式》体系，几乎在其形成之始就已孕育了走向瓦解的因子。在今上制敕与法典的关系这个帝制时代法制的根本问题上，唐代前期所代表的，显然是长期以来把法定主义强调到法典至上地步的理念和趋向，朝此方向立法和发展，就出现了《律》、《令》、《散颁格》与《式》四部法典同颁天下，直接指导举国政务而相辅相成、缺一不可的体系。但《留司格》的存在，各种细则和个案性敕例掐头去尾一并纳入《式》款，以及其他那些性质类于《格》、《式》而形态仍似敕集的法律形式的并存，总也还是飘荡在法定主义晴空之上的几片阴云，是当时按法典至上的方向来处理和协调今上制敕与法典关系时不得不留下的缺口。

要弥补这类有可能随时扩大的缺口，前提不仅是要及时而频繁地立法，更是要按法定主义或法典至上的原则，使代表今上旨意的各种制敕可以及时升华为敕例，直至修入法典，或者将之约束在辅助法典的地位上协同发挥指导作用。但无论如何，皇帝制敕对法典的补充和修正，不仅是专制体制的必然，也是这一体制适应形势调整制度和法律的根本机制，当时法典的宗旨，也无非是要确保制敕正常发挥这种效能。因而在处理今上制敕与法典的关系时，尤其是在艰难时世下应付急剧而深刻的社会变迁之际，总也还是存在着另一种与法典至上理念殊异其趣的趋向：即让本就最为基本和活跃的制敕和敕例，真正成为立法和法律体系的惟一中心，较为简便快捷也更为经常地将之删定为基本法，而让条文结构严密和内容形态稳定的法典处于其下来发挥作用。这也就是唐后期立法和法律体系的基本格局，就其影响和后续事态而言，其所开启的正是一条法典作用和地位持续下降和衰变的漫长曲线，而其所奠定的，实际上是整个中国古代社会后期立法和法律体系发展的基本轨道。

应当承认，经此转折之后的立法和法律体系，在结构和功能上显然已与专制帝国的根本政治制度更加契合了。唐后期以来把敕例置于首要地位而以法典辅之的新体系，仍然存留了部分法定主义的精神，却终于脱掉了法典至上这件本质上并不合体而需百般补缀的外衣，连带也就抛却了与之相伴而在今上制敕与法典之间增生出来的种种矛盾与扞格，扔掉了因此而额外导致的频繁立法的负担，及其他因此产生的种种成本和问题。由此看来，从中唐以来《律》、《令》、《格》、《式》体系的瓦解，发展到宋神宗确定的敕、令、格、式并行而"《律》恒存乎敕之外"的体制①，再经元代分部门或事类编纂各种敕例以为条法、条格的过渡，直至明清《律》、《例》体制的形成，这整个过程，无非是中华帝国的法制重新以制敕和敕例为轴心而归复到了理所当然的轨道上，是其整套法律制度进一步围绕专制体制加以整合而走向成熟的标志。

五　关于魏晋至隋唐制定法运动的几点认识

通过以上回顾和梳理，大略可得以下认识：

一是魏晋以来法律体系业已发生了重大转折，秦汉时期以敕例为中心而信奉"当时为是"原则的旧式《律》、《令》体制，已在继续确保制敕干预和规范效能的前提下，转折至以法典为中心而更强调法定主义的新型《律》、《令》体制。持续完善和巩固这个《律》正罪名，《令》定事制，

---

① 《宋史》卷一九九《刑法志一》述其要："神宗以《律》不足以周事情，凡《律》所不载者一断以敕，乃更其目曰敕、令、格、式，而《律》恒存乎敕之外。熙宁初，置局修敕，诏中外言法不便者，集议更定，择其可采者赏之。元丰中，始成书二十有六卷，复下二府参订，然后颁行……于是凡入笞、杖、徒、流、死，自《名例》以下至《断狱》，十有二门，丽刑名轻重者，皆为敕。自《品官》以下至《断狱》三十五门，约束禁止者，皆为令。命官之等十有七，吏、庶人之赏等七十有七，又有倍、全、分、厘之级凡五等，有等级高下者，皆为格。表奏、账籍、关牒、符檄之类凡五卷，有体制模楷者，皆为式。"由此即可看出，"《律》所不载者一断以敕"前提下的敕、令、格、式并行，无非是以编敕和今上制敕为中心来裁量和协调各种成规旧例，因而这些规范在总体性质上实与汉《令》相当，而其总体形态则可视为唐《格》与格后敕、长行敕的混杂体。故所谓敕、令、格、式并行而《律》恒在其外的体制，正可视为唐《律》、《令》、《格》、《式》并行体系走向明清《律》、《例》体制的一种过渡形态。

两者并为法典而一体指导举国行政的新体制;相应则约束和归置各种敕例,使之有序地补充、修正《律》、《令》并保障其稳定性和严肃性,构成了自此直至唐初法制发展的一个逐浪高涨的突出主题。但其进程至盛唐以来忽焉跌落,整套法制的演化复又以"当时为是"而回到了以敕例为中心的轨道,这就终结了以往五百余年相沿推进的法制发展主题,进入了一个法典作用和地位不断衰变退化的漫长过程。

二是自魏晋形成《律》、《令》、《故事》并行体制,经南北朝后期这一体制的巩固和发展,直至唐初以来形成《律》、《令》、《格》、《式》并行体制,乃是一个法典作用和地位在多方面不断得到强化的独特进程。这一进程既有强调制定法重要性的特定指导思想,即围绕《律》、《令》这两部新法典来集中论述"法"为公器和准绳的性质,以此来阐释法典至上的理念及其应有的形态、作用和地位。同时其又以约束和归置各种敕例为基本任务,即以多种方式对之加以删定、编纂,在此基础上形成若干与《律》、《令》并行的新的法律形式,以此保障和扩大法典对举国政务的指导作用,相应则限制了敕例的作用层面及有司援此"自由裁量"的范围。此外,这一进程还有一系列为之配套的制度和举措,从程序和实体规定上,也从决策出令和司法体制上,来规范和保障整个立法和法律体系在强调法典作用和地位的轨道上正常运行。

三是魏晋以来重视和讲究法典作用和地位的总体趋势,是在迭有波澜和曲折的状态下逐渐高涨起来的。无论是在魏、晋之际,还是在江左一脉的齐、梁之间,也不管是在北魏孝文帝以来还是在北齐、北周之时,甚至直到隋及唐初,立法和法律体系的发展都曾出现过多个方向,也都面临着是否要坚持强调法典作用和地位的选择。在此期的各次通盘立法之前,人们确都经历了敕例尤为活跃灵便而《律》、《令》作用则相对不彰的阶段,其发展的道路显然并不平坦。但此期每一个十字路口的最终结果,却无一例外是制定法理念和实践再度占了上风而向前推进。也就是说,此期法典作用和地位愈受重视而不断强化的总体趋势,不仅是由几次重要的立法及其成果来集中代表的,更是通过这种不断在曲折中存续、发展,并且推向又一个高峰的过程而体现出来的。

以上诸端当可表明,在魏晋至隋唐的法制领域,出现了一个围绕着重视和讲究法典作用和地位而展开,有其特定的指导思想、基本任务及相关举措,主干脉络和兴衰曲线明晰可辨的"制定法运动"。正是这个历史运动自魏晋以来的发展和高涨，催驱了整个法律系统的运行步入了不断崇尚法典和约束敕例的轨道，最终则导向了唐代的《律》、《令》、《格》、《式》体系，从而代表了我国古代制定法理念和实践的最高水平。也正是这个历史运动在盛唐以后的迅速跌落和衰变，奠定了唐宋之际法律领域随同当时社会、政治而深刻变迁的基调，遂使整个法律系统回归到了以敕例为中心的运行轨道，也就开启了导向明清《律》、例体制的演化之路。由此看来，魏晋至隋唐制定法运动的兴起和衰落，的确构成了先秦以来和近代之前法制演变史上的一个异峰突起，并直接关系到了整部中国法制史线索的重构和对我国古代法制传统的认识，理当引起法史学界的高度关注。

第二节　"儒家化进程"与魏晋以来的"制定法运动"

从魏晋南北朝时期的许多事态来看，无论是战乱频仍，人民流离，民族关系错综复杂的动荡形势，还是门阀坐大，军将崛起，阶层地位相对凝固的政治格局，以及祖尚虚玄，轻视文法，各种观念交相争锋的思想动态，似均不利于蕴积出尊重法律尤其是制定法的土壤和氛围。再就秦汉法律系统相承发展的态势而言，在"王言即法"的专制体制中，在认定"法"的精神在根本上只存于天理、人情微妙平衡之际的观念氛围下，在长期以来不甚重视法典而更讲求司法过程运用之妙的法制传统内，看起来亦无制定法理念和实践开展的多少空间。在这双重的背景之下，魏晋至隋唐居然出现了一个尽可能约束敕例而崇尚法典，力欲以此来一体指导举国行政的历史运动，这本身就已构成了一个巨大的问题。

一　推进魏晋以来制定法运动的若干因素

在学界相关研究的基础上，可以认为下列因素在推进魏晋以来制定法运动的开展时，应当起到了一定作用：

一是对汉代法律滋繁之弊的总结和反思，催驱了旧式《律》、《令》体制向魏晋以来新型《律》、《令》体制的转折。

《晋书》卷三〇《刑法志》述魏初承用汉来刑法之况：

> 是时承用秦汉旧《律》……合六十篇。又汉时决事，集为《令甲》以下三百余篇，及司徒鲍公撰嫁娶辞讼为法比都目，凡九百六

卷……《盗律》有贼伤之例，《贼律》有盗章之文，《兴律》有上狱之法，《厩律》有逮捕之事，若此之比，错糅无常。后人生意，各为章句。叔孙宣、郭令卿、马融、郑玄诸儒章句，十有余家，家数十万言。凡断罪所当由用者，合二万六千二百七十二条，七百七十三万二千二百余言，言数益繁，览者益难。

《律》文与为之补充的《令甲》之类相辅而行，其篇目内容遂不能不错糅重出，从而又派生出众家解释以供定夺参考，以致"言数益繁，览者益难"。这样的困境，乃是汉代以来长期发展的结果。

《汉书》卷二三《刑法志》述汉武帝以来《律》、《令》不断增多，诸决事判例又层出不穷而效力与之相当，结果则是"文书盈于几阁，典者不能遍睹"，法吏得以高下其手，有法近于无法。足见魏晋时人面临的问题，在西汉中期以来已相当严重。《汉志》后文又述宣、元、成帝皆曾有鉴于此而欲删定蠲省，然皆"大议不立，遂以至今"[①]。班固这里所期望的"大议"，显然是要对秦汉相沿的《律》、《令》体制展开全面的总结和反思。而其矛头所向，一方面是指这一体制在法之体、用上仍多问题，德、刑及礼、法关系尚未理顺；另一方面也是指这一体制因以"当时为是"而必淡化《律》、《令》之别和漠视法典作用，各种随时、随事施用的敕例得以现成入《令》而起主导作用，遂使法愈滋繁错杂而吏得用奸。

从其大旨与《晋志》上引文恰相吻合，以及魏晋立法确以删定科令扬弃汉法为其旨归的史实来判断[②]，班固这里所阐述的，应是东汉以来越益成为主流的一种立法观念和倾向。其中蕴含的逻辑是：要删简法律并且使之稳定下来，就需要其有更为切合社会和政治长期需要的内容和形式，也需要以合适的方式来保障各种敕例对之的修正，约束其可能带来的扰乱

---

① 其后文述东汉建武、永平之时法令颇清，"然而未能称意，比隆于古者，以其疾未尽除，而刑本不正"。其语前后照应。

② 《三国志》卷二一《魏书·刘劭传》载其"与议郎庾嶷、荀诜等定科令，作《新律》十八篇，著《律略论》"。杭世骏《三国志补注》卷三"刘劭著律略论"条："刘劭《律略》曰：'删旧科，采汉《律》为魏《律》，悬之象魏。'"《世说新语·政事第三》述"贾充初定律令"，刘孝标注引《晋诸公赞》曰："……充有才识，明达治体，加善刑法，由此与散骑常侍裴楷共定科令，蠲除密网，以为晋《律》。"可见魏晋《律》皆以删定科令而"蠲除密网"为其大旨。

和冲击，否则就无法达成"法"的严肃性和权威性，难以维持整个法律系统的有序运行。魏晋《律》、《令》的相继法典化和《晋故事》等敕例集的编纂施用，及其所代表的敕例编纂立法化和法典化趋势，显然就是按这样的逻辑开启和发展起来的。

也正是这种有鉴于汉代以来法律领域的困境，欲从法律体制的转换出发，来删繁就简走出困境而臻成法制清明的背景和趋势，可以在很大程度上帮助理解法典的作用和地位，何以会在此期被明显加深了认识而得到强调，旧式《律》、《令》体制，又何以会在当时转向新型《律》、《令》体制。至于张斐、杜预诸人对《律》、《令》及"法"的本质和立法要旨所作的一系列阐述，实际上也是在东汉以来这种总结、反思的基础上，又因新的历史条件和需要，进一步发挥了先秦法家关于"法"为"绳墨规矩"等一系列观点。①

二是魏晋玄学的兴起和名理学的流行，推进了对法律本质、分类以及相互关系的认识，促进了整个法律系统以法典为轴心的有序化。

讲究刑名法例和注重综核名实的法学，本来就与集中探讨概念、推理和名实关系的名学或名理学存在着近缘关系②。《晋书》卷四七《傅玄传》载其曾谓："近者魏武好法术，而天下贵刑名。"此"刑名"亦可释为"形名"，是为名辩之学的核心范畴，与当时大行其道的"法术"关系密切③。故《文心雕龙·论说》篇指出："魏之初霸，术兼名法。"自此

---

① 《管子·七法》篇："尺寸也，绳墨也，规矩也，衡石也，斗斛也，角量也，谓之法。"《群书治要》卷三六引《商君书·修权》篇语："法者，国之权衡也。"其语不见于今本《商君书》。又《管子·禁藏》篇："法者，天下之仪也，决疑而明是非也，百姓所悬命也。"《商君书·定分》篇则曰："法令者，民之命也，为治之本也。"两处所述亦大旨相通。

② 关于"名学"、"名理学"或"名辩学"，参王晓毅《论魏晋名理学》，《文史哲》1986年第6期；田文棠《魏晋三大思潮论稿》第三章"魏晋三大思潮的方法体系"，陕西人民出版社1988年版。又谭戒甫《墨辩发微》（中华书局1964年版）第一编"别墨衡异第四"及《公孙龙子形名发微·学徵第四》（中华书局1963年版）皆区别名家与形名家，认为两者截然不同又易混目，其论盖就战国时期而言。而《汉书·艺文志》既将名家与形名家之书一概归入了诸子略的名家类，足证当时两者已经合流。

③ 参章太炎《太炎文录初编·文录》卷一《五朝学》，《章太炎全集》四，上海人民出版社1985年版；贺昌群《魏晋清谈思想初论》上篇"汉魏间学术思想之流变"二"诸子之学重光"，《贺昌群文集》第二卷，商务印书馆2003年版；汤一介《魏晋玄学论稿·读〈人物志〉》及其附录《魏晋思想的发展》，上海古籍出版社2001年版；唐长孺《魏晋南北朝史论丛·魏晋玄学之形成及其发展》，生活·读书·新知三联书店1955年版。

再经正始风流而至西晋以来，玄学、清谈臻于全盛，名理学可谓其基本方法论而无所不在，法学和立法亦深受其影响而变化发展。对之已有不少学者加以论列①，这里无妨来着重考虑名理学与魏晋以来制定法运动的关联。

视要道妙理为万物的本质，据此抽象出概念来总辖现象，再以无微不至的推理来达成诠释上的统一性和逻辑上的彻底性，可以说是名理学的基本理论品格。至于其对魏晋立法的影响，显者如曹魏《新律》"集罪例以为《刑名》，冠于《律》首"以统各篇内容，又甚讲究"文约而例通"，凡事先定类例而其余"皆从此取法"②。西晋《泰始律》首列《刑名》、《法例》，又甚讲究"以例求名"、"较名辨义"，所立罪名、罚则，"皆拟《周易》有变通之体焉，欲令提纲而大道清，举略而王法齐"③。这都是《律》体贯彻了名理学原则的表现，反映了其法典形态之所以在此期完全成熟的部分原因。

不过，更为重要的还是时人对法律本质的名理学抽象或概括，《晋书》卷三四《杜预传》载其奏上《律注》曰：

> 法者，盖绳墨之断例，非穷理尽性之书也。故文约而例直，听省而禁简。例直易见，禁简难犯。易见则人知所避，难犯则几于刑措。刑之本在于简直，故必审名分。审名分者，必忍小理……今所注皆网罗法意，格之以名分。使用之者执名例以审趣舍，伸绳墨之直，去析薪之理也。

杜预显然是把"法为绳墨"视为其体现了某种大道至理的本质，遂须

---

① 参蒋集耀《中国古代魏晋律学研究》，《上海社会科学院学术季刊》1990年第3期；杨鹤皋《魏晋隋唐法律思想研究》第二章"汉末魏初的名法思潮"，北京大学出版社1995年版；韩树峰《汉魏法律与社会——以简牍、文书为中心的考察》第四章"魏晋法律体例的名理学化与玄学化"，社会科学文献出版社2011年版。

② 《新律》十八篇的重要作者刘劭曾撰《律略论》及《法论》，今已不存。劭又撰《人物志》三卷十八篇，《隋书·经籍志》列在子部名家类下；另作"都官考课法七十二条"，是其尤擅通过制度来循名责实。夏侯惠曾举荐刘劭，称为"清虚之人慕其玄虚退让，文学之士嘉其推步详密，法理之士明其分数精比……制度之士贵其化略要，策谋之士赞其明思通微"。足见刘劭名法兼综，《新律》遂深受名理学影响。

③ 《晋书》卷三〇《刑法志》。

"审名分"以"伸绳墨之直",尚简、直以"去析薪之理"。这样的论说不仅打上了名理学印记,而且突出地体现了其只以《律》、《令》为"法"的概念①。也就是说,只有法典才是作为"绳墨"而体现了大道至理的"法"。②

又《晋书》卷三〇《刑法志》载张斐《上律注表》云:

> 夫形而上者谓之道,形而下者谓之器,化而财之谓之格。刑杀者是冬震曜之象,髠罪者似秋凋落之变,赎失者是春阳悔吝之疵也。五刑成章,辄相依准,法律之义焉。

这里的前面三句出自《易·系辞》,只是把"化而财之是为变",改成了"是为格"③。《易》为"三玄"之首,是当时玄学清谈据以为说的基本经典之一,此处"格"即指"法",也就是后文所说的"法律"。法吏张斐显然一并承受或刻意附会了流行于士大夫间的名理学风尚,故其甚至要比杜预更为彻底地把"法"看作是宇宙至理的体现④,同时也明显地沿袭了其"法即法典"的概念。

当时这种"法"即法典的认识,其源还可往前推溯。《三国志》卷二二《魏书·卢毓传》载其明帝青龙二年为侍中时事:

> 先是,散骑常侍刘劭受诏定《律》,未就。毓上论古今科、《律》之意,以为法宜一正,不宜有两端,使奸吏得容情。

---

① 《北堂书钞》卷四五《刑法部·律令十三》引杜预《律序》云:"律者八,正罪名;令者八,序事制;二者相须为用也。"可见杜预是以《律》、《令》相经纬而视为同体的。

② 《北堂书钞》卷四五《刑法部·律令十三》引杜预奏云:"帝王法书者,盖是绳墨之断也。"此奏或亦出于其奏上《律注》之文,"法书"显然是指合诸篇章为一的《律》、《令》。这也说明其所谓"绳墨之断例,非穷理尽性之书"者,唯指法典而言。

③ 关于张斐《上律注表》所示玄学及《周易》的影响,参高恒《张斐的〈律注要略〉及其法律思想》,《中国法学》1984年第3期;刘笃才《论张斐的法律思想——兼及魏晋〈律〉学与玄学的关系》,《法学研究》1996年第6期。

④ 张斐《上律注表》称《律》之首尾各篇,"有三才之义焉,其相须而成,若一体焉……自始及终,往而不穷,变动无常,周流四极,上下无方,不离于法律之中也"。又称"夫《律》者,当慎其变,审其理……夫理者,精玄之妙,不可以一方行也;《律》者,幽理之奥,不可以一体守也……亦无常体唯理也,非天下之贤圣,孰能与于斯"。这些表述的玄学意味显然要比杜预所说更为浓烈。

卢毓所论既为"古今科、《律》之意",则其认为"法宜一正,不宜有两端",其"法"显然是以《律》典为轴心的,其所要求的实际上是"科"所指称的敕例只能辅助、从属法典的原则。西晋以来只以法典为"法"的概念,即是在此基础上再按正始以来炽盛的名理学方式加以抽象的结果。故其既与先秦法家及汉人所述之"法"往往兼指或更多地涵盖了君王之令的习惯相当不同,又与魏晋法律系统并非仅由法典构成的状态有异。

但也正是按名理学在诠释系统上的统一性和逻辑上的彻底性,一旦认定了"法"即法典的概念,或至少明确了法典在整个法律系统中的主导地位,那也就绝不能再把各种敕例和一般制敕与法典规定等量齐观了,而是必然要在理论上对之加以区别,在实践上将之置于法典之下,才能以某种主从关系来构筑一个统一有序的规范体系。这应当就是《晋书·刑法志》按权威性和稳定性依次列出《律》、《令》、《故事》这种层次关系的观念背景[①],也是南北朝时期总是以《律》、《令》为"经"而以敕例为"权制"的由来。就是说,经魏晋时期名理学对"法"的本质和分类的抽象、定型以后,只要循此强调和梳理法典与各种敕例及一般制敕的位阶序次,自然就会促使整个法律系统在法典主导下走向有序化,从而成为魏晋南北朝法典作用和地位不断突出的又一推手。

三是文法吏地位的下降,使朝廷不能不重视和强调制定法及其指导作用。

《晋书》卷三〇《刑法志》载魏初以来之事:

> 卫觊又奏曰:"刑法者,国家之所贵重,而私议之所轻贱;狱吏者,百姓之所悬命,而选用者之所卑下。王政之弊,未必不由此也。请置律博士,转相教授。"事遂施行。然而《律》文繁广,事比众多,离本依末,决狱之吏如廷尉狱吏范洪受囚绢二丈,附轻法论之;狱吏刘象受属,偏考囚张茂物故,附重法论之。洪、象虽皆弃市,而

[①] 《隋书·经籍志》史部刑法类原注列出的《律》、"法令"、《令》、《故事》次序,虽其出处今已不详,但也仍可看出其以"经远"程度来排序的理据。其中的"法令",前已论定其为类似汉令甲、令乙的施行诏书集。

轻枉者相继。

卫觊指出的是当时法吏地位的"卑下",上引文又举出了范洪和刘象两个事例,具体地说明了地位卑下的法吏因法令、成例滋繁而无定准,遂得接受请赇操弄刑狱,杀之不足以止其弊的状态。

事实上,儒生地位的上升和文法吏地位的下降,乃是汉武帝独尊儒术以来,至东汉再趋分化重组而渐定型的一个大趋势,魏晋以来其又与士庶、清浊之别密切相关,文法吏身份的卑下长期延续了下来,对此学界已多论及[1]。如所周知,文法吏实际掌管和处理着各地各部门的行政文案,熟谙法令和成例,娴于各种官样文章,可说是其必备的素质,但这些在当时均无助于其官场身份和地位的提高。

《晋书》卷七一《熊远传》载其东晋初年上疏论政有曰:

>……今当官者以理事为俗吏,奉法为苛刻,尽礼为谄谀,从容为高妙,放荡为达士,骄蹇为简雅……朝廷法吏多出于寒贱,是以章书日奏而不足以惩物,官人选才而不足以济事。

可见曹魏以来设律博士转相教授,虽有助于法吏熟谙法律,但在当时社会和政治的大趋势下,其"多出于寒贱"之况在江左仍然根深蒂固。

又《晋书》卷一一七《姚兴载记上》述其留心政事之举:

>命百僚举殊才异行之士,刑政有不便于时者,皆除之……立律学于长安,召郡县散吏以授之。其通明者还之郡县,论决刑狱。

姚兴虽举士及于殊才异行,而律学生仍多以地位低下的"郡县散吏"入充,这也反映了当时北方地区文法吏身份与清流相隔的状态。

需要特别注意的是由此带来的一系列问题。文法吏身份和地位"卑下",一方面势必要导致其行政裁量权的缩减,另一方面则意味着其所实

---

[1] 参阅步克《士大夫政治演生史稿》第四章"学士与文吏的分化"、第十一章"结论与推论",北京大学出版社1996年版。

际掌管、处理的行政文案和具体事务，又为自视清贵的士大夫官员所不屑[①]。面对这种潜藏着重大法制隐患的格局，一个重要的选择就是强化法律的指导作用或法定主义倾向，特别是以颁于天下而规定较为严密完备的法典来直接指导各地各部门行政过程，以有效压缩文法吏们操弄各种法令成例的裁量空间，又简化和明确各级长官对之的督责监管。这应当也是魏晋以来《律》、《令》作用和地位不断得到强调，规定内容较为系统而性质近于制定法的条制亦得盛行，而直接下达至主司的一般敕例则往往被约束和归置的一重背景。同时，这也是魏晋以来通过设置律博士等措施来广为传习《律》、《令》，以有助于其贯彻执行的另一层用意。

四是司法权的不断上收集中，以及与之相伴的一系列制度变迁态势，需要对各地各部门司法、行政过程和相互关系作出更为严整的规范。

司法权的上收，显然是与文法吏地位下降相关联的趋势。重大案件的决断权力向朝廷集中，是魏晋以来各机构、官员司法权限变化的一个显著趋势[②]。生杀大权惟由皇帝操持，也是魏晋以来才真正明确化了的基本原则[③]。与两汉各地各部门司法管辖权相当完整，郡县长官皆可专杀，只有疑狱方须逐级上申朝廷处理的体制相比[④]，魏晋以来的这种状态，首先就导致了审级制度的重新定型，遂使各地各部门在死刑、流刑及官员犯罪等重大案件的处理上，渐已降而为朝廷终审裁决之前的预审或二审层级。凡是没有最终裁决权的审级，实际都已处于为上级提供相关证据和量刑建议的地位上了。而这样的格局，实已内在地蕴含了强化法典对各地各部门司法过程的统一指导，另以充当"权制"的敕例来随时、随事局部补充或调整的趋向。

---

① 《抱朴子外篇》卷一五《审举》末云："……今在职之人，官无大小，悉不知法令。或有微言难晓，而小吏多顽，而使之决狱，无（杨明照《校笺》以为无当作是）以死生委之，以轻百姓之命，付无知之人也。作官长不知法，为下吏所欺而不知，又决其口作者，愤愤（杨明照《校笺》以为愤愤当作愦愦）不能知食法，与不食不问，不以付主者。或以意断事，蹉跌不慎法令。"即其写照。

② 参徐连达、楼劲《论中国封建专制君权的发展趋势》，《学术月刊》1989年第2期。

③ 参《中国法制通史》第三卷"魏晋南北朝"（乔伟主编）第一章"曹魏政权的法律制度"第八节"曹魏政权的司法监察制度"、第四章"西晋政权的法律制度"第九节"西晋政权的司法制度"。司法权限上收，主要是通过必须由朝廷裁决的"重大案件"范围的扩展而体现出来的，死刑判决权在魏晋被收归朝廷是一个重要的标志。

④ 参《中国法制通史》第二卷"战国秦汉"（徐世虹主编）第十七章"两汉时期的管辖制度"。

对于当时的"司法"和"行政",今人很难定出明晰的界限,两者从对象、主体到法据和过程,经常都是交叉重合的。故广义的"司法",往往也可泛指各种"行政"活动,反之亦然。魏晋以来司法管辖权的显著上收,完全从属于此期专制集权不断强化的总体趋势,具体则主要是通过尚书省结构、功能的不断扩大和完善而达成的。正是由于尚书省协助皇帝辖制各地各部门行政的枢纽作用已越益强大和突出,在上则催驱了最高决策机制的演变,导向了中书、门下省的逐渐定型,形成了两者近侍皇帝处理章奏和决策出令,并与尚书省协调行事的三省制度。在下则在尚书省及其各部、曹对举国政务的统一管理和对口指导下,使得其较早发育成熟和较为严密的行政分工和协调方式,渗透和影响了各地各部门的行政过程和机构设置。

因此,魏晋以来与司法管辖权上收相伴的,实际上是人事管理权等其他一系列行政权限的上收,是整套行政制度的相应调整和变迁。而其共同的趋向,则是举国行政在尚书省这个"政本"、"会府"的枢纽作用下,越益趋于上下贯通和左右协调,是各种行政秩序和行政关系在专制君权主导下进一步有序化、一体化的进程。其结果则正如司法权上收集中之势所意味的那样,这种因权力不断集中,集权体制逐渐深化而形成的行政一体化进程,一方面必会导向各机构、官员权任的切割和细化及其相互牵制和协调的发达,从而有必要在法律上对诸行政关系和秩序作出更为明确和有力的规范。另一方面,以专制君权为核心的一体化行政关系和秩序,显然只能导向更加完备和"画一"的规范和指导,也就势必要强调制定法即法典在整个法律体系中的作用和地位。

与前述三个因素相比,魏晋以来以三省制度形成发展为代表,由尚书省结构、功能不断扩展而带动起来的行政一体化进程,对于理解此期制定法运动的兴起、高涨来说,显然是一个更为重要的因素,故有必要对其作较为具体的说明。

这一进程在南北朝固然各有其发展轨迹,但其大体的结果至唐已十分清晰。如《唐律疏议》卷五《名例篇》"诸同职犯公坐"条,即明确规定了行政过程不因私曲枉法而出现错失时,参与其事的长官、通判官、判官和主典各须担负的连带责任。《疏议》对此条的解释是:

"同职"者,谓连署之官。"公坐",谓无私曲。假如大理寺断事有违，即大卿是长官，少卿及正是通判官，丞是判官，府史是主典，是为四等。"各以所由为首"者，若主典检请有失，即主典为首，丞为第二从，少卿、正为第三从，大卿为第四从，即主簿、录事亦为第四从；若由丞判断有失，以丞为首，少卿、二正为第二从，大卿为第三从，典为第四从，主簿、录事当同第四从。

从中可以看到，当时无论是各机构的行政过程，还是多个机构共同处理某项政务的过程，一般都会有最终负责其事的"长官"、协助长官分管有关事务和审裁相应文案的"通判官"、具体判决该项事务的"判官"、为之准备有关文案的"主典"四个等级，并且通过"连署"公文的方式，十分明确地构成了相互牵制和协调的紧密关系。而其各自应负的责任，则以错失原出者为首犯，其余依次构成二、三、四等从犯而须节级连坐，各机构中负责检勘文案有无错讹、是否失期的"主簿"、"录事"等官，则与"主典"担负同等责任。这就典型地体现了当时各机构、部门和官员在政务处理过程中，必须上下贯通和左右协调，共同对朝廷负责的一体化关系。①

而若向前推溯，尽管汉代已有连坐之法和公、私罪的某种区分，但在《律》文中明确规定公罪及其特定的连坐办法，却是魏晋时期的事情。《晋书》卷三〇《刑法志》载曹魏《新律序》节文有曰：

> 《律》之初制，无免坐之文，张汤、赵禹始作监临部主、见知故纵之例。其见知而故不举劾，各与同罪；失不举劾，各以赎论；其不见不知，不坐也。是以文约而例通。科之为制，每条有违科，不觉不知，从坐之免，不复分别，而免坐繁多，宜总为免例，以省科文。故更制定其由例，以为《免坐律》。

通观其大意，所谓"无免坐之文"，即可理解为公、私罪之别《律》中本无规定，而应在具体量刑时酌情分别处置。汉武帝以来开始明确"监临部主、见知故纵之例"，行政连坐关系自此开始明确了起来。不过从其规定"见、

---

① 参楼劲《伯 2819 号残卷所载公式令对于研究唐代政制的价值》，《敦煌学辑刊》1987 年第 2 期。

知而故不举劾,各与同罪……其不见不知,不坐也",直到曹操所定《甲子科》条"免坐繁多"而"不觉不知,从坐之免,不复分别",均可表明当时认定"见、知"即为"故纵",而不区分犯者有无"私曲"的法意。

由此遂可断定:汉代公罪的界定及其处分原则,还很粗疏笼统而在萌芽阶段,甚或尚无公罪连坐之制。而《新律》既针对于此而专设了《免坐律》,则其重新"制定其由例"时,自必对公罪及其"从坐"作了相对明确和细致的规定。其大要则如《晋志》后文载张斐表上《晋律注》所述:

> ……法律中诸不敬,违仪失式,及犯罪为公为私,赃入身不入身,皆随事轻重取法,以例求其名也。

可见"犯罪为公为私"及其须"随事轻重取法"的不同处置原则,已明载于《泰始律》新立的《法例篇》中。故葛洪《抱朴子外篇·审举》论晋察举之弊有曰:"又诸居职,其犯公坐者,以法律从事。"是《泰始律》、《令》中,对于公罪及其连坐规定,必又较之《新律》更为详尽,其中且或另有与选举相关的某些公罪连坐内容。①

现在再看《晋书》卷一〇六《石季龙载记上》所载:

> 季龙僭位之后,有所调用,皆选司拟官,经令、仆而后奏行。不得其人,案以为令、仆之负,尚书及郎不坐。至是,吏部尚书刘真以为失铨考之体,而言之。季龙责怒主者,加真光禄大夫,金章紫绶。

选官显然是一种职务行为,是否"得人"则很难说有确凿的标准,只要掌其事者并无"私曲",拟官"不得其人"自应是公罪。而据石虎规定的选官之制,选司拟官"不得其人",则"案以为令、仆之负,尚书及郎不坐"。这显然属于别出新裁,有违西晋以来明确的公罪连坐原则,故刘真以为

---

① 《审举》篇前文提出建议有曰:"秀、孝皆宜如旧试经答策……其所举,书不中者,刺史、太守免官,不中左迁;中者多、不中者少,后转不得过故。若受赇而举所不当,发觉有验者,除名,禁锢终身,不以赦令原,所举与举者同罪。"所谓"如旧试经答策",已明其所论为魏晋以来之事;而所建议的连坐之法,即应从当时"诸居职犯公坐"的有关法律发挥而来。如对被举者试经答策的中多中少,显属公罪而非私罪;严惩"受赇"则体现了公、私罪界定正在向有无"私曲"的标准过渡;其整个办法且体现了"随事轻重取法"的原则。

"失铨考之体"。其意盖谓选官不得其人，首先当坐主管此政的吏部尚书及相关曹郎，其次才是尚书令和仆射的责任，而其所据应当就是《抱朴子外篇》所述有关公罪连坐和选举"不得其人"的"法律"。从中不难看出，前面所引《唐律疏议》"同职犯公坐"条的规定，在西晋以来尚书令、仆射和各部尚书及其曹郎之间的公罪连坐责任中，大都已经开始具备了。

至于西晋以来尚书省秩序对各地各部门行政的影响，如《晋书》卷六七《郗鉴传》附《郗隆传》载其行迹：

> 初为尚书郎，转左丞，在朝为百僚所惮，坐漏泄事免。顷之，为吏部郎，复免，补东郡太守。隆少为赵王伦所善，及伦专擅，召为散骑常侍。伦之篡也，以为扬州刺史。僚属有犯，辄依台阁峻制绳之，远近咸怨。

这里的"台阁峻制"，自然是与各地各部门长官与其自行辟署的僚属的关系相对而言的。这是因为长官与自辟僚属本为"宾主"关系，其间秩序自汉以来即有别于一般上下级官员，特别是迥异于台阁内部的行政节制关系。完整说来，台阁秩序之"峻"，是因为其上、下级官员均直承王命而须共同对所处理的奏案负责，故其内部的行政一体化程度包括上下左右的牵制、协调，要远较同期一般机构来得突出，其内部关系和督责方式也要来得更为严格和细密。①

郗隆以"台阁峻制"规范其所长州、郡的僚属，便可说是尚书省行政秩序和方式渗透、影响州郡行政的一个具体事例。其看起来是由于长官的任职经历和个性所致，大背景却无疑是前面所说尚书省结构和功能不断扩展的影响，是尚书省及其各部、曹统一处理和对口指导各地各部门政务已越益贯通和深入的表现。南北朝后期行政一体化和机构法人化局面的越

---

① 《晋书》卷《卫瓘传》："咸宁初，征拜尚书令，加侍中。性严整，以法御下，视尚书如参佐，尚书郎若掾属。"这表明西晋泰始立法后不久，尚书令与尚书及尚书郎的上下级节制关系并不突出，自此其秩序才开始严整起来，但仍与各地各部门机构长官与"参佐"和"掾属"的关系有异。又，此处"参佐"名将军府中的参军或郡守之下的郡丞之类，两者权力相去悬远。"掾属"即长官自辟僚属，汉从来两者近乎宾主而有人身依附，极端情况下长官可将之下狱或杀之。

益显现[①]，即是循此轨道发展的结果，而这显然是以明确各机构、官员的职责及其行政关系和程序为其前提的。因此，体现和规范这种局面的法律形式，自然也不宜是那些随时随事形成、下达的敕例，而只能是规定内容更为划一、完备，形态也更为系统、严密的制定法。

也正是这样的趋势，可以在很大程度上解释魏晋以来制定法运动的不断高涨。应当说，唐《律》的大半条文皆为行政规范，《令》则正面规定各项行政制度，两者内容和体例大多皆系长期积累淘洗而成，永徽以来的《格》、《式》，亦无非是以各种行政条例、禁限和范式来补充《律》、《令》。这种由法典来集中规范行政过程的状态，本身就是此前行政体制与法律体系密不可分的体现，是魏晋以来行政发展与法典发展相互渗透和催驱的产物。

上述四个因素，都从不同角度和方式影响了魏晋以来立法和法律体系的发展，重视和强调法典的作用和地位，确是其共同的指向。尽管其作用强弱各各不同，更非始终如一地贯穿于魏晋至隋唐各个时期，但其明确的起点显然都在魏晋时期，也就可以认为，这些因素在当时确已形成了一个推动制定法理念和实践显著发展的合力，其中且有若干对以后各次重要立法也有一定的影响。而最值得注意的，自然还是魏晋以来因强化专制集权而明显发展起来的行政一体化进程。这是因为前三个因素在解释魏晋以来制定法运动的兴起、发展时尚有一定说服力，却根本无法解释这一运动在中唐以后的衰落。相比之下，随尚书省结构和功能不断扩展、三省制逐渐调整完善而发展起来的行政一体化趋势，确是一个贯穿于魏晋至唐初的独特进程，不仅其不断展开可以在更大程度上解释此期制定法运动的不断高涨；且可从尚书省在立法活动中的作用、地位，来说明魏晋以来敕例删定、编纂方式的发展过程和唐代《格》、《式》的形成背景。进而论之，甚至还可依据初唐以后行政体制开始走向剧变，中唐以来三省制度再难维持而趋

[①] 《通典》卷二五《职官七·诸卿总叙》述"官、寺连称自北齐始"。《隋书》卷二七《百官志中》载北齐官制皆以机构为纲下系其长官及所属官吏，即是河清立法之时机构法人化和行政一体化已达相当程度的一个的标志性现象，前已指出其势直承北魏太和、正始立法而来。在北齐之前，约与北魏正始立法同期，《隋书》卷二六《百官志上》载梁天监以来所定官制，大都先列三省、御史台等机构为纲，下各系其长官及其所属官吏，而与《南齐书·百官志》以前诸官制记载皆以长官为纲代表机构，其下系以所属官吏的状态迥异其体。这类现象，显然都是机构法人化和行政一体化进程在南北朝后期进入新阶段的反映。

瓦解重组的史实,为制定法运动在安史乱后迅速衰落的原因提供某种解释。

质言之,在唐宋之间行政体制以使职差遣为中心而演变的过程中,三省制所代表的,从决策到行政均须在机构内外部展开多重牵制和协调的状态,已被直属皇帝的各种使职差遣所拆解和简化。而宋代以来继续循此调整定型的基本方向,仍是要强化皇帝对各类政务的直接控制,为之拆除或淡化某些遮隔其间的机构层级,简化各种妨碍效率而显得冗余的牵制和协调关系,从而导出了宰相协助皇帝直辖六部诸司的金元一省制和明清阁部制。因此,中唐以来使职差遣的日益盛行,实际上昭示了唐宋至明清行政体制在专制集权轨道上发展的根本方向和演化主题,标志了三省制及其所代表的行政秩序和关系的一去不返。而这自然会使以往适应这一体制和对之加以规范的法典不再合乎时宜,相应地,原来作为"权制"的敕例,则因其更加契合皇帝直接控制各类政务的要求,便于适应业已据此简化了有关行政层级、程序的新体制而大行其道。

这样,从整套行政体制演变的角度来看,魏晋以来制定法运动的不断发展和逐浪高涨,似可在很大程度上解释为三省制及其所代表的行政秩序和关系逐渐完善、定型的法律表现。循此考虑这一运动在中唐以来的迅速跌落,自亦应是三省制及其特有的一系列制度在当时分崩离析和走向新体制的结果。但这样解释仍然存在着很大的问题,因为除晚唐、五代这段特殊的制度动荡调整期外,三省制在北宋精神虽改而轮廓犹存,元丰改制以后,更长期存续了其相当一部分实质内容。直至金元一省制和明清阁部制,初唐以来臻成的行政一体化和机构法人化成果,大都还是被继承了下来,并以新的方式得到了发展。权力的切割细化和相应的牵制、协调,仍是厉行集权的基本方式或途径,公文连署和公罪节级连坐之制依然十分严格[1],

---

[1] 如《大清律例》卷一《名例下》"同僚犯公罪"条(劲案:以下括号内为原注):"凡同僚犯公罪者(谓同僚官吏连署文案,判断公事差错而无私曲者),并以吏典为首,首领官减吏典一等,佐贰官减首领官一等,长官减佐贰官一等(官内如有缺员,亦依四等递减科罪。本衙门所设官吏无四等者,止准见设员数递减)。若同僚官一人有私,自依故出入人罪(私罪)论;其余不知情者,止依失出入人罪(公罪)论(谓如同僚连署文案官吏五人,若一人有私,自依故出入人罪论。其余四人,虽连署文案,不知有私者,止依失出入人罪论。仍依四等递减科罪)。若(下司)申上司(事有差误,上司)不觉失错,准行者,各递减下司官吏罪二等(谓如县申州、州申府、府申布政司之类)。若上司行下(事有差误,而)所属依错行者,各递减上司官吏罪三等(谓如布政司行府、府行州、州行县之类)。亦各以吏典为首(首领、佐贰、长官依上减之)。"与上引《唐律疏议》"同职犯公坐"条相比,足见其精神依旧而枝节稍异,且其规定更为细致。

从而突出地表明了各种行政关系和秩序虽已有所简化，举国行政的一体化程度却也因权力的进一步集中而强化了。

问题也正由此产生：为什么这些实质和表现方式类同的事态，在当时并未重新导向法典对各种行政关系和秩序更为明确而划一的规范，也未凝聚出那种尽可能把敕例制定为法典的立法冲动？而是平稳地走到了淡化法典作用和地位，保留和改造《律》典，相应则强调"编例"重要性的道路上了呢？这种很像是归复到类于秦汉《律》、《令》体制的过程，难道仅仅是某些行政层级和程序的拆解重组和简化就可以导致的趋势吗？显然，三省制所代表的行政一体化进程，虽或对魏晋以来制定法运动的持续兴起具有一定解释力，却还是难以较好地说明中唐以来这一运动迅速跌落而再未重振的史实，且又因此而不宜高估其在参与推进这个运动兴起时的作用。

二　"法律儒家化"命题及其内涵和背景

作为一个历史运动，一个围绕着重视和讲究法典作用和地位而展开，且有其特定的指导思想、中心任务及主要举措，其基本脉络和兴衰曲线明晰可辨的完整过程，魏晋至隋唐制定法运动的兴衰，自应有其贯穿于中和在很大程度上决定其走向的主因。在考虑了上述因素及其作用以后，可以认为对此主因的探寻，恐怕还须回到陈寅恪先生提出，至瞿同祖先生正面论证的"法律儒家化"命题，由此出发来进一步考察相关历史进程及其影响，才能更好地诠释魏晋以来制定法运动的兴起，且亦较为圆满地说明这个运动经南北朝至唐初逐步走向全盛，至开元立法以后又迅速衰落不返的发展曲线。

近年以来不少学者都对"魏晋以来法律儒家化"命题再作审视和讨论，其要是认为战国、秦汉法律已在不少方面体现和维护了儒家推崇的纲常伦理和等级差异，故就儒家学说对法律的影响，或法律系统中的儒法相融进程而言，其起点当在战国时期，至秦汉而愈显露，再到汉武帝以来而大势已定[①]。这些讨论多少都含有质疑旧说的成分，且常利用新出简牍资

[①] 参《中国法制通史》第二卷"战国秦汉"（徐世虹主编）之"绪言"；韩树峰《汉魏法律与社会——以简牍、文书为中心的考察》后论"从法律、社会的变迁审视法律'儒家化'学说"。杨振红《从出土秦汉律看中国古代的"礼"、"法"观念及其法律体现——中国法律之儒家代说商兑》，《中国史研究》2010年第4期。

料补正其中不足，在有些方面确可深化以往的认识。但也必须看到，无论把儒学对法律的影响提前至何时，其实都无碍于"魏晋以来法律儒家化"这个命题的成立与价值，因为即便是质疑者也无不肯定，魏晋时期确是"儒家学说对法律渗透与改造"显著加速和深化的转折点，并突出地表现为《律》、《令》对儒经所示礼法关系准则和有关法制理念的全面贯彻。有必要三复斯言的是：这一转折本来就是在汉武帝独尊儒术以来，政治和制度越益深受儒家学说化染的基础上发生的，名之为"法律儒家化"，可以说深刻揭示了魏晋以来法律相较于秦汉时期转折变化的要害所在。①

自春秋晚期儒家形成以来，至战国百家争鸣而儒分为八，各家学说异同纷呈而交光互摄，各国各时期政治和制度所受影响来源多端，各有其基于自身社会基础的伦理准则和等级差异。这种前提下自然只会有"儒家的影响"，而谈不上有什么"儒家化"进程。故严格说来，所谓"儒家化"，只能是汉武帝独尊儒术以后的事情。只有儒学的官方意识形态地位逐渐确立，才有各种政治过程和制度设置陆续被其整合和化染的进程，而其具体进度，自然又会因各时期儒学和各领域状况的不同而参差不齐。

循此再加观察，较之官学、察举等先行的领域，法律在这方面显然是相对滞后的。《汉书》卷二三《刑法志》末班固论汉刑狱滋繁之弊时，即对此作了明确表述：

> 原狱刑所以蕃若此者，礼教不立，刑法不明，民多贫穷，豪桀务私，奸不辄得，狱犴不平之所致也。《书》云："伯夷降典，悊民惟刑。"言制礼以止刑，犹堤之防溢水也。今堤防凌迟，礼制未立；死刑过制，生刑易犯；饥寒并至，穷斯滥溢；豪桀擅私，为之囊橐；奸有所隐，则狃而寖广；此刑之所以蕃也……自建武、永平，民亦新免兵革之祸，人有乐生之虑，与高、惠之间同，而政在抑强扶弱，朝无威福之臣，邑无豪桀之侠。以口率计，断狱少于成哀之间什八，可谓清矣。然而未能称意，比隆于古者，以其疾未尽除，而刑本不正……

---

① 瞿同祖《中国法律与中国社会》附录《中国法律之儒家化》一文包括了三个基本观点：一是秦汉法律为法家所拟订，纯本于法家精神；二是法律之儒家化汉代已开其端；三是儒家有系统之改造法律自曹魏始而完成于唐。至今看来，瞿先生对此的具体表述和发挥容有商之处，但总体上仍无可置疑。

岂宜惟思所以清原正本之论，删定《律》、《令》，纂二百章以应大辟；其余罪次，于古当生，今触死者，皆可募行肉刑；及伤人与盗，吏受赇枉法，男女淫乱，皆复古刑，为三千章。诋欺文致微细之法，悉蠲除。如此，则刑可畏而禁易避，吏不专杀，法无二门，轻重当罪，民命得全。合刑罚之中，殷天人之和，顺稽古之制，成时雍之化。

班固此论一再强调的"礼教不立，刑法不明"；"疾未尽除，刑本不正"；亦即前面征引其文提到"大议不立，遂以至今"之所指，故其提出的解决之方，便是要"清原正本，删定《律》、《令》"。

与之呼应的观念和实践，如《晋书》卷三〇《刑法志》载东汉章帝时尚书陈宠以儒经为范请定刑政，"议五十余事，定著于《令》"。至和帝时宠为廷尉，又奏请删定《律》、《令》有曰：

> 臣闻礼经三百，威仪三千，故《甫刑》大辟二百，五刑之属三千。礼之所去，刑之所取，失礼即入刑，相为表里者也。今《律》、《令》，犯罪应死刑者六百一十，耐罪千六百九十八，赎罪以下二千六百八十一，溢于《甫刑》千九百八十九……宜令三公、廷尉集平《律》、《令》，应经合义可施行者，大辟二百，耐罪、赎罪二千八百，合为三千，与礼相应。其余千九百八十九事，悉可详除。使百姓改易视听，以成大化，臻刑措之美，传之无穷。

此奏虽因陈宠不久得罪而未施行，其所阐释的礼、法关系准则和以"应经合义"来删定《律》、《令》的要求，正与班固所述同出一辙。前已指出，这类议论应代表了东汉以来士大夫对汉兴二百余年法律体系所作的反思，其看起来针对的是汉初以来法律滋繁之弊，实则显然是要在基本统治方略上，确立武帝独尊儒术以来影响渐大的"德主刑辅"原则，进而集中通过删定《律》、《令》来明确礼、法关系，以及法律体、用等一系列根本问题。

据此即可断定，汉武帝以来儒学影响法律的程度，直至东汉仍很有限而不宜高估。特别是《律》、《令》的状态，在独尊儒术以来的新形势下不断发展壮大的士大夫们看来，总体上是不合格的，亟待重新删定以全面体现和贯彻儒学推崇的统治原则和法制理念，才能从根本上解决统治过程和法制领域积重难返的种种问题。

甚值注意的是，东汉以来士大夫们的这类立法主张，不仅要按儒家推崇的基本统治方略和礼、法关系框架来界定法律体、用，而且要以儒经所述法制为范来改造法律，特别是要把那些象征着圣王之治的理念、范畴，也尽可能落实于《律》、《令》之中。像上引班固之论，即曾着力阐释了《周礼》中的"五听、八议、三刺、三宥、三赦之法"，以之为刑事立法应当取仿的准则。这也就是曹魏终于把"八议"修入《新律》的缘由，由此不难联想"五听"之类当时亦被修入《新律》的可能。至于《泰始律》的"峻礼教之防，准五服以制罪"，则不仅切实体现了班固强调的"刑本"，也应是对"八议"体现的礼制身份等级的进一步贯彻①。又如班固、陈宠皆要求删定《律》、《令》为三千章，减大辟为二百章，其意是要合乎《尚书·吕刑》所述之数②，同时也是要使之"与礼相合"，即与《礼记·中庸》的"威仪三千"相配，来体现礼法合一之义③。而泰始所定《律》、《令》合共二千九百二十六条，举其大数仍为"三千"，恐怕也是受到了上引班、陈所述观念的影响。

因此，正是汉武帝独尊儒术以来，法律领域越益被认为"大议不立"、"刑本不正"的滞后态势，以及东汉以来这类高举"清原正本"、"应经合义"旗帜，要求准此来通盘"删定《律》、《令》"的立法主张，奠定了魏晋立法的现实基础和指导思想，规定了其方向、主题和内容特色，使之构成了儒家推崇的理念、准则全面贯彻和真正落实为《律》、《令》条文的明确起点。《晋书·刑法志》所述魏晋立法背景，之所以特别接续了《汉书·刑法志》关于法律体、用问题的论述，也正是晋唐间人确认魏晋立法和法律围绕班固所述立法主题和任务而转折发展的体现④。故历史地来看，所谓"法律的儒家化"，显然要较"儒学对法制的影响"更进一步，指的实际上是按儒经所示礼法关系和相关准则、理念来系

---

① 参祝总斌《略论晋律之"儒家化"》。
② 《尚书·吕刑》述"五刑之属三千"为："墨罚之属千，劓罚之属千，剕罚之属五百，宫罚之属三百，大辟之罚，其属二百。"
③ 《礼记·中庸》："礼仪三百，威仪三千，待其人然后行。故曰：苟不至德，至道不凝焉。"郑注："言为政在人，政由礼也。"
④ 唐修《晋书》多本臧荣绪等各家《晋书》，其《刑法志》叙次自亦有其所本。

统地改造法律,本就不能脱离汉武帝独尊儒术以后法制领域形成的问题及其解决过程来加以讨论,而是一个有其特定内涵和时间起迄点的完整历史进程。瞿同祖先生之所以把法律儒家化进程的起迄点定在魏晋至隋唐,即是在这样的意义上,综据其间立法和法律体系的总体状态而作出的判断。[①]

三 法律儒家化与制定法运动的关联

法律儒家化既然是"按儒经所示礼法关系和相关准则、理念来系统地改造法律",则其与制定法运动兴起和发展的关联,也就易于理解了。

从立法过程来看,要把儒经所示礼法关系和相关准则、理念全面贯彻于《律》、《令》,也就首先要结合本朝实际,明确各种儒经、注疏中有所出入的这类关系、准则和理念,将其要义统一起来并形成标准解释,再将之系统地贯彻于《律》、《令》之中。而这显然并非随事随时所下敕例及对之简单编辑所能做到,也非对法律条文作些局部的改动、补充即可达成。为之就只能通盘讨论斟酌,重新起草和安排其条文、篇章,才能使整部法律前所未有地围绕礼法关系而获得全新的中心思想,呈现相应的纲目结构、条文关系及其各项规定内涵的周延性。应当指出,这种围绕特定观念和范畴体系,来全面制订其条文、篇章,使之相对于所取材的现行法律具有空前系统性、普适性和稳定性的编纂过程和目标,正是制定法的根本立法特征,是严格意义上的"法典"产生的必由之途。

即就魏晋《律》的制定而言,《刑名》篇的创设,无疑是曹魏《新律》得以改造《律》体和完成其法典化的重要一步,可以视为制定法运动兴起的标志性事件。而现在看来,《新律》之所以"集罪例以为《刑名》,冠于《律》首",固然受到了名理学的某种影响,但更为重要和直接的原因,还是其先就确立了"更依古义制为五刑……凡三十七名,以为《律》首"的总纲[②]。确立这个显属取本或附会儒经的刑名总纲,既是法律儒家化进程的典型表现,又有力地推动了《律》典体例和内容的进

[①] 瞿同祖《中国法律之儒家化》一文最终的结语曰:"归纳言之,中国法律之儒家化可以说是始于魏晋,成于北魏、北齐,隋唐采用后便成为中国法律的正统。其间实经一长期而复杂的过程,蕴酿生长以底于成。"

[②] 《晋书》卷三〇《刑法志》所载《新律序》节文。所谓"更依古义制为五刑",其"古义"如《白虎通·五刑》:"三王明刑,应世以王。五刑者,五常之鞭策也。刑所以五何?法五行也。五帝画象者,其衣服象五刑也。"可见白虎观会议所论"五刑"理念之一斑。

化。其在当时即已统领了《新律》其余各篇条文的规定和安排，更为此后各朝立法继续按儒经所示来讨论、调整"五刑"体系，包括历代聚讼纷纭的"肉刑"存废问题提供了基础。由此不难体会，法律儒家化进程自开始阶段以来，即已持续影响和推进了制定法运动不断展开。

再看"八议"入《律》，"亲、故、贤、能、功、贵、勤、宾"这八个原出《周礼》的范畴，实际上涵盖了人们的各种身份地位和相互关系，故其一旦明确成为有罪必须议请和据以量刑与夺的法律身份，也就宣告了儒经所示的礼制身份等级内容向《律》文的全面渗透。这种把儒经所示身份类型和等级直接转化为法律身份的立法活动，当然不是古代法律一般都会修入某种身份等级内容的状态所可比拟的。

至于"八议"具体影响《律》文规定的状态，则如《晋书·刑法志》所存《新律序》节文所示：

> 改《贼律》，但以言语及犯宗庙园陵，谓之大逆无道，要斩；家属从坐，不及祖父母、孙。至于谋反大逆，临时捕之，或汙瀦，或枭菹，夷其三族，不在《律》、《令》。贼斗杀人，以劾而亡，许依古义，听子弟得追杀之……正杀继母，与亲母同，防继假之隙也。除异子之科，使父子无得异财也。殴兄姊加至五岁刑，以明教化也。

作为对《新律》条文要义的概括，上引文提到的"家属"及"祖父母、孙"、"三族"、"子弟"、"继母"及"亲母"、"继假"、"父子"、"兄姊"，固然都是长期以来影响法律和司法活动的亲属关系范畴，《新律》却在这方面突出地呈现了新的倾向。即在各种定罪量刑规定中，一一对此作了精细的亲疏辨别，足见其背后存在着一个重新界定过的亲属关系序列。故其至少可以反映"八议"中的"议亲"入《律》之际，必据儒经所示而对各种亲属关系进行过通盘梳理和界定，又深切地指导了有关《律》条的制定过程。也正像"五刑"成为刑名纲要所发生的影响那样，"八议"入《律》也同样开启了此后各朝定《律》之时，结合儒经中的相关范畴和当时礼制等各项制度的情况，来重新梳理和界定这八种法律身份，以此规范相关《律》条内容的进程，也就持续以此推进了制定法运动的延伸和发展。

由此看来，《泰始律》的"峻礼教之防，准五服以制罪"，正应是对

"八议"入《律》所含法理的继续发挥。从大逆无道从坐"不及祖父母、孙"及"夷其三族，不在《律》、《令》"，可以看出《新律》区别对待的亲属关系范围要小于"三族"①，父子关系确在其中居于核心地位。《泰始律》则明确了亲属关系至"五服"而止，故当时立法必据《仪礼·丧服》等篇所述，对《律》文涉及的亲属关系重新进行了界定和调整。至于"准五服以制罪"原则的确立，更表明《丧服》等篇所示的五服范畴及其内涵，已被全面转化为特定的法律权利和义务。这就反映了《泰始律》在贯彻儒经所示"亲亲"和"尊尊"的礼制内核时，所已达到的空前程度②，也就构成了其在儒家化程度上要比《新律》更为全面和彻底的重要标志。

其余如《晋书·刑法志》述《泰始律》较之《新律》调整的有关规定：

……除谋反嫡、养母出女嫁，皆不复还从父母弃市……重奸伯、叔母之令，弃市；淫寡女，三岁刑；崇嫁娶之要，一以下娉为正，不理私约。

上述条文，即可视为泰始定《律》重新梳理儒经所示"五服"和婚姻关系范畴，将之转化、落实为具体条文的结果。

再如《泰始律》新创的《诸侯》篇，《晋书·刑法志》述其直接取本"周官"的有关阐述制定而成③，近年甘肃玉门花海出土的《晋律注》残文，其中属于"诸侯律注第廿一"的，即存有下列两行文字：④

---

① "三族"汉以来解释不同，有释为"父族、母族、妻族"者，有释为"父母、兄弟、妻子"者。参沈家本《历代刑法考·刑法分考》卷一"夷三族"。
② 关于《周礼·天官冢宰》篇及《礼记·丧服小记》所述的"亲亲"和"尊尊"及其相互关系，参钱杭《周代宗法制度史研究》第六章"宗法伦理结构类型"，学林出版社1991年版。
③ "周官"二字，中华书局点校本加书名号。劲案：魏晋以来所称"周官"常指《周礼》，其中确有多处提到了诸侯之政，如其《地官司徒》篇有大司徒"以土均之法辨五物九等，制天下之地征，作民职，以令地贡，以敛财赋，以均齐天下之政"之说，可供《诸侯律》编纂所取材。但孔传《尚书》也有《周官》篇，其中提到"内有百揆四岳，外有州牧侯伯"，并有诸侯定期朝觐和天子对之巡考之制。故《晋书》此处"周官"，亦可理解为兼指两者。
④ 花海所出《律注》书于木制棺板之上，因出土仓促，不及处理而木板毁裂，今存其文残零不堪。其中"诸侯律注第十九"、"诸侯律注第廿"、"诸侯律注第廿一"之字尚属可辨，其下条文如"诸侯谋反、反叛"、"犯《律》"、"卿相"等王国官犯罪处置、王国人口流亡及管理等条，虽不完整而皆存部分文字。参张俊民《玉门花海出土晋律注》。

>   贡赋□废王职不　　　　　　
>   擅□土田□□□　　　　　　

这种关于诸侯王国"贡赋"和"土田"等事的违法惩处规定①，即应体现了《尚书·周官》篇和《周礼·地官司徒》篇相关内容对之的影响。凡此之类，都可归为法律儒家化在西晋的新进展。

需要特别指出的是，《泰始律》以礼入法和取本儒经定其条文的要旨，不少都是与今存《泰始令》佚文相辅相成的。如张鹏一辑存、徐清廉校补的《晋令辑存》卷三《复除令第十一》辑有一条《晋令》：

> 庶人遭三年丧者，复除徭役。

此条究竟是否《晋令》佚文尚有问题，但《晋令》中自应有此规定②。大体自晋武帝泰始元年下诏吏民为父母服三年之丧，其中即有庶人复除二年的内容，这些规定至泰始三年立法之时，必被斟酌完善而修入了《令》文。

可与参证的如《太平御览》卷七七五《车部四·骡车》引《晋令》曰：

> 乘传出使，遭期丧以上，即自表闻，听得白服乘骡车，副使摄事。③

---

① 《宋书》卷一四《礼志一》述蕃王朝觐之制有曰："晋泰始中，有司奏：'诸侯之国，其王公以下入朝者，四方各为二番，三岁而周，周则更始。若临时有故，却在明年。来朝之后，更满三岁乃复，不得从本数。朝礼执璧，如旧朝之制。不朝之岁，各遣卿奉聘。'奏可。"这类记载，应当也反映了《诸侯律》的相关内容。

② 《晋令辑存》称其出于"《通典》一○八引《晋令》"。劲案：《通典》卷一○八通篇为《开元礼类纂三》，包括"君臣冕服冠衣制度"直至"杂制"等五个部分，其所引皆为《唐令》，且不见有此内容。惟《通典》卷八○《礼四十·凶二》"总论丧期"载"晋武帝泰始元年，诸将吏二千石以下遭三年丧者，听归终宁，庶人复除徭役二年"。《宋书》卷一五《礼志二》亦载此诏而无"二年"两字。又《晋书》卷三《武帝纪》载帝告天登位于泰始元年十二月丙寅，是其登位不久即下此诏。

③ 《宋书》卷一八《礼志五》述车舆之制引《晋令》引此脱一"期"字。

在儒经所示守丧概要中，丧制与"五服"密切相关，这里的"期丧以上"，指的即是三服之内丧期一年以上的亲属之丧，其中也包括了为父母服"斩衰"的三年之丧[1]。故这条《晋令》当可说明五服丧制大体上已正面规定于《令》中，且其显然是与《泰始律》中业已全面明确的"五服"和有关定罪规定相配套的制度。

又《初学记》卷二七《宝器部·绢第九》引《晋令》：

> 赵郡、中山、常山国输缣当绢者，及余处常输疏布当绵绢者，缣一匹，当绢六十丈；疏布一匹，当绢一匹；绢一匹，当绵三斤。[2]

是各王国贡赋之制已一一明定于《令》，可称是儒经所示诸侯定其土宜输赋之法的具体化。以此参照上引《诸侯律注》关于王国贡赋有缺的处罚条文，又具体地展示了《令》定事制而《律》正罪名的辅成关系。

再如《魏书》卷一八《太武五王传·临淮王谭传》附《元孝友传》载其东魏时奏表有曰：

> 古诸侯娶九女，士有一妻二妾。《晋令》：诸王置妾八人，郡公、侯妾六人。[3]

"古诸侯娶九女"，典出《春秋公羊传》，东汉《白虎通·嫁娶》篇承此为说[4]，

---

[1] 《礼记·中庸》："期之丧，达乎大夫。三年之丧，达乎天子。父母之丧，无贵贱，一也。"《晋令》的这些规定显然体现了此义。

[2] 《晋令辑存》卷三《户调令第九》此条据王国维《释币》一文，指出其"疏布一匹，当绢一匹"义不可解，疑应是"疏布六丈当绢一匹，一匹当绵三斤"。

[3] 《北史》卷一六《太武五王传·临淮王谭传》附本传、《北齐书》卷二八《元孝友传》所载略同。

[4] 陈立撰、吴则虞点校《白虎通疏证》（中华书局1994年版）卷十《嫁娶》"论天子嫡媵"条："天子、诸侯一娶九女者何？重国广继嗣也……或曰天子娶十二女，法天有十二月，万物必生也。"同篇之"论同姓诸侯主婚"条："卿大夫一妻二妾者何？尊贤重继嗣也……士一妻一妾何？下卿大夫，士也。"元孝友所说的古者"士有一妻二妾"显然与之不同，《礼记·曲礼下》"士不名家相、长妾"句孔疏引"熊氏云：'士有一妻二妾。'"是熊安生《礼记义疏》有此之说，应出自徐遵明门下的三礼学。

指媵婚制下诸侯娶一妻而有八妾①。大约自郑玄沟合今、古文经学以来，天子、诸侯嫔妃之制，常被魏晋以来视为周公制礼的产物，属于广义的"周礼"②，《晋令》定诸侯王妾八人，下至公、侯减至六人，显即本此而来，并与当时"撰周官为《诸侯律》"之义相契合。

这些事例大致应可说明，泰始立法在把儒经所示礼法关系和有关准则、理念进一步贯彻于法律时，实已较之以往发生了一个突出的变化，即服从于此来通盘考虑和兼顾《律》、《令》的制定及其匹配关系，也就必然要重新起草和调整两者的相关规定。这自然是与西晋政治和各项制度的儒家化程度更趋深化的大势相符的，同时又构成了标举"诸生"出身的司马氏集团，之所以能在《令》的法典化上迈出关键一步的重要契机。而其原因亦如前述，随事随时下达的敕例及其汇编，实际上很难系统地体现儒经所示礼法观念，只有通盘重新起草的制定法，才是达成这种要求的合适形式。特别是要结合本朝实际，讨论斟酌儒经所示准则、理念及其相互关系，将其有选择地转化为切实可行和足以匹配的《律》、《令》条文，只有制定法才能做到。

由此再看杜预所说的"法者绳墨，非穷理尽性之书"，其所反映的正是泰始立法围绕儒经疑义展开的讨论，以往各家《律》注亦必因此而枝节纷歧。故其进而申述的"文约例直、禁简难犯"要求，也正是要明确

---

① 《公羊传》庄公十九年"四月秋，公子结媵陈人之妇于鄄"条："媵者何？诸侯娶一国，则二国往媵之，以侄、娣从。侄者何？兄之子也。娣者何？弟也。诸侯一聘九女，诸侯不再娶。"其大意是诸侯娶一国之女为妻，其妻之侄女及妹各一人陪嫁，另有与妻国同姓之二国之女各一人及其"侄"、"娣"各一人陪嫁，如此共为九女，一妻八妾。

② 《晋书》卷三一《后妃传》序："周礼：天子立一后，三夫人，九嫔，二十七世妇，八十一御妻，以听王者内政。"《隋书》卷三六《后妃传》序："周公定礼，内职始备列焉……开皇二年，著内官之式，略依周礼，省减其数。嫔三员……世妇九员……"《魏书》卷一三《皇后传》序述孝文帝"改定内官"，立一后二昭仪三夫人、九嫔下至世妇、御女。亦应取本于广义的"周礼"。《魏书》卷五三《李冲传》即载为："高祖初依周礼，置夫、嫔之列。以冲女为夫人。"然《周礼·天官冢宰》篇惟述天子有"六宫"、"九嫔"，这个以三为倍的嫔妃序列实为《礼记·昏义》之说，汉来注家常以之释《周礼》"六宫"之构成。参孙诒让《周礼正义》卷一三《天官·内宰》"以阴礼教六宫"条；郑注孔疏之《礼记正义》卷四《曲礼下》"天子有后，有夫人，有世妇，有嫔，有妻，有妾"条及卷六一《昏义第四十四》"古者天子后立六宫，三夫人、九嫔、二十七世妇、八十一御妻"条。

强调起草法典的文例，绝不能像解经那样来繁琐论证或微言大义①。就这样，既要通盘贯彻同一套礼法观念，以此来涵盖各项制度而不再限于刑事领域，又要将之化为文字简约而义理明白的法条，《泰始律》、《令》就必须删除各种芜杂累赘的无关文字，也只能形成某种并行互辅关系。其结果也就无法再像汉魏那样，现成地以敕例为"令"，来随时随事或将之编集成篇补充《律》的规定，于是便形成了《律》正罪名，《令》定事制，两者共为法典而相辅相成的新体制。当此之时，法律儒家化在当时的进一步发展，显然起到了极其重要的作用。

再从司法过程来看，儒经所示礼法关系及其相关准则、理念的系统贯彻于《律》、《令》，既然是相对于秦汉时期法律构成的重大变化，体现了法律领域"大议"已立、"刑本"已正的新局面，也就尤其需要强调这两部新法典指导司法的重要性和权威性。

即从西晋的有关态势来看，《北堂书钞》卷四五《刑法部·律令十三》引杜预奏事有云：

> 被敕以臣造新《律》事，律吏杜景、李复等造《律》，皆未清本末之意者也。

这也就是杜预之所以强调《律》、《令》不能拘于"小理"，而需从大处定其性质和形态的直接背景，同时也反映了当时法官、法吏对于法律儒家化及《律》、《令》法典化还不甚适应的状态。

又《晋书·刑法志》载张斐《上律注表》述《泰始律》大旨：

> 王政布于上，诸侯奉于下，礼乐抚于中，故有三才之义焉。其相须而成，若一体焉……礼乐崇于上，故降其刑；刑法闲于下，故全其法。是故尊卑叙，仁义明，九族亲，王道平也。

---

① 杜预要求的"文约例直、禁简难犯"，应当总结了长期以来法律起草的文例，这在出土简牍所示秦汉《律》文中可以说基本上也是做到了的。故杜预强调"文约"和"禁简"，针对的一方面应是当时把儒经所示观念系统贯彻于法律的新情况，另一方面则是汉魏时期尚以敕例及其汇编形式而存在的《令》文的状态。

这是认为,《泰始律》体、用已全面贯穿了儒经所示圣王治道和礼法关系,但其在当时显非不言而喻,而是需要特别加以申明的道理。

同类阐释可以说是一段时期中议论有关司法问题的焦点。如《晋书》卷五九《赵王伦传》载其武帝时事:

> 封琅邪郡王,坐使散骑将刘缉买工所将盗御裘,廷尉杜友正缉弃市,伦当与缉同罪。有司奏伦爵重属亲,不可坐。谏议大夫刘毅驳曰:"王法赏罚,不阿贵贱,然后可以齐礼制而明典刑也。伦知裘非常,蔽不语吏,与缉同罪。当以亲贵议减,不得阙而不论。宜自于一时法中,如友所正。"帝是毅驳,然以伦亲亲故,下诏赦之。

此事当在《泰始律》颁行之后①,其具体地说明了当时法官在如何贯彻"齐礼制而明典刑"的根本法意,怎样执行"亲、贵议减"的《律》文时,确有难以平衡其间关系的疑惑存在。这自然是"八议"入《律》以后带来一系列执行问题的缩影,而刘毅则要求依《律》先定其罪再行议减,以此阐明了其间理致,强调了各项《律》文规定的严肃性。

刘毅驳论的预设或前提,显然是《律》文已经较好地平衡了礼、法关系,展示的是法律儒家化进程在当时必然要求严格执法的逻辑。《晋书·刑法志》载惠帝时三公尚书刘颂上疏,则从另一角度对此作了系统阐述:

> 夫法者,固以尽理为法,而上求尽善,则诸下牵文就意,以赴主之所许,是以法不得全……夫出法权制,指施一事,厌情合听,可适耳目,诚有临时当意之快,胜于征文不允人心也。然起为经制,终年施用,恒得一而失十。故小有所得者,必大有所失;近有所漏者,必远有所苞。故谙事识体者,善权轻重,不以小害大,不以近妨远,忍曲当之近适,以全简直之大准。不牵于凡听之所安,必守征文以正

---

① 《晋书》卷三《武帝纪》载伦封琅邪王泰始元年十二月丁卯,《刑法志》载文帝始定律令,杜友已为廷尉,与贾充等人共与其事。《晋书》卷四五《刘毅传》载其"武帝受禅,为尚书郎、驸马都尉,迁散骑常侍、国子祭酒。帝以毅忠蹇正直,使掌谏官"。其任谏议大夫当在泰始三年后,上此驳论则应更晚。

例。每临其事，恒御此心以决断，此又法之大概也。又律法断罪，皆当以法《律》、《令》正文，若无正文，依附名例断之，其正文、名例所不及，皆勿论。法吏以上，所执不同，得为异议，如《律》之文，守法之官，唯当奉用《律》、《令》，至于法律之内，所见不同，乃得为异议也。今限法曹郎、令史，意有不同为驳，唯得论释法律，以正所断；不得援求诸外，论随时之宜，以明法官守局之分。

其奏付下集议后，终得赞同而成定制。其核心是认为：作为"经制"的《律》、《令》，在"尽理"、"尽善"的作用，着眼于远、大的性质和简、直的形态上，均非作为"权制"而适于一时一事的敕例可比，也就决定了其在指导司法活动时的更高地位。故刘毅提出的建议，便是要以特定程序作出更加严格的要求，从而保障司法过程能够遵守《律》、《令》的各项规定。在时人眼中，《律》、《令》之所以能成为"经制"，正是因为两者业已最大程度地体现了儒经所示的圣王之道、终极公义，并已围绕于此对其各项规定的轻重、所寓法理的大小和可能的影响作了通盘斟酌①，已是两部条文稳定而涵盖周密的法典的缘故。因而刘颂此疏所论，不仅更为完整地反映了法律儒家化和法典化的内在关联，而且体现了司法过程因此而尤须强调法典的统一指导，相应则须尽可能约束敕例作用的趋势。

至此已可明确，法律儒家化进程既然是按儒经所示礼法关系和相关准则、理念来系统地改造法律，也就内在地蕴含了强调制定法作用和地位的倾向。表现为其势将通过立法来体现圣王治理之道和社会的终极公义，并因必须把相关观念贯穿其中而导致了其篇章、条文的系统性、普适性和稳定性，从而推进了其所立之法或敕例编纂的法典化。在此同时，司法过程也必然会因此而特别强调法典地位，强调其统一指导举国行政的权威性和严肃性，相应则以尽可能约束敕例的作用为其特色。

正其如此，法律儒家化进程对整套法制的影响，实际上是儒学对立法和司法活动的一般影响所无法比拟的。就拿汉武帝以来董仲舒、公孙弘、倪宽等人代表的春秋决狱之风来说，其特征是撇下《律》文，据《春秋》

---

① 上引文中"谙事识体者，善权轻重……以全简、直之大准"这段文字，全从杜预之论化出，其中所述的"简、直"，也就是"例直易见，禁简难犯"。

等儒经所示伦理，依"论心"、"原情"等义例来决狱。这显然是儒学成为官方意识形态，礼的准则开始占据道义制高点后，法律领域的规定仍严重滞后的局面所导致的，此即其所以兴起，及其全部合理性之所在。但当时即或在此基础上形成了某些司法解释或敕例①，却并未影响到《律》、《令》的基干内容，其作用主要还限于司法领域。其所体现的，其实仍是长期以来法制领域往往有法不依，法定主义并不占据上风的传统，是这一传统下司法者可以按某些公理来最大限度地曲解法律的反映。三代以来华夏法系的成果之所以集中表现在某些司法原则的形成上，正可以视为这一传统的产物。继续承秉了这一传统的春秋决狱之风，则一方面适应了儒学开始独尊而《律》、《令》基干未变的形势，形成了一些具有重要指导意义的判例，催生了穷理尽性的各家《律》注，可以视为法律儒家化进程的前奏。另一方面也不免加剧了司法过程曲解法律的倾向，导致了守法者在现行《律》、《令》、判例及各家《律注》之间莫衷一是，而奸吏则可高下其手的困境。

从这个角度又可以认为，法律儒家化进程及必然与之相连的制定法运动，本就寓有针对汉代春秋决狱之风的意味，而魏晋以来此风的衰歇，也正是法律儒家化的展开，已对其所代表的种种问题和非法定主义倾向釜底抽薪的结果。也就是说，正是由于当时《律》、《令》历经曹魏、晋初定型，已基本完成了全面贯彻儒经所示礼、法关系准则的改造，也就在根本上扭转了汉武帝独尊儒术以来，法律主体部分与统治指导思想和儒经所示法理并不吻合的局面，撤除了因此而有法不依，另再引经据典来指导司法过程的合理性，从而使严格执行《律》、《令》这两部法典的重要性迅速突出了起来，结果则在观念和实践上催化了法典在整套法律体系中的至上地位。

---

① 《晋书》卷三〇《刑法志》载汉末应劭《上汉议表》，述其删定《春秋折狱》而言其由来："夫国之大事，莫尚载籍也，决嫌疑，明是非，赏刑之宜，允执厥中，俾后之人永有鉴焉。故胶东相董仲舒老病致仕，朝廷每有政议，数遣廷尉张汤亲至陋巷，问其得失。于是作《春秋折狱》二百三十二事，动以经对，言之详矣。"故春秋决狱主要是以儒经解释法意，故与后来各家《律》注关系密切。

四　古文经学与法律儒家化及制定法运动

在得到了以上认识之后，关于法律儒家化与制定法运动的关联，还有两个问题也值得在此一提。先要考虑的问题是：儒经的形成、传承和诠解各有其系统，不同的经典文本和学说具有相当不同的内涵和影响。在考虑魏晋以来法律儒家化和制定法运动之所以兴起的问题时，不能不注意到：今文经学的官方地位被古文经学全面取代，正是始于魏晋，且其局面大体上一直延续了下来[1]。

法律儒家化和古文经学的兴起之间，确实存在着某些关联。前面提到东汉呼吁法律儒家化的班固要求"复古"、"稽古"[2]，曹魏《新律》和西晋《泰始律》则皆"依古义"制定"五刑"和修入"八议"，其所称之"古"，固然都有比附上古圣王之治的寓意，但也皆与古文经学的义旨合辙[3]。再如前述东汉陈宠的立法主张与班固略同，史载其"家传法律而兼通经书"[4]，曾祖陈咸且曾为王莽"讲礼祭酒"[5]，是其家必通古文经学。又曹魏立法时，清理汉代以来各家《律》注，下诏"但用郑氏章句，不得杂用余家"，而郑玄之学虽兼综今、古而称"通学"，其底色或主干却仍是古文经学[6]。西晋立法的重要人物杜预曾撰《春秋左传集解》，本是当时古文经学的大师，其定《律》撰《注》自亦受此影响。张斐《上律

---

[1]　参王国维《观堂集林》卷四"汉魏博士考"，中华书局1959年版。

[2]　班彪、固父子俱为"通人"而好古文经学，《汉书》处处体现出来的古文经学倾向即可为证。

[3]　班固之论深受《周礼》影响，"五刑"、"八议"在《周礼·秋官司寇》篇中确具指导刑事的纲领性地位。此外，如《三国志》卷二一《魏书·卫觊传》裴注引《魏书》汉末"台阁故事散乱……觊以古义多所正定"。《晋书》卷四《惠帝纪》末载帝为太子时，武帝命其试决尚书事，"贾妃遣左右代对，多引古义"。《宋书》卷四〇《百官志下》载"诸官府至郡，各置五百者……依古义也"。其"古义"皆可兼指古文经义。

[4]　《后汉书》卷四六《陈宠传》。

[5]　《汉书》卷九九中《王莽传中》载始建国三年置"六经祭酒各一人……沛郡陈咸为讲礼"。其时所讲自必包括了古文经学的《周礼》和逸礼。又王葆玹认为王莽此时为讲礼祭酒的是陈咸长子陈参，《后汉书·陈宠传》则受其家传影响而强调了咸及子参、丰、钦（宠之祖父）在王莽时"去职"、"解官"之事。见所著《今古文经学新论》第三章"古文经学及其流派"五"周官的传承谱系"，中国社会科学出版社1997年版。

[6]　参周予同《经今古文学》四"经今古文的混淆"，《周予同经学论著选集（增订本）》，上海人民出版社1983年版。

注表》述《泰始律》规定讯囚论罪，须精辨罪犯"声色"、"视息"等项征象，即是其中采纳了《周礼》"五听"之说的表现，而《周礼》更是古文经学最具代表性的经典。

因此，从东汉以来士大夫提出"清原正本"、"应经合义"、删定《律》、《令》的主张，到魏晋时期这些主张的真正落实，亦即法律儒家化进程的展开，正是与东汉以来古文经学影响日益扩大，至魏晋则全面上升为官学的事态啮合在一起的。而这自然是因为古文经学倡导的经典义理和相关诠解，要比今文经学更加适宜"托古改制"，也更合乎法律儒家化所坚持的立法主张。就是说，古文经学的兴起，应当不仅是为法律儒家化进程提供了可取为据的儒经文本和诠解，也为这一进程的开启和发展提供了一定的基础和动力。

既然如此，古文经学与制定法运动兴起究竟存在着怎样的关联，也就成了一个亟值注意的问题。汉武帝独尊儒术以来的总体趋势，是经学在多个方面对政治和社会发生了越来越大的影响。而较之于今文经学，古文经学在内容和形态上显然存在着若干更加有利于制定法观念和实践发展的特色。其在这方面的所起作用，当不下于学界已提到的玄学或名理学。

如《周礼》，作为古文经学的重要经典，向被视为"周公致太平之法"，故其从内容到形态，均可直接看作是一部寄寓了古代圣王治道理想的制定法。且其自西汉末年即已指导了某些制度的调整，王莽时期更隐隐是其托古改制的重要蓝本，东汉以来其影响仍在持续深入之中。前述班固之论即征引了《周礼》中的多个法制范畴，直至魏晋把其中的"八议"、"五听"之类修为《律》文，另又据其各篇所述创辟和调整了礼仪、职官等一系列制度[1]，这都拉出了《周礼》不仅影响愈大，且亦陆续被付诸实施，切实指导了某些改制、定制活动的线索。由此不难推知，《周礼》这部"圣王制定法"的影响越大，对其有关范畴、理念的实践越是扩展，

---

[1] 《三国志》卷一《魏书·武帝纪》载建安二十三年六月令定葬制，即引《周礼·春官宗伯》篇冢人职文为说；《宋书》卷一四《礼志一》载魏文帝黄初元年诏定服色，"宗庙所服，一如《周礼》"；同书卷一六《礼志三》载魏明帝时曾据《周礼》而定武宣皇后配祀北郊及文帝甄后别立寝庙，卷一九《乐志一》则载魏明帝据《周礼》定诸宗庙乐舞之制。西晋这方面的事例更不胜枚举，如封爵的五等之制，官制的"上公"、"太宰"之设，舆辇的"五路"之制，田赋的"限田"、"占田"之法，后妃如"三夫人"、"九嫔"之设，皆取鉴《周礼》或托附之。

强调制定法作用和地位的倾向就会越是深入人心。因此，当影响渐大的古文经学到魏晋终于被立于官学，《周礼》的影响，特别是其对行政过程和各项制度包括法律制度的影响，自亦随之进一步扩大，也就推进了制定法理念和实践在当时的显著发展。①

再如郑学，前已指出郑玄之学虽沟合今、古而称"通学"，然其所宗仍为古文经学。郑学在东汉末年已颇流行，魏晋以来一直都在官学所立各家古文经解中居于突出地位，当时古文经学的状态和命运，很大程度上可说是以郑学为代表的②。郑玄晚年自道毕生之志，是要"述先圣之玄意，整百家之不齐"③，即要把后世纷歧不已的经义解释，统一到先圣的本意上来。这个圣意在其看来，即集中体现于"三礼"尤其是《周礼》之中，故郑学的核心亦为"三礼注"而尤重《周礼》④，以至于后来的经学家们常把郑学称为"礼学"⑤。而其要则可概括为发明、融通和简化古礼中的义理，推动古礼与当世秩序的啮合，促使其转化成为现世可行之礼。正由于此，郑学影响的不断扩大，既表现为汉末以来礼学在经学体系中地位的

---

① 富谷至《晋泰始律令への道——第二部 魏晋の律と令》在文末指出：促成西晋《律》、《令》成为两种法典的，有"书写材料从简牍向纸的变化"这种"物理性的外因"在起作用。此外，"内在的思想性原因也值得注意，这就是隆盛于东汉时期之礼教之义的礼的理念被采用为现实的法令……以《周礼》为代表的礼典只不过是记载了理想统治方式的经书，但是在应当制定以典籍形式表现出来的令典时，它们推动了行政法规典籍的诞生。在内因与外因的双重推动下，晋泰始律令诞生了，这就是本文的结论"。这里提出的"物理性外因"还可以再讨论，但明确以"礼的理念被采用为现实的法令"为泰始《律》、《令》体制形成"内在的思想性原因"，并且将之与《周礼》的影响联系起来看，确是令人钦佩的真知灼见。
② 参吴承仕疏证之《经典释文序录疏证》之"注解传述人"部分，中华书局2008年版。
③ 《后汉书》卷三五《郑玄传》载其《诫子益恩书》。
④ 清人于此多有论证。如钱大昕《潜研堂文集》卷二四《仪礼管见序》："三礼之有郑注，所谓悬诸日月不刊之书也。"邵懿辰《礼经通考·论王礼》指出："后世所传三礼之名自郑氏始……郑氏释经之功，莫大于礼。"又述："郑氏学盛行而后《周官》阑入于《礼》之中，《礼记》逸出乎经之外矣。"皮锡瑞《经学通论》一《易经》"论郑、荀、虞三家之义"条述："郑学最精者三礼，其注《易》，亦据礼以证《易》义广大，无所不包。"同书三《三礼》则有"论郑注《礼器》以《周礼》为经《仪礼》为曲礼"、"论郑君以《周礼》为经《礼记》为记"等条以述郑学最重《周礼》之况。
⑤ 张舜徽《郑学丛著》（齐鲁书社1984年版）之《郑氏校仇学发微·条理礼书第四》："《礼记·月令》、《明堂位》、《杂记》疏并云'礼是郑学'，良不诬已。"南宋魏了翁《礼记要义》卷六、卫湜《礼记集说》卷三七皆袭孔疏而强调"礼是郑学"。

日渐加重，至魏晋以来甚或把《礼》视为六经之"本"①；也表现为汉魏以来人们论及规范常以"礼"、"律"并举②，其所反映的正是当时士大夫对礼、法关系的强调及相关认识的深化。同时其更表现为《周礼》地位的不断提高，郑玄对此的注解成为礼学关注的中心，并在依本《周礼》展开的立法活动中发挥了重要作用。也就是说，无论是法律儒家化进程特别重礼和讲究礼、法关系的倾向，还是制定法理念和实践通过取鉴、贯彻《周礼》有关范畴而不断发展起来的历程，其背后实际上都存在着郑学的影响。

应当说，仅有《周礼》这样的典籍或仅有郑玄这样的学者，其影响都不可能达到两者结合到一起以后的地步。正是由于古文经学在文本和诠释上的这一风云际会，决定了其更加适合于两汉发展起来的政治和社会需要，奠定了其在魏晋以来官方经学中的主体地位，同时也构成了其所以能够在法律儒家化和制定法运动中发挥一定指导和推进作用的历史因缘。

除此之外，古文经学与制定法运动的另一层关联亦值得注意。当经学集中承载了官方意识形态以后，贯彻儒经所示准则实为必然之势，定其文本，明其字句及所示义理，据以省视和指导行为亦属理所当然。不能不说其事极近于法律付诸实施的状态，尤其是本就具有规范性质的礼经、礼文的践行过程，与法律实施过程的相像之处就更为明显了。也正是在这一点上，古文经学的一系列有别于今文经学的形态或风格，确实大都隐隐与制定法的状态合拍，且甚有利于法定主义影响的扩大。即就公认的今、古文

---

① 《三国志》卷二五《魏书·高堂隆传》载明帝景初中诏"昔先圣既没，而其遗言余教，著于六艺。六艺之文，礼又为急，弗可斯须离者也。"这是以礼为六经之要的观念。《宋书》卷五五《傅隆传》载其元嘉中论礼有曰："所谓极乎天，播乎地，穷高远，测深厚，莫尚于礼也。其《乐》之五声，《易》之八象，《诗》之《风》、《雅》，《书》之《典》、《诰》，《春秋》之微婉劝惩，无不本乎礼而后立也。其源远，其流广，其体大，其义精，非夫睿哲大贤，孰能明乎此哉！"这是以礼为六经之本，《礼记·经解》篇孔疏引皇侃云："六经其教虽异，总以礼为本。"与之相同。

② 《三国志》卷一《魏书·武帝纪》载建安十八年五月策命曹操为魏公并加九锡，其文有曰"以君经纬礼律，为民轨仪"云云。同书卷五三《吴书·阚泽传》载其曾"斟酌诸家，刊约礼文及诸注说以授二宫"，孙权每欲"增重科防，以检御臣下，泽每曰'宜依礼律'"。这是"礼"、"律"并举较早之例。祝总斌《西晋法律儒家化》一文已指出其西晋以来已甚流行，本书前面曾对"礼律"作为一个专有名词的状态作过辨析。

经学各自特征①，与法制领域的状态比较而言：

一是今文家甚重经典的口传心授，而古文家更重其古传的写本。比之于法制领域，前者显然有类于《律》文义旨在法吏之间的心法别传，即便形诸文字自无妨稍异，后者则更近于法典定本而不容增减出入。二是今文家往往精研一经恪守师说家法，古文家则提倡兼治诸经而会通其理。前者犹如法家之学各守一端，互有长短而各家竞作《律》注，后者则像法典规定的普适、互补，有类不同法典及其篇章、条文之间的其理一贯。三是今文家好为微言大义而出非常可怪之论，古文家则重文字训诂、章句疏通，据此出其义理。前者颇类于法官的自由裁量和以例破《律》，后者则合乎法典文句的自洽、自足，及其施行、解释的强调正文和不容曲解。四是今文家说经往往"碎义逃难"而文句愈演愈繁，古文家则直就经文为释而相对简约。前者近乎各种敕例的层出不穷，终不免左支右绌而盈于几阁，后者则如法典条文的质直、稳定而无冗余文字。

凡此之类，均可表明在总体特征上，今文经学似更偏于非法定主义，而古文经学则甚接近于法定主义；古文家看待经典更像是切实可行的法典，凡人皆可遵守勿失，而今文家眼里的经典则比比皆是无上秘要，对此的践行绝非照章办事的机械过程。正其如此，从这两种经学体系和氛围中可以延伸出来的法律和司法观念，及其为各种敕例和司法解释预留的空间大小，也就都存在着明显的反差。这应当也是法律儒家化和制定法运动开启和发展于魏晋以来古文经学时代的原因之一。

五 修礼典与定《律》、《令》的相互驱动

在考虑法律儒家化与制定法运动的关联时，另一个值得注意的问题是：魏晋以来，定《律》、《令》与修礼典，已开始成为两个内在相关的定制活动。这自然是因为法律儒家化本来就是围绕着礼、法关系展开的，其一方面是要以礼入法，从而势须清理礼文、礼制，借以统一或明确相关的准则和理念，将之贯彻于《律》、《令》；另一方面又必然发生如何分配或安排礼、法规定，使之相互协调的问题。其大要亦即前引东汉陈宠所述："礼之所去，刑之所取，失礼即入刑，相为表里者也。"也正是在此

---

① 参廖平《今古学考》之"今古学宗旨不同表"，收入李耀仙主编《廖平选集》上册，巴蜀书社1998年版；周予同《经今古文学》二"经今古文异同示例"。

基础上，修撰礼典与制定《律》、《令》，在魏晋以来明显形成了相互驱动的关系。

《晋书》卷一九《礼志上》：

> 《周官》五礼，吉、凶、军、宾、嘉……汉兴，承秦灭学之后，制度多未能复古。历东、西京四百余年，故往往改变。魏氏承汉末大乱，旧章殄灭，命侍中王粲、尚书卫觊草创朝仪。及晋国建，文帝又命荀顗因魏代前事，撰为《新礼》，参考今古，更其节文。羊祜、任恺、庾峻、应贞并共刊定，成百六十五篇，奏之。

这段记载说的是秦汉直至魏晋修订礼制的概要，分析其中所反映的问题和史事，可以说明三个阶段修礼活动及礼、法关系的变化，有助于进一步理解魏晋以来修撰礼典与制定《律》、《令》的相互关系。

第一阶段，其述《周礼》中的"五礼"范畴为吉、凶、军、宾、嘉，而汉代"制度多未能复古"，是把按《周礼》定"五礼"看作了礼制得失的标准。故其所谓"未能复古"，也是站在古文经学立场上的看法。其所指的，既是汉初叔孙通以来所定礼制承秦而变化损益，却仍未能体现古圣王治道所示的礼、法关系的现状①；同时也是指秦汉礼制的驳杂，即便到了汉武帝独尊儒术以后，在今文经学占据官方地位的前提下，古文经学特别是《周礼》所述的礼制范畴自难全面落实。②

可以为证的，如《汉书》卷二二《礼乐志》载成帝时犍为郡于水滨得古磬十六枚，刘向借此奏兴礼乐有曰：

> 宜兴辟雍，设庠序，陈礼乐，隆雅颂之声，盛揖让之容，以风化天下……今之刑，非皋陶之法也。而有司请定法，削则削，笔则笔，救时务也。至于礼乐，则曰不敢，是敢于杀人而不敢于养人也。为其

---

① 《汉书》卷四三《叔孙通传》载其汉初与诸弟子共起朝仪，"颇采古礼与秦仪杂就之"，有鲁地儒生质疑"公所为，不合古"，而叔孙通则谓其"鄙儒，不知时变"。可见叔孙通定制的宗旨即是适时通变，不以合乎古制为其标准。

② 《宋书》卷一四《礼志序》："闵子讥古礼，退而致事；叔孙创汉制，化流后昆。由此言之，任己而不师古，秦氏以之致亡；师古而不适用，王莽所以身灭。然则汉、魏以来，各撰古、今之中，以通一代之仪。"相当明确地揭示了"复古"背后的今、古文学消长内涵。

俎豆管弦之间小不备，因是绝而不为，是去小不备而就大不备，或莫甚焉。夫教化之比于刑法，刑法轻，是舍所重而急所轻也。

刘向娴于古文经学，此奏正是着眼于礼、法关系，指斥了当时法律非古圣王之法，礼乐又为人所轻而亟待厘定完善的状态，从而反映了成帝以前礼乐未兴的史实，也构成了前引班固、陈宠论法的先声。

《汉书·礼乐志》后文又述：

> 今叔孙通所撰礼仪，与《律》、《令》同录，臧于理官，法家又复不传，汉典寝而不著，民臣莫有言者。又通没之后，河间献王采礼乐古事，稍稍增辑，至五百余篇。今学者不能昭见，但推士礼以及天子，说义又颇谬异，故君臣长幼交接之道寖以不章。

这里的两处"今"，都是指班固所处的东汉前期。所述叔孙通以来制订礼仪，"臧于理官……民臣莫有言者"一段，是说这些礼仪制度均以制诏形式下达生效，或被编为《尚书旧事》之类①，故与《律》、《令》同被编录而收存于法司，却又不为所重。继而"河间献王采礼乐古事"以下，说的是古文经学自武帝前后河间献王"修学好古"而开始兴起，《左传》、《周礼》等经典正是由此而传，"礼乐古事"亦得刘德主持辑集而大体略备②，然至东汉却仍其义"谬异"而其道"不彰"。

《后汉书》卷三五《曹褒传》载章帝欲定礼乐，褒与班固竭尽促成其事，褒上疏"具陈礼乐之本，制改之意"；固则面奏"宜广招集，共议得失"。其下文载：

> 章和元年正月，乃诏褒诣嘉德门，令小黄门持班固所上叔孙通《汉仪》十二篇，敕褒曰："此制散略，多不合经，今宜依礼条正，使可施行。于南宫、东观尽心集作。"褒既受命，乃次序礼事，依准

---

① 《晋书》卷三〇《刑法志》载建安元年应劭整理法书内有《五曹诏书》、《尚书旧事》等七种，"旧事"亦即故事，"尚书旧事"当与同期卫觊整理的"台阁故事"相类，本书第二章第一节已述其要。

② 《汉书》卷五三《景十三王传·河间献王德传》。

旧典，杂以《五经》谶记之文，撰次天子至于庶人冠、婚、吉、凶、终始制度，以为百五十篇，写以二尺四寸简。其年十二月奏上，帝以众论难一，故但纳之，不复令有司平奏。

后文又载和帝即位，曾用褒所制冠礼，不久又因太尉张酺、尚书张敏等"奏褒擅制《汉礼》，破乱圣术，宜加刑诛。帝虽寝其奏，而《汉礼》遂不行"。显然，上引《汉书·礼乐志》所论，正是班固身与其事有感而发，以见光武帝以来及于章帝虽颇留意于复古改制[1]，但礼制的总体状态亦如《律》、《令》一样不能令人满意，亟待立其"大议"清源正本，来改变这种礼、法各行其事的局面。

第二阶段，《晋志》特别强调了曹魏王粲、卫觊"草创朝仪"之事，点出了其为西晋荀顗等人制定《新礼》所"因"的史实。《三国志》卷二一《魏书·王粲传》载其任侍中在曹操魏国建立之时，卒于建安二十二年，并称其"博物多识，问无不对。时旧仪废弛，兴造制度，粲恒典之"。裴注于此专门补充了粲定诸制的一个实例：

> 挚虞《决疑要注》曰："汉末丧乱，绝无玉珮。魏侍中王粲识旧珮，始复作之。今之玉珮，受法于粲也。"

《决疑要注》是挚虞讨论荀顗等人所定《新礼》的副产品，因而这条裴注说"今之玉珮，受法于粲"，可证王粲所定礼制不少为晋沿袭的史实。又卫觊先与王粲同为侍中"并典制度"，再任尚书则在魏文帝代汉前后至明帝之时[2]，然则卫觊为尚书在"朝仪"上的制作，应是其与王粲定制的后续之举。故上引《晋志》所述"侍中王粲、尚书卫觊草创朝仪"之事，时间上应与曹操定《甲子科》至魏文帝以来定《律》、《令》大体同时，这就透露了当时礼、法撰作本就相互配套的性质，"草创朝仪"则可能是有类西晋制定礼典之举，从而说明了《新律》之所以修入"八议"而渗透了礼制等级内容的一个重要背景。

---

[1] 《续汉书·祭祀志上》载建武"二年正月，初制郊兆于雒阳城南七里，依鄗，采元始中故事"。"元始中故事"，也就是平帝时王莽当政托古改制之故事。《续汉志》中此类例子不少。

[2] 《三国志》卷二一《魏书·卫觊传》。

王粲、卫觊草创朝仪，虽因史载简略而其详难知，但也还有若干资料可以证其梗概。如《宋书》卷一四《礼志一》载嘉礼先蚕之制：

> 《周礼》：王后帅内外命妇，蚕于北郊。汉则东郊，非古也。魏则北郊，依《周礼》也。晋则西郊，宜是与籍田对其方也。魏文帝黄初七年正月，命中宫蚕于北郊。按韦诞《后蚕颂》，则于时汉注已亡，更考撰其仪也。及至晋氏，先蚕多采魏法。晋武帝太康六年，散骑常侍华峤奏……于是使侍中成粲草定其仪。

据此则魏文帝黄初七年，按《周礼》所载重新"考撰"了皇后北郊先蚕之仪[①]，其制与汉在东郊殊为不同。至晋定《新礼》之时，"先蚕多采魏法"，应可解释为大体沿袭了王粲、卫觊所定朝仪的内容[②]。直至太康六年，方因华峤奏请而由成粲再次起草其制，先蚕遂与籍田相对而改在西郊。

这个例子表明，王粲、卫觊相继主持拟定的曹魏礼制不仅取鉴了《周礼》，且系重新"考撰其仪"而成，可见其定制过程确与制定法的起草相类，而非相关敕例的汇编。故其不仅在内容上，也在形态上拉开了晋定《新礼》的序幕，体现了汉代礼制向魏晋礼制的转折变迁。

第三阶段，晋文帝命荀顗、郑冲等制定《新礼》[③]，时间上适与《晋书·刑法志》载"文帝为晋王"而"令贾充定法律"相符，且当时参与定《律》、《令》的十四人中，也包括了郑冲、荀顗、羊祜这三位制定《新礼》的重要人物。这都证实了西晋定礼与定《律》、《令》之间的联动关系，说明了泰始立法之所以在以礼入法和儒家化程度上较之曹魏更进一步的背景。

---

① 《周礼·天官冢宰》篇"内宰"之职有"中春，诏后帅外内命妇始蚕于北郊"之文。
② 可与相证的如《宋书》卷一四《礼志一》载嘉礼冬至日受贺之制："魏、晋则冬至日受万国及百僚称贺，因小会。其仪亚于岁旦，晋有其注。"是为魏晋冬至日受贺之仪相沿而晋又有所完善，"晋有其注"之"注"，指的是为之制订了专门仪注，西晋所定《新礼》亦即"五礼仪注"，这个冬至日受贺仪注必在其中。
③ 《晋志》前文称"晋始则有荀顗、郑冲裁成国典，江左则有荀崧、刁协损益朝仪"。《宋书》卷一四《礼志序》则称"魏初则王粲、卫觊典定众仪，蜀朝则孟光、许慈创理制度，晋始则荀顗、刁协缉理乖紊"。

据《晋书》卷一九《礼志上》载，荀顗等刊定《新礼》奏上后未即施行，太康初方由尚书仆射朱整奏付尚书郎挚虞讨论之。虞集中讨论了其中十五篇，于元康元年奏上而获诏可，且曾上表论《新礼》所宜损增者有曰：

> 臣典校故太尉顗所撰《五礼》。臣以为，夫革命以垂统，帝王之美事也；隆礼以率教，邦国之大务也。是以臣前表礼事稽留，求速讫施行。又以丧服最多疑阙，宜见补定……又此《礼》当颁于天下，不宜繁多。顗为百六十五篇，篇为一卷，合十五余万言，臣犹谓卷多文烦，类皆重出。案《尚书·尧典》祀山川之礼，惟于东岳备称牲币之数，陈所用之仪，其余则但曰"如初"。《周礼》祀天地、五帝，享先王，其事同者皆曰"亦如之"，文约而义举。今礼仪事同而名异者，辄别为篇，卷烦而不典。皆宜省文通事，随类合之，事有不同，乃列其异。如此，所减三分之一。

从中可以看出，《新礼》的修撰，既要体现王者易代必更新众制的气象，又要表明和贯彻晋朝"隆礼以率教"的国策，且其又称"五礼"，是为其体例到内容皆有本于《周礼》吉、凶、军、宾、嘉礼说的明证。①

上引文中另可注意的是，《新礼》共有一百六十五篇，十五万多字，平均每卷（篇）九百余字，而挚虞犹嫌其"卷多文烦，类皆重出"，有待"省文通事，随类合之"。其理由则是"此《礼》当颁于天下，不宜繁多"，故须做到"文约义举"。这就说明《新礼》之修，一开始就是按"例直易见，禁简难犯"这类制定法要求来展开的，且将与新《律》、《令》一样颁于天下以供取准。只是其面临的问题显然要较《律》、《令》复杂，故两者虽皆始修于文帝为晋王时，有关礼制的核心内容及其分配安排亦当原则早定，但其制定在泰始四年颁行《律》、《令》后，却还要十

---

① 挚虞此表解释为何丧礼需要补定时说："盖冠、婚、祭、会诸吉礼，其制少变，至于《丧服》，世之要用，而特易失旨。"说明《新礼》正是把冠、婚、祭、会等仪注归入"吉礼"的。又关于晋以来五礼分类续有调整之况，参梁满仓《魏晋南北朝五礼制度考论》第三章"五礼制度化的过程原因及意义"第二节"五礼制度发展的三个阶段"二"两晋宋齐——五礼制度的发育期"。

余年方得初步完成，其施行则惟元康元年挚虞讨论后，奏上诏可了其中的十五篇而已。

但尽管如此，《新礼》的制定，毕竟还是构成了朝廷制定《五礼》颁于天下以为礼典的明确开端。从曹魏王粲、卫觊"草创朝仪"，发展到西晋荀𫖮、郑冲主持制定《新礼》，这才大体完成了改革汉代礼、法诸制各行其事而"大议不立"、"刑本不正"的局面，建立礼、法合一原则下的新《律》、《令》体制和五礼体系的历史任务。

从上面的讨论中可以清楚地看到，以《周礼》"五礼"说为纲而制定的礼典，不仅是儒经有关礼事范畴和理念的制度化，且其在编纂的程序、规范的形态及颁于天下指导礼事活动的作用上，都是与《律》、《令》相当一致的。两者之异主要应是规范领域的不同，其强制性程度或亦因此而有所区别。礼典所要明确的，主要应是儒家化法典贯彻的礼制准则、仪节规范及其相互关系，故违反礼典所示准则、规定者，恐怕也会像违反《令》所规范的各项制度那样，在《律》中有其相应的惩处条文。

无论如何，魏晋以来礼典的制定，实与当时《律》、《令》内容和体例的变革相辅相成，其所体现的既是法律儒家化进程的特定礼、法关系主题和必然要求，也是制定法运动随法律儒家化进程而明显扩展的标志，是其礼制领域的集中表现。从其后续事态来看，其实际上已经奠定了一个重要的立法传统：此后各朝通盘立法，大都包括了或伴随着有关定礼活动，修撰礼典与制定《律》、《令》相互驱动的关系，也就贯穿并持续地推动了法律儒家化和制定法运动的进程。

第三节　儒家化北支传统与制定法运动的高涨

以上集中讨论了魏晋时期法律儒家化与制定法运动的展开及其关联，间亦展望了魏晋以后循此发展的基本轨迹。可以认为，无论是法律儒家化进程建构特定礼、法关系的主题，还是制定法或法典在贯彻落实这一主题时无可取代的作用和地位；无论是古文经学特别是《周礼》对上述过程的指导和影响，还是定《律》、《令》与修礼典因此而展示出来的联动关系；无疑都是相互缠绕和一直贯穿于魏晋以来立法和法律体系发展过程的重要线索，且都内在地蕴含了强调制定法作用和地位的倾向。由此推想：正是这些可以总体地归于法律儒家化进程之下的发展线索和要素，要比其他因素更加有力地决定了制定法运动自魏晋以来的展开。而南北朝至隋唐制定法运动的每一个大的波澜，实际上也都是与上述线索、要素的起伏联系在一起的。

由于前面的章、节已经讨论过此期各大立法活动的要况，这里不拟对此一一再加回顾和总结，但却仍须在此强调相关事态在北朝的特殊性，及其对于此期制定法运动进一步高涨所起的重大作用。

一　北朝法律儒家化与制定法运动的同步发展

从现象上看，在其发展的每一个阶段上，北朝的法律儒家化与制定法运动都呈现了同步发展的态势。这里先来据前所述勾出其基本脉络：

北魏道武帝取则"王者制度"开国规模而初定"律令"，以类于石赵《辛亥制度》的条制诏令集来规范众制。到太武帝时期另据经典新创了不同于汉魏以来的"五刑"体系，完成了《律》的法典化。再到孝文帝进一步确立《律》、《令》贯彻和维护儒经所示礼、法关系准则的宗旨，旋又集中通过《令》的制订来托古改制。直至宣武帝正始立法基本上完成了《令》的法典化，并按孝文帝遗志和儒经所示来继续展开有关礼仪诸制的厘定活动，其事延续至孝明帝时仍在进行。接着便是北齐《河清律》、《令》对太和、正始以来建制活动的总结，其大旨是要结束此前在改制的经典依据与现实需要之间发生的纷纭。北周则以复古色彩更浓和内容芜杂的《大律》体现了同样的总结，且因其并未定《令》而在同类纷纭上留下了新的问题。在此过程中，北齐和北周又继承、发展了魏末以来定《令》未成改编有关条制或敕例集的倾向，易代前后都曾进一步编纂、颁行过新的过渡性法典，从而开始形成了几部法典及相关敕例集并行互辅的格局。

由此即可看出，北朝《律》、《令》从仅为条制诏令集，到相继法典化和继续调整完善的过程，既是随法律儒家化进程逐渐深入而同步前行的，也是与当时法律逐步向魏晋以来《律》、《令》体制靠拢的进度合拍迈进的。这一切均令人意识到，在此背后还有更多的因素与之相互缠绕，规定着其发展的轨迹。

可以认为，统合着这些过程，使之相互关联发展的，实际上就是北族政权及其治下特有的"汉化"进程。尽管学界对"汉化"内涵和意义的理解不尽一致①,但其显然并不是简单地模仿先进,而是表现为政治、经济、文化各方面不断以两汉以来有关传统为轴心而交融的过程,乃是北族及其治下政治和社会发展的特定方式②,这一点恐怕不会有问题。基于汉来的传统和统治中原地区的客观需要,北朝各政权往往也要承认经学的指导作用和官方地位。故其立足于现实的"汉化",经常都会与"儒家化"缠绕一体而相为表里,既按儒经所示准则、理念来润饰和改造其政治和制度,同时也借鉴魏晋、南朝乃至于三代、两汉的有关做法,这一点同样不会有什么问题。非但如此,这样的过程,实际上也就是贯穿于整部北朝史的社会、政治和制度改革,尤其是法律的"儒家化",更因法律自身的特点而汇聚了北朝汉化改革进程的各种矛盾和冲突,这一点还是不会有问题。

因此,在考虑北朝制定法运动何以会随着法律儒家化进程而逐步展开,且又与此同步不断高涨起来的现象时,首先就必须看到,由于既定的历史前提,北朝的法律儒家化,天然就承载着远比魏晋、南朝复杂和厚重的政治、社会内涵,注定要与同期的汉化改革紧相缠绕共同推进,这就决定了其基本特色和在推进制定法运动发展时的特定作用。同理,北朝的法律儒家化还面临着一系列特殊的挑战和问题,这又决定了其独具的路径和目标,并且因此而催出了三次依本《周礼》来大规模托古改制的高潮,遂更放大了其对制定法运动的推动作用,使之呈现了逐浪高涨的态势。

二 儒家化、汉化改革的缠绕与制定法运动的逐步推进

魏晋以来的法律儒家化,经常是要"跟上"汉代独尊儒术以来政治

---

① "汉化"问题贯穿于整部中国史,何炳棣曾就清史中的"汉化"问题作过讨论,近年又与罗友枝围绕"汉化"的意涵作过论辩。见 Ping-ti Ho, "The Significance of the Ch'ing Period in Chinese History". The Journal of Asian Studies, Vol. 26, No. 2 (Feb. 1967), pp. 189 – 195. Evelyn S. Rawski, "Presidential Address: Reenvisioning the Qing: The Significance of the Qing Period in Chinese History". The Journal of Asian Studies, Vol. 55, No. 4 (Nov. 1996), pp. 829 – 850. Ping-ti Ho, "In Defense of Sinicization: A Rebuttal of Evelyn Rawski's 'Reenvisioning the Qing'". The Journal of Asian Studies, Vol. 57, No. 1 (Feb., 1998), pp. 123 – 155。上举末一文已有汉译文本,分上、下篇载于《清史研究》2000 年第 1、3 期,译者张勉励,题为《捍卫汉化:驳伊芙琳·罗斯基之"再观清代"》。

② 学界以往亦曾着眼于此,将之概括为"封建化"进程。如唐长孺《魏晋南北朝史论丛》收录的《拓跋国家的建立及其封建化》一文,集中讨论了北魏国家形态、农、牧民身份和阶级关系的发展,即是对"封建化"内涵和意义的一种代表性看法。

和其他各项制度的发展步伐。而北朝的法律儒家化，则经常都要与政治和制度等方面的汉化改革齐头并进而相互缠绕，故其虽同样是要按儒经所示准则和范畴来改造法律，却必然会牵动更多的头绪也更费通盘撰作之功。

关于北朝汉化改革和法律儒家化的紧密关联及其所带来的影响，可以从其各次重要的定制活动中清晰地看到。

如《魏书》卷二四《崔玄伯传》载其在道武帝开国建制之时的作用：

> 太祖幸邺，历问故事于玄伯，应对若流，太祖善之……迁吏部尚书。命有司制官爵，撰朝仪，协音乐，定律令，申科禁，玄伯总而裁之，以为永式……太祖常引问古今旧事，王者制度，治世之则。玄伯陈古人制作之体，及明君贤臣，往代废兴之由，甚合上意。未尝謇愕忤旨，亦不谄谀苟容。

天兴元年十一月前后的建制活动，具体是由邓渊定官制爵品，董谧定朝仪礼乐，王德定律令科禁，晁崇定天文术数，崔玄伯则"总而裁之"。这段记载刻画了崔玄伯与道武帝曾就治国方略有过往复讨论和通盘谋划，其所确认的"王者制度，治世之则"，显属儒经中的王者建国纲要和统治准则。由此亦可看出，天兴元年立法定制，不仅呈现了取鉴儒经来建立有关制度的特点，且又因其面临的特定形势和任务，额外增加了论究"古人制作之体"，以此润饰和改革北族旧俗的建制负荷。

不过当时所谓取鉴儒经，大抵还只是模仿其精神和附会其名物，暂时还没有把儒经中的礼法关系准则和有关理念、范畴全面贯彻于法律的问题。前已指出，天兴所定之《律》包括了"八议"，具体表现为对功臣和归附者的优待；其内容则兼取于汉魏而又混有不少五胡时制和拓跋旧俗。故其取鉴了儒经固无问题，但也谈不上是按儒经所示来系统地改造法律。这种因既定前提和条件所致的状态，表明了其汉化改革和法律儒家化虽已起步，但仍不免杂取众制以切实用，无须全面起草一部通体贯彻儒经所示法理而篇章、条文形态严整的法典。同时也反映了其毕竟已具汉化改革和托附儒经的自觉，力图依此来统一刑制，故必通盘取舍其内容和润饰其条文。这也就决定了《天兴律》作为条制集而兼具某些制定法特点，却又不被后人视为《律》典的形态。

尽管此后的发展仍多曲折，但天兴建制奠定的这种汉化改革和法律儒家化一体展开的传统，包括其因此而特需留意儒经所示"王者制度，治世之则"，取鉴于此来立法定制，且又影响到其法律形态的状态，的确在北朝史上一再体现了出来。

如太武帝神䴥四年改定《律》《令》，前已指出其大体完成了《律》的法典化，而关键之一是当时重建了一套"大辟"在外的新"五刑"体系。《魏书》卷三五《崔浩传》载浩神䴥二年论北伐柔然之事有曰：

> 阳者，德也；阴者，刑也。故日蚀修德，月蚀修刑。夫王者之用刑，大则陈诸原野，小则肆诸市朝。战伐者，用刑之大者也……

其时正值神䴥四年定《律》、《令》告讫之前，崔浩所论显然继承了汉代以来德主刑辅的法律观。尤其所述"王者之用刑"一段，早被《汉书·刑法志》称为古圣王树立的用刑典范[①]。由此不难体会，当时所定新的"五刑"体系，似乎已专指"陈诸市朝"的"小刑"，而把"大辟"、"门诛"之类与"陈诸原野"的"大刑"同等视之而独立了出来。

显然，神䴥四年定《律》之时，浩也曾与太武帝讨论过"古人制作之体"，并在儒经所示圣王典制与先朝故事及现实改制需要之间通盘斟酌。结果则是其所创立的新"五刑"体系，也像魏、晋按照"古义"重建"五刑"那样推进了《律》文的系统化及其体例的进化，同时亦必借此进一步润饰和改造了北族的用刑旧俗，使之较之以往更为明显地体现了德主刑辅的法意。由此看来，太武帝以来《令》体仍为诏令集的事实，也是其各项制度的汉化改革和儒家化进程尚未全面展开的反映。在有关准则和理念还未明显占据上风，其贯彻还在局部、陆续艰难推进的前提下，显然并无无条件和必要来制定一部新的《令》典。

孝文帝以来的立法定制，已十分突出地在如何贯彻落实儒经所示准则、范畴，据此改革以往制度和北族旧俗的问题上煞费苦心。《魏书》卷

---

① 见《汉书》卷二三《刑法志》序。其语典出自《国语·鲁语上》臧文仲言于僖公曰："刑五而已，无有隐者，隐乃讳也。大刑用甲兵，其次用斧钺；中刑用刀锯，其次以用钻笮；薄刑用鞭扑，以威民也。故大者陈诸原野，小者致之市朝。五刑三次，是无隐也。"《国语》向被视为《春秋外传》而颇有影响，古文经学家贾逵曾为作注。其中所说"中刑"以下，在《尚书·尧典》（古文在《舜典》）中有"象以典刑，流宥五刑，鞭作官刑，扑作教刑，金作赎刑"之说，前已指出其很有可能就是太武帝所定新"五刑"体系的典据。

———《刑罚志》载：

> （太和）十一年春诏曰："三千之罪，莫大于不孝，而《律》不逊父母，罪止髡刑。于理未衷。可更详改。"又诏曰："前命公卿论定刑典，而门房之诛犹在《律》策，违失《周书》父子异罪。推古求情，意甚无取。可更议之，删除繁酷。"秋八月诏曰："《律》文刑限三年，便入极默。坐无太半之校，罪有死生之殊。可详案《律》条，诸有此类，更一刊定。"冬十月，复诏公卿令参议之。

这些诏文体现了孝文帝亲政以后集中定《律》的几个片断，也是当时君臣引经据典改造以往法律，使之通体贯穿礼、法关系准则的真切写照。

当时定《令》之况则因所涉尤广而更费踌躇，如《魏书》卷五三《李冲传》载太和十五年前后议诸"礼仪律令"，帝不仅常与李冲谋划商决，且往往亲自执笔"润饰辞旨，刊定轻重"。尤其是前面所论礼仪诸《令》的修撰，其过程一直都在据经改制的问题上纷争不已，故自太和十三年以来，一直延续到宣武帝和孝明帝时期还在进行，而其症结之一即是"主议之家，太用古制"。显然，当时的立法既高自标举且刻意复古，遂又因经典与现实的距离及由此生成的百家之说、累世之疑而甚难统一各方认识，其定制过程也就往往需要反复平衡或从头起草。不过其进度虽蹉跎迁延，却也因其汉化和儒家化方向的空前明确，因为各项制度改革已全面循此展开和通盘筹划、精心撰作，推动了《令》的法典化和《律》体的进一步完善。

北齐和北周的立法定制虽各有特点，总体上却都是太和以来有关趋势的延续和总结，也都是在魏末以来北镇势力崛起而胡化风气复又抬头的局面下，汉化改革和儒家化进程的再度发展。

北齐的立法定制，自东魏兴和年间始制《麟趾格》，直到河清三年颁行新《律》、《令》，为时长达二十多年，即从北齐禅魏的天保元年下诏立法算起，也经历了十余年之久。这自然是因为文宣帝先就确定了"删定《律》、《令》，损益礼乐"的立法范围，表明了其在新形势下全面总结太和以来改革定制成果，致力于完成宣武帝和孝明帝时期调整未竟之《律》、《令》、故事的总体目标。故其势须继续面临和进一步处理礼、法关系，特别是要对长期以来这方面发生的纷纭纠葛作出裁决。

不仅如此，这一过程又因东魏以来《麟趾格》存在的问题而更增曲折。前已谈到，《麟趾格》是在天平迁邺以后适应高氏当政的需要而修成的，《魏书》卷八八《良吏窦瑗传》尚存其中的《三公曹》篇第六十六条，即"母杀父，子不得告，告者死"。窦瑗上疏认为此条有违礼教绝不可取，指出《正始律》"子孙告父、母、祖父母者，死"条的规定无此法意，并且为之解释了《左传》襄公二十二年楚王御士弃疾因王杀其父，不告而自缢之事，继而申论：

> 今母杀父而子不告，便是知母而不知父。识比野人，义近禽兽。且母之于父，作合移天，既杀己之天，复杀子之天，二天顿毁，岂容顿默？此母之罪，义在不赦……诚恐千载之下，谈者喧哗，以明明大朝，有尊母卑父之论。

故瑗建议废除此条，明定"母杀父，子得告之"而附入《麟趾格》的"父谋反大逆，子得告之"条。其奏上后，尚书三公郎封君义报判不依，且引《左传》庄公元年文姜逊齐之事及服虔注为其理据。瑗遂再次上奏，引经据典加以论驳而"事遂停寝"。

从这段公案可以看出，《麟趾格》承《正始律》而仍有"父谋反大逆，子得告之"等规定，但其既定于魏末胡风复炽之时，遂又修入了"母杀其父，子不得告"这类显然照应了鲜卑旧俗的条文[①]。颇有意思的是，当时所定这类条文，似乎同样附会了《左传》及服虔注之类的儒学义理而有所润饰，实质却是对系统贯彻了礼、法关系准则的《正始律》的扭曲和倒退[②]。由此再据文宣帝登位后下诏"删定《律》、《令》，损益礼乐"，又特意指出《麟趾格》"犹未尽善"，而命群官"更加论究"[③]。

---

① 《三国志》卷三〇《魏书·乌丸鲜卑东夷传》述乌丸、鲜卑皆古所谓东胡，裴注引《魏书》述乌丸之俗，"怒则杀父兄，而终不害其母，以母有族类，父兄以己为种，无复报者故也"。又述鲜卑"言语习俗与乌丸同"。

② 《麟趾格》制订由高澄主持，与其事者邢邵、温子昇、封隆之、封述等人，其人员构成正适应了综取前代《律》、《令》、故事并以经史所述来润饰胡俗的需要。这也可见《麟趾格》并非现成编集敕例而成，而必存在着相当幅度的重新斟酌起草，从而构成了其之所以是一部过渡型新法典的原因。

③ 《北齐书》卷四《文宣帝纪》天保元年八月甲午诏。

那就可以断定，天保元年以来的立法，正是要继续循着《正始律》、《令》的轨道来完善其制，相应则须纠正此前敕例及《麟趾格》中再染胡风的相关规定[①]。这也就是《河清律》、《令》之所以制定甚久的根本原因，而其体例和内容之所以堪称优良而极受隋唐时人赞许，也正是因为其在胡风复炽之余，不仅坚持了孝文帝以来汉化改革的路向，且更进一步推动了法律儒家化向前发展的结果。

北周宇文氏从制订《大统式》到周官改制，及于保定立法，同样面临着如何继承和发展太和以来汉化改革和儒家化成果的问题，其解决的方式则与现成袭取了魏室的关东高氏政权相当不同。

前已指出，《大统式》是在大统元年和七年两度所下条制的基础上，在大统十年重新编纂而成的。时值魏文帝西入关中重建朝廷，宇文氏终于获得大义名分的初期，综采古今良法美制而成的《大统式》，正是要宣示其接续魏末以来不绝如缕的汉化和儒家化政策，以此为纲来改造或冲淡宇文氏政权的北镇胡化成分。此后的周官改制继以保定立法，则是在宇文氏与魏室反目以后，特别注意在汉化和胡化间保持平衡的背景下发生的。故其一方面刻意取本了《周礼》来改造和润饰其政其制，另一方面也要比《大统式》更费斟酌设计之功，其制定过程充满了困难和坎坷。

如《周书》卷二四《卢辩传》载周官改制的设计施用之况：

> 初，太祖欲行周官，命苏绰专掌其事，未几而绰卒，乃令辩成之。于是依《周礼》建六官，置公卿大夫士，并撰次朝仪、车服、器用，多依古礼，革汉魏之法，事并施行。辩所述六官，太祖以魏恭帝三年始命行之，自兹厥后，世有损益，于是虽行周礼，其内外众职又兼用秦汉等官。

以此参照前引《隋书》卷二五《刑法志》述北周易代后立法，先由赵肃

[①] 现在再看前引《北齐书》卷三〇《崔昂传》载文宣帝时立法的"四十三人与议，损益十有七八"；卷四四《刁柔传》载当时曾据宗法制度论定爵位承袭的"嫡子、孙"和"嫡子弟"次序；同书卷二四《王宪传》附《王晞传》载孝昭帝时围绕定《令》而讨论"历代废礼坠乐，职司废置，朝飨异同，舆服增损"；以及河清元年至三年由尚书令高叡领衔，由长于政事或娴于经史文学的赵彦深、魏收、封述、封子绘、阳休之、马敬德诸人对新《律》、《令》的最后定稿和润色，又尤可明其围绕礼、法关系来展开的状态。

主持，"积思累年，遂感心疾而死"。继命拓跋迪掌之，至保定三年方成《大律》二十五篇，而仍被视为"大略滋章，条流苛密，比于齐法，烦而不要"。这种先后立法皆两易其人而主持者竟劳心致死，结果却仍难令人满意的状态，直接说明了其事至为艰难复杂。

与北朝以往虽重《周礼》而仅化用其要的状态相比，宇文氏的周官改制，既是要全面套用《周礼》名物来创革或润饰其官制、朝仪、车服、器用等各项制度，也就不能不更深地陷入经典与现实的矛盾，遂须反复斟酌设计而费尽周折。但也正因为如此，其成果虽或不免存在着"烦而不要"及"童牛角马，不今不古"之类的问题，其反复起草以符周官名、义的过程，却也更像是在从头制定一份特殊的汉化改革和儒家化方案，使之更为典型地具备了制定法的编纂特征，也就势必会推动制定法理念和实践的进一步发展。可以认为，从《大统式》这部过渡型法典的编纂，到《大律》的制定和《刑书要制》的出台，宇文氏治下这个法典作用和地位愈被强化的进程，正是以周官改制为转折点而发展起来的。

总体观察北朝立法和法律体系的发展历程，其一方面就像汉武帝独尊儒术以来所曾发生的那样，随着越益深入地肯定经学的指导作用而重演了一个儒家化进程，且又从较多模仿、附会，向更大程度的改造、创制发展。另一方面，由于其与汉化改革不可分割而牵动面尤广，随时需要突破阻力来改变现状，其逐步迈进的过程也就格外显得矛盾丛凑而波澜迭起。这就决定了北朝的法律儒家化，既要把汉化改革和儒经所示的准则、理念体现或贯穿于法律之中，又要在儒经与现实、理想与可能间通盘筹划和反复平衡，还要凝聚各方共识来更加审慎地设计撰作，才能退而绘制出至少合用的方案蓝图，进则使之服务于先导改革和巩固改革成果的需要。

具有这类立法改革特征的定制活动，其本身就已寓有强调制定法作用和地位的倾向，显然要更加有利于法典的成长和发育。故其成果一开始经常都是内容较为系统而兼具制定法特征的条制，而最终指向的实际上只能是法典。这是因为相比之下，各种随时、随事形成的敕例或现成选编的敕例集，虽亦可在汉化改革和儒家化进程中发挥重要作用，却毕竟难以系统地体现其宗旨和目标，无法真正满足统治集团推进这些过程的需要。也就是说，正是北朝法律儒家化与汉化改革紧相缠绕而一体发展的态势，决定了其更为重视制定法作用和地位的特性和趋向，内在地要求其必须以法典为推进政治和制度发展的最佳法律形式。且其汉化改革和儒家化进程的规模越大、越深入，对法律法典化程度的要求也会越高。

　　有必要指出的是，汉化改革和取鉴儒经的定制立法活动，虽是北族发展进程中常见的现象，但像北魏以来那样，汉化改革和法律儒家化紧相缠绕而一体发展，虽屡受挫而仍坚定推进的状态，特别是其集中通过孝文帝改革而表现出来的彻底性，却在中国史上空前绝后。以致北朝晚期继此掀起又一轮汉化改革和儒家化浪潮，由此催生出隋、唐王朝以后，在历史上就再也没有出现过像这样不惜将本族命脉连根拔起的北族政权了①。如此展现的历史运动自然有其特殊深厚的基础：两汉时期发展起来的文明模式，对于周边各族显然有着极其强大的辐射力和深远影响；拓跋部族自汉魏之际进据盛乐为中心的代北地区以来，曾经历了长达百余年毗领中原的陶冶蓄积②；五胡时期统治的经验和教训，特别是后赵、前秦和后燕有关传统对拓跋统治集团的影响；北魏开国以来经常不把自己看作"北族"的政权，而是自托黄帝之后并像魏晋、南朝那样以华夏正统自居，等等。这些因素似都参与决定了其特别强劲的汉化改革势头，更使其法律儒家化进程有了后世不可比拟和无从复制的性质。北朝历史之所以在中华民族发展史上具有特殊重要的地位，北朝立法和法律史之所以构成了中华法系发展史上的关键环节③，都是与这个基本事实分不开的。

　　因此，尽管由于发展阶段的难以逾越和其他方面的某些障碍，道武帝以来《律》、《令》的法典化步履相当蹒跚，但这恰恰是其受制于当时汉化改革和儒家化程度的表现。即便是在法典暂时缺位的阶段和领域，"条制"的盛行和编集，也因其兼具了某些制定法特征，而在相当程度上满足了北魏开国以来附会儒经来改革创制的需要。而太武帝以来《律》体的法典化，到孝文帝以来《令》体也迅速趋于法典化，又有力地说明了

---

　　① 傅斯年《中国历史分期之研究》（欧阳哲生主编：《傅斯年全集》第一卷，湖南教育出版社 2003 年版）一文曾就种族构成和"汉族"的发展，指出秦汉魏晋直承三代华夏之统，"但有变夷，而无变夏"及其后续事态。从社会发展的角度来看，北朝民族融合运动"以夏变夷"的程度，显然远比后世包括元及清明为高。这不仅是两汉对北族的影响大于隋唐的反映，而且是后世北族政权多少汲取了北魏灭亡教训的结果。

　　② 田余庆《拓跋史探》一书"前言"："我要强调的是，没有拓跋部在代北百余年的发育，也就没有足以逐步统一北方的担当者，没有比较稳固的北魏政权，这样，自然也不会有后来的隋唐。"

　　③ 参李书吉《北朝礼制法系研究》第四章"南北朝时期的法律北系"第三节"中华法系为什么能奠定于北朝"。

单行条制及其编集,终将难以适应汉化改革和法律儒家化进一步展开的需要,亟待以成熟的法典来取而代之,才能更为有效地先导改革和巩固改革成果。也正是在这种更加依赖制定法,也更有利于其发育成长的氛围中,北朝的制定法运动一方面呈现了取仿或靠拢魏晋以来《律》、《令》体制的态势,另一方面则逐渐蕴积了更为雄厚的发展基础和动力。故自孝文帝改革以来,无论是强调法典的作用和地位,还是完善其内容和形态,都已开始取得了可观进展。这才不仅在《律》、《令》的法典化和优良程度上,而且也在敕例的约束和归置上形成了超越南朝之势,从而预示了《格》、《式》这两种过渡型新法典与《律》、《令》相辅而行的新局面。

三 托古改制的三次高峰与制定法运动的逐浪高涨

政治和制度包括法律制度的儒家化,在魏晋、南朝无非是对汉代以来传统的沿袭和发展,在北朝却因其既定的历史前提而面临着特殊的形势和任务,故又另有其路径和目标,由此而掀起了三次取本《周礼》来大幅度托古改制的高峰,这就再三放大了其在推进制定法运动向前发展时的作用。

关于道武帝开国建制取据于经学的状况,前已得到的认识是:天兴元年以来的各项建制,处处模仿、附会了儒经所示的"王者制度,治世之则"。其所取据的,包括了《礼记》、《尚书》、《孝经》、《周礼》等多种经典,又尤其以《周礼》的影响为大。其典型表现即天兴元年七月迁都平城到十一月以来众建诸制的次序和内容,刻意托附了《周礼》所示"惟王建国,辨方正位,体国经野,设官分职,以为民极"这个圣王开国建制的总纲。[①]

要之,"惟王建国"既指王者开国,又指定都作邑,故道武帝的开国建制活动,乃始于天兴元年七月"迁都平城,始营宫室,建宗庙,立社稷"[②]。"辨方正位"指都城四面方位的界定,以及宗庙、社稷等位置的落

[①] 参楼劲《〈周礼〉与北魏开国建制》。
[②] 《魏书》卷二《太祖纪》。其具体次序又甚符《礼记·曲礼下》"君子将营宫室,宗庙为先"的要求。

实。道武帝规划平城"四方数十里",确定十二城门①、南郊北丘、左祖右社②,分置八部大夫及八部帅于皇城和畿外的四方四维③,皆其体现。"体国经野",指都城规制明确以后,又须分国、野封域、定四郊都鄙道路、沟洫、田赋等制。这当然是道武帝天兴元年八月"正封畿,制郊甸,端径术,标道里"等事涵盖的内容④。"设官分职",即通过各种官职的设置确立各项具体事制。这也就是天兴元年十一月命崔玄伯以下诸人撰定官制爵品、律吕音乐、律令科禁诸事⑤。最后,"以为民极",指通过以上建制,遂可确立王者为万民执中的正统地位。道武帝之所以要托附《周礼》开国建制,其旨归正在于此。

魏收评述孝文帝时期的定制立法:称其"钦明稽古,协御天人,帝王制作,朝野轨度,斟酌用舍,焕乎其有文章,海内生民咸受耳目之赐"⑥。这是从北齐承魏为天下正统的立场发论,而魏室的俨然正统,孝文帝为功尤巨,故遂特别以经典所述古圣王为政的"钦明稽古,协御天人"来赞誉孝文帝改革⑦。而孝文帝定制立法,也的确刻意表现了直追古圣王来超越前人的用意,故其各项制度的设计撰作尤其强调于经有据,又分外突出了《周礼》的地位。

---

① 《魏书》卷二三《莫含传》附《莫题传》载道武帝当时"规度平城四方数十里,将模邺、洛、长安之制"。其"四方数十里",已与长安斗城之形及洛阳南北九里而东西六里之况不同;其模仿"邺、洛、长安之制"加以取裁之时,显然是以《周礼·考工记》"匠人营国,方九里,旁三门"之说为准的。

② 《魏书》卷一〇八之一《礼志一》述天兴二年南郊和三年北的郊仪注,即据《周礼》南北郊之说对汉魏以来郊祀故事作了改造,又贯彻了《礼记》和《孝经》的祭天配祖之说。《礼志一》又载天兴二年十月"置太社、太稷、帝社于宗庙之右","左祖右社"典出《礼记·祭义》及《周礼·地官司徒篇》和《考工记》。

③ 《魏书》卷一一三《官氏志》、卷一一〇《食货志》。

④ 《魏书》卷二《太祖纪》。其中包括了当时划定王畿百里,郊甸千里及"计口授田"和贡赋督课等内容,其事取鉴了《礼记·月令》孟春纪中的"皆修封疆,审端径术",及《周礼·地官司徒篇》有关王畿、田制及其阡陌沟洫整治等方面的内容。

⑤ 其中如官制,《魏书》卷一一三《官氏志》载天兴二年三月"分尚书三十六曹及诸外署,凡置三百六十曹,令大夫主之"。这显然又取鉴了《周礼·天官冢宰篇》小宰职文述天、地、春、夏、秋、冬官,各有"其属六十"之说。

⑥ 《魏书》卷七下《高祖纪下》史臣曰。

⑦ 古文《尚书·尧典》、《舜典》和《大禹谟》开篇皆称"曰若稽古",继而述其功业亦皆为"协御天人"之事而多赞以"钦明"等辞。

如《魏书》卷一〇八之一《礼志一》载太和十九年十一月帝与群臣共议圆丘郊祭之礼：

> 诏曰："朝集公卿，欲论圆丘之礼。今短晷斯极，长日方至。案《周官》祀昊天上帝于圆丘，礼之大者。两汉礼有参差，魏晋犹亦未一。我魏氏虽上参三皇，下考叔世近代都祭圆丘之礼，复未考《周官》，为不刊之法令。以此祭圆丘之礼示卿等，欲与诸贤考之厥衷。"帝曰："夕牲之礼，无可依准，近在代都，已立其议。杀牲祼神，诚是一日之事，终于夕而杀牲，待明而祭。"员外散骑常侍刘芳对曰："臣谨案《周官·牧人》职，正有夕展之礼，实无杀牲之事。"秘书令李彪曰："夕不杀牲，诚如圣旨。未审告庙以不？臣闻'鲁人将有事于上帝，必先有事于泮宫'；注曰'先人'。以此推之，应有告庙。"帝曰："卿言有理，但朕先以郊配，意欲废告，而卿引证有据，当从卿议。"

这个例子既具体展示了孝文帝改革常亲自"润饰辞旨，刊定轻重"的状态，又典型地体现了其刻意复古而引经据典[①]，以便完善本朝制度和超越两汉魏晋的目的。尤其回顾"我魏氏虽上参三皇……复未考《周官》，为不刊之法令"一段，不仅点出了刻意复古的倾向确为天兴以来的传统，证明了北魏前期取鉴《周礼》较多附会的状态，更代表了孝文帝高自标举而特重《周礼》，力欲以此来取裁各项制度的建制特色[②]。后来宣武帝和孝明帝时期的立法定制，大体上也还是承袭了其刻意复古而特重《周礼》的做法，前述已多，此不再赘。

[①] 这里李彪所述鲁事乃《礼记·礼器》之文，所谓"注曰'先人'"，即郑氏注此谓"鲁以周公之故得郊祀上帝与周同，先有事于泮宫，告后稷也。告之者将以配天先仁也"。又《诗经·鲁颂·泮水》毛传述其"颂僖公能修泮宫也"。故孝文帝认为彪说于经确有其据而从之。

[②] 《魏书》卷一〇八之一《礼志一》载天兴元年道武帝即皇帝位，立坛兆告祭天地，定制"祀天之礼用周典"。其后南郊之制续有损益，至孝文帝太和十二年改筑圆丘，十三年及十五年亲祀圆丘，皆曾综据经传、故事调整其制。故其述以往"未考《周官》"似嫌过分，大意是说以往定制并未系统地以《周礼》所述为准而显得驳杂不伦，是要以此强调对以往定制的不满。

关于宇文氏周官改制的用意，陈寅恪先生曾以"关陇本位政策"释之①。但《周礼》固然是西周之制，却被公认为"周公致太平之法"，故其可以联系的地域，首在成周雒邑而非宗周丰镐之地，这本身就是孝文帝之所以迁都洛阳而特重《周礼》的重要背景②。因而用《周礼》与关中姬周旧土的联系来解释宇文氏的周官改制，虽有出处而尚非甚惬③。《周书》卷二《文帝纪下》载魏恭帝三年正月"初行《周礼》，建六官"而追溯之曰：

> 初，太祖以汉魏官繁，思革前弊。大统中，乃命苏绰、卢辩依周制改创故事，寻亦置六卿官，然为撰次未成，众务犹归台阁。至是始毕，乃命行之。

这是说周官改制旨在超迈汉魏，宇文氏刻意复古和高自标举之意可掬。但其更为重要的出发点，首先还是要超迈关东高氏政权。东、西魏既然是争承元魏政治遗产的结果，东魏在这方面因缘凑巧所承尤多，其人事及其声教文物所具孝文帝改革以来的烙印，包括取则《周礼》来制定的众多制度，都要比平地新创而胡化更甚的西魏政权"正宗"得多。这一点似已表明宇文氏周官改制，无非是要继《大统式》之后，进一步标榜自己确有资格传承元魏之统，甚至是更好地接过了始于道武帝开国建制，又被孝

---

① 陈寅恪《隋唐制度渊源略论稿》三"职官"。其中提到周官改制是"关陇文化本位政策"的体现，而府兵制等则与"关陇物质本位政策"有关。故"关陇本位政策"合理的内核是宇文氏立足关陇实际的整套政策和制度。

② 《魏书》卷一〇八之一《礼志一》载太和十六年二月丁酉诏定崇圣祀德之制，其中即有"周文公制礼作乐，垂范万叶，可祀于洛阳"之文。同书卷五三《李冲传》则载孝文帝定都洛阳，"冲言于高祖曰：'陛下方修周公之制，定鼎成周……'"《文馆词林校证》卷六六五《诏三五·赦宥一》录《后魏孝文帝迁都洛阳大赦诏》盛称"河洛为王者之区"有曰："……逮有周承符，道光前载，姬父赞政，量极人方。微是阐幽，昭章天地之情；穷理尽性，褒博万类之表。故负斧七龄，政平人睦。遂因明辟之秋，卜以无疆之兆……光宅大邑，时配皇天，祚永历年，化郁二代。"所述"姬父赞政"、"负斧七龄"及其以下内容，皆为《尚书·洛诰》、《礼记·明堂位》、《尚书大传》等处所说的周公相成王、作雒及制礼故事。

③ 《隋书》卷二六《百官志上》总叙汉魏以来官制，述宇文氏周官改制为"酌丰镐之遗文，置六官以综务"。此即陈寅恪先生把关中地域与周官改制相连的依据，《隋志》这两句或有出处，宇文氏以居于丰镐自矜亦属情理当有。不过《北史》卷八一《儒林传》序称宇文氏"黜魏晋之制度，复姬旦之茂典"。述"姬旦"而不云"丰镐"，其义仍与《隋志》不同。

文帝极大弘扬了的取则《周礼》来落实古圣王治道的衣钵。

在实际操作和施用过程中，周官新制的拟订始于《大统式》颁行后不久，自此宇文泰渐与魏室反目，其局部实施周官六卿始于大统十四年①。次年即推行了恢复胡姓等否定孝文帝改革方向的倒退之举②，至大统十七年其弑魏文帝而仍奉元氏，两年后又全面实施了周官改制。由此看来，周官改制既是《大统式》的后续举措，又是宇文泰虽与魏室反目并恢复了胡姓，却将继续推进孝文帝以来汉化和儒家化进程的宣言，更是以此来润饰和容纳其胡、汉杂糅体制的神圣躯壳，是其外与东魏"争统"，内则平衡胡、汉的需要。

总结贯穿于这三次托古改制高峰的要素，则可简要概括为"刻意复古而特重《周礼》，以此来标榜正统和协调胡、汉各族关系"。此即北朝汉化改革和法律儒家化进程独具的路径和目标，是其面临的南北群雄对峙形势和特定民族关系、社会矛盾、思想基础及发展需要的深刻反映。

所谓"刻意复古"，即按儒经所示尧、舜、三代之治来定制立法，因为汉魏以来已把建立合乎古圣王治道的政、教制度，公认为是证明人主功业、德行及其之所以是天命正统所系的要件③。"特重《周礼》"，是指其刻意复古所据儒经中，《周礼》具有特殊重要的地位。这不仅是因为当时占据统治地位的古文经学和郑学最崇《周礼》，其中所示古圣王治道最为

---

① 《北史》卷五《魏本纪·文帝纪》又载大统十四年五月以宇文泰为太师，元欣为太傅，李弼为大宗伯，赵贵为大司寇，于谨为大司空。《周书·文帝纪下》载大统十七年魏文帝崩，"太祖以冢宰总百揆"；又载废帝三年正月"始作九命之典，以叙内外官爵"。可见周官改制的部分内容在大统十四年以来陆续施用。《周书》卷二三《苏绰传》载其卒于大统十二年，可见卢辩接手撰作周官新制，其中部分成即施用。

② 《北史》卷五《魏本纪·文帝纪》大统十五年五月，"初诏诸代人太和中改姓者，并令复旧"。《周书》卷二《文帝纪下》恭帝元年末载："魏氏之初，统国三十六，大姓九十九，后多绝灭。至是，以诸将功高者为三十六国后，次功者为九十九姓后，所统军人，亦改从其姓。"又载恭帝三年春正月丁丑，"初行《周礼》，建六官"。前已述《大统式》定于大统十年，不久即拟周官改制而陆续施行其部分内容，恢复胡姓之举似亦针对这种汉化过程，而全面施行周官改制又为之调剂，以示其虽弑魏文帝而仍将继续汉化和儒家化方向，要之皆在平衡汉化和胡化两种势力。

③ 其典型论调，可参《文选》卷五二《论二》班叔皮《王命论》；《艺文类聚》卷一〇《符命部》后汉傅幹《王命叙》、曹魏傅嘏《皇初颂》、曹植《魏德论》；《文馆词林校证》卷三四八《颂一八·武部下》西晋张载《平吴颂》、同书卷六六八《诏》三八《赦宥四》张华《西晋武帝即位改元大赦诏》。

系统而全面;更是由于其在众多强调"华夷之辨"的儒经中①,独具相对淡化种族界限的特色,便于建构天子之下各国各族同为臣民的政、教秩序②。"标榜正统",是要以刻意取仿古圣王治道的政治和制度来占据道义高地,以明正统所在,建立必要的政治和心理优势,以便与南、北群雄并峙相争③。"协调胡、汉各族关系",即其刻意复古、特重《周礼》和标榜正统,都观照着北方地区胡、汉和胡、胡关系错综复杂的形势,旨在解决五胡时期以来民族矛盾和夷夏之辨空前激化带来的一系列问题,尽可能为胡、汉各族的和平相处或共赴王道提供基础。④

正是如此深刻的背景和需要,使得北朝汉化改革和法律儒家化缠绕发展的进程,一直贯穿着这种特殊的路径和目标。当其相对平稳推进之时,则此起彼伏地闪烁其间,而一旦北族政权的进化发展已有必要和可能大踏步向前推进,相关要素就势必会一并凸显、串联而相互激荡,从而把依据《周礼》来刻意复古,用以标榜正统和协调胡、汉各族关系的做法推向高峰。故上述这三次依本《周礼》的大幅度托古改制,实际上也是北朝统治者在历史转折关头所作的独特选择。⑤

---

① 常被引据的如《礼记·王制》:"中国、戎夷,五方之民,皆有性也,不可推移。"《尚书·尧典》(古文在《舜典》)则述帝诫皋陶"蛮夷猾夏,贼寇奸宄"。《诗·小雅·六月》:"玁狁孔炽,我是用急。"《采芑》:"蠢尔蛮荆,大邦为仇。"《左传》成公四年述季文子曰:"史佚之《志》有之曰:'非我族类,其心必异。'"闵公元年又述管仲曰:"戎狄豺狼,不可厌也;诸夏亲暱,不可弃也。"

② 参楼劲《〈周礼〉与北魏开国建制》。

③ 五胡时期即有所谓"自古岂有胡天子"之说,如《晋书》一○四《石勒载记上》载刘琨送归勒母王氏以笼络之,遗勒书曰:"自古以来诚无戎人而为帝王者,至于名臣建功业者,则有之矣。"又《晋书》卷一○○《王弥传》载刘曜不听徙都洛阳之议,弥怒曰:"屠各子岂有帝王之意乎!"标榜正统即直接与之相抗。

④ 五胡政权的这类论调,如《晋书》卷一○一《刘元海载记》载其称大单于后曾说:"夫帝王岂有常哉!大禹出于西戎,文王生于东夷,顾惟德所授耳。"卷一○八《慕容廆载记》附《高瞻传》述慕容廆欲用瞻而不起,廆曰:"……大禹出于西戎,文王生于东夷,但问志略何如耳,岂以殊俗不可降心乎!"卷一一四《苻坚载记下》附《苻融传》载其谏坚不可南伐,坚曰:"帝王历数岂有常哉,唯德之所授耳!"卷一一七《姚兴载记上》载吕超与姚兴论凉州别驾宗敞之文,兴曰:"凉州小地,宁有此才乎?"超答:"琳琅出于昆岭,明珠生于海滨,若必以地求人,则文命大夏之弃夫,姬昌东夷之摈士。但当问其文采何如,不可以区宇格物。"

⑤ 陈寅恪《隋唐制度渊源略论稿》三"职官":"自西汉以来,摹仿《周礼》建设制度,则新莽、周文帝、宋神宗,而略傅会其名者则武则天,四代而已。"其实北魏道武帝、孝文帝在取仿《周礼》定制上已较王莽时期有所发展,规模上更非唐宋可比,且又直接构成了宇文氏周官改制的先声。

关于这种路径和目标的形成，以及北族统治者何以做出这样的选择，详尽的讨论自非这里所宜展开。但无论如何，"复古"而取鉴《周礼》，早在魏晋时期的法律儒家化进程中，就已显示了甚有利于制定法发育和成长的影响，因而北朝这一进程的"刻意复古"而"特重《周礼》"，自亦同具推进法典产生和发展的作用。而北朝既欲以此来"标榜正统和协调胡、汉各族关系"，更与上面所述其与汉化改革紧相缠绕而一体推进的态势相互呼应，说明为此而制定出来的法典，实担负着对于推进改革和巩固统治来说具有根本意义的政治目标，也就势将进一步放大制定法的作用和地位，且必在司法过程中更加强调法定主义的原则和法典的严肃性。正其如此，当所有这些要素因缘凑巧而风云际会，一而再、再而三地汇成了依本《周礼》来托古改制的高峰时，其推动制定法理念和实践逐步深入的效应，自亦会经再三蓄积而更为有力地释放出来。

总而言之，制定法运动之所以在北朝呈现了层层深入和逐浪高涨的发展态势，致使其水平超越了南朝，正是法律儒家化进程与汉化改革紧相缠绕而一体推进，并且具有特定路径和目标，又催生了三个依据《周礼》来托古改制的高峰所导致的结果。

四　关于北朝法律儒家化与制定法运动的几点认识

制定法运动在北朝的逐步推进和高涨，这个事实本身就构成了中古法制史上的重大问题。质言之，为什么不是在直承华夏正朔及其政教文明的南朝，而是在北族入主而局面更为动荡混乱的北朝，才极大地推进了魏晋时期开辟的《律》、《令》、故事体制，从而奠定了隋唐法制的基础，构成了唐代《律》、《令》、《格》、《式》体系的正源呢？

上述讨论正是要尝试解答这一问题，从中可得的结论约有下列诸端：

一是北朝的制定法运动，是随法律儒家化进程的逐步深入而发展起来的。北魏"律令"在道武帝时期只是条制或诏令集；到太武帝时期及孝文帝以来，《律》、《令》才被相继法典化；再到宣武帝以来两者基本定型，而礼仪诸《令》仍蹉跎不决；直至北齐和北周分别对之总结、调整，遂出现了几部法典或法书并行互辅的新局面。这个法典从孕育、产生到不断发展、壮大的过程，也像魏晋、南朝一样受到了法律儒家化进程的驱动；又因这一进程承载了一系列北朝特有的政治和社会内涵，蕴含和逐步推进了一种更加重视法典作用和地位，也更强调法定主义原则的倾向。

二是北朝的法律儒家化进程，是与汉化改革紧相缠绕而一体推进的，其牵动面之大，所遇阻力和需要兼顾的因素之复杂，远非魏晋、南朝所可比拟。故其按儒经所示礼法关系准则和相关理念、范畴来润饰和改造法律的过程，势必要更大程度地依赖于通盘筹划设计，甚至反复重起炉灶加以撰作，经常都像是改革方案或蓝图的制定过程。这就使得随时随事下达的敕例，更难满足贯彻儒经准则和改革理念的需要，使兼具某些制定法特征的条制因此流行，更注定了法典的应运而兴和倍受重视。因为只有形态更为严整和更富权威性的法典，才能全面贯彻和兼顾汉化改革和儒家化的主题，且可更为有效地先导改革和巩固改革成果。由此可见，北朝制定法运动更为强劲的态势，正是因其法律儒家化与汉化改革紧相缠绕的发展态势，导致了更有利于制定法发育的氛围，也更需要强调法典作用和地位的结果。

三是北朝的法律儒家化，有其特定的路径、目标和再三依据《周礼》大规模托古改制的独特事态，这又放大了其推进制定法运动的作用，使之呈现了逐浪高涨的态势。由于南北群雄对峙的形势和北朝特有的一系列问题和需要，同时也由于汉魏以来在经学和政治及其相互关系上形成的历史前提，北朝法律儒家化与汉化改革相互缠绕的发展进程，多少都在刻意附会和取鉴儒经中的古圣王政治和制度，并且特别重视《周礼》对此的指导作用，以此来标榜正统建立必要的政治和心理优势，并为协调胡、汉各族关系提供基础。正是这样的路径和目标，不仅继续了法律儒家化对于制定法运动的推动，而且放大了古文经学和《周礼》对于法定主义和法典发育成长的影响，更催出了北朝史上三次大幅度依本《周礼》来托古改制的高峰，从而逐步拓展了制定法运动的广度和深度，一再强化了法典的作用和地位。

四是北朝法律儒家化进程与汉化改革缠绕发展的状态，其独具的路径、目标和一再由之催生的大幅度托古改制高峰，不仅决定了其立法过程的诸种特点，推动了北朝《律》、《令》的相继法典化；同时也决定了其司法过程乃至于整套法制，逐步呈现了更加强调严格执法，更为重视法典作用和地位的趋势。正是这样的总体趋势，促使北朝在处理敕例与法典的关系问题时，最终明确了偏向法典来约束敕例的方向，并在孝文帝以来《律》、《令》法典化基本定型后，围绕其遗留问题的处理，催生了分别编纂和归约礼事、刑事和其他行政敕例的新局面，至北齐和北周遂形成了后来《律》、《令》、《格》、《式》体系的某种雏形。

最后还要略作申论的是，在解释北朝制定法运动的发展成果时，最不可取的，就是那种以"一张白纸"来喻其较少历史负担的逻辑。这里有必要考虑：入主中原建立王朝和巩固统治，而非掳掠一票就退回草原，起码要在文明积累和社会进化上达到何种程度才有可能。拓跋氏定都平城建立北魏，诚然是其历史的一次飞跃，却同样负荷着沉重的传统。即便仅就意识形态领域而言，其各种观念的新、旧错杂，以及当时统治集团在儒经、谶纬和北族传统之间取择的复杂程度，非细研究实难想象。显然，北族相较于其自身早期或比之于南朝的蛮荒，决计无法用来说明北朝法律的发展成果何以竟会让南朝相形失色。

同理，用北朝所受汉晋以来有关制度的影响，也难以解释这一问题。陈寅恪先生曾说：北朝法律所以得开"华夏刑律不祧之正统"，乃是其逐渐兼综了中原、河西、南朝诸制度因子而"取精用宏"的结果[①]。现在看来，其之所以优良的关键显然不在其借鉴之广，而在于其"取精用宏"。说到底，辽海、河北士人传承的学统，及随河西、青齐相继入魏而使成批汉士和相关学问涌入平城，再加上其他种种南、北交流带来的文化和影响，都还只是为北朝立法提供了更多的素材，再就是说明了其"取精用宏"之况也在不断进步的某种背景，其本身并不能直接用来说明其《律》、《令》的相继法典化，继又进一步归约和编纂各种敕例的独特轨迹。

是故问题还是得紧扣其究竟如何立法定制来求解。简单地模仿两汉魏晋之制自然绝无可能，适被得其精髓的南人所笑，亦难为治下的胡、汉人士服膺。在面对诸种现实和诸多素材的建制关头，至关重要的也是其实际选择的，是要深体"王者制度，治世之则"，也就只能以我为主来取鉴儒经立其宗旨，才能高屋建瓴地裁量取舍，也才谈得上是"取精用宏"。而这样的过程，显然不过是北朝法律儒家化的另一种说法。也就是说，无论是从"一张白纸"出发，还是从借鉴前人少走弯路来考虑，问题终将通过其定制立法的具体状态来说明，也就总归要回到北朝法律儒家化进程及其独具的种种属性上来加以认识。

至于另外一些可能被用来解释北朝制定法运动不断推进和高涨起来的

[①] 陈寅恪《隋唐制度渊源略论稿》四"刑律"。

因素，情况似乎也是这样。无论是外在的形势还是内在的需要，是制度适应社会基础而发展，还是行政定式的上升为制度；对于法律发展确都存在着雄浑深厚的影响，但其作用也都显得相当间接，终须通过具体的立法定制过程才能体现出来。尤其是对于法律形态的进化来说，即便是汉化改革，如果其不是像北朝那样天然就与法律儒家化缠绕在一起，而是单独就其本身论之，那也未必就有利于制定法孕育和成长，更不一定要以法典来推进和保障，古今中外这样的例证比比皆是。只有在改革形成了明确的宗旨和准则，据此来展开立法定制，才能使有关法律按照既定的中心思想，体现和贯彻一系列相应的理念和范畴，从而导向法律的系统改造而催生出法典，并且使其作用和地位无可取代。显然，法律的发展和法律形态的进化，终究都要通过具体的立法定制活动才能达成。而北朝的法律儒家化，也正由于其独具的种种属性，汇聚了各种与之相关的问题，也就代表了当时立法定制的主题和方式，构成了决定当时法律发展和法律形态进化轨迹的中心要素。

第四节　儒家化进程的终结与制定法运动的衰落

制定法的发展及其形态的进化，是以其内在精神和外在形态的系统化、严密化程度为标志而展开的。而魏晋以来的法律儒家化，正是一个主动按照儒经所示法理来系统地改造法律的进程，也就直接规定了立法定制的具体方式和特点，势必要把礼、法关系准则和相应的理念、范畴体现于法律的内容和形式，故其本身就蕴含了导致法典形成和发展、强调制定法作用和地位的趋势。正是在这样的基础上，北朝法律儒家化与汉化改革紧相缠绕而一体推进的态势，其所特有的路径、目标和再三依据《周礼》大规模托古改制的事态，才逐步放大了其对制定法运动的推进作用，最终则使之形成了更为浓厚的法定主义氛围和更加重视法典，相应地则约束各种敕例的新局面。

隋及初唐以来的法律体系，正是承此发展的结果，其法律儒家化进程也仍在新的形势下继续展开，深切影响着当时法律内容的调整和形态的进化。不过这一进程自魏晋以来的兴起、发展，到北朝的波澜壮阔而高潮迭起，至唐初以来已渐完成了其基本使命，以往促使其不断发展起来的历史背景和依据已逐个消失，故其不免要趋于衰歇，并随唐代在这方面所作的总结和相应出现的一系列事态,而宣告了其终结①。这整个过程适与制定法运动至唐初以来推至顶峰而随即衰落的轨迹合拍,其间的关联和因果斑斑可见,中国法制史自此随着社会和政治的又一轮转折调整而步入了新阶段。以下即请论其要者,理其脉络。

一 汉化的完成与社会发展的新阶段

隋、唐政治和制度皆直承北朝而来,故其再造统一和开创盛世的过程,首先要处理和解决的是北朝的一系列遗留问题。其基本成果之一,即是完成了北族的"汉化",在民族大融合基础上推动社会进入了新的发展阶段。这也就达成了北朝法律儒家化与汉化改革紧相缠绕而一体推进的目标和使命,故亦解除了法律儒家化在北朝独具的种种属性,使之呈现了不同以往的态势。

《隋书》卷一《高祖纪上》载周静帝大定元年二月壬子,杨坚禅周前夕下令:

> 已前赐姓,皆复其旧。

宇文氏恢复胡姓前已论及,至此,杨坚则尽复其旧,接续了孝文帝以废除胡姓来清除种族界隔的做法。不在称帝之后再做此事,大概是因为杨坚不欲以其胡姓普六茹氏登位告天,这才将其提前实施了。十天以后的甲子日,杨坚登位告天、大赦改元而昭告天下:

> 易周氏官仪,依汉、魏之旧。

此举显然不限于官制。《周书》卷二四《卢辩传》载宇文氏周官改制的内

---

① 瞿同祖在《中国法律之儒家化》中也曾提到中国法律儒家化"完成于北朝"或"经魏晋南北朝已大体完成"。故于隋唐唯述其"采用"承袭而已,其意盖欲指出法律儒家化至此已为中国法律之基本特点。需要在此强调的是,魏晋以来法律儒家化作为一个系统地改造法律的运动已终结于唐代,自此再也没有发生过这样的运动,后世如元朝和清朝,其实都是反过来把胡俗注入法律,明代立法虽有"恢复中华"之义,却也因时过境迁而总体地表现为对唐《律》所贯穿的儒家化精神的某种淡化故唐以后各朝立法虽皆体现了儒经准则,却显然不得以"儒家化"概括之。

容,"建六官,置公卿大夫士,并撰次朝仪、车服、器用,多依古礼,革汉、魏之法"。故所谓"革汉、魏之旧",集中体现了周官改制旨在润饰和容纳胡、汉杂糅体制的实质,而隋文帝的"依汉、魏之旧",则与之针锋相对。其事与易代前夕恢复汉姓之举前后相继精神一贯,都是要结束宇文氏治下汉化和胡化相杂的局面,回到"汉、魏"的轨道,即孝文帝以来的汉化改革轨道上来继续发展,却又表现为剥除周官改制的神圣外衣,反映了新形势下法律儒家化路径和目标的调整。

隋代恢复汉姓,是北魏末年以来的胡化逆流终得云收雾散而融入汉化大势的体现,是极具象征性的举措,随之自然还有大量后续问题和任务。《北史》卷二八《陆俟传》附《陆彦师传》载其隋文帝时为吏部侍郎之事:

> 隋承周制,官无清浊,彦师在职,凡所任人,颇甄别于士庶,论者美之。

当时主张辨别清、浊流品的,还有摄吏部尚书卢恺和另一位吏部侍郎薛道衡,可见其在一定程度上体现了隋文帝的意旨。《隋书》卷五六《卢恺传》载卢恺在北周即曾任官吏部,其时冢宰宇文护欲以染工上士王神欢为计部下大夫,恺劝谏曰:

> 古者登高能赋,可为大夫,求贤审官,理须详慎。今神欢出自染工,更无殊异,徒以家富自通,遂与搢绅并列,实恐惟鹈之刺闻之外境。

护遂取消了这项任命,说明"官无清浊"在北周亦非理所当然,而是一段时期以来胡汉各族、各色人等共处政坛的产物。故其到隋文帝时,自须继续予以解决而仍有波折①。这不禁令人想起太和十九年底孝文帝推出《品令》之事,其所针对的正是迁都之后北族改姓落籍,而仍"清浊同

---

① 《卢恺传》后文载其入隋为吏部侍郎摄尚书左丞,开皇八年被隋文帝亲考为"上",阻其辞让曰:"吏部勤干,旧所闻悉。今者上考,佥议攸同,当仁不让,何愧之有!皆在朕心,无劳饰让。"后拜礼部尚书摄吏部尚书事,被谮为苏威党羽而用人循私,遂被隋文帝猜忌而除名为民。史臣评述其事:"自周氏以降,选无清浊,及恺摄吏部,与薛道衡、陆彦师等甄别士流,故涉党固之潜,遂及于此。"已经交代了其事实质。

流"的局面①，且欲以此自比尧舜的亲睦九族，平章百姓和协和万邦②。前已指出此事潜伏了北镇与洛阳、胡化与汉化日益对立冲突的趋势，后来北齐、北周及于隋、唐统治集团皆起于因此南下的北镇胡化军将，足见其当时牵动的历史层面至深至广。

显然，"隋承周制，官无清浊"，是宇文氏恢复胡姓所致局面在官员任用问题上的延续。但到隋文帝再复汉姓，"还依汉魏"之后，孝文帝定姓族而欲建立混融胡、汉的士、庶等级和社会秩序的重要性，自必再次凸显出来。此即其时吏部三位长官无不主张"甄别士、庶"而"论者美之"的背景。当此之时，人们显然也还是会引经据典喻其必要，如上引卢恺劝谏宇文护，即引据了《诗经》的毛传、郑笺③，却再无必要将之拔高到儒经所示尧舜大政的位置上了。由此亦可看出，隋代以来对胡汉融合及相关问题的处理虽仍不免冲突和曲折，但其所代表的大势已不可抗拒，汉化进程特须依本儒经刻意复古的态势显已随之趋于消解。

唐太宗以来定《氏族志》而围绕士族等第发生的波折，也需放到隋代以来在胡、汉融合基础上重建社会秩序的背景下来加以认识。此事素为史界关注，亦因其集中体现了唐廷重建秩序的历史任务之故④。而联系上述趋势来看，其总的也还是孝文帝以来有关问题的继续展开和解决。在汉化大局已定，连杨隋、李唐亦附于弘农杨氏及陇西李氏之时，崔、卢、郑、王之类的关东名门，遂不免以其门第之纯正深厚而尤其自矜，且因其时诸多门阀同如屈蠖一朝得伸而其风愈扇。这自然就构成了胡、汉融合新局面中的杂音，且与关陇新贵主导政局的状态冲突，特别是其俨然以门第自立而不赖于朝廷官爵的倾向，更为力欲重建秩序开创新局的唐廷所不容。

这种新秩序的轮廓自孝文帝定姓族以来亦已显露，其要即是胡、汉各

---

① 《魏书》卷六三《宋弁传》载其时"大选内外群官，并定四海士族，弁专铨量之任，事多称旨"；卷一一三《官氏志》末载太和十九年定北族姓族之事，集中体现了此举的意义。

② 《魏书》卷五九《刘昶传》载孝文帝当时称其定《品令》以大选群官有曰："今班镜九流，清一朝轨，使千载之后，我得仿象唐虞，卿等依稀元凯。"这是要上比《尚书·尧典》述帝尧"克明俊德，以亲九族；九族既睦，平章百姓；百姓昭明，协和万邦，黎民于变时雍"。孔疏释"九族"为"上至高祖，下及玄孙"，释"百姓"为"百官族姓"；释"万邦"为"众氏族"。

③ 《诗·鄘风·定之方中》毛传："登高能赋……可以为大夫。"《诗·曹风·候人》："惟鹈在梁，不濡其翼。"郑笺："以喻小人在朝，亦非其常。"

④ 陈寅恪：《唐代政治史述论稿》上编《统治阶级之氏族及其升降》、《金明馆丛稿初编》收录之《记唐代之李武韦杨婚姻集团》，上海古籍出版社1980年版。

族人士皆按其家效命于朝廷的功勋、官爵大小来定其门族高下①，以此来告别过去的门第、种族纠葛，走向九族、百姓、万邦在天子之下各得其所的新时代。而其实际过程，从唐太宗下诏修改不符其意的《氏族志》，到唐高宗继之再修《姓氏录》，在划定"士流"和门族等第时进一步淡化种族血统和家门所承，突出现任官爵标准而被称为"勋格"②，正是逐步完成了这一过程。尽管其事实上正是落实了孝文帝的规划，体现了《周礼》所示各族、各色人等在天子之下各得其所的政治秩序，当时却只依仗皇权断然行之，而未取本经典苦心孤诣。这种得鱼而忘筌的状态，显然是与隋文帝还依汉魏而剥除宇文氏诸制的周官外壳完全一致的。

由此再看《唐律疏议》卷六《名例篇》"诸化外人相犯"条：

> 诸化外人，同类自相犯者，各依本俗法；异类相犯者，以法律论。

《疏议》解释曰：

> "化外人"，谓蕃夷之国，别立君长者，各有风俗，制法不同。其有同类自相犯者，须问本国之制，依其俗法断之。异类相犯者，若高丽之与百济相犯之类，皆以国家法律，论定刑名。

此处"化"即"王化"，指王道教化③，其实也就是所谓"汉化"。根据《疏议》对"化外人"的解释，则"化内人"显然可指其治权所及之处

---

① 《魏书》卷一一三《官氏志》太和十九年定八姓诏及续下之"别敕"。

② 参《唐会要》卷三六《氏族》、《贞观政要》卷七《论礼乐第二十九》载贞观六年太宗与房玄龄等论门族之事、《册府元龟》卷五六〇《国史部·谱牒》载贞观十二年修《氏族志》之事、《旧唐书》卷八二《李义府传》载永徽以来修《姓氏录》之事。

③ 《唐律疏议》卷三《名例篇》"诸工乐杂户及妇人犯流决杖"规定了妇人"嫁向中华"者的处罚办法。元代王元亮在此山贯治子基础上编纂的《唐律释文》，于"中华"二字解释道："中华者，中国也。亲被王教，自属中国，衣冠威仪，习俗孝悌，居身礼仪，故谓之中华。非同远夷狄之俗，被发左衽，雕体文身之俗也。"即是后世公认为准确的解释。参刘俊文点校《唐律疏议》之附录，中华书局1983年版。此山贯治子应是日本人，刘俊文《唐律疏议》卷一《名例篇》首句之《校勘记》已引沈家本《〈唐律释文〉考》，述其所释"本为《宋刑统》而作，非为《唐律》注释"。

的全部"汉化"之人。因而这条《律》文贯彻的,正是孝文帝以来进一步强调不论种族,但问文化的原则,是唐朝治下各族人士在"国家法律"之下一律平等的法理。

这种胡、汉各族终得共沐"王化"的状态,集中体现了长期以来民族融合的成果。其开阔雄健的气息不仅已渗透于《唐律》的种种规定,也充盈于唐太宗兼为"天可汗"和"皇帝"的身份,及其昭陵墓道两侧石刻文武大臣和蕃国君长依次站立的班位中。这就构成了新的天下秩序最为重要的一块基石,展开了新时代继往开来而转折发展的绚烂篇章。在这个新的历史时期,北朝以来政治和制度包括法律的儒家化,当然已毋庸再与汉化问题紧相缠绕,也不再需要纠结于如何来证明"正统"的梦魇,其所承载的历史任务实际已近完成,所余唯止正常收尾而已。

二 经本经解趋于统一及其对法律儒家化进程的影响

法律儒家化进程既是立足现实,又是依据儒经来展开的,隋及唐初经本经解的清理和趋于统一,自然是其按儒经所示礼、法关系和法制理念来完成《律》、《令》改造的必要前提。

经本经解的清理和统一同样自隋开始。南北朝向被称为"经学分立时代",长期的分裂局面使南、北经学各有特色,又不免各为其主而相高下,遂致纷纭而其义多端①。由于经学充当官方意识形态的地位,至隋统一自不能不措意于此。《北史》卷八一《儒林传》序:

> 自正朔不一,将三百年,师说纷纭,无所取正。隋文膺期纂历,平一寰宇,顿天网以掩之,贲旌帛以礼之,设好爵以縻之,于是四海九州,强学待问之士,靡不毕集焉。天子乃整万乘,率百僚,遵问道之义,观释奠之礼,博士罄悬河之辩,侍中竟重席之奥。考正亡逸,研核异同,积滞群疑,涣然冰释……及帝暮年,精华稍竭,不悦儒术,专尚刑名。执政之徒,咸非笃好。暨仁寿间,遂废天下之学,唯存国子一所,弟子七十二人。炀帝即位,复开庠序,国子、郡县之学,盛于开皇之初。徵辟儒生,远近毕至,使相与讲论得失于东都之下,纳言定其差次,一以闻奏焉。

---

① 皮锡瑞:《经学历史》六"经学分立时代",周予同注释,中华书局1959年版。

上引文说的是隋文帝自登位而至开皇九年"平一寰宇",即有鉴于南、北经学师说纷纭①,致力于解决其异同、积疑②,后虽因帝崇佛轻儒而致停顿,然至炀帝继位之初,即复召群儒续此大业③。这就说明,版图统一之后,经学的统一确为势所必行之事。

唐高祖登位后亦曾从事于此④,至太宗以来,经本经解的统一又加速展开。其代表性成果,即是唐太宗贞观年间所修,至高宗永徽四年又经修订而颁行的《五经正义》。《旧唐书》卷一八九上《儒学传》序述贞观初年以来崇儒劝学诸事有曰:

> 太宗又以经籍去圣久远,文字多讹谬,诏前中书侍郎颜师古考定《五经》,颁于天下,命学者习焉。又以儒学多门,章句繁杂,诏国子祭酒孔颖达与诸儒撰定《五经》义疏,凡一百七十卷,名曰《五经正义》,令天下传习。

这里包括了两件事情,一是颜师古主持考定《五经》定本,《旧唐书》卷三《太宗纪下》明载其颁行于贞观七年十一月⑤。二是太宗又命孔颖达主

---

① 《隋书》卷七五《儒林房晖远传》载其开皇时为国子博士,其时朝廷策问诸生经义而难定臧否,晖远曰:"江南、河北,义例不同,博士不能遍涉,学生皆持其所短,称己所长,博士各各自疑,所以久而不决也。"同卷《萧该传》载其开皇初为国子博士,奉诏与何妥"正定经史,然各执所见,递相是非,久而不能就,上谴而罢之"。萧该、何妥皆南朝后梁入周之儒士,可见不仅南、北之间,南方及北方经学内部亦各有异同。

② 《隋书》卷七五《儒林马光传》、《刘焯传》皆载开皇初征诸儒生,论讨积疑,至十年帝亲临国学又讲论经义之事。然其结果并不理想,所谓"积滞群疑,涣然冰释"多少夸大了事实。

③ 《隋书》卷三《炀帝纪上》大业元年正月戊申及闰七月丙子诏。参同书卷七五《儒林褚辉传》、《旧唐书》卷七三《孔颖达传》、卷一八九上《儒学徐文远传》、《陆德明传》。

④ 《唐会要》卷三五《释奠》:"武德七年二月十七日,幸国子学,亲临释奠,引道士、沙门与博士杂相驳难,久之。"《册府元龟》卷五○《帝王部·崇儒术第二》载为"引道士、沙门有举业者,与博士杂相驳难,久之乃罢"。且载其前后下诏崇儒劝学之事其详。参《新唐书》卷一九八《儒学陆德明传》。

⑤ 《旧唐书》卷三《太宗纪下》贞观七年十一月丁丑,"颁新定《五经》"。同书卷七三《颜籀(师古)传》:"太宗以经籍去圣久远,文字讹谬,令师古于秘书省考定《五经》,师古多所厘正,既成,奏之。太宗复遣诸儒重加详议,于是诸儒传习已久,皆共非之。师古辄引晋宋以来古今本,随言晓答,援据详明,皆出其意表,诸儒莫不叹服。"又《贞观政要》卷七《崇儒学第二十七》载贞观四年"诏前中书侍郎颜师古于秘书省考定《五经》"。是其事始于此时。

持修撰《五经》义疏,其事起于何时史无明文[1],但其初成约在贞观十二年[2],因受人驳难而"诏更令详定",故其在贞观十四年、十六年皆曾修订一过[3],直至高宗永徽二年又下诏刊正,最终颁行则在永徽四年三月初一[4]。此二事显然相互关联,前者定《五经》之文本字句,后者定《五经》之义解训释,内里本有交叉重合之处,均服务于唐太宗统一经本经解的目标。由于前者先颁,故客观上自必为后者提供了某种基础,其主要成果亦当体现于后者之中。[5]

《五经正义》的颁行,在经学史上洵为划时代的大事,关于其修撰概要及种种问题,学界多有研究,此处毋庸再赘,需要进一步强调的则有两点:

其一,《五经正义》包括《周易》、《尚书》、《毛诗》、《礼记》、《左传》五部《正义》,历来认为其所据注本及义疏多取于南朝经学,与颜师古《五经》定本俱深受陈朝陆德明所撰《经典释文》影响[6],故《五经正义》实为以南统北,甚至以为自此"有南学,无北学"[7]。其说尽管有其道理,但也存在着过分之处。太宗以来修撰此书统一经学,仍以折衷或融贯南、北为其根本,"以南统北"或"存南弃北"的概括均不准确。

据孔颖达为各部《正义》所撰之《序》及其《疏》文所及,可知其

---

[1] 以下参《旧唐书》卷七三《孔颖达传》。

[2] 《唐会要》卷七七《论经义》贞观十二年事。

[3] 《资治通鉴》卷一九五《唐纪十一》贞观十四年二月丁丑述太宗命孔颖达与诸儒撰定《正义》,"令学者习之"。又《十三经注疏》所存孔颖达撰诸《正义》序文,往往述其为贞观十六年奉敕"覆更详审"之物。两者皆应反映了《五经正义》自贞观十二年初成以来因有驳难而屡修订的过程。

[4] 《旧唐书》卷四《高宗纪上》载永徽四年三月壬子朔,"颁孔颖达《五经正义》于天下"。《新唐书》卷一九八《儒学孔颖达传》则载永徽二年诏修订《正义》之事。这两处记载与《唐会要》卷七七《论经义》所载永徽二年三月十四日及四年三月一日之事略同,足见《国史》、《实录》载此完全一致。

[5] 《旧唐书》卷七三《孔颖达传》等处皆载其与颜师古、司马才章、王恭、王琰等人修撰《五经正义》,这也说明颜师古考定《五经》定本的成果,必已贯注于《五经正义》之中。又《五经正义》孔疏常引"今定本"及"诸本"为说,其"今定本"恐即是颜师古之《五经》定本。

[6] 《经典释文》主体部分当成于陆氏任教陈朝国学之时,亦有将之归为隋代成果者。参焦桂美《南北朝经学史》第四章"隋代经学"第三节"陆德明的经典释文",上海古籍出版社2009年版。

[7] 皮锡瑞:《经学历史》七"经学统一时代"。

中的《周易正义》取本于南朝流行的王弼注（其中《系辞》、《说卦》、《序卦》、《杂卦》兼有东晋韩康伯注）①，其疏解少所取本而多孔氏等自出机杼②。《尚书正义》据孔传本，其疏解多取于隋代刘焯《尚书义疏》和刘炫《尚书述义》，又去焯之穿凿而删炫之繁华③。《毛诗正义》取本毛传郑笺，其疏解多据刘焯《毛诗义疏》、刘炫《毛诗述义》而取长补短④。《礼记正义》取本于郑注小戴记，其疏解则取南朝皇侃《礼记义疏》，辅以北朝熊安生《礼记义疏》，存其胜义而去其弊末⑤。《春秋正义》则取《左传》及杜注，其疏解多据刘炫《春秋左氏传述义》，另以南朝沈文阿《春秋左氏经传义略》补其疏漏。⑥

即此可见，就其所据注本而言，除《周易正义》所本王弼注"江左

---

① 《序》称"唯魏世王辅嗣注独冠古今"，然"其江南义疏十有余家，皆辞尚虚玄，义多浮诞……斯乃义涉于释氏，非为教于孔门也。既背其本，又违于注"。且自述其大旨："今既奉敕删定，考察其事，必以仲尼为宗，义理可诠，先以辅嗣为本，去其华而取其实，欲使信而有征，其文简，其理约，寡而制众，变而能通。"据《十三经注疏》本，下引各《序》同。

② 姜广辉主编：《中国经学思想史（第二卷）》第四十四章"政治的统一与经学的统一——孔颖达与〈五经正义〉"三"《周易正义》的经学思想"，中国社会科学出版社2003年版。

③ 《序》称《古文尚书》虽然早出，晚始得行，"江左学者咸悉祖焉，近至隋初始流河朔。其为正义者，蔡大宝、巢猗、费甝、顾彪、刘焯、刘炫……唯刘焯、刘炫最为详雅。然焯乃织综经文，穿凿孔穴，诡其新见，异彼前儒，非险而更为险，无义而更生义……炫嫌焯之烦杂，就而删焉，虽复微稍省要，又好改张前义，义更太略，辞又过华，虽为文笔之善，乃非开奖之路，义既无义，文又非文……今奉明敕，考定是非，谨罄庸愚，竭所闻见，览古人之传记，质近代之异同，存其是而去其非，削其烦而增其简"。

④ 《序》称毛传郑笺"晋宋二萧之世，其道大行，齐魏两河之间，兹风不坠。其近代为义疏者，有全缓、何胤、舒瑗、刘轨思、刘丑、刘焯、刘炫等，然焯、炫并聪颖特达，文而义儒，握秀干于一时，骋绝辔于千里，固诸儒所揖让，日下之无双，于其所作疏内，特为殊绝。今奉敕删定，故据以为本。然焯、炫等负恃才气，轻鄙先达，同其所异，异其所同，或应略而反详，或宜详而更略。准其绳墨，差忒未免，勘其会同，时有颠踬。今则削其所烦，增其所简，唯意存于曲直，非有心于爱憎"。

⑤ 《序》称"爰从晋宋，逮于周隋，其传《礼》业者，江左尤盛，其为义疏者，南人有贺循、贺场、庚蔚之、崔灵恩、沈重、范宣、皇甫侃等，北人有徐道明、李业兴、李宝鼎、侯聪、熊安生等。其见于世者，唯皇、熊二家而已……今奉敕删理，仍据皇氏以为本，其有不备，以熊氏补焉。必取文证详悉，义理精神，剪其繁芜，撮其机要"。

⑥ 《序》称"晋世杜元凯又为《左氏集解》，专取丘明之传，以释孔氏之经，所谓子应乎母，以胶投漆，虽欲勿合，其可离乎？今校先儒优劣，杜为甲矣。故晋宋传授，以至于今。其为义疏者，则有沈文阿、苏宽、刘炫。然沈氏于义例粗可，于经传极疏。苏氏则全不体本文，唯旁攻贾、服，使后之学者，钻仰无成。刘炫于数君之内，实为翘楚……今奉敕删定，据以为本，其有疏漏，以沈氏补焉。若两义俱违，则特申短见"。

诸儒并传其学，河北学者罕能及之"外，另外四部《正义》所据，其实早是南北通行之本，虽因南朝直承魏晋而相传不绝，然自北魏孝文帝直至周隋亦已风行于北而其盛尤有过之。故所谓以南统北，很大程度上乃是整个北朝经学深受南朝影响逐步发展的结果①，而非《五经正义》所为，更非唐太宗及孔颖达等人本意。特别是从其所取疏解来看，《周易正义》于江南十余家义疏几无所取；《尚书正义》和《毛诗正义》则多据隋代刘焯、刘炫之说；《礼记正义》以南朝皇侃义疏为主而辅以北朝熊安生；《春秋左传正义》则以刘炫为主而补以南朝沈文阿之义例。其中的南北平衡之意极其明显，隋代的相关成果又尤其占有重要地位。由此再观孔颖达所撰诸《序》，皆先理注本源流，继则评骘各家义疏短长，点出所以取舍的原则，亦正表明了其基于隋代而兼综南、北，综合裁量而取长补短的凡例大旨。

其二，《五经正义》的颁行，诚然是对魏晋南北朝经学的划时代总结，是唐初继隋致力于经学统一的决定性成果，但也必须看到，其所代表的经注之本，在此前实已发挥着重要影响。在此之后，经学的统一也还有赖于继承了《五经正义》修撰宗旨的若干后续之作，即高宗以来贾公彦奉敕主修的《周礼注疏》、《仪礼注疏》，以及杨士勋所撰《春秋谷梁传注疏》和徐彦所撰《春秋公羊传注疏》。故严格说来，经学的统一至隋已有可观成果，在唐则大体要到开元以来才真正凸显，至于《五经正义》和四部《注疏》的一尊地位，更是在较长时期中逐渐达成的。②

贾公彦师承精于三礼的张士衡，士衡曾受业河北大儒刘轨思、熊安

---

① 皮锡瑞《经学历史》七"经学统一时代"讲到"南学、北学，以所学之宗主分之，非以其人之居址分之"一节，即寓此意。即以《古文尚书》为例，《隋书》卷三二《经籍志一》经部《尚书》类后叙："梁陈所讲，有孔、郑二家，齐代唯传郑义。至隋，孔、郑并行，而郑氏甚微。"是南朝孔、郑注本并行，至隋亦然而郑氏渐微。参刘起釪《尚书学史（订补本）》第六章"魏晋至唐的《尚书》——伪古文出占〈尚书〉正统"第四节"魏晋南北朝经学中的伪古文尚书与南'孔'北郑"，中华书局1989年版；陈梦家《尚书通论》第四部"尚书补述"一"孔传本出现的时代"（四）"结语"。河北教育出版社2000年版。

② 刘师培《国学发微》："《正义》之学，乃专守一家，举一废百之学也。"《国学发微（外五种）》，广陵书社2013年版。这固然是指《正义》所定注疏往往择善取一的义例，更是就《五经正义》及续撰四部《注疏》行而汉魏以来各家古注逐渐消亡的最终结果而言，而不能理解为永徽四年以来其已定于一尊。

第十二章 中古"制定法运动"与"法律儒家化"进程 727

生、刘炫，公彦亦以礼学著称，修《五经正义》时已为太学博士[①]，是《礼记正义》的重要参修者，又撰有《礼记疏》八十卷、《周礼义疏》五十卷、《仪礼义疏》五十卷[②]。由于《五经正义》于"三礼"只统一了《礼记》的经本经解，而《周礼》、《仪礼》仍有其地位和影响，高宗遂命公彦主修二书注疏，以应官学及明经课试所需。据今存其《序》文所述，这两部注疏也像《礼记正义》那样取宗于郑注本，其疏解皆应以公彦所撰《义疏》为主删订而成，其中《周礼》在文字音义上取准于陆德明《经典释文》，《仪礼》又裁取了隋儒李孟悊及北齐黄庆的章疏。[③]

杨士勋曾撰《春秋谷梁传疏》十三卷[④]，孔颖达《左传正义序》述其修《五经正义》时为四门博士，为《左传正义》的重要参修者。鉴于宋以来传世的《春秋谷梁传注疏》皆题"国子四门助教杨士勋撰"，是其成稿时士勋尚非博士而为助教，当在贞观十六年审核《五经正义》之前。其所据注本为东晋范宁的《春秋谷梁传集解》，疏解则以杨氏自撰为主，兼取了东晋以来徐邈等人的义疏，又取准了陆德明《经典释文》的音义[⑤]。故其既综合了汉魏晋各家之长，又取裁了近世的音义疏解而甚受重视，高宗以来亦应为官学教学及明经考试所本。徐彦的《春秋公羊传注疏》则取本于何休《春秋公羊传解诂》，其疏作者及其时代为经学史上一

[①] 孔颖达《礼记正义序》称贾公彦贞观十六年即为太学博士，而《旧唐书》卷一八九《儒学贾公彦传》载其"永徽中官至太学博士"。《新唐书》卷一九八《儒学张士衡传》附述贾公彦"终太学博士"。

[②] 《旧唐书·儒学贾公彦传》载其撰《仪礼义疏》为四十卷。两《唐书·经籍（艺文）志》经部礼类皆著录孔达达《礼记正义》七十卷，贾公彦《礼记疏》八十卷、《周礼疏》及《仪礼疏》各五十卷。贾著篇帙皆明显多于官修《礼记正义》和《周礼注疏》、《仪礼注疏》。

[③] 《十三经注疏》本存其《仪礼疏序》称《周礼》、《仪礼》"并是周公摄政太平之书"，且述其所取《仪礼》章疏"则有二家，信都黄庆者，齐之盛德，李孟悊者，隋日硕儒。庆则举大略小，经注疎漏，犹登山远望而近不知。悊则举小略大，经注稍周，似入室近观而远不察。二家之疏，互有修短，时之所尚，李则为先……今以先儒夫路，后宜易途，故悉鄙情，聊裁此疏，未敢专欲，以诸家为本，择善而从，兼增己义。仍取四门助教李玄植详论可否，金谋已定，庶可施以"。

[④] 《旧唐书·经籍志上》经部《春秋》类著录杨士勋《春秋谷梁传疏》十三卷，《新唐书·艺文志一》著录为十二卷。杨氏生平里第不详，或为刘炫弟子，参赵友林《杨士勋〈春秋谷梁传疏〉考》，《聊城大学学报（哲学社会科学版）》2009年第4期。

[⑤] 《旧唐书·经籍志上》经部《春秋》类著录范宁《春秋谷梁传集注》十二卷、徐邈《春秋谷梁传义》十二卷及《春秋谷梁音》一卷。参《十三经注疏》本《春秋谷梁传注疏》前附之四库本《提要》、《监本附音春秋谷梁传注疏序》及阮元《春秋谷梁传注疏校勘记序》。

大悬案。由于两唐志皆未著录此书，北宋《崇文总目》称其"不著撰人名氏"，南宋董逌《广川藏书志》则称"世传徐彦撰"，清儒阮元、王鸣盛直至近人潘重规等皆为考证，多以徐彦为北朝儒者①。其说虽不必骤为定谳，然其所承为北朝学脉，自唐以来用于官学及明经课试，应无可疑②。

经上梳理可见，这四部《注疏》同样体现了注本宗汉者疏常兼取南、北，注本取南者疏多据北，又尤重隋人所撰而取长补短的宗旨，故其具体编纂过程虽有若干不明之处，却完全贯彻了《五经正义》基于隋代而平衡南、北，综合裁量而取长补短的凡例大旨。要而言之，永徽四年以来《五经正义》已为官学教学及明经考试标准，开元七年以来《周礼》、《仪礼》、《公羊传》、《谷梁传》亦为"正经"而须课试，而贾公彦之《周礼注疏》及《仪礼注疏》宋来传本皆题其"奉敕"所撰，必在其中发挥了某种基准作用，则《公羊传》、《谷梁传》经本经解自无放任之理。据此而推，不仅杨氏，也包括徐氏所撰《注疏》在内，两者分别充当了其时二《传》的课试标准，恐属事理之必然③。然则"九经"至晚到开元后

---

① 参潘重规《春秋公羊疏作者考》，《学术季刊》四卷一期，台北，1955年9月；重泽俊郎《公羊传疏作者时代考》，潘重规译，《学术季刊》四卷二期，台北，1955年12月。参赵伯雄《春秋学史》第四章"魏晋南北朝时期的《春秋》学"第七节"徐彦与他的《公羊传疏》"，山东教育出版社2004年版。

② 《唐六典》卷二《吏部》考功员外郎职文："正经有九：《礼记》、《左传》为大经，《毛诗》、《周礼》、《仪礼》为中经，《周易》、《尚书》、《公羊》、《谷梁》为小经。通二经者，一大一小，若两中经；通三经者，大、小、中各一；通五经者，大经并通；其《孝经》、《论语》并须兼习。"《新唐书》卷四四《选举志》亦载此规定，但在"通五经者，大经皆通"后增"余经各一"四字，则于义尤惬。仁井田陞《唐令拾遗·学令第十》列之为开元七年《学令》的规定，可见自开元后《令》起，《周礼》、《仪礼》及《公羊传》、《谷梁传》俱在官学及明经课试"正经"之列。《唐大诏令集》卷八一《经史》载开元七年五月《行何、郑所注疏敕》命"何、郑二家，可令仍旧行用"。"何"自是《公羊传解诂》，郑当是《仪礼》、《周礼》之郑注。是当时已着手统一《周礼》、《仪礼》、《公羊传》、《谷梁传》经本经解之证。

③ 《旧唐书·儒学传》序载贞观二十一年诏定孔庙配享颜回以下二十一人中，何休、范宁俱在其列。是《公羊传解诂》、《谷梁传集解》甚受尊崇之证。《册府元龟》卷六○四《学校部·奏议三》载大历五年国子祭酒归崇敬上奏，"请以《礼记》、《左传》为大经，《周礼》、《仪礼》、《毛诗》为中经，《尚书》、《周易》为小经，各置博士一员。其《公羊》、《谷梁》文疏既少，请共准一中经，通置博士一员"。是为此前二《传》"文疏"并行之证。《五代会要》卷二三《科目杂录》载后晋至周"九经"皆在科举考试之列，后唐长兴四年礼部贡院奏新立条件，其中第二条即有"任将本经书疏照证"之文。是此二《传》"书疏"自唐直至五代及宋相沿循用之证。这类出现于中唐至后唐经试之制的"文疏"、"书疏"、"经疏"、"疏注"之类，恐非徐彦、杨士勋《注疏》莫属。

《令》，皆已统一于《五经正义》及四部《注疏》之下。

前曾指出，孝文帝迁都前后围绕定制立法的纷纭，一个突出的问题是"主议之家，太用古制"，而经传所示"古制"的多端不一即是其重要的原因，其况在前面所述太和以来修撰礼制诸《令》的蹉跎中斑斑可见。法律儒家化既然是要据儒经所示礼法关系及相关准则、理念来全面改造《律》、《令》，隋唐致力于经本经解的统一，对于平息以往的相关纷争，按照更具权威性的标准文本来贯彻这些准则、理念，借以推进《律》、《令》条文的进一步系统化、严密化，其意义不言而喻。

事实上，在注经之时比附当世制度名物以解释或发挥其义，早是汉儒的一个传统；如何立足实际来贯彻经传注疏中的众多法制理念或范畴，更是法律儒家化进程的一个焦点。《尚书正义》卷三《舜典》"扑作教刑"条孔疏：

> 此有鞭刑，则用鞭久矣。《周礼·条狼氏》誓大夫曰："敢不关，鞭五百。"《左传》有鞭徒人费、围人挚是也。子玉使鞭七人，卫侯鞭师曹三百，日来亦皆施用。大隋造《律》，方使废之。治官事之刑者，言若于官事不治，则鞭之，盖量状加之，未必有定数也。

上引文中的"大隋造《律》"云云，表明这条疏文原出隋人刘焯的《尚书义疏》或刘炫的《尚书述义》①。而鞭刑"日来亦皆施用"，正可与前面所述北魏太武帝比附《舜典》而定新的"五刑"系统相证，乃是北朝刑名自此相承的特色之一②。"方使废之"以下，则说明鞭刑已被排除在《开皇律》"五刑"之外，而仍像魏晋南朝那样用以惩处轻罪，或在"治

---

① 皮锡瑞《经学历史》七"经学统一时代"即指出了此点，同时又指出了《尚书正义》卷一九《吕刑》"宫辟疑赦"孔疏"近代反逆缘坐。男子十五以下不应死者，皆宫之。大隋开皇之初，始除男子宫刑，妇人犹闭于宫"。为出于二刘。

② 《魏书》卷一〇八之四《礼志四》载延昌四年领军元珍与三公郎中崔鸿议偏将军乙龙虎冒哀求仕之狱，崔鸿认为"正如郑义，龙虎罪亦不合刑，忽忽之失，宜科鞭五十"。是《正始律》有鞭刑之证。《隋书》卷二五《刑法志》载北齐五刑"四曰鞭"；北周五刑"二曰鞭"。

官事"时薄罚官吏①。从中不难看出，开皇定《律》对于鞭刑的处理，同样体现了隋文帝"复废周官，还依汉魏"的国策，不仅剥除了北朝法律儒家化往往刻意复古而附会儒经的成分，且亦使之更加合乎《舜典》"扑作教刑"的本义了。这也就是二刘此疏传递出来的信息，其旨显然不是要说隋《律》违背了经义，而是在赞扬开皇立法归复了古圣王治道。

这当然也是隋代以来法律儒家化已从刻意复古附会，开始恢复"正常"的表现。唐初立法正是循此轨道而行。《尚书正义》卷一九《吕刑》"五罚不服，正于五过"条孔疏：

> 人君故设禁约，将以齐整大众，小事易犯，人必轻之，过犯悉皆赦之，众人不可复禁。是故不赦小过，所以齐整众人，令其不敢犯也。今《律》"和合御药，误不如本方"；"御幸舟舡，误不牢固"；罪皆死。"乏军兴者，斩；故失，等"。皆是不赦过也。

所谓"今《律》"，应是指《贞观律》，其中所引几条《律》文，皆可见于永徽四年以来的《唐律疏议》②，当自贞观相承而来。无论这些条文是否承自前代由来悠远，这条孔疏着眼的，显然仍是《贞观律》条文合乎《尚书·吕刑》相关理念的义旨。至于其释"不赦过"为"所以齐整众人"，则又明显发挥了魏晋以来"法为绳墨"这个制定法运动的基本法律观，把太宗特别强调法典作用和地位的倾向，一并归为忠实于古圣王治道的体现。

在永徽三年所定《疏议》中，"和合御药有误"及"御幸舟船误不牢

---

① 《三国志》卷三《魏书·明帝纪》青龙二年二月癸酉诏曰："鞭作官刑，所以纠慢怠也。而顷多以无辜死。其减鞭杖之制，著于《令》。"其述"所以纠慢怠也"，即体现了"扑作教刑"之义。《晋书》卷三〇《刑法志》载魏晋"五刑"不含鞭。同书卷六六《陶侃传》载其都督荆雍益梁州诸军事时"诸参佐或以谈戏废事者，乃命取其酒器、蒱博之具，悉投之于江；吏将则加鞭扑"。亦"治官事"薄惩为教之义。《隋书》卷二五《刑法志》载梁《律》鞭杖刑在薄罚九等和惩官八等之中，连同死刑、耐刑和赎刑而为五刑，是其显然也附会了《舜典》"象以典刑，流宥五刑，鞭作官刑，扑作教刑，金作赎刑"之说。以上并参沈家本《历代刑法考·刑法分考》卷一四《鞭》。

② 《唐律疏议》卷九《职制篇》"诸合和御药有误"、"御幸舟船有误"、卷一六《擅兴篇》"诸乏军兴"条。

固",同时也归在卷一《名例篇》"十恶"条的"大不敬"名下,其《疏议》释"大不敬"曰:

> 礼者,敬之本;敬者,礼之舆。故《礼运》云:"礼者,君之柄,所以别嫌、明微、考制度、别仁义。"责其所犯既大,皆无肃敬之心,故曰"大不敬"。

"和合御药有误"等条归为"大不敬",固然有可能是承自创列"重罪十条"的北齐《河清律》,以及进一步将之归为"十恶"的《开皇律》;但从"礼"、"敬"关系出发来作出解释,并且使之与《律》同具法效,却应视为处处以礼、法关系来解释《律》条的《疏议》的特色。尤其引《礼记·礼运》篇所述来说明其所以为"大不敬",更与特重《礼记》的《五经正义》相呼应[1],反映了《礼记》对《律》文安排和解释的深刻影响。

由于今本《唐律疏议》条文在永徽三年以后至开元二十五年经历过某些修订[2],故其各条《疏议》所引儒经之况,应可在相当程度上说明一段时期以来立法定制所受儒经的影响,以及经本经解趋于统一与法律儒家化进程的关系。循此加以考察,结论约有如下三点:

一是《唐律疏议》引据儒经而出其书名者的数量,以《礼记》为最多,共达33条[3]。次为《周礼》12条[4];以下依次为《仪礼》11条[5],

---

[1] 前已指出《五经正义》在贞观十二年已初步修成,十四年和十六年均曾有所修订。《资治通鉴》卷一九五《唐纪十一》贞观十四年二月丁丑,"上以师说多门,章句繁杂,命孔颖达与诸儒撰定《五经》疏,谓之《正义》,令学者习之"。是其时所成之本曾令学者习之,可见《五经正义》的影响并不始于其正式颁行的永徽四年。

[2] 如卷一《名例篇》"十恶"条《疏议》释"大不敬"所涉"御宝"时,称"开元岁中,改玺曰宝"。

[3] 常引作"《礼》云"或"依《礼》"、"据《礼》"云云,也有径引其篇名者,如卷一《名例篇》"十恶"条《疏议》释"大不敬"引《礼运》之文以证法意。

[4] 其中亦有简称为"《礼》"者,如卷二八《捕亡篇》"诸邻里被强盗不救助"条《疏议》曰:"依《礼》,五家为邻,五邻为里"云云。即出于《周礼·地官司徒篇》遂人职文。

[5] 皆为《丧服》之文,卷一《名例篇》"十恶"条《疏议》释"恶逆"径引《丧服》文数条,并计为一条。其余亦有简称为"《礼》"者,如卷六《名例篇》"诸称期亲祖父母等"条《疏议》释"慈母"而曰"依《礼》"云云,即为《仪礼·丧服》"慈母如母"条传文。

《尚书》7条①,《左传》6条②,《易》5条,《诗》与《孝经》各3条③,《公羊传》及《尔雅》各1条,《论语》及《谷梁传》或有其文而不出书名④。这样的状况,显然应当视为此期以礼入法和法律儒家化进程的真切写照。

二是《唐律疏议》引诸典籍不限于儒经,而是兼及了《尚书大传》、《史记》、《汉书》、《风俗通义》、《国语》、《说文》、《广雅》及于纬书。这当然是其诠释词义和阐明法意之所需,但其间亦仍有其区别:凡阐明法意者多引儒经,又以"三《礼》"为最而散布于各篇;其他典籍则多以诠释词义,且大都集中于卷一《名例篇》的《疏议》⑤,其分量及其重要程度显然无法与儒经相比。

三是《唐律疏议》引据儒经多为经文,但亦有引及其注者。如卷一《名例篇》"死刑二"条《疏议》引"郑注《礼》云:'死者,澌也,消尽为澌。'"即是《礼记·檀弓上》子张语"君子曰终,小人曰死"注文。这条《疏议》继而又引"《书》云:'金作赎刑。'注云:'误而入罪,出金以赎之。'"则是《尚书·舜典》本条的孔传。卷六《名例篇》"诸称期亲祖父母"条《疏议》引"《左传注》云:'元妃,始嫡夫人,庶子于之称嫡。'"为隐公元年本条的杜注。本条《疏议》又曰:"慈母者,依《礼》:妾之无子者,妾子之无母者,父命为母子,是名慈母。"

---

① 常简称"《书》"。另卷一《名例篇》首《疏议》曰又引《尚书大传》文两条。
② 其中卷一六《擅兴篇》"诸大集校阅违期"条《疏议》曰:"《春秋》之义:春蒐夏苗秋狝冬狩,皆因农隙以讲大事。"此虽名《春秋》而实为《左传》隐公五年之文。
③ 其中卷七《卫禁篇》"诸阑入太庙及山陵兆域门"条及卷二七《杂律篇》"诸于山陵兆域内失火"条,《疏议》皆引《孝经》"卜其宅兆"之文,虽为两条而内容相同。
④ 不出书名之经文,如卷一《名例篇》"谋叛"条《疏议》曰:"……即如莒牟夷以牟娄来奔,公山弗扰以费叛之类。"此处后一事出于《论语·阳货》。前一事出于《春秋》昭公五年:"夏,莒牟夷以牟娄及防、兹来奔。"此条《左传》曰:"牟夷非卿而书,尊地也。"《公羊传》曰:"莒牟夷者何,莒大夫也。莒无大夫,此何以书?重地也。其言及防、兹来奔何?不以私邑累公邑也。"《谷梁传》曰:"以者,不以者也。来奔者,不言出。及防、兹,以大及小也。莒无大夫,其曰牟夷,何也?以其地来也。以地来,则何以书也?重地也。"相对突出其"叛"之义的显然是《谷梁传》,这类引用其文而不出书名的情况在《唐律疏议》中颇为不少。
⑤ 除不出书名者外,《唐律疏议》共引《风俗通义》1条,《尚书大传》2条,《广雅》1条,《史记》2条,《汉书》1条,《说文》2条,《孝经援神契》1条,《孝经钩命诀》1条,《春秋元命苞》1条,《国语》1条。以上唯卷九《职制篇》"诸玄象器物私家不得有"条《疏议》引《史记·天官书》1条,其余皆在卷一《名例篇》中。

这里概括了《仪礼·丧服》"慈母如母"条"《传》曰"的大意，其中"妾子之无母，父命为母子"两句即为郑注原文。凡此之类，都约略反映了《五经正义》及续撰四部《注疏》所宗注本对于《唐律疏议》的影响。

以上三点，当可在很大程度上体现永徽以来立法定制，在贯彻儒经所示礼法关系及相关法制理念时的具体状态。同时亦可从中体会到两个方面的事实：一方面，在隋代以来南、北经学已渐统一的大趋势下，《五经正义》和四部《注疏》所代表的经本经注，在永徽四年以前实际已在指导着立法。另一方面，即便在《五经正义》颁行后，其在官学或明经课试以外的影响显然也不是强制性的，其他经本经解也都还在立法定制时发挥一定作用。当然自永徽、开元以来，朝廷既然进一步统一了各经义疏，以往立法取本儒经时所受南、北经学之歧的困扰，毕竟已得消解，法典和礼典由此当可更为顺利地贯彻儒经所示礼法关系及相关理念，这应当还是没有问题的。

三 礼典与法典的制作及礼、法关系的厘定

法律儒家化的核心内容是协调礼、法关系，故其在立法上往往表现为礼典与法典在制定和内容上的相互关联。魏晋以来，修撰礼典与制定《律》、《令》，已是整套国家典制贯彻礼、法关系的基本途径，发展至隋及唐初以来，两者相互驱动和相辅而行的关系态势已空前明朗起来。

前已指出，西晋《律》、《令》与《五礼》的制定同期开始，后者却颇多争议久未告成，唯惠帝元康元年挚虞奏上了讨论修订后的十五篇。此后无论是南朝齐、梁，还是北魏太和以来至北齐的《五礼》制定，其始固然都与定《律》、《令》相伴，而其修讫皆远在其后[①]。这种礼典修撰进度较法典大为滞后的状态，既是因为礼、法虽相为表里而仍各有特点，礼典事关移风易俗而撰作尤难；更是由于法律儒家化正在展开而不免曲折，礼、法合一和出礼入法的格局在具体类目和条文上一时尚难就绪所致。

不过其况至隋明显已起了变化。《隋书》卷一《高祖纪上》开皇五年正月戊辰，"诏行《新礼》"。同书卷四九《牛弘传》：

---

① 参梁满仓《魏晋南北朝五礼制度考论》第三章"五礼制度化的过程原因及意义"第二节"五礼制度发展的三个阶段"。

（开皇）三年，拜礼部尚书，奉敕修撰《五礼》，勒成百卷，行于当世。

这部"《五礼》"，也就是后世所称的"《开皇礼》"，其修撰过程显然是与开皇三年再定《律》、《令》同期启动的，只有两年即告成颁行①。相比之下，南齐永明二年始修《五礼》，15 年后尚未完成而多"零落"；梁武帝天监元年接续其事，普通六年修成 1176 卷 8019 条奏上施用，前后共有 40 余年②。北魏自太和中有意制礼作乐而其事蹉跎仅开轮廓，宣武帝以来方由刘芳、常景"别典仪注"，至魏末方成《仪注》50 卷流传于世③，为时亦达 40 余年。北齐若自天保元年"删定《律》、《令》，损益礼乐"算起，直至武平末年《五礼》290 卷告成④，费时为 25 年。

这都尤其衬出了《开皇礼》两年即已修成颁行的非同往常，而其原因并不复杂。《隋书》卷六《礼仪志》序：

高祖命牛弘、辛彦之等，采梁及北齐《仪注》，以为《五礼》。⑤

可见《开皇礼》正是基于南梁、北齐《五礼仪注》而修订。两者修撰为时甚久，适足以说明其内容和形态已经长期酝酿、反复讨论，遂为《开皇礼》提供了较好的基础。也就是说，梁《礼》多达 1176 卷 8019 条，表明了其各种礼仪"靡不该备"的完善程度⑥，可以说集中代表了南朝礼

---

① 《隋书》卷三三《经籍志二》史部仪注类著录之为"《隋朝仪礼》一百卷，牛弘撰"。同书卷七五《儒林辛彦之传》载其当时"拜礼部尚书，与秘书监牛弘撰《新礼》"，末述其开皇十一年卒，所撰包括"《新礼》一部"。似当时制定礼典的实际主持者为辛彦之。

② 参《南齐书》卷九《礼志》序，《梁书》卷二五《徐勉传》载其普通六年《上修五礼表》。另据《南齐书》卷四八《孔稚珪传》、《隋书》卷二五《刑法志》等处所载，其间永明七年至九年王植定《律》初讫，天监元年至二年蔡法度等定《律》、《令》、《科》奏上。

③ 参本书第六章第六节四。其间太和十五年以来续有立法至《正始律》、《令》颁行，为时约 12 年，再经 27 年而常景修成《五礼仪注》五十卷。

④ 参本书第七章第一节三。其间天保元年始定《律》、《令》至河清三年颁行，为时约 15 年，再 10 年而成《后齐仪注》二百九十卷。

⑤ 《梁礼》正是由《嘉》、《宾》、《军》、《吉》、《凶礼仪注》构成的。《北齐书》诸处皆载天统、武平中"议定《五礼》"。故隋文帝命采梁及北齐"《仪注》"，必是指二朝的《五礼仪注》而言。

⑥ 参徐勉《上修五礼表》。

学的成果①，同时也与萧梁《律》、《令》纲目条流颇为繁杂的状态相匹配。而北齐武平末年所定《五礼仪注》290卷，则表明了其比之魏末常景所撰《仪注》50卷大为完善，而相较于南朝《五礼》系统则更为简要切实的特点。这显然应当归为太和、正始以来不断梳理和厘定礼、法关系的产物，其与优良程度被公认为超越了南朝的《河清律》、《令》之间，必在相为表里、出礼入法的安排上达到了相当水平。

即此可见，开皇三年制定《五礼》之时，《梁礼》之完备细致与《齐礼》之简要切用，业已为之提供了较好基础。揆诸当时定《律》、《令》多取北齐的基本态势，与之并行而篇帙百卷的《开皇礼》，自然不可能在内容过于繁富的《梁礼》基础上删定，而应主要以北齐《五礼仪注》为其修削蓝本，再参考、采撷《梁礼》的相关内容。《开皇礼》与《开皇律》、《令》的相互关系，也主要继承和发展了北齐《河清律》、《令》和《五礼仪注》达成的状态，同时又取鉴了南朝礼、法领域的成果，使之兼综了南、北之长。至于其仅需两年即已修毕颁行，则一方面体现了隋文帝"复废周官"而力图重建礼法关系的强烈愿望；另一方面也是经南北朝法律儒家化进程和礼、法关系长期发展淘洗之后，以往繁难的不少问题至此多已尘埃落定的缘故。

在南北朝至隋唐礼典与法典相互关系的发展链条中，《开皇礼》堪称是关键的一环。但自开皇九年南北统一直至隋文帝晚年，新的形势包括不断涌现的内、外部矛盾，已在日益呼唤着法典和礼典的再次调整。于是遂有仁寿二年闰十月下诏"修定《五礼》"之举，四年七月隋文帝遗诏又要求全面修订法律②，说明当时确已把礼典的编纂或厘定新的天下秩序，放

---

① 南朝礼学除三《礼》义疏外，又突出地表现为"礼论"的发达。"礼论"是立足现实对礼之体、用的讨论，故于修撰礼典关系尤大。《南史》卷二二《王昙首传》附《王俭传》："何承天《礼论》三百卷，俭抄为八帙，又别抄条目为十三卷。朝仪旧典，晋宋来施行故事，撰次谙忆，无遗漏者。"可见其要。

② 《隋书》卷二《高祖纪下》。其又载三年六月下诏厘定丧制，是为二年以来定礼的继续。同书卷七六《文学潘徽传》述晋王引其为扬州博士，令与诸儒撰《江都集礼》一部，命其作《序》述礼之重要与天地日月并明，称其制作"振领提纲，去其繁难，撮其指要"，其十二帙一百二十卷"取方月数，用比星周，军国之仪存焉，人伦之纪备矣"云云。《旧唐书》卷八九《王方庆传》载其武周神功年间议告朝之礼，称"隋炀帝命学士撰《江都集礼》，只抄撮旧礼，更无异文"。是《江都集礼》旨在进一步取综南朝之礼而构成了仁寿二年定礼的先声，且仁寿此举甚似为炀帝推动。

到了先导立法和视之为法律基础的位置上。但到炀帝大业三年颁行新定《律》、《令》而不及礼典，隋文帝末年启动的《五礼》修撰过程显然已告中辍，或改以别种方来式来展开①。由于不久隋即陷入了动荡以至于亡，新的礼典，最终是由唐太宗来完成的。

《唐会要》卷三七《五礼篇目》：

> 武德初，朝廷草创，未遑制作。郊祀宴享，悉用隋代旧制。至贞观初，诏中书令房玄龄、秘书监魏徵、礼官学士备考旧礼，著《吉礼》六十一篇，《宾礼》四篇，《军礼》二十篇，《嘉礼》四十二篇，《凶礼》六篇，《国恤礼》五篇，总一百三十八篇，分为一百卷……七年正月二十四日献之，诏行用焉。

这段记载表明《贞观礼》显然也是与《律》、《令》同期开修，而已先期告成，篇帙则与《开皇礼》同为百卷，这也说明了其间因袭多于改作。需要说明的是，贞观七年房玄龄等奏上《五礼》，再到太宗"诏行用焉"，其间还有间隔。《旧唐书》卷三《太宗纪》及《资治通鉴》等处载新《礼》之行用均不在贞观七年而在十一年，《册府元龟》卷五六四《掌礼部·制礼二》载其次序最为清楚，即七年房玄龄等奏上新《礼》而太宗"始令颁示"，十一年诏颁天下行用之。故所谓"始令颁示"，指的显非即颁天下施用，而是要征集意见加以修订，并与正在制订之中的《律》、《令》相谐。故《贞观礼》一直要到贞观十一年方诏"修撰已毕，可颁天下"②，其时适值《贞观律》、《令》颁行后

---

① 《隋书》卷三《炀帝纪上》大业二年二月，诏杨素、牛弘、宇文恺、虞世基、许善心等"制定舆服，始备辇路及五时副车"。其中除精于技术的宇文恺外，皆是仁寿二年奉诏定礼之人，可见此时制定《五礼》已变为"制定舆服"。同书卷一五《音乐志下》载大业元年诏修高庙乐，"帝又以礼乐之事，总付秘书监柳顾言、少府副监何稠、著作郎诸葛颖、秘书郎袁庆隆……帝复难于改作，其议竟寝"。其后文又载"礼乐之事，竟无成功焉"。

② 《册府元龟》卷五六四《掌礼部·制礼二》及《唐大诏令集》卷八一《礼乐》皆载贞观十一年三月颁行新《礼》诏文，其中述其修撰宗旨为"本乎人心，稽之物理，正情性而节事宜，穷高深而归简易。用之邦国，彝伦以之攸叙；施之律吕，金石于是克谐"。末称"今修撰既毕，可颁行天下。俾富教之方，有符先圣；人伦之化，贻厥后昆"。

不久。①

《贞观礼》与《律》、《令》的这种修订和颁行节奏，似乎接续了隋文帝末年先修礼典再定《律》、《令》的用意，两者都是要适应南北统一、民族融合的新形势而重建天下秩序，同时也反映了现在定礼与立法、礼典与法典间更为紧密的关系。考虑到贞观立法只对《开皇礼》和《律》、《令》作了局部损益②，那又可以认为，《贞观礼》与《律》、《令》的制定，主要是随这些损益进一步调整了其间关系。因而贞观七年所以先要"颁示"《五礼》，到十一年又要在颁行《律》、《令》之后再行新《礼》；当是要让法典的制订取准礼典的相关规定，最后再据法典规定对礼典内容作相应调整③。由此看来，开皇至贞观礼典与法典及其相互关系的因袭和调整，实际上集中体现了当时对魏晋南北朝法律儒家化进程的总结，标志了长期以来《律》、《令》、《五礼》不尽匹配之态的结束。

永徽以来《律》、《令》、《格》、《式》体系的形成、发展，以及显庆、开元时期《五礼》的调整、变化，都是对贞观所定礼典与法典关系格局的进一步完善。从礼典的角度来看，《显庆礼》和《开元礼》的制订，尽管受到了多种政治需要的影响，但在根本上还是体现了开皇、贞观以来修撰礼典与制定《律》、《令》相互关联的发展态势。

综据诸处所载，《显庆礼》的制定始于永徽二年，当在此年闰九月颁行《律》、《令》、《格》、《式》前后不久④，至显庆三年撰成229篇共为

---

① 《旧唐书》卷三《太宗纪》载贞观十一年正月庚子颁新《律》、《令》。甲寅，"房玄龄等进所修《五礼》，诏所司行用之"。是两者相差只有14天。《资治通鉴》卷一九五《唐纪十一》贞观十一年正月庚子颁《律》、《令》，三月丙午诏行房玄龄、魏徵所定《新礼》一百三十八篇。其所取显然亦为《册府》所据《国史》，则相差两个月多。

② 《唐会要》卷三七《五礼篇目》载《贞观礼》唯改《开皇礼》2条，另增"皇太子入学"等礼文29条。同书卷三九《定格令》则载《武德律》"大略以开皇为准……凡《律》五百条，格入于新《律》，他无所改正"。又载《贞观律》仍为五百条，《令》三十卷，另定《格》七百条以为通式。《唐六典》卷六《刑部》原注则述隋《开皇令》三十卷。篇帙条数的这种状态，也反映了《贞观礼》及《律》、《令》基本皆在开皇基础上损益调整而变动不大。

③ 《旧唐书》卷四六《经籍志上》经部礼类及《新唐书》卷五八《艺文志二》史部仪注类皆将之著录为"《大唐仪礼》一百卷"。即反映了当时视之为本朝定制的状态。

④ 《唐会要》卷三七《五礼篇目》载其在"永徽二年"，《旧唐书》卷二一《礼仪志》序述其事在"高宗初"。需要指出的是，两者所列与其事者自中书令杜正伦以下诸人之衔，多为《册府元龟》卷五六四《掌礼部·制礼二》载高宗显庆三年正月长孙无忌等奏上《显庆礼》之衔，永徽二年预修之人史阙不详。

130卷奏上施用①。其修订缘起，一方面是由于《贞观礼》大体因袭了《开皇礼》，至此不免已多"未备"、"不尽"之处②；另一方面又是因为永徽二年《律》、《令》、《格》、《式》体系形成以来，礼典自须与之匹配而作相应调整③。《开元礼》的修撰则始于开元十年以韦绍为礼仪使"专掌《五礼》"，开元十四年方由宰相张说奏准"折衷"《贞观礼》和《显庆礼》的修撰体例，而以徐坚诸人为之，至二十年九月遂由萧嵩、王邱等撰成150卷奏上颁行④。其修撰缘起，则首先是要解决《显庆礼》颁行以来礼制领域的种种问题。⑤

《显庆礼》颁行之时即多非议，高宗上元三年遂诏礼事仍"依贞观年《礼》为定"；至仪凤二年立法稍后，又诏《显庆礼》"多不师古，其五礼并宜依周礼行事"⑥。故《新唐书》卷一一《礼乐志》序述：

> 由此终高宗世，《贞观》、《显庆》二礼兼行，而有司临事，远引古义，与二《礼》参考增损之，无复定制。武氏、中宗继以乱败，无可言者，博士掌礼，备官而已。

其述武周以来之况虽嫌过分，但当时礼事多临时议定而礼典、法典不相协

---

① 《唐会要》卷三七《五礼篇目》。《旧唐书》卷四《高宗纪》载显庆三年正月戊子诏颁《显庆礼》为一百三十卷二百五十九篇，《新唐书》卷五八《艺文志二》史部仪注类著录为一百三十卷二百九十九篇。两者必有一讹。

② 《唐会要·五礼篇目》称其缘起为"议者以《贞观礼》未备"，《旧唐书·礼仪志》序则称"议者以《贞观礼》节文未尽"。

③ 《旧唐书·礼仪志》序称显庆三年长孙无忌等奏上《显庆礼》，"增损旧礼，并与令式参会改定，高宗自为之《序》"。《新唐书》卷一一《礼乐志》序则称《显庆礼》"其文杂以式令"。《新唐书·艺文志二》著录其名为《永徽仪礼》，此名强调的应是其与《永徽律》、《令》、《格》、《式》的匹配关系。

④ 《唐会要·五礼篇目》、两《唐书·礼仪(乐)志》序、《册府元龟》卷五六四《掌礼部·制礼二》、《唐六典》卷四《礼部》及《通典》卷一○五《礼六十六·开元礼类纂一》"五礼篇目"皆述"五礼之仪一百五十有二"，指的是其五礼各项仪注的分篇而非卷数，据今通行本所分细目统计则为237篇。

⑤ 参赵澜《大唐开元礼初探——论唐代礼制的演化历程》，《复旦学报》1994年第5期；吴丽娱《营造盛世：〈大唐开元礼〉的撰作缘起》，《中国史研究》2005年第3期。

⑥ 《唐会要·五礼篇目》载仪凤二年诏下于八月，同书卷三九《定格令》载仪凤二年修订麟德二年所定之法而官号复旧，"三月九日删辑格式毕上之"。

调，则是事实。开元十年以韦縚为礼仪使"专掌《五礼》"①，大概就是要梳理这样的局面。其事仍应放在此前朝廷已多次立法，尤其玄宗开元三年和七年两度修订《律》、《令》、《格》、《式》，礼典的厘定已尤为要务的背景下来加以认识。

同理，当《开元礼》历时十年，再定体例，三度换人而告成颁行，且其内容和形态之完备又得公认之余，再次据以调整法典，以示大唐之纲维俱张而刑、礼克谐，遂又成了事理之必然。这又构成了开元二十五年立法的一个重要背景。也就是说，这次立法在删定开元七年《律》、《令》、《格》、《式》之条和自来积存之敕总共7026条时，其中删除"于事非要"的1324条尤其是"随事损益"的2180条，在综合考量各种依据时，一个相当重要的理由，是要与《开元礼》的规定相协调。而其"仍旧不改"的3594条，则必是长期行之有效，或开元七年以来已与《贞观礼》和《显庆礼》规定相一致，《开元礼》又循此而不相扞格的条文。

其实例如《旧唐书》卷二七《礼仪志七》载：

> （开元）七年八月下敕曰："……《格》条之内，有父在为母齐衰三年。此有为而为，非尊厌之义。与其改作，不如师古，诸服纪宜一依《丧服》文。"自是卿士之家，父在为母行服不同……二十年，中书令萧嵩与学士改修定《五礼》，又议请依上元敕，父在为母齐衰三年为定。及颁《礼》，乃一依行焉。二十三年，藉田礼毕，下制曰："服制之纪，或有所未通，宜令礼官学士详议闻奏。"……侍中裴耀卿、中书令张九龄、礼部尚书李林甫等奏曰："……臣等按《大唐新礼》：亲舅加至小功，与从母同服。此盖当时特命，不以轻重递增，盖不欲参于本宗，慎于变礼者也。今圣制亲姨舅小功，更制舅母缌麻，堂姨舅袒免等服。取类《新礼》，垂示将来，通于物情，自我作则。群儒风议，徒有稽留，并望准制施行。"制从之。

这段记载相当典型地反映了显庆以来礼典与法典的调整过程。据其前文所载，萧嵩所提到的"上元敕"，即高宗上元元年武后上表，把《显庆礼》

---

① 《唐会要》卷三七《礼仪使》："开元九年正月，韦縚除国子司业，仍知太常礼仪事。"是其时韦縚虽"知太常礼仪事"，而"专掌五礼"则在明年。

仍旧按《仪礼·丧服》父在为母服期的规定，改成了服齐衰三年。由此形成的敕例后来被修入了《垂拱格》，开元七年三月所定《开元后格》仍有此条，也就是上引文提到的"《格》条"。开元七年玄宗下敕"诸服纪宜一依《丧服》文"，意即当时并行的《贞观礼》、《显庆礼》及《开元后格》中，凡服丧于古有所变通者皆停其用[1]。但此敕显亦"太用古制"而其效不彰，士大夫家父在为母服丧仍参差不一，至萧嵩主修《开元礼》时，遂又恢复了上元以来父在为母服齐衰的规定。不过到开元二十三年，玄宗又不想"师古"了，遂要求改变《开元礼》的规定，增隆姨舅等外家亲戚的服丧规制，其事虽遭"群儒风议"而仍由宰相奏准施用。

　　由此参照开元二十五年立法删定以往法律及敕例之况，可见《开元后格》把《显庆礼》父在为母服期改成齐衰三年，虽不数月而被敕停废，但到开元二十年其既重新修入了《开元礼》，也就必在开元二十五年立法"依旧不改"的范围之内。相应地，开元七年八月恢复《显庆礼》父在为母服期之敕，至此自因"于事非要"而在被删之列。至于开元二十三年改《开元礼》文而加重姨舅等姻戚丧制，到奏准这个敕例的李林甫主持开元二十五年立法时，必将其修入了《新格》；而《开元后格》关于姨舅等丧制的规定，则在"随事损益"之列而被修改，同时有关《律》、《令》、《式》文亦须随之调整。[2]

　　贞观以来礼典与法典的相关规定，正是在这种彼此牵动的立法定制过程中不断调整和统一起来的。因而开元二十五年通盘立法，就其最终达成了整套法律体系与《开元礼》和其他现行礼制的全面匹配而言，显然不仅是对永徽二年以来整套法律体系的总结，而更是对开皇、贞观以来礼、法关系不断调整发展的总结。自东汉班固、曹褒大声疾呼，魏晋始与《律》、《令》同修《五礼》，法律儒家化和制定法运动自此不断展开，南北朝后期继此再修法典和礼典以图通盘贯彻的礼法关系准则，至此可谓得

―――――――
[1]　其前文载《贞观礼》"叔嫂无服"，到贞观十四年将之调整为小功服而被修入《显庆礼》。亦属此类。以上并参吴丽娱《唐礼摭遗——中古书仪研究》第十三章"丧服制度（Ⅱ）"三"附：唐前期丧服改礼中的帝王意志与北朝风习"，商务印书馆2002年版。
[2]　前已指出《唐律疏议》引《仪礼·丧服》达11条，另释五服者亦复不少；《丧葬令》及《礼部式》中亦有丧制的相关规定。参吴丽娱《终极之典：中古丧葬制度研究（下册）》下编上"唐朝的丧葬礼令与唐五代丧葬法式"第六章"丧葬令、格、式、制敕的作用关系及唐宋丧葬制度的发展变化"，中华书局2012年版。

到了全面落实和淋漓尽致的发挥。若再考虑玄宗此后不再修撰礼典和法典，安史乱后《律》、《令》、《格》、《式》体系迅速瓦解而敕例集盛行，礼书则多编集单行仪注而成①，且又越益失其统一诸礼和指导立法的宗旨，而已退化为便于礼院行事检索的"吏书"②。那就应当把开元二十五年立法，视为法律儒家化登峰造极而告终结，制定法运动遂动力顿失而从全盛走向衰落的转折点。

四　法律儒家化的终结与制定法运动的衰落

瞿同祖先生曾勾勒法律儒家化的全过程，认为其"始于魏晋，成于北魏、北齐，隋唐采用后便成为中国法律的正统"。但据上面所论胡、汉族姓、南、北经学和礼、法关系的种种问题和态势，北朝法律儒家化显然尚多滞碍之处，隋唐立法定制也远非只是"采用"北朝的有关立法成果，而是为之完成了具有决定意义的总结。应当说，正是通过隋及唐初的继续创辟，才最终奠定了儒家化法律的基本面貌，使之对周边及后世发生了深远影响。故唐初以来至开元时期，实应视为法律儒家化的完成阶段。

即以《河清律》中的"重罪十条"至《开皇律》定为"十恶"而言，《唐律疏议》卷一《名例篇》"十恶"条《疏议》曰：

> 五刑之中，十恶尤切，亏损名教，毁裂冠冕，特标篇首，以为明诫。其数甚恶者，事类有十，故称"十恶"。然汉制《九章》，虽并湮没，其"不道"、"不敬"之目见存，原夫厥初，盖起诸汉。案梁、陈以往，略有其条。周、齐虽具十条之名，而无"十恶"之目。开皇创制，始备此科，酌于旧章，数存于十。大业有造，复更刊除，十条之内，唯存其八。自武德以来，仍遵开皇，无所损益。

这里已说得非常清楚，重罪十条所含诸多罪名，不少皆可追溯至汉，其况

---

① 中唐以来实际上再未出现过礼典、法典并行互辅的局面，宋初以来所编礼典唯有《开宝通礼》及《政和五礼新仪》差堪当之，皆虚应故事而不与立法匹配。参张文昌《制礼以教天下——唐宋礼书与国家社会》第五章"唐宋礼典的性质"，台湾大学出版中心2012年版。

② 参楼劲《关于〈开宝通礼〉若干问题的考察》、《宋初三朝的礼例与礼制形态的变迁》，二文分载《中国社会科学院历史研究所学刊》第四、五集，商务印书馆2007、2008年版。

正如唐《律》中的不少条文沿自秦汉乃至于《法经》一样。但将之归为"重罪十条",前置为《名例篇》罪名之始,定其"不在八议论赎之限"①,却仍是具有重要标志意义的举措。《开皇律》改名"十恶",更是礼法合一的进一步体现,《疏议》以"亏损名教,毁裂冠冕"来概括其危害之切,强调的正是法断善恶而基点在礼这个儒经所示的基本法理。而其在《大业律》中又被"刊除"唯留其八,又尤其说明其在隋代非无争议而待公认,至唐方成不刊之典。

非但"十恶","五刑"在隋唐的整顿显然要来得更大也更富于象征意义。即便是名目相对稳定的"八议",也因隋唐亲属关系和官爵序列已较以往变化而经历了不小的调整。尽管今人已很难理解其中义旨的微妙切要之处,但对当时立法或法律儒家化进程来说,通过这些调整来进一步凸显德主刑辅理念,以此弥合和消除南北朝法律中尚有滞碍和相互扞格的部分,使得贯穿和维护礼法关系的各种法律条文真正达成体系化、严密化,正是其最为重要的使命和成果,也是历经数百年动荡乱离之后,重建泱泱华夏、礼义之邦必不可缺的构件。

唐初以来的立法正是循此展开的。如《贞观律》循开皇、武德《律》损益,曾有一项导致天下死刑减半的重大修正。《旧唐书》卷一八九上《儒学敬播传》载:

> 刑部奏言:"准《律》:谋反大逆,父子皆坐死,兄弟处流。此则轻而不惩,望请改从重法。"制遣百僚详议,播议曰:"昆季孔怀,天伦虽重,比于父子,性理已殊。生有异室之文,死有别宗之义。今有高官重爵,本荫唯逮子孙;祚土锡圭,余光不及昆季。岂有不沾其荫,辄受其辜,背礼违情,殊为太甚。必期反兹春令,踵彼秋荼,创次骨于道德之辰,建深文于措刑之日,臣将以为不可。"诏从之。

《资治通鉴》卷一九五《唐纪十一》系此于贞观十一年正月,以之为房玄龄主持定《律》、《令》时事。这次讨论的是谋反大逆兄弟应否连坐从死,

---

① 《隋书》卷二五《刑法志》述《河清律》概况,述其"又列重罪十条,一曰反逆,二曰大逆,三曰叛,四曰降,五曰恶逆,六曰不道,七曰不敬,八曰不孝,九曰不义,十曰内乱。其犯此十者,不在八议论赎之限"。

而其焦点在于兄弟与祖孙的区别，及此《律》条与《令》文官爵荫继规定的关系，也就牵涉到了整个亲属关系和继承制度，此即敬播述其"背礼违情"的着眼点。

同类讨论在北魏《太和律》以来已常有之。《魏书》卷五三《李冲传》载太和二十年议穆泰反逆案中，同逆彭城镇将元拔之养子降寿的处理，太尉咸阳王禧等据《律》有"养子而为罪，父及兄弟不知情者不坐"之文，以为降寿不知情而可不坐，亦引封爵之《令》养继不得袭爵的规定为说。其论及其所据《律》、《令》，显然都兼顾了部族制下养子的某些特色。李冲则从传统宗法制出发，以为"依据《律》文，不追戮于所生，则从坐于所养，明矣。又《律》惟言父不从子，不称子不从父，当是优尊厉卑之义"，以为据《律》及《令》，降寿宜从拔罪。孝文帝则下诏赞同冲议而特赦降寿，其着眼点，也是亲属关系和继承制度意味的刑事连坐责任及《律》、《令》的协调①。

又《魏书》卷一一一《刑罚志》载宣武帝末年，元愉反逆案犯高季贤之兄、叔本已被宥除名为民，尚书邢峦奏论其兄、叔能否再因会赦获免之事：

> 案季贤既受逆官，为其传檄，规扇幽瀛，遘兹祸乱。据《律》准犯，罪当孥戮，兄、叔坐法，法有明典。赖蒙大宥，身命获全，除名还民，于其为幸。然反逆坐重，故支属相及。体既相及，事同一科，岂有赦前皆从流、斩之罪，赦后独除反者之身？又缘坐之罪，不得以职除流……何有罪极裂冠，衅均毁冕，父子齐刑，兄弟共罚，赦前同斩从流，赦后有复官之理？依《律》则罪合孥戮，准赦则例皆除名……请依《律》处，除名为民。

将此与贞观立法之事相参，可见《正始律》中反逆兄弟、叔伯非斩即流，

---

① 《魏书》卷七八《张普惠传》载其孝明帝时上疏奏论封爵"世减"之弊，前已指出其以"《律》罪例减，及先帝之缌麻"，来质疑灵太后"令给亲恤，止当世之有服"。其奏论之旨亦与议穆泰反逆时咸阳王禧等所议有相近处。

至《武德律》减为"兄弟处流",当自《开皇律》沿袭而来①。邢峦强调反逆"罪极裂冠,衅均毁冕",则透露了上引《唐律疏议》释"十恶"为"毁裂冠冕"说法的由来。其奏坚持的显然仍是《泰始律》以来"准五服以制罪"的礼法原则,而宣武帝不纳其奏,则反映了当时对兄、叔等亲属连坐的理解已趋于宽松的现实,以及河清、开皇立法所以将之减为"兄弟处流"的背景。

由此再看贞观十一年房玄龄主持立法时敬播所奏,又尤足见南北朝以来小家庭取代大家族,"异室"、"别宗"蔚为风气的社会发展进程,对于祖孙、兄弟、伯叔等亲属关系和传统观念的影响。故《贞观律》所定谋反祖孙与兄弟连坐者皆免死配役,实际是适应了兄弟、祖孙已较以往变得疏远的社会现状,其所体现的不仅是要宽刑恤刑,更是要通过这类调整来完善当时的礼法关系网络,以弥合一段时期以来社会变化使其露出的漏隙,同时亦使《律》、《令》的有关规定进一步协调起来。

这样的用意不久就在其后续事态中显现了出来。《旧唐书》卷二七《礼仪志七》载:

> 显庆二年九月,修礼官长孙无忌等奏:"依古丧服,甥为舅缌麻,舅报甥亦同此制。贞观年中,八座议奏:'舅服同姨,小功五月。'而今《律疏》,舅报于甥,服犹三月……今甥为舅使同从母之丧,则舅宜进甥以同从母之报。修《律疏》人不知礼意,舅报甥服,尚止缌麻,于例不通,《礼》须改正。今请修改《律疏》,舅报甥亦小功。"制又从之。

据其前文所载,《贞观礼》中叔嫂无服,舅、姨服纪有殊,曾祖父母齐衰三月,嫡子妇大功,众子妇小功。贞观十四年太宗定制一并对之作了调整,即把为曾祖父母服丧增至齐衰五月,嫡子妇改为期丧,众子妇及兄弟子妇同服大功九月,叔嫂及舅服同姨,皆为小功五月。这些调整都加重了亲属丧制,看似与上面所述贞观十一年定谋反连坐《律》文强调父子与

---

① 《隋书》卷二五《刑法志》载梁《律》"谋反、降叛、大逆已上皆斩;父子同产男,无少长皆弃市;母妻姊妹及应从坐弃市者,妻子女妾同补奚官为奴婢,赀财没官"。是北朝与南朝这方面大体相近。

祖孙、兄弟之别的法意相背；但其一致性仍显而易见，都是要适应小家庭占主导地位后亲疏等级不再森严，而亲戚互助关系却已更形重要的现状。故其均体现了《仪礼·丧服》所示服制不少已难为继，太宗力欲通过睦亲尊上来存其精神的用意。永徽二年《律》、《令》、《格》、《式》及三年所定《律疏》，应当已经据此对"五服"内涵作了相应调整，其中舅为甥服未作变更，似乎也非"不知礼意"的疏漏，而是其兼顾了睦亲与尊上的体现。到修撰《显庆礼》时，除须纳入贞观十四年的这些调整外，又取准《丧服》舅、甥同制之义而皆定为小功五月，同时相应调整了《律疏》有关部分。

法律儒家化在唐代的历程，其主题当然仍是按儒经所示礼法关系准则和法制理念来系统地改造法律，不过历经多年发展以后，其本来承载的历史使命已近乎完成。唐代所事主要是总结魏晋南北朝相关成果，致力于各种礼法条文的体系化和严密化，尤其是在社会现实已与汉魏之际相当不同的前提下，其关键可说已转至传统礼法和变礼改法之间的平衡。贞观十四年太宗对《开皇礼》、《贞观礼》所循《仪礼·丧服》"五服"内涵的调整，及其力图在亲疏等级趋于松弛之时强调睦亲尊上的宗旨，即是其平衡一段时期以来传统与现实关系的典型体现。可以认为，正是由此明确下来的宗旨和方向，反映了当时礼法关系适应社会变化的边界或限度，使之并未不断走向更大幅度的变礼改法，而是形成了一套相当完整而又兼容了若干社会变化的礼法规范，从而构成了法律儒家化终于完成的标志。

现在再回顾前面所述唐代《律》、《令》至永徽以来再无重大变化，《格》、《式》自垂拱、神龙以来亦已趋于稳定，开元以来立法重心转移至《格》的编纂和敕例的归约，这些事实均可视为贞观、永徽以来礼法关系调整和法律儒家化基本完成的表现。具体则可从下列诸端来看：

一是《贞观律》12卷500条，《令》30卷1590条，至开元二十五年《律》12卷502条，《令》30卷1546条，100年中《律》条所增惟2而《令》反减44条，这应当是其框架、内容已基本稳定的突出表现。其间调整涉及礼法关系者，相对集中的应是贞观十四年太宗隆诸丧制而被修入永徽《律》、《令》，较为零散的有显庆二年、龙朔二年、上元元年丧制调整对于《律疏》和《令》的影响，至武周垂拱立法又曾据此统一调整过

《律》、《令》①。至于开元七年立法后不久,玄宗敕命"诸服纪宜一依《丧服》文",由于其至《开元礼》又悉归复了贞观十四年以来之况,也就只是一个旨在刹住显庆以来变礼改法之势,而未影响到法典状态的插曲,至开元二十三年且又增加了姨舅等外家亲戚的服丧规制。这个插曲恰恰说明,一味复古不合亲疏等次已趋松弛的时宜,太宗、高宗和武周以来的睦亲尊上举措,才是现在维系礼法关系之必需。开元二十五年立法正是对此的集成。

二是这类牵涉到礼法关系的调整,自然不会限于《律》、《令》或只关乎五服。如《贞观礼》较之《开皇礼》增加的二十九条中,即包括了"太常行山陵"和"天子上陵"的仪注。二制虽早已有之②,但其显然不符"礼不祭墓"之说,故《贞观礼》增此二仪,实质仍是以礼典迁就故事、风习,应是上坟扫墓早已普及而深入人心的体现。显庆、开元并袭其制,《开元礼》中又增"皇后拜陵"之篇,当是《显庆礼》或自来武后所制③,且与《贞观礼》增"行陵"之篇的旨趣一致。包括丧服的调整在内,这类缘情变礼之举显然都会影响到相关《格》、《式》的调整,像前述上元元年武后奏准父在为母服齐衰三年,即被修入了《垂拱格》,并被开元前、后《格》承袭。这个事实表明,永徽、显庆以来的相关举措,至垂拱立法必被再次加以总结,故垂拱《格》、《式》的"详密",看来不止是就一般行政法规或增加《计账》、《勾账式》而言,而应兼指了其贯彻礼法关系的状态。自此《式》的篇帙直至开元二十五年皆已稳定为二十卷,应可表明其框架、内容再未大变。

三是垂拱以来《律》、《令》、《式》篇帙及其框架、内容既已趋于稳

---

① 《旧唐书·礼仪志七》明载显庆二年九月及龙朔二年八月丧服之改牵涉《礼》、《律疏》及有关解职服丧《令》文的调整。前已述上元元年武后奏定父在为母服齐衰三年后来被修入了《垂拱格》,按惯例其自然也会影响到《律》、《令》,故《册府元龟》卷六一二《刑法部·定律令四》载垂拱立法"《律》、《令》惟改二十四条",其中必有与父在为母服齐衰三年相关的调整。
② 参《通典》卷五二《礼十二·吉礼十一》"上陵"条。
③ 据《唐会要》卷二〇《公卿巡陵》载显庆五年高宗下诏太常行陵"事重人轻"而改以三公隆其规制,景龙二年御史唐绍奏停诸陵起居之礼,称"太后"以来四时节遣使赴陵"乃为常事",似可推断"皇后拜陵"仪注当始自《显庆礼》或此后武后所制。又《晋书》卷七七《蔡谟传》:"初,皇后每年拜陵,劳费甚多。谟建议曰:'古者皇后庙见而已,不拜陵也。'由是遂止。"可见皇后拜陵东晋成帝时方停,武后再立此制亦有故事可寻。

定，其所贯彻的礼法关系自然亦已基本就绪，此后立法的重心遂已转至各种续下敕例的归约和《格》的编纂。但自神龙以来，与《律》、《令》、《式》同颁天下的《散颁格》篇帙亦已稳定在七至十卷之间，此后太极元年、开元三年和七年立法又俱以修《格》为中心，至开元二十五年虽全面调整《律》、《令》、《格》、《式》，当时编纂《格》条前置的《格式律令事类》颁于天下，也仍体现了《开元新格》在其中的突出地位。故神龙至开元时期的立法态势，当是《律》、《令》、《格》、《式》四部法典的基本内容均已稳定了下来，礼、法关系至此再无大的变化。至于其局部调整和大量一般司法行政规范的损益，则仍可以随时随事议定的敕例来进行，并可借助重新定《格》来继续将之纳入法典，或以编纂长行敕来加以归约。这样的立法态势，正是基本法律规范和礼、法关系已因法典化而达成了体系化、严密化的体现，是法律儒家化进程的历史使命已告终结的反映。

法律儒家化的终结，同时也是中古制定法运动失去强劲动力而走向衰落的转折点。这是因为古今中外的制定法或法典，都是要把特定宗旨和理念贯穿于法律，遂必据此来重新起草和编排其条文、篇章的产物。对于魏晋至隋唐法律形态的发展过程来说，正是此期各朝把儒经所示礼法关系准则和一系列理念贯彻于法律的努力，持续地推进了《律》、《令》的法典化及其形态的进化，也不断强化了其体现和维护王道的权威性和严肃性，从而形成了尽可能以法典来指导各种行政过程的趋势，导出了唐代的《律》、《令》、《格》、《式》体系。

故当唐初以来法律儒家化任务完成，礼、法关系大局已定，相关准则和理念在法律中已臻体系化、严密化，局部的修补则可借助随时随事的敕例来进行时，也就无需再不断重新起草和编排各种法律条文、篇章了。由此看来，永徽以来《律》、《令》很少再加修订，神龙以来《格》、《式》篇帙亦趋稳定，开元时期立法重心已在敕例清理和《格》的编纂的史实，实际上已经迎来了五代、宋初《律》、《令》、《格》、《式》循唐损益而编敕盛行的局面。而其进一步发展的方向，自然是向神宗以来敕、令、格、式统类合编，而《律》恒在其外的状态过渡。这实际上也就预示了明、清《律》、例体制的到来。说到底，这都是以法典来尽可能完整地体现礼、法关系，使之在法律体系的顶端提供基本法理和司法、量刑准则，而以敕例在法律体系的前沿随时随事指导各种司法过程，以主导和决定整套法制的实际状态的体制。

从东汉士大夫要求"清原正本"、"应经合义"来删定《律》、《令》，到魏晋以来依本儒经所示来立法定制确立礼、法关系，由此掀起的法律儒家化进程，既适应着汉武帝以来独尊儒术，德主刑辅渐成基本国策的政治现实，更适应着由此成长起来的社会发展模式和等级秩序。以通经入仕和闺门之礼自矜的门阀世族及其对全社会的深刻影响，包括对北族大人、酋豪转化而来的新门阀的深刻影响，即是其贯彻落实儒经所示礼、法关系的社会基础。正是这个事实，在根本上决定了法律儒家化的基本面貌，及其兴起于魏晋而终结于唐代的历史轨迹，由此而发展起来的礼典和法典，也可以视为此期专制皇权深受门阀世族等因素牵制的法律表现。至唐初以来，长期积累下来的一系列旧问题已趋迅速消解，随之而生的则是众多牵扯扩展无有底止的新问题，社会进入了又一轮深刻的转折。均田、租调和府兵等项制度走向瓦解，表明基层秩序正在发生深刻变化；使职差遣的发达和科举制度的兴盛，反映了专制集权体制和官僚政治的新动向；礼法关系的基础已从曾几何时的门阀世族，转换为新兴的庶民阶层。敕例的盛行与礼典、法典重要性下降及其形态的退化，恰恰与之相伴。这说明制定法运动随法律儒家化终结而走向衰落的态势，与平民化时代的到来，与高蹈其上的专制皇权现已更少束缚，与更大程度地依附于皇权的官僚集团，的确存在着千丝万缕的联系，说明其确为社会结构和基本政治格局业已变化的集中体现。

礼典、法典地位的下降，当然并不等于儒经所示礼法关系准则和相应理念的崩塌失效。唐高宗至武周时期经学地位似有中衰之势，却又因开元之治而复振兴，这种起伏在后世也曾多次出现，但经学的官方意识形态地位及其指导立法定制的作用，却仍在总体上延续了下来。这本身既反映了汉魏以来经学在适应新形势时存在着严重的问题，又体现了其内核和原理仍被历代奉为圭臬而传承不绝。《五经正义》以来的经学，虽有"宋学"乃至于"理学"、"心学"之类的各种变化，也不乏据以展开的局部改制或社会风潮，却再未发生过以重新诠释的整套儒经理念来系统地改造法律的历史运动。与之相应，礼法的调整、发展虽屡受北族入主影响和时代变化的冲击，却基本上都在唐太宗以来"睦亲尊上"的轨道上运行，"礼仪之邦"的特色也一直延续了下来，《唐律疏议》和《开元礼》直至明清仍被公认为撰作法典和礼典的样板，但其结果都无例外地表现为礼、法关系及其规范形态的退化,其立法主题也根本无法以"儒家化"概括之。这也可见在专制体制下,立法和法律体系因时制宜的调整过程,经常无须通过法典来体现,更不必然表现为法典形态的进化。在大量问题已非"法律儒家化"所可解决,基本宗旨和理念却仍大体循唐的前提下,宋、元、明、清法律适应时代发展的各种"进步",实际上不能不以"世风日下"的方式,以相较于唐代法典和礼典"退化"的形态表现出来。

跋 语

敕例、法典与中国古代法制的基本特征

值此书稿杀青之际，觉得应该把写作本书时的若干思考在此略作说明，特别是一些不成熟的想法，更要请学界同仁不吝指教。

对魏晋南北朝及隋唐立法和法律体系的研究，学界现有的成果相当丰富，这使本书无须再对许多内容一一铺叙。全书各章节的安排重点，基本上都放在以往讨论不够深入，情况还不甚清楚而存在歧见的若干环节上，特别是放在与之相关的史实考证上。而贯穿于其间的思路，则是以敕例为中心来梳理此期立法和法律体系的发展进程，以此来澄清唐代《律》、《令》、《格》、《式》体系的源流，在此基础上解答本书引言提出的"为什么中国法制史在魏晋至隋唐出现了一个制定法倍受重视的异峰突起"这个问题。

"敕例"的含义，书中在开始提出时已作交代。这里还要强调的是，无论是历史上其以何种名目出现，还是现今的同行学者认为可另以其他名词来指代，重要的都是名称背后的基本事实：这种"经过奏准和可供援据的成例"，在中国法制史上一直都具有极大的共性和极其重要的地位。尽管其自身形态、类型也有不断发展演变的历程，但就秦汉以来的总体状态而言，其由于"奏准"而实为制敕，又因为明定"可供援据"而有别于那些"临时处分"的一般制敕，这就使之有了特定地位和效力，可以说配得上"法律"这个现代名词的及格线了。在我国古代，可以在严格意义上称为"法律"的规范还有不少，各时期法制的研究者，都可以举出当时法律的若干形态和种类，但最为大宗、最为活跃和最具基础性的，无疑还是这种不同于一般制敕，具有一定规范意义的制敕。这类特殊的制敕，是在"王言不得皆为法律"的约定中产生和发展的，其一头连着数量更大的一般行政命令及形形色色的其他规范；另一头则连着由此删定、

缀集而来的其他法律形式,包括再进一步起草制定而成的法典。这就使敕例构成了我国古代全部规范序列的关节点,同时又是整套法律体系的基点。正因为这样的特性,在今上制敕与法典的关系这个帝制时代法制的根本问题上,敕例的存在既保障了皇帝的命令上升为法律的通道,又约束了其直接冲击或扰乱法典规定的程度,也就构成了处理、协调这对关系的一个焦点、一种机制。故敕例的状态包括其作用、地位及其删定和编纂,也就总是牵动着当时法制的全部重大问题和整体走向。

本书是在"制定法"意义上使用"法典"一词的,这是要强调其内容的严密、系统,作用的稳定、权威,体现的是统治集团的最高或长远利益,在法律形态的发展序列中居于高端。我国古代法律"成文"公布的历史虽可追溯至春秋或更早的时期,制定法或法典的出现恐已晚至战国,《法经》即其代表,商鞅以来则常表现为《律》。但战国以来又是我国古代专制体制迅速发展成熟的时期,法律的权威与绝对君主的权威之间不能不存在问题,法典与今上制敕的关系即其集中体现。自此其一直都是历代法制的根本问题,秦汉以来直至明清的整部法制史,很大程度上都是围绕这对关系而展开的。

之所以不是说"法律与制敕"的关系,而要在"法律"中挑出"法典",在"制敕"中挑出"今上制敕"来概括这对关系,是要兼顾表述的准确性和典型性。在我国古代,数量最大的法律从来都是敕例,其本身就是一种制敕。而制定法或法典,往高了说是当时法制理念的集中体现,往低了说则是那些已在制敕基础上重新起草加工、因而褪却了制敕外貌的法律,故其从诞生起,就已注定与制敕有别,也才能构成一对关系。至于特别强调其对立面是"今上制敕",则是因为专制君主的制敕是基本法源,各种法律都由制敕构成或由其颁下施行,因而行政、司法是以"前主"还是"后主"的制敕包括由之颁行的法典为准,就成了专制体制是否名副其实、是否得以持续而生死攸关的要害。这个道理即便在特别重视"法"的商鞅、韩非子那里也是清楚的,《商君书》和《韩非子》里面同时强调了"法"与"君令"的严肃性,是在理论上把两者统一起来的。但在实际上,"朕即法律"经常就是"无法无天",其间的统一、平衡绝非易事,疑惑也就所在多有。在无从回避,必须做出选择时,专制体制前提下的回答,实际上只能承认"法出于君",从而不能不肯定"今上制敕"至高无上。汉武帝时期主管法务的廷尉杜周解答"什么是法"的那段名言，其中把"法出于君"就必然要"当时为是"的意思表达得极为透彻，可以说是对专制体制下"法"本质的简明概括。秦汉至明清各时期法律的种类和性状相当丰富，法典与今上制敕的关系表现各有特点，但在根本上，却都未能逸出杜周这一概括的涵盖范围。

因此，专制体制下固然仍有其"法"，却总是呈现了形形色色不怎么像"法"的特色，即便现代法学可以把"法"的定义下得极为宽泛，也得承认此时此地"法"的作用和地位，总体上是疲软不振的。对于形态本就相对严密，稳定性和严肃性也要更高其他法律一等的法典来说，其与制敕尤其是今上制敕的关系，就更加典型、更加尖锐地体现了法与绝对君权之间的协调之难。其间大量可能和现实的冲突，需要付出更大的成本和努力，才能控制在一定范围之内。应当承认，在今上制敕与法典的关系这个根本问题上，居于强势和主导地位的只能是、事实上也一直都是前者。此即帝制时代法典的根本境遇和特色所在，是其基本上总是在"备体具文"，却又总是被无所不在的行政权力扰乱、切割得支离破碎的直接原因。质言之，在这样的体制下，即便出现了完备严密的法典，且其也有长期相沿发展的脉络延伸；但对整个法律体系及其发展来说，其恐怕仍只是表象而非内里，是支流而非主流。其固然可以反映法律形态的某种进化或流变，却很难说其代表了整个法律传统的本质，无法将之看作我国古代法律发展的主线。

这才合乎今人对我国古代法律传统的感受，其所反映的正是长时段历史的连续性。接下来的问题是：在这样的土壤上，又怎么会生长出法典？怎么会出现魏晋至隋唐的"制定法运动"呢？

在法典之所以产生的各种原因中，最为核心的原因，无非是要把特定的思想观念，主动地、系统地贯注于一部"成文"的法律。这就将之与其他那些多少也会反映某种思想观念的法律形式区别了开来，也就决定了法典在法律进化序列中居于高端，决定了其所特有的种种内涵。因此，古今中外的法典，基本上都是在社会历史的某些转折关头，因新的思想观念崛起，需要将之贯注于法律而被制定出来的。当然在法典长期行用和陆续修订的过程中，相关传统形成以后，又会流衍出若干不同的法典类型，此亦法律体系演变的常态。无论如何，法典总会自觉、系统地贯彻一套思想观念，这一点并无例外。

我国古代法典之所以在春秋战国时期产生、发展，便是与其社会大变动，与百家争鸣的思想新局联系在一起的。当时与法律有关的思想观念，无疑已集中体现于法家学说，其中兼有儒、墨、道、名等思想成分，而又被其围绕法学冶于一炉。其代表人物则在战国时期大放异彩，是九流百家中纷纷执政各国，主导变法的唯一一家。由此考虑，李悝的《法经》究竟是何性质及其是否为我国历史上第一部法典，这一点当然还可以讨论；但我国历史上第一部法典确是出现于战国时期，其中贯注了一系列新的思想观念，并且定型于李悝、商鞅等法家代表人物之手，这应当是无可置疑的。回顾这段历史，就会油然想起瞿同祖先生当年提出"法律儒家化命题"，将之筑基于秦汉所承战国法律本于"法家精神"的状态，是多么合乎史实和法理。而近年以来有些学者针对于此，认为当时的法律体现了社会现实，其中也有儒家推崇的伦理准则和其他种种思想成分，虽然依据了新出简牍资料，也修正了瞿先生当年对战国秦汉之法的某些概括，却欲以此否定法律儒家化命题的内核，结果反倒是回到瞿说以前的那种平庸的"反映论"上了。

李悝所撰《法经》和商鞅制定的《秦律》，尽管仍应有所取本，却因其贯注了法家总结的法制理念，以此集中了春秋以来一系列新的思想观念，而必与三代以来法律有了很多不同。把礼的秩序进一步转换为法的秩序，相应明确法律的公开性、划一性、强制性，应当就是其核心内容。在此理念指导下删定、增补各种法律规范，使之不仅能够适当衔接新、旧，更能全面、系统地体现和维护新的秩序，就必然要重新起草和安排其内容，才能让各种规定相互补充和发明，从而形成前所未有的篇章条文结构，这也就是我国古代法典诞生的过程。由此再考虑战国各国的变法，皆以其新法的具体构成及其权威的树立为成败关键，也就足以体会到，《法经》和商鞅的《秦律》正应视为此期各种新法的成功代表。而其之所以成功的原因，显然不仅在其作为法典的内容和形式之新，且亦在于其前所未有的权威性。

这也表明，因贯注整套新的观念而产生的法典，一定会因其所担负的历史使命和现实改造意蕴，而与强调法典作用和地位的倾向联系在一起。正其如此，一旦时过境迁以后，当贯注于中的法制理念由新变旧，甚至被认为不合时宜而饱受指责，原先赋予其权威的前提和动力自然就会逐渐消退。当此之时，整个法律体系就会再次经历调整，法典作用和地位会迅速下降，一些最为基本的、决定着其总体走向和法典地位的因素自必随之凸显出来，其中包括同样构成和维系着秩序的另一些规范形态，也包括尚未或不可能消除的那些不利于法典发挥作用的因素和机制。这样一种因社会变动而导致法制理念变动，再进而导致法典形成、流变的过程，显然是符合法典自身发展规律的，事实上也一直贯穿于我国整部古代法律史。这也说明即便在专制体制下，法典还是有着存在和发展的不小空间，只是其始终都须与"今上制敕"结成对子，并须在根本上从属于此罢了。

战国以来法典与专制政体一起发展和走向成熟的历程，开启了一系列对我国古代法律传统来说意义深远的事态。整个法律体系的构成、敕例在其中的基本地位、法典作用和地位受制于专制政体的宿命，以及法典与今上制敕的关系，均是自此开始形成其框架轮廓后逐渐定型的。这本身就意味着法典的种种属性，会有一个不断探索、明确起来的过程；与之相连的则是敕例与一般制敕的界线不甚清晰，敕例的删定、编纂还没有明确的制度。秦汉时期敕例即"令"，其在形态上的原始，包括各种编《令》活动的散漫放任，以及《律》、《令》之分不严等状态，就都反映了当时法典尚在幼稚阶段的事实。更何况，在各种社会规范与法律规范的相互关系上，在政治和法律的指导思想上，战国至秦汉从百家争鸣到焚书坑儒再到独尊儒术，又发生了意义同样深远之至的转折。其对整个法律体系尤其是法典的影响，以及上面所说新旧错综局面下，那些维系秩序而更为基本的因素的凸显和冲击，都使当时强调法典作用和地位的倾向一度虽甚明显，也留下了若干重要的遗产，总体上却还不宜高估。

意识形态领域独尊儒术的转折，在法制领域即集中表现为法典所贯注的法家理念在争议中渐趋落伍，终于不被认同是政治和法律的纲领性准则，而只肯承认其在技术层面的重大作用。自商鞅相秦、秦灭六国，再经汉承秦制而一脉相传的《律》典，尽管也在不断增补"傍章"扩充篇帙，却还是在汉代发展起来的社会中出现了越来越多的问题。其中最为突出的，就是其与儒家崇尚的法制理念，与一系列已被认定为具有根本性的社会规范之间，变得越来越凿枘不合。在此背景下，补充或修正《律》典的敕例，亦即秦汉时期的"令"和位阶更在其下的决事比之类，以及由此编集而成的《令甲》、《令乙》等等，也就不能不更加忙于弥漏补隙而迅猛滋繁起来。有必要一提的是，"傍章"《律》和各种《令》篇，实际已是一段时期以来法律适应形势变化的主要载体，其中自然也会纳入独尊儒术以来的某些新规范、新成分，却皆拘于其体而不成系统，又与原有的法家理念和准则错杂并陈，极易湮灭在其日程月累的浩瀚篇帙之中。故自西汉后期至东汉以来，那种认为整个《律》、《令》系统"大议不立"，亟须围绕礼法关系来"清原正本"的主张，终于已席卷了政坛和法律界。

战国、秦汉可说是我国古代法典形成、发展的早期，本书讨论的即是其在魏晋至隋唐时期的后续事态。自秦汉《律》、《令》体制转折为魏晋《律》、《令》体制以来，现象上无非是《律》、《令》开始成为两部形态成熟、相辅而行的法典，南北朝至隋唐再逐渐发展出《格》、《式》与之并行，从而形成了一条法典不断发展而种类分化增多的脉络。但若考虑唐中期《律》、《令》、《格》、《式》体系迅速瓦解，宋代以来整个法律体系又回到了"前主所是著为《律》，后主所是疏为《令》"，且又以"当时为是"的发展轨道，明清的《律》、例体制几乎就是秦汉《律》、《令》体制的一个翻版，即应承认魏晋至隋唐法典发展的这条脉络已告中止。从唐代编纂《政典》、《六典》到后世修撰的《会典》之类，当时若不视之为立法，也就很难看成这条脉络的延续，而只是在礼典和法典"备体具文"影响下的一种政书编纂活动。

在梳理魏晋至隋唐立法与法律体系时，令人印象最为深刻的，是在法典不断发展的现象背后，总能感受到一种高度重视《律》、《令》，处处强调其作用和地位的倾向。正是这种倾向的强大和持续，导致了此期以《晋故事》、《权令》等多种方式不断删定和编纂敕例，来约束其对《律》、《令》的补充和修正，限制其对之的扰乱和冲击，以保障《律》、《令》规范刑事活动和各项重大制度的稳定性和权威性。也正在此过程中，从一般地删定、编纂敕例集加以施行，到进一步将之升华为《麟趾格》、《大统式》等过渡性法典，遂催生了唐代与《律》、《令》并行的《格》、《式》，结果则显著扩大了法典对举国政务的指导范围，相应则压缩了敕例的作用层面及有司援此"自由裁量"的空间。就是说，在处理今上制敕与法典的关系这个法制根本问题时，当时的取向经常是更为倚重法典，而不是像秦汉或明清那样总是偏向于敕例，这两个时期编《令》、编《例》的水平之低，使敕例几乎可以无限地扩展其体量及其破《律》而行的作用。

这就令人意识到，在魏晋至隋唐如此倚重法典的倾向背后，必有极为广阔坚实的基础，且必与此期特有历史条件直接相关，方能使之集中代表了此期法制发展的总体方向。这个时期也确实集中了一系列要素的兴衰起伏，从门阀贵族、北族汉化到清浊流品、三省制度、礼典撰作以至玄学名理、古文经学等，这些都是大体起于魏晋、终于隋唐的重要事态，也的确都对此期法制包括法典的发展有着切实影响。其中作用最为直接而又具有某种轴心意义的，还是瞿同祖先生揭示的、开启于魏晋和完成于隋唐的"法律儒家化"过程。这个过程正是在全面反省和重定《律》、《令》的呼声下展开的，是战国秦汉官方意识形态和基本统治方略迭经转折以后，终于围绕独尊儒术而稳定下来的大势所趋，也是法律与整套社会规范和社会共识终于协调一致的必然。故其核心就是要把儒经中的礼法关系准则和法制理念全面贯注于法律，以此来系统地改造法律，也就内在地蕴含了不断制定法典和强调其作用、地位的倾向，又外在地决定了法律形态的进化和法典的发展分化，还直接催生了一系列配套举措来保障法典的稳定性和严肃性。与此相比，其他各种要素，则要么是作用相对间接，经常通过法律儒家化而体现，要么就是实际影响和诠释力甚为有限，只能视为辅助性因素。

要之，在魏晋至隋唐法典不断发展分化的现象背后，既有分外强调法典作用和地位的持续倾向，又有为此不断约束、归置敕例以协调法典与今上制敕关系的基本路径和方式，还有相应的配套举措来保障法典的制定和施用，更有深厚而独特的社会和政治基础。特别是集中代表了兴衰于此期各种要素的法律儒家化进程，实际上为之提供了直接动因。本书提出的"中古制定法运动"概念，即是对这一系列事实所作的概括。其确是随法律儒家化全面开启而兴起发展，又是随法律儒家化最终完成而衰落瓦解的，同时其又明显有别于秦汉以来和唐宋以后法典流变的轨迹，且非只限法典而是关系到整个法律体系的运行和走向，乃是一个有其起迄点及独特内涵和演变脉络的具体历史运动。

唐代《律》、《令》、《格》、《式》体系的形成，即是魏晋以来制定法运动臻于全盛的成果，是法律儒家化在南朝推进、巩固，在北朝更与北族汉化或封建化进程紧相缠绕而逐浪高涨，致使制定法理念和实践日益广泛而深入地发展起来的产物。正其如此，这一体系的性格，实际上都是被制定法运动内在的倾向、路径和方式塑造出来的；尤其是《格》、《式》特有的种种属性，都可以在北魏孝文帝以来法律体系的发展趋势下，通过《律》、《令》及相关敕例刊定、编纂的过程来准确地解释。同理，唐代的《律》、《令》、《格》、《式》体系之所以更加强调法典的作用和地位，更为明显地呈现了法定主义倾向，也无非是继承了魏晋以来因法律儒家化而特别强调法律权威的趋势，尤其是儒家化法典自北朝至唐皆特具重大使命，故需持续保障和强调其稳定性、权威性的结果。故其同时也已预示，当法律的儒家化改造基本完成，集中贯注于法典的礼法关系准则和相应理念日渐成为社会公理，其本来寓有的历史载荷和革新意义自将流失殆尽。于是处处强调法典作用和地位的倾向，就势必会因其与专制体制的内在矛盾而难以为继，今上制敕与法典的关系态势，也就不能不重新回到秦汉时期业已奠定的轨道上来。

这就是说，魏晋至隋唐的制定法运动，实际上是中国法制史上的一个特殊阶段，是特定历史条件因缘凑巧之所致，是在秦汉以前和唐宋以来法律体系发展脉络中出现的一个异峰突起。事实上，即便是在唐前期《律》、《令》、《格》、《式》体系正常运行之时，敕例在全部法律规范中的基本地位，及其自发地趋于活跃和不断冲击法典地位的状态，也是不容置疑的事实。只是由于当时频繁展开的通盘立法，坚持了及时删定新出敕例，并且将之纳入《格》、《式》的路向，才得以继续了法典的稳定性和权威性。但尽管如此，《格》、《式》变种的不断出现、《格》的重要性的日渐凸显、长行敕的删定、编纂，诸如此类的事态，都在不断展示着专制体制下"法出于君"而"当时为是"的本质和规律。更何况，法典的制定本就需要有较为强劲的动力，其过程又注定要比编缀敕例集复杂烦难得多，由此再考虑社会的深刻变迁和因此带来的政局激荡，频繁地修订法典不仅成本过高且更没有必要，迟早会被删定敕例集的方式取代。这就表明，《律》、《令》、《格》、《式》体系的危机，早已潜伏于其形成之时；而其迅速崩溃瓦解的命运，正是在法律儒家化基本完成，重新制定法典和强调其作用、地位的动力迅速消逝之际被注定了的。

因此，唐代的《律》、《令》、《格》、《式》体系，尽管影响巨大，且为今人提供了一宗重要的历史遗产，却只是我国古代法制史上的一个特殊片段，只是其中法典一支发展的巅峰。其所处处表现出来的法定主义倾向，尤其是尽可能约束敕例而强调法典作用和地位的特色，显然很难说是我国古代法律体系的常态，无法代表我国古代法制传统的本质。既然如此，凡是基于唐代《律》、《令》、《格》、《式》体系而概括出来的法制史线索，都亟待将之限制在一定层面之内才有准确性和意义可言；至于仅据这一体系就认为法典在中华法系中占有主导地位的看法，就更差之毫厘，谬以千里了。

中国法制史早先习惯于围绕唐代法制尤其是唐《律》来建构框架，筚路蓝缕为功甚巨之际，确也有着以偏概全的危险。在法律史前半部几乎成了唐《律》形成史，后半部自是其流变史的那段时期内，不少研究者多少都因此而高估了法典在中国法制史上的作用和地位。现在看来，这应当也与中国现代法史学兴起之时的状态有关联。资料的局限就是一个显著的问题，在20世纪七十年代睡虎地秦律简牍出土以前，文献所存唐以前法律史料太过贫乏，围绕《唐律》理其源流实属必然。日本学者的影响是又一个问题，唐制对日本影响最深，其东洋法制史对唐制兴趣最大，中国近代法史学既多取鉴于此，自亦不免蹈其轨辙。更为重要的是，日本和中国现代法史学相继兴起之时，适值两国大规模移植西法和创辟现代法制系统的历史转折关头。其突出的任务，都是要再次以整套新的思想观念来系统地改造法律，特别是要据此制定新的法典以为变法蓝图，无非是现在其主题已不是儒家化，而是换成现代化罢了。当此之时，拿破仑法典诞生已百有余年，中、日两国法学家在对以此为代表的大陆法系近代法典竭诚揣摩学习之余，再反观影响东亚古代尤深的唐代《律》、《令》、《格》、《式》体系，特别是其处处强调法典作用和地位的性格，自必"于我心有戚戚焉"。

当然中国的法史学家会有更多的理由关注唐代。法制现代化尤其需要直面本国的法制传统，亦必引发是否坚持中国文化本位之类的纷纭。无论如何，对法史学来说这势必要从明清回溯至唐，即便进而追源至汉，唐代也总是当之无愧的中心。在晚清以来中华民族屡处存亡危急之秋，民初以来法治历程不绝如缕之际，辉煌灿烂的大唐及其空前完备的法律体系，不仅集中承载了人们的盛世理想和回忆，且足寄托其对黑暗现实和丑恶的鞭挞。更何况，唐代的法典和礼典自宋以来的确一直被视为典范，尽管这主要是就其中体现的儒经理念，尤其是礼法关系和规范的完备而言的，但在中国文化本位论者看来，这些岂非正是法制之美？在这种种原因之下，唐代的《律》、《令》、《格》、《式》体系成为我国古代法制的典型，也就成了一件最自然不过的事情，成了那种被需要和可能所决定的"史实"。

本书同样是围绕着唐《律》、《令》、《格》、《式》体系来展开研究的，但其最终得到的结论之一，却是要明确其在中国古代法制史上的特殊性，限制其在整部法制史上的代表性。对于中国古代法制来说，制定法或法典总体说来始终未能真正占据过上风，敕例及其删定之作在本质上就是更加适宜于专制体制的法律形式。无论是就法典与敕例发挥的实际作用，还是从今上制敕与法典的基本关系而言，敕例都占据着主导地位，决定着法制的方方面面，包括法典的作用和地位。从战国至秦汉，自魏晋到隋唐，以及由明而清，这三次法典作用和地位从上升到衰落的演变轨迹，全都是以敕例的膨胀为其转折点，最终又回到敕例占据上风的轨道上来的。故对中国古代法律体系来说，恐怕只能将之概括为一个以敕例为主、法典为辅的体系，或者说其是一个法典备体具文以供取则，而敕例则实际决定着司法过程的体系。在这个体系中，所谓"法律"、"法典"，虽也有与近代以来"法律"、"法典"相通的部分，但其在司法过程中被取准和执行的状况，及其实际拥有的稳定性和权威性，却存在着相当不同于现代法学所解释的"成文法"或"制定法"内涵，而是与我国古代各种规范的性质及其实施过程保持着一致性，与礼典备体具文而仅注定其实施过程的状态相互呼应。

在近代以来方兴未艾的"法律现代化"进程中，一方面，法典作用和地位因其全面贯注了新的法制理念而被重新强调，且其显然同样充当了改革发展的方案蓝图，承担了先导改革和巩固改革成果的历史使命；另一方面，我国古代法制的上述传统，敕例占据主导地位的状态和法典缺乏稳定性、严肃性的状态，也还在持续地表现出来，成为建设现代法治国家必须克服的顽症。与此同时，在现代化进程中成长起来的阶层、秩序和思想观念，也在不断像战国至东汉以来曾经发生的那样，随社会发展和法典草创时期所存问题的日渐凸显，发出"大议不立"而须"清原正本"的呼声，至于最终导向尘埃落定的，则必然还会是整套社会秩序与法律秩序的全面匹配。在这个意义上，所谓"法律现代化"的很大一部分问题，正恐始终都会聚焦于如何凝聚共识，明确必须贯注于法律的宗旨和理念，且其注定要在新的历史条件下，承载起"建立新的王道"和"礼法关系"的历史使命。

在这篇跋语结束的时候，需要特别感谢业师徐连达先生，本书的理路和思考，不少都来自1983至1986年我在徐师门下就学之时，三十年来，徐师与叶师母之恩毋敢忘。这里也要感谢田余庆先生，本书在理论和方法上受田先生影响甚深。还要感谢的是我在兰州大学和中国社会科学院历史研究所工作的各位同仁，本书提出的"中古制定法运动"，是与我的

"儒家化北支传统"、"中古史前后期转折"等观点联系在一起的，这些观点的形成，皆曾受益于与各位同仁的切磋琢磨。另需感谢的是我的家人：先父南鹿公培养了我的史学和史识，母亲屠钦瀚、妻子单永华和女儿楼小同给了我最大的支持，支持我去做自己向往的学问。

这里还要专门感谢刘永明、汤长平、沈桢云、张军、倪玉平、仇健、高慧和滑豫诸位同学，本书框架形成和完善于我们之间的教学过程，在史料收集、问题讨论和文字校订等方面，他们都是切实的参加者、合作者。责任编辑李炳青先生为本书增色不少，在书稿处理和文字润色上提出了许多卓见，付出了大量辛勤劳动，在此谨表深切感谢！

作　者

2014 年 8 月 22 日